Bordeaux
total

Bordeaux total

Bordeaux total

Seit mehr als zehn Jahren besucht René Gabriel Bordeaux, um die im Fass liegenden Jungweine zu verkosten. Er nimmt daneben auch an vielen, wichtigen Verkostungen teil und degustiert im Jahr etwa 10'000 verschiedene Weine aus aller Welt.

Dem Bordeaux-Wein ist er „total" verfallen. Trotzdem prüft er kritisch die Qualitäten, definiert die Genussreife und bewertet das Potential nach Punkten.

In diesem Buch sind die besten Bordeaux dieses Jahrhunderts ebenso enthalten, wie gute Werte, die für wenig Geld grossen Genuss bieten.

„Bordeaux total" ist ein unentbehrliches Nachschlagewerk und eine wertvolle Einkaufshilfe für jeden Bordeauxfreund.

René Gabriel ist Einkaufs-Chef der Mövenpick-Kellereien, Mitherausgeber von WeinWisser, Verwaltungsrat der Académie du Vin sowie Weinconsultant von Sotheby's.

Autor:
René Gabriel

Lektorat:
Karin Egli

Layout:
Joachim Günther

Umschlag und Gestaltung:
Bernhard Zuber

Foto Titelbild:
Daniel Boschung

Druckkoordination:
Rolf Theiler

Bezugsquelle:
*WeinWisser-Verlag
Zollikerstrasse 191
CH- 8008 Zürich
Tel. 01/ 422 73 67
Fax. 01/ 422 11 74*

Nachdrucke, auch nur auszugsweise sind ausschliesslich mit schriftlicher Genehmigung des Autors erlaubt.

ISBN: 3-9520179-0-6

Liebe Weinfreunde

Dieser Buchtitel setzt sich aus zwei Begriffen zusammen. Laut Duden bedeutet "total": Gänzlich, völlig und Gesamt-Summe.

Bordeaux ist aus dem Französischen "au bord des eaux" entstanden. Was Bordeaux ist, bedarf keiner Erklärung. Wer dieses Buch besitzt, hat sicherlich ein gewisses Bordelaiser-Fundament. Vielleicht möchten Sie eher wissen, was ich unter dem Zusatz "total" verstehe.

Dem Bordeaux bin ich total verfallen - dies seit mehr als zehn Jahren. Er bildet den Inhalt meines Lebens.

Ein Spitzenkoch sucht ständig die besten Produkte auf dem Markt, um seine Gerichte zuzubereiten. Ein fanatischer Weinfreund sucht ebenfalls die beste Herkunft, um seine geniesserische Sehnsucht zu stillen. Bordeaux hat den besten Boden, um in einer qualitativ-quantitativ erschlagenden Fülle die besten Weine dieser Welt herzustellen. Dieses "total" gilt aber auch in gewisser Weise für den Inhalt dieses Buches, jedoch nur auf die Qualität bezogen. Wer sich informieren will, wie viele Châteaux es in Bordeaux gibt, der kauft sich gescheiter die neueste Ausgabe von Féret: Bordeaux et ses Vins.

Wer es noch genauer wissen will, erwirbt sich das Telefonbuch Nr. 33, denn selbst eingefleischte Kenner der Bordeaux-Szene behaupten, dass dies das einzige, vollumfängliche Nachschlagewerk für Weingüter sei.

Wer aber wissen will, welches die besten Weingüter, die besten Jahrgänge und aus dieser Quintessenz die besten Bordeaux' überhaupt sind, soll sich vergnüglich in das Studium von diesem "Bordeaux total" vertiefen.

Dieses Buch ist hedonistisch, subjektiv und mit vollster Motivation niedergeschrieben worden. Es soll als Basis für Ihre eigene, ganz persönliche Bordeaux-Philosophie dienen.

Es gibt kein Zählwerk, welches mir bestätigen könnte, ob ich während einem Jahr 8000 oder 12000 Weine degustiere. Aber in dieser Spanne drin wird wohl die Wahrheit liegen. Manchmal sind es Mammutproben - wie zum Beispiel das Californien-Wine-Festival in Zürich, wo ich mittels Diktaphon innert vier Stunden mehr als 350 Weine beschrieben und bewertet habe. Oder die Geschichte mit den "Weinen unter 20 Franken" für den WeinWisser: 400 Weine am gleichen Tag!

Während der Bordeaux-Einkaufstour, die jeweils im April stattfindet, verkoste ich vielleicht fast tausend Weine innerhalb einer Woche (siehe Seite 325: Wie degustiert man junge Bordeaux' aus der Barrique?).

Sie werden sich dabei zu Recht fragen: <<Ist es angesichts dieses Quantums überhaupt noch möglich, ein vertretbares Urteil abgeben zu können?>> Entscheiden Sie selbst! Der Sieger unter fünfzig Marathonläufern kann das Rennen nur gewinnen, wenn er über die ganze Distanz in Top-Form ist. Ein Degustator kann sich nur über längere Zeit profilieren. Und - ein Wahrsager wird auch nur dann berühmt, wenn seine Prognosen zu einem möglichst grossen Teil eintreffen. Ich vergleiche deshalb meinen Beruf oft auch mit einem Anlageberater bei einer Bank. Wenn er den Kunden richtig berät, dann ist er erfolgreich. Gelingt ihm das nicht, so muss er sich bald nach einem neuen Job umsehen.

Die Leser des ersten Buches (erschienen 1991, vergriffen) werden sich vielleicht an die drei wichtigsten Prognosen zum Jahrgang 1990 erinnern: Margaux, Latour, Montrose - alle mit der Maximalwertung ausgezeichnet.

Wer damals aufgrund meiner Aussage ein paar Kisten von diesen Weinen erwarb, hat nicht nur den Buchpreis amortisiert, sondern auch das eingesetzte Kapital mindestens verdoppelt. Dasselbe mit dem Haut-Brion 1989 und vielen „kleineren" Bordeaux', die ihr Geld allemal wert sind.

Ich möchte Sie aber nicht dazu motivieren, dass Sie Weine kaufen, um diese nach ein paar Jahren wieder auf Auktionen gewinnbringend zu verhöckern. Der Sinn dieses Buches soll sein, dass Sie in einer möglichst frühen Phase die richtigen Weine in Ihren Keller legen, um für wenig Geld, sehr viel guten Bordeaux zu bekommen. Ich wünsche mir, dass Ihre Rechnung aufgeht!

Mit weinfreundlichem Gruss

Ihr René Gabriel

P.S. Seien Sie bitte nicht neidisch, wenn Sie in diesem Buch blättern! Ich kann mir gut vorstellen, dass solche Gefühle aufkommen können, wenn Sie entdecken, dass ich die Gunst hatte, die grössten und teuersten Bordeaux-Weine, die es in diesem Jahrhundert gibt, gleich mehrere Male zu verkosten respektive zu trinken.

Ein bisschen Egoismus steckt zwar in jedem von uns, also auch in mir. Trotzdem war ich, auch in den schönsten und weinseligsten Momenten, nie so egoistisch, nur an mich selbst zu denken (einzige Ausnahme bei einer Magnum Lafite-Rothschild 1959 in Baden-Baden). Trotz lähmender Trance oder auch unbeschreiblichem Glücksgefühl habe ich nie als „Endverbraucher" gehandelt, sondern oft mit letzter Kraft zum Schreibstift gegriffen und mir Notizen für dieses Buch gemacht. Für jene Weinfreunde, die selbst solche Weine im Keller haben und nicht wissen, wann die schönste Genussreife eintritt, oder für diejenigen, die einfach einmal mitträumen möchten. Vielleicht aber auch, um Ihnen - bei schlechter bewerteten Weinen - einige Enttäuschungen zu ersparen, bevor Sie teures Lehrgeld dafür bezahlen.

Punkte als Messeinheit

PUNKTE ALS MESSEINHEIT

Lässt sich Weingenuss eigentlich messen? Sicherlich nicht. Aber Qualität lässt sich definieren. Ein gutes Beispiel stellen die Wertungen beim Eiskunstlauf dar. Freilich können dabei die Ansichten unterschiedlicher Art sein, was sich dann prompt im Punkteunterschied der einzelnen Juroren ausdrückt. Somit werden automatisch die Juroren wiederum vom Publikum beklatscht oder ausgepfiffen. Ich kenne viele Mövenpick-Kunden, die zum Beispiel der Wertung von Robert Parker bedeutend mehr Stellenwert bei ihren Einkaufsentscheiden zumessen als den Publikationen vom Wine-Spectator.

Von den Sternen der ersten Buchausgabe habe ich Abschied genommen. Sterne deuten zwar auf mehr Toleranz hin, sind aber zu ungenau. Am genauesten wären halbe oder gar Viertelspunkte. Doch Weindegustieren hat mit den Zehntels- oder gar Hundertstelsekunden, wie diese beim Spitzensport verwendet werden, nichts, aber auch rein gar nichts zu tun. Ich verstehe die Punktewertungen so, dass diese dazu dienen einen Wein einer gewissen Qualitätskategorie zuzuordnen. Den Verteilerschlüssel versuche ich Ihnen in „biblischer" Form zu erklären:

10/20 Unannehmbar
Eine Frechheit einen solchen Wein in eine Flasche abzufüllen. Solche Qualitäten müssen der Distillerie für die Produktion von Industriealkohol zugeführt werden.

11/20 Schwach
Nur ein verarmter oder ambitionsloser Winzer setzt bei einer solchen Qualität seinen Namen auf das Etikett. Auf alle Fälle würde auch er sich sicherlich weigern, von seinem eigenen Wein eine ganze Flasche alleine trinken zu müssen.

12/20 Ungenügend
Noch immer reicht die Qualität nicht aus, um dem Ansehen des Weingutes gerecht zu werden. Am besten soll dieser Winzer seinen Wein einem Händler in Bordeaux anonym verkaufen, damit ein herrlicher Markenwein entstehen kann - für anspruchslose "Geniesser".

13/20 Unterdurchschnittlich
Gemessen am Potential eines Jahrganges und im Vergleich zu den Weinen aus den Nachbargütern unter dem Durchschnitt. Diese Weine serviere ich nicht in Gläsern, sondern aus Kochtöpfen in Saucenform!

14/20 Befriedigend
Das ist die unterste Qualitätsstufe für mich, um überhaupt ein paar lobende Worte in der Zeugnissprache für die Beschreibung einen Weines zu verwenden. Ordentliche Weine, trinkbar. Kann ich hier auswählen zwischen einem solchen Wein und einem frisch gezapften Bier, dann entscheide ich mich für Gerste und Malz.

15/20 Gut
Im einsilbigen Wort liegt die ganze Erklärung schon drin. Gut heisst ja! Je günstiger ein Wein in dieser Kategorie ist, desto mehr Wert hat er. Daraus entsteht der Begriff: Preis-Genuss-Verhältnis. Meist sind dies gastronomische Weine in der Fruchtphase mit angenehmen Tanninen. Der unkomplizierte Genuss entlockt beim Kommentieren meist nur ein einziges Wort: <<Gut!>>

16/20 Sehr gut
Jetzt wird es langsam aber sicher interessant. In der richtigen Genussphase kann ein 16/20 Punkte-Wein auch einem nicht allzu versnobten Bordeaux-Freund grosse Freude machen. (siehe dazu die Weingeschichte: "Genuss contra Punkte", Seite 329). In dieser Klassierung finden sich die Sieger von ganz schlechten Jahrgängen, oder die Verlierer aus grossen Jahrgängen. Meist gibt es hier Entdeckungen für wenig Geld zu machen. Und auch der Beweis: Dass ein sehr guter Bordeaux gar nicht zu teuer ist!

17/20 Gross
Mehr als vierhundert Weine haben diese Auszeichnung erhalten. Der direkte Vergleich der aufgelisteten Weine und Jahrgänge mag schockieren. Der Palmer 1986, der bald hundert Franken kostet, hat die gleiche Punktezahl wie ein Pibran 1989, der für etwa dreissig Franken zu haben ist. Da ich keine halben Punkte gebe, hat beim Entscheid, ob ein Wein 16 oder 17 Punkte macht, oft schon das David Goliath-Syndrom zur Aufrundung geführt.

18/20 Ausserordentlich
Jetzt gibt es kein Pardon mehr. Der Preis spielt nun auch keine Rolle mehr, zumindest bei Vergebung von Punkten. Beim Weineinkauf ist das natürlich wieder etwas anderes. 18/20-Weine fallen in Blinddegustationen auf. Sie haben etwas besonderes, zeigen Kraft, Konzentration und mehr als nur eine gewisse Grösse. Die Qualität dieser Weine ist, wie es eben der Name schon sagt, ausserordentlich! Manchmal tummeln sich auch nicht ganz optimale Flaschen von sonst höher bewerteten Weinen auf dieser Ebene oder Weine, die sich trotz gewaltigem Potential in einer unmöglichen Form zeigen. Auch Mauerblümchen schaffen in ihrer Tageshöchstform 18/20 Punkte. Die grösste Überraschung beweist der 75er La Tournefeuille aus Lalande-de-Pomerol, der eine ganze Degustationsrunde an einer Pomerol-Blindprobe an der Nase herumführte. Drei Weine müssen mit der Reife diese Theorie erst noch beweisen: 1985 St-Pierre, 1989 d'Armailhac und der La Tour-Haut-Caussan 1990.

19/20 Spitzenwein
Gut 130 Weine erhalten diese symbolische Silbermedaille. Davon sind die Hälfte älter als dreissig Jahre. In diesem Punktesegment sind auch einige einst als Jahrhundertweine gehandelte Flaschen dabei, die am verblassen sind. Anderen Weinen fehlt just ein Quentchen Fines-

se, die manche Premiers haben. Bei den jüngeren Weinen sind einige Anwärter auf die Maximalpunktezahl dabei, die sie dann erreichen können, wenn sich die Genussreife einstellen wird.
Heisseste Kandidaten für die 20/20 Aufstufung: 1986 Margaux, 1989 La Mission-Haut-Brion, 1989 Lafleur und 1990 Haut-Brion.

20/20 Jahrhundertwein

39 Weine! Es gibt so viele Jahrhundertweine wie Spitzenköche auf der Welt. Vergleicht man diese Behauptung nach Punkten, so wird klar ersichtlich, dass all diesen Köchen immer ein halber Punkt fehlt. Der Gault Millau vergiebt nie 20/20, sondern hartnäckig nur 19,5/20. Nach dem Motto: "Nobody is perfect!". Klar, es gibt immer etwas auszusetzen. Nur wenn dem so wäre, dann dürfte das Metermass auch nur 99 Centimeter betragen. Es gibt viele Leser, die eine Zeitung nur lesen, in der Hoffnung einen Druckfehler zu finden, dabei wird die grundsätzliche Qualität des Artikels gar nicht beachtet. Wer nicht geniessen kann, wird nie begreifen, welch göttliches Getränk ein „Jahrhundertwein" sein kann. Er wird den Wein, die Note und schon gar nicht den Degustator verstehen, der die Punkte vergeben hat.
Vielleicht stimmt aber auch die Temperatur des Weines oder die Form des Glases nicht, vielleicht ist es auch eine nicht optimale Flasche. Vielleicht liegt es jedoch auch schlichtweg am Weingeniesser selbst.
Wer eine Magenverstimmung hat, soll den Arzt aufsuchen, nicht aber einen Spitzenkoch. Zum absoluten Genuss braucht es alle Elemente, die ich aufgezählt habe und noch eine Vielzahl mehr dazu. Es muss eben alles stimmen, damit die 20/20 erreicht werden können. Nicht immer ist der Wein in Spitzenform. Dafür unterliegt er als lebendiges Produkt allzu grossen Schwankungen. Sie sehen auch an meinen Aufzeichnungen, dass einige dieser Jahrhundertweine Wertungen von 17/20 bis 20/20 erhielten. Manchmal ist es von zehn Aufzeichnungen nur einmal die Maximalnote.

In jedem Falle mische ich hier Genuss mit Potential. Wie ist das zu verstehen? Vergleicht man in den nächsten fünf Jahren den 89er Clinet mit dem 89er Pétrus, dann hat Pétrus keine Chance. Der Clinet ist erschlagend. Einem Bulldozer gleich räumt er das ganze Feld auf die Seite. Lässt man die Gläser stehen und vergleicht nochmals nach vier Stunden, dann ist die Differenz bereits markant kleiner. Lässt man die Flaschen liegen und macht dieselbe Probe nochmals in zehn Jahren, dann fängt sich das Blatt sicherlich zu wenden an. Deshalb sind alle Wertungen vom Pétrus 1971 an abwärts mehrheitlich reine Genusswertungen. Die Weine sind reif, halten sich aber aufgrund ihrer Grösse oft noch Jahrzehnte lang. Von den 75ern an aufwärts sind es potentiallastige Wertungen. Der Beweis, ob es sich hier effektiv um einen Jahrhundertwein handelt, wird sich erst dann definitiv einstellen, wenn die Genussreife erreicht ist. Gleich einer Gerichtsverhandlung, die von Instanz zu Instanz über Jahrzehnte weitergezogen wird, bis dann endlich das positive Urteil gefällt wird.

21/20 Legende

Und irgendwann reichen die Messgeräte nicht mehr aus. Beim 37er d'Yquem habe ich mich ernsthaft gefragt, ob es möglich ist, mit einer Sofortbildkamera das Universum zu fotografieren. Beim Cheval-Blanc 1947 stellte ich mir die Überlegung an, ob eine Magnum wohl doppelt so viele Punkte machen müsse wie eine Normalflasche? Gemessen an seiner unergründlichen Tiefe, kann man behaupten, dass das Meer trotz Wellengang und rundem Globus absolut flach ist. Trotzdem gibt es Eisberge, die herausragen. Man kann die Weinbewertungen auch mit einer Pyramide vergleichen. Je höher man ist, desto weniger Platz hat es. An der Spitze meiner Wein-Pyramide haben nur zwei legendäre Weine Platz: Château Cheval-Blanc 1947 und Château d'Yquem 1937!

Die 500 grössten Bordeaux dieses Jahrhunderts

Die 500 grössten Bordeaux-Weine

21/20

1937 d'Yquem
1947 Cheval-Blanc

20/20

1921 d'Yquem
1945 d'Yquem
1945 Haut-Brion
1945 Mouton-Rothschild
1947 Lafleur
1947 Mouton-Rothschild
1947 Pétrus
1950 Lafleur
1953 Lafite-Rothschild
1953 Mouton-Rothschild
1955 Lafleur
1959 Lafite-Rothschild
1959 Mouton-Rothschild
1959 Latour
1959 Pétrus
1961 Cheval-Blanc
1961 Haut-Brion
1961 Mission-Haut-Brion
1961 Latour
1961 Palmer
1967 d'Yquem
1970 Lafleur
1971 Pétrus
1975 d'Yquem
1975 Lafleur
1975 Mission-Haut-Brion
1975 Pétrus
1982 Cheval-Blanc
1982 Léoville-Las-Cases
1982 Mouton-Rothschild
1983 Margaux
1986 Mouton-Rothschild
1989 Clinet
1989 Haut-Brion
1989 Pétrus
1990 Latour
1990 Margaux
1990 Montrose
1990 Pétrus

19/20

1900 Margaux
1926 Haut-Brion
1926 Pichon-Lalande
1928 Lafite-Rothschild
1928 Larcis-Ducasse
1928 Mouton-Rothschild
1929 Mission-Haut-Brion
1937 Climens
1937 Coutet
1937 Gilette
1937 Liot
1937 Suduiraut
1945 Mission-Haut-Brion
1945 Latour
1945 La Fleur-Pétrus
1945 Palmer
1945 Pétrus
1945 Suduiraut
1947 Climens
1947 Margaux
1949 Margaux
1952 Lafleur
1953 Grand-Puy-Lacoste
1953 Gruaud-Larose
1953 Haut-Brion
1953 Latour
1953 Lynch-Bages
1955 Mission-Haut-Brion
1955 Latour
1955 Lynch-Bages
1959 Carruades de Lafite
1959 Cheval-Blanc
1959 Figeac
1959 Haut-Brion
1959 Montrose
1959 Pichon-Baron
1959 Palmer
1961 Canon-La-Gaffelière
1961 Ducru-Beaucaillou
1961 Figeac
1961 Lafite-Rothschild
1961 Mouton-Rothschild
1961 La Lagune
1961 Mission-Haut-Brion
1961 Lascombes
1961 Mouton-Baron-Philippe
1961 Pétrus
1961 Vieux Ch. Certan
1962 Gazin
1962 Gruaud-Larose
1962 Mouton-Rothschild
1964 Clinet
1964 Latour
1966 Cheval-Blanc
1966 Haut-Brion
1966 Mission-Haut-Brion
1966 Latour
1966 Lynch-Bages
1966 Palmer
1967 Suduiraut
1970 de Fargues
1970 La Lagune
1970 Latour
1970 Lynch-Bages
1970 Montrose
1970 Pétrus
1971 Trotanoy
1975 Figeac
1978 Ducru-Beaucaillou
1978 Mission-Haut-Brion
1979 Grand-Puy-Lacoste
1979 Haut-Brion
1979 Margaux
1982 Cos d'Estournel
1982 Grand-Puy-Lacoste
1982 Figeac
1982 Gruaud-Larose
1982 Haut-Brion
1982 Haut-Brion, blanc
1982 Lafleur
1982 Lafite-Rothschild
1982 Latour
1982 Pétrus
1982 Pichon-Lalande
1983 Climens
1983 Lafleur
1983 Mission-Haut-Brion
1983 Le Pin
1983 Palmer
1983 d'Yquem
1985 Margaux
1985 L'Eglise-Clinet
1985 L'Evangile
1986 Gruaud-Larose
1986 Haut-Brion
1986 Lafite-Rothschild
1986 Margaux
1986 Le Pin
1986 Léoville-Las-Cases
1986 d'Yquem
1988 L'Angélus
1988 Cos d'Estournel
1988 Domaine de Chevalier, bl.
1988 Margaux
1988 d'Yquem
1989 Ducru-Beaucaillou
1989 Grand-Puy-Lacoste
1989 Lafleur
1989 Lafite-Rothschild
1989 Mission-Haut-Brion
1989 Lynch-Bages
1989 Montrose
1989 Palmer

Gabriel

1989 Pavie
1990 Ausone
1990 Beauséjour-Duffau-Lagarrosse
1990 Cheval-Blanc
1990 Haut-Brion
1990 Lafleur
1990 Mission-Haut-Brion
1990 Magdelaine
1990 Palmer
1990 Pape-Clément
1990 Le Pin
1990 Rieussec
1990 Troplong-Mondot
1990 Trotanoy
1993 Pétrus

18/20

1921 Coutet
1921 Gruaud-Larose
1926 Cheval-Blanc
1928 Cheval-Blanc
1928 La Conseillante
1928 Latour
1928 Léoville-Las-Cases
1928 Montrose
1928 Palmer
1928 Poujeaux
1929 Margaux
1934 Mission-Haut-Brion
1937 d'Arche
1937 Doisy-Daëne
1945 Beychevelle
1945 Gruaud-Larose
1945 Léoville-Poyferré
1947 Haut-Brion
1947 Lafite-Rothschild
1947 Palmer
1949 Clinet
1949 Haut-Brion
1949 Mission-Haut-Brion
1949 Latour-à-Pomerol
1949 Mouton-Rothschild
1949 Pétrus
1950 Clinet
1950 La Fleur-Pétrus
1950 Pétrus
1952 Pétrus
1953 Cheval-Blanc
1953 Margaux
1953 Palmer
1953 Trottevieille
1953 d'Yquem
1955 Cheval-Blanc
1955 Gruaud-Larose
1955 Lafite-Rothschild

1955 Pétrus
1959 Ausone
1959 Ducru-Beaucaillou
1959 Mission-Haut-Brion
1959 Lascombes
1959 Léoville-Poyferré
1959 Lynch-Bages
1959 d'Yquem
1961 Ausone
1961 L'Arrosée
1961 L'Eglise-Clinet
1961 Grand-Puy-Lacoste
1961 Lafleur
1961 Lagrange
1961 Margaux
1961 Pichon-Baron
1961 Poujeaux
1962 L'Arrosée
1962 Beychevelle
1962 Domaine de Chevalier, blanc
1962 Palmer
1962 Pétrus
1962 d'Yquem
1964 Ausone
1964 Beychevelle
1964 Cheval-Blanc
1964 Domaine de Chevalier, blanc
1964 Figeac
1964 La Lagune
1964 Mission-Haut-Brion
1964 Latour-à-Pomerol
1964 Léoville-Las-Cases
1966 Ausone
1966 Beychevelle
1966 Ducru-Beaucaillou
1966 Gazin
1966 Gruaud-Larose
1966 Lafleur
1966 Magdelaine
1966 Mouton-Baron-Philippe
1967 Pétrus
1970 Ducru-Beaucaillou
1970 Giscours
1970 Léoville-Las-Cases
1970 Mouton-Baron-Philippe
1970 Mouton-Rothschild
1970 Palmer
1970 Pichon-Lalande
1971 Cheval-Blanc
1971 Lafleur
1971 Latour
1971 d'Yquem
1975 Ausone
1975 Batailley
1975 Cheval-Blanc
1975 La Gaffelière
1975 Gazin
1975 Latour

1975 Les Forts de Latour
1975 Laville-Haut-Brion
1975 Mouton-Rothschild
1975 Palmer
1975 Tournefeuille
1975 Trotanoy
1976 d'Yquem
1978 Lafleur
1978 Latour
1978 Léoville-Las-Cases
1978 Margaux
1978 Palmer
1978 Pichon-Lalande
1978 Talbot
1979 Cheval-Blanc
1979 Clinet
1979 Lafite-Rothschild
1979 Lafleur
1979 Palmer
1979 Pétrus
1979 Trotanoy
1981 Gruaud-Larose
1981 Lafite-Rothschild
1981 Margaux
1981 Le Pin
1982 Haut-Marbuzet
1982 La Fleur-Pétrus
1982 Magdelaine
1982 Mission-Haut-Brion
1982 La Lagune
1982 Lascombes
1982 Tour-Haut-Caussan
1982 Latour-à-Pomerol
1982 Montrose
1982 Petit-Village
1982 Le Pin
1982 Suduiraut "Cuvée Madame"
1982 Trotanoy
1983 Ausone
1983 Cheval-Blanc
1983 de Fargues
1983 Lafite-Rothschild
1983 Léoville-Poyferré
1983 Mouton-Rothschild
1983 Pétrus
1983 Pichon-Lalande
1983 Rausan-Ségla
1984 d'Yquem
1985 Chasse-Spleen
1985 Cheval-Blanc
1985 La Fleur-Pétrus
1985 Grand-Puy-Lacoste
1985 Haut-Brion
1985 La Conseillante
1985 Cos d'Estournel
1985 Le Gay
1985 Lafite-Rothschild
1985 Lafleur

Die 500 grössten Bordeaux-Weine

1985 Laville-Haut-Brion
1985 Lynch-Bages
1985 Magdelaine
1985 Mouton-Rothschild
1985 Palmer
1985 Petit-Village
1985 Pétrus
1985 Poujeaux
1985 St. Pierre
1986 Le Bon-Pasteur
1986 Chasse-Spleen
1986 Cheval-Blanc
1986 Clerc-Milon
1986 Cos d'Estournel
1986 Domaine de Chevalier
1986 Grand-Puy-Lacoste
1986 Lafleur
1986 Latour
1986 Rausan-Ségla
1986 Rieussec
1987 Domaine de Chevalier, bl.
1988 Cheval-Blanc
1988 Clerc-Milon
1988 Clinet
1988 Domaine de Chevalier
1988 Ducru-Beaucaillou
1988 de Fieuzal, blanc
1988 Haut-Brion
1988 Lafite-Rothschild
1988 Lafleur
1988 Latour
1988 Léoville-Las-Cases
1988 Mouton-Rothschild
1988 Pape-Clément
1988 Du Tertre
1988 Trotanoy
1989 d'Armailhac
1989 Ausone
1989 Brane-Cantenac
1989 Cheval-Blanc
1989 Clos Fourtet
1989 La Conseillante
1989 Doisy-Védrines
1989 Figeac
1989 La Fleur-de-Gay
1989 Le Gay
1989 Lafaurie-Peyraguey
1989 Latour
1989 Léoville-Barton
1989 Léoville-Las-Cases
1989 Monbrison
1989 Pavillon Blanc
1989 Pichon-Lalande
1989 Tour-Haut-Caussan
1989 Troplong-Mondot
1989 Vieux Ch. Certan
1990 L'Angélus
1990 Batailley

1990 Certan de May
1990 Clerc-Milon
1990 Climens
1990 Clinet
1990 Clos du Clocher
1990 La Conseillante
1990 Cos d'Estournel
1990 Ducru-Beaucaillou
1990 L'Evangile
1990 de Fieuzal, blanc
1990 de Fieuzal
1990 Figeac
1990 Le Gay
1990 Gazin
1990 Grand-Mayne
1990 Grand-Puy-Lacoste
1990 Lafite-Rothschild
1990 Tour-Haut-Caussan
1990 Les Forts de Latour
1990 Léoville-Las-Cases
1990 Léoville-Poyferré
1990 Lynch-Bages
1990 Pichon-Baron
1990 Sociando-Mallet
1990 St. Pierre
1990 Tertre-Rôteboeuf
1991 Margaux
1992 de Fieuzal, blanc
1992 Gazin
1992 Lafite-Rothschild
1992 Troplong-Mondot
1993 L'Angélus
1993 Ausone
1993 Certan de May
1993 La Conseillante
1990 La Croix
1993 La Dominique
1993 L'Evangile
1993 Haut-Brion
1993 Lafleur
1993 Léoville-Barton
1993 Margaux
1993 Mouton-Rothschild

17/20

Bordeaux blanc und Graves:
1943 Pavillon Blanc
1975 Domaine de Chevalier
1978 Pavillon Blanc
1979 Domaine de Chevalier
1980 Pavillon Blanc
1981 Domaine de Chevalier
1982 Domaine de Chevalier
1983 Domaine de Chevalier
1985 Domaine de Chevalier

1985 Pavillon Blanc
1985 "Y" d'Yquem
1986 Domaine de Chevalier
1986 Pavillon Blanc
1987 Talbot blanc
1989 Le Bonnat
1989 Carbonnieux
1989 Domaine de Chevalier
1990 Lynch-Bages
1990 Domaine de Chevalier
1993 Lynch-Bages
1993 Domaine de Chevalier

Sauternes:
1928 Climens
1928 d'Yquem
1934 Climens
1945 Guiraud
1945 La Tour-Blanche
1949 Gilette
1949 Suduiraut
1953 Lafaurie-Peyraguey
1955 La Tour-Blanche
1957 d'Yquem
1959 Suduiraut
1961 Climens
1961 Guiraud
1961 Rabaud-Promis
1964 Climens
1966 d'Yquem
1967 Climens
1967 La Tour-Blanche
1975 Rieussec
1976 Climens
1976 Suduiraut
1980 Rieussec
1981 Lafaurie-Peyraguey
1982 Rieussec
1982 d'Yquem
1983 Doisy-Védrines
1983 Rieussec
1986 Climens
1986 Les Justices
1986 Lafaurie-Peyraguey
1988 Lafaurie-Peyraguey
1988 Rieussec
1989 De Malle
1989 Rieussec
1989 Suduiraut
1990 Doisy-Védrines
1990 de Rayne-Vigneau
1990 La Tour-Blanche

Gabriel

St. Estèphe:
- 1921 Montrose
- 1928 Cos d'Estournel
- 1953 Cos d'Estournel
- 1953 Montrose
- 1961 Montrose
- 1962 Meyney
- 1964 Montrose
- 1970 Calon-Ségur
- 1970 Haut-Marbuzet
- 1975 Cos d'Estournel
- 1976 Montrose
- 1979 Cos d'Estournel
- 1979 Haut-Marbuzet
- 1985 Haut-Marbuzet
- 1986 Haut-Marbuzet
- 1988 Montrose
- 1989 Cos d'Estournel
- 1989 Meyney
- 1989 Les Ormes-de-Pez
- 1989 Phélan-Ségur
- 1990 Beau-Site
- 1990 Les Ormes-de-Pez
- 1990 de Pez
- 1990 Phélan-Ségur
- 1991 Cos d'Estournel
- 1992 Montrose
- 1993 Cos d'Estournel
- 1993 Montrose

Pauillac:
- 1928 Lynch-Bages
- 1929 Lafite-Rothschild
- 1947 Lynch-Bages
- 1948 Mouton-Rothschild
- 1949 Latour
- 1952 Latour
- 1952 Mouton-Rothschild
- 1953 Carruades de Lafite
- 1953 Pichon-Baron
- 1955 Carruades de Lafite
- 1955 Mouton-Rothschild
- 1959 Batailley
- 1961 Lynch-Bages
- 1961 Pichon-Lalande
- 1962 Grand-Puy-Lacoste
- 1962 Haut-Batailley
- 1962 Lafite-Rothschild
- 1962 Latour
- 1962 Lynch-Bages
- 1964 Mouton-Rothschild
- 1964 Pibran
- 1966 Grand-Puy-Lacoste
- 1970 Batailley
- 1970 Duhart-Milon-Rothschild
- 1970 Les Forts de Latour
- 1973 Lafite-Rothschild
- 1975 Lynch-Bages
- 1976 Mouton-Rothschild
- 1978 Les Forts de Latour
- 1978 Lafite-Rothschild
- 1978 Mouton-Rothschild
- 1979 Latour
- 1981 Lynch-Bages
- 1982 Duhart-Milon-Rothschild
- 1982 Les Forts de Latour
- 1982 Haut-Bages-Libéral
- 1982 Lynch-Bages
- 1983 Duhart-Milon-Rothschild
- 1985 Grand-Puy-Ducasse
- 1985 Haut-Bages-Libéral
- 1985 Haut-Batailley
- 1985 Latour
- 1985 Pichon-Lalande
- 1986 Grand-Puy-Ducasse
- 1986 Lynch-Bages
- 1986 Pichon-Baron
- 1988 Carruades de Lafite
- 1988 Lynch-Bages
- 1988 Pichon-Baron
- 1989 Clerc-Milon
- 1989 Duhart-Milon-Rothschild
- 1989 Haut-Bages-Libéral
- 1989 Mouton-Rothschild
- 1989 Pibran
- 1989 Pichon-Baron
- 1990 Duhart-Milon-Rothschild
- 1990 Haut-Bages-Libéral
- 1990 Mouton-Rothschild
- 1990 Pichon-Lalande
- 1991 Latour
- 1992 Lynch-Bages
- 1992 Mouton-Rothschild
- 1993 Clerc-Milon
- 1993 Lynch-Bages
- 1993 Pichon-Baron
- 1993 Pichon-Lalande

St. Julien:
- 1906 Ducru-Beaucaillou
- 1928 Beychevelle
- 1928 Gruaud-Larose Sarget
- 1929 Léoville-Poyferré
- 1949 Ducru-Beaucaillou
- 1953 Léoville-Barton
- 1953 Léoville-Las-Cases
- 1959 Gruaud-Larose
- 1959 Léoville-Las-Cases
- 1961 Beychevelle
- 1962 Ducru-Beaucaillou
- 1966 Branaire-Ducru
- 1966 Léoville-Las-Cases
- 1970 Léoville-Poyferré
- 1971 Gruaud-Larose
- 1975 Ducru-Beaucaillou
- 1975 Gruaud-Larose
- 1975 Léoville-Barton
- 1977 Ducru-Beaucaillou
- 1978 Beychevelle
- 1978 Gruaud-Larose
- 1978 St. Pierre
- 1979 Gruaud-Larose
- 1981 Léoville-Barton
- 1982 Ducru-Beaucaillou
- 1982 Talbot
- 1983 Gruaud-Larose
- 1983 Talbot
- 1985 Ducru-Beaucaillou
- 1985 Gruaud-Larose
- 1986 Beychevelle
- 1986 Ducru-Beaucaillou
- 1986 Lagrange
- 1986 Gloria
- 1986 Langoa-Barton
- 1986 Léoville-Barton
- 1986 Léoville-Poyferré
- 1988 Branaire-Ducru
- 1988 Lagrange
- 1988 Léoville-Poyferré
- 1989 Gruaud-Larose
- 1989 Lagrange
- 1989 Léoville-Poyferré
- 1989 Talbot
- 1990 Gruaud-Larose
- 1990 Lagrange
- 1990 Léoville-Barton
- 1990 Talbot
- 1992 Gruaud-Larose
- 1992 Léoville-Barton
- 1993 Beychevelle
- 1993 Ducru-Beaucaillou
- 1993 Langoa-Barton
- 1993 Léoville-Las-Cases

Margaux:
- 1928 La Gurgue
- 1928 Margaux
- 1929 Marquis-de-Terme
- 1937 Margaux
- 1955 Margaux
- 1955 Palmer
- 1959 Margaux
- 1959 Rausan-Ségla
- 1961 Marquis-de-Terme
- 1962 Margaux
- 1966 Brane-Cantenac
- 1966 Cantenac-Brown
- 1966 Lascombes
- 1970 Cantenac-Brown
- 1975 Lascombes
- 1981 Palmer
- 1982 Margaux
- 1982 Palmer
- 1983 Pavillon Rouge

Die 500 grössten Bordeaux-Weine

1985 d'Angludet
1985 Lascombes
1986 d'Angludet
1986 Durfort-Vivens
1986 Monbrison
1986 Palmer
1988 d'Angludet
1988 Cantenac-Brown
1988 Marquis-de-Terme
1988 Monbrison
1988 Palmer
1988 Rausan-Ségla
1989 La Gurgue
1989 Lascombes
1989 Margaux
1990 Cantenac-Brown
1990 Marquis-de-Terme
1990 Pouget
1991 Palmer
1992 Prieuré-Lichine
1993 Prieuré-Lichine

Moulis:
1970 Poujeaux
1989 Poujeaux
1990 Chasse-Spleen
1990 Poujeaux
1993 Poujeaux

Médoc:
1966 La Lagune
1971 La Lagune
1975 de Camensac
1978 Potensac
1979 La Lagune
1982 Sociando-Mallet
1986 Les Ormes-Sorbet
1986 Sociando-Mallet
1988 de Camensac
1988 Citran
1989 Citran
1989 Liversan
1989 Sénéjac
1989 Sociando-Mallet
1990 Citran
1990 Plagnac
1990 Les Ormes-Sorbet
1990 Sénéjac

Listrac:
1986 Clarke

Canon und Canon-Fronsac:
1985 La Rivière
1986 Canon-Moueix

Graves:
1928 Carbonnieux
1929 Haut-Brion
1947 Mission-Haut-Brion
1952 Mission-Haut-Brion
1953 Pape-Clément
1959 Pape-Clément
1961 Pape-Clément
1962 Domaine de Chevalier
1962 Haut-Brion
1962 Mission-Haut-Brion
1964 Haut-Brion
1966 Domaine de Chevalier
1970 de Fieuzal
1970 Haut-Bailly
1970 Haut-Brion
1971 La Tour-Haut-Brion
1978 Haut-Brion
1979 Domaine de Chevalier
1979 Haut-Bailly
1979 Malartic-Lagravière
1979 Mission-Haut-Brion
1981 Haut-Brion
1981 Mission-Haut-Brion
1982 Larrivet-Haut-Brion
1983 Domaine de Chevalier
1983 Haut-Bailly
1983 Haut-Brion
1984 Domaine de Chevalier
1985 Domaine de Chevalier
1985 de Fieuzal
1985 Mission-Haut-Brion
1986 Pape-Clément
1988 Haut-Bailly
1988 Mission-Haut-Brion
1989 Domaine de Chevalier
1989 de Fieuzal
1989 Haut-Bailly
1989 Pape-Clément
1990 Domaine de Chevalier
1990 Haut-Bailly
1992 Mission-Haut-Brion
1993 Domaine de Chevalier
1993 Mission-Haut-Brion

Pomerol:
1928 Pétrus
1949 La Conseillante
1953 Clos L'Eglise
1953 La Fleur-Pétrus
1953 Pétrus
1955 Latour-à-Pomerol
1962 La Fleur-Pétrus
1962 Trotanoy
1964 Trotanoy
1964 Vieux Ch. Certan
1970 La Conseillante
1970 L'Evangile
1971 La Fleur-Pétrus
1975 Latour-à-Pomerol
1978 La Fleur-Pétrus
1978 Trotanoy
1978 Vieux Ch. Certan
1979 Certan de May
1979 L'Eglise-Clinet
1979 La Fleur-Pétrus
1979 Gazin
1979 Latour-à-Pomerol
1981 La Fleur-Pétrus
1981 Latour-à-Pomerol
1981 Pétrus
1982 Vieux Ch. Certan
1983 Gazin
1983 Latour-à-Pomerol
1983 Petit-Village
1983 Trotanoy
1983 Vieux Ch. Certan
1985 La Fleur-de-Gay
1985 Latour-à-Pomerol
1985 Vieux Ch. Certan
1986 Clos du Clocher
1986 L'Eglise-Clinet
1986 La Fleur-de-Gay
1986 Petit-Village
1986 Pétrus
1986 Vieux Ch. Certan
1987 Clinet
1987 Le Pin
1988 Le Bon-Pasteur
1988 Certan de May
1988 La Fleur-de-Gay
1988 Gazin
1988 Moulinet
1988 Petit-Village
1988 Pétrus
1988 Le Pin
1988 Vieux Ch. Certan
1989 Le Bon-Pasteur
1989 Bourgneuf
1989 Clos du Clocher
1989 Clos L'Eglise
1989 L'Evangile
1989 Gazin
1989 La Grave-Trigant-de-Boisset
1989 Latour-à-Pomerol
1989 Petit-Village
1989 Le Pin
1989 Trotanoy
1990 Le Bon-Pasteur
1990 Clos L'Eglise
1990 La Croix-du-Casse
1990 La Croix-de-Gay
1990 L'Eglise-Clinet
1990 La Fleur-de-Gay
1990 Gombaude-Guillot
1990 Guillot

Gabriel

1990 La Grave-Trigant-de-Boisset
1990 Lagrange
1990 Pensées de Lafleur
1990 Petit-Village
1990 Rouget
1990 Vieux Ch. Certan
1991 Le Pin
1992 Lafleur
1993 Clinet
1993 Clos du Clocher
1993 L'Eglise-Clinet
1993 Gazin
1993 Lagrange
1993 Le Pin
1993 Trotanoy

St-Emilion:
1945 Laroze
1949 Cheval-Blanc
1950 Cheval-Blanc
1953 Pavie
1955 Ausone
1957 L'Arrosée
1961 L'Angélus
1961 Pavie
1962 Ausone
1964 Canon
1964 Magdelaine
1964 Pavie
1966 Larcis-Ducasse
1970 Canon
1970 Cheval-Blanc
1970 Magdelaine
1976 Ausone
1979 Figeac
1981 Cheval-Blanc
1982 Ausone
1982 Canon
1982 Larcis-Ducasse
1982 Pavie
1983 L'Angélus
1983 Canon
1983 Figeac
1983 Pavie
1985 L'Arrosée
1985 Canon
1985 Clos Fourtet
1985 Pavie
1986 L'Arrosée
1986 Ausone
1986 Belair
1986 Clos Fourtet
1986 Figeac
1986 Pavie
1986 Tertre-Rôteboeuf
1986 Troplong-Mondot
1988 Canon-La-Gaffelière
1988 Clos Fourtet

1988 Figeac
1988 Grand-Mayne
1988 Magdelaine
1988 Troplong-Mondot
1989 L'Angélus
1989 Canon
1989 Clos des Jacobins
1989 La Dominique
1989 Magdelaine
1989 Tertre-Rôteboeuf
1990 L'Arrosée
1990 Belair
1990 Canon
1990 Canon-La-Gaffelière
1990 Clos Fourtet
1990 Fonroque
1990 Franc-Mayne
1990 La Gaffelière
1990 Larmande
1990 St-André-Corbin
1992 L'Angélus
1992 Ausone
1993 Belair
1993 Canon-la-Gaffelière
1993 Cheval-Blanc
1993 Figeac
1993 Larmande
1993 Magdelaine
1993 Troplong-Mondot

St. Estèphe

Grösster Wein:
1990 Montrose

Bester Wert:
1988 Cos d'Estournel

St. Estèphe

CHÂTEAU BEAU-SITE

1966 Beau-Site   **16/20**
90: Tiefe, kräftige Farbe, dunkel. Kraftvolle, animalische Médoc-Nase. Kaffee und Trüffel. Ein kleiner Latour. Zwar etwas bourgeois, aber davon in der besten Klasse.
16/20 trinken

1985 Beau-Site   **15/20**
92: Ein kräftiger, bourgeoiser Wein mit Stoff und Biss.
15/20 trinken - 2000

1987 Beau-Site   **12/20**
90: Recht tiefe Farbe, Efeuton, wirkt für mich als 87er zu trocken.   12/20 1992 - 1999

1988 Beau-Site   **14/20**
90: Faszinierendes Bouquet, bereits ein wenig geöffnet, markante Tannine, wirkt deshalb etwas zähflüssig.
14/20 1994 - 2006

1989 Beau-Site   **14/20**
90: Violette Farbe, Kirschenaromen, in der Tanninstruktur hart und sogar metallisch. Mineralspuren.
14/20 trinken ab 1996
92: Arrivage: Violett-Granat mit Wasserrand. Geraniol, friaulische Cabernet Franc-Note. Pflanzlicher Gaumen, wiederum grüner Peperoniton. Braucht Zeit. 14/20 1996 - 2005

1990 Beau-Site   **17/20**
91: April: Mittleres Granat-Purpur. Offene, versprechende, anspringende Nase. Leder, Toast, Baumnuss und Waldhimbeeren, wuchtig. Im Gaumen extrem fleischig, dicht und stoffig. Gesundes Extrakt, zum Kauen. Ein mächtiger Bauer. Brunello-Typ mit immensem Alterungspotential.   17/20 2000 - 2020

1992 Beau-Site   **14/20**
93: Violett-Schwarz. Defensiver Terroirton, Backpflaumen. Das Holz dominiert im Moment, trockene Struktur.
14/20 1997 - 2008

1993 Beau-Site   **15/20**
94: Mittleres Rubin. Rotbeeriges Bouquet, Kirschen, Himbeeren. Holpriger Gaumen, rustikal aber viel gesundes Fleischextrakt, reifeverlangend.   15/20 2000 - 2013

CHÂTEAU CALON-SÉGUR

Dieses Château hat bei mir sehr wenig Chancen. Besonders die neuen Jahrgänge sind ihr Geld nicht wert. Man spricht zwar oft von ältern, grossen Jahrgängen, aber leider bin ich bis heute, ausser dem 70er, keinem begegnet. Schade, mein Privatkeller ist derart gerangelt voll, dass keine einzige Flasche Calon-Ségur Platz hat...

1959 Calon-Ségur   **15/20**
90: Tiefe, undurchdringliche Farbe. Klassisches Bouquet. Viel Würze, jedoch trocken, etwas vordergründig.
15/20 trinken

1967 Calon-Ségur   **13/20**
87: Öffnend. Metallische Nase. Im Gaumen kernig und rauh.
13/20 austrinken

1970 Calon-Ségur   **17/20**
91: Reife Farbe mit einem intakten Granat. Offene Nase, Leder, Trüffel, animalische Note mit tiefem Terroirgeschmack. Im Gaumen typischer St. Estèphe, also klassischer Médoc. Trockene Substanz, jedoch nicht so eine bleichige Säure, wie man dies von anderen 70ern gewohnt ist. Jetzt mit viel Vergnügen trinken, besonders wer Bordeaux der alten Schule liebt.   17/20 trinken - 2000

1978 Calon-Ségur   **16/20**
92: Granat-Braun. Süsse Lakritzen-Butternase, Kakao und Backpflaumen. Weicher, charmanter Gaumenfluss mit feinem Biss.   16/20 trinken
92: Wiederum recht gut degustiert.   16/20 trinken - 2004

1982 Calon-Ségur   **15/20**
94: Mittleres Granat, aufhellend. Das Bouquet ist erst verhalten und zeigt nach ein paar Minuten Terroirnoten, wenig Fülle. Metallischer Gaumen, fast drahtig und für einen 82er viel zu wenig Souplesse, die Säure dominiert den Wein. Schlechte Leistung.   15/20 trinken - 2010

1983 Calon-Ségur   **14/20**
87: Aufhellendes Granat. Zurückhaltendes Bouquet, heisses Traubengut. Zäher Brocken, im Gaumen mit holpriger, rustikaler Struktur.   14/20 trinken - 2005

1984 Calon-Ségur   **13/20**
94: Halbe Flasche. Sehr reife Farbe, starker Wasserrand. Oxydatives, eher unappetitliches Bouquet. Rauhe, pelzige Struktur, mittlerer Charme.   13/20 vorbei

1985 Calon-Ségur   **14/20**
88: Transparentes, dichtes Granat. In der Nase schnelle Evolution. Im Gaumen weniger gefällig - altes Holzspiel.
14/20 1993 - 2005

1986 Calon-Ségur 14/20
89: Kirschrot. Zedern, Graphitnase. Metallische Spuren (Zink?). Grob gewoben, zu viel sekundäres Tannin.
14/20 1994 - 2010

1988 Calon-Ségur ??/20
89: Zibetton, unsauber, bitter, trocken, hart ??

1989 Calon-Ségur 14/20
90: Mittlere Farbdichte. Fleischiges Bouquet. Zibetton. Extrem pfeffrige Säure. Im Gaumen fleischig. Fehlt an Konzentration. Zu leicht geraten. Schlechtes Preis-Leistungs-Verhältnis.
14/20 1997 - 2010

1990 Calon-Ségur 16/20
91: Sehr soft, beerig, füllig. Elegant, aber nicht die erwartete Grösse. 15/20 trinken ab 1995
93: Mittleres Granat. Rotbeerige Nase, Erdbeeren, schön ausladend. Fester Körperbau, etwas rustikal, die Frucht wirkt im Finale gekocht, starke Adstringenz, bourgeoiser Wein. 16/20 2000 - 2015

1991 Calon-Ségur 12/20
92: Dünnes Purpur mit Reifereflexen. Faule Nase. Extrem wenig Säure, keine Struktur, sehr mager.
12/20 trinken - 1996

1992 Calon-Ségur 12/20
93: Sehr helle Farbe, starker Wasserrand. Gemüsiges Bouquet, wenig ansprechend. Aufgedunsene Gaumentextur, lose gewoben, unharmonisch. 12/20 1996 - 2004
Ein anderes Muster wurde gar deklassiert. Mit chemischem, undefinierbarem Ton, Spuren von Restzuckergehalt??

1993 Calon-Ségur 14/20
94: Die hellste Farbe aller degustierten St. Estèphes. Rubin mit hellem Wasserrand. Offenes, kompottartiges Bouquet. Süffiger, wässriger Gaumen, wenig Gerbstoffe, ein schwacher 93er. 14/20 1998 - 2005

Château Chambert-Marbuzet

Aus gleichem Rennstall wie der Haut-Marbuzet, jedoch ein bedeutend langsameres Pferd. In der Regel ein recht früh zugänglicher Wein - ein gezähmter St. Estèphe!

1988 Chambert-Marbuzet 14/20
90: Reift recht schnell, Kaffee und Schokolade. 15/20 bald
91: Mittleres Granat mit orangem Rand. Pflaumig, fett, Kaffee. Wenig Struktur und Konzentration. Schnellreifender, einfacher Wein. 14/20 1993 - 1998

1989 Chambert-Marbuzet 15/20
90: Auf dem Château degustiert. Das Muster wirkte müde und ohne grosse Ambitionen. Diesen Eindruck teilte ich Henri Dubosq mit, der erst beleidigt wirkte, mich danach jedoch direkt ab dem Fass degustieren liess. Er musste mir dann recht geben, denn dieser Wein wirkte frischer, fruchtiger und viel weniger müde. Markantes Holz in der Struktur, mittelreife Tannine, was ihn etwas kernig macht.
13/20 wieder degustieren!
91: 2.9g Säure, 70 % neue Barriquen. Granat-Purpur. Süss, heiss, rotbeerig, Kaffee, Feigen, Butter. Feine Würze in den Tanninen, die mit Fett umgeben sind. Belegte Zunge durch trockene Tanninstruktur, relativ feines Finish. Mittleres Potential. 15/20 1994 - 2000
92: Granat mit leicht oranger Färbung am Rand. Offen, konfitürig, Hagebuttengelee, füllig, burgundisch. Im Gaumen mineralische Note, leicht pelzig, wirkt fast zu süss und zu fett. Es bleibt am Schluss eine Paprikapulvernote auf der Zunge zurück. 14/20 1994 - 2000

1990 Chambert-Marbuzet 16/20
91: Klares, brillantes Granat. Würzige Nase mit Waldfrüchten. Sandiges Extrakt mit trockenem Barriquenspiel, über der Struktur Souplesse. Kaffeefinish. 15/20 1994-2005
92: Violett-Schwarz. Kaffee, Weinbrandaromen, Brombeeren. Barbera-Finesse, recht konzentriert. Langes Finish mit blauen Kirschen und Kaffee. 16/20 1995 - 2005
93: Aufhellendes Granat. Eigenwilliges, marmeladiges und alkoholisches Bouquet. Durch Barriquen angeborene Fülle, fett, eher niedrige Säure, wirkt im Moment schwerfällig und finessenlos, trotzdem interessantes Potential.
16/20 1995 - 2008

1991 Chambert-Marbuzet 14/20
92: 3g Säure. 60 % Cabernet Sauvignon, 40 % Merlot. Mittleres Granat mit leicht rubinem Rand. Vollfruchtige Nase, Erdbeeren, Brombeeren, offen. Extrem softer Gaumen, schmelzig, saftig, feine Tanninstütze. Wird bald genussreif sein und nicht sehr lange leben. 14/20 1994 - 1998

1992 Chambert-Marbuzet 14/20
93: 1/3 neue Barriquen. Violette Reflexe, feiner Wasserrand. Florale Note, Brombeerenton, wenig Druck. Leichter Körper mit rustikaler Struktur, pelzige Zunge, die Gerbstoffe dürften reifer sein. 14/20 1996 - 2005

1993 Chambert-Marbuzet ??/20
94: Aufhellendes Rubin mit Wasserrand. Gärton in der Nase, Rotkraut, Katzenklo, unappetitlich und höchst eigenwillig. Im Gaumen ebenfalls krautig, kräuselnde Säure, Stabilisationsprobleme, eher schlanker Körper.
Keine Bewertung!

St. Estèphe

CHÂTEAU COS D'ESTOURNEL

Seit 1992 wird den Besuchern eine bemerkenswerte Dia-Show auf dem Weingut gezeigt. Wer Glück hat, wird beim Besuch von der charmanten Cathérine di Constanzo durchs Château geführt.

Die neue Art der Cos-Vinifikation entfernt sich immer mehr von einem St. Estèphe und adaptiert sich mit dem Nachbarn Lafite in Form einer fast seidigen Struktur. Das Toasting der Barriquen würde ich etwas zurücknehmen, denn es gibt dem Cos in der Jugend eine zu starke Aromendimension, die den Terroirdüften fast keinen Platz lässt. Es scheint mir auch jährlich immer mehr Merlot-Anteil im Cos zu haben.

1895 Cos d'Estournel — 15/20
92: Eine neu konditionierte Flasche. Tiefes Granat. Gute Terroirnote. Im Gaumen kräftige Struktur mit trockenen Gerbstoffen. Entwickelt nach 10 Minuten eine aggressive Säurenote, die den Gaumen dominiert. 15/20

1928 Cos d'Estournel — 17/20
89: Reifes Granat. Süsse Ingwernase, grossartiges Bouquet. Im Gaumen typische 28er-Struktur. Trocken. Nach wie vor gut zu trinken. 17/20 austrinken
91: An einer 28er Degustation: erneut 17/20 austrinken
91: Eine Cruse-Abfüllung: Noch dichter als die Château-Abfüllung. Offen, ausladend. Im Gaumen Terroiranzeige. Tief, kräftiges, jugendliches Tannin. Ein monumentaler Wein. 18/20 trinken, ohne zu eilen

1934 Cos d'Estournel — ??/20
91: Eine total oxydierte Händlerabfüllung.
Keine Bewertung!

1937 Cos d'Estournel — 15/20
88: Portwein-Nase, Bleiton, Karbid. Reiche, erhaltende Säure. Wirkt leicht, jedoch durchaus harmonisch.
15/20 austrinken

1945 Cos d'Estournel — 16/20
89: Ziegelrot mit wässrigem Rand. In der Nase oxydativer Kräuterton. Wiederum Portwein-Nase (wie beim 37er). Noch vorhandene Fülle und in der Säure Spuren von Frische (grün). Langer Wein. 16/20 austrinken

1947 Cos d'Estournel — 13/20
89: Überreife Farbe. Erste Oxydation, defensiv mit Schwefelton. Im Gaumen austrocknend und mit seinem massiven Säure- und Gerbstoffüberhang zähnebeschlagend, stieliges Finish. 13/20 trinken

1952 Cos d'Estournel — 16/20
93: Hellbraune Farbe. Leichter Grufton zu Beginn. Die etwas metallische Terroirnote vermischt sich mit defensiver Süsse. Feiner Körperbau, im Finish etwas oxydativ, aber noch durchaus gut zu trinken. 16/20 austrinken

1953 Cos d'Estournel — 17/20
93: Eine total oxydierte Château-Abfüllung mit mittlerer Schulter.
93: Ginestet-Abfüllung: Granat mit Reife- und Wasserrand. Offenes, vielschichtiges Bouquet mit Fruchtresten. Schöner Körperbau, feingliedrig mit sandigem Fluss, angenehmes Rückaroma, gewinnt an der Luft noch an Fülle.
17/20 trinken - 2000

1957 Cos d'Estournel — 13/20
88: Dumpfe, jedoch satte Farbe. Geöffnete, blütenwürzige Nase. Im Gaumen trocken. Rustikaler Wein, dem die Finessen fehlen. 13/20 trinken

1959 Cos d'Estournel — 12/20
90: Heller Orangerand. Oxydationsnase. Trocknet schnell aus. 13/20 vorbei
93: Reifes Granatrot. Heisse Nase, wirkt verbrannt, Kohle, überreifes Traubengut. Im Gaumen trocken mit Bitterkeit im Extrakt. 12/20 vorbei

1961 Cos d'Estournel — 15/20
89: Ein erfreulicher, traditioneller 61er. Vollreif, relativ trocken, aber guter Fluss. Mit Albert Rohner getrunken.
15/20 trinken - 2005

1962 Cos d'Estournel — 16/20
88: Mittleres Granat mit wässrigem Rand. Gewürz-, Kräuterton (nasses Efeu). Konsistenter, guter Fluss, fester Körper, reifer Gerbstoff. Das Eigenartige ist, dass Cos sonst eher durch seinen trockenen Gerbstoff auffällt. Gerade im Jahr 1962, wo fast alle Weine diese Eigenschaft aufweisen, ist beim Cos von alledem praktisch nichts zu spüren!
16/20 trinken - 2000
94: Reifendes Granat mit orangen Reflexen, stark aufhellend am Rand. Rauchiges Ranchiobouquet, oxydativ. Im Gaumen zeigt er ebenfalls Oxydation, unsauber, noch knapp trinkbar. 11/20 vorbei

1966 Cos d'Estournel — 15/20
90: Recht jugendliche Farbe. Offen, dicht und konzentriert. Schwarze Beeren. Verliert nach einer gewissen Zeit an Intensität. Kapselton und trocken. 15/20 austrinken

1969 Cos d'Estournel — 11/20
88: Gibt sich mit Montrose die allergrösste Mühe, der schlechteste 69er zu sein. 11/20 weg damit

1970 Cos d'Estournel — 13/20
88: Bis jetzt nur einmal getrunken. Trocken, ohne die Qualität neuerer Jahrgänge. Blechig. 13/20 trinken - 1995
91: Die Farbe ist das beste am Wein. Wirkt total metallisch und zähnebeschlagend, bitter und hart, darunter tödlich fortschreitende Oxydation. 12/20 austrinken
94: Eine Flasche, die für etwa 2 Minuten lang 16/20 machte, dann aber oxydativ wie ein Kartenhaus zusammenfiel.
13/20 vorbei

1971 Cos d'Estournel 13/20
86: Braun, trocken, metallische Säure. 12/20 vorbei
91: Reife Farbe mit blassem Orangerand. Fette Caramelsüsse und ranzige Haselnuss. Schönes Médoc-Lederbouquet. Extrem trockene Tanninstruktur, Goût de Capsule. Trocknet aus. 13/20 austrinken

1973 Cos d'Estournel 16/20
91: In einer Serie von den Jahrgängen 1971, 73 und 76 der beste Wein! Volles, reifes Granat. Kartonfilter, Kaffee. Wirkt feminin und grazil im Gaumen. Ein wahres Trinkvergnügen. 16/20 austrinken

1975 Cos d'Estournel 17/20
91: Auf dem Château während eines Mittagessens getrunken. Kräftige Farbe mit orangfarbenem Rand. Die Nase zeigt den Beginn der ersten Reife. Wirkt konzentriert mit jungem, positivem Tannin. Einer der wenigen 75er, der es langsam aber doch sicher bringt. 17/20 trinken - 2005
94: Reifendes, aufhellendes Granat. Süsse, buttrig-laktische Nase. Saftiger Gaumen, schöner Schmelz in den Gerbstoffen, dunkles Caramel und Black-Currant im Finish. 16/20 trinken - 2002

1976 Cos d'Estournel 14/20
88: Eher pflaumige Farbe. Goût rôti. Trockener Fluss. 13/20 trinken
90: Wird müde und trocknet aus. 14/20 vorbei
91: Eine Flasche aus dem Châteaukeller: Süsses Bouquet mit Blutgeschmack vermischt (Les Jumelles), Trüffel und chinesische, getrocknete Pilze. Sehr trocken. 14/20 trinken
92: War mehr als eine Stunde lang vorher dekantiert worden. Leder, animalische Note, stielige Tannine. Trocknet aber aus. Ohne zu dekantieren, trinken. 14/20 austrinken

1978 Cos d'Estournel 15/20
88: Gut strukturierter St. Estèphe. Ich würde mir wünschen, er hätte ein bisschen mehr Fett. 15/20 trinken
90: Erntebeginn am 10. Oktober. Heller als der 79er in der Farbe. Fleischiger Geschmack, Peperoni, pfeffrig und ebenfalls fleischig. Leider etwas drahtig im Körperbau. 15/20 trinken
92: Granat leuchtend, jung. Offene, reife Nase, abgeklungene Fruchtphase, Eucalyptus, Veilchen, erste Kräuternuancen. Im Gaumen typischer, kräftiger St. Estèphe. 15/20 trinken - 2003

1979 Cos d'Estournel 17/20
88: Guter, überdurchschnittlicher 79er! Satte Purpurfarbe. In der Nase vielversprechend. Im Gaumen noch erstaunliche Gerbstoffreserven. Kraft und Fleisch zugleich. Superbes Parfümspiel, welches er einmal in die Nase umsetzen wird. 17/20 trinken - 1997
91: Nach wie vor jugendliche, dichte Farbe. Fettes Nasenbouquet, fast marmeladig. Schöne Balance zwischen Frucht und Würze, leichter Amarone-Ton. Im Gaumen ebenfalls fett und weinig. Mundfüllend, runde Tannine mit Fett umgeben sowie einem feinen Parfümspiel. Trotz aller Üppigkeit bleibt er elegant und sehr ausgeglichen. 17/20 trinken - 1997
92: Violett-Schwarz, undurchdringlich. Offene, fette Nase, pflaumig, Schokolade, Rauch, Oregano, Kräuter, verdeckte Minze, süsslich. Im Gaumen voll, rund, mundfüllend. Fetter Körper, schön parfümiert, hat viel Kraft und Fleisch. Nahe an der 18 Punkte-Grenze. 17/20 trinken - 2003

1980 Cos d'Estournel 15/20
85: Ein wunderbarer Cos! Die beste Vinifikation dieses Jahrganges. Leicht mit gut proportionierten Spuren von Fleisch. Feine Tanninschichten. 16/20 trinken
Diesen Wein habe ich mindestens fünfzigmal getrunken. Der 80er war vielleicht der erste Jahrgang der neuen Zeit. Die neue Zeit - darunter verstehe ich, dass kleine Jahrgänge nicht mehr schlecht sind. Leider aber auch denkwürdige Jahre, nicht mehr denkwürdig werden. Diese Behauptung lässt sich für Laien weder erklären noch beweisen.
91: Neben zwanzig anderen Jahren von Cos getrunken und wiederum beeindruckt. Noch immer relativ frisch und für mich auf der gleichen Qualitätsstufe wie der 81er. Erste Anzeichen von angezeigter Trockenheit, Hagebuttenaromen im Finish. 15/20 austrinken

1981 Cos d'Estournel 16/20
89: Tiefe, dichte Farbe. Verschlossen wirkendes Bouquet mit feinen Würzanklängen. Im Gaumen feingliedrig und elegant. Wirkt aber noch verschlossen. 16/20 trinken ab 1991
91: Reifes Granat, fast die gleiche Farbe wie der 80er. Offene Nase, sehr merlotbetont. Chambolle-Musigny-Nuancen. Schöne Terroiranzeige. In der Säurekonstellation leicht metallisch. Wirkt im Moment vordergründig, fast scharf, bleibt insgesamt etwas trocken, weil es ihm an Fett fehlt. 16/20 trinken - 1998
92: Relativ dichte Farbe. Leichter Böckser zu Beginn. Braucht Luft (dekantieren!), Teer. Cabernet-Anzeige im Gaumen, Cassis, kräftiger Gerbstoff, fleischig. 15/20 trinken - 1997

1982 Cos d'Estournel 19/20
85: Mehrere Male getrunken, ohne viel darüber aufzuschreiben. Eben ein 82er, der ganz grossen Spass machte, selbst an einem trüben Nachmittag, einfach so getrunken zu werden. Ich bin jedoch sicher, dass sich die Weinjournalisten einmal intensiv mit diesem Wein befassen werden müssen. 19/20 1994 - 2005
87: Hat sich als einzelne Blume geschlossen, um sich wohl als gewaltiger Blumenstrauss wieder einmal zu öffnen.
91: Auf Cos degustiert. Superdichte Farbe. Reiche, füllige, druckvolle Nase, Fett, zerlassene Butter. Darunter Trüffel und tiefes Terroir. Ein Rubens, der noch verhüllt ist. 19/20 1994 - 2005
92: Purpur, dicht, feiner Reifeton. Schön parfümiert, rotbeerige Nuancen, Süsse in den Tanninen, buttrig. Im Gaumen sehr dicht, viel Würze, fette Gerbstoffe, sehr gut proportioniert. 18/20 trinken - 2002

St. Estèphe

1983 Cos d'Estournel 16/20
88: Reiche, vielschichtige Nase. Vanille im Mund, trockene Struktur. Viel Gerbstoff und Fleisch. 17/20 1994 - 2002
91: Sehr reife Farbe mit leichtem Wasserrand. Kräftige, konzentrierte Nase, die relativ kurz wirkt. Nussaromen und Vosne-Romanée (Wildgeschmack). Trockenes Extrakt mit feiner Dichte. Trockene Zungenadstringenz.
16/20 1995 - 2005

1984 Cos d'Estournel 14/20
85: Fassdegustation: Scheint das Caramel von Petit-Village gemietet zu haben. Recht gutes Fleisch, Extrakt und Säure, darunter als 84er recht fein. 14/20 1990 - 1998
92: Recht tiefe Farbe. Nase noch nicht ganz geöffnet, defensiv mit verdeckter Schokoladennote. Füllig mit röstiger Würze. Im Gaumen für einen St. Estèphe feine Struktur, ausgeglichen. 14/20 trinken - 1998

1985 Cos d'Estournel 18/20
87: Fassdegustation: Perfekte Farbe, tief, undurchsichtig mit violett-schwarzen Reflexen. Saubere, intensiv parfümierte Nase, vielschichtig, aber auch vielversprechend. Mittelgewichtiger, gut balancierter Körper mit grossen Zukunftsaussichten. Braucht Zeit. Als persönliche Einstufung eine Mischung aus dem 82er und 83er.
19/20 trinken ab 1996
90: In einer Zwischenfruchtphase. Lafite ist der einzige Premier, der den Spitzenweinen Léoville-Las-Cases und Cos die Stange halten kann.
91: Komplexe Farbe mit ersten Reifeanzeichen, oranger Rand. In der Nase nicht nur in einer Zwischenphase, sondern bereits am Anfang der Hauptreife. Rauchiges Bouquet mit offenem, rauchigem Merlot-Anteil, konzentriert, verdeckte Burgunder-Nuancen. Im Gaumen griffiges, aber bereits angerundetes Tannin, Charme ausstrahlend. Im Finish Süsse. Ein grosser Wein, der sich aber doch etwas schneller entwickeln wird als anfänglich angenommen.
18/20 trinken - 2005
92: Verschliesst er sich nun doch noch? In einer Blindprobe entdeckte ich eine leichte Reduktion mit vordergründigen Gerbstoffspuren. Ich hatte eigentlich generell Mühe mit dem Verkosten, weil der Wein eine Stunde vorher dekantiert worden war. Somit war er auch sehr schwierig zu bewerten.
93: Beim Mittagessen auf Cos getrunken. Öffnet sich langsam wieder. Erinnert in den Aromen an einen toskanischen Vino da Tavola. 18/20 trinken - 2005
94: Dichtes Granat-Purpur. Süsse Nase, Edelhölzer, Preiselbeeren, Rauchton, Kaffee, Marzipan. Weiche Gerbstoffe, sehr saftig, Süsse im Extrakt, feine Adstringenz, zeigt gewisse Reife an. 17/20 trinken - 2000

1986 Cos d'Estournel 18/20
87: Fassdegustation: Verdeckte Frucht. Veilchen, trockenes Marzipan, enormes Tanningefüge, extraktreich.
17/20 trinken ab 1997
89: Arrivage: Sensationelle Farbdichte. Süss, komplex. Feingliedriger, vielschichtiger Körper, Cassis, wiederum Veilchen, Jasmintee. Grosses Alterungspotential.
18/20 trinken ab 1996
91: 3/8 Flasche: Tiefes Schwarz mit violetten Reflexen. Verlockendes Nasenspiel; Rösttöne, Kaffee, Zedern, korinthige Beeren, leicht geöffneter Merlot und erste Anzeichen von Komplexität. Feinfülliger Gaumen, dichte Tanninstruktur. Penfolds-ähnlich. Noch etwas bitterwürzig im Extrakt. Extrem ausgeglichener Körperbau. Man merkt deutlich, dass Cos als Nachbar von Lafite auch etwas von dessen Konstellation profitieren kann. Ein Musterbeispiel von Ausgeglichenheit. Eine Stunde vorher dekantieren!
18/20 1996 - 2010
93: Im Moment sehr verschlossen. Konzentriert, viel Fleisch, im Bouquet schwarze Oliven und wie beim 85er immer mehr toskanische Vino da Tavola-Allüren in Form von süsslich-fülligen Sangiovese-Eindrücken.
18/20 1997 - 2015
94: Nicht berühren. Blind wiederum mit einem toskanischen Vino da Tavola verwechselt.

1987 Cos d'Estournel 13/20
89: Vorabzug: Mittlere Farbe. Alkoholisches Bouquet. Ausgeglichener als der 84er. 14/20 trinken ab 1992
90: Beim Eintreffen nervös und unharmonisch.
90: Zwei Monate später: Bildet ein reduktives Bouquet, sehr würzig. Ausbauend und relativ langes Alterungspotential. 14/20 trinken ab 1992
91: Auf dem Château bei einem Mittagessen getrunken. Zurückgestuft auf 13 Punkte, weil der Wein von einer spitzen Säure beherrscht wird und die Komponenten des Extraktes recht scharf wirken. 13/20 trinken ab 1994
93: Ich kann von mir behaupten, dass ich ein 87er Bordeaux-Fan bin. Beim Cos dieses Jahrganges komme ich einfach nicht darum herum zu vermuten, dass es ein Experimentierwein ist. Ein Experiment allerdings, das gänzlich misslungen ist. Ich mag ihn einfach nicht!
13/20 austrinken

1988 Cos d'Estournel 19/20
89: Fassdegustation: Schwarze, dichte Farbe. Cassis-Nase mit roten Beeren vermischt. Im Gaumen reifes, abgerundetes Tannin. Holunderaromen, reiche Fleischschichten. Grossartiger Wein. 18/20 trinken ab 1995
91: Dichte, satte Farbe mit violettem Schimmer. Beerige Nase, Preiselbeeren, Teer, dicht, Röstton. Im Gaumen extrem feinschichtig, pfeffrige Säure. Eleganter, dichter Gaumenfluss. Weiches Finish. 18/20 1997 - 2007
92: Aufgrund seines extrem feinen Tannins hat man nicht einmal ein schlechtes Gewissen, wenn man bei den Proben bereits einen kleinen Schluck dem Spucknapf „wegstiehlt". Ich hatte auch ein paar 3/8 Flaschen degustiert, die bedeutend weniger Freude als die Normalflaschen machten.
93: In einer Woche dreimal getrunken. Der erste Eindruck siehe oben, dann während der VINEXPO auf dem Château mit 20 anderen Cos-Jahrgängen, dann wiederum an der Arrivage. Es ist der beste Wein, der je auf Cos vinifiziert wurde und somit auch der beste in den letzten drei grossen Jahrgängen 1988/89/90. 19/20 1995 - 2007

1989 Cos d'Estournel   **17/20**
90: Defensives Bouquet, warm mit Eindrücken von vollreifen Früchten, im Gaumen Goût tardive und Caramel, Veilchen, im Moment noch vordergründiges Tanninspiel, konzentriert und trotzdem weniger Extrakt als der 85er und 86er.   17/20 trinken ab 1995
92: Arrivage: Hat Fortschritte gemacht. Purpur-Violett-Schwarz. Schwarze Beeren, süss, Heidelbeerenkonzentrat, Rauch, dichtes, konzentriertes Nasenbild. Im Gaumen sehr fein. Ein Lafite aus dem St. Estèphe. Fleischig, gutes Rückgrat. Langes, warmbeeriges Finish mit Kaffee- und Cassissnuancen.   18/20 1995 - 2010
93: Lag bei der Welt-Cabernet-Degustation als bester Bordeaux an vierter Stelle. Das Toasting wirkt kaffeehaft und gibt der Frucht einen pflaumigen Ton.   18/20 1995 - 2010
94: Jetzt öffnet er sich und man kann ihn bereits geniessen.   18/20 trinken - 2010
94: Sehr tiefe Farbe, dunkles Granat mit schwarzen Reflexen. Dörrfrüchte- und Korinthenbouquet, Teer, sehr reif, Anklänge von Fett. Reife, gut gegliederte Tannine, bleiche Pelzigkeit auf der Zunge und leicht zähnebeschlagend, wiederum Teernote, getrocknete Heidelbeeren, etwas marmeladig im Finish, ein eher schnell reifender Wein. Zeigt sich nicht gerade in seiner besten Form. 17/20 1996 - 2008

1990 Cos d'Estournel   **18/20**
92: Als Cos eher leichte Farbe. Rauchige Nase, komplex und reich mit tiefer Würze. Feingliedriger Körperbau mit extraktreichem Zungenbeschlag. Ein weicher Cos mit Saft und feiner Fleischstruktur.   18/20 1997 - 2010
93: Tiefes Rubin-Violett, dicht. Süsses Amarenakirschenbouquet, Marzipannote, Röstton. Seidiger Gaumen, samtig fliessend hochdicht, voller Finessen, einer der feinsten St. Estèphes, den es je gab.   18/20 1995 - 2010

1991 Cos d'Estournel   **17/20**
92: Violett-Schwarz. Heisse Röstnase, Kaffee, tiefe Würze, Zedern und Nelken. Im Gaumen extrem feingliedrig, soft. Alles ist so finessenreich balanciert. Im Finish Rauch und dunkle Edelhölzer.   16/20 1995 - 2004
93: Just nach der Flaschenfüllung degustiert. Gehört zu den besten 91ern. Viel Würze, Farbe, Rauch, Zedern, aber auch eine schön begleitende Süsse. 17/20 trinken - 2004
94: Kalter Rauch, teerig, schwarze Beeren. Sehr feine, fast seidige Tannine. Wir haben während einem Mittagessen auf Cos mehrere Flaschen getrunken. Er macht jetzt schon sehr viel Spass.   17/20 trinken - 2004

1992 Cos d'Estournel   **15/20**
93: Violett-Purpur.Stark gewürzte Nase, Nelken, exotische Gewürze, reduzierte Frucht. Leichter Körper, sauber, hat Struktur, Würzbitterkeit auf der Zunge, mittlere Länge. Deutlich hinter dem 91er. Technischer Wein. Hier habe ich Angst, dass er einmal in die Richtung vom 87er geht, den ich auch nicht besonders mag.   15/20 1996 - 2006

1993 Cos d'Estournel   **17/20**
94: Violett-Purpur mit schöner Dichte. Öffnendes, recht zugängliches Bouquet, schwarze Beeren, vor allem Heidelbeeren- und Tabaknote. Saftiger Gaumen, mehr Frucht als in der Nase, mittelgewichtig, stützende Gerbstoffe, sehr gut balanciert, setzt auf Eleganz, leicht hinter dem 91er.   17/20 1998 - 2008

CHÂTEAU COS-LABORY

1971 Cos-Labory   **11/20**
87: Ein alkoholischer, überladener Wein. Darunter rauh.   11/20 trinken

1975 Cos-Labory   **14/20**
94: Reifendes Granat. Süssliches Bouquet, gekochte Beeren, schön parfümiert. Delikates Parfüm auch im Gaumen, bourgeoise Gerbstoffe, rauchiger Fluss, leicht pelzig.   14/20 trinken - 2002

1979 Cos-Labory   **13/20**
92: Rubin mit starkem Wasserrand. Buttrige Nase, süss, fett, Schokolade, alkoholisch. Im Gaumen rotbeerig, Johannisbeeren, säuerlicher Zungenbeschlag, schlanker Körper.   13/20 austrinken

1988 Cos-Labory   **16/20**
89: Hat mich an der VINEXPO sehr beeindruckt. Runder, voller Wein mit samtigweichen Tanninen. 16/20 1994 - 2004

1989 Cos-Labory   **13/20**
90: Leere Nase. Im Gaumen süss mit trockenen, zähen Tanninen, zu fett.   13/20 1995 - 2006

1990 Cos-Labory   **16/20**
91: Schwarz. Kandis, vegetabil. Im Gaumen Kaffee. Bittere Tannine. Kein Erlebnis.   13/20 trinken ab 1997
91: An einer Grand Cru-Degustation in Bordeaux degustiert. Wiederum recht hart mit holzigen Tanninen.   13/20 trinken ab 1997
93: Tiefes Purpur, satt. Trüffelbouquet, schwarze Beeren, leichter Jodton, animalisch, Kaffee. Wiederum schwarze Beeren im Gaumen, die Gerbstoffe greifen in die Struktur ein, leichte Trockenheit in den Tanninen, Zedernfinish.   16/20 1997 - 2015

1991 Cos-Labory   **12/20**
92: Purpur mit Wasserrand. Wuchtige, frucht- und cassisbetonte Nase, Trüffelanklänge. Im Gaumen drahtige Tannine vermischt mit faulen Spuren. Könnte aber auch sein, dass das Muster Korken hatte.   12/20 1996 - 2005

St. Estèphe

1992 Cos-Labory   **15/20**
93: Violett-Schwarz. Teer, Backpflaumenbouquet, gekochte Beeren, laktisch, Veilchen, Brombeeren. Gute Struktur, saubere Frucht. Als St. Estèphe erstaunlich fein, mittlere Länge.   15/20 1996 - 2005

1993 Cos-Labory   **16/20**
94: Tiefes Purpur. Florale Nase vermischt mit roten Kirschen. Saftiger Gaumen, darunter typische, leicht kernige St. Estèphe-Struktur, angenehmes Rückaroma.
     16/20 2000 - 2014

CHÂTEAU LE CROCK

Le Crock gewann 1992 vor Château Monbrison (Margaux) und Château Moulin de la Rose (St. Julien) den Coupe des Crus Bourgeois. Ein sandiger, kerniger St. Estèphe.

1986 Le Crock   **16/20**
92: Sehr tiefe Farbe mit fast schwarzen Reflexen. Teer, blaue Beeren, braucht Luft. Satter, komprimierter Körperbau mit Biss, markante, harte, kernige Tannine mit Tendenz zu einer metallischen Note.   16/20 1997 - 2015

1987 Le Crock   **13/20**
91: Dünner Schmeichler mit drahtigem Strukturgerüst.
     12/20 trinken
92: Helles Granat mit wässrigem Rand. Kurze Nase, wirkt blumig, Gebäcknote. Süffiger Gaumenbeginn, dann zupackend. Trotz seiner angeborenen Leichtigkeit bleibt die rauhe Charakteristik eines St. Estèphe, der dadurch die Harmonie des Weines stört.   13/20 trinken - 2000

1988 Le Crock   **13/20**
91: Pflanzlich vegetabiler Wein mit chemischem Spritzmittelgeschmack. Mittlerer Körper, Anzeichen von Schmelz.   13/20 bald
92: Aufhellendes Granat mit rubinem Rand. Erst mineralische Note, blumig, reduziert, medizinal, relativ feinschichtig. Schöner Fond in den Tanninen. Mittelmässige Konzentration. Der Cabernet scheint nicht ganz ausgereift zu sein.   13/20 1995 - 2005

1989 Le Crock   **15/20**
91: Erst fruchtig und recht dicht mit Extraktanzeige. Viel Körper, aber im Moment noch rauh.   14/20 warten
92: Purpur, ziemlich satt. Fleischige, animalische Note, sehr würzig, Balance zwischen blumig und fruchtig. Wuchtiger, reicher Gaumen mit kräftiger Adstringenz, schöner Schmelz im Finish. Ein langlebiger Montrose-Typ.
     15/20 1997 - 2015

1990 Le Crock   **15/20**
92: Klassisches Bordeauxrot, recht tief. Tintiges Bouquet, Heidelbeeren, Terroir, verhalten. Pfeffrige Säurespitze mit leichter Metallnote, aussen Charme, innen kräftiger Biss und reifeverlangende Tannine.   15/20 1997 - 2015

LA DAME DE MONTROSE

1986 La Dame de Montrose   **11/20**
87: Fassprobe: Würzige Nase. Magerer Körper mit zu viel Holz und Tanninbeschlag, die den eher femininen Wein erdrücken. Als zweiter Wein zu schlecht, als AC zu teuer.
     11/20 trinken ab 1992 - wer Lust hat

1990 La Dame de Montrose   **16/20**
91: Auf dem Château aus dem Metalltank degustiert. Fast schwarz. Schwarze Johannisbeeren und Heidelbeeren. Süsse Coulurenote. Wirkt merlotlastig. Scheint mir für einen Zweitwein ein bisschen zu markantes Tannin zu haben.   15/20 trinken ab 1996
93: Wiederum degustiert. Das markante Tannin, welches vor zwei Jahren zum Punkteabzug beigetragen hatte, ist in die kräftige Struktur eingeflossen. Scheint ein Erbträger des legendären Montrose 1990 zu sein. Wenn er sich noch weiter so positiv entwickelt, dann kann er 17/20 erreichen.
     16/20 1995 - 2005

1993 La Dame de Montrose   **15/20**
94: Schöne Purpurrobe. Florales Bouquet, grüner Tabak. Im Gaumen nervige Cabernet-Anzeige, sonst recht saftig, Brombeeren im Finish.   15/20 1998 - 2008

CHÂTEAU HAUT-MARBUZET

1948 wurde das Weingut durch Erbschaften in zwölf Teile geteilt. Papa Duboscq hatte 1952 einen Teil davon „gratis" erworben, mit der Verpflichtung jeweils einen Viertel der Ernte den damaligen Besitzern abzugeben. Nach und nach kaufte er alle anderen Teile wieder zurück. Heute beträgt die Gesamtfläche 66 Hektaren. Sein Sohn führt die Geschicke des Châteaus - und wie! Ein Wahnsinnstyp - dieser Henri Duboscq. Man könnte ihm stundenlang zuhören. Wie der Meister, so der Wein. <<Ich will nicht den grössten Wein machen, ich will den Beliebtesten vinifizieren!>> - so sein Sprichwort. Dabei hat Haut-Marbuzet eine derart begeisterte Fan-Gemeinde, dass er immer ausverkauft ist. Dies zu Preisen, bei denen sein berühmter Nachbar Montrose geradezu neidisch werden könnte. Henri Duboscq ist ein Holzfanatiker. Er bezieht von verschiedenen Lieferanten aus verschiedenen Regionen Barriquen mit verschiedenen Fasseinbränden. Dadurch wird der junge Haut-Marbuzet von einem verführerischen aber sehr grosszügigen Holzspiel dominiert. <<Die ersten Jahre riecht mein Wein nach Duboscq, dann nach Haut-Marbuzet und nach zehn Jahren nach einem St. Estèphe.>> Die letzten Jahrgänge müssen aber seine Theorie erst noch beweisen, denn durch die relativ späte Lese, fehlt es mir oft an lebenserhaltender Säure, die eine Garantie abgibt, dass Haut-Marbuzet auch wirklich so alt werden kann. Mir scheint, dass die Konzentration im Wein bei den letzten Jahrgängen etwas nachgelassen hat.

Gabriel

1970 Haut-Marbuzet — 17/20
93: Zweimal Pech. Eine Flasche hatte einen fürchterlichen Essigstich und war total oxydiert. Die andere Flasche gab ich einem Kellner mit der Bitte, ihn im Weinkeller zu belassen, bis ich ihn gerne am Tisch haben möchte, zurück. Als eingeschenkt wurde, war der Wein arg oxydiert. <<Komisch, sagte darauf der freundliche Kellner, als ich ihn vor drei Stunden degustierte, schmeckte er noch ausgezeichnet.>> So ein Idiot! Keine Bewertung - auch nicht für den Kellner!
93: Dreimal Pech: Eigentlich ging es bei der ganzen Geschichte um einen Kunden, der an Mövenpick 1800 Flaschen (!) von diesem Wein verkaufen wollte. Ich musste ihm leider mitteilen, dass er mir nochmals eine Musterflasche geben müsse, weil das erste und zweite Mal...
Die dritte Flasche nahm ich mit, um diese Zuhause genüsslich und in aller Ruhe zu verkosten. Doch als ich an einem Bürotisch vorbei gehen wollte, touchierte ich mit der Flasche die Tischkante, die Flasche fiel zu Boden und zerschmetterte.
93: Auftakt Nummer 4: Jetzt ist die Übung gelungen. Reife Bordeauxfarbe mit ziegelroten Reflexen. Zu Beginn leichter Muffton, der aber verfliegt und sich mit einer tiefen Terroir- und Duftnote vermischt. Reifes, klassisches St. Estèphe-Bouquet; viel Fleisch, Rauch und erste Würzanklänge vor der Tertiärphase. Im Gaumen anfangs kräftig und männlich, verfeinert sich dann aber mehr und mehr und entwickelt ein verführerisches Parfüm. Gut eingepasste Säure, mehr Charme als andere 70er. Schön angezeigtes Fleisch und ein angenehm langaromatischer Würznachklang im Finale. 17/20 trinken - 1997

1979 Haut-Marbuzet — 17/20
92: Tiefes Purpur, jugendlich. Fleischige Blutnase, tintig, dunkle Pilze. Gaumenbeginn süss, Brombeeren, pfeffrige Säure, viel Gerbstoff. Ein charaktervoller Wein mit Reserven. 17/20 trinken - 2005

1980 Haut-Marbuzet — 15/20
85: Oft und gern getrunken! Guter, fleischiger Wein. In der Nase elegante Süssholznote. Im Gaumen kräftig. 15/20 trinken

1982 Haut-Marbuzet — 18/20
85: Komplexes, dichtes Farbbild. Wuchtige Frucht (Brombeeren). Energiebeladen mit totaler Konzentration. Sehr extraktreich. 18/20 1992 - 2000
90: In der Zwischenzeit mehrere Male degustiert. Hat sich ab 1987 verschlossen und erst Mitte 1990 wieder ein kleines bisschen geöffnet. warten!
91: Die Nase ist noch immer verschlossen und zeigt eine Spur von Kaffee und dunklen Kirschen mit feinem Holzparfüm. Wirkt durch eher niedrige Säure füllig-fett im Gaumen. Scheint eine erste Reife jetzt anzuzeigen. Ob er jemals wieder so viel Freude wie in der Fruchtphase machen wird? 16/20 trinken - 2000
92: Jetzt in voller Reife. Brombeeren mit vielseitigem Holzspiel. Im Gaumen fett, füllig. Ein Rubens mit fetter Konstellation in Form von zerlassener Butter. 17/20 trinken - 1997
93: Ein rustikaler Wein, der mir so viel Spass macht, dass ich die Wertung aufrunde. 18/20 trinken - 2003

1984 Haut-Marbuzet — 14/20
88: Bedeutend heller als die vorderen Jahre. Süssholz-Carameldust. Moderne Vinifikation. Cabernetlastig, ohne schmal zu werden. Sehr guter 84er. Ein kalifornischer Genuss. 14/20 trinken - 1993

1985 Haut-Marbuzet — 17/20
87: Fassprobe: Eine hervorragende, dicht beschichtete Farbe. Satt mit dunklen Schwarz-Purpur-Reflexen. Süss mit einer guten Portion Vanille und Nougat. Im Mund trocken mit substantieller Grösse. Kräftig, griffig, reiches Tannin. Kalifornischer Medizinal-Eucalyptuston. Aromen von reifen, angetrockneten Früchten. 17/20 trinken ab 1993
93: Einige Male aus halben Flaschen getrunken. Im Bouquet an einen Vosne-Romanée erinnernd. 17/20 trinken - 2003

1986 Haut-Marbuzet — 17/20
87: Februar: Süsse Nase, totaler Eichenbeschlag (grün). Mit der entsprechenden Ausdruckskraft eines stürmischen Jungweines. Terroir. 17/20
88: Fassprobe: Brombeeren, fast dicklicher Körper. 17/20 trinken ab 1995

1987 Haut-Marbuzet — 14/20
88: Fassprobe, 15 Tage nach der Assemblage: Mittlere Farbe, jedoch bedeutend heller als der 85er und 86er (logischerweise). Rotbeerige Serien, süss. Himbeeren-Bonbon. 13/20 trinken ab 1993
94: Süsses Bouquet, viel Röstaromen von der Barrique, Kaffee-, Korn- und Brotnote. Im Gaumen sehr schlank, die Barrique dominiert noch heute, also sieben Jahre nach seiner Geburt, eher kurzes Finish. 14/20 austrinken

1988 Haut-Marbuzet — 15/20
War aus dem Fass konzentrierter als in der abgefüllten Flasche.
89: Wiederum ein überdurchschnittlicher Wein. Vielseitiges Holzspiel. Brombeeren, Cassis, runde Tannine. 16/20 trinken ab 1995
91: Dichtes Rubin mit violetten Reflexen. Mandelgebäck in der Nase, extrem dicht. 17/20 1995 - 2008
91: Arrivage: Dünnes Granat, hat in der Farbe bedeutend verloren. Parfümiert, süss vom Eichenholz. Im Gaumen Marzipan, Toast. Wirkt dickflüssig, burgundisch und im Moment eher oberflächlich. Alleine getrunken sicherlich ein Erlebnis, neben anderen, traditionellen Weinen hat er aber eher Mühe. 15/20 1994 - 2000

St. Estèphe

1989 Haut-Marbuzet   16/20
90: Kalifornischer Barriqueton. Fett, veloutierend. Kaffee. Fein und kräftig zugleich.   17/20 1996 - 2005
92: Dieser Wein löste längere Diskussionen zwischen mir und Henri Duboscq aus. Mittleres Granat mit braunen (?) Reflexen. Verbratene Nase mit oxydativen Unteraromen. Im Gaumen russig, Rauchkammer und dunkle Schokolade. Wirkt wie ein 85er Barolo. Das Alterungspotential erscheint mir im Moment sehr fragwürdig, vielleicht (hoffentlich) ist es aber nur eine dubiose Zwischenphase.
     15/20 trinken - 1997??
92: Arrivage: Hat sich in der Blinddegustation von selbst rehabilitiert. Granat dicht, aber mit aufhellendem Rand. Rauch-, Kokos- und Brombeerenaromen, fein nuanciert, parfümiert, verlockend. Im Gaumen Walderdbeeren, Marzipan, pfeffriges Barriquenspiel. Sauberer, direkter Wein mit einer umwerfenden Süsse. Amarenakirschen im Finish.
     16/20 1995 - 2006

1990 Haut-Marbuzet   16/20
91: April: Es bleiben vorerst gemischte Eindrücke. Das Muster direkt ab Fass war oxydiert. Auf meine Reklamation hin, sagte man mir, dass man allen Besuchern von dieser Barrique zu degustieren gäbe. Ich bat den Maître de Chai, selbst zu degustieren. Wir erhielten dann eine neue, frische Probe. Mittleres Granat. Waldbeerenaromen, feste, fette Struktur. Ausgeglichen, aber nicht ganz auf dem wünschenswerten Niveau.   16/20 1996 - 2010
92: Chambert hat im Moment mehr violette Reflexe dafür ist er recht satt. Süss, konfitürig mit Portwein-Anflügen, heiss und bereits splendit in der Nase. Rum-Aromen im Gaumen, füllig, saftig mit starker Barriquenprägung nach amerikanischem Bedarf. Eine etwas grüne Barriquennote eines jungen, fast grünen Holzes.   16/20 1995 - 2005
93: Parker singt Lobeshymnen...
93: Arrivage, blind: Purpur-Granat, feiner Wasserrand. Erdige Nase, Kakaobutter, in den Ansätzen fett. Fülliger Gaumen, reife Gerbstoffe, gute Konsistenz, im Rückaroma Moccaton.   16/20 1994 - 2005

1991 Haut-Marbuzet   14/20
92: 65 % Merlot, 35 % Cabernet Sauvignon. Klassisches Bordeauxrot. Veilchennase, Marzipan, buttrig mit leichter Tabaknote, eher wenig Frucht im Moment. Veloutierender Gaumen. Die Saftigkeit überwiegt das Tannin. Das Tannin selbst ist nicht so soft wie sonst und für einmal ausnahmsweise eher St. Estèphe-typisch.   14/20 1994 - 2000
92: Ein anderes Muster: Süffig, aber eher leicht mit einem störenden Barriquenton.
93: Ich habe beim letzten Besuch die störende Barriquennote mit Henri Duboscq diskutiert. Nachdem ich gegangen war, hat er alle Barriquen nachdegustiert und eine schlechte Partie nachträglich eliminiert. 14/20 1994 - 2000

1992 Haut-Marbuzet   15/20
93: 100 % neues Holz! Purpur mit schöner Dichte. Veilchen, Heidelbeeren, frisches Sägemehl von der Barrique her, darin vermischen sich Frucht mit Terroir. Im Gaumen Zedernnote, reife Gerbstoffe, gut ausgelegt, langes, aromatisches Rückaroma. Erinnert an einen toskanischen Vino da Tavola.   15/20 1995 - 2004
94: Noch immer wie ein süsser Sangiovese, das Gerbstoffkorn wirkt leicht sandig, dunkle Schokolade im Finish.
     15/20 1996 - 2004

1993 Haut-Marbuzet   15/20
94: Tiefes Violett, rubiner Rand. Veilchennase, Brombeeren, leicht floral, schlank im Bouquet. Heidelbeeren, im Gaumen schöne Cabernet-Anzeige durch Cassisaromen, ein relativ schlanker Wein mit schöner Eleganz, angenehmes Finish.   15/20 1998 - 2007

CHÂTEAU LAFON-ROCHET

Wenn Sie in meinem Keller eine Flasche Lafon-Rochet finden, dann schenke ich Ihnen eine Flasche Pétrus!

1978 Lafon-Rochet   14/20
87: Weinrot mit Mahagonireflexen. Würzige Nase, pflanzliche Serie, reich mit Finessen. Im Gaumen zugänglich mit griffiger Säure. Mittlerer Körper, angenehm abklingend.
     14/20 austrinken

1979 Lafon-Rochet   13/20
92: Violett-Blutrot, viel Glyzerin. Jodnase, Terroir, Schoko, Herbsttrompeten. Im Gaumen viel Säure vermischt mit kräftigem Gerbstoff. Kerniger, ungehobelter Wein.
     13/20 austrinken

1981 Lafon-Rochet   12/20
83: Fruchtige Nase, wirkt unsauber im Gaumen.
     12/20 1990 - 1998

1983 Lafon-Rochet   12/20
87: Stumpf und hart. Zu trocken. Verschenken!
     12/20 1995 - 2003

1988 Lafon-Rochet   13/20
89: Green Apple-Nase (?). Extrem hartes Tannin. Schwer zu degustieren.   13/20 1994 - 2004

1989 Lafon-Rochet   13/20
91: Eigenwillige Nase. Im Gaumen relativ lang, aber mit trockener Struktur.   13/20 1995 - 2006

1990 Lafon-Rochet   16/20
91: Wildgeschmack und schwarze Beeren. Relativ trockene, eckige Tannine, rauh.   14/20 1998 - 2010
91: Ein anderes Muster, das ziemlich gastronomisch wirkte?
93: Sattes Granat mit violettem Schimmer. Reduktive Nase, die viel Tiefe anzeigt. Im Gaumen voller Gerbstoffbeschlag, sandiger Fluss, kräftig strukturiert. Ein typischer, fast kerniger St. Estèphe.   16/20 1997 - 2015

1991 Lafon-Rochet   **13/20**
92: Purpur mit starkem Wasserrand. Waldbeerenton, Blätterteiggebäck, süsslich, marmeladig, alkoholisch. Wirkt aufgeblasen im Gaumen. Leider eine grüne, kernige Säure, die den eh schon ungünstig präsentierenden Wein beeinträchtigt.   13/20 1995 - 2002

1992 Lafon-Rochet   **15/20**
93: Rubin, Violett, aufhellend. Offenes Bouquet, Bakelit, Zedern- und Heidelbeerennote. Im Gaumen geradlinig, Cabernet-Spuren, grobe Gerbstoffe.   15/20 1997 - 2006

1993 Lafon-Rochet   **16/20**
94: Violett-Purpur. Florale Nase vermischt mit Heidelbeeren. Mittelgewichtiger Gaumen, recht fein im Fluss, angenehmes Finish, ein überraschender Lafon-Rochet!   16/20 2000 - 2012

CHÂTEAU LILIAN LADOUYS

Die Geschichte um diesen neuen Wein ist abenteuerlich. Im Mai 1989 kauft der in Paris wohnende Christian Thiéblot zusammen mit seiner Frau Lilian (geborene Bigler aus Bern) das Château Ladouys. Das Weingut besitzt zwar ein schönes Schloss aber keine Reben. Diese wurden 1974 an die Cave Cooperative verkauft. Die entschlossenen, neuen Besitzer kaufen im ganzen St. Estèphe-Gebiet rund 170 verschiedene Parzellen zusammen. Davon liegt ein kleiner Teil direkt vor der Haustüre, angrenzend an Lafite und Cos d'Estournel. Unter vorgehaltener Hand wurden von den Nachbarn Wetten abgeschlossen, dass nicht geerntet werden kann, weil die Installationen des Cuviers nicht fertig sein werden. Um einige Tage muss dann tatsächlich mit der Ernte zugewartet werden, weil es noch nicht so weit ist. Am 12. September; die Ernte des Merlot. Dieser ist überreif mit einem potentiellen Alkoholgehalt von fast 15 Volumenprozent. Die Rebfläche betrug da noch 20 Hektaren. Mit der 92er Ernte ist er bereits auf 48 Hektaren angewachsen.

Lilian Thiéblot: <<Die erste Ernte des Jahrganges 1989 werde ich nie mehr vergessen. Zum Teil mussten wir die Landkarte zu Hilfe nehmen, um zu wissen, welche Parzellen uns gehörten und welche den Nachbarn. Ein alter Weinbauer, der uns einen kleinen Weinberg von 50 Aren verkauft hatte, rief uns im November an und fragte, ob sein Boden für unseren Wein nicht gut genug gewesen sei. Wir hatten nämlich tatsächlich vergessen, dort die Trauben zu ernten.>>

Nachdem der eigentliche Name durch den Rebenverkauf von 1974 nicht mehr verwendet werden durfte, setzte man zum damaligen Begriff den Vornamen der Besitzersfrau dazu, was jetzt zur neuen Château-Bezeichnung „Lilian Ladouys" führte. Seit dem ersten Jahrgang 1989 ist einiges passiert, und natürlich sind bereits Weinjournalisten auf diesen neuen St. Estèphe ohne Vergangenheit aufmerksam geworden. Die englische Monatszeitschrift Decanter degustierte 73 Crus des Jahrganges 1990 und hob Lilian Ladouys zusammen mit dem Pauillac Cordeillan-Bages aufs Spitzenpodest. Robert Parker definiert den 90er noch vorsichtig mit „good", während Michel Bettane in der Revue du vin de France, ihm den „Coup de Coeur" verlieh.

Meiner Ansicht nach ist der 90er besonders gelungen, aber er hat auch seinen Preis.

1989 Lilian Ladouys   **15/20**
92: Produktion 80'000 Flaschen. Sattes Granat-Purpur mit feinem, orangem Rand. Heisse, gebratene Nase, Teer, Korinthen, überreifes Traubengut, Dörrfrüchte. Griffiger Gaumen mit zupackendem Extrakt, kernig, trotz gutem Fettgehalt wirken die Gerbstoffe etwas ausgekocht. Im Finish Kaffee und Dörrpflaumen.   15/20 1995 - 2005

1990 Lilian Ladouys   **16/20**
92: Produktion 200'000 Flaschen. Granat-Violett, tief. Zedrige Teernote, Terroirwürze, Backpflaumen, warme Frucht. Feinsandiges Gaumenspiel, schön ausgeglichen, abgerundete Gerbstoffe. Brombeerenfinish.
                                                                                          16/20 1995 - 2008
93: Granatrot, aufhellender Rand. Offenes Bouquet, welkes Laub. Leichte Unsauberkeit, die von alten Fässern herstammen könnte, dahinter gutes Potential, grüne Bitternote, die auf der Zunge zurückbleibt.   15/20 1997 - 2012
93: Arrivage: Korkengeschmack. Nachdegustation einer anderen Flasche zwei Tage später: Korkengeschmack!

1991 Lilian Ladouys   **14/20**
92: Produktion 100'000 Flaschen. Brombeer-Violett mit feinem Wasserrand. Tabakige Nase, florale Spuren, Teer, mittlerer Druck. Im Gaumen feine Würzbitterkeit, eher schlanke Statur, kernige Gerbstoffe, die ein paar Jahre Reife verlangen.   14/20 1994 - 2002

1992 Lilian Ladouys   **16/20**
93: 50 % neues Holz. Violett-Purpur, mittel. Kaffee, Dörrfrüchte, süss, Amarenen. Reife Frucht, leicht gekocht, gute Barrique, warmes Finale.   16/20 1996 - 2004

1993 Lilian Ladouys   **15/20**
94: Mittleres Violett-Purpur. Herbale, tabakige Nase, dahinter blaubeerige Frucht. Im Gaumen zu Beginn Veilchentöne, leicht unterreife Frucht, noch etwas aufrauhend, mittleres Finish, im Rückaroma an einen Barbera erinnernd.
                                                                                           15/20 1999 - 2012

St. Estèphe

CHÂTEAU DE MARBUZET

1934 de Marbuzet **15/20**
91: Auf Cos mit Michel Mas getrunken. Rustikaler Wein mit viel Boden. In der Nase erfreulicher als im Gaumen, da er ziemlich hart ist. 15/20 für die Nase

1975 de Marbuzet **14/20**
94 : Reifendes Orange-Granat. Offenes Bouquet, wenig drin. Ausdrucksloser, metallischer Gaumen mit scharfer Säurespitze, schlanker Körper. 14/20 austrinken

1976 de Marbuzet **13/20**
91: Auf dem Château an einem strahlend schönen Tag mit Michel Mas zum Mittagessen getrunken: Reife Farbe mit braunen Reflexen. Süsse Korinthennase mit einem animalischen Touch. Verdeckte Oxydation, die sich aber hervorragend mit der „Restsüsse" vermischt. Im Gaumenbeginn säurelastig, Madeira und alter Portwein. Anzeichen der typischen 76er Trockenheit. 13/20 austrinken

1982 de Marbuzet **16/20**
90: Jetzt voll und weich. Trinken mit viel Vergnügen.
16/20 austrinken

1986 de Marbuzet **13/20**
88: Kompakte Nase. Nelkengewürzton. Typische St. Estèphe-Tanninprägung. Erscheint relativ hart, magerer Tiefgang. 13/20 1995 - 2003

1988 de Marbuzet **15/20**
91: Violette Reflexe. Himbeerenaromen, vielschichtig. Sehr sauber mit viel Charme. 15/20 1994 - 2000
91: Mitteldichte Farbe mit purpur-violettem Schimmer. Trester-Pflümli-Nase, ausladend würzig. Im Gaumen viel Charme, stoffig, darunter aber recht bourgeoise Struktur. Kommerzieller Wein. 15/20 1994 - 2002

1989 de Marbuzet **15/20**
90: Kirschenaromen und Würze (Nelken). Zu Beginn süss, im Finish aber säuerlich, mittelfeine Textur, sandig.
14/20 trinken ab 1993
92: Rubines Granat. Offen, Kakaobutter, leicht faisandiert. Feiner Körper, samtig-füllig, Erdbeeren im Nachklang.
15/20 trinken - 1999

1990 de Marbuzet **15/20**
91: April: Charme und feine Struktur. Femininer, gastronomischer Wein. 15/20 1994 - 2003

1991 de Marbuzet **14/20**
92: Mittleres Granat, stark aufhellend. Wildgeschmack, rote Johannisbeeren, Caramel von Chaptalisation. Charmanter Gaumen, soft, mollig. 14/20 1994 - 1998
94: Schöne Farbe. Floraler Gaumen, leicht grüne Cabernet-Note, etwas unappetitlich. Im Gaumen hat er sich mehr verschlossen als vor zwei Jahren, schöne Aromatik im Finish. 14/20 1995 - 2002

1992 de Marbuzet **15/20**
93: Aufhellendes Rubin mit starkem Wasserrand. Waldhimbeerenfrucht, saftig, leichter Wein. 15/20 1994 - 2000
94: Kurz vor der Füllung. Süsses Bouquet, wiederum Waldhimbeeren, Amarenakirschen. Delikates Parfüm, ein schöner Trinkspass. 15/20 trinken - 2000

1993 de Marbuzet **15/20**
94: Schöne Purpurrobe. Teeriges, Zedernbouquet, rote Kirschen. Saftiger Gaumen, schöne Stoffanzeige, saubere Aromatik, guter Wein. 15/20 1998 - 2007

CHÂTEAU MEYNEY

1947 Meyney **16/20**
92: Reife Farbe mit Braunton. Süsse, ledrige Nase, Korinthen, Hagebuttengelee, schön ausladend, wuchtig, ohne fett zu sein. Langer Körper mit mittlerem Fleischextrakt, wiederum Süsse und Hitze in Form von überreifen Früchten vermittelnd, Port-Nuancen. 16/20 trinken
93: Die Flaschen sind unterschiedlich und schwanken zwischen 14 und 16 Punkten.

1962 Meyney **17/20**
91: Eher helle Farbe mit Reifereflexen. Kartonnase, die nach und nach in Steinpilze dreht. Vielschichtig, schön ausladend. Viel Charme und versprechend im Gaumen. Extrem langes Finish. Hat mir sehr viel Freude gemacht.
17/20 trinken

1964 Meyney **16/20**
93: Doppelmagnum: Reifes Granat-Orange mit aufhellendem Rand. Nase erst staubig, dann süss, an Korinthen erinnernd, Heu, stallig, animalisch. Leichter Körper, aber auch im Gaumen wiederum eine schöne Süsse, Schmelz, Saft mit feinem Finale. 16/20 trinken

1965 Meyney **13/20**
93: Dumpfe, leicht bräunliche Farbe. Eine Waldbodenmorastnase, die am Anfang wenig Anreiz bietet, überhaupt einen Schluck zu sich zu nehmen. Das Bouquet wird dann etwas süsser, fast malzig. Der Gaumenfluss ist rund, schmeichelnd, etwas sauberer, aber auch hier im Finish ein nasser Pilzton. 13/20 austrinken

1971 Meyney **13/20**
87: Zu Kopf steigender Alkohol. Hart und kernig. Genau so, wie man sich einen Cru Bourgeois damals vorgestellt hat. 13/20 austrinken

1978 Meyney **15/20**
92: Dichtes Granat mit ziegelroten Reflexen. Trüffel- und Kaffeenase, Zibetkatze und Burgunder-Aromen (Vosne-

Romanée). Im Gaumen ledrig mit trockenem Extrakt. Wirkt leicht verbraten. 15/20 austrinken

1979 Meyney **15/20**
90: An einer Mövenpick-Degustation getrunken. Reife Farbe. Pflaumenaroma, offenes Bouquet. Recht fetter, geschmeidiger Körper. 15/20 trinken - 2000
92: Purpur-Schwarz, aufhellend. Geraniolnase, stallig, grüne Peperoni. Im Gaumen kernige Tannine, leicht zähnebeschlagend, fehlt an Fett. 15/20 austrinken

1980 Meyney **12/20**
88: Bleimetallton, kräftiges Aroma. Einbrechende Strukturen, unregelmässig, leichter Abgang. Im Gesamtbild trocken. 12/20 trinken

1981 Meyney **15/20**
91: Offen mit defensiver Süsse. Zedernanklänge. Leichter, süffiger Wein. 15/20 trinken

1982 Meyney **15/20**
90: Mit Ueli Prager in Lausanne getrunken. Voller, runder Wein, der zu diesem Zeitpunkt reif und gefällig war. 15/20 trinken - 2003

1985 Meyney **16/20**
92: Nach einer Doppelmagnum 83er Talbot getrunken. Hatte echt Mühe, weil ein kerniger Bitterton den Gaumen beherrschte. Sollte eigentlich besser sein. Wieder degustieren. 14/20?? trinken
94: Sachen gibt's. Drei Flaschen habe ich innerhalb eines Monats getrunken, eine davon sogar ganz alleine. Irgendwie habe ich aber vergessen, ihn „aufzuschreiben". Aus der Erinnerung hat er mir viel Spass bereitet, zwar etwas schlank, aber ein schöner St. Estèphe-Terroirton, Tinte und erdiges Aroma. Er wurde durch den Luftzutritt zunehmend feiner. 30 Minuten dekantieren.
16/20 trinken - 2002

1986 Meyney **16/20**
89: Süsses Black-Currant-Bouquet, Lakritze. Schmeichelnder, fast abgerundeter Fluss, gute Balance.
16/20 1995 - 2006

1987 Meyney **14/20**
90: Zugänglicher Körper. Schönes Parfüm. Trockenes Tannin, wirkt etwas kurz. 14/20 1992 - 1997

1988 Meyney **16/20**
90: Pflaumenbouquet. Tief, füllig, fett, jedoch im Moment aufdringlicher Bleigeschmack. 14/20
91: Dicht, fett, konzentriert. Würzig, gesunde Substanz.
15/20 1995 - 2005
92: Dichtes Purpur. Öffnende Nase, wuchtig, darunter Tabak. Kräftiger Gaumen mit weichen Tanninen, Backpflaumenaromen, Kirschen und Brombeeren.
16/20 1996 - 2006

1989 Meyney **17/20**
90: Perfekte Nase. Tief mit Würze. Engbeschichteter, reicher Gaumenfluss. Schöner Fleischbehang. Sehr gutes Preis-Leistungs-Verhältnis. 17/20 trinken ab 1995
92: Arrivage: Purpur-Karmesin, satt. Rauch-, Trüffelnase, Korinthen, sehr gute Terroiranzeige, animalische Note. Im Gaumen faszinierende Würze, fein, grazil und doch viel Druck. Rauch und Cassis im Finish. Vielleicht für einen St. Estèphe fast zu fein - trotzdem ein äusserst erschwingliches, grossartiges Trinkvergnügen. 17/20 1994 - 2004

1990 Meyney **14/20**
91: April: Sehr tiefe Farbe, Granat-Schwarz. Reiche Nase mit schwarzen Beeren, Pflaumenhaut und Terroir. Im Gaumen fruchtig, brombeerig, Schokolade, Baumnuss. Trokkene Tannine. Eine kleine unreife Tanninnote, die aber im Moment Rasse verleiht. 15/20 1996 - 2005
93: Die kleine unreife Tanninnote ist grösser und noch unreifer geworden. Wie kann ein 90er Bordeaux nur so grün sein? Sattes Weinrot. Kaffee-Toastnote, die das Bouquet im Moment dominiert. Floraler Gaumen, mittelgewichtig, in der Würze Geraniol, grüne Spuren.
13/20 warten und hoffen! 1996 - 2007

1991 Meyney **15/20**
92: Das erste Muster hatte Korken. Erstaunlich grosse Ernte trotz Frost (ca. 90 %). Recht dichtes Granat. Heidelbeeren, Lakritze, dunkles Holz. Sauberer, zugänglicher Wein, der schnell reifen wird, dafür aber auch entsprechend bald Freude macht. 14/20 1994 - 1999
92: Juni. Hat sich durch den Barriquenkontakt ein bisschen „homogenisiert". Wird ordentlich werden. 14/20 1994 - 2000
93: Tiefe Farbe. Warme Frucht, sauber. Fülliger Körper mit Schmelz in den Tanninen, gut strukturiert. Als St. Estèphe erstaunlich rund. 15/20 1994 - 2002
94: Jetzt wieder eher vordergründig mit komprimiertem Extrakt auf der Zunge. Es lohnt sich, noch zwei Jahre zu warten. 15/20 1996 - 2005

1992 Meyney **16/20**
93: Tiefes Violett. Amarenakirschen, süss, konzentriert, Brombeerenton. Gebundener Gaumenfluss, fett, üppig, gebrannter Rum, im Finale Dörrfrüchte. Die Fermentation auf relativ hoher Temperatur und der Einsatz von einem Drittel neuen Barriquen wirkt wohl proportioniert. Aufgerundet aus Sympathie. 16/20 1996 - 2007
94: Das ist ein Wein, den ich gerne in ein paar Jahren in Restaurants trinken werde, weil er für wenig Geld sehr viel bietet. Hat schönes Fleisch und eine wunderbare Süsse im Extrakt, gute Adstringenz. 16/20 1996 - 2007

1993 Meyney **16/20**
94: Scharlach-Rubin, satt. Gebäcknase, pflaumig, cremig. Fülliger, fleischiger Gaumen, kompakt, viel Fleisch, schöne Dichte, blaubeerige Aromatik, tintig, kräftige Adstringenz. 16/20 1998 - 2010

St. Estèphe

CHÂTEAU MONTROSE

Seit dem Jahrgang 1989 ist Jean-Louis Charmolüe mit seinem Montrose wieder in Hochform. Der Hauptentscheid der sofortigen Qualitätssteigerung liegt darin, nicht mehr so früh zu ernten und den Anteil von neuen (sauberen) Fässern deutlich zu erhöhen. Viele Montrose-Weine stinken nämlich in ihrer Jugend fürchterlich. Dafür sind die Weine umso mehr geeignet, um für Patenkinder aufgehoben zu werden. Zählt mit Latour und Grand-Puy-Lacoste zu den langlebigsten Weinen des Médoc.

Wer die Erstausgabe vom Bordeaux à jour gekauft hatte, hätte aufgrund der Maximalpunktezahl von fünf Sternen Montrose 1990 kaufen sollen. Ein Jahr später hat nämlich Robert Parker diesem Wein 100 Punkte gegeben und dann ist eine Euphorie losgegangen, wie es das gesamte Bordelais noch nie erlebt hatte. Wer keinen 90er kaufen konnte, sollte sich unbedingt mit dem 89er trösten. Er ist nur um Nuancen „schlechter".

1887 Montrose — 15/20
92: Leuchtende, helle Farbe mit feinem Wasserrand. Mottenkugeln und Muffton, der aber zum Teil verfliegt. Sehr würzig und vielschichtig, dreht dann in kalten Rauch um. Zähes Tannin, sandig. Rosenholz- und Lorbeeraroma. Recht interessant. 15/20 austrinken

1921 Montrose — 17/20
92: Braun, starker Wasserrand. Süsse mit Oxydation gepaart. In den Tanninen ebenfalls Süsse, alter trockener Portwein, feines, schmackhaftes Finish, Nelkenwürze. Oxydiert aber rasch an der Luft. Also nicht dekantieren, vorsichtig einschenken und sofort austrinken.
17/20 austrinken

1928 Montrose — 18/20
91: Tiefes Granat. Offenes Würzbouquet. Süssholz, das ins Oxydative dreht. Im Gaumen Bleiton, austrocknend und von Endsäure begleitet. Keine Bewertung!
92: Es muss sich vor einem Jahr um eine schlechte Flasche gehandelt haben. Sehr tiefe, dichte Farbe, Granatreflexe. Würzkräuterton in der Nase, fein und vielschichtig, differenziertes Bouquet. Im Gaumen fast Lafite-ähnlich, so fein strukturiert. Tabak, dann zunehmende Tanninprägung. Ein Jungbrunnen mit Reserven für weitere zehn, zwanzig Jahre. 18/20 trinken - 2020
94: Sehr dunkel, fast schwarz. Sehr tiefe Terroir- und Rauchnase, Trüffel. Kräftiger Gaumen, korinthige Süsse, noch primäres, ungehobeltes Tannin. Ein unzerstörbarer Wein.
18/20 trinken

1933 Montrose — 12/20
91: Süsses Ranchiobouquet. Tabak, Leder und viel kalter Rauch. Im Gaumen hart und ausgezehrt. Keine Bewertung!
91: Süsses Ranchiobouquet. Tabak, Leder, kalter Rauch. Noch trinkbar. 12/20 austrinken
92: Braun, aber recht tief. Extreme Oxydation, darunter heisse Spuren, Backpflaumen. 11/20 vorbei

1934 Montrose — 16/20
92: Dicht mit schwarzbraunen Reflexen. Jodnase, Fleisch, mineralisch, flüchtige Säure. Gewinnt aber innnerhalb von 15 Minuten. Fleischiger Körper, reifes Tannin, feine Holzwürznote. Lang und sehr ausgeglichen.
16/20 austrinken

1945 Montrose — ??/20
92: Reife Farbe. Spuren von Grünspan in der Nase (Kupferoxyd) sowie ein Kellermuffton, der einfach nicht verfliegen wollte (Zapfen?). Im Gaumen Blutgeschmack (Côte Rôtie) und altes Fass. Vom Potential her noch immer ausbauend. Schlechte Flasche? Keine Bewertung!

1947 Montrose — 12/20
89: Altes Bouquet ohne Primäraromen. Trüffel. Massive Säure und Gerbstoff. Wie Cos ein extrem harter Wein.
11/20 trinken, wer muss
92: Granat, leuchtend, Orangerand. Holzige Nase, Karton, Randen, noch letzte Spuren von Waldbeeren. Im Gaumen Todessäure, drahtig, nasses Holz und endende Spuren von Fruchtextrakt. In der Struktur mehr und mehr gezehrt.
Nase 15/20, Gaumen 11/20 vorbei

1951 Montrose — 10/20
92: 3/8 Flasche: Die Erwartungen waren schon gering, bevor man die Flasche öffnete, aber dass es möglich gewesen wäre, eben diese Erwartungen noch bei weitem zu unterbieten - das hätte ich nie gedacht. Ich schliesse mich, ohne etwas über den Wein zu schreiben, dem englischen Weindegustator Michael Broadbent an: <<Der 51er gibt sich die grösste Mühe, der schlechteste Jahrgang des Jahrhunderts zu sein.>>

1953 Montrose — 17/20
91: Proefscrift-Probe in Holland: Helle Farbe mit rubin-orangen Reflexen. Zartduftende Nase mit Rosen- und Papiergeschmack. Mitschwingende, trockene Küchenkräuter. Ausgeglichener Körper mit defensiver Süsse in den Tanninen. 17/20 austrinken

1958 Montrose — 11/20
86: Jugendliche Farbe. Schmales Bouquet. Metallprägung im Gaumen. Ein harter Wein. 11/20 trinken

1959 Montrose — 19/20
88: Tiefe, vollausladende Nase mit Terroir- und Tabakton. Im Gaumen rund, voll mit strenger, weinbeherrschender Säure am Anfang, die sich jedoch mit dem mitteldicken Körper gut verbindet. Weitausladender, extrem nachhaltiger Abgang. 18/20 trinken - 1998
90: Eine Normalflasche und eine Magnumflasche mit Altfassgeschmack??
92: Fast schwarz, undurchsichtig. Süss, Korinthen, Mandelholz. Eine umwerfende Nase eines typischen Bordeaux aus der guten alten Zeit. Im Gaumen rauchige Süsse, Ausgeglichenheit auf höchstem Niveau. Feines, quarzsandiges Würzextrakt. Legendenhafter Wein, wenn man

ihn aus einer derart gut konditionierten Flasche trinken darf. 19/20 trinken - 2000
92: Magnum: Wiederum leichter Fasston, der nach einer Stunde (!) verflog. Ein grossartiger Wein! 19/20 trinken

1961 Montrose **17/20**
88: Aufhellender, wässriger Rand. Zäh öffnende Nase. Leicht metallisch. Schlanker, dennoch sehr kräftiger Körper, parfümiert, Goût de Capsule. 16/20 trinken
92: Fleischige Nase, wunderbare Terroirdüfte. Im Gaumen ein Mittelgewicht mit enormem Druck und Länge. Die Gerbstoffe sind für einen Montrose aus der damaligen Zeit recht fein. 17/20 trinken - 2000

1962 Montrose **14/20**
92: Reife Nase mit süssen Kräutertönen vermischt. Ein feiner, eleganter Montrose, dessen Härte duch fette Tannine gezähmt wurden. 16/20 austrinken
93: Eine Magnum, die den oft typischen Montrose-Altfassgeschmack in sich hatte. Während die einen demonstrativ auf Korken tippten, hatten etwas geduldigere Teilnehmer dieser Probe, die Chance nach einer Stunde süsse Kräuter und Korinthentöne zu erleben. Feine Bitterkeit auf der Zunge. Magnum 16/20 trinken
Montrose Magnum: Dumpfes Granat, dunkel, matt. Staubiges, dumpfes Bouquet, defensiv. Im Gaumen, kapselige Säure, wenig Aromen, mageres, salziges Finale, ausdruckslos, ausgezehrt. 14/20 vorbei
94: Dumpfes, reifendes Granat. Käsiges Bouquet, Karton. Wässriger Gaumen, fehlt an Fett und Konsistenz.
13/20 vorbei

1964 Montrose **17/20**
89: Tiefes Granat mit braun-orangen Reflexen. Kräftige, intensive, breite Nase. Weicher Merlot. Im Gaumen griffig, kräftig mit präsenter Adstringenz. 15/20 trinken - 1998
92: Eine wesentlich bessere Flasche bei einer Montrose-Probe im Restaurant Schaffelner, Österreich. Kräftig tiefe Farbe. Trüffel und Herbstpilze. Im Gaumen griffig und viel fettes Extrakt. Druckvolles Finish. 17/20 trinken - 2000

1966 Montrose **12/20**
89: Kompakte Farbe mit aufhellendem Granatrot. Nase reich, würzig, jedoch für diesen Jahrgang recht schmal. Auf dem Gaumen Biss, kernig, streng. Langer, solider Abgang. 15/20 trinken - 1994
90: Magnum: Gleiche Eindrücke wie bei der Normalflasche.
92: Eine oxydierte Flasche. vorbei

1967 Montrose **12/20**
84: Abgebaut. Bräunlich mit Granatspuren. Weich und ausgezehrt. 12/20 austrinken

1969 Montrose **11/20**
88: Mager. Merlot-Nase. Im Gaumen leicht. Darunter stahlhart und kurz. Bestenfalls ein Jahrgangswein oder werktags für ein Znüni. 11/20 weg damit

1970 Montrose **19/20**
91: Mit Jean-Pierre Rémy in Tartegnin blind degustiert.
18/20 bald - 2010
91: Eine extrem junge Magnum, die sehr verschlossen war.
19/20
92: Tiefe, klassische Farbe. Eine umwerfende Terroirnote mit einer Mischung von Pfeifentabak, Herbsttrompeten, Kaffee. Perfekt. Gleicht in der Nase dem 70er Lynch-Bages. Im Gaumen animalisch, Rauch viel Extrakt und eine lange, fast unzerstörbare, kräftige Struktur. Unglaubliche Dichte. Gehört zu den allerbesten 70ern. 19/20 trinken - 2008
92: An einer Buttinger-Probe eine Doppelmagnum: Trüffelnase, viel Terroir und sehr viel Tiefe anzeigend. Im Gaumen wiederum Teernote, Sandelholz, Havanna. Wer gerne alte Bordeaux trinkt, sollte im Jahre 2010 einen 70er Montrose aus dem Keller holen, wenn er kann. Doppelmagnumwertung: 19/20 trinken - 2030
94: Leicht reifende Farbe mit orangen Reflexen, jedoch noch immer sehr tief. Die Nase zeigt Terroir und Konzentration. Im Gaumen jung, viel Tannine, sandig-kernige St. Estèphe-Note. Braucht viel Luft und ebensoviel Geduld. Zwei Stunden dekantieren. 19/20 trinken - 2030

1971 Montrose **13/20**
88: Fruchtig. Parfümiert mit gutem Biss und Fleisch. Wirkt aber seiner Strenge wegen angezehrt. Die Nase ist jetzt reif - der Wein vielleicht in fünf Jahren. 14/20 trinken
92: Gewürztraminer-Nase, Apotheke, Chlor. Trocknet aus im Gaumen, fast rotbeerig (Preiselbeerenspuren).
13/20 austrinken

1975 Montrose **16/20**
90: Hat Fortschritte gemacht und öffnet sich ein wenig. Wer ihn jetzt trinkt, sollte aber unbedingt eine kräftige Fleischspeise dazu essen.
93: Hat mir anlässlich einer 75er-Probe nur mittelmässig gefallen. Die Säure dominierte den mitteldichten Körper.
16/20 trinken??
94: Tiefes, dunkles Weinrot. Das Bouquet braucht Luft und ist zu Beginn von einem gruftigen Ton begleitet, darunter tiefe Terroir- Trüffelnote. Fleischiger Gaumen, viel Gerbstoff, griffig, fast zähnebeschlagend. Potentialwertung: 17/20 1997 - 2010

1976 Montrose **17/20**
88: Wildton, animalische Serie. Erstaunlich anschmiegsam. Sehr ausgewogen und für einmal fast weiblich - atypischer Montrose. Sehr guter, runder Wein! 16/20 trinken
91: In einer Blinddegustation aus 100 m Entfernung erkannt. Wieder sehr feminin und mollig. 16/20 trinken - 2000
92: Währenddem sich selbst ganz grosse Namen klammheimlich verabschiedet haben, strotzt der 76er Montrose nur so von Jugendlichkeit. Wir haben mehrere Flasche an einem Abend in einem Restaurant im Waadtland zu 75 Schweizer Franken getrunken. Der Wein war so jung, so frisch und so herrlich terroirbetont, dass zu hoffen bleibt, dass dieses Restaurant um die Jahrhundertwende noch ein paar Flaschen auf der Karte hat. 17/20 trinken - 2000

St. Estèphe

1978 Montrose   **16/20**
87: Kerniger Wein mit strenger Erziehung. Leider mangelt es an Fleisch, was diesen eher schlank macht.
                                                 14/20 trinken ab 1990
90: Mittlere Farbtiefe mit wenig Altersreflexen. Fleischig-blumige Nase. Im Gaumen Fassaromen, die nach der Dekantierphase (ca. 30 Minuten) abklingen. Noch immer kernig. Metallische Spuren in der Tannin-Säure-Verbindung. Wer ihn geniessen will, sollte ihn mindestens eine Stunde vorher dekantieren.   15/20 trinken - 2005
92: Kaltes Cheminée, Räucherkammer, Charcuterie. Zähne angreifendes Tannin. Entwickelt sich an der Luft - also dekantieren.   16/20 trinken - 2005
93: Zeigt noch immer sehr markante Gerbstoffe. In der Nase findet man Jodspuren, die oft auch bei 75ern anzutreffen sind.   16/20 trinken - 2005

1979 Montrose   **15/20**
92: Ziegelrotes Granat, Wasserrand. Süsser Nasenbeginn, fleischig, Zedern, Teer. Im Gaumen rote Johannisbeere, hat Rasse, trockenes Extrakt, Gerbstoffe mit Eisenspuren. Braucht Luft, dekantieren.   15/20 trinken - 1998

1980 Montrose   **12/20**
88: Dünner Körper. Ausbrechend, Tendenz zu Sprödheit.
                                                       12/20 austrinken

1982 Montrose   **18/20**
88: 3/8 Flasche: Endlich einmal ein Montrose, der nicht nur Extrakt, sondern auch Fett und Fleisch hat. Macht jetzt Freude und wird es wohl auch noch ein Jahrzehnt (im Minimum) machen.   16/20 trinken
91: Riecht wie ein Figeac. Im Moment in einer Merlot-Zwischenphase. Offen mit ausladenden Aromen. Im Gaumen primär zugänglich infolge grosszügiger Fettkonstellation, zeigt aber beim Zubeissen immer mehr Tannin.
                                               16/20 trinken - 2000
92: Leuchtendes Granat, mitteltief. Sehr verschlossen, hat Mühe, sich zu zeigen, lässt aber viel Tiefe vermuten. Im Gaumen eine Gerbstoffbombe umgeben von reichem Fleisch, rauchig-russige Aromen. Ein grosser, fast unsterblicher Wein.   18/20 1995 - 2015
93: Bei einem Mittagessen auf Coufran getrunken. Dichtes Granat mit orangen Reflexen. Trüffelbouquet, schön ausladender Terroirduft. Im Gaumen noch immer gesunde Reserven, obwohl er sich durch sein Fett im Moment recht schön trinkt. Er hat aber nicht die Tiefe eines 59ers und bleibt ein gebündeltes Mittelgewicht. 18/20 trinken - 2010
94: Blind mit 17/20 bewertet. Scheint immer zugänglicher zu werden.

1983 Montrose   **16/20**
91: Mittlere Farbdichte mit ersten Reifeanzeichen. In der Nase wie auch im Gaumen Pferdearomen und frisches Leder, Trüffel, trocken.   16/20 1995 - 2010

1984 Montrose   **14/20**
92: Nussfleischnase und komischerweise süsslicher Melonengeschmack (?). Im Gaumen rauhe, grobe Gerbstoffkonstellation. Man kann ihn aber trotzdem schätzen und mit einigem Genuss trinken. Vorausgesetzt, dass man diesen Wein rund eine Stunde vorher dekantiert und eine kräftige Fleischspeise zu sich nimmt. 14/20 trinken - 2000

1985 Montrose   **15/20**
87: Fassprobe: Leichteste Farbe aller 85er. Transparentes Granat. Erstaunlich weiches Merlot-Aroma. Kandierte Früchte. Im Gaumen erst weich, dann adstringierend, aber nicht so stahlhart wie gewöhnlich. Fleischspuren und Biss.
                                                      15/20 1996 - 2012
88: Eine andere Flasche. Altfasstöne, faulig, miserabel??
94: Dunkles Granat mit aufhellendem Rand und leichten, ziegelroten Reflexen. Unappetitlicher Nasenbeginn, animalisch, faulig, Jodnote und gebrauchtes Leder, dahinter aber erstaunlich fett und wuchtig, Spuren von überreifem Merlot in Form von Korinthen. Im Gaumen fassig, dezente Kapselnote, dann viel Fett, das sich eher schlecht mit dem Säuremangel balanciert, dadurch bekommt der Wein eine pappige Form und endet, wie auch in der Nase mit leicht fauligen Aromen, die an nasses Blattwerk und gleichzeitig an verhageltes Traubengut erinnert. Wenn man diesen 85er mit seinen Nachbarn (Cos, Meyney und Haut-Marbuzet) blind vergleichen würde, dann hätte er keine Chance. Noch weniger Chance hat er, jemals in meinen Privatkeller zu gelangen. Normalerweise kann man einem Montrose zumuten, dass er jährlich und kontinuierlich an Qualität zulegt, hier ist aber für eine solche Weissagung zu wenig Potential vorhanden.   14/20 trinken - 2005

1986 Montrose   **15/20**
87: Fassprobe: Weniger Merlot, härter, mehr Tannin.
88: Fassprobe: Verschlossene, metallische Nase. Im Gaumen Nerv, Eisen und Biss. Hoher, aber schlanker Körperbau. Trockenes Tannin, bitteres Finish.
                                                   15/20 trinken ab 2000

1987 Montrose   **12/20**
90: Offene, geballte Nase. Wuchtig, von Merlot dominiert. Im Gaumen austrocknend und extrem hart. Absolut kein Gastronomiewein.   12/20 1993 - 2000

1988 Montrose   **17/20**
89: Tabak-Eisenton. Dicht, aber markig strukturiert. Wird anscheinend besser als frühere Jahre.
                                               16/20 trinken ab 1998
91: Granat mit aufhellendem Rand, mittlere Dichte. Pfeffrige Nase, intensiv, darunter grüne Peperoni, Tabak, Terroir. Kräftiger Gaumen, viel Tannin, im Finish Metallspuren. Ein Wein, der ebensoviel Verständnis wie Geduld braucht.
                                               17/20 trinken ab 2000
93: Terroir, Zedern, Trüffelton, Sandelholz, Kaffee, Toast. Im Gaumen harte Säure, spitz, metallische Struktur, noch aufrauhend und unfertig.
                 Momentan 14/20, Potential 17/20 2000 - 2020
94: Im Cellier Zürich degustiert. Sehr dichtes Purpur mit violettem Schimmer und aufhellendem Rand. Defensives, aber in den Ansätzen wuchtiges Bouquet, leichter Wachs-

und Gummiton eines reduktiven Weines, füllig und zunehmend komplexer werdend, Teer und Terroir sowie feine, dunkle Pilzspuren. Fleischiger Körper, leicht metallische Säure, wie immer ein leichter, mitschwingender Fasston, kerniges Tannin gibt Würze. Der Wein ist sehr ausgeglichen und wird ab 2000 viel Freude machen.
17/20 1997 - 2014

1989 Montrose **19/20**
90: Auf dem Château degustiert: Erste Fruchtbildung, Heidelbeerengeschmack, enorm Tannin, riesiges Alterungspotential. Ich vergleiche ihn zu diesem Zeitpunkt mit dem 75er, der übrigens einer der besten dieses Jahrganges ist.
18/20 trinken ab 2000
91: Ein gewaltiges Bündel mit blaubeerigen Aromen, Brombeeren, Heidelbeeren. Gehört zu den ganz grossen 89ern.
19/20 kaufen!
92: Arrivage: Purpur, satt. Zu Beginn leicht metallische Note in der Nase, dann stallig, Barolo-Düfte, Eisenkraut, Wermut, heiss, konzentriert, Spuren von Volatile (?). Konzentrierter Gaumen mit gewaltigen Tanninen, griffiges, zupackendes Extrakt mit rustikalem Anflug. Ein Wein fürs nächste Jahrtausend. 18/20 1997 - 2020
94: Sehr tiefe, fast schwarze Farbe. Rauchiges Cassis, Eisenkrautaromen, Minzenton. Fülliger, reicher Wein, viel Komplexität, aussen Charme, innen aber zupackende in sich reife Gerbstoffe, Waldbrombeeren und Korinthen im Finale. Ein grosser Wein im traditionellen Stil mit sehr gutem Alterungspotential. Kaufen Sie 89er, falls Sie dem 90er nachweinen. Er kostet nämlich nur die Hälfte und ist fast ebensogut. 19/20 2000 - 2020

1990 Montrose **20/20**
91: Ein Montrose wie er im Buche steht. Dunkles, leuchtendes Granat. Defensive Nase mit Hagebutten und roten Kirschen, kräftig, druckvoll. Im Gaumen enormer Tanninbeschlag. Viel Extrakt. Ein grosser, typischer Montrose - alte Schule! 20/20 trinken ab 2005
93: Ein Riesenrummel ist um diesen Wein entstanden, seitdem ihn Parker mit 100 Punkten „beschenkt" hat. Auch ein junger Montrose ist nicht schwarz, sondern immer mit tiefem Granat bestickt. Geballte Ladung, leicht animalische Jodnote, sehr terroirlastig, Leder- und trockene Traubentöne. Im Gaumen sehr viel, aber reifer Gerbstoff. Dieser Wein zeigt definitiv den Aufstieg von Montrose an, gemacht durch einen neuen Kellermeister und der Einsicht von Charmolüe, dass eine zu frühe Ernte dem Wein immer geschadet hat. 19/20 2000 - 2040
93: Fast schwarze Farbe. Süsses, komplexes Bouquet, erinnert an einen Côte Rôtie, Kaffee, Kirschen, hochreife Frucht, leicht rosinierend. Voller, cremiger Gaumen, Massen von Gerbstoffen, pflaumig, extrem langes Rückaroma. Feinheit und Wucht sind hier aufs Vorzüglichste gepaart.
20/20 1997 - 2030
94: Irgendwo habe ich gelesen, dass dieser Wein jetzt schon unheimlich Spass macht. So ein Unsinn. Mein Nachbar hat mir eine Flasche blind serviert. Ich habe ihn degustiert, 20 Punkte attestiert und der Rest der Flasche stehengelassen und mich einer bedeutend älteren (reiferen) Flasche zugewandt. 20/20 2000 - 2030

1991 Montrose **16/20**
92: Für Montrose sehr tiefe Farbe, violett mit schwarzen Reflexen. Würziges Nasenspiel, Terroir, Zimt. Weicher, schmelziger Gaumen, Brombeerengelee, darunter sandiges Extrakt mit nicht allzu aufdringlichen Tanninen.
16/20 1998 - 2010
94: Sehr terroirlastig, reife, rotbeerige Frucht, feine Jodnote. Satter, gebundener Gaumenfluss, reife Tannine, leicht aufrauhende Struktur, aromatisches Finish. 16/20 1998 - 2010

1992 Montrose **17/20**
93: Granat-Rubin, aufhellend. Würziges Terroirbouquet, Parfüm, zeigt in der Nase gutes Potential an. Im Gaumen dichte Struktur, reife Gerbstoffe, feiner Eichenton. Wiederum eine Glanzleistung von Charmolüe. 17/20 1997 - 2010
94: Er entwickelt jetzt eine Dörrfruchtnote in der Nase. Nach wie vor ein grossartiger Wein, gleicht irgendwie einem Barolo von Sandrone. 17/20 1997 - 2010

1993 Montrose **17/20**
94: Tiefes Violett-Purpur. Würzige Tabaknase, Havanna, Terroir, Zedern, Palisander, defensive Süsse. Fleischiger Gaumen, griffiger Gerbstoff, starke Adstringenz, intensive Aromatik, Heidelbeeren, Brombeeren, gutes Potential.
17/20 2000 - 2015

CHÂTEAU LES ORMES-DE-PEZ

1970 Les Ormes-de-Pez **14/20**
92: Recht tiefe Farbe mit feinem Wasserrand. Offenes Würzbouquet, rauchig mit metallischen Spuren. Im Gaumen Tannine mit Härte und wenig Schmelz. Rustikaler, trockener Wein. 14/20 austrinken

1981 Les Ormes-de-Pez **15/20**
87: Ein überdurchschnittlicher Wein. Rassig, guter Stoff. Vielleicht in der Jugend etwas stürmisch. Wird sich mit zunehmender Reife legen. 15/20 1989 - 1996

1983 Les Ormes-de-Pez **16/20**
92: Bei einem Mittagessen auf Lynch-Bages genossen. Recht tiefe Farbe, relativ jugendlich. Süsse Hagebuttentöne in der Nase, wunderschönes Bouquet. Reicher Gaumen, würziges Pfeiffentabakaroma. Als St. Estèphe recht süffig mit mittlerem Körper. 16/20 trinken - 1998

1984 Les Ormes-de-Pez **13/20**
89: Kaffeewürze, getrocknete Heidelbeeren ohne Süsse in der Nase. Leider ein wenig stielig. 13/20 trinken

1985 Les Ormes-de-Pez **15/20**
92: Leuchtendes Granat-Orange. Buttrig, offen, erdig, Zedern, feiner Pilzton. Im Gaumen rassig, trocken in den

St. Estèphe

Tanninen. Wird an der Luft laktisch und entwickelt gleichzeitig vegetale Noten. 15/20 trinken - 1998

1986 Les Ormes-de-Pez **15/20**
87: Fassdegustation: Wirkt schon recht offen und vor allem sehr ansprechend. Blumige Serien, rustikale Struktur.
15/20 1994 - 2005

1987 Les Ormes-de-Pez **12/20**
89: Vorabzug: Purpurfarbe. Verdeckte Frucht. Leichter, kurzer Wein, bittere Tannine. 12/20 trinken - 1995

1988 Les Ormes-de-Pez **16/20**
89: Fassdegustation: Tiefes Violett. Veilchenbouquet. Das Tannin wirkt unreif. Vielleicht war der Cabernet nicht voll ausgereift. 15/20 trinken ab 1996
91: Die selben Eindrücke bei der Arrivage wie bei der Fassdegustation. Granat-Purpur. Offen, konfitürig. Nussnuancen. Im Gaumen kerniges, unreifes Extrakt, sanfte Bitterkeit. 15/20 trinken ab 1995
92: Ein rot- und blaubeeriges Spiel in der Nase. Obwohl die Tannine noch immer recht bourgeois sind, zeigt es doch auf, dass er sich jetzt mehr und mehr zum Positiven entwickelt. Im Finish feiner Kaffeeton. 15/20 1994 - 2000
93: Noch immer sehr kräftig in der Tanninstruktur, entwickelt aber gleichzeitig Persönlichkeit. 16/20 trinken - 2003

1989 Les Ormes-de-Pez **17/20**
90: Februar: Fassprobe: Mit leichtem Schwefelton. 16/20
90: Juni: Fetter Gaumenfluss, pfeffrig, Kaffeeton. Recht gut. 16/20 trinken ab 1996
92: Arrivage: Dieser Wein schaffte es als Mauerblümchen unter die ersten zwanzig 89er inmitten von ganz grossen Namen. Volle Farbe: Blutrot-Schwarz. Süss, fett, reife Frucht, schwarze Beeren, Rauch, schöne Terroirnote, heiss. Im Gaumen enorm komplex und füllig - gleich zu Beginn. Dichte Gaumentextur mit gesunder, reichhaltiger Fleischproportion, nachhaltiges Tannin, druckvolles Finish. Eine Reussite! 17/20 1995 - 2003

1990 Les Ormes-de-Pez **17/20**
91: März: Violett-Schwarz. Fruchtige Nase, leicht öffnend, gebunden. Im Gaumen aggressive Säure, die sehr wahrscheinlich vom ersten Holzkontakt herrührt, lebendige, feine Struktur. 16/20 1997 - 2005
93: Sattes Purpur. Volle Kaffee- und Pflaumennase, florale Noten vom Cabernet her stammend. Samtig-fülliger Fluss, Gerbstoffe stützen gut, tiptop ausbalanciert, würzige Spitzwegerichnote im Finale. Sehr guter, ja fast grossartiger Cru Bourgeois 17/20 1997 - 2015

1991 Les Ormes-de-Pez **13/20**
92: Mittleres Granat mit starkem Wasserrand, recht gefällig. Im Gaumen süffig. Ein gastronomischer Wein.
13/20 1994 - 1999
93: Veilchen und Tinte in der Nase, leichte Teernote.
13/20 1994 - 2000

94: Die Barriquenote dominiert das Bouquet. Im Gaumen immer noch leicht, aber sehr süffig. 13/20 1994 - 2000

1992 Les Ormes-de-Pez **16/20**
93: Mittleres Purpur. Defensive Nase durch Fassmuster aus einer neuen Barrique. Im Gaumen blaue Früchte, Kastanienholz, kräftiges Tannin, seitliche Adstringenz, saubere Frucht, süsses Finish, gutes Potential.
16/20 1996 - 2004

1993 Les Ormes-de-Pez **15/20**
94: Mittleres Granat mit rubinem Rand. Defensive Nase, eher rotbeerig. Schlanker Gaumenfluss, saftig, gut verteiltes Extrakt, leicht floral im Finish, insgesamt ein recht schlanker Wein. 15/20 1998 - 2012

Château de Pez

1962 de Pez **16/20**
88: Leuchtendes Granat-Purpur. Nichtssagende, verschlossene Nase. Starke Adstringenz. Viel Säure, wirkt unreif.
13/20 schwer zu bewerten!
94: Magnum: Pferdiges Aroma. Im Gaumen reif, schön zu trinken. 16/20 trinken - 2000

1980 de Pez **13/20**
88: Scharfe, pfeffrige Säure. Sehr alkoholisch - zu Kopf steigend. Trotzdem bevorzugte ich diesen Wein, alleine schon wegen seinem Preis-Leistungs-Verhältnis, gegenüber dem Montrose, der in der gleichen Serie auftrat.
13/20 trinken - 1993

1982 de Pez **15/20**
93: Helle Farbe, Wasserrand. Fette Nase. Weiche Säure im Gaumen mit mittlerer Konzentration. 15/20 trinken - 2003

1987 de Pez **13/20**
92: Er hatte sicherlich einen schweren Stand, denn wir tranken ihn als Erfrischung vor einer Magnum 45er Latour. Frische Fruchtsäure, eher rotbeerig (Johannisbeeren). Ein ehrlicher, leichter, süffiger Wein. 13/20 trinken

1990 de Pez **17/20**
93: Aufhellendes Rubin. Süsses Bouquet, feinfruchtig, köstlich, leichter Kokosschimmer von der Barrique. Im Gaumen dominiert zwar das Holzspiel gibt ihm aber gleichzeitig eine Fülle von zusätzlichen Aromen, schöne Länge.
17/20 1996 - 2010

Château Phélan-Ségur

1966 Phélan-Ségur   15/20
90: Magnum : Helles Granat. Savigny-Nase. Leichter Körper. Eleganter, feiner Wein.   15/20 trinken

1970 Phélan-Ségur   13/20
85: Gebrannte Mandeln, Sussholznote.   13/20 trinken
90: Mitteltief mit zinnoberroten Tönen, offenes Bouquet, wirkt gebraten, Rebholz- und Kaffeegeschmack, mittleres Potential, darunter veloutierendes Fett, Blechton in der Säure, angetrocknete zähflüssige Struktur.
                                          13/20 austrinken, wer muss
92: Mittlere Farbtiefe mit stark aufhellendem, orangem Rand. Zu Beginn Schmelz, dann metallisch geprägte Säurestruktur mit Kapselton.   13/20 austrinken

1975 Phélan-Ségur   15/20
94: Tiefes Weinrot mit ziegelrotem Rand. Tiefes, süssliches Trüffel-Terroirbouquet, buttriger Überzug, Schokonote, würzgebende Ledernote. Im Gaumen reife Gerbstoffe, feine Kapselnote, wirkt etwas oberflächlich, weil es ihm an Tiefe fehlt.   15/20 austrinken

1978 Phélan-Ségur   10/20
92: Sehr junge Farbe. Extrem buttrig zu Beginn. Entwickelt aber an der Luft eine unangenehme Essignote und fällt in sich zusammen. Im Gaumen blechig und nur noch durch die eigene Säure erhalten.   10/20 deklassiert!

1979 Phélan-Ségur   13/20
92: Helles Granat-Orange. Flüchtige Säure, gebrauchtes Leder, Jod und tertiäre Kräuternuancen. Im Gaumen sandig, leichter Körper, wird bald austrocknen.
                                                  13/20 austrinken

1981 Phélan-Ségur   15/20
91: Mittlere Dichte mit ziegelroten Reflexen. Defensive Nase, trocken, darunter blaubeerig mit primärer Fruchtanzeige. Weicher, langer Gaumen, der relativ schlank ist. Schokoladenpapierton mit feiner Bitterkeit. 15/20 trinken

1983/1984/1985 Phélan-Ségur
Diese drei Jahrgänge wurden allesamt aus dem Markt gezogen, weil sich im Wein Rückstände eines Schädlingsbekämpfungsmittels befanden. Der Châteaubesitzer hat gegen den Chemiekonzern in Amerika prozessiert und gewonnen.
Es gibt immer wieder einige Flaschen, die trotzdem auf dem Markt auftauchen. Trinken Sie diese mit Vorsicht, am besten unter Aufsicht des toxikologischen Institutes.

1986 Phélan-Ségur   15/20
89: Süsses, offenes Bouquet. Runde Tannine, wirkt relativ leicht im Gaumen, neues Holz im Finish.
                                                15/20 trinken ab 1993

1988 Phélan-Ségur   16/20
90: Tintiges Bouquet, floral, wirkt etwas rustikal und kernig. In den Tanninen etwas bitter.   15/20 trinken ab 1995
91: Violett mit schwarzen Reflexen. Schmale Würznase, Zedern, Rauch, Blueberries. Schmelz verbindet sich mit recht kräftiger Adstringenz. Wirkt noch etwas trocken und nach Reife verlangend.   16/20 1995 - 2007

1989 Phélan-Ségur   17/20
90: Verdeckte Nase, fondiert. Im Gaumen sehr fein strukturiert, milde Tannine, schlanker Körper mit viel Eleganz. Der 88er wirkt rustikaler.   17/20 trinken ab 1996
90: Im Juni nachdegustiert. Wirkt noch feiner und eleganter.   17/20 1996 - 2007
94: Ist in einer sensationellen Zwischen-Genussphase. Wenn ich ihn mit dem Cos 1989 vergleiche, so macht er - unter Berücksichtigung seines Preises - viel mehr Freude. Nahe bei der 18-Punktegrenze.   17/20 trinken - 2005

1990 Phélan-Ségur   17/20
91: April: Violett. Fett, offen, komplex, Brombeeren und Heidelbeeren. Für einen St. Estèphe enorm viel Charme. Leider im Moment noch ein etwas bitteres Finish.
                                                16/20 trinken ab 1997
93: Tiefes Purpur. Volles Terroirbouquet, schwarze Beeren, komplexe Süsse. Füllliger Gaumen, fett, reich mit viel Schmelz, reife Gerbstoffe, feine Adstringenz. Wenngleich auch das Potential nicht für mehr als zwei Dekaden ausreicht, gehört er zu den besten Preis-Leistungs-Weinen des Jahrganges 1990.   17/20 1995 - 2008

1991 Phélan-Ségur   14/20
92: Mittleres Purpur-Granat mit Wasserrand. Teernase, Mazerationsgoût. Cabernet Franc-Anzeige. Die Textur ist erstaunlich samtig mit einigen Reserven, Brombeerenfinale. Scheint aber trotzdem mehr darstellen zu wollen als er eigentlich ist.   14/20 1994 - 1999

1992 Phélan-Ségur   15/20
93: Violett mit starkem Wasserrand. Feine Frucht, wenig Druck. Sehr leichter Körper, fehlt an Konzentration, hat Eleganz.   15/20 1995 - 2005

1993 Phélan-Ségur   15/20
94: Aufhellendes Rubin. Öffnendes Bouquet, leicht floral, wenig Konzentration anzeigend. Süffiger, sehr leichter Gaumen, ein früh zu konsumierender Wein, hinter dem möglichen Potential.   15/20 1997 - 2005

DIE DOOFEN JAHRGANGSKÄRTCHEN

Es ist aus Plastik und so gross wie eine Kreditkarte. Die meisten "Weinkenner" tragen es mehr oder weniger heimlich in ihrem "Geldsack" herum. Man will ja schliesslich wissen - wofür man sein hart verdientes Geld ausgibt.
Brav sind, vertikal die Jahrgänge und horizontal die diversen Weinregionen aufgelistet. Im frei gewordenen Feld finden sich je nach Art dieses "bedeutungsvollen und unentbehrlichen Genusshelfers" Punkte oder Sterne, die den Unwissenden mit grosser Wahrscheinlichkeit auf eine falsche Fährte locken.
Er wird sich nach genauerem Studium beispielsweise nicht für den hervorragenden 84er Domaine de Chevalier entscheiden, der als bester Rotwein dieses kleinen Jahrganges gilt. Nein - er wird den grünen, harten 82er des gleichen Weingutes wählen. Also genau jener Wein, der hauptsächlich vom zweiten Austrieb geerntet wurde, weil das erste Traubengut durch den Frost abgestorben war.
Dieser glückliche Jahrgangskartenbesitzer bestellt - aufgrund des allwissenden Jahrgangskärtchens - eher einen Lafite-Rothschild 1986 (teuer, gross, aber total verschlossen) als einen La Mission-Haut-Brion 1987 (günstig, jetzt wunderschön zu trinken).
Die Beispiele könnten beliebig auf sämtliche Weingebiete dieser Welt ausgedehnt werden.
Es gibt in der Bewertung von Qualitäten und in der Definition eines möglichen Genusses keine Verallgemeinerungen. Jeder Wein, jeder Cru, jeder Jahrgang ist für sich ein Individuum und kann nicht auf solch einfache Weise katalogisiert werden.
Sie müssen sich jetzt entscheiden!
Werfen Sie (falls Sie überhaupt eines besitzen) dieses Kärtchen weg oder aber dieses Buch.

BORDEAUX IST EINE LEBENSPHILOSPHIE!

<<Bordeaux trinken ist, wie wenn man einen dunklen Anzug und eine Seidenkrawatte trägt - man ist immer gut angezogen!>> flüsterte mir einmal ein beleibter Tischnachbar während einer Raritätendegustation andächtig zu. Dann lehnte er sich zurück und griff langsam zu seinem Glas. Der Farbe schenkte er wenig Aufmerksamkeit, dafür schnüffelte er umso länger. Was heisst schnüffeln? Er zog förmlich die unsichtbaren Duftschwaden von abklingender Frucht und aufsteigendem Terroir durch seine fast vibrierenden Nasenflügel.
Während rund herum vorsichtig genippt wurde, kippte er den ganzen Inhalt, des zu einem Drittel gefüllten Glases, in seinen Gaumen. Die Backenknochen bewegten sich kauend, in langsamem Rhythmus, als würde er ein superzartes Steak eines erstklassigen Rindes zwischen seinen Zähnen zermahlen. Die Freude über den guten Tropfen stand ihm förmlich ins Gesicht geschrieben, und man hätte sehr wahrscheinlich, bei genauerer Betrachtung, auf seiner Stirn die Maximalpunktezahl ablesen können. Er war aber kein Degustator, der sich Notizen für eine Zeitung machte, er arbeitete auch nicht für eine Weinhandlung, war kein Gastronom, sondern er war Endverbraucher - ein Geniesser ohnegleichen. Ein Bordeaux-Geniesser mit einer ganz präzisen Lebenspilosophie. Oder etwa doch nicht? Als er den Wein fast unter Freudentränen geschluckt hatte, betrachtete ich ihn nochmals genauer. Er trug weder eine Seidenkrawatte noch einen dunklen Anzug!
Eines habe ich jedoch bei seinem Anblick ganz sicher gelernt: Um schöne Bordeaux zu trinken, braucht es keine Tenuevorschriften, sondern ganz einfach die richtige Einstellung zum Genuss. Es braucht nicht einmal einen besonderen Anlass. Die Stimmung ist mitentscheidend und vielleicht dieselbe Erkenntnis, die es benötigt, zur Einsicht zu gelangen, nicht nur freitags Fisch zu essen.

Pauillac

Grösster Wein:
1945 Mouton-Rothschild

Bester Wert:
1989 Pibran

Pauillac

CHÂTEAU D'ARMAILHAC
(ehemals Château Mouton-Baronne-Philippe)

Wohl der Bordeaux, der so oft wie kein anderer seinen Namen gewechselt hat. Am Anfang schrieb sich dieses Kind Mouton d'Armailhacq, danach Mouton-Baron. Als die Frau von Philippe de Rothschild starb, benannte er diesen ihr zu Ehren um in Mouton-Baronne. Seine Tochter Philippine entschied in einer Nacht- und Nebelaktion mit dem Jahrgang 1989 den Cru in seinen angestammten Namen umzuändern. Dabei vergass sie aber, dass sich d'Armailhac früher mit „cq" schrieb. Gleichzeitig verzichtete sie auf das „Prädikat" Mouton in einer vierten (endgültigen?) Version.

1928 Mouton d'Armailhacq   13/20
90: Sehr helle Farbe. Am Anfang Grufton, der aber schnell verflog. Erdbeerenaromen, dünner, fragiler Körper.
13/20 austrinken
91: An der 28er Hospiz-Probe degustiert. Gleiche Eindrücke.   13/20

1947 Mouton d'Armailhacq   13/20
90: Ein Nasenwein! Etwas bräunliche Farbe, feines Würzbouquet, getrocknete Küchenkräuter, ausladend fein. Säure reicht noch für zwei Jahrzehnte aus, im Finish welkes Gras.   Nase 17/20, Gaumen 13/20 vorbei

1961 Mouton-Baron-Philippe   19/20
91: Reifes Granat. Marmeladige Nase, Erdbeeren, Waldfrüchte, frisches Hirschleder. Enge Frucht im Gaumen, fast primär, Pomerol-Typ, zartbittere Schokolade, schönes Extrakt.   18/20 trinken
92: Wiederum eine sensationelle Flasche. Dicht, konzentriert, rauchig, Süsse in den Tanninen. Im Gaumen Eindrücke von Syrah-Ähnlichkeiten, extrem lang und sehr gut proportioniert.   19/20 trinken
94: Offenes Pralinen-Schokobouquet. Feinsandiger Fluss mit schöner Fülle.   19/20 trinken - 2000

1962 Mouton-Baron-Philippe   16/20
88: Satte Farbe mit schwarzen Reflexen. Oxydationsnase, darunter noch etwas Parfüm spürbar.
Keine Bewertung - über dem Zenit!
91: Reifes Granat. Merlot-Fülle, darunter nasses Unterholz, vegetal. Weiniger Fluss, viel Rückaroma.
16/20 austrinken

1964 Mouton-Baron-Philippe   16/20
94: Reife Farbe, sehr stark aufhellend mit orangen Reflexen. Eher zurückhaltende Nase, etwas nasse Wolle. Im Gaumen verwässert, schlank und sehr drahtig, macht mässig Freude.   14/20 austrinken
94: Kurioserweise hatte diese Flasche ein bedeutend schlechteres Füllniveau als jene, die ich zwei Wochen zuvor degustierte. Eher helle Farbe. Offenes, buttriges Bouquet, leichter Waldbodenton. Im Gaumen ein Leichtgewicht, aber sehr elegant, feine Kapselnote.
16/20 austrinken

1966 Mouton-Baron-Philippe   18/20
85: Ein enormer, typischer, klassischer Pauillac!
17/20 trinken
93: So ganz nebenbei an einem Diner getrunken. Er ist besser als der Mouton.   18/20 trinken - 2000

1970 Mouton-Baron-Philippe   18/20
90: Mit Ducru und Lynch-Bages im Moment mein Lieblings-70er. Klassisches Pauillac-Aroma. Füllig mit fondiertem Fett. Ein kleiner 62er Mouton.
18/20 trinken - mit sehr viel Freude!
91: Es gibt unterschiedliche Flaschen. Die weniger guten sind eher schlank, am Anfang säurelastig und brauchen Luft bis sie sich einigermassen akzeptabel präsentieren. Bewertung für diese „Erlebnisse":   15/20 austrinken
Wie bei vielen 70ern lohnt es sich, ihn zu dekantieren, damit er an Härte verliert.

1975 Mouton-Baronne-Philippe   12/20
94: Dumpfes, bräunliches Granat. Offenes, terroirlastiges Bouquet, ein Hauch Trüffel und getrocknete Steinpilze. Im Gaumen drahtig, fehlt an Schmelz in den etwas angetrockneten Gerbstoffen, zähnebeschlagend, kurz.
12/20 austrinken

1982 Mouton-Baronne-Philippe   15/20
89: Tiefe Farbe mit dumpfem Schimmer. Reife Nase mit Trüffelaromen. Schwache Konsistenz, dafür aber recht lang.   15/20 trinken
93: Das Bouquet ist jetzt voll entwickelt und der Gaumen gibt weniger her, als er in der Nase verspricht.
14/20 austrinken

1985 Mouton-Baronne-Philippe   16/20
88: Nase leicht geöffnet, weckt Erwartungen. Cabernet-Blüte. Im Gaumen Holunder mit einer ausgeglichenen Portion Fleisch, eher vegetal im Abgang.
16/20 trinken ab 1993

1986 Mouton-Baronne-Philippe   15/20
89: Dichtes Rubin-Purpur. Animalisches Bouquet. Die Tannine sind im Moment noch ungeschliffen.
15/20 trinken ab 1995

1988 Mouton-Baronne-Philippe   15/20
89: Fassdegustation: Würzig, eher dünn, Körper elegant.
15/20 trinken ab 1994
91: Violett, aufhellend am Rand. Cassis, Rauch, Minze. Dichtes Extrakt mit rot- und blaubeerigem Spiel, fleischig, saftig, druckvolles Finish. Wusste sehr zu gefallen.
16/20 warten
92: Farbe hellt noch mehr auf. Rotbeeriger Charakter, leichter Schwefel. Ein feiner, recht eleganter Wein. Leider scha-

dete ihm das Dekantieren, denn er roch nach 15 Minuten nach Käse (Boursault, Epoisses etc.). 15/20 1994 - 2004

1989 d'Armailhac 18/20
60 % Cabernet Sauvignon, 20 % Merlot, 20 % Cabernet Franc
90: << Das ist der beste Baronne, den ich in meinen fünfzehn Jahren bei der Baronnie degustiert habe!>> So empfing mich Yvo Houben, als wir diesen Wein degustieren wollten. In der Tat, was wir hier zur Probe bekamen, war sensationell. Eine extrem tiefe Farbdichte, würziger, fast stoffiger Cabernet und eine weiche, reiche Fülle von reifem, üppigem Merlot. Mit Grand-Puy-Lacoste ist dieser Wein Pauillacs 89er Überraschung. Mindestens
17/20 trinken ab 1995
92: Granat-Blutrot. Süss, parfümiert, Vanille, Edelhölzer, Nusstöne, Zimt. Reicher Gaumen mit gesundem Tannin, kräftig zupackend, feine Süssholznote, viel Charme mit bourgeoiser Gaumenstruktur. 17/20 1995 - 2005
93: Er ist so bourgeois, dass ich ihn in der Blindprobe mit dem Clerc-Milon verwechselt habe. Edelhölzer (Mahagoni) in der Nase. Rauhes, fast sandiges Zungenextrakt, sehr viel Fleisch. 18/20 1997 - 2010

1990 d'Armailhac 16/20
91: April: Leichtes Granat. Offene, rotbeerige Nase, Erdbeeren. Softer, beschwingter Körper ohne Ecken und Kanten, weich. Wird bald reif sein, eine eher magere Leistung nach dem 89er. 15/20 1993 - 1998
93: Granat mit Wasserrand. Eigenwillige Nase, Toastton, Charcuterie. Im Gaumen Aromen von Tabak, Korinthen, strenge Gerbstoffe, im Finish aber weich und pflaumig.
16/20 1994 - 2003
94: Süsse Tannine in der Nase, röstig, Vanillestengel. Seitliche Adstringenz im Gaumen, mittleres Potential.
16/20 1995 - 2005

1991 d'Armailhac 15/20
92: Nur etwa 30 % einer Normalernte. Mittleres Granat. Nussbaumholz und Marronigeschmack, Davidoff-Nase. Direkter Gaumen, süffig, mittelgewichtig mit erstaunlich feiner Extraktwürze, gekochte Heidelbeeren, wird schnell reifen. 15/20 1994 - 2000
93: Süsse Nase, Zwetschgentöne, pflaumig, Teer. Weiche Tannine, schöner Charme, leichter Körper.
15/20 1994 - 2001

1992 d'Armailhac 15/20
93: Schöne Purpurrobe. Gebäcknase durch Toastnuancen, rotbeerig. Stoffiger Gaumen, eher Margaux-Stil, runde, gesunde Gerbstoffe, burgundischer Wein mit Charme.
15/20 1995 - 2004

1993 d'Armailhac 16/20
94: Sattes Purpur. Schöne Röstnase, von Merlot geprägtes Bouquet, rotbeerig, Erdbeeren, schön ausladend und süss parfümiert. Stoffiger Gaumen, mittleres Extrakt, leicht aufrauhend in der Struktur, gute Länge. 16/20 1997 - 2006

CHÂTEAU BATAILLEY

Weil der Batailley nicht über den Bordeaux-Handel vertrieben wird, zählt er zu den absoluten Preis-Leistungs-Käufen aus dem Pauillac-Gebiet.

1945 Batailley 15/20
93: Eine Magnum aus dem Châteaubestand auf Lynch-Moussas getrunken. War von einem modrigen Ton begleitet, darunter recht interessantes Potential. Es gibt wohl noch bessere Flaschen. Diese: 15/20 vorbei

1953 Batailley 15/20
92: Reifes Bordeauxrot, orange und ziegelrote Reflexe. Offene Kräuternase, Fleisch- und Wildaromen. Reife Tannine, leicht oxydativ, etwas gezehrt in der Struktur, wäre vor ein paar Jahren sicherlich besser gewesen.
15/20 austrinken

1955 Batailley 15/20
92: Eher helle Farbe, Granat, leuchtend. Jod, Kräuternase, ledrig, mit animalischer Note, leicht faulig. Eleganter Gaumen, fein, die Säure komprimiert und macht den Wein ein bisschen drahtig, eher leichter Körper. Nach einer Stunde kommt tertiärer Madeira-Ton auf, der Wein selbst bleibt aber im Gleichgewicht. 15/20 austrinken

1959 Batailley 17/20
87: Konzentrierte Farbe, Granatrot. Reifeton in der Nase mit fruchtig-beeriger Vermischung. Dezent rustikaler Touch, schönes Holz, ausgewogen, Rasse, vielleicht eine etwas spitze Säure, die die Harmonie stört. 16/20 trinken
92: Tiefe Farbe. Trüffel, Terroir, sehr ansprechend. Konzentriertes Extrakt mit Druck und Reserven.
17/20 trinken - 2000

1961 Batailley 16/20
92: Reifes, klassisches Bordeauxrot. Kaffee-, Kräuter-Nasenspiel, offen, vielschichtig. Im Gaumen gut balanciert mit erhaltenden Tanninen und gutem Biss.
16/20 trinken - 2005
93: Bei einem Nachtessen mit Philippe Castéja: Hat zwar nicht die Tiefe anderer 61er, aber entwickelt sich an der Luft immer mehr. 15/20 trinken

1962 Batailley 13/20
90: Reife Farbe mit schöner Dichte. Nase öffnet sich nur langsam, nussig, aber ohne Fett. Im Gaumen Metallspuren. Oxydiert sehr rasch an der Luft. 13/20 vorbei

1964 Batailley 14/20
90: Auf dem Château getrunken. Reife, erhaltene Farbe. Eisenkraut und wilde Minze. Zu Beginn rustikal, nach der Dekantierphase aber mehr geglättet, leichter Wein.
14/20 austrinken

Pauillac

1966 Batailley 16/20
92: Mittlere Farbdichte mit hellem, ziegelrotem Rand. Minzenton, Salbei, Wermutkraut, verführerisch. Im Gaumen recht eigenwillig zu Beginn, Bakelit. Weil eine Nuance Fett fehlt, ist die Zungenstruktur zähflüssig. Ein fast unzerstörbarer Wein. 16/20 trinken - 2010

1970 Batailley 17/20
92: Jugendliche Farbe, Granat-Purpur. Reduktiver Ton, wirkt jung und braucht Luft. Fülliger, molliger Gaumen, fett mit gut stützenden Tanninen, am Beginn einer schönen und auch langen Trinkphase. 17/20 trinken - 2010

1973 Batailley 15/20
91: Mit Philippe Castéja in Zürich getrunken. Genau das, was ich erwartet hatte. Ein lieblicher, süffiger, gereifter Pauillac. 15/20 austrinken

1975 Batailley 18/20
92: Kräftige Farbe. Verschlossene Nase, hat sichtlich Mühe, sich jetzt schon zu öffnen, Nasenaromen, die einem Trotanoy gleichen. Trockener Gaumen, Anzeichen von unfertigen Tanninen, im Finish Rauch und Cassis.
17/20 1994 - 2012
94: Tiefe, satte Farbe, undurchsichtig. Verschlossenes, konzentriertes Bouquet, korinthige Süsse, ein Aromenbündel, aber noch zugeschnürt. Kompakte, griffige, fast komprimierte Gerbstoffe, Zunge beschlagend, hart. Schwer einzuschätzender Wein mit einem immensen Alterungspotential. Reine Potentialwertung: 18/20 2000 - 2030

1979 Batailley ??/20
91: Leider hatte die Flasche einen fürchterlichen Korkenton. Zum Entsetzen der erwartungsvollen Gäste.
Keine Bewertung!

1982 Batailley 16/20
90: Dieser Wein erwies sich als Retter in der Not. Nachdem ich für eine Degustation mehr als zehn verschiedene Jahrgänge von Château Malescot-St. Exupéry geöffnet hatte, mussten wir noch etwas zu trinken haben, weil niemand, die zur Degustation gereichten Flaschen austrinken wollte. Ein Batailley aus der Doppelmagnum stimmte meine Gäste dann wieder versöhnlich. Ein wunderschöner 82er, vor allem wenn man bedenkt, dass diese Doppelmagnums weniger als 80 Franken gekostet hatten.
16/20 trinken - 2004

1983 Batailley 15/20
87: Nase warm und vielschichtig. Gaumen gut strukturiert.
15/20 trinken - 1997

1985 Batailley 15/20
88: Leichte Farbe. Saubere, oberflächliche Nase. Dem Wein selbst fehlt ein wenig Tiefgang. Er scheint mir als 85er doch etwas zu dünn geraten zu sein.
15/20 trinken - 1997

1986 Batailley 16/20
89: Aufhellendes Granat. Weiche, ansprechende Nase. Kommerzieller Wein mit entsprechend proportioniertem Potential, feminine Anlagen. 15/20 bald
92: Im Lion d'Or, Arcins getrunken. Trüffelnote in der Nase, schwarze Beeren und bereits schön geöffnet. Veilchen im Gaumen, fett, die Tannine sind ebenfalls fett und geben diesem Wein, der noch viele Jahre Spass machen wird, eine ansprechende Weinigkeit. 16/20 trinken - 2005

1987 Batailley 11/20?
89: Fassdegustation: Leichte Farbe. Efeuton. Schwierig zu beurteilen.
90: Unsaubere Nase, Altfass. Beissende Säure im Gaumen, inkonsistent, nahe an der Deklassierung! 11/20

1988 Batailley 14/20
89: Fassprobe: Rubinfarbe. Himbeeren und Kirschen. Dünner Körper. Wenn auch dieser Wein den geforderten Zukunftserwartungen nicht voll entspricht, so ist zumindest sein Preis-Wert-Verhältnis zu beachten.
14/20 trinken ab 1994
90: Zugänglicher, softer Wein, fast keine Säure, wenig Tannine, gastronomisch. 14/20 1992 - 2002

1989 Batailley 16/20
90: Veilchenaromen, süsse Tannine, exotisches Holzspiel. Kaffeeröstton von der Barrique, reife Tannine, wirkt etwas heiss, sonst recht ausgeglichen. 15/20 trinken ab 1994
91: Mittleres Rubin, aufhellend mit Granatreflexen. Wuchtige Punschnase mit Nussholzaromen, Unterholz vermischt mit Waldbeeren und Kaffee. In der Holzstruktur eine leicht grüne Note, die im Moment stört, kernige Säure, der Barriqueton dominiert den Wein. 15/20 1995 - 2005
92: Arrivage: Spontane Frucht, Dropsnase, Bonbon, süss, rauchig, elegant. Im Gaumen wiederum sehr fruchtig mit schmelzigen Tanninen, Black-Currant, reifes Tannin, Cassis im Finish. Ein eleganter Wein mit mittlerer Tiefe, das Holz passt sich jetzt besser an. 16/20 1995 - 2005

1990 Batailley 18/20
91: April: Dichtes Rubin-Granat. Offene, beerig-fruchtige Nase, dicht, eng und vielschichtig, komplex. Fülliger, weicher Gaumen, wiederum sehr dicht mit samtiger Stofftextur, bereits abzeichnende Ausgeglichenheit, klassisch mit sehr viel Finessen. Sehr gutes Preis-Qualitäts-Verhältnis.
17/20 1995 - 2005
92: Rubin, fast schwarz. Tiefwürzig, Zedern, Kaffee, dicht, fast tintig. Fülliger Gaumen mit Charme in den Tanninen, ein superb elegant verpacktes Potential.
18/20 1996 - 2006 kaufen!
93: Sattes Purpur. Buttrige Nase, florale Würze, Brombeeren. Im Gaumen faszinierende Fülle, sehr ausgeglichen, cremig, langes, brombeeriges Finish. 18/20 1996 - 2008

1991 Batailley 15/20
92: 30 hl Ertrag, ca. 60 % einer Normalernte. Rubin-Granat. Tabakige Nase, Paprika, schwarze Beeren. Vanillige

Röstnote, Marroni, füllig, im Finish Lakritze und Lorbeerblätter. 14/20 1994 - 2000
94: Reife, merlotlastige Nase, gleicht eher einem Pomerol. Cremiger, geschmeidiger Gaumen, rollender Fluss, sehr angenehmes Finale. 15/20 trinken - 2002

1992 Batailley **15/20**
93: Purpur-Violett, feiner Wasserrand. Reifes Fruchtbouquet, Heidelbeeren, Kaffee, ausladend. Im Gaumen schöner Fond, viel Extrakt, Brombeerenfinale, langer Nachklang. 15/20 1996 - 2006

1993 Batailley **16/20**
94: Tiefes Violett-Purpur. Verführerisches Bouquet, ein Hauch Kokos von der Barrique, gekochtes Cassis, schwarze Beeren, schön ausladend. Saftiger, sanft fliessender Gaumen, wiederum beerig, feine Stielnote in den Tanninen, gutes Preis-Leistungs-Verhältnis. 16/20 2000 - 2013

CARRUADES DE LAFITE-ROTHSCHILD

(Moulin des Carruades)

Der Name hat anfangs der achziger Jahre gewechselt und ist dann wieder nach ein paar Jahren zu Carruades de Lafite geworden. Es gibt sogar einige Jahrgänge die unter beiden Etiketten kommerzialisiert wurden. Der beste der „neuen" Zeit ist der Jahrgang 1988.

1875 Carruades de Lafite **??/20**
94: Eine Flasche, die ich von Christoph Salin für mein Lafite-Wochenende im Walserhof, Klosters geschenkt bekam. Und wie heisst es doch so schön: „Einem geschenkten Gaul schaut man nicht ins Maul!" Der Wein war sehr hell. Die Nase roch, gelinde gesagt, nach Hühnerkacke, und es brauchte eine gehörige Portion Mut ihn auch auf dem Gaumen zu testen. Dafür fiel dann das Ausspucken umso leichter. Keine Bewertung!

1937 Carruades de Lafite **11/20**
94: Sehr hell. Essignote und unsauber, moosige Nase. Im Gaumen dominiert die Todessäure, noch knapp trinkbar. 11/20 vorbei

1938 Carruades de Lafite **13/20**
94: Sehr hell. Moosige Kräuterwürze. Im Gaumen schlanker, fragiler Körper, noch recht gut erhalten. 13/20 vorbei

1953 Carruades de Lafite **17/20**
93: Dumpfes, recht tiefes Granatrot, feiner Wasserrand. Süsses Pflaumenbouquet, Dörrfrüchte, leicht alkohollastig. Im Gaumen Aromen von Vanilleschoten, cremig-süss, feiner Gerbstoff, der sich mit der Säure verbindet, schöne Länge, im Finish Erdbeeren- und Terroirnote, vielleicht ein kleines bisschen vordergründig. 17/20 trinken

1955 Carruades de Lafite **17/20**
93: Dumpfes Granatrot. Süss, komplex, voller Finessen, Zedern. Fülliger, fast burgundischer Gaumen mit Spitzwegerichnote, feine Zungenadstringenz, elegant und lang. Nach 10 Minuten Kräuter und Heublumentöne, etwas leichter als andere 55er Pauillacs. 17/20 trinken
94: Eine Flasche, die oberflächlich war und von Todessäure geprägt. Die angebrochene 75 cl Flasche habe ich auf einen Deziliter einreduziert - in Saucenform.

1958 Carruades de Lafite **13/20**
94: Helles, klares Rubin mit starkem Wasserrand. Buttrige, süsse Nase, Caramel. Weiche Säure, schlanker Körper, leichte Fettoxydation. Nase 15/20, Gaumen 13/20 vorbei

1959 Carruades de Lafite **19/20**
93: Fast schwarze Farbe mit Reiferand. Trüffel, Terroir, Zimt mit verführerischer Süsse vermischt. Im Gaumen zu Beginn kräftig, dann immer feiner werdend, Schoko und Minze, burgundische Länge. Vom Stil her vergleichbar mit dem 53er Lafite. 19/20 trinken - 2000
94: Zeigte ein grosses Potential, war aber sehr erdig, nasse Totentrompeten. 16/20 austrinken

1961 Carruades de Lafite **16/20**
94: Helle Farbe, intakt. Schönes, offenes Fruchtaroma, gleicht stark einem Beaune. Die Säure wirkt zu Beginn leicht pikant, Preiselbeeren, schlanker Körper, eine Gazelle.
16/20 trinken - 2000

1979 Moulin des Carruades **15/20**
92: Helles Granat-Orange, Wasserrand. Offene Nase, krautig, feiner Lederton, wird zunehmend süsser. Im Gaumen Zimt, Kräuter, leichter Körperbau. 15/20 trinken - 1997

1981 Moulin des Carruades **13/20**
90: Helle Farbe. Heu und Lakritze in der Nase. Feiner Gaumenkontakt, noch defensiver, stützender Gerbstoff, relativ leicht. 13/20 trinken

1983 Carruades de Lafite **14/20**
85: 3/8 Flasche: Krautig, unmöglich zu degustieren.
Keine Bewertung!
90: Reife Farbe mit braunen Reflexen. Süsse, komplexe Nase, feines Terroirbouquet. Im Gaumen noch markante Gerbstoffreserven. Nase reif - Gaumen jung, wenn das nur gut geht. 14/20 trinken ab 1992

1984 Carruades de Lafite **12/20**
90: Helle Farbe. Offen, pflaumig. Schokoladenaromen, etwas eckig in den Gerbstoffen. 12/20 trinken

1985 Carruades de Lafite **13/20**
87: Käsige Nase, Zibetkatze. Trocken mit aktiver Adstringenz, mehr Holz als Wein. Sehr schwer zu degustieren, das Potential scheint jedoch recht anständig zu sein.
13/20 1994 - 2003

Pauillac

1986 Carruades de Lafite   **15/20**
90: Gleiches Problem wie beim 83er in seiner Jugendphase. Grosses Potential ausstrahlend, darunter aber altfassig und unsauber. Ein höchst fragwürdiger Wein. Empfehlung: Warten, bis er nicht mehr stinkt. Das Potential generell ist aber 15 Punkte wert!   15/20

1987 Carruades de Lafite   **13/20**
90: Offen, konfitürig, weich und zugänglich, Mittelklasse.
    13/20 trinken ab 1992

1988 Carruades de Lafite   **17/20**
91: Tiefe, kräftige Farbe. Perfekte Nase, defensiver Druck. Im Gaumen komplex, angedeutete Fülle, viel Charme mit feinem Walderdbeerenfruchtspiel. Der beste Carruades seit langer, langer Zeit.   17/20 1996 - 2006
92: Verschliesst sich.   warten

1989 Carruades de Lafite   **15/20**
91: Leuchtendes Granat mit orangen (!) Reflexen. Süsses Weinbeerenaroma, alkoholisches Bouquet. Süsser Wein mit viel Länge und Edelholzspiel, schöne Balance, recht trockene Tannine von krautigem Cabernet.
    15/20 1997 - 2010
92: Arrivage: Hat in der Blinddegustation eher enttäuscht. Vielleicht in ungünstiger Phase. Kurioses Nasenspiel, vegetale Note, Tabak, Haschisch. Eher leichter Körper mit gekochten Tanninen. Carruades ist aber immer ein Wein, der nicht wie andere Pauillacs in der Fruchtphase zu überzeugen weiss.   14/20 1997 - 2008

1990 Carruades de Lafite   **15/20**
91: April: Dichtes Granat mit feinem Wasserrand. Kirschenfrucht, blumig, sehr verschlossen. Fetter Gaumenbeschlag, mollig, viel Merlot, wirkt gastronomisch und eher leicht.
    15/20 1995 - 2005
92: Heisse, fast Barolo-ähnliche Nase, schwierig zu degustieren. Scheint mir etwas zu viel Barriquenlogement zu haben. Trocknet ein bisschen an am Gaumen.
    15/20 1995 - 2005

1991 Carruades de Lafite   **14/20**
92: Mittleres Granat mit starkem Wasserrand. Defensive Frucht. Eine vegetale, florale Note dominiert das Nasenspiel, Pflümlitresternuancen. Im Gaumen eher rotbeerig, schlank mit feiner Fleischextraktanzeige, spürbare Cabernet Franc-Note.   14/20 1995 - 2005

1992 Carruades de Lafite   **15/20**
93: Mittleres Granat. Reife Fruchtnase, defensive Süsse. Dunkles Holz, Kaffeenote, feine Extraktanzeige, aber eher wenig Adstringenz.   15/20 1997 - 2007

1993 Carruades de Lafite   **15/20**
94: 50 % Merlot, 50 % Cabernet Sauvignon. Tiefes Purpur. Sehr beeriges Bouquet, Maulbeeren, parfümiert, leicht floral. Im Gaumen blumiger Charakter, leichte Unterreife im Extrakt, säuerliches Finish.   15/20 1997 - 2006

CHÂTEAU CLERC-MILON

Seit dem phantastischen 86er sind alle Augen auf Clerc-Milon gerichtet. Der Clerc-Milon hat sicherlich weniger Finessen als sein grosser Bruder Mouton-Rothschild. Trotzdem weist zum Beispiel der 90er mehr Konzentration und Persönlichkeit auf, und gerade deshalb bekommt er von mir mehr Punkte. Das Gut als solches gleicht eher einem Bauernhof als einem Weingut. Responsable Yves Dupuy, Maître de Ferme - Entschuldigung, Maître de Chai!

1964 Clerc-Milon-Mondon   **13/20**
85: Damals hiess dieser Wein noch Clerc-Milon-Mondon. Er wurde im Monopol der Dourthe-Frères vertrieben. Männlicher, trockener Wein ohne Saft und Kraft. Vielleicht auch schon recht müde.   13/20 austrinken

1976 Clerc-Milon   **16/20**
90: Bei einem Nachtessen auf Mouton getrunken. Obwohl der Wein bereits seit rund zwei Stunden dekantiert war, hatte er eine gewaltige Fülle und Jeunesse. Dichter, reifer Pauillac, der noch gefällt, wenn alle grossen Brüder und Schwestern bereits müde sind.   16/20 austrinken

1978 Clerc-Milon   **15/20**
92: Granat mit rubinen Reflexen. Butter, Rahm, Teer und Brombeeren in der Nase. Bakelit im Gaumen, aussen Schmelz, aber auf der Zunge eine gewisse Trockenheit, wenig Fleisch unter dem Fett.   15/20 austrinken

1979 Clerc-Milon   **13/20**
87: Eine Flasche, die offensichtlich schon seit mehreren Stunden geöffnet war. Roter Holunder. Hohe Säure und viel Süsse, also eine Art sweet & sour Erlebnis - nicht mein Geschmack.   13/20 trinken
92: Granat aufhellend, Wasserrand. Offene Nase, etwas alkoholisch, rotbeerig. Weiniger Gaumen mit pfeffriger Säurespitze, magerer Körper, verwässertes Finish.
    13/20 austrinken

1982 Clerc-Milon   **15/20**
92: Ein recht anständiger Wein, aber leider ist ihm die Verwandtschaft zum Mouton nur in Spurenelementen nachzuweisen.   15/20 trinken - 2000

1984 Clerc-Milon   **12/20**
87: Fröhlich-fruchtiger, aber leider auch sehr magerer Pauillac.   12/20 trinken

1985 Clerc-Milon   **15/20**
88: Offene, pflaumige Nase, Irish Moos. Gute Frucht, mittleres Potential.   15/20 trinken ab 1993

1986 Clerc-Milon   **18/20**
89: Würzbouquet mit pflanzlichem Einschlag. Verschlossen. Im Mund Fülle, Fleisch und Biss. Viele gesunde Tan-

nine, die ihn zum Muskelpaket mit extremer Dichte machen. Grossartig! 18/20 trinken ab 1995
Es ist der beste Clerc-Milon, den ich je degustiert habe. Das Dreieck Mouton, Lafite, Clerc-Milon scheint das Zentrum der besten 86er im Médoc zu sein!!!
93: Ich habe viele 86er in den letzten Jahren aus Respekt nicht berührt. Der 86er Clerc-Milon ist ebenfalls noch zu jung. Aber er zeigt trotz allem seine Grösse. Eine Grösse, die ihn in diesem Preissegment zu einem Premier Grand Cru macht. Wer etwas von Bordeaux versteht und gleichzeitig keinen Clerc-Milon 1986 im Keller hat, muss unbedingt Nachhilfestunden nehmen. 18/20 1995 - 2010

1987 Clerc-Milon **14/20**
89: Bei der Arrivage degustiert. Zwei Flaschen geöffnet, bis wir begriffen, dass er wirklich nichts ist. Keine Glanzleistung. Dünn, sogar Spuren von Unsauberkeit. 12/20
90: Vanilletouch, offen, macht Fortschritte - im positiven Sinne. Tanninproportionen, die noch etwas Reife verlangen. 13/20 1992 - 1998
93: Noch immer begleitet diesen Wein eine unsaubere, fassige Note. Das Potential ist zwar für einen 87er recht interessant, aber noch immer schwer verständlich. Eine Stunde dekantieren. 14/20 trinken - 2000

1988 Clerc-Milon **18/20**
91: Violett-Schwarz. Volle Toast-, Kaffee- und Rauchnase, Cassis (mit Mouton 1988 identisch). Cassis auch im Mund, fleischig mit animalischer Note, gewaltiger, massiver Gaumen mit rustikaler Struktur, langes Leben. Zu diesem Preis ein absoluter Wertkauf. 18/20 2000 - 2015
92: Hat sich extrem schnell verschlossen und ist jetzt in einer unantastbaren Rumpelphase. Leichter Schwefelton, reduktiv, fast böckserartig. Im Gaumen Brombeeren, Kaffee, Rauch, markante Säure und bourgeoises Extrakt. warten

1989 Clerc-Milon **17/20**
90: Fassprobe: Reife, blaue Früchte, leichter Rauch-, Lakritzenton. Recht fetter Gaumen, sehr lange, vielleicht etwas rustikal. Was mir bei dieser Probe zu denken gab, war der begleitende Mineralton (Benzinaromen?). Deshalb noch Keine Bewertung!
92: Arrivage: Scharlach-Blutrot, fast schwarz. Reduktive Nase, Gummiton, verfliegt aber rasch, cabernetdominant mit verdeckter Tabaknote. Die Barrique ist noch vordergründig, verbindet sich aber gut mit der kräftigen Struktur. 17/20 1996 - 2005
93: Tiefe Terroirwürznase, schwarze Beeren, Zedern. Gewaltiges Potential. 17/20 1996 - 2010

1990 Clerc-Milon **18/20**
91: April: Tiefes Granat mit violett-blauen Reflexen, sehr dicht. Reifer Cabernet, fett, sauber. Im Gaumen enormer Tanninbeschlag, reich mit viel Fleisch und rundem Tannin. Eine Reussite wie der 86er. 18/20 1998 - 2015
93: Mittleres Purpur. Komplexes Dörrfrüchtebouquet, Zimt. Im Gaumen weit ausladend, samtene Fülle, faszinierendes Parfüm, rotbeeriger Charakter im Finish, burgundisch, langes Leben. 18/20 2000 - 2020
94: Blind neben Mouton-Rothschild, d'Armailhac und Opus One 1990 degustiert. Er war klar der beste Wein dieser Viererserie. Fleischiger Gaumen, kräftig mit gutem Rückgrat. 18/20 1998 - 2020

1991 Clerc-Milon **15/20**
92: Etwa 60 % einer Normalernte. Purpur-Violett. Tabaknote, frisches Sägemehl, schwarze Kirschenmarmelade. Ein Wein, der sonst eher kantiges Tannin aufweist, ist dieses Jahr fein mit schönem Schmelz und Black-Currant im Gaumen. Ein gefälliger, sehr harmonischer Wein für Pauillac-Fans. 15/20 1995 - 2003
93: Gekochte Brombeeren, Cassis-, Rauchnote, Kaffee, Veilchen. Recht viel Kraft im Extrakt, etwas drahtig in den Tanninen, schöne Fruchtpräsentation. 15/20 1996 - 2005
94: Eigenwillige Nase, fast ein bisschen an Schuhcreme erinnernd, gekochtes Cassis. Im Gaumen marmeladige Frucht, leicht aufrauhendes Extrakt mit Schalennote. 15/20 1996 - 2005

1992 Clerc-Milon **16/20**
93: Tiefes Violett mit feinem Rand. Schönes Fruchtbild, blaubeerig. Im Gaumen gute Tannine, ausgereift mit schöner Adstringenz, Côte Rôtie, Kaffeeton. Wie in den vorangegangenen Jahren ein sehr guter Wertkauf. 16/20 1996 - 2005

1993 Clerc-Milon **17/20**
94: Tiefes Purpur-Violett. Reifes Fruchtbouquet, Heidelbeeren, Brombeeren, Cassis, Zedernnote und Tiefe anzeigend, Marroninote. Saftiger, fleischiger Körper viel Extrakt und gut eingebettete Tannine, ein Wein mit Persönlichkeit und gutem Rückgrat, grandiose Reussite für dieses schwierige Weinjahr. 17/20 2000 - 2012

CHÂTEAU CORDEILLAN-BAGES

Dieses wurde von Grossvater Cazes (Lynch-Bages) gekauft. Der entstandene Wein wurde je nach Qualität dem Lynch-Bages oder dem Haut-Bages-Averous beigemischt. Nachdem seit ein paar Jahren auf dem ehemaligen Weingut das Hotel mit dem gleichnamigen Namen steht, werden mit dem Jahrgang 1985 die Reben wieder separat vinifiziert. Die Kommerzialisierung wurde bis zum Frühjahr 1991 zurückgehalten und dann gleich die Jahrgänge 1985, 86, 87 und 88 auf den Markt gebracht. Der Inhalt hält leider bei weitem nicht der sensationellen äusseren Aufmachung stand. Aussen fix ... Besonders ärgerlich am ganzen Novum ist der überrissene Preis von durchschnittlich 25 Franken ab Château. Wenn ich hier ein Urteil hinsichtlich Preis-Leistungs-Verhältnis abgeben muss, dann steht dieser Neuling sogar noch hinter allen Premier Crus. Schade!

Pauillac

Da kann man von Glück reden, dass die Produktion nur rund 10'000 Flaschen pro Jahr beträgt. Vielleicht liegt im Boden wirklich so viel drin, wie man sich vom Produkt generell einmal erhofft hat. Im Moment ist man vom künftigen Wunschdenken sehr, sehr weit entfernt.

1985 Cordeillan-Bages   **13/20**
91: Recht fortgeschrittene Farbe. Merlot-Nase, die faulig wirkt. Animalisch, Leder. Ein äusserst atypischer Pauillac. Mehr ein St. Emilion. Junge Reben?   13/20 trinken

1986 Cordeillan-Bages   **13/20**
91: Farbe bereits aufhellend, leichter Reifeton. Schwierige Nase, ausbrechend, Charcuterieton. Im Gaumen Wildgeschmack und Schwefelton, beissendes Tannin, schlechte Balance.   13/20 1994 - 2002

1987 Cordeillan-Bages   **12/20**
91: Aufhellendes Granat. Füllig, aufsteigende Nase mit wenig Primäraromen. Im Gaumen erst pflaumig und marmeladig, dann aber von einer brutalen Barrique-Erziehung erschlagen. Zu viel Holz, zu wenig Wein.
    12/20 1993 - 1998

1988 Cordeillan-Bages   **14/20**
91: Recht tiefe Farbe mit Rubin-Granat. Nase erstaunlich geöffnet, vegetale Note von unreifem Cabernet. Bittere Tannine und wiederum ein zu grosszügiges Barriquenspiel.   15/20 1997 - 2005
92: Der vor einem Jahr notierte, unreife Cabernet rächt sich jetzt mit einem Vosne-Romanée-Wildgeschmack, Teer. Die Tannine wirken im Moment stielig. Wird sich schneller zur Genussphase hinbewegen.   14/20 1995 - 2003

1989 Cordeillan-Bages   **16/20**
92: Die Entdeckung des Wine Spectator. Mit 92 Punkten auf der „nach oben offenen Richterskala" quotiert. Tiefes Granat mit violetten Reflexen. Heisses, nahezu verbratenes Bouquet, das nach Kandiszucker und Kaffee duftet. Fetter, mundfüllender Wein, darunter ähnliche Wildaromen wie beim 88er; Zedern-, Teernote und Korinthen im Nachklang, mittlere Adstringenz.   16/20 1995 - 2005

1990 Cordeillan-Bages   **15/20**
91: April: Violettes Rubin. Dichte, fleischige Nase, Veilchen. Im Körper Stoffanzeige, trockenes Extrakt, feines, elegantes Potential.   15/20 1996 - 2005
92: Purpur-Violett. Die Frucht ist im Moment durch die Barriquenote verdeckt, Kaffee und gedörrte Pflaumen. Die Struktur wird durch das grosszügige Barriquenspiel etwas erdrückt, mittleres Potential.   15/20 1995 - 2005

1991 Cordeillan-Bages   **14/20**
92: Purpur mit Wasserrand. Merlot-Nase, leichter Rauch, Tabak. Im Gaumen schmeichelnd, toastig, sehr weich mit gewissem Charme. Wird bereits am Anfang der Genussphase recht ausgeglichen sein.   14/20 1994 - 1999

CHÂTEAU CROIZET-BAGES

Ich kenne kein anderes Weingut, das sich seit Jahrzehnten derart bemüht, die schlechtesten Weine in seiner Kategorie in den Wettbewerb zu schicken.

1953 Croizet-Bages   **11/20**
93: Helles Orange. Unsauberer Ton, der verfliegt und durch Botrytis ersetzt wird, Honig. Der Wein selbst ist säurelastig und ausgezehrt.   11/20 vorbei

1964 Croizet-Bages   **12/20**
85: Offene Nase. Drahtiges Tannin, im Abgang verwässert.   12/20 austrinken

1970 Croizet-Bages   **11/20**
90: Dieser Wein widerspiegelt meinen generellen Eindruck von diesem Château. Verrochenes Bouquet. Fragil und unsauber, dünner Saft. Wie hat es dieses Château überhaupt geschafft, an der Weltausstellung in das Klassement zu kommen? Zu schade, um an einen Kuhbraten zu schütten - für den Braten!   11/20

1975 Croizet-Bages   **14/20**
94: Reifendes, leicht bräunliches Weinrot. Pferdig-minziges Bouquet, erdiger Ton, feine Torfnote. Mittelgewichtiger Körper, fehlt ein bisschen an Konzentration, sprödes Finish.   14/20 austrinken

1979 Croizet-Bages   **13/20**
92: Ziegelrote Reflexe, aufhellend am Rand. Lorbeer, animalisch, Heu, gebratenes Bouquet. Sandige Textur, zähfliessend, trockene Gerbstoffe.   13/20 austrinken

1983 Croizet-Bages   **13/20**
85: Weich, fast vollständig geöffnet. Wenig Fleisch und trocken.   13/20 trinken

1988 Croizet-Bages   **12/20**
89: Bereits bräunlicher Schimmer in heller Farbe. Nase geöffnet. Dünner, säurelastiger Körper.   13/20 trinken
91: Croizet-Bages verteidigt hartnäckig seine Position als schlechtester Grand Cru auf dem Markt. Hellorange Farbe. Offen, Merlot-Nase, Pfeiffentabak, Zimt. Nichts drin. Ein mieser Wein!
    11/20 austrinken - ohne mich daran zu beteiligen

1989 Croizet-Bages   **13/20**
92: Mittlere Farbdichte, stark aufhellend am Rand. Süsse, beerige Nase, merlotlastig, Kirschen, Erdbeeren. Pauillac-atypisch, süss, unharmonisch.   13/20 trinken - 1997

1990 Croizet-Bages   **13/20**
91: Mai: Mittelhelles Granat mit wenig Farbtiefe. Primäre Frucht, eher rotbeeriges Spiel, Caramel, Nüsse, weisse Schokolade. Zugänglicher Gaumen, schmeichelnd, wenig

Tannin und Extrakt, säuerliches Dropsfinish, Balancefehler, uninteressant.   13/20 1994 - 2000
91: Ein Grand Cru für den Supermarkt. Dünn, süffig.
   13/20 trinken

1991 Croizet-Bages   12/20
92: Mittlere Farbe, recht tief, violette Reflexe. Fruchtig-blumige Nase, defensiv, Geraniolspuren, wenig Süsse, Sauerampfer. Leichter Körperbau, Spuren von Unreife, pfeffrig-schweflige Säurespitze, säuerlicher Nachklang, sehr einfacher, unkomplizierter Wein.   12/20 1994 - 1999

1992 Croizet-Bages   11/20
93: Oranges Granat! Alkoholische Nase, flüchtige Säure, stallig-faulig. Extrem leicht. Man hat das Gefühl, jemand hätte 50 % Wasser in den Wein geschüttet.
   11/20 1994 - 2002

CHÂTEAU DUHART-MILON-ROTHSCHILD

Das „Château" liegt versteckt mitten im Dorf Pauillac. Eine gewisse Kosmetik würde dem Weingut sicherlich gut tun, denn im Moment ist das Gebäude alles andere als repräsentativ. Der Kellermeister erinnert an den legendären Jacques Tâti...! Ist ein Duhart einmal reif, sollte man ihn schleunigst austrinken. Das ist eine Erfahrung, die ich nicht nur mit dem 78er gemacht habe.

1955 Duhart-Milon-Rothschild   15/20
93: Tiefes Granat mit etwas orangen Reflexen. Für sein Alter aber mehr als nur intakt. Volles, wuchtiges Bouquet, das Konzentration und typische Pauillac-Minze anzeigt. Runder Gaumenfluss, darin ledrig, viel Aromatik und feine Kapselnote auf der Zunge. Es fehlt ihm vielleicht die gebundene Süsse, um mit anderen 55ern mithalten zu können. Nach 30 Minuten trocknete er immer mehr aus. Ich versuchte ihn mit einem Schuss Portwein zu retten. Der Spass hielt sich jedoch in Grenzen.   15/20 austrinken

1959 Duhart-Milon-Rothschild   16/20
85: Purpurfarben, fast keine Alterstöne. Alkoholisches, intensives, ausströmendes Bouquet. Im Gaumen fleischiger Körper, beerig-rauchig, männliche Struktur mit Glutamataromen, aktive, erhaltende Säure.   16/20 trinken

1961 Duhart-Milon-Rothschild   15/20
89: Bei einer Kellerinspektion in einer Villa in Kastanienbaum getrunken. Die erste Flasche hatte Korkengeruch. Die zweite war eiskalt. Trotzdem konnte man gut erkennen, dass es sich um einen trinkbaren Wein handelt, der Spuren vom 61er Potential abbekommen hat. 15/20 trinken

1970 Duhart-Milon-Rothschild   17/20
90: Eisernes Bouquet, das nach und nach auf Pflaumen und schliesslich auf Cassisblüten wechselt. Im Gaumen eher animalisch und trockenes Tannin. Wird mit Luftzutritt immer weiniger. Einer der besseren 70er. 17/20 trinken
92: In einer 70er-Probe mit 18 Punkten bewertet. Granat mit orangem Schimmer. Sauerampfer zu Beginn, dann Leder und Zimt, braucht Luft. Reiche Tanninnote, gut strukturiert mit Rückgrat. Ein klassischer Pauillac und zudem noch ein höchst erfreulicher 70er.   17/20 trinken - 2000

1974 Duhart-Milon-Rothschild   11/20
92: Für einen Rotwein sehr helle Farbe. Eigenwillige Nase, Lederton und Schuhwichse. Im Gaumen unreife Tannine, sehr bittere Aromen, faulig chemische Nuancen. Ein jodiges Medikament für äusserliche Behandlung von Patienten.
   11/20 vorbei

1976 Duhart-Milon-Rothschild   15/20
87: Überdurchschnittlicher 76er. Fein und zart. Gutes Säure-Tannin-Gefüge.   15/20 austrinken

1978 Duhart-Milon-Rothschild   15/20
89: Ist an einer 78er Pauillac-Blinddegustation sehr aufgefallen. Leider habe ich damals nicht viel über diesen Wein notiert. Ich hoffe jedoch, bald wieder einmal in den Genuss zu kommen.   17/20 trinken
91: Leuchtendes Granat, wächst am Glas. Offene, fruchtige Nase (Früchtetee), verdeckte Trüffelnote. Mittelgewichtiger Gaumen, schlank, aber sehr ausgeglichen.
   16/20 trinken - 2000
92: Entweder baut der Wein jetzt doch relativ schnell ab, oder es war eine nicht ganz optimale Flasche. Nur
   15/20 austrinken
92: Magnum auf Lafite: Reife Farbe mit orangen Aufhellungen und feinem Wasserrand. Würzige Nase mit abgeklungener Fruchtphase. Leder, Zimt, zart ausladend mit Hagebuttennuancen. Im Gaumen reife Tannine, trockener Gerbstoff, mittlerer Körper mit Peperoninote. Wirkt noch recht lang, aber von der Reife her gesehen auf dem absteigenden Ast, besonders wenn man in Betracht zieht, dass es eine Magnum aus der Château-Reserve war.
   15/20 austrinken

1979 Duhart-Milon-Rothschild   13/20
91: Klassisches Bordeauxrot mit orangem Rand. Offene Nase, animalisch, Lederton, Jod, Korinthen, Schokolade. Recht fülliger, charmanter Gaumen. Die Gerbstoffe sind abgebaut, deshalb fein auf der Zunge, leichte Kapselnote.
   15/20 austrinken
92: Lack, Tabak, Torfgeschmack. Mittlerer Körper, beissende Säure.   13/20 austrinken
93: Eine Magnum, die uns sehr enttäuschte. Die Nase riecht nach Heu und Militärtornister. Es sind bereits oxydative Töne vorhanden. Auf der Zunge dominiert eine Kapsel- und Bleinote.   13/20 austrinken

1980 Duhart-Milon-Rothschild   11/20
86: Reife Nase, rote Kirschen. Wenig Fleisch, grünes Tannin, schlechter Fluss.   11/20 trinken, wer muss

Pauillac

1982 Duhart-Milon-Rothschild 17/20
91: Als Überraschung während einer Blinddegustation eingeschenkt bekommen. Es ist eigentlich erstaunlich, dass ich diesem Wein vorgängig noch nicht begegnet bin. Er ist fein und wohlproportioniert und trotzdem viel Kraft ausstrahlend. Nicht so überladen wie so viele andere 82er.
18/20 trinken - 2000
93: Aufhellend. Noch immer Frucht anzeigend. Zedernnote. Im Gaumen saftig und gut gebaut.
17/20 trinken - 2000

1983 Duhart-Milon-Rothschild 17/20
91: Mehrere Male getrunken. Klassischer Pauillac mit viel Länge. Blaubeerig und sehr gut strukturiert. Gebunden, ohne fett zu wirken, hat noch Reserven. 17/20 bald - 2000

1987 Duhart-Milon-Rothschild 13/20
90: Unsauber, darunter recht anständiges Potential.
12/20?? trinken ab 1992
92: Ich hätte so gern das harte Urteil revidiert und fand auch beim ersten Zugriff einen marmeladigen Beerenton, aber die Bitterkeit auf der Zunge und die wiederkehrenden fauligen Töne vermiesten mir diese Absicht. Offensichtlich ist hier zu viel fauliges Traubengut in den Wein gekommen.
13/20 trinken - 1996

1988 Duhart-Milon-Rothschild 15/20
91: Kräftiges Weinrot mit violetten Reflexen. Süsse, veloutierende Nase, Röstbrot, langsam öffnend. Klassischer, ausgeglichener Pauillac mit mittlerer Konzentration.
15/20 1995 - 2005
92: Zu den ersten Eindrücken eine Schokoladennote sowie leichter Amarone-Ton, die von einer eher späten Lese herkommen. Hat im Moment eher enttäuscht. 14/20

1989 Duhart-Milon-Rothschild 17/20
90: Offen, ausladend mit würziger Süsse. Molliger Beginn, feine Textur, lange. 18/20 trinken ab 1996
91: Wiederum grossartige Eindrücke. Tiefes, kräftiges Violett. Margaux-Nase mit Süsse. Reich, vielschichtig, hat Charme. Dicht strukturiert, grosser Wein. 18/20 1997 - 2010
92: Arrivage: Volle Farbe, Purpur, satt. Wuchtige Nase mit viel Druck, Zimt. Im Gaumen gutes Tanninpaket, kräftig mit Biss, Lakritzennote auf der Zunge, mittleres Finish.
17/20 1996 - 2008

1990 Duhart-Milon-Rothschild 17/20
91: April: Dichtes Violett. Fette, marmeladige Nase. Veilchen und andere florale Aromen. Im Gaumen primäres Extrakt mit 85er Struktur. Viel Tannine, die aber weich ausladen. Weniger konzentriert als der 89er. 17/20 1997 - 2010
92: Cassiskonfitüre, Zedernholz, wunderbare Würze. Im Gaumen Kaffeenote, dunkles Holz, ausgeglichene Tanninproportion mit warmem, reifem Fruchtfinish. Entwickelt sich sehr positiv. 17/20 1995 - 2005
93: Sattes Purpur-Violett, feiner Wasserrand. Dichtes, konzentriertes Bouquet, Zedernnote. Samtene, rollende Gerbstoffe, cremige Struktur, Korinthenfinish. 18/20 1998 - 2020

1991 Duhart-Milon-Rothschild 13/20
92: Mittleres Granat-Rubin. Frische Kräuternase, Eucalyptus, Pfeiffentabak. Charme im Gaumen, sehr ausladend mit feinem Extrakt, durch pfeffrige Note im Säurespiel im Moment vordergründig, drahtiges Finish, ein Leichtgewicht.
13/20 1995 - 2003
92: Mai: Wiederum Tabaknase, aber diesmal mit einem süssen Gummibärchenton vermischt. Es bleibt ein flüssiges, mundwässerndes Erlebnis. 13/20 trinken - 2000

1992 Duhart-Milon-Rothschild 15/20
93: Mittleres Rubin. Primäre Fruchtnase, Himbeeren- und Rauchton. Feinstoffige Textur, Bonbonnote, sauber und ausgeglichen, aber von leichter Statur. 15/20 1996 - 2006

1993 Duhart-Milon Rothschild 14/20
94: 99 % Cabernet Sauvignon! Aufhellendes Granat-Rubin. Defensives Bouquet, Sauerkirschen. Im Gaumen rote Johannisbeeren, schlanker Körper, wenig drin.
14/20 1997 - 2005

Château La Fleur-Milon

1975 La Fleur-Milon 15/20
91: Reifes Granat. Ledrige Médoc-Nase. Im Gaumen animalisch mit trockener Trüffelnote, am Anfang metallisch, macht sich aber mehr und mehr an der Luft, druckvolles Finish. 15/20 trinken

1986 La Fleur-Milon 15/20
89: Offenes Zedernbouquet. Rauch, Süsse und Holz. Rustikale Struktur. Zu diesem Preis ein überdurchschnittlicher Wein. 15/20 trinken ab 1994

1988 La Fleur-Milon 14/20
94: Aufhellendes Granat. Offene Nase, die aber nicht viel hergibt. Im Gaumen schönes Parfüm, rotbeerig, gastronomisch leicht, anständiger, aber nicht spektakulärer Wein.
14/20 trinken - 2002

1989 La Fleur-Milon 14/20
94: Mittleres Granat. Teerige Nase, Cassis, schwarzer Tee. Im Gaumen cremiger, fülliger Beginn, eindimensionale Richtung, pelzige Zunge, leicht bitter. 14/20 1996 - 2005

LES FORTS DE LATOUR

Der Les Forts hat mich dreimal ganz gewaltig überrascht. Einmal mit dem Jahrgang 1975, dann mit dem 78er und dem 90er. Ich selbst habe ihn in verschiedenen Blinddegustationen mit dem Latour verwechselt. Nachdem wir den 90er im WeinWisser als Überraschung des Jahrganges veröffentlicht haben, war er innert zwei Wochen ab Château ausverkauft und der Preis in Bordeaux stieg um mehr als dreissig Prozent.

1970 Les Forts de Latour   17/20
85: Kurze Nase, Trüffel und Pilzgoût. Tiefer Terroirton.   16/20 trinken
93: Offen, rauchig, burgundisch, rotbeerig, zeigt schöne Süsse. Im Gaumen noch Spuren von grünlichem Cabernet, viel Fleisch, leicht süsslich in den Tanninen. Ein sehr guter 70er.   17/20 trinken - 2005

1971 Les Forts de Latour   13/20
85: Saures Tannin, keine grosse Zukunft. Vielleicht war er aber früher einmal besser.   12/20 trinken
92: Magnum: Schöne Farbe, leichter Pfefferschotenton, Tee, Bakelit. Im Gaumen vollreif ohne weitere Reserven, schlank, aber recht lang.   14/20 austrinken

1973 Les Forts de Latour   12/20
85: Unglaublich hart für einen 73er, vor allem, wenn man weiss wie weich der 73er Latour ist.   12/20 trinken

1974 Les Forts de Latour   15/20
85: Schön entwickelt, gutes Rückgrat. Einer der besten 74er.   14/20
92: Noch junge Farbreflexe mit oranger Randfärbung. Médoc-Nase, verführerischer Rosenölduft. Im Gaumen recht fett, etwas merlotlastig. Nussaromen, noch schöne Säure, die etwas flüchtig ist. Im Finish Kaffeenuancen. Ein nach wie vor sehr erstaunlicher 74er.   15/20 austrinken

1975 Les Forts de Latour   18/20
94: Dichtes, leuchtendes Purpur, starker Glyzerinrand. Kompaktes, dichtes, in sich noch verschlossenes Bouquet, an Penfolds erinnernde Süsse, Eucalyptusnote. Fleischiger, dicht strukturierter Gaumen, sandiger Fluss, noch adstringierend, grüne Baumnussaromen. Ein Riesenmocken, der sich nur schwerlich zeigt.   18/20 2000 - 2025

1976 Les Forts de Latour   13/20
87: Kleiner Körperbau, salziges Finish.   13/20 trinken

1977 Les Forts de Latour   11/20
85: Feines Bouquet. Im Gaumen jedoch säuerlich und klein.   11/20 austrinken

1978 Les Forts de Latour   17/20
89: Blütendüfte mit Trüffelaromen. Erstaunliche, jedoch im Moment trockene Tanninresten, baut sicherlich noch aus.   16/20 trinken ab 1991
92: Die trockenen Tanninresten sind weg! Mittleres Granat, aufhellend am Rand. Offene, schmeichelnde Nase mit Fettanzeige, Nougat, Mandeln. Im Gaumen Heidelbeeren und Cassisnote, noch leichte Reserven, geschmeidiges, druckvolles Finish. Hat in einer umfassenden 78er Probe von allen Crus am besten abgeschnitten - von allen Premiers notabene!   17/20 trinken - 2005

1979 Les Forts de Latour   ??/20
88: Fruchtbouquet. Leicht und zugänglich. Wirkt etwas alkoholisch. Weiblicher Charme.   trinken
92: Eine Flasche, die sehr wahrscheinlich Korkenton hatte. Sehr helles Granat. Unappetitliche Nase. Im Gaumen ebenfalls unsauber, jedoch weich und saftig.
Keine Bewertung!

1980 Les Forts de Latour   11/20
90: Aufhellende Farbe. Dünner Körper, kurzer Schluss. Hat seine beste Zeit längst hinter sich.   11/20 vorbei

1981 Les Forts de Latour   15/20
88: Sauberer, geradliniger Pauillac.   14/20 trinken - 1996
90: Gewinnt an Fett, ähnlich dem 70er Ducru. 16/20 trinken
92: Mittlere Granatfarbe mit stark aufhellendem Rand. Offene Nase mit floralen Nuancen. Im Gaumen süffig ohne grosse Tanninreserven. Eine Art „verdünnter" Pichon-Lalande.   15/20 austrinken

1982 Les Forts de Latour   17/20
90: An einem Commanderie-Abend mit Jean-Paul Gardère und Ueli Prager getrunken. Es war der beste Les Forts, der mir je ins Glas gekommen ist.   17/20 trinken - 2000
91: Wiederum blind degustiert und auf Anhieb erkannt. Liegt sehr nahe beim ähnlichen Grand-Puy-Lacoste 1982, aber mit viel weicheren Tanninen.   17/20 trinken
92: Im Moment eher verschlossen und weniger Frucht anzeigend als vor einem Jahr.
92: Bei Ravet in der Ermitage in Vufflens genossen. Ein sensationeller, muskulöser Wein mit breiten Schultern. Hat Ähnlichkeiten mit dem 82er Grand-Puy-Lacoste. Wenn ich die Wertung anschaue, bedaure ich es aufrichtig, dass ich keine einzige Flasche in meinem Privatkeller habe.
                                                       18/20 trinken - 2000
93: Dann habe ich mir eine Kiste ersteigert! Nun ist mir dieser Wein plötzlich zu langweilig geworden, weil es trotz grossem Trinkspass an Rückgrat fehlt. Jetzt trinke ich ihn nur noch, wenn wir mehrere Personen sind, und dies ohne zu dekantieren.   17/20 austrinken
94: Jetzt ist er genau auf dem Höhepunkt. 17/20 austrinken

1983 Les Forts de Latour   13/20
90: Als Bote eines doch recht grossen Jahrganges extrem dünn geraten. Leichter Wein.   13/20 trinken

1985 Les Forts de Latour   15/20
91: Mittlere Farbdichte, Granat mit reifendem, orangem Rand. Süsse, ausladende Butternase, ziemlich rotbeerig mit Merlot-Präsenz, Zedernduft und ein leichter Evolutionsböckser. Im Gaumen komplex, junges Extrakt, fleischig,

Pauillac

Vanillearoma von der Barrique, druckvoller Körper mit feinem Nachklang im Finish. 16/20 1993 - 2000
92: Im Augenblick in einer fürchterlichen Rumpelphase. Wer ihn jetzt trinken will, sollte ihn mindestens eine Stunde vorher dekantieren. Paprikapulver, Chili und gekochtes Fleisch, wirkt im Gaumen faisandiert, mit versteckter Fruchtnote. 15/20 1994 - 2000

1986 Les Forts de Latour **15/20**
93: Kam im April 1993 auf den Markt. Tiefes Granat mit Wasserrand. Die Nase ist nur teilweise geöffnet, obwohl es sich eigentlich um einen recht schlanken 86er handelt. Eine defensive Süsse begleitet diesen Wein, dem es an Konzentration mangelt. Wirklich nur ein „zweiter Wein!" 15/20 1995 - 2003

1987 Les Forts de Latour **15/20**
91: Mittleres Weinrot mit leichten Orangereflexen. Kaffee-Barriquenröstton, Rauch und Lakritze, Lack, wirkt im Moment eher reduktiv. Sauberes Parfüm im Aromenspiel, blaubeerig, umgeben von schmeichelndem Fett.
15/20 trinken - 1997

1989 Les Forts de Latour **16/20**
90: Ich erschrak richtiggehend, als ich diesen Wein neben dem Latour zur Degustation vorgesetzt bekam. Man musste den Eindruck haben, die Gläser seien verwechselt worden. Der Les Forts war kräftiger, tiefer und würziger. Weiche Tannine, die rund sind, mittlere Intensität. Bereits die Jungreben hatten einen potentiellen Alkoholgehalt von 12,5 % Vol.. Vom Typ her ein 82er. 16/20 trinken ab 1995

1990 Les Forts de Latour **18/20**
91: April: Kräftiges Weinrot mit violetten Reflexen. Offene, gut ausladende Nase, Brombeeren, Cassis, sehr fett. Im Gaumen guter, saftiger Fluss mit salzigem Extrakt, dunkles Edelholz. Kräftiges, trockenes Tannin mit mittlerer Reife. 17/20 1997 - 2012
92: Reifer und heller als Latour. Verlockendes Fruchtbouquet, eine Zimtnuance, wie ich sie in dieser Konzentration noch nie von einem Pauillac erlebt habe. Süsse Tannine, Minze und Aromen eines grossen Barolos, eigenwillige Gewürzaromen im langen Finish.
17/20 1997 - 2008
93: Sattes Purpur. Süsses rot- und blaubeeriges Bouquet, buttrig, komplex, Korinthen, Rauch, Trüffel und Eucalyptus. Gut verteilter Gerbstoff, Rückgrat, grosse Struktur, langes Rückaroma, schwarze Beeren im Finish. Ein teuflischer Zweitwein der Spitzenklasse. 18/20 1997 - 2015

1991 Les Forts de Latour **15/20**
92: April: 72 % von den jungen Latour-Reben, 28 % von Les Forts-Parzellen (neben Pichon-Lalande). 11 hl/ha, Produktion 5000 Kisten. Gute Farbdichte. Verhaltene Frucht, Mandelholznote, Orangenhaut, gekochte Früchte, gebunden. Stoffige Tanninstruktur mit viel Charme, eine pfeffrige Säurespitze verleiht dem Wein Rasse, mittleres Alterungspotential. 15/20 1995 - 2005

92: Mai: Mittleres Rubin-Purpur. Leicht herbale Nase, Eucalyptus, Havannatabak. Im Gaumenbeginn frisch, pfeffrig mit sandigem Extrakt, dürfte mehr Fett haben. Typ 1981.
14/20 1996 - 2004
92: September: Hat sich wieder erholt und zeigt im Mittelfeld der Preisklasse eine ganz grosse Klasse. Havannanote, Brombeeren, Kirschen, grossartiges Extrakt.
15/20 1995 - 2005
94: Schönes Terroirbouquet, Trüffel, defensive Süsse. Im Gaumen, relativ schwer anzugehen, recht fester Körper.
15/20 1996 - 2004

1992 Les Forts de Latour **14/20**
93: Blutfarbenes Rubin. Feine Geraniolnote, die die Frucht dominiert, leicht faulige Blattnote. Gewisse Gerbstoffteile wirken unreif und geben dem Wein eine unerwünschte Härte. 14/20 1996 - 2006

1993 Les Forts de Latour **16/20**
94: Granat-Purpur, aufhellend am Rand. Veilchen und blaue Früchte, dahinter Gebäcknase von der Barrique, Anflüge von Fülle durch Merlot-Präsenz. Saftig, samtiger Gaumen, schöner Schmelz, rein, aromatisches Finish, gut gemacht. Der beste Zweitwein des Jahrganges 1993!
16/20 1997 - 2006

CHÂTEAU GRAND-PUY-DUCASSE

1975 Grand-Puy-Ducasse **16/20**
94: Reifendes, stark aufhellendes, bräunliches Granat. Süsses Kandiszuckerbouquet, leicht flüchtige Säure. Im Gaumen zeigt er eine kaum spürbare Unsauberkeit, pelzig, feine, süssliche Gerbstoffe, schwer einzuschätzen, vielleicht wird er irgendwann noch etwas besser.
16/20 trinken - 2005

1978 Grand-Puy-Ducasse **16/20**
89: Burgunderrot mit Purpurschimmer. Wunderschöne, entwickelte Nase, fein ausladend mit Cabernet-Präsenz. Im Gaumen vordergründig und eher kurz. Insgesamt leichtes Potential. In der Nase schöner als im Gaumen.
15/20 trinken
92: Ist mit zehn anderen 78er Pauillacs sehr angenehm aufgefallen. Reife Farbe mit baumnussbraunen Reflexen. Lederton, fleischig. Im Gaumen erst pfeffrige Säure und zungenbeschlagende Adstringenz. 16/20 trinken - 1997

1979 Grand-Puy-Ducasse **16/20**
89: Mittleres Granat. Tintige Nase mit Cabernet-Dominanz. Im Gaumen Spuren von Bitterkeit im Tannin. Insgesamt bedeutend jünger als der 78er. Hat auch mehr Alterungspotential. 16/20 trinken - 1995

1981 Grand-Puy-Ducasse **14/20**
91: Doppelmagnum: Kräftige Farbe. Verhaltene Nase, die sich sehr, sehr eigenwillig in der ersten Dekantierphase

zeigt. Rotschmierkäse, Paprikagulasch, Chilipuder. Wird mit zunehmendem Belüften weiniger. Bleibt aber als Pauillac respektive Bordeaux-Wein mit eher gemischten Eindrücken in meiner Erinnerung haften. 14/20 trinken

1982 Grand-Puy-Ducasse **15/20**
87: Sehr schwer zu degustieren. Stumpf ohne Kommunikation. Mittlere, fast bescheidene Adstringenz. 14/20 bald
91: Erste Reflexe von Altersanzeichen. Offene, buttrige Nase mit eher rotbeeriger Anzeige. Wenig Säure, voll entwickelter Gaumen, reif, im Finish schlank.
15/20 trinken - 1996
92: Eine Doppelmagnum zeigte wiederum eine grosse Säurearmut. Der Wein ist dadurch schnell gereift und es empfiehlt sich, ihn schleunigst auszutrinken.
15/20 austrinken
94: Reifes Purpur mit Rostschimmer. Offenes, pflaumiges Terroirbouquet mit sekundärer Süsse. Weiche Säure, leicht ledrige Struktur, dürfte etwas mehr Fett haben. Das Bouquet scheint mir mehr herzugeben als der Körper, was auf ein Ende der Genussreife hindeutet, obwohl der Wein noch sicherlich ein paar Jahre hält. 15/20 austrinken

1983 Grand-Puy-Ducasse **15/20**
85: Geballte Farbe. Gutes, reifendes Tannin. Viel Tiefe - ein kleiner Latour! 15/20 1990 - 2000

1985 Grand-Puy-Ducasse **17/20**
87: Augen auf! Hier steht eine Preis-Leistungs-Bombe! Nase defensiv mit Druck. Kompakter, dichtgewobener Körper mit rundem Tannin beladen sehr gut.
17/20 1990 - 1997
92: Jetzt wunderschön zu trinken. 17/20 trinken - 1997
94: Ist etwas leichter geworden und jetzt in der schönsten Genussphase. 17/20 trinken

1986 Grand-Puy-Ducasse **17/20**
89: Wässriges Granat. In der Frucht fröhlich und ansprechend. Säure eher spitz. Wirkt leichter als der 85er - unlike the others. 16/20 trinken ab 1994
94: Kräftiges Granat-Purpur. Dichtes Bouquet, feiner Eucalyptus und an Syrah erinnernder Ton, würziges Cabernet-Spiel. Feinkörniges Extrakt, das sich mit dem, in den Anflügen trockenen Tannin verbindet, noch adstringierend, schöne Reserven, süsse, rotbeerige Würze im Nachklang. 17/20 trinken - 2004

1988 Grand-Puy-Ducasse **13/20**
91: Mittlere Farbe, tendenziell aufhellend. Exotische Nase, rotbeerig. Toast von der Barrique, die Frucht scheint nicht ganz ausgereift zu sein, säuerlich. Insgesamt nur mittelgewichtig. 15/20 bald
91: Hat bei der Arrivage einen zwiespältigen Eindruck hinterlassen. Granat, hell mit orangem Rand. Flüchtige Säure, Kaffee und Toast. Säure dominiert den eher mageren Körper, wirkt vordergründig und kurz. 13/20 1994 - 2000

Gabriel

1989 Grand-Puy-Ducasse **15/20**
90: Offene Frucht. Frisch, würzig. Wenig Säure, zugängliche Tanninproportionen, süsses Finish. Vin du Consommateur. 16/20 trinken ab 1993
91: Hat an Potential zugelegt, oder ist vielleicht durch den verführerischen Barriquenton ein momentaner Blender.
16/20
92: Kaffeenase. Im Gaumen ziemlich trocken, nicht ganz ausgeglichen. Wird vermutlich recht schnell reifen. 15/20
92: Arrivage: Granat-Kirschrot, aufhellend. Mineralisch mit Minzenton, offen, Früchtegelee. Mittlerer Körper, gastronomischer Wein mit rotbeerigen Nuancen, noch leichte Tanninreste für ca. drei Jahre. 15/20 trinken - 1997

1990 Grand-Puy-Ducasse **16/20**
91: Violettes Rubin. Marzipan und exotisches Holz. Blumig mit defensiver Frucht. Im Gaumen Lakritze und Cassis, rassig, pfeffrig mit gutem Rückgrat, relativ wenig Tannine.
16/20 1996 - 2005
92: Im Augenblick recht verschlossen, aber gut ausgeglichene Elemente. 16/20 1996 - 2006

1991 Grand-Puy-Ducasse **15/20**
92: 40 % einer Normalernte, 30 % neues Holz. Purpur, violette Reflexe. Konzentrierte Frucht, sehr sauber. Die Tannine sind im Moment etwas trocken, Lakritze und Kaffee im Finish. 15/20 1995 - 2003

1992 Grand-Puy-Ducasse **15/20**
93: Rubin-Violett, aufhellend. Süsses Bouquet, Caramel, Kaffee, reifes Fruchtbild, Toastnote. Weiche Säure, charmant, schmeichelnd, guter Gerbstoff, mittlerer Körper.
15/20 1996 - 2007

Château Grand-Puy-Lacoste

Ein Wein mit einem überdurchschnittlichen Potential, was die Lagerfähigkeit betrifft. Ein kleiner Latour! Leider zeigt sich dieser Wein, wie alle Gewächse aus dem Hause Borie, in der Jugend nicht zu seinem Vorteil. Also immer dekantieren, oder noch besser, warten bis der Wein seine erste Reife erreicht hat.

1945 Grand-Puy-Lacoste **15/20**
89: Undurchdringliche, schwarze Farbe. Nur am Rand Spuren von erster Reife. Komplexe, erst verschlossene Nase, die nach und nach rauchiges Holz ausstrahlt, Oxydationston und Backpflaumenaromen. Im Gaumen angetrocknetes Gras und Heidelbeeren, rauhes, weinbeherrschendes Tannin. 15/20 trinken
92: Reife Farbe mit feinem, hellem Rand, jedoch in sich noch sehr dunkel. Süssliche, rotbeerige Nase, Rauch, animalische Note. Im Gaumen oxydativ, nasse Blumentopferde. 15/20 austrinken

Pauillac

1953 Grand-Puy-Lacoste   **19/20**
91: Broadbents Fünf-Sterne-Erlebnis. Reifes Granat, pflanzlich, kalter Rauch. Leicht animalisch, Zimtnuancen, südlicher Charakter, ledrig mit trockenem Finish.
17/20 austrinken
93: Schöne Farbdichte, satt, fast noch schwarze Reflexe. Zedern-, Trüffelbouquet, Cassisspuren, buttrig, Black-Currant, Schwarztee, Zimt. Saftiger Gaumen, ähnliche Aromen wie in der Nase, gut balanciert und extrem lang, würziges Tannin, Lakritze im Finish. 19/20 trinken - 2000

1957 Grand-Puy-Lacoste   **16/20**
93: Als Überraschung auf d'Angludet beim Mittagessen blind serviert bekommen. Es ist einer der besten 57er. Weil ich beim Trinken so viel Spass hatte, habe ich mir auch nicht besonders viel Notizen gemacht. Es war sozusagen der genüssliche Abschluss einer Bordeaux-Einkaufsreise, wo ich mehr als tausend Weine degustiert hatte.
16/20 trinken

1961 Grand-Puy-Lacoste   **18/20**
91: Fast schwarze Farbe. Blaubeerig, Cassisaroma mit leicht grasiger Sauerampfernote, öffnet sich nur langsam. Im Gaumen enorm jung mit perfekter Balance.
18/20 trinken - 2005
94: Blind während einem Nachtessen auf Doisy-Védrines wiederum mit 18/20 bewertet.

1962 Grand-Puy-Lacoste   **17/20**
92: Jéroboam: Mittlere Farbtiefe. Offenes Bouquet, Leder, animalische Noten, schwarze Beeren. Im Gaumen mittelgewichtig, männliche Struktur, noch Fleisch- und Gerbstoffresten. Jéroboam: 17/20 trinken - 2010
94: Reifendes Granat, ziegelrote Reflexe. Röstiges Bouquet, Brotkruste, Kaffee. Pflaumige, aber trockene Gaumennote, sandiger Fluss, ledrig, fehlt an Charme und wirkt auf der Zunge extrem metallisch, durch Säure erhalten, zähnebeschlagend. 14/20 austrinken

1966 Grand-Puy-Lacoste   **17/20**
91: Mittlere Farbe, Granat, aufhellend. Leder-, Tabaknase, animalisch mit Anzeichen von schwarzen Früchten. Für einen 66er recht weich, dafür lang, alte Schule, macht Spass. 17/20 trinken - 1997

1970 Grand-Puy-Lacoste   **10/20**
90: Granatfarben mit fortgeschrittener Reife. Pauillac-Nase. Animalisch mit verdeckter Oxydation. Im Gaumen bereits ziemlich gezehrt, fragil, Rum-Punscharomen?
12/20 sofort austrinken
92: Granat-Blutrot mit braunen Reflexen. In der Nase feine oxydative Note, die sofort ausbricht und immer stärker wird. Im Gaumen Ranchioaromen und ebenfalls oxydiert.
10/20 vorbei

1975 Grand-Puy-Lacoste   **13/20**
94: Aufhellendes, jugendliches Granat. Fassige, terroirlastige Nase. Spröder, ausgezehrter Gaumen und wiederum sehr unsaubere Noten im Finish. 13/20 vorbei

1976 Grand-Puy-Lacoste   **14/20**
87: Flüchtiger Alkohol, einseitig angebrannter Cabernet. Viel eigenes, austrocknendes Tannin. 14/20 austrinken

1978 Grand-Puy-Lacoste   **14/20**
89: Wer oft den 79er trinken durfte, tut sich sicherlich schwer mit dem 78er. Insgesamt zu trocken und bereits spröde. 14/20 austrinken

1979 Grand-Puy-Lacoste   **19/20**
(sehr unterschiedliche Flaschenqualitäten)
89: Artisanales, gebundenes Holz- und Heidelbeerenbouquet, breit akzentuiert. Tiefgang mit Anspruch auf einen grossen Wein, Teer und Trüffel im Finish.
17/20 trinken
Dieser Wein ist mit du Tertre und Malartic-Lagravière der Sieger der 79er Mittelfeldklasse.
91: Die guten Flaschen sind schlicht sensationell. 18/20
91: Bisher mehrere Male getrunken. Er ist von derart artisanaler Vollkommenheit, dass ich es wage zu behaupten, dass er mit Lafite und Margaux zu den allerschönsten 79ern gehört. Wenn man dabei sein Preis-Leistungs-Verhältnis und seine Lagerfähigkeit mit in Betracht zieht, so ist es der beste 79er überhaupt. Die optimalste Flasche habe ich nach dem 64er Cheval und dem 75er Pétrus getrunken und dies ist mir 19/20 Punkte wert, trinken - 2000
92: Doppelmagnum: Das gewaltige Erlebnis anlässlich eines „Grossflaschenabends" beim Seppi Kalberer im Schlüssel in Mels. Ein grosser Bordeaux der guten alten Zeit. 19/20 trinken
92: Es gibt leider auch ein paar müdere Flaschen. Eine davon haben wir anlässlich einer Beach-Party getrunken.
92: Hat an der 79er Blindprobe alle Pauillac-Premiers in den Schatten gestellt. Purpur-Schwarz. Fette Nase, Brombeeren, Heidelbeeren, Rauch, Trüffel, kräftige Terroirnote. Im Gaumen kräftig, Lederton, süss, gebunden mit viel Extrakt, in der Adstringenz noch weiteres Potential vorhanden. Ein Cabernet der Spitzenklasse! 18/20 trinken - 2005
94: Doppelmagnum: Am besten war der Wein direkt nach dem Dekantieren, danach verschloss er sich und blieb eine Stunde lang eher trocken und rustikal. 18/20 trinken - 2005

1981 Grand-Puy-Lacoste   **15/20**
87: In der Nase Charme, feminine Düfte. Im Gaumen zwiespältiges Spiel zwischen frühreifen Aromen und jugendlichem Tannin. 15/20 trinken - 1999

1982 Grand-Puy-Lacoste   **19/20**
91: Dieser Wein war bei Louis Robin, im Anschluss an die Mövenpick-Beaujolais-Selektion (ca. 200 Weine!), ein fast umwerfendes Erlebnis. Tiefe, dichte Farbe. Erste Öffnung in der Nase, opulent und klassisch-traditionell. Kräftige, gesunde Gaumenstruktur einer Bordeaux-Art wie es sie leider heute nur noch selten gibt. Vor allem hat mich hier der umwerfende Heidelbeerenton sehr beeindruckt. Mindestens 18/20 bald - 2005
92: Noch immer von tiefer, fast undurchsichtiger Farbe. Ein Heidelbeerenkonzentrat mit wenig Säure, aber intensi-

ven Gerbstoffen, die dieses Manko wieder wettmachen. (Die 53er und 59er hatten ja auch wenig Säure, oder?). Ein grosser Wein, der vor allem jene Leute sehr erfreuen wird, die diesen Wein „en primeur" zu etwa 22 Franken gekauft hatten. 18/20 bald - 2005
92: Der Star einer 82er Blind-Degustation. Dichtes Purpur mit mittlerer Tiefe. Süsse Nase, Preiselbeeren, Rahm, Kaffee, gebrannter Zucker. Öffnender Merlot mit viel Charme, dahinter stützender, gut strukturierter Cabernet mit würziger Tabaknote, honigartiges Finish. Ein sensationeller Preis-Leistungs-Wein. 19/20 trinken - 2015
94: Eine Kiste habe ich von 1992 - 1994 als „Qualitätskontrolle" getrunken. 19/20 trinken - 2011

1983 Grand-Puy-Lacoste   16/20
89: Spritzmittelton. Chemisch, unsauber. Keine Bewertung!
90: Unausgetrunken stehengelassen!
91: Langsam, aber sicher... Er fängt mit der typischen GPL-Krankheit an, nämlich mit einem Muffton, der sich hartnäckig über 30 Minuten lang hält. Fleischgeschmack in der Nase, Bouillonpaste. Im Gaumen beissende Zungenspitze, ledrig, trocken. Am besten eine Stunde vorher dekantieren. 15/20 trinken - 2000
92: Dekantieren! Konzentrierte, fast jungfruchtige Nase, Waldhimbeeren. Im Gaumen dichter, weiniger Körper, feine Trockenheit im Extrakt. Hat sich mehr und mehr positiv entwickelt. 16/20 trinken - 2005

1984 Grand-Puy-Lacoste   16/20
93: Mitteltiefe Farbe mit Wasserrand, jedoch noch jugendlich. Tabak, grüne Cabernet-Nase, Heidelbeeren. Im Gaumen gute Säure und recht viel Fleisch, baut noch aus und macht als 84er überdurchschnittliche Freude.
16/20 trinken - 2005

1985 Grand-Puy-Lacoste   18/20
88: Ein aufsteigender Wein am Pauillac-Himmel. Verschlossene Nase, parfümiert. Im Gaumen viel substantielles Extrakt. Wird alt werden und auch sehr gut.
18/20 trinken ab 1995
91: Mit Laurent Doutreloux getrunken. Zart öffnend, mit viel Fleisch und Extrakt dahinter. 18/20 1994 - 2005
93: Auch er wird einmal ein Borie-Klassiker. Blind serviert bekommen, eine Art fetter St. Julien, oder besser gesagt schlanker Pauillac, dafür sehr lang, viel Terroir und noch viel Zukunft. Mehr als seinen Preis wert. 18/20 1994 - 2010

1986 Grand-Puy-Lacoste   18/20
89: Rubin, Violett, Schwarz. Verdecktes Bouquet, weit ausladend. Massive Tanninprägung. Hoher, positiver Säurewert. Ein Brocken! 18/20 trinken ab 1998
90: Eine Flasche mit der typischen Borie-Unsauberkeit. Vorsicht. Sicherlich jetzt in einer Zwischenphase.
nicht trinken!

Gabriel

1987 Grand-Puy-Lacoste   12/20
90: Offen, unsauber, krautig. Trockene Struktur durch zu hohen Ertrag. Erfahrungsgemäss, kann dieser Wein gegen 1994 bedeutend mehr Freude machen. Momentanwertung: 12/20 1994 - 1999

1988 Grand-Puy-Lacoste   16/20
91: Purpur, leicht aufhellend. In der Nase die typische Borie-Altfassnote. Viel Tannin, Metallspuren und leicht bittere Adstringenz. Ein harter Wein, noch schwer abzuschätzen.
15/20 trinken ab 2000
93: Süsse Nase, Rioja-Ton, dunkle Holzröstung. Im Gaumen noch hart mit Biss, mittlere Statur, dafür sehr lang. Tendenz steigend... 16/20 1997 - 2010

1989 Grand-Puy-Lacoste   19/20
90: Sehr wahrscheinlich der beste Wein, der in diesem Jahrhundert auf diesem Weingut produziert worden ist. Wer je einen 79er in vollster Blüte trinken durfte, weiss, was im Boden dieses Weinguts für ein Potential steckt. Süsses, komplexes Bouquet, Vanillenote, reicher, vielschichtiger Duft. Im Gaumen elegant, aber mit grossem Extraktpotential. Wird gleichzeitig auch einer der besten Pauillacs dieses Jahrganges sein. 19/20 trinken ab 1997
92: Arrivage: Volles, dichtes Granat. Rauch, warme Frucht, Zimt, kräftig, tief, verlockend. Langer Körperbau mit Massen von mittelfeinen Tanninen, Cassis, dann Vanilleschoten, pfeffriges Extrakt im Fruchtfleisch. Ein langes Leben. Einige Mitdegustatoren sehen kopfschüttelnd meine Wertung - die Zeit wird mir recht geben. 19/20 1996 - 2020

1990 Grand-Puy-Lacoste   18/20
91: 50 % neues Holz. Klassisches Bordeauxrot mit Blutreflexen. Blaubeerige Duftaromen mit Tinte, Leder und animalischem Unterton, vielschichtig und vielversprechend, typisches Pauillac-Bouquet. Guter Biss, mit Fleisch im Gaumen, perfekte Tanninstruktur, sehr ausgeglichen und im Alter vielversprechend. In der Art ein 86er, jedoch mit einer etwas dichteren Struktur. 17/20 2000 - 2020
92: Nussholzton, Leder. Kräftig strukturiert, sandiges Extrakt, gleich viel Tannine wie der 86er. Ein extrem langlebiger Wein. 17/20 2000 - 2020
93: Purpur, satt. Offen, marmeladig, rotbeerig, feine Zimtnote. Korinthen- und Rosinentöne, Aromen von heissem, fast überreifem Traubengut, klassischer Wein nach traditionellem Stil, burgundische Anlagen. 18/20 2000 - 2025

1991 Grand-Puy-Lacoste   14/20
92: Die erste Ernte, die im neuen Cuvier eingebracht worden war. 19 hl Ertrag. 70 % Cabernet Sauvignon, 25 % Merlot, 5 % Cabernet Franc, ca. ein Drittel neue Fässer. Blutrotes Granat mit mittlerer Dichte. Krautige Eucalyptusnote, Tabak, Teer, dunkle Pilze. Im Gaumen zähes Extrakt mit ungeschliffenen, fast eckigen Tanninen, ebenfalls Tabakaromen, wird eher lange brauchen, bis er genussreif wird. 14/20 1997 - 2007

Pauillac

1992 Grand-Puy Lacoste   **15/20**
93: Aufhellendes Granat. Florale Heidelbeeren- und Tabaknote. Schönes Terroir, mittelgewichtig, hat aber eine schöne Eleganz, braucht Zeit.   15/20 1998 - 2006

1993 Grand-Puy-Lacoste   **16/20**
94: Tiefes Violett-Purpur, satt. Reifes Fruchtbouquet, viel blaue Beeren, Heidelbeeren, Black-Currant, Veilchen, schön ausladend. Saftiger Gaumen, sehr gut verteilte Gerbstoffe, feiner als frühere Grand-Puy-Lacoste-Weine. Durch den Einfluss der neuen Metallcuves, ein delikater, finessenreicher, fast femininer Wein.   16/20 1998 - 2010

CHÂTEAU HAUT-BAGES-AVEROUS

1959 Haut-Bages-Averous   **16/20**
94: Reife Farbe, eher hell. Schöne, zarte Pauillac-Terroirnase. Im Gaumen reife Gerbstoffe, recht feine Tannine, noch sehr gut erhalten.   16/20 austrinken

1981 Haut-Bages-Averous   **14/20**
86: Molliger Fluss, wenig Tiefe, aber sehr gefällig.   14/20 trinken

1982 Haut-Bages-Averous   **15/20**
94: Reifende Farbe. Offenes Bouquet, etwas ledrig, irgendwie übervinifiziert. Im Gaumen ausgekochte Tannine, abgeklungene Frucht. Ehrlicherweise muss ich zugeben, dass ich mit Vorurteilen an diesen Wein herantrat, denn wie sollte der Zweitwein schon sein, wenn ich vom Lynch-Bages 1982 nicht allzu viel halte.   15/20 trinken - 1998

1985 Haut-Bages-Averous   **15/20**
88: Leichte Farbe. Exotische Nase. Recht gutes Fundament, weich und feminin, Zimtgeschmack. Sehr gutes Preis-Leistungs-Verhältnis.   15/20
91: Auf Lynch-Bages bei einem Mittagessen getrunken. Stark aufhellend am Rand. Zu Beginn leicht floral, Zimtnote. Wird an der Luft zunehmend süsser, merlotbetont, Erdbeerenkonfitüre. Ein Pomerol-Typ. 15/20 trinken - 1996
94: Noch recht jugendliche Farbe. Zu Beginn florale Note durch Cabernet Franc, dahinter Merlot-Süsse, grüne Pfefferschoten, Tabak. Nerviger, vordergründiger Gaumenbeginn, schlank, aber schön ausgeglichen, es bleibt eine kapselige Note zurück.   15/20 trinken - 2000

1986 Haut-Bages-Averous   **14/20**
88: Fassdegustation: Biscuitnase. Kalifornischer Cabernet-, Eucalyptuston. Weicher, molliger Körper, für sein Potential etwas zu dick.   14/20 1992 - 2000

1987 Haut-Bages-Averous   **11/20**
89: Fassdegustation: Caramelnase. Vordergründige, säuerliche Adstringenz, grüne Aggressivität. Hier wurde offensichtlich zu viel Presswein verwendet, um diesem doch recht faden 87er Rasse zu geben. Sommerwein, unbedingt kühl trinken.   11/20 trinken

1988 Haut-Bages-Averous   **14/20**
89: Fassdegustation: Parfümiertes Veilchenbouquet. Blaubeerige Aromen im Mund, ausgeglichener, aber doch eher dünner Wein.   14/20 trinken ab 1993
91: Violett mit dunklen Reflexen. Offen, zugänglich, Zedernnote. Im Gaumen wirkt er zähflüssig und etwas bescheiden im Finish.   14/20 1994 - 2003

1989 Haut-Bages-Averous   **16/20**
91: Schwarz und dicht. Warmes Brombeerenaroma mit Spuren von Kamillenblüte (?). Fülliger, sirupartiger Wein, trotzdem recht elegant.   16/20 trinken ab 1994
92: Purpur-Schwarz. Laktisch, Butternuancen, blaue Beeren. Im Gaumen soft, fett, füllig. Der tiefe Säurewert macht den Wein vielleicht etwas pappig und kurz.   16/20 trinken - 1998

1990 Haut-Bages-Averous   **15/20**
91: März: Granat-Rubin. Total verschlossen. Eine kleine Spur Merlot, die in die Nase steigt. Im Gaumen gut proportioniert, ein langer, sicherlich süffiger Wein.   15/20 1995 - 2005

1991 Haut-Bages-Averous   **11/20**
92: Er ist das Etikett nicht wert, das er einmal tragen wird. Haut-Bages-Averous ist ein Wein, der sonst bezaubert, vermischt mit angeborener Süffigkeit und Charme. Eigentlich der Einsteigerwein für Pauillac-Fanatiker - aber eben, nicht in diesem Jahr.   12/20 1993 - 1997
92: April: Das erste Muster war unsauber. Das zweite: Mittlere Farbe mit stark aufhellendem Wasserrand. Eigenwilliges Bouquet, grüner Tabak, wenig Säure, wässrig, langweilig. Ein Beaujolais!   11/20 1993 -1997
93: Barrique dominiert. Extrem leicht, hat aber doch eine Spur Süsse und Charme im Fluss, sehr süffig.   12/20 trinken - 1997

1992 Haut-Bages-Averous   **13/20**
93: Mittleres Rubin. Staubige Nase, floral. Rotbeeriger Gaumencharakter, aufrauhende Zunge, leicht säuerlicher Nachgeschmack.   13/20 1995 - 2002

1993 Haut-Bages-Averous   **14/20**
94: Mittleres Rubin-Purpur. Leicht marmeladig, dahinter blumig. Eine grüne Note dominiert das Fruchtbild, leicht aufrauhend, florales Finale.   14/20 1998 - 2007

Château Haut-Bages-Libéral

1928 Haut-Bages-Libéral   15/20
91: Superbe Farbe, tief und dicht mit blauen Reflexen. Verhalten in der Nase, Brackwassergeschmack (Jod, Austern). Im Gaumen Leder, animalische Töne, Tannin, das offensichtlich von zu langer Fasslagerung herkommt.
15/20 austrinken

1959 Haut-Bages-Libéral   15/20
91: Sehr tiefe Farbe mit wenig Altersreflexen. Komplex, fast buttrig, vielschichtig, wuchtig. Im Gaumen feine Terroirnote, das Tannin wirkt noch jugendlich und verbindet sich mit der Säure. Ich glaube, dass er noch weiter ausbauen wird, ohne aber noch an Potential zuzunehmen.
15/20 trinken - 2000

1982 Haut-Bages-Libéral   17/20
92: Am Mittagstisch auf Chasse-Spleen mit Jacques Merlaut getrunken. Sehr tief in der Mitte, am Rand orange Reflexe. Reife Pauillac-Nase, vollkommen geöffnet. Im Gaumen weinig, gereifte Tannine. Zeigt auf, dass die mittleren 82er Qualitäten jetzt auf dem Höhepunkt ihrer Genussphase sind.   17/20 trinken - 1996

1983 Haut-Bages-Libéral   14/20
86: Pfeffrig mit scharfer Säure, wirkt angetrocknet, schwierige Zukunftsprognose.   14/20 1992 - 1999

1985 Haut-Bages-Libéral   17/20
88: Hat mich während einer Blindprobe sehr überrascht.
17/20 trinken ab 1993
92: Bei einem Mittagessen auf Chasse-Spleen genossen. Granat-Blutrot. Dichte, tiefwürzige Nase mit feiner Ledernote, sehr intensiv. Im Gaumen pfeffriges Säurespiel mit lebendiger Frucht und kräftigen Tanninen, sehr gut balanciert und sehr lang. Macht viel Spass, vor allem, wenn man seinen Preis mitberücksichtigt.   17/20 trinken - 2002

1986 Haut-Bages-Libéral   16/20
89: Rubine Reflexe. Verhaltenes Bouquet. Die Säure stützt das Tannin optimal, feingliedriger Körperbau trotz Reserve anzeigender Adstringenz.   16/20 trinken ab 1995

1987 Haut-Bages-Libéral   13/20
90: Caramel, ohne Primäraromen, grün, sauer - kleiner Wicht. Neu degustieren. Gerstl gab 18 Punkte - ich 13.
13/20 trinken ab 1992
94: Nicht wie andere 87er ein süffiges, einfach zugängliches Erlebnis. Insbesondere haben mich grünbittere, pelzige Tannine gestört.   13/20 austrinken

1988 Haut-Bages-Libéral   16/20
89: Süss, Marzipan. Vanillige Barrique. Bananenton im Gaumen, ausgeglichene Struktur.   17/20 trinken ab 1995

90: Ich habe oft den Eindruck, dass Bernadette Villars mit der Länge des Logements in der Barrique übertreibt. Nach der Mise wirkte er trockener als er für sein Potential sein sollte.   15/20
91: Konzentriert, pfeffrig, dicht. Schmeichelnd mit anhaltender, zunehmender Adstringenz, verbessert sich.
16/20 trinken ab 1995
91: Violettes Granat. Öffnend, Veilchen, Vanille, parfümiert. Elegante Struktur, leichte Geraniolnote, sehr ausgeglichen, aber mittelgewichtig.   16/20 1996 - 2005

1989 Haut-Bages-Libéral   17/20
90: Februar: Reife Bananen und Heidelbeeren. Pfeffrige Säure, fülliger Körper, fett, runde Tannine, im Finish Brotaroma.   17/20 trinken ab 1996
92: Arrivage: Granat, mittlere Dichte mit orangen Reflexen am Rand. Nase erst defensiv, dahinter süss, fast marmeladig. Im Gaumen elegant, mittlerer Tiefgang mit pfeffriger Note auf der Zunge, die eine gewisse Pelzigkeit verleiht.
16/20 1995 - 2004

1990 Haut-Bages-Libéral   17/20
91: April: Granat-Weinrot. Toast von der Barrique, süss, Brotkruste, schönes Spiel zwischen Merlot und Cabernet. Im Gaumen dicht, eng, Trüffel, frische Steinpilze und Bestätigung der Süsseindrücke, heisses Terroir, das sich im Wein wiederspiegelt, sehr ausgeglichen. Reicher Wein mit grossem Alterungspotential.   17/20 trinken ab 2000
92: Purpur-Granat. Tintige Nase, sehr terroirbetont, getrocknete Bananen. Kräftig und fein zugleich. Ein sensationeller Preis-Leistungs-Wein.   17/20 1998 - 2012

1991 Haut-Bages-Libéral   15/20
92: 2/3 einer Normalernte. Dichte Farbe mit violetten Reflexen. Beerige Fruchtnase, Kirschen, Waldhimbeeren, gebunden. Im Gaumen verführerische Rauchnote, gut stützende Tannine mit samtigem, saftigem Körperbau, ausgeglichen mit gesunden Proportionen, langes Finish.
15/20 1996 - 2006

1992 Haut-Bages-Libéral   15/20
93: Mittleres Rubin. Sehr saubere Frucht, Johannisbeeren. Im Gaumen etwas pelzig durch aufrauhende Barriquennote, leicht und elegant.   15/20 1996 - 2006

1993 Haut-Bages-Libéral   15/20
94: Mittleres Weinrot, aufhellend. Röstige, grillierte Nase, spontan ansprechend mit warmer, beeriger Frucht unterlegt. Im Gaumen saftig, charmant, angerundete Tannine, Black-Currant, im zweiten Zugriff werden die Gerbstoffe griffiger und zeigen ein gutes Potential zu einem Wein, der etwas mehr Tiefgang haben könnte.   15/20 1997 - 2006
94: Den Tanninen fehlt es an Reife und sie zeigen eine grünbittere Note, wie ich diese schon damals beim 87er gefunden hatte.   14/20 1997 - 2006

Pauillac

CHÂTEAU HAUT-BAGES-MONPELOU

**1986 Haut-Bages-Monpelou	13/20**
90: Ein Wein mit frischer Säure und kernigem Tannin, Lakritzenaroma, wird eher schnell reifen.
13/20 trinken ab 1993

**1988 Haut-Bages-Monpelou	15/20**
92: Violette Farbe. Tintige Nase wie ein Graves, vermischt mit Brombeeren, dahinter Wildgeschmack. Softer Gaumen, süffig.	*15/20 trinken - 2000*

**1989 Haut-Bages-Monpelou	13/20**
90: Tiefe Farbe. Waldhimbeeren, gut und fein strukturiert. Es bleibt mir jedoch ein unangenehmer Nachgeschmack auf der Zunge zurück.	*13/20 trinken ab 1994*

**1993 Haut-Bages-Monpelou	14/20**
94: Mittleres Rubin, aufhellend. Leicht staubige Nase, marmeladige Frucht. Schlanker Gaumen, reife Gerbstoffe, gastronomisch, früh trinkreif.	*14/20 1997 - 2005*

CHÂTEAU HAUT-BATAILLEY

Kein Wein für Fruchttrinker. Es lohnt sich jeweils, mindestens acht Jahre auf seine erste Genussphase zu warten, da er in seiner Jugendzeit von einem unfreundlichen, fassigen Ton begleitet wird.

**1962 Haut-Batailley	17/20**
90: Doppelmagnum: Frische, lebendige Farbe, fruchtige, sofort ansprechende Nase, Zedernholz, sauber. Eleganter, ausgeglichener Fluss mit feinem Finish. Keine Droge, dafür ein Mustermass an Eleganz und Trinkgenuss.
17/20 trinken, am liebsten mit mir!

**1970 Haut-Batailley	16/20**
89: Eine wunderschöne Magnum: Warum habe ich mich diesem Wein bis jetzt nie gewidmet? Rosenduft in der Nase und die Struktur eines klassischen Pauillacs im Gaumen, mittelgewichtig.	*16/20 trinken - 1998*
94: Auf Ducru-Beaucaillou mit Jean-Eugène Borie genossen: Reifende Farbe. Offenes, ledriges Bouquet, Korinthenton. Erdiger Gaumen, noch viel Tannine, ein Esswein.
16/20 austrinken

**1971 Haut-Batailley	13/20**
87: Noch fruchtig, angenehm, leichter Wein ohne Starallüren.	*13/20 austrinken*

**1975 Haut-Batailley	16/20**
94: Dumpfes, aufhellendes Purpur. Buttriges, süsses Schokobouquet, Kandis, schöne Würze. Teearomen im Gaumen, feinsandiger Gerbstofffluss, mittelgewichtiger Körper, pflaumiges Finish.	*16/20 trinken - 2005*

**1978 Haut-Batailley	16/20**
89: Reifende Farbe. Parfümierter, intensiver Blütenduft. Im Gaumen griffig und reif zugleich, wildes Heidelbeerenaroma, nachhaltiger Wein.	*16/20 trinken - 1995*
92: Mittleres Granat. Merlotlastige Nase, verdeckte, vegetale Spuren (grüne Peperoni), dahinter süsses, feines Parfüm. Im Gaumen Teenote, feine Adstringenz, elegant und rustikal zugleich. Entwickelt an der Luft einen Minze- und Melissenton.	*16/20 trinken - 1995*

**1979 Haut-Batailley	13/20**
88: Jugendliche Farbe mit wässrigem Rand. Ausladende Nase. Warmer Cabernet, darunter unsauberer Fasston (typische 79er-Krankheit).	*13/20 trinken*

**1981 Haut-Batailley	16/20**
93: Zeigt noch feine Reserven, mittleres Potential. Wenn man weiss, dass einige 81er Pauillacs nicht besonders stark sind, dann ist es ein sehr guter Wein. *16/20 trinken - 2000*

**1983 Haut-Batailley	13/20**
92: Mittleres Granat mit grossem Wasserrand, generell sehr helle Farbe für diesen Jahrgang. Kräftiges Nasenspiel, leicht ätherisch. Im Gaunmen erst aggressiv, dahinter aber bescheiden und recht dünn, wässriges Finish.
13/20 1995 - 2002

**1985 Haut-Batailley	17/20**
93: Borie-Weine sind erst in der zweiten Lebenshälfte gut. Und das ist dieser 85er Haut-Batailley genau nach acht Jahren geworden. Trüffeliger Terroirton, öffnet sich langsam aber bestimmt und zeigt eine lange Eleganz mit einer guten Portion Fleisch im Gaumen.	*17/20 trinken - 2000*

**1986 Haut-Batailley	16/20**
89: Geröstetes Gewürznelkenbouquet. Hat alle Anzeichen eines überdurchschnittlichen Weines. Erfordert Geduld und kann durchaus noch zulegen.	*16/20 1996 - 2006*

**1987 Haut-Batailley	13/20**
89: Tintiges Heidelbeerenbouquet, Lackton. Mittelgewichtiger Gaumen.	*13/20 trinken ab 1992*
90: An der Bordeaux-Arrivage degustiert. Langweilig, grünes Tannin.	*warten*
91: Während einer Vinum-Degustation öffneten wir drei Flaschen, bis wir einsahen, dass der Wein wirklich keinen Korkenton hatte. Keine Bewertung, warten bis dieser Ton weg ist!

**1988 Haut-Batailley	16/20**
91: Blind degustiert. Als erstes habe ich notiert: Zapfen - oder Haut-Batailley. Man muss eben wissen, wie man mit Bories „Kindern" umzugehen hat. Purpur-Violett. Unsaubere Fassnote, darunter Terroiranzeige. Viel Tannin und gut strukturiert, gewaltiges Extrakt, langes Leben, braucht aber auch viel Geduld.	*16/20 2000 - 2015*

1989 Haut-Batailley ??/20
90: Ein miserables Muster? Altfass, unsauber.
92: Was soll man mit einem jungen Haut-Batailley anfangen? Am besten gar nichts. Haut-Batailley ist einer der wenigen Weine, die man nicht über Jahre hinweg verfolgen sollte, sondern die Kisten in die hinterste Ecke legen und dann einfach für ein Jahrzehnt vergessen. Also so lange bis der altfassige Ton endlich weg ist. Purpur-Rubin, Wasserrand. Unausgeglichene Nase, dominiert von fauliger Altfassnote, Geraniol, Aldehyd. Im Gaumen pflanzliche Grundaromen, wenig Frucht. Vielleicht 13/20, vielleicht auch 17/20, warten wir's ab. trinken ab 2000

1990 Haut-Batailley 15/20
91: April: Leichtes Granat mit rubinen Reflexen. Schwere, fette Nase, konfitürig, gekochte Früchte, verdeckter Geschmack von überreifem Traubengut, wirkt alkoholisch und aufgedunsen, wenig Ausdruckskraft. Im Gaumen Teerwürze, üppig, das Fett überdeckt das markante, bourgeoise Tannin, kernige, unreife Eindrücke, braucht lange Reifezeit, sehr wahrscheinlich dereinst ein animalischer Wein mit Ledertönen. 15/20 trinken ab 2000

1992 Haut-Batailley 13/20
93: Mittleres Purpur. Vegetale Nase, wenig Frucht. Grobe Gerbstoffe, nicht ganz sauber, rauher Wein.
13/20 1997 - 2007

1993 Haut-Batailley 15/20
94: Mittleres Granat. Sehr stark terroirbetonte Nase, leichte Teernote. Mittelgewichtiger Gaumen, markante, leicht stielige Tannine, ein rustikaler, traditioneller Wein.
15/20 2000 - 2010

CHÂTEAU LAFITE-ROTHSCHILD

Wer das Château Lafite besuchen will, braucht viel Geduld. Man muss einen gesuchsähnlichen Brief verfassen und erhält dann, bei positiver Antwort, gedruckte Einladungskarten... aus Paris! Der Chai platzte 1987 aus allen Nähten. Selbst im Cuvier-Raum waren volle Fässer lagenweise gestapelt. 1988 sind die neuen Kellerräume hinter dem Château fertiggestellt worden.
Lafite hatte in den 70er Jahren Schwierigkeiten. Seit Christoph Salin die Direktion der Domaines Rothschild übernommen hat, erlebt Lafite eine Renaissance. Seit dem 86er werden wieder grosse Weine produziert. Der neue Qualitätsehrgeiz kommt nicht nur dem Lafite, sondern auch dem Duhart und dem Carruades zugute!

Wussten Sie, dass Lafite eine kleine Parzelle in St. Estèphe besitzt, die dem Grand Vin beigemischt werden darf? Mit dieser Situation ist er der einzige Wein im ganzen Bordelais, dem dieses Recht offiziell zugestanden wird.

Gabriel

In den 60er Jahren gab es einen „weissen Lafite", der aber nie in den Verkauf gelangte. Ich erhielt für die grosse Lafite-Probe in Klosters eine Flasche vom Jahrgang 1960. Die Qualität dieses Weines war so sensationell, dass ich ihn glatt auf das Niveau eines weissen Domaine de Chevalier stellen würde. Es gibt Pläne auf Lafite, wieder einmal einen offiziellen Weisswein auf den Markt zu bringen. Wenn dies wirklich der Fall wäre, dann hoffe ich, dass die Qualität etwas besser ist als der spekulativ schlechte und zu teure Aile d'Argent von Mouton-Rothschild.

1891 Lafite-Rothschild ??/20
92: Sehr helle Farbe: orange-braun. Defensives Bouquet mit feiner Süsse, die ein paar Sekunden anhält. Im Gaumen leichter Foxton, getrocknete Trauben, gezehrte Struktur und metallische Kapselnote. noch trinkbar

1893 Lafite-Rothschild 12/20
91: Eine Kressmann-Abfüllung: Granatfarbe, hell, brillant. Schwierige Nase geprägt von grünem Tabak und Brackwassergeschmack (Austern). Blechige Struktur mit erhaltender Säure, noch trinkbar. 12/20

1902 Lafite-Rothschild 14/20
92: Bei einem Dîner mit Eric de Rothschild und Ueli Prager auf Lafite: Mittlere Farbdichte mit orange-braunen Reflexen. Reife Nase, süss, Kandiszucker, Waldboden, Trüffel, dunkle Champignons, Herbsttrompeten. Die Süsse überwiegt jedoch im ersten Moment die pilzigen Aromen. Im Gaumen füllig, burgundisch, ohne weitere Reserven, wiederum waldig in der Würze, im Finish leicht gezehrt mit metallischer Note. Ältere Weine sind oft nur noch durch metallische Säure erhalten. Bei diesem Lafite ist ein gesundes Fett der Konservator. Eric de Rohtschild machte sich über den Wein lustig, indem er ihn mit einer Grossmutter im Bikini verglich. 14/20 austrinken

1910 Lafite-Rothschild 13/20
91: Bei einem Nachtessen mit Christoph Salin auf Château Lafite kredenzt bekommen! Eine grosse Ehre, nur schon am Tisch sitzen zu dürfen. Es war zugleich auch mein erster Wein dieses Jahrganges überhaupt. Ich hatte mich eigentlich auf einen untrinkbaren, sauren Wein eingestellt. Leichte Farbe, offene Nase mit Frucht- und Gewürzspiel. Mittlerer Gaumen mit Länge, aber wenig Fleisch. Es handelte sich um eine Flasche, die das Château nie verlassen hatte. 13/20 austrinken

1920 Lafite-Rothschild 15/20
90: Extrem helle Farbe (Himbeerensirup). In der Nase Mandelröstton und Hagebuttentee. Im Gaumen Erdbeeren-, Rhabarbermarmelade, Syrah-Eindrücke, Nussbaumaromen in der Holzpräsentation, durch Säure erhalten.
15/20 trinken

1924 Lafite-Rothschild 16/20
90: Helle Farbe mit kastanienbraunen Reflexen. Burgunder-Nase, darunter Foxton, abgehangenes Wild. Im Gau-

Pauillac

men rustikal und eher kurz, Nussfett-Oxydation, süss mit Konfitüren-Unteraromen. Bringt im Gaumen bedeutend mehr als in der Nase. 16/20 austrinken

1926 Lafite-Rothschild **12/20**
94: Hell mit bräunlichem Rand. Essiglastige Nase, altes Leder. Im Gaumen Todessäure, dünn, Essignoten im Finish. Vielleicht gibt es davon noch bessere Flaschen. Diese hier 12/20 vorbei

1928 Lafite-Rothschild **19/20**
89: Man hört in der Presse eher Schlechtes über diesen Wein. Trotzdem - Papier nimmt eben alles an. Reifes Granat. Süss-saures Saueramperbouquet. Im Gaumen pfeffrig, Kastanienaromen mit Finessen bestückt, hohe seitliche Tanninprägung. 17/20 trinken
91: Eine sensationelle Flasche! Leuchtendes Orangerot. Nase erst staubig, darunter fast frischer Eichengeschmack, Kandissüsse, ausladend mit vielfältigem Parfüm und Kräuterspiel. Im Gaumen jung und kräftig, fast ohne Altersanzeige. 19/20 trinken
94: Brillante Farbe, jugendlich, tief. Sehr würzige Nase, süss, Portwein, Malaga, Kandis, rotbeerig. Im Gaumen präsentes Tannin mit feiner Stielwürznote, darüber gut verteilter Schmelz, sehr ausgeglichen. Ein grosser Lafite. 19/20 trinken
94: Eine etwas weniger ausdrucksvolle Flasche während der Lafite-Probe. 18/20 austrinken

1929 Lafite-Rothschild **17/20**
94: Mittleres, etwas mattes Granat mit Reifereflexen. Volles Schoko-, Malzbouquet, laktisch, pflaumig, nach 10 Minuten gedörrte Aprikosen im Bouquet. Cremiger, gebundener Gaumen, Kaffeelikörnote, fast öliger Fluss, rauchiges Finish, zeigt auch im Abgang pflaumige Süsse.
17/20 austrinken

1934 Lafite-Rothschild **12/20**
94: Aufhellendes Granat-Ziegelrot. Oxydatives Bouquet, Kartonnote, staubig, darunter leicht faulig. Spitzer Säureauftritt, leichter Foxton, noch knapp trinkbar. Gerstl trank schon halbe Flaschen, die bedeutend besser waren.
12/20 vorbei

1937 Lafite-Rothschild **15/20**
91: Magnum: Superbe Farbe, dicht mit leicht aufhellendem Rand. Kaffee- und Teearomen in der Nase, recht animalisch. Im Gaumen cereal (gedarrte Gerste). Weicher, veloutierender Körperbau, wirkt jedoch in seiner Konsistenz etwas verwässert. 15/20 trinken
93: Eine Magum mit schlechtem Füllniveau: Total oxydiert!

1945 Lafite-Rothschild **16/20**
91: Recht entwickelte Farbe mit braunem Rand. Offene, oxydative Nase. Papier - und Küchenkräutergeschmack (Thymian, Rosmarin). Im Gaumen wirkt er jünger und attraktiver, Bakelit und Hagebuttenton, noch Tanninresten, die Extrakt anzeigen, im Finish Metalltöne, Schokoladen-

papier. Ich hoffe, dass es davon noch bessere Flaschen gibt. 16/20 austrinken
93: Aufhellendes Ziegelrot mit wenig Tiefe. Korinthen- und Jodnote, Leder, Oregano, schleichende Oxydation, auch Spuren von flüchtiger Säure. Trockener Restgerbstoff, trinkt sich zwar noch recht gut, hat aber gegen andere 45er Premiers keine Chance. 16/20 vorbei
94: Aufhellendes Ziegelrot, leicht. Zartes Kräuterbouquet, einem Barolo „Cerequio" ähnlich, fein, filigran, etwas Volatile. Schlanker Gaumen, drahtig, fehlt an Fett, und deshalb beginnt die Säure den zarten Körper zu dominieren, kurzes Finish. Nase 17/20, Gaumen 15/20 vorbei

1947 Lafite-Rothschild **18/20**
91: Magnum: Oranges Granat. Süsse, klassische Lafite-Nase, Kandissüsse, sehr ausladend. Im Gaumen Rauch und Edelhölzer, lang und süffig, grossartiger Wein.
18/20 trinken
94: Eine absolut miese Flasche während der Lafite-Probe.

1949 Lafite-Rothschild **15/20**
89: Aufhellende Farbe mit orange-braunem Rand. Trüffel-Unterholznase, verdeckte Süsse, Kakaoton. Im Gaumen erhaltende Säurereste mit Bestätigung von Süsse, weicher Körper, Schmelz im Abgang, fragil und oxydationsgefährdet, ledrig. 15/20 austrinken
94: Recht helle Farbe. Reifes, fragiles Bouquet, etwas oxydativ, italienische Süsse und Noten von einem Sherry Amontillado. Im Gaumen eher ins madeirahafte drehend, Kaffeenote, schlanker Körper. Trinken, ohne lange zu dekantieren. 16/20 vorbei

1950 Lafite-Rothschild **12/20**
94: Braune Farbe. Oxydativer Ranchioton in der Nase. Weiche Säure, noch knapp trinkbar, jedoch schon lange über dem Zenit, zumindest diese Flasche, deren Füllniveau sich bei der mittleren Schulter bewegte. 12/20 vorbei

1952 Lafite-Rothschild **16/20**
94: Reifendes Granat. Süsses, fast opulentes Bouquet, feiner Schieferton zu Beginn, buttrig, erinnert an den 70er Tondonia. Cremiger, homogener Körperfluss, ein Hauch Minze, im Finish Mandelsüsse und wiederum an Rioja erinnerndes Finale. 16/20 austrinken

1953 Lafite-Rothschild **20/20**
91: Magnum: Brillante, mitteltiefe Farbe. Offene, füllige, burgundische Nase, zart und ausladend mit Merlot-Präsenz, süss, gebrannte Mandeln. Im Gaumen ein Lafite par excellence, Ausgeglichenheit auf höchstem Niveau, ohne mastig und überladen zu wirken. Ich habe mindestens einen halben Liter selbst getrunken. 20/20 trinken - 2010
92: Normalflasche: Dunkles Granat mit leicht aufhellendem, orangem Rand. Volle Trüffel und beerige, süsse Nase. Entwickelt sich langsam und wird innert 20 Minuten zur absoluten Burgunder-Bombe, eine unendliche Vielfalt von allem, was für einen Weltwein an Duftkomponenten möglich ist. Im Gaumen füllig, grosse Eleganz. Der beste Bur-

gunder, der je in Bordeaux produziert worden ist.

20/20 trinken - 2005

93: Magnum: Die Enttäuschung war gross, denn die Magnum hatte trotz Riesenpotential einen Hauch Korken. Schade!

94: Eine wunderschöne Magnum an der Lafite-Probe die zwischen 19/20 und 20/20 bewertet wurde.

1954 Lafite-Rothschild   **12/20**

94: Dieser Wein rettete sich mit einem leichten Korken in der Nase. Im Gaumen waren aber noch so viel Metall und grüne Peperoni festzustellen, dass er mit der abgegebenen Wertung sicherlich zufrieden sein muss. 12/20 vorbei

1955 Lafite-Rothschild   **18/20**

93: Orange, hell. Defensive Süsse. Dezent auch im Gaumen mit feinem Schmelz, im Finish Kakao, sehr lang. Ein kleiner 53er! Nach 30 Minuten roch er nach Cabernet Franc und glich einem Cheval-Blanc. 18/20 trinken - 2000

94: Ein phantastischer Wein wie viele andere Pauillacs in diesem Jahr. Minzige Nase und eher rotbeeriger Körper. Im Gaumen Preiselbeerenfinish. 18/20 trinken - 2000

1957 Lafite-Rothschild   **15/20**

91: Recht helle Farbe, leuchtend. Würzige Nase mit Waldbeerenaroma. Wirkt im Gaumen vordergründig, etwas mager, aber doch mit gewissem Charme ausgestattet.

15/20 austrinken

94: Helle Farbe. Leichter Pilzton in der Nase. Etwas drahtig im Gaumen, jedoch noch etwas mit Fett umhüllt.

15/20 austrinken

1959 Lafite-Rothschild   **20/20**

87: Obere Schulter. Eine oxydierte Flasche.

Keine Bewertung!

90: An einer legendären 59er-Degustation mit vierzig (!) anderen grossen Crus getrunken. Reife Farbe, in der Mitte tief, feiner Wasserrand. Nur langsam öffnendes Bouquet. Distinguiert, vielschichtig, klassische, reiche Pauillac-Nase. Bemerkenswerte Struktur mit viel Fleisch und feinen, reifen Tanninen, wirkt noch jugendlich.

20/20 trinken - 2000

91: Wiederum an einer Lafite-Degustation verkostet. Von den grössten zehn Lafite-Jahrgängen die beste Flasche!

20/20

91: An einer Probe mit verschiedenen 59ern und 61ern. Eine nicht ganz perfekte Flasche. Der Merlot ist voll geöffnet und zeigt sich fast in Pétrus- sowie in Form von Kokos und Ingwer.

92: Ich habe mich geärgert. Nicht über den Wein - sondern über die Leute, die um diesen Wein herumsassen. Da gibt es doch tatsächlich „Weinfreunde", die neben einem Glas 59er Lafite noch die Zeit finden, von ihren Alltagssorgen zu berichten. Während ich die rund zwanzig vorangegangenen Weine Wort für Wort beschrieben hatte, liess mich alleine der himmlische Duft dieses einzigartigen Weines verstummen. Vom ersten bis zum letzten Schluck verschlug es mir die Sprache. Die Stimmen der Tischnachbarn wirkten weit entfernt und erst die traurige Feststellung, dass mein Glas leer ist, liess mich wieder in die Gegenwart zurückkehren. Als ich „erwachte" und auf meine Notizen schaute, war ausser dem Titel: „Lafite 1959" kein weiteres Wort zu erblicken. Nur eine einzige grosse Zahl hatte ich während wohl 5 Minuten hingeschrieben und gleichzeitig umkreist. Es war die Zahl 20 !!!

92: Einige Male aus 3/8 Flaschen getrunken, die ich in Paris ersteigern liess. Die halben Flaschen zeigen in etwa wie weit die Normalflaschen ums Jahr 2000 herum sein werden. Selbst in der halben Flasche braucht dieser Wein eine Belüftungszeit von rund 20 Minuten. Eine Flasche trank ich mit Max Gerstl als Nachfolge zum 59er Mouton. Mouton ist opulenter in der Nase. Lafite hat aber noch mehr Finessen und einen extremen, unendlichen Abgang.

92: Eine halbe Flasche aus einem anderen Keller mit schlechtem Füllniveau, die oxydiert war.

93: Die Magnum an der Engelhardt-Probe in Baden-Baden habe ich glatt mit einem Mouton-Rothschild verwechselt. Der Grund dafür ist einfach; weil diese mit jener fülligen Cassis- und Butternote sehr zugänglich war, was man eben im Moment bei den 59er Moutons antrifft.

20/20 trinken - 2020

94: Eine Normalflasche. 20/20 trinken, trinken, trinken...

1960 Lafite-Rothschild   **15/20**

94: Jéroboam: Helles, wässriges Granat. Offen, leicht moosiges Bouquet, dann süsser werdend, Erdbeerenmarmelade. Im Gaumen schlank, aber von festem Extrakt begleitet, Butternote im Fett und ein verführerisches Schoko-Pralinenfinish. 15/20 austrinken

1961 Lafite-Rothschild   **19/20**

88: Die älteste Fassprobe meines Lebens. Lafite 1961 ist 1988 noch so verschlossen, dass man fast ein schlechtes Gewissen kriegen kann, wenn man jetzt eine Flasche öffnet. Nase defensiv, aber versprechend. Im Gaumen sehr viel Tannin. 18/20 1995 - 2010

89: Eine ähnliche Flasche an einer Raritätendegustation verkostet. Etwas reifer!

90: Aus einer halben Flasche: Macht Fortschritte, wirkt jedoch als Lafite atypisch - sogar männlich.

92: Hannes Scherrer-Probe: In der Blinddegustation hinter Latour, jedoch vor Mouton. Mittlere Farbe, Wasserrand. Öffnende Nase mit vielschichtigem Parfümspiel, weist aber noch Reserven auf. Im Gaumen fein, dicht mit markanter, konzentrierter Struktur, traubig, waldig, süsses Finish. 18/20 trinken - 2010

94: Magnum: Tiefe Farbe, fast schwarze Reflexe. Minzige Nase, zwar etwas schlank, aber eher noch zurückhaltend, mit unglaublicher Tiefe, Cassis- und Havannanote, in der Süsse Kandizucker. Im Gaumen noch stark adstringierend, zeigt noch immer gewaltiges, ausbauendes Potential. Er dürfte den 53er, der in der gleichen Serie ebenfalls in der Magnum eingeschenkt wurde, in fünf Jahren egalisieren, vielleicht gar einmal übertreffen.

19/20 trinken - 2025

Pauillac

1962 Lafite-Rothschild   **17/20**
86: Oxydierte Flasche aus einem guten Keller mit hohem Niveau und perfektem Korken?
88: Dunkles Kirschrot, aufhellend. Delikate, dezent ausladende Nase. Leichter Zimtton, sehr ausgeglichen und fein. 17/20 trinken
92: Diner auf Lafite: Reife Farbe, aufhellend mit orangen Reflexen, feiner Wasserrand. Zartes, parfümiertes Bouquet dominiert von Korinthen, Leder, Schokolade, Zimt und Minze. Voller Gaumen, pfeffrig, leichter Kapselton, elegante, reife Tannine, sehr lang mit viel Finessen, Terroirton, gewaltiger Druck im Finish.   17/20 austrinken
94: Einige Flaschen, die sehr reif waren.   austrinken
94: Reifende Farbe, aufhellend. Offenes Bouquet, fermentierter Tee, vielschichtig. Im Gaumen Hagebuttengelee, sehr saftig, mittlerer Körper, leicht drahtig in der Adstringenz, Schokofinish.   17/20 austrinken
94: Eine sehr enttäuschende Flasche an der Lafite-Probe.   Keine Bewertung!

1963 Lafite-Rothschild   **14/20**
94: Jéroboam: Aufhellendes Granat, ziegelrote Reflexe, Wasserrand. Pferdige Nase, mit defensiver Süsse, Leder-, Heu-, und Tornisternote, Kampferspuren. Am Anfang eine etwas pikante Säure, die sich aber immer mehr mit dem fragilen Körper verband. Die Normalflaschen dürften über dem Zenit sein. Diese Jéroboam: 14/20 austrinken

1964 Lafite-Rothschild   **16/20**
91: Helles Granat mit orangen Reflexen, brillant leuchtend. Langsam aufsteigende Süsse, Papieraromen, Karton, mehr und mehr in Minze drehend. Harte Säure, im Gaumen blechig, mangelt an allem, was ein Premier Cru haben sollte, bitterlastig, kurz und hart.   14/20 austrinken
93: Magnum. So schlecht man über diesen Wein spricht, so positiv überrascht bin ich über diese Magnum. Sehr helle Farbe. Rotbeeriges Bouquet mit einer Spur Eucalyptus und Himbeeren. Sehr elegant im Gaumen, eine defensive Süsse begleitet den Wein bis hin zum Finale, im Rückaroma Pralinen. Diese Magnum: 17/20 trinken - 2003
94: Wieder eine wunderschöne, extrem junge Magnum. Man darf vermuten, dass damals in die Grossflaschen die besseren Qualitäten als in die Normalflaschen abgefüllt wurden.   17/20 trinken - 2003

1965 Lafite-Rothschild   **11/20**
85: Braune Farbe. Pflaumig-fauliges Bouquet. Säuerlicher Gaumen.   11/20 vorbei

1966 Lafite-Rothschild   **15/20**
90: Helles Granat. Offene, feine Nase, jedoch sehr dezent, nasse Wolle, Kartongoût. Ein magerer, dünner Wein.   15/20 trinken
94: Eine leicht korkige Flasche. Das Potential reicht aber im Maximum für   15/20 austrinken

1967 Lafite-Rothschild   **13/20**
86: Überreife Farbe. Unbeeindruckende Nase. Im Gaumen dünner, zerbrechlicher Körper.   13/20 austrinken
91: Sehr helle Farbe, ziegelrote Reflexe und grosser Wasserrand. Zu Beginn 10 Minuten lang flüchtige Säure, verblasste Frucht. Trockener Gaumenbeginn, gezehrte Struktur, wenigstens im Finish zeigen sich noch Spurenelemente der angestammten Lafite-Süsse.   13/20 vorbei
92: Hannes Scherrer-Probe: 13/20 unbedingt austrinken

1969 Lafite-Rothschild   **11/20**
86: Kurzer, im Wesen aber recht guter Wein. 11/20 trinken
94: Reifende Farbe. Metallische Nase, noch ein Hauch Schokolade, dahinter faulig. Im Gaumen hört er schon auf, bevor er überhaupt begonnen hat.   11/20 vorbei

1970 Lafite-Rothschild   **14/20**
87: Helles Granatrot. Diskrete, öffnende Nase, gewürzt. Im Gaumen verlockendes Parfümspiel, gefährliche Balance, Struktureinbrüche, gemüseartige Aromen (Pilz, grüne Peperoni), leichter Körper, jedoch recht langes Finish. Es gibt billigere und bessere 70er.   14/20 trinken
90: Wirkt jetzt zu allem Negativen auch noch unsauber.
91: Auf dem Château getrunken. Eine Flasche, die lange vorher dekantiert wurde. Recht gut.   15/20 trinken
92: In Wien an einer 70er Probe: Hellorange Farbe. Unsaubere Note, modrig und Anzeichen von flüchtiger Säure. Jetzt ist mir auch definitiv klar geworden, weshalb man uns den Wein 1991 auf dem Château so lange vorher dekantiert hatte. Die Zeit heilt alle Wunden...
94: Pinot-Malznote mit metallischem Einschlag. Im Gaumen leicht, Kaffeefilter-, Kartonton, stielige Säure. Ein Wein für einen alkoholfreien Tag.   14/20 trinken - 2005
94: An der Lafite-Probe sowie drei Tage davor degustiert. Ein fauliger, fassiger Wein, der es nie schaffen wird, seine Säure mit dem Weinfett zu verbinden. 13/20 trinken - 2005

1971 Lafite-Rothschild   **15/20**
86: Abfallende Farbe. Offen, fehlt an Konzentration. Schlecht proportioniert, Strukturfehler.   15/20 trinken
94: Innerhalb einer Woche zweimal getrunken. Einmal bei einem Nachtessen auf Doisy-Védrines und dann wieder bei der Lafite-Probe. Der 71er ist zugegebenermassen bedeutend besser als der 70er. Merlotgeprägte Nase von carameliger Süsse. Weniger erfreulich ist der Gaumen, denn die Säure tritt zu spitz auf und wirkt unisono über die ganze Zunge hinweg, erst gegen das Finale stellt sich eine ganz kleine, winzige Harmonie ein. Das ganze ist als eine Art „sweet & sour"-Erlebnis zu deklarieren. Max Gerstl schwärmt von diesem Wein und dekantiert ihn jeweils zwei Stunden zuvor. Soll er doch.   15/20 trinken - 2004

1972 Lafite-Rothschild   **11/20**
86: Nur einmal an einer Auktion degustiert. Kleiner Körper, der von einer dominierenden Säure überdeckt wird.   11/20 trinken
94: Wer grüne Peperoni mag, sollte diese im Gemüseladen kaufen. Im Lafite 1972 sind sie zwar ebenfalls vorhanden, aber zu einem bedeutend höheren Preis. Die Säure des Weines wirkt Guinessbuch-verdächtig und der Körper ist platt wie eine Flunder.   11/20 vorbei

1973 Lafite-Rothschild   17/20
Mein erstes Lafite-Erlebnis. Nachher wieder mehrere Male getrunken.
87: Hellfarbig mit braunen Reflexen. Schwache, aber feine Nase. Eleganter Gaumen, gebranntes Mandelaroma.
15/20 trinken
91: Eine sehr gute Flasche. Leichte Farbe. In der Nase typisches Lafite-Süssbouquet. Fein und sehr elegant.
16/20 trinken
93: Es ist zwar einer der leichtesten Lafite-Jahrgänge, aber macht bedeutend mehr Spass als die viel teureren 70er und 75er. Ein Burgunder! 16/20 austrinken
94: Leider ist es so, dass er jetzt sehr reif ist und seine Genussphase langsam aber sicher verlässt.
15/20 austrinken

1974 Lafite-Rothschild   11/20
92: Reife Farbe. Drahtiger Körper mit unpassender Bitterkeit. 11/20 austrinken
94: Reife Farbe. Unappetitliche Nase, Brackwasserton, jodig. Im Gaumen extrem metallisch und kurz. Kurioserweise habe ich hier ein Aroma wieder entdeckt, dass ich bereits im Duhart 1974 gefunden hatte - es war Schuhwichse. 11/20 vorbei

1975 Lafite-Rothschild   15/20
91: Mittleres Granat mit Wasseranzeige. Waldhimbeerennase mit Konfitürenanflug, leicht süss, vollentwickelt mit Tertiäranzeigen. Feiner, eleganter Körper, leicht parfümiert, die Säure wirkt leider etwas spitz und fliesst in die verbleibende Adstringenz ein. Wirkt insgesamt unausgeglichen.
15/20 trinken
92: Terroirnase mit leichtem Faulton. Im Gaumen kapselige Säure, krautig, fehlt an Komplexität, disharmonisch ohne weitere Zukunft. 15/20 trinken
94: Überraschte an der Lafite-Probe. Helles Granat. Süsse, marmeladige Nase, Erdbeeren, Pinot, buttrig. Im Gaumen mittelmässig konzentriert, die Gerbstoffe wirken recht trokken, deshalb ist er im Fluss etwas ledrig. 15/20 austrinken

1976 Lafite-Rothschild   16/20
90: Wohl der beste 76er zusammen mit Montrose im Médoc! Verschwenderisches Bouquet, breit. Im Gaumen kräftig mit Biss, körperreich, weinig, herrliches Parfümspiel.
18/20 trinken - 2000
91: Ich bekam Angst, als ich einmal eine etwas fortgeschrittene Flasche getrunken hatte und verkaufte alle meine restlichen Flaschen an einer Auktion. Zu meinem Leid musste ich aber ein halbes Jahr später feststellen, dass sich dieser Wein immer noch weiter und sogar positiv entwickelt. 18/20 trinken - 1997
92: Kennen Sie selbst auch das Gefühl von Weinen hin und her gerissen zu werden? Jetzt finde ich, dass man den 76er Lafite nun doch langsam, aber ganz sicher austrinken sollte. Es gibt also heute, 1992, fast keinen 76er mehr, der sich weiter positiv entwickeln könnte. Es war ein heisses Jahr wie damals 1947. Nur hatten die 76er zu viele trockene Tannine, um jene Portwein-Süsse zu erreichen, die Garantie für ein langes Leben abgeben würde. Deshalb fand ich wohl hier einen Madeira-Ton mit Anflügen von tertiären Küchenkräutern. Nach einer Stunde fing er an zu zehren und auszutrocknen. 16/20 austrinken
92: Blind bei Peter Krummenacher degustiert. Sehr reif, aber auch sehr schön zu trinken. 17/20 trinken
94: Eine Flasche, die genau mit den gleichen Eindrücken wie 1992 auftrat. Nach 20 Minuten stellten sich Madeira-Töne in der Nase sowie Maggi- und Soyatöne im Gaumen ein. Das Bouquet ist mit 17/20 zu bewerten, der Gaumen gibt in dieser Form nur 15/20 her. 16/20 austrinken

1977 Lafite-Rothschild   14/20
94: Reife Farbe mit ziegelroten Reflexen. Offenes Geraniolbouquet, grüne Kräuter, friaulische Cabernet-Aromen, sehr würzig. Im Gaumen drahtiger Körper, recht schlank und viele grüne Eindrücke.
Nase 16/20, Gaumen 14/20, austrinken

1978 Lafite-Rothschild   17/20
88: Granat mit erster Reife. Würzig, süsse Nase mit vielschichtigem Parfümspiel. Im Gaumen Kandis, enge, feingliedrige, jedoch etwas trockene Strukturen, braucht noch ein wenig Zeit. 17/20 bald
91: Magnum: Langsam reifend. Etwas trocken und nicht so finessenreich, wie man es von einem Lafite gewohnt ist. 16/20 bald - 2000
92: Eine sehr reife Flasche: Kräuternoten, Nelken, kalter Minzentee, Coulure (schwarz gebrannter Zucker). Trokkene, leicht gezehrte Struktur. 16/20 trinken - 1997
93: Doppelmagnum: Ich hielt ihn für einen 78er La Mission und gab ihm 18 Punkte. In der Nase schöne Süsse, Kandiszucker. Im Gaumen gesunde, körperbildende Struktur durch Cabernet-Präsenz. 18/20 trinken - 2003
94: Reifendes Bordeauxrot. Sehr aromatisches Havannabouquet. Im Gaumen schöne Reserven anzeigend, Wildfleischaromen im Finish. 17/20 trinken - 2000

1979 Lafite-Rothschild   18/20
88: Obwohl dieser Jahrgang noch verschlossen wirkt, zeigt er doch, was für ein erstaunliches Potential er hat. Ein wahrlich burgundischer Wein. Kompakt, rund, energiebeladen mit femininer Fülle. 18/20 1991 - 2000
90: Immer noch erstaunliche Tanninresten zum Verarbeiten. Leder und Terroirnote.
91: Die Prognose, dass man den 79er Lafite ab 1991 trinken könnte, bewahrheitete sich nicht - zum Glück. Im Mai öffnete ich eine Flasche aus Neugier. Ich war sehr erstaunt, denn er hatte an Potential noch kräftig zugelegt. Wirkt noch dichter und kompakter. 19/20 1994 - 2005
92: Eine viel zu warm gelagerte Flasche in einem nicht genannten Restaurant: Oxydative Nase, gebrannt. Im Gaumen viel Tannin, dass aber sehr trocken wirkt und in der Struktur leichte Zehrung zeigt. Ich hoffe, dass es eine Ausnahme war. Keine Bewertung!
92: Wiederum eine gezehrte Flasche. Bordeauxrot, mittlere Tiefe. Heidelbeeren, Cassis, Rauch, Zimt und animalische Gewürznoten. Im Gaumen fleischig, unter dem Schmelz

Pauillac

rustikaler Schimmer, kräftige Struktur. 17/20 trinken - 2003
93: Jéroboam: Die schönste Farbe von acht nebeneinander servierten Grossflaschen des Jahrganges 1979. Sattes Purpur. In der Nase Schokolade, Orangeat, Minze und ein Hauch getrocknete Küchenkräuter. Kräftiges Extrakt, konzentriert mit Süsse darin, noch jung mit feinem Kapselton. Jéroboam: 19/20 trinken ab 1997
94: Reifende Farbe mit leicht bräunlichen Spuren. Heunase, Korinthen, feiner Jodton, Schokolade, überreifes Lesegut. Im Gaumen herrscht eine Disharmonie, weil sich das Fett nicht mit den Tanninen verbindet, und sich deshalb diese beiden Komponenten in zwei Lager spalten, wirkt etwas faisandiert im Finish, schwierige Zukunft.
16/20 austrinken

1980 Lafite-Rothschild   15/20
88: Woher nimmt dieser Lafite sein Fett? Fehlt jedoch an Fleisch im Gaumen, Süssholznote. 14/20 trinken
90: Jetzt auf dem Höhepunkt. Ein Cheminée-, oder auch Aquariumwein. Man kann genüsslich eine Flasche ganz alleine trinken. 15/20 trinken
93: Hält sich noch immer erstaunlich gut. Zwar leicht, aber voll süssem Caramel mit einem an Rioja erinnernden Finish. 15/20 austrinken
94: Noch immer schön zu trinken. 15/20 austrinken

1981 Lafite-Rothschild   18/20
87: Typisches Beispiel, dass Lafite in der Jugend schwer anzugehen ist. Es ist zwar ohne Mühe klar ersichtlich, dass dieser Wein grosse Klasse besitzt, gleichzeitig aber fast unmöglich unter der Oberfläche anzugehen ist.
16/20 trinken ab 1993
90: Erste Reife in der Farbe. Wird komplexer, mit feiner Fülle. Im Gaumen lang und ausgeglichen, recht viel Extrakt, noch adstringierend. 17/20 trinken ab 1993
91: Während einer 81er Premier Grand Cru-Degustation im Cellier Basel degustiert. Der feinste und vielschichtigste Wein dieses Jahrganges mit einer fast unendlichen Vielschichtigkeit. 18/20 trinken ab 1995
92: Eine schwierige Flasche, die nach Heu roch, aber keinen Korkengeschmack hatte. Wir waren so enttäuscht, dass wir ihn nicht austranken und uns anderen Weinen zuwendeten. ??
94: Jetzt fängt der 81er Lafite an interessant zu werden. Süsse Korinthennase. Im Gaumen das typische Lafite-Parfüm. Mit dem Margaux und dem Gruaud-Larose gehört er zu den interessantesten 81ern. 18/20 trinken - 2010

1982 Lafite-Rothschild   19/20
88: Dunkles Weinrot mit schwarzen Reflexen. Mittlere Farbdichte. Verschlossene Nase mit verdeckter Süsse. Im Gaumen extraktreich, trocken und ebenfalls verschlossen, zungenbeschlagendes Tannin. In seiner Gesamtqualität ist Lafite nicht so erschlagend wie andere Pauillacs.
18/20 trinken ab 1996
90: Kurz nach dem 82er Duhart getrunken. Sicherlich nicht mit den besten 82ern mithaltend.
92: Aufhellendes Granat mit viel Tiefe. Ausladend, aber in sich verschlossen, defensive Süsse, Dörrfrüchte, Malaga, Vanille. Im Gaumen süsse Tannine, an einen Sangiovese erinnernd, noch Barriquenspuren, enggegliedert mit sehr guten Reserven. 18/20 1994 - 2010
93: Irgendwann wird sich dieser Wein an mir und meinen „Lafite-Unkenntnissen" rächen. Blind eingeschenkt bei Walter Kaufmann, sofort als grossen 82er erkannt - aber als welchen?
Sehr wahrscheinlich hatte er gar nie eine Fruchtphase. Heute noch komplett verschlossen. Nach einer Stunde ist eine feine, pflaumige Süsse zu erkennen, dann folgen Dörrfrüchte und ein Hauch Zimt, dies alles aber nur in Spurenelementen von der Spitze des Eisberges aus zu erkennen. Der Gaumen ist kompakt, undurchdringlich mit Massen von Gerbstoffen. Er wird sich dann öffnen, wenn andere ausgetrunken sein sollten. 19/20 2000 - 2025
93: Zusammen mit Mouton, Pichon-Lalande, Las-Cases, Pétrus und Cheval degustiert. Die Nase wirkt trotz Verschlossenheit süss, rotbeerig, mit einem Hauch Zimt und Thymian. 19/20 2000 - 2025
94: Ein überwältigender Wein in einer Lafite-Vertikale. Er zeigt immer mehr, dass er seine 19/20 wirklich wert ist.
warten

1983 Lafite-Rothschild   18/20
90: Verschlossen und trocken, scheint irgendwie verdünnt zu sein, starker Goût rôti und Charcuteriegeschmack.
16/20 trinken ab 1993
91: Es handelte sich offensichtlich um eine zu warm gelagerte Flasche. Während mehreren Gelegenheiten degustiert und wesentlich besser und konzentrierter empfunden. Ein Wein, der trotz leicht oxydativem Bouquet noch viele Jahre reifen kann - dank seinen grosszügigen Tanninen. 17/20 1994 - 2008
94: Konzentriertes Bouquet, Minze, Schokonote. Im Gaumen eine gewisse Malaga-Süsse, die Gerbstoffe wirken recht saftig, obwohl diese in grosszügigem, gesunden Masse vorhanden sind. Er legt jetzt noch einen Punkt zu.
18/20 trinken - 2005

1984 Lafite-Rothschild   15/20
89: Helles Rubin-Granat. Leichte, süsse Nase, Bleistiftholz. Zierliche Strukturen, etwas lose, Graphit-Unterton.
14/20 trinken ab 1991
91: Tannine wie ein 83er. Macht sich, wird aber recht lange halten. 14/20 trinken - 1998
92: Havannanote mit kaltem Rauch vermischt, gebrannter, schwarzer Zucker in der Nase. Baut im Gaumen noch immer aus. 14/20 trinken - 2000
94: Intensives, leicht grünliches Cabernet-Bouquet. Im Gaumen erinnert er an einen Sammarco oder einen anderen Toskaner. 15/20 trinken - 2000

1985 Lafite-Rothschild   18/20
Die ausdruckloseste Fassprobe meines Lebens. Die Farbe konnte ich unmöglich bewerten, da im Keller nur silhouettenähnliches Licht vorhanden war. Im Glas wurde uns aus einem einjährigen Fass ein stummer, dumpfer Wein gereicht. Keine Bewertung!

88: Arrivage: Nase verschlossen. Im Gaumen angetönte Süsse, dichte Struktur, exotisches Holz, sehr gutes Potential, braucht viel Zeit. 18/20 trinken ab 1997
94: Noch immer jugendliche Farbe. In der Nase könnte man glatt aufgrund des aromatischen Zedernaromas auf einen St. Julien tippen. Gute Konzentration im Gaumen, fleischig und doch sanft in der Adstringenz, schwarze Beeren, im Finish mittlerer Druck. 18/20 1996 - 2010

1986 Lafite-Rothschild 19/20
89: Arrivage: Tiefe Farbdichte mit feinem Wasserrand. Sensationelle, dichte Nase, reich, vielschichtig. Korinthen-Portwein-Konzentrat. Köstliches Extrakt, ein feiner Wein mit Wucht und einem Riesenpotential.
19/20 trinken ab 2000
92: Violett-Schwarz, satt. Cassis, Brombeeren, saubere, direkte Frucht, leichte Süssaromen durch Rosinenton. Im Gaumen aussen fett, Fülle anzeigend, darunter dichte Gerbstoffbeschichtung für einen jahrzehntelangen Ausbau, wachsig, guter Biss. Im Finish feines Wacholderaroma, grosser, langlebiger Wein. Hat Chancen, in die Fussstapfen des legendären 59ers zu treten. 19/20 2000 - 2025
94: Ein sanftes Monument. Komprimierte Gerbstoffe, vielleicht auch etwas schwer verständlich. Seine wahre Grösse wird er erst ab dem nächsten Jahrtausend zeigen.
19/20 2000 - 2030

1987 Lafite-Rothschild 16/20
90: Offen, plump, vegetal. Vordergründige, grünliche Tannine, wirkt im Gaumen bedeutend verschlossener als in der Nase. 14/20 1993 - 2000
90: An einer Pauillac-Blinddegustation getrunken. Etwas runder, aber leicht und fein im Gaumen, gegen das Finish kommt langsam aber sicher die Lafite-Süsse.
15/20 1994 - 2003
94: Nachdem er als einer der wenigen Premier Crus in den letzten vier Jahren wenig Furore machte, kann man ihn jetzt mit viel Genuss trinken. Süsse im Gaumen, leicht florale Cabernet-Note, im an einen Sangiovese erinnernden Finish. 16/20 trinken - 2002

1988 Lafite-Rothschild 18/20
90: Dichtes Purpur mit feinem Wasserrand und violetten Reflexen. Dichte Nase mit reduktiven Primäraromen, Veilchen und frischgebackenes Brot. Feingliedrige Struktur, extrem blaubeerig, zarte, samtene Tannine mit nobler Bitterkeit im Finish, schön ausladend. 18/20 1996 - 2005
91: An einem Mondavi Blindtasting degustiert. Wieder sehr dicht. Perfekte, dichte, typische Lafite-Struktur.
91: Im Cellier Basel und an der Arrivage blind degustiert. Jedesmal an der Grenze zu 19/20 Punkten. Es braucht eine geübte Nase, um im Vergleich zu anderen Pauillacs die Finessen und den Reichtum dieses 88ers zu erkennen.

1989 Lafite-Rothschild 19/20
91: Leuchtende Farbe mit mittlerer Tiefe. Süssbeerige Nase, reifes Fruchtspiel. Weiche Körperstruktur mit intensivem Nachgeschmack. Wenn alle anderen Premiers ebenfalls diese Süsse haben, so ist der Lafite aufgrund seiner gewohnten Eigensüsse der einzige, der dieses Privileg, insbesondere in diesem heissen Jahr, für sich in Anspruch nehmen darf. Reich, elegant, gross. 19/20 1997 - 2015
92: Zwei total gegensätzliche Notizen innerhalb einer Woche; beide Male blind degustiert. Während an der 89er Degustation im Cellier Basel der Lafite locker Mouton und Latour überragte, war er an der Arrivage ein zurückhaltender Wein mit einer fast dominanten Schokonote, feine Animalnuancen, die Tannine sind aber unter dem Fett fast nicht spürbar, und man hat so einen unfairen Eindruck eines laktischen, soften Weines mit Caramel im Finish. Das Potential ist aber meiner Meinung nach immer noch mindestens 18/20 wert. 18/20 1997 - 2015
93: Dörrfrüchte, Sandelholz, Zedern, Rosinen, sehr viel stoffiges Extrakt, reifer Gerbstoff. Ein grosser, perfekter Lafite. 19/20 2000 - 2020

1990 Lafite-Rothschild 18/20
91: April: Kräftiges Violett mit schwarzen Reflexen, leichter Wasserrand. Offene, fruchtige Nase mit begleitenden, blumigen Serien. Enorm vielschichtig und weit ausladend im Mund, ausgeglichene Adstringenz, dürfte eine kleine Spur mehr Fleisch zwischen den massiven Tanninen und dem Fett haben. 18/20 2000 - 2015
92: Cassisbetonte, sehr dichte Nase mit buttriger Kandissüsse. Im Gaumen saftig, gut gebaut und extrem lang. Vom Typ her fast ein 53er. 18/20 1997 - 2025
93: Röstnase, Brombeeren, Zedern, Terroir, im Moment reduktiv. Im Gaumen viel Eleganz, in den Gerbstoffen zeigt sich noch eine feine Bitterkeit, die den Fluss sandig macht und nicht als Lafite-Finessen gewertet werden kann, sondern eher an einen leicht geschliffenen Montrose erinnert. 18/20 2000 - 2030
94: Purpur-Granat. Cassis- Cabernet-Nase, Black-Currant, Brombeeren. Mittlere Konzentration, die Gerbstoffe wirken seidig-süss, voll filigraner Eleganz, gutes Alterungspotential. 18/20 2000 - 2025

1991 Lafite-Rothschild 16/20
92: 30 % Merlot. Recht tiefe Farbe mit Brombeerenreflexen. Feine Frucht gemischt mit animalischer Note. Marroni, fruchtig, eher niedrige Säure, mittlere Länge.
16/20 1996 - 2006
92: Mai: Wirkt im Moment eher zurückhaltend. Der animalische Lederton drückt sich in Kuhglockenriemen aus. Im Gaumen ein elegantes Leichtgewicht, die Frucht zeigt sich erst im Finish. Eine Art 73er. 16/20 1995 - 2008

Pauillac

1992 Lafite-Rothschild   **18/20**
93: 60 % der Ernte deklassiert! Für einen Lafite erstaunlich tiefe Farbe. Süsses, verführerisches Fruchtbouquet, Malaga-Rosinentouch, Vanillenote. Feiner, seidiger Gaumenfluss mit schöner Dichte, hat sehr viel Charme, Brombeeren, gebundenes Caramel-, Rioja-Finish. Wird auf feinste Art einer der besten des Médocs werden. Vielleicht sind die gewerteten Punkte um Nuancen zu hoch gegriffen - die Zukunft wird es weisen.   18/20 1999 - 2017

1993 Lafite-Rothschild   **16/20**
94: Mittleres Granat. Defensives, ausladendes Bouquet, Pflaumennote, Kandiszucker, etwas marmeladig in den Ansätzen. Recht fleischig mit Schmelz im Gaumem, die Säure zeigt eine gewisse Schalenextraktion auf. Dem Wein fehlt es - als Lafite gesehen - etwas an Süsse.
                                                16/20 2000 - 2016
94: Einen Monat später als feinen, recht komplexen und sehr homogenen Wein erlebt, jetzt kommt auch langsam, die von mir erwartete Süsse auf.   17/20 2000 - 2016

CHÂTEAU LATOUR

Latour ist kein Gewächs für Snobs - er braucht Geduld. Der Degustator muss dem Wein andächtig begegnen. Auch reicht selbst ein 45er nicht für unkontrollierte Gefühlsausbrüche aus. Dafür hat Latour etwas, was andere nicht bieten können, nämlich eine Alterungsfähigkeit die ihresgleichen sucht. Latour war noch nie etwas für Fruchttrinker und wird es hoffentlich auch nie werden.

Man mag es mir vielleicht vergönnen, wenn ich die Chance habe, dann und wann an grossen, eindrücklichen Degustationen dabei zu sein. Deshalb möchte ich Ihnen einmal den Ablauf einer tragisch-komischen Degustation schildern, die unter dem Titel „Die grössten Jahrgänge von Château Latour" ablief. Ort des Geschehens: Ein nicht genanntes Restaurant in Europa. Die Degustation beginnt. Die Männer schwitzen in ihren eleganten Jacken. Frau müsste man jetzt sein! Im Restaurant ist es sehr heiss (28 Grad Celsius). Die ersten drei Weine haben die selbe Temperatur. Die Gläser sind so gross, dass man ganze Blumenarrangements darin bewässern könnte. Die nächsten Weine kommen schockgefroren und sind in ihrer Säurestruktur so komprimiert, dass sie bitter wirken. Am Nebentisch ist ausgegessen. Der Nachbar ist ein Havannafan... Bei der nächsten Serie stinkt ein Glas und ein Wein hat Korken. An einem anderen Tisch wird eine sehr geschmacksintensive Rotbarbe serviert. Bei der nächsten Serie riecht wieder ein Glas nach Spülmittel, und ein Wein ist total oxydiert. Während wir grobwegs versuchen, die Weine zu kommentieren, wird hinter meinem Rücken eine dampfende Ente verschnitten. Wir bestellen während der Latour-Degustation, um wenigstens etwas trinken zu können, eine Flasche Pichon-Lalande 1986. Diese wird serviert, ohne vorher zum Verkosten gegeben worden zu sein und... der Wein hat Korkengeschmack. Während wir auf die Ersatzflasche und die nächste Latour-Serie warten, passiert der Käsewagen zum vierten Mal unseren Tisch (Das Restaurant ist bekannt für reife, französische Käse...). Der 61er, auf den ich mich so gefreut habe, hat flüchtige Säure, der 70er in der gleichen Serie weist dieses Attribut zwar nicht auf, dafür aber wieder Korkengeschmack. Latour konnte wirklich nichts dafür. Es war eben das vollausgeschöpfte Risiko, Flaschen für eine Raritätendegustation aus verschiedensten Kellern und Auktionen zusammenzutragen, oder vielleicht auch das Datum: Es war Freitag der 13!

1916 Latour   **13/20**
Auf einer Auktion gekauft. Niemand wollte die Flasche zu 125 Franken ersteigern. Im Februar 1989 dann mit Weinfreunden getrunken. Unwahrscheinlich dichte, granatreife Farbe. Rosenduft, Kaffee und altes Ziegenleder. Stumpfer, eher massiger Gaumen, Geraniol- und Fleischresten.
                                                    13/20 austrinken

1921 Latour   **16/20**
91: 3/8 Flasche: Ein erstaunlich junger Wein. Das Depot degustierte ich einen Tag danach, es war noch völlig intakt. Kastanienrote Farbe. Süsse, dichte Nase (fast Mouton-ähnlich). Fetter Gaumen, sandiges Tannin mit feiner Bitternote, langes Finish, mittlere Intensität. 16/20 trinken

1928 Latour   **18/20**
91: Recht tiefe Farbe mit Brombeeren- und Kastanienreflexen. Würze und Terroiranzeige, darunter verdeckte Minze. Zeichnete sich zuerst durch extrem trockenes Extrakt aus und wirkte sowohl jung und intensiv, Zungenbeschlag durch reiches Tannin und Säure.
                                            18/20 trinken ohne Eile

1931 Latour   **11/20**
92: Mahagonifarbe mit starkem Reiferand. Flüchtige Säure, viel Würze, dann aufsteigendes Ranchiobouquet, das den letzten Abschnitt der Tertiärphase signalisiert. Im Gaumen durch Säure erhalten (Todessäure), blechig, im Finish schwarzer Zucker.   11/20 vorbei

1933 Latour   **15/20**
89: Aufhellend. Glutamatnase, Kraut und Rauch, differenziertes, zweidimensionales Bouquet mit Ledertönen. Im Gaumen noch Fruchtresten, Dropssäure, lange Struktur.
                              15/20 noch mit viel Freude zu trinken
92: Mit Martin Buttinger getrunken. Helle Farbe. Offene Nase. Gut erhalten.   15/20 austrinken

1937 Latour   **16/20**
89: Im Restaurant Maxim im Flughafen Orly für FF 1160 getrunken. Sattes, dichtes Ziegelrot mit Kastanienreflexen. Ausladende Rosen-, Kaffeenase, Wildgoût. Frische, wilde Minze, im Gaumen kräftige, aber fein wirkende Säure, fette Tanninresten.   16/20 austrinken

Gabriel

1940 Latour   **13/20**
88: Aufhellendes Mahagonibraun. Kakaonase. Würziger, dünner Körper.   13/20 vorbei

1941 Latour   **12/20**
88: Noch deutlich jugendliche Reflexe. Ausladende, versprechende Nase mit verschlossen wirkenden Duftaromen. Dünner Körper, grasige Aromen, Unterholz, kleiner Wein.   12/20 vorbei

1942 Latour   **13/20**
88: Intakte Farbe mit wässrigem Rand. Schöner, exponierter Duft mit Tiefgang. Schmaler, dünner Körper, die Säure überdeckt die Aromen.   13/20 austrinken

1943 Latour   **13/20**
88: Intensives Mahagonibraun. Oxydierte Nase, leicht ranzig, mittlerer Körper, leicht austrocknend. Sehr wahrscheinlich der beste Wein der Kriegsjahre, jedoch seiner mangelnden Säure wegen bereits überreif.   13/20 vorbei

1944 Latour   **??/20**
88: Braun, mittlere Intensität. Zu Beginn leichte Oxydation, dann Bruch im Glas. Kurzer Abgang und nichts dazwischen.   Keine Bewertung!

1945 Latour   **19/20**
88: Reife Farbe. Nase nur langsam öffnend. Würze, die an einen vollen Burgunder erinnert. Lorbeer-, Ingwergeschmack. Viel Saft, der sich mit ebensoviel Tannin verbindet. Beim Schlucken enorme, fast erschlagende Intensität. Wenn dieser 45er auch nicht mit den Duftexplosionen anderer grossen Weine mithalten mag, so hat er doch das wohl schönste Fundament.   19/20 trinken - 2000
92: Mittlere Schulter: Sehr dichte Farbe, satt mit orangem Rand. Madeira mit Kaffee verschmischt, nasses Unterholz. Obwohl die Nase nach dem Luftzutritt zeitweilig attraktiver wird, bleibt dieser Ton bis zum Schluss. Im Gaumen Trüffel, metallische Säureprägung, wird mehr und mehr oxydativ mit ranziger Fettkonstellation.   15/20 vorbei
92: Magnum: Zu diesem Weinerlebnis kam ich wie die Jungfrau zum Kinde. Wir waren mit einer Reisegruppe in Bordeaux und während des Besuches auf Latour wollte ein Teilnehmer der Gruppe vom Kellermeister die rekonditionierten 45er Magnums mitnehmen, die er einen Monat zuvor aufs Château geschickt hatte. Es handelte sich um zwei Flaschen aus einer Versteigerung, die er ohne Etikette erstanden hatte. Um zu überprüfen, ob es sich auch tatsächlich um einen 45er handelt, hatte er die Kapsel abgenommen. Unerklärlicherweise war man auf Latour aber nicht bereit, die Flaschen neu zu verkorken und zu etikettieren, da man nicht mit Gewissheit davon ausgehen könne, dass dies wirklich 45er seien. Deshalb bestand die einzige Chance der Wahrheit auf die Spur zu kommen darin, eine der Flaschen zu öffnen, was wir abends bei einem Gala-Dîner auf Château Layauga auch taten. Es war ein 45er und was für einer!

Tiefe Farbe, dicht, undurchdringlich mit feinem, ziegelrotem Reiferand. Die Nase ist erst verschlossen und entwickelt sich dann nur ganz langsam. Die ersten Aromen zeigen auf Oxydation, was oft bei alten Weinen vorkommt, weil der kleine Luftraum zwischen dem Zapfen und dem Wein verdorben ist. Dann erholt er sich, und fängt nach 10 Minuten an aufzublühen. Ein klassisches Bordeaux-Bouquet mit dunklen Champignons, Trüffeln und grosser Terroiranzeige. Im Gaumen eine Säurekonstellation, die den Wein ein paar Minuten lang beherrschen, dann an Schmelz zunehmend, reifes Tannin, Rebholz und Redwoodaromen, seitliche Adstringenz, Leder. Nach einer halben Stunde kam Minze zum Vorschein sowie schwarze Schokolade, Unterholz und eine rosinige Süsse. Ein gewaltiger Wein, der jeden andächtigen Bordeaux-Trinker für mindestens eine Stunde lang verstummen lässt.   19/20 trinken
93: Ein mächtiger, unzerstörbarer Pauillac von erhabener Grösse. Neben dem Mouton und Lafite gleichen Jahrganges auf Gert Kullmers Geburtstags-Party getrunken.   19/20 trinken - 2025

1946 Latour   **11/20**
88: Intakte Farbe mit braunen Reflexen. Caramel und schwarzem Zucker (Coulure) in der Nase, süsses Holz und fette Nüsse. Beginnt nach 10 Minuten zu oxydieren. Schmaler Wein, der im Abgang an einen sehr alten Madeira erinnert.   11/20 vorbei

1947 Latour   **16/20**
88: Zweikomponentenfarbe, die Frucht und Alter anzeigt. Extreme Trockenbeerenauslese-Aromen, Kaffee und Pumpernickel. Trockenes Tannin, leichte Zehrung, nachhaltiges, rauchiges Finish.   16/20 austrinken
91: Eine frischere Flasche an einer 47er-Blindprobe in Holland mit Paul Hermann degustiert.   16/20 austrinken

1948 Latour   **12/20**
88: Braun. Süsse Nase, zerlassene Butter. Im Gaumen metallische Säure, kurz und hart.   12/20 vorbei

1949 Latour   **17/20**
88: Relativ helle Farbe. Konfitürenton, der sich in der Gewürzserie mit Lakritze, also Terroir verbindet. Im Gaumen ausladend, fast opulent, Trüffelgoût, spürbares Cabernet Franc-Fundament, seitliche, noch präsente Adstringenz, feines, mildes Finish.   17/20 trinken
93: Klares Bordeauxrot, feiner Wasserrand. Offene Nase, noch Fruchtresten. Pfeffrige Säure, die dominiert, pelzige Zunge, trotz Strenge Süsse im Extrakt, langer Nachklang, mittlerer Körper.   17/20 trinken - 2005

1950 Latour   **15/20**
88: Komplexes, bräunliches Granat. Süsse, ausladende Nase mit erstaunlich viel Druck. Leichte Würze, viel Charme, molliger Schmeichler.   13/20 trinken
90: Wiederum eine jugendliche Flasche.   15/20 trinken

Pauillac

1951 Latour   **11/20**
88: Für dieses extrem schwierige Jahr ein erstaunlicher Wein! Tiefe Farbe. Zurückhaltende, ausdruckslose Nase. Im Gaumen grasige Aromen, Tabak und grüne Peperoni.
11/20 vorbei

1952 Latour   **17/20**
88: Jugendliche Farbe, dicht und satt. Schwere Nase mit Tiefgang. Im Gaumen Molesse, Charme und Vinosität, sehr gutes Balance-, Säurearoma. 15/20 trinken
92: Eine Flasche, die so tot war wie eine Kirchenmaus. Nasser Hund, oxydiert. 10/20 vorbei
90: Eine bedeutend bessere und intensivere Flasche.
17/20 trinken
93: Leuchtendes Granat. Offenes Bouquet, rotbeerige- und laktische Spuren, nasse Wolle. Im Gaumen Johannisbeeren, säurelastig, leichter Körper. Hält sich noch ein paar Jahre. 16/20 austrinken

1953 Latour   **19/20**
88: Intakte Farbe mit wässrigem Rand. Beginnende Minze. Im Gaumen veloutierendes Fett und Walnussaromen, sehr ausgewogen, reich. 18/20 trinken - 1998
92: Mittlere Farbe mit orangem Rand. Kaffee und verdeckte Oxydation. Waldig, feine Tannine. Warm und feinsandig in der Textur, leider über dem Zenit, zumindest diese Flasche. 16/20 austrinken
94: Sattes Granat, nur sanft aufhellend. Starke, von Cabernet geprägte Nase, leicht grüne Spuren darin, das Bouquet legt kontinuierlich zu. Im Gaumen pfeffrig, wird komplexer, viel Saft, noch immer präsente Gerbstoffe mit langem Nachklang. Das war bis jetzt die beste Flasche 53er Latour. 19/20 trinken - 2010

1954 Latour   **12/20**
88: Satte Farbe, jedoch heller Rand. Süss, nussig (Mandelöl). Präsente Säure, dünner, kleiner Körper, der sich mit roher Adstringenz verbindet. 12/20 vorbei

1955 Latour   **19/20**
88: Welch ein Latour! Ich habe die 55er Pauillacs immer höher bewertet als andere Degustatoren. Superbe Farbe. Extreme, exponierte, schmackhafte Würze mit Süsse gepaart. Verdeckte Eiche, warmer, geschmeidiger Körper, männliche Strukturen. Ein Monument! 19/20 trinken - 2000
91: Konnte eine ganze Kiste in einem Superzustand steigern und habe bis zum jetzigen Zeitpunkt bereits die Hälfte geleert. Alle waren sie grossartig. An einer Einladung eine „fremde" Flasche getrunken, die bereits etwas abgespeckt hatte und sich am Schluss sogar mit einem verdeckten Essigstich verabschiedete. Schade!
92: Süsse Nase, fett, gebunden und sehr komplex, buttrig. Tannin-Säure-Verbindung. Fein, mittlere Tiefe, dafür schön ausladend, süsses Fettfinish. 18/20 trinken
93: Sehr tiefe Farbe. Volles Terroirbouquet, Trüffel, hat noch Spuren von Brombeeren, phänomenales Finish.
19/20 trinken - 2005
94: Mit Max Gerstl eine Flasche getrunken, die sehr stark an die Erlebnisse von 1991 erinnerte. Der Essigstich und die Grösse des dahinter liegenden Weines bilden einen Zwiespalt, der von den einen hochgejubelt und von den oenologisch veranlagten Degustatoren als absoluter Fehler abgekanzelt wird. Da ich andere 55er Latours mit weniger Essigstich trank, gefällt mir diese Version entsprechend weniger. 16/20 austrinken

1956 Latour   **12/20**
88: Ähnlichkeiten mit dem 54er. Satte Farbe. Zurückhaltend, oder besser gesagt, bescheidenes Bouquet. Im Gaumen dünn, angetrocknete Schichten, leicht gezehrt.
12/20 vorbei

1957 Latour   **13/20**
88: Dumpfe Farbe. Kräuternase. Im Gaumen kalter Rauch, stumpfer Wein. 13/20 sollte getrunken sein

1958 Latour   **15/20**
88: Dunkles Granat. Terroir-Zedernholz-Ton. Im Gaumen rotbeerige Serien, zugänglicher Körper, der weich ist, noch immer leichte Tanninprägung, harmonischer, feiner Wein. Zusammen mit Mission der wohl beste 58er.
15/20 austrinken

1959 Latour   **20/20**
88: Unglaubliche Farbe mit fast schwarzen Reflexen. Langsam öffnende Nase, die wuchtig ist und voll auslädt, Duftaromen von verdeckter Minze und Goût sauvage. Weiniger, mitteldicker Körper mit viel Eleganz. 18/20 trinken - 2010
90: Eine schlecht konditionierte Flasche. 15/20
91: Tiefe, fast schwarze Farbe. Wirkt in allen Teilen noch jung und sehr dicht. Das ist Bordeaux! 19/20 trinken - 2010
92: Wiederum eine grossartige, junge Flasche. Schwarz. Zurückhaltend. Öffnet sich nur ganz zaghaft und zeigt Trüffelnuancen. Im grossen Riedel-Glas fast ohne Bouquet. Im kleineren von mir bevorzugten Chardonnay-Glas, Ledertöne und wesentlich komplexer. Die Tannine sind noch absolut jung und griffig und werden die nächsten Jahre sicherlich noch ausbauen. 19/20 trinken - 2010
92: Man muss eben halt dann und wann auch an einem ganz normalen Werktag ausflippen können. Als Marino Aliprandi mich besuchte, wussten wir nicht, ob wir den 59er oder den 61er Latour trinken sollten. Um dieser schweren Entscheidung ein Ende zu bereiten, öffneten wir einfachheitshalber alle beide. Geschrieben wurde nicht viel, denn wir warteten mehr als eine Stunde neben den Gläsern bis sich einer von beiden öffnete. Der 61er machte den Anfang (eine etwas reifere Flasche?) und erst nach 1 1/2 Stunden kam auch der 59er. Beide waren sensationell. Als ich drei Tage später in den Keller ging, entdeckte ich wieder die zwei leeren Flaschen. Ich goss die beiden Depots in zwei Gläser. Hier einen Eindruck nach drei Tagen: Tiefwürzige Nase, Kaffee, getrocknete Trauben mit defensiver Süsse, rauchig, aber keinesfalls oxydiert. Im Gaumen wiederum extreme Würze und Massen von Extrakten. Im Stoff preiselbeerig-süss. Ein unglaubliches Er-

lebnis. Muss man den 59er nun drei Tage im voraus dekantieren? Sicher nicht, aber dieses Experiment ist Beweis dafür, dass man sich sicherlich noch bis weit ins nächste Jahrtausend am 59er Latour erfreuen kann.
20/20 trinken - 2010
93: Bei einem Nachtessen bei Garcia in Bordeaux genossen. 20/20 trinken - 2010
93: Magnum: Eine rekonditionierte Magnum, die sehr buttrig und süss war. Mit Mouton-Rothschild zu verwechseln. 19/20 trinken - 2005

1960 Latour **13/20**
88: Leuchtendes, transparentes Weinrot. Oberflächliches Bouquet. Rote Früchte, Ledergeschmack. Leichter, fast fröhlicher Körper von viel Säure geprägt. 13/20 austrinken

1961 Latour **20/20**
88: Dicht, satt, undurchdringlich. In der Nase massive, fast maskuline Konzentration mit verdeckter Süsse gepaart. Voller Körper mit Würze und einem im besten Falle zu erahnenden Potential, sehr viel Fleisch. 20/20 trinken - 2020
Solche Latours werfen immer wieder die gleiche Frage auf: <<Wann ist ein Latour eigentlich reif?>> Ich bin der Ansicht, dass man bei diesem Wein geneigt ist, auf etwas zu warten, das gar nie eintreffen kann. Nämlich auf ein Nasen- und Munderlebnis von extremer Intensität. Der Merlot auf diesem Terroir hat von sich aus (mit Ausnahme des 82ers und 89ers) zu wenig, um Höhepunkte eines 61er Palmers oder La Mission zu bieten.
92: Tiefe Farbe, dicht, fast schwarz. Am Anfang leicht flüchtige Säure, die aber verfliegt. Spuren von Oxydation, mit Süsse in den Tanninen. Eine enttäuschende Flasche.
16/20 austrinken
92: Hannes Scherrer-Probe: Ein Meilenstein in der Geschichte des Bordeaux. Noch immer fast reduktiv, ein verschlossener Jungbrunnen, der aber in grosszügiger Art und Weise sein mögliches Potential offenbart. Sehr wahrscheinlich wird man in zwanzig Jahren darüber diskutieren, ob man den 61er Latour eine oder drei Stunden vor dem Genuss dekantieren soll. 20/20 trinken - 2015
92: Nicht so tief wie andere Flaschen mit rostrotem Rand. Komplett verschlossen. Rauchige Süsse, Malaga-Töne. Nach drei Tagen war das Depot ein zurückhaltendes, aber ausserordentliches Duftelexier mit unergründlichen Würzanklängen. Mindestens eine Stunde dekantieren.
20/20 trinken - 2025
93: Wenn man ihn nicht dekantiert und innerhalb der ersten Viertelstunde geniesst, ist er leicht geöffnet, dann verschliesst er sich für vier Stunden und kommt nur sehr langsam wieder. 20/20 2000 - 2040
93: Eine Flasche, die genau vier Stunden zuvor dekantiert worden ist. Ein absolut fragloses 20 Punkteerlebnis. Ein Cabernet-Klassiker mit einer Messlatte, die nur von ganz wenigen Weinen auf gleicher Höhe übersprungen werden kann. 20/20 1998 - 2030

1962 Latour **17/20**
88: Satt, jedoch aufhellend am Rand. Leichte Oxydationserscheinung mit Anflügen von jungem Madeira, die aber nach der Dekantierphase wieder abklingt. Ein Wein, der eher auf Länge als auf Opulenz setzt. Vordergründiges, reiches, noch aktives Tannin. 17/20 trinken
90: Der Madeira-Ton wird stärker. Obwohl noch erstaunliche Tanninwerte vorhanden sind, sollte man diesen Wein jetzt trinken, weil er in nächster Zeit oxydieren wird.
15/20 austrinken
92: Ich muss mein Urteil über den 62er leicht revidieren, oder vielleicht relativieren. In der Magnum war es ein aussergewöhnlicher Wein mit weicher Säure und viel Charme. Dies jedoch auch nur 30 Minuten lang. Dann glich er der ihm vorauseilenden Normalflaschen. Magnum:
17/20 austrinken
94: Eine gutgelagerte Flasche: Dunkle, fast schwarze Farbe. Klassisches Terroirbouquet, Zedern, Trüffel, Herbsttrompeten. Faszinierende Süsse im Gaumen, Cassis, Butter, Kaffee, füllig, feinster Schmelz in den Gerbstoffen, ein Bordeaux der Spitzenklasse, langes Finish. Trocknet nach dem Dekantieren eher aus, also öffnen und trinken.
18/20 trinken - 2000

1963 Latour **13/20**
88: Aufhellend mit Marronireflexen. Moosiger Ton, nasses Unterholz. Im Gaumen Ingweraromen, zerfällt an der Luft und oxydiert rasch. Für dieses Jahr recht fettiger Körper, überreif infolge fehlender Säure. 13/20 vorbei

1964 Latour **19/20**
88: Mittlere Intensität mit leicht braunen Reflexen. In der Nase Tiefe anzeigend, langsam öffnend. Pfeffriger Gaumen, aromatisch mit typischer Latour-Tanninpräsenz, grosser Wein. 18/20 trinken - 2000
91: Eine gewaltige Magnum: Der wohl beste 64er!
91: Schöne, ansprechende Farbe mit klassischem Bordeauxrot. Pilzige Nase, Waldboden, Leder. Im Gaumen sehr fleischig, zeigt noch Reservepotential an und öffnet sich nur langsam, gehört zu den besten 64ern. 19/20 trinken - 2000
92: Nachdem ich diesen Wein immer mit grosser Freude getrunken hatte, fand ich bei einer Latour-Degustation eine Schaufensterflasche vor. Total ausgebrannt, hell und überreif. Diese Eindrücke haben aber bei weitem nichts mit den Flaschen gemeinsam, die sich normalerweise noch auf dem Markt befinden. Keine Bewertung!
92: Bei einem Nachtessen auf Doisy-Védrines mit den Castéjas während einem unvergesslichen Diner genossen. Trüffel und Terroir mit einer Bordeaux-Typizität, wie diese leider heute immer weniger anzutreffen ist.
18/20 trinken - 2000
92: Eine Flasche ganz alleine getrunken, nachdem ich drei Flaschen für 120 Franken kaufen konnte. 18/20
93: Magnum: Blind serviert an der Mühlbauer-Probe in Hamburg. Sattes Purpur mit tiefen Reflexen. Wuchtiges Bouquet, gebunden, süss, Trüffel und schwarze Beeren, Rauch, Bakelit, feiner Gummiton, getrocknete Orangenhaut. Ein Eisberg im Gaumen, kräftige Tanninstruktur, Gerb-

Pauillac

stoffe in Hülle und Fülle. Ein grosser Wein mit zusätzlichem Magnumpotential. 19/20 trinken - 2020
93: An einer 64er Degustation verkostet. Eine Flasche mit gutem Potential, aber gleichzeitig störendem Altfasston. 17/20

1965 Latour **14/20**
88: Leuchtend mit ziegelroten Reflexen. Nougat-Merlot-Nase. Weich, feminin und zart. Für Latour ein atypischer Wein. 15/20 trinken
92: An einem Sonntagnachmittag mit Hansruedi Bachmann getrunken. Recht hell in der Farbe. Süsse Nase mit Anklängen von Oxydation vermischt, die an einen Rioja erinnert. Leichte Metallspuren im Gaumen, feine, dunkle Schokoladennote im Finish. 14/20 austrinken

1966 Latour **19/20**
88: Kompakte, dunkle Farbe. Beerige Nase, die aber noch recht verschlossen ist. Klassischer Pauillac, enge Strukturen, trockene Tannine. Ein Wein, der sich nach kurzer Zeit im Glas wieder total verschliesst. 17/20 1995 - 2010
90: Magnum: Ein monumentaler Brocken. Der beste 66er. Noch pfeffrige, junge Säure, Extrakt für das nächste Jahrtausend. 19/20 bald - 2010
91: Wiederum eine Magnum. Ein Monument!
92: Ein Wein für Trüffelfans! Trotz viel Tannin noch lange nicht so trocken wie andere 66er. 19/20 bald - 2010
93: Komplexe Dichte, süss, feiner Butterton. In der Magnum bringt er aber einfach mehr als in der Normalflasche. 18/20 trinken - 2006

1967 Latour **16/20**
88: Kompakte, am Rand aufhellende Farbe. Nase intensiv, an Wermutkraut erinnernd. Tief, ausladend mit Cabernet-Erdton. Im Gaumen schöner Fond, Kastanienholz und animalische Aromen. 15/20 trinken
91: Vollreif. 15/20 austrinken
92: Magnum: Mittlere Farbdichte, in der Mitte jedoch sehr tief. Schokoladen-, Tee- und Minzenton, Trüffel, Cabernet Franc-Note. Entwickelt sich noch an der Luft. Im Gaumen Tanninresten, leicht kapselig, dürfte ein bisschen mehr Fett haben. 16/20 austrinken

1968 Latour **13/20**
88: Mittleres Granatrot. Offene, gemüsige Nase, Champignons. Kurzer Wein, der jedoch auf seine Art gefällt. 13/20 austrinken

1969 Latour **13/20**
88: Noch jugendliche Farbe, heller Rand. Mittlere Nase ohne Primäraromen. Weiche Nase, harter Gaumen. Griffiges, extrem trockenes Tannin. 13/20 austrinken

1970 Latour **19/20**
88: Satte Farbe, extrem dicht. Konzentrierte, fruchtaromatische Nase, Currywürze. Im Gaumen verdeckte Aromen, mit Tannin beschlagen. Hier hatte ich ein schlechtes Gewissen, da wir offensichtlich einen Jungwein in seiner Ruhe gestört haben. 17/20 trinken ab 1994
90: An Weihnachten genehmigt. Macht Fortschritte. Man muss ihn jedoch mindestens 30 Minuten vorher dekantieren.
91: 3/8 Flasche: Auch hier noch jung und monumental.
91: Eine sensationelle, gewaltige Flasche in Wien verkostet. 18/20 warten
92: Die Nase zeigte eine leicht mineralische Note (Steinöl). Im Gaumen noch immer sehr kompakt, mit Trüffelaroma. 18/20 1994 - 2010
92: An einer Latour-Probe serviert bekommen. Korkengeschmack - Schade!
93: Aus einer Magnum auf der Hospiz-Alm mit Raphael Mullis geknackt. Es war zwar schon fast morgen als diese Flasche „auffuhr", doch ein einziges Einatmen dieses Duftes liess mich sofort wieder hellwach werden. Aus der Magnum ist der 70er Latour fast zugänglicher als aus der Normalflasche. Wer Trüffel liebt, sollte Latour 1970 im Keller haben. Die Nase wird im Moment von einem würzigen Kräuterton begleitet. Magnum: 19/20 1997 - 2025
93: Noch immer ein jugendliches Monument an der Spitze dieses Jahrganges. 19/20 1997 - 2025
94: Bei gewissen Flaschen zeigt sich eine flüchtige Säure, wie es immer mehr beim 55er Latour der Fall ist. Solche Flaschen würde ich nur mit 17/20 bewerten.

1971 Latour **18/20**
88: Voll, gute Resonanz, feines Tanningefüge. Ein faszinierender Wein, den ich bis zu diesem Zeitpunkt rund zehnmal trinken durfte. 17/20 trinken, am liebsten mit mir
91: Mein Hauswein für besondere Anlässe. Oft, und dies auch zur Freude der Besucher, getrunken.
92: In letzter Zeit scheint er mir doch nun sehr reif geworden zu sein. Dies bestätigte sogar die Magnum in Wien. Schlankere Statur als früher, ausgeglichen. Die Würze ist vollreif und hat Anzeichen von Kräuternuancen. 17/20 austrinken
92: Impériale: Tiefe Farbe. Zu Beginn Cabernet Franc-Note, tabakig, Terroir, Trüffel, feine Rauchnoten. Im Gaumen schwarze Beeren, ähnliche Aromen wie ein Haut-Brion, feinfüllig, elegant und sehr lang. Das Depot war am besten. 18/20 trinken
94: Selbst die Normalflasche hat noch immer nicht ihren Reiz verloren, oder ist in gewisser Form wieder zur Jugendlichkeit erblüht, wie dies seit einiger Zeit beim 71er Pétrus wieder der Fall ist. 18/20 trinken - 1998

1972 Latour **12/20**
85: 3/8 Flasche: Leichter, trinkreifer Bordeaux. Farbe mit ersten Altersschwächen. Angenehmer Cabernet, passende Säure. 12/20 trinken

1973 Latour **16/20**
90: Rund zwanzigmal getrunken - oft auch aus Magnums. Latour in kleinen Jahren seit langem ein Geheimtyp. Mit Pétrus der beste 73er. 16/20 trinken
92: Macht noch immer viel Spass. Die Nase ist süss wie beim Lafite. 16/20 austrinken

1974 Latour 15/20
89: Ein angenehmer 74er. Nicht so hart wie viele andere Weine dieses Jahrganges. 15/20 trinken

1975 Latour 18/20
90: Ein Latour wie er im Buche steht. Dichte, konzentrierte Farbe. Eine kleine Öffnung in der Nase, Baumnuss-Süsse und Lederanklänge. Im Gaumen kräftiger Biss in ein Fleisch, das noch einige Jahre lagern muss, viel jugendliches Tannin, zähnebeschlagend. 17/20 trinken ab 2000
92: In der Magnum erstaunlich zugänglich. Schwertlilie, Minze, mit Médoc-Charme. Sicherlich hat er noch enormes Potential, aber er war, wie bereits erwähnt, sehr schön zu trinken. Im Moment trinkbar. Normalflaschen warten. Magnum: 17/20
93: Tiefe Farbe, feiner oranger Rand. Trotz Verschlossenheit zeigt er ein komplexes, heisses Terroirbouquet, Zimt- und Pferdenote. Im Gaumen Tanninmassen, sandiger Fluss mit grosser Reserve. 18/20 2000 - 2025
94: Aufhellendes Weinrot, Wasserrand. Offenes Schokobouquet, Pralinen. Saftige Struktur, pflaumig. Obwohl massivste Tannine vorhanden sind, ist er im Augenblick zugänglich und schön zu trinken, süsses Finale.
17/20 austrinken

1976 Latour 14/20
88: In verschiedenen Phasen degustiert. Köstliches, erdiges Bouquet. Im Gaumen Grenache- und Kautschukaromen. Noch Tannin und trotzdem Reife anzeigend. Steht deutlich hinter der Qualität von Lafite und Cheval.
15/20 trinken
93: Hat mir nur mittelmässig Spass bereitet und anderen Mittrinkern offensichtlich auch. Die Flasche wurde nämlich nicht ausgetrunken. 14/20 austrinken
93: Jéroboam: Den Latour 1976 kann man schlichtweg vergessen!

1977 Latour 14/20
91: Reifende Farbe. Blüten-, Kräuternase. Pauillactypisch. Für einen 77er aber durchaus ansprechend. Sicherlich einer der besseren dieses Jahrganges und sehr wahrscheinlich auch der einzige (mit Ducru), den man noch in fünf Jahren trinken kann. 14/20 trinken

1978 Latour 18/20
91: Recht viel Depot. Mittlere Reife in der Farbe. Schönes Parfüm, Süssholz und Kaffee, ein bisschen vegetabil und frische Kräuter. Im Gaumen kräftiges Tannin, jedoch angenehm proportioniert, wirkt recht elegant. 17/20 bald - 2005
91: Eine blockierte Flasche bei Hannes Scherrer. Mit BSA-Hefeton und Bakelit. Öffnete sich erst nach zwei Stunden - zum Positiven. 18/20 warten
92: Dieser Latour ist mir und einigen anderen Degustatoren „unten durchgerutscht". Während Max Gerstl 18 Punkte zuordnete, hatte ich vor allem mit der unsauberen Nase Mühe. Im Gaumen aber eigentlich typisch für Latour, beissende Säure und gewaltiges Tannin. Diese Flasche: 15/20

1979 Latour 17/20
89: Tiefe, leuchtende Farbe. Leder, Lakritze und Fruchtbeeren. Im Gaumen noch reifeverlangend und cabernetlastig. Jugendliches Tannin, das sich mit der Säure verbindet. 15/20 trinken ab 1995
91: Entwickelt sich im Moment sehr ungünstig. Unsaubere Nase (Bock), geballt und wuchtig. Fragwürdige Zukunft. Wieder degustieren!
92: Purpur-Schwarz, satt, jung. Süsses Bouquet, Wachs, Rauch, Kaffee, recht komplex, etwas speckig. Im Gaumen kräftige Struktur, viel Gerbstoff, fleischig, sandig, wirkt verschlossen und braucht Luft. Es bleibt somit die Hoffnung, dass um die Jahrtausendwende doch noch etwas aus ihm wird. 17/20?? 1996 - 2015
93: Jéroboam: Er riecht wie in alten Zeiten; Käserinde, Kartoffelsack etc.. Wobei eigentlich alleine der Begriff „riechen" fast zu gnädig ist. Das Potential, wie schon oben beschrieben, wirkt zwar durchaus interessant, aber vom organoleptischen Standpunkt her ist er - zumindest für die nächsten zehn Jahre - ungeniessbar. Nicht berühren und hoffen...

1980 Latour 16/20
89: Ansprechend und fein, ohne Anspruch auf Langlebigkeit. Hat sich in den letzten Jahren noch positiv entwickelt. 15/20 trinken
91: In höchster und schönster Reife. Feiner, parfümierter Wein mit einer verlockenden Zimt- und Lederwürze.
16/20 trinken
91: Innerhalb von einigen Monaten sicher fünfmal getrunken. Mit Latour-à-Pomerol jetzt der beste 80er, der noch auf längere Sicht (mindestens 3 Jahre) Freude macht und machen wird.
92: 3/8 Flasche: Das Kleinformat zeigt auf, dass Latour der jüngste 80er geblieben ist. 16/20 trinken
94: Während einer Inventaraufnahme in Aliprandis Keller im Burgund zusammen mit Karin Egli mit Hochgenuss getrunken. Er entwickelt immer mehr Süsse. 16/20 trinken
94: Aus einer Magnum mit Freunden getrunken.
16/20 trinken

1981 Latour 16/20
89: Aufhellende Farbe. Butter, Kakaowürze. Das Holz zeigt sich in frisch geschnittenem Sägemehl von Edelholz. Im Gaumen kräftiges Tannin (typisch Latour) und Wildgeschmack, beschlagende, reifeverlangende, markante Reserven. 16/20 trinken ab 1994
91: Dicht und tief. Zedernholznase und schwarze Beeren. Im Gaumen Cassisaromen und frische, junge Säure, knochiger Wein, der etwas mehr Fleisch haben dürfte.
16/20 trinken ab 1994
92: Recht tiefe Farbe. Cassis und Veilchen, Wachston. Im Gaumen geballt, versprechend, Vanille, gute Tanninreserven. 17/20 trinken - 2004
94: Kommt er, oder kommt er nicht? Nachdem er von der Farbdichte her gesehen eine gewisse Zeit lang zugelegt hatte, hellt er jetzt wieder auf. Die Nase zeigt das typische Latour-Terroir, aber in ungenügend konzentrierter Form.

Pauillac

Zudem schwingt eine leicht unsaubere, an einen Kartoffelsack erinnernde Note mit. Im Gaumen ist die Säure prägnant, mittlerer Körper. Wir wollten ihn trinken, hatten aber keinen Spass daran. Die angebrochene Flasche wanderte wieder in den Keller und wurde anderntags nochmals probiert - er wirkte etwas geschmeidiger. Unlogisch, aber wahr. Als Ersatz für die entgangene Freude öffneten wir einen 87er Figeac, der bedeutend mehr Spass machte. Zurück zum Latour 1981: Eine Stunde dekantieren!
16/20 trinken - 2004

1982 Latour   19/20
91: Dichte Farbe mit feinem, orangem Rand. Enorm vielschichtiger und wuchtiger Wein mit einem breitgefächerten Nasenspiel von Eucalyptus, Minze, Tabak bis zu Trüffelaromen. Im Gaumen schöne Säure, rund, geschmeidig und trotzdem noch ein riesiges Tanninpotential.
18/20 1995 - 2020
91: Wiederum an einer 82er Horizontaldegustation getestet. Ein gewaltiger Brocken, Aspirant auf 19/20 Punkte? ums Jahr 2000 herum.
92: Wachs, reduktiv, fett, Rum-Puncharomen. Im Gaumen ist das üppige Tannin von Fettschmelz umgeben.
19/20 1995 - 2020
93: Purpur-Schwarz mit feinem, orangem Schimmer. Opulentes, wuchtiges Bouquet, Teer, Ledernote, animalisch. Im Gaumen sehr heiss, geschliffene Gerbstoffe, die von viel Fett umgeben sind, Wachs- und Gummitöne. Ein unbegreiflich üppiger und „runder" Latour, der sich sehr wahrscheinlich in einer trinkfreudigen Zwischenphase befindet.
19/20 trinken - 2015

1983 Latour   16/20
89: Auf dem Château getrunken! Granatrot mit ersten Reifetönen. Pflaumennase, Fleisch- und Wildgerüche, an Rundungen gewinnender Cabernet. Fehlt insgesamt an Konzentration und Reputation, um einem Grand Cru würdig zu sein.
16/20 1993 - 2005
90: Viele Male in direktem Vergleich zu anderen Pauillacs degustiert. Mag leider nicht ganz mithalten.
91: An einer Latour-Degustation verkostet. Flüchtige Säure, die aber verfliegt, Wildgeschmack (Vosne-Romanée). Wirkt recht trocken im Gaumen.
16/20 trinken - 2005

1984 Latour   15/20
91: Reifes Granat mit ziegelroten Reflexen. Zimtnase, schön gewürzt. Weicher, anschmiegsamer Körper, eine kleine Bitterkeit, die ein bisschen stört, trotzdem sicherlich einer der besten 84er.
15/20 trinken - 2000
91: Momentan sehr toasty mit Kaffeearomen.
15/20 trinken
92: Ein recht grosser Wein aus einem kleinen Jahr.
15/20 trinken - 2000

1985 Latour   17/20
88: Latour in der Krise? Brombeerenton, Nase bereits ein wenig geöffnet, Zimtaromen. Die Säure wirkt prägnant und aufdringlich.
15/20 trinken ab 1995
91: Reduktiv und blockiert. Eher schwierig zu degustieren. Junge, pfeffrige Säure, wirkt drahtig.
Keine Bewertung - warten!
92: Mit allen anderen Premiers zusammen degustiert. Er ist weder ein Latour noch ein Premier Cru. Zu dünn im Körper und insgesamt enttäuschend.
15/20 ??
94: Blind mit dem Mouton 1990 verwechselt und zwar deshalb, weil er auch nach Soya riecht. Dunkle Röstnase, relativ schön geöffnet. Im Gaumen saubere, primäre Frucht, ähnlich wie ein Beaujolais. Mittelgewichtig mit mässiger Konzentration, fängt nun doch an, sich zu verbessern. Trotzdem wird er nie das Niveau eines Premier Crus erreichen.
17/20 trinken - 2010

1986 Latour   18/20
89: Klassisches Bordeauxrot mit Himbeeren- und Purpurreflexen. Wuchtige Nase mit Fernost-Aromen (Zimt, Koriander) gepaart mit vollreifen Früchten. Im Gaumen recht ausgeglichen. Lafite und Mouton sind in diesem Jahr jedoch so stark, dass Latour (noch) keine Chance hat.
18/20 trinken ab 1997
90: Auf dem Château nachdegustiert. Ist im Moment eher hart und zeigt auf der Zungenspitze eine pointierte Säure.
17/20
91: Ein exotischer Zwischenmoment. Durch den Merlot leicht geöffnet. Kokos- und Ingwernote.
Potential für 18/20 1998 - 2025
92: Purpur-Schwarz, satt. Komplexes, süsses Bouquet, enorm gebündelt, Cassis, Rauchnote. Im Gaumen Kaffee von der Barrique, fett und viel Fleisch, Dörrfrüchteton, gut stützender Gerbstoff. Einzig das Finale dürfte mehr Länge anzeigen, sonst makellos. Der 86er Latour legt seit den Fassproben kontinuierlich zu. Hier braucht es aber noch viel Geduld.
18/20 1998 - 2025

1987 Latour   15/20
88: Vorabzug im September: Jungfruchtige Nase, Caramel- und Butterton. Im Gaumen erst wässrig mit Konzentrationsmangel, verdeckte Eiche, eher weiches Tannin.
14/20 bald
90: Auf dem Château nachdegustiert. Hat dazugewonnen!
15/20 bald
Warum habe ich wohl am Anfang Latour derart bestraft? Je mehr ich davon trinke, desto mehr habe ich das Gefühl, dass dieser Wein, in verdünnter Form zwar, einmal dem femininen 73er nacheifern wird.
91: Was mich am meisten überrascht; die Farbe wird von Jahr zu Jahr dichter. Im Moment sehr fruchtig und im Extrakt aufbauend. Die beste Konsumphase wird wohl von 1995 - 2002 sein.
15/20
92: An einem Mondavi-Blindtasting durch seine extrem helle Farbe unangenehm aufgefallen. Man sollte ihn offensichtlich nicht mit den anderen 87ern im Pauillac vergleichen, sonst steht er schon ein bisschen kümmerlich da.
14/20 trinken - 2002

1988 Latour 18/20
89: Fassdegustation: Tiefe Farbe. Konzentriertes Fruchtbouquet. Vordergründiger, massiver Tanninbeschlag, sehr schwer zu beurteilen. 17/20 trinken ab 2000
91: Darf man einen Latour in einer Blinddegustation mit Lafite verwechseln? Mir ist es jedenfalls passiert. Vielleicht deshalb, weil gerade der 88er Latour feminine Nuancen aufweist. Granat-Schwarz. Nase leicht geöffnet, süss (wie Lafite), verführerisch, dicht, eng, Kokos, perfekt. Feines, feingliedriges Fruchtextrakt, Veilchen, in der Struktur feinsandig mit stark zunehmendem Tanninbeschlag. Was für ein Wein! 18/20 2005 - 2020
93: Am Welt-Cabernet-Festival zeigte er sich zwar enorm verschlossen, gleichzeitig aber auch von fast unbändigem Gerbstoffcharakter. Rauchige Nase, Edelhölzer, reife Frucht, Kaffee. Die Adstringenz ist gewaltig, jedoch sehr ausgeglichen. Dieser Wein weist ein gewaltiges Potential auf und endet mit einem gebündelten Brombeerenfinish. Jetzt, wo noch niemand von diesem Wein spricht, und sich noch keine spekulative Tendenz am Horizont abzeichnet, sollte man eigentlich noch ein paar Flaschen zu günstigen Preisen in den Keller legen und genüsslich mit der Frage im Hinterkopf darauf lauern, ob er er wohl in zehn Jahren 18/20 oder 19/20 Punkte machen wird. 2003 - 2025

1989 Latour 18/20
Mindestens 10 % weniger geerntet als 1988. Die alkoholreichsten Merlot-Cuvées seit 1982.
90: Dichte, komplexe Nase. Weiche Säure, reiche, aber mittlere Intensität in den Tanninen, fein strukturiert. Ein atypischer, heisser Latour. 16/20 trinken ab 1997
91: Mittlere Farbe. Sehr verschlossen, Nussbaumanklänge. Im Moment eher rotbeeriger Charakter, gewinnt aber an Struktur. 17/20 1997 - 2020
91: April: Latour scheint das gleiche Schicksal wie Château Margaux 1989 zu ereilen; Tendenz zu Portwein-Anflügen.
92: Arrivage: Kräftige Farbe mit kirschroten Reflexen am Rand. Heisse Nase, Rum, gebrannter Zucker, animalische Note. Im Gaumen kräftiges, leicht angetrocknetes Tannin, von Stielaromen geprägt, griffig, gute Fleischproportion. Vom Typ her ein klassischer 47er. 17/20 1997 - 2020
93: Feiner oranger Schimmer am Rand. Süsses Portwein-Bouquet, gebrannter Zucker, Trüffel, Tee. Im Gaumen wiederum süss und fett, heisser, trockener Gerbstoff, legt jetzt kontinuierlich zu. Die Frage ist nur, ob das Fett des Weines die Gerbstoffe einst zu schleifen vermag.
 18/20 2002 - 2030

1990 Latour 20/20
91: 3 % weniger Ernte als 1989. Schnitt 39 hl Ertrag! Tiefe Farbe, fast schwarz. Brombeerengelee, defensiv mit schöner Tiefe, Würze und viel Terroir. Im Gaumen reiche Mundaromenpalette, Tannin, Tannin und nochmals Tannin, sehr gute Konzentration, schön ausgeglichen und gesundes Fett im trockenen Gerüst, makellos. Einer der ganz grossen Latour der neuen Zeit. 20/20 2000 - 2020
92: Obwohl das Bouquet sehr zurückhaltend ist, kündigt sich eine Legende an. Zimt, süsse, reife Frucht. Voller Körper mit zu Beginn erstaunlich schmeichelndem Tannin, beim zweiten Zugriff, feinsandiges Extrakt und fast zähnebeschlagend. Bereits hervorragende Ausgeglichenheit. Ein grosser Latour fürs nächste Jahrtausend.
 20/20 1998 - 2025
93: Schwarz-Purpur. Reduktive Nase, Rauch, Cassis, sehr konzentriert und gebündelt, russig. Im Gaumen gewaltige Gerbstoffbombe, reifes und trotzdem zähnebeschlagendes Tannin, grosses Rückgrat von überwältigendem Cabernet-Reichtum. 20/20 2005 - 2030
93: Arrivage, blind: Sattes Purpur. Volles, beeriges Bouquet, zurückhaltend. Im Gaumen zugänglich, rund, die Gerbstoffe sind gut eingebettet, schön parfümiert, die Adstringenz zeigt gutes Reifepotential an, Hochklasse mit Finesse. 19/20 2000 - 2030

1991 Latour 17/20
92: 38 hl/ha. Zwei Drittel einer Normalernte. Mitteldichtes Rubin. Nase bereits von vanilligem Eichenholz geprägt, Terroiranzeige, Waldbeerenaroma. Aussen mit Charme, kräftige Würze in den Tanninen, langanhaltende Adstringenz, die aber fein nuanciert ist. Ein fast femininer Latour, der den etwas dünnen 87er um Meilen übertreffen wird. Mit Margaux der beste 91er. 17/20 1996 - 2008
92: Mai: Hat mit dem ersten Barriquenkontakt gewaltig an Tanninen zugenommen und wird zum typischen Latour. War der Erstkontakt noch von femininen Eindrücken begleitet, so gehört er nun doch zu den kräftigen, gut strukturierten Pauillacs. 17/20 1998 - 2010
92: September: Es ist erstaunlich wie sicher seine Entwicklung weiter geht. Vielleicht mutig meine Bewertung, wenn ich diesen Wein nur um Nuancen hinter dem 89er bewerte. Sehr tief in der Farbe. Cassis, Leder, Terroir, Zimt, komplex und schön konzentriert. Im Gaumen Brombeerengeleenote, kompaktes Extrakt. Ein königlicher 91er. 17/20 1997 - 2010
94: Viel Würze, Zimt, Brombeeren, defensive Süsse. Fester, satter Körper, feine Rum-Aromen, Rasse in den reifeverlangenden Gerbstoffen. 17/20 2000 - 2015

1992 Latour 16/20
93: Purpur mit schöner Tiefe. Animalische Nase, Tabak-, Terroirtöne mit dunkler Frucht vermischt, leicht welker Blatton. Im Gaumen weich mit Schmelz, schöne Fülle, angerundete Gerbstoffe, Pilzton im Finale, recht gutes Potential, aber hinter dem 91er. 16/20 1999 - 2012

1993 Latour 18/20
94: Die Farbe zeigt weniger Tiefe als beim Mouton. Granat mit rubinen Reflexen. Defensive Frucht, Reife austrahlend, viel Terroir, Trüffel, Edelhölzer. Kompakter, fleischiger Gaumen präsentes Tannin, das sich in einer gleichmässigen, aber markanten Adstringenz anzeigt, die Frucht wirkt ebenfalls reif mit schönem, gebündeltem, aromatischem Finale, klassisches Jahr, sehr ausgeglichen, absolut lagerfähig. Er zeigt sich vielleicht jetzt im Vergleich zum splenditen Mouton nicht auf gleicher Höhe, wird aber durch zusätzlichen Barriquenkontakt sicherlich meine Wertung rechtfertigen. 18/20 2003 - 2020

Pauillac

Château Lynch-Bages

So sehr ich den Besitzer Jean-Michel Cazes schätze. So oft ich auch seine Gastfreundschaft in Anspruch nehmen durfte, so schade finde ich doch den Vinifikationsstil der neuen Lynch-Bages. Es wird keinen 53er, keinen 55er und keinen 66er mehr geben... Die neuesten Jahrgänge sind nicht für ein langes Lagerpotential vinifiziert und sollten binnen zehn bis fünfzehn Jahren getrunken werden. Oft sind die Weine bereits bei der Ankunft so geschliffen, dass man vermuten könnte, dass zukunftsträchtige Gerbstoffe der Filtration zum Opfer gefallen sind. Für einen Lynch-Bages „Vieilles-Vignes" unfiltriert, würde ich auch heute noch ein kleines Vermögen ausgeben!

1928 Lynch-Bages   **17/20**
87: Der Korken klebte, und die Flasche war schlichtweg nur mit grossem Depot zu servieren. Viel Tannin, trocken, ein burschikoser Brocken. 17/20 trinken
93: Tief und dicht mit viel moosigem Unterton. Zeigt noch immer viel Tannine. 17/20
94: Sehr tief, fast schwarz. Offen, Mocca, Zedern, Oliven, schwarzer Zucker, süss und recht fett. Im Gaumen trockener Kapselton, strenge Tannine und schwarze Bitter-Schokoladennote. 16/20 austrinken

1937 Lynch-Bages   **16/20**
87: Helles Granat, nicht zu viele Reifetöne. Breite, ausladende Nase. Reifer Körper, mittleres Potential. 16/20 austrinken

1938 Lynch-Bages   **13/20**
87: Schönes, sauberes, schmales Bouquet. Die Säure erhält den Wein mit dünnem Körperbau. 13/20 vorbei

1943 Lynch-Bages   **13/20**
87: Die Nase zeigt noch letzte Fruchtresten. Leicht, aber sehr gefällig. 13/20 wurde in helles Glas abgefüllt (Kriegsflasche)

1945 Lynch-Bages   **13/20**
92: Tiefe Farbe, reifer Rand. Verrauchte Nase, flüchtige Säure. Im Gaumen drahtig und ausgezehrt, über dem Zenit. 13/20 vorbei

1947 Lynch-Bages   **17/20**
86: Fleckige Oberfläche. Heisse Kräuternase, Madeira-Anflüge. Wäre vor zehn Jahren sicherlich besser gewesen. Potential: 17/20, 13/20 für seinen Zustand

1952 Lynch-Bages   **13/20**
87: Brillante, reifende Farbe. Schmale Nase. Im Mund eher grasig und trocken. 13/20 vorbei

1953 Lynch-Bages   **19/20**
87: Brillante Farbe. Süsse Nase, verdecktes Vanille. Im Gaumen kräftig und ausbauend. 18/20 trinken
92: Mit Tony Zemp getrunken. Eigentlich hätte ich es ja wissen müssen, dass die 53er Pauillacs ein eigenes Stück Geschichte schreiben. Ich kann mich noch gut an die Verkostung von 1987 erinnern. Damals wurde der 53er um Längen vom phantastischen 55er geschlagen. Vielleicht handelte es sich aber auch nicht unbedingt um eine optimale Flasche. Diese war in Höchstform: Tiefe Farbe, Purpur mit feinem Reifeschimmer. Süsses, fleischiges, wuchtiges Bouquet mit der typischen Lynch-Bages-Pferdenote, Zimt und Eucalyptus. Unbeschreibliche Gaumenaromenvielfalt. In den Tanninen ein kleiner Latour, in der Finesse ein Lafite. Alleine am Bouquet könnte man stundenlang riechen. 19/20 trinken - so oft wie möglich!
93: Magnum: Einer der ganz grossen Stars an Anton Brandstätters 53er Probe in Laakirchen. Sehr tief in der Farbe, fast schwarz. Die Nase zeigt sich erst nach einer halben Stunde und zwar in einer animalisch-minzigen Art, dass man meinen könnte, jemand würde auf Pferdemist Pfefferminze anbauen. Er erinnert in gewisser Weise an einen grossen Heitz Martha's, aber mit weniger Süsse. Im Gaumen vereinen sich bourgeoise Rustikalität mit dem Potential eines 66er Latours. Diese Magnum hätte noch 40 Jahre gehalten, wenn wir sie nicht getrunken hätten. 19/20 trinken - 2030

1955 Lynch-Bages   **19/20**
87: <<Eine wunderschöne, perfekte Flasche>> sagte Jean-Michel Cazes spontan, als wir diesen Wein verkosteten. Aromatische Würze, Zimt, Nelken. Dicklicher Körper, perfekt. 19/20 trinken, trinken, trinken
In der Zwischenzeit wiederum mehrere Male getrunken. Die Flaschen variieren je nach Lagerung. Die schlechten sind leider vorbei.
92: Eine sensationelle Flasche an einem Lunch mit Jean-Michel Cazes genossen. Kräftige Würze, Zimt, Nelken, Minze. Fester Körper mit sehr guter Balance und kräftigen Tanninen sowie noch immer beeriger Frucht im Finish. 19/20 trinken - 2000
93: Aus dem Kullmer-Keller: Wiederum sensationell! 19/20 trinken - 2000

1957 Lynch-Bages   **15/20**
88: Stummer, müder Wein, der im Gaumen recht kompakt wirkt. Die 57er scheinen wohl alle die selben Anlagen zu haben. 12/20 austrinken
90: Trocken, aber bedeutend besser als die Probe von 1988. 15/20 austrinken

1959 Lynch-Bages   **18/20**
87: Volle Nase, konzentriert, überreife Früchte. Im Mund noch deutliche Adstringenz mit Reserven. 17/20 trinken - 2000
92: Händlerabfüllung: Ziemlich stark oxydiert. vorbei
93: Trotz rauchig-russigem Bouquet mit Minze gepaart, ist dieser Wein im Gaumen noch sehr jung. Mit etwas Glück hoffe ich, noch ein paar gute Flaschen zu finden. Ein solcher Wein darf in meinem Keller auf keinen Fall fehlen. 18/20 trinken - 2005

1961 Lynch-Bages   17/20
87: Zwei Abfüllungen, einmal Château, einmal Mövenpick. Die Mövenpick-Abfüllung war konzentrierter und hatte mehr Fleisch. Unter der Weinstruktur schimmerte ein Superjahr mit Rustikalität durch. Wenn ich die Grammatik anderer, grosser Weine vergleiche, so zeigt sich, dass Lynch-Bages jetzt mit seinen Reserven schon ausgeglichen wirkt und so um 1992 herum seinen Höhepunkt erreichen wird.   17/20 trinken
89: Süss, mit Minze gepaart. Exotisches Holzspiel im Gaumen.
91: An der ersten Spezialweindegustation in Arlberg mit Adi Werner getrunken. Leider eine Flasche mit fortgeschrittenem Madeira-Ton.   vorbei
92: Mövenpick-Abfüllung. Obwohl diese Abfüllungen immer besser als die Schloss-Abfüllungen waren, haben nun auch diese Flaschen das gleiche Schicksal ereilt.
                                                                   vorbei
92: Mit Hannes Scherrer zusammen getrunken. Dunkles Granat. Heisse Korinthennase, Ledernote, Portwein, Zimt, Kaffee, stallig. Kräftiger Gaumen mit leichten Lücken in der Struktur, also gezehrt, drahtig mit Minze im Aroma, reift sehr schnell an der Luft. Nur dekantieren, um vom Depot zu trennen.   17/20 austrinken
92: Wiederum das Experiment: Mövenpick- gegen Château-Abfüllung. Mövenpick: Ziemlich hell, mit rotbeerigen Mundaromen   16/20 austrinken
Die Château-Abfüllung: Wesentlich konzentrierter mit viel Würze im Bouquet, schwarze Beeren. Im Gaumen pfeffrige Gerbstoffe mit bedeutend mehr Reserven, aber trockener im Fluss.   17/20 trinken - 2005

1962 Lynch-Bages   17/20
86: Für einmal rotbeerige Nuancen, fruchtig, guter Fluss, weinig.   16/20
88: Noch immer schön zu trinken, leichte Minze.
92: Reifes, sattes Granat. Kompakt, komplexes Bouquet, wuchtig. Im Gaumen phantastisches Parfüm, pfeffrig, dichtes Tanningefüge. Legt an der Luft noch zu. Grosser Wein mit Reserven.   17/20 trinken - 2000

1966 Lynch-Bages   19/20
87: Was für ein Wein! Der wohl typischste Lynch-Bages, den ich bis jetzt trinken durfte. Dumpfe, kompakte Farbe, fast undurchsichtig. In der Nase extremer, jedoch wohlduftender Zimt- und Ledergeschmack. Voll ausladend, eine gewaltige, extraktreiche Fülle, animalische Aromenpalette.
                                                  19/20 trinken - 1995
In der Zwischenzeit sehr oft getrunken, einmal auch aus einer Magnumflasche - ein Monument von einem Wein!
91: 3/8 Flasche: Die 66er Trockenheit ist nun doch recht gut spürbar. Die halben Flaschen sollte man deshalb jetzt unbedingt austrinken.
91: Eine Normalflasche, die extrem russig und erdig war. Es müssen nun schon sehr gut gelagerte Flaschen sein, die die 19/20 kompromisslos hergeben. Die letzten Eindrücke sind nicht mehr ganz erhaben. Wenn man doch nur ein paar Magnums auftreiben könnte...

92: In der Hospiz-Alm innerhalb einer Woche dreimal mittrinken dürfen. Es waren ausnahmslos gute Flaschen, die aber ebenfalls die angedeutete Trockenheit spüren liessen.   18/20 austrinken
94: Bei Georges Herzog im Rössli bei Büren zum Hof offeriert bekommen. Ein toller Wein.   19/20 trinken

1967 Lynch-Bages   13/20
87: Merlot-Nase. Weiche Säure. Kleiner Körper, unregelmässig.   13/20 vorbei

1970 Lynch-Bages   19/20
87: Mein Lieblings-Pauillac dieses Jahrganges! Ansprechend, ausgeglichen, mittelgewichtig. Rustikaler Schimmer, gute Balance, lang. Solchen Weinen wird man einmal bittere Tränen nachweinen.   18/20 trinken - 2000
91: Immer noch jung und ausbauend!
92: Tiefe, dichte Farbe mit Purpurnote. Die Nase habe ich über eine Stunde lang verfolgt bevor ich den ersten Schluck nahm. Braucht Zeit, um sich an der Luft zu entwickeln. In den Grundaromen gleicht er stark dem 70er Latour. Kräftiger, reicher Gaumen mit noch immer reifeverlangenden Tanninen. Ein Esswein - und was für einer!
                                         18/20 trinken - mindestens 2010
94: Die Farbe ist noch immer sensationell und undurchdringlich. Nach einem kleinen Probeschluck hatte ich mich entschlossen, ihn zu dekantieren. Nach einer Stunde war er noch immer verschlossen. Die Säure ist reif, nicht so aufdringlich wie bei anderen 70ern, die Gerbstoffe sind in einem Reifestadium, dass man um die Jahrtausendwende erste Aromen daraus erwarten kann. Durch die stoffige Art der Tannine mehlige Zunge. Wer ihn jetzt trinkt, trinkt ihn zu früh. Wer ihn jetzt erst kaufen will, ist zu spät dran, denn er ist sehr, sehr schwierig aufzutreiben. Kann durchaus noch einen Punkt zulegen, um dann mit 19/20 zu den besten Weinen des Jahrganges 1970 zu gehören. Momentanwertung immer noch   18/20 1997 - 2020
94: Zwei Stunden nachdem ich die Notizen zum 70er Lynch-Bages geschrieben hatte, trank ich den letzten Schluck, der mir dann definitiv 19 Punkte wert war. Drei Stunden dekantieren.   19/20 1997 - 2020

1971 Lynch-Bages   13/20
87: Sehr reife Farbe. Mittelintensive Nase, Stall-Pferdegeruch. Unpassende Säure, gezehrter Körper.
                                                          13/20 trinken

1975 Lynch-Bages   17/20
85: Offene Nase, jedoch mit verdeckten Aromen. Viel Fleisch, markantes Rückgrat, adstringierendes Tannin, das noch abzubauen ist.   17/20 1990 - 2010
89: Sanfte Entwicklungsfortschritte. Hat noch viel Zukunft vor sich. Eifert dem 66er nach. Da freue ich mich jetzt schon auf meine Magnums, die noch im Keller liegen.
                                                          trinken ab 1994
93: Wenig Farbdichte, reifend. Schoko- und Butternote, laktisch. Im Gaumen schöne Fülle, noch gute Adstringenz, feine Bitterorangennote im Finish.   16/20 trinken - 2003

Pauillac

94: Tiefe dunkle Farbe. Jodiges Torfbouquet, erdig, Korinthen. Rauhe, ungeschliffene Gerbstoffe, arrogant, zähnebeschlagend, extrem trocken, ein Esswein.
16/20 2000 - 2015

1976 Lynch-Bages   14/20
87: Überreife Früchte, gedörrte Pflaumen, reifes Vanille-Raucharoma. Kleiner Körper mit schwacher Konsistenz, rasch abklingender Abgang.   14/20 trinken
93: Sehr reife Farbe. Leere Nase, Korinthen und Polyestergeschmack. Pfeiffentabak, Jodton, trockene Sultaninen, gezehrte Struktur.   13/20 vorbei

1977 Lynch-Bages   12/20
85: Es ist halt eben ein 77er.   12/20 vorbei

1978 Lynch-Bages   13/20
87: Immer, wenn man einen Lynch-Bages öffnet, hat man gewisse Erwartungen. Vor allem dann, wenn man schon viele Jahrgänge verkosten konnte. Dieser Jahrgang ist ein trauriges Beispiel dafür, dass auch ein renommiertes Château nicht vor Fehlern gefeit ist. Es ist eine Katastrophe! Dünner, auseinanderfallender Wein. Unharmonisch, trocknet aus.   12/20 vorbei
91: Ebenfalls eine fragile, Flasche, aber dennoch geniessbar.   13/20 trinken

1979 Lynch-Bages   16/20
88: Eine neue Lynch-Bages-Epoche. Anders vinifiziert. Kompakter, nicht mehr so bäuerlich. Gutes Fleisch und von allem mehr als der 78er.   16/20 trinken - 1993
92: Purpur, satt. Fette Nase, feine Geraniolspuren, faisandiert. Im Gaumen Heidelbeeren, etwas vordergründige Säure, feiner Spitzwegerichton auf der Zunge, Struktur leicht gezehrt.   15/20 austrinken
93: Eine urkomische Flasche, die wir nicht austranken. Die Flasche war voller Pigmente am Rand.

1980 Lynch-Bages   15/20
90: Reife Farbe. Reiche, feingegliederte Nase. Im Mund etwas Biss und Fleisch, warmes Cabernet-Aroma.
15/20 austrinken
Ich müsste lügen, wenn ich schreiben würde, ich hätte diesen Wein weniger als fünfzigmal getrunken. Wer ihn am schönsten erlebt hat, trank ihn im Jahre 1987.

1981 Lynch-Bages   17/20
88: Ein 81er, der sich schneller entwickelte als andere. Weiblich molliger Wein. Warmer Cabernet. Wirkt fast fett und trotzdem elegant.   16/20 trinken - 1993
91: In der Zwischenzeit wiederum mehrere Male degustiert. Die Reife ist nun definitiv erreicht, und das Fett beginnt etwas ranzig zu werden.   15/20 austrinken
93: Bei einem Mittagessen auf Lynch-Bages getrunken. War in vollster Blüte anzutreffen. Absolut süffig und rund.
17/20 austrinken

1982 Lynch-Bages   17/20
88: Komplexe Erscheinung. Geballte, üppige Nase, perfekt vinifiziert. An der Arrivage gut zu degustieren, nachher in Pubertät. Fleischiges Extrakt. Ich hoffe, noch ein paar Flaschen an Lager zu haben, wenn der Wein reif ist.
18/20 trinken ab 1992
92: Klassisches Bordeauxrot. Teer-, Trüffel-, Blaubeerennase. Aufgrund der Zedernholznote Nuancen eines grossen St. Juliens, voll geöffnet, nicht mehr so wuchtig, sondern eher elegant ausladend. Reife Tannine, weiche Säure, ein süffiges Weinerlebnis, weniger animalisch als vor zwei, drei Jahren, sehr komplex und weinig.
17/20 trinken - 1997
93: Nicht dekantieren, da er die Luft nicht gut erträgt, denn er bekommt nach einer Stunde ein sprödes Finale. 16/20
93: Wiederum blind mit nur 16/20 bewertet. Wirkt ausgebrannt. Fragwürdige Entwicklung!

1983 Lynch-Bages   16/20
88: Ein pferdiger, fast rustikaler Wein, trockene Tannine. In der Nase entwickelt er sich rasch. Im Gaumen bleibt er trocken, fragliche Alterungsfähigkeit.   16/20 ??
91: Vollreif, typische Lynch-Pferdenase. 16/20 trinken - 1996
91: Magnum: Fettig, opulent, vollreif.   16/20 trinken
92: Auf Lynch bei einem Lunch getrunken. Reif mit leichten Spuren von Trockenheit im Fluss.   16/20 austrinken

1984 Lynch-Bages   13/20
87: Leichte Farbe mit granat-blauen Reflexen. Fruchtige Nase. Im Gaumen vordergründig, etwas alkoholisch.
13/20 trinken - 1993
89: Mit Pierre Paillardon auf dem Château getrunken. Beaujolais der besseren Sorte.   13/20 trinken
92: Recht tiefe Farbe, nur am Rand Reife anzeigend. In der Nase erst ein „edler Stinker", Gummitöne. Im Gaumen extrem wenig Säure, fast kein Rückgrat, in der Restsäure eine leichte Bitternote und im Finish billige Kochschokolade. Wir haben zwei Flaschen geöffnet, weil man fast das Gefühl haben musste, der Wein hätte Korkengeschmack.   13/20 austrinken

1985 Lynch-Bages   18/20
86: Fassdegustation: Eine Médoc-Droge! Weiche, reife Frucht, intensive Duftaromen. Gut passende Säure, Wiesenkrautaromen, feiner Körper, jedoch viel Kraft im Rückgrat, elegante, perfekte Holznote.   17/20
87: Hat durch die Eiweiss-Schönung etwas an Farbe verloren.
89: Gewinnt wieder zusehends und entwickelt sich zum Star der 85er Médocs - wohlverstanden nach dem Léoville-Las-Cases und zum Ärger all jener, die sich nicht reichlich damit eingedeckt haben.   18/20 bald - 2000
92: Entwickelt sich relativ schnell. Noch immer geballt, aber mit bereits reich geöffneter Nase. Im Gaumen sind die Tannine fett und abgerundet.   18/20 trinken - 1998
92: Wie sag ich's meinem Kinde. Im Wine Spectator wurde Lynch-Bages 1985 als bester Wein von hundert degustierten 85ern gehandelt. Ich habe ihn nun dieses Jahr einige

Male getrunken. Es ist - zugegeben - ein bestechender Wein. Aber sind wir als professionelle Degustatoren auch bestechlich? So bestechlich wie es einige Gourmetkritiker sein sollen. Einverstanden - es ist eine Droge. Sind wir aber drogenabhängig? Hinter diesem noch heute fast schwarzen Wein, der sich in seiner Duftnote derart überheblich zeigt, sodass man das Gefühl hat, eine Faust schlage einem direkt ins Gesicht, verbirgt sich ein „Fast-Drink-Wein". Dies ist ein Begriff, den ich anlässlich der Einsicht kreiert habe, dass es eine neue Kategorie Wein gibt, die gemacht wurde, um innert zehn Jahren ausgetrunken zu werden. Als konservativer Weingeniesser mit einer ansehnlichen Erfahrung an 28ern, 45ern, 61ern und... kommen mir beim Genuss eines solchen Weines nicht gerade die selben Freudentränen wie bei anderen Weingeniessern. Es sind andere Tränen. Vielleicht werden Sie mich eines Tages verstehen, wenn Sie einen oxydierten 85er Lynch ins Lavabo schütten, nachdem er viele Jahre „vielversprechend" war.

93: Dumpfes Granat, feiner Rand. Süsse Nase, Spiel von reifen, roten und blauen Beeren, Caramel, Kandis. Fülliger Gaumen, viel Schmelz und Süsse, zeigt im Moment einen riesigen Konsumationsspass. 17/20 trinken - 1997

1986 Lynch-Bages **17/20**
87: Fassdegustation: Bestechender, alles überragender Cabernet, weckt grosse Erwartungen. Mindestens 17/20
88: Fassdegustation: Bordeauxrot mit scharlach-blutroten Reflexen. Verschlossene Nase, darunter Schwarztee und Zimt, im Moment mehr Würze als Frucht anzeigend. Im Gaumen angetrocknetes Tannin, mitteldicker Körper, für einmal klassisch und tief ausladend, festes Rückgrat, gut strukturiert. Klassischer Médoc, der mit Baron zu vergleichen ist. 17/20 trinken ab 1996
91: Verfeinert sich zusehends. Sehr ausgeglichen, aber etwas soft. 17/20 1993 - 2000
94: Trotz tiefer Farbe öffnet er sich bereits nach 10 Minuten Dekantierzeit. Ein Beweis dafür, dass er jetzt schon als einer der wenigen 86er getrunken werden kann. Dafür wird er leider auch nicht weit ins Jahr 2000 mit seinem Konsumationsspass aufwarten. 17/20 trinken - 2002

1987 Lynch-Bages **15/20**
89: Fassdegustation: Recht tiefe Farbe, überdurchschnittlich für einen 87er. Trockenes Holunderbouquet. Im Gaumen schmal, aber mit angedeuteter Fülle, leicht bitterer Abgang, recht ausgeglichen. 14/20 bald
90: Auf dem Château getrunken. Amerikanisch, eichig, wunderbar. 15/20 trinken ab 1992
91: Offene Punsch-Nase, Leder und animalische Töne. Trockene Tannine, recht grosses Potential.
15/20 1992 - 1997
94: Vollreif. trinken - 1997

1988 Lynch-Bages **17/20**
89: Fassdegustation: Schwarze Beerenaromen, zarte Fleischnote. Feiner, eleganter Wein, der vielleicht einmal rasch reifen wird. Eine Art 81er. Ein wenig leicht, wenn ich andere 88er betrachte. 16/20 1994 - 2002
91: Im Moment reduktiv (leichter Bock). Eher wenig Rückgrat mit ebensowenig Ausdruck. 16/20 1995 - 2004
91: Arrivage: Granat-Schwarz. Verhaltene Nase (Bakelit), zurückhaltend, eine leichte, vegetale Note, die ein bisschen stört (Peperoni). Softer Gaumenbeginn, dann Heidelbeeren, stark adstringierend und zähnebeschlagend. Die Tannine könnten aber auch zu einem Teil von den Barriquen her stammen. Trotzdem habe ich das Gefühl, dass er noch zulegt. 17/20 1997 - 2008

1989 Lynch-Bages **19/20**
90: Februar: Dichtes, komplexes Bouquet. Weisser Pfeffer, reifende Tannine, im Finish Mandelsüsse. Grosses Lynch-Bages-Jahr. 19/20 trinken ab 1996
91: Süsse Tannine mit reifeverlangender Struktur. 19/20
92: Arrivage: Violett-Schwarz. Süss, konzentriert, enorm wuchtig und breit, Kokos, Vanille, Rauch. Viele, aber extrem feine Tannine, die im fetten Körper gut stützen, reife, warme Frucht in überschwenglicher Fülle. 19/20 1995 - 2005

1990 Lynch-Bages **18/20**
91: März: Schwarz mit violettem Rand. Kastanienton, im Moment viel Holz, saubere Frucht. In der Fruchtverbindung süsse Tannine, reicher Wein, der viel Klasse hat. Ähnlichkeiten mit dem 86er. 18/20 trinken ab 1997
91: April: Ist sehr verschlossen und degustiert sich weniger gut als vor einem Monat.
92: Schwarz-Violett. Cassis, süsse Tannine. Sehr ausgeglichen und lang, extrem feine Tanninstruktur.
18/20 1996 - 2006
93: Purpur mit schwarzen Reflexen. Hochdichte Nase, Cassis, Kaffee, schwarze Beeren. Samtiger, stoffiger Gaumenfluss, sehr reife Gerbstoffe und Frucht, fast marmeladig, ohne zu viel Süsse abzugeben. Ein äusserst harmonischer Wein mit satter Dichte. 18/20 1996 - 2010

1991 Lynch-Bages **16/20**
92: 35 hl. Ertrag. Purpur-Violett, leichter Wasserrand. Dichte Nase mit verdeckter Frucht, wirkt unwesentlich konzentrierter als Pichon-Baron, Havannanote. Reicher, fetter Gaumenbeginn, runde Tannine, füllig, im Finish Brombeerengelee, Kastanienpüree und dunkle Schokolade, langer, aber milder, vielleicht etwas verdünnter Nachklang.
15/20 1995 - 2003
92: Mai: Genau die gleichen Eindrücke. In einer Blindprobe ebenfalls 15/20 zugeordnet.
93: Warme Punsch-Nase, gebunden, sehr ansprechend. Die Gerbstoffe sind noch nicht ganz geschliffen. Wird den 87er übertreffen, weil er mehr Dichte hat. 16/20 1995 - 2003
94: Noch immer lohnt es sich ein, zwei Jahre zuzuwarten.
16/20 1996 - 2004

1992 Lynch-Bages **17/20?**
93: Violett, aufhellend. Schwarze Kirschen, Zedern, sehr sauber, feiner animalischer Ton im Bouquet, Leder-, Zimtwürze, erinnert an einen grossen Côte Rôtie. Mittlerer Körper, geradlinig, lang, stilistisch sehr gut gemacht.
17/20 1996 - 2004

Pauillac

1993 Lynch-Bages   17/20
94: Dichtes Granat-Rubin. Vielschichtiges Terroir- und Fruchtbouquet, ein Hauch Zimt, animalische Würznote, reife Frucht, Kaffee. Im Gaumen mit Souplesse beginnend, fleischig, schöne, konzentrierte Extraktnote, gute Adstringenz, warmes Fruchtfinish, sehr guter Wein.
17/20 2002 - 2015

CHÂTEAU LYNCH-MOUSSAS

1979 Lynch-Moussas   13/20
92: Granat-Orange. Kaffeenase, Rauch, grüne Peperoni. Aggressive Säure, keine Konsistenz, blechige Kapselnote.
13/20 vorbei

1983 Lynch-Moussas   13/20
86: Kleiner, gefälliger Wein ohne Ambitionen.
13/20 trinken

1988 Lynch-Moussas   13/20
90: Einfache, aber schöne Frucht, Black-Currant. Pointiertes, pfeffriges Säurespiel, einfacher Wein.
13/20 trinken - 1998

1989 Lynch-Moussas   ??/20
90: Warme, australische Fruchtpalette. Bittere Tannine, die mir unreif erscheinen, übler Beigeschmack.
Keine Bewertung!

1990 Lynch-Moussas   13/20
91: April: Dichtes Purpur mit Wasserrand. Offene Nase, Kirschen, Caramel, Kandis, offener Merlot. Dabei schwingt leider auch eine Spur Wurzelgemüse mit Sellerie- und Kohlanflügen mit. Recht üppiger, fülliger Körper mit gutem Extrakt, Jodaromen und mineralisch eckige Tannine, wirkt rauh, im Finish grüne Peperoni und Kaffee. Sehr wahrscheinlich ist viel unreifer Cabernet drin.
13/20 trinken ab 1995

1991 Lynch-Moussas   12/20
92: Granat, stark aufhellender Wasserrand mit orangen Reflexen. Sauerampfernase, Drops. Im Gaumen Schladerer Himbeergeist, pelzige Textur, wirkt aufgebauscht.
12/20 1994 - 1998

1992 Lynch-Moussas   15/20
93: Violett-Schwarz, aufhellend. Volles Cassis-, Red-Currant-Aroma, Dropsnote, süss, marmeladig. Im Gaumen fett, Velours. Wird schon früh konsumierbar sein. Vielleicht würde ihm etwas Presswein zu mehr Rasse und Pfeffer verhelfen.
15/20 1995 - 2005

1993 Lynch-Moussas   15/20
94: Tiefes Rubin-Purpur. Zurückhaltendes Bouquet, leichter Dropston, Walderdbeeren, feine Terroirnote. Im Gaumen beerig, weicher Säurebeginn, süss, Red-Currant, Velours im Extrakt, leicht krautig im Nachgeschmack.
15/20 1999 - 2012

MOULIN DES CARRUADES

(siehe Carruades de Lafite-Rothschild)

CHÂTEAU MOUTON-BARONNE-PHILIPPE

(siehe Château d'Armailhac)

CHÂTEAU MOUTON-ROTHSCHILD

Leider gibt es viele, bedauernswerte Sammler, die für absolut untrinkbare Moutons wie 1946, 54 und 56 nur um der Sammlung willen sehr viel Geld ausgeben. Dies hat mit Exibitionismus viel mehr zu tun als mit Weinliebhaberei. Der Anblick einer kompletten Mouton-Sammlung lässt mich mehr als kalt.
Ich frage mich, ob es für Mouton nicht sinnvoll wäre, wie die anderen Premier Grand Crus einen offiziellen Zweitwein einzuführen. Das wäre eine gute Imagepflege für die in letzter Zeit etwas dünner gewordenen Jahrgänge. Der 90er ist der leichteste aller Premiers in diesem Jahrgang. Zudem gäbe es mit den Verantwortlichen auf Mouton einiges über zu starkes Toasting zu diskutieren. Es ist schade, wenn der verführerische Cassiston, der Mouton zu Mouton macht, weiterhin von überrösteter, kaffeelastiger Barrique übertönt wird.

1928 Mouton-Rothschild   19/20
91: Dunkles Granat mit orangem Rand. Kräftiges Nasenspiel mit Zimt- und Rebholzgeschmack. Im Gaumen erst defensiv, dann zaghaft öffnend und zu Weichheit und Opulenz neigend. Viel Charme und eine feine, dennoch kräftige Tanninstruktur. Ein finessenreicher, druckvoller Wein.
19/20 trinken
92: Leider eine tote Flasche, mit relativ gutem Füllniveau.
Keine Bewertung!
94: Eine Renaissance sondergleichen. Imposant war der Machtkampf im Glas nebenan zu beobachten. Lafite um eine Nasenbreite süsser, Mouton kräftiger, kompakter - das männliche Pendant dazu. Betörendes Kiefern-, Rosmarin- und Animalbouquet dahinter Madras-Curry, Schoko- und Moccaton. Der Gaumen wirkt auf den ersten Eindruck eher mittelgewichtig, konzentriert sich dann aber immer mehr und überzeugt durch seine extreme Länge. Es scheint mir, einer der längsten Weine zu sein, den ich je

trinken durfte. Der beste Mouton der "alten Zeit" nach dem 45er. 20/20 trinken

1934 Mouton-Rothschild **15/20**
91: Kräftige Granatfarbe, dicht mit orangem Rand. Zurückhaltende Nase mit Rosenwasseraromen, darunter flüchtige Säure. Trockene, aber reichhaltige Struktur. Metallische Tannine. Langes Finish. 15/20 austrinken

1937 Mouton-Rothschild **14/20**
92: Reifes Bordeauxrot, stark aufhellender Rand. Oxydatives Bouquet, faulig, dahinter noch eine gewisse Süsse, ausladend burgundisch, Kaffee und Kräuter. Im Gaumen ebenfalls viel Kräuter, erst fett, dann in sich zusammenbrechend, gebrannte Aromen im Finish, wenig Fleisch. 14/20 austrinken

1939 Mouton-Rothschild **13/20**
90: Anlässlich eines Diners auf Mouton getrunken. Obwohl der Wein sehr wahrscheinlich seit mehr als einer Stunde dekantiert worden war, hielt er sich erstaunlich gut. Mittlere Farbe mit reifem Rand, Rosenduft mit starker Oxydation, im Gaumen metallisch und trocken.
13/20 austrinken

1945 Mouton-Rothschild **20/20**
90: Mittlere Farbdichte mit schwarzen Reflexen. Rauch und schwarzem Beerenaroma (66er Lynch-Bages). Offenes Bouquet, an Druck und Intensität gewinnend. Frische Minze und frisch gegerbtes Hirschleder, gekochte Chanterellen. Voller Gaumenfluss mit Fett. In der Säurestruktur Minze, weisser Pfeffer und Verveine (Eisenkraut), das sich mit dem feingliedrigen Tannin verbindet. Gleichmässige, ausgeglichene Adstringenz. Ein denkwürdiges Erlebnis, wie sich Finesse und Potential ergänzen. Obwohl aber dieser Wein immer wieder als Jahrhundertwein gehandelt wird, kann ich ihm nicht diesen Platz einräumen. Jedenfalls nicht für die Flasche, die ich am 14.9.90 getrunken hatte. 19/20 trinken
92: Bei Hannes Scherrer blind in einer Dreiermisch-Serie degustiert. Süsse, rauchige Nase mit oxydativem Ton wie bei einem alten, grossen Barolo, Schokonote, Rosmarin, Pfefferminz. Im Mund trockenes Extrakt. Die Nase brachte mehr als der Gaumen. Dabei entstanden Diskussionen, ob ein stundenlanges Dekantieren nicht den Wein erst wekken würde. Andere dagegen betrachteten die deutlichen Oxydationszüge der Nase als Zeichen seiner Endreife. Wie dem auch sei. Für mich bleibt noch immer die Frage, wer in der Weinwelt eigentlich bestimmt, welches die Jahrhundertweine sein sollen. Solange ich nicht einen umwerfenden 45er Mouton getrunken habe, muss ich mich mit der gegebenen Punktezahl zufrieden geben. 18/20 trinken
92: Leicht mattes, aber tiefes Granat. Offenes Bouquet, Eisenkraut, Minze, Kaffee, Fichtennadeln, Nougatsüsse, darunter portweinähnliche Nuancen, Anklänge von Edelholz (Redwood, Mahagoni). Im Gaumen zarte Rauchnote vermischt mit Minzennuancen, Schokolade (After-Eight). Die noch kräftige Säure verleiht Rasse und lässt alle Restaromen förmlich im Gaumen explodieren, breitgefächert, Gerstenmalztöne gegen den Schluss, Süsse im Nachklang. In den Tanninen feine Trockenheit mit Rebholzgeschmack.
19/20 trinken - 2005
93: An Gert Kullmers Geburtstags-Party neben dem 45er Lafite und Latour getrunken. Es war die beste Flasche Mouton 1945, die ich je trinken durfte und deshalb auch endlich der oft zitierte „Jahrhundertwein". Granat-Orange, leuchtend aufhellender Rand. Schoko-, Minzenton, Orangenhaut, Kumquats, Bitterorangen, die Kräutertöne überwiegen leicht die abgeklungene Frucht, Kiefern, Rosmarin. Das Bouquet legt kontinuierlich 30 Minuten lang zu. Im Gaumen erschlagende Intensität, Kräuter, Cassis und alles, was sich bereits in der Nase in vielfacher Form ausdrückte. Erschlagender, nicht endenwollender Nachklang. 20/20 trinken - 2015
93: Parker-100-Probe in Hamburg: Ein weiterer Meilenstein. Ein Ausbund von Rumtopf, Minze, Orangeat und Havannatönen. Im Gaumen mit einem Wechselspiel von kräftig zupackenden Tanninen, verbunden mit feinstgewobenem Extrakt und Stoff. Minutenlanges Finish.
20/20 trinken - 2030

1947 Mouton-Rothschild **20/20**
89: Neben Cos, Montrose, Margaux und Cheval-Blanc getrunken. Kompakte Farbe mit Tiefgang, verlockende, vielschichtige Nase, die Minze und Melisse ausströmt. Im Gaumen Cabernet, Johannisbeerblütenaroma, enorm konzentriert. Redwood, Edelholz. Ausgeglichenheit auf höchstem Niveau. Unglaubliche Aromenvielfalt und Reichtum.
20/20 trinken, wer darf
90: Wenn alle Journalisten und Weinkenner auch immer wieder das Gefühl haben, der Cheval-Blanc sei der beste 47er, so muss ich dies hier aufgrund meiner Erfahrungen leider widerrufen. Dies ist bereits die dritte Flasche Mouton, die mich restlos überzeugt hat. Zudem trank ich zwei davon im direkten Vergleich zueinander. Die besten Chevals werden wohl im besten Falle an diese Qualität heranreichen. 20/20 trinken ohne Eile
91: Wiederum an einer 47er-Blinddegustation verkostet. Ich glaube, dass man das Spiel beliebig wiederholen kann. Mouton ist und bleibt besser als alle anderen 47er. Perfekt. Für mich ein Jahrhundertwein! 20/20 trinken - 2005
92: Im direkten Vergleich neben dem 45er Mouton. Leuchtendes Granat-Orange, am Rand leicht aufhellend. Gebündeltes, explosives Nasenspiel, süss, Cassis, warm, Schoko, Brombeergelee, Blütenparfüm, Veilchen. Im Gaumen erschlagender Reichtum in höchster Perfektion.
20/20 trinken - 2005
93: Aus der Magnum in einer Dreier-Blindserie zusammen mit (ebenfalls Magnum) Pétrus und Cheval-Blanc getrunken. Während Pétrus gleich zu Beginn und Cheval-Blanc erst nach 10 Minuten explodierte, war der Mouton eine Stunde lang fast blockiert. Leider waren meine Mitdegustatoren zu diesem Zeitpunkt bereits beim Gourmetbuffet oder am Biertrinken. Zurück zu dieser legendären Flasche, die ich mit 21 (!) Punkten bewertete. Für einmal war diese nicht fettlastig und tendenziell

Pauillac

laktisch, sondern ähnlich dem 45er. Also von Minze und vielen anderen feinsten Küchenkräutern geprägt. Diese Duftaromen vermischten sich mit der wohl besten Schokolade der Welt, was aus dieser Konstellation wiederum das wohl beste und auch unbezahlbare „After-Eight" der Welt ergab. Der Gaumen begann trocken, die Säure nicht mit dem Körper vermischt. Gleich einer nur kurz zuvor getätigten Assemblage. Mehr und mehr näherten sich die Komponenten und ergaben nach einer Stunde die absolute, totale Weinharmonie. 20/20 trinken - 2020
93: Eine etwas ältliche Flasche, die mit einer oxydativen Note begann, Rauch, Zedern, feiner Aniston, süsser Madeira. Im Gaumen leichte Trockenheit auf der Zunge, wirkte weniger dicht als andere 47er Mouton-Erlebnisse. 19/20 austrinken

1948 Mouton-Rothschild   17/20
92: Braunes Purpur, recht satt. Minze und Eisenkraut im Bouquet, dahinter Süsse, nuanciert, Walnuss, nach 5 Minuten Orangenhaut. Fleischiger, aber etwas trockener Gaumen, eher zäh, fast pelzig. Im Extrakt ist noch Restsüsse vorhanden. Nase besser als Gaumen. 17/20 vorbei
93: Magnum: Tiefes Bordeauxrot mit ziegelroten Reflexen. Zu Beginn feine Chlornote, Kaffee, viel Würze, Süssholz. Im Gaumen malzig-schokoladig (Ovomaltine), feine Ledertöne, die aber einer guten Portion Fett gegenüberstehen. Süsse im Extrakt mit Aromen von Edelhölzern im Nachklang. Wie viele andere 48er wird auch der Mouton unterschätzt. 17/20 trinken - 2000
93: Lustigerweise habe ich wiederum Ovomaltine notiert, ohne meine vorherigen Notizen anzuschauen. Ein sehr guter Wein. 17/20 trinken - 2000

1949 Mouton-Rothschild   18/20
90: Reifende, ziemlich helle Farbe. Offenes, opulentes Bouquet mit primärer, fast konfitüriger Süsse. Frische Säure im Gaumen, aber gut in die Struktur einfliessend. Hagebuttenton. Noch kräftige, aussenwandige Tanninstruktur mit leicht metallischer Verbindung. Im Finish eher schlank mit gedämpfter Nachhaltigkeit. Die Nase bringt mehr als der Gaumen. 16/20 austrinken
92: Intaktes Bordeauxrot mit mittlerer Dichte. Kandissüsse, Minze, Cassis, offen, weitausladend, süssbeerig, parfümiert. Im Gaumen burgundisch, mittelschwer, eher an einen Lafite erinnernd, sehr elegant. Die Nase gibt um eine Nuance mehr her als der Gaumen. 18/20 austrinken
94: Genau die gleichen Eindrücke. Eigentlich ein sehr grosser Mouton, aber es fehlt ihm an Fleisch, aussen hat er einen schönen Schmelz, innen würzige, trockene und sehr aromatische Tannine. Er lässt sozusagen den Schinken in der Mitte des Sandwiches vermissen. Trotzdem zeigt er so viele Finesssen und eine derartige Aromatik auf, dass man ihm, ausgehend von gut konditionierten Flaschen, „gross" attestieren kann. 18/20 austrinken

1950 Mouton-Rothschild   12/20
85: Blind degustiert. Trübe Farbe, in der Nase Gewürze (Sellerie und viel Chlor-Schwimmbad), verflüchtigender Merlot. Säure gezehrt, zartbitter im Finish.
12/20 durchaus noch trinkbar
92: Braune Farbe. Oxydatives, ranziges Bouquet, fauliger Waldboden, Malz, Amontillado-Note. Im Gaumen nasse Pilze. Das Niveau war mittlere Schulter und deshalb vielleicht nicht identisch mit gut konditionierten Flaschen. 11/20 vorbei
93: Magnum: Aus dem defensiven Bouquet steigt fast einzig Minze hervor, nach 5 Minuten oxydiert er und erstarrt im Glas. Der Gaumen ist sehr leicht, Kampfertöne (Mottenkugeln), die Säure erhält den Wein. 11/20 vorbei

1951 Mouton-Rothschild   11/20
92: Aufhellendes Orange-Granat. Leichter Jodton, süss, rotbeerig, faulig, Torfnote. Drahtiger Gaumen mit metallischer Struktur. Ausgezehrt, schlanker Körper. Nase besser als der Gaumen. 11/20 vorbei

1952 Mouton-Rothschild   17/20
91: Superbe Farbe, aufhellend, aber dicht. In der Nase eine Vielzahl von typischen Pauillac-Aromen; Tabak, Minze, Schokolade, Punsch und brauner Rum, später in Minze und Wermutkraut drehend. Warmer Gaumenkontakt. Terroir und elegantes Leder. Mittleres Extraktpotential mit rustikalem Finish. 17/20 austrinken
91: Mit Karl Gut im Bienengarten in Dielsdorf getrunken. Genau dieselben Eindrücke.
92: Tiefes Granat mit ziegelrotem Rand. Orangenhaut (Kumquats), sehr intensiv, Stallnote, feiner Zimthauch, schokoladig, Nelken, extrem würzig, mit defensiver Süsse, Minze, grüner Tee, exotische Frucht (Patschuli). Pfeffriger Gaumenbeginn, feine stielige Aromen. Konzentriertes Extrakt, mittlerer Körper, guter Nachklang. 17/20 austrinken
93: Leicht über dem Zenit, von der Säure erhalten, Maggi- und Eisenkrautnote, Torfgeschmack. 16/20 austrinken

1953 Mouton-Rothschild   20/20
92: Mitte Schulter: Reife Farbe, Brauntöne, stark aufhellend. Ranzige Nase, Schokolade, dahinter Süsse, Terroir, vielschichtig, Minze, Erdbeeren. Unsaubere Gaumennote, sandiges Extrakt. Es soll bessere Flaschen geben. Müsste auch so sein, denn Lynch-Bages und Lafite sind in diesem Jahr derart gut, dass auch Mouton hätte einen anständigen Wein machen können. Sehr wahrscheinlich lag es am Füllniveau. Bewertung für diese Flasche: 16/20 trinken
93: Nicht ganz optmiale Flasche, aber mit viel Minze und Orangeat im Bouquet. Leider, wie eingangs erwähnt, nicht besonders ansprechend im Gaumen.
93: Eine Flasche mit schlechtem Etikett, die wir deshalb für 500 Franken erhielten. Das war jetzt aber wirklich der absolute Wahnsinn. Ein gigantischer Kampf würde man sich eine perfekte Flasche Lafite 1953 gegenüber vorstellen. Der Mouton hat mehr Power, Schultern, Fülle und Konzentration. Ein Jahrhunderterlebnis - geteilt mit Karin Egli,

Paolo Cattaneo, Max Gerstl und zwei Saarwinzern, nämlich Egon Müller und Hans-Joachim Zilliken.

20/20 trinken, träumen, taumeln...

1955 Mouton-Rothschild   17/20
88: 3/8 Flasche: Noch immer kompakte Farbe. Leichte Minze in der Nase. Im Gaumen erst alkoholisch, schokoladig, noch präsentes Tannin. Ist aber in dieser Flaschenform sehr wahrscheinlich nicht mit anderen Flaschenformaten zu vergleichen. 16/20 trinken
90: Normalflasche: Unwesentlich konzentrierter und weniger Druck als Lynch-Bages und Latour. 17/20 austrinken

1957 Mouton-Rothschild   16/20
89: Obwohl es sich um den Mouton meines Jahrganges handelt, gibt es viel bessere 57er. Wir haben den Wein neben Haut-Brion getrunken. Mouton ist hart, eckig und hat eine zinkartige Säure. 12/20 vorbei
90: Eine ganz erstaunliche Flasche, die mich mehr beeindruckte als die erste. Sehr rustikal. 15/20 trinken
91: Jéroboam: Aus dem Privatkeller von meinem holländischen Weinfreund Paul Hermann. Ich hätte einen ganzen Roman darüber schreiben können. Diese Grossflasche entkorkten wir als Höhepunkt eines 57er Festivals in Belgien. Der Ort, die Freunde, alles stimmte. Ich wanderte mit dem Glas 10 Minuten lang durch den einsamen Schlosspark beobachtet von einem strahlenden Sternenhimmel. Doch zurück zum Wein. Kräftiges Bordeauxrot, noch recht jung wirkend. Offene Nase mit Schoko-Minzennuancen (After-Eight). Einmal mehr schwingt im Gaumen jener Kapselton mit, der Mouton oft schon verraten hat und seine Typizität unterstreicht. Blaubeerig-rauchige Fruchtaromen. Profitiert von längerem Luftzutritt und wird zunehmend weniger. Nicht aufgrund der besonderen Umstände überbewertet. Es war eine sensationelle Flasche. 16/20 trinken - 2000
92: Tiefes, reifes Bordeauxrot. Würziges Kräuterbouquet, Eucalyptus, Tabak, Lakritze, Kampfer, Leder. Griffiger Gaumen, harte Tannine, etwas rauher Gaumenfluss, kernig.
15/20 trinken - 2000

1958 Mouton-Rothschild   12/20
92: Recht jugendliches Granat. Viel Jod, faulige Note, altes Leder, verrauchtes Bouquet. Scharfe Säure, Bitternote auf der Zunge, metallisch, trocken, brutal, mager und kurz.
12/20 vorbei

1959 Mouton-Rothschild   20/20
90: Dunkles Granat, rasch und intensiv ausstrahlendes Bouquet. Feines Parfüm (Heidelbeeren und Blütendüfte), fester Körper, sehr ausgeglichen, feine Süsse mit langem, anhaltendem Finish. 20/20 trinken
90: Eine andere Flasche. Dieselben gewaltigen Eindrücke.
20/20 trinken
91: Süss, Minze, Caramel, dahinter vielschichtiges Kräuterspiel. So fein und so umwerfend zugleich. Wer noch nie einen 59er Mouton trinken durfte, dem fehlt ein grundlegendes Stück Weinkultur.
91: Während einer Buttinger-Probe bei der rund 30 Granaten von ähnlichem Kaliber entkorkt wurden - der absolute Tagessieger gefolgt vom 59er Figeac. Ich glaube, dass das Reifepotential nun endgültig erreicht worden ist.
20/20 trinken
92: An einer Mouton-Degustation im Mövenpick-Cellier Basel. Die Flaschen stammten aus meinem Privatkeller. Sehr dicht, tief. Süss, Mandelgebäck, zerlassene Butter, edles Nussöl. In einer sensationellen Balance zwischen rauchiger Frucht und feiner Minzen-Kräuternote. Intensiver Druck im Finish mit sehr langem Nachklang. 20/20 trinken
92: An der Mouton-Degustation in der Mühle in Fläsch neben dem 47er der Star des Tages. 20/20 trinken - 2005
93: Magnum: Wenn die grossen 82er, die in ihrer Säurekonstellation sehr ähnlich sind einmal so werden, dann kann man sich bereits jetzt freuen. Dieser 59er Mouton hat so viel Druck und so viel jugendliche Tannine, dass er sehr wahrscheinlich noch bis ums Jahr 2000 kontinuierlich zulegen wird. So saftig-cremig, viel Cassis, Fett und Extrakt. In der gleichen Woche habe ich eine ebenso junge Normalflasche getrunken und beide Male war das Erlebnis 20 Punkte wert. Mit Latour der beste 59er.
20/20 trinken - 2010
93: Schon wieder eine Magnum mit einer besonderen Geschichte. Wir kauften diese Flasche blind. Das heisst ohne Etikett, und ohne zu wissen, welcher Jahrgang es war. Kosten Fr. 500.- geteilt durch zehn anwesende Weinfreaks. Wir wurden nicht enttäuscht und die 20/20 fielen reihenweise...
93: An der Engelhardt-Probe einmal mehr eine Magnum der Superklasse. Vielleicht der opulenteste Pauillac in diesem Jahrhundert. 20/20 trinken - 2010
94: Eine etwas zu reife Flasche. Durch die vielleicht zu warme Lagerung war alles Potential in der Nase in verschwenderischer Form vorhanden. Betörend, berauschend. Ein nasales 20 Punkte-Erlebnis. Im Gaumen hätte man dafür leider einen kleinen Abzug machen müssen. Mir war aber schlichtweg nicht danach zumute...

1960 Mouton-Rothschild   14/20
89: Eine kleine Überraschung: Sattes, tiefes Granat mit orangem Rand. Süsses Kaffee- und Edelholzbouquet, noch recht würzig. 14/20 austrinken
92: Mattes Orange-Granat mit ziegelroten Reflexen. Schokonote, marmeladige Anklänge, Orangenschale, Waldboden, Malz. Weicher, charmanter Gaumen, wiederum Schokolade, waldig, Kaffee, trockenes Finish.
14/20 austrinken

1961 Mouton-Rothschild   19/20
Ist es vielleicht so, dass ich meine persönlichen Erwartungen zu hoch geschraubt habe? An einer 61er Degustation konnte sich Mouton nur mit Mühe neben Latour, Baron, Lynch-Bages und Pontet-Canet behaupten.
88: Aufhellende, reife Farbe. Cabernet-Gemüsenase (Randen), burgundischer, fülliger Gaumen mit vordergründigen Tanninen. Körper mit Druck und relativ lang. Dies ist kein Endresultat. Mouton 1961 soll wesentlich besser sein. Vielleicht handelte es sich hier nicht um eine optimale Flasche. 17/20

Pauillac

89: An einer Raritätenprobe eine bessere Flasche: Satte, eher dumpfe Farbe, Kaffee und Röstaromen, darunter aufsteigende Süsse (Kandis), noch jugendliches, präsentes Tannin. Der Körper gewinnt an der Luft zunehmend an Fülle. Das Tannin sollte sich in den nächsten Jahren noch ein wenig abrunden. 17/20 trinken
91: Wiederum eine Flasche, die leicht unter meinen persönlichen Erwartungen lag. 18/20 trinken
92: Eine junge Flasche mit recht tiefer Farbe, jugendlich in der Mitte, am Rand ziegelrot. Animalische Note, sehr dicht, konzentriert und vielschichtig. Süss, Terroir, Leder, verdeckter Schieferton, im Finish Würznote, Salbei.
18/20 trinken - 2015
92: Hannes Scherrer-Probe: Bildete in der Blindprobe hinter Latour und Lafite das Schlusslicht. Mittleres Granat mit ziegelroten Reflexen. Cassis, Rauch, offen, Fleischaromen. Trockener Gerbstoff, vordergründig, sandiges Extrakt, fehlt ein bisschen an Finessen. 17/20 trinken - 2010
92: Tiefe Farbe, dicht. Fleischige Nase mit wuchtigem Würzspiel, Zedern, Nelken, Süssholz, dicht, konzentriert, grosses Terroir verratend, pflaumig. Im Gaumen so intensiv wie der 61er Latour, unglaublich viel Reserven. Ein schlafender Riese und zugleich das grösste 61er Mouton-Erlebnis meinerseits. 19/20 trinken - 2025

1962 Mouton-Rothschild   19/20
88: Enorm kompakt und dicht. Mandelblüten, Caramel und Buttertöne, Confetti (ital. Hochzeitsbonbons), im Mund verdecktes Vanillerucharoma. Opulent, weinig, warm, riesiges Potential. 18/20 trinken
90: Bisher wieder einige Male getrunken. Die Flaschen scheinen unterschiedlich zu sein (wahrscheinlich von der Lagerung her). Er ist auf dem Höhepunkt.
91: Leider auch ein paar weniger gute Flaschen.
92: An der Mouton-Probe mit zwanzig anderen Jahrgängen degustiert. Eine sensationelle Flasche. Leuchtendes Granat. Bouquet erst verhalten, dann explosiv öffnend, Kaffee, Lakritze, Dörrfrüchte. Im Gaumen voll mit Charme und Fülle, warmes Cabernet-Aroma, Cassis, Black-Currant, gebundenes, wuchtiges Finish. 19/20 trinken - 2000
94: Sehr dunkle Farbe, dicht, noch jugendlich. Buttriges Bouquet, Black-Currant, Cassis. Im Gaumen süss, extrem konzentriert, würzige Gerbstoffe, unheimliche Länge.
19/20 austrinken

1964 Mouton-Rothschild   17/20
87: Typische, charakteristische Bleikapsel-Note, offen, feines Bouquet, eher schlanker Körper. Balancefehler, im Abgang verwässert. 15/20 trinken
91: In Lugano eine Magnum: Mittelgewichtig, doch recht komplex. Hatte aber gegen die nachfolgende 64er Latour-Magnum keine Chance!
92: Kandissüsse, Kokos, Herbsttrompeten. Schön parfümiert. Mittelgewicht, dafür aber sehr elegant.
16/20 trinken
92: Total laktisch und sehr merlotbetont, Milchsäure, Kandis. Im Gaumen kapselig. Auf alle Fälle ein sehr atypischer Mouton. 16/20 trinken - 2000

93: In einer Blindserie eine normale Flasche gegen eine Magnum verkostet. Die normale Flasche war arg müde und bereits oxydativ 13/20, die Magnum etwas vom besten, was ich je von 64er Mouton getrunken hatte.
Magnum: 17/20 trinken - 2005

1966 Mouton-Rothschild   16/20
87: 3/8 Flasche: Markanter Goût de Capsule. Feiner, eleganter Duft, wirkt defensiv und etwas verschlossen.
89: Es fehlt diesem Wein an Ausdruck. Wenn ich an den 66er Lynch-Bages denke, dann muss man wirklich keinen 66er Mouton im Keller haben. Was ich hier trinken musste, war im besten Falle 15/20
90: Während einer 66er Probe blind: Granatrot. Zartduftende Nase. Offen, leichter Wildton. Im Gaumen noch ausbauendes Extrakt anzeigend. 16/20
91: Magnum: Wie soll man eine 66er Mouton-Magnum ehrlich bewerten, wenn der Wein mit 23 Grad eingeschenkt wird. Schade ums Geld und noch viel mehr um den Wein selbst. Ich war leider nur Zaungast und konnte deshalb nicht eingreifen.
92: Geraniolnote, wirkte unfertig mit eher rauhen Tanninen, gekochte Paprikaschoten. 15/20 trinken
92: Tiefe Farbe. Rauchige Ledernase, animalisch, korinthig, mit gewissem Druck. Öffnet sich nur langsam. Trockene, aber dicht beschichtete Struktur. Das war die absolut beste Flasche, die ich bis jetzt trank. 16/20 trinken - 2010
93: Magnum: Hier hatte ich denselben Eindruck wie bei einem 66er Margaux. Wurde etwa noch 65er dazu geschüttet? 80 % des Weines zeigen die typische Jahrgangstypizität eines ebenso typischen 66ers, heiss, trocken, ledrig. Darunter waren aber irgendwie noch 20 % von 65er Elementen vorhanden, kernig, grün, unreifer Cabernet. Durch diese eigenwillige Verbindung wirkt der Wein auch heute noch, insbesondere in dieser Magnumflasche, blokkiert und absolut unfertig. 15/20 warten

1967 Mouton-Rothschild   15/20
91: Zwei schöne Flaschen innert kurzer Zeit getrunken. Mittelgewichtiger Wein mit viel Charme. Nicht dekantieren und innert 30 Minuten trinken. 15/20
92: Reife Farbe. Leichte Wildnote zu Beginn, gebrannter Caramelzucker, merlotlastig. Im Gaumen mittlere Intensität, vollreif, ja fast überreif, was sich in anzeichnenden Lücken in der Struktur zeigt. 15/20 austrinken
92: Blind für einen 69er gehalten. Eine armselige Flasche eines Moutons, der sich jetzt immer mehr für Sammler denn für Geniesser eignet. 13/20 vorbei
93: Eine erstaunlich gute Flasche an der Voumard-Mouton-Degustation. Kakaobutter. Relativ leicht, aber sehr elegant und noch immer gebunden. 15/20 tinken
94: Volles, gebundenes Merlot-Bouquet. Im Gaumen leicht gezehrt. Alleine, das heisst nicht im Vergleich mit anderen Weinen getrunken, noch immer ein schönes Trinkvergnügen. 15/20 austrinken

1968 Mouton-Rothschild 12/20
91: Während einer Mouton-Probe mit zwanzig Jahrgängen. Mahagonibraun mit stark aufhellendem Wasserrand. Ranzige Wallnuss-Nase. Im Gaumen recht fett, schmeichelhaft und für diesen doch relativ schwachen Jahrgang erstaunlich. 12/20 vorbei

1969 Mouton-Rothschild 15/20
89: Müdes Orangerot. Verblühender Merlot. Gezehrter, kurzer Körper. Die Säure ist zähnebeschlagend. 12/20 vorbei
92: Braun. Ranziger Merlot, noch angedeutete Fülle. Die Flasche war aber unsauber und roch nach Kartoffelsack. Keine Bewertung!
93: Magnum: Recht braun. Offenes Bouquet, Rauch, Bitterorangen, fast an Kumquats erinnernd, defensive Süsse. Im Gaumen Schokonote, nach 5 Minuten Fleischton, stallig, Leder, herbe Tanninnote. Nach 15 Minuten burgundischer Charakter, entwickelt mehr und mehr Süsse. Wer also unbedingt 69er Mouton trinken will, sollte ihn aus einer solchen Magnum trinken. Das war mir 15/20 wert. 15/20 austrinken

1970 Mouton-Rothschild 18/20
91: Innerhalb von zwei Tagen zweimal getrunken. Beidesmal die selben Eindrücke. Kräftige Farbe. In der Nase noch immer von Merlot dominiert. Wirkt mehr und mehr komplex. 17/20 trinken - 2000
92: Legt mehr und mehr zu, wird kompakter. Merlotcharakter, Caramelsüsse. 17/20 trinken - 2000
92: Eine wunderbare Magnum und zugleich der beste 70er Mouton, den ich trinken durfte. Wenn man den Preis (380 Schweizer Franken für die Magnum in einem Restaurant) in die Wertung miteinbeziehen könnte, dann wäre es fast ein 20/20 Punkte-Erlebnis geworden. Nach wie vor präsente, aber immer mehr mit dem Fett verbindende Säure, dahinter viel Schmelz mit mittlerer Fleischproportion. Entwickelt nach einer Stunde ein würziges Tabakaroma und wird besser und besser... 18/20 trinken - 2000
92: Leuchtendes, sattes Granat mit Purpurschimmer. Süsse Nase, konzentriert, Vanille, Cassis. Im Gaumen satt, dicht strukturiert mit feinen Tanninen, die Süsse in sich zeigen. Hat noch Gerbstoffreserven und entwickelt sich seit ein paar Jahren immer positiver, nachdem er bis 1989 eine eher schwache Phase durchgemacht hatte. 18/20 trinken - 2005
93: Jedesmal, wenn ich jetzt den 70er Mouton trinke, bereue ich es immer mehr, dass ich vor ein paar Jahren eine Kiste vor lauter Enttäuschung verkauft habe. So gut, so süss, so fein...
93: Blind eine sehr reife Flasche. Die Nase war geprägt von fast überreifem Merlot in Form von Kakaobutter. Nach 30 Minuten zeigte der Gaumen oxydative Spuren. 17/20 austrinken
94: Bräunliche Farbe. Zurückhaltendes Bouquet, getrocknete Küchenkräuter, süss, leicht rosinierend. Im Gaumen noch immer unfertige Gerbstoffe, die sich mit der Säure verbinden. Trotz fortgeschrittener Farbe, braucht er aufgrund der Gaumenkonstellation noch weitere Reifezeit. 18/20 1996 - 2020

1971 Mouton-Rothschild 16/20
87: Feiner, mittelgewichtiger Wein, verdecktes Vanille, mittleres Finish. Steht qualitativ knapp über Lafite. 15/20 trinken
91: Doppel-Magnum: Wirkt komplexer und etwas besser. 16/20 trinken
92: Gekochte Peperoni, Jod, Schokoladennote. Ich glaube, er wird nie mehr besser als 15/20 austrinken
92: Blind degustiert. Offene, reife Nase mit verdeckter Süsse. Cheval-Blanc-ähnliche Aromen. Nach 30 Minuten typischer Mouton-Bleikapselton. 16/20 austrinken
94: In der Nase zeigt sich wiederum reifes Cabernet Franc-Aroma, was den vor zwei Jahren mit Cheval-Blanc gemachten Vergleich durchaus rechtfertigt. Minzig, defensive Süsse und leicht kapselig im Gaumen, fleischiger Fluss. Die tendenziell zunehmende Wertung seit meiner ersten Notierung lässt vermuten, dass er immer mehr in Richtung 17/20 geht, trotz dem Vermerk „austrinken". Vielleicht ist es aber auch nur ein letztes Aufbäumen vor dem Tode. 17/20 austrinken

1972 Mouton-Rothschild 12/20
86: Ein absoluter Sammlerjahrgang. Für Kenner eine Katastrophe. Saurer, kleiner Wicht mit Stahlwollengoût. maximal 12/20 weg damit!
92: Rohes Bouquet, abgehangenes Fleisch, gelbe gekochte Peperoni. Extrem kurzer Gaumen. 12/20 austrinken

1973 Mouton-Rothschild 16/20
91: Weinrot mit mittlerer Dichte, grosser Wasserrand. Ausladende, würzige Nase, die ein fundiertes, grosses Terroir anzeigt. Süssholz in den Tanninen, wirkt noch defensiv, kräftig und griffig mit leichten Reserven. Mittelschwerer Körper, mangelt an Konzentration. Recht fett. 15/20 trinken ohne Eile
92: Eine faszinierende Süsse geht von diesem Wein aus. Sehr ausgeglichen und elegant. Wenn Sie diesen Wein trinken wollen, dann trinken Sie ihn allein. Denn die Nachbarn könnten seine Finesse und Eleganz erdrücken. 16/20 trinken, ohne zu dekantieren
93: Eine müde Flasche, gezehrt und verrochen. 13/20 vorbei
94: Ein Leichtgewicht, süffig, elegant mit feiner, kreidiger Gaumennote. Wer einen ebenso guten, aber günstigeren 73er trinken will, soll sich dem Lafite zuwenden. Dieser macht, trotz fehlendem Picasso-Etikett noch mehr Freude. 16/20 austrinken

1974 Mouton-Rothschild 12/20
86: Leichte Farbe, weiche, schwache Nase. Duftendes Holz, trocken, unpassende Säure. Im Gaumen sehr leicht, brutal kurz. 12/20 trinken
92: Recht gute Terroiranzeige in der Nase. Im Gaumen extrem blechig. 12/20 austrinken

Pauillac

1975 Mouton-Rothschild　　　　　　　　　18/20
Mouton hat diesen Wein nicht nur wie jedes Jahr in neue Fässer gelegt - es war der erste Mouton, der in den neu eingerichteten Holzcuviers vergoren wurde.
90: An einem Mittagessen getrunken. Total verschlossen, trockene, gerbstoffreiche Struktur. Warten bis zum nächsten Jahrtausend, jedoch ohne Garantie, dass sich dies auch wirklich lohnt. Sehr wahrscheinlich　　17/20
91: Total verschlossen an einer Mouton-Probe in Stansstad. Enorm Gerbstoff. Extreme Adstringenz.　17/20 ??
92: Der 75er Mouton war lange ein „Buch mit sieben Siegeln". Niemand konnte erahnen, ob in dieser Gerbstoffbombe überhaupt jemals etwas in Bewegung kommen würde. Nun, an dieser Mouton-Probe zeigt er sich erstmals mit einer kleinen Öffnung. Somit steigt die Hoffnung, dass sich dieses Dornröschen im nächsten Jahrtausend von einem Weinprinzen wachküssen lässt. Mittlere Farbe mit sandiger Dichte und nussfarbenen Reflexen. Zu Beginn extreme Schokonote, Stall, Orangeat (Bitterorange). Im Gaumen viel Tannin, rauchig wie ein 66er Lynch-Bages, sandig-rustikales Extrakt, trockener Gerbstoff.
　　　　　　　　　　　17/20 trinken ab 2000 ??
92: Magnum: Dicht, purpur, satt. Zu Beginn Jodnase, stallig, Backpflaumen, süss, Heu, Stroh, Stall, heisse Schokoladensauce, schwarze Rosinen. Hat unheimlich viel Tannin, aber auch noch Potential. Entwickelt sich durchaus positiv, wobei auch heute noch sehr schwierig zu sagen ist, ob er dem phänomenalen Mission 1975 oder anderen, negativen Châteaux nacheifert, die austrocknen werden, ohne jemals eine Genussfreude gemacht zu haben.
　　　　　　　　　　　17/20 trinken ab 2000
93: Jod-Torfnase, die sich nur sehr, sehr langsam öffnet. Tannin, Tannin und nochmals Tannin - aber... er kommt jedes Jahr mehr. Ich glaube, dass er ums Jahr 2000 erstmals seine wahre Grösse zeigen wird.
　　　　　　　　　18/20 trinken ab 2000 - 2050
94: Er kommt, und das ist so sicher wie das Amen in der Kirche. Das Bouquet zeigt Spurenelemente des grossen 45ers. Um es ihm gleich zu tun, fehlt ihm die Konzentration. Aber er birgt in sich ein Duftpotential, das um die Jahrtausendwende erstmals ersichtlich sein wird.
　　　　　　　　　　　18/20 Tendenz zunehmend...
94: Tiefe, reifende Farbe, undurchsichtig. Offenes, süsses, verlockendes Kräuterbouquet, Minze, Zedernholznote, Edelhölzer. Junges, das Zahnfleisch beschlagendes Tannin, fast grün, aggressiv und doch ein gewaltiges Potential ausstrahlend, Tannin, Tannin und nochmals Tannin, ein blockierter Wein, süsses Finish, es lohnt sich weiter zu warten.　　　　　　　　　18/20 2000 - 2025

1976 Mouton-Rothschild　　　　　　　　　17/20
88: Sattes, dunkelblaues Kirschrot. Verschlossene, weitausladende Nase, die nach Holunder und schwarzen Johannisbeeren duftet. Im Gaumen griffig mit Biss. Feines, begleitendes Eichenholzaroma. Wirkt etwas trocken.
　　　　　　　　　　　　　　　15/20 trinken
92: Intensiver Kapselton. Wirkt ledrig und austrocknend.
　　　　　　　　　　　　　　　15/20 austrinken
92: Impériale: Reifes Granat-Orange. Heisse Leder-, Stallnase, Korinthen, Zimt, überreife Beeren, fermentierter Tee, verdeckte Minze. Im Gaumen kalter Rauch, gebrauchtes Leder, pfeffrige Säure, leichte Trockenheit im Gerbstoff, hat viel Biss und ist kräftig. In der Impériale um ein Vielfaches besser als jetzt in den Normalflaschen. 17/20 trinken

1977 Mouton-Rothschild　　　　　　　　　13/20
87: Schmale, würzige Nase. Trockene Kräuter im Gaumen, Cabernet- und Bittermandelaroma, zu viel Säure. Würde bei der Queenmother wohl noch ein paar zusätzliche Falten im Gesicht bewirken, wenn sie diesen Saft trinken müsste. 12/20 trinken oder sammeln. Long lives the Queen, but not this wine!
92: Defensive Süsse, Zibetnuance. Drahtige Säure. Hat eine „gewisse" Eleganz und Spuren von Süsse im Finish.
　　　　　　　　　　　　　　　13/20 austrinken
94: Magnum: Auch die Magnum half nicht über die doch fortschreitende Fauligkeit hinweg.　12/20 austrinken

1978 Mouton-Rothschild　　　　　　　　　17/20
87: Öffnende Nase, femininer Duft, im Mund Fleisch und feine Adstringenz. Erste Reife, sauberer Eichenton, lang mit angetönten Finessen. Als Premier Cru nur mittleres Potential.　　　　　　　　　16/20 trinken
89: Ist an einer Pauillac-Degustation durch seine helle Farbe aufgefallen.　　　　　　　　　　　15/20
91: Reifer als der 79er in der Farbe. Merlot dominiert die Nase. Ingwer und Süsse. Im Gaumen mit Charme und ein paar Tanninspuren, die den Wein noch ein paar Jahre begleiten können.　　　　　　　　　16/20 trinken
92: Dichte Farbe mit reifanzeigenden, orangen Reflexen am Rand. Superbe, würzige Nase, Rauch, Zedern und verdeckte Süsse. Gewinnt an der Luft, vielschichtig, feines Parfüm (Cassisblüten). Im Gaumen mittelgewichtig, mittlere Strukturdichte, wirkt aber recht lang und ausgeglichen.
　　　　　　　　　　　　　　　17/20 trinken - 2000
93: Eine Flasche direkt aus dem Keller, ohne zu dekantieren. Die unreifen Spuren des Cabernet dominierten fast eine Stunde lang. Um dies zu verhindern, lohnt es sich, den Wein also mindestens eine halbe Stunde vorher zu dekantieren.　　　　　　　　17/20 trinken - 2000

1979 Mouton-Rothschild　　　　　　　　　15/20
87: An einer Weinmesse eine total oxydierte Flasche.
88: Während einer Steinfels-Auktion. Purpurfarbe mit violetten Reflexen. Wirkt süss, aber disharmonisch mit Fehlern im Strukturverlauf. Darunter auch animalische Wildtöne. Eine Balance zum Auseinanderfallen. Trotzdem hatte ich einmal recht Freude an diesem Wein, dann nämlich, als wir im Chapon Fin in Thoissey alle Flaschen zu 340 FF ausgetrunken haben. Soviel ist er wert - mehr nicht.
　　　　　　　　　　　　　　　13/20 trinken
91: Von Saulus zu Paulus! Enorm tiefe Farbe ohne jegliche Altersreflexe. Verschlossene Nase, komplex und recht dicht. Im Gaumen fleischig mit ausbauendem Potential.
　　　　　　　　　　　　　　　15/20 bald - 2000
92: Nachdem ich den 79er einige Male positiv bewertet

hatte, nun dieser Absturz. Ich glaube aber, dass es eine miserabel konditionierte Flasche war, oder es sich um einen gut gereisten Weltenbummler handelte. Oxydativer Beginn, Madeira, dann noch etwas an Süsse zunehmend, pferdig, gebraten, Korinthen. Tannine wie ein 76er. In dieser Art wird er nicht mehr zulegen, sondern schlicht und ergreifend, ähnlich wie der 76er Cheval einst, auseinanderfallen. Keine Bewertung!
92: Zusammen mit 15 anderen 79er Pauillacs blind degustiert. Er bleibt offensichtlich bis zu seinem Lebensende Mittelklasse. Mittleres Granat. Offenes, süsse Bouquet, Cassis, Caramel. Im Gaumen starke Barriquenpräsenz (Sägemehl), wirkt blockiert und pelzig. Die Säure dominiert den Wein, gegen den Schluss wird er zunehmend süsser, recht lang. Insgesamt aber als Mouton enttäuschend.
15/20 trinken - 2006
93: Vermutlich gibt es von zehn Flaschen eine gute. Das ist mir zu wenig. Für mich ist und bleibt es ein „Drahtesel". Da ich kein Mouton-Sammler bin, habe ich alle meine Flaschen aus dem Privatkeller verbannt.
15/20 trinken, wer will
93: <<Das ist jetzt bereits die dritte Jéroboam Mouton 1979, die Korken hat>>, kommentierte der enttäuschte Hardy Rodenstock. Je mehr Kontakt ich mit dem 79er Mouton habe, desto mehr kann man ihn vergessen.

1980 Mouton-Rothschild **15/20**
87: Hatte viel Mühe, mich mit diesem Wein anzufreunden. In Degustationen bis 1987 immer eher schlecht bewertet. Nun öffnet er sich und zeigt jene süsse Eichenholznote, die man an Mouton so schätzt. Leichter, beschwingter Körper. 15/20 trinken
92: Jetzt in der Endreife. Macht aber durchaus viel Freude, wenn man ihn ohne Vergleich zu anderen, grösseren Jahrgängen trinkt. 15/20 austrinken
93: Es braucht jetzt schon recht kühl gelagerte Flaschen, um ein angenehmes Trinkereignis suggerieren zu können.
14/20 austrinken

1981 Mouton-Rothschild **16/20**
90: Bisher wiederum mehrmals aus Normalflaschen getrunken. Ein schwacher 81er und ein schwacher Mouton zugleich. 15/20 trinken
92: Mittlere Dichte, recht aufhellend. Süsse Minze-Schokonote (After-Eight). In der Säurespitze ein Chili-Paprikaton, wenig Fleisch, zähfliessend, fehlt an Charme.
16/20 trinken - 2000
93: Metallische Säure-Gerbstoff-Verbindung. Unharmonischer Wein ohne grosse Zukunft. 15/20 trinken - 2000
94: Ungeschliffene Gerbstoffe im schlanken Körper mit metallischer Zungenadstringenz. 15/20 austrinken

1982 Mouton-Rothschild **20/20**
(unterschiedliche Flaschen)
86: Eine Perfektion! In jungen Jahren oft mit Freude und ohne schlechtes Gewissen getrunken. Am Anfang schwarz und undurchdringlich. Randensaft, enorm fruchtig-wuchtige Nase, ausströmend. Im Gaumen stürmisch, die Frucht steht deutlich über dem Gerbstoff, weinig, saftig, mit Fleisch fast überladen, endlos nachhaltig. 20/20
88: Verschliesst sich zusehends, nun muss man wohl ein Jahrzehnt warten. Wer diesen Wein in seiner Fruchtphase nie getrunken hat, dem fehlt ein Stück grundlegende Weinkultur.
89: Total verschlossen
90: Eine Merlot-Zwischenphase, darunter ein warmer Heidelbeeren- und Rauchton. 19/20
91: Eine Magnum: Reduktiv. Man hätte uns vielleicht vorwerfen können, es wäre zu früh gewesen, diese Grossflasche zu trinken. Bei einem Restaurantpreis von 350 Franken hatten wir aber zu grosse Angst, dass die Flasche bei unserem nächsten Besuch nicht mehr da gewesen wäre.
92: Schwarz, dumpf, dicht. Reduktiv, Johannisbeerengelee, fett, Kaffeenote. Im Gaumen Zimt und Gewürznelken, Zedern, viel Charme, rund und samtig, parfümiert mit viel fettem Tannin, die das Säuremanko wettmachen. Mouton und Léoville-Las-Cases werden wohl als Sieger durchs 82er Zielband rennen. 20/20
92: Engelhardt-Probe, Baden-Baden aus der Magnum: Wieder leicht fruchtiger als die Normalflaschen. Der Barriquenröstton dominiert vanillig den phantastischen Wein.
20/20 1994 - 2015
92: Normalflasche: Im Moment wirklich wieder ein bisschen zugänglicher.
92: Mit Hannes Scherrer an einer WeinWisser-Redaktionssitzung verkostet. Er war so fein und so verführerisch, dass er selbst die Redaktionsrunde zu „übertönen" vermochte.
92: Diese Wertung ist als „goldener Mittelweg" anzusehen. Wir haben Wertungen, die glatte 20 Punkte machen, andererseits wiederum Erlebnisse von 18 Punkten. Man müsste fast annehmen, dass es zwei verschiedene Assemblagen gegeben hat. Die bessere Variante: Schwarz, sehr tief. Volles Cassiskonzentrat. Im Gaumen wuchtig und fein zugleich, mit feinsten, gerundeten Gerbstoffmassen.
20/20 1996 - 2010
93: Laktische Nasenaromen, Butter, Cassis, Heidelbeeren. Obwohl das Bouquet eine kleine Öffnung zeigt, sollte man ihn im Moment in Ruhe lassen, da sich das Fett noch nicht mit den Gerbstoffen verbunden hat. Deshalb ist eine Trokkenheit in den Tanninen festzustellen.
19/20 warten - 2015
93: Purpur-Violett. Defensive Nase, schöne Cabernet-Anzeige. Im Gaumen verschlossen mit viel Extrakt und Potential. Ein grossartiger Wein, eine Art weibliches Pendant zum 86er. 20/20 2000 - 2025
94: Innerhalb zweier Wochen dreimal getrunken. Eine Flasche wieder hinter den Erwartungen, Notierung: 17/20, die anderen zwei mit 20/20

1983 Mouton-Rothschild **18/20**
87: Bedeutend trockener und mehr eigenes Tannin als der 82er. Hat sehr wahrscheinlich Anlagen, unendlich alt zu werden.
90: Noch immer verschlossen und vielversprechend.
18/20 1993 - 2010

Pauillac

92: Schöne Farbe mit durchaus jugendlichen Reflexen, dicht. Tiefe Terroir-, Trüffelnase, Cassis, warm, kompakt, kerniges, noch griffiges Tannin, viel Extrakt mit Würze und sicherlich noch ausbauend. Im Finish Kakaobutter, respektive dunkle Schokolade. 18/20 1995 - 2010
93: Ein rustikaler, männlicher Wein, animalische Pferdearomen. 18/20 1995 - 2015
94: Zwei unterschiedliche Flaschen an einer Mouton-Probe. 15/20 für die schlechte und 18/20 für die gute Flasche.

1984 Mouton-Rothschild 16/20
89: Aufhellendes Granat-Purpur. Schwere, fast mastige Nase. Im Gaumen recht fest, rauchig-beerig. Schlanker Körper. Die Säure verbindet sich elegant mit dem Holz. Wirkt insgesamt etwas leicht. 15/20 trinken - 1998
91: Mehrere Male blind meinen Gästen vorgesetzt. Macht sich immer besser. 16/20 trinken
92: Granat-Orange. Reife Nase mit defensiver Süsse. Grüne Nussschalen und feiner Lederton. Im Gaumen Metallnote mit Würzbitterkeit, Spuren von Unterreife des Traubengutes, kalifornischer Eucalyptus im Finish.
15/20 trinken
94: Blind mit dem 83er verwechselt. Die Qualität der Cabernet-Gerbstoffe überzeugen mich immer mehr. Mit dem 84er Domaine de Chevalier gehört er zu den besten dieses Jahrganges. 17/20 trinken - 2015

1985 Mouton-Rothschild 18/20
86: Auf Mouton degustiert. Mit Cos und Pichon-Baron die schönste Farbe im Médoc! Schwarz, süsses Johannisbeerenaroma, eine feine Tabaknote, die mitschwingt. Fleischiger Körper, unter der Oberfläche unzugänglich, mittleres Potential. 17/20 1992 - 2005
91: 3/8 Flasche: Erste Reife, animalische Nase. Grosses, aber etwas rustikales Potential. 17/20
92: Mittlere Farbe, eher wenig Tiefe, Wasserrand. Cassisnase, Zedern, mittlere Dichte, noch durchaus fruchtig. Gewinnt an der Luft an Süsse. Im Gaumen wiederum blaubeerige Noten. Im Moment in einer Zwischenphase. Ich würde noch ein paar Jahre warten. 17/20 bald - 2010
93: Leder-, Korinthenton, Süss, fast gebraten im Bouquet. Öffnet sich nur langsam. Im Gaumen Zimt, lediger Fluss, durch starke Säure eher rotbeeriges Gaumenaroma, gute Reserven. 18/20 1996 - 2010
93: Mitteltiefe Farbe mit violetten Reflexen. Animalische Nase, leichter Jodton, tiefe Zedern- und Terroirwürze. Zugänglicher Gaumen, mittlere Konzentration, Cassis, reifende Gerbstoffe, schöne Länge. 18/20 bald - 2008
93: Je mehr ich den 85er Mouton degustiere, desto mehr habe ich das Gefühl, dass er noch einen Punkt zulegen kann. Was mir an ihm besonders gefällt, ist seine Reinheit. Was mir im Moment noch nicht so gut gefällt, ist die zu stark dominierende Toastage sowie eine gewisse Leichtigkeit im Körper.

1986 Mouton-Rothschild 20/20
88: Fassprobe. Weinlese ab 18. Oktober (Vergleich 82: 12. September). Tiefe, undurchdringliche Farbe, defensive Nase. Würze von Fruchtblüten und vollreifen, schwarzen Fruchtbeeren. Reicher Körper mit perfekter Struktur und Balance, reifes Tannin in enormer Vielfalt. Ein mächtiger, denkwürdiger Wein. 20/20 trinken ab 2000
89: Mouton war mit Lafite und Le Pin der Sieger der Arrivage-Degustation mit mehr als hundert Bordeaux-Weinen.
91: In Holland während einer Proefscrift-Degustation. Wiederum sehr verschlossen. Nach wie vor ein immenses Potential ausstrahlend. 20/20
92: Violett-Schwarz. Süsse, gebündelte Nase, die sich im Moment fast Syrah-ähnlich ausdrückt. Extremes Konzentrat mit reifen Tanninen in unendlichem Reichtum, Brombeeren und Zimt. Mouton 1986 gehört zu den ganz grossen Legenden der „neuen" Zeit. 20/20
92: Schwarz, undurchdringlich, hat keine Spur seiner Farbe eingebüsst. Komplexes, aber in sich verschlossenes Nasenbild, Tiefe und Grösse anzeigend. Im Gaumen Cassis und Massen von perfekten Tanninen. Ein Balanceakt von allen gewünschten Elementen eines grossen Weines in verschwenderischer Fülle. Mouton 1986 ist der Massstab für die grössten Weine der neuesten Zeit. Ein Jahrhundertwein! 20/20 1997 - 2025
93: Er ist trotz Verschlossenheit so konzentriert, dass man zuweilen das Gefühl hat, dass Syrah beigemischt wurde. Im Bouquet deshalb Ähnlichkeiten mit einem Penfolds.
20/20 1997 - 2030
93: Parker-100-Probe, Hamburg: Sattes Schwarz-Kirschrot. Absolute Konzentration, verschlossen, Eucalyptusspuren und an Syrah erinnernde Süsse. Im Gaumen hochkonzentriert mit feinsandigen Gerbstoffen in verschwenderischem Reichtum. Wenn man sich berechtigterweise die Frage stellt, ob heutige Bordeaux noch ein paar Jahrzehnte halten können, so müsste ein Degustationsschluck dieses Weines auch die letzten Zweifler eines Besseren belehren. 20/20 2000 - 2040
94: An einer Mouton-Degustation von zwanzig Jahrgängen der überragendste Wein. Eine Farbdichte und Tiefe, wie sie in keinem anderen Bordeaux anzutreffen ist.
20/20 2000 - 2040

1987 Mouton-Rothschild 16/20
89: Vorabzug auf dem Château: Kompakte Nase mit Zimt und feinen Lederanklängen. Feminine Fülle im Gaumen, schöner Fluss mit rollenden Tanninen. Ein anständiger Wein. Leider ist der Inhalt doch viel weniger wert, als die Flasche dank dem Künstleretikett von Hans Erni kostet. Dies dokumentiert wieder einmal mehr den Unsinn, Weinkultur mit Kunst zu vermischen.
90: Offene, süsswürzige Nase, gebrannte Mandeln, köstliches Parfüm, schönes Tanningerüst, sicherlich noch ausbauend. 16/20 jetzt in dieser Fruchtphase wunderschön zu trinken
91: Leichter Evolutionston. Etwas reduktiv.
92: Kaffee-Pferdenase. Der Merlot macht im Moment eine leichte „Faulphase" durch. Nachdem man ihn bis 1992 ohne Reue und mit viel Vergnügen trinken und geniessen konnte, würde ich jetzt für einen kurzen Moment aussetzen.
16/20 warten, wieder ab 1994 trinken ?

93: Wiederum leichte Faulnote, die das Bouquet stört.
93: Für 99 Franken einige Male in einem Restaurant in Zürich getrunken. Dies waren Flaschen, die als Re-Importe aus Amerika zurückgelangt waren. Die Wanderung ist ihm gut bekommen. 17/20 trinken
94: Wie bei den 92er Notizen eine leicht faulige Note in der Nase. Der Wein wird jetzt immer reifer und sollte langsam ausgetrunken werden. 16/20 austrinken

1988 Mouton-Rothschild 18/20
89 Fassdegustation: Süsse Nase mit Aromen von Vanille, Holz, Kandis und getrockneten Bananen. Fester, satter Körper mit reifen, runden Tanninen. Rauch- und Lakritzenaromen. Dieser Mouton wird bei der Arrivage schon erstmals Freude machen, da er in seiner Fruchtphase bereits viel Opulenz zeigt. Acht Tage vor der Ernte wurden alle unerwünschten Beeren von Hand von den Traubenstöcken entfernt. Es gelangte also nur 100 % reifes, gesundes Traubengut in die Cuviers. 18/20 trinken ab 1996
Nach der Degustation hat uns Raoul Blondin zum Aperitif eingeladen und uns einen unvergesslichen Cassis de Mouton gereicht.
91: Hat sich von seiner Tiefphase vor zwei Monaten erholt. Schwarzes Granat mit violettem Rand. Volles Weltweinbouquet, Rauch, Cassis, Minze und Lederanklänge. Im Gaumen fein und dicht gewoben, viel Schmelz und ebensoviel Rückgrat, fette Tanninstruktur. An der Spitze des 88er Klassementes. 18/20 1998 - 2015
92: Es ist eigentlich nicht meine Art, andere Weinkritiker zu kritisieren. Wine Spectator gibt diesem Wein nun 100 Punkte. Zweifellos ist der 88er Mouton ein grosser, ja sehr grosser Wein. Aber, wenn der 88er 100 Punkte hat, wieviel hat dann der 86er? Nicht mehr so konzentriert wie die ersten Notizen. 18/20 1996 - 2010
93: Granat-Violett. Süsse, Cassis-, Vanille-, Rauchnase, recht dicht, die Toastnote dominiert jedoch die Nase. Im Gaumen Black-Currant, junge, aber reife Tannine, Palisanderholz, saftige, mitteldichte Struktur mit mittlerer Länge, gutes Rückaroma. 18/20 1995 - 2010
94: Sehr fleischig im Gaumen, die Gerbstoffe sind etwas grobkörnig, dafür aber bedeutend mehr Potential aufzeigend als beim 89er. 18/20 1997 - 2015

1989 Mouton-Rothschild 17/20
10 % kleinere Ernte als 1988. Ich war der erste Externe, der den 89er Mouton degustieren durfte.
90: Februar: Ein tiefschwarzer Wein, der total verschlossen ist und im Moment von trockenen Tanninen beherrscht wird.
90: Wiederum auf dem Château degustiert. Gewinnt an Dichte und zeigt die charakteristisch schwarzen Beeren. Die Leute von Mouton verkünden Annäherungen an den 61er.
Mich stört im Moment eine kaum spürbare Bitterkeit in den Tanninen. 18/20 trinken ab 1995
Insgesamt fehlt mir hier der Enthusiasmus, in die Euphorie der amerikanischen Weinjournalisten einzusteigen. Das Potential wird nicht an die grossen Moutons 1961, 62, 82, 86 und 88 heranreichen können.
92: Mittlere Farbdichte mit ziemlich grossem, aufhellendem Rand, zu vergleichen mit der 87er Farbe (!). Offene Kaffeeröstnase, getrocknete Alpenheidelbeeren, süsse Tannine wie ein Sangiovese. Im Gaumen weiche Säure, extrem feines Extrakt, mittlere Konzentration, süsses, anhaltendes Finish, wird relativ schnell reifen. 17/20 1995 - 2010
92: Arrivage: Volles Rauch-, Cassisbouquet, Brombeeren, Heidelbeeren, Black-Currant, verdeckte frische Minze. Im Gaumen charmant, weich mit rollenden, vollkommen runden Tanninen, Kaffeenote von der Barrique dominiert im Moment. Wir haben das Publikum betreffend des Reifepotentials abstimmen lassen. Die Mehrheit glaubt, dass er fünfzehn Jahre nicht überschreiten wird. 18/20 bald - 2010
93: Hat seine Tiefphase überwunden. Die Nase öffnet sich im Moment ein bisschen und zeigt ein wunderschönes, ausgeglichenes rot- und blaubeeriges Spiel, dicht, fleischig, süsse Kirschen. Im Gaumen zeigt sich eine erstaunlich gute Säure, hat Stoff, vanilliges, fülliges Finish, enormes Rückaroma. Wie der 90er eher elegant und in keiner Art und Weise verwandt mit dem legendären 86er. 18/20 1996 - 2015
93: Dominierendes Rauch- und Cassisbouquet. Im Gaumen eine feine Bitterkeit sowie leichte Fehler in der Holzpräsentation durch eventuell grüne Barriquen. 17/20 1998 - 2015
94: Mittleres Purpur mit Wasserrand. Offene Nase, Soya, Cassis, vermischt mit sehr starker Röstung, feiner Lederton darin. Weicher Säurebeginn, sehr reife Gerbstoffe, zartes Brombeeren- und Kaffeefinale. Insgesamt fehlt ihm einfach ein bisschen Konzentration. 17/20 trinken - 2010

1990 Mouton-Rothschild 17/20
91: April: Granat mit mittlerer Farbdichte. Warme Cassisnase mit relativ wenig Druck. Rauch und reduzierte Früchte. Starker Gaumenauftritt, schwarze Beeren, recht konzentriert, reife Tannine, die aber noch jugendlich-aggressiv wirken, pfeffrige Säure mit langem Körperfluss. Insgesamt ein langer, eleganter Wein, der dem 88er gleicht. 18/20 2000 - 2015
93: An der Mouton-Degustation von Marcel Voumard degustiert. Mich erstaunt primär, dass die Farbtiefe nicht besonders konzentriert ist und vor allem rote, statt blaue Reflexe beeinhaltet. Die Holzpräsentation in Form von Kaffee und Toast ist nicht so aufdringlich wie beim 88er und 89er. Offensichtlich hat man die neue Barriquenlinie auf Mouton jetzt doch noch in den Griff bekommen. Im Gaumen zeigen sich die Gerbstoffe vorwiegend auf der Zunge, auf der Seitenwand des Gaumens habe ich die Tannine vergeblich gesucht. Dies ergibt eine einseitige Adstringenz. Insgesamt setzt dieser Mouton mehr auf Ausgeglichenheit und Eleganz, denn auf Konzentration und Kraft. Vom Typ her ein 88er. Den 89er schätze ich leicht höher ein. 18/20 1998 - 2015
93: Im Moment stört eine kernige Bitternote auf der Zunge, die ziemlich aggressiv ist. 17/20

Pauillac

93: Wieder mit 17/20 anlässlich einer Premier Cru Degustation der Jahrgänge 1989 und 1990 bewertet. Er hat sehr wahrscheinlich die früheste Genussreife aller Premiers.
93: Arrivage, blind degustiert: Purpur. Röstnase, Kaffee, gekochtes Cassis. Merlotlastiger Gaumen, viel Schmelz und Fülle, runde Gerbstoffe, mittleres Finish.
17/20 1995 - 2010
94: Im Moment durch sich entwickelnden Merlot von rotbeerigen Nuancen geprägt. Das Toasting überwiegt, leider nur ein Mittelgewicht. 17/20 1996 - 2010

1991 Mouton-Rothschild **16/20**
92: Etwa 40 % einer Normalernte. Mitteldichtes Granat mit blauen Reflexen. Heller als die drei vorangegangenen Jahrgänge. Würze steht vor der Frucht in der Nase, faszinierendes Eisenkrautspiel mit feiner Harznote, dazu mischen sich typisch blaubeerige Aromen eines zugänglichen Pauillacs. Im Gaumen balanciert zwischen Holunder, Vanille und feinem Terroir, im Nachklang Brombeerengelee, jetzt schon sehr weinig, mitteldicker Körper, die Tannine sind mit feinem Schmelz umgeben. Ein eleganter, femininer Mouton. Philippe Cottin vergleicht ihn mit der 81er Qualität. 16/20 1995 - 2006
92: Mai: Aus einer Demptos-Barrique mit etwas grobkörniger Struktur degustiert. Der Barriquenmisch wird dem Wein generell mehr Rückgrat geben. 16/20 1995 - 2006
93: Nebst den Cassistönen Nuancen von Oregano oder Thymian entdeckt. Im Moment stark in der Eichenphase durch den Holzauftritt, insgesamt erscheint er mir etwas schlank, um 100 % neues Holz zu ertragen.
16/20 1995 - 2006
94: An einer Mouton-Probe neben anderen Jahrgängen nur ein dünnes Wässerchen. Eine Farbe wie beim peinlichen 87er Latour. Durch seine Eleganz und Süsse bekommt er von mir zwar noch einen Pluspunkt, läuft aber Gefahr, demnächst auf 15 Punkte abgerundet zu werden.
16/20 trinken - 2003
94: Eine etwas bessere Flasche mit angenehmeren Eindrücken. Das Toasting wirkt im Gaumen aufdringlich und gibt eine leicht dominierende Kaffee- oder gar Soyanote.
16/20 trinken - 2004

1992 Mouton-Rothschild **17/20**
93: Sattes Purpur. Süsse, Cassis- und Toastnase, schön ausladend. Im Gaumen guter Fond, gerundeter, feinkörniger Gerbstoff, reife Frucht. Deutlich besser und konzentrierter als der 87er und der 91er. 17/20 1997 - 2012

1993 Mouton-Rothschild **18/20**
94: Tiefe, violette Farbe mit fast schwarzen Reflexen. Warmes, beeriges Cassisbouquet mit Kaffeenote unterlegt, schönes Fundament, Black-Currant im Untergrund und Edelhölzer. Saftiger, fast süffiger Gaumenfluss, seidige Textur, gesunde, reife Gerbstoffe, die bereits etwas angerundet sind, das Zungenextrakt bewirkt viel Rückaromen und Länge. Ein Mouton, der dem 90er locker die Stange hält. Ein guter Kauf! 18/20 1998 - 2014

CHÂTEAU PÉDESCLAUX

Einer der grössten Fehler der Klassifikation von 1855. Von der Qualität her ist dieses Weingut am hintersten Ende des Cru Bourgeois-Klassements anzufügen.

1966 Pédesclaux **16/20**
92: Extreme Jodnase, Lackton, rauchig, Terroir, Volatile, intensive Kräuternase. Im Gaumen metallische Säureprägung. Gewinnt nach einer gewissen Zeit noch an der Luft, wobei leider die flüchtige Säure in der Nase gleichzeitig intensiver wird. 16/20 austrinken

1970 Pédesclaux **11/20**
86: Holzbetont, angetrocknet, rauh, rohe Säure, mager. Mit Cantemerle der absolut schlechteste 70er! 11/20 ausleeren

1978 Pédesclaux **11/20**
86: Offen, flüchtige Säure. Magerer, unharmonischer Körper. Komischer Wein. 11/20 trinken

1982 Pédesclaux **13/20**
87: Gut, aber wirkt oberflächlich. Immerhin sollte dies ein 5ème Cru sein. Aber was ich bis jetzt an Pédesclaux getrunken habe, reicht im besten Falle für einen schlechten Cru Bourgeois. 13/20 trinken

1983 Pédesclaux **15/20**
87: Hat Anlagen besser zu werden als frühere Jahrgänge. Feines, fruchtiges Holunderaroma. Mittlerer Körper.
15/20 1989 - 1995

CHÂTEAU PIBRAN

In meiner ersten Buchausgabe habe ich diesen Wein als Newcomer angepriesen. Inzwischen hat er sogar den „Coupe des Crus Bourgeois" gewonnen. Cassisaroma mit Sex-Appeal!

1964 Pibran **17/20**
91: Dichtes Granat. Wuchtige Nase. Dunkle Rosen, Kräuternuancen, wohlduftend. Im Gaumen „pferdig", füllig, schwarze Beeren, klassischer Bordeaux, im Finish wiederum Rosenholz. 17/20 trinken

1966 Pibran **16/20**
91: Oranger Rand. Fette, opulente Nase, ausladend. Ein äusserst fülliger, charmanter 66er. 16/20 trinken - 1995

1969 Pibran **12/20**
91: Aufhellendes Granat. Mineralische Nasennote, zurückhaltend (bescheiden), kurioserweise nach ein paar Minuten Aromen von Tomatensauce. Im Gaumen ebenfalls Gemüsetöne, leichter Wein. 12/20 austrinken

Gabriel

1970 Pibran   **11/20**
91: Relativ helle Farbe. Flüchtige Säure, altfassig. Ein miserabler 70er, der mit dem nachbarlichen Pédesclaux leider viele Ähnlichkeiten hat.   11/20 Kochwein

1973 Pibran   **11/20**
91: Heller Orangerand. Offene, zarte Nase, Nelkenpulver, Jod. Stahlige Säure, beissend, extrem kurz.   11/20 vorbei

1976 Pibran   **15/20**
91: Granat dicht. Eucalyptusnote, Bonbon und Lakritze, rote Johannisbeeren. Ein vielseitiges, verlockendes Bouquet. Im Gaumen kräftig, alte Garde, gesunde Säure, relativ schnell trinken, da er an der Luft austrocknet.
   15/20 austrinken

1977 Pibran   **12/20**
91: Reife Farbe mit Mahagonireflexen. Vegetal, gekochte Peperoni. Verhaltener, ja fast zähflüssiger Fluss.
   12/20 austrinken

1978 Pibran   **14/20**
91: Mittleres Granat. Fette Nase. Fülliger Gaumen, eine kaum spürbare Bitterkeit in den Tanninen, kommerzieller Wein.   14/20 trinken

1979 Pibran   **15/20**
91: Sehr dichte Farbe. Fette Nase, Zimt und Terroirnote. Im Gaumen rustikales, griffiges Extrakt mit Ledertönen.
   15/20 trinken - 1995

1980 Pibran   **11/20**
91: Helle Farbe. Geraniolnase. Leichter Wein mit rohen Extrakten, blechig und ausgelaugt.   11/20 vorbei

1981 Pibran   **13/20**
91: Mittlere Farbe. Sauerampferbouquet, rauchige Lakritzennase. Im Gaumen weniger erfreulich als in der Nase, blechiges Tannin, dünn durch zu hohen Ertrag.
   13/20 trinken - 1996

1982 Pibran   **13/20**
Mittlere Farbe mit ziegelroten Reflexen. Wohlduftend, blumig. Im Gaumen Paprikapulver, metallische Spuren, spitzes Tannin, wenig Säure, vollreif ohne weitere Zukunft, ein enttäuschender 82er.   13/20 austrinken

1987 Pibran   **14/20**
90: Würze mit pfeffriger Nase, noch etwas lose. Rotes Paprikapulveraroma im Finish.   13/20 trinken
90: Ist an der Arrivage-Degustation neben den ganz Grossen sehr aufgefallen. Cassisaroma mit feiner Eiche vermischt.   14/20 trinken ab 1992

1988 Pibran   **16/20**
90: Sensationelle Farbe. Süsse, die sich mit Frucht verbindet. Wirkt sehr komplex, mit reicher Aromenpalette.
   17/20 1994 - 2000
91: Purpur-Violett. Offen, verführerisch, im Moment merlotlastig, darunter animalische Spuren. Ein relativ früh trinkreifer Wein mit einer gewissen Resonanz, recht stoffig.   16/20 1994 - 2000

1989 Pibran   **17/20**
90: Februar: Wiederum diese volle Beerennase. Gute Adstringenz.   16/20 trinken ab 1995
91: Fett und üppig mit fruchtigem Charme.   17/20
92: Arrivage: Violett-Schwarz. Cassis, Brombeeren, Bananen, komplexes Nasenbild. Im Gaumen sind die Tannine mit Fett umgeben, sehr schmeichelnd, warmes Fruchtfinish. Ein schöner Wein - gemacht für eine Dekade.
   17/20 trinken - 2000

1990 Pibran   **16/20**
91: Violett-Schwarz. Veilchenbetont mit sauberer Frucht. Im Gaumen reich, gut proportioniert mit Charme in den Tanninen, wiederum sehr gut, leicht hinter dem 89er Potential.   16/20 trinken ab 1995
92: Blutrot-Violett. Fleischige Nase, sehr dicht und bereits Extrakt anzeigend. Gut stützende Tannine im Gaumen, Spuren von roten Beeren, fast ein bisschen Margaux-artig.
   16/20 1996 - 2006

1991 Pibran   **13/20**
92: Total vegetal, Peperoni. Degustiert sich wie ein schlechter friaulischer Cabernet.   12/20 nicht kaufen 1995 - 2000
92: April: Violett-Purpur. Cassis, Fruchtbouquet, das aber von vegetalen Aromen dominiert wird. Leichter Wein.
   12/20 1994 - 1999
92: September: Die Frucht wird nun etwas wärmer.   13/20
93: Die Barrique gibt ihm jetzt einen warmen Marroniröstton. Die grüne Note darunter ist zwar geblieben, zeigt sich aber jetzt angenehmer.   13/20 trinken - 1998

1992 Pibran   **15/20**
93: Mittleres Granat, Wasserrand. Verführerische Cassis-, Bonbonnase, Terroirwürze. Viel Souplesse und Gerbstoffe mit weichem Schmelz, macht Spass.   15/20 1996 - 2005

1993 Pibran   **15/20**
94: Sattes Purpur. Schönes Spiel zwischen roten und blauen Beeren. Saftig-samtiger Gaumen, der Presswein gibt ihm im Moment eine gewisse Vordergründigkeit, aussen schöner Schmelz, innen noch leicht aufrauhendes Extrakt.
   15/20 1999 - 2008

Pauillac

Château Pichon-Longueville-Baron

Das Château und die Kellerräume wurden in der Zeit von 1990 bis 1992 renoviert und zum Teil in pompöser Form vollständig neu aufgebaut. Jean-Michel Cazes ist ein Mann der offenen Türen. So ist es möglich, mit Gruppen das Château zu besuchen. Man wird von professionellen, charmanten Guides durch die heiligen Hallen geführt. Diese sind so konstruiert, dass die Touristen nicht mit den arbeitenden Angestellten in Berührung kommen. Ich hatte die Ehre, mehrere Male in den klassischen Zimmern des prunkvollen Château's logieren zu dürfen. Einmal war ich ganz alleine (mit Ausnahme des Geistes) auf dem Schloss; dies nach einem „ergiebigen" Nachtessen auf Lafite. Ich hatte damals Angst, vor dem Gebäude übernachten zu müssen, weil es mir, angesichts einiger guten Tropfen intus, erst nach fast einer Stunde gelang, die super-elektrisch-codierte Eingangstüre zu öffnen!
Leider hat sich seit der Übernahme und dem Einfluss von Jean-Michel Cazes nicht nur die Qualität verbessert, sondern es wurde auch innert kurzer Zeit wieder das Preisniveau eines 2ème Crus erreicht.
Der Massstab für die neue Zeit ist der 59er. Er ist bis heute nicht erreicht worden. Ist die Chance verpasst? Wird der Pichon-Baron zur Pauillac-Einheitssauce à la Daniel Illose, dem allgegenwärtigen „Jean-Vapeur dans tout les rues" (frei übersetzt: Hans Dampf in allen Gassen) vom Jean-Michel Cazes - Axa-Imperium? Der Pichon-Baron hätte die absolute Möglichkeit, den Boden und das Terroir eines Latours mit der Finesse von Lafite und der Cassisfruchtigkeit von Mouton zu vermischen. Ein zaghafter und fast geglückter Versuch ist mit dem 90er unternommen worden. Leider aber wurde der Wein zu stark vorfiltriert bevor er in die Barriquen zu liegen gekommen ist. Er hat vom Cuvier bis zur Flaschenabfüllung mindestens einen Punkt verloren. Von 19/20 auf 18/20. Önologie gegen Terroir. Ich lege mir keine neuen Weine dieses Weingutes in den Privatkeller, sondern trinke diese ganz jung in Restaurants. Nach dem Mc Donalds Fast-Food-Prinzip ist ein neuer Begriff auf oenologischer Basis entstanden: „Fast-drink-wine!"

1928 Pichon-Longueville-Baron   16/20
88: Händlerabfüllung: Hohe Schulter: Aufgehellte Farbe, trüb, wässriger Rand. Wilde Holunderblüten mit Minze gepaart, Süssholztöne. Im Gaumen Bestätigung von blaubeerigen Aromen, schokoladig, leichter Goût rôti, zerbrechlicher, eher dünner Körper.   16/20 austrinken
91: Helles, leuchtendes Orange. Faisandierter Wildgeflügelgeschmack, reife Nase mit primärer Oxydationswürze. Ausgezehrt im Gaumen, von metallischer Säure geprägt.   11/20 vorbei

1953 Pichon-Longueville-Baron   17/20
93: Aufhellendes Granat, ziegelroter Rand. Süsse Nase, leicht konfitürig, einreduzierte Früchte. Im Gaumen wiederum Süsse, leichte Ledrigkeit im Fluss, mittlere Länge.
                      Nase 15/20, Gaumen 16/20 austrinken
93: Magnum: Die Magnum hat die gleichen Konstellationen wie die Normalflasche wirkt aber im Gaumen komplexer und bedeutend länger.   17/20 trinken - 2010
94: Eine Mähler-Besse-Abfüllung übertraf all meine bisherigen 53er Pichon-Baron-Erlebnisse. Viel Süsse im Extrakt und viel Länge.   18/20 trinken - 2005

1959 Pichon-Longueville-Baron   19/20
90: Bisher oft getrunken. Ein durchaus erfreulicher, robuster 59er. Viel antiker Pauillac-Charakter. Gut konditionierte Flaschen halten noch einige Jahre.   18/20 trinken
92: Eine total oxydierte Flasche??
93: An verschiedenen Proben immer sensationelle Flaschen. Fast schwarz. Reduktive Nase (dekantieren!), Trüffel, Heidelbeerenkonzentrat. Fester, kompakter Gaumen, viel Fleisch und reserveanzeigende Adstringenz.
                                      19/20 trinken - 2010

1961 Pichon-Longueville-Baron   18/20
87: Händlerabfüllung: Pflaumige Nase. Modergeruch, müde.
88: Enorme Erscheinung im Glas. Süss, kompakt, extraktreich. Fülliger, fast fettender Körper, trotzdem er von allem fast etwas zu viel hat, wirkt er noch harmonisch.
                                      18/20 trinken - 1998

1962 Pichon-Longueville-Baron   16/20
92: Erstaunlich jugendliche Farbe. Süsse, konzentrierte Nase, gekochte Früchte, rotbeerig, Rosinensüsse. Im Gaumen gut stützende Säure, recht kompakt, tradtitionell, feinsandige Struktur.   16/20 austrinken

1966 Pichon-Longueville-Baron   13/20
89: 3/8 Flasche: Pferde-Ledernase. Trockener Gaumen. Ein Nasenwein.   13/20 austrinken
90: Eine total oxydierte Flasche??

1970 Pichon-Longueville-Baron   16/20
88: Alles in allem ein Château Latour 1970. Wirkt jetzt reif, aber ohne das angestammte 70er-Potential. 15/20 trinken
92: Granat, leuchtend. Fleischnote in der Nase, Leder, gutes Terroir, Cassis, Rauch. Im Gaumen feine Tanninresten, die den Wein begleiten, Trüffel, Rebholzton. Ein kleiner Latour!   16/20 trinken - 2000

1975 Pichon-Longueville-Baron   15/20
89: Helles Granat. Offene Tabaknase. Weicher, runder Körper ohne Ecken und Kraft, wässrige Säure. Seit wohl drei Jahren auf dem Höhepunkt.   14/20 austrinken
94: Reifendes, aufhellendes, bräunliches Weinrot. Jodige Torfnase, erdig. Spröder Gaumen, ausgelaugt, Balanceschwierigkeiten, bitter - gefällt mir gar nicht. 13/20 vorbei

1978 Pichon-Longueville-Baron   15/20
87: Seit langem der beste Baron. Recht dicht, rauchiges Finish.   15/20 trinken
92: Eine Flasche mit Korkengeschmack. Entwickelte nach kräftigem Schütteln des Glases einen Polyesterton. Im Gaumen fett und kräftig.   Keine Bewertung!

1979 Pichon-Longueville-Baron   16/20
85: Einer meiner ersten Bordeaux', die ich mir in den Keller legte. Recht reiner und dichter Wein.   15/20 trinken
92: Schwarz-Purpur, feiner Wasserrand. Süsse Nase, Rauch, Cassis, Dörrfrüchte, Brombeerengelee. Burgundischer Gaumen, gut parfümiert, gekochte Frucht, mittlerer Körper, macht Spass.   16/20 trinken - 1997

1980 Pichon-Longueville-Baron   11/20
90: Hatte zu diesem Zeitpunkt seine besten Zeiten schon hinter sich. Wirkte etwas angetrocknet.   11/20 vorbei

1981 Pichon-Longueville-Baron   14/20
86: Öffnende Nase, merlotbetont. Eher leichter Körper mit ungeschliffenen Tanninen.   14/20 trinken ab 1990

1982 Pichon-Longueville-Baron   16/20
91: Oft mitgetrunken und komischerweise nie etwas darüber aufgeschrieben.   16/20 trinken - 1997

1984 Pichon-Longueville-Baron   11/20
92: Eher leicht mit grossem Wasserrand. Alkoholische Nase, aufgedunsen und konfitürig. Im Gaumen rauhes, auf der Mitte der Zunge bitter-trockenes Extrakt, der Rest ist unharmonisch und mager.   11/20 vorbei

1985 Pichon-Longueville-Baron   16/20
88: Fassdegustation: 76 % Cabernet Sauvignon, 24 % Merlot. Die schönste 85er Farbe! Schwarz wie Arabiens Nächte. Fruchtige, vielversprechende Nase. Im Gaumen dichtes Tanningefüge, blaubeerige Aromen, darunter in der Struktur etwas rauh, wirkt weiniger als der 86er.
                                                  16/20 1992 - 2005

1986 Pichon-Longueville-Baron   17/20
88: Fassdegustation: Wiederum enorme Farbe. Fast süsse Nase mit schwarzen Beeren. Im Gaumen reiches Tannin, totale Adstringenz, im Abgang veloutierendes Fett.
                                               17/20 trinken ab 1996
91: Blind für einen Kalifornier gehalten. Zugänglich, fein und sehr erfreulich zu trinken. Vielleicht ist er aber auch nur in einer momentanen Trinkzwischenphase.
                                                     17/20 trinken
91: Entwickelt sich jetzt tendenziell zur ersten Reife. Kalifornische Grundaromen, leichte Eucalyptusnuancen, wird zunehmend feiner und zugänglicher.   17/20 trinken - 2004
93: Zimt, Cassis, beerig mit feiner Kaffeenote. Im Gaumen sandiges Extrakt, gekochte Brombeeren im Finish.
                                                  17/20 1996 - 2008

1987 Pichon-Longueville-Baron   15/20
89: Fassdegustation: Ein erstaunlicher, feiner 87er, sehr ausgeglichen mit etwas Fleisch angereichert.   15/20 bald
90: Gebundene, komplexe Nase. Wirkt üppig, schwarze Johannisbeeren, langer, überdurchschnittlicher Wein.
                                                  16/20 1992 - 1998
91: Süffig, sauber.   15/20 trinken - 1997
93: Ich habe ihn oft mit viel Spass getrunken. Bananenton, Brombeeren und Zedern.   15/20 trinken

1988 Pichon-Longueville-Baron   17/20
89: Fassdegustation: Superfarbe, jedoch nicht so tief wie der 85er. Der Wein war total verschlossen mit massivem, reifeverlangendem Tannin.   17/20 trinken ab 1996
89: VINEXPO-Muster: Gewinnt an Fett und stützendem Holz!
91: Granat-Schwarz, dicht. Tiefe Würze mit typischem Pauillac-Aroma. Cassissüsse mit Rauch vermischt, erst weich, dann aber mit erstaunlicher, reifeverlangender Tanninstruktur.   17/20 1996 - 2006
92: Die „neuen" Barons erkennt man in Blinddegustationen oft an einer Nuance getrockneter Bananen und einem feinen, verdeckten Eucalyptuston. Obwohl die Qualitäten besser sind als in der vorigen Dekade, vermute ich, dass die neue Vinifikation die Weine schneller reifen lässt. Die Strukturen wirken in ihrer Art oft soft und fast zu geschmeidig. Die Nachbarschaft vom rückgratträchtigen Latour müsste sich, so wünsche ich mir dies jedenfalls, mehr zeigen lassen.
93: Währenddem ich mir den 88er Grand-Puy-Lacoste in den Keller lege, um ihn noch viele Jahre ruhen zu lassen, trinke ich den 88er „Baron" schon jetzt im Restaurant mit viel Vergnügen, jedoch ohne grosse Zukunftserwartung.
                                                  17/20 trinken - 2002

1989 Pichon-Longueville-Baron   17/20
90: Februar: Erntebeginn 17. September. Noch defensiv mit feiner Würze. Fleischig mit schmeichelndem Fett, mittelreife Tannine, süsses Finish.   17/20 trinken ab 1995
92: Arrivage: Schwarz-Purpur. Süsse, tardive Nase, dunkles Caramel. Im Gaumen Brombeeren, konzentriert, sehr fett, Rubens-Form, weich, runde Säure, schmelzig, die Barrique wirkt als Aromaträger, eher wenig Rückgrat für ein langes Leben.   17/20 trinken - 2004
93: Wurde vom Wine Spectator als „wine of the year" emporgehoben. Ich habe ihn darauf mehrere Male degustiert und getrunken. Kann man eigentlich solche Titel kaufen? Ich bleibe noch immer bei meiner Wertung.
                                                     17/20 bald - 2005
94: Sehr tiefe Farbe, satt mit schwarzen Reflexen. Heisses Bouquet, Korinthen, leichte Unsauberkeit. Softer, fetter Gaumen, Heidelbeerennote, Cassis, feine, aber angenehme Trockenheit in den Gerbstoffen, mittleres Backpflaumenfinish.   17/20 trinken - 2005

Pauillac

1990 Pichon-Longueville-Baron　　　　　　18/20
91: März: Volle, dichte Farbe mit schwarzen Reflexen. Lokkere, zugängliche Frucht, Brombeeren und kleine, reife Früchte. Füllig, reich mit viel Souplesse, darunter kräftig begleitende Tannine. Bestätigt den unaufhörlichen Aufwärtstrend! Steht auf der Stufe von Mouton und Lafite!
　　　　　　　　　　　　　　19/20 trinken ab 1995
92: Hat eine Spur weniger Tiefe in der Farbe als vor einem Jahr. Süsse, füllige Nase mit heissem Terroirton, warm mit vielen reifen Früchten. Im Gaumen weicher Beginn durch softe Säurestruktur, die Tannine sind mit viel Schmelz umgeben und zeigen im Jungwein bereits viel Charme. Ein grosser Wein mit einem mittleren Alterungspotential.
　　　　　　　　　　　　　　　　18/20 1996 - 2008
93: Sehr tiefe Farbe: violett-schwarz. Klare Fruchtnase, Brombeeren, Backpflaumen. Fülliger Gaumen, saftig, die Gerbstoffe sind geschliffen, die Komponenten sind sehr gut verteilt, ausgeglichen, tendiert zu früher Genussreife.
　　　　　　　　　　　　　　　　18/20 1996 - 2010

1991 Pichon-Longueville-Baron　　　　　　14/20
92: 28 hl Ertrag. Mittleres Purpur-Rubin. Zedernton, Eucalyptus, Cigarrenkiste mit feiner Terroirwürze. Mittlere Adstringenz, dunkler Röstton, Marroni. Ein eleganter, femininer Baron mit 87er Qualität.　　　15/20 1994 - 2000
92: Die Farbe ist das beste am Wein. Mandelnote, Brotkruste, Zedern, Teer, Heidelbeeren. Grüne Tannine, sandige Textur, fast aggressive Zungennote.　　14/20 1994 - 2002
93: Ist jetzt kurz vor der Abfüllung zwar etwas besser geworden, aber im Vergleich zum Lynch-Bages hat er keine Chance.　　　　　　　　　　　　　14/20 1995 - 2003

1992 Pichon-Longueville-Baron　　　　　　15/20
93: Rubin-Violett. Florale, fruchtige Nase, Heidelbeeren, Tabak. Feiner, eleganter Gaumen, dünner Körper, pfeffrige Säurespitze, fehlt an Fett und Fülle, hartes Holz, das den Wein begleitet.　　　　　　　　　　15/20 1996 - 2003

1993 Pichon-Longueville-Baron　　　　　　17/20
94: Tiefes Violett-Purpur. Laktische Nase, leicht gekochte Frucht, Heidelbeeren, buttrig blumige Würznote. Im Gaumen geschliffene Gerbstoffe, leicht marmeladige Frucht, rot- und blaubeerig, feine Adstringenz, schöne Fülle.
　　　　　　　　　　　　　　　　17/20 2000 - 2010

Château Pichon-Longueville-Comtesse-de-Lalande

Man hat mich oft schon ganz kategorisch als Pichon-Lalande-Hasser abgestempelt. Vor Gericht müsste ich jetzt fast zugeben: <<Ich bekenne mich schuldig!>> Und trotzdem habe ich oft, mit sehr viel Vergnügen diesen Wein getrunken und dabei manche Überraschung erlebt. Zum Beispiel den 78er, den ich totgeglaubt hatte und der nach einer sanft begonnenen Oxydationsphase zu allem Trotz einfach wieder auferstanden ist. Und der 83er, von welchem ich einige Male eine Flasche ganz alleine genüsslich „entsorgte". Trotzdem bin ich der festen Überzeugung, dass er nicht jene „mögliche Aufwertung zu einem Premier Grand Cru" (Robert Parker) verdient hat. Die Reben stehen neben jener Parzelle, die Latour prinzipiell nur für den Les Forts de Latour verwendet. Um in meine vollendete Gunst zu gelangen, müsste man besser selektionieren, den Ertrag reduzieren sowie auf die Vorfiltration vor dem Barriquenausbau und gewisse technische Einrichtungen verzichten. Das würde zwar Schlossintern den Preis erhöhen, dafür könnte man aber auf ganzseitige Inserate in einschlägigen „Fachzeitschriften" verzichten. Frei nach dem Motto: "Marketing in the bottle!"

1926 Pichon-Longueville-Comtesse-de-Lalande　19/20
93: Schöne Farbe. Minze, Eucalyptus, Rosmarin, Brotkruste, süss wie ein Napolitain-Biscuit. Saftiger Gaumen, Kandis, viel Finessen. Beweist in sich das Gegenteil meiner Theorie betreffend der Alterung vom Pichon-Lalande.
　　　　　　　　　　　　　　　　　　19/20 trinken

1950 Pichon-Longueville-Comtesse-de-Lalande　11/20
86: Helle, klare Farbe. Metallton im Gaumen, trocken und kurz.　　　　　　　　　　　　　　　11/20 vorbei

1953 Pichon-Longueville-Comtesse-de-Lalande　12/20
93: Händlerabfüllung: Reife Farbe, etwas matt. Malzige Malaga-Nase. Ausgezehrter Gaumen, durch Todessäure erhalten.　　　　　　　　　　　　　　12/20 vorbei

1955 Pichon-Longueville-Comtesse-de-Lalande　16/20
92: Magnum: Recht dichte Farbe mit Mahagonireflexen. Feines Terroir, fett, defensiv-wuchtig, sekundäre Süsse, extreme Schoko- und Kakaonote, Leder, Rosenschnaps, Süssholz. Schmelziger Gaumen, Korinthen, Körper leicht gezehrt mit Kapselton, fettes, jedoch kurzes Finish.
　　　　　　　　　　　　　　　　16/20 austrinken

1957 Pichon-Longueville-Comtesse-de-Lalande　15/20
89: Pflaumige Farbe mit jugendlichem Restschimmer. In der Nase metallische Würze. Im Gaumen erst vordergründig und säuredominant, wird an der Luft zunehmend harmloser, dünner Körper, kurzer Schwanz.　13/20 vorbei

93: Magnum: Sehr helle Farbe. Reifes Bouquet mit oxydativen Tönen, Kräuter. Im Gaumen burgundischer Schliff, leicht, aber durchaus noch trinkbar. 15/20 austrinken

1959 Pichon-Longueville-Comtesse-de-Lalande 14/20
90: Leichte Erscheinung mit Wasserrand. Aussen weicher Körper, innen ledrig, überreif. 14/20 vorbei

1961 Pichon-Longueville-Comtesse-de-Lalande 17/20
93: Reife Farbe, stark aufhellend am Rand. Malziges Bouquet, reifer Merlot, dampfender Heustock. Weiche Säure, stieliges Extrakt, im Finish wiederum Malznote, hat die Genussreife bereits überschritten. 17/20 austrinken

1962 Pichon-Longueville-Comtesse-de-Lalande 14/20
86: Reife, staubige Nase, die sich verflüchtigt. Im Gaumen griffig und weinig, gegen den Schluss gezehrt und austrocknend, Balanceschwierigkeiten. 14/20 austrinken

1964 Pichon-Longueville-Comtesse-de-Lalande 12/20
86: Oxydierte Nase. Im Gaumen überreif, wirkt im Abgang verwässert. 12/20 vorbei

1966 Pichon-Longueville-Comtesse-de-Lalande 15/20
89: Oranger Rand. Reifer Cassisblütenduft, darunter verdeckte Oxydation. Hoher Säurewert, wenig Körperkonsistenz, leicht angezehrt. 14/20 vorbei
91: Granat-Orange. Pflaumige, fette Nase mit schöner Würze. Im Gaumen rund. Ein burgundisches Weinerlebnis. Bedeutend besser als die Flasche von 1989.
16/20 austrinken
91: Magnum: In der gleichen Woche wie die Normalflasche getrunken. Die Magnum war um eine Spur weniger „interessant" als die Normalflasche und hatte leicht metallische Spuren. Leider wurde der Wein viel zu warm serviert.
15/20 austrinken

1970 Pichon-Longueville-Comtesse-de-Lalande 18/20
87: Jugendliche, primär-fruchtige Nase, die Strenge verrät. Wirkt unsauber. Auf eine gewisse Art grosses Potential anzeigend. Vielleicht zu wenig Barriquenkontakt, um ihm über die Runden zu helfen. 14/20 trinken
93: Eine phantastische Magnum bei Hannes Scherrer serviert bekommen. Tief in der Farbe. Geballte, kräftige Nase, Korinthen, animalische Spuren, aber auch Süsse darin. Im Gaumen kräftig, fleischig mit einer gut eingepassten Säure. Magnum: 18/20 trinken - 2005

1971 Pichon-Longueville-Comtesse-de-Lalande 12/20
88: Zu schnell gereift, aus dem Gleichgewicht fallend.
12/20 vorbei

1974 Pichon-Longueville-Comtesse-de-Lalande 12/20
87: Reife Nase. Angenehm breit im Gaumen, fett, wirkt trotz genügender Säure plump und kurz. 12/20 trinken

1975 Pichon-Longueville-Comtesse-de-Lalande 15/20
89: Schöne, gut fundierte Farbtiefe. Perfekte Nase, sauber. Im Mund streng und reich, noch sehr gerbstoffhaltig, superb. 17/20 trinken - 1994
91: Eine braune Flüssigkeit während einer Blinddegustation. Es entpuppte sich anschliessend leider ein 75er Lalande daraus. 15/20 austrinken
93: Granat mit ziegelroten Reflexen. Verrauchte Nase, Havanna- und Terroirnote, erdig, Lederton, Minze. Im Gaumen sandige Zunge, Eisen- und Wermutkraut. Der Wein ist durch austrocknende Gerbstoffe erhalten und ist dadurch eher hart mit mittlerer Länge. Nach 10 Minuten kommt ein Jodton zum Vorschein. 15/20 austrinken
May-Eliane de Lencquesaing erinnert sich: <<Am zweiten Tag der Ernte hagelte es in Bordeaux Taubenei-grosse Körner. Wir wurden nur leicht touchiert. Zum Schutz stülpten die Winzer ihre Erntekörbe über den Kopf.>> Der Hagel führte auf den Châteaux Citran und Coufran zum Totalausfall.

1976 Pichon-Longueville-Comtesse-de-Lalande 15/20
88: Diskrete Nase, gut gewürzt. Fleischig, getrocknete Rosinen, mildes Finish. Mehrere Male getrunken.
15/20 austrinken

1977 Pichon-Longueville-Comtesse-de-Lalande 13/20
87: Süssliche, rotbeerige Nase. Im Gaumen Kirschenaroma. Natürlich hat auch er mit den 77er Schwierigkeiten zu kämpfen, als solcher jedoch überdurchschnittlich gut.
13/20 austrinken

1978 Pichon-Longueville-Comtesse-de-Lalande 18/20
85: Spitzenwein! Schwarz, pfeffrig mit undurchdringlicher Adstringenz, darunter ist wohl alles, was man sich für später wünscht, vorhanden. 18/20
87: Öffnet sich und wird zur Bombe. Fett, füllig, reich mit viel Fleisch. 19/20 trinken - 95
90: Reift extrem schnell und hat seinen Höhepunkt überschritten. Unter Höhepunkt verstehe ich hier nicht, dass der Wein oxydiert, sondern dass er nie mehr die gleiche Faszination wie im Jahr 1987 ausstrahlen wird. Höchstens noch in superb gelagerten Magnumflaschen.
18/20 austrinken
91: Wieder an einer umfassenden 78er-Degustation als sehr weit entwickelten Wein erlebt.
92: Diese Degustationsnotiz stellt meine Lalande-Theorie für einen ganz kurzen Moment auf den Kopf. Es handelte sich jedoch um eine absolute Ausnahmeflasche, denn eine Woche später traf ich eine „Normalflasche" an, die wieder sehr, sehr reif war. Eine sensationelle Flasche aus Marino Aliprandis Keller. Fett, Vanille, Honignote, buttrig, fast mastig. Im Gaumen mundfüllend mit viel Schmelz.
19/20 trinken
93: Eine wunderschöne Doppelmagnum an meiner Semesterprobe auf dem Bürgenstock. 18/20 trinken
94: An einer Probe hatten zwei von vier Flaschen Korkengeschmack. Kurioserweise musste ich zwei Wochen zuvor ebenfalls eine Flasche mit Korken in einem Restaurant

Pauillac

in Luzern zurückweisen. Soll laut Aussagen anwesender Weinfreunde beim 78er Pichon-Lalande ein Dauerproblem sein.
94: Magnum: Vollreif, schöne Süsse im wuchtigen Bouquet, ein riesiger Trinkspass. 18/20 trinken

1979 Pichon-Longueville-Comtesse-de-Lalande 16/20
85: Strenge Nase, pfeffrig, sauber. Im Gaumen bedeutend zugänglicher als der 78er in diesem Moment, feminin mit gutem Schmelz. 16/20 trinken - 1992
89: Viel Kaffeearoma, in der Struktur bereits gezehrt. 15/20 austrinken
92: Schwarz-Purpur, dicht. Geballte Nase, süss, Cassis, warm, Geraniolspuren. Im Gaumen Würznote, Heidelbeeren, grüner Tabak, fehlt an Konzentration, im Finish Mandelgebäck. 15/20 austrinken
93: Und dann kommt es wieder anders, als man denkt. Eine füllig-süffige Flasche mit verlockender Süsse und noch recht tiefer Farbe. 17/20 trinken - 1996

1980 Pichon-Longueville-Comtesse-de-Lalande 15/20
87: Ein absoluter Spitzenwein im 80er-Gefüge. Sicherlich mehr als fünfzigmal getrunken. Gleichmässig, fülliger Wein, der vor allem bei Frauen sehr ankommt, weiche Säure. 15/20 austrinken

1981 Pichon-Longueville-Comtesse-de-Lalande 16/20
87: Volle, perfekte Nase. Mitteldicker Körper, gut ausstaffiert, wirkt lang. 16/20 trinken - 1994
92: Sattes Rubin. Vielschichtiges Bouquet, pflaumig. Pfeffrige, frische Säure, die dominiert, mittlerer Körperbau, fein endend. 16/20 trinken - 1997
93: Recht tiefe Farbe, leuchtendes Granat. Zurückhaltendes Bouquet, Cabernet-Ton, pfeffrig. Im Gaumen gute Gerbstoffpräsenz, pelzige Zunge, feiner Kapselton, baut noch aus. 16/20 trinken - 1998

1982 Pichon-Longueville-Comtesse-de-Lalande 19/20
85: Randensaft. Dichte, reiche Nase. Machte bei der Arrivage schon viel Freude. 19/20 trinken - 1997
91: Blind mit einem Grand-Puy-Lacoste über mehrere Stunden verglichen. 1:0 für Grand-Puy-Lacoste. Pichon-Lalande ist träge, fett, mundfüllend, buttrig, aber ohne grosses Rückgrat. Entwickelt sich rasch an der Luft und hat erste Kräuternuancen.
92: Aufhellendes Granat, reifend mit oranger Note. Offene Nase, pflaumig, Orangenhaut, Toastspuren, fett, Kaffee. Die Gerbstoffe im Gaumen wirken gekocht, feine Stielnote, die Würze gibt, viel Fett, darunter mittlerer Körper. 18/20 trinken - 1997
93: Von den Genusstrinkern hochgelobt, weil der offenste Wein der Serie. Die Potentialtrinker kritisieren seine jetzige Reife. Der Cabernet hat leichte Geraniolspuren, was aber eine umwerfende Extraktsüsse wieder wettmacht. 18/20 trinken - 2005
93: Vier Stunden dekantiert: Ein Wein, der zwar in zwanzig Jahren nicht mehr unter die Elite gehören wird, jetzt aber so viel Spass und Freude macht, dass man ihn fast literweise trinken könnte. 19/20 trinken - 2005

1983 Pichon-Longueville-Comtesse-de-Lalande 18/20
87: Teer-Unterton. Moderne Vinifikation, dicht und kompakt. Grosses Potential. 18/20 1990 - 2000
90: Im Moment superb zu trinken. 18/20 trinken
91: Der 83er ist das beste Beispiel dafür, dass meine Behauptung, die Lalandes würden zu schnell reifen, leider immer mehr zur nackten Tatsache macht. Nachdem dieser Wein bis vor einem Jahr ein fast umwerfendes Erlebnis für jeden Weingeniesser war, ist er nun eindeutig auf dem absteigenden Ast. Die Nase gibt viel mehr her als der Gaumen. Bereits einige Hinweise von schneller Reife. Nach 30 Minuten Anzeichen von Oxydation. 17/20 trinken
92: Magnum: Noch viel Frucht, aber wenig stützende Tannine. In der Nase mit einem jüngeren Tessiner-Merlot zu vergleichen. Ein süffiges, freudiges Trinkerlebnis. 18/20
93: Eine Flasche auf dem Château getrunken. Rubin-Granat mit ziegelrotem Rand. Offenes, sofort ansprechendes Bouquet, Zedern und feine Kräuter, voll geöffnet. Im Gaumen viel Druck, gut balanciert, kräftiges Rückaroma mit Korinthensüsse und Schokolade. 17/20 trinken - 1997

1984 Pichon-Longueville-Comtesse-de-Lalande 15/20
87: Caramelsüsse. Weichheit in der Nase angetönt. Wirkt einseitiger als der 80er. 14/20 trinken -1994
91: Aufhellendes Granat mit wässrigem Rand, ziegelrote Reflexe. Fette, zugängliche Nase, sauber mit voller Reife. Im Gaumen wiederum Spuren von Fett, mittlere Konsistenz. Recht viel Charme für einen 84er. 15/20 trinken

1985 Pichon-Longueville-Comtesse-de-Lalande 17/20
86: Auf dem Château degustiert. Rubin-Purpur. Im Gaumen gut strukturiert. Weicher Gerbstoff, weinig. Ein Mannsweib. 17/20 1991 - 1997
92: Tiefe Farbe: Violett-Purpur-Scharlachrot. Fruchtiges Rauch-, Cassisbouquet, Heidelbeeren. Im Gaumen sehr weinig, weiche Säure, wiederum Heidelbeeren, extrem feine Tannine. Faszinierendes Gaumenparfüm. Vom Typ her eher ein St. Julien. Ich würde ihn jetzt in dieser Fruchtphase trinken. 17/20 trinken - 1997
93: Reifendes Granat mit feinem Wasserrand. Offenes, wuchtiges Bouquet, zerlassene Butter vermischt mit würziger Geraniolnote, grüner Tee. Schönes Fruchtparfüm, hohe Dichte, ausgeglichene Adstringenz, gute Säure, hat Rasse, tendenziell rotbeerig im Gaumen, schöne Länge. Macht jetzt viel Spass zum Trinken. 17/20 trinken - 2002

1986 Pichon-Longueville-Comtesse-de-Lalande 16/20
87: Fassdegustation: Schweres, tiefes Holunderaroma, schwarze Johannisbeeren, süss. Fester Körper mit Rückgrat, die Tanninprägung hat wie beim 78er den Schmelz des 82ers.
88: Wirkte bei der Arrivage verschlossen und von der neuen Barrique etwas zu streng erzogen. 15/20 trinken ab 1993
93: Jugendlich, sattes Granat-Purpur. Pfeffriger Paprikapulverton in der Nase, dahinter Hagebuttensüsse, geröstete Nüsse und dunkle Sägespäne. Sehr feine, dicht gegliederte Tannine, feinsandiger Fluss, ausgeglichen, mitt-

lere Fleischproportion, im Finish grüne Paprikaschoten. Steht deutlich hinter dem Potential anderer 86er Pauillacs.
16/20 1995 - 2003
94: Eine halbe Flasche alleine getrunken. Ein Softie mit feinen (ausfiltrierten) Tanninen. Man mag mir vielleicht wieder - einmal mehr - vorwerfen, dass ich ein Pichon-Lalande-Hasser bin. Ich habe aber in der gleichen Woche eine halbe Flasche Mouton und eine halbe Flasche Gruaud-Larose getrunken. Es liegt mir sehr viel daran, nicht banalen Konsumationsspass mit Potential und Charakter in denselben Topf zu werfen. Der Pichon-Lalande macht „nur" Spass. 16/20 trinken - 1996

1987 Pichon-Longueville-Comtesse-de-Lalande 14/20
88: Vorabzug auf dem Château: 50 % neues Holz. 60 % Merlot. Ohne Fruchtambitionen, nasse Wolle. Wirkt unausgeglichen, im Gaumen bitteres Tannin (Vin de Presse?). Enttäuschender Wein. 13/20 bald
90: Wasserrand, eher hell. Offen, süss mit verdecktem Heidelbeerengeschmack. Fett mit wenig Tannin, wirkt nach wie vor unsauber. 13/20 bald
92: Das Unsaubere verfliegt, es bleibt eine leichte Geraniolnote zurück. Grüner Tabak, Kandis. Im Gaumen viel Caramel. Wirkt wie ein Blender, macht aber, wenn man seinen Preis berücksichtigt doch nun allmählich ein bisschen Spass. 14/20 trinken
93: Die Frucht wirkt jetzt rotbeerig. 14/20 trinken

1988 Pichon-Longueville-Comtesse-de-Lalande 16/20
89: Fassdegustation: Sensationelle Farbe, defensiv, vielversprechend. Reicher, fast überschwappender Merlot. Bedeutend weniger Säure als der 86er, weich und rund, mit eher kurzem Tanningerüst, wirkt mollig. Ich lasse mich von Pichon-Lalandes Sonne nicht mehr so rasch blenden!
15/20 trinken ab 1993
91: Offen, fett, reif mit Zedern- und Trüffelaromen. Gewinnt zur Fülle auch noch an Länge, leichte Bitterkeit in den Tanninen. 15/20 trinken ab 1994
91: Innerhalb einer Woche mehrere Male getrunken, respektive degustiert. Schöne Farbdichte. In der Nase Rauch- und Zedernaroma (St-Julien-Affinität). Blaubeerig, fleischig, im Augenblick leicht reduktiv. Lackaromen, fülliger, fast fettender Körperbau, dürfte etwas mehr Fleisch am Knochen haben, in der Tanninstruktur trocken und Reife verlangend. 16/20 1995 - 2005
93: Rubin-Purpur, satt mit feinem Wasserrand. Havanna- und Toastton, feine Öffnung im Bouquet. Feiner Stoff, weiche Textur, mittelgewichtig, gut ausgeglichen, nicht so fett wie andere Jahrgänge, sehr eleganter Fluss, samtig, lang. 16/20 1994 - 2004

1989 Pichon-Longueville-Comtesse-de-Lalande 18/20
90: Mittlere Farbdichte mit blauen Reflexen. Heisser Röstton, Kaffee. Schlanker Körper, ausgeglichen, ähnlich dem 88er. Feine Struktur, delikat, fein, feminin.
17/20 trinken ab 1995
91: 62 hl Hektarenertrag. Zwetschgenaromen, alkoholisch. Im Gaumen gebraten mit tintiger Säure, lang mit viel Schmelz umgeben, im Moment zeigt er eine Salzspur auf der Zunge, was auf ca. 2 % Presswein zurückzuführen ist.
17/20 1996 - 2008
92: Heisser Röst-, Rauchton, wilde Heidelbeeren, generell blaubeerig, eine feine Geraniolnote, zu Beginn Spuren von Jod. Weicher, softer Gaumen mit viel Fett, extrem feine Tannine, mittlere Konzentration, dafür recht ausgeglichen.
18/20 1994 - 2005
93: Sattes Purpur mit aufhellendem Glyzerinrand. Reduktive Nase, Cassis und Terroir, zeigt Tiefe an, schwarzer Zucker und Zedern. Fleischiger Gaumen, hat durch sehr weiche (tiefe?) Säure jetzt schon viel Charme, strahlt die Hitze des 89er Jahrganges aus, im Finish Brombeeren, schwarze Oliven und Kaffee durch Barriquentoast. 17/20 1994 - 2005
94: Sattes, dichtes Purpur. Süsses, korinthiges Bouquet, voll von reifer Frucht, feine Teernote, Coulure. Fester, satter Körper mit viel stützendem Gerbstoff, reiche Adstringenz, gut parfümiert, delikate Gaumenaromen, grosses Potential, bereits recht schön zu trinken. 18/20 1997 - 2018

1990 Pichon-Longueville-Comtesse-de-Lalande 17/20
Die 17/20 sind knapp verdient. Unverständlich, dass Parker und Wine Spectator mehr als 90 Punkte für einen so mittelmässig konzentrierten und übermässig filtrierten Saft geben.
91: 65 hl Hektarenertrag. Grössere Ernte als 1989. Ein typischer Pichon-Lalande. Eher fett in der Nase, veloutierendes Extrakt und sehr geschmeidig im Gaumen, fette Tannine, wenig Säure. Mir scheint, dass er mehr Konzentration haben dürfte. Wird sich relativ schnell entwickeln.
16/20 1994 - 2004
91: VINEXPO: Viel Zedernholz. Im Gaumen trockene, im Moment hart wirkende Tannine. Wenig Frucht.
92: Wiederum eine fast dominierende Zedernholznote. Fetter Gaumen wie ein 82er. Man hat ihm jetzt nachträglich nochmals mehr Presswein zugegeben, um ihm zu mehr Rasse zu verhelfen. Ein typischer Pichon-Lalande.
16/20 1994 - 2004
93: Aufhellendes Rubin mit wenig Tiefe. Marzipannase, gekochte rote Kirschen, fein gewoben. Im Mund füllig, eher leicht mit reifen Tanninen, mittlere Konzentration, auf Eleganz setzend. 16/20 1995 - 2006
93: Arrivage: Aufhellendes Rubin. Offenes Toast- und Cassisbouquet, Zedern, fett, komplex, feiner Geraniolton. Im Gaumen schmeichelnde Fülle (hoher Merlot-Anteil?), cremig, mittelgewichtiger Körper, die Barrique dominiert im Moment und gibt eine Trockenheit in der Adstringenz.
17/20 bald - 2005

1991 Pichon-Longueville-Comtesse-de-Lalande 14/20
92: 13 %Vol., 65 % Merlot, 35 % Cabernet. 50 % neues Holz. 3 g Säure, 60 g Tannine. Ertrag 14 hl/ha. Am 1. Oktober wurde mit der Ernte begonnen. Innerhalb von acht Tagen war alles gelesen. Recht tiefe Farbe mit blutroten Reflexen. Heisse, durch Holzröstton gebratene Nase, Kandis. Im Gaumen sehr schmeichelnd, füllig, mit einem pfeffrigen Säurespiel (Chili), dann begleitende Geraniolnote, unreife Tanninpräsenz, grünes Schalenaroma. Trotz

Pauillac

viel Fett eigentlich vom Typ her eher ein 84er. Nach diesem sehr unerfreulichen Urteil war Monsieur Lopez bereit, mich direkt von der Barrique verkosten zu lassen, weil ich das Muster als müde und fast oxydiert empfand. Es kamen zu den Grundaromen dann noch Heidelbeeren und eine feine Rauchnote dazu. Der Wein ist aber viel zu merlotlastig und zwar deshalb, weil die alte Merlot-Rebenparzelle, die sich direkt neben Latour befindet, vom Frost verschont worden war. 14/20 1994 - 2000
94: Krautig-minzige Nase, eigenwillig. Im Gaumen recht saftig, etwas banal, welke Blattnote, relativ kurz.
14/20 trinken - 2001

1992 Pichon-Longueville-Comtesse-de-Lalande 16/20
93: Granat-Violett, aufhellend. Kandissüsse, Dörrpflaumen, Kaffeesatz. Im Gaumen recht füllig, weiche Säure, lädt schön aus, warmes Fruchtfinish. 16/20 1996 - 2003
94: Nach wie vor ein betörend süsses Dörrfrüchtebouquet, vielleicht fast eine Nuance Portwein. Im Gaumen süss, schmelzig, fleischig mit schöner Struktur, Marroniröstnote von der Barrique her, Kaffee im Finish. 16/20 1996 - 2004

1993 Pichon-Longueville-Comtesse-de-Lalande 17/20
94: Weniger Merlot als in vorangegangenen Jahren. Die Proportionen im Grand Vin entsprechen genau denen des Terroirs. 45 % Cabernet Sauvignon, 35 % Merlot, 12 % Cabernet Franc und 8 % Petit Verdot. Schöne Purpurrobe mit violetten Reflexen. Typische Pauillac-Nase, blaubeerig, leichte Röstnase, saubere Frucht. Saftiger Gaumen, viel Charme, weiches Extrakt, gute Balance, Heidelbeeren und Brombeeren im Finish, gut gemacht, weniger mollig als vorangegangene Jahrgänge und eher wieder Tendenz zur Klassik. 17/20 1998 - 2008

CHÂTEAU PONTET-CANET

1899 Pontet-Canet 13/20
92: Helles Orange mit Granat-Reflexen. Süssliches Bouquet an Erdbeerenkonfitüre erinnernd, intakte Nase. Im Gaumen sehr schlank und nur noch durch Säure erhalten.
13/20 vorbei

1928 Pontet-Canet 15/20
91: Helles Granat. Rotbeerige Fruchtanzeige, Erdbeeren, leere Nase, die aber nicht allzu viel hergibt. Im Gaumen mittelgewichtig, eher leicht mit vordergründigem Säurespiel, metallisch und extrem kurz. 14/20 austrinken
94: Mestrézat-Prellier-Abfüllung: Mittlere Farbdichte, aufhellender Rand. Alkoholische Nase, zu Kopf steigend, Cognac-Ton, Rauch. Kräftiger, ungehobelter Gaumen, die Säure dominiert, im Finish Kiefern- und Rosmarinnote, oxydiert schnell an der Luft. 15/20 austrinken

1945 Pontet-Canet 13/20
89: De-Luze-Abfüllung: Mittlere Schulter. Braunfarben mit roten Tönen. Lakritzennase mit verdeckter Süsse. Kakaoaromen, wenig Fett, austrocknend. 13/20 austrinken

1947 Pontet-Canet 16/20
89: Mit Hannes Scherrer getrunken. Eine eher überreife Flasche. 13/20 vorbei
90: Reife Farbe, typische Pauillac-Nase, reife Früchte, fülliger Beginn, Würzanklänge, feines Parfüm, elegantes Finish. 16/20 austrinken
94: Während andere voller Entzücken frohlockten, störte mich die flüchtige Säure in der Nase. Sandiger Gaumenfluss, schöne Länge. 16/20 austrinken

1961 Pontet-Canet 16/20
88: Ein totales Nasenerlebnis! Im Gaumen wirkt er jedoch verblüht und angezehrt. Nase 17/20, Gaumen 15/20 vorbei

1962 Pontet-Canet 13/20
88: Wie beim 61er mehr Nase als Gaumen. Reife, braune Farbe, extrem wässriger Rand. Reife Nase, die nach Cassisblüten riecht. Im Gaumen stielig, saure Adstringenz.
13/20 vorbei

1966 Pontet-Canet 11/20
91: Magnum: Eher helle Farbe, grosser Wasserrand. Unsaubere Nase, flüchtige Säure, darin vielleicht noch ein paar Spuren von Kirschenaromen. Im Gaumen mager und trocken, mit zunehmendem Luftzutritt in Essig drehend.
11/20 einem Feind verschenken

1970 Pontet-Canet 14/20
92: Mittlere Farbe mit orangem Schimmer. Eigenwillige Nase, Kakao, dahinter erste Anzeichen von Oxydation. Im Gaumen ebenfalls stark fortgeschritten, Kapselton auf der Zunge, vom Fett erhalten mit wenig Rückgrat.
14/20 austrinken

1971 Pontet-Canet 11/20
85: Transparente Farbe mit rost-ziegelroten Reflexen. Anfangs füllig, dann zerbrechend, Spuren von unreifem Tannin. Ein Wrack. 11/20 vorbei

1973 Pontet-Canet 11/20
85: Getrunken, ohne etwas aufzuschreiben. Hätte sich auch nicht gelohnt. 11/20 vorbei

1976 Pontet-Canet 11/20
87: Ein miserabler, trockener 76er. Trink ihn, wer will - ich nicht. 11/20 vorbei

1978 Pontet-Canet 13/20
88: Reife Farbe. Loser Cabernet, schlecht gewoben. Unsauberer, trockener, stummer Wein. 13/20 trinken
92: Purpur, reif. Pferdige, verrochene Nase, Paprika. Im Gaumen spitzig-aggressive Säure, extrem trockenes Tannin, rauh und zähnebeschlagend. 13/20 austrinken

1979 Pontet-Cantet   **13/20**
91: Leichte Farbe, jedoch noch jung. Kirschenbouquet, etwas Frucht, irgendwie leer. Im Gaumen pfeffrige, blechige Säure, lang, unbeeindruckend und unausgeglichen.
13/20 trinken
92: Purpur aufhellend. Unsaubere Nase, eigenwillig, Kartoffelsack. Im Gaumen unharmonisch, bittere Säure. Erholt sich ein bisschen an der Luft, also etwa zwei Stunden dekantieren. 13/20 trinken - 1998

1980 Pontet-Canet   **11/20**
87: Saure Weichselkirschen. Unreifes Traubengut im Gaumen, keine Zukunft. 11/20 austrinken

1981 Pontet-Canet   **14/20**
88: Mittlere Farbtiefe. Zurückhaltende, bescheidene Nase. Im Gaumen adstringierend mit wenig Ausdruckskraft.
14/20 trinken - 1996

1982 Pontet-Canet   **15/20**
90: Warme Frucht, fett, darunter viel Tannin.
15/20 trinken - 2000

1983 Pontet-Canet   **13/20**
88: Nase staubig. Viel negatives, aufrauhendes Tannin, trocken. Gefällt mir wiederum nicht. Sollte aufgrund dieser Superlage mehr Körper und Fleisch haben.
13/20 trinken - 1997
90: Hohl, trocken, mager. 13/20 trinken - 1997

1985 Pontet-Canet   **13/20**
88: Auch Fehler müssen gelernt sein. Unerschütterlich wird auf Pontet-Canet weitergemixt. Man sollte zu jeder Flasche noch eine Flasche Mineralwasser einberechnen, denn dieser Saft ist so trocken, dass man einfach etwas dazu trinken muss. Viel Cabernet, wenig Eleganz und eine Spur Krautigkeit. Absteigend! Zu wenig für einen 85er. Falls es irgendwann einmal Krieg gibt, hoffe ich, Platz in einem Luftschutzkeller zu finden, wo keine Pontet-Canets liegen!
13/20 trinken - 2000

1986 Pontet-Canet   **15/20**
89: Eher helles Granat. Süsse Nase mit Merlot-Einschlag, Irish Moos. Grobkörniger, sandiger Wein mit Tanninbeschlag, braucht Zeit. 15/20 1996 - 2006
94: Mehrere Male in einer Woche degustiert. Tiefes Purpur mit granat-rostigem Rand. Terroirlastiges Bouquet, animalische Note, reduktiv, braucht viel Luft, Pferdesattelnote. Im Gaumen körniger Gerbstoff. Der Wein ist geprägt von einem fassigen Ton, wer ihn nicht dekantiert, wird wenig Freude daran haben. 15/20 1997 - 2010

1987 Pontet-Canet   **12/20**
89: Nicht, dass ich diesen Wein generell verabscheue, aber wenn man sieht, wie ich mit den grossen Jahren von Pontet-Canet umgehe, kann man sich leicht ausrechnen, was ich schon beim Entkorken des 87ers gefühlt haben muss. Das Erlebnis war es nicht einmal wert, aufgeschrieben zu werden. Ein kleiner Stern an einem stark mit Wolken behangenen Himmel! 11/20
90: Öffnend, tief mit Teeraromen. Säuerliche Adstringenz, darunter bourgeoise Anklänge, wirkt etwas zu rauh.
12/20 trinken ab 1994

1988 Pontet-Canet   **15/20**
89: Granatfarben. Weiche, softe Nase, darunter Pferdearomen und Nüsse. Bitterer Gerbstoff, kurzer Abgang.
14/20 trinken ab 1995
91: Helles Granat. Offene Nase, Tabak, Pferd, sehr animalisch (Schuhwichse), darunter knappe Fruchtanzeige, kalter Rauch, Russ. Sehr starke, aber negative Adstringenz mit grünen, kernigen Eindrücken. 15/20 1997 - 2008

1989 Pontet-Canet   **15/20**
90: Superbe Farbe. Defensive Nase, würziger Bonbonton. Im Gaumen hart und knochig trotz guter Fleischanzeige.
15/20 1996 - 2008
91: Eher unangenehm aufgefallen. Eigenwilliger Kräuterton, Anzeichen von schneller Oxydation. Hartes Tannin im Gaumen. 13/20 trinken ab 1995

1990 Pontet-Canet   **15/20**
Die Tesserons hatten Mühe, ihren 90er zu bringen. Nachdem die Courtiers zögerten, aber zum Teil bereits gekauft hatten, offerierten sie ihren Wein nochmals und zwar zu einem günstigeren Preis, was einen Riesenrummel auf dem Bordeaux-Markt auslöste. Offensichtlich handelt es sich hier um Menschen, die nicht nur als Produzenten Schwäche zeigen, sondern auch als Kaufleute.
91: Softe Frucht, darunter pferdig, ledrig und stielig. Vom Typ her ein 66er, der viel Trockenheit ausstrahlt.
15/20 trinken ab 1996
93: Mitteldichtes Granat. Offenes Bouquet, rotbeerig, animalisch, Rösttöne von heissem Terroir. Strenge Gerbstoffe, denen es an Fett fehlt, kernig, zähnebeschlagend, tendiert zum Austrocknen, eigenwilliger Nachgeschmack.
15/20 2000 - 2020

1991 Pontet-Canet   **13/20**
92: Purpur mit Wasserrand. Süsse, dichte Nase mit spürbarer, animalischer Note, Wild, Minze, Eucalyptus. Im Gaumen grüne Pfefferschoten, erst noch charmant, dann aber zunehmend härter werdend, kerniges Finish.
13/20 1995 - 2002

1992 Pontet-Canet   **14/20**
93: Granat-Purpur, feiner Wasserrand. Gekochte Frucht. Floraler Gaumen, griffige Tannine, rauh, männlicher, derber Wein. 14/20 1997 - 2007

1993 Pontet-Canet   **16/20**
94: Sehr tiefes, dichtes Purpur-Violett. Beeriges, sehr konzentriertes Fruchtbild vermischt mit Würznote. Kräftiger, gerbstoffreicher Gaumen, deshalb starke Adstringenz, viel Aromatik und gutes Rückgrat, lagerfähiger Pauillac.
16/20 2002 - 2014

Pauillac

Réserve de la Comtesse

Den Réserve de la Comtesse sieht May-Eliane de Lencquesaing nicht als Zweitwein sondern als eigenständigen Cru: <<Unser Zweitwein heisst Domaine de Garcieux. Er stammt aus jungen Reben und wird nur in Frankreich kommerzialisiert.>> Bereits 1880 war die Rede von einem „Réserve" auf Comtesse de Lalande. Das hat man neulich in alten Lieferbüchern gefunden. Dort ist nämlich eine derartige Lieferung für das russische Zarenhaus eingetragen. Der Ausbau vom Réserve erfolgt in Barriquen, die einmal für den „Grand Vin" gebraucht worden sind. Die Selektion stammt oft aus den ältesten Reben, oder aber auch von Cuvées, die sich nicht für den Pichon-Lalande eignen. <<Unser grösstes Anliegen ist es, in unserem ersten Wein eine klare Linie zu haben>>, erzählte Madame de Lencquesaing vor versammelter Gemeinde. Und immer mehr hatte ich das Gefühl, eine Art Trudi Gerster auf oenologischer Basis vor dem Mikrofon zu haben. Was ich im Glas in vierfach verschiedener Jahrgangsform hatte, stammte entweder aus einem anderen Märchen oder aber aus einer anderen Philosophie. Selten habe ich in einem Zweitwein so starke Abweichungen wie im Réserve de la Comtesse erlebt. Mal ist er grün, mal ist er rot, doch blau wird man alleweil davon.

1985 Réserve de la Comtesse **12/20**
88: Helle Farbe. Fruchtig fleischiger Schmelz, wirkt durch seinen zu grossen Cabernet-Anteil zu einseitig. 12/20 bald

1986 Réserve de la Comtesse **14/20**
89: Fauligpflaumige Nase. Wirkt überladen und schwer.
13/20 trinken
93: Wiederum Spuren von Unsauberkeit. Scheint noch jung, verschlossen mit viel Terroircharakter, Trüffelspuren und Zedernwürze. 14/20 1996-2004

1987 Réserve de la Comtesse **12/20**
90: Offen, reif, wenig drin. Bereits jetzt zu trinken.
12/20 trinken

1988 Réserve de la Comtesse **14/20**
93: Im 88er findet sich ein rotbeeriger Fruchtcharakter, welcher sich mit einer vegetalen, leicht grün anmutenden Cabernet-Note vermischt. 14/20 1994-2000

1989 Réserve de la Comtesse **15/20**
91: Man könnte sich direkt fragen, ob in irgendwelcher Form diesem Wein Bananen zugeführt worden sind. Süffig mit viel Merlot-Charakter, angenehmer Nachklang.
15/20 bald
93: Der 89er zeigt leicht überreifes, heisses Traubenbouquet, eine Süsse, die an Kandiszucker erinnert, ist erstaunlich reif. 15/20 trinken - 1999

1992 Réserve de la Comtesse **14/20**
94: Aufhellendes Granat. Offenes, bereits zugängliches Bouquet. Saftig-süffiger Gaumen, gastronomisch, macht Spass. 14/20 trinken - 2000

1993 Réserve de la Comtesse **14/20**
94: Aufhellendes Rubin. Offenes, leicht medizinales Bouquet. Saftiger Gaumen, leicht florale Note, süffig.
14/20 1996 - 2000

Les Tourelles de Longueville

(Zweitwein von Pichon-Baron)

1986 Les Tourelles de Longueville **13/20**
90: Nase kurz und verschlossen. Defensiv, tintig.
13/20 1993 - 1997

1987 Les Tourelles de Longueville **12/20**
90: Schöne Farbe. Im Gaumen easy, leichter Körper.
12/20 trinken

1988 Les Tourelles de Longueville **14/20**
90: Leichter Bananenton in der Nase. Zugängliche Aromenstruktur, feine Tannine. 14/20 bald
91: Granat, dicht. In der Nase voll geöffnet, zugänglich, etwas Zedernholz, das mitschwingt. Gastronomischer Wein, sauber gemacht. 14/20 trinken - 1996

1989 Les Tourelles de Longueville **15/20**
90: Februar: St. Amour-Kirschenaromen.
15/20 trinken ab 1993
91: Ein absolut süffiger, gastronomischer Wein mit klarer Linie und Frucht. Zu vergleichen mit dem 87er Grand Vin.
15/20 trinken
92: Arrivage: Purpur-Granat. Reduktiver Ton, Wachs, feine Zedernnote, fett. Feine, jedoch breit ausgelegte Tannine, trinkt sich gut, sehr süffig. 15/20 trinken - 1996

1990 Les Tourelles de Longueville **16/20**
91: April: Violette Farbe. Zedernholz-, Fruchtnase. Im Gaumen leichter Rauch, mittelmässige Struktur, mehr Extrakt als im 89er anzutreffen ist. 16/20 trinken ab 1994

1991 Les Tourelles de Longueville **12/20**
92: Ein grüner Wein. Absolut nicht der Gastro-Schmeichler wie ich es mir vom Tourelles gewohnt bin.
12/20 1994 - 1999
92: April: Mittleres Rot mit violetten Reflexen. Fruchtige Nase. Im Gaumen floral, wenig Struktur, verdünnt und pelzig 12/20 1994 - 1999
92: September: Ein erbärmliches Wässerchen.
12/20 1994-1999

1993 Les Tourelles de Longueville **14/20**
94: Rubin-Violett. Fruchtige Dropsnase. Süffiger Gaumen, macht viel Spass, geschmeidig, angenehme Länge.
14/20 1997 - 2005

Gabriel

UNIVERRE -
DAS GLAS DER GLÄSER

Die Form des Glases löst beim Weingenuss immer wieder Diskussionen aus. Je mehr verschiedene Gläser man in seinem Geschirrkasten beherbergt, desto unsicherer wird man. Je mehr Gläser man hat, desto weniger werden diese gebraucht. Kartongeruch und Schrankdüfte steigen aus diesen edlen Glasbehältern und vermiesen den Weingenuss total.

Zu grosse Gläser verhindern die Konversation mit einem Wein. Man lugt hoch über dem Glasrand ins tiefe Tal, als wie wenn man vom Eifelturm aus versucht, Menschen genauer zu betrachten. Der Wein braucht all seine Kraft, um auch nur einigermassen einen Teil der Aromen in die Höhe zu katapultieren. Das Bouquet wirkt lose, und nur dann und wann schafft es ein sanfter Duftschwaden bis in die Nasenlöcher vorzudringen. Selbst ein ganzer Deziliter wirkt in diesen Blumenvasen wie ein einzelner Hockeyspieler in einem menschenleeren Eisstadion.

Das andere Übel sind zu kleine Gläser. Man trifft diese meist an Weindegustationen an. Sinn und Zweck: Mit möglichst wenig Flüssigkeit, möglichst viel Weinerlebnis zu vermitteln. Der einzige Vorteil dieser Gläser besteht darin, dass man mit einer Flasche bis zu zwanzig Personen bedienen kann. Kleine Gläser - das bekannteste ist das I.N.A.O.-Degustationsglas - sollten den Profis vorbehalten sein. Die Stärke dieses Glases ist nämlich, die Fehler eines Weines aufzuzeigen.

Sie sehen - mit dieser negativen Polarisierung kommen wir einem Kompromiss schnell nahe.

Ich habe mir immer wieder überlegt wie man das Degustieren mit dem höchstmöglichen Genuss eines Weines vermischen könnte?

Dabei schien mir das Riedel Chardonnay-Glas eine gute Variante. Als ein paar Jahre später das Chianti-Glas auf den Markt kam, war für mich die beste Lösung in Griffweite. Genau zwischen dem besten Weissweinglas und dem besten Rotweinglas musste doch der Kompromiss aller Dinge zu finden sein!?

Georg Riedel - das Glasgenie ohnegleichen - war von meiner Idee gar nicht begeistert. Logisch, denn als Fabrikant will er nicht nur viele, sondern möglichst viel verschiedene Gläser verkaufen.

Ich beschwichtigte ihn: <<Dieses Glas soll das Minimum darstellen. Es soll dem Weingeniesser die Basis sein, den ersten Schritt zur grossen Riedel Glasphilosophie ebnen.>> Damit war er einverstanden. Dieses UNIVERRE, wie ich es genannt habe, ist von schlichter Bauart; hat einen standfesten Boden und einen schlanken, eleganten Stiel. Der Kelch ist mittelgross und lässt jedem Bouquet ein Maximum an Entfaltungsmöglichkeiten. Das entscheidenste ist der feine, dünnwandige Glasrand, der leicht gegen innen gewölbt ist. So spüren Sie im wichtigsten Akt, wenn der Wein über die Zunge in den Gaumen fliesst, überhaupt nichts vom Glas selbst. Das UNIVERRE ist so ein sanftes, kaum spürbares Bindeglied zwischen Mensch und Wein. Es gibt jedem Wein die Möglichkeit, sich von seiner besten Seite zu zeigen. Dieses Glas kostet bei Mövenpick 16 Franken und es ist ausserdem spülmaschinenfest.

Was ich Ihnen hier niedergeschrieben habe, ist keinesfalls gekaufte Werbung, sondern meine ganz persönliche Glasphilosophie. In diesem UNIVERRE geniesse ich privat sämtliche Weine dieser Welt - sogar Champagner!

St. Julien

Grösster Wein:
1982 Léoville-Las-Cases
Bester Wert:
1986 Gruaud-Larose

St. Julien

CHÂTEAU BEYCHEVELLE

Leider sind die jüngsten Kinder dieses Weingutes weniger vielversprechend, als es die alten, legendären Beychevelle-Jahrgänge waren.

1928 Beychevelle   **17/20**
91: Tiefe, dichte Farbe. Defensive Nase, die fast reduktiv wirkte. In der Nase primäre Fruchtaromen von schwarzen Beeren. Im Gaumen füllig, kompakt, gebunden mit junger Extraktanzeige. Unglaublich jung und fast noch zu früh zum Trinken. Eine Kondition, um problemlos bis weit ins nächste Jahrtausend zu überstehen. 17/20 trinken - 2010

1945 Beychevelle   **18/20**
91: Junges Granat. Wuchtige Nase, Lederton, klassisch, ausladend, üppig. Hagebuttenton, leichter Wildgeschmack, grosser Nachhalt. 18/20 trinken - 2005

1961 Beychevelle   **17/20**
85: Mit Max Gerstl getrunken. Kompaktes Farbbild mit ziegelroten Reflexen. Offene, köstliche Nase. Ein herrliches Cabernet-Merlot-Spiel. Auf der Zunge erhaltende Säure, noch Fleisch und Gerbstoff. Massiver, männlicher, muskulöser Körper. Breiter, ausladender Abgang.
17/20 trinken

1962 Beychevelle   **18/20**
94: Mahler-Abfüllung: Mittleres Granat, feiner ziegelroter Rand. Rotbeerige Nase, leicht buttrig, feine Ledernote. Die Säure kräuselt etwas und wirkt moussierend, die Struktur ist pelzig. 16/20 austrinken
94: Château-Abfüllung aus dem Keller von Geni Hess in Engelberg: Reifende Farbe, aber noch durchaus intakt. Über eine halbe Stunde lang in der Nase verfolgt. Von leichter Volatile zu Beginn über eine defensive Kandissüsse bis hin zu fermentierten Teearomen wie man diese zuweilen in Cheval-Blanc findet. Saftige Gaumenstruktur, viel Eleganz, Steinpilze, langes Finale, ein grossartiger 62er, vielleicht auch heute noch einer der besten.
18/20 trinken - 2000

1964 Beychevelle   **18/20**
93: Die Überraschung an einer 64er-Degustation: Aufhellendes Granat mit orangen Reflexen. Offene, wuchtige Nase, erinnert an einen reifen Côte de Nuits, dunkles Caramel. Im Gaumen zwar gereift, aber noch immer stützende Tannine. Ein charaktervoller Bordeaux und zugleich einer der besten dieses Jahrganges. 18/20 trinken - 2005
94: Eine Magnum, die es mit einer längeren Dekantierzeit auch auf 18/20 gebracht hätte. Der Wein wurde zu kalt serviert und zu schnell wieder abgeräumt.
17/20 trinken - 2005

1966 Beychevelle   **18/20**
90: Reifende Farbe. Offen, rotbeerig, darunter verdeckter Böckser. Im Gaumen relativ fein strukturiert. 17/20 trinken
93: Eine sehr gute Flasche, die vermuten lässt, dass der 66er Beychevelle im mittleren Preisbereich zu den besten Weinen dieses Jahrganges gehört. Noch immer sehr tiefe Farbe. Offenes, fettes, gut unterlegtes Cabernet-Zedernbouquet. Weiniger Fluss, schöne Länge.
18/20 trinken - 2005

1970 Beychevelle   **13/20**
88: Beim Blüemli Emil in Grenchen getrunken! Kompakte, erhaltende Farbe mit ziegelroten Reflexen. Verblühende Nase, die ausser Rosen nicht mehr viel hergibt. Mittelgewichtiger Körper, der fast allen Gerbstoff abgebaut hat. Zu viel Säure. 13/20 trinken
92: Braune Farbe, matt, müde. Total oxydierte Nase. Im Gaumen ebenfalls tertiäre Aromen. Es stellt sich hier die Frage, ob es eine fehlerhafte Flasche war. Wenn ich aber meine Notizen von 1988 betrachte und nochmals vier Jahre dazu rechne, so könnte es aber durchaus zutreffen, dass hier bereits die Totenstarre eingetreten ist.
Keine Bewertung - vorbei!

1971 Beychevelle   **13/20**
85: Reife Farbe. Feines und zartes Bouquet. Mittelgewichtiger Gaumen. 13/20 austrinken

1975 Beychevelle   **16/20**
94: Jugendliches Granat, feiner Wasserrand. Dörrfrüchte, Leder, leicht medizinal, Bleistift. Schlanker Gaumen, jedoch mit feinen Tanninen, etwas kurz. 16/20 trinken - 2003

1976 Beychevelle   **16/20**
89: Ein durchaus überraschender 76er! Kräftige Farbe mit schwarzen Reflexen. Feines Zedernholzbouquet, kräftiger Gaumen, jedoch mit Finessen überdeckt.
16/20 trinken, mit viel Vergnügen - 1995
92: „So viele 76er sind klammheimlich von uns gegangen". Der Beychevelle ist auch heute noch ein leicht getrocknetes, trotzdem schönes Trinkvergnügen. 16/20 austrinken

1978 Beychevelle   **17/20**
92: Tiefe Farbe. Wirkt erst verhalten, Rauchnote, fleischig, jung. Dichter, feingewobener Körper, viel Reserven. Lakritze im Extrakt. Noch ausbauend. 17/20 trinken - 2000
93: Hat mir blind eingeschenkt wiederum sehr gut gefallen. 17/20 trinken - 2000

1979 Beychevelle   **13/20**
87: Ich habe mich über die miserable Qualität dieses Weines so geärgert, dass ich nicht imstande war, ihn zu beschreiben.
12/20, bedeutend zu wenig für einen 79er dieser Klasse
91: Reifendes Granat mit Orangerand. Offene Nase, geprägt von grünen Geranioleindrücken, zedrig, rauchig und Fleischaromen. Spitzer Säureauftritt, der die Zunge dominiert, dann eher flacher Körper, dem es an Fett und Fleisch mangelt. Vielleicht nicht gerade so schlecht wie der 87er Eindruck, aber auch nicht viel besser. 13/20 austrinken
92: Wurde an früheren Degustationen immer tiefer bewer-

tet. Granat-Purpur, feiner Wasserrand. Nase erst staubig, rotbeerige Nuancen, Rauch, Zedern, Teer. Feine Würzbitterkeit, recht gut strukturiert, aromatischer Schluss.
14/20 trinken - 1997

1980 Beychevelle 12/20
90: Offen, reif. Zedernholzspuren. Im Gaumen gezehrt und austrocknend. 12/20 vorbei

1982 Beychevelle 15/20
87: Unter vielen anderen Weinen an einem Silvesterabend getrunken. Wirkte verschlossen. Mittelklasse.
15/20 trinken ab 1991
91: Mitteldichte Farbe mit Reifeton. Offene, heisse Terroirnase, Rauch, Cous-Cous, Kräuter (Estragon), erinnert im Bouquet zudem komischerweise an eine Mischung aus Gewürztraminer und Riesling -dies wegen dem Schieferton. Im Gaumen vollreif mit reifen Tanninen, wiederum Cous-Cous- und Gulasch-Aromen, gekochte Peperoni. Wirkt fast süss. 13/20 trinken - 1996
92: Tiefe Farbe mit Brauntönen. Offene Nase, heiss, gebraten mit Rosinennoten, nach 10 Minuten Kümmelaromen. Im Gaumen burgundisch, füllend, gekochte Tannine, Orangennuancen, Wildaromen, Lakritze, vollreif.
15/20 trinken - 1998
93: Eine Flasche auf dem Château getrunken. Tiefes Schwarzrot, Reifereflexe. Edelholz vermischt sich mit einem sehr eigenwilligen Bouquet. Wieder diese Gewürztraminer-Note. Heisse, fast ausgekochte Tannine.
15/20 trinken - 1998
93: Eine Flasche blind degustiert. Sie schmeckte nach Schiefer und erinnerte irgendwie an einen alten Riesling.
15/20 trinken

1983 Beychevelle 13/20
86: Nase von ausgereiftem, angetrocknetem Traubengut (angesengt). Ein Wein, der es im Alter schwer haben wird!
90: Schlechte Entwicklung, fällt irgendwie auseinander. Zu viel Ertrag - zu wenig drin? 13/20 trinken?

1984 Beychevelle 13/20
91: Recht ansprechende Farbe mit granatroter Färbung. Tiefes Würzbouquet, viel Zedern und schwarze Beeren. Rauchiger Gaumen und wiederum Zedern, relativ gute Extraktanzeige. Leider recht kurz. 13/20 trinken -1996

1985 Beychevelle 15/20
88: Waldbeerenton, trockene Früchte (Tutti-Frutti). Im Gaumen fleischige Aromen, schwarzes Holz, Akazien. Eher schlanker Körper, jedoch lang. 15/20 trinken ab 1993

1986 Beychevelle 17/20
87: Fassdegustation: Kompakte Farbe, sauberer Eichenholzton, klassischer, langlebiger St. Julien.
17/20 trinken ab 1996
89: Arrivage: Terroir, Trüffel und exotische Hölzer. Sehr verschlossen, aber vielversprechend im Gaumen.
17/20 1996 - 2007

1987 Beychevelle 12/20
90: Die perfekte Maskarade. Öffnende Nase ohne Frucht, nur Barriquenröstton. Dünner Körper, nichts drin. Er ist seinen Preis bei weitem nicht wert! 12/20 trinken

1988 Beychevelle 15/20
89: Der Top-Favorit vieler Weinjournalisten! Das Muster anlässlich einer Grand Cru-Degustation mochte mich jedoch bei weitem nicht überzeugen. Tiefer Säurewert, wenig Frucht, dünner Körper, unharmonisch.
14/20 trinken ab 1995
90: Wieder auf dem Château degustiert: Eher dünn und von überschätztem Potential, angetrocknet (zu lange in der Barrique).
91: Helle Farbe. Extremer Toastgeschmack. Viel zu viel Holz im Verhältnis zum Potential. Maximal 15/20 bald - 2000
91: Amerikanischer Eichensaft. 15/20 bald
92: Blind: Granat-Purpur, hell. Offen, Rauch, viel Toast und Kaffee. Im Gaumen Cassis. Relativ fein (dünn!) mit mittlerem Finish. 15/20 1994 - 2004

1989 Beychevelle 15/20
90: Dichte Nase, füllig und recht komplex (Himbeeren). Im Gaumen Bestätigung von Himbeeren. Gut ausgewogen. Feiner, eleganter Wein. 15/20 trinken ab 1995
92: Arrivage: Purpur mit Wasserrand. Offene Nase, gebranntes Zuckerrohr, Caramel, Butter, Zedern, Korinthen, generell tardive. Der Rauchtoastgeschmack dominiert Nase und Gaumen. Dürfte mehr Konzentration haben. Mittelmass! 15/20 1994 - 2004

1990 Beychevelle 16/20
91: Ein Gastrowein. Wirkt sehr leicht und soft. Eher kurzes Finish. Maximal 15/20 trinken ab 1997
94: Aufhellendes Purpur mit blutroten Reflexen, feiner Wasserrand. Absolut verführerische Nase, parfümiert, süss durch einen massiven Barriqueneinsatz. Trotzdem das Bouquet im Grundwesen mit einem Bordeaux sehr wenig zu tun hat, wird man von diesen Düften magisch angezogen. Schmelzige Textur, viel Charme und Fülle mit einem rollenden, schmeichelnden Fluss, schöner Nachklang. Durch späte Ernte eher niedrige Säure.
16/20 trinken - 2002

1991 Beychevelle 13/20
92: Mittleres Granat mit hellen Reflexen. Vanille, Zedern, gekochte Frucht, eine herbale Teenote, die mitschwingt. Zugleich machen sich Burgunder-Aromen in der Nase breit (Vosne-Romanée, Latricières-Chambertin), Zibetkatze. Im Gaumen extrem wenig Säure, rund, schmeichelnd mit gefährlichem PH-Wert. Der Anteil an neuen Barriquen für diesen Jahrgang ist viel zu hoch. Der Wein wird sehr schnell reifen und einem amerikanischen Eichensaft gerecht werden. Generell ist noch zum Wein zu bemerken, dass er eigentlich sehr dünn und verwässert wirkt.
13/20 1994 - 2000

St. Julien

1992 Beychevelle — **15/20**
93: 50 % neue Barriquen. Granat-Violett, aufhellend. Röstdüfte, Zedern, Rauchnote. Schmeichelnder Gaumen, guter Fond, warme Frucht, gute Säure, mittlere, leicht angetrocknete Tannine.   15/20 1996 - 2004

1993 Beychevelle — **17/20**
94: Tiefes Granat mit schwarzen Reflexen. Herrliches, reifes Fruchtbouquet, Dörrfrüchte. Im Gaumen pfeffrig, rassig, schönes Zedernholz und blaue Früchte, fleischig, gute Tanninpräsenz, seit langem wieder eimal ein richtig guter Beychevelle, der auch ein paar Jahre altern kann.
  17/20 1998 - 2012

CHÂTEAU BRANAIRE-DUCRU

1878 Branaire-Ducru — **19/20**
93: Gehörte an der Hardy Rodenstock-Probe mit dem 53er Gruaud-Larose zu den besten Weinen. Reifes Granat. Offene Nase, viel Druck und doch sehr elegant, geröstete Mandeln, Nusston, süss. Im Gaumen reif, absolut harmonisch, ohne von seiner Kraft eingebüsst zu haben. Zeigt deutlich, dass der Jahrgang 1878 zu den ganz grossen des letzten Jahrhunderts zählt.   19/20 trinken

1900 Branaire-Ducru — **13/20**
93: Aufhellende Farbe. In der Nase oxydative Spuren. Anstehende Säure, drahtiger Körper, eher schlank. Zeigt wenig vom grossen 1900er Jahrgang.   13/20 austrinken

1916 Branaire-Ducru — **13/20**
90: Anlässlich eines Essens bei Jutta und Ueli Prager serviert bekommen. Helle Farbe, süsse Nase. Eleganter, feiner Wein. Durchaus noch trinkbar.   13/20 vorbei

1928 Branaire-Ducru — **15/20**
91: Leuchtendes Granatrot. Süsse, rotbeerige Nase mit fettem Merlot. Im Gaumen schönes Parfüm mit Affinität zur Pinot Noir-Rebsorte. Vordergründig, da er hinten relativ kurz wirkte.   15/20 trinken

1937 Branaire-Ducru — **12/20**
91: Ranzige Nüsse, Karton. Trockene Frucht. An der Grenze der noch möglichen Trinkbarkeit.   12/20 vorbei

1947 Branaire-Ducru — **16/20**
90: Tiefe Farbe, sehr dicht, konzentriertes Bouquet nach fermentiertem Tee, Trüffel, rauchiger Merlot, etwas rauher Fluss mit rustikaler Struktur, wuchtiges Finish.
  16/20 trinken ohne Eile

1959 Branaire-Ducru — **15/20**
85: Volle, pflaumige Nase, noch enorm Stoff, mitteldicker Körper, intensiver, am Schluss rasch abklingender Abgang.
  16/20 trinken
90: Wiederum Fett, pflanzliche Aromen (Sauerampfer).
  15/20 trinken
93: Rubin-Granat mit Reifeschimmer. Offenes Bouquet, Kräutertöne, animalisch. Tiefe Gaumenwürze, leider jetzt drahtig und gezehrt.   13/20 austrinken

1961 Branaire-Ducru — **15/20?**
91: Entwickelte Farbe, alkoholisch, am Rand aufsteigend. Schwierige Nase zu Beginn, Charcuterie, Wild, faisandiert. Entwickelt sich zaghaft zur Beerigkeit. Im Gaumen jung, durch Säure blockiert. Hart und unentwickelt mit kleinem Potential.   15/20 warten?

1962 Branaire-Ducru — **14/20**
85: Weiche, kräftige Nase, geprägt von überreifen Johannisbeeren. Im Gaumen Süsstöne, dünner Körper, begleitende Säure. Fehlt etwas an Fleisch. Im Abgang relativ rasch abklingend.   14/20 trinken

1966 Branaire-Ducru — **17/20**
85: Intakte Farbe, schmaler Duft, im Gaumen üppiger als in der Nase, tendiert zu Fett, fleischig. Für einen St. Julien zu schwer - als Pauillac ein überdurchschnittlicher Wein.
  17/20 trinken
90: Wiederum an einer umfassenden 66er-Degustation mit denselben Eindrücken. Nach wie vor   17/20 trinken

1969 Branaire-Ducru — **11/20**
86: Viel flüchtiger Alkohol, blechig, rauh. Sollte nicht mehr im Keller liegen oder höchstens noch als leere Flasche!
  11/20

1970 Branaire-Ducru — **13/20**
87: Diskrete Nase, anstehende Säure, leichter Biss, nachhaltig im Abgang, aber keine Glanzleistung.   13/20 trinken

1975 Branaire-Ducru — **14/20**
94: Dumpfes, dunkles Weinrot. Animalisches Bouquet, unangenehm, verdeckte Oxydation. Dominierende Säure, rauhe Gerbstoffstruktur, ledrig, nichts drin, ein Esswein.
  14/20 trinken - 2000

1976 Branaire-Ducru — **13/20**
86: Nichtssagende Nase. Im Gaumen dünn, nervig mit abklingenden Tanninen. Reif. Ein höchst bescheidener 76er.
  13/20 austrinken

1978 Branaire-Ducru — **15/20**
87: Komplexes Erscheinungsbild. Wächst am Glas. Intensives Holz, Frucht und Verschlossenheit zugleich. Mittelklasse.   15/20 trinken - 1998

1979 Branaire-Ducru — **15/20**
88: Weicher als der 78er. Wunderschöne, saubere Frucht. Spuren von Süsse.   15/20 trinken - 1994

1980 Branaire-Ducru — **13/20**
88: Ein sehr guter 80er, der nicht auffällt, aber Freude macht (oder gemacht hat). Johannisbeeren, leicht und bekömmlich.   13/20 trinken

1981 Branaire-Ducru   **13/20**

88: Zu streng vinifiziert. Grenache-Symptome. Wirkt verhalten und irgendwie blockiert.   13/20 trinken ab 1991

1982 Branaire-Ducru   **15/20**

87: Süsse Nase, verschlossen. Mittleres Potential. Wirkt durch viel weineigenes Tannin etwas trocken.   15/20 trinken ab 1992
93: Reife Farbe mit braunen Reflexen. Offenes, süssliches Bouquet, Lederton. Kaffee im Gaumen, Dörrfeigen, Zitronenmelisse (?). Ist jetzt vollreif.   15/20 austrinken

1983 Branaire-Ducru   **14/20**

94: Reifendes Granat mit ziegelroten Reflexen. Offenes, pflaumiges Bouquet, gereift. Im Gaumen zedrig, eher trocken, kapselige Note, fehlt an Fett und Komplexität, eher schlankes Finish.   14/20 austrinken

1985 Branaire-Ducru   **13/20**

87: Konfitüre-Hagebutten-Ton. Reifer Wein, der etwas zu mastig geworden ist.   14/20 bald
94: Ein kleiner Schluck. Es hätte zwar noch mehr in der Flasche gehabt, aber eben - es blieb bei diesem kleinen Schluck. Der Cabernet ist derartig grün, dass man fast vermuten muss, dass hier 84er reingeschüttet worden ist.   13/20 austrinken

1986 Branaire-Ducru   **15/20**

89: Purpur-Violett. Nase bereits öffnend, schwarzes Holz. Runder, molliger Körper ohne Ecken.   15/20 trinken ab 1993
94: Sattes Purpur mit orangem und ziegelrotem Schimmer. Süsse Nase, marmeladig, wuchtig, Korinthen, als Bordeaux eher atypisch, aber sonst verführerisch im Bouquet, fast umwerfend, nach 2 Minuten Rauch, Pflaumen. Weicher Gaumen, füllig, fast fett, reife Gerbstoffe, die Barrique gibt auf der Zunge einen Marroniton und ein Kaffeefinish. Alles in allem ein Wein, der in seiner Art sehr stark an einen Sangiovese erinnert. Sehr wahrscheinlich hat er auch zu lange in der Barrique gelegen, weil das Holz auf der Zunge bis zum Schluss präsent bleibt.   16/20 trinken - 2004

1988 Branaire-Ducru   **17/20**

89: Köstliche Fruchtnase mit Bestätigung auf dem Gaumen. Fetter, dickflüssiger Körper. Ein Léoville-Las-Cases vom Typ her. Ob er allerdings wirklich diese Klasse hat, wird er noch beweisen müssen.   17/20 trinken ab 1995
91: Eine komplett andere Notierung: Helle Farbe mit orangen (!) Reflexen. Rauchige Barrique, Kaffee, leicht vegetal. Dünnes Extrakt und wenig Adstringenz, eher flach.   15/20 trinken ab 1994
91: An der Arrivage nicht mehr so euphorisch beurteilt wie bei der Fassprobe auf dem Château. Trotzdem ein erstaunlich guter Branaire! Granat-hell mit schmalem Wasserrand. Offen, Rauch, Toast, Zedern. Feiner Gaumen, warmbeerig. Langer, feiner Wein mit erstaunlich zartem Extrakt.   17/20 1996 - 2005

1989 Branaire-Ducru   **16/20**

90: Schlechtes Fassmuster, das bereits bei einem Courtier oxydiert war.   Keine Bewertung!
90: Süss, fett, trockene Tannine.   15/20 trinken ab 1995
92: Arrivage: Violett-Schwarz. Süss, beerig, marmeladig. Ein Gemisch von Brombeeren und Erdbeeren, etwas alkoholisch. Im Gaumen sehr schmeichelnd. Trotz niedriger Säure bleibt eine säuerliche Schalennote im Gaumen zurück.   15/20 1995 - 2004
94: Ich habe ihn zweimal in der gleichen Woche degustiert. Einmal war er leidlich warm und deshalb eher disharmonisch mit paprikaartiger Säure. Das andere Mal war er eigentlich zu kühl, aber sehr gefällig.
Wenn Sie ihn warm trinken, macht er 15/20, bei etwa 15 Grad gar   16/20 trinken - 2003

1990 Branaire-Ducru   **16/20**

91: Sehr dichtes Kirschrot. Fein ausladende Nase. Bonbon anglais, gekochte Himbeeren (Gros Frère et Soeur). Im Gaumen Würzfrucht, gewaltige Adstringenz. Grosses Potential, pfeffriges Extrakt, recht viel Fleisch. Bitterkeit in den Tanninen, Marroniaromen. Vin de Presse?   16/20 1994 - 2005
93: Granatfarben. Konzentriertes Fruchtbouquet, leicht konfitürig, zugänglich, etwas eindimensional, bereits trinkreif.   16/20 trinken - 2005
94: Mittleres Purpur, feiner Wasserrand. Süsses, wuchtiges Bouquet, schön ausladend, rotbeeriger, fast marmeladiger Charakter. Aufrauhendes Zungenextrakt, eine gewisse Härte und Schärfe im Gerbstoff, die für einen 90er Bordeaux ungewöhnlich ist und eine leicht negative Adstringenz bewirkt, zähnebeschlagend.   14/20 1997 - 2008

1991 Branaire-Ducru   **15/20**

92: Weniger als 10 hl Ertrag. 75% Cabernet Sauvignon, 20% Merlot, 5% Petit Verdot. Leuchtendes Rubin. Süssbeerige Nase, Pflümliaromen, Veilchen. Weiche Säure (3.2g), Charme im Körperbau, aber gut stützende Tanninstruktur (60 g). Ein samtiger Wein mit schöner Fruchtwürze. Feines, mildes Finish. Gastronomisch!   15/20 1995 - 2003

1992 Branaire-Ducru   **15/20**

93: Granat-Purpur, feiner Wasserrand. Üppiges, rotbeeriges Fruchtbouquet, schön ausladend. Vanille und Kirschen, charmant verpacktes Tannin, im Finish Himbeeren. Leichter Wein, aber gut gemacht.   15/20 1996 - 2004

1993 Branaire-Ducru   **15/20**

94: 56 % Grand Vin. Mittleres Rubin. Kirschennase, defensiv, schöne Tiefe anzeigend, leicht tintig. Mittelgewichtig im Gaumen, die Säure zeigt rotbeerige Aromen, wiederum Kirschen in Weichselnform, ausgeglichene Adstringenz, im Tannin mazeriertes Schalenextrakt.   15/20 1997 - 2008

St. Julien

CLOS DU MARQUIS

1981 Clos du Marquis **14/20**
94: Reifendes, aber doch noch recht jugendliches Granat. Nase erst caramelig, dahinter floraler Cabernet, etwas Volatile. Fleischig, leichte Bitterkeit im Extrakt, eine Spur fassige Note im Finish. 14/20 trinken - 2000

1983 Clos du Marquis **15/20**
92: Süsse Nase, schwarze Kirschen, buttrig, Mandelzukkerton. Im Gaumen ein unkomplizierter, fettfülliger Trinkgenuss. 15/20 trinken - 1996

1984 Clos du Marquis **12/20**
87: Bereits reif, stumm und ausdruckslos. 12/20 trinken

1985 Clos du Marquis **14/20**
88: Fruchtige Nase mit Bonbon, hinten verwässert, leicht. 14/20 trinken
93: Er ist zwar jetzt schön zu trinken, aber es stört eine leicht dominierende, unterreife Cabernet-Note. 14/20 trinken - 2000

1986 Clos du Marquis **15/20**
89: Tintiges Veilchenbouquet, Kandis, feingliedrig und recht konzentriert, sehr gut ausgebaut. 15/20 1994 - 2004

1987 Clos du Marquis **12/20**
89: Granatrot. Offene Nase (kötzelig), Heugeschmack. Extrem trocken und wenig Konsistenz. Kurz. 12/20 trinken - 1997

1988 Clos du Marquis **14/20**
89: Fassdegustation: Schmeichler-Nase, feminin und elegant, Veilchennote. 14/20 1993 - 2004

1989 Clos du Marquis **16/20**
90: Schöne Robe, gekochte Früchte. Wirkt zurückhaltend. Feine Tanninstruktur. Ausgeglichen, elegant. 16/20 1994 - 2006

1990 Clos du Marquis **16/20**
92: Heisses Bouquet, pflaumig, Creme Caramel, Kaffee. Viel Schmelz, gute Stütze, pfeffrig, sehr reife Fruchtkonstellation, fett und rund. 16/20 1995 - 2003

1991 Clos du Marquis **15/20**
92: Superbe Farbe. Süss, Kandis, leicht gebraten, Brombeeren, Zedern. Weicher, charmanter Körper, viel Rundungen, relativ gutes Extrakt. Als Zweitwein absolut über der Mittelklasse aus St. Julien. 15/20 1995 - 2003

1992 Clos du Marquis **13/20**
93: Helles Granat. Staubige Nase, rotbeerig. Sehr leichter Körper, süffig, aber wenig drin. 13/20 1994 - 2002
94: Mittleres Purpur. Exotisches Holzbouquet, Palisander, Zedern, schwarze Beeren. Feiner, schlanker Gaumen, aufrauhende Gerbstoffe mit einer uncharmanten Kernigkeit, mageres Finish. 14/20 1997 - 2004

1993 Clos du Marquis **14/20**
94: Sattes Rubin. Kaffee, Brotkruste, Marroni, Black-Currant. Im Gaumen eher grobmaschig mit körniger Struktur, der Cabernet zeigt Unterreife, gibt aber Stütze, aufrauhende Adstringenz. 14/20 1998 - 2006

CHÂTEAU DUCRU-BEAUCAILLOU

Besitzer: Jean-Eugène Borie, Maître de Chai: René Lucceau. Die Weine nach dem 78er und vor dem 88er mögen dem hohen Ansehen von Ducru nicht mehr ganz genügen. Ich habe lange nach einer möglichen Antwort darauf gesucht. Ducru ist kein Wein für Fruchttrinker, vielleicht zu traditionell, um in der heutigen Zeit zu bestehen, wo die Bordeaux-Freaks den Wein einerseits endlos lagern wollen, dann aber auch während der Jugendphase bereits einen ansehnlichen Teil ihres Kellerbestandes fast leertrinken. Im März 1992 veranstaltete der österreichische Industriekaufmann Georg Wolff eine phantastische Vertikalprobe von 1904 bis 1990 im Restaurant Vogelkäfig in Linz. Dieser Anlass bestärkte mich einmal mehr in der Ansicht, dass man Ducru nur mit Ducru selbst vergleichen sollte und nicht mit anderen, drogenhafteren Bordeaux.
Eleganz, Finesse und Aristokratie vermischen sich zu einem St. Julien der Spitzenklasse. Wer Ducru-Beaucaillou zu seinen Lieblingsweinen zählt, hat das Abitur der Bordeaux-Akademie vollumfänglich bestanden.

1904 Ducru-Beaucaillou **15/20**
92: Schweizer Händlerabfüllung: Sehr hell, orange. Süsses Madeira-Bouquet mit Currynote, noch intakt, zu Kopf steigend. Holzartiger Gaumen. Ein leichter Wein mit fein gewünschtem Nachhall. Erstaunlich gut. Hält sich 10 Minuten und zerbricht dann im Glas. 15/20

1906 Ducru-Beaucaillou **17/20**
92: Leuchtendes Granat, für sein Alter relativ wenig Reifereflexe. Mooston, Spitzwegerich, entwickelt Minze und Buttergeschmack, dann Baumnuss und Walderdbeeren. Die Süsse steigt auf. Im Gaumen Irish Moos. Burgundischer Wein mit grossem Potential. Leider war diese Flasche von einem kaum spürbaren, unsauberen Ton begleitet. Als Potentialbewertung: 17/20

1924 Ducru-Beaucaillou **14/20**
93: Impériale: Es gab Freunde und Feinde für diese rare Grossflasche. Meine Begeisterung hielt sich in Grenzen, weil mir das Ganze etwas zu modrig und pilzig vorkam. Einzig ein Hauch Waldbeeren vermochte, den auf der Zunge durch Kapselton dominierenden Wein, etwas aufzurunden. 14/20

Gabriel

1928 Ducru-Beaucaillou   14/20
91: Aufhellende Farbe mit weichem, orangem Rand. Schwefel und Geraniol in der Nase. Verhaltener Böckser, der auch nach längerer Zeit nicht entwich. Leerer, fader Schluss. Wirkte längst über dem Zenit.   Keine Bewertung!
92: Mittlere Tiefe, brillant, orange Färbung. Verführerisches Duftparfüm, leicht ätherisch, Kumquats, Orangenhaut. Im Gaumen nur noch durch Säure erhalten, relativ harte, blechige Tannine.   14/20 vorbei

1929 Ducru-Beaucaillou   13/20
92: Matte Farbe, viel Depot. Ranchioton, Maggi, nasses Unterholz. Abklingendes Säurespiel im Gaumen, stielige Tannine. Trocknet die Gaumenpartie aus, hat aber eine erstaunliche Länge.   13/20 vorbei

1945 Ducru-Beaucaillou   15/20
88: Eine Flasche mit viel Depot anlässlich einer Steinfels-Auktion - ein viel zu kleiner Schluck. Defensive, fast verschlossene Nase, im Gaumen grün und unreif, starke Adstringenz. Ein Wein, der mit seinem grossen Potential gegen das Altern kämpft.   15/20 austrinken
90: Der gleiche Eindruck: Hart, ausgetrocknet.
          13/20 vorbei
92: Wenig Farbdichte, orange. Offene Nase, wirkt verblüht, Holznuancen, Tabak. Trockener Gaumen. Mittelgewicht, aber etwas besser als die früher getrunkenen Flaschen. Innert 10 Minuten austrinken.   15/20 austrinken

1947 Ducru-Beaucaillou   13/20
92: Recht tiefe Farbe, Mahagonireflexe. Modrig, ranziges Nussöl, Kaffee. Rauchig im Gaumen, speckig, faule Champignons. Es gibt einen Trick wie man den Wein trotzdem noch geniessen könnte. Schütten Sie einen halben Deziliter Portwein in eine Karaffe und giessen Sie den Wein vorsichtig darauf.   13/20 austrinken

1949 Ducru-Beaucaillou   17/20
92: Matte Farbe, aber recht dicht. Offen, sehr vielschichtig, feine Ausgeglichenheit in der Nase, Edelhölzer, Minze und trockene Küchenkräuter. Fülliger, fast samtiger Gaumenfluss, getrocknete Pflaumen im süsslichen Finish. Minutenlanger Nachklang.   17/20 austrinken

1955 Ducru-Beaucaillou   15/20
87: Eine Magnum im Restaurant Savoie in Margaux getrunken. Hat vieles mit dem 59er gemeinsam. Insgesamt fehlt (?) es an Kraft. Ein feiner, eleganter Wein.
          15/20 trinken
93: Eine unbekannte Händlerabfüllung: Sehr leicht und grazil, aber noch gut zu trinken.   15/20 trinken

1957 Ducru-Beaucaillou   12/20
94: Dunkles Weinrot mit feinem Orangerand. Oxydatives, leicht fauliges Bouquet, ranzig. Unsauberer Gaumen, drahtiger, ausgezehrter Körper, über dem Zenit. Ich hatte die tiefste Wertung von der ganzen Tischrunde.
          12/20 vorbei

1958 Ducru-Beaucaillou   13/20
94: Sehr reife Farbe, braune und orange Töne, starker Wasserrand. Offenes Bouquet, zart, Schokoton, defensive Süsse, leicht erdig. Zarter, süffiger, leichter, etwas fragiler Körperbau, trockenes Finish, metallische Zungenstruktur.   13/20 vorbei

1959 Ducru-Beaucaillou   18/20
87: Eine wunderschöne Magnum mit Markus Müller geköpft! Runder, kompakter Wein in vollster Reife und Eleganz.   18/20 trinken
90: Normalflasche an einer 59er-Probe degustiert. Dunkles Granat mit orangem Rand, Zedernholznase, wuchtig und diskret zugleich, trockener Gerbstoff mit seitlicher Adstringenz.   16/20 trinken
92: Leuchtend, recht jugendlich. Junge, noch fruchtmarmeladige Nase mit ansprechenden, floralen Nuancen. Braucht Luft, um sich zu entwickeln. Im Gaumen terroirbetont mit viel Fleisch, Erdbeeren, Zedern, Lakritze. Baut noch immer aus, jedenfalls diese Flasche. Ein grosser Wein.
          18/20 trinken - 2005
94: Auf dem Château zwei leicht verschiedene Flaschen: Die eine leicht kapselig, eher mager. Die andere fülliger mit schönem Dörrfrüchtefinish.   18/20 austrinken

1961 Ducru-Beaucaillou   19/20
88: Erstaunlich kräftige Farbe, transparent, leuchtend. Wirkt noch verschlossen (dekantieren?). Angedeutete Vielfalt, voller, aber nicht fettiger Körper. Superb strukturiert und enorm lang.   19/20 trinken - 1995
91: Reife Farbe. Vielschichtiges Bouquet, burgundisch, Thuja-Hecke, Kaffeeduft. Im Gaumen süss, Preiselbeeren. Sehr ausgeglichen. Im Finish wiederum Kaffeenuancen und erste Kräuteranflüge.   18/20 austrinken
92: Eine sensationelle Flasche! Reife Farbe. Bleistift, Zedern, Cohiba. So fein und so perfekt zugleich. Das eleganteste Konzentrat, das ich seit dem 53er Lafite und dem 61er Palmer getrunken habe.   19/20 trinken
92: Eine müde Flasche: Mitteldicht mit braunen Reflexen. Heisse Nase, Leder, Waldboden, süss, Kaffee, Mandeln. Verliert leider an der Luft sehr schnell. Keine Bewertung!
92: Zwei Flaschen bei Joanne an einem Nachtessen getrunken. Zwischen 16/20 und 17/20. Es scheint aber, dass er definitiv die schönste Genussphase überschritten hat.
94: Mittleres, reifes Weinrot, feiner, oranger Rand. Dichtes Bouquet, schöne Tiefe, leichte Röstnote von heissem Jahr, Backpflaumen. Noch griffiges, leicht trockenes Tannin, das eine gewisse Strenge verleiht, sehr schöne Länge, trocknet aber jetzt irgendwie aus und wirkt im Gaumen weniger komplex als in der Nase.   17/20 austrinken

1962 Ducru-Beaucaillou   17/20
94: Nur um Nuancen heller als der 61er. Süsses, komplexes Nasenbild, dunkles Caramel, Kandiszucker, trockene Backpflaumen, feine Ledernote. Verlockendes Terroirparfüm, leichter, sehr eleganter Körper, etwas metallische Adstringenz, die Punkteabzug gibt. Eine Tänzerin fürs Grand Théatre.   17/20 trinken - 1998

St. Julien

1963 Ducru-Beaucaillou   **11/20**
87: Mehrere Male getrunken. Feine, fruchtige Nase, leichter Körper mit passender Säure, kurz.   12/20 vorbei
94: Mattes, bräunliches Weinrot, starker Wasserrand. Unappetitliche Nase, Brackwasserton, Torfnote. Wässriger, fauliger Gaumen, durch niedrige Säure weiches Finish, knapp trinkbar.   11/20 vorbei

1964 Ducru-Beaucaillou   **15/20**
88: Eine überreife 3/8 Flasche: Braun mit offener, kräuterartiger Nase. Im Gaumen recht mollig.   13/20 trinken
92: Brillante Farbe. Nelkenpulver, Lebkuchengewürze, Madras-Curry. Im Gaumen moosig, metallische Säure und abgebautes Fleisch. Dafür wenigstens noch eine schöne Länge.   15/20 trinken
93: Wurde höchst unterschiedlich bewertet. Einige gaben die Maximalpunktezahl und ich nur 15, was aber wiederum meinen Eindrücken von 1992 entsprach. Die Säure ist weich, der Wein lädt angenehm aus, Spuren von nassem Unterholz schwingen mit, im Finale wirkt er bereits etwas spröde.   15/20 austrinken

1965 Ducru-Beaucaillou   **12/20**
86: Leichte Farbe ohne Altersreflexe, hell, transparent, weicher, dünner Fluss, angenehmer, kurzer Abgang. Trotzdem ein für dieses Jahr guter Wein!   12/20 vorbei
94: Orangefarben, eher dumpf, Rostfarben. Torfnase, metallische Eisenspuren. Sehr leichter Körper, fast kein Fleisch, wässriges Finale, gut trinkbar.   13/20 austrinken

1966 Ducru-Beaucaillou   **18/20**
85: Farbe recht jugendlich und tief, elegante, fein ausladende Nase, im Gaumen erst trocken, darunter weinig und lang.   17/20 trinken
90: Wuchtige Nase mit Trüffel gepaart. Im Gaumen recht intensiv und auch nachhaltig.   17/20 trinken - 1996
91: Wiederum eine junge Flasche aus dem Keller von Geni Hess Engelberg: 18/20
92: Rubens, nach 20 Minuten entwickelt sich ein Goût de Capsule wie bei einem Mouton.   17/20 trinken
92: Magnum: Reife Farbe, mittlere Dichte. Fein nuanciertes Nasenbild, Backpflaumen, kalter Rauch, süss, vielschichtig. Weich gerundete Gerbstoffe, eleganter Fluss mit feiner Teenote im Finish. 18/20 Magnum trinken - 2004
93: Zwei Magnumflaschen aus unterschiedlichen Quellen. Eine war ausdruckslos und die andere wie ich es gewohnt bin. Der Léoville-Las-Cases im Glas nebenan hatte aber noch einen Zacken mehr Fülle.   17/20 austrinken
94: Schönere Farbtiefe als der 61er und 62er, recht dicht. Klassisches, konzentriertes Ducru-Zedern- und Pflaumenbouquet, viel Terroir, gebundene, aber defensive Süsse. Viel Extrakt und Stoff, sehr fleischig, zeigt doch jetzt ein grosses, ausbauendes Potential, nicht jene 66er Trockenheit, die man sonst bei anderen antrifft. Auf der Zunge würzige, an Pfefferschoten erinnernde Cabernet-Note, gross.   18/20 trinken - 2005

1967 Ducru-Beaucaillou   **15/20**
88: Recht helle, jedoch klare Farbe, staubig-pfeffrige Nase, dünnflüssiger Körper, Bleistiftholz, etwas trocknend im Abgang, reifer Wein.   15/20 austrinken
93: Einige Male als Tischwein ausgetrunken. Er ist zart und noch leichter geworden, birgt aber noch immer ein faszinierendes Parfüm in sich.   16/20 austrinken
94: Brillantes, aufhellendes Weinrot. Süsses Bouquet, geröstete Mandeln, offen, zart. Feiner, eleganter Körper mit Finessen, seidige Struktur, schönes Parfüm. Ein sehr gut erhaltener 67er, der viel Spass macht.   17/20

1969 Ducru-Beaucaillou   **11/20**
89: Aufblühende Nase mit antiken Aromen, weicher, metallischer Fluss mit hartem Finish. Trotz allem der wohl beste 69er im Médoc!   11/20 austrinken

1970 Ducru-Beaucaillou   **18/20**
90: Offene, füllig-komplexe Nase, Zedernholzaromen, fetter Körper, der aber nicht aufdringlich ist. Insgesamt ein kleiner 62er Mouton. Wunderschöner 70er.   18/20 trinken - 1996
91: Beim Sebi in Landquart zu einem grossartigen Cordon-Bleu genossen.   18/20 trinken
92: Eine 70er-Probe im Plaza, Wien: Reifer als der im Nebenglas stehende 70er Las-Cases. Weit ausladend, pflaumig, fett. Im Gaumen trüffelig, feines Terroir mit opulentem Körper.   18/20 trinken - 1998
92: Ducru-Probe, Linz: Fett, pflaumig, rund. Ein absoluter Trinkspass. Gehört zu den besten 70ern.   18/20 trinken
92: Engelhardt-Probe, Baden-Baden: Transparent mit jugendlichen Reflexen und oranger Färbung. Feine Würze, Heuton, Irish Moos, Süsse, die aufsteigt, Kandis. Die Tannine im Gaumen sind jetzt alle abgebaut, Backpflaumen, feine Zedernwürznote. Ein grossartiges Trinkerlebnis.   18/20 trinken
93: Die Balance dieses Weines ist einfach einzigartig, auch die Eleganz, die er ausstrahlt. Ohne mit anderen Bordeaux' verglichen, bietet er doppelten Genuss. 18/20 trinken - 2010

1971 Ducru-Beaucaillou   **16/20**
89: Pflaumige Nase, im Gaumen schön ausgewogen, mittleres Potential. Wirkt etwas fragil.   15/20 trinken
92: Auf Doisy-Védrines getrunken. Erstaunliche Farbdichte. Backpflaumen, Herbsttrompeten, schwarze Beeren. Im Finish eine feine, kaum spürbare Zimtnote. Obwohl der Wein eine Stunde vorher dekantiert worden war, hielt er sich erstaunlich gut.   16/20 trinken

1972 Ducru-Beaucaillou   **13/20**
85: Eine Flasche mit ungewöhnlich viel Depot. Ausgetrocknet und übersäuert. Keine Bewertung! Soll aber einer der besten 72er sein!?!
89: In Bordeaux wieder getrunken. Tatsächlich besser, etwas trocken, sehr reif.   13/20 Lascombes ist besser!

1973 Ducru-Beaucaillou   12/20

85: Nase verhalten. Im Gaumen etwas zugänglicher. Kleiner Wein.   12/20 trinken

93: Jéroboam: Blind degustiert und „kleiner Wein, grosses Château" hingeschrieben. In der Nase ist er reif. Im Gaumen sind die Gerbstoffe noch unfertig. Dies genau im Gegensatz zu der Probe von 1985.   12/20 trinken

1975 Ducru-Beaucaillou   17/20

88: Nase kurz und verschlossen. Im Gaumen Gerbstoffprägung mit Biss und Fleisch, stark adstringierend. Grosser Wein? Die Zukunft wird es weisen.   17/20 1995 - 2010

92: Mittlere Farbe, Wasserrand. Weitausladende, leicht ätherische Nase, abgeklungene Frucht, kreidig. Zähnebeschlagende Säure, wirkt metallisch, aggressiv. Esswein oder warten. Entwickelt sich nach 20 Minuten besser. Also unbedingt eine halbe bis eine ganze Stunde vorher dekantieren.   17/20 1996 - 2010

94: Sehr tiefe Farbe, fast schwarz. Laktische Nase, leicht flüchtige Säure, die aber verfliegt. Griffiger Gerbstoff, noch adstringierend, etwas trocken, aber gleichzeitig auch sehr fleischig, könnte ums Jahr 2000 noch eine kleine Überraschung abgeben.   16/20 trinken - 2010

1976 Ducru-Beaucaillou   14/20

86: Klassisch, nicht so pflaumig wie andere 76er. Elegant und schlank.   15/20 trinken

89: Trocknet an.   13/20 austrinken

91: Helle Farbe. Rauch- und Zedernnote, nicht zu heiss. Hirschleder, Graphit. Im Gaumen gezehrt, Bleistiftaromen im Nachgeschmack.   13/20 austrinken

92: Eigentlich trinkt er sich noch recht gut. Eine feine Kapselnote dominiert den Wein, dem es ein bisschen an Fett mangelt. Oxydiert an der Luft. Ohne zu dekantieren, innert 30 Minuten trinken.   14/20 austrinken

94: Mittleres Weinrot, etwas dumpf. Offenes, leicht gebratenes Bouquet, Leder, Korinthen. Zu Beginn noch etwas Süsse, Bakelit, Pneutöne, leicht jodig, animalische Beinote, ledrige, zu trockene Struktur, zähfliessend, austrocknend.   15/20 austrinken

1977 Ducru-Beaucaillou   17/20

85: Lose gewoben, säurehaltig, klein.   12/20 trinken

88: Auf Château Poujeaux mit François Theil getrunken. Machte kurioserweise viel Freude, und ich hätte nie gedacht, dass der blind eingeschenkte Wein „nur" ein 77er sein könnte.

94: Reifende Farbe. Offenes Bouquet, zugänglich, vielschichtig leicht buttrige Süsse, Cabernet-Note. Eine gewisse Süsse am Gaumen, faszinierendes Parfüm, trotz mittelgewichtigem Körper ein grosser Wein und zugleich ein typischer St. Julien-Klassiker.   17/20 trinken - 2005

1978 Ducru-Beaucaillou   19/20
(unterschiedliche Flaschen)

86: Schwarze Farbe, pfeffrig mit Zimtnuancen, im Gaumen enorm adstringierend, aktive, kerngesunde Säure. Gute Balance, perfekte Struktur, langer, fast intensiver Abgang. Ein Kraftakt! Wird sich mit den allergrössten Weinen zu behaupten wissen.   19/20 1995 - 2005

89: Nach wie vor ein Gewaltspotential. Der Sieger einer kleineren 78er-Blinddegustation.

91: Öffnet sich und gewinnt an Finessen. Ein feiner, druckvoller Wein, der aber den absoluten Kennern vorbehalten sein sollte. Das ist Bordeaux!   19/20 trinken - 2005

92: Eine ganze Flasche alleine getrunken. Über zwei Stunden in der Nase und im Gaumen mitverfolgt. Wer kann mich wohl verstehen, wenn ich einem solchen Wein 19 Punkte verleihe? In einer Welt, wo schwarze Farbe das Auge, punschige Nasen und ein mundfüllender Gaumen die Weinwelt dominieren. Wo Weinhändler zu Drogenhändlern werden. Welche Chancen hat dann ein Wein, den man fast eine Stunde nur riechen sollte, bevor man den ersten Schluck nimmt? Nehmen Sie sich bitte einmal die Mühe, Verständnis für jene Weine aufzubringen, die das Ansehen von Bordeaux erschaffen haben, bevor Blenderweine, einem von amerikanischen Weingurus ausgehenden Trendstyling nachäfften.

92: Eine leider sehr enttäuschende Flasche während einer 78er Blindprobe??

92: Fett, zerlassene Butter, Zitronenmelisse, Eucalyptus. Kakao. Gesunde Tanninreserven.   18/20 1994 - 2008

94: Reifende Farbe. Zurückhaltendes Bouquet, schwer anzugehen, nasse Wolle. Im Gaumen drahtig, metallisch, fast blechig, wässriges Finish.   13/20 austrinken

1979 Ducru-Beaucaillou   11/20

87: Dieser Wein wirft viele Fragen auf. Unsauberer Fass-Zapfengoût. Es soll Leute geben, die bessere Flaschen hatten. Alles, was ich in meinem Keller lagerte, wanderte auf die Auktion!   Keine Bewertung!

91: Und wieder einmal war es soweit. Ich war sogar bereit, alle meine Vorurteile gegen diesen Wein zu revidieren. Er wurde dann blind mit vier anderen Ducrus eingeschenkt. Unsaubere Nase, animalisch, Kartoffelsack. Ein Pape-Clément aus der miesen Zeit. Extrem bitter und grün. Ein Schandfleck in Ducrus Weingeschichte. Untrinkbar. Einem Clochard zu Weihnachten verschenken.

92: Obwohl das Potential recht gross wäre, hat der 79er Ducru in vielen Weinproben immer eine fassige, unsaubere Note, die an einen klassischen Korkfehler erinnert. Es ist sehr fraglich, ob jemals etwas aus ihm wird. Das Grundpotential ist zwar sehr erstaunlich und würde locker für 17/20 ausreichen. Die Wertung des Konsumspasses ist mit 13/20 noch eher als aufgerundet zu betrachten.
                                               13/20 trinken ab 2000

94: Brillantes Weinrot, Wasserrand. Defensive, leicht faulige Nase, unsauber. Im Gaumen fassig, salzig, bitteres Extrakt, wässriges Finish, metallisch.   11/20 austrinken

St. Julien

1980 Ducru-Beaucaillou   **15/20**
87: Ich konnte mich von Anfang an nie mit diesem Wein anfreunden!
Normalerweise erlebt man bei Borie auch in kleinen Jahren eine akzeptable Schlechtwettervariante. Diesmal nicht! Es ist ein stumpfer, kellergrauer Wein, der auch beim zweiten Gespräch nicht zugänglich ist. Ohne offensichtliche Fehler zu attestieren: 12/20 trinken
92: Sehr helles Granat. Offen, Kaffee, Leder, defensive Süsse, Hagebutten, Nagellack. Im Gaumen rotbeerig, bitter, darunter unsauber. Chemische Zungenspitze, kein Fleisch, flach.   11/20 vorbei
94: Schöne Farbtiefe, dunkel. Defensives, nur langsam öffnendes Bouquet, Terroir, Pflaumen, nach 10 Minuten Blumenkohl, vegetal. Viel Stoff am Gaumen, fleischige, samtige Fülle, süsse Cabernet-Würze, aromatisches Finish, Havannanote darin, trocknet leicht an. 15/20 trinken - 2000

1981 Ducru-Beaucaillou   **15/20**
88: Offene, recht zugängliche Nase, Ingwer-Ginseng-Aromen. Im Gaumen ebenfalls Nuancen. Zeigt bereits jetzt erste Reife. Eher schlank.   15/20 trinken - 2002
92: Rubine Farbe. Beerig-fruchtige Nase, Brombeeren, alkoholreich, Zedern, schöne Würze. Markante Tannine, die noch ungeschliffen sind. Pfeffriges Säurespiel, fleischig, langlebiger Wein, der mehr auf Länge setzt.
   16/20 1994 - 2006
93: Granat-Purpur. Schwierige Nase, Zedern, Bakelit. Im Gaumen kräftig, trockenes Tannin. Fehlt an Schmelz.
   15/20 trinken - 1998
94: Recht schöne Tiefe, etwas matt. Offen, Schoko- und Pralinennote, Merlot, weicher Gaumen, zeigt gegen Mitte der Zunge Charme, drahtig und ausgezehrt.
   14/20 austrinken

1982 Ducru-Beaucaillou   **17/20**
87: Volle, opulente Nase, Lack, fast mastig. Wirkt stürmisch, muss sich noch beruhigen. Wird er sein Potential verkraften können? Wenn ja, mindestens   17/20 trinken ab 1992
91: Tiefe Farbe. Lakritzennase. Im Gaumen rauchig mit viel Zedernaroma. Die Tannine runden sich bereits ab und werden weicher.   17/20 1993 - 2004
92: Violett-Purpur. Komplexe, dichte Nase, Kandis, Cassis, süss, gebunden. Im Moment mundverschlossen, sehr konzentriert, salzig mit feingliedriger Struktur, Marroni. Die Adstringenz ist bis zum Finish spürbar. 17/20 1994 - 2010
92: Ducru hat als traditioneller Wein das Schicksal, dass er oft für viele Jahre einen unangenehmen, an altes Fass erinnernden Ton von sich gibt. Ich rate Ihnen deshalb an, die Ducrus bis zu einer Stunde vor Genuss zu dekantieren. Purpur-Granat, mitteltief, jugendlich. Bocknase, grasig. Im Gaumen wirkt er unsauber, bitter, metallisch mit sehr viel Reserven, die ebensoviel Zeit verlangen. Potential für 17/20, Momentanwertung: 14/20 1996 - 2008
94: Recht tiefe Farbe, etwas dumpf. Warmes Bouquet, eher zurückhaltend, leicht mineralische Bodennote darin, animalische Note (Pferdesattel). Weicher, samtiger Gaumen, viel Stoff, das Extrakt wirkt noch verhalten, leicht zähnebschlagend in der Adstringenz. Hier hat man das Gefühl, dass er sich nach der spontanen Phase, die er in den letzten zwei Jahren hatte, langsam wieder verschliesst.
   17/20 1996 - 2008

1983 Ducru-Beaucaillou   **16/20**
92: Sehr dicht, leichter Reifeton am Rand. Wuchtig-geballte Nase, reife, fast konfitürige Frucht. Markante Tannine, die noch Ausbau verlangen. Gute Ausgeglichenheit. Hat genügend Fett, um die trockenen Tannine wett zu machen. Im Verhältnis zum Mundpotential dürfte er eine Spur mehr Fleisch haben, also Konzentrationsmangel.
   16/20 1996 - 2010
94: Mittleres Granat, leichte Aufhellung, feiner Reifeschimmer, Kakaonote, Schokolade, etwas überreife Früchte. Im Gaumen von trockenem Extrakt geprägt, ledrig, Tabaknote, zähfliessend. Ein Esswein mit gutem Potential aber zu wenig Fett.   16/20 trinken - 2003

1984 Ducru-Beaucaillou   **12/20**
92: Helles Rubin mit starkem Wasserrand. Steinobstnase, leicht Volatile, öffnet sich nur schwach und auch langsam. Rohe, unreife Frucht, grüne Paprika. Hart in der Tannin-Säure-Verbindung. Mager und kurz. So macht er keinen Spass.   12/20 warten und hoffen
94: Aufhellendes Granat mit Wasserrand. Offenes Bouquet, leicht gemüsig, herbal. Im Gaumen etwas blechige Tannine, wirkt verhalten und zeigt wenig Charme, aufrauhende Zunge, ordentlicher Wein.   14/20 trinken - 2000

1985 Ducru-Beaucaillou   **17/20**
86: Auf dem Château degustiert. Der typische St. Julien wie wir ihn kennen und auch schätzen. Eine Spur Zimt, Mahagoniholz, im Gaumen, wohl der Jugend wegen - Steinobstsäure, kräftiges Rückgrat. 16/20 trinken ab 1994
88: Hat sich zusehends verschlossen und ist schwer anzugehen. Ein Wein, der viel Verständnis braucht. Nichts für Fruchttrinker.
92: 3/8 Flasche: Mittlere Dichte mit Purpurreflexen. Tiefgründige Terroirnase, dunkles Holz, aber nach wie vor sehr defensiv. Im Gaumenbeginn sehr kräftige, ausbauverlangende Säurestruktur. Gesunde Gerbstoffreserven.
   17/20 1994 - 2010
92: Zedern, fassig. Prägnante Säure. Degustiert sich sehr schwer.   17/20 1998 - 2015
94: Mittleres Weinrot mit Purpurschimmer, leichter Wasserrand. Süsses, rotbeeriges Bouquet, feiner Korianderton, Toastnote von der Barrique, Vanille. Mittelgewichtiger Gaumen, wiederum Süsse, die sich im Extrakt zeigt, schöne Länge, aber nicht zu konzentriert für einen 85er.
   17/20 bald - 2003

1986 Ducru-Beaucaillou   **17/20**
89: Eher helle Farbe (!). Klassisches Zedernbouquet, jedoch im Moment recht herbe Tannine. Braucht wohl viel Zeit.   15/20 trinken ab 1997
92: Sensationelle Farbe. Reduktive Nase, Jod, gleicht einer Haut-Brion-Nase. Trüffel, Gummi, Wachs, zurückhal-

tend, tiefgründig. Gewaltige Mundadstringenz, aber gleichzeitig saftig und füllig, Cigarrenkiste. Ein Wein für das nächste Jahrtausend. 17/20 trinken ab 2000
94: Tieffarben, Purpur, Glyzerinrand. Schwierige Nase. Grüner Cabernet, jung, reifeverlangend, leicht grasige Note. Fleischiger Gaumen, die Gerbstoffe sind jung, aber gut verteilt, mittelgewichtig, jedoch gut ausgeglichen, süsses Finish, mittlere Länge. 17/20 1998 - 2010

1987 Ducru-Beaucaillou   15/20
90: Tiefe Farbe. Zedernholzbouquet, wirkt in der Nase recht offen. Im Gaumen fett. Zungenadstringenz mit Säure-Tannin-Verbindung. 15/20 1994 - 2000
90: Nach dem primären Abschluss der Fruchtphase: Altholz- und Zapfenaromen wie beim 79er. Nicht kaufen - nicht trinken!
92: Anlässlich einer Ducru-Probe in Linz: Aus Angst vor Altfassgeschmack eine Stunde vorher dekantiert. Recht würzige, defensiv süsse Nase, etwas flüchtige Säure. Im Gaumen Spuren von Tanninen mit Charme verbunden. Wird in dieser Form, wie er sich jetzt noch präsentiert, wohl erst dann trinkreif sein, wenn andere 87er schon längst verblasst sind. 14/20 1994 - 2000
93: Jetzt fängt er an aufzublühen. Wirkt rotbeerig mit Havanna- und Zinfandel-Tönen, Fruchtschalengeschmack im Extrakt auf der Zunge. 15/20 1994 - 2003

1988 Ducru-Beaucaillou   18/20
91: Violettes Granat. Erst staubig, eng, kalter Rauch, viel Zedernholz. Extraktreich, Trüffel mit Heidelbeeren. Extrem viel Tannin. Ein Eisberg, der im Moment nur einen Fünftel seines riesigen Potentials zeigt. Wird in zwanzig Jahren alle in den Schatten stellen. 18/20 2005 - 2020
91: Arrivage: Perlen vor die Schweine... Es braucht einige Jahre Degustationserfahrung, um einen derart grossen Wein richtig zu taxieren und zu erkennen. Am meisten ärgern mich genau jene Degustatoren, die diese verdammen, aber eigentlich den schönen alten Zeiten nachtrauern. Ich wünsche mir und anderen Weinprofis, dass Jean-Eugène Borie noch viele Jahre lebt. Seine Paradepferde Ducru, Grand-Puy-Lacoste und Haut-Batailley sind keine Weine, die heute eine Blinddegustation gewinnen können, aber vielleicht dann, wenn die modernen Önologensäfte schon längst das Zeitliche gesegnet haben! Vielleicht werden hier einmal am Schluss als Bewertung gar 19/20 Punkte stehen?
92: Im Moment Kaffeenote, warm, Holunder. Es scheint mir, dass Ducru ab 1988 mit einer neuen Holznote ausgestattet ist. Feines, konzentriertes Extrakt, sehr ausgeglichen. 18/20 2002 - 2020

1989 Ducru-Beaucaillou   19/20
90: Dichte, fast schwarze Farbe. Kräftige Nase, Blüten. Perfektes, reifes Tannin. Pfeffrig. Ein immenser Wein, fast ein Monument. Gemacht fürs nächste Jahrtausend.
19/20 trinken ab 2005
92: Sehr tiefe Farbe mit schwarzen Reflexen. Trüffel- und generell dunkle Pilznote, so rein, so sauber. Kaffee, Rumtopf, vollreife Früchte. Im Gaumen feine Schokonote, Sangiovese-Süsse. Gehört zu den ganz grossen 89ern. Ein Solaia aus dem St. Julien. 19/20 2002 - 2020
92: Arrivage: Wie immer nach der Flaschenabfüllung als „enfant terrible" erlebt. Dichtes Granat. Jod, Wildnase, bricht aus. Im Gaumen Teer, leicht fassig, Lakritze, gewaltiges Mundpotential anzeigend, Die Tannine sind in einem solchen Übermass vorhanden, dass die Mundattake fast aggressiv wirkt. Reine Potentialbewertung:
19/20 2000 - 2020
94: Mittleres Granat mit rubinen Reflexen. Süsses, leicht öffnendes Bouquet mit schöner Parfümnote, Maulbeeren und Blütendüfte, ein Hauch Minze. Feingliedriger, fast seidiger Körper, schöne Dichte, voll auf Eleganz setzend, dunkle Toastnote, die den Wein in den Gaumenaromen begleitet, angenehmes Finish. 18/20 1996 - 2015

1990 Ducru-Beaucaillou   18/20
92: Sehr dicht mit Purpur-Reflexen. Feine Nuancen in der Nase, floral, fast margauxartig. Softer Gaumen, feine Tannine, Preiselbeeren. Scheint mir nicht ganz das mögliche 90er Potential ausgeschöpft zu haben. Ein feiner, femininer Wein. 17/20 2002 - 2020
93: Granat, satt. Eigenwillige Nase, leichte Unsauberkeit, animalisch, braucht Luft, Zwetschgen. Jodnote, gutes Rückgrat. Ein ungestümer Wein, der in der Jugend schwer einzuschätzen ist. Der Reichtum der Gerbstoffe zeigt aber deutlich an, dass hier vor der Jahrhundertwende gar nichts läuft. Potentialwertung: 18/20 2005 - 2030

1991 Ducru-Beaucaillou   16/20
92: Nur 25 % einer Normalernte. Erstaunlich tief, violett. Sehr zugänglich, faszinierendes Mandel-Marzipanaroma, blumig. Kräftige Adstringenz, reich, mit nobler Bitterkeit. Dahinter die gewünschte Ducru-Eleganz. Ein langlebiger Spitzen-91er. Wird vielleicht sogar mal 17 Punkte erreichen können. 16/20 1999 - 2010
92: Im Herbst auf dem Château degustiert. Eine burgundische Note gibt ihm die süffige Leichtigkeit eines sehr eleganten 91ers. 16/20 1998 - 2007
94: Recht schöne Farbtiefe mit rubinen Reflexen. Fruchtige Note, Beaujolais-Nase, Veilchen, Himbeeren, fast einem Pinot ähnlich. Mandelsüsse wie bei einem Barbera. Die neue Holzlinie hilft der Sauberkeit des Ducrus in der Jugendphase... 16/20 1997 - 2004

1992 Ducru-Beaucaillou   16/20
93: Mittleres Rubin mit feinem Wasserrand. Pflaumennase, feiner Zedernton und domenikanische Cigarren. Im Gaumen erst fein, dann kräftige Gerbstoffe, die Adstringenz bewirken. Kein Gastronomiewein. 16/20 2000 - 2015

1993 Ducru-Beaucaillou   17/20
94: Dunkles Granat. Eines der reifsten Bouquets mit Anklängen von Dörrfrüchten, leicht marmeladig, komplex. Im Gaumen rotbeerig, getrocknete Pflaumen, Amarenakirschennote, Reife verlangende, mittelfeine Gerbstoffe, sanfter Körperbau, angenehmes, aromatisches Finish.
17/20 2000 - 2012

St. Julien

LES FIEFS DE LAGRANGE

1985 Les Fiefs de Lagrange   **14/20**
93: Rubines Granat. Offen, Zedernton, Geraniolwürze. Weicher Velours-Körper, Chilinote, wenig Säure.
14/20 trinken - 1998

1986 Les Fiefs de Lagrange   **16/20**
93: Purpur-Blutrot. Schwierige Nase, Evolutionston, fleischig, Cabernet-Stil. Hat Stoff, guter Rückhalt. Als Zweitwein erstaunlich extraktreif. 16/20 1995 - 2004

1987 Les Fiefs de Lagrange   **13/20**
93: Aufhellendes Granat. Offene Nase, Rösttöne, Teernuancen. Leichter Körper, defensive Süsse, rotbeeriges Schalenextrakt, aufrauhend. 13/20 trinken - 2000

1988 Les Fiefs de Lagrange   **15/20**
93: Granat, schöne Tiefe. Reduktive Nase, beerig, fett. Braucht Luft - dekantieren. Hat Charme, runde Gerbstoffe, feine Bitterkeit im Extrakt. 15/20 1995 - 2002

1989 Les Fiefs de Lagrange   **13/20**
93: Purpur mit feinem, orangem Schimmer. Heisse Nase, gebraten, Havannaton, aufrauhender Gerbstoff. Wird schnell reifen. Als Zweitwein zu streng. 13/20 1995 - 2000

1990 Les Fiefs de Lagrange   **14/20**
93: Rubin-Granat. Volle Fruchtnase, marmeladig, süss, etwas alkoholisch, extrem rotbeerig. Fetter Körper, strenges Tannin, grün, kernig. 14/20 1995 - 2002

1991 Les Fiefs de Lagrange   **13/20**
93: Leichtes Rubin. Beerige Nase, Weichselnnote, Süsse an Sangiovese erinnernd. Einfacher, leichter Gaumen, samtener Schluss. 13/20 1995 - 2002

CHÂTEAU GLORIA

1969 Gloria   **12/20**
93: Reife Farbe, aber immer noch Granatschimmer in der Mitte. Stallige Nase, Fichte, kräuterlastig, mineralisch. Im Gaumen mager, kurz, aber noch trinkbar. 12/20 austrinken

1970 Gloria   **16/20**
88: Verdeckte Nase. Vielleicht zu lange im Fass gelegen, hat aber weinige Tannine, die dies wieder ausgleichen, reif. 15/20 trinken
92: Tiefe Farbe, granat-orange Reflexe. Eine blockierte Nase zu Beginn, die Luft braucht. Leicht faisandiert und unsauber. Diese Aromen verfliegen nach 30 Minuten und er entwickelt sich durchaus positiv. Kräftiger Gaumen mit schöner Fettproportion. Etwas verhalten im Finish. Unbedingt eine Stunde vorher dekantieren.
zu Beginn 13/20, nachher 16/20 trinken - 2000

1971 Gloria   **??/20**
92: Magnum: Ich war mir nicht sicher, ob die Flasche sogar Korken haben könnte. Der Wein brauchte mehr als eine halbe Stunde Luft, bis man ihn als Wein hätte bezeichnen können. Das war keine Offenbarung. Keine Bewertung!

1975 Gloria   **14/20**
87: Merlot-Nase, geradlinig, fehlt jedoch für einen 75er an Tiefe. 14/20 trinken

1978 Gloria   **16/20**
86: Wirkt verschlossen oder defensiv, cabernetlastig, tintig. Im Gaumen erstaunliches Extrakt, Medizinalton. Alles stimmt bis in die Mitte, dann hart. Im Abgang enttäuschend.
14/20 trinken
92: Hat sich verbessert. Reifes Granat mit bräunlichen Reflexen. Fein nuanciertes Würz-Nussbouquet, Zedernholz. Feiner, vielschichtiger Körperbau. Reif und ausgeglichen.
16/20 trinken - 1996

1985 Gloria   **16/20**
87: Ist an einer 85er Degustation sehr aufgefallen! Immer wieder diese Staubnase. Gutes Fundament und recht weinig. 16/20 trinken ab 1992
92: Mittleres Granat mit ziegelroten Reflexen. Öffnende Nase mit Terroiranzeige, Bleistiftholz. Frucht- und Gemüsenase vermischt mit Sauerkirschen und Randenaromen. Extrem rotbeerig mit Zimtspuren. Jugendliche Säure mit ebenso jugendlichem Gerbstoff. Ein noch ausbauender Wein, der erst am Anfang der ersten Genussphase ist. Als Besonderheit fiel mir ein goldstaub-ähnliches, funkelndes Leuchten im sandigen Depot auf.
16/20 1994 - 2002
93: Magnum: Scharlach-Blutrot mit feinem Wasserrand. Kirschen, Holunder, Zimt, Teer und Toastnote. Im Gaumen grüner Cabernet Franc, grasig, grüne Pfefferschoten, nachhaltiges Finish. Von der „Grüne" her könnte man fast vermuten, dass zumindest den Magnums 84er beigemischt worden wäre. 15/20 1995 - 2004

1986 Gloria   **17/20**
89: Rubin-Purpur, komplexes Frucht-Holzbild. Tiefe anzeigend, jedoch in sich noch verschlossen. 17/20 1997 - 2010

1991 Gloria   **13/20**
92: Rubin, mittlere Dichte. Vegetale Nase, unsauber, faulige Aromen. Schwer zu beurteilen. Wieder degustieren.
13/20 1995 - 2002

1992 Gloria   **15/20**
93: Schöne Purpurrobe. Starke Zedernwürze, Edelhölzer. Saftiger Gaumenfluss, gutes Tannin, bereits angerundet, rotbeeriges Gaumenspiel, stoffig, gutes Rückaroma.
15/20 1996 - 2005

1993 Gloria   **16/20**
94: Mittleres Rubin. Böcksernase, reduziert. Unsauberer Gaumen. Könnte sein, dass das Muster Korken hatte. Im

Gaumen zeigt sich nebst dem eingangs erwähnten Ton, viel Schmelz und eine schöne Fülle, im Finish Amarenakirschen wie bei einem Barbera. Auch das zweite Muster hatte einen ähnlichen Ton. Potentialwertung:

16/20 2002 - 2012

CHÂTEAU GRUAUD-LAROSE

Ein Basler Weinkollege, Peter Bertschinger aus Giebenach, hat einmal ausgesagt, dass es für die Vinifikation eines Gruaud-Larose 90 % Trauben und 10 % Pferdemist brauche. Dies wohl wegen der animalischen Aromen, die bei älteren Gruaud-Larose immer wieder auftauchen. Doch Spass beiseite. Gruaud hat früher und heute grosse Weine hervorgebracht, für die es sich lohnt, oft zehn, manchmal zwanzig und mehr Jahre zu warten. Wohl dem, der einen 86er einmal in seiner schönsten Genussphase trinken darf.

1865 oder 1869 Gruaud-Larose?
Die Geschichte ist sehr spannend - der Wein untrinkbar. 400 Flaschen dieses Weines wurden nach 124 Jahren aus dem Schiffswrack der gesunkenen „Marie-Therese" geborgen. Ich roch eine Sensation und reiste mit einer Flasche zu Sotheby's nach London, wo diese im Beisein von Serena Sutcliffe geöffnet wurde. Der Wein war braun und roch derart erbärmlich, dass wir die Flasche samt Glas aus dem Degustationsraum entfernen mussten, um nicht unseren Brechreizgefühlen Ausdruck geben zu müssen.
93: An der Hardy Rodenstock-Raritätenprobe standen acht Flaschen zur Verfügung. Die Hälfte roch nach Hühnerkacke, was Kommentator Adi Werner in englischer Form salopp in „chicken-shit" übersetzte. Die anderen vier Flaschen waren ein erstaunliches Bordeaux-Erlebnis, durchaus trinkbar und von einigen Gästen recht gut bewertet. Ich stellte nebst dem Weincharakter auch eine feine salzige Note fest.

1919 Gruaud-Larose — **14/20**
93: Magnum: Süsses Bouquet, Röstaromen. Leicht kapseliger Gaumen, nasses Unterholz, eher leichter Körper, aber doch durchaus gut trinkbar. 14/20 austrinken

1921 Gruaud-Larose — **18/20**
93: Magnum: Reife Farbe. Süsses Bouquet, Bakelit, dunkles Caramel, Pilztöne. Im Gaumen feinsandiger Fluss, Tabakfinale, Ginster, unglaublich lang. Ein grosser Wein. 18/20 trinken

1924 Gruaud-Larose — **16/20**
93: Jéroboam: Aufhellend mit orange-ziegelrotem Rand. Eigenwillige Nase, Kakao, schwarzer Pfeffer, wenig Säure, breiter Körper, im Extrakt sind sogar noch Fruchtresten vorhanden, knochiges Finish. 16/20 trinken

1928 Gruaud-Larose Sarget — **17/20**
87: Gruaud war zu diesem Zeitpunkt noch zweigeteilt. Mittelintensive Farbe mit ziegelroten Reflexen, Cassisnase, sehr vielschichtig, weiche Säure, die sich mit dem Tannin angenehm verbindet, verführerisch duftender Pfingstrosengeschmack, mildes Finish. 17/20 austrinken
91: Eine total tote Flasche. Keine Bewertung!

1928 Gruaud-Larose — **??/20**
91: Kastanienbraune Farbe. Oxydative Nase. Noch Spuren von Restsäure. Der Zenit ist aber seit längerer Zeit überschritten. Keine Bewertung!

1943 Gruaud-Larose — **16/20**
93: Magnum: Superfarbe mit frischen Fruchtreflexen darin. Komplexe Nase, Rauch- und Zedernnote. Junger, ungeschliffener Gaumen, sandige Struktur. Sicherlich heute einer der besten 43er, wobei ich mich frage, ob diese Flasche nicht doch eventuell mit jüngerem Wein auf dem Weingut rekonditioniert worden war. 16/20 trinken

1945 Gruaud-Larose — **18/20**
93: Eine Magnum anlässlich eines Fernsehauftrittes mit Ueli Prager getrunken. Superfarbe. Die Nase öffnet sich nur langsam und beginnt mit einem an Karton erinnernden Ton. Dann steigt klassisches St. Julien-Zedernbouquet auf. Die Gerbstoffe wirken noch immer präsent, ja fast sandig, gutes Rückgrat. 18/20 trinken - 2005

1947 Gruaud-Larose — **??/20**
90: Corney & Barrow-Abfüllung: Bei dieser Abfüllung war der Name auf dem Etikett falsch geschrieben - GRUAD-LAROSE. Hier war offensichtlich ein einsprachiger Engländer überfordert worden. Getrunken, oder besser gesagt trinken, wollten wir diesen Wein an einem Kelleressen mit Marino Aliprandi. oxydiert - deklassiert!

1953 Gruaud-Larose — **19/20**
93: Impériale: Das ist Bordeaux! Schöne Farbe, feine Reife darin. Ein Bouquet zum Träumen, Caramel, Kaffee, Butter, Rösttöne. Im Gaumen ein Ballettanz eines Aromen-Ensembles, süss, fermentierter Tee, Hagebutten und... und... und... 19/20 ausschliesslich mit mir zu trinken
93: In der Normalflasche ebenfalls ein süffiges Erlebnis, jedoch mit etwas weniger Frische als in der Woche zuvor verkosteten Grossflasche. Süsse in der Nase, Mandelgebäck und Haselnussbutter. Im Gaumen grazil, etwas zerbrechlich, am Ende der Genussphase. 18/20 austrinken

1955 Gruaud-Larose — **18/20**
93: Doppelmagnum: Mittleres Granat, leicht oranger Rand, Süsse, Kakao, Kräuter, ein klassisches, vielschichtiges Bordeaux-Bouquet. Im Gaumen superb parfümiert, reife Gerbstoffe, gute Säure, die Länge schafft, vorbildliche Balance. 18/20 trinken

St. Julien

1957 Gruaud-Larose   16/20
93: Magnum: Reife Farbe. Mandelrösttöne, süss, Tee. Im Gaumen eine gewisse Härte durch unterreifen Gerbstoff, im Extrakt zeigen sich ausbauende Gerbstoffe und Fruchtresten.   16/20 trinken - 2010

1959 Gruaud-Larose   17/20
90: Reife, dichte Farbe, feines Waldbeerenbouquet, parfümiert. Eher leichter Wein mit schöner Ausgeglichenheit.   17/20 trinken
91: Wiederum auf Château Cantemerle bei einem Cordier-Mittagessen genossen.   17/20 trinken
93: Magnum: Eine enttäuschende, faule Magnum mit oxydativen Tönen??

1961 Gruaud-Larose   15/20
88: Sattes, dunkles Granat. Verdeckte Nase mit pflanzlichen Aromen und Terroirwürze, Säure-Tannin-Verbindung, vordergründiger Wein.   15/20 trinken - 1993
92: Hannes Scherrer-Probe: Granat. Viel flüchtige Säure (Essignuancen), faisandiert. Im Gaumen sehr trocken. Die Säure ist dominierend und zähnebeschlagend. Schlanker Körper, unausgeglichen.   14/20 austrinken
93: Magnum: Reifer Glasrand. Fischige Nase, nasse Wolle. Harter, metallischer Gaumen.   15/20 trinken - 2000

1962 Gruaud-Larose   19/20
88: Dieser Wein wurde im Anschluss an eine 61er Degustation (!) aus einer Magnum serviert. Es gab einige Gäste, darunter auch ich, die dieser Flasche mehr Ehre zollten als vielen voran getrunkenen 61ern. Ein absoluter Spitzenwein.   19/20 trinken
90: Wiederum anlässlich eines Commanderie-Abends mit Ueli Prager: In der Normalflasche begleitet von Katakombengeruch. Also nur noch in Grossflaschen zu trinken!
93: Eine Flasche mit mittlerer Schulter. Tiefe, aber bräunliche Farbe. Reifes, heisses Bouquet, Malaga-Ton und oxydative Nuancen, Leder, Korinthen, Havannakiste, schwarzer Zucker. Im Gaumen rauchig, trocken, tertiäre Noten, Spuren von Todessäure. Obwohl er eigentlich den Zenit überschritten hatte, hielt er sich relativ gut im Glas und zeigte immer noch seine vergangene, aber erhabene Grösse. Diese wohl schlecht gelagerte Flasche: vorbei
93: Doppelmagnum: Reife Farbe. Kaffee, Butter und nuancierte Teenase, die an die Düfte der Fermentation in den Teefabriken in Sri Lanka erinnert. Im Gaumen saftig und süffig. Man kann sehr viel davon trinken, wenn verfügbar.   18/20 trinken

1964 Gruaud-Larose   13/20
92: Reifes Granat mit starkem Wasserrand. Eisenoxydnase ohne Frucht. Im Gaumen hart, metallisch, mit zähem Extrakt, wässriges Finish.   13/20 austrinken

1966 Gruaud-Larose   18/20
94: Getrunken auf dem Château an einem Mittagessen. Die Farbe ist sehr reif und zeigt einen braunen Rand. Zauberhaftes, korinthiges Bouquet, Teer, Spuren von Oxydation. Im Gaumen superbes Parfüm, die Gerbstoffe sind zwar etwas trocken, aber nicht so wie man es bei einem 66er erwartet, im Finish Madeira- und Currynuancen.   18/20 austrinken

1970 Gruaud-Larose   16/20
85: Noch von starker Gerbsäure geprägt, tiefgründiger Wein.   15/20 1992 - 2000
90: Supernase, sandige Textur, wirkt aber eher flach.   Nase 14/20, Gaumen nur 13/20 trinken
92: Magnum: Dunkles Granat-Purpur. Komplexe Nase, braucht Luft, erdig, dunkle Pilze. Im Gaumen nebst guter Säure, schwarze Beeren, Korinthentöne, fleischig mit Biss. Ein charaktervoller Wein mit guten Reserven.   16/20 trinken - 2010

1971 Gruaud-Larose   17/20
91: Tief, dicht, fast schwarz. Rauch- und Zedernnase. Im Gaumen junge Säure. Extrakt mit ausbauender Länge. Im Finish recht fein und druckvoll.   17/20 trinken
92: Eine reifere Flasche mit orangen Reflexen. Leicht animalisch, Tertiärdüfte, Rosen- und Sandelholz, Zimt. Feine Tannine. Ein femininer, finessenreicher Wein.   17/20 austrinken

1972 Gruaud-Larose   13/20
93: Jéroboam: Wirkte arg grün mit Aromen von Geranien und Tabak.   13/20 austrinken
94: Eine Magnum: Ein sehr mageres Weinerlebnis.   13/20 austrinken

1975 Gruaud-Larose   17/20
86: Verschlossen, im Gaumen streng, viel Fruchtsäure, die sich mit noch strengem Tannin verbindet.   15/20 warten
91: Noch immer verschlossen. Öffnet sich erst nach einer halben Stunde Dekantierzeit. Tiefes Terroir, Trüffel. Artisanaler, fast rustikaler Wein.   17/20 1994 - 2010
92: Während einer Gruaud-Larose-Degustation im Cellier Zürich zusammen mit zwanzig anderen Jahrgängen: Mit dem 86er gehört er zu den versprechendsten Jahrgängen - ab dem nächsten Jahrtausend.
93: Doppelmagnum: Noch immer von gerbiger Säure geprägt. Warten und hoffen.   17/20?
94: Blind: Dunkles, sattes Weinrot. Offenes, Schokobouquet, Kandis, defensive, pflaumige Süsse, Ledernote. Rauhe, metallische Gerbstoffstruktur, zähnebeschlagend, trockenes Finish, macht wenig Spass.   14/20 austrinken

1976 Gruaud-Larose   15/20
85: Mit Jean-Paul Gardère anlässlich einer Degustation in St. Gallen getrunken. Feiner, eleganter Wein. 15/20 trinken

1977 Gruaud-Larose   15/20
93: Impériale: Mit 15 Punkten bewertet. Wirkt wie ein Graves, etwas tintig, leichter Jodton mit prägnanter, säurebetonter Cabernet-Struktur. War besser als der 76er Latour im linken Glas daneben.   15/20 austrinken

1978 Gruaud-Larose 17/20
92: Sehr tiefe, dumpf-orange Farbe. Vegetaler, grüner Paprikaschotenton zu Beginn, dahinter füllig stützend. Runder, schön parfümierter Gaumen. Gute Balance.
17/20 trinken - 2000
93: Tiefes Granat, feiner Wasserrand, aufhellende, ziegelrote Farbe. Tabakige Nase, Zedernholz, grüne Pfefferschoten, sehr würzig, Nelkenaromen, Lakritze. Reifer Gaumen, elegant, mittlerer Körper, leichte Bitterkeit, Thuja, das Fett überwiegt und gibt Schmelz, gutes Rückaroma.
17/20 trinken - 2002
93: Jéroboam: Sehr grün-vegetaler Cabernet, der Geraniolspuren hinterlässt. In Grossflaschen lohnt es sich sicherlich noch fünf bis zehn Jahre zuzuwarten. 17/20 trinken
93: Halbe Flasche: Zwar noch haltbar, aber irgendwie ausdruckslos.
94: Magnum: Müssen grosse Weine immer voller Fett und deshalb wuchtig sein? Nein! Der 78er Gruaud hat sehr viele Ähnlichkeiten mit dem Ducru 1978. Von bezauberndem Zedernbouquet, Teernoten und viel Terroir. Im Gaumen schlank, feingliedrig, aber sehr ausgeglichen.
17/20 trinken - 2002

1979 Gruaud-Larose 17/20
88: Sattes Granat mit schwarzen Reflexen, vegetale Nase (Randen), zarter, feingliedriger Körper, schokoladig, weiches, passendes Tannin, harmonisches Finish.
16/20 trinken - 1993
91: Mittlere Farbe. Zimtnase, fein nuanciert. Im Gaumen feinkörniges Tannin. Ein eleganter, langer, süffiger Wein.
16/20 trinken - 1996
92: Ein Bilderbuch-St. Julien: Purpur-Schwarz. Feine Cabernet-Nase, Kräuter, Zedern, Teer. Sehr eng beschichtet, feines Extrakt. Hat Reserven und ist noch nicht auf dem Höhepunkt. 17/20 trinken - 2000
93: Sattes Granat-Purpur. Dichte Nase mit angedeuteter Opulenz, fleischig, gebunden, komplex, domenikanische Cigarren, feine Teernote. Im Gaumen Charme und elegant, schönes Zungenextrakt, noch seitlich anzeigende Adstringenz, im Nachklang Waldpilze. 17/20 trinken - 1998
93: Jéroboam: Zeigt noch etwas grüne Spuren.
16/20 trinken

1980 Gruaud-Larose 13/20
88: Ansprechend, reife Cordier-Vinifikation mit feiner Zedernholznote. 15/20 austrinken
92: Die Nase ist jetzt vollreif und der Gaumen beginnt zu zehren. 13/20 austrinken

1981 Gruaud-Larose 18/20
84: Wirkte etwas hart. Gesundes Tannin, braucht wohl etwas länger als andere 81er. 16/20 trinken ab 1990
91: Magnum: Tiefe Farbe mit schwarzen Reflexen. Würzige Nase. Im Gaumen vordergründig mit demselben rauhen Extrakt, das ich schon 1984 notiert hatte. Bitterkeit macht sich auf der Zunge breit, und das Finish ist als eher schlank zu bezeichnen. 15/20 trinken
92: Eine Normalflasche wiederum mit bitterem, komprimiertem Extrakt. Wirkt nach wie vor ungeschliffen. Hat aber viel Potential. 15/20 warten und hoffen
93: Ein zäher, verschlossener Wein. Ich habe ihn nach einer Stunde nochmals degustiert, in der Nase waren Moccatöne vorhanden, der Gaumen schien jedoch austrocknend. Purpur-Scharlachrot, satt, fast keine Altersreflexe. Tiefe Terroirwürze, viel Zedern, schwarze Beeren, Rauch, recht konzentriert. Im Gaumen unterreifer Cabernet, der eine grüne Note abgibt. Die Tannine sind hart und unentwickelt, die Säure wirkt spitz, ja pikant. Es fehlt ihm vielleicht an Fett, um sein Potential zu verkraften. Ein markanter Wein, geeignet für kräftige Fleischspeisen. 17/20 1995 - 2020
93: Doppelmagnum: Die Grossflasche bringt es an den Tag. Vom 81er Gruaud-Larose darf man in zehn, zwanzig Jahren einen ausserordentlichen Wein erwarten, der sicherlich dann auch zu den besten 81ern gehört. Vielleicht reicht es den besten Flaschen gar für 18/20 Punkte.

1982 Gruaud-Larose 19/20
89: Tiefe Farbe mit violett-schwarzen Reflexen, zartes, eher defensives Bouquet, Teer- und Trüffelaromen. Mittlerer Körper, auf der Zunge Bitterkeit, die noch irgendwie verschwinden sollte. 17/20 bald - 2004
91: Tiefe Farbe mit leicht ziegelroten Reflexen. Würznase, fleischig, Paprikapulverton. Feiner, aber fülliger Gaumenkontakt mit verschlossenem Extrakt. Schön ausgeglichen ohne die Opulenz anderer 82er. Wirkt nach 30 Minuten wesentlich fruchtiger und gewinnt an zusätzlichem Schmelz. 18/20 1994 - 2006
92: Wiederum verschlossen. Rauch, Teer, Leder, Tabak, Pferd. Im Moment aber zäh und unzugänglich. Warten oder dekantieren. 18/20 1994 - 2010
92: Purpur-Rubin, dicht. Teer, Jod, schwarze Kirschen und Fleischton. Im Gaumen viel Gerbstoff, aufrauhend, Reife verlangend, rustikale Anflüge. Sehr gutes Potential, gute Länge. 19/20 1994 - 2008
93: Der von Robert Parker mit 97 von 100 Punkten bewertete Wein präsentierte sich wieder in Bestform. Tiefes Granat mit feinem Wasserrand, Spuren von ziegelroten Tönen darin. Wuchtige Nase, konzentriert, viel Würze und defensive Süsse, schwarze Beeren. Im Gaumen reife, feinkörnige Gerbstoffe mit Nelken und Süssholzaromen. Braucht noch weitere Reife. 19/20 1995 - 2010
93: Jéroboam: Ein grossartiger, dichter Wein mit weicheren Gerbstoffen als man sich das von Gruaud gewohnt ist.
19/20 warten

1983 Gruaud-Larose 17/20
86: An einer Sotheby's-Blinddegustation im Sofitel in Bordeaux unter rund sechzig anderen Weinen mit Le Pin an die Spitze gestellt!
89: In einer Rumpelphase. Warten. Potential für:
17/20 trinken ab 1993
91: Magnum: Anzeichen von erster Genussphase. Typisches St-Julien-Zedernaroma mit Bleistiftholznuance.
92: Sehr dichte Farbe. Komplexe, geballt-wuchtige Nase. Bedeutend fetter als viele andere 83er. Ein Rubens mit Fleisch und Biss. Grossartig! 17/20 trinken - 2005

St. Julien

93: Reifendes Granat. Wildaromen, die das Nasenbild würzig beherrschen, Burgunder-Nuancen (Vosne-Romanée), dahinter getrocknete Kräuter, Havanna und feine Zimtnote. Animalischer Gaumen, stützendes Fett, das sich langsam mit den markanten Gerbstoffen verbindet. Wird durch Luftzutritt zunehmends feiner - also dekantieren.
18/20 trinken - 2010
93: Jéroboam: Fiel in einer Grossflaschenserie durch die doch recht helle Farbe am Rand auf. In der Normalflasche jetzt bedeutend schöner zu trinken. 16/20

1984 Gruaud-Larose   15/20
89: Ordentliche Farbe, Fett-Caramelnase, wirkt alkoholisch, bereits gezehrte Tanninstruktur. 14/20 trinken
92: Sattes Purpur mit ziegelrotem Rand. Offene, verlockend würzige Nase, leichter Stallgeruch mit Zedern vermischt, vielschichtig. Im Gaumen dicht, elegante Struktur und feinkörniges Tanninextrakt, sauberes Finish. Bedeutend besser als vor drei Jahren. 15/20 trinken - 1995
93: Purpur mit orangen Reflexen. Offenes Bouquet, Lakritze, Teer, strahlt Eleganz aus. Saftiger Gaumen, auf der Zunge spürt man eine feine Bitterkeit und kernige Gerbstoffe, etwas vordergründig, aber mit angenehmem Nachklang. Serena Sutcliffe: <<Das ist einer der besten 84er!>>
15/20 trinken - 2004

1985 Gruaud-Larose   17/20
89: Tiefe Nase, würzig, eleganter Körper, eindrucksvolles Alterungspotential. 17/20 trinken ab 1995
91: Eine Flasche aus einem warmen Keller, die eigenwillig war mit Vosne-Romanée-Wildtönen.
92: Innert einer Woche dreimal getrunken. Wie Cos 1985 im Moment wunderschön anzugehen. Fett und opulent wie ein 82er. Leicht reduktiv, dahinter geballt mit fetten Tanninen, die weiche Rundungen anzeigen.
17/20 trinken - 2005
93: Sattes, dichtes Purpur mit jugendlichem Schimmer. In der Nase eher unzugänglich mit Evolutionston von der Mazeration her, Zedern und Teer. Trotz defensiver Süsse im Gaumen marmeladig, Heidelbeeren und Cassis. Sandiges Extrakt mit nobler Bitterkeit, langer aber etwas verdünnter Abgang. Zu viel Mazeration für meinen Begriff.
16/20 1995 - 2008
93: Impériale: Mittelgewicht, noch Spuren von der Fruchtphase, aber gut balanciert. 17/20 bald

1986 Gruaud-Larose   19/20
89: Hat an einer 86er St. Julien-Blindprobe im Photofinish Léoville-Las-Cases um eine Nasenlänge geschlagen. Purpur mit schwarzen Reflexen, tiefe Würze, gerbstoffbeladen mit Extrakt, in einem kerngesunden Potential verpackt.
18/20 trinken ab 1996
90: Während einer Australien-Degustation als Pirat: Ein typisches, grossartiges Bordeaux-Beispiel!
18/20 1997 - 2030
92: Schwarz, dicht. Dunkle Pilze, Teer, Trüffel, Terroir, extrem tief. Im Gaumen total verschlossenes Kraftpaket. Gesunde, alterungsfähige Tannine mit versprechendem Cassisfinish. Gehört zu den ganz grossen 86ern und vielleicht sogar zu den ganz grossen Bordeaux-Weinen der letzten Dekade. 19/20 1997 - 2020
93: Violett-Schwarz. Kompakte Nase, sehr konzentriert, syrahähnliche Süsse, noch reduktiv. Ein Eisberg. Im Gaumen extrem viel Terroiranzeige, Massen von Fleischextrakten, Zimt, schwarze Beeren. Hochdichte Struktur mit eleganten Tanninen. Im Nachklang zupackende Adstringenz, die Geduld verlangt. 19/20 2000 - 2020
93: Jéroboam: War in der Grossflasche nicht so überkonzentriert, wie ich das jeweils in Normalflaschen erlebt hatte. 18/20
94: Eine 3/8 Flasche: Hochdicht, fast noch dichter und komprimierter als Mouton 1986. Erinnert in der Nase an einen Penfolds Grange Hermitage. 19/20 1998 - 2020

1987 Gruaud-Larose   15/20
90: Violette Farbe. Typische Cordier-Nase, offen, schöne Würze. Im Gaumen erst soft, dann Reserven anzeigend. Wirkt noch etwas trocken und relativ kurz.
15/20 1993 - 1998
92: Helles Weinrot mit violetten Reflexen in der Mitte. Süsse, konfitürige, zugängliche Nase. Im Gaumen Cassis, Erdbeeren, Black-Currant. Ich habe das Gefühl, dass er sich jetzt für einen kurzen Moment verschliessen wird bis ca. 1993/94. 15/20 1994 - 1998
93: Trotz aufhellender Farbe noch jugendlicher Schimmer. Offen, süss, ansprechend, sehr beerig, Brombeeren und Holunder, dahinter feine Cigarrennote. Im Gaumen Lakritze, weicher, süffiger Gaumenfluss mit Saft. Elegant und recht lang. 16/20 trinken - 2000

1988 Gruaud-Larose   16/20
89: Dunkle Farbe, fast schwarz, volle Würznase, Lack, mittlerer Körper, gedämpftes Potential, nicht so erhaben wie der 85er und 86er. 16/20 trinken ab 1995
91: In der tiefen Farbe schimmert ein leichter Orangeton durch. Offen, würzig, gleichmässig. Weicher Gaumen, erstaunlich zugänglich, sehr ausgeglichen. 16/20 1995 - 2005
92: Kräuternuancen, grünes Moos, Wermutkraut. In der Struktur im Moment fast blechig und relativ rauh. Warten. Mir scheint, dass Cordier im Allgemeinen 1988 Weine produziert hat, denen es ein „bisschen" an Fleisch mangelt.
92: Wiederum als „mageren" Wein empfunden. Florale Nase, Veilchen, Geraniol, Teer. Breit, aber nicht fett. Fehlt an Tiefe und Fleisch. 15/20 1995 - 2005
93: Purpur-Scharlachrot, satt. Rauch, Kaffee, Terroirwürze, schwarze Beeren. Saftiger Gaumenbeginn, mittlere Konzentration, rotbeerig, ausgeglichene Proportionen.
16/20 1995 - 2010
93: Impériale: Die Grossflasche deckte Spuren von grünem, etwas unreifem Cabernet auf. 16/20

1989 Gruaud-Larose   17/20
90: Süsslich (Preiselbeeren), Terroir, wirkt heiss. Feinere Struktur als Talbot. Pfeffrige Säure, frischer Barriqueton von eher dunkler Röstung. 17/20 trinken ab 1996

92: Granat-Blutrot. Röstton, Kastanien, Haselnüsse. Süss, gutes Extrakt mit gesunder Tanninproportion. Im Finish gedörrte Bananen. Eine Mischung aus dem 82er und 85er. 17/20 1997 - 2010
92: Arrivage: Volle Farbe. Rote Beeren, Zedern, Zwetschgen. Kräftiges Tannin, das Zeit braucht. Konzentrierter Wein mit einer pfeffrigen Tannin-Säure-Verbindung. 18/20 1997 - 2010
93: Purpur-Violett, feiner Wasserrand. Vanille- und Toastnase, Amarenakirschen, Kaffee- und Mandelnote, nur zaghaft öffnend. Reife Tannine, rotbeerig, gute Konzentration. Ein 82er mit etwas weniger Tiefe. 18/20 1997 - 2020
93: Jéroboam: Schöne Süsse mit fetten Tanninen. 18/20
94: Sattes, am Rand aufhellendes Purpur. Verbranntes, nach Kohle riechendes Bouquet, fast keine Frucht, eigenwillig, irgendwie fehlerhaft. Pfeffrige, aber trockene Tannin-Säurenote, zähnebeschlagende Adstringenz, zeigt ein schönes Parfüm, das an einen Margaux erinnert, relativ trockenes Extrakt, interessantes Potential, neigt etwas zum Austrocknen. Im Moment eher schlank und in einer Tiefphase. Momentanwertung: 16/20 1997 - 2008

1990 Gruaud-Larose   **17/20**
91: April: Rubines Granat. Johannisbeeren, offener Merlot. Fülliger, reich veloutierender Körper. Marmeladenton. Schöne, aber feine Extraktion. Eine noble, elegante Dame. 17/20 1997 - 2007
93: Arrivage: Aufhellendes Granat. Botrytis-Töne, Rosinen. Zugänglicher Gaumen, wirkt sehr charmant, dürfte etwas mehr Säure zeigen, gutes Gerbstoffextrakt. 17/20 1995 - 2008

1991 Gruaud-Larose   **16/20**
92: 35 % einer Normalernte. Mittleres Granat mit Wasserrand. Verlockende, süssliche Nase mit Toastnote und Anklängen von Nussholz. Helle Rosinen und Cohiba-Tabakaromen, vanillig. Süsses, mittleres Extraktpotential, salzige Tannine. Recht langer Wein. 16/20 1996 - 2005
92: Juni: Granat mit schwarzen Reflexen und Wasserrand. Ausladendes Bouquet, mittlere Intensität, Cassis, Rauch. Süsser, fülliger Beginn, rollender Fluss mit recht viel Schmelz, mittleres Extrakt, ausgeglichen. Besser als der 87er. 16/20 1995 - 2005
93: Gehört zu den besten in diesem Preissegment. Extrem fruchtige Nase, rote Johannisbeeren, Black-Currant. Feiner Gaumen, rollend mit animalischer Note, schön ausgeglichen, gekochte Frucht im Finish. Besser als der 87er. 16/20 1995 - 2005
94: An der Arrivage unter den St. Juliens sehr angenehm aufgefallen. Da er ein süsses Finish hat und die Gerbstoffe angenehm reif sind, kann man ihn bereits trinken. 16/20 trinken - 2005

1992 Gruaud-Larose   **17/20**
93: Violett-Schwarz, feiner Wasserrand. Schwarze Beeren, süss, eng, Trüffel, Brombeerenmarmelade. Feinste Tannine, seidig-elegant, ausgeglichen. Sehr guter 92er - Bravo! 17/20 1996 - 2008
94: Richtig eingeschätzt aus dem Fass. Eine feine, gut konzentrierte Delikatesse. 17/20 1996 - 2008

1993 Gruaud-Larose   **16/20**
94: Mittleres Rubin-Purpur. Reduktives Bouquet, fleischig, Spiel zwischen roten und blauen Früchten. Saftiger, geschmeidiger Gaumen, mittlere Konzentration, gut balanciert, leicht über dem 87er, aber hinter dem 92er, reife dropsartige Früchte im Finish. 16/20 1998 - 2008

CHÂTEAU LAGRANGE

1928 Lagrange   **15/20**
91: Eher helle Farbe. Defensives Bouquet ohne Ausdruckskraft. Im Gaumen trocken und mager. Trotzdem noch zu trinken. 15/20

1961 Lagrange   **18/20**
86: Eine tote Flasche - vorbei?
91: Jetzt bleibt mir nur noch zu hoffen, dass die zwei restlichen Flaschen, die ich seit 1986 nicht mehr berührt habe, so gut sind wie diese an der Hannes Scherrer-Probe. Dicht, kompakt. Süsse marmeladige Nase mit Leder- und Fleischspuren. Trüffelaromen und recht dicht. Junges Extrakt im Gaumen. Pfeffrig mit gewaltigen Fleischproportionen. Ein grosser Wein - nach altem Schrot und Korn. 18/20 trinken - 2000
92: Eine Händlerabfüllung, A. Déjean: Oxydierte innert 10 Minuten. Keine Bewertung!

1966 Lagrange   **12/20**
85: Reif, unsaubere Nase, wenig Fleisch, trocken. 12/20 trinken
90: Bereits über dem Zenit. 12/20 vorbei!

1970 Lagrange   **16/20**
93: Schönes, reifes Bordeauxrot. Offenes Bouquet, Leder, Korinthen, Jodnote. Kräftiger Gerbstoff am Gaumen, trocken. Hat mir zusammen mit dem klassisch zubereiteten Kalbfilet im Dolder recht gut geschmeckt. 16/20 austrinken

1978 Lagrange   **13/20**
88: Mittelreifes Granat ohne Altersreflexe. Dumpfe, Süsse anzeigende Nase. Reifer Körper, Kakaoaromen. Unpassende Säure, unausgewogen - ohne Zukunft. 13/20 trinken
92: Fleischige Nase, nasse Wolle, leichter Wildton. Rauhes Extrakt, säuerlich, rote Johannisbeeren. Blechige, rauhe Zungenadstringenz. Relativ kurz. Gewinnt an Süsse an der Luft. 13/20 trinken

St. Julien

1980 Lagrange   **14/20**
87: Prächtige Farbe, würziges Aroma. Tannin, vielleicht noch ausbauend. Viele gute Worte für einen Wein, der ein gutes Preis- Leistungs-Verhältnis hat - oder hatte.
     14/20 trinken
93: Trinkt sich auch heute noch recht gut, ist aber jetzt am Ende der Genussphase.   14/20 austrinken

1982 Lagrange   **15/20**
91: Leuchtendes Granat. Offene Nase, zart ausladend. Zerlassene Butter, Caramel, defensiver Fruchtbeginn, abgeklärte Säure mit metallischer Strukturprägung. Schmal aber lang, zartbitter auf der Zunge.   15/20 trinken

1984 Lagrange   **15/20**
92: Ein sehr guter 84er! Recht tiefe, frische Farbe. Exotischer Fruchtton, Granatapfel (Grenadine). Im Gaumen sehr fruchtig (rote Johannisbeeren). Erstaunliches Extrakt.
     15/20 trinken - 2000
93: Reifendes, aufhellendes Granat. Reifes, feines Cabernet-Bouquet, verdeckte Minze, kalifornischer Ton. Viel Würze, gesundes Extrakt, wirkt noch ausbauend. Ein sehr gut gelungener, kräftiger 84er.   15/20 trinken - 2000

1985 Lagrange   **15/20**
87: Fruchtig, rauchig, eine gute Portion Vanille, elegante Adstringenz. Ein feiner Wein mit gefährlich viel Holz. Hier wäre ein stärkerer Fasseinbrand, oder ein kürzeres Logement in der Barrique ratsam gewesen. Nun, Japan liegt eben doch etwas weit weg von Bordeaux.
     14/20 trinken ab 1995
93: Recht reife Farbe mit orangen Reflexen. Offene Nase, Schoko-, Brombeerenton, atypisch. Extrem weicher Gaumenfluss mit unreifer Geraniolnote durch unterreifen Cabernet. Reift durch niedrige Säure schnell.
     15/20 trinken - 1998

1986 Lagrange   **17/20**
89: Granatfarben, süss und breit, leichte Öffnung, primäre Kandissüsse. Gestylter Wein mit Tanninreserven. Michel Delons Beratung scheint langsam Früchte zu tragen!
     16/20 trinken ab 1997
93: Purpur, dicht. Gebundene, konzentrierte Nase, Süssnote. Der Cabernet gibt ihm eine klassische Médoc-Würze. Dicht beschichteter Gaumen, pfeffrig, jung durch grosszügige Adstringenzanzeige. Grosser Wein.
     17/20 2000 - 2015

1987 Lagrange   **13/20**
90: Offenes Zedernholz-Heidelbeerenbouquet, bereits Kaffeeunteraromen. Ansprechender 87er.   13/20 trinken
93: Mittleres Granat. Offene, süsse Fruchtnase, die sofort anspricht. Süffiger Gaumenfluss, der durch eine störende Geraniolnote pelzig wirkt.   13/20 trinken - 1997

1988 Lagrange   **17/20**
91: Violett-Schwarz. Voll, beerig, pfeffrig mit Würze. Im Gaumen Charme, mittelfeines Extrakt, gute Säure und deshalb erstaunlich lang, jedoch ein bisschen trocken im Finale.   16/20 1997 - 2007
92: Die Trockenheit stammt offensichtlich vom grossen Extraktreichtum. Heute präsentiert er sich noch wie eine Fassprobe. Fast schwarz mit griffigem, pfeffrigem Extrakt. Stark adstringierend und entsprechend vielversprechend.
     17/20 1997 - 2007
93: Blind verkostet.   17/20 1996 - 2012
93: Dichtes Purpur. Süsse Nase, Toast-, Kaffeetöne, Cassis. Ausgeglichener Gerbstoff im Gaumen, das Extrakt verbindet sich noch nicht mit dem Fett.   17/20 1995 - 2008

1989 Lagrange   **17/20**
92: Violett-Schwarz. Fett, aber dennoch verschlossen, schwarze Beeren, Korinthen, Rauch, Kaffee. Weicher Gaumen, viel Schmelz, Black-Currant. So fein, so grazil, so elegant.   17/20 1995 - 2005
93: Purpur, feiner Wasserrand. Offenes, gebratenes Bouquet, heiss, rotbeerig, Maulbeeren, Merlot-Margaux-Ton. Gesundes Extrakt, hat Finessen, versprechend mit gutem Alterungspotential. Das Potential reicht fast für 18/20 aus.
     17/20 1995 - 2010

1990 Lagrange   **17/20**
93: Dichtes Purpur. Süsse, marmeladige Nase, fett. Wenig Säure, das Fett überwiegt leicht. Rotbeerige Fruchtanzeige, rauhe Barriquenpräsenz, dadurch wirkt der Gerbstoff relativ trocken. Zu lange im Fass?   16/20 1996 - 2006
93: Violett. Cassis, floral, primäre Fruchtaromen, Veilchenton. Fülliger Körper, viel Schmelz, klare Frucht, leicht dominante Barrique, moderner Stil, gutes Rückaroma.
     17/20 1996 - 2010

1991 Lagrange   **12/20**
93: Rubines Purpur. Feine Kräuternote, Spuren von Unsauberkeit, grüne Tabaknote, erdig. Schwierig zu degustieren.   12/20 1996 - 2003

1992 Lagrange   **15/20**
93: Dichte Farbe. Offenes Bouquet, rotbeerig, buttrig, sauber. Malziger Gaumen, Erdbeerenton, gebundener Gaumenfluss, mittlere Länge.   15/20 1996 - 2004

1993 Lagrange   **15/20**
94: Tiefes Violett mit rubinen Reflexen. Medizinales Bouquet, blockiert. Im Gaumen geradlinige Frucht, konzentriert, rot- und blaubeerige Nuancen, mittlerer Körper, technischer Wein, verwässertes Finish.   15/20 2000 - 2010

Château Langoa-Barton

1982 Langoa-Barton   **16/20**
93: Reife Farbe. Dominantes Zedernbouquet. Feine Säure, mittlere Struktur.   16/20 trinken - 2000

1983 Langoa-Barton   **15/20**
87: Kräftige Säure. War schwer zu degustieren. Vielleicht ein Wein, der im Moment unterschätzt wird. Oder verstekken sich unter der kräftigen Oberfläche Fehler? Wieder degustieren.   15/20? 1992 - 2003

1986 Langoa-Barton   **17/20**
93: Tiefe Farbe. Süsses Bouquet, das an eine australische Shiraz-Süsse erinnert, fast ein bisschen exotisch, aber sehr ansprechend. Ein wunderbarer Tischwein zu einem kräftigen Essen. Hat viel Charakter, süsses Kokosfinish. Braucht noch Geduld zur Genussreife.   17/20 1995 - 2012

1987 Langoa-Barton   **12/20**
89: Vorabzug: Bereits Anklänge von braunen Reflexen. Getrocknete Bananen ohne Süsse, Brombeerenstauden. Schlanker Körper mit unharmonischer Säure.
      12/20 1991 - 1998

1988 Langoa-Barton   **15/20**
89: Fassdegustation: Süsses, tiefes Kirschenaroma, kräftige Nase, würzige Aromen mit Lakritze und Kaffee verbunden.   trinken ab 1996

1990 Langoa-Barton   **15/20**
91: Purpur mit mittlerem Granat. Leichte Teernote, Steinpilze. Feine Tanninstruktur. Trockenes Extrakt. Lange, fehlt aber ein bisschen an Körper.   15/20 1998 - 2015

1991 Langoa-Barton   **14/20**
92: Granat-Purpur, mittel. Preiselbeeren und Apfeltrestergeruch. Im Gaumen sauber mit feinkörniger Tanninproportion. Gute Balance, weit ausladend. Feines, nachklingendes Finish. Vielleicht eine zu herbe Note in den seitlichen Gerbstoffen.   14/20 1996 - 2004

1992 Langoa-Barton   **16/20**
93: Noch nie war der Langoa so nah beim Léoville-Barton! Violettes Rubin. Waldbeeren-Terroirton, kompakt. Im Gaumen griffig, ausbauverlangende Tannine. Hält zwanzig Jahre.   16/20 1998 - 2015

1993 Langoa-Barton   **17/20**
94: Satte, blutrote Farbe. Reife einreduzierte Frucht, dicht, schöne Tiefe. Fleischiger, gestützer Körberbau, gut balanciert, ein wahrer Wert fernab jeglicher Spekulation.
      17/20 1997 - 2010

Château Léoville-Barton

Anthonny Barton gehört für mich zu den ganz grossen Persönlichkeiten des Bordelais. Von ihm stammt ein sehr weiser Spruch, den Sie hoffentlich schon lange befolgen: <<Die bedeutendste Investition im Leben eines Weinsammlers ist der Kauf eines Korkenziehers!>>

1928 Léoville-Barton   **??/20**
91: Eine urkomische Flasche, die sich später als Vintage Port herausstellte. Ein Mahnmal für den Kauf alter Weine! Keine Bewertung!

1953 Léoville-Barton   **17/20**
93: Reife Farbe, stallige Nase, süss, Minze und Eucalyptus, Heu, reifer Cabernet-Duft. Im Gaumen eher schlank, dafür lang, hat noch eine gewisse Süsse im Extrakt, mittlere Finessen.   17/20 austrinken

1959 Léoville-Barton   **16/20**
94: Recht tiefe Farbe mit bräunlichen Reflexen. Offenes, pferdig-pflaumiges Bouquet, defensive Süsse, gedörrte Datteln. Im Gaumen saftig, gut stützender Körper, fleischig, wiederum Dörrfrüchte, die Säure wirkt leicht blechig auf der Zunge, schlankes, aber langes Finish.
      16/20 austrinken

1961 Léoville-Barton   **12/20**
92: Mittleres Granat mit oranger Aufhellung. Offen, faisandiert, Rauch, Anzeichen von Tertiäraromen. Trokkener Gaumenfluss mit Lücken in der Struktur. Fehlt an Fleisch, fades Finish, zähnebeschlagend.
      12/20 austrinken

1962 Léoville-Barton   **16/20**
94: Mittleres Granat, recht intakt. Wollige Nase, verdeckte Frucht. Weiche Säure, charmanter Fluss, pflaumiges Finish.   16/20 austrinken

1970 Léoville-Barton   **13/20**
89: Käse-Ammoniakgeschmack. Sehr wahrscheinlich wurde nach der Schönung das Eiweiss zu wenig ausfiltriert. Wirkt fettig und überladen.   13/20 trinken

1975 Léoville-Barton   **17/20**
94: Aufhellendes Weinrot. Ausladendes, zartes Bouquet. Fein gewobener Körper, viel Finessen, Zedernholz, hat noch immer ein gutes Potential, angenehmes Finish, Edelhölzer.   17/20 trinken - 2008

St. Julien

1979 Léoville-Barton   **13/20**
87: Getrunken, ohne viel darüber zu notieren. 13/20 trinken
92: Aufhellendes Granat. Offen, süsslich, alkoholisch, marmeladig. Rotbeeriger Gaumen, Johannisbeeren, drahtiger Körper mit säuerlicher Zungenadstringenz.
13/20 trinken - 1996
93: Granat-Orange. Fleischige Nase, Kampfergeruch, nasse Wolle, animalisch. Im Gaumen Rauch, angedeutete Schichten, rotbeeriger Charakter, die Säure erhält den Wein.
13/20 austrinken

1980 Léoville-Barton   **11/20**
87: Leicht-fruchtige Nase. Negative Säure. Trinken mit verhaltenem Genuss. Ein sehr kleiner 80er.
11/20 austrinken

1981 Léoville-Barton   **17/20**
94: Ein überraschender Wein. Reifendes Granat. Offenes Bouquet, Schoko-, Butternote. Sehr fein parfümiert im Gaumen, elegant. 17/20 austrinken

1983 Léoville-Barton   **15/20**
87: Kräftig. Gutes, passendes Säurespiel. Mittelklasse - ohne Ambitionen. 15/20 1990 - 1998

1985 Léoville-Barton   **15/20**
88: Nase stumpf und unzugänglich. Im Gaumen Spuren von Stoff. Mangelt jedoch an Fleisch. Weniger Barrique wäre besser, um diesem Wein eine balanciertere Ausgewogenheit für die Endreife zu geben. Andere Degustatoren bewerten ihn wesentlich höher. Ich bleibe dabei.
14/20
92: Bräunliche Töne in der Farbe. Geraniolnote, Tabak. Bitterkeit auf der Zunge, trocknet aus. 15/20 austrinken
93: Eine Flasche aus dem Châteaubestand auf Coufran bei einem Mittagessen: Pfeffriger Gaumen, unausgeglichen, Spuren von Bitterkeit. 14/20 austrinken

1986 Léoville-Barton   **17/20**
88: Fassdegustation: Enorme Farbe. Wuchtige Nase, kompakt vinifiziert. 17/20 trinken ab 1998
89: Hat durch die Collage leider etwas eingebüsst.
16/20 trinken ab 1995
90: Mit Vergnügen an einem Mittag mit Hans Massler getrunken. Fruchtig, eng und feingliedrig. Grosser Wein!
17/20 trinken ab 1995

1987 Léoville-Barton   **15/20**
89: Vorabzug: Wie Langoa bereits Reifereflexe. Süssholzaromen, trockener Fluss, wenig Substanz.
14/20 trinken ab 1993
90: Süsse Caramelnase, Barrique dominiert. 14/20
93: Noch immer ist dieser mittelgewichtige Wein von der Barrique „aromatisiert", was sich - wie schon vor drei Jahren erwähnt - als Caramelaroma ausdrückt. Kühl getrunken, macht er aber jetzt unheimlich viel Spass - und dies zu einem günstigen Preis. 15/20 trinken - 1997

1988 Léoville-Barton   **17/20**
89 Fassdegustation: Relativ helle Farbe, Margaux-Parfümnase, feine Tanninstruktur, recht viel Stoff. Langer, eleganter Wein. 17/20 trinken ab 1995
91: Mittleres Granat. Buttrige Nase, Rahm, Caramel. Etwas fett mit defensiver Süsse. Dunkles Edelholz. Leicht vegetale Note im Teerextrakt. Wirkt wiederum lang und finessenreich. 16/20 1994 - 2004
92: Offene, füllige Beerennase, Kirschen, Kokos, Toast, sehr dicht und komplex. Im Gaumen wiederum füllig, fast mollig. Ein fetter St. Julien. Im Finish wiederum Kokos- sowie Single-Malt-Aromen. Macht bereits jetzt enorm Spass zum Trinken. 17/20 1994 - 2004

1989 Léoville-Barton   **18/20**
91: Granat, dicht, aber aufhellend am Rand. Caramelsüsse Nase, recht verhalten im Moment. Charme und Fett, mittelmässig konzentriert, ausgeglichen. Gastronomischer, eher früh trinkreifer Wein mit Sex-Appeal. 17/20 1995 - 2008
90: Nase eng und dicht. Pfeffrig, Kaffeearomen. Süsse Tannine, fülliger Körper mit viel Eleganz. Klassisch und sicher wiederum seinen Preis bei weitem wert.
17/20 trinken ab 1996
92: Arrivage: Purpur-Violett. Offene, saubere Nase, ehrliches Fruchtbild, Weichseln, generell süss, schöner Vanilleton. Im Gaumen eng, vielschichtig, süsse Tannine, Marzipan, ebenfalls rotbeeriger Charakter. Perfekt, ausgeglichen mit wiederum süssem Finish. 18/20 1995 - 2010
94: Dunkles Rubin-Purpur. Reduzierte, gekochte Frucht, Gebäcknase, wirkt irgendwie gebrannt. Softer Gaumen, metallische Säurespitze, warmes Finale, die Säure zeigt zu wenig Harmonie, salzige Zunge, relativ feine Gerbstoffe. In einer eher ungünstigen Phase. 16/20 1997 - 2008

1990 Léoville-Barton   **17/20**
91: April: Dunkel, fast schwarz. Süsse, intensive, klassische Nase. Schwarzes Edelholz mit Souplesse. Reife Tannine und gesundes Fruchtfleisch. Reicher, ausgeglichener Wein mit mittlerem Extrakt, aber sehr viel Tannin.
17/20 1998 - 2015
93: Purpur-Granat. Rotbeerige Nase, Edelhölzer, Nüsse. Charmanter Gaumenfluss, hochdicht, süss, schmelzende Gerbstoffe, sehr ausgeglichen, frühe Reife.
17/20 1995 - 2008

1991 Léoville-Barton   **16/20**
92: Schöne Purpurfarbe mit satter Dichte, rubine Reflexe. Tiefe Zedernnote, Cassis, Lakritze, Rauch, dicht. Defensiv, mit schöner Würze dahinter und grossem Duftpotential. Fleischiger Gaumen, reiche Tannine. Vin de Garde. Im Nachklang reife, warme Frucht. 15/20 1995 - 2006
93: Rumfrüchte, leichter Rosinenton, Kastanienholznuancen und getrocknete Küchenkräuter. 16/20 1995 - 2004
94: Wird zunehmends feiner, die Tannine entwickeln eine schöne Süsse im Gaumen. 16/20 trinken - 2004

1992 Léoville-Barton — 17/20
93: Violett-Purpur. Komplexes Bouquet, dunkles Edelholz, Zedern, schwarze Kirschen, Kaffee (Côte Rôtie-Nuancen). Enge Gaumenstruktur, dicht beschichtet, kompakt, elegante Tannine, süsses Finish. 17/20 1996 - 2008
94: Es wird in drei Jahren ein riesiges Trinkvergnügen sein, wenn man diesen Wein entkorkt. 17/20 1996 - 2008

1993 Léoville-Barton — 18/20
94: Die tiefste Farbe aller St. Juliens, Violett-Schwarz. Vielschichtiges Bouquet, Zedern, viel Frucht, reif, süss mit viel Terroirtiefe, Veilchen, Cassis. Im Gaumen ein Mustermass an Komplexität, Aromatik, reife Beeren, Black-Currant, Cassis, Brombeeren, reife, fondierte Tannine. Eine grossartige Meisterleistung zu einem äusserst sympathischen Preis. 18/20 1998 - 2010

CHÂTEAU LÉOVILLE-LAS-CASES

Es gibt wohl kein Weingut, das soviel von seinem eingebrachten Erntegut nach der Vinifikation als Zweitwein deklassiert wie Léoville-Las-Cases. Aufgrund meiner Einschätzung müsste dieses Weingut schon längst ein Premier Grand Cru sein. Um Längen vor Pichon-Lalande, der von einigen Weinschreibern in diese Elite emporgehoben wurde.

Im Sommer 1990 wurde ich von Michel Delon zu einem ausgiebigen Mittagessen auf Léoville-Las-Cases eingeladen. Diesem Essen ging eine Degustation von mehr als zehn Jahrgängen Léoville voraus. Zum Essen selbst wurde unter anderem ein weisser Pape-Clément sowie die Las-Cases-Jahrgänge 1964 und 1959 serviert. Es war gleichzeitig ein Meeting, der wohl angefressensten Havanna-Raucher. Gegen 17 Uhr musste infolge Rauchentwicklung fast die Dorffeuerwehr ausrücken.

Heute raucht Michel Delon aus gesundheitlichen Gründen nicht mehr und die Türen sind leider nicht mehr so weit geöffnet wie früher. Grund: Den 92er hatte ich nach Ansicht des Schlossbesitzers im WeinWisser zu tief bewertet. Es brauchte einige beschwichtigende Briefe, um für die Degustation des 93ers eine Audienz zu erhalten.

1899 Léoville-Las-Cases — 15/20
92: Leuchtende Farbe, aufhellender, ziegelroter Rand. Modrig, Pilze, Kräuter. Im Gaumen noch schöner Mundauftritt, animalische Noten. Sehr gut erhalten. 15/20 austrinken

1928 Léoville-Las-Cases — 18/20
88: Normales Füllniveau, Farbe mit leichten Alterstönen, blumiges Zedernholzbouquet, im Gaumen gebrannte Aromen, fast süss, terroirbetonte, geradlinige Strukturen, sehr ausgewogen, ein perfekter Wein. 18/20
91: Eine ähnliche Flasche mit feiner Schokoladennote. 17/20
93: Eine leicht oxydierte Flasche. Keine Bewertung!

1937 Léoville-Las-Cases — 13/20
89: Aufhellende Granattöne. Kandis-Süssholznase. Trokkener Strukturbau, Malz und gedarrte Gerste. 13/20 vorbei

1945 Léoville-Las-Cases — 13/20
91: Braunes Granat. Offene, fett-ranzige Nase, unsauber (Kartoffelsack), Rauch und Marmelade. Drahtiger Gaumen, abgebaute Säure, sandiger Körper. 13/20 vorbei
93: Diese Flasche war etwas besser, aber immer noch weit davon entfernt, wenn man unter einem 45er Erwartungsdruck steht. 13/20 vorbei
93: Es gibt einige Weinfreunde, die mich wegen meiner 45er Léoville-Las-Cases Notizen kritisieren. Die sollen mich gescheiter zu einer guten Flasche einladen, damit ich mein offensichtlich zu hartes Urteil revidieren kann. Was ich bis jetzt getrunken habe, war wirklich nicht mehr wert...

1953 Léoville-Las-Cases — 17/20
93: Brillante Farbe, Granat leuchtend. Schiefernote, süsslich. Im Gaumen eher leicht, Weissburgunder-Duft, Erdnussbutter, elegant. 17/20 austrinken

1959 Léoville-Las-Cases — 17/20
90: Superfarbe mit aufhellendem Rand und versprechender Tiefe in der Mitte. Süsses Zedernholz und eine feine Tabaknote, die mitschwingt. Im Gaumen erst trocken, dann an Fett gewinnend. Heisse Aromen (typisch 1959), etwas trockene Rosinen. 16/20 austrinken
90: Eine andere Flasche sofort nach dem Dekantieren getrunken. Besser. 17/20 austrinken

1961 Léoville-Las-Cases — 13/20
91: Dunkles Weinrot, klar, brillant mit Reifeton. Fett, ausladend, süss, parfümiert, pfeffrig mit Malz- und Kaffeeduft. Süffiger Fluss, sekundäre Aromen, wenig Säure. Nicht so konzentriert. Das Tannin überwiegt den Körper. Zerbrechlich an der Luft - nicht dekantieren. 13/20 austrinken
92: Der legendäre 61er Jahrgang generell scheint nicht verwandt mit dem 61er Léoville-Las-Cases zu sein. Leuchtendes Granat, stark aufhellend. Waldig, Pilze, Räucherkammer, Eucalyptus. Trockener, zäher Gaumenfluss mit stieligen Tanninresten. War früher besser, da er bereits nach dem Entkorken, starke Oxydation aufweist.
12/20 vorbei

1962 Léoville-Las-Cases — 13/20
88: Händlerabfüllung: Sattes, jedoch aufhellendes Granat. Defensive, breite Nase, die nach Kandis riecht. Blechige Säure. 13/20 vorbei

1964 Léoville-Las-Cases — 18/20
90: Am Mittagstisch mit Michel Delon getrunken. Offene, reife Nase. Metallischer Körperbau, der an der Luft an Fett zulegt. 16/20 trinken
91: Offensichtlich scheint das Château schlechtere Flaschen als ich zu besitzen. Eine kleine, erstaunliche 64er-Bombe offenbarte sich hier zu einem 18-Punkte-Erlebnis. 17/20 trinken - 1995

St. Julien

92: Anlässlich eines Wine & Dine in Holland einige Tage nach dem 64er Latour, der diesem Wein sehr ähnlich ist. Ein grosser, typischer Médoc mit Klasse. Noch immer gut zu trinken. 17/20 trinken
92: Gerstl hat diesem Wein 20 Punkte gegeben. Selbst die Jéroboam mochte nicht in diese Höhen schnellen, die wir am Gala-Abend nach der Margaux-Probe tranken. Relativ helles Granat. Rote, reife Frucht, Hagebutten, domenikanischer Tabak, Eisenkraut. Feiner Körperbau. Nicht typisch als Las-Cases, scheint etwas mehr Merlot als üblich zu haben, weil der Cabernet verregnet wurde. 18/20 trinken
93: Steinpilznase, Terroir, laktisch, Kandissüsse, noch Spuren von Cassis. Am Anfang dominiert die Säure, verschmilzt sich jedoch nachher mit dem Weinfett. Nach 30 Minuten Pflaumen, Korinthen und Kräuter von einem Hustensirup. 18/20 trinken - 2000

1966 Léoville-Las-Cases   17/20
89: Noch jugendliche Farbe mit violettem Granatschimmer. Offene, fette Nase. Im Gaumen extrem füllig, fast kein aktives Tannin mehr, deshalb absolut auf dem Höhepunkt.
16/20 austrinken
91: Magnum: Eine schwierige, jung wirkende Flasche mit Malo-Geschmack?? untrinkbar
93: Laktische Nasennote, Butter, Kandis und Kaffeetöne. Im Gaumen fett, rund, voll und schmeichelnd, langes, druckvolles Finish. 17/20 trinken - 2002

1968 Léoville-Las-Cases   11/20
89: Breite, faulige Nase, moosig, erstaunlich kräftig, hart und kurz. 11/20 vorbei

1969 Léoville-Las-Cases   12/20
93: Gar nicht so schlecht. Wurde mir blind serviert. Hat noch einen Hauch Süsse im Gaumen. 12/20 austrinken

1970 Léoville-Las-Cases   16/20 - 18/20
(unterschiedliche Flaschen)
86: Hat mit dem 70er Ducru vieles gemeinsam! Vor allem aber sein fetter Körper. Perfekte, breite, nun langsam öffnende 86er-Nase, im Gaumen fetter Körper, Schmelz, langer Abgang. 18/20 trinken - 1998
92: Viel Depot. Süsse Nase, Mandelton, schön ausladend, Zedernholz. Im Gaumen Bleistiftnote, Kokosfett, deutliche Merlot-Anzeige, sehr füllig und auch druckvoll, im Inneren leicht drahtige Aromen. 16/20 trinken - 2000
93: In der Zwischenzeit oft getrunken. Es gibt unterschiedliche Flaschen, die zwischen 16 und 18 Punkte schwanken.

1973 Léoville-Las-Cases   13/20
87: Farbe mit fortgeschrittenem Alterston. Leicht. Im Gaumen anpassend, dünner Körper, recht gefällig.
13/20 trinken

1974 Léoville-Las-Cases   11/20
88: Ein wenig härter als der 73er. 11/20 trinken

1975 Léoville-Las-Cases   14/20
86: Noch verschlossen. 15/20 warten
88: Mit Ducru verglichen. Ist in der Entwicklung viel weiter und beginnt jetzt mit seiner ersten Reifephase.
15/20 1990 - 2010
92: Blind serviert bekommen und wiederum nur mit 15/20 ausgezeichnet. Tiefe Farbe mit orangen Reflexen aussen am Rand. In der Nase verschiedene Entwicklungsstadien, die von Minute zu Minute wechseln. Das grösste Problem ist die flüchtige Säure, die einen Essigton verbreitet, darunter terroirbetont. Im Gaumen rustikal, Rauch, Brombeeren, aggressiver Gerbstoff, der sich mit harter Säure verbindet. Fragwürdige Zukunft. 15/20 trinken - 2008
94: Reifendes Granatrot. Buttriges Bouquet mit Mandelsüsse, Pralinen. Leicht drahtiger Gaumen, mittelgewichtiger Körper, metallisches, zähnebeschlagendes Finale. Nase besser als Gaumen. 14/20 austrinken

1976 Léoville-Las-Cases   15/20
87: Süsse Nase, noch in der Fruchtphase. Starker Biss, zeigt viel Holz, fast kernig. Eher ein Montrose als ein Las-Cases. 15/20 trinken
92: Impériale: Mittlere Farbe mit Reife am Rand und darunter braune Reflexe. Kandissüsse, leicht angesengt, noch Fruchtresten. Im Gaumen korinthig, ledrige Struktur, Vanille. 15/20 austrinken
93: Doppelmagnum: Ziemlich ausdruckslos mit mittlerer „Trink-Ambiance". 15/20 austrinken

1978 Léoville-Las-Cases   18/20
87: Stammt noch aus der Zeit, wo man den Las-Cases noch nicht so füllig vinifizierte, klassisches Aroma, kräftig.
17/20 1992 - 2000
91: Was habe ich da 1987 geschrieben? Nicht so füllig - von wegen. In der Zwischenzeit hat er sich zum opulenten Pichon-Lalande St. Juliens entwickelt. Mit dem Unterschied, dass er erst dem Höhepunkt zustrebt, während der 78er Pichon-Lalande die Bühne bereits Richtung Altersheim verlassen hat. 18/20 trinken - 2002
92: Unter rund siebzig verschiedenen 78ern bei den drei ersten plaziert.
92: Doppelmagnum: Wuchtig, mundfüllend. 18/20 trinken
93: Eine relativ junge Flasche. Vor allem das süsse Bouquet ist betörend. Im Gaumen zeigt sich, wie oft beim Pichon-Lalande, eine feine Geraniolwürznote.
18/20 trinken - 2000
94: An der Cheval-Probe habe ich aus meinem Keller je eine Doppelmagnum Léoville-Las-Cases und Pichon-Lalande geöffnet. Es war ein berauschendes Fest. Und beide gleich gut. 18/20 trinken

1979 Léoville-Las-Cases   16/20
87: Weiblicher als der 78er, reifer. 16/20 trinken - 1996
92: Sattes Rubin. Süss, Caramel, Kandis, Brombeerengelee, verführerisch. Süsser Gaumen, reifer Gerbstoff, Mandeln, aussen Charme auf der Zunge, innen feine Ledrigkeit. Im Finish wiederum sehr elegant und süss.
16/20 trinken - 1998

93: Doppelmagnum: Purpur, noch jugendliche Reflexe. Dunkles Caramel in der Nase, Korinthentöne, Tee, leicht marmeladig. Im Gaumen noch Gerbstoffpräsenz, gute Adstringenz. Öffnet sich erst nach 15 Minuten und wird zunehmend fülliger. 16/20 trinken

1980 Léoville-Las-Cases **14/20**
87: Entwickelte Farbe, weiche, ansprechende und angetönt breite Nase. 1985 mit Evolutionsgeschmack, was auf sein recht grosses Potential schliessen liess. Hat sich aber später gelegt, gute Reserven, um noch einige Jahre zu überleben. 14/20 trinken - 1990
89: Entwickelt sich nun schneller als angenommen, grazil, zerbrechlich. 13/20 austrinken

1981 Léoville-Las-Cases **16/20**
87: Viel Vanille, Eiche und weiniger Cabernet. Wirkt trotz eher schlankem Körper recht füllig. 16/20 trinken - 1997
91: Hat von seiner komplexen Fülle verloren. Im Moment nicht gerade mit Freude zu trinken. Auf der Zunge bleibt etwas unfertiges, bitteres zurück. Schwierige Prognose, ob er sich noch bessern kann? 15/20 trinken - 1996
92: Klassisches Bordeauxrot. Offene, vanillige Nase, buttrig. Sehr weinig mit viel Schmelz. Noch immer Fruchtwürze, süsses Finish. 16/20 trinken - 1995

1982 Léoville-Las-Cases **20/20**
So viele 82er durfte ich in der Fruchtphase degustieren respektive trinken. Warum bloss den Las-Cases nicht? Das müsste wohl, wie bei Mouton, bereits beim ersten Schluck ein Freudenfest gewesen sein. Aber eben, nach Dale Carnegies Motto: "Weine nie über verschüttete Milch..."
90: Versteckte Reifereflexe in der Farbe. Kleine Öffnung im engen, konzentrierten Bouquet. Rote Früchte, Merlot-Präsenz. Ingwer. Fülliger Beginn im Gaumen, wiederum süsse, rotbeerige Tendenzen. Geschmeidiger Körperbau, lange und druckvoll. 19/20 trinken ab 1994
91: Sehr verschlossen. Schwarze Farbe. Ich vermute, dass es ein sehr langlebiger Wein mit einem 20/20 Potential ist!
92: 3/8 Flasche: Eine halbe Stunde lang reduktiv, verschlossen. Dann öffnet er sich ganz langsam, aber auch nur halbwegs. Was man hier beschreiben oder erahnen kann, ist nicht nur 20 Punkte wert, sondern beinahe ein Jahrhundertereignis. So wie er sich jetzt präsentiert, hat er die Konstellation eines 53er Lafite in der Eleganz und eben wie schon gesagt, das Potential eines 82er Mouton. Es wäre für mich vielleicht einfacher, wenn ich eben die Fruchtphase mitgemacht hätte. Gehört zu den absoluten Spitzen der letzten zehn Jahre. 20/20 1994 - 2012
92: Während einer Serie 82er. Schwarz, verschlossen, unnahbar. Es nützt auch nichts, wenn man den Wein über Stunden dekantiert. Warten bis 1994 oder noch länger!
93: Gleich drei Restaurants habe ich entdeckt, die diesen Wein unter hundert Franken anbieten. Er ist zwar noch zu jung, aber ich habe ihn oft bestellt, nur aus Angst ein anderer Weinfreund könnte ihn mir wegtrinken. Einige Male auch an sehr bedeutenden Weinproben blind degustiert. Er schwankt immer zwischen 19/20 und 20/20. Dies aber als Potentialwertung: 20/20 2000 - 2020

1983 Léoville-Las-Cases **16/20**
Könnte es hier sein, dass die Spritzmittelgeschichte mit der Phélan-Ségur weltberühmt wurde, auch Léoville-Las-Cases touchiert hatte. Auf alle Fälle stimmt mit dem 83er einfach etwas nicht.
89: Aus einer 3/8 Flasche machte er mir einen guten Eindruck. Füllig mit Merlot-Carameleindrücken.
Dann später wiederum aus Normalflaschen degustiert: Unharmonisch und unsauber. Sehr schwer zu beurteilen.
90: Wiederum eine schlechte Flasche (Spritzmittelton ??).
93: Eine Flasche mit Korken oder sonst irgend etwas ähnlichem...
94: Blind serviert bekommen. Eine anständige Flasche und auch ein recht guter Wein, aber leider nicht viel mehr.
16/20 trinken - 2002

1984 Léoville-Las-Cases **13/20**
90: Zu einem Carré d'Agneau getrunken. Glücklicherweise habe ich den Wein zuvor andächtig degustiert, denn zum Fleisch hätte er keine Chance gehabt. Ein feiner, femininer Wein mit schmeichelndem Charme. 13/20 trinken

1985 Léoville-Las-Cases **18/20**
86: Fassdegustation auf dem Château: Schwarze Farbe. In der Nase Veilchenduft, Ingwer und getrocknete Bananen. Aristokratisch-moderner Wein mit sehr viel Vinosität. Ein Wein, der Geschichte machen wird. 19/20 1996 - 2010
88: Arrivage: Mit mehr als hundert anderen Weinen blind degustiert. Bester 85er Médoc!
92: Währenddem sich die 86er immer mehr verschliessen, sind einige 85er in einer „Zwischenhoch-Trinkphase". Dazu gehört auch der Léoville-Las-Cases. Ein „charming wine". Wirkt trotz seiner noch ausstrahlenden Jugendlichkeit geöffnet, fett, wuchtig mit zerlassenem Butterton. Im Gaumen hoher Fettwert. Die Tannine sind mit viel Schmelz umgeben. Ein Rubens. 18/20 trinken - 2008
92: Purpur-Granat-Schwarz. Süsse, buttrig, Tee, sehr konzentriert, vielschichtig. Süsser Gaumen, Vanille, Kokos, dicht mit Massen von feinsten Gerbstoffen. Ein grosser, finessenreicher Wein mit gewaltiger Zukunft.
19/20 1994 - 2008
93: Sattes Violett-Purpur. Rauchig, feine Geraniolnote, grüner Tabak, Tinte. Saftiger Gaumen, violette Frucht, Heidelbeeren, bereits angerundete Gerbstoffe, mittelgewichtig, hat Eleganz und Potential. Zeigt sich aber im Moment weniger stark als vor einem Jahr. 18/20 1995 - 2008

1986 Léoville-Las-Cases **19/20**
89: Rubines Violett, geröstetes, aber im Moment defensives Bouquet, markantes Tannin. Durch diese Struktur wirkt er nicht so fett wie in anderen Jahren.
18/20 trinken ab 1996
93: Den letzten beissen die Hunde. Irgendwie habe ich diesen Wein verschlafen, obwohl die ganze Menschheit davon spricht. Auf dem Château nach einer anstrengenden Degustation als Aperitif getrunken. Ein Riese mit einem absolut verrückten Kräuterbouquet, das an einen Weltwein erinnert. Nuancen von Penfolds, Cerequio und

St. Julien

Martha's-Vineyard à la Bordelaise. Warten bis 2000 und dann ausflippen. 19/20 2000 - 2030

1987 Léoville-Las-Cases **14/20**
89: Vorabzug auf dem Château. Süsse, recht komplexe Nase, Kirschen, im Gaumen Extrakt und gesunde Säure anzeigend. Bedeutend mehr Alterungspotential als dem 87er generell zugemutet wird. 13/20 trinken ab 1993
93: Ein süffiger 87er, von Chaptalisationsfett und für mich etwas störenden, grünen Spuren begleitet.
14/20 trinken - 1998

1988 Léoville-Las-Cases **18/20**
89, Fassdegustation: Schlanke, tiefe Nase, fein parfümiert mit reichen Finessen. Das Potential eines 83ers, jedoch feiner gewoben. 17/20 trinken ab 1997
Delon hat 55 % der Ernte deklassiert!
91: Dicht, tief mit violetten Reflexen. Noch leicht reduktiv. Grosser Mundauftritt mit ebenso grossem Potential. Mindestens 17/20 trinken ab 1996
91: Arrivage: Violett-Schwarz. Verhalten, fast reduktiv, Teerwürze. Fein, vielschichtig, Butterton. Ein Mustermass an Ausgewogenheit, kalifornische Eucalyptusanflüge.
18/20 1997 - 2015

1989 Léoville-Las-Cases **18/20**
90: Die Hälfte wurde in Clos du Marquis deklassiert! Fassdegustation: Schöne, satte Farbe mit mittlerer Dichte. Zugängliches Bouquet, klassisch, komplex. Viel Terroir und Frucht. Feine Struktur mit süssen Tanninen. Eine Mischung aus 85er und 86er. 18/20 trinken ab 1997
92: Arrivage: Purpur-Violett, satt. Wachs- und Gumminote von momentaner Reduktion. Nach 2 Minuten, Zedern, Trüffel, wuchtiges Bouquet, zu Kopf steigend, blauer Holunder. Im Gaumen ebenfalls wuchtig, viel Schmelz, stielige Sussholznote, guter Rückhalt. Eine Droge!
18/20 1996 - 2018
90: Fassdegustation: Schöne, satte Farbe mit mittlerer Dichte. Zugängliches Bouquet. Klassisch, komplex. Viel Terroir und Frucht. Feine Struktur mit süssen Tanninen.
18/20 1997 - 2020
94: Sehr tiefe Farbe mit schwarzen Reflexen. Leichter Luftton durch lange Barriquenlagerung, erinnert an einen Vino da Tavola aus der Toskana, Korinthen, Teer, Cassis. Feine, reife, fast seidige Gerbstoffe, schöne Süsse darin, Vanilleschoten, faszinierendes Parfüm, ein klassischer Wein mit sehr viel Ausgeglichenheit und Finessen.
18/20 1996 - 2008

1990 Léoville-Las-Cases **18/20**
92: Für den Grand Vin wurden nur 40 % der Ernte verwendet, die restlichen 60 % als Clos du Marquis deklassiert. Dicht, violett, satt mit schwarzen Reflexen. Exotische Holznote, Zimt, mundfüllend aber verschlossen, darin kräftige Tannine, vom Typ her ein 85er. Gute Balance.
17/20 1997 - 2015
93: Arrivage, blind: Violett-Schwarz. Volle Rauch- und Fruchtnase, komplex ausladend, reich. Konzentriertes Extrakt schwarze Beeren, Brombeeren, hochdicht mit vielen Finessen, im Finish, Rauch und Black-Currant-Aroma.
18/20 1997 - 2015

1991 Léoville-Las-Cases **16/20**
92: Superfarbe, violett vermischt mit Bordeauxrot. Zurückhaltend, im Moment mehr blumig als fruchtig. Im Gaumen schön begleitende Holzproportion verbunden mit der typischen Las-Cases-Fettigkeit, viel Brombeeren, gesundes Extrakt, feine Tannine. Süffiger Wein mit schlankem Finish. 16/20 1995 - 2003
93: Auf dem Château nachdegustiert. Wiederum Brombeeren, Kandissüsse. Wird bald viel Spass machen.
16/20 1995 - 2003
94: War der Publikumsliebling anlässlich von dreissig verschiedenen 91ern. Reife Gerbstoffe, erste Genussphase.
16/20 1995 - 2004

1992 Léoville-Las-Cases **15/20**
93: 55% als Zweitwein (Clos du Marquis) deklassiert. Rubin-Purpur, aufhellender Rand. Dunkle Edelhölzer, nuanciert. Sehr weicher Gaumen, reife Frucht, fehlt an Konzentration und Dichte, das Holz belegt die Zunge, störende Bitterkeit. Hat zu viel Tannin (60g) im Verhältnis zum Fleisch. Wird sehr wahrscheinlich erst angeboten, wenn der Wein auf der Flasche ist. 15/20 1995 - 2005
94: Mittleres Rubin-Purpur. Defensive Nase, leicht korinthig, schwarze Beeren, verführerisch. Im Gaumen etwas welke Note, Spuren von Unsauberkeit, harte, fast eckige Gerbstoffe, mangelt an Finessen, recht rustikal und Reife verlangend. 15/20 1998 - 2010

1993 Léoville-Las-Cases **17/20**
94: Tiefes, sattes Rubin. Defensive Nase, Brotkruste durch Barrique, gebundenes, komplexes Nasenbild, Black-Currant, Brombeerengelee, dunkle Schokolade. Fleischiger, eleganter Körper, viel Saft, gute Ausgeglichenheit, mittleres Extrakt. 17/20 1998 - 2012

CHÂTEAU LÉOVILLE-POYFERRÉ

Der Cru Bourgeois Le Crock (St. Estèphe) wird unter gleicher Regie produziert. Auf Léoville-Poyferré wurde im September 1992 ein neuer Barriquenkeller feierlich eingeweiht.
Ab dem 83er sollte man einige Flaschen im Keller haben...

1878 Léoville-Poyferré **??/20**
92: Anlässlich einer Raritäten-Degustation im Tessin degustiert. Die Nase war so unappetitlich, dass es viele vorzogen, gar nicht erst einen Schluck zu nehmen. Ein laktischer Wein mit Fettoxydation.

1929 Léoville-Poyferré **17/20**
92: Soll eine Legende sein. Leider hatte die Flasche, die ich von Grand Cru-Select in Bonn gekauft hatte nicht gerade

das beste Füllniveau. Heller, mahagonifarbener, orange aufhellender Rand. Waldchampignons, nasse Wolle, leicht oxydativ. Weiche Säure, Schmelz, recht fülliges Fett, rund, wiederum Waldbodenaromen, Erdbeeren, Charme, helle Schokolade, Pralinenspuren, nussig, pflaumig, feiner Lederton. Wirkt insgesamt wie ein vollreifer Burgunder, voll von Finessen. 17/20 austrinken

1945 Léoville-Poyferré 18/20
90: Mit Max Gerstl getrunken. Tiefe Farbe mit reifen, braunen Reflexen. Opulenter, merlotbetonter Duft. Süss, komplex. Korinthengeschmack. Süsse Tannine im Gaumen. Fleischige, dicht strukturierte Tannine. Finesse und Wucht vereint. 18/20 trinken

1959 Léoville-Poyferré 18/20
90: Reife Farbe mit mittlerer Dichte. Nussige Nase, heisses Terroir (Corton). Schöner, ausgeglichener Wein, der viel Freude macht. 17/20 trinken
93: Schöne Farbtiefe, noch immer jugendliche Reflexe. Volles mit Zedern unterlegtes Fruchtbouquet. Parfümierter Gaumen, mittelgewichtig mit viel Eleganz und charmanten Rundungen im verbleibenden Restgerbstoff, entwickelt an der Luft mehr und mehr Fülle. Gehört heute zu den besten 59ern, vor allem, wenn man in Betracht zieht, welch astronomische Preise die Premiers haben!
18/20 trinken - 2005

1961 Léoville-Poyferré 15/20
91: Dichtes, volles, dunkles Granat. Fette Nase mit Ingwergeschmack, komplex, buttrig, Heidelbeeren. Langer, aristokratischer Fluss - einem königlichen Ducru gleich.
17/20 trinken
92: Eine schwierige Flasche. Dumpfes Granat, tief mit feinem Wasserrand. Offene, gebundene Nase, recht fett, Waldbeeren, defensive Süsse. Trockene Tannine, metallische Säureprägung, stielig, mildes Finish.
16/20 austrinken
93: Wieder eine Flasche mit vordergründiger Säure, ähnlich einem unzerstörbaren Biondi-Santi, metallisch und knochig. 15/20 austrinken

1964 Léoville-Poyferré 13/20
86: Offene, fade Nase, im Gaumen säuerlich.
13/20 austrinken

1966 Léoville-Poyferré 13/20
89: Wässriger Rand, Erdbeerfarben. Feiner Duft mit Médoc-Aromen. Dünnflüssiger Körper, wirkt ausdruckslos, fast harmlos. 13/20 trinken

1967 Léoville-Poyferré 14/20
92: Helle, reife Farbe. Offene, leicht ledrige Nase. Im Gaumen ebenfalls leicht. Die Tannine sind abgebaut.
14/20 austrinken

1970 Léoville-Poyferré 17/20
92: Reifendes Granat. Süsse Kandisnase, Portwein-Anflüge, verlockend. Reifer Gaumen, Pfeiffentabak. Bedeutend fetter und reicher als andere 70er der gleichen „Gewichtsklasse". Möchte ich gerne wieder einmal trinken.
17/20 trinken - 1997

1974 Léoville-Poyferré 11/20
85: Viel zu viel Tannin. Darunter negatives Tannin und fader Cabernet. In der Härte rekordverdächtig. Maximal
11/20 trinken, wer muss

1975 Léoville-Poyferré 15/20
93: Sehr helle Farbe. Süsser Korinthen-Honigton, fast malzig. Im Gaumen etwas drahtig mit feiner Bitternote im Gerbstoff. 15/20 trinken - 2005

1978 Léoville-Poyferré 13/20
86: Laut Dovaz 18 Punkte. Woher das Glück? Einseitiger Wein, lose geweben. Ohne Interesse! 13/20
93: Mit einem Nachbarn getrunken. Wir hatten sehr lange bis die Flasche endlich leer war und wir uns Erfreulicherem zuwenden konnten. 13/20 austrinken

1979 Léoville-Poyferré 13/20
92: Aufhellendes Granat-Orange. Alkoholisch-buttrige Nase, Kakao. Animalische Note im Gaumen, zähflüssiges Extrakt, aufrauhend, ohne Charme. 13/20 vorbei

1982 Léoville-Poyferré 15/20
Parker bewertet diesen Wein höher als der 83er vom gleichen Weingut. Degustieren Sie bitte blind, wenn Sie diese beiden Weine miteinander vergleichen. Machen Sie den Pepsi-Test - und trinken Sie anschliessend die Coca-Cola-Flasche aus. Damit meine ich natürlich den 83er...
90: Tief, dicht, fast schwarz. Bocknase (Mercaptan). Im Gaumen Randenton, unsauberes Fass, schnelle Evolution.
15/20 ??
92: Tiefe Farbe. Stallig-pferdige Nase mit Heuaromen. Im Gaumen zu Beginn blechig, stark geprägte Struktur. Hat nichts von der typischen 82er Üppigkeit. Wird mehr und mehr austrocknen. 15/20 austrinken
92: Wiederum degustiert. Wird von anderen Weinfreunden mehr geliebt als von mir. Jetzt hat er eine extrem stallige Note mit zunehmendem Metall- und Kapselton.
15/20 austrinken
93: Tiefes Weinrot mit Mahagonireflexen. Leicht oxydative Nase zu Beginn, Kaffee, Teer, Gewürze. Im Gaumen zedrig, Teernote, feine Bitterkeit im Extrakt, leicht metallisch.
15/20 trinken - 1997
94: Auf dem Château hat Didier Cuvelier eine Flasche geöffnet, weil er mit meinem Kommentar nicht zufrieden war. Die Nase ist zwar immer noch okay, relativ schlank und ein typischer St. Julien (Zedern etc.). Der Gaumen zeigt aber eine metallische Säurenote, die mir nach wie vor und auch in weiterer Zukunft nicht gefallen wird. 15/20 austrinken

St. Julien

1983 Léoville-Poyferré **18/20**
87: Perfekt vinifiziert. Klassischer und wohl auch langlebiger Wein. Ein Wunder ist geschehen. Wird das ein Erwachen geben! 17/20 trinken ab 1992
92: Schönes Bordeauxrot. Butter, Heidelbeeren-Cassisnase. Feinsandiges Extrakt. Sehr schöner Wein.
18/20 trinken - 2003
93: Das ist Bordeaux! Nach zehn Jahren steht der 83er jetzt am Anfang der Genussphase und bietet für wenig Geld das, was andere Weine oft für teures Geld nicht zu bieten haben. Was mir besonders gut gefällt ist der Hauch Eucalyptus und Minze, der ihn vielleicht in zehn Jahren gar zum Klassiker machen wird. 18/20 trinken - 2005

1984 Léoville-Poyferré **13/20**
86: Relativ tiefe Farbe mit violetten Reflexen. Intensive, fruchtige Nase, pfeffrig im Gaumen. Rassiger Wein.
13/20 trinken ab 1990

1985 Léoville-Poyferré **16/20**
87: Jetzt geht's definitiv aufwärts mit diesem Château! Öffnende Nase, schokoladig. Geradliniger, typischer St. Julien. 16/20 trinken ab 1993

1986 Léoville-Poyferré **17/20**
89: Purpur-Violett. Nase mit Kirschenaroma. Fleischig, sauberes, langes Finish. 17/20 trinken ab 1996

1987 Léoville-Poyferré **15/20**
90: Schwarze Farbe. Beerige Frucht, wenig Fülle. Im Gaumen der Eindruck von zu langer Fasslagerung. Wenn er sich positiv entwickelt. 15/20 trinken ab 1993

1988 Léoville-Poyferré **17/20**
89: Fassdegustation: 65 % neues Holz. Rubinfarben, Brombeerenaromen. Viel Extrakt. 17/20 trinken ab 1998
91: Noch immer die gleichen Eindrücke, süsses Finish.
17/20 1995 - 2008
91: Ein unerfreulicher Wettkampf mit Gerstl, Massler und Gabriel. Ich habe diesen Wein nun zum dritten Mal degustiert und zum dritten Mal 17 Punkte zugeordnet. Granat, tintig, süsse, dichte Nase mit Kokosaromen. (Kokosaromen sind für mich ein Zeichen von perfektem Merlot - für Massler ein Vinifikationsfehler). Sehr parfümiert, fein, aber reich im Extrakt. Sehr feingliedrig geschichtet. Ein reicher, perfekter Wein, der sich an die Spitze des St. Julien-Klassementes emporarbeitet. 17/20 1997 - 2010

1989 Léoville-Poyferré **17/20**
90: Fülliger, saftiger Wein (Marzipan), weiche Tannine, reich. 17/20 trinken ab 1995
91: Feingegliedert mit reichem Extrakt. Macht sich immer mehr. 18/20 1996 - 2010
92: Sehr eigenwillig. Gleicht in der Nase einigen sehr grossen 85er Barolos. Heiss, getrocknete Rosinen und ein eben erwähnter, eigenwilliger Kräuterton (Wermut und Eisenkraut). Im Moment trocken in den Tanninen. Ein grosser St. Julien! 17/20 1996 - 2012

94: Dunkles, sattes Violett-Purpur. Süsses, opulentes Bouquet von reifen, gekochten Früchten, Cassis, schöne Cabernet-Anzeige. Satter Körperbau, gut gestützt von reifeverlangenden Tanninen, leichte Stielwürznote darin, die Struktur wirkt im Moment etwas trocken, weil sich das Weinfett noch zu wenig abbindet. 17/20 1997 - 2008

1990 Léoville-Poyferré **18/20**
91: Schwarze Farbe. Softe, saubere Frucht, darunter frische Tabaknote. Dichte Struktur. Markanter fett-fülliger Körperbau. Mittleres Finish. 17/20 trinken ab 1998
93: Violett-Purpur. Grosses Terroir, Röstnote, Trüffel, rote Kirschenmarmelade, animalisch. Kräftige, feingeschichtete, gesunde Gerbstoffe, viel Rückgrat. Ein langlebiger, klassischer Wein im traditionellen Stil. 18/20 2000 - 2030
94: Ein Riesenmocken. Einzig die Holzpräsentation könnte zu Diskussionen Anlass geben, weil eine kaum spürbare, grüne Note den sonst von heissem, fast überreifen Traubengut dominierten Wein beeinflusst. 18/20 2000 - 2030

1991 Léoville-Poyferré **15/20**
92: Purpur mit feinem Rand. Gekochte Früchte, eher trokkene Nase, dahinter Maulbeerenbouquet. Erstaunliche Konzentration. Fruchtig wie eine Bonbonnière, süsses Finale, schön und ausgeglichen. Ein technischer, moderner Wein. 15/20 1995 - 2003
94: Wiederum sehr reife Frucht, fast pflaumig, Marroninuancen (Vermicelles), relativ kurz. 15/20 1995 - 2003

1992 Léoville-Poyferré **13/20**
94: Aufhellendes Rubin. Starke Toastnase, die dominiert und die Frucht verdeckt. Im Gaumen wird die Aromatik ebenfalls durch den massiven Holzaufdruck dominiert, darunter saftig. Ein weiterer, störender Punkt ist die dominierende Säure, sie wirkt spitz und pfeffrig wie Tabasco, der Wein selbst ist sehr schlank. 13/20 1997 - 2004

1993 Léoville-Poyferré **16/20**
94: Schönes Granat-Rubin. Sehr aromatisches Bouquet, Kaffee, reife Frucht, Waldbeeren. Fülliger, charmanter Körper, Amarenakirschen, sanfte, dicht gegliederte Tannine, feine Trockenheit in der Adstringenz, gutes Potential. 16/20 1998 - 2008

CHÂTEAU ST. PIERRE

Dieses Gut könnte man gleichfalls als den Outsider des Médoc bezeichnen. Seit dem 85er werden dort bemerkenswerte Weine produziert - und keiner merkt es!
Im Primeurmarkt reagiert der Handel immer zäh. So findet man den St. Pierre auch noch nach Monaten zum gleichen Preis. Kaufen Sie sich unbedingt noch eine Kiste 85er. Zur Freude Ihres Gaumens und zur Freude Ihrer Geldbörse.

1953 St. Pierre 15/20
93: Sensationelle Farbe, für einen 53er noch durchaus jugendliche Reflexe. Kartonnuancen, schöne Tiefe, braucht Luft. Im Gaumen eine gewisse Härte, feine Bitterkeit. Wird dann nach 20 Minuten süsser. 15/20 trinken ohne Eile

1975 St. Pierre 13/20
89: Damals noch nicht im Besitz von Henri Martin. Granat, leuchtend. Kaffee- und PVC-Nase, wirkt füllig, mit hoher, unfertiger Säure und unfertigem Tannin, mittelintensiv. Insgesamt ein fragwürdiger Wein mit extremem, chemischem Geschmack. Sehr wahrscheinlich Resteiweiss, das sich in Ammoniak umsetzte! 13/20 trinken

1978 St. Pierre 17/20
92: Mittlere Farbe, Granat-Rubin. Klassische St. Julien-Zedernnase, Bleistift, tiefes Terroir. Wirkt in seiner Zwischenphase jung und fast verhalten, aber sehr versprechend. Gutes Extrakt und Tannin, das noch etwas Reife verlangt. 17/20 1996 - 2006

1983 St. Pierre 15/20
88: Köstliche Nase, weich, wirkt reif, mittelgewichtiger Wein, gut vinifiziert. 15/20 trinken - 1996

1985 St. Pierre 18/20
87: Fällt auf! Kompakte Farbe, süss. Sehr breit und ausladend, femininer Körper, mildes Finish.
17/20 trinken ab 1994
91: Toast, rote Früchte, recht fett. 16/20 bald
92: Reifendes Granat mit orangen Reflexen. Waldbeerennase, Jod, nasses Laub, viel Terroir. Im Gaumen leicht grüne Note, Tabak, im Extrakt süss. 17/20 trinken - 2004
93: Dumpf, fast schwarz. Sehr konzentriert, Rauch, syrahähnliche Süsse. Im Gaumen sehr komplex, vielleicht etwas ungehobelt. Braucht noch Zeit, um sich voll zu entwickeln. Ich habe ihn immer unterbewertet.
18/20 bald - 2008
93: Rettete fast die Ehre der Bordeaux' gegen Spitzenkalifornier. Dichte Farbe mit leicht aufhellendem Rand. Zedernnase, viel Würze, recht konzentriert. Cassis, reife Gerbstoffe, sehr saftig, hat viel Eleganz, feinkörniger Fluss, dicht, hat Charme, lang. Klassisch! 18/20 1995 - 2010

1986 St. Pierre 16/20
89: Rubines Violett. Kirschenduft, defensiv, pfeffrig, im Moment vordergründiges Tannin, im Finish eher harmlos.
16/20 trinken ab 1996

1987 St. Pierre 16/20
90: Der beste 87er im St. Julien. Schwarz. Zedernholztouch, dicht, reif. Tabak in der Fleischstruktur. Enormes Potential für diesen Jahrgang. 16/20 1993 - 1998
92: Noch immer konzentriert und eher zurückhaltend. Bleistiftmine, Graphitton. Ein typischer St. Julien mit einem sensationellen Preis-Genuss-Verhältnis. 16/20 trinken

1990 St. Pierre 18/20
93: Violett-Purpur. Kaffeeton, stark geröstetes Barrique. Feiner, seidiger Gaumenfluss, köstliches Parfüm. Trotz gewisser Leichtigkeit eine Delikatesse. 18/20 1996 - 2010

1991 St. Pierre 13/20
92: Schwarz-Violett. Florale Nase mit Brombeeren vermischt, Teer. Im Gaumen extrem soft, wenig Säure, flüssig, süffig. Samtig wie ein Fleurie. Der Säuremangel ist so extrem, dass es ihm an Länge fehlt. Man hätte ihm ein bisschen mehr Presswein beigeben sollen, um mehr Rasse zu erlangen. 13/20 trinken - 1998

1993 St. Pierre 16/20
94: Dunkles Granat-Purpur. Rotbeeriges Bouquet von viel Terroir unterstützt, feine Zedernnote. Saftiger, aussen charmanter Gaumen, in der Mitte körniger Gerbstoff, gutes Potential anzeigend. 16/20 2002 - 2010

CHÂTEAU TALBOT

Seitdem dieses Weingut nicht mehr unter schützender Cordier-Hand ist, scheint mir eine gewisse Orientierungslosigkeit eingetreten zu sein. Anfang 1993 wurde eine Riesenmenge Talbot-Weine von mehreren Jahrgängen zu Spottpreisen auf dem Markt verschleudert. Zum Ärger all jener, die reichlich subskribiert hatten. Den 83er habe ich so oft getrunken, dass alleine dieser Wein fast eine Seite in diesem Buch füllen könnte.

1949 Talbot 13/20
91: Reife Farbe. Alkoholischer Glyzerinspiegel, hell, transparent. Zedernholznuancen, interessante Nase. Im Gaumen aber dünn und mageres Finish. 13/20 austrinken

1959 Talbot 16/20
93: Tiefes Rubin-Granat. Schoko-Butternase, Walnussfett, Pralinen. Weicher Gaumen, wenig Säure, viel Fett, korinthiges Finish. 16/20 austrinken

1961 Talbot 16/20
91: Aufhellendes Granat. Mercaptan- und Bakelitnase. Darunter Brombeeren, grüner Tabak, Efeu, gebrauchtes Leder. Junger, unbereinigter Gaumen. Etwas holzig von langer Fasslagerung. Dürfte unter der Säure mehr Fett und Fleisch haben. 16/20 trinken - 2000
Vielleicht eine Stunde vorher dekantieren, damit der reduktive Nasenton weggeht. trinken - 2005

St. Julien

1964 Talbot 15/20
89 Magnum: Das ist kein Talbot - eher ein Fitou! Weiss Gott, was hier aus diesem 64er in Teufels Küche gemixt wurde. Als Kenner der typischen Cordier-Aromen hatten alle Beteiligten dieser Blinddegustation alles andere als eben einen 64er Talbot vermutet. Junge, rotbeerige Farbe mit Purpurreflexen, in der Nase Aromen von südfranzösischen Weinen oder aber auch Nuits-St.-Georges-Aromen von Gouges. Im Gaumen eher himbeerlastig, jugendlich und streng. Ein vordergründiger, trockener, unreifer Wein, der viele Fragen aufwirft. 15/20 trinken - 2000

1966 Talbot 15/20
90: Helles Granat, leuchtend. Kaffeenase und Schokoladennote. Im Gaumen Zedern- und Geraniolaromen, vegetal und kurz. 15/20 austrinken
93: Eine Doppelmagnum wirkt frischer und jünger. Aufgefallen ist mir eine kapselige Note, die sich dann aber nach 20 Minuten mit dem Fett verband. Es bleibt bei einem mittelgewichtigen Wein, der in der Normalflasche sicherlich jetzt ausgetrunken werden sollte. 16/20 austrinken

1970 Talbot 16/20
90: Kräftige Farbe mit jugendlichen Reflexen, feinschichtige Nase. Spuren von feinem Tee (Darjeeling), kräftiger Biss, trotzdem nur mittelgewichtig. 15/20 trinken
92: Leuchtendes Granatrot, fast jugendlich. Zedern, Teer, sehr distinguiert. Feiner Körperbau, sehr elegant und lang. Rotbeeriger Charakter im Gaumen, vermischt mit pfeffriger Säure. Dürfte ein bisschen mehr Schmelz haben.
16/20 trinken

1973 Talbot 13/20
88: Beim Waser Seppi in Engelberg an einem Nachmittag getrunken. Mahagoniton, Zimt- und Teerwürze, wirkt leicht und feminin, fast beschwingt mit passender Säure - überdurchschnittlicher 73er, der jedoch spätestens jetzt getrunken werden sollte. 13/20 austrinken

1975 Talbot 13/20
91: Dunkles, kräftiges Granat. Offene Nase ohne viele Primäraromen. Randengeschmack, darunter Backpflaumen. Griffige, fast zähnebeschlagende Säure, die vordergründig wirkt. Wird sehr wahrscheinlich mit seiner Härte austrocknen. 13/20 warten?

1975 Talbot 16/20
94: Reifendes Weinrot mit Kupferrand. Pferdiges Bouquet, Korinthentöne, Curry-Madeira-Note, leicht jodig. Markante Gerbstoffstruktur, etwas pelzig, trockene Tannine, baut noch immer aus, ein Esswein. 16/20 trinken - 2005

1976 Talbot 13/20
85: Leichte Farbe. Im Gaumen blumige Serien.
13/20 trinken

1978 Talbot 18/20
91: Aufhellendes Granat mit Reifeton. Dezente, feine Nase, sehr ausgeglichen. Feiner Gaumenauftritt. Reiches, gut verteiltes Extrakt, druckvoll und intensiv. Grosse Klasse.
17/20 trinken - 1995
92: Reifer, oranger Rand. Merlot-Nase mit sehr viel Würze. Ein typischer Cordier. Teer, pferdig, Chambolle-Musigny-Ton. Im Gaumen ebenfalls reif mit körnigem Extrakt.
17/20 trinken - 1995

1979 Talbot 16/20
88: Dunkles, transparentes, jedoch mattes Granat. Ausladende Nase, würzig und terroirbetont, cabernetlastig. Weicher, zugänglicher Körper, Aromen von Soya und grünen Peperoni. Elegantes, weiches Finish. Macht Freude.
16/20 trinken - 1993
92: Bordeauxrot, satt mit Reifeton. Tiefe Zedernwürze, Kaffee, korinthig, Wildnote. Im Gaumen rauchig, wirkt gekocht, stieliger Ton, mittleres Finish. 15/20 austrinken

1980 Talbot 14/20
85: Mein Hauswein. Viele 3/8 Flaschen ganz alleine getrunken. Offene Nase, leichter, positiver Bittermandelton. Im oberen Mittelfeld, was die Klasse anbelangt - preislich einiges darunter. 14/20 trinken
93: Eine halbe Flasche, die überreif war. 14/20 austrinken

1981 Talbot 15/20
88: Die 81er aus dem St. Julien-Gebiet sind meine Lieblingsweine generell. Dieser Jahrgang scheint speziell gut auf diese Region zugeschnitten. Schlank, klassisch, sauber, lang, ohne störende Üppigkeit. 15/20 trinken

1982 Talbot 17/20
89: Dunkles, tiefes Granat mit schwarzen Reflexen und unterdrücktem, orangem Schimmer. Defensive Nase, Schwarzholzgoût, dünner Körper, stark adstringierend auf der Zunge. Bitterstoffe im Extrakt mit der Säure verbindend. Weniger reif als der Gruaud. 16/20 1992 - 2000
93: Im Moment reduktiv mit Gummiton, also ca. 30 Minuten dekantieren. Nach der Dekantierzeit Fleischton mit viel Fett umgeben. Es dauert noch ein paar Jahre bis die volle Genussphase eintreten kann. 17/20 1996 - 2006
94: Mit Karin Egli im Pont de La Tour in London: Einem der besten Restaurants der Themsenstadt. Reduktive Nase, leichter Gummiton. Im Gaumen jedoch reife Tannine mit sehr dichter, fast seidiger Struktur. 17/20 trinken - 2006

1983 Talbot 17/20
87: Purpur mit schwarzen Reflexen, fleischig, gut strukturiert, pfeffrig mit Rasse. Gutes, relativ weiches Tannin.
16/20 1992 - 2000
91: Aus der Jéroboam: Ein absolutes Trinkvergnügen.
17/20 trinken - 2004
92: In der Normalflasche ist die Fruchtphase abgeschlossen, und es bleibt eine nicht ganz positive Bitterkeit auf der Zunge, die den Wein beherrscht. 16/20 warten
93: Weil ich das Erlebnis aus der Grossflasche in positiver

Erinnerung hatte, liess ich am grossen Palmer-Essen zum Hauptgang eine Impériale öffnen. Wurde allgemein um die 18 Punkte herum bewertet. Superfarbe. Süsses Kirschenbouquet vermischt mit Hagebutten. Fülliger, langer, süffiger Körper. Damit kann man Freunde gewinnen.
17/20 trinken
94: Salziges Extrakt zu Beginn. Etwa 30 Minuten dekantieren. 17/20 trinken - 2005

1985 Talbot **15/20**
88: Reifeton in der Farbe, unsaubere Nase - macht keinen Spass. Schlechte Flasche - wieder degustieren?
14/20 trinken
92: Tiefes Granat mit Reiferand. Nase offen mit Spuren von Oxydation (?) und herbalem Anflug. Im Gaumen zedrig, starke Würze, Tabak. Reife Tannine. Wirkt ausgeglichen mit mittlerem Finish. 15/20 trinken - 2000

1986 Talbot **16/20**
89: Granatrot, Terroir und Tabak, eher weich und recht zugänglich, im Tannin Bitterkeit (Soya?).
15/20 trinken ab 1993
93: Immer noch verschlossen. Rustikale Gerbstoffe, die noch lange Reife verlangen. 16/20 1995 - 2008

1987 Talbot **15/20**
90: Schwarz. Reduktive Konzentration. Voller, fetter Wein. Gut gelungen. Die Tannine sind noch etwas kernig.
15/20 trinken ab 1992
92: Mittleres Granat mit aufhellendem Wasserrand. Fruchtig (rotbeerig), Zedern- und Bleistiftholz. Weicher Gaumen, elegant ausladend recht viel Charme. Feines Extrakt, im Finish Weichselkirschenaroma und Kaffee.
15/20 trinken - 1997

1988 Talbot **14/20**
89: Fassprobe: Kann es sein, dass Talbot in diesem Jahr seinen grossen Bruder in den Schatten stellt? Konzentrierte Frucht, langer Körper, viel Eleganz. 17/20 1995 - 2004
91: Anlässlich einer 88er Degustation eher unangenehm aufgefallen. Total aus dem Gleichgewicht mit faisandiertem Wildgeschmack??
91: Arrivage: Granat mit orangem Reifeschimmer. Böckser, fremdartig. Zibetton, Chambolle-Musigny, unausgeglichen, atypisch mit schwieriger Zukunft.
13/20 ?? 1994 - 2000
92: Die Fragezeichen bleiben noch immer, sicherlich zum Ärger des grossen Talbot-Fanclubs. Ich habe aber in der Zwischenzeit einige Male erlebt, dass andere Weingeniesser (?) diesen Wein viel mehr lieben als ich. Die Geschmäcker sind eben doch sehr verschieden.
Ich frage mich immer mehr, was zwischen dem Zeitpunkt der ersten Fassprobe, bis zur Abfüllung in die Flasche auf dem Château gemixt wurde.

1989 Talbot **17/20**
90: Süsse Zedernnase, wirkt gekocht. Mittlerer Körperbau, kräftig und lang. Im Extrakt fast sandig, es fehlt deshalb an Finessen. 16/20 trinken ab 1995
92: Arrivage: Ein phantastischer Wein! Purpur-Schwarz. Verschlossen, dahinter Anzeichen von Fett und Reichtum, Kandis, Lakritze, breit akzentuiert. Runde Tannine mit konzentrierter Würze, griffig. Ein gewaltiges Munderlebnis. 17/20 1995 - 2005

1990 Talbot **17/20**
91: April: Rubines Granat mit Wasserrand. Sauternes-Nase (!!?). Akazienhonig. Verlockend, gebraten. Im Gaumen starker Mazerationston, Butter, Korinthen, überreife Früchte. Heisses Terroir. Fehlt an Länge, softes Finish. Ein schwieriger, überbratener Wein. 15/20 1995 - 2005
91: VINEXPO: Hat sich ein bisschen beruhigt und wirkt etwas ausgeglichener als vor ein paar Monaten. Die Zukunft wird es weisen, ob er noch die Chance hat, den Weg eines richtigen St. Juliens einzuschlagen und nicht dem sich negativ entwickelnden 88er nacheifert.
92: Verlockende Nase, gebunden und bereits mit allen notwendigen Komponenten vermischt, Rauchnote. Im Gaumen füllig, viel Souplesse durch gerundete Tannine. Wenn er eine kleine Spur mehr Säure hätte, wäre er bestimmt länger. Macht sich aber insgesamt so gut, dass er sogar einmal 17/20 sein eigen nennen könnte. 16/20 1995 - 2005
93: Purpur. Süsses-, rotbeeriges Bouquet, Honig, Korinthen. Im Gaumen eher niedrige Säure, Dörrfrüchte, Spuren von überreifem Traubengut. 17/20 1996 - 2010

1991 Talbot **14/20**
92: Scharlach-Purpur. Eigenwillige Nase. Wildaromen, extrem rotbeerig, rauchig, fast speckig (Charcuterie?). Fülliger Beginn, schmeichelnd. In der Adstringenz zähnebeschlagend mit bitterer Grünnote. 14/20 1995 - 2002

1992 Talbot **12/20**
93: Dumpfe Farbe, Violett-Schwarz. Süsses, konfitüriges Bouquet, heisse Nase, die irgendwie nicht in diesen eher kalten Jahrgang hinein passt. Im Gaumen pflaumig, laktisch, unausgeglichen. Der erste Jahrgang ohne die schützende Cordier-Hand sucht noch seine eigene Identität. 12/20 1995 - 2004

1993 Talbot **15/20**
94: Mittleres Rubin. Würzige, leicht florale Nase, blumig. Nerviger Gaumenbeginn durch relativ viel Presswein, eher kantiges Extrakt, wirkt ungeschliffen und recht bourgeois, zeigt ein gutes Alterungspotential, das er auch brauchen wird, um seine Gerbstoffe zu schleifen. 15/20 2000 - 2012

St. Julien

DIE IDEALE TRINKTEMPERATUR

Man muss leider davon ausgehen, dass viele Rotweine, auch heute noch, zu warm und ebensoviele Weissweine zu kalt getrunken werden. Bei den Weissweinen ist es so wie bei den klaren Spirituosen: Je schlechter das Produkt ist, desto kühler muss es getrunken werden. Nur ein sehr guter, sauberer Williams - destilliert von reifen, aber nicht faulen Früchten - besteht die Temperaturprobe um die 10 Grad. Damit teilt er sich die gleiche Kältegrenze mit den grössten Weissweinen der Welt. Zum Beispiel einem Montrachet aus Burgunds teuersten Hügeln, oder einem Château d'Yquem, der in diesem Wärmebereich bedeutend mehr Aroma- und Bouquetstoffe freisetzt, als wenn er im Eiskübel serviert wird. Dabei ist gerade der Eiskübel oft der Mitschuldige im Spektakel um das Temperaturspiel. Meist werden nämlich sinnlos Eiswürfel aufgefüllt, mit dem Resultat, dass der Wein mit jedem neuen Einschenken immer kälter wird. Leitungswasser und ein paar wohldosierte Eisstücke geben die Garantie auf kontinuierliche Temperatur ohne Schwankungen. Bei säurebetonten Weissweinen, insbesondere für deutsche und österreichische Rieslinge, kommt die Frucht besser zur Geltung, wenn diese etwas kühler, so um die 6 - 8 Grad herum eingeschenkt werden. Das gilt meiner Ansicht nach auch für Champagner, der sonst bei allzu kalter Temperatur eine übermässige Aggressivität in der Kohlensäurekonstellation entwickelt und somit in der Säure zu spitz auf die Zunge auftritt.

Bei den Rotweinen geistert immer noch der Begriff des "Chambrierens" herum. Dieser stammt vom französischen Wort "chambre", was soviel wie Zimmertemperatur bedeutet. Nur, waren die Zimmer bevor es die Zentralheizung gab eben lediglich um 18 Grad. Oft wird bei der Justierung der Temperatur auch vergessen, dass durch die erwärmte Karaffe sowie das zimmerwarme Glas eine kurzfristige Erhöhung um einige Grade erwirkt wird. Deshalb ist es ratsam, den Wein immer um zwei Grad unter der erwünschten Trinktemperatur einzuschenken. Damit gibt man dem Wein durch die Erwärmung auch die Chance, sich zu öffnen sowie Bouquet- und Aromastoffe freizusetzen. Zu warme Weine wirken in der Regel fruchtlos, es mangelt ihnen an Komplexität. Der Alkohol dominiert gänzlich das Bouquet. Auch hier gilt, dass jüngere Weine und kleinere Jahre noch kühler als gereifte aus grossen Jahrgängen serviert werden müssen, damit die Frucht besser zum Tragen kommt.

Weissweine:
6 - 8 Grad:
Champagner, Chasselas, Rieslinge, Sauvignon blancs, junge Chardonnays und junge Sauternes
8 - 10 Grad:
Reife Chardonnays, grosse Graves-Weine, alte Sauternes

Roséweine:
6 - 8 Grad: Alle

Rotweine:
13 - 15 Grad:
Generell Landweine, Gamays, junge Merlots, junge Pinots
15 - 17 Grad:
Junge Bordeaux, leichtere Cabernets, alle Barberas
16 - 18 Grad:
Klassische, grosse Rotweine
17 - 19 Grad:
Barolos und Recioto Amarone

MOULIS

Grösster Wein:
1986 Chasse-Spleen

Bester Wert:
1993 Poujeaux

Moulis

Château Anthonic

Das Weingut wurde 1977 von den Cordonniers gekauft. Heute stehen auf dem Weingut Reben mit einem Durchschnittsalter von gut 25 Jahren. Eine grosse Parzelle von alten Beständen ist sogar 40 und 50 Jahre alt. Die Weine sind lange lagerfähig, entwickeln aber selten Charme, sondern eher eine knochige Struktur.

1982 Anthonic   **16/20**
91: Reifende Farbe. Geraniolnase vermischt mit Kaffee, Kakao und Tabak. Im Gaumen mit Merlot-Charme und animalisch ledrige Struktur.   16/20 trinken - 2005

1985 Anthonic   **15/20**
91: Bei einem Mittagessen auf dem Château getrunken. Granatfarben mit Wasserrand. In der Nase erst etwas schwierig. Eisen- und Wermutkraut. Terroir- und Waldfruchtaromen. Eher störende, stichige Säure. Nicht ganz ausgeglichen.   13/20 warten und hoffen
92: Eine absolut „lustige" Flasche. Die Nase roch nach der Schokoladensorte „Tobler-O-Rum", also nach Schokolade und in Rum getränkten Rosinen. Sehr tardive Naseneindrücke von zu später Lese. Im Gaumen kräftiger Biss. Dürfte etwas länger sein.   15/20 trinken - 2000

1988 Anthonic   **13/20**
92: Eigenartig, dass ich beim 88er genau die gleiche, stichige Säure (Aceton) bemerkt habe wie beim 85er. Man scheint bis zu diesem Zeitpunkt noch einige „auswechselbare" ältere Barriquen verwendet zu haben. Im Gaumen zähnebeschlagendes Extrakt, das Zeit und Geduld verlangt.   13/20 1997 - 2010

1989 Anthonic   **15/20**
91: Offenes Edelholzbouquet, Kaffee, wenig Säure, süsse Tannine mit Spuren von leichter Bitterkeit.   15/20 trinken ab 1994
92: Arrivage: Purpur-Granat, Wasserrand. Rauch-, Trüffelnote, bourgeois. Griffiges Tannin mit gutem Fleisch, leichte Bitterkeit im Extrakt.   15/20 1995 - 2005

1990 Anthonic   **16/20**
91: Volle Farbe mit Brombeerenreflexen. Trockenes Extrakt, schöne Struktur mit feinem Finish. Mehr Potential und Tannine als der 89er.   16/20 trinken ab 1996

1992 Anthonic   **13/20**
94: Wiederum extrem helle Farbe. Offenes, leicht toastiges Bouquet, wenig drin. Sanfter, schmeichelnder Gaumen mit einer tabascoähnlichen Säurespitze auf der Zunge, total verwässertes Finsh.   13/20 trinken - 1999

1993 Anthonic   **15/20**
94: Tiefe, violette Farbe. Beeriges Bouquet, Heidelbeeren, Gebäcknase durch Barrique, leicht floral. Im Gaumen etwas fassige Note, Randentöne, saftige Gerbstoffe, mittlere Reife, anständiger Wein.   15/20 1996 - 2003

Château Chasse-Spleen

Die Nachricht über ihren Tod erreichte mich am 3. Dezember 1992, am Tag, an dem sie in den Pyrenäen nach mehrtägiger Suche aufgefunden wurde. So viele schöne Erinnerungen bleiben an Bernadette zurück. Viele ausgiebige Essen auf Chasse-Spleen. Die Herzlichkeit von ihr und ihrem Vater Jacques Merlaut sind ein unvergessliches Stück Bordelaiser Weingeschichte für mich. Manchmal durfte ich ihr bei den Assemblagen mithelfen. Sie war immer mehr an Kritik, denn an Lob interessiert, stets darauf bedacht, Chasse-Spleen noch besser zu machen. Einziger Trost über ihren Hinschied sind grosse Weine, die unter Bernadettes Ägide entstanden sind. Ein Erbe, das schwer anzutreten sein wird.

1970 Chasse-Spleen   **14/20**
90: Wirkt jugendlich, schöne Würze, vielschichtig. Süss und parfümiert, dichte Struktur, kräftig, bourgeois, zähnebeschlagendes Tannin, sehr trocken.
  Nase 15/20, Gaumen max. 13/20 austrinken

1976 Chasse-Spleen   **12/20**
87: Weichselkirschen. Säure-Frucht-Verbindung. Leicht.
  12/20 austrinken

1978 Chasse-Spleen   **16/20**
85: Komplexes Farbbild. Volle, vielschichtige Nase. Schwarze Johannisbeeren. Noch ausbauend. Köstlicher Wein mit einem sehr guten Preis-Leistungs-Verhältnis.
  16/20 trinken - 1995
92: Am Mittagstisch auf Chasse-Spleen getrunken. Mittlere Farbe. Médocige Nase mit recht viel Charme. Im Gaumen dunkle Pilze, leicht metallische Struktur. Reif. Nicht dekantieren, verliert nach einer halben Stunde.
  16/20 trinken - 1995

1980 Chasse-Spleen   **13/20**
88: Aufhellendes Kirschrot. Fruchtig, schmale Nase. Fülliger Körper, noch relativ starke Tanninpräsenz. Für einen 80er erstaunlich fett.   13/20 trinken - 1993

1981 Chasse-Spleen   **15/20**
88: Mittel-konzentriertes Rubin. Strenge Nase (Holzerziehung). Dunkelbeerige Aromen, gutes Rückgrat (Cabernet Franc). Sauber, geradlinig. Im Abgang anhaltend, jedoch dezent.   15/20 1990 - 2000
93: Wirkt jetzt ein wenig trocken, hat sich aber gut gehalten.   15/20 trinken - 1996

1982 Chasse-Spleen   **16/20**
90: Breit, opulent. Reicher Körper.   17/20 trinken ab 1992
91: Holunder und Blaubeerennase. Weiches, rundes Tannin, sandige Textur mit leichtem Randenton in der Terroirverbindung.   16/20 bald - 2000
93: Eine Impériale: Schönes Bouquet, Amarenakirschen, Holunder. Hat viel Stoff und für einen 82er gute Säure, leichte Trockenheit im Extrakt.   16/20 trinken - 2004

Gabriel

1983 Chasse-Spleen   **15/20**
88: Streng, rotbeerig. Parallelen zum 78er.
     16/20 trinken ab 1992
91: Granat mit oranger Färbung. Verschlossene Nase, dann Schokolade mit Passionsfrucht vermischt. Dahinter ein heisser Rosinenton. Im Gaumen süsslich mit Waldbeerenaromen. Noch immer ausbauende Tannine.
     15/20 trinken - 2002
92: Den Wein sollte man 30 Minuten vorher dekantieren, da er an der Luft seine Trockenheit etwas verliert.
     16/20 trinken - 2002
93: Auf dem Château dekantiert (16/20) und in der gleichen Woche an einer Weinprobe nicht dekantiert getrunken.   14/20 trinken - 2000

1985 Chasse-Spleen   **18/20**
89: Perfekt. Getrocknete Bananen. Heisser Cabernet, vermischt mit pfeffrigem Merlot. Grosser Cru Bourgeois.
     18/20 trinken ab 1993

1986 Chasse-Spleen   **18/20**
Wenn man die Besitzerin fragte, welches ihr grösster Wein sei, den sie je produziert hatte, dann antwortete sie: 1986!
87: Direkt bei der Assemblage degustiert. Wiederum pfeffriger Merlot. Hatte noch Mühe mit seiner Mariage!
89: Arrivage: Wasserrand und mittlere Tiefe. Staubige Nase, bedeckt. Trockener Gerbstoff. Wirkt zu streng erzogen, fast grüne Adstringenz.   trinken ab 1995
91: Entpuppt sich immer mehr zu einem langlebigen, grossen Bourgeois.   17/20 1994 - 2005
92: Im Andenken an Bernadette am Abend der Todesnachricht unter Tränen getrunken. Noch immer sehr tiefe, jugendliche, fast schwarze Farbe. Zurückhaltende Nase mit Schokoladenton, Tiefe anzeigend, viel Terroirwürze. Reicher Gaumen mit gesunden, jedoch fondierten Tanninen. Feine Extraktbitterwürze, blaue Beeren. Wird einer der besten Cru Bourgeois dieses Jahrganges werden. Am Anfang einer erfreulichen Zukunft.   18/20 1994 - 2010

1987 Chasse-Spleen   **13/20**
90: Offene Nase. Trockene Tannine, zähflüssiger Körper. Warten.   13/20 trinken ab 1994

1988 Chasse-Spleen   **16/20**
89: Fassprobe: Tiefe, dichte Farbe. Vanille mit Frucht verbindend. Gesunde Säure, mit trockener Struktur. Vin de Garde!   15/20 trinken ab 1995
90: Flaschenprobe auf dem Château: Weichselkirschen. Geprägtes Tannin, warm, relativ kurze (?) Struktur. Eine gewisse Härte in den Tanninen stört mich.
91: Granat-Purpur. Offen, kalter Rauch und schwarze Beeren. Im Gaumen im Moment etwas eigenwillig. Eher niedrige Säure, soft. Trotzdem kräftige Adstringenz. Wird zunehmend weicher.   16/20 1996 - 2005
92: Kirschen- und Geraniolnoten. Teer, kalter Rauch. Sandiges Extrakt mit gesunder Säure, wirkt markant. Kernige Spuren in der Adstringenz.   16/20 1994 - 2006

1989 Chasse-Spleen   **16/20**
90: Fassdegustation, Februar: Zeigt sich schon recht gut. Offen und ausladend. Erster Barriquen-Kontakt. Wirkt leicht gebrannt, mit jungem, frischem Tannin. Je mehr Jahrgänge ich von Chasse-Spleen degustiere, desto mehr scheint mir, dass die Tannineelemente leider etwas vom benachbarten Listrac geerbt haben. Der Merlot hatte 13,5 % Vol. und macht diese Eindrücke wieder wett.
     16/20 trinken ab 1995
92: Arrivage: Purpur, satt. Öffnende Nase, reife Frucht, Kirschen, Röstton. Kräftiger Gaumen, mit pfeffrigem Extrakt, schöne Adstringenz. Das Holz dominiert im Moment den Gaumen.   16/20 1995 - 2006

1990 Chasse-Spleen   **17/20**
91: April: Violettes Purpur. In der Nase Punsch, Kirschen und Schokolade, aber sehr gut abgebunden (zerlassene Butter). Im Gaumen erst soft und weich, dann anziehendes Extrakt. Enormes, reiches Tannin. Im Extrakt fast Margaux-artig. Einer der besten Chasse-Spleen dieser Dekade.   17/20 1998 - 2020 kaufen!
92: Macht weiter Fortschritte. Ein erstaunlicher Cru Bourgeois.   17/20 1998 - 2010
92: Wird zu den ganz grossen Bourgeois im 1990 gehören!
93: Im Moment etwas weniger Tiefe zeigend und sich verschliessend. Es bleibt aber ein grosser Wein.
93: Arrivage, blind: Sehr tiefe Farbe, blutrot. Tiefes Terroirbouquet, Kandissüsse, Korinthen, parfümiert, Edelhölzer. Langer Gaumen, gut proportioniert, mittelgewichtig, viel Aromatik.   17/20 1996 - 2018

1991 Chasse-Spleen   **14/20**
92: April: Mittleres Granat, aufhellend am Rand. Fruchtigsüss, Konfitüre und wilde Himbeeren. Im Gaumen Amarenakirschen, kräftige Tannine, schöne Würze. Richtigerweise hat man auf Chasse-Spleen entschieden, für diesen Wein nur 20 % neue Barriquen zu verwenden, damit nicht zu viele zusätzliche Tannine zum Wein selbst gelangen. Damit ist auch die Garantie gegeben, dass die Tannine nicht zu trocken werden, und der Wein bereits am Anfang der Genussphase Charme haben wird.
     15/20 1995 - 2005
92: Mai: Kräuternase, die am Anfang etwas eigenwillig wirkt. Feiner Körper mit würziger Säurenote.
     14/20 1995 - 2005
94: Eigenwilliges Bouquet, Kräuter, Weihrauch, dahinter auch etwas grün. Leicht bitterer Gaumen, leicht metallisch, enttäuschender Wein.   14/20 1996 - 2005

1992 Chasse-Spleen   **15/20**
93: Rubin-Violett. Kirschen, Lakritze, eher zurückhaltend. Kräftige Gerbstoffe, Barriquen könnten etwas feiner sein. Der Wein wurde, aufgrund der personellen Schwierigkeiten nach dem Tode von Bernadette Villars, erst vor zwei Monaten auf die Barrique gelegt. Deshalb ist der Holzaufdruck im Moment etwas zu stark.   15/20 1997 - 2006

Moulis

1993 Chasse-Spleen   **16/20**
94: Leuchtendes Rubin mit mittlerer Dichte. Veilchen, leicht gekochte Frucht, Kirschen, wirkt fast wie eine Bonbonnière. Saftiger, eher weicher Gaumen, mittelgewichtiger Körper, recht gut balanciert, zeigt Saft und eine im Moment verdeckte Adstringenz, die sich gleichmässig ausbreitet und dem Wein zur Alterung gute Stütze verleihen wird, schönes Rückaroma.   16/20 1999 - 2014

CHÂTEAU MAUCAILLOU

Ähnlich wie beim Chasse-Spleen hatte ich bei Maucaillou immer das Gefühl, dass der Wein zu lange im Fass liegt. Neuere Jahrgänge haben aber mehr Eleganz.

1971 Maucaillou   **11/20**
85: Reif. Leicht sandig in der Textur. Metallische Säure.
                                                               11/20 trinken

1978 Maucaillou   **13/20**
85: Der Les Forts ... aus dem Médoc. Zu viel Holz, zu wenig Wein. Man sollte ihn leichter vinifizieren und so lassen wie er ist.   13/20 trinken

1982 Maucaillou   **15/20**
89: Weicher, bereits jetzt zu trinkender Wein. 15/20 trinken

1983 Maucaillou   **14/20**
89: Gefälliger, fruchtiger Médoc.   14/20 trinken

1988 Maucaillou   **15/20**
89: Super Holzspiel. Fein, eher schlank.
                                             15/20 trinken ab 1995
91: Granat, dicht. Leicht vegetale Nase, Geraniol, Karbolineum. Im Gaumen ausladend, weich mit Charme. Insgesamt aber eher bescheidene Struktur.   15/20 1995 - 2003

1989 Maucaillou   **15/20**
92: Arrivage: Volle Farbe: purpur-violett. Terroirnote, konzentrierte Frucht, Preiselbeeren. Schöner Schmelz im Gaumen, mittlerer Körper. Ausgeglichen.   15/20 1995 - 2004

1990 Maucaillou   **15/20**
91: Mittlere Farbe. Schöne, direkte Frucht. Ansprechend im Gaumen, wirkt süffig. Etwas grosser Ertrag? Gastronomiewein.   15/20 trinken ab 1995

1991 Maucaillou   **12/20**
92: Helle Farbe mit orangem (!) Schimmer, starker Wasserrand. Offen, wenig Frucht, Brotkrustenaromen, leer, langweilig. Im Gaumen leicht und mager mit verwässertem Finish. Kurzes Leben.   1993 - 1997

1992 Maucaillou   **13/20**
93: Aufhellendes Rubin. Eigenwilliges Bouquet, chemischer Ton, roter Johannisbeerengelee, vordergründig, flach.   13/20 1996 - 2005

CHÂTEAU POUJEAUX

Zählt zu den besten und leider auch bald zu den teursten Cru Bourgeois.

1928 Poujeaux   **18/20**
88: Auf dem Château mit François Theil getrunken. Dumpfe Farbe mit orange-braunen Reflexen. Starke, enorme Adstringenz. Holzbeschlag mit begleitendem, gut spürbarem Tannin. In der Nase Rosentöne, alkoholisch, viel Druck, zu Kopf steigend. Im Finish Kaffee und Kakao. Ein Wein, der heute noch so jung wirkt, dass man ihn mindestens zwei Stunden vor dem Genuss dekantieren sollte.
                                                           18/20 trinken bis 2000
93: Eine erstaunliche, sehr tiefe Farbe mit schwarzen Reflexen. Der Wein wirkt die ersten 10 Minuten verschlossen, öffnet sich dann in Rauch-, Terroir-, Zedern- und Trüffeltönen. Im Gaumen wirken die Gerbstoffe noch immer ungeschliffen, markant und zugleich fleischig-kräftig. Ein Massstab für rekordverdächtigen Tanningehalt und ein Alterungspotential, der die Menschen, die in diesem Jahr geboren sind, weit übertrifft. Gehört zu den besten Weinen des Jahrganges 1928, vielleicht ist es gar der rustikalste seiner Art.   18/20 trinken - 2025

1957 Poujeaux   **15/20**
91: Doppelmagnum: Klassisch gereiftes Bordeauxrot. Offene Nase, die Terroir anzeigt, Leder, Rosen. In der Balance zwischen Frucht und Würze. Defensive Stielaromen. Im Gaumen mitteldick, langer Körperbau. Für einen 57er erstaunlich gut.   15/20 austrinken

1961 Poujeaux   **18/20**
93 : Dichtes Granat, jugendliche Reflexe. Zu Beginn unsaubere Nase, geprägt von altem Fassgeschmack. Dieser unangenehme Duft verschwindet aber mit der Dekantierphase immer mehr und entwickelt sich zu einem tiefgründigen Terroirduft von schwarzen Pilzen und feinem Jod-, Tabakton. Der Gaumen wirkt füllig, fleischig wie ein Côte Rôtie mit schöner Balance und sehr langem Finale. Mindestens eine Stunde dekantieren.   18/20 trinken - 2008

1964 Poujeaux   **14/20**
92: Tiefe Farbe mit feinem Reiferand. Volles, warmes Waldfruchtbouquet mit Havannaaromen. Aussen Charme und in der Mitte Anhang von Säure-Metall-Verbindung. Im Gaumen entwickelt sich Fülle und Havanna-, Pfeifentabak sowie animalische Noten. Im Finish mineralisch, pelzig.
                                                                     14/20 austrinken

1966 Poujeaux   **13/20**
88: Ein typischer, trockener 66er mit ebenso typischer Poujeaux-Nase.   15/20 trinken
90: Bakelit- und Rebholzgeschmack. Kräftige Struktur.
                                                               15/20 austrinken
93: Eher helle Farbe, mittlerer Wasserrand. Offene Schokonase. Metallische Adstringenz, gezehrte Struktur. Wirkt überreif.   13/20 vorbei

1969 Poujeaux 11/20
85: Kurz und angetrocknet. 11/20 trinken

1970 Poujeaux 17/20
88: Mein Hochzeitswein! Genossen in Doppelmagnum-, Jéroboam- und Impérialeflaschen! Die Impériale war am reifsten. Ein superber 70er mit viel Fleisch, gute Struktur und lange. 17/20 trinken
90: Normalflaschen sind über dem Zenit.
91: Wiederum eine Impériale im Anschluss an die Mouton-Degustation: Ein freudiges Ereignis eines klassischen, typischen Médoc-Weines. 17/20
93: Jéroboam: Tiefe Farbe mit Reifereflexen. Terroirlastiges Bouquet, Ledertöne, erdig, kräftig. Im Gaumen viel Biss, trockene Gerbstoffe, weiteres Lagerungspotential.
17/20 trinken - 2002

1971 Poujeaux 15/20
87: Delikate Nase. Voll ausgiebig und weinig im Gaumen, zeigt sogar noch etwas Holunderfrucht. 15/20 austrinken

1977 Poujeaux 12/20
88: Mit François Theil am Mittagstisch getrunken. Noch verdeckte Frucht, hatte Mühe sich zu öffnen.
12/20 austrinken

1979 Poujeaux 15/20
91: Blind degustiert: Reifende Farbe, aufhellend. Offenes Médoc-Rosenbouquet, Poivrons. Herrliches Mundaroma, Margaux-Typ. Schöne Säure, feines feminines Finish.
16/20 trinken - 1995
92: Tiefrot. Speckige Nase, noch Fruchtresten dahinter (Erdbeeren). Gute Konsistenz, Fleisch, feine Metallspuren auf der Zunge. Ein solider Wein. 15/20 trinken - 1998

1980 Poujeaux 13/20
87: Stumpf. Defensive Nase. Im Mund noch beerig. Akzeptabler Médoc. 13/20 trinken

1982 Poujeaux 16/20
92: Als Kuriosität hat François Theil eine ganz spezielle Sechserkiste produziert, nämlich sechs verschiedene Cuvées, unterteilt in Monocépages, 4/4-Cuvée sowie natürlich die Château-Abfüllung selbst. Mit zehn Weinfreunden haben wir zehn Jahre später das Geheimnis gelüftet.
100 % Merlot: Tiefe Farbe, aber braune Reflexe. Tabakig, sehr viel Terroir, Fleischgeschmack, vordergründige Tannine.
100 % Petit Verdot: Sehr junge Farbe mit fast violetten Reflexen. Blumig, nasse Blumentopferde, Blutgeschmack, grüne, pfeffrige Tannine.
100 % Cabernet Franc: Granat, recht hell. Kaffeenase, leicht faulig, welk. Im Gaumen erst fett, dann mageres Finish.
100% Cabernet Sauvignon: Leider hatte die Flasche einen so extremen Korkengeschmack, dass eine Beschreibung nicht möglich war. Schade ums Experiment.

Eine Assemblage mit genau je einem Viertel jeder Rebensorte: Feine Nase ohne generelle Primäraromen. Im Gaumen eindimensional, vordergründig, rauh, fehlt an Charme.

Château-Abfüllung: Volle Nase, fleischig. Teer und Trüffel, Spuren von Dörrfrüchten. Am Anfang seiner Genussreife. 16/20 bald - 2000
93: Purpur, reifend mit Wasserrand. Offenes, wuchtiges Bouquet, feine Currynote, Paprikapulver, Zedern, Wildtöne. Auf der Zunge erst kompakt, fleischig, dann feine Trockenheit in den Gerbstoffen, ersichtlich durch zu heissen Merlot. Reift eher schnell. 16/20 trinken - 2003

1983 Poujeaux 14/20
88: Eine recht entwickelte Farbe, verursacht durch den heissen Herbst. In der Nase kräftig mit Druck, feines Backpflaumenbouquet. Strenger Gaumen, der durch einen fetten Fluss neutralisiert wird. Jetzt zu trinken, oder aber auch noch problemlos zu lagern. 15/20 trinken - 1998
93: Reifendes Granat mir oranger Färbung. Honig-, Malz- und Kräutertöne. Im Gaumen rosinierend, sehr trocken und dadurch im Fluss, metallische Bitterkeit, die zurückbleibt. Macht in der Nase mehr Spass als im Gaumen.
14/20 trinken - 2000

1984 Poujeaux 12/20
89: Burgunder-Nase. Im Gaumen unreife Johannisbeeren. Leicht vinifiziert. Als Poujeaux enttäuschend.
12/20 trinken

1985 Poujeaux 18/20
88: Ähnlichkeiten mit dem 83er. Der Gerbstoff ist aktiver. In der Fruchtphase bereits wunderschön zu trinken. Lange Struktur. 17/20 trinken ab 1992
93: Schöne Purpurrobe, noch erstaunlich jugendlich. Gebundene Frucht, Zedern, würziger Terroirduft, Trüffelspuren. Im Gaumen fleischig, lang mit klassischer Bordeaux-Struktur, saftiges Finale. Gehört zu den besten Poujeaux-Jahrgängen der neuesten Zeit. 18/20 trinken - 2010

1986 Poujeaux 16/20
87: Fassprobe: Die schönste und spontanste 86er Nase, der ach so schwer zu degustierenden Fassproben. Relativ weiche Tannine, mittlerer Körperbau. Kräftige Struktur, Säure, Saft. Ein Beweis mehr, dass Poujeaux ins Grand Cru-Feld gehört. 16/20 1993 - 2005
89: Arrivage: Wiederum spontane Nase mit Vanilletouch. Bereits ausladend. Ein Wein, der sich schneller entwickeln wird als andere 86er. 16/20 trinken ab 1993
93: Recht dichte Farbe. Verschlossene Nase, Tabaktöne, Eucalyptus. Reduktiver Gaumen, leicht kapselig, griffiges Tannin. Braucht noch viel Zeit. 16/20 1995 - 2010

1987 Poujeaux 14/20
90: Anlässlich der Arrivage eher schwierig zu degustieren. Milchsäurestich. Bittere Tannine ??
93: Recht tiefe Farbe. In der Nase sehr vegetal, grüne Peperoni und Tabak. Im Gaumen unfertiger, grüner Cabernet.

Moulis

Ähnlichkeiten mit einem 84er. Es lohnt sich hier sicherlich noch etwas zuzuwarten, jedoch mit beschränkter Hoffnung.
14/20 1995 - 2004

1988 Poujeaux — 15/20
90: Reife Frucht, hohe, seitliche Tanninpräsenz, in der Mitte fein und ausgeglichen. 15/20 trinken ab 1994
91: Dicht mit schwarzen Reflexen, leichter Wasserrand. Öffnend, recht fett, fast überschwappend. Reife Früchte, viel Schmelz, darunter noch ausreifendes Tannin. Nicht der beste - aber ein recht guter Poujeaux. 16/20 1995-2004
93: Rubin-Purpur. Offenes Bouquet, Zedern. Im Gaumen wirkt der Fluss erst schmelzig, wird dann aber durch leicht bittere Gerbstoffe gebremst. Die Cabernet-Spuren wirken ebenfalls etwas grün. 15/20 1996 - 2008

1989 Poujeaux — 17/20
90: Reiche, parfümierte Nase, duftet nach Gebäck. Erst mollig, darunter etwas hart und im Moment trocken.
16/20 trinken ab 1996
92: Purpur mit leicht orange gefärbtem Rand. Süsse, vanillige Nase, defensive Toastnote, Kirschennote. Im Augenblick etwas vordergründiges Extrakt mit kerniger, aggressiver Note. Warten. 15/20 1995 - 2004
93: Tiefes, klassisches Bordeauxrot. Dichtes, heisses Bouquet, Brotkruste, Korinthenspuren. Im Gaumen süss, verführerische Fülle, Amarenakirschen im Finish, reife Gerbstoffe mit feiner, momentaner Trockenheit.
17/20 trinken - 2015

1990 Poujeaux — 17/20
91: April: Purpur-Violett. Komplex, reife, fast überreife Früchte. Im Gaumen erst korinthig mit feinem Fleischextrakt und begleitendem Fett. Ein typischer Poujeaux, vielleicht aber ein bisschen zu spät gelesen.
17/20 trinken ab 1997
93: Purpur-Violett. Köstliches Bouquet, fruchtig, Edelhölzer, Tinte, fein nuanciert. Feingegliederter Gaumen, elegant, seidig, rote Kirschen, Mocca im Finish.
17/20 1996 - 2015

1991 Poujeaux — 15/20
92: Granat mit violetten Reflexen. Spontane, ansprechende Nase, frisch mit Caramelröstton. Feingliedriges Mundextrakt, Süsse in den Tanninen. Veloutierend mit einem faszinierenden Zimt- und Nelkenfinish. 15/20 1995 - 2003
93: Purpur mit Wasserrand. Rauchige Nase, Kaffeeton, dunkle Beeren, schönes Aroma. Die Barrique gibt dem Gaumen im Moment eine gewisse Süsse, leichter Körper, mittleres Finale. 15/20 1995 - 2003

1992 Poujeaux — 15/20
93: Tiefes Purpur-Schwarz. Süsses Brombeerenbouquet, komplex, reifes Fruchtbild, klassisch. Gut balancierter Gaumen, hat Reife und Charme. Füllig-weich, mit gutem Rückgrat, langes Finish. 16/20 1996 - 2007
93: Mittleres Rubin-Purpur. Veilchennase mit leicht floralem Ton. Feiner Körper mit milden Gerbstoffen. Gefällt jetzt schon gut. 15/20 1995 - 2003

1993 Poujeaux — 17/20
94: Sehr dichte, satte Farbe: purpur-schwarz. Konzentriertes, komplexes Bouquet, rot- und blaubeeriges Spiel, Teer- und Terroirnote. Süsse Gerbstoffe, Amarenakirschen, sehr fein, seidig-stoffig, schöne Balance, viel Aromatik, sehr gute Adstringenz, Potential anzeigend. Sicherlich einer der besten 93er in diesem Preisbereich und gleichzeitig der beste Cru Bourgeois! 17/20 1998 - 2012

Gabriel

Streitfrage:
Dekantieren ja oder nein?

Die Ansichten über das Dekantieren sind geteilt. Was in noblen Restaurants als zelebrierendes Muss angesehen wird, ist in privaten Kreisen schon lange "out".

Die Technik bleibt unverändert: Man reinige eine Glaskaraffe, um einen eventuellen Schrank- oder Luftton zu vermeiden und spüle diese sogar mit einem kleinen Schluck des vorbereiteten Weines aus. Dann hält man die Flasche mit dem Hals über eine brennende Kerze, sodass der obere Halsteil zwischen dem flammenden Licht und dem eigenen Auge steht. Schliesslich giesst man, ohne abzusetzen den Wein vorsichtig in die Karaffe bis das Depot den Flaschenhals erreicht hat. Somit ist das Depot vom Wein getrennt.
Ich empfehle Ihnen, den verbleibenden Weinsatz in ein zusätzliches Glas zu leeren. Der Satz setzt sich, und es entsteht nochmals ein kleiner Schluck Wein, den man, ohne das Glas zu bewegen, am Schluss trinkt. Vielleicht erst dann, wenn die Gäste gegangen sind. Es kann durchaus sein, dass dieser kleine Schluck, zuletzt genossen, der beste des Abends ist.

Grundsätzlich sind bei einem Wein vier Lebensabschnitte zu unterscheiden, die bei einem eventuellen Dekantieren berücksichtigt werden müssen:

Oxydationsphase (sehr alte Weine): Voll gereifte Weine, die zur Oxydation neigen, dekantiert man nur aus einem einzigen Grund, nämlich um den Wein von den Bitterstoffen des entstandenen Depots zu trennen. Wenn man sich aber gut vorbereitet, kann man die Flasche ein paar Tage zuvor aufstellen, damit sich das Depot auf den Boden senkt. Dadurch entsteht die Möglichkeit, ohne weiteres auf das Dekantieren zu verzichten. Der Wein muss aber in einem solchen Fall sehr vorsichtig eingeschenkt werden. Weil der Wein in der Flasche so auf dem Depot bleibt, verhindert man während dem Genuss ein allzu schnelles Oxydieren. Wer trotzdem hartnäckig alte Weine dekantieren will, soll dies unmittelbar kurz vor dem Genuss tun.

Genussphase (reife Weine): Reife Weine dekantiere ich nie. Ich giesse sie vorsichtig ein und warte manchmal ein paar Minuten, bis sich der Wein voll im Glas entfaltet hat. Dabei rieche ich in gewissen Abständen immer wieder daran und lasse mir dadurch die verschiedenen Aromenphasen, in den Minuten vom Einschenken bis zum ersten Schluck, nicht entgehen. Würde ich ihn dekantieren, würde sich der Wein in der Karaffe entfalten, und ich wäre um die nasale Vorfreude betrogen worden. Mit dem Verzicht auf das Dekantieren habe ich gleichzeitig eine Konstanz der Aromen über einen längeren Zeitabschnitt. Bei sehr reifen Weinen könnte es nämlich passieren, dass er von der Genuss- in die Oxydationsphase übertritt.

Reduktionsphase (zwischen Frucht- und Genussphase): Schwieriger wird es mit dem Dekantierentscheid bei komplett verschlossenen Weinen. Ratschlag: Die Finger davon lassen und einen Wein in der Frucht- oder Genussphase entkorken! Ein verschlossener Wein bietet etwa denselben Genuss wie ein zu wenig gelagertes Rindsteak.
Steht ein Wein ein, zwei Jahre vor der Genussphase, hat also etwa zwei Drittel der Flaschenreife hinter sich, dann lohnt sich das Dekantieren. Durch den Luftzutritt reifend, kann die Genussphase über einen zu bestimmenden Zeitraum herbeigeholt werden. Hier sind festlegende Tips schon schwieriger. Ein weisser Burgunder (z.B. Bienvenue-Batard- Montrachet 1983 von André Ramonet) wird sein Bouquet erst nach zwei Stunden voll entfalten. Dasselbe bei einem 82er Barolo Monprivato von Giuseppe Mascarello, der volle vier Stunden brauchte bis er sich endlich öffnete. Weniger lang ein 83er Château Palmer mit nur 30 Minuten. Dies soll die Schwierigkeit aufzeigen, dass einheitliche Tips völlig unmöglich sind. Als Faustregel gilt: Je weiter ein Wein von seiner Reife entfernt ist, desto länger die Dekantierzeit!

Fruchtphase: Junge Weine leben von ihrer Frucht. Selbst wenn sich bereits ein kleines Depot gebildet hat, was besonders bei unfiltrierten Weinen oft vorkommt, kann man ohne zu dekantieren geniessen. Hier erübrigt sich auch das mühselige Einschenken aus dem handgeflochtenen Korb. Die Flasche gehört stehend auf den Tisch, damit diese allzeit griffbereit ist.
Es kann sogar passieren, dass Weine, die noch nicht in ihrer Genussreife sind, durch das Dekantieren an der Luft verschliessen und ihre Frucht gänzlich verlieren.

Wichtig: Bedenken Sie, dass die Karaffe oft zimmerwarm ist, und deshalb der Wein schnell die ideale Trinktemperatur überschreiten kann. Es empfiehlt sich darum, die Karaffe nach dem Dekantieren noch eine gewisse Zeit in einem kühlen Raum (14-16 Grad) zu belassen, oder vorher mit sehr kühlem Wasser auszuspülen.

LISTRAC

Grösster Wein:
1986 Clarke

Bester Wert:
1992 Fourcas-Loubaney

Listrac

CHÂTEAU CLARKE

Die neuen Jahrgänge sind sehr gut.

1979 Clarke   **13/20**
86: Ein stumpfer Médoc ohne Primäraromen. 13/20 trinken
92: Aufhellende Farbe. Kakao, rauchig, Terroir. Weicher Gaumen, vollreif, sandig, feiner Kapselton im Finish.
13/20 trinken - 1997

1982 Clarke   **13/20**
88: Fruchtiger Wein ohne die gewünschte Resonanz. Zu wenig eigenes Tannin.   13/20 trinken - 1995

1985 Clarke   **13/20**
89: Weiche, zugängliche Nase. Nasses Gras, krautig und unausgewogen. Blind degustiert! Um nicht den Eindruck zu erwecken, dass ich ein unverbesserlicher Clarke-Hasser bin!   13/20 trinken - 1996

1986 Clarke   **17/20**
89: Nun ist es wohl an der Zeit, dass ich meine Meinung gegenüber diesem Château revidiere, denn ich habe ihm bei der Arrivage blind 17 Punkte gegeben. Gute Farbdichte, sauberes, tiefes Bouquet. Schwarze Johannisbeeren. Warm, frische, feine Eiche. Elegant mit fein beschichteter Struktur.   17/20 1994 - 2002
93: Auf einem Flug nach Kalifornien „First class" mit British Airways eine ganze Flasche alleine getrunken und dann herrlich geschlafen...   17/20 trinken - 2002

1990 Clarke   **16/20**
91: Tiefes Purpur, süss, dicht, konzentriert. Klare Fruchtlinie. Sehr ausgeglichen mit guten Finessen.
16/20 1996 - 2005

1992 Clarke   **15/20**
93: Mittleres Purpur. Starker Barriquenröstton, gute Frucht, Kirschenaromen. Schlanker Körper, feminine Gerbstoffmassen, sehr elegant, vanilliges Finish. 15/20 1996 - 2004

CHÂTEAU FONRÉAUD

1970 Fonréaud   **16/20**
93: Gut erhaltene Farbe, feiner, bräunlicher Rand. Trüffelnote, Korinthen. Im Gaumen starker Médoc-Charakter. Spitze, metallische Säure auf der Zunge, guter Biss, harmonisches Finish.   16/20 trinken - 2005

1988 Fonréaud   **13/20**
89: Kommerzwein, wenig Säure.   13/20 trinken
93: Orange Färbung. Hagelton in der Nase, Teer, Böckser. Im Gaumen bereits leichte Oxydation, kapselig.
13/20 trinken - 1998

1989 Fonréaud   **15/20**
91: Helle Farbe, Granat. Geröstete Nüsse und dunkles Kornbrot. Softer, fülliger Gastrowein.
15/20 trinken ab 1993
93: Ziemlich offen. Dörrfrüchte. Im Gaumen hat er eine gewisse Strenge durch grosse Holzpräsenz.
15/20 1995 - 2005

1990 Fonréaud   **15/20**
91: Burgundisch, beerig, offen, toastig, Nussaromen. Nicht mehr so hart wie frühere Jahrgänge. 15/20 trinken ab 1995
93: Mittleres Granat. Sehr kräftige Nase, druckvoll, rote Kirschen. Pfeffriger Gaumen, etwas spitz in der Säure.
15/20 1995 - 2005

1992 Fonréaud   **13/20**
93: Granat. Süsse Terroirnase, Backpflaumen, getrocknete Steinpilze, Erdbeerenmarmelade. Charmanter Gaumen, aussen weich, innen eine gewisse Härte, kernige Tanninspuren, fleischig.   13/20 1996 - 2006

CHÂTEAU FOURCAS-DUPRÉ

1979 Fourcas-Dupré   **13/20**
92: Aufhellendes Orange-Granat. Unsauberer Fasston, faulig, vegetal. Bescheidener Wein.   13/20 trinken - 1996

1983 Fourcas-Dupré   **13/20**
87: Tinte, viel Extrakt. Blaublütig, mit aggressiver Säure, Unterholz.   13/20 1989 - 1996

1988 Fourcas-Dupré   **13/20**
89: Fassprobe: Reifeanflüge in der Farbe. Offenes Bouquet. Ein Schnellbrüter.   13/20 1992 - 1999

1989 Fourcas-Dupré   **13/20**
91: Toastaromen. Offen, Kaffee. Kräftige Tannine, die Spuren von Bitterkeit zeigen.   13/20 1995 - 2002

1990 Fourcas-Dupré   **15/20**
91: Mitteldicht. Anständiger, korrekter Wein.
15/20 1994 - 2003
94: Leicht bockige Aromen, fleischige Nase, unsauberer Gaumen, weich mit marmeladiger Frucht, spitzer Zungenauftritt der Säure.   14/20 trinken - 2003

1992 Fourcas-Dupré   **13/20**
93: Mittleres Rubin. Floral, Geraniol, Peperoni. Leichter Körper, wenig Frucht, Härte im Gerbstoff, kurz.
13/20 1996 - 2005

Château Fourcas-Hosten

1979 Fourcas-Hosten   **14/20**
89: Mehrere Male aus der Doppelmagnum getrunken. Reifer Wein mit etwas harter Struktur.   14/20 trinken

1988 Fourcas-Hosten   **13/20**
89: Fassprobe: Eher leichter Wein mit kurzem Abgang, säuerliche Frucht.   13/20 1993 - 1998

1992 Fourcas-Hosten   **12/20**
93: Mittleres Granat. Florale Nase. Softer Gaumen, kreidig, pelzige Zunge, Finale ohne Charme.   12/20 1996 - 2005

Château Fourcas-Loubaney

1989 Fourcas-Loubaney   **16/20**
93: Nach dem überraschenden 92er getrunken. Schönes, leuchtendes Granat, Röstnase, Kaffee, Goût rôti. Sehr ansprechend im Gaumen mit gutem Extrakt, reif, ausgezeichnet.   16/20 1995 - 2004

1992 Fourcas-Loubaney   **16/20**
93: Tiefes Violett-Purpur. Dunkles Holz, Kaffee, eine verführerische Süsse steigt hoch. Sehr sauberes, gut proportioniertes Fruchtbild. Sehr guter Wein.   16/20 1997 - 2007

1993 Fourcas-Loubaney   **14/20**
94: Schönes Rubin. Röstnote, leicht toastig, rotbeerige Frucht dahinter. Gerade Stilistik im Gaumen, leicht pelzig, sauber vinifiziert, mittlerer bis leichter Körper.   14/20 1997 - 2006

Château Lestage

1964 Lestage   **15/20**
93: Reife Farbe, recht braun. Champignonnase, trockener Rosmarin, Madeira. Im Gaumen getrocknete Pflaumen, Cassis-, Minzenton, saftig, reife Tannine, im Finish mineralische Kapselnote. Im Gaumen besser als in der Nase.   15/20 vorbei

1985 Lestage   **12/20**
90: Altfasston. Minimes Potential.   12/20 trinken

1986 Lestage   **12/20**
90: Recht dicht, aber hart in der Struktur. 12/20 1993 - 2000

1989 Lestage   **13/20**
91: Hell. Holzton, staubig. Harte Tannine, die den Wein austrocknen werden.   13/20 trinken ab 1994
93: Schönes Granat. Backpflaumen, schön ausladend. Im Gaumen streng mit Bitterkeit.   13/20 1995 - 2004

1990 Lestage   **15/20**
91: Granat, recht dicht. Üppige Nase. Im Gaumen soft, brombeerig, aber relativ kurz.   13/20 trinken ab 1994
93: Sattes Granat. Trüffelnote und gekochte Steinpilze, Palisander. Recht fülliger Gaumen, gutes Fruchtbild.   15/20 1995 - 2006

1992 Lestage   **14/20**
93: Purpur-Violett. Sauberes Fruchtbild. Kompakter Gaumen, Brombeeren, kernig.   14/20 1996 - 2003

Château Mayne-Lalande

1990 Mayne-Lalande   **16/20**
94: Tiefes Granat-Purpur. Komplexe Nase, konzentriert, Rotbeerig, Kaffee. Im Gaumen etwas floral, noch griffig, die Cabernet-Nuancen erinnern an einen friaulischen Cabernet, hat Zukunft.   16/20 1996 - 2006

1992 Mayne-Lalande   **14/20**
93: Schönes Purpur. Kompakte Nase, rotbeerig, Röstnote. Im Gaumen aggressive Barrique, sonst gut proportioniert.   14/20 1996 - 2006

Weinsprache - schwere Sprache?

Nach der Herausgabe meines letzten Buches erhielt ich von einem Germanistik-Student einen gepfefferten Brief, der mich auf Schreibfehler und falsche Satzstellungen aufmerksam machte. Am meisten ärgerte ihn, dass ich Lap-Top schrieb und nicht Laptop. Wussten Sie zum Beispiel, dass man laut Duden in der Schweiz und Oesterreich Marroni schreibt? In Deutschland heisst das gleiche Wort Maroni, also nur mit einem R. Dann (beides ist richtig), die in Deutschland oft angewendete Form vom grossen Doppel-S in der Schweiz mit SS geschrieben wird?

Streiten könnte man sich sicherlich auch über meine Art „Bouquet" und nicht „Bukett" zu schreiben. Aber ehrlich - Bouquet sieht für mich, um einen französischen Wein zu beschreiben viel schöner aus als Bukett. Es ist von der Melodie her gesehen, wie wenn man eine sanft streichende Violine (Bouquet) mit einem metallisch schäppernden Spinett (Bukett) vergleicht.

In der hedonistischen Weinsprache verleihen einem Wein Worte oft Flügel. Wie ich Ihnen beim 20-Punktewein erklärt habe, gibt es eine stattliche Anzahl Menschen, die einen Artikel nur lesen, um darin Druckfehler zu finden. Ich hoffe, dass es für jene Leser auch etwas „Futter" in diesem Buch hat.

Médoc

Grösster Wein:
1970 La Lagune

Bester Wert:
1990 La Tour-Haut-Caussan

Médoc

Château Arnauld

1985 Arnauld   **15/20**
88: Purpurrobe. Blumige Nase mit Süsstönen. Gut konzentrierter Gaumen, Margaux-Typ.   15/20 1991 - 2000

1986 Arnauld   **15/20**
88: Bäuerliche, kräftige Tanninstruktur, recht gutes Rückgrat, wirkt irgendwie exotisch in den Aromen.
15/20 trinken ab 1993
94: Reifendes, am Rand aufhellendes Weinrot. Malaga-Note in der Nase, dahinter Brombeeren, wirkt süss. Zeigt noch immer eine gewisse Adstringenz auf der Zunge, leichter Körper, leicht verwässertes Finish. 15/20 trinken - 2000

1988 Arnauld   **13/20**
91: Helles Granat. Sauber, fruchtig. Aggressives Tannin, relativ dünnes Finish, aber angenehm. 13/20 1994 - 2000

1989 Arnauld   **15/20**
94: Mittleres Granat. Sehr aromatische Nase, Zedernton, Tinte, im Moment stark von Cabernet geprägt. Schönes Gaumenparfüm, recht fester Körper, leichte Bitternote im Extrakt.   15/20 trinken - 2002

1990 Arnauld   **15/20**
94: Mittleres Granat-Purpur. Fleischiges, leicht fassiges Bouquet. Médociger Gaumen, wiederum fleischig, bereits gut ausgeglichen, die Gerbstoffe verlangen noch etwa drei Jahre weitere Reife, leicht sandige Struktur.
15/20 1996 - 2005

1992 Arnauld   **12/20**
93: Sehr helles Granat. Tomatenpüree in der Nase. Stumpf ohne Ausdruck, plumpes Finish.   12/20 1996 - 2004

Château Beaumont

1982 Beaumont   **13/20**
86: Nase unsauber. Fehlt an Fleisch, oberflächlich, magerer Körper, im Abgang doch noch recht nachhaltig, schnellreifend.   13/20 trinken

1985 Beaumont   **14/20**
88: Kalifornische Nase, Spitalgeruch. Cabernet-Spiel, würzig, ist aber oberflächlich, darunter mastig, zu viel Fett, zu wenig Körper.   14/20 trinken - 1995

1986 Beaumont   **14/20**
87: Fassprobe: 42 hl pro Hektar. 40 % neue Fässer. Violette Reflexe, mittlere Tiefe. Fruchtige, aber strenge Nase, grüne Bananen. Stummer Gaumen, trockener Gerbstoff, fast beissend, scheint darunter nicht ganz sauber zu sein. Auch wenn Parker fast ausflippt - ich bleibe bei meiner Wertung.
14/20 trinken ab 1993
93: Tiefe, fast schwarze Farbe. Sauberes, brombeeriges Bouquet, Trüffel. Im Gaumen eine grüne Note, die stört und ein Unterholzton, der an alte Fässer erinnert.
14/20 trinken - 2000

1987 Beaumont   **12/20**
88: Fassprobe: 15 % neue Fässer. 15 Tage nach der Assemblage: Reifer Merlot, müder Cabernet. Bonbonsüsse. Im Gaumen wiederum Süsstöne, grüne Säure, sehr leichter Körper.   12/20 trinken

1988 Beaumont   **13/20**
89: Fassprobe: Typ 85er. Rund, fruchtig, abgerundet. Kaffeearomen und Gemüse (Tomaten?), im Abgang leichte Bitterkeit.   13/20 bald
91: Tiefes, recht dichtes Granat. Bocknase, Mercaptan und Schwefelspuren. Im Gaumen recht kräftig, Mazerationston und Spuren von Bitterkeit.   13/20 1994 - 2000

1989 Beaumont   **13/20**
90: Süsse Nase. Grüne Baumnüsse und Kirschen. Leichter Körperbau, Bitterkeit in den Tanninen.
13/20 trinken ab 1993

1990 Beaumont   **13/20**
91: Leichte Farbe mit Himbeerenreflexen. Pfeffriges Jungholz, Vanille, defensive Frucht. Unsauberer Gaumen (könnte aber auch von einem Zapfenmuster stammen), wenig Fleisch, wenig Konzentration, alkoholisch, magere Leistung.   13/20 1995 - 2000

1992 Beaumont   **12/20**
93: Mittleres Rubin. Brombeeren, Vanilletouch. Welke Blattnote, faulig, aufrauhende Zunge.   12/20 1996 - 2004

1993 Beaumont   **12/20**
94: Aufhellendes Violett. Florale Note. Grüner Gaumen von unreifem Fruchtbild und ebenso grünen Tanninen geprägt.
12/20 1999 - 2008

Château Belgrave

1937 Belgrave   **11/20**
89: Asphalt, Medizinalduft. Gaumen geprägt von rauchigen Gewürzen (Nelken), am Schluss fauliges Holz, Endoxydationsphase, Tendenz zu Bruch.   11/20 vorbei

1966 Belgrave   **13/20**
89: Rosengeschmack. Im Gaumen leicht, parfümiert, ledrige Strukturen.   13/20 trinken

1978 Belgrave   **13/20**
92: Dicht, purpur, intakt. Unsaubere Nase (Schweinestall), abgeschlossene Fruchtphase, waldig (Pilze), verdeckte Honignote. Im Gaumen weich und moosig mit Kräuternuancen, fülliger Körper mit metallischer Säurespitze, wirkt aufgedunsen und unregelmässig.   13/20 trinken

1983 Belgrave   15/20
87: Typischer Médoc. Fast pflaumige Nase. Männlicher Körper, hat Anlagen, eine längere Lagerung zu überstehen. 15/20 1989 - 1997

1985 Belgrave   15/20
89: Weiche, fast pflaumige Nase, Brombeeren- und Heidelbeerenaromen. Reicher Körper, dem es in der Jugendphase an Eleganz fehlt. 15/20 trinken ab 1993

1988 Belgrave   14/20
91: Granat, sehr dicht und tief. In der Nase bereits geöffnet, Zibetton, Vosne-Romanée (Wildaromen), Zedernholz und Stielaromen. Im Gaumen burgundisch, fett und Spuren von Überladenheit, offensichtlich gibt es in der heutigen Zeit noch Weine, die den Namen Grand Cru tragen, ohne dass der Inhalt mit dem Etikett übereinstimmt. In einer Cru Bourgeois-Degustation sehr wahrscheinlich im unteren Mittelfeld. 14/20 1994 - 2000

1989 Belgrave   16/20
92: Arrivage: Violett, fast schwarz. Rauchig-russig, Bakelit, Wachs, sehr reife Fruchtanzeige. Gut parfümiert, kräftige Struktur mit gutem Fleisch. Einer der besten Belgrave, der sehr wahrscheinlich je auf dem Gut produziert worden ist. 16/20 1994 - 2003

Château Bel-Orme-Tronquoy-de-Lalande

1989 Bel-Orme-Tronquoy-de-Lalande   12/20
92: Arrivage: Granat-Orange. Komische Nase, pflanzlich. Ein flüssiger Wein, nicht gerade für die Spitzengastronomie geeignet. 12/20 trinken - 1997

1990 Bel-Orme-Tronquoy-de-Lalande   13/20
91: Leichtes, transparentes Rubin. Himbeerennase, Sägespäne, wenig Ausdruck. Fruchtfleischanzeige, Kochapfelaroma, korrekt, aber unbeeindruckend.
13/20 trinken ab 1994

Château de Camensac

Das Potential des Bodens von Château Camensac ist grossartig. Weniger grossartig ist jedoch der Zustand der Fässer im Schlosskeller. Obwohl immer mehr neues Holz eingesetzt wird, ist hier irgendwie der Wurm drin. Eine Art Seuche, die sich Jahr für Jahr von neuem in den Wein überträgt. Die einzige Rettung für Rehabilitation wäre, alle Fässer über Bord zu werfen und neu zu beginnen. Die traurige Geschichte mit einem grossen Teil der 89er Ernte hätte den Châteaubesitzer hellhörig werden lassen sollen. Geduldige und dekantierfreudige Weingeniesser können aber durchaus schöne Camensac-Erlebnisse verbuchen, allerdings erst nach zehn Jahren Reifezeit. Dann nämlich ist der in der Jugend so störende Altfasston allmählich verschwunden.

1975 de Camensac   17/20
87: Strenge Nase, zeigt darin etwas Frucht. Im Gaumen gut strukturiert mit markantem Tannin, ein gut gelungener 75er. 17/20 trinken
94: Aufhellendes, oranges Granat. Süsses, röstiges Bouquet, weit ausladend, Kaffeenuancen und feine Eichentöne. Kräftiger, fleischiger Gaumen, stark stützender Gerbstoff, knochige, gerbige Struktur. Die Tannine überwiegen massiv die Süsse des Weines, aus welchem nie mehr was werden wird, obwohl die Nase einiges verspricht.
Nase 17/20, Gaumen 15/20 trinken - 2005

1979 de Camensac   15/20
92: Tiefrotes Granat. Offene Nase, fleischig, defensive Süsse, Rosenduft. Im Gaumen bourgeois, Trüffel, hat noch gewisse Reserven. 15/20 trinken - 1998

1982 de Camensac   14/20
90: Voll, fettig und sogar mastig, aber auch etwas faulig, mit leicht drahtiger Säure, topreif. 14/20 trinken

1983 de Camensac   15/20
87: Leicht geöffnet, defensiv. Gute Anlagen im Körperbau. 15/20 1990 - 1998

1985 de Camensac   16/20
91: Auf dem Château bei einem Nachtessen genossen. Dichte, tiefe Farbe. Offene Nase mit sanftem Druck. Im Gaumen pfeffrige, rassige Säure, ausgeglichener Körperbau. Schöner Wein, der offensichtlich immer gut war.
16/20 trinken - 2005

1988 de Camensac   17/20
90: Fassprobe: Faszinierendes, sensationelles Bouquet (Passionsfrucht?), exotischer Bananentouch. Eleganter Fluss mit runden, aber prägnanten Tanninen, darunter Erde und Trüffel. 17/20 1994 - 2004
91: Nachdem er in den Fassproben immer wieder überzeugte, macht er nun eine etwas schwierige Phase durch. Granat, tief. Wirkt fassig, darunter Kirschen und Kaffee. Markantes Tannin in breiter, ausladender Struktur. Das Potential ist immer noch 17 Punkte wert, der Wein wird aber von einem muffigen Ton begleitet, den er erst wieder in ein paar Jahren verlieren dürfte. 15/20 1998 - 2008

1989 de Camensac   16/20
90: Fassdegustation: Februar: 60 % Cabernet Sauvignon, 20 % Cabernet Franc, 20 % Merlot. Granat-Purpur. Süsses Nasenspiel, Mandelblüte. Schlanker Körper, wenig Fett, trotzdem komplexer Gaumen. Obwohl die Courtiers den 89er besser finden, glaube ich kaum, dass er den 88er übertreffen kann. 16/20 trinken ab 1995

Médoc

91: Macht immer noch Fortschritte. Ich könnte mir vorstellen, dass es ein Lieblingswein der Amerikaner wird. Für mich ist er fast zu "oaky".
92: Arrivage: Wir haben fast eine Kiste geöffnet. Alle hatten Korkengeschmack. Bei einem Telefonanruf erklärte mir der Châteaubesitzer, dass man grosse Probleme mit einem Lot von Korken gehabt hätte. Er wisse davon und werde alle fehlerhaften Weine anstandslos zurücknehmen und ersetzen.

1990 de Camensac 13/20
91: April: Ich drückte mich, um möglichst wenig über den Wein sagen zu müssen, umgeben vom Châteaubesitzer, einem Courtier und dem Direktor von Château Margaux. 60 % Cabernet Sauvignon, 25 % Merlot, 15 % Cabernet Franc. Mittleres Rubin mit Granatreflexen. Schwierige Nase, Rotkabis, Geraniol und Charcuterie, wirkt reduktiv. Neues Holz als Auftritt, frisches Extrakt, aggressiv, eher schlanker Körper mit bescheidenem Fleisch, unterschiedlicher Cabernet mit Unter- und Überreife, grüne Peperoni im Finish. Kritisch weiterverfolgen. 13/20?? Neu degustieren!
92: Noch immer eigenwillig, heiss, faisandiert. Harte, vordergründige Tannine. Es bleiben die Eindrücke eines zwiespältigen Weines. 13/20 1996 - 2004

1991 de Camensac 14/20
92: 14 hl Ertrag. 20 % einer Normalernte. Fülliges Granat mit rubinem Rand. Bäckereiduft, in der Nase Hefeteig-, Mandelaromen, sehr eigenwillig und verlockend zugleich. Süsse Tanninnote, die in Kernigkeit übergeht mit Würzbitternote, aussen schöner Schmelz, sehr niedrige Säureeindrücke, ein Charmeur. 14/20 1994 - 2002
92: Mai: Die Säure ist so tief, dass man ihn bei Ankunft sofort trinken kann. 14/20 trinken

1992 de Camensac 15/20
93: Rubin-Purpur. Dunkles Caramel, Butter, laktisch. Gekochte Brombeeren, süss, komplex. Saftiger Gaumen, viel Charme, gut balanciert, angenehmes Rückaroma.
15/20 1996 - 2004

1993 de Camensac 16/20
94: Violett-Purpur. Süsses, vanilliges Bouquet durch Barriquenkontakt. Leicht unsauberer Gaumen, wirkt fassig und zeigt Töne, wie sie leider allzu oft bei jungen Camensacs anzutreffen sind. Potentialwertung: 16/20 2000 - 2013

CHÂTEAU CANTEMERLE

1934 Cantemerle 15/20
90: Eine Händlerabfüllung, Literflasche (!): Recht helle Farbe. Feiner Rosenduft, Hagebutten. Feiner, femininer Wein mit stützender Fülle. Ein ausserordentliches Trinkvergnügen. 15/20 austrinken

1964 Cantemerle 16/20
92: Magnum: Leuchtendes Granat. Trüffel, Teer, Terroirnote, Bleistift. Kräftiger Gaumen, hat Kraft, die Säure ist mit dem Extrakt vereint, ein recht guter 64er.
16/20 trinken - 2000

1970 Cantemerle 11/20
88: Alles, was dieser Wein an Gutem haben könnte, wird unter einer dominierenden, scharf-grünen Säure zugedeckt. Ab auf die Auktion. Absolut miserabler Wein!
11/20 nie trinken

1975 Cantemerle 15/20
94: Sehr tiefe Farbe, jugendliche Reflexe. Tiefer Terroirton, leicht flüchtige Säure, Kartoffelsack, braucht Luft, um sich zu öffnen. Trockener Gaumen, satte, jugendliche noch griffige Gerbstoffe, sandig, zeigt aber noch Potential, bleibt jedoch auch noch nach einer halben Stunde als zwiespältiger Wein in Erinnerung. 15/20 1997 - 2010

1978 Cantemerle 11/20
92: Leuchtende Farbe. Unsaubere Nase mit Dieselölnote, altfassig und flüchtige Säure. Im Gaumen beherrscht die Säure den Körper, rotbeerig, vordergründig und zähnebeschlagend. 11/20 austrinken

1982 Cantemerle 14/20
92: Bordeauxrot mit hellem Rand und braunroten Reflexen. Bereits Kräuternuancen in der Nase und hat nach 20 Minuten Anflüge von Madeira. Wenig Säure, wirkt pflaumig, vollreif oder vielleicht bereits mehr als vollreif. Während ich die Worte meiner Degustation, die gestern stattfand, lese, treffe ich gleichzeitig im Fallstaff denselben Wein mit einer Bewertung von 16,6 Punkten an. Papier ist eben geduldig. Gabriel-Wertung: 14/20 austrinken

1984 Cantemerle 15/20
92: Würziges Terroir mit schöner Teernote. Rauch, Alpenheidelbeeren, reif und würzig. Im Gaumen ausgeglichen mit recht kräftigem Extrakt, angenehmer 84er.
15/20 trinken - 1995

1985 Cantemerle 15/20
91: Reife Nase - junger Gaumen. Einfacher, zugänglicher Wein mit wenig Tiefe, schön ausgeglichen. 15/20 trinken

1986 Cantemerle 13/20
89: Leichte Farbe. Kirschenbouquet. Dünn und säurelastig, leichter Wein. 13/20 trinken ab 1992

1988 Cantemerle   **13/20**

89: Fassdegustation: Kirscharomen. In der Nase mächtig. Im Gaumen weniger versprechend, eher kurzer Abgang.   15/20 trinken ab 1993
92: Hat sich schneller entwickelt. Extrem helle Farbe für einen 88er. Offene, wenig versprechende Nase. Flacher Gaumen mit wässrigem Finish.   13/20 trinken - 1997

1989 Cantemerle   **16/20**

90: Ausladend, floral und süss. Softer Gaumenkontakt, runde Tannine, wenig Säure, mittleres Potential.
                                   16/20 trinken ab 1994

1990 Cantemerle   **15/20**

91: April: Rubines Granat mit dunklen Reflexen. Exotische Frucht, Mango, Melonen, komplex mit mittlerer Kraft. Im Gaumen noble Tannine, rote Fruchtpräsentation, eine Lorbeerwürznote, noch unausgeglichen, was die einzelnen Proportionen anbelangt, feine Adstringenz.
                                   15/20 1995 - 2010

1991 Cantemerle   **15/20**

92: 35 % einer Normalernte. Mittlere Farbdichte mit violetten Reflexen. Süsse Tannine, Kaffee und Cassiskonfitüre. Im Gaumen fülliger Charme mit nobler Würzbitternote, schlank, aber sehr elegant.   14/20 1994 - 2000
94: Schönes offenes, parfümiertes Frucht-, Merlot-Bouquet, ansprechend. Im Gaumen etwas harmlos, schön rund, wenig Tannine für den weiteren Ausbau.
                                   15/20 trinken - 2000

1992 Cantemerle   **16/20**

93: Aufhellendes Granat. Verführerische Röstnase, die sich mit Fruchtsüsse vermischt, sehr sauber. Schmeichelnder, harmonischer Gaumen, schöne Fülle, viel Merlot im Spiel, gut vinifizierter 92er.   16/20 1996 - 2004
94: Schöne Röstnote, die im Moment leicht dominiert. Saftiger, aromatischer Gaumen, Nuancen von Edelhölzern, guter Wein.   16/20 1996 - 2004

1993 Cantemerle   **15/20**

94:: Mittleres Rubin. Defensive Nase, wenig Frucht. Weicher, samtiger Gaumen, rotbeerige Frucht, Kirschennote, saftig, eher leichter Körper.   15/20 1997 - 2006

CHÂTEAU LA CARDONNE

1976 La Cardonne   **11/20**

85: Trockener, pflaumiger Wein mit Médoc-Terroirgoût.
                                         11/20 trinken
92: Helle Farbe. Faisandierte Nase. Leer, ausdruckslos, unreife Cabernet-Anzeige. Hat seine Eigenständigkeit verloren.   11/20 austrinken

1989 La Cardonne   **13/20**

91: Leichtes Granatrot. Defensiv, rotbeerig. Im Gaumen Grenadinearomen, dünner Körper.   13/20 1994 - 2000

1990 La Cardonne   **13/20**

91: April: Rubiner Wasserrand. Warm, würzig, reife Frucht. Himbeeriger Fruchtkörper, wenig Fleisch. 13/20 1994 - 2000
92: Noch immer Himbeerennote, jetzt mit etwas Rauch vermischt. Viel Charme, im Finish etwas trocken.
                                   13/20 1994 - 2000

1991 La Cardonne   **12/20**

92: Recht hell. Rotbeerige Frucht, weisses Pfefferpulver. Im Gaumen herbal, grün, eher bescheiden.
                                   12/20 1993 - 1998

CHÂTEAU CARONNE-STE-GEMME

1982 Caronne-Ste-Gemme   **14/20**

94: Tiefes Rost-Purpur mit Reifeschimmer. Erdiges, fast humusartiges Bouquet, voll gereift. Weicher, fülliger Gaumen mit mittlerem Körper, saftig, leicht pelzig auf der Zunge.   14/20 austrinken

1985 Caronne-Ste-Gemme   **14/20**

94: Dumpfes, reifendes Granat-Purpur. Fleischiges Bouquet mit leicht dominierendem Merlot-Ton, feine Geraniolwürze. Fester, gebundener Körperfluss, Alpenheidelbeerennote, dahinter grasig von unreifem, grünem Cabernet.   14/20 1996 - 2005

1986 Caronne-Ste-Gemme   **15/20**

94: Tiefe Farbe, dicht. Klassisches Cabernet-Bouquet, sehr erdig, dunkle Pilze, Backpflaumen. Im Gaumen recht viel Körper, gut angelegte Gerbstoffe, etwas sandiger Fluss, traditioneller Wein.   15/20 1996 - 2005

1988 Caronne-Ste-Gemme   **14/20**

94: Von den drei Jahrgängen 1988, 1989 und 1990 ist der 88er der dichteste und jüngste in der Farbe. Florales, cabernetlastiges Bouquet, leicht krautig. Mittlerer Körperbau, Teer, metallisches Tannin, noch adstringierend, 81er Typ.   14/20 1996 - 2005

Médoc

1989 Caronne-Ste-Gemme   **13/20**
94: Purpur-Granat mit feinen, orangen Reflexen am Rand. Eigenwilliges Bouquet, Teer, Bakelit, wenig Frucht. Im Gaumen weich, feine Unsauberkeit vom Fass her, erdig, das Tannin wirkt trocken, eher pelzig, bittere Zungenspitze, kurzes Finish.   13/20 trinken - 2005

1990 Caronne-Ste-Gemme   **14/20**
94: Dumpfes, dichtes Granat mit aufhellendem Rand. Offenes, leicht florales Bouquet, feine Teernote. Mittelgewichtiger Gaumen, Lakritze, feine Bitterkeit im Extrakt, störende Kapselnote auf der Zunge, die fast zähnebeschlagend wirkt. Zwei verschiedene Flaschen degustiert, zweimal die gleichen Eindrücke.   14/20 trinken - 2002

CHÂTEAU DU CARTILLON

1970 du Cartillon   **15/20**
92: Magnum: Reife Farbe mit braunen Reflexen. Ledrige Nase, in der Duftkonstellation an einen Spanier erinnernd. Im Gaumen zugänglich mit Charme ohne die metallischen 70er Tannine.   15/20 trinken

1987 du Cartillon   **13/20**
92: Mittleres Granat. Rotbeerig, süss, Preiselbeeren. Spuren von nasser Wolle, sonst recht ausgeglichen.
    13/20 trinken

1988 du Cartillon   **14/20**
92: Gebratene Nase (späte Lese?), Kaffeenote, leicht bitter. Wenig Tiefe und auch wenig Reserven.
    14/20 trinken - 1996

1989 du Cartillon   **15/20**
92: Purpur mit mittlerer Dichte. Spuren von Unsauberkeit, Wachs, daneben aber wuchtig, Kirschen. Süsse Tannine, zu viel Barriquenanteil im Verhältnis zum Potential, daneben schimmert ein Teil zu alter Fässer durch.
    15/20 1993 - 2000

1990 du Cartillon   **??/20**
92: Helles Granat. Wenig Frucht, flüchtige Säure. Es war ein Vorabzug, der vielleicht durch den Transport gelitten hatte.   Keine Bewertung!

CHÂTEAU CISSAC

1970 Cissac   **12/20**
86: Stumpfe Nase. Eher grobe Tannine und kantig.
    12/20 trinken

1971 Cissac   **??/20**
85: Auf dem Château zum Degustieren erhalten. Jedoch eine Flasche, die offensichtlich bereits am Vortag geöffnet worden war.   Keine Bewertung!

1980 Cissac   **13/20**
87: Aufhellendes, braunes Granat. Fruchtig, würzige Nase. Typischer Médoc-Wein mit einem leichten Terroirton.
    13/20 trinken

1982 Cissac   **15/20**
94: Dumpfes Weinrot. Rauchiges Terroirbouquet. Im Gaumen pfeffriges Extrakt, Margaux-ähnlich, gut gereift, leichte Trockenheit in den Gerbstoffen.   15/20 trinken

1984 Cissac   **13/20**
85: Fassdegustation: Veilchenton, fruchtig. Männlich herber Gaumen.   13/20 1988 - 1996

1985 Cissac   **13/20**
92: Die eher leichte Farbe deutet Ungutes. Die Nase, die wenig Frucht, aber umso mehr grüne Peperoni zeigt, bestätigt diese Vermutung. Im Gaumen bietet sich rotbeerige, eher unreife Frucht mit einer solchen Leichtigkeit, sodass man glatt vermuten könnte, dieser Châteaubesitzer hätte eine „reiche" Ernte eingebracht. Es fehlt an Konzentration. Die Crus Bourgeois besitzen von mir sehr viel Sympathie, die ich oft und gerne verteidige. Aber mit solchen Weinen, lässt sich leider kein Krieg gewinnen.
    13/20 trinken - 1995

1986 Cissac   **13/20**
94: Reifende Farbe, Wasserrand. Süsses, marmeladiges Bouquet, Feigennuancen, faisandiert. Parfümierter Gaumen, die Gerbstoffe wirken metallisch im mittleren Körper, drahtiges Finish.   13/20 1997 - 2006

1987 Cissac   **13/20**
94: Reifende Farbe. Pflaumiges, fauliges Bouquet. Leichter Gaumen, etwas metallische Prägung in der Struktur, kurz.   13/20 trinken -1998

1988 Cissac   **15/20**
94: Relativ helle Farbe, starker Wasserrand. Öffnendes Bouquet, verdeckte Frucht. Im Gaumen Anklänge von Parfüm, mittlerer Körper, reifeverlangende Tannine, im Finish an einen Sangiovese erinnernd.   15/20 1997 - 2010

1989 Cissac   **14/20**
94: Mittleres Weinrot. Jodige, fleischige Nase. Kühle Cabernet-Aromen, mittelgewichtiger Körper, die Gerbstoffe sind

für einen 89er ziemlich hart und eckig, prägnantes Säurespiel, das spitz auf der Zunge auftritt. 14/20 2000 - 2012

1990 Cissac **13/20**
94: Purpurfarben. Grüne, tabakige Nase, leichter Fasston. Im Gaumen muffig und nach Rotkraut riechend, die Gerbstoffe sind derart uncharmant, dass man das Gefühl haben muss, es wäre eine gute Partie 91er Cabernet reingeschüttet worden. 13/20 1999 - 2020

1991 Cissac **14/20**
94: Relativ helles Granat. Offenes, marmeladiges Bouquet. An sich leichter, aber gefälliger Wein. 14/20 trinken - 1999

1992 Cissac **13/20**
94: Aufhellendes Weinrot. Kurze Nase, wenig drin. Wässriger Gaumen, leichter Körper, vordergründiges Extrakt, durch zu viel Presswein dominiert. 13/20 1996 - 2004

1993 Cissac **14/20**
94: Mittleres Weinrot. Reduktives, von Holzspänen geprägtes Bouquet. Im Gaumen ebenfalls arroganter Holzauftritt, dahinter Brombeeren. 14/20 1998 - 2008

CHÂTEAU CITRAN

1959 Citran **10/20**
91: Eine untrinkbare Händlerabfüllung, die man vor der Auktion hätte degustieren können. Offensichtlich haben aber nicht alle von dieser Möglichkeit Gebrauch gemacht, denn die Kiste (Pardon, Kartonschachtel!) mit 12 Flaschen ging zu stolzen Fr. 800.— an den neuen Besitzer.
10/20 vorbei

1979 Citran **13/20**
88: Metallischer, drahtiger, sehniger Wein. 13/20 trinken

1982 Citran **14/20**
89: Guter, kompakter 82er. 14/20 trinken

1988 Citran **17/20**
91: Ein kleiner Mouton. Holunderbombe mit süssen Tanninen. 17/20 trinken ab 1994

1989 Citran **17/20**
92: Arrivage: Violett-Schwarz. Cassiskonzentrat, dahinter Fülle durch fetten Merlot. Starker Barriqueröstton, zeigt moderne Vinifikation an. Ein grosser Bourgeois, der aber noch beweisen muss, dass er kein Blender ist.
17/20 1994 - 2002

1990 Citran **17/20**
91: Tief, fast schwarz. Viel Extrakt, blaue und schwarze Früchte. Bananenton und Würze. Superwein.
17/20 trinken ab 1996
93: Dunkles Rubin, aufhellend. Defensives Bouquet, floraler Einschlag. Mittelgewichtiger Wein, feine Bitterkeit auf der Zunge, metallische Note, die im Moment leicht störend wirkt. 16/20 1995 - 2007

1992 Citran **16/20**
93: Cassis, sehr verschlossen. Im Gaumen reife Tannine, starke Barriquenpräsenz, Adstringenz. 16/20 1997 - 2006

CHÂTEAU COUFRAN

1962 Coufran **11/20**
88: Aufhellendes, braun-wässriges Granat. Schaler Geschmack. Hagebuttenaromen, pflaumiger Körper, darunter hohl. 11/20 vorbei

1974 Coufran **11/20**
87: Entwickelt, feminin, ohne Primäraromen. Flüchtiger Alkohol (Nagellackgeschmack). 11/20 trinken

1978 Coufran **15/20**
87: Gemäss Literatur einer der schönsten 78er Cru Bourgeois. Wenn es so ist, dann doch mindestens hinter Chasse-Spleen. Gute Würze, reif, ein pflaumiges Aroma mit fast molliger Konsistenz. 15/20 trinken - 1992

1979 Coufran **15/20**
88: Erstaunliches Potential mit Tiefgang, fetter Körper.
14/20 trinken
92: Reife Farbe mit braunem Rand. Offenes Bouquet, Katzenton, Trüffel, Terroir. Im Gaumen waldige Aromen, klassischer Médoc. 15/20 trinken - 1997

1986 Coufran **15/20**
93: 100% Merlot. Sattes Purpur, junge Farbe. Zedern-, Amarenakirschenton, Teernote, dunkle Pilze. Leichte Trokkenheit in den Tanninen, pelzig. Hat trotz Merlot die Neigung zum Austrocknen, nach 15 Minuten feiner Madeira-Ton. 15/20 trinken - 1997

1988 Coufran **14/20**
89: Fassprobe: Fetter, runder Fluss, Kakao, weiche Tannine. 14/20 1992 - 1999

1989 Coufran **15/20**
91: Supernase. Nüsse, komplex, Trüffel. Schmeichelnder, fülliger Körper, fehlt ein bisschen an Grundstruktur.
15/20 trinken ab 1994

1990 Coufran **15/20**
91: Rauchig, beerig. Schöne Cassisunterlage, warm und füllig, im Auge behalten. 15/20 trinken ab 1995

1992 Coufran **15/20**
93: Mittleres Granat-Rubin. Rotbeeriges, leicht alkoholisches Bouquet, würzige Note, Waldhimbeeren, charmante Gaumenfülle, sehr elegant, samtiges Extrakt.
15/20 1996 - 2004

Médoc

Château Lachesnaye

An einer Degustation wurde ich gezwungen, diesen Wein zu verkosten. Wenn ich mir meine nachfolgenden Notizen anschaue, frage ich mich ernsthaft, ob es für unseren Berufsstand nicht eine Art Schmerzensgeld geben sollte. Sehr wahrscheinlich ist der Boden des Château zu feucht, denn die Tannine wirken bitter und hart.

1978 Lachesnaye   13/20
90: Topreife Farbe. Trüffelton in der Nase. Bittere Tannine im Gaumen.   13/20 trinken

1979 Lachesnaye   12/20
90: Reife Farbe. Leere Nase. Metallischer Körper.
                                                                    12/20 trinken

1981 Lachesnaye   11/20
90: Reife Farbe. Dünner Körper, saurer Abgang.
                                                                    11/20 trinken

1982 Lachesnaye   13/20
90: Reife Farbe. Mittlerer Körper. Als Cru Bourgeois zu wenig drin.   13/20 trinken

1983 Lachesnaye   12/20
90: Bittere Tannine, hart. 12/20 trinken, sofern notwendig

1987 Lachesnaye   11/20
90: Schwarze Beeren und Zedernholz. Unsauberer, unharmonischer Wein.   11/20 trinken

Château La Lagune

1961 La Lagune   19/20
91: Reifes Granat mit Mahagonireflexen. Offene, ansprechende Nase, Hagebutten und Erdbeerenaromen. Sehr vielseitig. Im Gaumen schmeichelnd mit gewaltigem Nachdruck, imposantes, jedoch feingegliedertes Extrakt.
                           19/20 trinken mit viel Vergnügen

1964 La Lagune   18/20
93: Sehr tiefe Farbe, jedoch reichlich Reifetöne. Klassisches, gereiftes Médoc-Bouquet darin, wegen den Eindrücken von grünen Nussschalen an einen La Mission erinnernd, alte Schule. Im Gaumen schön ausladend mit Fleisch behangen. Ein reifer, schöner Bordeaux-Wein ohne viel Spektakuläres, aber mit einer bürgerlichen Erhabenheit, im Finish Zedern- und Rosenaromen. Legt an der Luft kontinuierlich zu, 30 Minuten dekantieren.
                                                         18/20 trinken - 2000

1966 La Lagune   17/20
93: Reife, aber sehr tiefe Farbe. Offene, volle Würzterroirnase. Wie beim 71er Cheval ähnliche Erd- und Eisentöne. Erstaunlich viel Stoff. Nicht so trocken wie andere 66er. Gehört zu den besten dieses Jahrganges. 17/20 austrinken

1970 La Lagune   19/20
93: Doppelmagnum: Ein absoluter Jungbrunnen fürs nächste Jahrtausend. Die Nase wirkt noch leicht grün, cabernetlastig. Saftig im Extrakt, aber im Gerbstoff nach Reife verlangend.   18/20 Doppelmagnum: 1998 - 2020
93: Wer zu einem vernünftigen Preis La Lagune 1970 findet, muss zuschlagen. Ein absolut phantastischer Wein voller Süsse in der Nase, Caramel, Kandis, Crème brulée, Butter, Zedern. Im Gaumen saftig, süffig, schmeichelnde Tannine, wiederum verführerische Süsse.
                                                         19/20 trinken - 2002

1971 La Lagune   17/20
90: Es lohnt sich zuweilen auf einen La Lagune zu warten. Genossen, ohne darüber viel zu notieren. Ich kann mich noch schwach daran erinnern, dass dieser Wein viel Ähnlichkeiten mit Cheval-Aromen hatte.   16/20 trinken
92: Blind servieren lassen. Dumpfes Granat-Weinrot. Feiner Terroirton, eher zurückhaltend. Schöne Säure, hat noch Fleisch. Die Gerbstoffe sind noch immer stützend. Hält sich gut an der Luft und gewinnt sogar noch. Es gibt nur noch wenige 71er, die derart gut „dastehen". 16/20 trinken
94: Reifende Farbe. Verrücktes, aromatisches Terroirbouquet mit leichter Fassnote, die aber bald verschwindet. Im Gaumen zeigt er noch sehr viel Extrakt, schwarze Kirschen und Waldbodentöne. Noch grossartig in Form. Er wird sicherlich solange halten, wie der sonst siegreich-lagerfähige Latour.   17/20 trinken - 2005

1975 La Lagune   15/20
91: Mittleres Granat mit orangem Rand. Balance zwischen Frucht- und Gemüsearomen (Randen). Pinotähnliche Nase mit rotbeerigen Aromen. Mittellanger Körper.
                                                         15/20 trinken - 2000
93: Ich hatte das Gefühl, eine feine Unsauberkeit zu spüren. Ein mittelmässiger 75er.   15/20 trinken - 2000
94: Aufhellendes Weinrot. Teeriges Bouquet von Süsse unterlegt, buttrig. Schokonote, im Gaumen schöner Schmelz, reife Gerbstoffe, schlanker Wein.
                                                         14/20 trinken - 2003

1976 La Lagune   16/20
93: Doppelmagnum: Diesen Wein hatte ich früher total falsch eingeschätzt wie schon oft junge La Lagunes, die ich nicht richtig zu definieren wusste. Heute ist genau dieser Wein einer der besten seines Jahrganges zusammen mit Lafite und Montrose. Recht dunkle Farbe, noch jugendliche Reflexe darin. Klassische Cabernet-Nase, erinnert wegen seiner Eucalyptusspuren an einen grossen Kalifornier. Der Gerbstoff im Gaumen ist zwar etwas trocken, hat aber viel Fleisch und Biss, baut noch aus.
                                                         16/20 trinken - 2005

1978 La Lagune   14/20
88: Gut gebauter Körper, massive Struktur und dies alles unter einem enormen Gerbstoffmantel.   14/20 1990 - 1998

92: Granat-Rubin, reif. Mineralischer Ton in der Nase, Papier, zurückhaltend, Frucht-, Würzphase. Im Gaumen ausgeglichen, Anflüge von Ledrigkeit, trockener Wein.
14/20 trinken

1979 La Lagune   **17/20**
89: Offene Nase, erst opulent, dann Gemüsetöne. Im Gaumen viel eigene Säure und Holz. Gewinnt nach 15 Minuten, trocknet aber nach längerer Dekantierzeit etwas an, weil er vielleicht zu lange im Fass gelegen hat. 15/20 bald
92: Hat sich sehr positiv entwickelt! Blutrote Farbe. Süsses Bouquet, Vanille, Arvenholz, Toast, Rauch, Trüffel, Korinthen. Im Gaumen noch jung, Reife verlangend, Fruchtextrakt. Sehr gute Zukunftsaussichten. 30 Minuten dekantieren. 17/20 trinken - 2005

1982 La Lagune   **18/20**
87: Mastige, gemüseartige Nase, Evolutionsphase, schwer zu bewerten. 16/20 trinken ab 1993
90: Zeigt wieder einmal mehr, dass La Lagune einfach seine Zeit braucht, um zu zeigen, was er ist, und wie er wird. Mindestens 17/20 1993 - 2004
92: Purpur-Violett, satt. Teer, tiefe Würze, mineralische Spuren. Im Gaumen Röstaromen, wird süsser durch Luftzutritt, in der Adstringenz noch kernig und Reife verlangend. 18/20 1995 - 2010
93: Mir ist eine für einen 82er fast unglaubliche, positive Säure aufgefallen. Ein Brocken von einem Médoc.
18/20 1995 - 2010

1984 La Lagune   **12/20**
85: Fassdegustation: Starkes Holz, Vanille, trocken.
13/20 trinken ab 1990
92: Reife Farbe, mittlere Dichte. Süsse Kaffeenote, erdig, Jod, dazu schwingt eine mineralische Note mit (Petrol). Im Gaumen zäh mit grüner Adstringenz. Hoffen oder verschenken. 12/20 trinken

1985 La Lagune   **16/20**
88: Fleckige Oberfläche. Süss, rotbeerige Serien, darunter Rauchtöne, etwas Terroir und beginnende Evolution. Massiver Körper und Anzeichen von Stoff. Farbe schwach - Wein gut. 16/20 trinken ab 1994

1987 La Lagune   **13/20**
90: Reifes Granat. Feine Caramelnase mit Vanille gepaart. Topmodern vinifiziert, aber zu dominierender Barriquentouch. 13/20 1992 - 1998

1988 La Lagune   **15/20**
91: Violette Reflexe. Toast- und Holznase mit Kaffeeröstton. Süffig, fast süss, aber im Verhältnis zum Potential zu viel Holz. 15/20 1995 - 2005

1989 La Lagune   **15/20**
90: Ein ausserordentlich feiner La Lagune. Scheint mir durch etwas hohen Ertrag zu dünn geworden zu sein.
15/20 trinken ab 1994

1990 La Lagune   **16/20**
91: Zweimal degustiert und beide Male unsauber. An Extrakt scheint ein bisschen mehr als im 89er vorhanden zu sein. Wieder degustieren!
92: Leider hatte man Pech mit den Mustern, weshalb es sinnvoll gewesen wäre, den 90er direkt ab der Barrique zu degustieren, was ich dann auch im Frühling 1992 tat. Dichtes Purpur. Konzentrierte, süsse Frucht, Kaffeearomen. Softer Gaumen, bereits ausgeglichen, Ähnlichkeiten zu einem Sangiovese, leicht aufrauhend, was die Säurestruktur betrifft, Marroniaromen im Finish. 16/20 1996 - 2006

1991 La Lagune   **15/20**
92: 55 % Cabernet Sauvignon, 20 % Merlot, 20 % Cabernet Franc, 5 % Petit Verdot. Mitteldichtes Rubin. Zugängliche, fast spontane Nase, Amarenakirschen, Veilchen, tintig, Tabak. Einfacher Gaumen, feminin, anständige Struktur mit feiner, sympathischer Bitternote. 15/20 1995 - 2003
94: Dumpfe Farbe. Leicht florale Nase, Tabak. Recht feiner Gaumen, elegant, relativ kurz. 15/20 1995 - 2003

1992 La Lagune   **14/20**
93: Aufhellendes Rubin. Staubige Nase. Leichter Körper, feinsandige Textur, Barrique dominiert, salzige Zunge.
14/20 1996 - 2006

1993 La Lagune   **15/20**
94: Aufhellendes Rubin-Purpur. Holzbetontes Bouquet, Wildkirschen. Floraler Gaumen, leicht grüne Würznote im Extrakt, viel Gerbstoffe, die Reife verlangen, wirkt aber jetzt aufgrund der momentanen Präsentation rüppelhaft und uncharmant durch zu extremen Holzauftritt.
15/20 2000 - 2012

CHÂTEAU DE LAMARQUE

1971 de Lamarque   **11/20**
87: Rauchiges Bouquet, verdeckte (oder verblasste) Frucht. Chambolle aus einem kleinen Jahr. 11/20 vorbei

1975 de Lamarque   **13/20**
88: Intensives Weinrot. Weiches, fruchtiges Cabernet-Aroma, dahinter medizinaler Misston. Körper hat bereits alle Reserven abgebaut. 13/20 austrinken

1979 de Lamarque   **13/20**
92: Ziegelrot. Offen, alkoholisch. Leichter Körper, Sauerampfer, unreifer Cabernet. 13/20 trinken - 1996

1981 de Lamarque   **13/20**
88: Typische Médoc-Nase, Pilze, nasses Unterholz. Gut, ausgeglichener Körper. 13/20 trinken

1983 de Lamarque   **14/20**
90: Leichte Farbe. Angenehmer Duft. Etwas Parfüm im Gaumen, mittlerer Körper. 14/20 trinken

Médoc

1986 de Lamarque   15/20
88: Fassdegustation: Purpur. Differenziertes Aromenbouquet. Viel Holz, das die Frucht ein wenig zudeckt, vegetabile Anklänge, Randen und gekochtes Dörrobst im Finish.   15/20 trinken ab 1992

1988 de Lamarque   ??/20
90: Fassdegustation: Mein lieber Peynaud, was ist hier falsch gelaufen? Stielig mit grünen, kernigen Tanninen, extrem hart.   10/20 deklassiert!

1990 de Lamarque   11/20
91: Bereits bräunliche Reflexe, hell. Wildgeschmack, wirkt abgehangen. Problemwein. Stielig im Gaumen.
  11/20?? trinken ab 1995

CHÂTEAU LANESSAN

1959 Lanessan   15/20
90: Magnum: Reife Farbe. Offenes Médoc-Bouquet. Saftiger Wein, der durch seine Einfachheit besticht.
  15/20 trinken

1978 Lanessan   13/20
89: Sattes Granat. Reife, gekochte Nase mit Anzeichen von Tiefe. Eher dicker Körper.   13/20 trinken

1985 Lanessan   13/20
89: Dichtes Purpur. Pfeffrig. Leichter Wacholderton. Guter Fluss. Die Farbe verspricht jedoch mehr als der Wein selbst.   13/20 trinken ab 1993

1989 Lanessan   15/20
91: Süss, darunter vegetal, Tinte, trockenes Extrakt. Ziemlich kurz.   13/20 trinken ab 1995
94: Nase vollkommen geöffnet. Im Gaumen pflaumig, jetzt trinkbar, die Tannine sind etwas trocken.
  15/20 trinken - 2000

1990 Lanessan   13/20
91: Beaujolais-Nase. Enge Struktur, wenig Fett, hinten sehr schlank.   13/20 trinken ab 1996

1991 Lanessan   12/20
92: Mittleres Granat. Eigenwilliges Fruchtbouquet, tintig. Im Gaumen alkoholische Fülle mit unsauberer Note, eher rauh.   12/20 1995 - 2000

1993 Lanessan   15/20
94: Violett mit aufhellendem Rand. Reifes Fruchtbouquet, rotbeerig. Saftiger Gaumen, mittlerer Körper, leicht herb in der Struktur, recht gut gelungen.   15/20 1999 - 2009

CHÂTEAU LIVERSAN

1983 Liversan   13/20
91: Granat mit Reiferand. Mineralischer Fleischgeschmack und gebratene Kirschen. Trockene Tannine, Korinthen, nicht ausgeglichen, vom Typ her ein 66er.
  13/20 austrinken

1984 Liversan   12/20
91: Schwache Farbe, jedoch gut gehalten. Offene Nase mit wenig drin. Dünn mit kleinen Ecken, aktives Tannin. Wird in zwei Jahren gefälliger sein.   12/20 trinken

1985 Liversan   14/20
91: Mittlere Farbe mit Granat- und Weinrot. Tintige Nase und floral-vegetabil. Im Gaumen Wildgeschmack von mittelreifem Cabernet. Degustiert sich im Moment schlecht, schwierig zu bewerten.   14/20 1994 - 2003

1986 Liversan   16/20
89: Aufhellende Farbe. Nase defensiv. Pfeffrige, rassige Säure, elegantes Holzspiel, hat Zukunft.
  16/20 trinken ab 1994

1987 Liversan   15/20
91: Auf dem Château getrunken. Wie alle 87er besser als ihr Ruf. Mittlere Farbe. Recht viel Fleisch im Gaumen, süffig und ausgeglichen.   15/20 trinken - 1995

1988 Liversan   16/20
91: Mittelintensive Farbe mit Granatreflexen. Pflaumennase mit Kaffee vermischt (sehr wahrscheinlich die Barriquen zu stark geröstet). Im Gaumen softe, fette, vollreife Tannine. Ein schnellentwickelnder Wein und trotzdem klassisch.
  15/20 1994 - 2000
91: Arrivage: Klassisches Bordeauxrot. Öffnend, Rösttöne und Kaffee. Elegant ausladend, weicher, aber dennoch kräftiger Gaumen, sehr gut.   16/20 1995 - 2004

1989 Liversan   17/20
91: 38 hl. Tiefe Farbe. Bananen, schwarze Kirschen und reife Beeren. Rauchiger, fülliger Wein mit perfekter Tanninstruktur.   1995 - 2005

1990 Liversan   15/20
91: Grössere Ernte als 1989. Mittleres Granat mit violettem Schimmer. Zugängliche Nase, Kaffee, florale Fruchtblütentöne. Saftiger Gaumen mit wenig Extrakt, holzig in der Gerbstoffstruktur, weiches Finish. Nicht an das 89er und 88er Potential heranreichend. 15/20 trinken ab 1994 - 2000
92: Der Barriquenröstton klingt nun ab. Der Wein verschliesst sich und zeigt eine Zedern- und Rauchnote. Im Moment warten.

Château Loudenne

1986 Loudenne   **16/20**
93: Mittleres Bordeauxrot. Pflaumiges Bouquet, offen, Kaffeenote. Verführerisches Gaumenparfüm, Rosenwasser, hat Charme, leichter Körper, hat mir viel Spass bereitet.   16/20 trinken - 1998

1988 Loudenne   **12/20**
89: Teernote, schlank, extreme Säure. Der Weisswein vom gleichen Gut ist besser.   12/20 trinken ab 1994

1990 Loudenne   **16/20**
91: Leichtes Purpur. Klare, saubere Frucht. Tintig, Cassis. Vordergründiges Tannin, jedoch langes Finish. Sehr gutes Preis-Leistungs-Verhältnis.   16/20 1996 - 2005

1992 Loudenne   **12/20**
93: Aufhellendes Granat. Grünes, eigenwilliges Bouquet, defensiv, Erdbeeren. Dünner Körper, feine Tannine, wenig Rückgrat.   12/20 1995 - 2002

Château Malescasse

1988 Malescasse   **11/20**
89: Fassprobe: Recht tiefe Farbe. Hart und eckig, rauhe Säure.   11/20 weder kaufen noch trinken

1989 Malescasse   **13/20**
91: Erstaunlich helle Farbe mit Reifetönen. Leer, fett und dünn. Wird sich sehr schnell entwickeln. 13/20 1992 - 1997

1990 Malescasse   **13/20**
91: April: Leichtes Rubin. Alkoholreiche Nase, Bonbon anglais und Himbeerenaromen, offen, pfeffrig. Fülliger, fondierter Körper, sehr fett, veloutierend, darunter unsauberer Ton, Kartoffeln. Feines Tannin, aber durch seine bescheidene Säure plump und kurz. 13/20 trinken ab 1994

1991 Malescasse   **12/20**
92: Rubin mit Wasserrand. Weiche Nase, reife Frucht, Brombeeren. Im Gaumen tabakig, mit animalischer Note. Füllig zu Beginn, in der Mitte aber drahtig, fast zähnebeschlagend.   12/20 1995 - 2001

1992 Malescasse   **15/20**
93: Tiefes Purpur. Konfitürige Nase, gekocht, eigenwillig. Im Gaumen sehr reife Tannine, gut gemacht, ziemlich ausgeglichen, vielleicht etwas kurz. Gutes Preis-Genuss-Verhältnis.   15/20 1995 - 2003

1993 Malescasse   **16/20**
94: Tiefes Rubin-Violett. Defensives Bouquet, Kirschen. Saftiges Extrakt, hohe Dichte, viel Gerbstoffe, gutes Rückgrat. Sehr guter Cru Bourgeois. Die Einflüsse vom ehemaligen Regisseur von Pichon-Lalande, Jean-Jacques Godin, scheinen bereits erste Früchte zu tragen. 16/20 2000 - 2013

Château Maucamps

1983 Maucamps   **13/20**
92: Magnum: Dichte Farbe mit braunen Reflexen. Volle, reife, pilzige Nase. Zeigt schönes Terroir an. Die Nase bringt aber letztendlich mehr als der Gaumen. Eine metallische Note entzieht ihm den nötigen Charme.   13/20 austrinken

1986 Maucamps   **16/20**
91: Klassisches Bordeauxrot. Animalische Terroirnote mit Brombeeren und dunklen Pilzen. Fülliger Gaumen, erdig mit Saft.   16/20 1995 - 2002
93: Braucht Luft, 30 Minuten dekantieren.   1996 - 2010

1988 Maucamps   **16/20**
91: Die Entdeckung an der Arrivage. Violett-Schwarz. Voll, beerig, würzig mit angezeigter Dichte. Sehr guter Wein mit gutem Alterungspotential.   16/20 1998 - 2010

1989 Maucamps   **16/20**
92: Arrivage: Violett-Purpur. Rauchnote, Erdbeeren- und Brombeeren. Kräftige Tannine stützen den fetten Körper, im Finish Zimtnoten. Ein fülliger Wein, den man sogar aus dem Burgunder-Glas trinken könnte. Sehr gutes Preis-Leistungs-Verhältnis.   16/20 bald - 2002

1990 Maucamps   **16/20**
92: Granatrot. Süss, verlockende Kandis-, Rumaromen. Brombeerengelee, wunderbar füllig mit Preiselbeerennote und Trüffelspuren, weiche Tannine. Ein guter Kauf.   16/20 1994 - 2004

1991 Maucamps   **15/20**
92: Anstatt einer Normalernte (100'000 Fl.) nur 40'000 Flaschen eingebracht. Kein neues Holz. 20 hl/ha. 70 % Cabernet Sauvignon, 30 % Merlot. Purpur-Rubin. Schöne, saubere Fruchtnase. Erdbeerenkonfitüre, darunter Terroir, Schokolade, pfeffrige Extraktspitze, stützende Tannine, schön rollend im Fluss, marmeladiger Nachgeschmack.   15/20 1995 - 2002
94: Gemüsig-fruchtige Nase, rotbeerige Marmelade, Paprikapulvernote. Schlanker Gaumen, pfeffrige Säurenote, mildes Finale.   14/20 1996 - 2003

1992 Maucamps   **14/20**
93: Mittleres Purpur. Komplex, buttrig, rote Beeren. Schöne Stoffanzeige, etwas flach, aber mit schöner Fülle, feine Adstringenz.   14/20 1996 - 2004

1993 Maucamps   **16/20**
94: Sehr tiefe Farbe, rubin-schwarz. Waldbeeren, Brombeeren, leichte Tintenaromen, defensive Süsse. Fleischiger, saftiger Körper, reife Gerbstoffe, gute Konzentration, sehr guter Cru Bourgeois.   16/20 1997 - 2008

Médoc

Château Les Ormes-Sorbet

Madame Boivert ist eine solche Entdeckung wie ihr Wein selbst. Bei all diesen Attributen könnte man glatt ihren Mann vergessen, der (gezwungenermassen) mehr im Hintergrund wirkt. Das Château liegt in der schwer auszusprechenden Ortschaft Couquèques und ist in einem tadellosen, sehr gepflegten Zustand. Der Wein hat viel Fülle und Charme und kann schon in der Jugend getrunken werden.

1978 Les Ormes-Sorbet   15/20
93: Eine Abfüllung von Schröder & Schyler: Sofort wegen dem extremen Peperoniton, der von unausgereiftem Cabernet stammt, als 78er blind erkannt. Im Gaumen leicht, aber durchaus würzig.   15/20 trinken - 2000

1986 Les Ormes-Sorbet   17/20
90: Was für ein Wein! Punschnase, offen mit Wucht, kalifornische Aromen. Feste Struktur, das Fett überwiegt die Tannine. Nachdem ich diesen Wein degustiert hatte, legte ich mir sofort eine beträchtliche Anzahl in den Keller.
                                                17/20 trinken - 1997
92: Jetzt in schönster Genussreife. Ein Parfüm wie ein Lafite, verlockend und faszinierend zugleich. Sicherlich sind 17 Punkte viel, aber wenn man seinen Preis mit in Betracht zieht, so haben einige Premier Crus keine Chance, jemals auf die gleiche Punktezahl zu kommen.
                                                17/20 trinken - 1997

1987 Les Ormes-Sorbet   15/20
94: Oft getrunken, ohne etwas aufzuschreiben. Zu einem 18/20 Sauerbraten aus der eigenen Küche hat er mir sehr viel Freude gemacht. Noch immer mit Fruchtspuren, Aromen von dunkel gerösteter Barrique und einem süsslichen Brombeeren- und Kaffeefinish.   15/20 trinken - 1997

1988 Les Ormes-Sorbet   16/20
91: Purpur, eher hell. Kaffeeröstton. Ansprechend, ausgeglichener Gaumen, zugänglich, etwas stielig, Burgunder-Typ, wirkt bereits süffig und tendenziell leicht.
                                                16/20 1993 - 1998

1989 Les Ormes-Sorbet   16/20
92: Arrivage: Purpur-Violett. Rauch, dunkle Barriquennote, modern, das Holz dominiert leicht. Im Gaumen wiederum Rauch, das Tannin rauht im Moment noch auf und beherrscht fast die Zunge, dahinter aber feine Textur, vanilliges Finish.   16/20 1994 - 2001
94: Im Moment leidet er etwas unter der 89er Hitze. Pflaumige Nase, starker Kaffee- und Toastton. Im Gaumen etwas trocken in den Gerbstoffen, im Finish leicht spröde.
                                                15/20 trinken - 2002

1990 Les Ormes-Sorbet   16/20
91: Fassdegustation auf dem Château: Violett-Rubin. Mittlerer Körperbau, Kaffee von stark gerösteter Barrique. Tabak in der Terroirnote, mit Frucht vermischt.
                                                16/20 trinken ab 1996
94: Ein grossartiger 90er zu einem phantastischen Preis. Recht dicht mit guter Balance und viel Aromatik im Finish.
                                                17/20 1995 - 2005

1991 Les Ormes-Sorbet   14/20
92: Normalerweise macht man mit dem Deklassement von Ormes-Sorbet noch einen Zweitwein mit dem Namen Château de Conques. Angesichts der sehr kleinen Ernte (rund ein Drittel) hatte man aber 1991 alles für den Grand Vin verwendet. Nur ein kleiner Teil wurde während des Regens geerntet. 70 % Cabernet Sauvignon, 30 % Merlot. Mittlere, eher helle Farbe mit rubinen Reflexen. Brotkruste, einfache, blumige Nase, dahinter Himbeerenspuren. Weiche, harmonische Säurestruktur, auf der Zunge etwas pelzig durch Presswein oder unterreifen Cabernet, wird einmal einen harmlosen, aber süffigen Wein abgeben.
                                                14/20 1994 - 1999
94: Kaffee- und Teernote, etwas pflaumig. Saftiger, süffiger Gaumen mit leicht metallischer Zungenspitze. Man kann ihn durchaus jetzt schon trinken.   14/20 trinken - 1999

1992 Les Ormes-Sorbet   15/20
93: Helles Purpur. Süsse Nase, ansprechend, Amarenakirschen, an Syrah erinnernde Süsse. Charmanter Gaumen, Vanille, femininer Schmeichler mit süssem Rioja-Finish.
                                                15/20 1995 - 2003

1993 Les Ormes-Sorbet   ??/20
94: Sehr tiefes Violett. Defensives Fruchtbouquet, leicht dumpfe Terroirnote, pilziger Ton darin. Aromatischer Gaumen, wiederum eine grüne, fast fassige Note, leicht pelzig. Die reine Potentialwertung ist 16/20 mit einem recht erstaunlichen Alterungspotential. Leider ist aber die Grundaromatik fraglich. Besonders auch deshalb, weil ich bereits das erste Muster beanstandet hatte und einen Korkengeruch vermutete. Die definitve Note werde ich erst vergeben, wenn der Wein in Flaschen abgefüllt ist.
                                                ??/20 1997 - 2005

Château Patache-d'Aux

1975 Patache-d'Aux   14/20
88: Typischer Médoc. Etwas trocken und rustikal.
                                                14/20 trinken

1978 Patache-d'Aux   14/20
92: Granatrot, reif. Kreidige Nase (Corton-Charlemagne), stielig, abklingende Frucht. Im Gaumen sauber, geschmeidig mit guter Balance, Hagebuttenfinish, korrekter Wein.
                                                14/20 trinken

1985 Patache-d'Aux   **15/20**
88: Leichte, mittelintensive Farbe mit Rubin-Purpurreflexen. Süssliche, komplexe Holznote. Leichter Wein, den man bald trinken kann.   15/20 trinken

1988 Patache-d'Aux   **13/20**
89: Fassprobe: Tanninpräsenz, darunter eher dünnflüssig.   13/20 trinken ab 1993

1989 Patache-d'Aux   **14/20**
91: Rumtopfnase, gebrannte Früchte. Feines Fruchtparfüm, Red-Currant-Aromen, im Finish etwas stielig.   14/20 trinken ab 1994

1990 Patache-d'Aux   **15/20**
91: Tiefe Farbe. Trüffel und Brombeeren in der Nase. Weiche Säure, füllig, ausgeglichen, sehr guter Wein.   15/20 1995 - 2005

CHÂTEAU PLAGNAC

1985 Plagnac   **15/20**
92: Aus einer halben Flasche getrunken. Nach wie vor gut erhalten, ein schmeichelnder Wein mit guter Terroiranzeige, die sich in dunklen Pilzen und Teer- sowie Zedernnuancen offenbart.   15/20 austrinken

1986 Plagnac   **12/20**
93: Wer gerne den Rasen mäht, müsste eigentlich bei diesem Wein ausflippen. Er riecht derart nach frisch geschnittenem Gras und grünen Peperoni, dass man ihn, wäre er nicht flüssig, als Lebensmittel verkaufen könnte. In einer Blindprobe am besten in die Serie der friaulischen Cabernets stellen. Nach dem Motto: „Unter den Blinden ist der Einäugige König". Unbedingt warten, denn so kann man ihn nicht trinken.   12/20 1996 - 2004

1988 Plagnac   **14/20**
90: Mittleres Granat. Würzbouquet. Leicht und beschwingt, wenig Tannine.   14/20 trinken ab 1993

1989 Plagnac   **16/20**
92: Arrivage: Purpur mit Wasserrand. Offene, fast marmeladige Nase, Erdbeeren, sehr schmeichelnd. Im Gaumen üppig, fast cremig, Rubens-Wein.   16/20 1994 - 1999

1990 Plagnac   **17/20**
91: April: Purpur. Beerige, klare Frucht, Efeu, dicht und sauber. Im Gaumen Caramel und süsse Pflaumen. Angenehmer Körper, im Finish fast süss. Sehr guter Preis-Leistungs-Wein, der sorglos reifen wird. 17/20 1994 - 2002

1991 Plagnac   **13/20**
92: Mittleres Bordeauxrot. Grüne Pfefferschoten in der Nase. Rauhes Extrakt, vordergründig, leicht, mager.   12/20 1994 - 1998

94: Ein schlankes Weinchen, leicht und oberflächlich.   13/20 austrinken

1992 Plagnac   **12/20**
94: Lacktöne in der Nase. Grüne Adstringenz im Gaumen, kernige Bitterkeit.   12/20 1996 - 2003

1993 Plagnac   **14/20**
94: Mittleres Weinrot. Himbeerennase, leicht laktisch. Im Gaumen ebenfalls sehr rotbeerig, Johannisbeeren, im Finish Himbeeren, leichter Wein.   14/20 1996 - 2004

CHÂTEAU POTENSAC

1975 Potensac   **16/20**
87: Feiner, öffnender Duft nach Rosen. Griffig, aber durch Molligkeit überdeckt, gutes Fleisch.   16/20 trinken

1978 Potensac   **17/20**
92: Die Überraschung einer umfassenden 78er Probe! Granat, dicht, wächst am Glas. Butternase, Lakritze vermischt mit süsser Caramelnote, etwas alkoholisch. Im Gaumen weich und charmant, leichte Holznote, Randen, noch Tanninreserven, die ein paar Jahre Ausbau verlangen.   17/20 trinken - 2000

1985 Potensac   **15/20**
87: Transparentes Purpur. Kompakt, pfeffrig. Scheint mir ein wenig trocken, da er viel Holz anzeigt. 15/20 1992 - 2000

1986 Potensac   **13/20**
89: Dünne Farbe. Offenes Bouquet. In der Nase fruchtig. Im Mund grün, schlankes, kleines Potential.   13/20 1992 - 2000

1987 Potensac   **13/20**
90: Mittlere Farbe. Offene Nase, schöne Würze. Zugänglicher, saftiger Wein mit leicht grüner Note.   13/20 trinken - 1994

1988 Potensac   **13/20**
89: Fassdegustation: Florales Bouquet. Eckiger Wein, der nicht voll ausgeglichen ist, unreifer Cabernet.   13/20 trinken ab 1996

1989 Potensac   **13/20**
90: Aufhellendes Kirschrot. Zwetschgenaroma. Aussen recht zugänglich, jedoch innen aggressives Tannin, wirkt vordergründig.   13/20 trinken ab 1994

1990 Potensac   **14/20**
92: Kein Fleisch, minimale Säure, wenig drin, gastronomisch.   14/20 1994 - 2000

Médoc

1991 Potensac   **12/20**
92: Nur eine Drittelernte. Schöne Farbe, funkelndes Rubin. Defensive Nase, sauber. Leichter Körper, wenig Charme, rauhe Zunge.   12/20 1993 - 1998

1992 Potensac   **13/20**
93: Helles Kirschrot. Tabaknase, riecht förmlich nach Rebenblättern. Gemüsiger Gaumen, unharmonisch, Schalenaromen mit Bitterkeit.   12/20 1995 - 2001
94: Mittleres Rubin-Granat. Gemüsige Nase. Leichter Körper begleitet von Laubaromen, wässriges Finish.   13/20 1995 - 2003

1993 Potensac   **13/20**
94: Dichtes Rubin. Florales Nasenspiel, Tabak, Efeu, Geraniolnote. Grüner, pelziger Gaumen, fehlt an Fett und Charme, magerer Körper.   13/20 1998 - 2006

CHÂTEAU RAMAGE-LA-BÂTISSE

1989 Ramage-la-Bâtisse   **16/20**
94: Dumpfe, tiefe Farbe, sanft aufhellend. Heisses Bouquet, leicht rosinierend, dahinter Brombeerennote, ansprechend. Saftiger, sauberer Gaumen, schön fliessend mit reifen Tanninen, warmes Toasting, welches gute Aromatik im Finish abgibt. Sehr guter Wein.   16/20 trinken - 2000

1990 Ramage-la-Bâtisse   **16/20**
94: Recht tiefe Farbe, Purpur-Granat. Verschlossenes, leicht reduktives Bouquet (braucht Luft), Zederntöne, tintig. Im Gaumen saftig, sehr ausgeglichen, sauber, gut vinifiziert, viel Aroma, im Finish Cassis, Brombeeren, gute Adstringenz, die Potential anzeigt. Kann vielleicht noch einen Punkt zulegen.   16/20 1996 - 2008

1991 Ramage-la-Bâtisse   **13/20**
94: Eher helles Granat mit wenig Tiefe. Eigenwilliges, fleischiges Bouquet, erste Evolution. Im Gaumen weich, wenig Tannine, die jedoch in der Adstringenz etwas pelzig wirken, verwässerter Körper, früh trinkreif.   13/20 trinken - 1997

1992 Ramage-la-Bâtisse   **15/20**
93: Mageres Purpur. Tintig, sauber, Brombeerenterroir. Schöne Fülle, hat Charme.   15/20 1996 - 2004

CHÂTEAU SÉNÉJAC

1984 Sénéjac   **11/20**
90: Holzig ohne Frucht.   11/20 nicht zu empfehlen

1985 Sénéjac   **15/20**
90: Offen mit der typischen Sénéjac-Frucht, die an kalifornische und australische Weine erinnert.   15/20 trinken - 1996

1986 Sénéjac   **15/20**
90: Mehrere Male degustiert. Im Moment in einer ersten Reife-Evolution. Macht in ein paar Jahren sicherlich mehr Spass, da ein ausgezeichnetes Potential vorhanden ist.   15/20 1993 - 2002

1987 Sénéjac   **13/20**
90: Heidelbeeren- und Dropsbouquet. Leider im Gaumen mit grüner Cabernet-Note.   13/20 trinken

1988 Sénéjac   **15/20**
90: Tiefblau. Florales Bouquet mit Fruchtverbindung, Rasse und Pfeffer, Kaffee und getrocknete Pflaumen. Reserve, markante Struktur.   15/20 trinken ab 1994
93: Tiefes Purpur. Rotbeerige, fleischige Nase, grüne, vegetale Note, Peperoni. Floraler Gaumen, Cabernet in Unterreife, das Tannin wirkt zähnebeschlagend, kerniger Wein.   14/20 1996 - 2004

1989 Sénéjac   **17/20**
90: Jenny Dobson sagte mir, die Qualität des 89ers sei nicht generell eine Frage des Wetters, sondern eine Frage der Erträge. Nun, sie hat schweren Herzens im Sommer massiv Trauben herausgeschnitten. Das Resultat lässt sich denn auch sehen. Der 89er Sénéjac hat alle Chancen, nicht nur unter den besten Crus Bourgeois vorne dabei zu sein, sondern auch weit in das gänzlich veraltete Klassement hineinzureichen. Ich werde sicherlich noch mehr Zeit haben, um über diesen phantastischen Wein zu berichten. Als Vorschusslorbeeren erhält er schon mal 17/20.
92: Komplex und gut strukturiert, recht erstaunliche Konzentration.   17/20 1994 - 2003

1990 Sénéjac   **17/20**
91: Diverse Assemblagen degustiert. Die definitive Variante: Tiefe, schwarz reflektierende Farbe. Schwarze Beeren, Lakritze, schöner Fond. Fülliger Charakter, im Gaumen reich an Tanninen, ausserordentlich charmanter Gaumenfluss, lang und elegant.   17/20 1995 - 2005
94: Noch immer sehr tiefe Farbe. Nase in der Fruchtphase, Veilchen, Black-Currant, Heidelbeeren. Im Gaumen nach wie vor charmant wie bei der Degustation von 1991. Im Rahmen der 90er ein zuverlässiger Wert mit einer Top-Cru-Bourgeois-Qualität.   17/20 trinken - 2005

1991 Sénéjac   **14/20**
92: Mittleres Rubin, recht tief. Caramel-Butternase, Tinte, Kaffee, leicht vegetal, dahinter Brombeerenmarmelade. Wenig Säure, weicher Gaumen mit Charme, nur Spuren von Tanninen. Ein süffiger, gastronomischer Wein, der sofort trinkbar sein wird.   14/20 trinken - 1998

1992 Sénéjac   **12/20**
93: Aufhellendes Purpur. Cabernet-Würznase, Paprikapulver, animalische Jodnote. Leichter Körper, mittlere Tannine, wirkt etwas verwässert, Kapselnote im Finish.   12/20 1996 - 2004

Château Sociando-Mallet

1981 Sociando-Mallet   **13/20**
89: Typischer Médoc. Etwas rauh mit leichtem Fasston.
13/20 trinken

1982 Sociando-Mallet   **17/20**
91: Tiefes Bordeauxrot, dicht. Klassisches Médoc-Bouquet, schwarze Kirschen, würzig, aber nur langsam öffnend. Kräftiger Gaumenauftritt mit ausgeglichener, einprägsamer Gaumenstruktur. Ein Latour. Langlebiger Wein.
17/20 1996 - 2010
93: Ich habe ihn eine Stunde lang dekantiert, und das war immer noch eine Stunde zu wenig. Leider habe ich zuvor meine eigenen Degustationsnotizen nicht gelesen, denn dann hätte ich nämlich gewusst, dass man immer noch drei Jahre warten muss. 17/20 1996 - 2010

1984 Sociando-Mallet   **14/20**
92: Schöne Farbe. Saubere, dichte Nase. Süsser Gaumen, fetter Körper. Keine grüne Note wie bei anderen 84ern. Erinnert an einen Côte Rôtie. Blind serviert käme man nie auf einen 84er. 14/20 trinken - 1997

1985 Sociando-Mallet   **16/20**
92: Sattes Bordeauxrot. Typische Médoc-Nase, Trüffel, Teer, erdig. Kräftiger Gaumen mit viel Gerbstoffreserven und ausbauendem Tannin. Wer ihn jetzt trinkt, sollte ihn 30 Minuten vorher dekantieren. 16/20 1994 - 2005

1986 Sociando-Mallet   **17/20**
89: Ist sehr wahrscheinlich der beste Cru Bourgeois in diesem Jahrgang! Dicht mit violett-schwarzen Reflexen. Ingwer, Koriandernase, vielschichtig. Stoffiger Körper mit Fleisch und Tannin beladen. 17/20 1996 - 2008
92: 3/8 Flasche: Nein - Korken hat der Wein nicht. Ich musste aber selbst zwei kleine Flaschen öffnen, bis ich es definitiv einsah. Er ist im Moment in einer fürchterlichen Reduktionsphase, und das zeigt sich anhand Gummiaromen in der Nase und korkenähnlichen Gaumennuancen. Trotzdem ist dahinter ein grosser Wein verborgen.
17/20 1995 - 2007

1987 Sociando-Mallet   **15/20**
90: Tiefe Farbe. Defensiv. Auch im Gaumen total verschlossen, aber vielversprechend. Tannine sind reich, in der Fruchtpräsentation Brombeeren. 15/20 1995 - 2005

1988 Sociando-Mallet   **16/20**
91: Purpur, mittel. Offen, Frucht- und Röstnase, Stall, Kaffee, schöne Würze. Im Gaumen Trüffelnote, die mitschwingt, nachhaltiges, intensives Finish.
16/20 1997 - 2006

1989 Sociando-Mallet   **17/20**
90: Tiefe Farbe. Vorne fett und reich, junges, kräftiges Tannin. Das Muster war von einer neuen Barrique gezogen, und deshalb schwer zu beurteilen. Sehr wahrscheinlich
17/20 1997 - 2009

1990 Sociando-Mallet   **18/20**
91: April: Die absolute Sensation unter den Crus Bourgeois. Violette, fast schwarze Farbe. Tiefwürzige Cassis- und Zedernnase, gross. Im Gaumen sehr viel Extrakt und Rasse, Lakritze und Holunder, viele, gesunde Tannine.
18/20 kaufen und ab 1997 trinken
93: Arrivage, blind: Violett, dicht. Perfektes Nasenbild, dicht, feingegliedert, voll entzückender Aromen. Seidiger Gaumen, cremig, schöne Frucht, dicht mit feinen, reifen Gerbstoffen, die eine ausgeglichene Adstringenz bewirken, Kaffee im Finale und blaubeerige Frucht. Das ist kein Cru Bourgeois, sondern ein Spitzen-Grand Cru.
18/20 1997 - 2015
94: Man kann ihn jetzt in der Fruchtphase durchaus geniessen. Schöne Heidelbeeren-, Cassisnote in der Nase. Feine, reife Gerbstoffe im Gaumen. 18/20 trinken - 2015

1991 Sociando-Mallet   **16/20**
92: Schönes, intensives Violett. Blaubeerige Nase, viel Frucht, sehr sauber vinifiziert. Im Gaumen Heidelbeeren,␣füllriger Gaumenbeginn mit kernigem, reifeverlangendem, bourgeoisem Extrakt, süsse, vanillige Holzpräsentation, ein wie gewohnt sehr zuverlässiger Wert. 15/20 1996 - 2006
93: Zählt zu den grössten 91ern und unter den Grössten zu den Billigsten. 16/20 1996 - 2006
94: Verführerisch süsses Brombeeren- und Caramelbouquet. Reife Frucht im Gaumen, wiederum schwarze Beeren, saftiger, recht dichter Fluss. 16/20 1996 - 2006

1992 Sociando-Mallet   **16/20**
93: Violett-Schwarz. Heidelbeeren- und Cassisnase, Vanillenote, schönes Terroir. Fülliger, fleischiger Gaumen, gutes Rückgrat, sensationelles Preis-Qualitäts-Verhältnis.
16/20 1996 - 2005

1993 Sociando-Mallet   **16/20**
94: Mittleres Violett-Rubin. Blaubeeriges Bouquet, schön ausladend, reife Frucht, feine, florale Würznote durch Cabernet-Anzeige. Cremiger, charmanter Gaumenfluss, rollende Gerbstoffe, viel Schmelz, weiche Säure, in der Adstringenz reifeverlangende Tannine. 16/20 1998 - 2007

Château La Tour-de-By

1970 La Tour-de-By   **12/20**
86: Händlerabfüllung: Brutale, rekordverdächtige Säure.
12/20 trinken

1979 La Tour-de-By   **11/20**
88: Matte Farbe. Defensiv mit Weichselkirschen- und Amaretto-Nuancen. Loser, angebrannter Cabernet, beissende Säure. 11/20 und weg damit

Médoc

1984 La Tour-de-By   **12/20**
94: Bräunliche Farbe. Ledriges, verrauchtes Bouquet. Malziger Gaumen, erdiger Ton, schwacher Körper, kurzes Finish.   12/20 vorbei

1985 La Tour-de-By   **15/20**
92: Dunkles Granat mit feinem Wasserrand. Dunkle, blaubeerige Nase, leichter Kaffeeton, offen, zedrig. Im Gaumen leider einige Geraniolspuren, die das Fruchtbild beeinträchtigen, vermischt mit gutem Terroir.   15/20 trinken

1987 La Tour-de-By   **11/20**
94: Bräunliches, wässriges Weinrot. Geraniolnase, Blumentopferde. Im Gaumen grasgrüne Peperoni. Er ist so schlank, dass Twiggy nebendran fast als Pummelchen erscheinen würde.   11/20 austrinken

1988 La Tour-de-By   **14/20**
89: Fruchtig, gefälliger Wein.   14/20 1994 - 2000

1990 La Tour-de-By   **15/20**
91: Granatfarben. Minzen- und Tabaknase. Sehr beerig im Gaumen, feine Tannine, für einen Cru Bourgeois eine gute Leistung.   15/20 1996 - 2006
94: Minzen- und Brombeerennase, sehr fein, ansprechend. Im Gaumen wiederum beerig, Heidelbeeren, jedoch etwas drahtiges Gerüst.   15/20 trinken - 2004

1991 La Tour-de-By   **14/20**
94: Recht tiefe Farbe. Terroirnase, Pfefferschoten und feiner Tabakton. Leicht dominierende Säure und Spuren von unreifem Traubengut, mildes Finish.   14/20 trinken - 2000

1992 La Tour-de-By   **11/20**
93: Mittleres Granat. Geraniol-, Terroirnase. Recht bitter im Extrakt, grün.   12/20 1995 - 2003
94: Die Nase wirkt etwas süsser, was ihm aber durchaus gesamthaft nichts hilft. Im Gaumen unsauber, zusammengefasst: Miserabel!   11/20 trinken - 1997

1993 La Tour-de-By   **13/20**
94: Sehr schöne Farbe, tief. Fruchtiges Bouquet, blaubeerig, sauber. Im Gaumen nicht ganz harmonisch von der Säurestruktur her, leicht aufrauhende Tannine.
    13/20 1996 - 2003

CHÂTEAU LA TOUR-CARNET

1975 La Tour-Carnet   **13/20**
91: Mittleres Granat, aufhellend. Reduktive Nase mit blumigem Charakter. Alkoholisch, kompakt mit Merlot-Präsenz. Schöner Körper, kräftig, gutes Extrakt. Frische, vordergründige Säure.   15/20 trinken - 1997
94: Mittleres, reifendes Granat. Fehlerhaftes Bouquet, Böckser. Bitter, metallischer Gaumenfluss, eine Blechbüchse, extrem kurz.   13/20 vorbei

1990 La Tour-Carnet   **16/20**
91: Tiefes Violett. Offen, parfümiert, exotische Nase. Weicher Körper mit weichem Finish.   16/20 1997 - 2007

1992 La Tour-Carnet   **15/20**
93 : Violett-Schwarz. Portwein-Bouquet, Dörrfrüchte, alkoholisch, Kokosnote von Allier-Eiche. Fülliger, fetter Körper, schöne Frucht, getrimmtes Journalistencuvée.
    15/20 1995 - 2003

1993 La Tour-Carnet   **13/20**
94: Mittleres Rubin. Offenes, alkoholisches Bouquet, Terroir, Cassis, blumig. Fruchtiger, zugänglicher Gaumen, leider herbe Tannine und bitteres Extrakt in der Struktur.
    13/20 2000 - 2011

CHÂTEAU LA TOUR-HAUT-CAUSSAN

1982 La Tour-Haut-Caussan   **18/20**
94: Tiefes, pflaumiges Weinrot, reifender Rand. Öffnendes Bouquet, heiss, voll im Aroma, feine Madeira-Note. Im Gaumen ebenfalls reif, korinthige Nuancen, schönes Parfüm, ein wunderbarer Wein auf dem Niveau des phantastischen 89ers.   18/20 trinken - 1998

1983 La Tour-Haut-Caussan   **15/20**
91: Leuchtendes, mittleres Granat. Offene, pfeffrige Nase, roter Paprika, daneben schöner Tabakton. Im Gaumen reife, fast marmeladige Frucht.   15/20 trinken - 2000

1985 La Tour-Haut-Caussan   **16/20**
91: Tiefes, klassisches Bordeauxrot. Füllige, reiche, beerige Médoc-Nase. Terroir, weiche Säure, fast gastronomischer, sehr gefälliger Wein, ohne dass ihm etwas vom Potential abgeht.   16/20 trinken - 2000

1986 La Tour-Haut-Caussan   **15/20**
91: Nicht harmonisch. Der Cabernet ist eckig und stört die Fülle des Merlot. Warten und hoffen.   14/20 1993 - 2006
94: Der Cabernet wirkt noch immer grün. Der Wein scheint sich aber jetzt doch etwas zu harmonisieren. Es lohnt sich ihn etwa eine Stunde zu dekantieren.   15/20 trinken - 2005

Gabriel

1987 La Tour-Haut-Caussan   **13/20**
91: Machte keinen sehr erfreulichen Eindruck auf mich. Ich hätte mir eine süffigere, gastronomischere Variante gewünscht. Hat im Moment Spuren von Bitterkeit.
                                           13/20 1993 - 1998

1988 La Tour-Haut-Caussan   **16/20**
92: Oft aus Magnums getrunken, die man für einen Spottpreis kaufen konnte. Tiefe Farbe mit violettem Schimmer. Offene Fruchtnase, Kaffee und Brombeeren, schön ausladend. Im Gaumen Ansätze von Fülle, reife Frucht, ein sehr gelungener Wein.   16/20 trinken - 2002

1989 La Tour-Haut-Caussan   **18/20**
91: Tiefe Farbe. Volle, fette Nase mit Kirschen- und Kaffeeton. Erinnert an einen Côte Rôtie von Guigal. Ebenso fülliger Gaumen mit viel Schmelz. Ein Wein zum Verlieben, vor allem, wenn man noch seinen Preis mit in Betracht zieht.   17/20 1994 - 2003
94: Auf dem Château degustiert. Dunkles Granat. Pflaumige Portwein-Nase, viel Tiefe. Im Gaumen füllig, voller Schmelz, grosses Potential, schönes Parfüm, ein phantastischer Wein, der in meinem Keller jederzeit Platz findet.
                                           18/20 trinken - 2008

1990 La Tour-Haut-Caussan   **18/20**
92: Tiefes Violett-Schwarz. Süss, Kaffee und schwarze Kirschen. Trüffel und dunkle Pilzspuren. Mitteldichtes Extrakt mit gut balancierten Tanninen.   17/20 1996 - 2005
93: An der Arrivage habe ich ihm blind 19 Punkte zugeteilt, und damit war ich bei weitem nicht der einzige, der grosszügig notierte. Im Vergleich mit dem Preis-Qualitäts-Verhältnis verdient er diese Note ganz bestimmt. Tiefe Farbe, Purpur mit schwarzen Reflexen. Wuchtige Nase, voll, Cassis, Brombeeren, komplex. Hochdichte Fülle, gebündelter Charme, Teer, Black-Currant, wiederum Cassis, perfekte Adstringenz, langes Rückaroma. 18/20 1997 - 2018

1991 La Tour-Haut-Caussan   **14/20**
92: Nur die Parzellen vom Cabernet Franc wurden vom Frost nicht betroffen. Violett-Rubin. Warme Frucht dominiert vorerst das Nasenbild, Brombeeren-, Trüffelspuren. Im Gaumen tintig, herbal, mittleres Potential mit Nuancen von nicht ganz ausgereiftem Fruchtfleisch.
                                             14/20 1995 - 2003
94: Fleischig, schöne Aromatik. Leichter Körper, wenig Frucht, mehr Terroir.   14/20 trinken - 2002

1992 La Tour-Haut-Caussan   **15/20**
93: Leuchtendes Rubin-Granat. Feine Trüffelnote in der Nase. Saftiger, brombeeriger Gaumen, runde Gerbstoffe, weiche Säure, leichter Wein, aber gut gelungen.
                                             15/20 1995 - 2003
94: Defensive Nase. Sehr leichter Wein, süffig, ohne Allüren.   15/20 1995 - 2002

1993 La Tour-Haut-Caussan   **15/20**
Im April 1994 aus vier verschiedenen Barriquen degustiert. Siehe nächste Seite.

BARRIQUE, BARRIQUE, BARRIQUE

Bei der Arbeit im Rebberg und im Keller kann ein Winzer die Qualität seines Weines massgeblich beeinflussen. Beim Ausbau des Weines im Fass ist er jedoch seinem Tonnelier ausgeliefert. Deshalb spielt die Wahl des Barriquen-Lieferanten für die Weinqualität und den Geschmack des Weines eine massgebende Rolle.

Die Region, aus der das verwendete Holz stammt, ist wichtig, oder auch das Toasting (Fasseinbrand), das dem jungen Wein in seiner Fruchtphase zusätzliche Aromen gibt. Um das Risiko für Fehlerquellen möglichst klein zu halten, wählen viele Châteaubesitzer oft fünf und mehr Lieferanten und bezahlen durchschnittlich etwa 750 Franken pro Fass. Auf die Weinflasche umgerechnet, macht dies etwa Fr. 2.50 aus, vorausgesetzt, der Weinmacher verwendet jeweils zu 100 % neue Eichenfässer. Das ist aber oft nur bei den Premiers der Fall.

Grundsätzlich unterscheidet man drei Fasseinbrände:

Helles Toasting:
Gibt das primäre Aroma des Holzes an den Wein ab. Dazu ist eine allererste, feingliedrige Qualität der Eiche nötig, weil sonst das Korn in der Struktur des Weines zu grob wird. Die begleitenden Aromen sind vor allem Vanillegeschmack.

Mittleres Toasting:
Die verbreitetste Verwendung, weil sich dieser Fasseinbrand sehr gut dem Wein anpasst, ohne den Strukturverlauf massgeblich zu beeinflussen. Die begleitenden Aromen sind Toastbrotnoten in der Nase und Carameltöne im Gaumen.

Starkes Toasting:
Selten wird dieser Fasseinbrand in grossen Proportionen verwendet. Der Geschmack des Weines wird zu stark beeinflusst. Vor allem bei Weinen mit Cassis-Grundaromen – wie beispielsweise Château Mouton-Rothschild oder Domaine de Chevalier – wirkt sich dies im Gaumen mit einer stützenden beziehungsweise fast dominanten Kaffeenote aus.

Welchen Einfluss die Hölzer aus den verschiedenen Regionen und von verschiedenen Lieferanten auf den Wein haben, zeigte eine ausführliche Fassverkostung auf Château La Tour-Haut-Caussan, dem aufstrebenden Cru Bourgeois von Philippe Courrian.

Die vergebenen Punkte für den 93er schwankten je nach Barrique zwischen "befriedigend" (14/20) und "sehr gut" (16/20). Ueber die Assemblage, das Mischen der Weine aus den verschiedenen Barriquen, wird erst im Frühling 1995 entschieden. Erst dann wird auch der 93er von Château La Tour-Haut-Caussan von mir definitiv bewertet werden.

Seit dem 92er arbeitet Philippe Courrian in zunehmendem Masse auch mit amerikanischer Eiche. Aufgrund der sehr positiven Erfahrungen will Courrian beim 93er neben französischen Eichen-Barriquen etwa 40 Prozent Fässer aus der neuen Welt verwenden.

1993 Château La Tour-Haut-Caussan

Barrique Saury; *Alliers und Nevers:*
Schönes Rubin. Leicht reduktive Nase, Brombeeren mit roten Nuancen unterlegt. Auf der Zunge körniger Gerbstoff, aussen schöner Schmelz, mittlerer Körper, leicht gehalten, im Finale sauberes Fruchtaroma.
15/20 1998 – 2005

Barrique Séguin- Moreau; *Alliers:*
Eher granatfarben. Komplexer, mehr Fett in der Frucht, eher marmeladig in der Nase. Feingliedriger Gerbstoff, seidiger Gaumen, passt sich besser dem Wein an.
16/20 1997 – 2005

Barrique Radoux; *amerikanische Eiche:*
Die tiefste Farbe aller vier Barriquen. Defensiv in der Frucht, mehr Terroir, versteckte Süsse. Verführerische Blaubeerigkeit, etwas grobkörniger als die Séguin-Moreau-Barrique, bindet die Säure in cremiger Form ab, Rioja-ähnliche Süsse, Côte-Rôtie-Geschmack und Caramelaroma im Finish. Eigentlich das beste Fass, würde aber überproportional verwendet den Wein im Grundaroma zu stark beeinflussen und eine gewisse Eindimensionalität bewirken. *16/20 1996 – 2003*

Barrique Radoux; *verschiedene Hölzer, vor allem Normandie und Mittelfrankreich:*
Dunkles Rubin. Floral in der Nase, die leicht grüne Cabernet-Note unterstützend. Zu Beginn im Gaumen soft, mittelfeines bis grobes Korn in der Struktur, wenig Süsse vermittelnd, verkürzt die Länge des Weines und gibt ihm eine bourgeoise Note, was wiederum nach mehr Reife verlangt.
14/20 1999 – 2006

MARGAUX

Grösster Wein:
1961 Palmer

Bester Wert:
1989 La Gurgue

Margaux

CHÂTEAU D'ANGLUDET

Es schadet diesem Château zuweilen, weil man den d'Angludet nur kauft, um mehr Palmer zu erhalten. Dabei ist dieser Cru Bourgeois selbst ein ausgezeichneter Wein. Mit dem Verzicht auf die Einsetzung der Erntemaschinen wäre eine zusätzliche Qualitätssteigerung möglich. Besitzer: Peter Sichel.
Im April 1993 verbrachte ich einen wunderschönen Sonntag auf dem Weingut bei Grilladen und einer Vertikale von 17 Jahrgängen plus einigen Jokern aus dem Privatkeller.

1961 d'Angludet   **16/20**
92: Leuchtendes Rubin-Granat mit mittlerer Dichte. Langsam öffnende Nase, Heuduft, Preiselbeeren- und Maulbeeren, leicht flüchtige Säure im Bouquet. Rotbeerige Aromen im Gaumen. Die Gerbstoffe sind abgebaut. Der Wein hat eine angenehme Balance von Säure- und Resttanninen und schmelzig-weinigem Körper. Trinkt sich noch sehr gut.
16/20 austrinken

1966 d'Angludet   **15/20**
93: Reifes Granat mit ziegelroten Reflexen. Leder- und oxydative Töne, pilzig, leicht modrig. Metallische Gaumenspitze, gezehrte Struktur. Über dem Zenit.
13/20 vorbei
Die oben stehende Wertung betraf eine Normalflasche aus dem Châteaukeller. Nach dieser schlechten 75 cl Flasche haben wir noch eine Magnum zum Mittagessen geöffnet, die bedeutend besser war.
15/20 trinken

1975 d'Angludet   **16/20**
94: Jugendliches, tiefes Weinrot. Laktisch-buttriges Bouquet, roter Holunder, Minze, Preiselbeeren. Schön parfümierter Gaumen, etwas drahtig und streng, könnte sich durchaus noch sehr positiv entwickeln. 16/20 trinken - 2005

1976 d'Angludet   **15/20**
93: Magnum: Helles Granat, feiner Reifeschimmer. Animalisches Bouquet, Polyesterton, Schokolade. Nicht so gebraten wie andere 76er. James Sichel: <<Die Normalflaschen sind bereits über dem Zenit.>> Magnumwertung:
15/20 trinken

1978 d'Angludet   **15/20**
93: Mittleres Granat, aufhellender Rand, intakte Farbe. Zurückhaltendes Bouquet, abgeklungene Frucht, Nuancen von flüchtiger Säure, terroirbetont. Mineralische Gaumennote, metallische Struktur, leichter Körper.
15/20 trinken - 2000

1979 d'Angludet   **16/20**
93: Tiefere Farbe als der 78er. Granat leuchtend, noch recht jugendlich. Kräftiges Terroirbouquet, Trüffelspuren, defensive Süsse, langsam öffnend. Fleischiger, feinsandiger Gaumen, hat Kraft, Gerbstoffe etwas trocken. Entwickelt sich an der Luft. Eine Stunde dekantieren.
16/20 trinken - 2005

1980 d'Angludet   **12/20**
93: Reifendes Granat mit aufhellendem Rand. Voll geöffnetes Bouquet, gekochte Frucht, welke Note. Leichter Körper, die Struktur ist etwas gezehrt, kurzes Finish.
12/20 vorbei

1981 d'Angludet   **16/20**
93: Mittleres Granat-Purpur. Würzige Cabernet-Nase, schöner Terroir-, Trüffelton. Die Gerbstoffe im Gaumen wirken noch recht jung und griffig. Bourgeoiser Wein, braucht noch Zeit. Mehr Médoc-, denn Margaux-Charakter.
16/20 1995 - 2008

1982 d'Angludet   **14/20**
92: Bei einem Mittagessen auf Château Palmer getrunken. Granat mit verdecktem Reifeschimmer. Terroirbetonte Nase mit verhaltener Frucht, Herbsttrompeten, dunkle, zerlassene Schokolade. Im Gaumen elegant, weich mit feiner Ledrigkeit auf der Zunge, mittleres, leicht rauchiges Finish.
15/20 trinken - 1997
93: Tiefes, dichtes Purpur mit feinem Wasserrand. Eigenwilliges, typisches Bouquet, wuchtig, gekochte, heisse Frucht. Sandiger Gaumenfluss, das Fett vermischt sich nicht recht mit den Gerbstoffen, aufrauhend, Tendenz zum Austrocknen.
14/20 trinken

1983 d'Angludet   **16/20**
87: Ein überdurchschnittlicher 83er, sehr verschlossen.
15/20 trinken ab 1992
91: Noch immer sehr verschlossen. Warten.
92: Reifende Farbe. Das trockene Extrakt wird mit dem Luftzutritt zunehmend geschmeidiger. 30 Minuten dekantieren.
16/20 trinken - 2000
93: Hat sich im Feld der Giganten während einer grossen 83er Médoc-Degustation recht gut gehalten. Etwas alkoholisch, Jod, feine Metallspuren in der Struktur, unfertige Tannine, animalische Note.
16/20 trinken - 2000
93: Leuchtendes Granat-Purpur, recht dicht. Kompakte Nase, komplex, zeigt Dichte und Fülle an, ist erst zur Hälfte geöffnet, dunkle Schokonote. Fülliger, gebundener Gaumen, aussen Charme, innen sandiger Gerbstoff, mittlerer Körperbau. Sehr gut.
16/20 trinken - 2003

1984 d'Angludet   **11/20**
89: Ein einfacher, cabernetlastiger Wein. 12/20 trinken
93: Helles Granat mit starkem Wasserrand. Metallische Nase, keine Frucht, irgendwie leer. Leichter Körper, der Gaumen ist geprägt von einer dominierenden, aufrauhenden Blechnote.
11/20 austrinken

1985 d'Angludet   **17/20**
87: Mittleres Granat, öffnende Nase mit Würze, eher kurzer Wein, dem es im Moment noch an Eleganz fehlt.
15/20 trinken ab 1992
93: Sattes Purpur, jugendlich. Wuchtiges Bouquet, burgundischer Pinot-Ton, süss, Preisel- und Himbeerenspiel, leicht faisandiert. Fruchtiger Gaumen, reifes Tannin, schöner Fluss, die Gerbstoffe sind bereits etwas angerundet

und deshalb kann der Wein in seiner Jugendphase bereits mit viel Freude getrunken werden. 17/20 trinken - 2008

1986 d'Angludet **17/20**
89: Preis-Leistungs-Bombe! Mittleres Purpur mit schwarzen Reflexen. Tiefes Zedernbouquet cabernetlastig, schlank mit viel Finessen, gut proportioniert.
16/20 trinken ab 1995
93: Tiefes Purpur, dicht. Konzentriertes Nasenbild, verführerische Fruchtsüsse, tiefe Terroirwürznote. Dicht beschichtete und reiche Tanninstruktur, feinsandig, gutes Rückgrat, gesundes, stoffiges Extrakt. 17/20 1996 - 2014

1987 d'Angludet **14/20**
93: Helles Granat, grosser Wasserrand. Caramel-, Butternase, voll geöffnet, sauber. Schmeichelnder Gaumenfluss, burgundisch, rotbeerig, kurzes, aber angenehmes Finale.
14/20 trinken - 1997

1988 d'Angludet **17/20**
89: Wiederum sehr gut vinifiziert. Breite Palette mit Eleganz, jedoch unter der 86er Qualität.
15/20 trinken ab 1995
91: Auf dem Château nachdegustiert. Er hat einfach ein bisschen zu wenig Fett und Fleisch. Trockene Struktur.
16/20 1996 - 2006
91: Arrivage: Relativ helles Rubin. Zedern-, Terroir-, Cigarrennase, gebrannt. Weichselkirschen, leicht bitter mitschwingende Note. Schwer zu bewerten.
92: Granat-Purpur. Lackton, fett, Rauchnuancen und Bonbon. Eine grüne Note, die mitschwingt. Mittlere Konsistenz, macht aber Fortschritte. 16/20 1996 - 2006
93: Schöne Purpurrobe, dicht. Süsser Toast-, Fruchtton, vielschichtig, Moccanuancen, die Barrique dominiert das Bouquet. Schönes Fruchtparfüm, reifer Gerbstoff, hat Schmelz im Extrakt, langer, blaubeeriger Nachklang. Legt nach dem Dekantieren nochmals zu und wird verführerisch rund und süss. 17/20 1995 - 2010

1989 d'Angludet **16/20**
91: 58 hl. Granatrot mit guter Stütze. Wunderschön fruchtige Nase mit gebundenem Fett. Weiche, fette, reife Tannine. Im Gaumen ein Spiel von Veilchen und Würze. Grossartiger Wein. 16/20 1996 - 2008
92: Arrivage: Purpur mit Karmesinreflexen. Stoffanzeige in der Nase, rotbeerige Frucht (Erdbeeren und Himbeeren), leichte Tabaknote, die mitschwingt. Im Gaumen aussen mit Schmelz umgeben, auf der Zunge rotbeerige Säure in Johannisbeerenform. Ein feiner Würzbitterton durch komprimiertes Extrakt. 16/20 1995 - 2005
93: Sattes Purpur. Reduktive Nase, leichter Böckser, sehr verschlossen. Extrem feine Gaumenbeschichtung, fast seidig, mittleres Cassis-Finish. Eine Spur leichter als der 88er.
16/20 1994 - 2007

1990 d'Angludet **15/20**
91: Granat, mitteltief. Offene Nase mit leichter, grüner Tabaknote. Brombeeren. Zugänglicher, fetter Körper.
15/20 trinken ab 1998
92: Dürfte ein bisschen konzentrierter in der Fruchtfleischanzeige sein, Zwetschgenschalen. Im Moment kernig.
15/20 1995 - 2004
92: Pflaumig, fett, konfitürig, Burgunder-Note, heiss (Corton), Erdbeeren. Füllig, rund mit pfeffriger Säurespitze, nicht ganz ausgeglichen, eher kurz. 15/20 1995 - 2004
93: Aufhellendes Granat. Öffnendes, marmeladiges Kaffee-, Schokobouquet, buttrig, Hagebuttentöne. Weicher Gaumenfluss, wenig Säure, Honigtöne, leichter Körper, weniger Gerbstoff als 1988 und 1989. Für einen 90er eher enttäuschend. Sehr wahrscheinlich schnell entwickelnd.
15/20 1994 - 2004

1991 d'Angludet **13/20**
92: Handlese, die jungen Reben wurden eliminiert. 55 % Cabernet Sauvignon, 35 % Merlot, 10 % Petit Verdot. Der Petit Verdot hat weniger Frost erlitten und ist deshalb stärker vertreten als sonst üblich (6-7 %). Dicht, tief, violett. Fleurie-Nase, Veilchen. Im Gaumen tabakig, vegetal, Zwetschgenschalen. Herbe Note in den Tanninen, Spitzwegerich, pelzig. Tannine neigen zur Trockenheit.
14/20 1995 - 2005
92: Tabak- und Eucalyptustöne, Peperoninote, eckige Tannine. 13/20 1994 - 2003
93: Violett-Purpur, tiefer als beim 90er. Süsses, beeriges Bouquet, gebunden, ansprechend. Stoffiger Gaumen, leicht aufrauhend aber gut proportioniert, schöne Süsse. Einfacher, aber gut gelungener Wein, angenehmes Finale.
13/20 1994 - 2002

1992 d'Angludet **13/20**
93: Mittleres Purpur mit starkem Wasserrand. Primäre Fruchtnase, sauber, Himbeerentöne. Spitze, störende Säure, aufrauhende Adstringenz, pelzige Struktur, eher kurz.
13/20 1996 - 2004
93: Mittleres Rubin-Purpur. Himbeeren-, Bonbonsüsse, primäre Frucht. Saftiger, gefälliger Gaumen, leichter Körper. 13/20 1994 - 2003

1993 d'Angludet **16/20**
94: Tiefes Purpur-Violett. Rotbeeriges Bouquet, Preiselbeeren, Barbera-Süsse, zart. Saftiger, weicher Gaumenfluss, volle Eleganz, schmeichelnde Gerbstoffe, angenehmes Finish. Beeindruckend ist, dass er als Cru Bourgeois derart voll feinster Finessen ist. 16/20 1997 - 2006

Margaux

Château Bel-Air-Marquis-d'Aligre

1959 Bel-Air-Marquis-d'Aligre   16/20
93: Tiefdunkler Wein. Artisanale Nase, die Luft braucht. Im Gaumen fleischig, gut gebaut. Am schönsten trinkt er sich nach 30 Minuten Dekantierzeit.   16/20 trinken - 2000

1966 Bel-Air-Marquis-d'Aligre   13/20
90: Tiefes Granat. Offene Nase, recht fett, Waldhonig. Im Gaumen zerlassene Butter und Mocca. Unter der Fülle inkonsistent.   13/20 austrinken

1976 Bel-Air-Marquis-d'Aligre   11/20
85: Farbe mit ziegelroten Reflexen, staubige Nase, im Abgang kurz und trocken. Macht keinen Spass.
11/20 trinken, in möglichst kleinen Schlückchen!

Château Boyd-Cantenac

1975 Boyd-Cantenac   13/20
87: Rauhe Säure, rustikaler Körper, der an der Luft nach 30 Minuten zerbricht.   13/20 trinken
94: Tiefes, dichtes, noch jugendliches Granat-Purpur. Torf-, Jodnase, sehr erdig. Im Gaumen aussen noch füllig, innen kerniges mit Säure verbundenes Tannin, metallische Zunge, extrem kurz.   14/20 trinken - 2005

1978 Boyd-Cantenac   13/20
91: Purpur-Rubin. Wildnase, Teer, faules Fass. Im Gaumen unsauber und grasig. Ein drahtiger, ambitionsloser Wein ohne Charme.   13/20 trinken
93: Wiederum sehr drahtig. Ich habe aber festgestellt, dass ihm Luft ein bisschen hilft. Vielleicht 30 Minuten dekantieren.   13/20 trinken

1980 Boyd-Cantenac   13/20
86: Sauberes, unkompliziertes Veilchenaroma in der Nase. Im Gaumen nasses Gras, leichter Körper, Zedernholz.
13/20 trinken

1982 Boyd-Cantenac   12/20
93: Reifende Farbe, oranger Rand. Pferdige Nase, altes Fass, leichter Faulton. Im Gaumen metallisch. Ein sehr verhaltener Genuss.   12/20 trinken - 2000

1983 Boyd-Cantenac   15/20
87: Kompakte, süsse Nase, enorm fruchtig.
15/20 trinken - 1997

1985 Boyd-Cantenac   11/20
88: Mittleres Purpur. Minzig und krautig, Zibetkatze. Dünn, ausdruckslos, ein miserabler 85er.   11/20 weit weg damit!

1986 Boyd-Cantenac   13/20
89: Mittleres Purpur. Unsaubere Nase, altes, abgehangenes Fleisch. Im Gaumen primär gefällig, darunter wieder unsauber, bitteres Tannin. Gut lüften, oder warten bis ihn andere getrunken haben, um sich einer besseren Flasche zuzuwenden.   13/20 1994 - 2005

1991 Boyd-Cantenac   13/20
92: Purpur mit orangen, aufhellenden Reflexen. Kräuterwürznote, Wermut, Rosmarin. In der Struktur eine gewisse Härte und vegetal. Unlogischerweise mit einem sauber endenden Fruchtfinish, das nach Erdbeeren riecht.
13/20 1996 - 2004

1992 Boyd-Cantenac   12/20
93: Mittleres Rubin. Strenge Nase, holzig. Randenaromen im Gaumen, die Säure-Tannin-Verbindung ist zähnebeschlagend.   12/20 1996 - 2006

1993 Boyd-Cantenac   13/20
94: Mittleres Rubin, starker Wasserrand. Oxydatives, fehlerhaftes Bouquet. Im Gaumen unharmonisch mit Lücken in der Struktur.   13/20 2000 - 2010

Château Brane-Cantenac

Aus dem Wein von Brane-Cantenac wäre sehr viel mehr zu machen, wenn die Lurtons nur wollten...

1928 Brane-Cantenac   11/20
88: Mittlere Schulter. Farbe mahagonibraun. Madeira-Portwein-Nase mit Böckser, der mühsam verfliegt. Im Gaumen Kräutertöne (Gewürznelken), Säurewerte, die ihn am Leben erhalten, kurzer Abgang.   11/20 vorbei

1959 Brane-Cantenac   15/20
90: Braunes Weinrot. Kurzes, reifes Bouquet, tabakig. Schmeichelnder Gaumenfluss, Kaffeearomen.
15/20 austrinken

1962 Brane-Cantenac   15/20
94: Fast braune Farbe, ziegelrote Reflexe. Vollständig geöffnetes Bouquet, Schokonote, Butter. Im Gaumen wässrig inkonsistent, relativ kurz. Nase besser als Gaumen.
15/20 austrinken

1966 Brane-Cantenac   17/20
93: Reifende Farbe mit schöner Tiefe. Kräuter, Zedernnase, grün, grasig, unentwickelt. Im Gaumen kapselig, gutes Rückgrat und Fleisch. Er ist noch sehr jung, man sollte ihn dekantieren. Ich vermute jedoch, dass hier ein Teil des unverkäuflichen Jahrganges 1965 versteckt worden ist.
17/20 trinken - 2006

Gabriel

1967 Brane-Cantenac   **13/20**
87: Reiches Erscheinungsbild (Aufschneider?). In der Nase Gemüsearomen (Sellerie). Öliger Körper mit plumper Eleganz, langsam abklingend.   13/20 austrinken

1971 Brane-Cantenac   **12/20**
85: Wie immer ohne Fleisch, Eisen, Holz.   12/20
88: Jetzt in der Endkonsumationsphase, extremer Dunggeschmack. Sofort trinken!   12/20

1975 Brane-Cantenac   **13/20**
88: Keine Glanzleistung! Schmale, blaubeerig-rauchige Nase, trockener, fast dünnflüssiger Körper, steht schwach auf den Beinen.   13/20 trinken - 1994

1976 Brane-Cantenac   **13/20**
88: Braune Farbe. In der Nase offen. Im Gaumen Wiesenduft (getrockneter Kuhfladen) zerbrechlich und angezehrt.   13/20 sollte getrunken sein

1978 Brane-Cantenac   **14/20**
87: Nase reif. Mittelbreit, fruchtig, mit losem Cabernet, nicht die feine Art.   14/20 trinken - 1995

1979 Brane-Cantenac   **13/20**
87: Diskrete Nase. Elegant und fein, reif, kann noch ein paar Jahre lagern, wird aber sicherlich nicht mehr gewinnen.   14/20 trinken
92: Reife Farbe. Süss, buttriges Bouquet, Röstton, offener Merlot. Weicher Gaumen, mittelgewichtig. Trocknet an der Luft aus.   13/20 austrinken

1981 Brane-Cantenac   **15/20**
92: Leuchtendes Rubin mit blauen Reflexen. Saubere Nase, Brombeeren, fein nuanciert. Im Gaumen feine Säurestruktur, fast keine Tannine mehr und schön ausgeglichen. Schlank, wie so viele Branes.   16/20 trinken
92: Mittleres Granat mit oranger Färbung. Offene Nase, würziges Terroir, Trüffelnote. Im Gaumen weich, elegant, die Tannine sind abgebaut, zartbitteres Finish.   15/20 trinken - 1995

1982 Brane-Cantenac   **13/20**
87: Tiefes, klares Purpur, transparent, Cabernet Franc in der Nase, schwaches Holz, Rückgrat, keine Aromenpalette, medizinal.   15/20 trinken - 1997
91: Fein, dünn, bereits leicht gezehrt.   13/20 austrinken

1983 Brane-Cantenac   **13/20**
87: Nase mit kalifornischem Holunder-Zimt geprägt, schmale Frucht, jedoch besser als viele seiner früheren Weine.   16/20 trinken - 1996
93: Enttäuschte sehr an einer 83er Blind-Degustation. Schwach auf den Beinen mit oxydiertem Luftton, wirkte brandig. Entwickelte sich an der Luft sehr zu seinem Nachteil. Wieder degustieren und hoffen. Wenn sich dasselbe herausstellt, dann ist er nur noch 13/20 wert. austrinken

1984 Brane-Cantenac   **12/20**
92: Bordeauxrot mit dunklen Reflexen. Fleischnase, schwarze Beeren, Leder, leicht faisandiert. Im Gaumen ziemlich fade und leer. Magere Konstellation.   12/20 austrinken

1985 Brane-Cantenac   **16/20**
88: Ich konnte es selbst fast nicht glauben, dass ich diesem Wein in einer Blindverkostung nur 16 Punkte gegeben hatte, während andere Degustatoren im Schnitt wesentlich höher lagen. Öffnende, ausladende Nase, Lakritze. Im Gaumen fleischig, mit angedeuteten Finessen und schöner Länge, Aromen von fermentiertem Schwarztee, die mitschwingen.   16/20 1992 - 2001

1986 Brane-Cantenac   **15/20**
88: Ein recht guter Wein. Die typisch neue Note von Brane: Tief mit viel Extrakt, feingliedrige, trockene Strukturen.   15/20 trinken ab 1995
89: Reift schneller als angenommen.   15/20 trinken - 2002

1987 Brane-Cantenac   **12/20**
92: Leichte Farbe. Nase ohne Frucht und Druck. Ein höchst bescheidener Gaumenauftritt.   12/20 trinken - 1994

1988 Brane-Cantenac   **14/20**
89: Der 85er scheint der einzige Lichtblick in der neuen Brane-Dekade zu werden. Blaubeerige, reife Frucht. Schlank und wenigstens noch elegant. 14/20 1991 - 1998

1989 Brane-Cantenac   **18/20**
90: Violette Farbe. Schönes, parfümiertes Fruchtbouquet. Defensive Süsse, reiches Tannin. Gute, gesunde Säure. Lassen wir uns überraschen.   17/20 1997 - 2008
94: Recht dichtes Purpur mit feinem Wasserrand. Erdigrauchiges Bouquet, Bakelit, etwas staubig, Zedernnote. Säuerlicher Gaumen, die Säure dominiert den Körper und gibt ihm eine reifeverlangende Strenge, viel Gerbstoff, gutes Alterungspotential, muss aber noch an Harmonie zulegen. Ein ungewöhnlich guter Brane-Cantenac.   18/20 2000 - 2015

1990 Brane-Cantenac   **15/20**
91: Tiefes Purpur mit blauen Reflexen. Softe, kühle Nase. Brombeerengelee. Trockene Tannine mit vordergründiger Struktur. Im Finish weich mit wenig Nachdruck.   15/20 1996 - 2007

1992 Brane-Cantenac   **12/20**
93: Schönes Rubin. Kastanienholznase, welkes Blatt, zurückhaltend. Wenig Säure, kurz, negative, bittere Gerbstoffe.   12/20 1995 - 2003

1993 Brane-Cantenac   **15/20**
94: Mittleres Rubin mit Purpurreflexen. Offenes, leicht alkoholisches Bouquet, dunkle Röstnote. Saftiger Gaumen, aufrauhende Struktur durch grobe Barrique, leicht marmeladig, angenehmes Finish.   15/20 1999 - 2010

Margaux

CHÂTEAU CANTENAC-BROWN

1945 Cantenac-Brown 14/20
91: Granatrot mit Wasserrand. Zerlassene Butter, Caramel. Fett. Im Gaumen erst komplex mit relativ frischer Säure. Trockener Gerbstoff und metallisches Gerüst.
14/20 austrinken

1961 Cantenac-Brown 11/20
91: Junge Reflexe mit leichtem Wasserrand. Nasse Wolle in der Nase, darunter verdeckte Süsse und Buttergeschmack. Im Gaumen Würzanklänge der dritten Phase, mit Himbeeren vermischt. Bittere Säure. Im Finish essiglastig. 13/20 trinken
92: Flüchtige Säure in rauhen Mengen. Nach dreimaligem Dekantieren hatte ich die Hoffnung endgültig aufgegeben. Ich ertrug diese Tragödie wesentlich leichter als die Mitdrinkerin, die sich zu sehr auf einen Wein ihres Jahrganges gefreut hatte. 11/20 austrinken oder ins Essigfass

1966 Cantenac-Brown 17/20
88: Ein 66er, der sich unerfreulich entwickelte. Helles Granat mit rubinen Reflexen. Nase erst staubig, darunter extrem säuerlich-rotbeerig, saurer Weichselton, dünner, drahtiger Körper, geprägt von eiserner Säure, die das ganze Zungenbild beherrscht. Eigentlich viel zu viele Worte für einen derart schlechten Wein. 12/20 weg damit - oder einem Feind verschenken!
90: Es muss sich offensichtlich 1988 um eine schlechte Flasche gehandelt haben. An einer umfassenden 66er Degustation hatte ich nämlich eine erstaunlich gute Flasche. Um so mehr Pech für mich, da ich zuvor sämtliche anderen Flaschen, die ich noch im Keller hatte, aufgrund meiner ersten Notizen verhöckert habe. Weinrot mit Kastanienreflexen. Dicht, konzentriert, Zedernholzanflüge, gebrannte Süsse (Korinthen). Würziger Gaumen, feingliedrig. Kräftiger, jung wirkender Wein. 17/20 trinken - 2000

1970 Cantenac-Brown 17/20
93: Noch jugendliche Reflexe in der Farbe. Reduktives Bouquet, Trüffel, dunkles Edelholz, rotbeerig, geröstetes Terroir. Im Gaumen noch prägnante Säure mit trockenem Gerbstoff langsam verbindend. Braucht noch eine ganz geraume Zeit bis zu seiner besten Genussphase.
17/20 1997 - 2015

1986 Cantenac-Brown 14/20
89: Bei einem Mittagessen mit Jean-Michel Cazes getrunken! Softer Wein mit wenig Tiefgang, eher leichter Stil.
14/20 1992 - 2002

1987 Cantenac-Brown 12/20
90: Heisse Aromen, die an einen Corton erinnern, leichte Fäulnis darunter, sehr weit entwickelt. Leichter Wein.
12/20 trinken

1988 Cantenac-Brown 17/20
89: Schien mir extrem trocken und ohne Saft zu sein, herb.
15/20 trinken ab 1996 ?
90: Hat gewonnen und ist ein wenig runder geworden, spanischer Holzton. 16/20
91: Eine Mischung meiner Eindrücke von den zwei Fassproben 1989 und 1990. Purpur-Violett. Lacknase, Teer, soft. Im Gaumen erst weich, dann härter werdend, Milchsäureanzeige. 15/20 bald - 2004
93: Recht tiefe Farbe. Fettes, süsses Bouquet, Dörrfrüchte, Tabak, Cigarrenkiste. Gutes Extrakt, zeigt einen gewissen Reichtum, stark adstringierend. Er hat mich vom Potential her derart überzeugt, dass ich gleich um zwei Punkte erhöht habe. 17/20 1995 - 2007

1989 Cantenac-Brown 14/20
90: Februar: Grösserer Ertrag als 1988. Die erste Ernte unter der Regie von Jean-Michel Cazes! Die Vinifikation fängt bei 18-20 Grad an und wird am Schluss auf rund 30 Grad angehoben. Eher leichte Farbe. Defensive Nase, in einem müden Stadium. Seitliche Tannine, fehlt jedoch als Margaux an Stoff, eher Pauillac-Typ. 14/20 trinken ab 1996
91: April: Parfümierte Nase, Nüsse und Kaffee. Trockene Struktur und holzig. Man hätte diesen Wein nicht so lange in den Barriquen lagern sollen.
92: Arrivage: Sattes Purpur. Offenes Bouquet, Süssholznote, heiss, Wildaromen, Cassis. Im Gaumen extrem soft (tiefer PH-Wert?). Fehlt an Rücken und Persönlichkeit. 14/20 1994 - 2000

1990 Cantenac-Brown 17/20
91: Volle Farbe, Rubin mit schwarzen Reflexen. Defensiver Terroirton und schwarze Früchte, etwas tardive. Im Gaumen Heidelbeeren und recht viel Charme. Mehr Tannin als der 89er. Aggressives Tannin. Könnte aber auch von einer Barrique stammen. Der Zweitwein präsentiert sich im Moment besser. 15/20 abwarten
92: Heisses Marronibouquet, Edelholznote, Dörrfrüchte, Kaffee. Im Gaumen griffige Tannine und wiederum Dörrfrüchte mit verdecktem Korinthenton, recht tardive. Wirkt auf der Zunge durch eine grüne Bitternote scharf.
16/20 1997 - 2008
93: Violett-Schwarz. Animalische Note, Stall, Terroir, dunkle Beeren. Im Gaumen viel Stoff, Süsse im Extrakt, perfekt balanciert. Nicht die Überkonzentration, sondern das Konzentrat an Finessen machen diesen Wein recht interessant. 17/20 1996 - 2012
94: Hat sich wiederum sehr gut mit grossem Potential, anlässlich verschiedener Weinproben mit Jean-Michel Cazes, gezeigt. 17/20 1996 - 2010

1991 Cantenac-Brown 13/20
92: Die Ernte war um den 2. Oktober und bestand durchwegs aus Trauben der zweiten Generation. Mittleres Rubin. Bereits erste Toastanflüge von der Barrique, gekochte Frucht, kräftige, fast pfeffrige Nase, feine Koriandernote. Weicher, charmanter Gaumen, softe Tannine, dahinter griffige Tanninstruktur, die Reife verlangen wird. Eine

kernige, fast grüne Spur leitet zur leider typischen Cantenac-Metall-Lastigkeit mit entsprechender Bitternote über. Im Wesen ein 84er. 13/20 1997 - 2007
93: Eingedicktes Erdbeerenaroma, die Barrique wirkt bitter. 13/20 1997 - 2007

1992 Cantenac-Brown   **15/20**
93: Tiefes Violett. Veilchen, Brombeeren, Zedernnuancen. Schlanker, aber gut stützender Gaumen, seidige Gerbstoffe, trotz grünen Spuren etwas Frucht, leichter Körper, mildes Finish. 15/20 1996 - 2005

1993 Cantenac-Brown   **16/20**
94: Dichtes Rubin-Purpur. Zurückhaltendes Bouquet, Preiselbeeren, Sägespäne von der Barrique. Stoffiger Gaumen, dicht gegliedertes Extrakt, animalisch, viel Gerbstoff, stark adstringierend, schönes, aromatisches Rückaroma.
16/20 2000 - 2016

CHÂTEAU CANUET

(Zweitwein von Cantenac-Brown)

Der Canuet ist erst seit dem Jahrgang 1986 die Zweitetikette des Hauses Cantenac-Brown. Früher war dies ein eigenständiger Cru.

1983 Canuet   **12/20**
93: Magnum: Nichts bewegendes, eher enttäuschend. Gemüsig, ohne Rückgrat, nasse Wolle. 12/20 austrinken

1987 Canuet   **13/20**
90: Superfrucht, pflaumig und Teearomen, leicht ohne Ekken. 13/20 trinken

1988 Canuet   **12/20**
90: Warme Nase, Schwarztee, recht fett. Tannine nicht ganz ausgereift, neigt im Gaumen zu Härte unter dem fetten Körper. 13/20 keine Zukunft
91: Purpur, hell. Gummi, PVC-Lacknase. Fein parfümiert im Gaumen. Leichtgewicht ohne Abgang. 12/20 trinken - 1997

1989 Canuet   **15/20**
90: Frische Frucht, leichter Körper, vordergründiges Tannin. 15/20
91: Wiederum als eher leichten Wein erlebt. Im Moment etwas bitter im Tannin. 15/20 1994 - 1998
92: Arrivage: Granat-Purpur. Mineralische Note, dahinter englische Bonbons, rote Fruchtkonstellation, metallische Spuren in den Tanninen, die den Wein im Moment beherrschen. 15/20 1994 - 2004

1990 Canuet   **15/20**
91: April: Rubin-Purpur. Pfeffriger Himbeerengeschmack. Fülliger, komplexer Gaumen, fett, rund. Dichte, stoffige Textur. 15/20 trinken ab 1995
92: Würziges Preiselbeerenbouquet vermischt mit schwarzen Beeren. Weicher, charmanter Fluss, feine Tannine. Leider auch hier im Moment Grünspuren wie bei seinem grossen Bruder. 15/20 1994 - 2004

1991 Canuet   **13/20**
92: Scharlachrot. Verlockendes Würzbouquet, Walnuss, kalifornische Backpflaumen. Süffiger Gaumen, sehr sauber und spontan, feingliedrig mit ausgeglichener Adstringenz. 13/20 1994 - 2000

CHÂTEAU DAUZAC

1893 Dauzac   **18/20**
93: Jéroboam: Tiefes Granat mit Reiferand. Rauchige Nase, leichter Madeira-Ton, dahinter viel Terroir und Trüffel. Schmelziger Gaumen, runde Gerbstoffe, schöne Grundaromen, erinnert an einen reifen, grossen Zinfandel. 18/20 trinken, um sicher zu gehen aus der Jéroboam!

1978 Dauzac   **14/20**
92: Granat mit hellem Wasserrand. Käsige Nase, Wild. Im Gaumen noch Brombeerenresten. Wirkt grazil, mittelgewichtig mit wässrigem Finish. 14/20 austrinken

1983 Dauzac   **13/20**
87: Beissende Säure, zu viel sekundäres Tannin.
13/20 1990 - 1997

1988 Dauzac   **14/20**
89: Exotisches Caramel vom Barriquentoasting in der Nase. Einfacher, zugänglicher Wein. 14/20 1992 - 2000

1990 Dauzac   **13/20**
91: Helles Granat. Offen. Extrem harte, eckige Tannine.
13/20 trinken ab 1998

1991 Dauzac   **15/20**
92: Purpur, recht dicht. Intensive Nase, die nach gekochten Früchten riecht, Himbeeren, Rauch. Im Gaumen feingliedrig, dichter Körper. Im Nachklang Edelhölzer. Die absolute 91er Überraschung. 15/20 1995 - 2004

1992 Dauzac   **14/20**
93: Tiefes Purpur. Hölzerne Nase, leicht stallig. Die Barriquendominanz erschwert das Degustieren. Fester Körper, pfeffrig, etwas rustikal. 15/20 1997 - 2008
Wieder degustiert. Zeigt im Gaumen ein relativ grosses Potential, ist jedoch von harten Gerbstoffen geprägt.
14/20 1997 - 2008

1993 Dauzac   **16/20**
94: Violett-Purpur, dicht. Höchst eigenwilliges Bouquet, gemüsig. Im Gaumen aussen schmelzig, viel Aromatik, zeigt Stoff, gute Adstringenz, eine kleine Überraschung.
16/20 2000 - 2010

Margaux

Château Desmirail

1928 Desmirail 12/20
91: Hell mit Himbeerenreflexen. Asphaltnase mit verdecktem Schwefelton. Im Gaumen Wildgeruch (Fuchs). Die Säure dominiert auf der Zunge. 12/20 vorbei

1983 Desmirail 12/20
87: Frühreifer, mittelgewichtiger Wein mit enormen Evolutionsschwierigkeiten. 13/20 trinken - 1995
92: Blind im Lion d'Or in Arcins getrunken. Extrem reife Farbe. Faisandierte Nase. Die Struktur ist bereits gezehrt.
12/20 austrinken

1985 Desmirail 13/20
88: Transparentes Granat. Fruchtig, parfümiert ohne die nötige Klasse, wenig Stoff und vielleicht auch etwas oberflächlich. 13/20 1992 - 1998

Château Durfort-Vivens

1957 Durfort-Vivens 11/20
91: Kastanienbraune Farbe. Offen, brandig, Madeira und Rauch. Im Gaumen stielig, ledrig, ausgetrocknet.
11/20 vorbei

1962 Durfort-Vivens 16/20
88: Reifes, braunes Granat. Heisse Nase, kompakt, schwer unterlegt, schönes Parfüm. Metallischer Körper. Kleiner, aber schöner Wein. 16/20 trinken

1981 Durfort-Vivens 13/20
87: Dunkles Granat mit dumpfem Schleier, Brauntöne. Würziger, klassischer Duft, viel Cabernet. Eher dünner Körper, im Abgang enttäuschend, wenig Fleisch.
13/20 trinken

1983 Durfort-Vivens ??/20
88: Chemischer Plastikton! Diese Flasche gehört eher in eine Malerei als in einen Weinkeller. Es wäre abzuklären, ob in dieser Zeit der Keller oder die Fabrikationsräume frisch gestrichen worden sind, oder, ob es sich tatsächlich um eine fehlerhafte Flasche handelte. Keine Bewertung!

1985 Durfort-Vivens 15/20
88: Schwere, exotische Nase, breit ausladend. Der Wein scheint ein bisschen zu trocken geworden zu sein, holprige Strukturen. 15/20 trinken ab 1994
92: Reifer Schimmer in der Farbe. DRC-Burgunder-Bouquet. Noch nie habe ich einen Médoc erlebt, der so offensichtlich nach Burgunder riecht. Kommt vielleicht von einem etwas hohen Merlot-Anteil. Das Bouquet ist sehr ansprechend und verspricht vorerst mehr, als der Gaumen nachher hält (Wildaromen). Es fehlt ihm an Fleisch, deshalb wirkt die Struktur drahtig. 15/20 trinken - 2000

1986 Durfort-Vivens 17/20
93: Eine kleine Überraschung anlässlich einer Cabernet-Blindprobe. Purpur-Blutrot. Fleischige Nase, leicht faisandiert, braucht Luft. Im Gaumen stoffiger Charakter, fleischig, viele Gerbstoffe, die nach Reife verlangen, guter, wuchtiger Nachklang. Unbedingt eine Stunde dekantieren. 17/20 1995 - 2005

1988 Durfort-Vivens 15/20
89: Rebholzgeschmack, Goût rôti, holprige Strukturen.
15/20 1992 - 2002

1989 Durfort-Vivens 14/20
90: Erst süss, darunter rauhe und eckige Tannine. Grober Wein. 13/20 trinken ab 1995
94: Dichtes, dunkles Purpur. Laktische Nasennote, Neocolortöne, dunkles Toasting in der Nase, wirkt dadurch etwas verbrannt. Vordergründiges Tanninspiel, feinkörniger Gaumenfluss, vielleicht etwas trocken im Extrakt, angenehmes Finish, feine Kapselnote auf der Zunge, die zurückbleibt und die Harmonie des Weines stört.
14/20 1997 - 2007

1990 Durfort-Vivens 16/20
91: Granat mit leichtem Wasserrand. Trüffel- und Terroirbouquet. Im Gaumen Cabernet-Präsenz. Viele, reifeverlangende Tannine. 16/20 ab 2000

1992 Durfort-Vivens 13/20
93: Tiefes Violett, aufhellend. Veilchen-Cassisnote, Brotkruste, Hefeton. Aussen hart mit metallischer Säure, kurz.
13/20 1996 - 2006

1993 Durfort-Vivens 15/20
94: Mittleres Granat. Öffnendes Bouquet, roter Johannisbeerengelee. Im Gaumen geradlinig mit schönem Fluss und Schmelz, zwar leicht aber gut. 15/20 1999 - 2008

Château Ferrière

1953 Ferrière 13/20
86: Eine Umweltkatastrophenflasche aus einer Auktion. Das Etikett war unkenntlich mit Zement beschlagen. Entsprechende Altersfarbe. Kleine, schmale, würzige Nase. Im Gaumen noch Fleischresten, pflanzenartige Aromen, schnell abklingend. 13/20 austrinken

1975 Ferrière 16/20
94: Tiefe Farbe, dicht. Alkoholisches, wuchtiges Bouquet, Dörrpflaumen, leicht jodig dahinter mineralisch. Kräftige Tannine im Gaumen, noch viel Gerbstoffe, aber nur mittelkonzentriert, sandiger, körniger Fluss, aufrauhend, fehlt trotz Potential an Finessen. 16/20 trinken - 2006

1983 Ferrière 15/20
87: Bin für einmal positiv überrascht, denn ich habe diesen Wein blind degustiert. Gut parfümiert, Opulenz anzeigend ohne Fett, durchaus harmonisch im Abgang.
15/20 trinken - 1998

1992 Ferrière 15/20
93: Die erste Ernte durch die Société Chasse-Spleen, die neu als Besitzer zeichnet. Vinifiziert wird der Wein auf La Gurgue. Schönes Rubin. Ausladend, aber etwas defensiv in der Frucht. Schmeichelnde Gaumennote, hat Charme, Velours. 15/20 1996 - 2005

1993 Ferrière 16/20
94: Purpur, dicht. Defensive Frucht, vermischt mit Terroir, feine Trüffelnote, Brombeeren. Saftiger Gaumen, leicht aufrauhendes Extrakt, im Finish recht gutes Potential zeigend. 16/20 1999 - 2012

CHÂTEAU GISCOURS

Ich weiss nicht, ob Tari für den Polosport, den er fanatisch betreibt, mehr Geld ausgibt, als er durch die Weine von Château Giscours verdienen kann. Seine Vertriebsmethoden sind jedenfalls so obskur, dass nicht einmal alteingesessene Courtiers in Bordeaux wissen, durch welche Grundkanäle Château Giscours zum Endverbraucher gelangt.
Die jüngsten Jahrgänge sind höchst eigenwillig, extrem soft, und reifen schneller als die Polizei erlaubt.

1957 Giscours 11/20
89: Dünner, reifer Wein mit etwas ranzigem Merlot-Ton. Im Gaumen wiederum leicht. 11/20 austrinken

1962 Giscours 16/20
88: Kräftige, tiefe und kompakte Farbe. Langsam entfaltende Nase mit verdeckter Süsse. Rustikale Strukturen, aber relativ eng gegliedert. Reifer, typischer Margaux.
16/20 trinken - 1995
94: Dichtes Granat-Purpur, satt. Oxydatives Bouquet durch Süsse unterstützt, Kaffee, Madeira und Currynuancen. Markante Gerbstoffe mit pfeffrigem Charakter im Gaumen, bittere Säurespitze auf der Zunge, recht grosses Potential, ein Esswein. 16/20 trinken - 2000

1966 Giscours 15/20
87: Eine überlagerte, müde Flasche.
13/20 sehr wahrscheinlich vorbei
90: Kirschen respektive Weichselkirschengeschmack mit Würze. Nicht allzu beeindruckend, wenn man die anderen 66er im Margaux-Gebiet gegenüberstellt. 15/20 austrinken

1970 Giscours 18/20
87: Wunderschöner Margaux, genossen, ohne viel darüber zu notieren. 17/20 trinken
88: Intensives, sattes Granat-Purpur. Süss mit Unteraromen von Curry, Speck und Rauch. Im Gaumen fein, zart und elegant, im Abgang leichte Minze. 18/20 trinken
92: Offenes, süsses, speckiges, klassisches Bordeaux-Bouquet. Geschmeidiger Körper mit begleitendem Gerbstoff. Im Extrakt feine Kapselnote. Macht viel Spass.
17/20 trinken - 1996
93: Portwein, Leder, Korinthen. Im Gaumen kräftige Gerbstoffe, fleischig. Ein charaktervoller Wein.
18/20 trinken - 2000

1972 Giscours 11/20
82: Unsaubere Nase, brandig, deutliche Spuren von Chaptalisation. 12/20 austrinken

1975 Giscours 15/20
91: Jéroboam: Reifes Granat mit dunklen Reflexen. Offene Nase mit wenig drin, etwas Teer und generelle Terroiranzeige. Flüchtige Säure? Breiter Körper ohne jegliche Süsseindrücke. Eher rustikal, mit flachem Finish. Insgesamt nicht das, was man über diesen Wein lesen kann.
15/20 trinken - 2015
92: Impériale: Wiederum mit 15/20 bewertet. In der Blindprobe hatte ich keine Ahnung, was dies überhaupt für ein Wein sein könnte. Die Säure wirkte sehr gesund und weitere Reife verlangend, da auch noch eine rechte Anzahl Tannine vorhanden sind. 15/20 1995 - 2020
93: Reifendes Weinrot, oranger Rand. Süssliches Schokobouquet, Preiselbeeren. Zeigt recht viel Fett, wiederum Schoko, etwas wenig Frucht, trocknet im Finish aus.
15/20 trinken - 2003
94: An einem Diner der Union des Grands Crus serviert bekommen. Es war fast peinlich... Ziemlich braun. Champignonnase, verraucht, faulig. Im Gaumen gekochte Peperoni, pfeffrig, spitz, stielige Zungennote.
14/20 austrinken

1979 Giscours 16/20
92: Schwarz-Purpur. Trüffelnote, Weihrauch, sehr reife Frucht, öffnet sich nur langsam. Rauchig, viel Terroir, trockener Gerbstoff, männlich mit Adstringenz, baut noch aus.
16/20 trinken - 2000

1981 Giscours 16/20
93: Sehr reife Farbe. Schoko- und Preiselbeernote, offen, buttrig. Das Extrakt ist gerundet, die Säure weich. Macht Freude. 16/20 trinken - 1997

1982 Giscours 13/20
89: Warme Nase mit California-Touch. Kurze Säure, fettiger Körper. 15/20 trinken
92: Anlässlich eines Mittagessens im Noga-Hilton in Genf. Er wirkte kurz und irgendwie ausgebrannt. Wir haben die Flasche stehen gelassen und uns zu einer phantastischen Taubenbrust mit einem 79er Cos getröstet.
13/20 austrinken

Margaux

1983 Giscours   **13/20**
87: Eine schlechte Flasche: Degustiert, oxydiert, deklassiert!
90: Ein fetter, überbratener Wein mit Portweinaromen. Total atypisch und auch nicht mehr lagerfähig.
13/20 austrinken

1986 Giscours   **13/20**
89: Purpur, dicht. Süsses Preiselbeerenbouquet, konzentriert. Fülliger, runder Körper, Bonbon- und Erdbeerenaroma, macht Eindruck. 15/20 bald
91: Der 86er Giscours gehört zu meinen grössten Fehleinschätzungen, die ich je einem Wein gegenüber gemacht habe. Die modernen Weine überzeugen halt besonders dann, wenn sie ganz jung sind. Dann, und nur dann. Heute, 1991, ist der Wein so weit fortgeschritten, dass man die Farbnuancen bereits mit braun bezeichnen muss. In der Nase Fleischgeschmack mit Paprikapulver und Couscous-Aromen. Null Tannine, null Struktur. Nur noch eine Spur Beerenextrakt begleitet den fetten, marmeladigen Körper. 13/20 austrinken und dabei Tränen nachweinen, zum Beispiel dem 70er Giscours!

1988 Giscours   **13/20**
89: Schöne Konzentration, Frucht und stoffige Tannine.
17/20 bald
91: Unglaublich, was in der Flasche das Château verliess! Flüchtige Säure, total geöffnet, Butter, Caramel, getrocknete Kräuter, eigenwillig, Paprikapulver. Im Gaumen burgundisch, fett, Cayenneschärfe in der spitzen Säure. Wenn ich denke, was man für diesen Preis alles kaufen könnte ... Wird irgendwann in ein paar Jahren total abstürzen.
13/20 trinken - 1997
94: Im Offenausschank in einem Restaurant aus "Gwunder" bestellt. Zuerst meine ich, es wäre eine Flasche, die schon lange geöffnet worden war, aber eben: Überreifes Traubengut in der Nase, im Gaumen daselbe Paprikagulasch wie seinerzeit beim 86er. 13/20 austrinken

1989 Giscours   **15/20**
92: Klares Granat, mittlere Dichte. Riecht wie ein Burgunder. Brotnase, Waldbeeren, Himbeerengelee. Öffnet sich nach 20 Minuten vollständig. Im Gaumen wiederum Burgunder-Aromen, mittlere Dichte, viel Fett und wenig Säure. Als 89er eher enttäuschend. 15/20 trinken
92: Arrivage: Purpur-Granat mit Wasserrand und orangen Reflexen. Wildtöne, stallig, Korinthen, Honig. Gute Tanninanzeige, die aber an der Luft rasch in Schmelz umdreht.
15/20 trinken - 1997

1990 Giscours   **15/20**
91: Superfarbe. Süsse, fette, konfitürige Nase mit Minze und anderen Kräutern. Extrem softer Gaumen, fehlt an Säure, fett und plump. 15/20 trinken ab 1994
93: Offenes, alkoholisches Bouquet, konfitürig, riecht förmlich nach Chaptalisation. Im Gaumen voll, es ist aber nur Fett vorhanden, das Rückgrat sucht man vergebens. Falls Sie ein Restaurant und Giscours 1990 besitzen, dann setzen Sie diesen Wein sofort auf die Weinkarte und hoffen, dass er innert fünf Jahren ausgetrunken sein wird.
15/20 trinken - 1998

1992 Giscours   **14/20**
93: Mittleres Purpur. Eigenwillige Nase, süss, Drops. Schmeichelnder Gaumen, konfitürig, fehlt an Rückgrat, spitze Säure. 14/20 1995 - 2003

1993 Giscours   **15/20**
94: Mittleres Rubin-Purpur. Offenes Bouquet, floral und mittlere Frucht, Würznoten. Saftiger Gaumen, feine Gerbstoffe, mittlerer Körper, angenehmes, recht langes Finish.
15/20 1999 - 2008

CHÂTEAU LA GURGUE

Im Margaux-Gebiet bergen grosse Namen, für viel Geld gekauft, oft herbe Enttäuschungen. Wer zum Beispiel La Gurgue 1989 im Keller hat, profiliert sich in verschiedenster Art und Weise, natürlich im positiven Sinne.

1928 La Gurgue   **17/20**
91: Ein erstaunlicher Wein mit superber, tiefer, fast schwarzer Farbe. In der Nase Rosenholz, kräftige, intensive Nase mit viel Druck. Im Gaumen trüffelig und erdig mit begleitendem Fett in der markigen, fast rustikalen Tanninstruktur.
17/20 trinken

1966 La Gurgue   **15/20**
90: Dunkles Weinrot, dicht. Offen, würzig mit defensiver Süsse. Im Gaumen konzentriert und dicht, kräftiger Lederton, Rauch- und Stallgeschmack, sehr trocken mit sandiger Struktur. 15/20 trinken - 2000

1976 La Gurgue   **13/20**
89: Reifeton und animalischer Duft, wuchtige Nase, eher spröder Körper. 13/20 trinken

1981 La Gurgue   **15/20**
93: Jéroboam: Reifendes Purpur mit aufhellendem Rand. Terroirnote, Pflaumen, rote Beeren, faisandierter Wildton. Leichte Bitterkeit im Gaumen und Kapselton auf der Zunge. 15/20 trinken - 2008

1982 La Gurgue   **15/20**
92: Reifende Farbe. Kalter Rauch, gebundene, sehr reife Frucht. Im Gaumen Chilinote, spitzer Säureauftritt, pfeffriges Zungenspiel. Mittlere Körperstruktur, die Tannine wirken von der 82er Hitze her leicht ausgekocht.
15/20 trinken - 1996

1985 La Gurgue   **15/20**
88: Mittleres Purpur. Süss, vielschichtig, Terroir. Leichter, jedoch gut gefüllter Körper. 15/20 1992 - 2002

Gabriel

1986 La Gurgue   **16/20**
89: Dichtes Rubin. In der Nase Würze und Parfüm. Fleischiger Gaumen, Blaubeeren, viel Stoffextraktion. Ein überdurchschnittlicher Wein.   17/20 trinken ab 1995
92: An einem Mittagessen auf Chasse-Spleen getrunken. Tiefe, dichte Farbe. Fondierte Nase, Kandiszucker, Terroir, dunkle Pilze, Brombeerengelee. Kräftige Tannine, die den Gaumen und die Zunge beherrschen, feinsandiges Extrakt. Braucht noch Zeit, erinnert an einen St. Estèphe.
                                                                16/20 1994 - 2006

1987 La Gurgue   **13/20**
90: Offen, burgundisch. Im Gaumen weich, wenig Säure, relativ dünn. Wirkt etwas säuerlich.   13/20 trinken

1988 La Gurgue   **15/20**
90: 60'000 Flaschen. Beeriges Bouquet, Kaffeeunteraromen, volles, aber mittleres Potential, fast seidige Textur. Dauer des Barriquenlogements im Verhältnis zum Potential vielleicht ein bisschen zu lange.
                                                      16/20 trinken ab 1997
91: An einer Blindprobe in Holland degustiert - unreife Frucht ??
Mittleres Granat. Wildgeschmack und Rauch in der Nase. Im Gaumen wiederum animalisch, rote Früchte. Relativ harte Tanninstruktur, neigt zu Trockenheit.   15/20 1997 - 2005

1989 La Gurgue   **17/20**
90: Februar: Kompakte Nase, zurückhaltend. Reife Beeren, dichte Struktur, im Moment etwas stürmisch und unverwoben. Madame Villars hat den Merlot-Cuvées einigen Cabernet beigemischt, um bessere Säurewerte zu erhalten. (Miracle de la nature - du millésime 1989).
                                                      16/20 trinken ab 1994
91: Kräuternote, frischer Tabak, Terroir, Trüffel, superbes Parfüm. Ein ausserordentlicher Preis-Leistungs-Wein.
                                                         17/20 1995 - 2004
92: Arrivage: Purpur-Rubin. Kalter Rauch, Black-Currant, Cassis. Weicher Gaumenbeginn, auf der Zunge leicht aufrauhend.   15/20 1994 - 2004
93: Macht jetzt in seiner Jugendphase sehr viel Spass. Wir haben ihn auf Chasse-Spleen mit einer Reisegruppe getrunken. Der Kellner war dauernd damit beschäftigt, eine Flasche nach der anderen zu öffnen. Das Fett verbindet sich sehr gut mit den Gerbstoffen und gibt der Struktur einen schönen Schliff.   17/20 trinken - 2004
94: Wieder auf Chasse-Spleen getrunken und anschliessend sofort drei Kisten in meinen Privatkeller einverleibt. Für diesen Preis ein unglaublicher Wein und einer der besten 93er Margaux. Ich bin fast versucht, ihm 18/20 zu attestieren.

1990 La Gurgue   **15/20**
91: April: Eher helles Granat. Rote Beeren, Rauch, ziemlich offen. Im Gaumen scharf und pfeffrig (vielleicht von einer aggressiven, grünen Barrique). Fehlt insgesamt an Körper. Hat mich eher enttäuscht.   15/20 1995 - 2005
92: Brombeeren, Tabak, Maulbeeren, leichte Wildnote. Die Tannine im Gaumen wirken etwas ungeschliffen, dunkles Holzspiel, Kastanien. Im Moment vordergründig, aber besser als vor einem Jahr.   15/20 1995 - 2005

1991 La Gurgue   **15/20**
92: Kräftiges Rubin-Violett. Wilde Beerennote vermischt mit Geraniol. Im Gaumen süffig, weich, soft mit beschwingtem, leichtem Körper, warmes Fruchtfinish. Gastronomisch.
                                                          14/20 trinken - 1997
92: Bernadette Villars war mit meinem Kommentar nicht zufrieden. Bei meinem zweiten Bordeaux-Besuch richtete sie nochmals eine umfangreiche Degustation ein und mischte den 91er La Gurgue darunter. Ich sagte wiederum, dass der Wein zu wenig „Vivazität" habe, es fehle ihm an Rasse und er sei zu weich. Sie liess mir am selben Nachmittag durch den Maître de Chai nochmals ein neues Muster nach Château Palmer bringen und zwar mit der von mir vorgeschlagenen Proportion Vin de Presse. Das Resultat war nicht nur befriedigend, sondern um Längen besser als die erste Variante. Als ich ihr eine Woche später meine ganz persönlichen Eindrücke schilderte, liess sie die ganze Ernte auf das Cuvée Gabriel umändern.
                                                               15/20 1994 - 2000

1992 La Gurgue   **14/20**
93: 70 % deklassiert. Aufhellendes Rubin. Gebäcknase, gekochte Himbeeren, defensive Süsse. Stoffige Zunge, schöner Schmelz, leicht, aber gut.   14/20 1995 - 2005

1993 La Gurgue   **15/20**
94: Sehr tiefe Farbe, violett. Leicht florale Nase, Cabernet-Anzeige, Holunder, Kaffeeunterton und reife Pflaumen. Im Gaumen wiederum sehr beerig, sanfte Gerbstoffe, mittlere bis leichte Struktur, schön balanciert, feine Adstringenz.   15/20 1997 - 2006

CHÂTEAU D'ISSAN

1967 d'Issan   **11/20**
92: Leuchtendes Granat mit stark aufhellendem Wasserrand. Mittlere Naseintensität, kreidig, versteckte, flüchtige Säure, verrochen ohne Frucht. Drahtiger Körper, keine Fleischresten. Nur noch durch Säure erhalten, wässriges, leeres Finish.   11/20 vorbei

1970 d'Issan   **14/20**
85: Farbe ohne Anzeichen von Alter. Verhaltene Nase. Im Gaumen stumpf mit Extrakt. Wird er sich je öffnen? Maximal   14/20 1993 - 2005

1975 d'Issan   **10/20**
88: Volle, würzige Nase mit Tiefgang. Trockener, rustikaler Körperbau. Typischer Margaux-Wein der damaligen Zeit.
                                                                       15/20 trinken
94: Reifendes, leicht bräunliches Weinrot. Unappetitliche Nase, stumpf. Im Gaumen ein mieser Saft, der sehr wahr-

Margaux

scheinlich von der Lebensmittelkontrolle beanstandet werden müsste. Nicht kommerzialisierbar und nur unter höchsten Gefahren am eigenen Leib einzunehmen.

10/20 vorbei

1982 d'Issan   **13/20**
87: Staubig, stoffig, alkoholisch, flüchtige Säure. Harter Gaumen. Braucht lange - ein Montrose aus Margaux.
13/20 ?? trinken ab 1992

1985 d'Issan   **13/20**
88: Wässriger Rand. Medizinale Nase mit chemischer Säure, die überwiegt. Viel Holz und Gerbstoff. Kommt bei anderen Degustatoren besser weg.   13/20 trinken ab 1995

1986 d'Issan   **13/20**
89: Journalistisch hochgepriesener Wein. Extrem leichte Farbe. Nase voll geöffnet. Dünner Körper, leicht, bald zu trinken.   13/20 trinken - 2000

1988 d'Issan   **14/20**
89: Dichte Farbe. Mässige Fruchtkonzentration. Tannine nicht voll abgerundet.   14/20 trinken ab 1995

1989 d'Issan   **14/20**
90: Gute Farbe. Noch leeres Bouquet, defensiv. Reich, weinig, wenig Säure, Kaffeearomen. Wird schnell reifen.
16/20 trinken ab 1994
92: Arrivage: In der Blindprobe mit zwanzig anderen Margaux schlecht bewertet. Granat mit orangen Reflexen, Wasserrand. Heisse Nase mit Spuren von Unsauberkeit, Tabak. Leichter Körper, bitterer Stielgeschmack in den Tanninen. Wirkt aufgebauscht, wenig Konsistenz.
14/20 1994 - 2002

1990 d'Issan   **15/20**
91: Undurchsichtiges Granat-Purpur. Rauchig, beerig-würzige Nase mit Kiefern- und Harzton. Anflüge von Eucalyptus. Fülliges Fett umgibt vorerst den Gaumen, dann zunehmende, dominierende Säure-Tannin-Verbindung. Anzeichen von metallischer Härte in den Tanninen. Die Säure bleibt wie eine Prise Chilipulver auf der Zunge und überwiegt die Länge des Abganges. Ein Wein, der noch lange Zeit brauchen wird, um seine Ausgeglichenheit zu erlangen.   15/20 trinken ab 2000
92: Beerige Nase, vermischt mit Zwetschgentresterton, Nussholz. Im Gaumen erst fruchtig, dann rauhes, kantiges Tannin. Kernige, vordergründige Note, die den Wein in der Adstringenz stört.   15/20 1998 - 2020

1991 d'Issan   **13/20**
92: Unsauberer Ton in der Nase, Zibetkatze. Wildaromen mit metallischer, zähnbeschlagender Struktur.
12/20 1996 - 2004
92: Ein besseres Muster. Mittleres Rubin. Süsse Nase, dunkle blaue Früchte, floral (Veilchen). Im Gaumen aussen schmeichelndes Caramel, innen aber eine feine Bitterkeit.
13/20 1995 - 2004

1992 d'Issan   **??/20**
93: Granatfarbe. Eigenwillige Korinthen-, Honignase. Im Gaumen miserabel balanciert, Spuren von Restsüsse, negatives Holzaroma, fehlerhaft. Keine Wertung! 1997 - 2006??

1993 d'Issan   **14/20**
94: Mittleres Rubin. Konfitüriges Bouquet, rotbeeriger Charakter. Im Gaumen erst fruchtig, dann drahtig mit metallischer Extraktnote, kernige Gerbstoffe, zähnebeschlagend.   14/20 2000 - 2010

CHÂTEAU KIRWAN

Achtung! Ab 1993 weht ein frischer Wind. Dank der Übernahme durch die Versicherungsgruppe GAN sowie der Betreuung von Star-Önologe Michel Rolland.

1971 Kirwan   **15/20**
88: Zäher Brocken, trocken, verschlossen.
15/20 trinken ab 1993

1979 Kirwan   **13/20**
89: Wiederum trocken, fleischig, aber zu wenig Aroma.
13/20 trinken ab 1990

1983 Kirwan   **14/20**
88: Vielversprechend, zeigt reife Frucht, jedoch etwas zäh.
14/20 1993 - 2005

1988 Kirwan   **14/20**
89: Leicht, wenig Konzentration, etwas Härte anzeigend, eher kurz.   14/20 1996 - 2008

1989 Kirwan   **16/20**
94: Aufhellendes Weinrot. Heisse Nase, korinthig, dahinter stallig, animalisch. Saftiger Gaumen, kräftige Struktur, rotbeeriger Charakter, mittleres Finish.   16/20 1997 - 2008

1990 Kirwan   **15/20**
91: Helles Purpur. Eigenwillige, exotische Nase, wirkt chaptalisiert. Im Gaumen konfitürig, darunter mager, mit bitterer, grüner Tanninnote.   13/20 trinken ab 1997
94: Die Gerbstoffe sind etwas angenehmer geworden, der Körper bleibt aber schlank.   15/20 trinken - 2005

1992 Kirwan   **14/20**
93: Die erste Ernte, die von Star-Önologe Michel Rolland beeinflusst wurde. Violett-Schwarz. Die tiefste Farbe aller Margaux'! Kandisnase, buttrig, Süssholz, Heidel- und Brombeeren. Im Gaumen kernige Tannine, bitter, eckig und ungeschliffen. Hier hätte einer der besten 92er gemacht werden können. Er ist aber viel zu hart und zu tanninreich.
14/20 1999 - 2015
94: Die Gerbstoffe erinnern noch immer an einen 75er, ungeschliffen, hart.   14/20 2000 - 2015

1993 Kirwan   16/20
94: Tiefes Violett-Purpur. Reife, beerige Nase, opulent ausladend. Grossartiges Gaumenspiel, saftig, gute Fleischproportionen, viel Aromatik, Kaffee und Backpflaumen. Die Gerbstoffe sind vielleicht in sich etwas zu trocken, Cassis im Finish. Hier zeichnet sich ein Aufsteiger ab, bei welchem es sich sicherlich lohnt, die folgenden Jahrgänge gut im Auge zu behalten.   16/20 1998 - 2010

CHÂTEAU LABÉGORCE

1970 Labégorce   16/20
92: Reife Farbe. Offene Nase, bezaubernd, Veilchen, Cassis, defensive Süsse, Bakelit, recht fett. Im Gaumen schön parfümiert, Anzeichen von Rustikalität, gut balanciert. Ein schöner Wein, der in diesem Preissegment viel Freude macht.   16/20 trinken

1990 Labégorce   15/20
91: Ein müdes, oxydiertes Fassmuster. Keine Bewertung!
93: Helles Granat mit Reifeschimmer. Offene Nase. Im Gaumen sind alle Komponenten reif, sofort trinkbar, wenig Lagerfähigkeit.   15/20 trinken - 1998

1992 Labégorce   12/20
93: Violett-Purpur. Offene Nase, Veilchen. Charmante Fülle, dann aber zähnebeschlagende Tannine, unausgeglichen, vordergründig und grün.   12/20 1996 - 2004

CHÂTEAU LABÉGORCE-ZÉDÉ

1975 Labégorce-Zédé   15/20
85: Schöne, weiche Nase. Im Gaumen trocken, konsistent, etwas Stoff.   15/20 trinken - 1994

1984 Labégorce-Zédé   13/20
87: Für einen 84er enorme Farbe mit violetten, dichten Reflexen. Kräftig in seiner Art.   13/20 trinken

1985 Labégorce-Zédé   15/20
88: Tiefrotes Purpur mit violetten Reflexen. Etwas Veilchen. Im Gaumen trocken, dominantes Tannin.
                                             15/20 trinken ab 1994

1986 Labégorce-Zédé   13/20
87: Eine Fassdegustation einen Monat nach der Assemblage: Erstaunlich wenig Säure, viel Frucht, noch keine Bewertung!
89: Eindimensional, fast trinkreif (?).   13/20 1992 - 2002

1989 Labégorce-Zédé   15/20
90: Margaux-Süsse, üppig und reich. Gut proportionierte Tannine.   16/20 trinken ab 1995

91: Süssbeerig. Schlank im Gaumen, Zedernholzaromen in den Tanninen.   15/20 trinken ab 1995

1991 Labégorce-Zédé   ??/20
92: Ein Muster mit Korkengeschmack. Keine Bewertung!

1992 Labégorce-Zédé   15/20
93: Sehr tiefe Farbe. Nase, die Tiefe anzeigt, Zedern, Terroir, Brombeeren. Viel Gerbstoff, etwas rustikal verpackt mit gutem Rückgrat. Hat Stil und Persönlichkeit.
                                             15/20 1996 - 2005

1993 Labégorce-Zédé   15/20
94: Tiefes Purpur-Rubin. Pfeffrige Nase, defensive Frucht, Cabernet-Anzeige. Fleischiger, bäuerlicher Gaumen mit markanten Tanninen, rustikal, wird Zeit brauchen, grobmaschiger Körper, starke Adstringenz.   15/20 2000 - 2012

CHÂTEAU LASCOMBES

Wenn ich an die alten, grossen Lascombes-Jahrgänge denke, dann tut es besonders weh, das jüngste Kapitel dieses Weingutes unter die Lupe zu nehmen.

1959 Lascombes   18/20
89: Gute Farbdichte. In der Nase Birnen und getrocknete Bananen, zerlassene Butter. Im Gaumen Bestätigung von Süsse, Caramel, stoffig, fleischig, tendiert zu Fett. Grosses, ausgereiftes Potential. Muss dekantiert werden, entfaltet sich erst nach 15 Minuten!   18/20 trinken
92: Oft getrunken, und der Himmel hing voller Geigen.
                                                       18/20 trinken

1961 Lascombes   19/20
91: Dichtes, tiefes, sattes Granat. Rauchige Zedernnase, gutes Terroir, tardive Korinthen und Wildgeschmack. Im Gaumen eleganter Körperbau, frisch-fruchtige Säure mit ledriger Struktur. Erdbeeren- und Preiselbeergoût.
                                             18/20 trinken - 2000
92: Sehr dunkel in der Farbe. Trüffel, fett, rotbeerig mit Anflügen von Preiselbeeren. Burgundischer Gaumen, Rubens, Zedernholz im Finish, Havannanote. Ein grossartiges Weinerlebnis.   19/20 trinken

1963 Lascombes   11/20
85: Unpassende Säure, scharf, unreifes Traubengut, kräuterartig.   11/20

1966 Lascombes   17/20
89: Reifes Granat. Süsse Preiselbeerennase, üppig und dicht. Im Gaumen Lederanklänge, fülliger Körperbau, jedoch mit Eleganz, weich und durchlaufende Struktur ohne die oft störende 66er Trockenheit, burgundisch.
                                                     18/20 trinken
91: Ist in der Zwischenzeit noch feiner geworden.
                                                   17/20 austrinken

Margaux

1970 Lascombes   16/20
88: Gut gebauter, molliger Wein mit Tiefe und Stoff.
    16/20 trinken

1971 Lascombes   16/20
86: Die Überraschung einer 71er Degustation. Superbe Nase. Noch präsente Adstringenz und Holzprägung, ausgewogen, angenehmer Abgang.   16/20 trinken

1972 Lascombes   15/20
85: Ein wunderbarer 72er! Feiner, leichter Duft. Im Gaumen Zungenbeschlag durch Stoffanzeichen, leichter Körper, macht Freude.   15/20 austrinken

1975 Lascombes   17/20
89: Dieser Wein weckt in mir grosse Erwartungen ab 1993. Tiefe, dunkle, satte Farbe. Verschlossene, geballte Nase. Kerngesunder Körper mit Fleisch und Stoff. Im Abgang sauber, fast aufdringliche Länge.   17/20 trinken ab 1993
91: Milchig mit wilder, frischer Minze gepaart!
92: Dichtes, dunkles Purpur mit feinem, orangem Rand. Am Anfang nach der Dekantierphase Kaffee-, Schokoladengeruch. Öffnet sich nur ganz langsam, Tiefe und Terroir anzeigend. Im Gaumen fleischig, Waldbeerenton, gewaltiges Extrakt. Die Tannine sind noch ungeschliffen und brauchen noch weitere Reife. Ist erst nach zwei Stunden trinkbereit.   17/20 1996 - 2010
94: Reifendes Granat, Wasserrand. Erdiges Bouquet, etwas dumpf. Ausdrucksloser, ledriger Gaumen. Wurde von anderen ebenfalls sehr schlecht bewertet. Schlechte Flasche?   13/20 austrinken

1976 Lascombes   13/20
86: Pflaumige Farbe. Mittlerer Körper, fein, aber leichter als Lascombes-Weine von diesem Potential. 13/20 trinken

1979 Lascombes   14/20
88: Sattes Granat mit ersten Reifeanzeichen. Typische Margaux-Nase, parfümierter Merlot mit exotischen Nuancen. Zugänglicher Wein, Reste von Tannin, eher flacher Körper, dem es an Konsistenz und Stoff mangelt.
    14/20 trinken ab 1990
89: Bei Nick Gygax getrunken. Etwas fetter, jedoch Spuren von Bitterkeit.
92: Reifes Granat. Fleischige Nase, Erdton, leicht fassig. Im Gaumen trotz gutem Potential wiederum unsauber. Dekantieren hilft vielleicht.   14/20 trinken - 1997

1980 Lascombes   12/20
89: Reife, unsaubere Nase. Wenig Stoff, verwässert, schwacher Abgang.   12/20 austrinken

1981 Lascombes   15/20
88: Verschlossen. Wenig Soff, reiche Adstringenz.
    16/20 trinken
92: Aufhellend mit starkem Wasserrand. Zurückhaltende Nase, Tabak. Rotbeeriger Charakter, drahtig, metallische Zungenspitze. Eher schlanker Wein.   15/20 austrinken

1982 Lascombes   18/20
92: Mittleres Purpur mit leicht orangem Reifeschimmer. Wuchtige, weitausladende Nase, Trüffelton und rotbeerige Düfte (Preiselbeeren und Erdbeeren). Pfeffriger Gaumenbeginn durch Säurespitze, die sich nach 15 Minuten in Molligkeit umwandelt. Ein mundfüllender Rubens-Wein, der seine Qualität vor allem dem Wettergott und weniger dem Winzer zu verdanken hat.   17/20 trinken - 1997
93: Fast drogenhaftes Bouquet. Pfeffriger Gaumen mit wuchtigem Finish.   17/20 trinken - 1997
94: Getrunken zum teuersten Lammkarree meines Lebens in einem nicht genannten Restaurant. Wenngleich auch der Abend generell in einer tendenziell miesen Stimmung stattfand, bleibt mir wenigstens der Wein einmal mehr in positiver Erinnerung. Lascombes ist der einzige Wein aus dem Margaux-Gebiet, der es schaffte im Jahr 1982 einen besseren Wein als 1983 zu erzeugen. In seiner Hochblüte, die jetzt noch wohl ein paar Jahre dauern wird, erreicht er gar   18/20 trinken - 1998

1983 Lascombes   13/20
89: Nase defensiv, schwierig, mit Fehler im Gaumen, chemische Säure (Styropor-Polyester), gefährlich, wieder degustieren. Wenn er wirklich so ist, dann hat er keine Zukunft!   13/20 1992 - 2000

1985 Lascombes   17/20
88: Dieser Wein macht endlich einen Schlussstrich unter die Lascombes-Krise! Rotbeerige, fruchtige Nase. Im Gaumen mit Stoff und anderen Reserven ausgestattet, viel Säure- und Tanninreserven.   17/20 trinken ab 1993

1986 Lascombes   15/20
89: Purpur, Wasserrand. Die Nase ist Druck und Extrakt anzeigend. Einfacher, sauberer Wein.
    15/20 trinken ab 1995
94: Tiefes, etwas dumpfes Purpur mit feinem Wasserrand. Offenes, fleischiges Bouquet, leichte Gulaschnote, alkoholisch, zu Kopf steigend. Im Gaumen saftig, aussen fett, Erdnote, die Gerbstoffe wirken etwas pelzig und zeigen für einen Deuxième zu wenig Klasse.   15/20 trinken - 2003

1988 Lascombes   13/20
89: Leichter Medizinalton. Wenig Konzentration, unbeeindruckend.   13/20 trinken ab 1994
91: Hell mit Wasserrand. Eigenartig, fremd, parfümiert. Leicht animalische Töne, die mitschwingen, unsauberes Fass, bittere Adstringenz. Seinen Preis nicht wert, auch wenn er billig ist.   13/20 1993 - 2000

1989 Lascombes   17/20
94: Dunkles, sattes Granat. Öffnendes Bouquet, kalter Rauch, Bakelit. Zeigt eine an einen 66er erinnernde Trockenheit im Gaumen, Zedern, trockene, zur Härte neigende Gerbstoffe, guter Tanninrückhalt, im Moment eher verschlossen, rustikaler Wein, dem es etwas an Finessen fehlt.
    17/20 1996 - 2006

1990 Lascombes   12/20
91: April: Mittleres Granat-Purpur. Offene, saure Dropsnase, sofort zugänglich, Sauerampfer, grüner Tabak und Schokolade. Im Gaumen unsauber, wenig Säure. Schwierigkeiten mit dem PH-Wert. Balancefehler und unreife Beeren (Stachelbeeren). Zu viel Ertrag - zu wenig drin. Ein enttäuschender Saft.   12/20 trinken ab 1993
92: Helles Granat. Alkoholische, marmeladige Nase, gekochte Frucht. Spitze Säure, Chilinote, leichte Bitterkeit im Extrakt, extrem wenig Säure, unausgeglichen. Als deuxième absolut nicht würdig. Von der Qualität des „Grand Vin" ausgehend, müsste der Zweitwein dieses Hauses wohl in der Literflasche auf den Markt kommen.
                                                    12/20 trinken - 1997

1991 Lascombes   11/20
92: Bereits leicht bräunliche Reflexe in der Farbe. Faulige, unappetitliche Nase. Im Gaumen stallig, extrem leicht, verwässert mit pelzigen, unreifen Noten. Eine Katastrophe. Wer diesen Wein in seinem Keller hat und ihn auch noch gut findet, erhält den vollen Geldbetrag für mein Buch zurück.   11/20 1994 - 1998

1992 Lascombes   12/20
93: Mittleres Rubin-Purpur. Offene Nase, grüner Tabak. Aufgedunsener Gaumen, grüne Noten, bitter.
                                                    12/20 1996 - 2003

1993 Lascombes   12/20
94: Aufhellendes Granat mit rubinen Reflexen, starker Wasserrand. Offenes, eindimensionales Dropsbouquet. Leichter Gaumen, Unsauberkeit, welkes Blatt, im Finish etwas angenehmer, generell wenig Struktur. Zweimal degustiert!   12/20 1997 - 2005

CHÂTEAU MALESCOT-ST-EXUPÉRY

1961 Malescot-St-Exupéry   17/20
88: Ein überdurchschnittlicher 61er, aber auch gleichzeitig ein superber Malescot! Erstaunlich kräftige, dichte Farbe. Tabaknase, sekundäre Süsse. Im Gaumen blumig-vegetal, harmonische Ausgewogenheit mit rustikalem Schimmer, leicht zähnebeschlagend.   17/20 trinken
92: Nach einer anstrengenden Ducru-Degustation und einigen Reparaturweinen getrunken. Es wäre unfair, eine mögliche, exakte Beschreibung zu rekonstruieren. Auf alle Fälle war er wiederum spielend die 17/20 wert.
                                                          17/20 trinken

1970 Malescot-St-Exupéry   13/20
89: Leuchtendes, brillantes Weinrot. Im Gaumen geprägt von typischer, hoher 70er Säure. Noch frisch, pfeffrig, aber zu wenig Saft.   13/20 trinken

1973 Malescot-St-Exupéry   13/20
89: Helles Ziegelrot. Offene Nase, faulig und unterschwellig, Zedernholz. Weicher Fluss, etwas angezehrt.
                                                          13/20 trinken

1974 Malescot-St-Exupéry   11/20
89: Urinton, verschlossen. Im Gaumen brutal und hart, grüne Tannine.   11/20 austrinken

1975 Malescot-St-Exupéry   16/20
88: Öffnende Nase mit Blei-, Teergeschmack. Im Gaumen zart, seidig, mit typischem 75er Gerbstoffen, die diese Nuancen zudecken.   16/20 1990-2000
89: Leder, Terroirtöne, entwickelt sich weiter!   16/20

1976 Malescot-St-Exupéry   13/20
89: Reifendes, dunkles Granat. Warmer Terroirton, etwas pflaumig. Trocken im Fluss, im Abgang ledrig, sonst recht gut zu trinken.   13/20 trinken

1978 Malescot-St-Exupéry   14/20
88: Fruchtiger Wein, angedeutete Fülle, reifer als der 79er.
                                                          14/20 trinken

1979 Malescot-St-Exupéry   14/20
89: Himbeerenton in der Nase. Leider im Moment noch dominierende Säure, Beaujolais-Typ, warten. Wird aber unharmonisch bleiben.   14/20 trinken ab 1991

1980 Malescot-St-Exupéry   13/20
89: Dumpfes Granat. Waldbeerenton. Reif, weich und rund, noch Frische vorhanden.   13/20 trinken

1981 Malescot-St-Exupéry   13/20
89: Schlechte Flasche mit Staub-, Kellerton, darunter Johannisbeerennote. Im Gaumen übersäuert, fehlt an Fett.
                                                    13/20 1991 - 2003

1982 Malescot-St-Exupéry   14/20
89: Aufhellendes Rubin-Granat. Nase öffnet sich bereits, etwas tintig. Zedernanflüge und grüne Tabakaromen. Als 82er extrem schlank.   14/20 trinken - 2000
91: Eine Doppelmagnum auf dem Arlberg Hospiz gekostet. Hart und kurz.   14/20

1983 Malescot-St-Exupéry   13/20
89: Fruchtig, leichter Wein, der sich bereits sehr entwickelt hat. In der Nase Burgunder-Côte-de-Nuits-Aromen. Extrem trockener Gerbstoff.   13/20 trinken ab 1995

1984 Malescot-St-Exupéry   12/20
89: Reifeton. Himbeerenaroma. Anfangs weich, dann griffig, kurzer, verwässerter Abgang.   12/20 trinken

1985 Malescot-St-Exupéry   14/20
89: Sattes Granat. Gebrannte Aromen. Weicher Fluss, intensiver Nachklang.   14/20 trinken ab 1994

Margaux

1986 Malescot-St-Exupéry   **15/20**
89: Tiefe Farbe. Frisches Kirschenaroma, blumige St. Amour-Nase. Recht dichte Gaumenstruktur.
                                     15/20 trinken ab 1996

1990 Malescot-St-Exupéry   **16/20**
91: Ich war sehr gespannt auf diese Probe, denn mit Malescot stehe ich seit langem auf Kriegsfuss. Es blieb alles beim Alten. Mittlere Farbe. Brombeerige Nase, klar und sauber. Im Mund fehlt es an Fett, und die Tannine reichen auch heute noch für ein langes Alter. Ob der Wein jedoch irgendwann zwischen dem Abklingen der Fruchtphase und der ersten Reife der Tannine Freude machen wird, steht einmal mehr in den Sternen geschrieben.
                                     15/20 trinken ab 2000
93: Sattes Purpur-Granat. Korinthenspuren, Port-Nuancen, Backpflaumen, faszinierend. Gut proportionierter Gaumen, mittelgewichtig mit angenehm ausklingendem Finish.
                                     16/20 1996 - 2008

1992 Malescot-St-Exupéry   **13/20**
93: Mittieres Granat. Defensive Nase, schwer anzugehen. Harte, aggressive Tannine, mundbeherrschend, metallisch.
                                       13/20 1997 - 2007

CHÂTEAU MARGAUX

Das beste Weingut im Médoc unter Berücksichtigung der letzten zehn Jahrgänge.

1899 Margaux   **18/20**
86: Ein unvergessliches Weinerlebnis einer königlich-kaiserlichen Abfüllung aus Deutschland. Wurde nie neu verkorkt, mit kurzem Zapfen! Ansprechende, leichte Farbe mit nur ziegelroten Reflexen. Würzige, mittelintensive Nase. Im Gaumen erhaltene Säure, recht viel Fleisch und beerig gewürzt. Ein superber, langer, wohl nachklingender Abgang.   18/20

1900 Margaux   **19/20**
93: Eine legendäre Doppelmagnum an der Parker -100- Probe in Hamburg. Dunkle, undurchdringliche Farbe. Die Nase zeigt Pfeffer, Trüffel, Zimt und würzigen Tabak. Im Gaumen sind noch süsse Beeren zu erkennen, der Terroircharakter ist männlich und rustikal, Korinthen im Finish.
                                     19/20 trinken - 2030

1928 Margaux   **17/20**
90: Dichte Farbe, aufhellender Rand, ziegelrot. Minze- und Mandelnase, geprägt von defensiver Süsse. Drahtiger, eher gezehrter Körper.   14/20 austrinken
91: Tiefe, dichte Nase. Offenes, ausladendes Bouquet, das marmeladig wirkt. In der Süsse ein feiner, begleitender Preiselbeerenton. Im Gaumen junges, kräftiges Tannin. Kompakter Gaumenfluss, intensives, druckvolles Finish, sehr nachhaltig.   16/20 trinken

91: 3/8 Flasche: Erst muffig, nach 20 Minuten: 17/20
92: Aus zwei halben Flaschen eingeschenkt. Minze-, Schokonote, dann aufsteigender Rosenduft und frischer Kräuterton. Trockener Gerbstoff im Gaumen und feine Kiefernnote.   17/20 austrinken

1929 Margaux   **18/20**
92: Laktische Nasennote, reich, üppig, Nusstöne. Die Nasenaromen werden aber innert 5 Minuten schwächer. Gut balancierter Gaumen, parfümiert, rote Johannisbeeren, im Finish leicht gezehrt.   18/20 austrinken

1937 Margaux   **17/20**
90: Flasche mit tiefer Schulter: Kräftige Farbe. Mahagoni- und Rosenschnaps-Geschmack, intensives Würzbouquet. Rauchiger Gaumen, Teernoten.   13/20 vorbei
91: Eine schöne Flasche mit dem Direktor von Château Margaux, Paul Pontallier genossen. Reife Farbe mit orangen Reflexen. Würznase, Lorbeeren. Im Gaumen trocken, dafür aber lang und intensiv.   17/20 austrinken
92: Welkes Blattwerk, Volatile. Im Gaumen schlank mit pelziger Säurestruktur.   13/20 vorbei
94: Essiglastige Nase. Im Gaumen rotbeerige Säure und einem winzigen Hauch Süsse im Finale.   12/20 vorbei

1940 Margaux   **11/20**
88: 3/8 Flasche: Ginster-, Spitzwegerichnase. Dünner, drahtiger Wein.   11/20 vorbei

1945 Margaux   **16/20**
91: Starke Reife mit Mahagonireflexen. Kräuternuancen und Tertiäranzeichen, noch Spuren von Süsse, Irish Moos und gedarrte Gerste. Im Gaumen noch Tanninsüssspuren, dann zunehmende Madeira-Anflüge und leider ebenfalls zunehmende Oxydation. Vielleicht gibt es bessere Flaschen.
                                     15/20 austrinken
92: Konzentrierte Nase, noch Fruchtresten, fett und wuchtig. Im Gaumen Erdbeeren und viel Würzpotential mit Luftzutritt, zunehmend animalische Noten. Nase besser als Gaumen.   16/20 austrinken

1947 Margaux   **19/20**
Die belgischen Vandermeulen-Flaschen sind in der Regel besser als die Château-Füllungen!
89: Mit fünf anderen 47ern in einer Serie degustiert. Süsses Beerenbouquet. Voller, eleganter Körper, sehr ausgeglichen.   17/20 trinken - 2000
91: In Holland in einer Blindprobe eine Vandermeulen-Flasche gegen eine neuverkorkte Magnumflasche Château-Abfüllung verglichen. Eine war schlechter als die andere. Das Erlebnis reichte nicht über 15/20 hinaus.
92: Wieder eine Vandermeulen-Abfüllung. Heisse Nase, portweinähnlich, Kaffeenote. Im Gaumen überreif und beginnender Madeira-Ton im Finish. Schön zu trinken.
                                     17/20 austrinken
93: Eine sensationelle Vandermeulen-Flasche: Reifendes Granat-Purpur. Pflaumen, Korinthen, Bakelit, Erdbeeren- und Himbeerenmarmelade, wird zunehmend süsser. Port-

wein-Nuancen im Gaumen, gewaltiger Druck, viel Süsse im Extrakt, perfekt. 19/20 trinken - 2005

1949 Margaux **19/20**
92: 3/8 Flasche, mittlere Schulter: Schwarze Farbe, undurchsichtig, jedoch braune Reifereflexe darin, was durchaus verständlich ist. Wundervolles Médoc-Margaux-Bouquet. Rauch und dunkle Rosen, viel Tiefe anzeigend, mit Trüffelspuren. Im Gaumen gesunde Säure, in der Struktur feine Tanninprägung, dicht und finessenreich zugleich, sehr ausgeglichen, wenig Fett, dafür umso mehr Länge. Ein perfekter, grosser Wein mit erstaunlicher Kondition, vor allem, wenn man von einer 3/8 Flasche mit Schwund ausgeht. 19/20 trinken
92: Reife Nase, rotbeerig, fein nuanciert. Im Gaumen süsslich, Melissenton in der frischen Säure. Eleganter Wein, der im Finish eine feine störende Kapselnote zeigt. 17/20 austrinken

1952 Margaux **13/20**
92: Eigenwillige Nase, Kampfer und stark riechende Kräuter. Im Gaumen metallisch und moosig, trocken, fehlt an Charme. 13/20 austrinken

1953 Margaux **18/20**
92: Magnum: Brauchte Luft, um sich zu entfalten. Die anfängliche, dominierende Säurespitze verflog und verhalf dem jugendlich wirkenden Wein zu einer pfeffrigen, vitalen Gaumennote. Ein grosser, klassischer Margaux mit feinem Tabakaroma. 18/20 trinken - 2000
93: Aufhellender Rand, sonst recht tief. Offenes, wuchtiges Bouquet, Erdbeeren und eine feine Stielwürznote darin. Die Säure dominiert am Anfang, bettet sich aber nach und nach in den mittelgewichtigen, aber sehr gut balancierten Körper ein. Im Finish zeigt sich ein feiner, beginnender Madeira-Ton und eine Malz-, Heunote. Die Nase wäre gar 19/20 wert. 18/20 austrinken

1954 Margaux **12/20**
85: 3/8 Flasche: Leuchtendes, helles Purpur. Johannisbeerennase. Im Gaumen jahrgangstypisch, grasig, mit grüner Säure und unreifem Tannin. 12/20 vorbei

1955 Margaux **17/20**
88: 3/8 Flasche: Farbe mit zinnoberroten Reflexen. Feiner, eleganter Duft. Im Gaumen Feinheit und Wucht gepaart. Dieser Wein befindet sich jetzt sicherlich auf dem Höhepunkt. Er ist nicht so konzentriert wie andere 55er, jedoch in seiner Ausgewogenheit bestechend. 17/20 trinken
92: Sehr helle Farbe. Ein schlanker, leicht alkoholischer Wein mit zauberhaftem Bouquet. Im Finish feiner Portwein-Ton. 17/20 trinken

1957 Margaux **16/20**
91: Reife Farbe mit braunen Reflexen. Waldig, holzig. Säuerlicher Gaumenbeginn, wirkt angezehrt und metallisch auf der Zunge. 13/20 vorbei
92: Tiefe Farbe mit jugendlichem Schimmer. Im Gaumen gesunder Gerbstoff. Ein fast unzerstörbarer Wein mit wenig Finessen aber gutem Potential. 16/20 trinken

1959 Margaux **17/20**
87: Nase rauchig, Holzkohle und schwarze Eiche, jedoch voll und ausladend, fast üppig. Im Gaumen mit viel Schmelz und Schichten, leichter Ingwerton, lange, aber nicht die grosse 59er Klasse. 16/20 austrinken
90: Jetzt bereits in der Kräuterphase! Lascombes und Palmer sind besser.
91: Offen, rotbeerig und pflaumig, recht würzig mit burgundischen Aromen. Im Gaumen Waldboden und unsauber. Sehr wahrscheinlich hatte die Flasche einen leichten Korkengeschmack. Keine Bewertung!
92: Reife Farbe. Duftelexier, rotbeerig, Chilinote. Im Gaumen fleischig, schön ausgeglichen und gebunden, süss, fast gebraten im Nachklang, die Struktur fängt an zu trocknen. 16/20 austrinken
92: Buttrige, wuchtige Nase, volle Reife. Im Gaumen fleischig, rund mit kompottähnlichem Fruchtbild, feine Ledrigkeit im Fluss. 17/20 trinken
92: 3/8 Flasche: Die Nase war bedeutend besser als der Gaumen.
93: Oranges Braun. Süsse, kräuterartige Nase, sehr würzig, Hitze ausstrahlend. Im Gaumen stielige Würze, auf dem Zenit, beginnt anzutrocknen. 17/20 austrinken

1961 Margaux **18/20**
87: Dichtes Purpur mit ziegelroten Reflexen. Wirkt erst holzig, verfliegt aber wieder, konzentrierte, beerige Nase. Griffiges, weinbeherrschendes Tannin, das er noch ein wenig abbauen sollte, falls er durchhält! 17/20 trinken - 2000
89: Wiederum getrunken. Die Tannine sind konstant, der Wein reift darunter.
91: Eine Flasche, die vielleicht nicht ganz optimal war. Eher hell mit ziegelroten Reflexen. Welker Merlot, Unterholz, ranziges Fett, Kuhhaut und grüne Peperoni. Wie gesagt, vermute ich, dass die „besseren" Flaschen mehr versprechen.
92: Ein vor Kraft und Gerbstoffen strotzender 61er. Rustikal in den Tanninen, braucht Zeit sich zu öffnen. Rosinen im Gaumenaroma. Hält problemlos bis 2010. 18/20 trinken - 2010
93: Eine reichlich oxydierte Flasche, die zwar noch ein riesiges Potential zeigte, aber mit Malz- und Madeira-Tönen durchsetzt war. Keine Bewertung!

1962 Margaux **17/20**
88: Intaktes, leuchtendes Granat. Üppige Nase, weit ausladend, rotbeerig. Fetter, aber dennoch eleganter Körperbau, rund, weinig, sehr lange. 17/20 trinken
92: Ausströmendes Bouquet mit hellen Pilzen und Süssholznoten. Feiner, runder Gaumen mit abgebauten Gerbstoffen. 17/20 austrinken
94: Reifes Bordeauxrot. Würziges Terroir-, Médoc-Bouquet. Leicht kapselige Säure, dahinter korinthige Süsse. Die Säure überwiegt, weil es dem Wein an Fett fehlt. 16/20 austrinken

Margaux

94: Magnum: Reifes Bordeauxrot. Gebundenes, komplexes Bouquet, Preiselbeeren, süss, dicht, fast burgundisch. Süsser Gaumen, Rösttöne, Dörrfrüchte, geschmeidige Gerbstoffe, die noch immer weitere Lebensgarantie abgeben. 17/20 trinken - 2000

1964 Margaux **16/20**
88: Diesen Wein sollte man dekantieren, da er sich erst nach 15 Minuten öffnet! Aufhellendes Granat mit ziegelrotem Schimmer. Wuchtige Nase mit viel Finessen gepaart. Fülliger, fast opulenter Körper, sehr zugänglich, noch Anzeichen von Stoff und Fleisch, langer Strukturbau, enorm nachhaltig. 17/20 trinken
92: Öffnet sich nach 5 Minuten und hält sich für eine halbe Stunde. Die Süsse ist nur noch defensiv. Im Gaumen beginnt er nun mehr und mehr zu zehren. 15/20 austrinken
92: Anfänglich feiner Kapselton. Entwickelte aber nach 10 Minuten mehr und mehr Fülle. Leicht drahtig im Gaumen. 16/20 austrinken
93: Sehr tiefe Farbe, braune Reifetöne. Oxydierte Nase, Ranchioton. Im Gaumen aufrauhende Säure und total maderisiert. Keine Bewertung! vorbei
94: Eine Flasche mit Korkengeschmack.

1966 Margaux **16/20**
90: Dichte Farbe mit orangem Rand. Vielschichtige Nase mit Minze, Terroir- und Lederspuren. Im Gaumen erste oxydative Aromen, darüber aber noch Wucht und erstaunlich viel Tannin. Sehr wahrscheinlich sollte man diesen Wein jetzt trinken, da er das Tannin nicht mehr abbauen wird. 16/20 austrinken
92: Für ein so heisses Jahr unerklärlich, dass eine grünliche Pfefferschotennote das Bouquet dominierte. Es ist deshalb fast zu vermuten, dass dem 66er ein kleiner Teil 65cr zugeschüttet wurde. Durch diese Kombination ist es ein jung-alter Wein mit Aromen von Cabernet Franc und dunklen Rosen. 16/20 trinken - 2005
93: Flüchtige Säure. Im Gaumen unter den grünen Tanninspuren gezehrt und oxydativ. 13/20 vorbei
94: Reifes Granat, dumpf, orange Reflexe. Süsses Schokobouquet, leichter Geraniolton. Im Gaumen aussen Schmelz, innen Spitzwegerich, wirkt gezehrt und blechig auf der Zunge. 13/20 vorbei

1967 Margaux **14/20**
92: Ein pflaumiger Schmeichler mit fülligem Bouquet. Leichte Trockenheit im Zungenfluss. 14/20 austrinken

1970 Margaux **15/20**
86,89: Ein Problem-70er! Reiche Erscheinung im Glas, fettige Konsistenz. In der Nase würzig, breit, mastig. Im Gaumen eher dick, krautiger Körper, grosses Potential, zu wenig Finessen. 13/20 trinken
91: Matte Farbe mit orangem Rand. Moosig, nasses Unterholz. Anstehende Säure, vordergründig. Absolut faulige Aromen, verwässertes, fades Finish. 13/20 vorbei
Ich lege mich wirklich nicht gerne mit anderen Degustatoren an, und schon gar nicht gerne mit Legenden wie Michael Broadbent. Vergleichen Sie einfach seine Notizen zu diesem Wein mit meinen und trinken Sie gleichzeitig den 70er Margaux dazu. Sie müssen ihn ja nicht austrinken, wenn er Ihnen nicht schmeckt...
92: In einer Blindprobe wiederum mit mageren 13/20 Punkten bewertet. 13/20 austrinken
92: Eine eigenwillige Flasche, die fast blockiert wirkte. Rotbeeriger Fruchtton mit störendem Bakelit-Aroma dahinter. Im Gaumen harte Säure mit etwas Fett umgeben. Ob jemals etwas daraus wird, ist fraglich. 14/20 trinken - 2010
93: Blind mit 13 Punkten bewertet. Die Säure ist reif für einen Eintrag ins Guiness-Buch der Rekorde.
94: Ich bin einigen unterschiedlichen Flaschen begegnet. Die besten machen jetzt gewisse Fortschritte und es ist durchaus möglich, dass aus ihm noch „etwas" wird. Die Tannine werden jedoch ungeschliffen und kantig bleiben. Die besten Flaschen: 15/20 trinken - 2010

1971 Margaux **12/20**
86: Unschön, so viele Fehler aufzählen zu müssen. Spätestens jetzt hätte Ginestet merken sollen, dass mit seiner Vinifikation nicht viel los ist. Balanceschwierigkeiten. 13/20 vorbei
92: Eine braune, oxydierte Flüssigkeit. Kann sein, dass es davon unterschiedliche Flaschenabfüllungen gibt. Trotzdem, ein höchst bescheidener Wein, wenn man ihn mit anderen Premiers vergleicht. 12/20 vorbei

1972 Margaux **13/20**
93: Reife Farbe, mitteldicht. Pilziges Bouquet, nasses Unterholz, etwas modrig. Im Gaumen hat er eine gewisse Fülle, Spuren von altem Fass. Trotzdem ein recht guter Wein aus dieser mühseligen Margaux-Zeit. Ich würde ihn gar dem 75er vorziehen. 13/20 austrinken

1973 Margaux **12/20**
87: Kleiner, würziger Wein, der mit der Oxydation kämpft. 12/20 austrinken

1975 Margaux **11/20**
86: Nur einmal getrunken, machte keinen erhabenen Eindruck auf mich.
89: In einer Blinddegustation deklassiert. Ein miserabler Wein. 12/20 weg damit
92: Reife Farbe mit orange-braunen Reflexen. Unappetitliche Nase mit Austern- und Brackwassergeschmack, faulig, sogar Dungaromen, dahinter als einziger Lichtblick verdeckt etwas Minze. Pfeffriges, pikantes, vordergründiges Tannin, das sich in negativer Weise mit der Säure verbindet. Als Grundaromen im Gaumen sind Teer und Tabak zu verzeichnen, animalische Note in Form eines Pferdestalles. 12/20 austrinken
92: Unappetitliche Nase mit Brackwassergeschmack, zersetztes Eiweiss. Aufrauhende Zunge, unausgeglichener Körper. Unsaubere Vinifikation. Ein fürchterlicher Wein. 11/20 austrinken
94: Aufhellendes Weinrot. Fassige, unsaubere Nasennote, Brackwasserton. Im Gaumen drahtig, bitter und un-

appetitlich. Es braucht einige Überwindung ihn mehrere Sekunden im Gaumen zu halten, dafür fällt das Ausspuken umso leichter. 11/20 vorbei

1976 Margaux **12/20**
87: Schmale, faulige Nase, überreife, rotbeerige Früchte, tendiert zu Fett, etwas gezehrt. Max. 13/20 austrinken
92: Nase mit Oxydationscharakter, störender Jodton. Im Gaumen überreif und ausgetrocknet. 12/20 vorbei

1977 Margaux **11/20**
87: Offene, nichtssagende Nase. Im Gaumen säuredominant, kleiner Körper, jedoch in seiner Art gefällig.
11/20 trinken

1978 Margaux **18/20**
87: Ein Aufatmen für alle Weinliebhaber, welche die schlechten Jahre von Château Margaux verfolgt haben. Wenn dieser Wein auch nicht so perfekt wie der 79er ist, so spricht man hier doch wohl wieder definitiv von einem Premier Cru. 18/20 1996 - 2010
88: Im Moment ohne Frucht und sehr diskret - seidige Adstringenz! 18/20 warten
92: Tiefes, sehr dichtes Purpur. Süss, Vanille, Wachs, sehr vielversprechend. Im Gaumen feines Extrakt mit Süsse in den Tanninen. Nach wie vor sehr jung. Ausgeglichene, perfekte Adstringenz. Wirkt jünger als der 79er und hat Chancen, diesen sogar in den nächsten fünf Jahren einzuholen. 18/20 1995 - 2010

1979 Margaux **19/20**
87: Das wird ein Fest! Mit dem 83er einer der ganz grossen Margaux. 19/20 1992 - 2006
89: Hat viele Fortschritte gemacht. Nun üppige Nase, fette Tannine, sehr wahrscheinlich immer noch in der ersten Reifephase! 19/20
91: Jugendliche, dichte Farbe. Öffnende Nase mit frischem Trüffel (sehr intensiv) in rotbeeriger, frischfruchtiger Konfitüre, ohne dabei süss zu wirken. Im Gaumen konzentriert, ohne überladen zu sein, perfekte Eleganz, sehr vielversprechend, am Anfang einer langen und äusserst erfreulichen Entwicklung. 19/20 1992 - 2006
92: Sensationelle Farbe, violett-schwarz, satt, grosse Erscheinung. Wachsnase, Zedern, süss, sehr vielschichtig mit unendlichen Finessen. Im Gaumen seidig, stoffig, sehr fein. 19/20 trinken - 2005
92: Dichtes Granat-Purpur. Öffnende Nase mit wuchtigen Ansätzen, leichter Caramelton. Im Gaumen fett, Preiselbeeren, junges, kompottartiges Fruchtextrakt, dicht, stoffig, süssliche Tannine. 19/20 trinken - 2005
92: Süsse Nase, dunkle Beeren, fett, leicht überreif (Korinthen), Anklänge von Opulenz, Rauch, Zedern, Trüffel. Im Gaumen noch primäre Barriquennuancen, süss durch reife Tannine, viel Stoff und Extrakt. Grosser Wein. Max Gerstl und Michael Broadbent bewerten den 79er Margaux eher schwach. 19/20 trinken - 2010
93: Er wird jetzt rotbeerig mit weniger Terroiranzeige als früher. 18/20 trinken - 2003

94: Eigenwillige Nase, ausladend, viel Kräuterduftaromen, Thymian, Rosmarin, gleichzeitig zeigt sich in der Nase jetzt eine metallische Note. Im Gaumen fehlt im Moment der Schmelz und die bereits in der Nase angezeigte, metallische Note präsentiert sich in kapseliger Form, im Finish Schokonuancen. Irgendwie scheint im Moment die Harmonieverbindung des jungen Merlots mit dem reifen Cabernet nicht ganz glücklich zu sein. Wenn der Wein sich so weiter entwickelt, sehen die Zukunftsprognosen nicht mehr ganz so rosig aus wie vor ein paar Jahren.
17/20 trinken - 2000
94: Es muss sich um eine eher schlecht gelagerte Flasche gehandelt haben, denn aus meinem Keller erlebte ich einen jungen, am Anfang der Genussphase stehenden Höhenflug. Starke Schokonote, zu Beginn noch präsente Tannine, die Adstringenz vermitteln, dann immer weicher werdend, langes, süsses Finale. Ein grossartiger Wein.
19/20 trinken - 2006

1980 Margaux **13/20**
87: Reintönige, weiche, klassisch-exzentrische Nase. Geradlinig, mittlerer Körper, süssliche Preiselbeerenaromen.
16/20 trinken
89: Vollkommen reif und abgerundet, wenig erhaltene Säure. 13/20 austrinken
92: Reifes Bordeauxrot. Offene Nase, Lakritze, getrocknete Pflaumen. Weicher Gaumen mit leicht gezehrter Struktur. War vor zwei Jahren besser. 13/20 austrinken

1981 Margaux **18/20**
88: Perfekte, geradlinige, vielschichtige Nase. Im Gaumen mittel konzentriert, lang, nicht so ausladend wie andere Margaux-Weine, braucht viel Zeit. 17/20 1993 - 2005
91: In einer Blinddegustation mit Latour verwechselt. Was zeigt, welch grosses Alterungspotential in diesem Wein steckt. 18/20 1995 - 2006
91: Wiederum degustiert während einem Wine & Dine in Holland. Viel Tannin total verschlossen. Sehr wahrscheinlich einer der besten und zukunftsträchtigsten 81er.
18/20 1996 - 2010
92: Ich habe mir zum Hobby gemacht, den Margaux in den 81er Blindproben mit dem Latour zu verwechseln. Satte Farbe, tief. Wuchtige, konzentrierte Nase mit tiefer Würze. Im Gaumen stoffig, Preiselbeeren, Zimt, Terroir, seitliche Adstringenz, wirkt im Moment noch verschlossen.
18/20 1995 - 2008
92: Tiefes Purpur mit violetten Reflexen. Dichte, verschlossene Nase mit Cabernet-Dominanz. Im Gaumen fast reduktiv mit komprimiertem Extrakt, das eine feine Würzbitternote zurück lässt, absolut jugendlich, grosses Potential. 18/20 1995 - 2010

1982 Margaux **17/20**
86: Hatte viel Mühe während einer Blinddegustation. Zeigt sich in schwieriger Verfassung und hat offensichtlich Mühe, sein Potential zu verarbeiten. Der 83er ist besser!
17/20 trinken ab 1995

Margaux

89: Nachdegustiert, total verschlossen mit riesigen Reserven! 18/20 trinken ab 1995
91: Noch immer verschlossen. Erste Öffnung nach 30 Minuten.
92: Habe ihn sicherlich dreimal degustiert und immer noch Mühe mit ihm. Besonders unter Berücksichtigung, dass ich der einzige bin, der an seinem Renommee zweifelt. Dichtes Purpur mit feinen, ziegelroten Reflexen im aufhellenden Rand. Offene, heisse Nase, Dörrfrüchte, rauchige Note. Im Gaumen einerseits mit Fett umgeben, andererseits trockene Gerbstoffmassen auf der Zunge. Mit meiner Note war ich von allen Teilnehmern am tiefsten. Ich bleibe aber der Ansicht, dass die 83er im Margaux-Gebiet allesamt grösser sind als die 82er. Mit einer Ausnahme: Château Lascombes! 17/20 1994 - 2008

1983 Margaux   20/20
88: Der perfekteste Wein dieses Jahrganges im ganzen Bordelais. 20/20 1996 - 2010
89: Die Fruchtphase ist abgeschlossen - warten!
91: Ein Monument von einem Wein, der Geschichte machen wird. Schwarz, fast undurchdringlich. Geballtes, gebündeltes Potential mit extremer Konzentration. Immer noch reduktiv mit einer ganz kleinen Öffnung. Das heisst, dass im Moment nur die Spitze eines riesigen Eisberges sichtbar ist. 20/20 1996 - 2015
92: Noch immer total verschlossen, verdecktes Leder, Zimt- und rotbeerige Fruchtaromen. Gewaltige Gerbstoffreserven. 19/20 1996 - 2018
92: Tiefes Schwarz-Purpur. Enorm konzentriertes Bouquet mit süssen Tanninen und vollbeeriger Frucht. Im Gaumen wuchtig mit enormer Tiefe und faszinierendem Parfümspiel, Massen von feinsten Gerbstoffen. 20/20 1996 - 2015
93: Der absolute Sieger einer 83er Médoc-Probe: Purpur-Schwarz. Absolute Konzentration in der Nase, trotz Verschlossenheit zeigt sich eine gewisse Süsse. Im Gaumen volles Extrakt und Gerbstoffbeschlag. Alles in feinster, dichtester Form vorhanden. Rahmig-seidiger Gaumenfluss, Anklänge von Dörrfrüchten. Ein perfekter Wein, der aufzeigt, dass die 83er im Margaux-Gebiet dem Jahrgang 1982 eindeutig überlegen sind. 20/20 1996 - 2020
94: Don't touch! Im Moment in einer Rumpelphase. Zeigt nur die Hälfte seines möglichen Potentials. warten
94: In einer Probe direkt neben dem Palmer verglichen. Zeigte auch hier im Moment extreme Schwierigkeiten. Also definitiv nicht berühren, sicherlich bis 1996.

1984 Margaux   16/20
91: Recht tiefe Farbe. Reifes Waldbeerenbouquet, sauber mit Terroiranzeige. Im Gaumen schmelzig mit erstaunlichem Extrakt. Eine noble Bitterkeit begleitet diesen 84er, der zu den besten seines Jahrganges gehört. 16/20 trinken - 2000

1985 Margaux   19/20
86: Fassdegustation: Dichtes, sattes Purpur, schöne Robe. In der Nase beerig, konzentriert. Im Gaumen starkes, angeeignetes, junges Holz. An der Arrivage nachdegustiert: Hat durch die Collage viel von seiner ursprünglichen Farbe verloren. Perfekte, geradlinige, tiefe Nase. Im Gaumen fleischig, seidig, sehr elegant. Palmer scheint etwas konzentrierter zu sein! 18/20 1996 - 2007
91: Ist an einer Blinddegustation sehr aufgefallen. Verschlossen, aber Reichtum anzeigend, Cassis- und Holunderton. Reiche Tannine im Gaumen. 18/20 1996 - 2010
92: Tiefes, sattes Purpur. Rotbeeriges Fruchtspiel (Himbeeren und Erdbeeren). Im Gaumen gut konzentriert mit angerundeten Gerbstoffen, pfeffriges Stoffextrakt, samtene Struktur. Ein unglaublich eleganter Wein. 19/20 1995 - 2010
93: Wenn er so weiter macht, dann wird er eines Tages zu den absolut besten 85er im ganzen Bordelais gehören! Sattes Purpur. Konzentrierte Nase, beerig, Edelhölzer, Ingwernote. Viel Stoff und Konzentration, hat noch enorm viel Potential. Ein Klassiker! 19/20 1996 - 2020

1986 Margaux   19/20
88: Fassdegustation: Mitteltiefes Rubin mit Purpurreflexen. Fruchtige, klassische Nase, die nur wenig aus der Oberfläche herausragt. Volles Tannin, das Jahre brauchen wird, um weich zu werden. Auf der Stufe von Lafite und Mouton. 19/20 trinken ab 1998
89: Bei Walter Kaufmann ein Schöppli genehmigt. Dicht, schwarz, perfekt, aber sehr verschlossen. 19/20
91: An einem Kalifornien-Bordeaux-Blindtasting mit Robert Mondavi getrunken. In einer so schrecklichen Rumpelphase, dass er von sechs degustierten Weinen auf dem letzten Platz landete. Kräuternase und sehr ausbrechend. Bis 1994 nicht degustieren - und in Ruhe lassen!
92: 3/8 Flasche: In der Kleinflasche hat er sich jetzt zum Teil beruhigt. Trotzdem ist er noch total verschlossen. Es hat also weiterhin keinen Sinn, den Wein weder zu degustieren noch zu trinken. 19/20 1998 - 2020
92: Violett-Purpur, dicht. Dörrfrüchte. Für ein paar Minuten steigen baroloähnliche Kräuterdüfte auf, die sich zu einem komplexen Bouquet bilden. Die Tannine in den Zungenstrukturen sind sehr trocken und haben im Augenblick Mühe, sich mit dem Fett zu verbinden. Noch immer in einer sehr schwierigen Phase. 18/20 1997 - 2020

1987 Margaux   16/20
89: Vorabzug auf dem Château: 60 % deklassiert. Mittlere, rubine Farbe. Süsse Nase, leichter Goût rôti und geröstetes Brot, remakable Holzpräsentation, feiner, diskreter Stoff. Dies ist kein Gastronomiewein, da er ein überdurchschnittliches Alterungspotential aufweist. 16/20 trinken ab 1994
90: Superfarbe. Tiefe Süsse, parfümiert (Rum-Rahm). Edelholz. Feine seidige Tannine. Finessenreiche Textur, Reserven, recht konzentriert. 16/20 1994 - 2005
92: Es scheint, dass der 87er Margaux gar nie eine solche Fruchtphase wie seine Mitbewerber hatte. Noch immer recht verschlossen wirkend, zeigt die konzentrierte Frucht ein erfreuliches Alterungspotential. Es lohnt sich also, im Gegensatz zu anderen, süffigeren Weinen dieses Jahrganges, noch ein, zwei Jahre zu warten. 16/20 trinken ab 1994
93: Eine Magnum: Noch fruchtig-junges Extrakt und Aromen eines grossen italienischen Vino da Tavola. 17/20 1994 - 2005

1988 Margaux   **19/20**

89: Fassdegustation: Tiefe Farbe, purpur-violette Reflexe. Süsses Parfüm, Feinheit und Reichtum. Enormes Extrakt, mehr Merlot-Dominanz als der 86er, totale Fruchtkonzentration.   18/20 trinken ab 1997

91: Eigentlich sollte man Jungweine während einer Degustation ausspucken. Ich brachte es aber nicht übers Herz. So dicht, so fein, so stoffig, gewaltige Adstringenz, lang, lang, lang. Ein wunderschöner, grosser 88er. Hat auf eine unlogische Weise Ähnlichkeiten mit dem 88er Lafite.
                                                                 19/20 1998 - 2010

92: Tiefes Purpur-Schwarz. Rauchige, nach Kaffee duftende Nase durch die Barrique, dahinter konzentriertes, reifes Fruchtbild. Im Gaumen sehr gut balanciert, Wachston, reich mit viel feinen Gerbstoffen, macht sehr positive Fortschritte. Ein grosser Margaux!   19/20 1996 - 2012

1989 Margaux   **17/20**

90: Ich hatte noch den Latour im Mundwinkel, als wir den 89er Margaux vorgesetzt bekamen. Dichte Farbe mit feinem Wasserrand. Würziges Bouquet, schwarzes Holz, wirkt bereits gebunden, mittlere Textur. Hat keine Chance, an die Qualität des 83ers oder des 86ers heranzukommen.
                                                                   17/20 trinken ab 1995

Der Merlot wurde am 8. September, der Cabernet am 16. September geerntet. Am 27. September war alles unter Dach und Fach.

91: Auf dem Château nachdegustiert: Ein überbratener, atypischer Margaux. Im Moment reicht es nur für 16 Punkte! Als Recioto Amarone wäre es ein 18 Punkte-Erlebnis. Was mich nebst der Süsse am meisten stört, ist die Barrique, die den Wein antrocknet und eine Spur zu viel Pfeffer im Gaumen, der sich in Chili-, Tabasco- und Paprikapulverform zeigt. Schwierige Zukunft?

92: 3/8 Flasche: Satte Farbe mit Mahagonireflexen! Es ist sehr wunderlich, dass ein so junger, grosser Wein bereits braune Reflexe unter der Oberfläche verbirgt. Sehr wahrscheinlich hatten einige Beeren den „Sonnenbrand", und diese bräunliche Note ging bei der Fermentation in die Grundfarbe über. Es bestätigt leider auch gleichzeitig meine Theorie, die ich 1991 bereits über diesen Wein angestellt hatte. Fette, reiche Nase geprägt von Dörrfrüchten (Birnen und Bananen). Im Gaumen heiss und punschig. Feines Tannin, das jetzt aufgrund der eher niedrigen Säure mit viel Fett umgeben ist. Ich kann mir vorstellen, dass viele Weinfreunde, die den Wein zuerst trinken und dann meine Notizen lesen, mit meiner Bewertung nicht einverstanden sind. Für mich ist er als Château Margaux total atypisch und für das, was er bietet, viel zu teuer. Solche heissen Säfte kriegen Sie in Italien massenweise zum halben Preis, was immer noch zu teuer wäre. Unter Berücksichtigung des Preis- Qualitäts-Verhältnisses:
                                                                   17/20 1995 - 2010

92: Arrivage: Enorm konzentriert. Trockenheit in den Tanninen. Von allen Premiers vielleicht die grösste Konzentration.   17/20 1995 - 2015

92: Sattes Purpur-Violett. Im Moment verschlossen. Überreife Früchte, Cassis, Veilchen, Teer. Die Gerbstoffmassen sind sehr trocken und die Frucht wirkt im Gaumen gekocht, süsses Finish. Ein heisser Wein - an gewisse 47er erinnernd.   17/20 1997 - 2015

93: Dichtes Purpur mit feinen, ziegelroten Reflexen im aufhellenden Rand. Offene, heisse Nase, Dörrfrüchte, rauchige Note, konzentriert. Im Gaumen einerseits mit Fett umgeben, andererseits trockene Gerbstoffmassen auf der Zunge, trüffelige Note, stoffig. Nicht in Bestform, im Moment eher unharmonisch.   17/20 1998 - 2012

94: Purpur, Rostfarben. Wuchtiges, rotbeeriges Konzentrat, Maul-und Erdbeeren, süss, Rauch, gebratene Dörrfrüchte. Viel Stoff, jedoch sehr trocken im Gerbstoff, zähfliessend. Hat vermutlich etwas zu wenig Weinfett, um die Trockenheit in den Gerbstoffen wettzumachen.
                                                                   17/20 2000 - 2020

1990 Margaux   **20/20**

91: April: Dichtes Granat mit Purpurreflexen. Vielschichtiges, differenziertes Bouquet, Nüsse, Fett, Himbeeren, Würzspiel. Im Gaumen Rasse, feingliedriges Extrakt. Reicher Körper mit Cabernet-Dominanz. Die Rasse könnte vom absolut reüssierten Petit Verdot herkommen, der mit einem Anteil von 10 % (!) im Grand Vin vorhanden ist. In der Nase sind die roten Früchte, im Gaumen die blauen überwiegend. Feines, nachhaltiges Finish, das viel Zukunft verspricht. Dürfte wohl der beste Premier Cru dieses Jahrganges werden. In der Eleganz ein 85er, im Potential ein 83er.   20/20 2000 - 2025

92: Mehrere Male auf dem Château degustiert. Ein sehr, sehr grosser Wein.   20/20

93: Februar: Er lässt jetzt definitiv keine Zweifel mehr offen, dass er zur absoluten Spitze des 90er Feldes gehört. Eine gebündelte Finesse, seidig, ausgeglichen, Rasse und Länge, ein perfektionierter 83er.   20/20 2000 - 2025

93: Gäbe es ein Wein-Parfüm, dann müsste man diesen 90er Margaux als Basis dafür verwenden. Stoff, Stoff und nochmals Stoff, aber vom Feinsten, feingegliederte Adstringenz in absoluter Perfektion.   20/20 2005 - 2025

93: Arrivage: Sattes Purpur. Röstnote, Kaffee, dahinter reife Frucht und getrüffeltes Terroir. Seidiger Gaumen, samtig gegliedert, viel Balance, parfümiert. Der Körper wirkt mittelgewichtig, die Struktur gazellenhaft, voll von tänzerischer Finesse.   19/20 1997 - 2025

1991 Margaux   **18/20**

92: 18 hl Ertrag. Während einer Woche geerntet bis 9. Oktober. Der Regen vom 28. und 29. September hatte die Trauben leicht aufgebläht und die Konzentration beeinflusst. <<Sonst hätte man einen 45er oder 61er machen können>> meinte Paul Pontallier anlässlich meines ersten Besuches im April. Violett-Schwarz. Die schönste Farbe aller 91er. Würziges Edelholzbouquet, sehr verschlossen, Kaffee, Brombeeren, Himbeeren. Extrem feingliedrig, samtig, seidig mit nachhaltiger Konzentration, langes Cassis-, Heidelbeerenfinish. Mit Latour der beste 91er.
                                                                   17/20 1996 - 2006

92: Einen Monat später aus einer Demptos-Barrique degustiert. Logischerweise etwas rauher mit gröberem Korn.

Margaux

92: September: Rauch, Kompott (Vierfrucht), Zwetschgen, Himbeeren, vielschichtig nuanciert. Seidig, feinste Tannine, Gebäcknote von der Barrique, gute Konzentration, ausgeglichene Adstringenz. 17/20 1996 - 2010
93: Lässt die anderen Mitkonkurrenten immer mehr hinter sich. Gutes Extrakt, sehr ausgeglichen. Wird gar noch den 87er übertreffen. 17/20 1996 - 2010
94: Blind serviert mit 18/20 bewertet. Ein sehr lagerfähiger 91er.
94: Zeigt jetzt einen leicht fleischigen Evolutionston, kompakt. Süsse, seidige Gerbstoffe, sehr aromatisch, feine Barbera-Süsse, sehr lang. Ein 91er Klassiker.
18/20 1996 - 2010

1992 Margaux 15/20
93: War er 1990 und 1991 der beste Premier Cru, dürfte er dieses Jahr wohl das Schlusslicht bilden. Mittleres Purpur mit starkem Wasserrand. Gebundene Frucht, gekochte Johannisbeeren. Im Gaumen leicht rotes Fruchtfleisch, wenig Adstringenz und mittleres Finish. 15/20 1996 - 2006
93: Mehrere Male auf dem Château degustiert. Leider hat Paul Pontallier wenig Freude an meiner Wertung. Max Gerstl, der ihn aufgrund der Finessen zwei Punkte höher wertet, auch nicht. Ich habe weder an meiner Wertung noch am Wein selbst speziell Freude. 15/20 1996 - 2006
94: Wiederum auf dem Château nachdegustiert: Helles Granat, starker Wasserrand. Röstiges Bouquet, das Toasting dominiert, rotbeerige, fast konfitürige Nase. Tänzerischer, leichter Wein mit einer sehr bescheidenen Konzentration. Nicht einem Premier Grand Cru würdig.
15/20 trinken - 2004

1993 Margaux 18/20
94: Sattes, dichtes Rubin. Zurückhaltendes Bouquet, dahinter vielschichtig, Barbera-Süsse, die sich in Amarenakirschenform zeigt, konzentriert, Brombeeren, Mandelröstnote, Marzipannuancen. Dichter, samtiger Körper, gutes, feinverteiltes, sattes Extrakt, Merlot und Cabernet bestens balanciert, feinsandiger, seidiger Fluss, viel Rückaroma, extrem lang anhaltend. An der Spitze des 93er Jahrganges. 18/20 2000 - 2015
94: Aus einer Seguin-Moreau-Barrique: Hat ziemlich stark die Holzstruktur der Barrique angenommen.

CHÂTEAU MARQUIS-D'ALESME-BECKER

1970 Marquis-d'Alesme-Becker 15/20
88: Rustikaler Margaux, gute Reserven, viele Schichten, ein Wein zum Verlieben, männlich-kräftig. 16/20 trinken
93: Leider ziemlich viel flüchtige Säure von unsauberen, alten Fässern. Dekantieren! 15/20 trinken - 2005

1975 Marquis-d'Alesme-Becker 15/20
93: Aus der Magnum: Ein rustikaler, säurebetonter Wein.
15/20 trinken
94: Aufhellendes Orangerot mit ziegelrotem Rand. Offenes, kompottartiges Bouquet, Heunote. Süsser Gaumen, Dörrpflaumen, etwas ledrig im Fluss. 14/20 austrinken

1979 Marquis-d'Alesme-Becker 13/20
92: Purpur, mitteltief. Offen, verdeckte Fassnote, nasse Wolle. Rauher Zungenbeschlag, zwiespältiges Finale.
13/20 austrinken

1980 Marquis-d'Alesme-Becker 11/20
89: Zu viel Holz - zu wenig Wein. Ich habe ihn stehenlassen. 11/20 unauffällig aus dem Keller verschwinden lassen

1982 Marquis-d'Alesme-Becker 15/20
91: Reiche Erscheinung im Glas. Granat-Weinrot mit Wasserrand. In der Nase Fass- und Wildgeschmack sowie gefährliche Essiguntertöne. Im Gaumen füllig rustikal, mit floralen Aromen und grobmaschiger Struktur.
15/20 trinken - 2003

1983 Marquis-d'Alesme-Becker 15/20
87: Typische, rustikale Margaux-Nase. Gut proportioniert, fleischig, korpulent. Ein recht guter 83er.
15/20 trinken ab 1990
92: Ist in der Zwischenzeit gereift und jetzt voll geöffnet. Er zeigt leider auch, was für einen 83er im Margaux-Gebiet eher unverständlich ist, einen gewissen Konzentrationsmangel. Der Ursprung dafür ist wohl in einem grosszügigen Ertrag zu suchen. 15/20 trinken - 1998

1993 Marquis-d'Alesme Becker 13/20
94: Aufhellendes Rubin mit starkem Wasserrand. Offenes Bouquet, Bonbonnière, leicht unsauber. Leichter, magerer Körper, unsaubere Note, wirklich schlecht vinifiziert.
13/20 2000 - 2010

CHÂTEAU MARQUIS-DE-TERME

1929 Marquis-de-Terme 17/20
89: Tiefe Farbe, mit schwarz-dunklen Reflexen. Defensive, langsam öffnende Nase, die nach Rosen duftet. In der Tanninverbindung Säure noch präsent. Nach 30 Minuten harmonischer, weicher Fluss. 17/20 austrinken

1961 Marquis-de-Terme 17/20
91: Tiefes Granat mit Glanz. Würzige, volle Nase, tief. Im Gaumen eng strukturiertes Fleisch, recht lang, jedoch eher mageres Potential. 16/20 trinken
92: Sehr dichte Farbe, wirkt relativ jung mit wenig Altersreflexen. Süss, Lakritze, Korinthen, Brombeeren. Im Gaumen rotbeerig (Beaune), gutes Rückgrat mit rustikaler Struktur auf der Zunge. 17/20 trinken - 2000

Gabriel

1966 Marquis-de-Terme **12/20**
90: Granat, ziegelrot. Ranziges Fett in der Nase, darunter unsauber. Im Gaumen ausgetrocknet und definitiv über dem Zenit. 12/20 vorbei

1973 Marquis-de-Terme **13/20**
87: Goût de Capsule, Ähnlichkeiten mit Moulis-Weinen, reife Nase. Mittlerer Körper, nicht die feine Margaux-Art! 13/20 austrinken

1978 Marquis-de-Terme **12/20**
87: Trocken mit ersten, öffnenden Akzenten, wirkt noch zu jung, verschlossen, aber gleichzeitig total unharmonisch. 12/20 1992 - 2004
91: Laut Gerüchten nimmt man den 78er auf dem Château zurück, weil er sich negativ entwickelt hat...

1979 Marquis-de-Terme **15/20**
87: Pomerol-Merlot-Nase, Reife anzeigend. Leichter Körper, fleischige Substanzen. 15/20 trinken - 1996

1980 Marquis-de-Terme **13/20**
87: Fein, leicht, parfümiert. 13/20 trinken

1983 Marquis-de-Terme **15/20**
87: Nase verschlossen, flüchtiger Alkohol. Eine andere Flasche nachdegustiert, scheint mit dem Alter besser zu werden, guter Stoff. 15/20 1993 - 2004

1985 Marquis-de-Terme **14/20**
88: Rubine Farbe. Saubere Nase, Vanille, Veilchen. Strenges Aroma, trocken, mit grüner Säure, ein wenig nervös, hat Mühe zur vollkommenen Ausgewogenheit, vordergründiges Tannin, verwässerter Abgang. 14/20 trinken ab 1995

1986 Marquis-de-Terme **14/20**
15 Tage nach der Assemblage degustiert. Bereits erste Fassprägungsmerkmale, reiches Kleid, breite Nase. Im Gaumen rustikal (hart?), sehr viel eigenes Tannin, Vin de Garde. Noch keine Bewertung!
89: Arrivage: Granat-Purpur. Süsses, weites Bouquet, darunter im Augenblick unharmonisch. Momentanwertung: 14/20 1996 - 2007

1988 Marquis-de-Terme **17/20**
89: Fassprobe: 45 % Cabernet Sauvignon, 35 % Merlot, 15 % Cabernet Franc, 5 % Petit Verdot. Veilchen, Beaujolais-Nase, wenig Säure unter extrem trockenem Tannin, Cabernet-Nuancen. Ein Wein, der viel Zeit brauchen wird, um seine Härte zu verlieren. 16/20 trinken ab 1998
91: Gibt es heute noch Weine, die problemlos zwei, drei Jahrzehnte halten und reifen können? Ja - es gibt sie. Hier ist ein Beispiel dafür. Für mich die absolute und unerwartete Überraschung während der Arrivage in der Margaux-Serie, die blind degustiert wurde.
Dichtes Purpur, tief. Toast, süss, eng. Im Gaumen viel robustes Extrakt und reifeverlangendes Tannin. Wird in zehn Jahren ein kräftiger Wein zu ebensolchen Fleischspeisen sein. 17/20 2003 - 2020

1989 Marquis-de-Terme **16/20**
91: Süsse, fette Nase. Füllig, heiss mit Nussaromen. Darunter feiner Vanilleton von der Barrique. 15/20 trinken ab 1996
92: Arrivage: Violett-Schwarz, mittlere Dichte. Kaffeenote, dahinter verschlossenes Fruchtbild. Im Gaumen weich, fast marmeladig in der Frucht, mittlerer Rückhalt. Noch nie war ein Marquis-de-Terme in der Jugend so zugänglich. 16/20 1995 - 2006

1990 Marquis-de-Terme **17/20**
91: Mittlere Farbdichte, Purpur. Zurückhaltende Nase mit Anzeichen von warmer Frucht. Das Tannin ist umgeben von einer schmeichelnden Fettschicht. Ein erstaunlich guter Wein. 16/20 trinken ab 1998
93: Dunkles Purpur mit schwarzen Reflexen. Reduktiv, schwarze Beeren, Trüffel, staubig. Kräftiges Extrakt, körnig, sehr terroirbetont. Langlebiger, klassischer Wein. 17/20 1997 - 2020

1992 Marquis-de-Terme **14/20**
93: Mittleres Granat. Zimt-, Pferdenote, fast keine Frucht. Honig und Kandissüsse, was in diesem Jahr fast unmöglich ist - überreifes Traubengut! Schlanker Körper mit aufrauhenden Gerbstoffen, die Säure ist spitz, zu wenig Fett. 14/20 1996 - 2005

CHÂTEAU MARTINENS

1990 Martinens **11/20**
91: Mein erster Martinens-Kontakt. Leichter Wein mit extrem harten Tanninen. Wirkt unausgeglichen. 11/20 ??

1992 Martinens **11/20**
93: Mittleres Purpur. Fischige Nase (Vesiga), unappetitlich. Im Gaumen Fülle mit vordergündigen Tanninen, hartes Finish. 11/20 1996 - 2004

1993 Martinens **10/20**
94: Mittleres Rubin-Purpur. Schweissige, alkoholische Nase, Brackwasserton. Im Gaumen fischig, mit mittlerem Körper, angstvolle Zukunft. Man könnte fast meinen es seien beim Vergären kiloweise verdorbene Austern reingeschüttet worden. 10/20 2000 - 2010

Margaux

CHÂTEAU MONBRISON

Februar 1992: Im Glas funkelt lebhaft der 86er Monbrison aus der halben Flasche. Ich mag ihn nicht beschreiben. Es fehlen mir die Worte. Tränen sind in meinen Augen. Nicht Freudentränen, es sind Tränen des Trauers. Vor ein paar Wochen ist Jean-Luc Vonderheiden gestorben. Im Alter von 35 Jahren, fast gleich alt wie ich selbst.

Er hat einen Kampf für viele Crus Bourgeois ausgefochten. Den Kampf um eine nicht übertriebene, aber frische Barriquenkultur, den Kampf um niedrigen Hektarenertrag und vieles andere mehr. Nun hat er selbst einen furchtbaren Kampf ausgetragen und zum grossen Bedauern für die Weinnachwelt verloren. Den Kampf gegen den Krebs. Dagegen sind wir machtlos. Den Wein trinke ich mit wenig Freude, aber mit Achtung und Respekt für Jean-Luc. Viele Besuche, viele Gespräche mit ihm bleiben mir in liebevoller Erinnerung.

1916 Monbrison   **13/20**
90: Eine Eschenauer-Abfüllung: Auf dem Etikett stand Mont-Brison. Recht tiefe Farbe, Hagebutten-Granatrot. In der Nase Geraniol. Am Anfang unsauber. Das verflog jedoch und hat sich in Süsse gedreht, um nachher zusammenzufallen.   13/20 oxydiert, vorbei

1982 Monbrison   **15/20**
87: Cassisbetont. Rustikal, mit holprigen, bäuerlichen Strukturen.   15/20 trinken - 1996

1983 Monbrison   **15/20**
88: Rotbeerig, Himbeerenton. Eher leicht, im Gaumen streng und ausbauend.   15/20 trinken - 1996

1984 Monbrison   **14/20**
88: Ansprechende Farbe mit rubinen Reflexen. Köstliche, duftende Nase. Vielleicht eine Spur zu viel Holz im Gaumen. Hält noch fünf Jahre durch.   13/20 trinken

1985 Monbrison   **16/20**
88: Unglaubliche Rubin-Purpurfarbe. Süsse, volle Nase. Waldhimbeeren im Gaumen, nervig, aber kompakt, kräftig.   16/20 trinken ab 1993
90: Wusste an einer Blind-Degustation ebenfalls zu überzeugen!

1986 Monbrison   **17/20**
89: Fruchtig-beerig, recht gut ausladend, ansprechend, angetönte Schichten. Tiefe anzeigend - Typ Pauillac.   16/20 trinken ab 1995
89: Hagebutten- und Kirschenaromen.
93: Eine halbe Flasche: Sehr verschlossen, aber viel Extrakt und Reserven.   17/20 1997 - 2010

1987 Monbrison   **15/20**
88: 30 Tage nach der Assemblage, Fassdegustation: Leichte Holzprägung, darunter Brombeeren und Stachelbeeren. Im Moment von einer primären Säure dominiert, Zimtfinish. (55 % Merlot-Anteil).   14/20 1993 - 2000
93: Aufhellende Farbe. Die Säure bettet sich jetzt besser ein und der Wein ist, wie sehr viele 87er, bekömmlich und mit Freuden zu trinken.   15/20 trinken - 2000

1988 Monbrison   **17/20**
89: Fassdegustation: Kleine Ernte, da Monbrison im Juni von Hagel heimgesucht wurde. Totalernte 130 Barriquen! Extrem dichte Purpurfarbe. Brombeerennase, grüne Bananen, sehr vordergründig, Kastanienholz.   17/20
94: Fast schwarze Farbe. Ein Kraftbündel mit einem überdurchschnittlichen Potential.   17/20 1995 - 2006

1990 Monbrison   **16/20**
91: Violett-Schwarz. Tinte und blaubeerige Fruchtanzeige. Charmanter, fülliger Gaumenfluss, eher wenig Säure, weniger Nachdruck als der 89er.   16/20 trinken ab 1997
93: Sattes Granat, aufhellend. Eigenwilliges, gebratenes Bouquet. Leichte Konstellation im Gaumen, gastronomisch, bereits jetzt recht zugänglich.   16/20 trinken - 2004

1992 Monbrison   **12/20**
93: Aufhellendes Granat. Konzentriertes Fruchtbild mit Honigton. Gekochte Frucht mit stieligem, hartem Tannin. Trocknet im Gaumen aus, kerniges Finish, enttäuschend.   12/20 1996 - 2006

1993 Monbrison   **16/20**
94: 29 hl Ertrag. Kein Petit Verdot in der Assemblage. Mittleres Purpur. Rotbeerig, leicht marmeladig, erste Vanillenote durch Holzkontakt. Weiche, reife Säure, bereits gerundet, fülliger Charme, leichter Körper, Erdbeeren und Himbeeren im Finish. Qualitativ zwischen dem 87er und 88er.   16/20 1998 - 2005

CHÂTEAU PALMER

Dieser Wein ist die Quelle meiner Liebe zu Bordeaux. Mit dem Ausblick auf die Pension einer weiteren Chardon-Generation und der Umstellung auf Inoxtanks wird in neuester Zeit einiges auf Palmer geschehen. Als Traditionalist blutet mir das Herz. Trotzdem habe ich entschieden, dass nach meinem Tode, die Asche in den Weinbergen von Château Palmer verstreut werden soll.

1878 Palmer   **??/20**
89: Eine Flasche, die ich durch Zufall in einem Laden in St. Gallen für 500 Franken kaufen konnte. Dünne, fast durchsichtige Farbe von hoher Transparenz. Zitronige Säure, Kaffeearomen sowie blühende Buschtöne (Reseda), weicher Abgang, dezent abklingend. Hielt sich über längere Zeit im Glas!

Gabriel

1921 Palmer **16/20**
89: Braunes Granat mit orangem Rand. Strömt Wärme aus, gebrannte, heisse Aromen. Im Gaumen weicher Fluss, Wildgeschmack und Spitzwegerich, dünner Körper, dezenter, milder Abgang. 16/20 trinken

1924 Palmer **15/20**
93: Aufhellendes, klares Orange mit starkem Wasserrand. Flüchtige Säure zu Beginn, die aber durch einen Hauch Süsse abgelöst wird, leicht stielig, Waldboden, Eisenkraut. Im Gaumen zartbittere Schokonote, Reifetöne, die Säure wirkt erhaltend. Ein fragiler, aber noch recht delikater Wein. 15/20 austrinken

1925 Palmer **12/20**
89: Braunes, haselnussfarbenes Ziegelrot. Leichter Oxydationston, darunter verdeckte Süsse. Im Gaumen Kaffee-, Trüffelaromen und Unterholz, erhaltende Säure, extrem metallischer Abgang. 12/20 vorbei

1928 Palmer **18/20**
89: Leicht wässriger Rand, in der Mitte jedoch satte Dichte in Granatbrauntönen. Im Gaumen erst mundbeherrschendes Tannin, Süsse mit Wucht gepaart (Ingwer-Nougat) durchaus noch frisch mit enormer Fleischextraktion. Hat noch Reserven. 18/20 trinken
90: Eine andere Flasche, leider etwas müder. 17/20 austrinken
91: An der Buttinger-Probe: Total oxydiert!
93: Tiefes Granat mit braunen Reflexen. Muffton, pilzig, nasses Laub. Sandiger, griffiger Gerbstoff, zähnebeschlagendes Tannin, trockener Fluss. 16/20 trinken
93: Reifes Granat. Offenes, wuchtiges Bouquet, ausladend, Trüffel, Erdbeerenmarmelade, Darjeelingtee, Rosenduft, Edelhölzer, erinnert an einen grossen Le Musigny. Im Gaumen feiner Kapselton, burgundischer Körperbau, absolut harmonisch, noch immer stützende Gerbstoffe. Eine Spur weniger konzentriert als der 61er. 18/20 trinken

1934 Palmer **14/20**
89: Mahagonibraune Reflexe. Leichter Muffton, grau, verdeckte Früchtearomen, defensive, weiche Nase. Im Gaumen krautig, nasse Wolle und Ledertöne, vordergründiger Wein mit mittlerem Abgang. 14/20 austrinken

1940 Palmer **13/20**
93: Mittleres Weinrot mit starkem Wasserrand. Kakaobutter, Irish Moos, Kräuter, Kürbis, Tee, Kreide, laktische Nase. Im Gaumen weiche Säure, metallische Zungenspitze. Noch trinkbar. 13/20 vorbei

1943 Palmer **13/20**
89: Leuchtendes Braun-Granat. Steinpilznase. Im Gaumen erst noch Süsse, dann Rosen und Moosgeschmack, zähnebeschlagend, säuerliche Adstringenz, dünner Wein. Trotz allem noch trinkbar. 12/20 vorbei
90: Eine gut konditionierte Flasche. Eine Spur Bitterkeit, aber insgesamt deutlich besser als die Flasche an der Palmer-Probe. 13/20 vorbei

1945 Palmer **19/20**
89: Sattes Granat mit wenig Altersreflexen. Rebholzbouquet, Zedernholz, hatte Mühe sich zu öffnen, dann konzentrierte, gebündelte Nase. Im Gaumen noch tanninbetont, streng mit gewaltiger Kraft, Zimt und Fleischaromen. Ein artisanaler, grossartiger Wein.
19/20 trinken - 2010
93: Leuchtendes Granat mit orangem Rand. Dichte Nase süss, Burgunder-Nuancen, Havanna, schwarze Beeren, wird zunehmend fetter, Trüffelspuren. Im Gaumen noch präsente, trocknende Gerbstoffe, leicht gezehrter Körper. Die Gerbstoffe sind derart dominant, dass diese das Fett im Wein nicht mehr ausgleichen können, sehr langes Finish. Wird sich noch lange halten. 18/20 trinken - 2010

1947 Palmer **18/20**
89: Dumpfes Granat mit Alterston. Unglaubliche Aromenvielfalt in der Nase, erster Eindruck: Portwein, Sauternes, dann wechselnd auf Kandis, weisse Trüffel, Jasmintee und Kamille. Im Gaumen Korinthensüsse und Rosinen, vegetale Anflüge, trockenes Tannin, extrem nachhaltig.
18/20 trinken
93: Eine enttäuschende Flasche. Reifes Granat mit Mahagonireflexen. Flüchtige Säure, die hartnäckig bleibt. Vordergründiges Säurespiel, animalisch, ledrige Aromen mit unerwünschter Bitternote. 13/20 vorbei

1949 Palmer **15/20**
89: Magnum: Eher leichte Farbe. Erst säuredominant, nach der Dekantierphase runder werdend. Nicht die Klasse anderer 49er. 15/20 trinken

1950 Palmer **13/20**
89: Helle Farbe ohne Tiefe mit entsprechenden Altersreflexen. Leder und Kaffeebouquet. Im Gaumen Terroir, weiche harmonische Säure, wirkt kurz sowie leicht angetrocknet. 13/20 austrinken
93: Aus der Magnum zum Mittagessen serviert. Mattes Erdbeerrot. Kartonnase, stallig. Im Gaumen moosig, weiche Säure, Tertiäraromen. 14/20 austrinken

1952 Palmer **??/20**
93: Sehr reife Farbe. Stark oxydierte Nase, Malaga-Ton, ranzige Nüsse. Erinnert an einen überreifen Portwein.
Keine Bewertung!

1953 Palmer **18/20**
93: Klares Granat mit jugendlichen Reflexen. Volles, wuchtiges Beeren-, Burgunder-Bouquet, süss, fett, ausladend. Eleganter Gaumenfluss mit viel Charme, gut stützende Säure, warmes, marmeladiges Fruchtbild, langes Finish mit Preiselbeeren- und Kakaonote. 18/20 trinken - 2000

Margaux

1955 Palmer   **17/20**
89: Unbekannte Händlerabfüllung: Helle, intakte Farbe ohne Tiefe. Pumpernickelnase. Grobe Substanzanzeige, Milchsäuregeschmack. Weiche Schale - harter Kern!
15/20 austrinken
89: Transparenz mit Tiefe. Süsse und Würze in der Nase, pfeffrig. Im Gaumen burgundische Fülle mit Druck, gute Balance, gut proportioniertes, ausreifendes Tannin.
16/20 trinken - 1995
93: Ziemlich helle Farbe mit rotbeerigen Reflexen in der Mitte. Feine Rauchnote, Charcuterienuancen, fein geschichtet, mineralische Note, etwas krautig. Im Gaumen lang, aber eher schlank, angenehmes, aromatisches Rückaroma, mildes Finale. Eine kleine Schwester vom 53er.
17/20 trinken - 1997

1957 Palmer   **13/20**
87: Eine Magnum anlässlich meines 30. Geburtstages. Dumpfe, jedoch fast undurchsichtige Farbe. Schöner, voller, nun aber zerbrechlicher Körper, kompaktes Volumen, dem es aber an Länge fehlt. *14/20 austrinken*
89: Normalflasche: Jetzt überreif und irgendwie ambitionslos. *13/20 vorbei*

1959 Palmer   **19/20**
88: Sichel-Abfüllung: Deutlich konzentrierter als die Château-Abfüllung. Wirkte noch frisch und jugendlich.
17/20 trinken - 2000
89: Mähler-Besse-Abfüllung: Krautiger als die anderen.
13/20 austrinken
89: Eine Schloss-Abfüllung zum Mittagessen (!) auf dem Château. Kompakt und dicht. Insgesamt ein mittelgewichtiger Wein mit dem Potential eines 71ers.
16/20 trinken
91: Während einem ausgiebigen, längeren Essen in der Pêcherie in Lausanne mit Stephen Burickson getrunken. Ein edles, wuchtig-feines Bordeaux-Erlebnis. Es scheint mir fast, dass der 59er Palmer noch zulegt.
18/20 trinken - 2000
92: 3/8 Flasche: Sehr reife Nase mit Kräuternuancen, Rosmarin. *17/20 austrinken*
93: Sattes Purpur-Granat, recht tief, feiner Wasserrand. Buttrige Nase, dunkles Caramel, Erdbeerenmarmelade, fett, reich, opulent, Avocado-, Tee- und Terroirnote. Reicher Körper, mundfüllend, schmelzige, runde Gerbstoffe, fruchtiges Finish. Hat noch gute Reserven, perfekte Adstringenz. Gehört zu den grössten 59ern.
19/20 trinken - 2010
93: An einer 59er Blindprobe ist mir die superbe Säure aufgefallen. Wiederum mit 19/20 bewertet.

1960 Palmer   **12/20**
89: Eine Baur au Lac-Abfüllung: Leuchtendes Granat. Gedörrte Birnen. Kurzer Körper, ohne die zu erwartende Härte. *12/20 austrinken*

1961 Palmer   **20/20**
85: Sichel-Abfüllung: Mit Max Gerstl degustiert. Gut fundierte, nicht allzu dichte Farbe mit entsprechenden Altersreflexen. In der Nase unverkennbarer Margaux-Duft, würzig-fruchtig. Kräftige, noch adstringierende Konzentration, seidig-stoffig mit enormem Abgang. Wenn die Château-Abfüllung noch besser sein soll, so stimmt alles, was bisher über den 61er Palmer geschrieben worden ist. Bester Médoc! *18/20 trinken*
88: Château-Abfüllung: Enorm dichte Farbe. Offene, wuchtige von Merlot geprägte Nase (Musigny-Terroirton). Im Gaumen fest mit burgundischer Fülle, eine perfekte Ausgeglichenheit an Säure, Tannin und Fleisch. Ist jetzt auf dem Höhepunkt und hat noch für wenig Jahre die Chance, als bester 61er Geschichte zu machen. So ab 1992 glaube ich jedoch, dass jene Weine diesen Platz beanspruchen werden, die noch Reserven aufzuweisen haben, wie zum Beispiel Latour oder Cheval-Blanc! Bisher wiederum mehrmals getrunken. *19/20 und 20/20 trinken - 2000*
89: Berry Bros-Abfüllung: Unwesentlich von der Château-Abfüllung zu unterscheiden. Vielleicht eine Spur nussiger und reifer. *19/20 trinken*
91: Mähler-Besse-Abfüllung: Reifes Granat. Preiselbeeren- und Wildaromen. Fülliger, teeriger Gaumen (Karbolineum). Etwas leicht und süffig. *17/20 trinken*
91: Mahler-Abfüllung: Kurioserweise eine Cruse-Selektion, die dann noch zusätzlich von der Mahler S.A. in Basel abgefüllt wurde. Sachen gab es damals! Junge, kräftige Farbe. Süssholz und Rauch, Lackduft, Cassis und Earl Grey-Tee. Gewaltiger Reichtum im Gaumen, Preiselbeeren. Immenser Extraktreichtum mit viel Stoff.
19/20 trinken - 2000
91: Eine oxydierte Château-Flasche in einer 61er Palmer-Serie mit verschiedenen Händlerabfüllungen!
92: Aus Marino Aliprandis Keller: Reife Farbe, mahagonibraune Reflexe. Wuchtige Burgunder-Nase, eine unendliche Vielfalt von allen möglichen Düften, die in einem Weltwein enthalten sein könnten. Jetzt vollkommen und auf dem Höhepunkt. *20/20 austrinken*
92: Berry-Bros-Abfüllung: Klare Farbe aufhellend. Baumnüsse, Eierpilze. Opulentes, fast verschwenderisches Bouquet. Im Gaumen rauchig. Voll entwickelt. Gibt in der Nase bereits mehr her als im Gaumen, was ein Zeichen der Überreife ist. *17/20 austrinken*
93: Diese Flasche feierte Renaissance und zählte auch für den anwesenden James Sichel zum absolut besten 61er, den er je degustiert hatte. Sehr tiefe Farbe, Purpur, satt, jugendlich. Süsses, extrem konzentriertes Nasenbild, Maulbeeren, Zimt, Terroir, Trüffel, entwickelt sich an der Luft und explodiert förmlich im Glas. Im Gaumen feinste Tannine, dicht beschichtet, Kräuternuancen, Aromen, die an einen ganz grossen Musigny (Burgund) erinnern. Ein verführerisches Mischspiel von Frucht, Terroir und reifen Gerbstoffmassen. Enorm druckvoll und trotzdem viel Eleganz ausstrahlendes Finish. Unendliches Rückaroma.
20/20 trinken - 2010

Gabriel

1962 Palmer 18/20
90: Dicht mit aufhellendem, orangem Rand, wächst am Glas. Spricht spontan an, ohne dekantiert werden zu müssen, Duft von reifen Edelnüssen. Im Gaumen beerig, Fettanzeige, voller Körper, delikates Parfümspiel, im Finish ebenfalls wuchtig. 18/20 trinken - 1998
91: Eine ganze Flasche ganz alleine getrunken. Ich finde, dass man ein derartiges Erlebnis nicht unbedingt teilen muss. Man spricht immer nur vom 61er und vom 66er. Glücklicherweise, denn so hat man die Möglichkeit, mit diesem Jahrgang seiner ganz persönlichen und relativ günstigen Vorliebe nachzugehen. 17/20 trinken - 1998
92: Eine sensationelle Doppelmagnum am Abend nach der grossen d'Yquem-Probe auf der Hospiz-Alm getrunken. Der Wein war burgundisch mit einer wunderbaren Lieblichkeit und Finesse. 18/20 trinken
93: Tiefes Farbbild, brillant, wenig Reifetöne. Süsses, buttriges Schokobouqet, offen, ausladende, elegante Nase. Im Gaumen füllig, ohne fett zu wirken, weiche Säure, runde, rollende Gerbstoffe, gesundes Extrakt, gute Balance. 18/20 trinken - 2000

1964 Palmer 15/20
89: Aufhellender, wässriger Rand. Entwickelte, dezente Nase. Im Mund sehr ausgeglichen und sauber, etwas inkonsistent im Fluss, reifer Wein. Ein überdurchschnittlicher 64er. 17/20 trinken
93: Sehr wahrscheinlich zu hoch eingeschätzt, oder zuvor eine sensationelle Flasche getrunken. Brillant, relativ hell, grosser Wasserrand. Volles, offenes Bouquet, schöne Terroirnote, animalisch, ausladend nuanciert. Drahtige Zungenstruktur, dürfte etwas mehr Charme haben, feiner Kapselton. Er ist zwar noch relativ gut erhalten, nun aber doch etwas zerbrechlich. 15/20 austrinken
93 Magnum: Während die Normalflaschen die Genussphase bereits überschritten haben, bot diese Magnum eine Renaissance. Mittleres Granat, orange Reflexe. Schöne Terroirnote im offenen Bouquet, animalische Spuren, getrocknete Tomaten, Veilchen. Im Gaumen mittelgewichtig, zart gegliedert, elegant und sehr gut erhalten. Magnum-Wertung: 17/20 trinken - 2000

1966 Palmer 19/20
87: Durfte einmal einen, leider zu kleinen, Schluck von einem Gast probieren. Ich werde nach der grossen Palmer-Degustation mehr darüber schreiben. 19/20 trinken
89: Kompaktes, tiefes Bordeauxrot. Schwarztee, wuchtige Nase mit viel Druck. Dichter Körper mit extrem feingliedriger Tanninstruktur, noch Reservenanzeige, langer, wuchtiger Abgang. Eine absolute 66er Reussite! Der burgundischste Médoc, den es je gab! 19/20 trinken - 1996
92: Eine sensationelle Flasche bei Gert Kullmer serviert bekommen. Ein Duftelexier mit unendlichen Finessen. 19/20 trinken - 1996
93: Der 66er Palmer ist schon lange kein Geheimtip mehr. Durch seinen relativ hohen Merlot-Anteil ist er nicht wie andere Weine seines Jahrganges relativ trocken, sondern voller Saft und Charme. Reifendes Granat, dicht, mit orangen Reflexen. Fleischige Nase, langsam öffnend, aber immer wuchtiger werdend, sehr vielschichtig, Terroirparfüm. Im Gaumen füllig und elegant, sehr gutes Säure-Fettverhältnis, ausgeglichene Harmonie und... das unverkennbare Maulbeeren-Palmer-Aroma. 19/20 trinken - 2005

1967 Palmer 16/20
89: Als 67er recht dichte Farbe. Schmale, pflaumige Nase, offen. Dünner Körper, schlank, aber recht elegant, antrocknende, vordergründige Säure-Tannin-Verbindung. 15/20 austrinken
93: Sehr gute Farbe, trotz ziegelrotem Rand. Zedernholz, feine Minzentöne, Spitzwegerich, Cabernet mit etwas Unterreife. Leichter Körper, kernige Tanninspuren, trocknet zwar jetzt etwas an, trinkt sich aber noch recht gut. Die Nase macht einen Punkt mehr als der Gaumen. 16/20 austrinken

1969 Palmer 11/20
88: Auch Palmer wurde in diesem Jahr nicht verschont. Kurz, hart. 11/20 weg

1970 Palmer 18/20
87: Dichtes Purpur mit leichtem Alterston. Nase wuchtig und ansprechend. Im Gaumen konzentriert, Maulbeeren, enorm Stoff, gut strukturiert mit viel Rückgrat, intensiver, nachhaltiger Abgang. 18/20 1996 - 2010
91: Aus Ehrfurcht vier Jahre liegen gelassen, ohne zu degustieren. Nun hat sich die Farbe etwas weiter entwickelt. Die Nase öffnet sich erst nach einer Stunde Dekantierzeit. Im Gaumen noch immer jugendliches, wuchtiges Potential von Säure, Fleisch und Tannin. 18/20 1996 - 2010
92: An einer Palmer-Probe: Sehr verschlossen.
93: Sattes Purpur, sehr dicht, fast undurchdringlich. Trüffel-, Terroirnase, fleischige Note, aber eher zurückhaltend, ja verschlossen. Zeigt Reichtum und verdeckte Süsse an. Ein Eisberg! Im Gaumen Black-Currant, wiederum Terroir, dunkle Pilze, viel Parfüm und noch viel mehr Extrakt, extrem nachhaltig mit sehr viel Reserven. Grosse Geduld ist angesagt, wer diesen Wein in der Genussphase trinken will. 18/20 1996 - 2015
93: So langsam aber sicher, fangen die nicht zu kühl gelagerten Flaschen an sich zu öffnen. 18/20 1995 - 2015

1971 Palmer 16/20
88: Um eine Spur leichter als der 70er, dafür aber im Moment mehr Rundungen, feminin, mit einer typischen Margaux-Note. 16/20 trinken - 1993
91: Tiefes Granat mit ziegelrotem Rand. Frische Nase mit Walderdbeeren, Zimt und Fett. Im Gaumen extraktreich mit zähflüssigem Körper, der sich nach einem gewissen Luftzutritt in Fett umschlägt, Stoffanzeige. 16/20 trinken - 1996
93: Hat seit den letzten Weinproben ziemlich „abgespeckt". Granat reifend mit Wasserrand. Offen, Schokonase, staubig, dahinter feine Würze. Im Gaumen Kaffee, erdig. Die Struktur ist nun leicht gezehrt und der Schmelz ist am Abklingen. 15/20 austrinken

Margaux

1972 Palmer 12/20
89: Dumpfe Farbe. Kräuternase, kurzer, vordergründiger Wein, Brotrindengeschmack. 12/20 vorbei

1973 Palmer 14/20
89: Wässriger Rand, leuchtende Farbe. Gereifte, noch fruchtige Nase, delikater, reifer Duft. Dünner Körper mit Eleganz. 14/20 trinken
93: Magnum: Relativ helle Farbe. Süsse Nase, fein, mittlere Intensität, Brotkrustenton. Femininer Gaumenfluss, leichter Körper, recht harmonisch, mittleres Finale.
15/20 austrinken

1974 Palmer 13/20
88: Trocken und eckig, versteckte Süsse, gewinnt nach einer kurzen Dekantierzeit noch etwas an Frucht, bleibt aber ein stumpfer, von zu viel hartem Tannin geprägter Wein. 13/20 austrinken

1975 Palmer 19/20
88: Intensiver, langsam öffnender Duft, beerig. Maulbeerenkonzentrat, enorm Stoff, gut unterlegtes Tannin, im Moment trocken, perfekte Balance, extrem lang und nachhaltig, ein junger 61er. 19/20 1998-2015
92: Aus Respekt nie mehr berührt. Diese Flasche hier habe ich mit drei anderen grossen Weinen in einem Restaurant in Bern getrunken. Alle Flaschen waren irgendwie zu warm gelagert, weshalb die Notierungen von dem Orginal abweichen könnten. Mir fiel nach einer Viertelstunde gar ein feiner Madeira- und Kaffeeton auf. 17/20 1996-2010
93: Eine schwer einzuschätzende Flasche, die vielleicht nicht optimal gelagert war. Während die Nase trotz Verschlossenheit oxydative Töne aufwies, war der Gaumen voller kompakter, unfertiger Gerbstoffe. Sattes Purpur. Havanna- und Stallnote. Im Gaumen Jodton, Korinthensüsse, grün, unfertig, russig und rauchig mit zähnebeschlagendem Tannin. Aufgrund von anderen Verkostungen würde ein Potential von 19/20 drin liegen. Fraglich ist auch, was dieser durch sehr viel (zu viel?) Gerbstoff blockierte Wein in Zukunft mit sich selbst anzufangen weiss. Wertung dieser Flasche: 17/20 2000-2020
93: Ein „enfant terrible". Mal zeigt er seine erste Reife, dann ist er wieder ganz verschlossen, und schliesslich zeigt er sich in einer solchen „Pubertät", dass man ihn am liebsten gar nicht entkorken sollte, auch wenn man bereit wäre, ihn über mehrere Stunden zu dekantieren. Dichtes Purpur-Granat. Evolutionsnase (Hühnerbouillonpaste), leicht faisandiert, fett, eigenwillig. Im Gaumen jung, vegetale Spuren, viel Würze, viel Tannin, wirkt noch ungeschliffen, aber mit grossem Potential. 18/20 1995-2010
94: Tiefes, dichtes Granat. Rauchiges Bouquet, Korinthen, sehr dicht, konzentriert, getrocknete Kräuter, viel Terroir, Torfnote, öffnet sich nur langsam, Aromen eines alten Syrahs. Kräftiger Gaumen, viel Gerbstoffe, sandig, extrem viel Extrakt auf der Zunge, Aromen von grünen Baumnüssen, jedoch total verschlossen. Reine Potentialwertung: 19/20 2000-2025

1976 Palmer 15/20
87: Intensive Erscheinung. Nase geprägt von weichem Holz. Metallischer und trockener Körper. 15/20 trinken
88: Macht eine erfreuliche neue Reifephase mit und wird seine Trockenheit verlieren, gewinnt an Souplesse. Könnte es sein, dass es hier wie beim 80er verschiedene Flaschen gibt? 16/20 trinken
89: Eine müde, pflaumige Flasche während einer Palmer-Degustation. 14/20 austrinken
93: Reifendes Granat mit orangen Reflexen, starker Wasserrand. Offenes, süsses, verführerisches Bouquet, Leder, Zedern, Bleistiftholz, dahinter Jod-Torfnote. Im Gaumen in der Restadstringenz trocken, durch abklingende Säure eher kurz. Ein reifer, aber recht gut erhaltener Wein.
16/20 trinken - 1997

1977 Palmer 13/20
87: Fehlt an Fleisch und Fett, Säure unharmonisch.
12/20 austrinken
93: Recht gute Farbe, jedoch mit starker oranger Färbung. Offen, Efeuton, reifes Schokobouquet, intakt, Geraniolnote. Aromatischer Gaumen, Gewürznelkenton, Bitterkeit auf der Zunge, Teer, pelzig. Trotz den negativen Worten, noch gut zu trinken und sehr wahrscheinlich einer der besseren 77er. 13/20 austrinken

1978 Palmer 18/20
88: „Don't touch!" stand im Decanter. Trotzdem habe ich mich im Herbst 1988 an eine Flasche herangewagt. Er schien mir tief und intensiv in der Farbe, jedoch mit bereits aufhellendem, bräunlich gefärbtem Rand. Nase wuchtig. Im Gaumen burgundische Fülle mit weichem, fortgeschrittenem Tannin. Zu warm gelagerte Flasche?
17/20 trinken (?) - 2000
89: Der Verdacht hat sich bestätigt: Optimale Flaschen sind auch 1989 noch ein absoluter Jungbrunnen. Alleine das Tannin braucht mindestens bis 1995. 18/20 1996-2015
91: Einmal mit Franz Wermuth in Zürich und in der gleichen Woche in Holland getrunken. Unbedingt dekantieren, braucht Zeit. Generell also noch warten.
18/20 1995-2015
92: Eine grossartige Flasche, die aber trotzdem noch verschlossen war. 18/20 warten
92: Blind unter zehn anderen Margaux degustiert. Dichtes Purpur. Trüffelnase, sehr wuchtig, beerig, voll. Im Gaumen gewaltige Adstringenz. Rustikaler als der Château Margaux. Gewaltiges Würzfinish, lang. 18/20 1995-2015
92: Bei einem Mittagessen auf Palmer. Wurde zwei Stunden vorher dekantiert. Die Tannine runden leicht ab. Trotzdem glaube ich, dass die optimale Reife erst gegen 1995 erreicht wird. 18/20 1995-2015
93: Wer ihn jetzt trinkt, sollte ihn unbedingt dekantieren, da er in der ersten Stunde einen grünen Cabernet-Schimmer im Bouquet zeigt. 18/20 1995-2015
94: In einem Restaurant bestellt. Er war derartig unzugänglich, dass wir ihn dekantieren liessen und uns mit einem 70er Ducru vorneweg trösteten. Nach zwei Stunden war immer noch nicht viel mehr los im Glas, sodass wir noch einen 66er Lynch-Bages einschoben. 17/20 warten

1979 Palmer   18/20
88: Guter, überdurchschnittlicher Wein, schönes Kleid mit dichtem Purpur. Nase öffnend, vielschichtig. Im Gaumen kräftig, gut unterlegt, viel ausbauendes Tannin.
17/20 1992 - 2000
92: Inzwischen mehrere Male getrunken. Am Beginn seiner Genussreife. Viel Terroir und gut gewürzt mit typischem Palmer-Parfüm. 18/20 trinken - 2002
92: Unter den besten 79ern in einer Blindprobe mit mehr als 80 anderen Weinen verkostet. Purpur mit angezeigter Tiefe. Süsses Bouquet, Maulbeeren, Toastnote, Trüffelspuren, Brombeeren. Im Gaumen unheimlich vielschichtig, noch Holzpräsenz, kräftiges Extrakt, stoffig, viel Reserven, nachhaltiger Schluss. Wirkt heute fast noch verschlossen. Es lohnt sich zu warten! 18/20 1994 - 2010
93: Purpur-Rubin, satt. Süsse, buttrige Nase, Preisel- und Erdbeeren, Kokosnote. Im Gaumen füllig, schmeichelnd, mit guter, jugendlicher Frucht, gute Säure, lang, elegant mit Reserven. 18/20 1994 - 2010
94: Eine schwierige, eigenwillige Flasche mit faisandiertem Bouquet. Keine Bewertung!
94: Jéroboam: Wir tranken diese Jéroboam nach einer Doppelmagnum 79er Grand-Puy-Lacoste und einer Doppelmagnum Gazin. Irgendwie war er ein goldenes Mittelmass zu den vorangegangenen Weinen. Die Nase zeigte öffnenden Merlot (ebenfalls leicht faisandiert). Der Gaumen stützenden Cabernet. 18/20 trinken - 2010

1980 Palmer   16/20
Mehrere Male degustiert und auch mit Hochgenuss getrunken! Es scheint hier verschiedene Flaschen zu geben. Sprechen wir von den besseren Abfüllungen. Für 1980 eine wuchtige Nase, breit ausladend. Im Gaumen Extrakt anzeigend, Spuren von Fleisch, überdurchschnittlicher 80er.
16/20 trinken - 1993
93: Aufhellende Granatfarbe, mitteldicht, Reifeschimmer. Rotbeeriger Gaumen, Johannisbeeren, rahmig, reife Gerbstoffe, leichter Körper. Noch immer ein süffiger Trinkspass.
16/20 austrinken

1981 Palmer   17/20
87: Tiefe Farbe mit blau-violetten Reflexen. Im Moment noch trocken und gerbstoffhaltig, gut proportioniert.
16/20 trinken ab 1993
89: Scheint mir etwas zu streng vinifiziert zu sein, aber von grösserem Potential als 1987 eingeschätzt.
17/20 trinken ab 1995
91: Mittleres Weinrot mit aufhellendem Wasserrand und erstem Reifeschimmer. Preiselbeerenfrucht mit blaubeerigen Akzenten, schöne Würzebalance zwischen Trüffel und Zedern. Im Gaumen Fleisch und Bakelit, wird nur zaghaft zugänglicher im Mund, die Säure und das Tannin wirken präsent und jung, stoffiges Extrakt in der Struktur, nicht zu fett, dafür aber lang. 16/20 trinken ab 1993
93: Tiefes Granat-Purpur, sehr dunkel. Süsses Fruchtbild, marmeladig, Fleischnote, getrocknete Orangenschale. Im Gaumen sehr kräftig, dunkles Caramel vermischt mit blumiger Note, die Gerbstoffe sind noch etwas aufrauhend. Weitere Flaschenreife empfohlen. 17/20 1995 - 2008

Gabriel

1982 Palmer   17/20
87: Keine Glanzleistung, fehlt an Stoff und Körper, Potential gut, jedoch grob gewoben. 15/20 1994 - 2003
90: Hat sich zusehends harmonisiert, Tendenz zu Leder und Lakritze. Das Tannin ist nach wie vor etwas rauh - warten! 16/20 1994 - 2004
92: An einem Wine & Dine der Académie du Vin mit James Sichel degustiert. Pfeffriger Gaumencharakter mit noch etwas bourgeoiser Struktur. Trotzdem glaube ich, dass gerade dieser Palmer, der (zu) oft von mir und anderen Weinjournalisten bewertet wurde, mehr und mehr das Rennen macht, wenn andere, bedeutend „heissere" 82er Margaux' bereits verraucht sind. 16/20 1994 - 2004
92: Purpur mit Reifeschimmer. Cabernetlastige Nase mit Geraniolspuren. Im Gaumen Wildton, feine Unsauberkeit und kleine Harmoniefehler, etwas zu lose gewoben.
15/20 trinken - 2005
93: Purpur-Schwarz mit aufhellendem, orangem Rand. Starke Terroirnote, grüne Spuren von Cabernet Franc, Rauch, Chili, Paprikapulver. Vordergründiger Gerbstoff, wirkt aggressiv, nicht ganz harmonisch. Mittlerer Körper, die Hitze des heissen Traubengutes gibt ihm aber trotzdem eine ungestüme Kraftausstrahlung. 16/20 trinken - 2005
94: Er legt kontinuierlich zu. Das Eigenwillige daran ist, dass sich das Bouquet durch reifen Merlot mit enormem Power öffnet. Der Gaumen jedoch ist, von Cabernet geprägt, noch eher verschlossen. Trotzdem erhält er jetzt einen Punkt mehr. 17/20 trinken - 2005

1983 Palmer   19/20
87: Perfekter Wein! Im Moment noch total verschlossen, enorm Stoff, viel Tannin, ein echter, um viele Nuancen reicher als der 82er. 19/20 1995 - 2006
90: Präsentiert sich im Moment in einer Zwischenphase - Sensationell! 19/20
91: Eine Flasche mit Evolutionston, animalischer Wildgeschmack. warten
92: Tiefdunkle Farbe mit erstem Reifeton. Öffnende, warme, brombeerige Nase mit Wucht und Fett, weit ausladend. Voller, reicher Gaumen, mundfüllend mit viel Schmelz und runden Tanninen. Reiches Extrakt. Ein fleischiger, grosser Wein, der zu den besten seines Jahrganges zählt. Für einmal mehr stimmt der Ausspruch: "Palmer ist nicht der teuerste Troisième - er ist der billigste Premier".
19/20 trinken - 2006
93: Sattes Purpur. Terroir-, Trüffelnase mit Zedernton, dahinter blaubeerige Frucht. Im Gaumen mit schönem Schmelz, weiche Tannine, Maulbeeren und feinen Tabaknuancen im Finish. Trinkt sich jetzt recht schön.
19/20 trinken - 2010
93: Sattes Purpur, dicht. Offen, wuchtige Nase, die sofort anspricht, Cassis, schwarze Beeren, Black-Currant, Kokos, Veilchen- und Fliedernote, dahinter Zedern und Trüffel, enorm vielschichtig. Im Gaumen füllig, ausgeglichen mit viel Schmelz im Extrakt, im Finish Brombeeren und Vanille. 19/20 trinken - 2010

Margaux

93: Eine Flasche, die sich wieder recht verschlossen hatte. Der Merlot verschwindet im Moment hinter dem aromagebenden Cabernet. warten - 1995
94: Mit dem Margaux 1983 im Vergleich degustiert. Machten beide im Moment keine besonders gute Figur.
warten - 1996

1984 Palmer **15/20**
87: Für diesen Jahrgang recht satte Farbe mit Purpur-Reflexen. Cabernetbetonte, leicht geöffnete Nase. Im Mund erst Stachelbeerenaroma und rohes Obst (Zwetschgen, Pflaumen) etwas Stoff, mittlerer Körper, kleine Webfehler, angetönte Schichten und etwas Fleisch, passende Säure und angenehm begleitendes Tannin. 14/20 trinken - 1997
93: Recht tiefes Purpur mit starkem Wasserrand. Mittlere Nasenintensität, leicht faulige Note, dahinter Zwetschgenkompott, Walnussfett. Im Gaumen vanillige Eichennote und Kaffee. Hat guten Biss und Reserven.
15/20 1994 - 2005

1985 Palmer **18/20**
88: Nase stark merlotgeprägt, aromatisches sauberes Aromabouquet, konsistent. Gleichmässiges, ausgereiftes Tannin, sehr fein strukturiert, seidig-eleganter Stoff. Zeigt im Moment etwas mehr Fleisch als Château Margaux. Ein Spitzenwein! 18/20 1996 - 2015
92: In einer sensationellen Zwischen-Genussphase.
18/20 trinken
93: Violett-Purpur. Verhaltene Nase, beerig, süsses Spiel zwischen roten und blauen Beeren, Zedern, Tabak- und Zimtspuren. Im Gaumen sehr lang, dicht, samtig, feminine Eleganz. 18/20 1996 - 2015

1986 Palmer **17/20**
87: Fassdegustation: 52 hl pro Hektar. Mittelintensives Purpur. Goût de Gibier. Stoffig mit versteckter Frucht, grüne Bananen, wirkt wesentlich rauher als der 85er.
17/20 trinken ab 1996
88: Hat sich bei einer neuerlichen Fassprobe etwas harmonisiert. 17/20 trinken ab 1997
89: Bei der Arrivage nachdegustiert. Kompakter, dicht gebündelter Wein, nicht so tief wie der 83er, aber mit viel Ähnlichkeiten. 17/20 trinken ab 1998
93: An der Palmer-Degustation: Korken!

1987 Palmer **16/20**
89: Ein Vorabzug: Relative Farbtiefe. Fruchtige Veilchennase. Mittlerer Körper mit angenehmer Aromenpalette.
15/20 trinken
91: Plaisir de boire. Ein atypischer, süffiger, toastiger Palmer, der sehr sauber ist... und erst noch ein günstiger Trinkgenuss. 15/20 trinken - 1996
92: Die Fruchtphase ist abgeschlossen. warten bis 1993/94
92: Und just im Herbst hat er sich schon wieder geöffnet, nachdem ich im Frühling einige „reservierte" Flaschen degustiert hatte. Ein enormer Trinkgenuss, und es scheint fast, dass er noch an Konzentration zugelegt hat.
16/20 trinken

93: Aufhellendes Purpur, feiner Wasserrand. Offene Nase, die aber von einem dunklen Barriquenröstton dominiert wird. Feiner, süffiger Gaumenfluss, wiederum starke Toastnote, Kaffee und blaue Beeren, schlank, elegant, feines , süssliches Rückaroma. 16/20 trinken - 1998
94: In einer halben Flasche fand ich bei abklingender Frucht eine feine Geraniolnote von unreifem Cabernet.
15/20 trinken

1988 Palmer **17/20**
17.4.89: Vorabzug auf dem Château: Rubin-Purpur mit mittlerer Dichte. Himbeeren-, Veilchennase. Langer, druckvoller Merlot mit finessenreichem Cabernet, seidig-stoffig, konsistente Dichte, reiche, ausgeglichene Säure. Ich habe mit Claude Chardon Parallelen zu früheren Jahrgängen gesucht. Er meint, er hätte viel Ähnlichkeit mit dem 78er. Insgesamt scheint mir dieser 88er jedoch zu wenig konzentriert zu sein, um an dieses grosse Jahr anknüpfen zu können. 16/20 trinken ab 1996
90: Im Château nachdegustiert: Scheint mir immer noch etwas leicht. 16/20 trinken ab 1996
90: Direkt nach der Mise: Hart und eckig. Rauhe Tannine und bitter ??
Warum muss Château Palmer gerade in dem Jahr, wo mein Sohn geboren wurde (getauft auf den Namen Stefan Palmer), einen derart schlechten Wein machen ?
91: Inzwischen hat es der Wine Spectator auf 92 Punkte gebracht. Aus einer Magnum: sehr toasty, aber wiederum ziemlich hart.
91: Dichtes Purpur. Teer, faule Champignons, Kakao. Viel Terroir, leichter Zedernanflug, trockenes Tannin, wirkt im Gaumen eher ledrig und aufrauhend. Hat offensichtlich Mühe, die einzelnen Cépages-Komponenten zu verbinden. 16/20 1996 - 2010
92: 3/8 Flasche: Das war der beste 88er Palmer, den ich bis jetzt testete respektive gar genüsslich trank. Feine Himbeerennote, wie sie manchmal bei Burgundern von Gros Frère anzutreffen ist. 17/20 1996 - 2015
93: Purpur-Granat, satt. Wiederum wie beim 87er starke Röstnote, die das verschlossene Bouquet dominiert. Kalter Rauch, dunkles Caramel, kräftige Struktur, feinkörnige Gerbstoffe, die noch etwas grobmaschig angelegt sind, warmes Cassisfinale. 17/20 1995 - 2010

1989 Palmer **19/20**
Ein grosser Palmer, der vielleicht einmal 20/20 erreichen könnte!
90: Mehrere Male auf dem Château degustiert. Superfarbe, dicht mit karmesinroten und rubinen Reflexen. Enge, verschlossene Nase, Extrakt und Frucht anzeigend. Im Gaumen sehr viel Tannin, jedoch dicht und seidig. Der grösste Palmer, den ich je ab Fass degustieren durfte. Der Beste seit dem phantastischen 83er. 19/20 trinken ab 1998
91: Auf Palmer ist es offensichtlich wurst, was man den Besuchern zu degustieren gibt. Ich wurde mit einem 20tägigen, faden Muster abgespeist!
92: Süsse Fruchtnase, Kokosnote, Marzipan, geröstete Mandeln. Im Gaumen wiederum süss, vanillig, sehr viel

Fleisch mit feiner Struktur verbunden. Grosser Nachklang. Wenn irgend ein Palmer Chance hat, um in die Nähe des legendären 61ers zu kommen, so könnte dies der 89er einmal sein. 19/20 1997 - 2010
92: Arrivage: Gehört definitiv zu den 89er Stars. 19/20
93: Purpur, satt, undurchdringlich, feiner Wasserrand. Volles Cassisbouquet, konzentriert, süss, marmeladig, tiefe Terroirnote, dicht, fett, eng gegliedert. Reicher, mächtiger Gaumen, runde Gerbstoffe, weiche Säure, viel Adstringenz und ebensoviel Stoff und Fleisch, reifes Fruchtfinish.
19/20 1998 - 2025

1990 Palmer 19/20
91: April: Wir waren am ersten Tag da, als es den 90er Palmer zu degustieren gab. Es hatte so viele Besucher, dass wir es vorzogen, den jungen Wein im Vorhof auf einigen Europaletten zu degustieren. Schwarze Farbe mit violetten Reflexen, sehr dicht. Fruchtige Nase mit vielen, reifen Beeren (Cassis- und Heidelbeeren). Wirkt mit seinen fetten Tanninen jetzt schon rund. Samtige, dichte Struktur. Nahe der 89er Qualität. Wunderschöne Ausgeglichenheit. 18/20 trinken ab 1997
91: Juli: An der VINEXPO verkostet. Wirkt noch ausgeglichener. Es ist eine feminine Version des 89ers.
91: November: Offenes, primäres Fruchtbouquet, süss, merlotdominant. Im Gaumen dichtes, samtenes Tannin. Sehr ausgeglichen. 18/20
92: Legt noch gewaltig zu und könnte sich vielleicht noch einen halben Punkt dazu verdienen. Struktur zusammengezogen, pfeffrige Tannine. 19/20 1997 - 2010
92: Drei Tage nach der „mise": Reduktiver Merlot, Wärme ausstrahlend, heller Toastton, Trüffel. Im Gaumen ein Mustermass an Eleganz. Ich vergleiche ihn stark mit dem 83er. 18/20 1997 - 2010
93: Purpur, satt, fein aufhellender Rand. Im Moment fruchtanzeigende Nase, laktische Note durch eher niedrige Säure, süss, gekochte, reife Frucht, viel Terroir. Im Gaumen Brombeeren, Zedern, Trüffel, sehr ausgeglichen - 83er Typ.
19/20 1996 - 2020
93: Purpur, satt. Konzentrierte Süsse, schöne Terroiranzeige, Trüffelspuren. Beeriges Gaumenaroma, komplexe Dichte, stützende Gerbstoffe, perfekte Adstringenz, rubenshafter Wein. Grosses Potential. 19/20 1998 - 2025

1991 Palmer 17/20
92: Seit dem 61er die kleinste Ernte mit 24 hl Hektarenertrag. 45 % Merlot, 45 % Cabernet Sauvignon, 6 % Petit Verdot, 4 % Cabernet Franc. Rund eine halbe Normalernte. Violettes Rubin. Süsses, enorm fruchtiges Bouquet, Brombeeren, Heidelbeeren, buttrig. Im Gaumen extrem blaubeerig, einschichtig, samtige Struktur, darunter dunkles Holz. Ein Mustermass an Eleganz, sehr feminin. Besser als der 87er. 16/20 1995 - 2010
92: Wiederum einen Monat später nachdegustiert. Er war so gut, so fein, so süffig, dass ich fast versucht war, ihn mit 17/20 auszuzeichnen.
92: September: Süsses Bouquet, Vanille, Preiselbeeren, Himbeeren, Rauch, vielschichtig. Samtige Gaumenstruktur,

Gabriel

fast seidig, feinste Tannine, reife Frucht. 16/20 1995 - 2004
93: Violettes Rubin. Primäre Fruchtnase, Veilchen, Himbeeren, Dropsnase. Reifer, samtiger Gaumenfluss, fein gewoben, seidig, elegant. Wird vielleicht einmal den 87er in der Qualität übertreffen. 17/20 1995 - 2008
94: Auf dem Château degustiert. Schöne Terroir-, Trüffelnase. Malaga-Süsse im blaubeerigen Finale. Neben dem 92er und 93er verkostet. Er ist der beste dieser drei Jahrgänge. 17/20 1996 - 2008
94: Je mehr ich ihn degustiere respektive trinke, desto mehr frage ich mich, ob es nicht einer der ganz grossen Palmer-Jahrgänge in etwa zehn Jahren werden kann. Wertung tendenziell zunehmend. 17/20 1996 - 2008

1992 Palmer 16/20
93: Aufhellendes Purpur, weniger Farbe als Prieuré-Lichine und Rausan-Ségla. Starke Röstnote im Muster. Rotbeerige Nuancen, Marzipansüsse, Mandelnote, feiner Terroirton. Süsser Gaumenbeginn, Charme, ausladend, schöne Ausgeglichenheit. Leicht über dem 87er jedoch hinter seinem 91er. Eine grazile Tänzerin. 16/20 1996 - 2006
94: Sehr leicht und rotbeerig. Im Moment kurz vor der Abfüllung in einer nicht sehr attraktiven Pubertätsphase.
15/20 1996 - 2006

1993 Palmer 16/20
94: Tiefes Purpur. Sehr würzige Nase, konzentrierte Frucht, Maulbeeren, feine Trüffelnote. Feingliedriger Körper, seidig, reife Gerbstoffe, klassische Margaux-Struktur.
16/20 1998 - 2010
94: Einen Monat später: So leicht und fruchtig wie ein Beaujolais. Hinter dem 91er. 16/20 1998 - 2010

PAVILLON ROUGE DU CHÂTEAU MARGAUX

1978 Pavillon Rouge du Château Margaux 15/20
92: Aufhellendes Granat. Süsse Rauch- und Lakritzennase, feine Terroirwürznote. Im Gaumen ebenfalls süsslich, Preiselbeerenaromen, schön parfümiert, Anzeichen von Trockenheit im Extrakt, mittelgewichtig, Süssholznote im Finish. 15/20 trinken

1982 Pavillon Rouge du Château Margaux 15/20
88: Evolutionsphase, schwer zu degustieren, nachdem ich ihn mehrere Male mit Hochgenuss getrunken habe. Braucht wohl jetzt etwas Ruhe. 15/20 trinken
91: Mit Marino Aliprandi bei Beat Caduff getrunken. Vollreif. Typischer Margaux und mehr wert als viele andere Zweitweine. 16/20 trinken
92: Hat er Korken? Dies ruft meine „alte" Pavillon Rouge-Theorie wieder neu ins Leben. Leicht faulige Nase durch reifen Merlot. Trüffel im Gaumen, abklingende Frucht.
15/20 trinken - 1996

Margaux

1983 Pavillon Rouge du Château Margaux   17/20
87: Mittlere Farbe mit dichtem Rubin, klassisches Bouquet, das primär an Frucht erinnert. Eleganter Körper, der viel verspricht und wohl auch hält, präsentiert sich ausnahmsweise gut und sauber.   17/20 trinken ab 1992
91: Mit dem Direktor von Château Margaux, Paul Pontallier bei einem Nachtessen auf Château Camensac getrunken. Pfeffriger, junger Wein mit viel Rasse und Reserven.
                                                17/20 trinken
92: Vollreif und schön zu trinken. Typische Margaux-Aromen, sehr seidig und fein.   17/20 trinken - 1996
93: Hier beweist Margaux, dass der zweite Wein absolut nicht „zweite Wahl" ist. Die Teilnehmer waren sehr erstaunt, dass sie in der Blindprobe so viele Punkte vergeben hatten. Tiefes Granat mit feinem Wasserrand. Offene Nase, sofort ansprechend. Holunderaromen, mittelgewichtig mit würzigem Finale.   17/20 trinken - 1998

1984 Pavillon Rouge du Château Margaux   13/20
87: Farbe genügend konzentriert, am Rand jahrgangstypisch abfallend mit Rubin-Purpur-Reflexen. In der Nase fruchtig, Chaptalisations-Caramel, wenig parfümiert. Trockener Gaumen, kleine Unstimmigkeiten, was die Holzprägung anbelangt, milder, magerer Abgang.
                                          13/20 trinken - 1993

1985 Pavillon Rouge du Château Margaux   15/20
88: Reiches Kleid in sattem Purpur. Feine, beerige Nase. Kräftig im Gaumen, Fleisch und Stoff, Anzeichen von schwieriger Phase.   15/20 1993 - 2000

1986 Pavillon Rouge du Château Margaux   16/20
89: Purpur mit Wasserrand. Süsse Konfitüre, kurze Nase. Im Gaumen unsauber, pflaumig - macht keinen Spass.
                                          14/20 trinken ab 1993
93: Noch immer kantig und vom Cabernet her fast grasig. Eine Stunde dekantieren.   16/20 1996 - 2006

1987 Pavillon Rouge du Château Margaux   13/20
90: Extrem leichte Statur, zu viel Holz und Caramel von der Chaptalisation.   13/20 trinken

1988 Pavillon Rouge du Château Margaux   16/20
92: Purpur, mitteldicht. Sehr beerig, Maulbeeren, Zimtspuren, Zedernnote. Im Gaumen Waldbrombeeren, sehr ausgeglichen und recht konzentriert.   16/20 1995 - 2005
93: Warten.   16/20 1995 - 2005

1991 Pavillon Rouge du Château Margaux   15/20
92: Purpur-Violett. Schöne Fruchtnote, darunter grasig, grüner Tabak. Feiner, fast seidiger Gaumen, milde Tanninbeschichtung und in Süsse drehender Nachklang. Ein gastronomischer Wein.   15/20 1994 - 2002

1992 Pavillon Rouge du Château Margaux   13/20
93: Helles Rubin, starker Wasserrand. Defensiv-fruchtige Nase, leichter Randenton vermischt mit Himbeeren. Im Gaumen primäre Frucht wie bei einem Beaujolais, Fruchtschalengeschmack, bitteres Finish, schwach.
                                          13/20 1995 - 2003

1993 Pavillon Rouge du Château Margaux   16/20
94 Mittleres Purpur-Rubin. Dichte, gebündelte Nase, Preiselbeeren, Himbeeren, defensive Süsse, Marroniröstnote. Samtiger, schmeichelnder Gaumenfluss, schöne Stoffanzeige, gute Ausgeglichenheit im langen Finale.
                                          16/20 1998 - 2006

Château Pouget

Der Pouget und der Rouget haben zwei Dinge gemeinsam. Einerseits tönen sie phonetisch gleich und andererseits mag ich beide Weine generell nicht.

1982 Pouget   13/20
89: Purpur-Robe. Bleistift-Nase mit floralen Aromen. Fülliger, fettender Körper, kleine Ungereimtheiten in der Säureharmonie sowie verdeckter Altfasston, nach gewisser Zeit Parfümentwicklung. Ein schwacher 82er Grand Cru.
                                                13/20 trinken

1983 Pouget   14/20
87: Schmal, zu wenig Stoff (Ähnlichkeiten mit Brane-Cantenac).   14/20 1990 - 1996

1986 Pouget   15/20
89: Sattes Purpur. Nase bereits ansprechend, flüchtiger Alkohol, Champagner-Aromen (?). Harte Gerbstoffe im Gaumen.   15/20 trinken ab 1995

1990 Pouget   17/20
93: Purpur mit schwarzen Reflexen. Hochkonzentriertes Bouquet, korinthige Süsse, Honig, Maulbeeren, parfümiert. Seidiger Gaumenfluss, grosses, heisses Terroir anzeigend, Spuren von Portwein-Charakteren, stoffige Textur fein gestrickt mit gesunden, aber leicht angesengten Gerbstoffen, gutes Rückaroma.   17/20 2000 - 2025

1993 Pouget   14/20
94: Rubinfarben mit Purpurreflexen. Beeriges Bouquet mit metallischer Note. Marmeladiger Gaumen, wenig Säure, plumper Fluss, im Finish wiederum marmeladig.
                                          14/20 1999 - 2010

CHÂTEAU PRIEURÉ-LICHINE

**1970 Prieuré-Lichine				12/20**
92: Tiefes Granatrot. Grünes Blattwerk, Tabak, dumpf, rauchig, Wildfleischaroma. Rauhe Tannine, Spuren von Unsauberkeit (Kartoffelsack). Der Wein scheint durch sein eigenes, massives Tannin noch heute irgendwie blockiert zu sein. Das Potential ist vielversprechend, aber ohne Garantie, dass daraus wirklich einmal ein grosser Wein wird. Jetzt 12/20 , mögliches Potential 16/20 warten und hoffen!
93: Auf dem Weingut zusammen mit Sacha Lichine getrunken.				12/20 vorbei

**1978 Prieuré-Lichine				14/20**
91: Dichtes Purpur. Offene, rotbeerig-fette Nase mit unterschwellig vegetaler Note, von etwas unfertigem Cabernet geprägt. Im Gaumen erst unausgeglichen, spitze Säure mit Cayenne-Nuancen. Macht sich zusehends, gewinnt an Fett, die pfeffrige Säure beherrscht aber den Wein bis zum Schluss.				15/20 trinken
93: Hat sich in der Zwischenzeit stark entwickelt. Erste Tertiäraromen in Sicht.				14/20 austrinken

**1979 Prieuré-Lichine				13/20**
87: Dichte, gut konzentrierte Farbe. Pfeffrige Nase. Starke Säure, im Gaumen griffig, jedoch zu scharf.	13/20 trinken
92: Granat leuchtend. Süssliches Bouquet, rauchig. Leerer Gaumen ohne Konsistenz.				13/20 vorbei

**1983 Prieuré-Lichine				14/20**
87: Schönes Aromabouquet, orientalische Würznote. Pfeffriger Gaumen mit Fleisch und Rasse. 15/20 1990-1998
94: Die Farbe ist jetzt sehr hell und zeigt Reife. Im Bouquet Heuspuren und animalische Oxydationsnoten. Im Gaumen wenig Fleisch. Ein Wein, der sich eher negativ entwickelt hat. Ich habe ihn nicht ausgetrunken.	14/20 austrinken

**1985 Prieuré-Lichine				16/20**
88: Extreme Preiselbeerennase. Eleganter, frühreifender Wein mit Charme.			15/20 trinken ab 1991
93: Purpur, aufhellend. Würzige Nase, mit leicht dominierendem Cabernet-Ton vermischt und rotem Fruchtfleisch, macht Spass.				16/20 trinken - 2004

**1986 Prieuré-Lichine				16/20**
89: Granat mit leichtem Wasserrand. Primäre Konfitürensüsse. Zugänglich, Caramel, fein, mittleres Potential.
				15/20 trinken ab 1994
93: Im Moment eher unzugänglich und unausgeglichen. Zeigt immer mehr Potential.			16/20 warten

**1988 Prieuré-Lichine				15/20**
89: Verschlossen mit pfeffrigen Mundaromen, Säure in Tanninstruktur einfliessend, Mittelklasse.
				15/20 trinken ab 1995
91: Weniger beeindruckend als aus dem Fass. Granat aufhellend mit orangem Schimmer. Leer, wirkt alkoholisch. Etwas Barrique und fast keine Struktur, aufgedunsener Wein, absolut nicht Grand Cru-würdig, im Finish vegetal.
				13/20 trinken - 1997
93: Caramelsüsse, buttrig, fruchtig, schön geöffnet. Weiche Säure, leichter Körper mit viel Charme.
				15/20 trinken - 2000

**1989 Prieuré-Lichine				15/20**
90: Einfacher, softer Bonbonwein. Trockenes Tannin, ausgeglichener, eleganter Wein der Mittelklasse.
				15/20 trinken ab 1994
92: Arrivage: Purpur-Blutrot. Offen, konfitürig, gebraten. Im Gaumen soft, vordergründiges Tannin, sandige Textur.
				15/20 1994 - 2003

**1990 Prieuré-Lichine				16/20**
91: Mittleres Purpur. Exotische Früchte. Wenig Extrakt, langer, aber für ein so grosses Jahr doch zu schlanker Wein.
				14/20 trinken ab 1997
93: Bezaubernde Himbeerenfrucht, reifes Tannin. Ein sehr ansprechender Wein, der sich jetzt schon schön trinkt.
				16/20 trinken - 2003
93: Granatfarben. Fette Nase, rotbeerig. Fülliger Gaumen, Schmelz, mittlere Tiefe, die Struktur ist buttrig und cremig, ein rubenshafter Wein im günstigeren Preisbereich.
				16/20 trinken - 2005

**1991 Prieuré-Lichine				16/20**
93: Purpur, erstaunlich dicht. Süsse, verlockende Nase, Butter, Preiselbeeren. Im Gaumen komplex, eng, mit feinem Velourspolster, erstaunliches Potential. Gehört zu den besseren 91ern.				16/20 1995 - 2005
94: Im Moment leichter Randenton, dahinter rotbeerige Süsse. Toastiger Gaumen, mittelgewichtig, angenehmes Finish, vielleicht etwas schlank im Finale.
				15/20 trinken - 2003

**1992 Prieuré-Lichine				17/20**
93: Tiefes, klassisches Bordeauxrot. Zurückhaltende Nase, schwarze Beeren, Trüffel, vielversprechend. Saftiger Gaumen, Velours. Klassischer Margaux, rotbeeriges Erdbeerenfinish mit langem Rückaroma, hat Zukunft.
				17/20 1997 - 2007

**1993 Prieuré-Lichine				17/20**
94: Dunkles Purpur, satt. Sehr konzentriertes, reifes Beerenbouquet, bereits von Barrique unterstützt, schöne Terroirnote. Saftiger, fülliger Gaumen, samtene Struktur, reifes, dichtes Extrakt, viel Rückaroma, wiederum wie beim 92er, ein phänomenaler Wein.			17/20 2000 - 2010

Margaux

CHÂTEAU RAUSAN-SÉGLA

Auf Rausan-Ségla wurde überinvestiert. Für die Einrichtungen ist so viel Geld verpufft worden, dass für den 92er nicht mal das Geld ausreichte, um auch nur eine neue Barrique kaufen zu können. Dabei hätte gerade dieses Weingut das Zeug dazu, um einen der besten Margaux heranwachsen zu lassen. Hoffentlich verpassen die neuen Besitzer diese Chance nicht.

Wer aufgrund dieses Buches (oder der ersten Ausgabe) den 83er kauft oder gekauft hat, wird mir ab 2000 sehr dankbar sein...

1947 Rausan-Ségla **15/20**
90: Extraktreiche Farbe. Preisselbeerennase, wuchtig und intensiv. Im Gaumen wiederum viel Extrakt und Fleisch, feste Säure mit Biss und Nerv, mittelgewichtiger Wein.
15/20 austrinken

1959 Rausan-Ségla **17/20**
93: Sehr tiefe Farbe. Für eine Minute verschlossen, dann langsam öffnend, kompottartige Frucht, Havannaton, Trüffel, Rauch. Im Gaumen rustikales Extrakt, sandige Textur, fleischiger Körper. Sehr gutes Potential.
17/20 trinken - 2005

1962 Rausan-Ségla **15/20**
89: Helles, reifes Granat. Käsige Nase (Ammoniak). Trokkener Gerbstoff, animalischer Körperbau, noch relativ viel Tannin.
15/20 trinken

1964 Rausan-Ségla **13/20**
93: Reife, helle Farbe. Offen, etwas verraucht, metallische Spuren. Im Gaumen schlank, Kapselton, wenig Fett, die Säure fängt an, den Wein zu dominieren.
13/20 vorbei

1966 Rausan-Ségla **15/20**
90: An einer Auktion: Trocken, überreif. 13/20 austrinken
91: Ein recht neutraler Wein, dem es an eigenem Charakter fehlt. Merlotlastig, mit burgundischen Untertönen.
15/20 trinken

1967 Rausan-Ségla **14/20**
89: Reifes Granat. Metallnase, Kaffee- und Rosenduft. Eher schlank, aber gute Konsistenz, weiches Finish mit Metallprägung.
14/20 austrinken

1970 Rausan-Ségla **15/20**
88: Ein überraschender Wein, an einer Auktion degustiert! Intakte Farbe. Reifes Bouquet mit Finesse. Im Gaumen rustikaler Körper mit vordergründiger Tanninstruktur.
15/20 trinken
92: Mit Max Gerstl getrunken. Schönes Médoc-Bouquet, reif, mittlere Intensität. Im Gaumen süffig mit feinem Parfüm, rotbeerig.
16/20 trinken
92: An einer 70er Probe bei Markus Müller degustiert. Blutrot-Granat, aufhellend am Rand. Rauchige Nase, erste Kräuternuancen (Rosmarin), nach 10 Minuten leichte Madeira-Anflüge. Trockener Gerbstoff, leicht gezehrt, Bitterkeit auf der Zunge.
15/20 austrinken

1971 Rausan-Ségla **15/20**
88: Offene Nase ohne Primärbouquet, duftend. Im Gaumen trocken. Trinkt sich sehr schön.
15/20 trinken

1975 Rausan-Ségla **12/20**
94: Reifendes Weinrot, ziegelrote Reflexe. Offenes, leicht oxydatives Bouquet, Dunggeschmack. Anstehende, kapselige Säure, spitz auftretend, flaches Finish, unharmonisch.
12/20 austrinken

1979 Rausan-Ségla **15/20**
90: Mittlere Farbe mit jugendlichen Reflexen. Himbeeren, pfeffrig, Gummigeschmack. Schlanker Körper mit Extraktanzeige, etwas spitze Säure.
14/20 trinken
92: Aufhellendes Granat. Süsse, fast marmeladige Nase, gekochte Frucht, offen. Im Gaumen vanillig, mittlerer Körper, feine Kapselnote auf der Zunge.
15/20 trinken - 1997

1981 Rausan-Ségla **16/20**
92: Ein fröhlicher, gut gereifter Wein, der vielleicht als deuxième Cru ein bisschen zu dünn geworden ist, trotzdem bietet er durch seine Ausgeglichenheit und Sauberkeit einen enormen, süffigen Trinkspass.
16/20 trinken - 1995

1982 Rausan-Ségla **15/20**
89: Beim Nachtessen auf dem Château getrunken. Aufhellendes Rubin. Offene, reife Nase mit Fruchtresten.
15/20 trinken - 1997
93: Aufhellend. Ledernase, wenig Frucht, leichte Oxydationsspuren. Rotbeeriger Gaumen, aussen noch ein bisschen Schmelz, innen metallische Note.
15/20 austrinken

1983 Rausan-Ségla **18/20**
87: Der erste Wein aus dem komplett neu eingerichteten Chai und zugleich ein grosser Wurf der Eschenauer-Gruppe. Sehr gutes Potential.
17/20
88: Schönes, passendes Holz zu einem mit Stoff und Fleisch beladenen, mittelgewichtigen Wein, klassisch, mit eleganter, seidiger Struktur.
18/20 trinken - 2005
91: Total verschlossen. Warten - oder mindestens zwei Stunden vorher dekantieren.
92: Noch immer ein Eisberg. Tiefes Purpur. Konzentriertes Würzbouquet. Im Gaumen gesundes, vielversprechendes Extrakt.
17/20 bald - 2005
93: Aufhellendes Granat mit feinem Wasserrand. Parfümierte, pfeffrige Nase mit Minzenton, Rosinennuancen. Erdiger Gaumen, trockene, aggressive, nach Reife verlangende Gerbstoffe. Markanter Wein, der vielleicht nochmals einen Punkt zulegen kann, wenn er auf dem Höhepunkt angelangt ist.
18/20 1996 - 2010

1984 Rausan-Ségla 13/20
88: Leichte, ehrliche Farbe. Preiselbeerenfrucht. Sauber, mit angenehmer Adstringenz, Blumenduft. 13/20 trinken

1985 Rausan-Ségla 16/20
88: Starker Merlot, defensiv. Im Gaumen schwarze Johannisbeeren, stoffig, nervig, mit Biss. 15/20 1994 - 2007

1986 Rausan-Ségla 18/20
87: Fassdegustation: Direkt einen Tag nach der Assemblage. Fettiger als der 85er, viele eigene, reiche Tannine. 17/20
88: Ohne Collage, stumme Nase, darunter würzige Serien. Im Gaumen vollreife Früchte, Gerbstoff wie ein St. Estèphe, sehr viel Tannin, Vin de Garde.
89: Arrivage: Blinddegustation mit Margaux, Palmer und Angludet an der Spitze! Ein überdurchschnittlicher Wein. 18/20 trinken ab 1995
93: Auch heute noch sehr verschlossen und noch weit entfernt von jeglicher Genussreife. 18/20 1997 - 2015

1987 Rausan-Ségla 13/20
88: Als Château Lamouraux vermarktet. Fassdegustation: Mittlere Farbe mit violetten Reflexen. Fruchtig, fast fröhlich leicht. Dünner Körperbau. 13/20
92: Einmal bei einem Weinhändler getrunken. Süffig, aber sehr leicht. 13/20 trinken

1988 Rausan-Ségla 17/20
89: Fassdegustation: Dichtes Purpur. Verdeckte Süsse, defensiv, darunter breit. Süssbeeriges, reifes Tannin, fleischig, feingliedrig, enge Strukturen. 17/20 trinken ab 1996
91: Purpur-Granat. Süss, eng, dicht. Im Gaumen beerig, konzentriert, feine Struktur mit ausladender Ausgeglichenheit, leichte Petit Verdot-Note und Cassis im Finish. 17/20 1997 - 2007

1989 Rausan-Ségla 16/20
92: Arrivage: Mittlere Farbdichte, purpur, satt. Caramel im Holzspiel, dahinter Druck und defensive Frucht. Im Gaumen feingliedrig, komprimiertes Extrakt, welches im Moment eine Bitterkeit zeigt. 16/20 1996 - 2006
94: Dunkles Purpur, satt. Gebäcknote durch dunkle Barriquenröstung, wirkt zu Beginn etwas alkoholisch, legt dann aber zu. Im Gaumen dicht komprimierte Tannine, sandiger Gerbstofffluss auf der Zunge mit gutem Rückhalt, langes Finish durch viel Rückaroma. Es fehlt ihm für einen 89er etwas an Körper, metallische, zähnebeschlagende Tannine. 16/20 1997 - 2009

1990 Rausan-Ségla 16/20
93: Mitteldichtes Purpur. Total süss wie ein Kindersirup, eingekochte Himbeeren. Im Gaumen wenig Säure, wirkt dadurch fett, füllig und buttrig, sandige Gerbstoffe. Eigenwilliger Wein. 16/20 1995 - 2010
94: Mittleres, leuchtendes Purpur. Süsses Bouquet von überreifem, verbratenem Traubengut, fast honigartig. Im Gaumen süsser Beginn, mittlere Konzentration, aussen cremig, innen stoffig, nicht ganz dem möglichen Potential von Rausan-Ségla entsprechend. 15/20 1996 - 2004

1991 Rausan-Ségla 16/20
92: 220 Barriquen, 17 hl/ha, davon 35 % als Zweitwein deklassiert. Dichtes Purpur. Enorme, fast unglaubwürdige Fruchtkonzentration, beerig (Preisel- und Maulbeeren), verlockendes Parfüm. Dichter Gaumen, salziges Extrakt, Nelken, floral mit stieligen Noten, ausgeglichene Mundadstringenz. Hier sind Önologen am Werk, die offensichtlich alles, was irgendwie möglich ist aus dem Saft herausholen. 16/20 1995 - 2008

1992 Rausan-Ségla 16/20
93: Tiefes Purpur. Angezeigte Konzentration, saubere Frucht. Saftiger Gaumen, dicht, sehr lang, reiches Fruchtspiel, die Tannine hätten eine kleine Spur reifer sein dürfen, feine Havannanote im Finale. 16/20 1996 - 2007

1993 Rausan-Ségla 16/20
94: Dichtes Purpur. Tiefe, tabakige Nase, Waldbeeren, leicht florale, animalische Note. Im Gaumen etwas grüne Cabernet-Anzeige, die aber Würze gibt, schmelzig-stoffiges Extrakt, die Barrique wirkt leicht dominant und griffig in der Struktur, gutes Potential. 16/20 1998 - 2010

CHÂTEAU RAUZAN-GASSIES

Aus Rauzan-Gassies wäre bedeutend mehr zu machen. Ein kurzer Blick über die Mauer von Rausan-Ségla müsste wohl genügen! Viele der abgefüllten Jahrgänge sind selbst in einem Supermarkt eine Beleidigung für das Weinsortiment. Wer als Restaurateur mehrere Jahrgänge von Rauzan-Gassies anbietet, beweist damit, dass er von Wein noch weniger versteht als der Châteaubesitzer selbst.

1945 Rauzan-Gassies 11/20
91: Müdes, oranges Granat. Leder- und Heunase, etwas Cassis, defensives Essigbouquet. Im Gaumen Eisenoxyd, Nagellack. Ein eher zwiespältiges Weinerlebnis. 11/20 vorbei

1966 Rauzan-Gassies ??/20
90: Mittlere Farbtiefe, oranger Rand. Oxydierte Nase. Zerbrochen, über dem Zenit. Keine Bewertung!

1976 Rauzan-Gassies 11/20
90: Pflaumig, offen, würzig, Liebstöckel. Fortgeschrittener, ausgetrockneter Gaumen, über dem Zenit. 11/20 vorbei

1978 Rauzan-Gassies 15/20
86: Konzentrierte Farbe mit Purpur-Schimmer. Offene, süssliche Nase, alkoholisch. Aromatische Holznote, nervig, saftig. 15/20 trinken - 1994
92: Wirkte alkoholisch mit sandigem Extrakt. 15/20 austrinken

Margaux

1979 Rauzan-Gassies   **13/20**
86: Mageres Weinrot. Nase erst fein und diskret, darunter unsauber. Fester Körper, noch leichte Adstringenz, rauh und sandig, leichter Essigstich im Finish.
13/20 trinken - 1994

1982 Rauzan-Gassies   **16/20**
88: Warm, fruchtig, schwarze Beeren, reiche Erscheinung. Mittelgewichtiger Gaumen, rustikal gewoben, starkes, junges Holz. 16/20 1992 - 2002

1983 Rauzan-Gassies   **13/20**
88: Zu viel Holz, ist angetrocknet unter einer stummen, jedoch kompakten Frucht, der 82er scheint hier bedeutend besser zu sein. 13/20 1992 - 1998

1985 Rauzan-Gassies   **13/20**
89: Auf Rauzan-Gassies hat man nichts dazugelernt. Heller Rand. Schwache Nase, frischer Melissenton. Im Gaumen jedoch unsauber, relativ kurz. 13/20 trinken ab 1994

1988 Rauzan-Gassies   **13/20**
89: Leichter Wein, trocken, bereits Kakaonoten. 13/20 trinken, wenn überhaupt!
91: Recht tiefe Farbe. Leere Nase, etwas Erdbeerenkonfitüre. Vegetaler Gaumen, zugänglich, soft, süffig, wenig Tannin und Struktur. Ein enttäuschender, schwacher Wein. 13/20 trinken - 1998

1989 Rauzan-Gassies   **13/20**
92: Arrivage: Mittlere Farbdichte. Süsses Nasenspiel, rote Frucht. Im Gaumen fein, mittlerer Körper mit Schmelz. Gastronomischer Wein. 14/20 1994 - 2000
94: Dunkles Bordeauxrot, dicht. Flüchtige Säure in der Nase, die sich in Essigform zeigt, fehlerhaft. Im Gaumen erst saftig, relativ schlank für einen 89er, inkonsistenter Körper, höchst bescheidener deuxième Cru. 13/20 1996 - 2006

1990 Rauzan-Gassies   **14/20**
91: Mai: Mitteldichtes Rubin-Purpur. Fruchtig-beerige Nase, Himbeerenwürzspiel, recht intensiv. Weicher Gaumenfluss, eher wenig Säure, Charme, softes Tannin. Mittelmässiges Potential mit verdeckter, metallischer Bitterkeit in der Adstringenz, wirkt, von unreifem Cabernet beeinflusst, etwas grün auf der Zunge, wenig Nachdruck.
14/20 1995 - 2003

1992 Rauzan-Gassies   **10/20**
93: Schwarzes Granat, Reifetöne. Unsaubere Nase, Konfitüre, flüchtige Säure, alkoholisch. Magerer Körper, grüne Tannine. Ein oenologisches Wunder - im negativen Sinne! 10/20 1995 - 2003

1993 Rauzan-Gassies   **14/20**
94: Mittleres Rubin mit starkem Wasserrand. Schweissiges, animalisches Bouquet, alkoholisch. Pelzige Gerbstoffe im Gaumen, wenig Rückgrat, leichter, früh trinkreifer Wein.
14/20 1998 - 2007

CHÂTEAU SIRAN

1961 Siran   **13/20**
85: Dunkles, komplexes Weinrot mit Alterston. Kurze Nase mit Glutamat-, Fenchel- und Maggikrautaromen. Im Mund anfangs füllig, dann zusammenfallend, saure Zungenspitze, weicher, bescheidener Abgang. 13/20 trinken

1970 Siran   **11/20**
Granat-Orange. Verbrannte Nase, leer, ausdruckslos. Angesengte Tannine, vordergründige, sandige Säure, fehlt an Charakter. 11/20 vorbei

1985 Siran   **15/20**
87: Da ich kein Etikettenfan bin, darf ich hier auch nicht das superb gestaltete Label rühmen - Schade! Subtiles, vielversprechendes Bouquet. Tiefer Wein mit gesunder Struktur. Vin de Garde. 15/20 trinken ab 1996

1988 Siran   **13/20**
89: Fader, schlanker Wein mit kurzem Finish.
13/20 1993 - 2000

1990 Siran   **13/20**
91: Superfarbe. Parfümierte Nase, softe Struktur. Im Gaumen Spuren von kleinen Unsauberkeiten.
13/20 ?? trinken ab 1996

1992 Siran   **14/20**
93: Aufhellendes Purpur-Rubin. Leicht florale Spuren in der Nase, störender, mineralischer Ton, kreidig, banale Frucht. Im Gaumen eindimensional, pelzige Zunge.
14/20 1996 - 2004

1993 Siran   **14/20**
94: Sattes Violett-Purpur. Fleischige, stallige Nase, leichte Unsauberkeit. Ungehobelte Gaumenstruktur, eher grobmaschig und kernig, grüne Tannine im Extrakt.
14/20 1999 - 2010

CHÂTEAU DU TERTRE

1970 du Tertre   **15/20**
89: Mitteltiefe Farbe mit dunklen Brombeerenreflexen. Rauch-, Trüffel-,Terroirnase, hoher Säurewert, Frische verleihend, mit Gerbstoffreserven, sollte noch weicher werden. Hat Tendenz zum Austrocknen. 15/20 austrinken

1978 du Tertre   **??/20**
92: Eine schlimme Flasche, die nach Korken, Sellerie und Peperoni roch. Keine Bewertung!

1979 du Tertre   **16/20**
88: Ein kluges Beispiel, dass auch günstige Weine Freude machen können. Ein rustikaler, überdurchschnittlicher Wein, dem man vielleicht einmal nachtrauern wird.
                                                 16/20 trinken - 1995
91: So fasziniert ich zuerst von diesem Wein war, so enttäuscht bin ich jetzt. Er ist in der Zwischenzeit klammheimlich stark gereift und fällt total auseinander, oder war das eine fehlerhafte Flasche?   Keine Bewertung!
92: Eine gute Flasche aus meinem Keller: Purpur-Schwarz. Animalische, stallige Nase, Zimt, Rauch, Zedern, Korinthen. Markanter Gaumenfluss, trocken, an einen 66er erinnernd, sandig. Ein Esswein am Ende der Genussphase.
                                                         16/20 austrinken

1982 du Tertre   **16/20**
88: Purpurschimmer. Himbeerenton, Bonbonduft. Im Mund weich, mittlerer Körper, gut ausbauend, angenehmer, mittlerer Abgang.   16/20 trinken - 1997

1983 du Tertre   **15/20**
89: Leicht, reif.   14/20 trinken - 1995
92: Dunkle Rosenfarbe mit orangen Reflexen, starker Wasserrand. Heller Tabak- und Vosne-Wildgeschmack, Anzeichen von fauligem Merlot. Im Gaumen weich, noch geringe Fleischspuren und bereits Anzeichen von Tertiäraromen, im Finish Zimt, wird bald oxydieren.
                                                       15/20 austrinken

1985 du Tertre   **13/20**
88: Wenig Farbdichte. Fast mastige Nase, die nicht so recht zu dem eher leichten Körper passt, mag nicht überzeugen.
                                              13/20 trinken ab 1994

1986 du Tertre   **15/20**
89: Granat mit Zwetschgenreflexen. Fleischiger Wein mit Fettanzeichen, jedoch zu lange im Fass gelegen.
                                             15/20 trinken ab 1997

1988 du Tertre   **18/20**
89: Extrem konzentrierte und tiefe Farbe, fast schwarz. Volle Fruchtnase, Eichenton. Kräftiger Körper, Balance auf höchstem Niveau.   18/20 trinken ab 1994
94: Sattes, dichtes Purpur mit lila Schimmer, feiner Wasserrand. Süsses, dichtes Bouquet, sehr konzentriert, Amarenakirschen, Preiselbeeren. Viel Stoff im Gaumen, der aber fein geschichtet ist, sehr ausgeglichen, schönes Fruchtparfüm, in der Adstringenz noch griffig, aufrauhend. Ein Wein mit einem überdurchschnittlichen Potential. Weit über seinem Wert als Weingut, weit über seinem Wert als Preis. Den Rest haben wir nach zwei Stunden zum Mittagessen ausgetrunken.   18/20 1997 - 2005

1990 du Tertre   **14/20**
91: Sehr kräuterartig (Hustensirup). Im Gaumen fett und konfitürig. Tannine, die Zeit brauchen.
                                         14/20 trinken ab 1998
94: Aufhellendes Purpur mit relativ grossem Wasserrand. Honigbouquet von überreifem Traubengut, wirkt irgendwie verbraten. Ebenfalls im Gaumen zeigt sich dieser tardive Geschmack, scharfes Extrakt, extrem trockenes Tannin, zähnebeschlagend. Ein Wein im 66er Stil, der austrocknen wird.   14/20 1996 - 2005

1991 du Tertre   **12/20**
92: Purpur, Wasserrand. Grüne Pfefferschoten, Wald, vegetal. Im Gaumen unreife Cabernet-Spuren, Eucalyptus (Cabernet Franc?), bittere Zunge. Ein 84er.
                                           12/20 1996 - 2002

1993 du Tertre   **13/20**
94: Aufhellendes Rubin mit starkem Wasserrand. Offenes, alkoholisches Bouquet, wenig drin. Leichter Gaumen, wenig Stoff, aufrauhende Gerbstoffe, wässriges Finish, sehr, sehr leicht.   13/20 1999 - 2011

Château La Tour-de-Mons

1989 La Tour-de-Mons   **14/20**
90: Ziemlich viel Extrakt, Wildgeschmack.
                                         14/20 trinken ab 1995

1990 La Tour-de-Mons   **16/20**
93: Aufhellendes Granat-Rubin. Buttrige Süsse, rotbeerig. Wachston im Gaumen, schmelzige Gerbstoffe, rund, klare Fruchtpräsentation, gestylter Wein, aber gut gemacht.
                                         16/20 1995 - 2007

1991 La Tour-de-Mons   **11/20**
92: Schöne Farbdichte mit leicht violetten Reflexen. Komische Nase, pferdig, Havannatabak. Bittere Säure, holprig, rustikal, sehr trocken.   11/20 1996 - 2004

1992 La Tour-de-Mons   **12/20**
93: Mittleres Purpur. Wenig ansprechend, Weichseln. Unsaubere Gaumennote, Jod, grob gestrickt.
                                         12/20 1997 - 2006

1993 La Tour-de-Mons   **12/20**
94: Helles Granat. Brotkrustenton, marmeladig. Sehr weiche Säure, plumper Wein mit metallischer Zungenspitze, banales Finale.   12/20 bald - 2002

Graves
Pessac-Léognan

Grösster Wein:
1989 Haut-Brion

Bester Wert:
1990 Haut-Bailly

Graves

CHÂTEAU BARET

1992 Baret   **14/20**
93: Violett. Süsse, ausladende Nase, Brombeeren, Terroirnote, tintig. Wiederum schön fruchtig im Gaumen, leicht.
14/20 1995 - 2004

1993 Baret   **14/20**
94: Mittleres Rubin. Grüne Blattnase, Peperoni, staubig. Füllig-fetter Gaumen, etwas eindimensional, warmes Fruchtfinish. Fragezeichen, was die Nase betrifft.
14/20 1998 - 2008

CHÂTEAU LE BONNAT

1988 Le Bonnat   **14/20**
91: Granat, dicht. Offene Punschnase mit Korinthennuancen. Schmeichelnd und fett im Gaumen, wenig Rückgrat.
14/20 trinken - 2000

1989 Le Bonnat   **15/20**
91: Arrivage: Mittleres Granat. Rotbeerige Nase, ausladend, pfeffrige Note, zu Kopf steigend, Wildaromen. Im Gaumen extrem himbeerig, rote Kirschen, mittlerer Körperbau mit feinem Finish. 15/20 1993 - 2001
92: Rotbeerig, leicht medizinal, schöner Fond.
15/20 trinken - 2002

1990 Le Bonnat   **13/20**
91: Bordeauxrot. Gebrannte Nase, Zedernholz. Bittere Tannine, unausgeglichen und flach. Eher schwieriger Wein.
13/20 1995 - 2005

CHÂTEAU BOUSCAUT

Wurde 1979 von Lucien Lurton (Brane-Cantenac) gekauft. Was hat ihn wohl dazu bewogen? Meiner Meinung nach hat dieser Wein in allen Belangen grosse Mühe. In kleinen Jahren ist er sauer und ungeniessbar. In grossen Jahren weiss er nicht, was mit dem Bodenpotential anzufangen ist. Erst mit dem Jahrgang 1985 scheint eine eventuelle Wende dieses Fiaskos in Sicht. Warten wir's ab! Wenn ich zwar den 88er betrachte, dann frage ich mich, ob man nicht die Reben ausreissen und auf dem ganzen Gelände Wald oder etwas anderes anpflanzen sollte?

1957 Bouscaut   **13/20**
91: Jugendliches Rubin. Verschlossen, Weichselkirschen, zurückhaltend. Jod- und Pneuaroma. Im Gaumen junge Fruchtanzeige, Gummi, eckiges Tannin, viel Säure, sandiges Extrakt. Wirkt unreif, fast grün. 13/20 trinken

1959 Bouscaut   **11/20**
90: Leuchtendes Erdbeergranat. Süsses Konfitürenbouquet, erst buttrig, dann harte Säure. Total säurelastig.
11/20 ohne mich!

1983 Bouscaut   **12/20**
88: Stumpf. Zu viel Holz und Säure für diesen mageren Wein. 12/20 trinken

1984 Bouscaut   **10/20**
88: Farbe entwickelt. Starker Fasston. Zu viel Holz und grüne, aggressive Säure. 10/20 deklassiert!

1985 Bouscaut   **15/20**
88: Typische Graves-Farbe, dumpf mit violett-weinrotem Schimmer. Vielversprechende Nase, recht gut vinifiziert. Unregelmässige Struktur. Vorsichtige Zukunftsaussichten.
15/20 1990 - 2003

1988 Bouscaut   **13/20**
89: Dichte Nase. Kirschenfrucht. Im Gaumen rauh und ekkig. Die Nase ist besser als der Gaumen. 13/20 1990 - 2005

1992 Bouscaut   **11/20**
93: Violett. Floral, eindimensional. Vordergründiger Gaumen, drahtig, zähnebeschlagend, hart. 11/20 1997 - 2005

1993 Bouscaut   **14/20**
94: Mittleres Rubin. Offenes, leicht florales Bouquet, feine Teernote, Wildkirsche? Drahtige Gerbstoffe, eher metallisch, sonst sanfte Struktur. 14/20 1999 - 2008

CHÂTEAU CARBONNIEUX

Gewaltige Investitionen zeichnen die Zeit von 1989 bis 1991. Carbonnieux ist eines der grössten Graves-Weingüter. Die Rebfläche unterteilt sich je zur Hälfte in Rot- und Weissweine.

1928 Carbonnieux   **17/20**
91: Tiefe Farbe, dicht mit Mahagonireflexen. Offene, fettranzige Nase mit Zedernholzton. Im Gaumen üppig, Terroir- und Lakritzenaromen, Leder- und Tabakgeschmack.
15/20 austrinken
93: Schwarz-Blutrot, bräunlicher Reifeschimmer. Defensive Nase, Teer, Backpflaumen, öffnet sich nur langsam. Im Gaumen jugendliche, sandige Gerbstoffe, hat noch Süsse im Extrakt, Spuren von abklingender Frucht, Cassis, schön parfümiert. Sehr gut erhalten. 17/20 trinken

1966 Carbonnieux   **13/20**
90: Tiefe Farbe mit Altersreflexen. Rassig. Im Gaumen erst jung mit jugendlicher Arroganz. Also ein unzerstörbarer Wein. Noch ewig lange haltbar - leider aber, ohne besser zu werden. 13/20 trinken - 2010
93: Ein Wein wie der 75er La Mission, der im Moment nur

aus Tannin besteht. Warten und auf bessere Zeiten hoffen. Das Potential ist zwar gewaltig, aber der Wein hat fast kein Aroma, weil er von harten Tanninen erschlagen wird. In zwanzig Jahren könnte man hier vielleicht eine Überraschung erleben. Aber eben nur vielleicht. Momentanwertung: 13/20 trinken - 2025

1970 Carbonnieux 16/20
90: Helle Farbe, brillant, leichter Wasserrand, Caramel und Nougat in der Nase, komplex und füllig, fetter, veloutierender Körper, schöne, ausgeglichene Struktur, rote Beeren, hat noch Reserven. Wer diesen Wein jetzt trinkt, sollte ihn mindestens 20 Minuten vorher dekantieren!
16/20 trinken - 1997
93: Schoko-, Malz- und Caramelton, offen. Charmanter Gaumen, zeigt Fülle, darunter sind noch immer ausbauende Gerbstoffe zu erkennen. 16/20 trinken - 2006

1975 Carbonnieux 14/20
90: Ansprechende, artisanale Nase. Amber, pferdig, Leder und helle Pilze. Im Gaumen enorm Tannin. Ein Wein, der vielleicht nie ausreifen wird. 15/20 1995 - 2005
94: Aufhellendes Granat, ziegelroter Rand. Erdbeerige Nase, offen. Marmeladiger Gaumenfluss, leicht drahtige Zunge. 14/20 austrinken

1981 Carbonnieux 12/20
87: Keine Rasse und säuerliches Tannin. Schlecht degustiert, oder schlechter Wein? 12/20 trinken - 1998

1983 Carbonnieux 16/20
88: Fruchtig-wuchtige Nase. Trocken im Gaumen, und sehr terroirbetont. 16/20 trinken - 1997

1984 Carbonnieux 11/20
86: Schwache Farbe, unsauber - deklassiert!
91: Es liegt in der Natur der Sache, dass die Farbe schwach geblieben ist. Verhaltene Frucht, leichter Böckser, der verfliegt, Leder und Heu. Im Gaumen rauh und blechig, vordergründig. Die Tannine wirken zäh und bauen aufgrund der Unreife sehr wahrscheinlich nie ab. Man kann diesen Wein aber trotzdem trinken, wenn die Ansprüche eher bescheiden sind. 11/20 trinken
92: Bräunliche Farbe. Faulige Nase. Im Gaumen mager mit Fasston. 11/20 austrinken

1985 Carbonnieux 15/20
87: Süsse, feminine Nase. Beerig, gutes Extrakt.
15/20 1991 - 2000
93: Reifendes Granat, aufhellend. Rotbeerige Nase, Johannisbeeren, Zedernnote. Im Gaumen leicht mit feinen Tanninresten, die sich auf der Zunge mit der Säure verbinden.
16/20 trinken - 2000

1986 Carbonnieux 13/20
91: Reife Farbe. Offen, vollreif. Zedernholz und Mazerationsgeschmack. Im Gaumen weich und pflaumig mit scharfer, aggressiver Säure. Kleiner, dünner Wein.
13/20 trinken - 1998

1988 Carbonnieux 13/20
89: Vorabzug: Tintenfarbig. Reife Früchte. Einfacher, guter Wein. 15/20 trinken ab 1992
91: Mittlere Farbe, eher blass. Unharmonische Säurestruktur. 13/20 1993 - 1998
91: Granat-Purpur. Teer und Bakelit, wenig Frucht, Sauerampferspuren. Süffig, Leichtgewicht, geeignet für die Gastronomie. 14/20 1993 - 2000
92: Es scheint mir mehr und mehr, dass man auf Carbonnieux 1988 möglichst viel Wein produzieren wollte, um einen Vorschuss auf die bevorstehenden Umbaukosten zu erhalten. Währenddem der weisse Carbonnieux schon nicht „das Gelbe vom Ei" ist, entwickelt sich der Rote immer mehr zu einem Supermarktwein. Extrem hell, entsprechend dünn. Man braucht wirklich kein Wahrsager zu sein, um die Zukunft dieses Weines voraus zu sehen: Keine! 13/20 trinken - 1998

1989 Carbonnieux 15/20
90: 66 hl. Der fruchtigste aller Graves. Fetter Fluss, salzige Tannine. Ein Wein, der bald zu trinken sein wird.
15/20 trinken ab 1993
91: Nachdegustation auf dem Château. Leider sind jetzt bittere Tannine in der Struktur. warten!
92: Arrivage: Violette Farbe. Offene Nase, Zedern, Bakelit. Im Gaumen bitter, Lakritze. Mittelgewicht mit deutlichen Teeraromen. 15/20 1993 - 1999

1990 Carbonnieux 15/20
91: 60 hl. Fassdegustation: Extrem kräftige Farbe. Tiefwürze, recht konzentrierte Nase von sehr reifen Früchten. Im Gaumen pfeffrig, Zwetschgenaromen, Säure-Tannin-Verbindung. Ein erstaunliches Extrakt begleitet die bourgeoise Struktur. Im Auge behalten! 15/20 trinken ab 1996

1991 Carbonnieux 12/20
92: Helles Granat, starker Wasserrand. Konfitürig, alkoholische Nase. Dünner Körper, mager mit unpassender Grünnote. Weder kaufen noch trinken! 11/20 1994 - 1998

1992 Carbonnieux 14/20
93: Mittleres Granat. Süsses, beeriges Bouquet, burgundisch. Leichter Körper, rote Johannisbeeren, pelzige, trockene Struktur, knappes Finish. 14/20 1996 - 2004

Graves

DOMAINE DE CHEVALIER

So gern ich den Domaine de Chevalier trinke, ist er mir in letzter Zeit zu teuer und zu toastig geworden. Es scheint mir auch, dass der Wein etwas zu stark geschliffen (filtriert) wird, bevor er in die Flasche gefüllt wird. Das wird wiederum das Alterungspotential beeinträchtigen. Die neuen Installationen sind eindrücklich und rechtfertigen auch die Idee, weshalb man etwas mehr für eine Flasche Domaine de Chevalier auf den Tisch legen muss. Aber ich finanziere eben lieber Winzer als Architekten...

1937 Domaine de Chevalier   16/20
93: Aus dem Keller von Peter Bertschinger blind serviert bekommen. Noch immer sehr gut zu trinken. Ein typischer 37er mit Säure, Länge, Gerbstoff, aber auch noch eine Spur Frucht.   16/20 trinken

1962 Domaine de Chevalier   17/20
94: Dumpfes, dunkles Weinrot, braune Reflexe. Buttrige, malagaähnliche Nase, Kakao, Pralinen. Cremiger, wiederum schokoladiger Gaumen, komplex, gebunden, viel Charme. Ein Wein, der heute auf dem Höhepunkt ist, angenehmes, rauchiges Rückaroma.   17/20 trinken - 1997

1964 Domaine de Chevalier   ??/20
91: Er war so tot wie eine Kirchenmaus. Braun mit starkem Wasserrand. Am Anfang noch ein paar Sekunden Kaffee und kalter Rum, dann sofort in Oxydation drehend.
                                            Keine Bewertung! - vorbei

1966 Domaine de Chevalier   17/20
90: Reifendes Weinrot. Süss, fett, ausgeglichene, reichhaltige Nase geprägt von Caramel und Kakao. Gut proportionierter füllig-langer Gaumenfluss.   17/20 trinken - 2002

1975 Domaine de Chevalier   16/20
94: Aufhellendes, intaktes Weinrot. Rotbeeriges Bouquet, schön parfümiert. Feine Gerbstoffe im Gaumen, die eine gewisse, fast vanillige Süsse ausstrahlen, ein Leichtgewicht mit Finessen. Wurde von anderen tiefer bewertet.
                                            16/20 trinken - 2000

1976 Domaine de Chevalier   12/20
87: Die grösste Enttäuschung einer 76er-Degustation! Kurze Nase. Angebrannt, zu trocken.   12/20 austrinken

1978 Domaine de Chevalier   15/20
92: Dichtes Purpur mit mittlerer Tiefe. Vanille, Schiefer, blumig mit Fruchtresten. Im Gaumen Barriquenanzeige, mehr Frucht als in der Nase. Etwas vordergründige Säure, rotbeerig. Wirkt noch recht jung mit mittlerem Potential.
                                            15/20 trinken - 2000
93: Eine Flasche, die fünf Stunden dekantiert war. Purpur, satt, sanfte Reifereflexe. Dichte Nase, feiner Pfefferschotenton, hat noch einen Hauch Süsse (Hagebutten und Preiselbeeren). Samtig füllig Gaumen, hat Zukunft, wirkt jedoch etwas stumm und hat unter allen positiven Aromen auch eine Spur altes Fass, welches ganz fein durchsickert.
                                            15/20 trinken - 2005

1979 Domaine de Chevalier   17/20
89: Tiefe Purpurfarbe. Kräftige, ausströmende Nase. Unglaublich dichter und feingliedriger Wein.
                                            17/20 trinken - 1998
92: Rubin-Purpur, leuchtend. Zurückhaltendes, langsam öffnendes Bouquet mit Finessen. Kräftiger Gaumen, gute Säure, parfümiert, leichte Stieligkeit in der Adstringenz. Hat noch Zukunft.   16/20 trinken - 2000
93: Hat seine Tiefphase überwunden und wird nach und nach zu einem der besten 79er. Brilliert im Moment durch schöne Frucht und eine verführerische Süsse.
                                            17/20 trinken - 2000

1982 Domaine de Chevalier   14/20
Einer der schlechtesten 82er im Grand Cru-Niveau!
90: Granat mit mittlerer Dichte, aufhellend am Rand. Kräftige, rotbeerige Kirschennase, ausladend und nur langsam öffnend. Reicher, junger Gaumen, nicht zu fett. Noch junges Vanille im Gerbstoff. Feines, elegantes, nachhaltiges Finish.   17/20 bald - 2005
92: Ich kann mich noch genau an die 90er Bewertung erinnern. Das war damals in Holland unter Freunden, wo mehr getrunken als bewertet wurde. Vielleicht war er damals noch in einer begünstigenden Fruchtphase. Leider sind die heutigen Eindrücke weit von den damaligen 17 Punkten entfernt. Schwierige Nase, wirkt faisandiert, grün, Geraniol, Peperoni. Im Gaumen unharmonisch, wiederum grün und schlecht balanciert. Wenn man die Geschichte ein bisschen kennt, weiss man auch, warum dies so ist.   Domaine de Chevalier hatte einen fürchterlichen Frost anfangs 1982 und der Cabernet vom zweiten Austrieb wurde relativ unreif geerntet. Trotz grossem Namen, einer der schwächsten 82er. Der 84er vom gleichen Château ist bedeutend besser.   15/20 trinken - 2002
93: Er ist im Moment so grün, dass man das Gefühl hat, einen Rasenmäher abzuschlecken .   14/20 trinken - 2004

1983 Domaine de Chevalier   17/20
87: Süssliche Nase, Holunder. Reicher Körper. Klassisch vinifiziert.   17/20 1992 - 2000
89: Eine andere, fehlerhafte Flasche: PVC-Geschmack, miserabel.   Keine Bewertung!

1984 Domaine de Chevalier   17/20
88: Welch ein 84er! Der beste Wein dieses Jahrganges, den ich bis jetzt degustiert habe. Süss, sauberes Holzspiel. Mittlerer Körper, ohne die Ecken und Kanten anderer 84er.   17/20 trinken
93: Er wirkt grünlich, aber aromatisch wie ein kräftiger Kalifornier. Für alle die Cabernet-Aromen in dieser Form lieben - ein wunderbares Erlebnis! Man kann annehmen, dass es sich hier um den besten Vertreter eines sonst sehr bescheidenen Jahrganges handelt.   17/20 trinken - 2006

1985 Domaine de Chevalier   17/20
88: Softe Nase, breit. Eher dicker Körper. Sauberes Aroma, guter Fluss, weinig, elegant.   17/20 1993 - 2003

1986 Domaine de Chevalier   18/20
90: Ein grossartiger Wein! Dicht mit Granatreflexen. Süsses Preiselbeerenbouquet. Superfrische Eiche mit viel Vanille. Nuanciert, eng strukturiert und feingliedrig. Unendlich langer Abgang mit viel Druck.   19/20 trinken ab 1995
91: Während einer 86er-Graves-Blindprobe. Sensationeller Wein!
93: Leichte Aufhellung im satten Granat. Toastnote wie ein Mouton, also sehr viel Rauch und Kaffee. Im Gaumen breit ausgelegt, mittlerer Körper, jedoch sehr gut balanciert. Blau- und rotbeeriges Fruchtspiel vermischt sich mit einer derart starken Barriquennote, dass man an frische Sägespäne erinnert wird. Im Finish eine Mandelnote, die auf der Zunge zurückbleibt. Vielleicht fehlt ihm jetzt ein bisschen die Tiefe, um die 1990 zugeteilte Punktezahl aufrecht zu erhalten. Trotzdem ein sehr, sehr guter Wein, der vielleicht um die Jahrtausendwende 19/20 erreichen kann.
    18/20 1995 - 2008

1987 Domaine de Chevalier   15/20
90: Süss, offen. Vielfältiges Süssholz-Tanninspiel. Nachhaltiges Finish mit feinem Druck. Ich würde ihn kaufen!
    16/20 1992 - 1998
92: Der Eichenholzröstton dominiert im Moment den Wein, dessen Fruchtphase am Abklingen ist. Ich würde ihn jetzt austrinken, weil ich nicht glaube, dass er genügend Kraft hat, um in der Terroirphase etwas herzugeben.
    15/20 austrinken

1988 Domaine de Chevalier   18/20
89: Fassdegustation: Tief mit violetten Reflexen. Strenge Nase. Fein strukturierter Körper. Sehr vielversprechend.
    17/20 trinken ab 1995
91: Auf dem Château degustiert. Ein perfekter Wein. Weich und komplex, sehr ausgeglichen. Lang, mit viel Druck.
    18/20
91: Purpur-Violett. Beerige Nase, Preiselbeeren, süss, verlockend, Toast. Im Gaumen ausladend, fein. Wiederum rotbeerige Süssspuren, viel Extrakt und Schmelz.
    17/20 1996 - 2007
92: Die Süsse entwickelt sich mehr und mehr und zeigt fast korinthige Anflüge. Ich weiss nur noch nicht so recht, was ich mit dem relativ starken Barriquentoastton anfangen soll. Das hätte er wirklich nicht nötig.
    18/20 1995 - 2005
93: Eine reife (!) 3/8 Flasche: Schöne Farbtiefe. Cassis, Brombeeren und rote Kirschennase. Im Gaumen fein, wirkt geschliffen (filtriert?), füllig mit Moccafinish, was wiederum als zu starker Kaffeeröstton von der Barrique herkommt.
    17/20 1995 - 2003

1989 Domaine de Chevalier   17/20
90: Dichtes Kirschrot. Offene, zugängliche Frucht. Im Gaumen wiederum sehr fruchtig, extraktreiche Tannine.
    17/20 trinken ab 1995
91: Schien mir eher ein Mittelgewicht beim Nachdegustieren - eine Art Lafite aus dem Graves- Gebiet!
    17/20 1995 - 2004

1990 Domaine de Chevalier   17/20
91: April: Rotes Granat mit aufhellendem Wasserrand. Süsse, von Holz geprägte Nase, eng, rotbeerig. Trockenes, reifeverlangendes Extrakt. Ein feiner, eleganter Wein mit mittlerer Fleischproportion.   17/20 trinken ab 1997
93: Aufhellendes Granat. Volles Kaffeebouquet, öffnend. Im Gaumen sehr fein gegliedert, elegant, gut parfümiert, das Extrakt wirkt feinkörnig, der Körper mittelgewichtig.
    17/20 1996 - 2008
94: An der Welt-Cabernet-Degustation kritisierten viele den sehr stark dominierenden Toast-Kaffeeton. Die Barrique passt sich zwar sehr gut diesem feinen, fast seidigen Wein an, aber eben das Toasting dominiert die Frucht und auch das Terroiraroma. Es bleibt zu hoffen, dass der Röstton verschwindet, bevor der Reifeprozess der Frucht den Garaus gemacht hat. Das Potential ist aber recht gross.
    17/20 1996 - 2008

1991 Domaine de Chevalier   15/20
92: 15 Tage vor der Ernte hagelte es, was die Trauben leicht faulen liess, sodass während der Ernte sehr sorgfältig auf dem „table de trie" selektioniert werden musste. Granat mit violetten Reflexen. Reife Frucht, gekochte Waldbeeren, Rauchnote. Im Gaumen fleischig, gut verteilte Strukturelemente. Im Finish Kirschen und Himbeeren, sauber. Erste Eichenholz-Vanillenote.   15/20 1995 - 2003
92: Mai: Zedern und Nelken, etwas bourgeois, eine eckige Note. Er entwickelt einen grünen Ton wie es beim 82er unerfreulicherweise der Fall ist.

1992 Domaine de Chevalier   15/20
93: Violett-Schwarz. Tintig, rauchig, Kaffee, schwarzer Holunder. Kräftiges Extrakt, Cabernet-Spuren, die etwas Unterreife anzeigen, feine schokoladige Bitterkeit, angenehmes Finish, mittlere Länge.   15/20 1997 - 2006

1993 Domaine de Chevalier   17/20
94: Sattes Rubin, leuchtend. Extrem rotbeeriges Bouquet, schlank aber Tiefe anzeigend, feine Marzipannote von der Barrique. Saftige Struktur, schöner Charme, wiederum sehr rotbeerig, samtig, schöne Länge, auf Eleganz setzend.
    17/20 1999 - 2009

Graves

CHÂTEAU DE FIEUZAL

Auf Fieuzal gibt es zwei beeindruckende Persönlichkeiten. Einerseits den Direktor Gérard Gribelin, mit dem ich schon mehrere Male am Tisch sass. Fast scheint es mir manchmal, dass es ihm ein bisschen peinlich ist, wenn er nebst seinen gut gelungenen Weinen der jüngeren Jahrgänge, gereiftere Tropfen auffahren lässt. Die neuen sind nämlich durchwegs besser als die älteren Semester. Die andere Persönlichkeit ist Michel du Pouy, der seitdem er pensioniert ist, hobbymässig noch viel vergifteter weiter arbeitet. Er ist für mich der Hefe-Professor, was die Vinifikation der weissen Graves-Weine betrifft.
Der rote Fieuzal hat ein ausgezeichnetes Preis-Leistungs-Verhältnis, ist aber von einer mir fast unheimlichen Vinifikationstechnik begleitet.

1969 de Fieuzal — 15/20
88: Der beste 69er! Kompaktes, tiefes Farbbild. Reife, süsse, volle Nase (fleischige Serie). Opulenz mit wenig Tiefe, terroirbetont. 15/20 austrinken

1970 de Fieuzal — 17/20
92: Blind degustiert und Ähnlichkeiten mit Ducru entdeckt. Wohlduftend, intensiv. Kräftige Struktur mit Schmelz. Viel Charme und sehr lang. 17/20 trinken - 1997

1979 de Fieuzal — 14/20
92: Granat leuchtend. Offen, schal, etwas brandig. Leichter Körper. Sehr einfacher Wein. 14/20 austrinken

1981 de Fieuzal — 13/20
91: So gut auch die neuen Weine von Château Fieuzal sind, so schlecht können altere Weine dieses Gutes sein. Reifendes Weinrot mit ziegelroten Reflexen. Offene, metallisch-mineralische Nase. Bitterer Gaumen, Essigeindrücke (?) und altes Fass. Drahtig und hart. 12/20 austrinken oder noch besser mit Fleischstücken marinieren und dann essen.
92: Als Strafe für meine schlechte Bewertung musste ich anlässlich eines Nachtessens auf Château Fieuzal den 81er trinken. Er war etwas besser, vielleicht aber auch nur, weil er lange zuvor dekantiert worden war. Zurückhaltende, bescheidene Nase, Teer, Herbsttrompeten, Kapselton. Im Gaumen spitze Säure, wenig Fett, relativ kurzer Körperbau. 13/20 trinken - 1995

1982 de Fieuzal — 14/20
87: Dicht, gut konzentrierte Farbe in klassischem Bordeauxrot. Wirkt als 82er etwas trocken. Wird er Mühe haben im Alter? 16/20 trinken ab 1990
90: Beim Hess Geni blind vorgesetzt bekommen. Dünner und süffiger Wein. Nie hätte ich diesen Bordeaux für einen 82er gehalten. 15/20 trinken - 1995
92: Helles Granat, wenig Tiefe. Faisandierte, pfeffrige Nase, Himbeerenmarmelade. Im Gaumen eher schlank, vollreif, drahtig, grüner Tabak. Trocknet aus an der Luft, nicht dekantieren. 14/20 trinken - 1996

1983 de Fieuzal — 13/20
88: Leichte Farbe, schal und eckig im Mund. 13/20 1993 - 2000

1984 de Fieuzal — 12/20
88: Nase defensiv. Im Gaumen ein kleiner Montrose, viel Holzprägung. Harte Schale, weicher Kern. Unausgewogen. Es gibt viele schönere 84er. 12/20 austrinken

1985 de Fieuzal — 17/20
88: Granatrot mit karmesinroten Reflexen. Tiefe Nase, gut fundiert. Viel Frucht mit weicher, runder Säure. Feine Adstringenz. Macht bereits als junger Wein grosse Freude. 17/20 trinken - 2000
90: Hat sich verschlossen, warten!
92: Ein technischer Wein, der aufzeigt, was die neue Generation für Weine produzieren kann. Tiefe Farbe mit Brombeerenreflexen. Waldfruchtige Nase mit Teer und Cabernet Franc-Nuancen. Erst vegetal, dann zunehmende Fülle. Fein im Extrakt, teerig mit ebenso feinen Tanninen. 17/20 trinken - 1998

1986 de Fieuzal — 16/20
89: Aufhellend, trotzdem recht dicht in der Farbe. Erdiges Fruchtbouquet. Traubig. Wirkt schlanker als der 85er (?). Feiner, eleganter Wein mit viel Finessen. Ein unlogischer, sanfter 86er! 16/20 trinken ab 1992
91: Ganz andere Eindrücke. Teer- und Tabakaromen. Mittlere Extraktion, griffig mit bitteren Tanninen. Die moderne Vinifikation verlangt offenbar in tanninreichen Zeiten gewisse Opfer. Ich bin wirklich nicht sicher, ob man nicht in solchen Jahren nach alter Art Weine produzieren sollte? Die Zeit wird mir recht geben!
92: Mir schien es reichlich gewagt, an einem Nachtessen auf Fieuzal den 86er aus der Magnum serviert zu bekommen. In der Tat war der Wein dann auch sehr verschlossen und kam erst ein bisschen in Schwung als das Essen ihn begleitete. Viel Tannin, das im Moment fast komprimiert wirkt, pelzig auf der Zunge. 16/20 1997 - 2010

1987 de Fieuzal — 12/20
90: Mittlere Farbdichte. Zugängliche Nase. Grüner Tabak und Minzenspuren. Im Gaumen eine Mischung von fruchtigen und vegetalen Anklängen. Einfacher Wein. 13/20 trinken (wurde von anderen besser bewertet)
91: Wiederum in einer kleinen 87er Blindwertung getestet. Es scheint sich hier offensichtlich um eine missglückte, neue Vinifikation zu handeln! 12/20 trinken

1988 de Fieuzal 16/20
89: Vorabzug: Sehr tiefe Farbe. Medizinales Eucalyptusbouquet. Im Gaumen fett, mittlere Säurewerte. 15/20 bald
90: Pfeffrig mit Kirschenaromen. Eher schlanker Körper. 15/20
91: Dichtes Purpur. Bockton, Wildaroma (Vosne-Romanée). Im Gaumen reduktiv, Mercaptan, Zibetkatze. Muss man solche Weine wirklich lieben? Grosse Jahrgänge sollten im Keller gemacht werden und nicht im Labor! 15/20 ??
91: Überzeugte an der Arrivage: Granat, dunkel, dicht. Tabak und Terroir, konzentriert, Nüsse. Im Gaumen viel fülliges Extrakt und reiches Tannin, ausbauend.
16/20 1995 - 2005

1989 de Fieuzal 17/20
90: Mai: Ein Spitzenwein! Schwarze Kirschen, reiches Bouquet, reife Früchte. Im Gaumen süsse Heidelbeeren, wirkt noch ein bisschen zäh. 17/20 trinken ab 1995, kaufen!
92: Arrivage: Violett-Schwarz. Offene Nase, starker Kaffee- resp. Röstton. Riecht wie ein dunkler Pinot von Henry Jayer. Konzentrierter Gaumen, Süsse in den Tanninen, fein nuanciert. Ein gut balancierter, eleganter Wein.
17/20 1995 - 2004
92: Teer, pfeffrig, Waldbeeren, Brombeeren, Pinot-Affinität, Mazerationston, Lakritze. Wuchtiger Gaumen, griffiges Extrakt, Schalennote, verschlossen, braucht Zeit.
17/20 1995 - 2005

1990 de Fieuzal 18/20
91: April: Schwarz-Violett. Sehr fruchtig mit Teearomen, Blackberries. Scharf, würzige Tannine mit enormer, bitterer Adstringenz. Männlicher Wein. 15/20 ??
Ich frage mich wirklich langsam, wo die Grenzen der heutigen, modernen Vinifikation liegen? Denn ich glaube, dass man hier im Begriff ist, diese nun zu überschreiten - im negativen Sinne.
92: Wiederum auf Fieuzal degustiert. Ich bin hin und her gerissen, und weiss gar nicht so recht, wie ich diese Tanninbombe einstufen soll. Violett, fast schwarz. Beerig, fruchtig, heiss, Zedern, Rauch. Im Gaumen „verbrannte" Tannine, bitter, zähflüssig mit extremem Gerbstoffbeschlag. Wirkt wie einige 75er Graves. 90g Tannine (Normalwerte ca. 60g). 15/20 ?? 1995 - 2010
93: Sattes Purpur, feiner Wasserrand. Höchst eigenwillige Nase, nasse Blumentopferde, fischig. Im Gaumen kerniges Tannin, wirkt fast ein wenig grün. Ein grosser Wein, der viel, sehr viel Zeit brauchen wird, um seine wahre Grösse zeigen zu können. 18/20 1998 - 2020

1991 de Fieuzal 14/20
92: 15 hl Ertrag. 60 % Cabernet Sauvignon, 40 % Merlot. Violett. Beerig-fruchtig, ansprechend. Im Gaumen leicht vegetale Note mit soften Tanninen vermischt. Der Cabernet scheint nicht besonders reif zu sein. Gastronomischer Schmeichler. 14/20 1994 - 1998

1992 de Fieuzal 15/20
93: Schwarz-Violett. Rauchiges Bouquet, schwarze Beeren, Kirschen, Zedern, Teer, fleischig, gut unterlegt mit gesundem Extrakt, Brombeerennote, mittlere Textur, Fruchtschalengeschmack durch technische Konzentration im Nachklang. 15/20 1997 - 2006

1993 de Fieuzal 16/20
94: Tiefes Violett. Schöne, ansprechende Röstnase, Gebäcknote, Kirschen. Bereits erste Aromennuancen von vanilliger Barrique, rechte Konzentration, mittleres bis grobes Korn in der Struktur, gut gemacht, vielleicht etwas zu viel Technik. 16/20 1999 - 2010

Château de France

1988 de France ??/20
89: Fleisch-Wurstgeschmack. Darunter Kakao.
Unbrauchbar!

1992 de France 14/20
93: Purpurfarben. Offenes Bouquet, gekochte Frucht, leicht marmeladig, zerlassene Butter. Einfacher Wein, gut gemacht, kommerziell. 14/20 1995 - 2002

1993 de France 15/20
94: Eher helles Rubin. Florale Fruchtnase, blumiger Charakter. Im Gaumen fruchtiger als in der Nase, gutes Holz, schlanker Gaumen, leicht, sauber vinifiziert.
15/20 1998 - 2007

Château Haut-Bailly

Wer Jahr für Jahr eine Kiste dieses Weines kauft, braucht sich keine Jahrgangstabellen anzuschauen. Haut-Bailly produziert regelmässig, auch in kleinen Jahren, überdurchschnittliche Weine, die ein mittleres Alterungspotential aufweisen. Ich frage mich, weshalb wohl der Haut-Bailly-Fanclub nicht grösser ist? Solch eine hohe Konstanz an Qualität zu diesem sensationellen Preis- Genuss-Verhältnis kann doch nicht jahrzehntelang unentdeckt bleiben.

1934 Haut-Bailly ??/20
92: In Wien an einer Raritätendegustation getrunken. War arg müde und bereits stark oxydiert. Keine Bewertung!

1970 Haut-Bailly 17/20
91: Tiefe, dichte Farbe. Süsse, dichte Caramel- Butternase. Pflaumen, gutes Extrakt, Lakritze und dunkle Pilze (Herbsttrompeten). Langer, weiniger Fluss. Im Abgang fast süss nachklingend. Grossartiger Wein! 17/20 trinken - 2000
91: Eine andere Flasche, die offensichtlich aus einem ganz anderen Keller stammen musste. Granat mit wenig Tiefe.

Graves

In der Nase Käserinde (Pont l'Evêque) und Essig. Im Gaumen Kartoffelsack. Ein untrinkbarer Wein. Ich hoffe, Ihre Flaschen haben die Kondition der erstgenannten Weinprobe. *Keine Bewertung!*

1971 Haut-Bailly   **15/20**
91: Helle Farbe mit orangen Reflexen, leichter Wasserrand. Offene, süsse Nase mit leichtem Grünnussgeschmack, wirkt konfitürig mit letzter Fruchtphase. Im Gaumen schmeichelnder, pflaumiger Körper mit extremem Honiggeschmack.
15/20 austrinken

1975 Haut-Bailly   **15/20**
94: Reifendes Granat, leichter Wasserrand. Erdiges Schokobouquet, lädt schön aus. Süffiger Gaumen, etwas leicht, aber gut balanciert, feine zurückbleibende Kapselnote.
15/20 austrinken

1979 Haut-Bailly   **17/20**
89: Scheint noch aus einer alten Bailly-Epoche zu sein. Ein absolut jugendlicher Wein mit Domaine de Chevalier-Ähnlichkeiten. Nougat-Merlot-Nase. Im Gaumen noch Holzspuren mit Griff. Aber trotzdem fein in der Struktur. Nicht so pflaumig wie neue Jahre. Sehr ausgeglichen.
16/20 trinken - 1997
92: Erstaunlich dunkle Farbe. Reifes Frucht- und Trüffelaroma, sehr würzig, Kaffeenote. Reifer Gaumen, pflaumig, sehr terroirbetont, Teer und schwarze Beeren, im Finish verdeckter Reciotto-Geschmack. Möchte ich sehr gerne wieder einmal trinken.
17/20 trinken - 2000

1980 Haut-Bailly   **15/20**
88: Leider trifft man diesen Wein viel zu wenig an. Auch in kleinen Jahren macht Haut-Bailly unmögliches wahr. Offene Nase, sauber, angriffig. Vielleicht ein wenig kurz. Trotzdem ein ansprechender, schöner Wein.
15/20 trinken mit Freude

1982 Haut-Bailly   **16/20**
92: Sehr fett, Tendenz zu alkoholischer Note. Wenig Säure. Den Haut-Bailly mag ich nicht so sehr in den zu reichen Jahren, weil er dann oft etwas zu wenig Säure im Verhältnis zur Opulenz aufweist. *16/20 trinken - 2000*

1983 Haut-Bailly   **17/20**
87: Runder, enorm kompakter Wein. Schöne Frucht.
17/20 bald
90: Reift konstant, Backpflaumenaromen im Gaumen.
16/20 trinken - 1998

1984 Haut-Bailly   **13/20**
86: Süssliche, weibliche Nase. Ein Wein mit Charme. Bereits jetzt schön zu trinken. *13/20 trinken*

1985 Haut-Bailly   **16/20**
87: Vorabzug: Beaujolais-Fruchtton, Apfelaromen
88: Ein fröhlicher, fruchtiger Wein, wie ich es nun von Haut-Bailly mittlerweile gewohnt bin. Süsse Aromen.
16/20 bald
90: Habe ihn neben dem 86er degustiert. Wirkt konzentrierter und dichter. *16/20 trinken - 2002*

1986 Haut-Bailly   **16/20**
89: Pflaumennase mit konzentriertem Fruchtbouquet. Gesundes, kräftiges Tannin. *16/20 trinken ab 1993*
91: Reift genüsslich dahin.
92: Jetzt in einer sehr gefälligen Phase des Trinkgenusses. Füllig, dicht, weich mit geballtem Charme.
16/20 trinken - 2004
94: Sehr jugendlich mit schöner Breite, aber nicht so opulent, wie ich es von Haut-Bailly in den grossen Jahren gewohnt bin. Nahe der 17/20 Punkte-Grenze.
16/20 trinken - 2005

1987 Haut-Bailly   **12/20**
90: Wenn ich sonst den Eindruck habe, dass Haut-Bailly besonders in kleinen Jahren seine Stärke zeigt, so bin ich jetzt enttäuscht. Frucht schön, im Gaumen drahtig.
12/20 trinken

1988 Haut-Bailly   **17/20**
89: Vorabzug: Violette Farbe. Viel Frucht. Wirkt etwas reduktiv. *16/20 trinken ab 1995*
91: Rubines, dichtes Granat. In der Nase ebenfalls sehr dicht, konzentriert. Nussröstton. Elegante, feine Struktur. Grosser Wein! *17/20 1996 - 2005*
91: Granat, dunkel. Volle Beerenfruchtnase, tintig, viel Extrakt und Dichte. Kerniges, rassiges Tannin. Leicht pflanzlich, mit feinem, aber druckvollem Finish. Gut vinifiziert.
16/20 1996 - 2007
92: An einer Graves Blindprobe wiederum sehr angenehm aufgefallen. Die Süsstöne zeigen sich mit leichtem Portwein-Charakter. *17/20 1995 - 2005*

1989 Haut-Bailly   **17/20**
90: 68 hl. Einfache, zugängliche Frucht. Im Gaumen wirkt er im Moment stark geprägt durch die Barrique. Wird einmal ein feiner, aber etwas molliger Wein werden.
16/20 trinken ab 1995
91: Faszinierendes Nasenpiel, süsse Tannine.
92: Eine absolute Granate! So füllig, so fein, so dicht. Einer der besten Graves in diesem Jahrgang, besonders wenn man seinen Preis mit in Betracht zieht.
17/20 trinken ab 1995
92: Arrivage: Klassisches Bordeauxrot, sehr dicht. Fein nuanciertes Nasenspiel, vielschichtig, süsse Tannine ausstrahlend. Reicher Gaumen mit viel Schmelz, kräftig stützende Tannine in der Gaumenstruktur, superbe Balance.
17/20 1995 - 2010

1990 Haut-Bailly   **17/20**
Kleinere Ernte als 1989, 52 hl!
91: März: Mittlere Farbdichte. Süsse und florale Nase. Veilchen und Rotkabis, recht üppig. Schöne Gerbstoffanzeige mit mittlerem Extrakt. Dann ein Muster aus der Inox-Cuve:

Kräftigere Farbe, Brombeeren- und Zedernton, schön balanciert. 17/20 1996 - 2006
91: April: Walnussaromen. Der tanninhaltigste Haut-Bailly, den ich je degustiert habe. 17/20
92: Im Moment sehr ausdrucksstark. Rauch- und Zedernnote. Ein grosser, saftiger Wein, dem eine kaum spürbare Kernigkeit Persönlichkeit verleiht. 17/20 1995 - 2007
93: Aufhellendes Granat. Offenes Bouquet, Merlot-Ton, pflaumig. Weiche Säure, fülliger Körper, viel Charme, gute Länge. 17/20 1995 - 2012

1991 Haut-Bailly
Die ganze Ernte deklassiert! Wird unter dem Namen Laparde de Haut-Bailly vermarktet.

1992 Haut-Bailly 16/20
93: Tiefes Violett-Schwarz. Pflaumiges, reiches, ausladendes Bouquet, reife Frucht, Edelhölzer. Fülliger Charme, weiche Säure, gutes Extrakt. Hat jetzt schon seine Ausgeglichenheit gefunden, langes Rückaroma, schwarze Kirschen. 16/20 1996 - 2006

1993 Haut-Bailly 16/20
94: Sattes Purpur-Rubin. Schöne, beerige Nase, Himbeeren, Rosenblätter, parfümiert, Pflaumennote dahinter. Saftiger Gaumen, florale Würznote, Cabernet-Anzeige, leicht aufrauhendes Extrakt durch Konzentration, Kirschen im Finish. 16/20 1999 - 2010

CHÂTEAU HAUT- BERGEY

1992 Haut-Bergey 12/20
93: Mittleres Granat. Rauchig, Kaffee, leicht faisandiert. Florale Gaumennote, unreifes Tannin, grün.
12/20 1997 - 2005

1993 Haut-Bergey 14/20
94: Tintiges Rubin. Verführerische Röstnase durch Barrique, schön ausladend. Im Gaumen gemüsig und unharmonisch, wenig Typizität. 14/20 1998 - 2006

CHÂTEAU HAUT-BRION

Vergleicht man alle Premier Grand Crus eines Jahrganges blind miteinander, dann hat der Haut-Brion meistens Pech. Vor allem dann, wenn zu viele Weinamateure am Tisch sind. Wer jemals die Chance hatte, dreissig Jahrgänge Haut-Brion nebeneinander zu degustieren, oder gar zu trinken, wird freilich von Saulus zu Paulus werden. In kleinen Jahren mag ich zwar den La Mission lieber, weil in ihm durch seinen Anflug von Rustikalität „etwas mehr drin ist". Ein kleines Jahr Haut-Brion habe ich aber trotzdem oft und mit viel Vergnügen in der Badewanne getrunken - es war der 87er!

Die Jahrgänge 1989 und 1990 sind derart sensationell, dass selbst Mouton-Sammler ihr Geld anderswo investieren sollten...

1899 Haut-Brion ??/20
92: Eine Flasche mit tiefer Schulter: Dichte Farbe mit braunen Reflexen. In der Nase essiglastig und starke Oxydation. Aus Rücksicht auf meine Gesundheit habe ich nur am Glas gerochen, ohne zu trinken. Es könnte aber sicherlich viel bessere Flaschen geben. Keine Bewertung!

1923 Haut-Brion 16/20
91: Mittlere Farbe, recht aufhellend, Kastanienreflexe. In der Nase herbal und gedarrte Gerste, Malzduft. Im Gaumen getrocknete Früchte, Balsamico. Schön ausgeglichen, aber leider etwas kurz. Wird nach 20 Minuten modrig.
16/20 austrinken

1924 Haut-Brion ??/20
89: Eine überalterte Flasche, die nach Pneu, kaltem Gummi und Cheminéerauch roch - Schade!

1926 Haut-Brion 19/20
90: Wunder gibt es immer wieder. Wenn ich bedenke, dass mir Ralph Frenzel (Rodenstocks Sommelier) unlängst gesagt hatte, dass alle 26er tot seien, dann staunte ich schon als mir der 26er Haut-Brion eingeschenkt wurde. Tiefe, dichte Farbe, die Extrakt anzeigte. In der Nase nasses Leder, würziges Bouquet, kalter Tee. Im Gaumen fein und reich. Frische Säure, die alle Aromen mit sich zieht.
19/20 trinken
92: Eine Flasche mit einem Christies-Etikett: Geballte Farbe, leuchtend, heller Rand. Umwerfende Nase, alter Malaga, süss, Caramel, Butter, exotische Edelhölzer, Rumtopf. Im Gaumen füllig, reich, Caramelzucker, grosser Vintage Port. Kräftige, gesunde Struktur mit geballtem, wuchtigem Finish. Das Depot, welches wir nach zwei Stunden nachdegustierten, hatte ein Aroma nach gedörrten Bananen. Wenn man eine solche Flasche trinken darf, vergleicht man diese Qualität locker mit grossen 47ern und 61ern.
19/20 trinken
92: Eine Château-Abfüllung: Es ist anzunehmen, dass die englischen Flaschen leicht mit Portwein versetzt wurden, denn die Château-Abfüllung hatte wohl auch jene bezaubernde Süsse in der Nase, war aber im Gaumen trockener und maderisiert. 16/20 austrinken

1928 Haut-Brion 15/20
89: Ein Gewaltpaket! Sehr dunkle Farbe mit schwarzen Reflexen, wenig aufhellend am Rand. Rosenholz- und schwerer Nussgeschmack. Reifer Körper mit vielen noch massiven Tanninen, Terroir und Parfüm. Quantitativ über dem 29er, aber weniger Finessen, wirkt markiger.
17/20 trinken, ohne zu eilen
91: Eine müde Flasche mit sehr viel Oxydationscharakter.
15/20

Graves

92: Sehr konzentriert im Gaumen, aber ebenfalls starke Oxydation. Max Gerstl meinte, dass eine längere Dekantierung den Wein retten könnte. vorbei!

1929 Haut-Brion　　　　　　　　　　　　17/20
87: Superbe Farbe, leuchtend und transparent. Süsse Nase mit feinen Kräutern durchsetzt, ohne Müdigkeit. Im Gaumen wilde Minze, gewaltiges, jedoch nun antrocknendes Potential. Alles in allem: In der Nase besser als im Gaumen, was mitteilt, dass die Reduktion voll abgeschlossen ist und nun die Oxydation unaufhaltsam fortschreitet. Delmas: <<Die Flaschen im Châteaukeller sind weniger reif.>>　　　　　　　　　　　　16/20 austrinken
92: Tiefes, dunkles Purpur mit feinem Rand. Nase erst muffig, dann Unterholz, Champignons, Rosen- und Rosenholzaromen, schliesslich eine feine Bitterorangennote, Kaffee, rauchig mit tiefer Terroiranzeige. Im Gaumen kräftige, trockene Tannine mit Biss. Defensiver Reciotto-Ton von überreifem Traubengut, Waldpilze. Entwickelt nach einer halben Stunde im Gaumen eine Paprikapulvernote und einen stieligen Malzgeschmack.　　17/20 austrinken

1937 Haut-Brion　　　　　　　　　　　　15/20
92: Mittlere Tiefe mit orangem Rand und ziegelroter Mahagonifärbung. Süsser Duft, sehr fein, aber bereits tertiäre Anklänge beim Einschenken. Kaffeenote in der Nase, recht geradlinig und sauber. Im Gaumen rauhe Säure, die den Wein beherrscht. Wirkt metallisch. Magerer Körperbau, dafür lang. Im Finish Habichtspilzaroma. 13/20 vorbei
92: Eine Flasche mit mittlerer Schulter, nicht dekantiert, aber vorsichtig eingeschenkt. Er hielt sich fast eine Stunde lang und gewann sogar in den ersten 30 Minuten immer dazu. Ich trank am Schluss noch das Depot aus, das wiederum nach starken, getrockneten Pilzen und in der Gewürznote sogar nach Madras-Curry roch.
　　　　　　　　　　　　15/20 austrinken

1945 Haut-Brion　　　　　　　　　　　　20/20
88: Kompakte und noch tiefe Farbe. Butter, Caramel, üppig. Im Gaumen perfekte Balance in allen Belangen, Aromen von hellen Pilzen (Eierschwämme, weisse Trüffel), superb.　　　　　　　　　19/20 trinken - 1997
92: Karmesin-Granat mit jugendlichem Schimmer in der Farbe und nur leicht angedeutetem, ziegelrotem Rand. Für ein paar Minuten schwieriges Bouquet, dann eine komplex aufsteigende, unglaublich vielschichtige Fülle von fast unendlichen Aromen; Zedern, reifem, gedörrtem Steinobst, rotbeerigen Tendenzen. Im Gaumen füllig, ausladend, mundbeherrschend, Ledertöne in der Struktur, animalisch, verführerische Kräuternuancen. Darin eine feine Terroirprägung. Ein gewaltiges Exempel eines wirklichen, in seiner Form nicht kopierbaren Jahrhundertweines. Bei diesem Begriff und der nachfolgenden Punktierung mögen jetzt ganz angefressene und wohl auch nimmersättliche Verfechter des 45er Moutons Lust bekommen, sich mit mir anzulegen. Nur leider ist mir ein solch ebenbürtiger Mouton 1945 bis heute noch nicht begegnet.　　20/20 trinken

93: Reife Farbe. Volle Süsse, Rosinen, feiner Madeira- und Port-Ton, leicht welkes Blatt, welches Reife anzeigt. Im Gaumen schöne Extraktsüsse mit in den Ansätzen leicht angetrocknetem Gerbstoff, was aber typisch ist für einen 45er.　　　　　　　　　20/20 trinken - 2000

1947 Haut-Brion　　　　　　　　　　　　18/20
90: Dichte Farbe, buttrige Nase, Mandelröstton, Kakao, dichte Struktur, süsse Tannine, eindrucksvolle Säure, vielleicht insgesamt etwas trocken. Im Gaumen habe ich den Eindruck, ein Florentinerli gegessen zu haben.
　　　　　　　　　　　　17/20 trinken
90: Magnum: Ein gewaltiges, süffiges Erlebnis.
　　　　　　　　　　　　18/20 trinken
92: Magnum: Flasche mit tiefer Schulter. Stark oxydativ.
　　　　　　　　　　　　Keine Bewertung!

1949 Haut-Brion　　　　　　　　　　　　18/20
88: Mitteltiefe Farbe. Caramel-, Mandelnase, üppig wie Mouton 1962. Mundfüllender Körper, reich, parfümierte Aromen, Terroir, Leder. Sehr grosses Potential.
　　　　　　　　　　　18/20 trinken - 2000
94: Eine unglaublich tiefe Farbe, schwarze Reflexe. Rauchiges, korinthiges Bouquet, sehr konzentriert. Im Gaumen trockenes Extrakt, viel Fleisch, und eine langanhaltende Aromatik im Finish. Grossartig! 18/20 trinken - 2000

1950 Haut-Brion　　　　　　　　　　　　12/20
88: 3/8 Flasche: Braune Farbe, aber noch intakt. Feine Würze, minzig. Noch keine primäre Oxydation, jedoch relativ kurzer Wein.　　　　　　12/20 austrinken

1952 Haut-Brion　　　　　　　　　　　　13/20
88: Leichtes Weinrot mit Nussreflexen. Weiche, zugängliche Nase. Düfte von chemischen Serien (Aceton, Jod). Trotzdem im Gaumen sauber, weich. Säure in Adstringenz verbindend. Leichter Körper.　　13/20 trinken
92: Helles Granat. In der Nase flüchtige Säure, leichte Essignuancen, Jod. Im Gaumen nur noch durch Säure erhalten, mageres Finish. Gerstl bewertet diesen Wein wesentlich höher, rühmt seine Komplexität und die feine Länge.
　　　　　　　　　　　　13/20 vorbei

1953 Haut-Brion　　　　　　　　　　　　19/20
93: Reifendes Granat mit starkem Wasserrand. Malziges Bouquet, Eucalyptus, Tabak, Leder, unglaublich vielschichtig, dahinter Portwein-Nuancen. Im Gaumen perfekt gegliedert, Backpflaumen, Dörrfrüchte, schöne Süsse, extreme Länge. Ein grosser, erhabener Wein.
　　　　　　　　　19/20 trinken, trinken, trinken

1954 Haut-Brion　　　　　　　　　　　　13/20
88: 3/8 Flasche: Jenseits von Eden. Total oxydiert!
92: Ein anderes halbes Fläschchen bot einen recht schönen Genuss.　　　　　　　13/20 austrinken

1955 Haut-Brion　　　　　　　　　　　　15/20
88: Mittlere, klare Farbe. Viel ausströmendes, reifes Caber-

net-Aroma. Im Gaumen buttrig, fast dickflüssiger Körper, Schokolade. 16/20 austrinken
92: Magnum: Mittlere Farbe mit reifem Wasserrand. Schwierige, kräuterartige, fast unsaubere Nase. Metallischer Gaumen, alter Barolo, Terroir, dunkle Schokolade. In dieser Form zu fortgeschritten in der Oxydation. 15/20 vorbei

1957 Haut-Brion **16/20**
88: Flasche mit Zapfengoût - neu degustieren!
89: Ein wunderbarer, vollreifer Wein mit gefälligem Lederton. 15/20 austrinken
91: Reifendes Granat. Komplexe Nase, vielschichtig, schön ausladend, schwarzer Tee, erdiges Parfüm. Vielleicht etwas grobmaschig, mit rustikalen Anflügen. Schöner Wein. 16/20 austrinken
92: Müdes Granat, dumpf. Kräuterlastige Nase mit defensiver Süsse, wenig Intensität, Kamille (?). Im Gaumen mineralische Note (Schiefergeschmack), Ledertöne, Eisenkraut. Mittleres Finish. 16/20 austrinken

1958 Haut-Brion **11/20**
87: 3/8 Flasche: Heller, reifer Farbton. In der Nase kurz, jedoch geöffnet. Im Gaumen lose, fahl. 11/20 vorbei

1959 Haut-Brion **19/20**
88: Mattes (müdes?) Granat mit Purpurreflexen. Duftende, intensive, weitausladende Nase. Ingwer- und Liebstöckelunterton. Zugänglicher, reifer, mitteldicker Körper, guter Fluss, im Gaumen fruchtiger als in der Nase, Aromen von Terroir und Waldhimbeeren, Reichtum in Hülle und Fülle. 19/20 trinken ohne Eile
90: Wiederum eine superbe Flasche. 19/20 trinken
91: Mit Paolo Cattaneo eine Flasche auf dem Balkon getrunken. Wie bereits die Flasche im vorigen Jahr ein gewaltiges, finessenreiches, aber doch sehr druckvolles Erlebnis. 19/20 trinken - 2005
92: Magnum: 18/20 trinken

1960 Haut-Brion **16/20**
91: Reife Farbe, dicht und recht tief mit orangem Rand. Volle, reife Nase, sehr intensiv mit Bitterorangenton, unterschwelliges Madeira-Bouquet. Im Gaumen eher jünger, schwarzbeerig. Wie Mouton 1960 wiederum ein äusserst erfreulicher Wein aus diesem doch recht kleinen Jahrgang. Ich möchte diesen Wein gerne wieder einmal trinken. 16/20 trinken
92: Mit Stephen Burickson an einem Arbeitsnachmittag in Lausanne genossen. Wiederum verführerisch fein, mit zarter Schokoladennote (Ovomaltine). 16/20 trinken

1961 Haut-Brion **20/20**
88: Farbe fortgeschrittener als La Mission! Wuchtige, noch primär fruchtige Nase mit Caramel- und Nougatton. Heiss, fast gekochte Aromen. Reicher, üppiger Körper. Weinig. Reifes Tannin, das sich in perfekter Adstringenz zeigt. Elegant, endlos lang. 20/20 trinken - 2000
90: Bisher wieder zweimal getrunken. Phantastischer Wein. Man kann sich jetzt streiten, ob er die 20/20 Punkte wirklich verdient, wenn man ihm Latour oder Palmer 1961 gegenüberstellen würde. Er ist weniger markant, aber dafür in der Finesse einzigartig.
92: Dicht, fast schwarz. Kokosnuss-Schale, heiss, Kandiszucker, Creme Caramel. Im Gaumen sensationell geschliffen, gewürztes Edelholz. Enorm konzentriert und unendlich lang. Ein Vintage Port eines grossen Jahres in seiner ersten Reifephase. Hat mit dem Cheval-Blanc 1947 viele Ähnlichkeiten. Ich nehme an, dass die 20 Punkte für gut konditionierte Flaschen bis ins Jahr 2000 erhalten bleiben werden. 20/20 trinken - 2000
92: Eine Flasche, die 1980 auf dem Château neu verkorkt wurde. Dies sah man aber weder am Etikett noch an der Kapsel, sondern lediglich auf dem herausgezogenen Korken. Da war es natürlich schon zu spät. Eine jung-alte Flasche, die offensichtlich zu warm gelagert und dann mit einem eher jungen Wein nachgefüllt wurde. Nicht identisch mit den „normalen" Flaschen in Qualität und auch Trinkreife. Keine Bewertung!
92: Hannes Scherrer-Probe: In der Blindprobe hatte diesmal Mission die Nase vorn. Haut-Brion war sehr verschlossen, süss und viel weicher als Mission. Gerstl gab gar nur 16 Punkte während ich ihm 18 zugestand. 18/20 trinken

1962 Haut-Brion **17/20**
88: Mitteldichte Farbe mit Transparenz. Mittlere, gewürzartige Nase (Lakritze). Distinguiert, gut strukturiert, jedoch etwas trockener Gerbstoff, Unterholz. 16/20 austrinken
91: Aufhellende Farbe ohne viele Altersreflexe. Vielschichtige, vollwürzige Nase, fein ausladend, klassisch. Kräftige Säurestruktur, die sich gut dem eher leichten Körperbau anpasst. Das waren noch Zeiten, als man solch schöne Weine machte. Diese Flasche war bedeutend besser als die von 1988. 17/20 trinken
93: Genau so wie es die Flasche im 1991 war, lediglich die Säurestruktur scheint langsam aber sicher weicher zu werden. 17/20 trinken
94: Eine halbe Flasche, die von anderen hoch bewertet wurde. Da ich Korkengeruch vermutete, blieb ich auf 15/20. Nach einer halben Stunde meldete ein Tischnachbar Korkengeruch an, als sich der Wein leicht erwärmt hatte. Man gab ihm recht!

1964 Haut-Brion **17/20**
87: Eher helle Farbe. In der Nase voll geöffnet mit Anzeichen von Metall. Im Gaumen etwas hart und wenig Konzentration. 16/20 trinken
91: In einer 64er Graves-Serie: Reifes, aufhellendes Weinrot mit braunen Reflexen. Dörrbirnennase. Nimmt an der Luft an Süsse zu. Pfeffrige Säure, leichter Foxton, Cayenne, Tabak. In der Struktur drahtig, knochig. Nach 30 Minuten oxydativ. 15/20 austrinken
92: Reifes Bordeauxrot. Jod-, Ledernase, sehr stallig, animalisch, Nussaroma. Im Gaumen robustes Extrakt, würzige Terroirpalette. Kräftiges, aber in sich doch feingliedriges Tannin. Im Finish kalter Rauch und Wermutkraut. 17/20 trinken - 2000

Graves

93: Eine sehr reife Flasche, die nach 30 Minuten oxydierte. Starke Malztöne, die an Ovomaltine erinnerten.

16/20 austrinken

1966 Haut-Brion **19/20**
88: Doppelmagnum: Dichte Farbe mit schwarzen Reflexen. Fleischige Nase. Im Gaumen Bestätigung von animalischen Aromen. Griffig mit Rasse und pfeffriger Säure. Mittlerer Körper. Im Abgang weich und elegant.

18/20 normale Flaschen: Trinken -1995

92: Jugendliches Granat mit violetten (!) Reflexen. Fruchtig-würzige Nase, die extrem jung wirkt, Veilchenaromen, Wachs, Heidelbeeren und Cassis. Im Gaumen reduktiv, schwarze Beeren, rauchig. Trockene Tanninstruktur, rotes Paprikapulver, grüne Schoten. Es war eine so sensationelle Flasche, wie sie sehr wahrscheinlich eher selten anzutreffen sein wird. 18/20 trinken ohne Eile
93: Niemand spricht von diesem 66er, der sich immer mehr zur Superklasse entwickelt. Diesmal habe ich ihn direkt neben dem La Mission degustiert, der mir immer dünner zu werden schien. Der Haut-Brion ist jung in der Farbe, vollbepackt mit gebündelter Konzentration und einem Charme im Gaumen, das fast ein Pétrus neidisch werden könnte. Gehört mit Cheval, Lynch-Bages und Latour zu den besten 66ern. 19/20 trinken - 2008

1967 Haut-Brion **15/20**
85: Nur einmal getrunken, ohne viel aufzuschreiben. Sehr reif. 15/20 austrinken
92: Wir tranken diese Flasche zusammen mit mehr als zwanzig anderen, durchaus grösseren Haut-Brion-Jahrgängen. Trotz diesem schweren Stand mochte sie uns sehr zu überzeugen und erzielte mehr als nur einen Achtungserfolg. Müdes Weinrot. tabakige Nase, nasse Wolle, Unterholz, leicht fauliger Merlot. Im Gaumen leichte Bitterkeit auf der Zunge. Mageres Finish mit Mandelaromen. Entwickelt sich besser in den ersten 30 Minuten. Trotzdem ist der Wein in seiner Genussphase sehr weit, denn der Gaumen trocknet langsam aber sicher aus.

Nase 17/20, Gaumen 15/20 austrinken

1969 Haut-Brion **12/20**
88: Doppelmagnum: Mittlere Farbe mit Mahagoniton, am Rande wässrig. Würzige, feine Nase mit Metallspuren. Viel Säure, die sich im ersten Drittel mit dem Körper verbindet. Aromen von Kaffee und fermentiertem Tee.

12/20 austrinken

1970 Haut-Brion **17/20**
87: An unserer Zivilhochzeit getrunken. Sicherlich wird man verstehen, dass ich mich auf andere Sachen konzentrieren musste. In loser Erinnerung: Typischer Baumnusston. Reserven, ausgezeichnet. 17/20 trinken ab 1992
91: Bisher wieder bei anderen Gelegenheiten getrunken. Intakte Farbe, recht dicht. Buttrige Nase, Tizane-Tee-Aromen. Gebunden. Charmanter Fluss, rauchiges Vanille im Finish. 17/20 trinken - 2000
92: Bräunliche Reflexe, dafür recht dicht. Süsse Nase, die leicht reduktiv war, Bakelit, Zedern, Tabak. Im Gaumen leichte Unsauberkeit, die aber glücklicherweise nach 10 Minuten verflog. Viele schwarze Beerenaromen, Tee. Braucht Luft, also dekantieren. 17/20 trinken - 2000

1971 Haut-Brion **16/20**
85: Mittlere Farbintensität mit granat-braunroten Reflexen. In der Nase breit, fehlt aber an Dichte. Im Gaumen weich, fast dünnflüssiger Körper mit schwieriger Balance.

15/20 trinken

92: Magnum: Mit ein paar Freunden an einem Nachmittag gebechert. Ein Genuss ohne Reue. Spricht man von einem Premier Cru, müsste man eigentlich den Mahnfinger hochheben. Das Erlebnis war aber derart süffig, mit einer ungewöhnlichen Nonchalence, sodass er einfach zu viel Freude machte. Jetzt sicherlich in Normalflaschen top- oder gar überreif. Diese Magnum war mir 17/20 wert. austrinken

1973 Haut-Brion **13/20**
85: Fortgeschrittene Farbe. Nase würzig. Leichter Körper, dem es an Fleisch mangelt. 13/20 trinken

1975 Haut-Brion **17/20**
89: Reifer, oranger Rand. Defensiver, feiner Duft. Mittlerer Körper. Elegante Tannin-Säure-Verbindung. Distinguierter Wein. Einer der wenigen 75er, der keine Fragezeichen aufwirft. 17/20 trinken - 2000
92: Eine Flasche, die sich vielleicht in einer unglücklichen Zwischenphase befand. Sattes Granat-Weinrot mit orange-ziegelrotem Rand. Ledrig-fleischige Nase, verhalten. Robustes Extrakt, trockener Gerbstoff. Hat er Tendenz zum Austrocknen? 16/20 trinken
92: Aus dem klimatisierten Keller von Paul Kunz: Erst noch feine Geraniolnote, öffnet sich nach 10 Minuten vollends und entwickelt Butter-, Carameltöne. Mittlere Fettproportion, leicht stielig im Nachklang. 17/20 trinken - 2005
92: In Bern eine sehr reife, ja fast überreife Flasche.

16/20 austrinken

93: Doppelmagnum: Sehr reife Farbe; orange-bräunlich. Süsses Bouquet, Caramelspuren, Schoko, wohlduftend und intensiv. Ledriger Gaumen, sehr terroirbetont, fein aufrauhendes Extrakt, Baumnüsse, Graphit und Zedern. Charly Hofer findet einen Cigarrenton, der an die Roma Cedros Nr. 3 erinnert. Leider waren im Restaurant-Humidor keine dieser Cigarren vorhanden, worauf wir, nachdem die Flasche geleert war, Dunhill Double Coronas als Referenz nehmen „mussten". 17/20 Doppelmagnum: trinken - 2005
93: Offen, süss, aber auch leicht oxydativ. Im Gaumen wirkt die Struktur etwas gezehrt und in den Tanninen austrocknend. 16/20 austrinken
94: Bräunliche Farbe. Ein Bouquet wie ein 71er Pétrus. Merlotbetonte Nase, Schokonote, üppig ausladend, verlockend süss, Bounty (Schoko- Kokos), Anflüge von Portwein. Pflaumige Gaumennote, Tabak, wiederum viel Schokolade, aber leider zu Beginn ledrige, aufrauhende Tannine in der Zungenstruktur. Durch zunehmenden Luftzutritt

wird dies aber immer in Fülle umgesetzt, langes aromatisches Finish. 18/20 trinken - 2005

1976 Haut-Brion **15/20**
88: Erdige Nase, Tiefe anzeigend. Baumnusston. Im Gaumen moosiges Holzspiel. Aromen von Wild, Leder und wilder Minze. Gefährliche Säure, Balanceschwierigkeiten. Mehrere Male degustiert - eine Meinung. 15/20 trinken
92: Mattes Granat mit Mahagonireflexen. Süsses, heisses moosiges Bouquet, Minze, Kamille, Irisch Moos. Im Gaumen getrocknete Küchenkräuter, leicht gezehrt mit Lükken in der Struktur, nussig mit fast ranzigem Finish.
15/20 austrinken
94: Offen, malzig. Aus einem sehr guten Keller, und deshalb noch sehr gut zu trinken. 15/20 trinken - 1994

1977 Haut-Brion **12/20**
87: Himbeeren- und Kräuterton. Recht gut für einen 77er.
12/20 trinken

1978 Haut-Brion **17/20**
89: Bisher nur zweimal getrunken. Weinrot mit orangen Reflexen. Walnussaromen und frisches Leder. Ausladend, aber mit wenig Druck. 16/20 trinken - 1996
91: Jetzt in voller Reife. Hat noch an Fett gewonnen. Die Nase ist wunderschön: mit Lebkuchengewürzen, Edelholz, Lederspuren und gebackener, dunkler Brotkruste.
17/20 trinken
92: Reife Farbe mit orangem Rand. Cremige, buttrige Nase, dunkler Caramelzucker, Kandis, komplex. Im Gaumen schwarze Beeren, Zedern, Terroir und Tabak. Im Finish Kaffee und Kirschen (Côte Rôtie). Ein bezaubernder Wein.
17/20 trinken - 2000
94: Zu Beginn von der Nase her mit einem Figeac verwechselt. Nach 10 Minuten kamen Malz- und Havannatöne dazu. Die Säure wirkt dominierend, ähnlich wie beim 78er Pape-Clément. 17/20 austrinken

1979 Haut-Brion **19/20**
89: Mindestens zwanzig Mal mit sehr viel Freude getrunken. Mein Lieblings-Haut-Brion. Kompakte Farbe. Dicht verwobener Körper. Vielschichtiges, elegant verpacktes Potential. 19/20 trinken
92: Doppelmagnum: Tiefe, dichte Farbe, fast schwarz. Süsse, komplexe, zurückhaltende Nase. Im Gaumen Rauch, schwarze Beeren, Kirschen, Heidelbeeren. In der Struktur samtig, sehr dicht mit feinem, reichem Extrakt.
19/20 trinken - 2005
92: Während einer Haut-Brion-Probe mit mehr als zwanzig anderen Jahrgängen aus der Normalflasche: Gewaltig - einer der grössten Jahrgänge der neueren Zeit.
19/20 trinken
Achtung! Durch Kursschwankungen des Dollars mit der europäischen Währung sind unter anderen Weinen sehr viele Kisten 79er Haut-Brion auf dem Schiffsweg „zurückgelangt." Achten Sie deshalb darauf, ob die Flaschen nicht mit dem amerikanischen Zusatzlabel unter der Originaletikette versehen ist. Vielleicht hat gar ein eifriger Weinhändler diese Etikette abgelöst, dann erkennen Sie dies am perlmutartigen Schimmer bei genauer Betrachtung der Flasche. Die Kondition dieser Heimkehrer ist um vieles schlechter als meine oben beschriebenen Eindrücke.
92: Violett-Schwarz, satt, dicht. Konzentrierte Nase, süss, Heidelbeeren, Dörrbirnen, Havanna, Rauch. Komprimiertes, reduktives Extrakt im Gaumen, Teer- und Rauchnuancen. Scheint sich im Moment wieder etwas verschlossen zu haben, nachdem er in der Fruchtphase sensationell zu trinken war. Warten oder eine Stunde dekantieren.
18/20 1994 - 2010
93: Jéroboam: Jetzt gibt es keinen Zweifel mehr. Der 79er Haut-Brion wird dereinst die Nachfolge der phantastischen 59er und 61er Jahrgänge antreten. Damit ist er auch einer der wenigen ganz grossen Weine der neueren Zeit, die diese Erwartung auch wirklich erfüllen können.
19/20 trinken - 2010
94: Eine etwas zu warm gelagerte Flasche hatte einen Heuduft und war im Gaumen etwas gezehrt. Keine Bewertung!

1980 Haut-Brion **15/20**
88: Ein im Aroma typischer Haut-Brion. Schlanker Körper. In solchen Jahren trinke ich lieber den La Mission, der mehr Fett hat. 15/20 trinken
90: Hat seinen Zenit überschritten. austrinken!
92: Helle Farbe mit starkem Wasserrand. Rotbeerige, verrochene Frucht. Im Gaumen wenig Säure, marmeladig. Ein Leichtgewicht, das sich jetzt langsam aber sicher am hintersten Ende seiner Genussphase befindet.
14/20 austrinken
92: Kurioserweise eine hervorragende Flasche aus meinem Keller anlässlich einer 80er Orgie auf dem Balkon.
15/20 trinken

1981 Haut-Brion **17/20**
88: Verschlossen, mit süsser Ingwer- und Irish Moos-Nase. Im Gaumen griffig und fein zugleich. Wirkt noch zu jung.
17/20 1992 - 2000
91: Dunkle Mahagonifarbe mit leicht orangen Reflexen. Süsses, üppiges Bouquet mit Gerstenstengel, Kandissüsse und Bleistiftholznuancen. Im Gaumen konzentriert, eng, mit fülliger Textur. 17/20 trinken - 2000
92: Mittlere Farbdichte mit violetten Reflexen und aufhellendem Wasserrand. Nase halb geöffnet, halb reduktiv, dunkle Beeren, Heidelbeeren, leichter Schwefelton. Im Gaumen Zibetkatze und vordergründiges Extrakt, mittleres Finish. 16/20 trinken - 2000

1982 Haut-Brion **19/20**
92: Dichte Farbe. Konzentriert süsse Nase, eine kalifornische Fruchtbombe, Wachs, geballt, wuchtig. Im Gaumen füllig, dicht mit viel Finessen und rollenden Tanninen. In Fett und Schmelz gute Reserven verpackt, langes Finish. Von der Säurekonstellation und der Struktur her ein 53er Typ. 18/20 trinken - 2005
92: Ein Premier Cru in momentaner Bestform! Purpur, sehr dicht und tief. Teer, Zedern, gedörrte Birnen, angezeigte Tiefe. Feine Bitterkeit im Extrakt, gute Konzentration, reich,

Graves

geballte Kraft, gute Säure für einen 82er, Cassis, Tabak, Rauch, sehr harmonisch. Jetzt grossartig zu trinken.
19/20 trinken - 2004
93: Im Bouquet zeigte sich ein Kräuterton, den man sonst nur beim La Mission findet. Noch immer ein überragender, betörender Wein. 19/20 trinken - 2006

1983 Haut-Brion **17/20**
89: Heisse Aromen von fast überreifem Traubengut. Konzentriert mit eleganter, nicht zu üppiger Konsistenz. Natürlich im Moment ziemlich gerbstoffbeladen. Trocken, pfeffrig. 17/20 trinken ab 1992
91: Hat sich in der Zwischenzeit recht schnell entwickelt. Der Gerbstoff ist vollständig abgebaut. Dürfte konzentrierter sein, um noch längere Zeit auf diesem Niveau zu bleiben. 17/20 trinken - 1998
92: Dumpfes Bordeauxrot. Überreife Früchte in der Nase, Fett, Bakelit. Im Gaumen leichter Bittermandelton. Wirkt aufgrund der ausstrahlenden Hitze ein wenig gekocht.
16/20 trinken
93: Eine relativ lang dekantierte Flasche, die sich trotz Reife gut hielt. 17/20 trinken - 2000

1984 Haut-Brion **13/20**
87: Ausladende Nase, eher würziger als fruchtiger Art. Ich wünschte mir, er hätte etwas mehr Resonanz, aber eben, 84 ist auch im Graves-Gebiet 1984. 13/20 trinken
91: Mitteldichte Farbe mit recht aufhellendem Rand in voller Reife. In der Nase mittlere Öffnung, Würznoten und leicht stieliges Holz. Im Gaumen eher mager aber mit recht viel Eleganz. Bitter adstringierende Tannine. Scheint in der Nase die volle Reife zu haben, im Gaumen muss er aber noch zwei, drei Jahre reifen. Ob das gut geht?
13/20 trinken, oder warten
94: Auf dem Château während einer Gruppenreise serviert bekommen. Er wirkt etwas grün und krautig in den Grundaromen. Er wird sein Leben lang ein eckiger Wein bleiben.
13/20 austrinken

1985 Haut-Brion **18/20**
88: Zugedeckt mit Aromen. Weiches Tannin. Sehr feingliedriger Wein. Rund mit viel Finessen. Mittlere Konzentration. 17/20 trinken ab 1994
92: Dichtes Purpur. Extrem jungfruchtige Nase, die noch reduktiv ist. Schwer anzugehen im Moment. Süsse, geballte Cassisnote, Tinte, Veilchen. Weiche Tanninstruktur im Gaumen, viel Charme, jugendliche Frucht. Verlockende Süsse in den Tanninen. Man darf hinter diesem Wein noch sehr viel erwarten. 18/20 1995 - 2010
93: An einem Mondavi-, Riedel-Tasting getrunken. Schon sehr zugänglich, mit wuchtigem Finish. 18/20 trinken - 2008

1986 Haut-Brion **19/20**
87: Fassdegustation: Nase recht kräftig (verglichen mit anderen Fassdegustationen). Terroir, saftig, markantes Tannin. Aber in der Eleganz nicht an den 85er heranreichend. 18/20

89: Arrivage: Mittlere Farbtiefe mit violetten Reflexen. Köstliche, ausladende Nase, viel Terroir (Trüffel). Tintig im Gaumen mit exotischen Holznuancen. Im Abgang süss, schwarze Beeren (Malaga-Rosinen). 18/20 trinken ab 1997
92: Tut sich im Moment sehr schwer. In einer fürchterlichen Evolutionsphase. Käsig, animalisch, Teer, extrem reduktiv. Im Gaumen gewaltiges Extrakt und viel Reserven fürs nächste Jahrtausend. Vom Potential her grösser als der 82er. Bis mindestens 1998 in Ruhe lassen! 19/20
92: Aus zwei halben Flaschen, die vermischt wurden: Granatrot mit schwarzen Reflexen, feiner Rand. Offene Nase, schwarzer Zucker, Kandissüsse, Zedernton. Im Gaumen Tabaknote, druckvoll, pfeffrige Zungenstruktur mit Chilispitze. Die Gerbstoffe rauhen die Zunge auf und machen daraus einen pelzigen Gaumenfluss. Dürfte konzentrierter sein. Befindet sich im Moment in einer Evolutionsphase. Unbedingt für ein paar Jahre in Ruhe lassen.
18/20 1998 - 2015
93: Zweimal an einer Blinddegustation zwar durch sein generell grosses Potential aufgefallen, vom momentanen Trinkgenuss her eine Zumutung. Unbedingt warten.
18/20 1999 - 2015
94: Er ist derart reduktiv, dass man ihn sicherlich bis zum Jahr 2000 nicht mehr anfassen sollte. 18/20 2000 - 2020

1987 Haut-Brion **16/20**
88: Fassprobe: Wir waren die ersten die vom 87er Fass kosten durften. Dumpf. Sehr wahrscheinlich müde von der Assemblage. Wenig eigenes Tannin.
16/20 trinken ab 1992
90: Die feinste 87er-Vinifikation. Wirkt noch etwas defensiv, mit süsser Würze und Zedernholzton.
16/20 bald - 1996
92: Viele Male mit Freude getrunken. So elegant, so fein, so gut. 16/20 trinken
94: Max Gerstl gibt ihm 18 Punkte. Damit habe ich Mühe. Keine Mühe habe ich allerdings, eine Flasche ganz alleine zu trinken. 16/20 trinken - 1997

1988 Haut-Brion **18/20**
89: Fassprobe: Hellste Farbe aller Premiers. Strenges, verschlossenes Bouquet mit Röstgeschmack. Darunter schlanker Körper mit kräftigem Merlot-Geschmack. Strahlt Charme aus. Vom Gesamtpotential aus eher enttäuschend.
17/20 trinken ab 1994
90: Fassprobe auf dem Château: Typisches Haut-Brion-Bouquet. Wirkt im Moment vielleicht eine Spur zu rauh, Redwoodgeschmack im Finish. 17/20 warten
91: Exotische Würznote, Koriander. Wirkt bereits fülliger als vor einem Jahr. 17/20 trinken ab 1996
91: Purpur-Scharlachrot. Verhaltenes, tiefes Würzbouquet, schwarze Beeren, Heidelbeeren, Rauch. Vielschichtig, dichter Gaumenauftritt, feingliedrig, sehr ausgeglichen und lang. 18/20 1996 - 2010
92: Legt kontinuierlich zu. 60 % Cabernet Sauvignon, 30 % Merlot, 10 % Cabernet Franc. Sehr bordeauxtypisch.
18/20 1996 - 2015

1989 Haut-Brion 20/20
90: Februar: Leichte Öffnung mit verdeckter Süsse, nuanciert, reduktiver Ton. Noch Restkohlensäure von der Malo. Pfeffrige Tannine. Ein 79er, der noch konzentrierter ist. 19/20 trinken ab 2000
90: Mai: Endlich! Das ist mit Abstand der beste Haut-Brion der letzten Dekade seit dem feinen 79er. Wirkte relativ geöffnet, nuancierte, feine Säure, dichte Struktur mit pfeffriger Rasse. Hier könnte es sich vielleicht ausnahmsweise einmal um den besten Premier Grand Cru des Jahrganges 1989 handeln. 20/20 trinken ab 1996
91: Welch ein Wiedersehen! Ein Rumtopf erster Klasse. 20/20
92: Am 14. Januar wurde meine Primeur-Bestellung ausgeliefert und... ich musste es tun. Bereits am Abend öffnete ich voller Ungeduld die Kiste und die erste Flasche. Das muss man einfach erlebt haben. Ein süsser Wein mit frischem Vanille und Aromen, dass man ihn glatt mit dem 89er Vigna Larigi von Elio Altare (Piemont) hätte verwechseln können. Sensationell! Ein Jahrhundertwein, der mit Mouton 1986 Massstäbe setzt. 20/20 2000 - 2030
92: Eine transportierte Flasche im Ristorante Falstaff im Piemont. Sehr verschlossen, fast blockiert.
92: Arrivage: Granat-Schwarz. Enormes Konzentrat, Rumtopf, Dörrfrüchte, Korinthen, schwarze Beeren, Rauch. Sensationeller Gaumen, reife Tannine, wuchtig und doch nicht zu opulent. Perfekt! 20/20 1996 - 2020
93: Granat-Schwarz, leicht aufhellend am Rand. Süsse, konzentrierte Nase, eingedickter Birnensaft, Zedern, Teer, schwarze Beeren. Extrem konzentrierter Gaumen mit süssem Extrakt, gesunder Gerbstoff und malagasüssem Finale. 20/20 2000 - 2030
94: Noch immer ein grosses, wenn auch verfrühtes Grossweinerlebnis. Man kann ihn jetzt schon trinken und erlebt dabei etwa 80 % von dem, was man ab dem Jahr 2000 von ihm erwarten darf. 20/20

1990 Haut-Brion 19/20
91: Süsse Biscuitnase. Tinte und Heidelbeeren. Florale Mundaromen. Fett und geschmeidiger, samtiger Velours. Typ 88er, sehr ausgeglichen. 19/20 1998 - 2015
92: Violett-Schwarz. Tiefes Toast-, Würzbouquet, Teer, schwarze Beeren. Druckvoll und schön ausladend im Gaumen, Lakritze, Heidelbeeren. Die Fruchtanzeige ist reif und sehr ausgeglichen. Im Finish im Moment verhalten. Madame Darac schwärmte: <<C'est un très grand vin!>> - Recht hat sie! 19/20 1997-2015
92: September: Dörrfrüchte, kalifornische Backpflaume, schwarze Beeren, Kandiszucker, Teer. Weicher, fetter Gaumen mit feinsten Tanninen, die dicht und vielschichtig angeordnet sind, Heidelbeeren, Cassis, Black-Currant. Elegant, lang, finessenreich, Kaffeefinish. 18/20 1997 - 2012
93: Jetzt zeigt er definitiv seine wahre Grösse. Ein finessenreiches Konzentrat mit perfekter Balance. Glücklicherweise ein Wein, der nicht in das übertriebene Getue von Margaux und Latour 1990 involviert wurde. Man kann ihn jetzt noch zu einem anständigen Preis finden. 19/20 1998 - 2020

93: Purpur, satt. Süsses Bouquet, reife Frucht. Röstnote, eine parfümierte Süsse, hoch komplex, direkte Frucht, perfekte Stilistik, gesunde, feingegliederte Adstringenz. 19/20 2000 - 2025

1991 Haut-Brion 15/20
92: Rund ein Viertel einer Normalernte wurden für den Grand Vin verwendet, respektive 15 % deklassiert. Der Merlot hatte einen potentiellen Alkoholgehalt von 13,5 % Vol., der Cabernet wurde leicht chaptalisiert. Zusammensetzung: 58 % Merlot, 40 % Cabernet Sauvignon, 2 % Cabernet Franc. Leuchtendes Rubin mit violetten Reflexen. Blaubeerige Frucht, Zedern, Tinte, Brotkruste. Eleganter Körperbau-eine Ballett-Tänzerin. Fein nuanciertes Schalenextrakt, das ihm eine gewisse Reserve verleiht. Leicht über dem 87er. 16/20 1995 - 2003
94: Recht helle Farbe. Feine Schokonote, recht füllig, aber wenig konzentriert, schweissiges Leder. Leichter Körper, fast mager, kapselige Zungennote, verwässertes Finish. 15/20 1995 - 2004

1992 Haut-Brion 16/20
93: Sattes Purpur. Reifes Fruchtbild, süss, angedeutete Komplexität, Havanna-Tabak, schwarzer Zucker, Lakritze, Nelken, leicht animalische Note. Im Gaumen Zedern, gute, aber feine Extraktanzeige, Brombeerengelee, die Gerbstoffe wirken etwas runder als beim Mission, der Wein hat aber weniger Druck. 87er Stil. 16/20 1997 - 2005

1993 Haut-Brion 18/20
94: Tiefes Granat, dunkel in der Mitte. Komplexes, in den Ansätzen wuchtiges Bouquet, verführerische Kräuternote, an Weihrauch erinnernd, schwarze und blaue Beeren, grüne Bananen. Dichter Gaumen, saftig-seidiges Extrakt, rollende Gerbstoffe mit viel Charme und Fett, komplexe Adstringenz, ausgeglichen, mit sehr viel Heidelbeeren und Brombeeren im Rückaroma, ein klassischer Graves. Die Qualität ist sogar leicht über dem 88er anzusetzen. 18/20 2000 - 2014

CHÂTEAU LARRIVET-HAUT-BRION

1957 Larrivet-Haut-Brion 12/20
89: Magnum: Auch wenn es sich hier um meinen Jahrgang handelt, muss ich objektiv bleiben. Ein rauher Bock, der nach Ziegenleder stinkt. Robust, unzerstörbar. War nie gut und wird nie gut werden! 12/20 trinken

1982 Larrivet-Haut-Brion 17/20
92: Eigentlich habe ich diesen Wein vor einigen Jahren bereits mehrere Male getrunken und ihn oft meinen Gästen als fleischigen und kräftigen Bordeaux empfohlen. Zu einem Rindsbraten, der ebensoviel Punkte machte wie der Wein selbst, getrunken. Sehr tiefe Farbe, dicht, aber

Graves

darunter sehr reif. Wunderbare Tabaknase, rauchig. Süffiges, vollreifes Munderlebnis. Wer ihn bis jetzt nicht getrunken hat, verpasste die schönste Genussphase.
17/20 trinken - 1994

1985 Larrivet-Haut-Brion   14/20
89: Öffnende, schmale Nase, Bleistiftholz. Schnell reifend, obwohl gutes Tannin da ist.   14/20 trinken ab 1992

1988 Larrivet-Haut-Brion   15/20
89: Granatfarbe mit Reifeton. Süss, ausladend. Harte Tannine in frisches Holz verpackt.   15/20 trinken ab 1994

1991 Larrivet-Haut-Brion   12/20
92: Mittelhelles Rubin mit Wasserrand. Grüner Tabak, vegetal. Im Gaumen rohe Säure, kernig, wenig Charme.
12/20 1995 - 2002

1992 Larrivet-Haut-Brion   14/20
93: Violett-Purpur. Gebranntes Bouquet, Kohle, Teer. Softer Gaumen, sehr weich, aber füllig, feine Bitterkeit auf der Zunge.   14/20 1995 - 2003

1993 Larrivet-Haut-Brion   13/20
94: Dunkles Rubin. Gemüsige Nase, Efeu, Tabak. Grüner Cabernet im Gaumen, wenig Saft, insgesamt fast metallisch und zu trocken.   13/20 2000 - 2010

Château La Louvière

1970 La Louvière   16/20
93: Reife Farbe. Trüffelige Nase, Ledertöne. Im Gaumen feine Gerbstoffe, laktisch, füllig. Als 70er erstaunlich weiche Säure, sehr fein und elegant. Stammt aus relativ jungen Reben, aber sehr spät geerntet.   16/20 austrinken

1975 La Louvière   15/20
94: Tiefe, undurchdringliche Farbe. Süsses Kandisbouquet. Saftiger, süsser Gaumen, dunkle Caramelnote, eingelegte Dörrpflaumen, leicht pelzige Zunge, fehlt an Charme, zu strenge Tannine.   15/20 austrinken

1979 La Louvière   16/20
92: Tiefes Schwarz. Konfitürige Nase, fett, rotbeerig. Charmanter, weicher Gaumenfluss, pfeffrige Säurespitze, fehlt ein bisschen an Frucht.   16/20 trinken - 1997

1985 La Louvière   14/20
88: Offen mit frühreifen Süsstönen. Wenig Tannin, Mittelklasse.   14/20 trinken

1986 La Louvière   16/20
89: Leichter Reifeton. Enges Bouquet, feines Extrakt, sehr ausgeglichen.   15/20 trinken ab 1993

1987 La Louvière   13/20
90: Pflanzliches Bouquet, lose Frucht, einfach aber süffig.
13/20 trinken

1988 La Louvière   16/20
89: Vorabzug: Klassische Graves-Nase. Schlank und sauber.   15/20 trinken ab 1992
92: Tiefe Farbe mit violettem Schimmer. Starke Röstnase, Kaffee und rote Kirschen. Der Barriquengeschmack dominiert die Nase. Im Gaumen ebenfalls ein starker Holzauftritt, süsslich, Caramel. Reife Frucht im Finish, Kastanienholz. Ein faszinierender Wein, der vor allem in Amerika sehr viel Erfolg haben könnte.   16/20 trinken - 2000

1989 La Louvière   13/20
90: Mittlere Farbe, tintig mit blauem Beerengeschmack, im Körper etwas zu fett geraten, trockene Tannine.
13/20 trinken ab 1994
90: Eine andere Fassprobe: Unsauber!
94: Die Gerbstoffe sind aussen fett, innen aber trocken. Deshalb fehlt dem Wein eine gewisse Harmonie, obwohl er beim ersten Eindruck ein recht interessantes Potential darstellt.   13/20 trinken - 2002

1991 La Louvière   14/20
92: Purpur, mittel. Saubere Frucht- und Holznote. Feine Tanninprägung im Gaumen, darunter elegant und eher schlank. Wird vielleicht einer zu starken, amerikanischen Holznote erliegen müssen.   14/20 1994 - 2000

1992 La Louvière   15/20
93: Fast schwarz. Tiefe Röstnote, komplex, schwarze Oliven, korinthig, schwarzer Zucker, Zedern, süss. Feines, stoffiges Extrakt, durch Barriquen dominierende Adstringenz, sehr „milde" Säure.   15/20 1995 - 2004

1993 La Louvière   15/20
94: Dunkles Purpur-Rubin. Bezaubernde Himbeerenfrucht wie bei einem Burgunder von Germain. Saftiger, wiederum rotbeeriger Gaumen, griffige Gerbstoffe mit dem etwas scharf auftretenden Holz verbunden, hat gute Anlagen.
15/20 1997 - 2008

Château Malartic-Lagravière

1952 Malartic-Lagravière   15/20
93: Purpur. Jodnase, bescheiden. Im Gaumen trocken, erdig, hat noch einen gewissen Charme.   15/20 austrinken

1959 Malartic-Lagravière   15/20
90: Dumpfe Farbe. Rosenholzton. Reif, ledriger Fluss, relativ trocken.   15/20 austrinken

Gabriel

1970 Malartic-Lagravière 15/20
90: Aufhellendes Granat mit Wasserrand. Würziges Bouquet. Weiniger Gaumenfluss, pfeffrige Säure, softes Finish. Reifer, gesunder Wein. 16/20 trinken
92: Mittlere Farbtiefe. Erdige, terroiranzeigende Nase, reif, schwarze Beeren, Fleischgeschmack, Rauchtee. Im Gaumen hat er die Tannine abgebaut. Ein ordentlicher Wein, der aber in der Nase mehr Freude macht als im Gaumen. 15/20 austrinken

1975 Malartic-Lagravière 13/20
94: Jugendliches, dichtes Granat-Purpur. Laktisches Schokobouquet. Knochiger, kapseliger Gaumen, fehlt an Süsse, drahtiger Körper, eine Blechbüchse. 13/20 austrinken

1976 Malartic-Lagravière 15/20
87: Offen, breite Nase. Im Mund guter Schmelz. 15/20 austrinken

1977 Malartic-Lagravière 13/20
85: Fetter Körper, passende Säure. Recht gut. Einer der besseren 77er. 13/20 trinken

1979 Malartic-Lagravière 17/20
89: Ein wunderbarer, alt vinifizierter Wein. Glück dem, der diesen Wein zu dem damals sicherlich sehr günstigen Preis gekauft hat. Im Mittelfeld an der Spitze. 17/20 trinken
93: Noch immer ein Riesenspass. 17/20 trinken

1981 Malartic-Lagravière 15/20
92: Helle Farbe. Süsse, komplexe Nase, buttrig. Feines Parfüm. Die Säure wirkt zu Beginn spitz. Auf dem Höhepunkt. 15/20 trinken - 1995

1983 Malartic-Lagravière 15/20
87: Süss. Enormes Tanningefüge, breite Nase. Dicklicher Körperbau. 15/20 1992 - 1998
90: Eine komische Flasche: Minzenton, eingebrochen?

1984 Malartic-Lagravière 13/20
87: Trocken, sehr schwierig zu bewerten. 11/20 warten oder trinken?
92: Recht tiefe Farbe mit dumpfem Schimmer. In der Nase helles, frisches Holz, nussig und Anflüge von Kräutertee. Feingliedriger Körper, ausgeglichen, süffig und pfeffrig. 13/20 trinken

1985 Malartic-Lagravière 15/20
88: Der Leichteste aller roten Graves. Fein und fruchtig zu trinken, wirkt aber total modisch, ohne die Resonanz früherer Jahrgänge. 15/20 trinken

1988 Malartic-Lagravière 16/20
91: Recht tief. Fett und reich, Waldboden, Kaffee, süsse Tannine. Im Gaumen viel Charme und schön konzentriert, Erdbeerenton, ausgeglichen, klassisch. 16/20 1995 - 2005
93: Wiederum Erdbeerentöne notiert. Man kann ihn jetzt schon trinken. 16/20 trinken - 2005

1989 Malartic-Lagravière 15/20
91: Schöne Farbe in Rubin-Granat. Süsser Toastduft. Im Gaumen Unterholz, angedeutetes Fett. Recht lang, aber nur mittelgewichtig. Eine Spur von Bitterkeit, die mitschwingt. Wie bei Domaine de Chevalier ist der 88er besser als der 89er. 15/20 1995 - 2004

1990 Malartic-Lagravière 14/20
91: Mittlere Farbe. Kirschennase, sehr fruchtig. Im Gaumen leicht, beschwingt und fröhlich. Wird sich vielleicht eher schnell entwickeln. Ein dünner Wein! 14/20 1994 - 2000

1991 Malartic-Lagravière 11/20
92: Eher helle Farbe. Offene Nase, faulig, grüner Pfeffer. Im Gaumen anstehende Säure mit einem höchst bescheidenen Körperbau. Bestätigt leider den Abwärtstrend von Malartic. 11/20 1995 - 1999

1992 Malartic-Lagravière 12/20
93: Violett, Geraniol, Butter, blumige Nase. Unreife Frucht. Im Gaumen wenig Körper, kreidig, aufrauhend. 12/20 1997 - 2005

1993 Malartic-Lagravière 15/20
94: Mittleres Rubin-Purpur, stark aufhellend am Rand. Fruchtiges Bouquet, dahinter aber gemüsig. Samtiger Gaumen, primäre Fruchtaromen, Tinte, angenehmes Finish. Seit langem wieder einmal ein einigermassen akzeptabler Malartic. 15/20 1999 - 2008

CHÂTEAU LA MISSION-HAUT-BRION

Wurde am 1. November 1983 von der Familie Woltner aus familiären Gründen an Clarence Dillon von Haut-Brion verkauft. Wenn man von La Mission kleinere Jahrgänge vor 1961 kauft, so kann man in der Regel annehmen, dass diese den Haut Brion um eine Spur übertreffen. In neuerer Zeit ist eine fast egalisierte Qualität auf extrem hohem Niveau bei beiden Weinen festzustellen - nur die Charaktere sind verschieden.

Kaufen Sie jetzt noch Mission 1983 und Sie werden in ein paar Jahren alleine mit diesem Wein dieses Buch amortisiert haben.

1924 La Mission-Haut-Brion 15/20
90: Als Ueli Prager diese Flasche aus seinem Privatkeller in Silvaplana holte, hatte ich mich sofort auf einen verendeten Wein eingestellt. Doch weit gefehlt. Nicht, dass das Erlebnis allzu viele Punkte wert gewesen wäre, aber wenn man bedenkt, wie sich der Haut-Brion 1924 präsentiert hatte, kann man doch von mehr als nur einem Achtungserfolg sprechen. Viel Depot. Reifer, brauner Rand. Baumnussbouquet und Rosenholz. Kalter Pferdestall. Je-

Graves

doch zuerst noch frische Säure, dann aber zerfallende Struktur. 15/20 austrinken

1929 La Mission-Haut-Brion **19/20**
88: Mahagonifarbe. Kaffeenase. Moosig. Leicht angezehrter Körper mit Jodgeschmack und Kräuterton, goût sauvage. Tannin, um noch ein paar Jahre zu überstehen. Schwierig zu bewerten. Sehr wahrscheinlich 19/20 trinken

1934 La Mission-Haut-Brion **18/20**
90: In Deutschland an einer Raritätenprobe getrunken. Dichte Farbe mit Purpurreflexen. In der Nase verschlossen und konzentriert mit Erdbeeren- und Waldaromen. Gaumen mit frischer Säure belegt, die etwas vordergründig wirkt. Ledrige, kräftige Textur. Trockenes, aber anhaltendes Finish. 18/20 trinken

1940 La Mission-Haut-Brion **16/20**
92: Doppelmagnum: Leuchtendes Granat, brillant mit Mahagonireflexen. Starker Wasserrand. Aufhellende, vielschichtige Nase, Rosen, Leder, getrocknete Tomaten. Zu Beginn für ein paar Minuten flüchtige Säure. Im Gaumen süss-saures Säurespiel, Musigny-Aromen und getrocknete Küchenkräuter. Leicht metallischer Charakter auf der Zunge, magerer Körper, dafür aber schön langer Abgang. 16/20 austrinken

1945 La Mission-Haut-Brion **19/20**
88: Fortgeschrittener Alterston, am Rand abfallend. Volle, ausladende, distinguierte Nase. Perfekt gewürzt. Immer noch verdeckte Aromen, die anzeigen, dass der Höhepunkt noch nicht erreicht ist. Reiche Adstringenz, saftig, ohne jegliche Ermüdungserscheinungen.
19/20 trinken - 2005

1947 La Mission-Haut-Brion **17/20**
90: 3/8 Flasche: Braune Farbe, jedoch intakt. Baumnuss- und Bakelitaromen. Zedern und Rauch. Im Gaumen unterschwelliger Portwein-Geschmack, Ginster, Waldboden und zartbittere Schokolade im Finish. 17/20 austrinken

1949 La Mission-Haut-Brion **18/20**
88: Orange Reflexe. Diskrete, fast zurückhaltende Nase, dahinter alkoholisch. Fetter Körper, der anfänglich von Säure überdeckt wird, erdig, würzig, Kaffee und Kakao, endlos lang. 18/20 trinken - 2000

1952 La Mission-Haut-Brion **17/20**
88: Transparente, brillante Farbe mit orangen Reflexen. In der Nase Lakritze. Diskreter als der Haut-Brion im Glas daneben. Sehr terroirbetont mit Biss, nervig, nach dem Dekantieren sofort trinken, tendiert zu Sprödheit und wird hohl. 14/20 austrinken
93: Eine Vandermeulen-Abfüllung: Reife Farbe mit braunen Reflexen. Honignote, süss, Kandis, grüne Baumnüsse, Leder, Eucalyptus, Malaga. Schmelzig-saftiger Gaumen, leichter Muffton, feinsandiges Extrakt. Hat trotz Fragilität noch 20 Minuten lang zugelegt. Die belgischen Abfüllungen sind besser als die Schlossabzüge. 17/20 austrinken

1955 La Mission-Haut-Brion **19/20**
88: Mahagoni-Weinrot. In der Nase gemüseartig (Blumenkohl?), Feuersteingeschmack. Eigenartigerweise sauber und ausladend im Gaumen, füllig, mit reicher Adstringenz.
17/20 trinken - 1997
92: Vandermeulen-Abfüllung: Reife Farbe mit mittlerer Tiefe. Eine feinbalancierte Nase mit typischem Graves-Charakter. Lederaromen im Gaumen, mit stützender Fruchtsüsse im Finish. 17/20 austrinken
93: Wiederum eine Vandermeulen-Abfüllung: Leider oxydiert und nur noch knapp trinkbar. 13/20 vorbei
93: Bräunliche Farbe, reif. Nussige Nase, russig und pflaumig. Im Gaumen zeigt sich ein süsslicher Portwein-Ton, Havanna, leicht zähnebeschlagend von den Gerbstoffen her. Die Nase ist reif, der Gaumen noch jung, fragliche Weiterentwicklung, aber trotzdem im Moment ein riesiger Wein. 19/20 austrinken

1957 La Mission-Haut-Brion **17/20**
88: Enorm kompakte Farbe für dieses Jahr. Süsse, komplexe Nase, rotbeerige Serie. Fast molliger Körper, relativ kurzer Abgang. 15/20 austrinken
94: Aus dem Keller von Helmuth Klien: Tieffarben, aber reif. Wuchtiges Terroirbouquet. Fleischig, sandiger Gaumen. Ein grossartiger Vertreter dieses sonst schwachen Jahrganges. 14/20 trinken bis 2000

1958 La Mission-Haut-Brion **15/20**
90: Dichte Farbe mit schwarzen Reflexen. Schwarze Beeren in der Nase und kalter Rauch. Susses Tannin, feine Struktur. Erdiger Wein, den man nach dem Öffnen der Flasche ziemlich rasch trinken muss. 15/20 austrinken

1959 La Mission-Haut-Brion **18/20**
88: Transparente, kompakte Farbe. Süsse, schwere Nase, die nach Süssholz duftet. Im Gaumen holz- und tanningeprägt. Trocken mit Biss und Kraft. Im Abgang angenehm, jedoch rasch abklingend (Säuremangel?).
16/20 trinken - 1995
90: Eine superbe, dichte Flasche, sehr fleischig.
18/20 trinken
93: Ein schwer einzuschätzender Wein, der einerseits blockiert wirkte, andererseits oxydative Nuancen aufwies. Die gesunden Gerbstoffe geben Anlass für ein Potential von 18/20 bei optimalen Flaschen. trinken - 2010

1961 La Mission-Haut-Brion **19/20**
88: Komplexes, transparentes Erscheinungsbild mit leichtem Alterston. Kompakte, vielschichtige Nase mit Druck,

jedoch noch nicht ganz geöffnet. Im Gaumen dicker Körper, fast süss, mit pfeffriger Säure, reifes Tannin verbindet sich mit noch unfertiger Adstringenz. Gewaltig!
19/20 trinken ab 1993
88: Eine Flasche mit leichtem Korkengeschmack - Schade!
90: Beim Nachtessen im Lion d'Or in Arcins:
19/20 trinken - 2020
91: Nach einem erfolgreichen Casino-Besuch eine Flasche ganz alleine getrunken. 19/20 trinken
92: An der 61er Probe bei Hannes Scherrer, die beste Flasche, die ich bis jetzt getrunken habe. 19/20 trinken
92: Wiederum eine Flasche aus derselben Kiste vom selben Besitzer. Schwarzer Rum, ein Bouquet wie ein 66er Lynch-Bages, ein Kräuterelexier. Unglaubliche Mundintensität, Appenzeller-Kräuterlikör, dichter Körper, gewaltiges Rückgrat, im Finish Havanna Cigarren.
20/20 trinken - 2010
93: Geballtes Nasenbündel, Caramel, Eucalyptus. Die Säure ist schön in den reifen Körper eingebettet, schwarze Beeren geben im Gaumen ein Fruchtspiel, das sich in einem Havannafinish offenbart. 19/20 trinken - 2020
94: Magnum: Grosser, rustikaler, griffiger Wein. Legte über zwei Stunden lang kontinuierlich zu. 19/20 trinken - 2020

1962 La Mission-Haut-Brion   17/20
86: Mittlere Farbe mit fortgeschrittenem Alterston. Ausladende, üppige Nase mit Preiselbeerton. Warmer, fetter Körper. Gesunde, passende Säure. Fest, mit Fleischreserven, seitliche Adstringenz, noch ausbauend.
17/20 1990 - 2000
90: Mehrere Male getrunken. Wunderbarer Wein alter Schule!
93: Er ist jetzt ein bisschen oberflächlicher geworden und man sollte ihn nun austrinken. 17/20 austrinken
94: Dumpfes Weinrot, reif. Burgundisches Bouquet, leicht faisandiert, buttrig, laktisch. Irish Moos, wunderbare Würze und sehr aromatisch im Nachhall.18/20 austrinken

1964 La Mission-Haut-Brion   18/20
89: Nach einer Beerenauslese-Degustation mit Max Gerstl getrunken. Reifes, braunes Granat. Rosen- und Pflaumenduft, mittlere Intensität, dezent ausladend, Zimt- und Lederaroma. Trockene Substanz in der Säureverbindung, mittleres Finish. 17/20 trinken
91: Buttinger-Probe: Noch immer Rosenduft mit viel Pilznuancen (Trüffel, Herbsttrompeten, nasse Morcheln) Schöne Pferdenote. Nimmt nach 20 Minuten an Intensität zu, was den im Glas nebenan stehenden 64er Haut-Brion fast zum Weinen brachte. 18/20 trinken - 2000
93: Der Preis war zwar gut, rund 180 Franken in einem Restaurant, dafür aber die Flasche schlecht. Sehr wahrscheinlich wurde der Wein bei der selben Temperatur gelagert, wie er auf den Tisch kam. Diesem Gastwirt gebe ich noch weniger Punkte als der Flasche selbst.
Keine Bewertung!

1966 La Mission-Haut-Brion   19/20
88: Fast undurchdringliche Farbe. Im Gaumen einmaliges Terroirspiel; Leder, Cigarrenkiste, Zimt, Gewürznelkenton. Im Gaumen griffig und reich. Ein grosser Wein, der jetzt auf seinem Höhepunkt ist. Das ist Bordeaux!
18/20 trinken, wenn immer möglich
92: Jéroboam: Diese Grossflasche erschien mir etwas weniger konzentriert als die Normalflaschen. Ein feiner, ausgeglichener Wein mit mehr Lafite- als Mission-Charakter. Trotzdem natürlich ein wunderschönes Trinkerlebnis.
17/20 trinken
93: Eine sensationelle Magnum an der Mühlbauer-Probe in Hamburg: Tiefere Farbe als die Jéroboam von 1992. Extrem dicht, viel Baumnüsse, Eucalyptuston wie bei einem 74er Heitz Martha's, Jodspuren. Trotz bourgeoiser Struktur ein gewaltiger Wein. Für diese Magnum:
19/20 trinken - 2010
93: Die Normalflaschen sind oft sehr, sehr reif. Ich trank ihn einmal bei Geni Hess in Engelberg und dann an der Engelhardt-Probe in Baden-Baden. Beide wirkten sehr bouquetlastig, was bedeutet, dass die Nase mehr Punkte hatte als der Gaumen. Die Säure ist spitz, die Struktur wirkt leicht und bereits ein bisschen gezehrt. Bewertung für die Normalflaschen: 17/20 unbedingt austrinken!
94: Im Bouquet zeigen sich nebst einem extremen Pferdestallton auch flüchtige Säure. Da der Wein jetzt langsam am Ende seiner schönsten Genussphase angelangt ist, zeigt sich das Nasenspiel verlockender als das Erlebnis im Gaumen. 17/20 austrinken

1967 La Mission-Haut-Brion   15/20
86: Mehr Würze und Extrakt als Haut-Brion. Feiner Wein, eher merlotlastig. 15/20 trinken

1970 La Mission-Haut-Brion   ??/20
91: Ist an verschiedenen Degustationen immer unangenehm aufgefallen. Es handelt sich um einen fehlerhaften, unsauberen Wein, der sehr essiglastig ist. deklassiert!

1971 La Mission-Haut-Brion   16/20
88: Magnum: Kompakte, matte Farbe. Scharfe, kräuterartige Nase. Im Gaumen erst viel Säure, darunter mager. Sehr schwierig zu bewerten. Man stand dieser Flasche mehr oder weniger ratlos gegenüber. 16/20 ??
92: Ich wollte es einfach wissen und ersteigerte mir nochmals eine Magnum. Tiefes, klassisches Bordeauxrot mit bräunlichen Reflexen. Extrem pferdige Nase, animalisch, rauchig. Grosser Gaumenauftritt, rustikal, feine Trockenheit im Extrakt. Trotzdem relativ elegant und sehr lang. Dürfte aber nur noch in Magnums ein derartig grosses Ereignis sein. 16/20 austrinken
94: Magnum: Sehr pferdige Nase, Jodton. Im Gaumen reif, etwas oberflächlich. 16/20 austrinken

1975 La Mission-Haut-Brion   20/20
89: Ein gewaltiger, monströser Wein. Bei Gert und Beate Kullmer in Deutschland getrunken. Sehr tiefe Farbe mit beginnendem, orangem Wasserrand. Pferde-Ledernase

Graves

(wie Lynch-Bages 1966) von erst zaghafter, später gewaltiger Intensität. Sehr reif, mit enger, dicht beschichteter Nase. Im Gaumen Tannin, Tannin und nochmals Tannin. Was wird das für ein Erwachen werden!
19/20 trinken ab 2000
90: Bei Pierre de Lusi in Pedrinate als Zugabe zu einem Weinabend. Grossartig!
91: In einer Blindprobe bei Hannes Scherrer: Dunkles Granat mit Nussreflexen. Süss, kompakt, Tee-, Erd- und Eisenton, Nüsse. Kräftige, griffige Struktur mit markantem Tannin. Während der ersten Phase mit 19/20 bewertet. Nach drei Stunden schaffte er aber problemlos das Punktemaximum. 20/20 trinken ab 2000
92: Zweimal innert kurzer Zeit getrunken. Der beste 75er. Wer ihn jetzt trinken will, soll ihn auf keinen Fall dekantieren, da er sich an der Luft konversationslos verschliesst.
20/20 trinken ab 2000
93: Parker-100-Probe in Hamburg: Ein Terroirkonzentrat von animalischen Noten, trockenem Cabernet, Minze, Jod. Der Gaumen wirkt unfertig, ungestüm. Ein Riese von einem Wein, wirkt wie ein Eisberg, von dem nur ein kleiner Teil ersichtlich ist und sich der Rest seines Lebens nur erahnen lässt. 20/20 2005 - 2050
94: An der 75er Probe. Für andere ein schwer verständlicher Wein, für mich weniger... 20/20 trinken ab 2000

1976 La Mission-Haut-Brion   13/20
87: Recht transparente Farbe. Offenes Pflaumenbouquet. Im Gaumen etwas spröde, wird aber durch einen gewissen Fettreichtum wieder wettgemacht. 15/20 austrinken
90: Hat den Zenit überschritten und ist gezehrt.
13/20 vorbei

1978 La Mission-Haut-Brion   19/20
88: Mehrere Male in einem Restaurant zu 48 Franken getrunken. Er wurde aus einem schmiedeisernen Gestell viel zu warm serviert. Schwer zu beurteilen. Schien mir etwas mastig, könnte aber auch von der Wärme her gewesen sein. 17/20 trinken
91: Öffnet sich vorsichtig und zeigt einen kleinen Teil seines riesigen Potentials. Männlich, herb, gross.
18/20 trinken - 2005
92: Dürfte sich mehr und mehr zum besten 78er überhaupt entwickeln. Purpur mit schwarzen Reflexen. Fette, füllige Nase mit gewaltiger Aromenpalette. Im Gaumen viel Fülle (Kokosfett und Butter) vermischt mit gesundem Extrakt, grüne Nüsse, kräftiges Tannin. 19/20 trinken - 2010
92: In einer Blindprobe degustiert: Verschlossene Potentialbombe. Kräuter, Minze, Karboniläum, Wachs, Trüffel, aber insgesamt total verschlossen. Im Gaumen stoffig, grüne Baumnüsse, reiches, griffiges Tanninkleid, extrem langes Finish. 19/20 1995 - 2010
93: Für 120 Franken in einem Restaurant getrunken.
19/20 1994 - 2010
94: Grüne Nüsse im Bouquet und viel Havanna. Im Gaumen fleischig, markantes Tannin. Mindestens eine Stunde dekantieren! 19/20 trinken - 2010

1979 La Mission-Haut-Brion   13/20 und 17/20
89: Scheint nicht gerade den besten Ruf in der Weinwelt zu haben. Ich habe ihn mehrere Male degustiert und bin der Ansicht, dass es zwei Sorten von Flaschen gibt. Eine schlechte Version: Charcuterie-Nase mit unharmonischem Körper. 13/20 trinken
Gute Version: Kompakt, verschlossen und noch ausbauend. 17/20 trinken ab 1993
91: Pferdiger Wein mit beissender Säure?? Eine miese Flasche!
92: Purpur-Orange. Pferdige Nase, Jod, grüne Baumnüsse, Kräuter- und Eucalyptusanflüge. Männlicher Körperbau im Gaumen, ungeschliffen, artisanal, rustikal. Mit etwas Geduld wird aus den kernigen Tanninen um die Jahrtausendwende ein sehr guter Wein werden. 17/20 1995 - 2010
94: Blind erkannt. Weil das Risiko gross ist eine schlechte Flaschenversion zu erhalten, bestelle ich diesen Wein nicht im Restaurant und kaufe ihn auch nicht an Auktionen nach. Deshalb freue ich mich immer, wenn es mir gelingt, an einem 79er Mission zu nippen... 17/20

1980 La Mission-Haut-Brion   14/20
86: Dumpfes Weinrot mit jahrgangstypischer Dichte. Mittelintensive, bescheidene Nase. Im Gaumen erst viel Säure, die sich nur mühsam mit dem dünnen Körper verbindet. Eigentlich ein Wein, der gut zum Essen passt, alleine als Weinerlebnis hat er eher Mühe. 14/20 trinken - 1994
90: Austrinken!
93: Am Ende seiner Konsumationsphase nochmals ein kurzes Aufblühen. 14/20 unbedingt austrinken

1981 La Mission-Haut-Brion   17/20
88: Rubintintige Farbe. In der Nase süsse Aromen und geröstetes Weissbrot, verdecktes Terroir. Reiche, feingliedrige Tannine. Der Wein ist aber im Moment noch trocken und sollte noch ausbauen können. 16/20 trinken ab 1994
92: Granat-Kirschrot. Feine Kräuternase, Eucalyptus, Baumrinde. Kräftiger, zupackender Gaumen, viel Rückgrat, braucht noch Zeit. 17/20 1994 - 2015

1982 La Mission-Haut-Brion   18/20
89: Ein typischer La Mission mit einem grossen, zukunftsversprechenden Potential. Gibt im Moment unter der Oberfläche mehr her als in der Nase. 18/20 trinken ab 1993
91: Erste Reife in der Farbe. Merlot-Präsenz mit Eucalyptus und Ingwer. Grosser Auftritt im Mund. Ein reicher, burgundischer Wein. 18/20 bald
92: Mit Hannes Scherrer und Ueli Eggenberger im Caveau blind serviert bekommen. Er ist jetzt am Beginn seiner Genussphase, zeigt eine abgerundete Säure, die Tannine sind mollig und vermitteln Charme. 18/20 trinken - 2000
93: Dunkles, tiefes Granat. Trüffel, Jod, grüner Tabak, langsam öffnend. Griffige Gerbstoffe, die aber mit Schmelz umgeben sind, feinsandige Textur. Sehr gutes Potential.
18/20 trinken - 2005

Gabriel

1983 La Mission-Haut-Brion **19/20**
87: Dichtes Farbkonzentrat. Exotische, köstliche Nase. Sehr viel Fleisch im Gaumen, dicker Körper, der von Tannin begleitet wird. 17/20 1995 - 2005
93: So viele Jahre hatte ich keinen Kontakt mehr zu diesem Wein. Aber jetzt! Niemand spricht von ihm. Viele sind, nach einigen versprechenden Publikationen, dem 78er nachgerannt und haben bis zu 200 Franken hingeblättert. Den 83er findet man zu dem Zeitpunkt, wo ich meine Notizen in den Computer reinhacke noch mit Leichtigkeit unter hundert Franken. Meine zehn Kisten habe ich zu 65 Franken/Flasche gekauft. Noch nie habe ich derart viele Flaschen von einem einzigen Wein seit dem 86er Clerc-Milon eingekauft. Die Farbe ist dumpf, dicht, undurchdringlich. Das Bouquet gibt etwa so wenig her wie der 61er Latour. Ein Wein ohne Kommunikation. Und doch... bei näherem „Hinriechen" kommt Süsse, Kräuter, Terroir, Havanna und vieles mehr, aber nur in Spurenelementen. Im Gaumen ist derartig viel Fleisch am Knochen, dass ein Schweinekotelett glatt vor Neid erblassen könnte. Extrakt, Stoff in komprimierter, dichter Form. Rentner sollten sich von diesem Wein distanzieren, denn er wird erst ums Jahr 2005 anfangen meine Vermutungen zu offenbaren.
19/20 2005 - 2030

1984 La Mission-Haut-Brion **14/20**
94: Auf dem Château verkostet. Grüner Cabernet mit viel Terroirwürze. Er strahlt zu viel Kälte aus, um darob warm zu werden. 14/20 trinken - 2003

1985 La Mission-Haut-Brion **17/20**
86: Fassdegustation: Blumig-fruchtige Nase. Tief mit enormer Konzentration. Wirkt verschlossener als andere 85er. Viel Tannin verbindet sich mit Spuren von rauchigem Vanille und exotischem Holz. 17/20 1996 - 2010
88: Arrivage: Unbefriedigend, wirkte stielig und trocken?

1986 La Mission-Haut-Brion **16/20**
87: Fassdegustation: Dunkler Holzton (Kastanien). Zurückhaltende Nase, diskrete Aromen von Tannin- und Holzprägung. Markantes Rückgrat. Weniger Potential als der 85er. 16/20 trinken ab 1995
89: Arrivage: Hat mich als eher leichter Wein enttäuscht!
91: Reduktiv und unnahbar, im Moment auf keinen Fall öffnen. Wird aber aufgrund seines momentanen Potentials sehr wahrscheinlich in ein paar Jahren 17/20 erreichen können.

1987 La Mission-Haut-Brion **16/20**
88: Fassdegustation: Würzige, leichte Nase mit warmem, pfeffrigem Cabernet unterlegt. Mehr Fett als Haut-Brion. 16/20 trinken ab 1991
90: Nase ein wenig geöffnet. Erdig mit Kaffeearomen. Wirkt im Moment etwas lose. 16/20 warten
91: Süffig, rund und gefällig. 16/20 trinken bis 1996
93: Zwanzig-, dreissigmal getrunken. Er ist einer der besten 87er. Es gibt aber auch einige Flaschen, die einen extremen Heuduft und ein stark oxydatives Bouquet aufweisen. 16/20 trinken - 1996
94: Aus einer superben Flasche zeigt genau dieser 87er La Mission, dass er einer der grossartigsten und lagerfähigsten Weine ist. In der Nase zeigt sich immer mehr das klassische Nussschalenbouquet. 16/20 trinken - 2000

1988 La Mission-Haut-Brion **17/20**
89: Fassdegustation: Sehr extraktreich mit Kirschen- und Pflaumenaromen. Mehr Gesamtpotential als Haut-Brion, samtene Tannine. 17/20 trinken ab 1996
91: Grüne Tabaknote. Im Moment ein bisschen hart. Weichselkirschen.
91: Granat-Violett, mittel. Offen, blaubeerige Frucht, eine Spur Cassis. Feines Parfüm, sehr feingliedrig und lang. Zeigt, dass der neue La Mission mit dem alten La Mission nicht mehr viel zu tun hat. Jene griffigen fast rustikalen Weine mit reifeverlangenden Tanninen wird es wohl nie mehr geben. 17/20 1996 - 2008

1989 La Mission-Haut-Brion **19/20**
90: Die malolaktische Gärung war noch nicht abgeschlossen, als wir den Wein direkt von der Barrique degustierten. Wirkte stielig und arrogant. Noch keine Bewertung!
91: So brutal darf man sicherlich nicht werten, oder man soll eben gänzlich davon absehen, junge Weine zu bewerten. Lustigerweise habe ich das Wort Italien schon bei der ersten Fassprobe erwähnt. Der 89er, im März 1991 degustiert, hatte süsse Tannine wie ein Sangiovese und zudem den typischen Amarenakirschenton. Ein sehr grosser Wein! 19/20
92: Arrivage: Schwarz-Violett. Verschlossenes Bouquet, reduktiv, grosses Terroir, Trüffel, Tabak, Nüsse, sehr konzentriert. Im Gaumen wiederum ein Konzentrat, Dörrfrüchte, Korinthen, Rauch, schmelzige, reife Tannine, mundfüllend, fleischig, reiche Adstringenz. 19/20 1996 - 2015

1990 La Mission-Haut-Brion **19/20**
91: Es scheint langsam Tradition zu werden, dass ich der erste sein darf, der auf Mission den neuen Wein verkosten kann. Rubine Intensität. Exotische, sehr saubere Frucht mit Marzipanton. Weiche Tannine, die rund wirken und viel Charme haben. Eigentlich stufe ich den Mission immer eher rustikal ein. Diesmal ist er aber finessenreich und elegant. Zwischen dem 88er und 89er Potential.
19/20 1996 - 2015
92: April: Rubin-Granat. Reife Nase, sehr fruchtbetont, leichte Zimtspuren. Im Gaumen Velours, feine Tannine, saftig. Lässt sich im Moment schön angehen.
18/20 1996 - 2010
92: September: Süss, Korinthen, Zedern, Tabak, Trüffel. Feinste Tannine im Gaumen, stoffig, fast salzig, ausgeglichene Adstringenz, Nussbaumholz im Finish.
18/20 1996 - 2010

Graves

93: Arrivage: Granat-Violett, aufhellend. Klassisches Graves-Bouquet, reife Frucht. Im Gaumen samtig, konzentriert mit sehr grossem Potential, dank seiner Ausgeglichenheit. 19/20 1998 - 2020

1991 La Mission-Haut-Brion **15/20**
92: Ein Viertel einer Normalernte. 60 % Merlot (!), 38 % Cabernet Sauvignon, 2 % Cabernet Franc. Granat-Purpur, recht dicht. Defensiv, verschlossene Nase, dahinter Vanille, Lakritze. Im Gaumen saubere Frucht, blaubeerig, verdeckte grüne Note, Tabak, mittelfeines Extrakt. 87er Konstellation. 15/20 1995 - 2003
94: Im Vergleich zu anderen 91ern recht hell. Wenig Frucht in der Nase, etwas Bakelit. Wird Mühe haben an den verführerischen 87er anzuschliessen, wirkt leider recht kurz. 15/20 bald - 2004

1992 La Mission-Haut-Brion **17/20**
94: Mittleres Kirschrot mit schöner Dichte. Reifes Fruchtbild, schöne Würze, gute Konzentration anzeigend. Erstaunlich kräftige Tannine, schöner Biss, hat gute Struktur und mehr Fleisch als Haut-Brion, eine Reussite. 17/20 1997 - 2008

1993 La Mission-Haut-Brion **17/20**
94: Dunkles Granat. Defensive Nase, darunter komplex ausladend, reife Frucht, Süsse ausstrahlend, Dörrfrüchte. Fleischiger, reicher Gaumen, gesunde Gerbstoffe, mittelfein, mittlere Konzentration, gut stützend und Rückgrat verleihend. In der Adstringenz zeigen sich gesunde Reserven, eher bourgeoiser Wein. 17/20 2002 - 2015

CHÂTEAU OLIVIER

1975 Olivier **16/20**
94: Reifendes Granat. Offenes Bouquet, schön ausladend. Aromatischer Gaumen, würzige Gerbstoffe, zeigt Rückhalt und verlangt noch nach Ausbau, adstringierend. 16/20 1996 - 2005

1979 Olivier **14/20**
92: Granat-Rubin mit orangem Rand. Offene, burgundische Nase, Merlot-Präsenz. Erdbeeren und wiederum Pinot-Affinität im Gaumen, rote Johannisbeeren, durch Säure erhalten. 14/20 austrinken

1982 Olivier **15/20**
93: Mittleres, reifendes Granat. Offenes, reifes, etwas gebranntes Bouquet. Im Gaumen schmeichelnd, Schokonote, leicht antrocknendes Tannin, gut gereift, mittlere Konzentration. 15/20 trinken - 1998

1983 Olivier **14/20**
86: Leichte, helle Farbe. Melissenton. Gefällig, bereits reif. 14/20 trinken

1984 Olivier **11/20**
87: Wesentlich leichter als der 83er. Stumpf, staubig, Kellerton. 11/20 trinken

1985 Olivier **??/20**
86: Vorabzug: Scharf, pfeffrig. Keine Bewertung!

1988 Olivier **15/20**
89: Defensive Nase mit Erdbeerenton. Viele gesunde, eigene Tannine. 15/20 trinken ab 1995
91: Süss, gekochte Früchte, Kirschen, Erdbeeren, eher wenig Säure. 15/20 trinken ab 1995

1992 Olivier **14/20**
94: Violettschwarze Farbe. Teer, Lakritze und Tabak in der Nase. Füllig, Tabaknote, bitter, fast keine Frucht und sehr erdig. 14/20 1996 - 2005

1993 Olivier **12/20**
94: Purpur-Rubin, aufhellend. Florales Bouquet, grüne Noten. Im Gaumen wiederum leicht von unreifer Frucht dominierend, grüne, bittere Tannine, verhaltenes Finish. 12/20 1999 - 2007

CHÂTEAU PAPE-CLÉMENT

Pape-Clément enttäuscht oft. Wer sich mit diesem Wein anfreunden kann, ist sicherlich ein sehr erdverbundener Mensch oder ein Havannaraucher. Denn Tabak und Terroir sind die Hauptmerkmale dieses Weines. Dazu kommt leider allzu oft ein aufdringlicher, weinbeherrschender Altfassgeschmack. Denken Sie daran, wenn Sie das nächste Mal einen solchen Pape-Clément trinken, und verwechseln Sie vor allem diese Aromen nicht mit Korkengeschmack.
Seit dem Jahrgang 1986 trägt der Wein eine andere, erfreulichere Handschrift. Mit den Jahrgängen 1989 und 1990 habe ich mich definitiv in den Pape-Clément-Fanclub eintragen lassen.

1953 Pape-Clément **17/20**
94: Harvey & Bristol-Abfüllung: Leuchtende, am Rand aufhellende Farbe. Starke Kräuternase, Kakao, Malz, dahinter sehr erdig. Die Säure wirkt ein bisschen dominant im sandigen Fluss, im Finish wiederum sehr erdig. 17/20 austrinken
94: Reifere Farbe als die Harvey & Bristol-Abfüllung. Ebenfalls malzige Nase, vermischt mit Natermanns Kräutertee, jodig. Im Gaumen etwas fülliger, ebenfalls mit sandigem Extrakt. 17/20 trinken - 2000

1959 Pape-Clément **17/20**
90: Mittleres Weinrot mit jugendlichem Schimmer. Ausladendes Bouquet, viel Würze und Terroir. Nuanciert, zugänglich mit rassiger Textur, rauchiges Finish. Schöner Wein! 17/20 trinken

1961 Pape-Clément   14/20 - 17/20

Sehr wahrscheinlich gibt es verschiedene Flaschenfüllungen. Kurioserweise war das fünfte 61er Pape-Clément-Erlebnis um rund drei Punkte besser als der vorangegangene Durchschnitt.
89: Leichter Foxton, der auf eine erste Oxydation schliessen lässt. Dünner Körper, vegetaler Geschmack, Cigarrenkiste im Finish.   14/20 austrinken
90: Eine jüngere, bessere Flasche mit etwas mehr Potential.   15/20 trinken
91: Dichte, kräftige Farbe. Kalter Rauch und Bakelit in der Nase (Pneu). Kalter Tee und schwarzer Tabak. Feiner, eleganter Körper, aber trocken und fast zähnebeschlagend. Kam bei Gerstl und Scherrer bedeutend besser weg.
    16/20 austrinken
92: Granat, mittlere Farbdichte, orange Reflexe, Jod, Rauchtee. Im Gaumen tabakig, Cigarrenkiste, Süssholz. Oxydiert sehr rasch an der Luft. Nicht dekantieren.
    15/20 austrinken
93: Eine sehr gute Flasche, super konditioniert.
    18/20 trinken - 2005

1964 Pape-Clément   16/20

94: Mittlere Schulter: Eher helles Weinrot, reif mit orangem Rand. Nase langsam öffnend, dann stark jodiger Ton, Pferdesattel, Brackwasserton. Im Gaumen leicht, sehr aromatisch, Ledernote, sehr erdig.   16/20 austrinken

1966 Pape-Clément   15/20

89: Eher helle Farbe mit Wasserrand. Erd-, Altfasston mit grünem Tabak. Im Gaumen erstaunliches Potential, lang mit Druck. Der Gaumen ist bedeutend besser als die Nase. Man müsste beim Trinken die Nase zuhalten ... 17/20 für den Gaumen. 13/20 für die Nase, das ergibt einen Durchschnitt von: 15/20 austrinken

1970 Pape-Clément   15/20

90: Ein würziger wie immer tabakiger Wein, noch Extrakt und Säure anzeigend.   16/20 trinken
91: Auf Château Jonqueyres bei einem Nachtessen genossen. Sehr reife Farbe, eher hell. Offene Nase, Hagebuttenaromen. Im Gaumen dominierender Merlot, parfümiert, viel Kaffee. Reift sehr schnell an der Luft.
    15/20 austrinken, nicht dekantieren!

1971 Pape-Clément   13/20

90: Mittleres Granat mit orangem Rand. Fruchtige, burgundische Nase, wohl und zart duftend. Eher ein Nasen-, denn ein Gaumenerlebnis. Im Finish drahtig und ausgezehrt.   Nase 17/20, Gaumen 13/20 vorbei

1975 Pape-Clément   16/20

94: Dunkles, noch jugendliches Granat. Dichtes, konzentriertes Bouquet, Tabak, Havanna, Erd-Eisennote, Jod. Saftiger Gaumen, feine, dicht gegliederte Tannine, schön balanciert, leider eine leicht kapselige Zungennote.
    16/20 trinken - 2005

1976 Pape-Clément   11/20

85: Alte, faule Feigen, modrig, angesäuert. Einem Feind verschenken!   11/20 vorbei

1978 Pape-Clément   16/20

90: Verschiedene Eindrücke, als ob es verschiedene Assemblagen geben würde. Die schlechten wie immer faul. Die guten mit Terroir und mittlerem Potential. 13/20 trinken
92: Eine schöne Flasche. Granat mit Wasserrand. Jod, Tabak und feine Teernote. Im Gaumen Irish Moos, grüner Tabak und Peperonispuren. Entwickelt sich an der Luft, wilde Minze. Ein eleganter, finessenreicher Wein, im Finish kalter Rauch und Korinthen.   16/20 austrinken
94: Eine schöne Flasche. Vor allem das Bouquet gibt noch einiges her, währenddem der Körper etwas abgespeckt hat.   16/20 austrinken

1979 Pape-Clément   13/20

92: Granat, bräunlich. Offene Nase, Jod, Cigarrenkiste, zu Kopf steigend. Im Gaumen unsauber, erdig, pfeffrige Säuredominanz, Humusnote. Ein unharmonischer Wein ohne Zukunft.   13/20 austrinken

1981 Pape-Clément   13/20

89: Ein mieser, dünner Wein.   11/20 ausleeren
92: Komischerweise eine recht ordentliche Flasche anlässlich eines Wine & Dine im Giardino in Ascona. Reifendes Granat mit mittlerer Dichte. Welker Tabak, nasses Unterholz, faulige Pilze. Im Gaumen spitze Säure, erdig. Aussen gewisser Schmelz, auf der Zunge grüner, beherrschender Charakter, kernige Note. Bei diesem Wein war auch die Farbe tiefer als bei der Wertung von 1989. Der Altfasston verschwindet. Es könnte aber durchaus sein, dass es verschiedene Abfüllungen gibt.   13/20 trinken - 1998

1984 Pape-Clément   11/20

88: Wer diesen Wein trinken muss, sollte vom Châteaubesitzer Schmerzensgeld verlangen dürfen. Unvorstellbar, dass ein solcher Most überhaupt in Flaschen abgefüllt worden ist.   deklassiert!
92: Wie heisst es doch so schön im Sprichwort: "Die Zeit heilt viele Wunden!" Nach der Stinkphase ist der 84er Pape-Clément doch noch ein kleines bisschen besser geworden. Dumpfes Granat. Tabaknase, ledrig, Spuren von unreifem Traubengut (vegetal). Im Gaumen sehr erdig mit kleinen Unsauberkeiten. Metallische Bitterkeit, kernig. Die Nase ist besser als der Gaumen.   11/20 austrinken

1985 Pape-Clément   15/20

89: Unzugängliche Nase, wiederum Altfasstöne. Kann nicht objektiv bewertet werden. Punkte der Subjektivität. Wäre mehr daraus zu machen gewesen.
    13/20 trinken - 2002
94: Auf dem Château zum Mittagessen getrunken. Er hat sich erfreulich entwickelt. Der fassige Ton ist fast weg, und so macht er zu einem guten Gericht doch noch etwas Spass.   15/20 trinken - 2002

Graves

1986 Pape-Clément 17/20
88: Endlich wieder einmal ein Pape-Clément, der zeigt wer seine Nachbarn sind (La Mission und Haut-Brion). Mehrere Male degustiert. 16/20
90: Fundierte Tannine, wirkt nicht mehr so ledrig.
17/20 1993 - 2006
94: Sehr tiefe Farbe. Schönes Tabakbouquet. Im Gaumen noch kräftige, adstringierende Tannine. 17/20 1995 - 2006

1987 Pape-Clément 15/20
90: Erdig und tabakig. Das Potential wird jedoch im Moment vom Holz dominiert. 15/20 1993 - 1997

1988 Pape-Clément 18/20
89: Vorabzug: Total verschlossen. Viel eigenes Tannin, kompakt. Im Finish druckvoll. Nahe dem 86er Potential.
18/20 trinken ab 1994
91: Mittleres Purpur. Nase leicht geöffnet, Zedern, Teer und schwarze Beeren, Gummi. Schmeichelnder, veloutierender Gaumen, im Moment aggressive Zungenadstringenz. 17/20 1996 - 2008
94: Noch immer ein absoluter Jungbrunnen. Tiefe Farbe. Verschlossene Nase, Tabak, schwarze Beeren, Jod, kalter Rauch, fermentierter Tee. Im Gaumen sandiges, komprimiertes Extrakt. Ein lagerfähiger Wein mit grosser Zukunft.
18/20 1997 - 2012

1989 Pape-Clément 17/20
90: Mittlere Farbdichte. Tabakige Nase und reife Früchte. Im Gaumen eher feines (kleines?) Potential, mittlerer Druck.
16/20 trinken ab 1994
91: Ein 47er Typ. Aromen der Früchte sind leicht überreif. Hat an Länge dazu gewonnen. 17/20 trinken ab 1996
92: Arrivage: Granat-Purpur. Tabak, reduktiv, dahinter Kaffee, süss, Amarenakirschen. Der Toastgeschmack dominiert aber im Moment die Nase. Mittlere Fleischproportionen. Ein eleganter, langer Wein mit leicht „amerikanischem Schnittmuster." 17/20 1995 - 2005

1990 Pape-Clément 19/20
91: Superbe Farbe, tief, konzentriert. Kirschen und andere Früchte in der Nase. Feiner, jedoch fülliger Körper mit viel Charme, Velours und Terroir, schwarze Beeren, nervig. Mehr Tannine als 1989. Reichtum in Hülle und Fülle. Ich setze ihn mindestens auf die gleiche Qualitätsstufe wie Haut-Brion (!), und damit hat er sofort einen Vorteil durch sein Preis-Leistungs-Verhältnis. 19/20 trinken ab 2000
92: Nach einem fürchterlichen Essen bei Garcia im Chapon Fin in Bordeaux getrunken. Ich habe immer wieder behauptet, dass der Pape-Clément einer der ganz wenigen Weine ist, der zu einer Cigarre passen könnte. Diesen Test habe ich mit diesem Wein und einer Montecristo „A" gemacht.
19/20 für beide Elemente
93: An der Arrivage einer der ganz grossen Stars! Tiefstes Purpur. Mineralische Tabaknote. Griffiges, trockenes Extrakt, viel Würze und Konzentration, wirkt im Moment etwas reduziert und komprimiert, viel feinkörniger Gerbstoff. Vielleicht der beste Pape-Clément seit seiner Entstehung?
19/20 2000 - 2025

1992 Pape-Clément 15/20
94: Aufhellendes Granat, feiner Wasserrand. Bereits leicht öffnendes Bouquet, pflaumig, zugänglich. Süsser, schmelziger Gaumen, gebunden, schöne Süsse, aber leicht.
15/20 bald - 2002

1993 Pape-Clément 16/20
94: Da der Cabernet arg verregnet wurde, entschied Bernhard Poujol mehr Merlot im Wein zu haben. 55 % Merlot, 45 % Cabernet Sauvignon. Sattes, dichtes Purpur. Extrem vielschichtiges Bouquet, parfümiert, Edelhölzer, Zimt, Koriander, Havannanote, Weichseln- und Amarenakirschen, Schokoladenunterton. Leichter Gaumen, Spiel von roten Früchten und feiner Extraktnote, defensive Süsse, ein sehr eleganter, aber auch gleichzeitig eher leichter Wein. 16/20 1998 - 2007

CHÂTEAU SMITH-HAUT-LAFITTE

Der neue Besitzer Daniel Cathiard setzt alles daran, aus diesem Weingut ein Graves-Superstar zu machen. Mit dem weissen Wein mit gleichem Namen ist es ihm bereits gelungen. Beim Roten gilt noch die Devise: „Unmögliches wird sofort erledigt - Wunder dauern etwas länger!"

1975 Smith-Haut-Lafitte 15/20
94: Sehr reife Farbe, bräunlich. Offenes Ovomaltine-, Malzbouquet, ein Hauch Minze. Im Gaumen reife Gerbstoffe, zeigt noch eine verblassende Grösse, aber auch gleichzeitig eine schwindende Komplexität, sehr reif, ausgefranstes Finish. 15/20 vorbei

1979 Smith-Haut-Lafitte 12/20
89: Fruchtig-erdig. Griffiger Körperbau, kurz. 13/20 trinken
92: Granat, hell, Wasserrand. Wollige Nase, ranziges Fett, alkoholisch. Im Gaumen leichte Unsauberkeit, anstehende Säure, eher kurz. 12/20 austrinken

1983 Smith-Haut-Lafitte 14/20
88: Entwickelte Farbe. Mässiger Körper. Stummer Wein.
14/20 trinken

1984 Smith-Haut-Lafitte 12/20
88: Schöne, saubere Frucht. Passendes, jedoch grünes Tannin, Chaptalisationscaramel. 12/20 trinken

1985 Smith-Haut-Lafitte 15/20
94: Noch schön in der Farbe. Die Nase ist ausladend, zeigt ein klassisches, tintiges Graves-Bouquet, dahinter etwas überreife Frucht. Im Gaumen mittelschlank, leicht drahtige Struktur, fehlt an Fett und Fleisch für einen 85er.
15/20 austrinken

1986 Smith-Haut-Lafitte 15/20
88: Fassdegustation: Gleiche Farbe wie der 85er. Nase erst staubig, dann Würze von Ingwer und Ginseng. Weiche, fast bescheidene Adstringenz, dünner Körper. 15/20

90: Arrivage: Aufgeblasen, fett. Ein Aufschneider?
15/20 1993 - 2004

1988 Smith-Haut-Lafitte **14/20**
89: Fassdegustation: Mitteltiefe, rubine Farbe. Spitze Säure. Mundfüllend, aber trotzdem zu wenig drin und dran.
14/20 trinken ab 1993
91: Granat, aufhellend. Offen, zugänglich, sehr fruchtig, darunter Kaffee, Röstnase. Süsser Beginn, feingliedrig mit leicht mineralisch mitschwingendem Ton, gastronomisch.
14/20 1993 - 2002

1989 Smith-Haut-Lafitte **14/20**
92: Arrivage: Mittleres Granat. Offene Nase, Zedern, Zimt, Rauch, blaubeerige Nuancen. Im Gaumen aber rotbeerig, fein nuanciert, jedoch von eher leichter Konstellation.
14/20 1994 - 2002
93: Mittlere Farbtiefe. Offene Nase, zeigt nicht viel Konzentration, Marzipannote. Im Gaumen aussen süffig, innen metallische Spuren, die auch zähnebeschlagende Wirkung zeigen.
14/20 trinken - 2002
94: Macht sich, trotz gewisser Leichtigkeit, recht gut. Tintiges Bouquet, floral, dahinter Brombeeren. Samtener Gaumen, leicht mit eleganter Note, fein adstringierend, Heidelbeeren im Finish.
15/20 trinken - 2005

1991 Smith-Haut-Lafitte **13/20**
92: Softes Rubin. Fruchtige Nase, vermischt mit Lakritze, sehr sauber. Im Gaumen griffig durch Schalenextraktion, unreife Tannine.
13/20 1995 - 2003

1992 Smith-Haut-Lafitte **16/20**
94: Tiefes Violett. Komplexe Nase, Brombeerengelee, schön ausladend. Im Gaumen ansprechende Frucht, sublimer Charme mit gut eingebundener Säure, feine Adstringenz, warmes Fruchtfinish. Stützt sich mehr auf die Frucht als aufs Terroir.
16/20 1996 - 2005

1993 Smith-Haut-Lafitte **14/20**
94: Mittleres Purpur mit Granatreflexen. Defensives Bouquet, Spiel zwischen roten und blauen Beeren. Saftiger Gaumen, tendenziell leicht, etwas spitze Säure, aufrauhende Gerbstoffe, die vielleicht von der Barrique stammen könnten, mildes Finale, schlank.
14/20 1999 - 2008

Château
La Tour-Haut-Brion

1971 La Tour-Haut-Brion **17/20**
90: Erstaunlich kräftig und griffig. Mit Max Gerstl getrunken.
17/20 trinken

1978 La Tour-Haut-Brion **16/20**
90: Diskretes Bouquet. Pflaumig. Aussen weich - innen hart. Wer wartet wird vielleicht noch belohnt.
15/20 trinken - 2000
92: Granat-Purpur. Mineralische Nase, Pferdestall, Russ und Tabak. Im Gaumen zurückhaltend und durch rauhes Extrakt zäh. Bleibt auch nach dem Dekantieren eher trocken und sehr rustikal. Ideal zu kräftigen Fleischspeisen.
16/20 trinken - 1998

1979 La Tour-Haut-Brion **15/20**
89: Ist an einer 79er-Graves-Probe angenehm aufgefallen, auf gleicher Stufe wie la Mission.
15/20 trinken

1982 La Tour-Haut-Brion **15/20**
90: Typischer, animalischer, fast kerniger Wein, untere Mittelklasse.
14/20 trinken
92: Dichtes Purpur. Kurze Nase, defensiv, aber Fett anzeigend, plump. Gebratenes Extrakt, alkoholisch, zäher Fluss. Es fehlt ein bisschen an Finessen und Harmonie.
15/20 trinken - 2002

1985 La Tour-Haut-Brion **16/20**
88: Muffton, unsauber. Nasses Laub. Saurer Wicht.
Keine Bewertung!
94: Tiefes Purpur, leicht aufhellender Wasserrand. Schwierige Nase, altes Fass, abgehangenes Fleisch und nasses Unterholz. Sehr erdiger Gaumen, reifende Gerbstoffe, hat noch Biss, leicht metallisch in der Säure, sehr traditioneller Stil. Wegen dem Muffton eine Stunde dekantieren.
16/20 1996 - 2008

1986 La Tour-Haut-Brion **13/20**
89: Käsige Nase (Boursault). Im Gaumen tintig. Pferdestall. Extrem trockener Wein, der rauh und eckig wirkt. Im Moment nur
13/20 trinken ab 1995

1987 La Tour-Haut-Brion **14/20**
90: Offen. Tabak- und Erdton, kalter Schwarztee. Wenig Säure, feine Textur, mittleres Potential. 14/20 trinken - 1995

1988 La Tour-Haut-Brion **16/20**
90: Eher diskretes Bouquet, etwas pflaumig im Gaumen, aussen weich - innen hart. Hirschlederaromen und reife Alpenheidelbeeren. Sicherlich ein recht guter Preis-Leistungs-Wein.
14/20 trinken - 2002

Graves

91: Dichtes Violett. Leder-, Trüffelnase, Teer, animalisch, Zimt. Im Gaumen recht dicht und konzentriert, erst fein in der Struktur, dann zunehmend bourgeois und rauh. Tannine wie ein 75er. 16/20 2000 - 2015

1990 La Tour-Haut-Brion **16/20**
91: Mittlere Farbe mit Wasserrand. Veilchen- und Zwetschgenaromen. Im Gaumen Kaffee und leicht animalisch, schöner Schmelz in den Tanninen. Eher leichte Körperkonstellation. 16/20 1996 - 2006
92: Aussen weich, auf der Zunge pfeffrig, gutes Rückgrat, mittlere Konzentration. 16/20 1996 - 2006

1991 La Tour-Haut-Brion **13/20**
92: 100 % Cabernet Sauvignon. Granat-Bordeauxrot, aufhellend. Cassis und Tinte in der Nase, flüchtige Säure. Rauhe, eckige Tannine im Gaumen, zähnebeschlagend, Bitterkeit von Presswein, im Abgang schlank.
13/20 1994 - 2000

1992 La Tour-Haut-Brion **14/20**
94: Aufhellendes Granat. Erdige Würznote, Cigarrenkiste. Leichter Körper mit sandigen, bitteren Tanninen.
14/20 1996 - 2004

1993 La Tour-Haut-Brion **15/20**
94: Dunkles Granat. Aromatisches Würzbouquet, reife Frucht, eher rotbeerig, wirkt etwas gekocht. Griffige Gerbstoffe, etwas körniger Fluss, dunkle Terroirnote, grüne Nussschalen, lagerfähiger Wein, braucht Zeit.
15/20 2002 - 2012

CHÂTEAU LA TOUR-MARTILLAC

1975 La Tour-Martillac **14/20**
94: Reifendes Weinrot. Pflaumig-erdiges Bouquet. Leichter Gaumen, mittlere Konzentration, fehlt an Fülle, kurzes, banales Finish. 14/20 austrinken

1983 La Tour-Martillac **11/20**
88: Braun. Nase staubig. Magerer, kleiner Wein. 11/20

1984 La Tour-Martillac **10/20**
87: Dünn mit Karottenton. Viel zu viel Tannin.
10/20 nie trinken
92: Erstaunlich tiefe Farbe. Würznase, die noch anspricht. Im Gaumen aber extremer Blei-Kapselton. Faszinierende Möglichkeiten im Küchenbereich, für ein Weinglas aber völlig ungeeignet. 10/20 entsorgen

1985 La Tour-Martillac **15/20**
88: Viel Stoff. Margaux-Charakter. Seidig. Ein Überraschungswurf oder eine neu gestartete Zukunft?
15/20 trinken ab 1990

1986 La Tour-Martillac **13/20**
89: Gekochte Äpfel, eigenartiges Bouquet. Trockener Gaumen. 13/20 1994 - 2003

1992 La Tour-Martillac **13/20**
94: Tiefe, violette Farbe. Rotbeeriges Bouquet, marmeladig. Unreife Säure, vordergründig, pelzige Struktur.
. 13/20 1997 - 2006

1993 La Tour-Martillac **15/20**
94: Extrem tiefes, dichtes Purpur. Verführerisch süsses Bouquet, Waldhimbeeren, vielleicht eher eindimensional, mit Rauchnote unterlegt. Fülliger Gaumen, recht beerig mit schöner Aromatik, leider in den Tanninen auf der Zunge austrocknend. 15/20 1999 - 2010

WEINSPRACHE - SCHÖNE SPRACHE!?

Dies ist jetzt ein komplett anderes Kapitel. Hier geht es nicht um die Art, wie Weine schriftlich niedergeschrieben und analysiert werden, sondern um jene Kunst, in Prosaform das Wesen eines Weines einzufangen sowie ihn mit allen möglichen Attributten artikularisch auszuzeichnen. Man spricht über Wein wie über eine Person, oder aber auch wie über ein grosses Kunstwerk. Wein ist Kommunikationsbindeglied zwischen Menschen, die vielleicht ausser dem Wein überhaupt nichts gemeinsam haben. Aus Schweizer Sicht gesehen, habe ich einmal behauptet, dass die Weinsprache die fünfte Landessprache ist.

Wer an einem lukullisch-schlemmerischen Tisch nicht über Wein sprechen kann, kommt sich in manchen Fällen zwangsweise wie ein Analphabet vor.

Oft habe ich erlebt, dass Gäste einer Degustation lauernd auf positive oder negative Regungen in meinem Gesicht warteten, bevor sie den Mut hatten, einen Schluck zu trinken. Mit schönen Worten, schwärmerisch eingekleidet, schmeckt jeder Wein doppelt so gut.

In einer negativen Variante habe ich leider auch schon feststellen können, dass Weinfreunde ein Glas nicht mehr austranken, weil der Wein von mir zu stark kritisiert wurde. Ohne meine Begleitworte hätte man sich vielleicht gar noch eine zweite Flasche bestellt.

Weinsprache kann mit Humor bespickt sein, sie ist Genuss-Entertainement und Richterspruch zugleich. Ohne sie ist ein vollkommener Genuss gar nicht möglich. Dies werden Sie spätestens dann nachvollziehen können, wenn Sie ganz alleine Ihren allerbesten Wein entkorken.

Die besten Bordeaux-werte der letzten zehn Jahre

Die besten Werte

Die besten Werte errechnen sich aus dem Potential des Weines, dem quantitativen Genuss, der grundlegenden Qualität sowie seinem aktuellen Marktwert.
Mit etwas Glück sind die meisten dieser Weine heute noch auf Preislisten von Weinhändlern zu finden.
Es sind klar nicht die besten, gefragtesten oder gesuchtesten Weine eines jeweiligen Gebietes.
Es sind auch nicht Weine, die stetig steigende Preise auf Auktionen erzielen. Der Umstand, dass ein Wein nicht rar ist, heisst noch lange nicht, dass er nicht „sehr gut" oder gar „ausgezeichnet" sein kann. Manchmal sind es Distributionsschwierigkeiten des Châteaubesitzers, oder eines Weinhändlers, die für eine gesunde Preisstabilität sorgen.
Oder auch schlichtweg der Umstand, dass weder eine journalistische Feder noch eine spektakuläre Degustation zur Gratispromotion dieser Weine geführt hat.
Die Wahl war nicht einfach, denn in jeder Appellation gibt es meistens mehrere Kandidaten. Die endgültige Wahl habe ich dann jenen Weinen zugesprochen, die ich mir auch tatsächlich aus Überzeugung selbst in den Keller gelegt habe (oder aufgrund Subskriptionen noch in den Keller legen werde).

BORDEAUX BLANCS

Im Bereich der weissen Bordeaux gibt es wenig wirkliche Werte. Der teuerste - mit schlechten Kritiken - ist der seit 1991 existierende Aile d'Argent von Mouton-Rothschild. Eigenwillig, sehr gut, jedoch von hohem Preisniveau präsentiert sich der Pavillon Blanc du Château Margaux. Der weisse Talbot ist, von neueren Jahrgängen her gesehen, qualitativ unzuverlässig.
Furore machte hier in neuester Zeit der Blanc de Lynch-Bages. Der 90er als erster Jahrgang war schnell ausverkauft. Auch 1991 und 1992 sind kaum noch auf dem Markt zu finden. Wer die Augen offenhält, wird vom 93er, der Anfang des Jahres 1995 erhältlich ist, ein paar Flaschen, vielleicht gar eine Kiste kaufen können. Er verkauft sich zwar zu einem recht stolzen Preis, hat aber die Qualität eines grossen weissen Graves. Marktwert: ca. 40 Franken.
***1993 Blanc de Lynch-Bages**: Frisches, helles Gelb. Sehr aromatisches Nasenbild durch Sauvignon Blanc-Anzeige. Der Sémillon wirkt im Gaumen geschmeidig und verleiht dem Wein Fülle und Komplexität, feines Ananasfinish.*   *17/20 1996 - 2004*

GRAVES BLANCS

Durch die neue Weissweinvinifikation (Aufschlagen der Hefe, Vergären in der Barrique) sind selbst einfache Crus zu neuen, qualitativen Höhenflügen aufgestiegen. Der Önologe Denis Dubourdieu gilt hier als Initiant dieser neuen Qualitätsphilosophie. Gleichzeitig hat auch Michel Dupuy auf Château Fieuzal seit dem 84er zu experimentieren angefangen. Der 92er war aus dem Fass heraus bereits köstlich zu trinken, und ich habe ihm den Übernamen „ein Montrachet aus Bordeaux" verliehen. Er kommt Ende 1994 in den Handel. Marktwert: ca. 50 Franken.
***1992 Château de Fieuzal, blanc**: Helle Farbe mit lindengrünen Reflexen. Vielschichtiges, explosives Bouquet, der Sauvignon dominiert im Moment mit Pfirsich- und Nektarinenaromen. Pfeffrige, frische Säure, hochfeine Struktur mit seidig-würzigem Extrakt, zeigt ausgeglichene Adstringenz an, im Nachklang Kokos und Ananas. Die absolute 92er Reussite!*   *18/20 1997 - 2008*

SAUTERNES

Auf den ersten Anblick erscheint jeder Sauternes teuer. Wenn man aber weiss, welch niedrige Erträge, und welch grosser Aufwand hinter diesen zauberhaften Weinen steckt, ändert man schnell sein Vorurteil. Vergleicht man viele Jahrgänge miteinander, dann ist der teuerste - Château d'Yquem - auch klar immer der beste. Nur zwei Weine, schafften es je, dieses Qualitätsniveau zu erreichen: 1983 Château Climens und 1990 Château Rieussec. Da der Climens älter ist und somit schwerer aufzutreiben, habe ich mich für den Rieussec entschieden. Marktwert: ca. 60 Franken.
***1990 Rieussec**: Reifes Gelb mit Goldreflexen. Üppige, explodierende, fast erschlagende Nase, exotische Frucht. Im Gaumen extrem reich, frisch-pfeffrige Säure mit viel Leben und Rasse und zugleich perfekter Botrytis-Anzeige. Ich kann mich nicht erinnern, jemals einen derartig grossen, jungen Sauternes degustiert zu haben. Ein grosser, monumentaler Dessertwein, der in zehn, zwanzig Jahren Geschichte machen wird. 19/20 2000 - 2040*

ST. ESTÈPHE

Das Terroir des Bodens verleiht dem St. Estèphe eine gewisse, rauhe Kernigkeit und verlangt vom Käufer recht viel Geduld bis er seine Flaschen entkorken sollte. Leider sind viele, grosse Namen im Moment nicht auf dem neuesten Stand. Aufsteigend ist sicherlich Phélan-Ségur (sehr guter 89er!). Der beste Wert ist aber eindeutig der 88er Cos d'Estournel. Dies deshalb, weil er günstiger ist als der 89er und 90er und gleichzeitig der beste dieser drei grossen Jahrgänge. Die geographische Nähe zu den Weinbergen vom Nachbar Lafite-Rothschild geben dem jungen Wein eine vielschichtige Finesse. Zudem ist der Besitzer Bruno Prâts ein extremer Qualitätsfanatiker. Marktwert: ca. 48 Franken.
***1988 Château Cos d'Estournel**: Sehr tief, fast schwarz. Cassisnase, reife Beeren, kalter Rauch und leicht korinthig, gut hinterlegt mit dunklem Barriquenröstton. Im Gaumen voller Holunder, schwarze Beeren, reife Frucht und seidige, gleichzeitig gut stützende Gerbstoffe, elegantes, schön nachklingendes Rückaroma.*
                                                           19/20 1995 - 2007

PAUILLAC

Der Ruhm des Namens sowie der Umstand, dass sich auf Pauillacs Boden gleich drei Premiers Grands Crus Classés befinden, gibt jedem, auch noch so bescheidenen Wein, bereits eine nicht ganz billige Preisausgangslage. Ich habe hier den Sieger des „Coupe des Crus Bourgeois" ausgewählt. Pibran ist ein Wein, den ich schon zwei Jahre bevor er diese Auszeichnung bekam, auf Pichon-Baron, wo er vinifiziert wird, entdeckt habe. Damals notierte ich ins Degustationsbuch: „Heute habe ich einen kleinen Mouton entdeckt". Marktwert ca. 30 Franken.

1989 Château Pibran: Violett-Schwarz, Cassis, Brombeeren, gedörrte Bananen, sehr komplexes Nasenbild. Im Gaumen sind die Tannine mit Fett umgeben, sehr schmeichelnd, warmes Fruchtfinish. Ein schöner Wein mit Sex-Appeal, gemacht für eine Dekade.
17/20 trinken - 2000

ST. JULIEN

Da es in St. Julien keinen Premier Grand Cru gibt, sind die Preise insgesamt sehr homogen. Es finden sich deshalb viele, grossartige Weine zu recht vernünftigen Preisen. Bei neueren Jahrgängen ist der Léoville-Barton generell immer ein sehr guter Kauf. Da Cordier mit Distributionsproblemen kämpft und Gruaud-Larose grosse Mengen produziert, hat man gute Chancen vom legendären 86er noch ein paar Kisten auf dem Markt zu finden. Marktwert: ca. 50 Franken.

1986 Château Gruaud-Larose: Violett-Schwarz mit blutroten Reflexen. Hochdicht, komprimiert, erinnert in seiner konzentrierten Würze an einen Penfolds Grange, extrem tief, fast unergründlich. Im Gaumen Massen von Fleischextrakten, Zimt, schwarze Beeren und zupackende Adstringenz. Ein grossartiger, um die Jahrtausendwende legendärer St. Julien, mit dem man auch noch zwanzig Jahre danach anstossen kann.
19/20 1998 - 2020

MÉDOC

Im Médoc vereinen sich eine Vielzahl Crus Bourgeois in einer sehr attraktiven Preiskategorie. Abseits der Primeurhysterie kann man, auch heute noch, sehr gute 88er und 89er sowie 90er kaufen. Diese Weine liefern wiederum den Beweis, dass guter Bordeaux nicht teuer sein muss. Einer der Top-Aufsteiger ist Philippe Courrian aus Blaignan mit seinem La Tour-Haut-Caussan. Der 90er ist geradezu phänomenal, aber leider nicht mehr aufzufinden. Seit dem Jahrgang 1988 mischt auch das unter japanischer Flagge geführte Château Citran an der Spitze mit. Sociando-Malet steht im Moment auf dem Siegerpodest der Crus Bourgeois. Der Les Ormes-Sorbet wird von anderen Winzern oft als Lokomotive des Médoc bezeichnet. Jean Boivert führt dieses mittelgrosse Weingut aus Couqueques seriös und zuverlässig. Marktwert: ca. 24 Franken.

1990 Les Ormes-Sorbet: Tiefes Purpur, satt. Würziges Terroirbouquet, Korinthen, Kaffee, getrocknete Heidelbeeren. Im Gaumen reife, charmante Gerbstoffe, für einen Bourgeois fein gegliedert, schöne Balance, Black-Currant-Finish.
17/20 1995 - 2005

LISTRAC

Dieses Gebiet findet wenig Akzeptanz unter den Bordeaux-Kennern. Meistens sind die Weine recht hart und haben in ihrer Gaumenkonstellation nicht selten metallische Prägungen durch schlechte Drainagen im Rebberg. Der Fourcas-Loubaney ist mir an einer Degustation mit über 200 Weinen im Hotel Chartross in Bordeaux aufgefallen. Marktwert ca. 22 Franken.

1992 Fourcas-Loubaney: Tiefes Violett-Purpur. Dunkles Holz, Kaffee, eine verführerische Süsse steigt hoch. Sehr sauberes, gut proportioniertes Fruchtbild. Sehr guter Wein.
16/20 1997 - 2007

MOULIS

Klein aber fein ist diese Appellation, die sich auf dem Rücken vom Médoc befindet. Zwei Rivalen buhlen sich jeweils darum, der beste innerhalb dieser Region zu sein: Chasse-Spleen und Poujeaux. Der 93er Poujeaux von François Theil wird erst im Frühjahr 1996 ausgeliefert werden. Marktwert: ca. 25 Franken.

1993 Poujeaux: Fassprobe: Sehr dichte, satte Farbe: Purpur-Schwarz. Konzentriertes, komplexes Bouquet, rot- und blaubeeriges Spiel, Teer- und Terroirnase. Süsse Gerbstoffe, Amarenakirschen, sehr fein, seidig-stoffig, schöne Balance, viel Aromatik, sehr gute Adstringenz, Potential anzeigend. Sicherlich einer der besten 93er in diesem Preisbereich und gleichzeitig der beste Cru Bourgeois.
17/20 1998 - 2012

Die besten Werte

MARGAUX

Margaux ist eine der berühmtesten Weingegenden des Bordelais. Es gibt aber kein anderes Gebiet, das mit so grossen Namen, derartig fragliche Qualitäten auf den Markt bringt. Bei vielen Weingütern ist das Potential bei weitem nicht ausgeschöpft und wirklich gute Werte kann man - gleich der Situation im Burgund - an einer Hand abzählen. Die Wahl ist hier auf den La Gurgue gefallen. Ein kleiner Rebberg zwischen Palmer und Margaux, welcher vom ehemaligen Kellermeister von Chasse-Spleen betreut wird. Marktwert: ca. 25 Franken.

1989 La Gurgue: Purpur-Rubin, satt. Offenes, herrliches, reifes Früchtebouquet, kalter Rauch, Black-Currant, Cassis. Im Gaumen geschmeidige Gerbstoffe, schönes Fett, das sich mit der Struktur verbindet, verführerische Aromen im Finish. Macht jetzt schon Spass.

17/20 trinken - 2004

GRAVES (ROUGE)

Es gibt zwei teure Weine, die das Bild der roten Graves beherrschen: Haut Brion und La Mission-Haut-Brion, gefolgt von Pape-Clément und Domaine de Chevalier. Ein wirklich wahrer Wert - und dies seit vielen Jahren - ist der Haut-Bailly. In kleinen Jahren werden dort qualitativ schlechte Ernten rigoros deklassiert (Beispiel 1991). In alten Katalogen von Nicolas, einem der führendsten Qualitätsweinanbieter in Frankreich, wurde der Haut-Bailly in den dreissiger Jahren übrigens als teuerster Graves gehandelt. Marktwert: ca. 34 Franken.

1990 Haut-Bailly: Aufhellendes Granat. Ausdrucksstarke Nase, Rauch- und Zedernnote, reife Frucht, fett unterlegt. Im Gaumen weich, pflaumige Note, samtene, dicht gegliederte Gerbstoffe, viel Charme und Fülle.

17/20 1996 - 2012

ST. EMILION

Im veralteten, in der heutigen Zeit absolut nicht mehr nachvollziehbaren Klassement, wimmelt es nur so von Grand Crus. Das schlimmste ist der Rassismus innerhalb der Unterteilungen mit dem Wortspiel "Grand Cru" selbst. Da ich mir in neuester Zeit einen Spass daraus mache, Weine zu entdecken bevor Robert Parker den neuen Jahrgang rekognosziert, ist es mir eine besondere Freude, den von mir bereits im Frühjahr 1993 hoch bewerteten 92er Troplong-Mondot nochmals Revue passieren zu lassen. Subskriptionskunden von Mövenpick und Abonnenten des WeinWissers werden mir (vielleicht) einmal dankbar sein, denn 18 Monate nach diesen Prophezeihungen titelte der Wine Advocate: <<Troplong Mondot 1992: The star of the vintage!>>. Diesen Wein habe ich während einer Degustation bei einem Weinhändler in Bordeaux entdeckt. Er war derart unglaub-

würdig gut, dass ich mich - trotz Zeitmangel und Hetze während den Primeurdegustationen - entschloss, der Châteaubesitzerin Christine Valette einen Blitzbesuch abzustatten. Wahlweise degustierte ich verschiedene Barriquen bis ich definitiv überzeugt war, dass es sich hier um eine effektive Preis-Leistungs-Bombe handelte. Weil der 93er (17/20) ab Weingut wesentlich teurer war, ist der effektive Wert des Troplong-Mondot 1992 nochmals gestiegen. Marktwert: ca. 28 Franken.

1992 Troplong-Mondot: 100 % Merlot. Violett-Schwarz, für einen 92er unglaublich dicht. Superbes Nasenspiel, Amarenakirschen, Kaffee, Mandelholz, Röstnote. Hochdichter, feiner Körperbau, extraktreich, viel Stoff, die Säure fliesst schön ins Extrakt. *18/20 1996 - 2008*

CANON FRONSAC

Ein schwer vernachlässigtes Gebiet unter den Bordeaux-Freunden! Denn, ist ein Wein aus dieser Region gut, hat er auch automatisch einen guten Wert, weil das Preisgefüge sehr günstig ist. Durch massive Neuanpflanzungen im Merlot-Bereich, sind die neuen Jahrgänge charmanter, fülliger und besser. Auch hier wird zunehmend der Ausbau in der Barrique gefördert. Früher wurden diese Weine oft direkt vom Stahl- oder Zementtank in die Flasche gefüllt.

Der ausgewählte Château de Carles stammt aus einem grossen Jahr, das im ganzen Bordelais als eines der besten überhaupt gilt. Hinter dem Weingut selbst verbirgt sich eine gewisse Tragik. Weil durch die letzten, bescheiden ausgefallenen Jahrgänge wenig Ertrag in die Kasse der Weingutsbesitzer gelangte, waren diese gezwungen, Bilder aus Familienbeständen zu verkaufen, um das Château behalten zu können. Marktwert: ca. 16 Franken.

1990 Château de Carles: Extrem tiefe Farbe, violette Reflexe. Trüffeliges Bouquet, Terroirnote, die Frucht ist im Moment etwas verdeckt. Pfeffrige Tannine, recht viel Rückgrat. Da der Wein traditionell hergestellt ist, wird er erst in der Genussphase richtig aufblühen.

16/20 1997 - 2004

LALANDE DE POMEROL

Die Weine aus dieser Gegend fristen oft ein einsames Dasein als nicht beachtete Seiten in honorierten Weinkarten, als anonyme Bankettweine, oder eben leider auch als Füller von Regalen in Supermärkten. Bekannte Namen gibt es hier keine, aber eine Vielzahl von guten, tiefpreisigen Werten. Besonders als bekömmlicher, frühreifer Bordeauxwein für alle Tage. Diese Funktion könnte der einfache, aber gut gelungene Château Siaurac 1990 problemlos einnehmen. Marktwert: ca. 22 Franken.

1990 Château Siaurac: *Leichtes Rubin. Tabaknase, Johanisbeerengelee. Im Gaumen weich, süffig und unkompliziert.*   *15/20 trinken - 2000*

POMEROL

Zusammen mit der Appellation Margaux das zweite Gebiet mit extremen Qualitätsschwankungen und somit auch sinnlos verschwendetem Potential. Ein paar hundert Meter um Pétrus herum entstehen miserable, weitere hundert Meter entfernt wiederum sensationelle Weine. Gegen die prächtigen Schlösser im Médoc wirken die "Châteaux" nördlich von Libourne wie Bauernhöfe. Den "Coupe de Coeur" habe ich Gazin zugesprochen. Seit 1987 (inklusive 1987!) werden dort grossartige Weine hergestellt. Den 90er habe ich vielleicht zehnmal degustiert. In der letzten Degustationswertung habe ich ihm gar 19/20 zugesprochen, trotzdem ich die Potentialwertung noch auf 18/20 belassen habe. Die Zukunft wird es weisen... Marktwert: ca. 42 Franken.

1990 Gazin: *Violettes Rubin mit karmesinroten Reflexen, satt. Tabaknote in der Nase, vermischt mit Maul- und Preiselbeeren, Kaffee-, Rauch-, Terroir- und Zedernaromen. Im Gaumen reich, Caramelton durch Séguin-Moreau-Barriquen, schwarze Beeren, Trüffel im Finale. Ein grossartiger 90er im Schattendasein vieler, bekannter (und teureren) Pomerols.*   *18/20 1996 - 2010*

St. Emilion

Grösster Wein:
1947 Cheval-Blanc

Bester Wert:
1992 Troplong-Mondot

St. Emilion

CHÂTEAU L'ANGÉLUS

Ein leuchtender Stern am St. Emilion-Himmel. Aber noch nicht so lange: Der Aufstieg ist programmiert. Seit 1983 neue Inoxtanks, seit 1985 höherer Anteil neuer Fässer, seit 1988 Thermoregulation, eine „Table de Trie" und retour zur hundertprozentigen Handlese.

1961 L'Angélus — 17/20
91: In einer 61er Blindserie. Ich habe ihn deklassiert, ohne im Urteil festhalten zu können, ob es eine schlechte Flasche war, oder ob der Wein das Zeitliche bereits seit zehn Jahren gesegnet hatte.
Keine Bewertung, sehr wahrscheinlich vorbei!
92: Hannes Scherrer-Probe: Mittleres Granat mit ziegelroten Reflexen. Fruchtkonfitüre, Schokolade, Minze, Rauch, Zedern. Im Gaumen füllig, süss, mit Anflügen von exotischen Früchten im ebenfalls süssen Finish. 17/20 trinken

1975 L'Angélus — 13/20
94: Reifes, stark aufhellendes Weinrot. Schoko-, Butternase, offen. Leicht anstehende Säure auf der Zunge, drahtiger Körper, inkonsistent, fehlt an Ausdruck.
13/20 trinken - 2000

1979 L'Angélus — 15/20
92: Purpur-Granat, recht jugendlich. Süsse Nase, Zimt, reife Früchte, Marmelade, Tee. Trockener Gerbstoff, lange Mazeration, zäher Fluss, im Finish Nelkenton.
15/20 trinken - 1996

1981 L'Angélus — 15/20
87: Zarte, feine Nase. Voller Gaumen mit Biss. Schöner Wein. 15/20 trinken - 1995

1983 L'Angélus — 17/20
89: Als 83er St. Emilion extrem tiefe Farbe. St. Julien-Nase mit viel Zedernholzaroma und Würze. Im Gaumen Pfeffer und Säure, extremer Zungenbeschlag, gute Zukunft.
17/20 1995 - 2006

1985 L'Angélus — 14/20
89: Ein Wein, der bei mir im Gegensatz zu anderen Degustatoren weniger Gefallen fand. Zu viel Tannin, das diesen eher zarten Wein antrocknet. 13/20 trinken
91: Hat an Fett zugelegt und ist jetzt im Moment burgundisch. 15/20 trinken
93: Jetzt ist die sanfte Fettschicht bereits wieder verschwunden und die leicht metallische Prägung bekommt Oberhand. 14/20 austrinken

1987 L'Angélus — 13/20
91: Offene, kaffeepflaumige Nase. Wenig Säure mit schmeichelndem Körper. 13/20 trinken

1988 L'Angélus — 19/20
89: Extrem dichte, tiefe Farbe. Gebündelte Brombeerennase. Mittlere, gut balancierte Tanninstruktur, langes Finish. 18/20 trinken ab 1995
90: Pfeffrige Nase, Vanilleholzton. Interessantes, grosses Potential. 18/20 1995 - 2000
91: Die absolute Bombe während der Arrivage: Violett, fast schwarz. Voll, tief, konzentriert, Zedernholzanflüge. Im Gaumen füllig, komplex, perfekte Adstringenz, fleischig und ausgeglichen. 19/20 1996 - 2006
92: Ein unfassbarer Wein, was die Farbe, die Konzentration angeht. Wie kann ein Weingut innert so kurzer Zeit derart aufsteigen, dass selbst ein Cheval-Blanc zittrige Knochen vor einem möglichen Zweikampf bekommen muss? Trotzdem, noch ist nicht aller Tage Abend und die neuen Jahrgänge müssen noch ein paar Jahre beweisen, dass sie keine typischen Degustationsblender sind, sondern auch einen fairen Langstreckenlauf nicht scheuen.
19/20 1996 - 2006
94: Im Moment total verschlossen. Die Fruchtphase ist abgeklungen und das Extrakt zeigt sich komprimiert und konzentriert, aber auch gleichzeitig fast sandig auf der Zunge. 19/20 1997 - 2007

1989 L'Angélus — 17/20
91: Granat mit violetten Reflexen. Fette, üppige Nase, gekochte Früchte. Feine Bitterkeit in den Tanninen. Versprechender Wein. 16/20 trinken ab 1995
92: Mit Walter Kaufmann getrunken. Ein tiefdunkler Wein. Offene Nase, geprägt von dunklem Barriquenröstton und blauen Beeren (Brombeeren.) Im Gaumen extrem fein und dicht beschichtet. Nicht so überbraten wie einige andere 89er, also mit direkter Fruchtanzeige auch im Gaumen. Steht leicht hinter seinem 88er Potential. 17/20 trinken - 2004

1990 L'Angélus — 18/20
91: Kräftige Farbe. Minze und Eucalyptus in der Nase, Cabernet Franc-Dominanz (45%). Im Vordergrund leichte Bitterkeit in den Tanninen, dafür im Finish viel Schmelz. Die Moderne schlägt zu! 18/20 trinken ab 1997
93: Schwarz-Purpur, satt. Kaffee, Backpflaumen. Weicher, aber sehr dichter Gaumenfluss, reife Tannine, Brombeerengelee mit warmem Cassisfinale. 18/20 1995 - 2008
93: Die dunkelste Farbe aller St. Emilions, fast schwarz. Konzentriertes Fruchtbild, schwarze Beeren, Rauch. Im Gaumen wiederum sehr konzentriert, komplex und ausgeglichen, viel Aromatik, mittlere Länge, aber sehr viel Rückaroma. 18/20 1995 - 2008

1991 L'Angélus — 16/20
Nur 3,5 hl/ha Ertrag. Recht tiefe Farbe. Offenes Bouquet, Brombeeren, Kaffee, schwarzer Zucker. Aussen Charme, innen sind die Tannine etwas kernig, feine Bitterkeit mit grünen Spuren auf der Zunge. Gehört aber trotzdem zu den besten 91ern. 16/20 1995 - 2003

1992 L'Angélus 17/20
93: 20 % deklassiert. 65 % Merlot, 33 % Cabernet Franc und 2 % Cabernet Sauvignon. Schwarz. Kaffee, feine Rauchnote, eingedickter Brombeerensaft, fein nuanciert. Körniges Extrakt, schöne Adstringenz, hat Kraft und Potential, sehr gut. Der Cabernet Franc dominiert etwas und gibt eine florale Note. 17/20 1996 - 2007

1993 L'Angélus 18/20
94: Tiefes Violett mit schwarzen Reflexen. Brombeeriges Bouquet, Zedern, nuanciert, Edelhölzer. Reicher, ausladender Gaumen, die Gerbstoffe sind mit rundem Schmelz umgeben, viel Aromatik, wiederum Brombeeren, gute Adstringenz, über dem 89er. 18/20 1998 - 2012

CHÂTEAU L'ARROSÉE

1957 L'Arrosée 17/20
91: Magnum: Kräftiges, dichtes, noch jugendliches Weinrot. Süss, Kirschen, Kaffee, Portwein, Ingwer. Süffiger Gaumenauftritt gepaart mit junger, fast pfeffriger Säure. Ledertöne, mittleres Finish. Schien mir noch recht jung mit ausbauendem Potential. Einer der besten 57er.
17/20 trinken - 2000

1961 L'Arrosée 18/20
88: Ein hervorragender 61er, der nicht wie andere Weine dieses Jahrganges, die Tendenz hat, an seinem grossen Potential kaputtzugehen. Grosse Erscheinung, wächst am Glas. Wuchtige, würzig fruchtige Nase. Ausladend. Im Gaumen weiches Fleisch. Weinig, begleitende, elegante Adstringenz. Langes Finish mit feiner Würze.
17/20 trinken
91: Leuchtendes Weinrot. Wermutkraut und feine Küchenkräuter. Trotz dieser Kräutertöne noch recht frisch in der Nase, fast pfeffrig, mit Melisse nach 10 Minuten. Charmanter, füllig-samtiger Gaumenfluss. Nach wie vor saftig. Nach den grossen Namen ist und bleibt er die Überraschung in der 61er Szene aus St. Emilion.
18/20 trinken - 2000

1962 L'Arrosée 13/20 und 18/20
(unterschiedliche Flaschen)
88: Mittleres Granat. Volle Nase, fein gewürzt. Hagebuttenaromen. Dünner Körper, der nur noch durch die Säure erhalten ist. 13/20 vorbei
94: Dunkles Purpur. Offenes, sehr reifes Terroirbouquet. Im Gaumen homogen, sensationelles Säurespiel, das Frische verleiht, relativ schlank, feine Gerbstoffe, gut gegliedert und vielschichtig, superbes Parfüm, rotbeeriger Charakter, vor allem Preiselbeeren, ein sensationeller, graziler Wein. 18/20 trinken - 2000

1971 L'Arrosée 15/20
85: Reife Nase mit schöner Würze. Im Gaumen recht weinig ohne Gerbstoffresten. Jetzt auf dem Höhepunkt.
15/20 austrinken

1976 L'Arrosée 12/20
87: Süssliche Nase, jedoch im Mund rauh und kernig.
12/20 austrinken

1978 L'Arrosée 15/20
92: Purpur, sehr dicht. Rotbeerige Nase, Konfitüre, Erdbeeren mit Burgunder-Würze (Echézeaux). Entwickelt sehr rasch Würze und zeigt gutes Terroir an. Im Gaumen Rauch, erst verhalten. Entwickelt an der Luft nach ein paar Minuten Charme. 15/20 trinken

1979 L'Arrosée 15/20
91: Mitteldichtes Granat mit fortgeschrittener Farbe. Offene Nase, gekochte Paprika und diskretes Leder, Kaffee. Eleganter Gaumenfluss mit pfeffriger Säure, hinten weich und schmelzig, vollreif. 15/20 trinken
92: Tiefes Granat mit orangem Rand. Kakaobutter, Rauch. Leichter Körper, feiner Kapselton, dahinter elegant.
15/20 austrinken

1982 L'Arrosée 16/20
92: In einem 18 Punkte Restaurant zu 78 Franken getrunken. Reife Farbe. Offene, trüffelige Nase, wunderschönes Bouquet. Reifer Gaumen, schmeichelnd, dunkle Pilze, weiche Tannine. Ist jetzt auf dem Höhepunkt.
16/20 trinken - 2000

1985 L'Arrosée 17/20
89: Ich habe mich viel zu wenig mit diesem herrlichen Wein beschäftigt. Kräftige, gut fundierte Nase, alter Stil. Im Gaumen rund, mit engem Tanningefüge. Grosses Alterungspotential. 17/20 1993 - 2004

1986 L'Arrosée 17/20
89: Tiefe Farbe mit violetten Reflexen. Breites, interessantes Bouquet mit Tiefe, Teer. Viel Substanz und Extrakt.
16/20 trinken ab 1995
91: Magnum: Granat mit Wasserrand. Süss, vollbeerig. Preiselbeeren und Ingwer. Wirkt sehr dicht und gleichzeitig auch sehr fein. 17/20 1994 - 2004

1987 L'Arrosée 15/20
90: Schwarze Reflexe. Zedernholz, verlockendes Aromenspiel. Starke Adstringenz im Gaumen. Zeigt ein recht gutes Potential für einen 87er. 15/20 1994 - 2000

1988 L'Arrosée 14/20
91: Granat mit orangen (!) Reflexen. Offenes Toast-Fruchtbouquet. Im Gaumen Frucht und Cassis, viel Vanille. Wirkt sehr kommerziell, aber auch gleichzeitig recht dünn. Wird sich zu schnell entwickeln. Die Barrique dominiert den Saft.
14/20 1994 - 2000

St. Emilion

1989 L'Arrosée ??/20
90: Mittleres Granat, schwierige Nase (Charcuterie). Im Gaumen Cassis und exotische Früchte. Wirkt trocken und zähflüssig, rauhe Textur.
Keine Bewertung, wieder degustieren!

1990 L'Arrosée 17/20
93: Reifendes Purpur. Volles Röstbouquet unterlegt mit kandierter Frucht. Kaffee-Toastton auch im Gaumen, saftiger Fluss, mittelgewichtig, überreife Walderdbeeren, mittleres Finish. Moderner Wein. 17/20 trinken - 2002

CHÂTEAU AUSONE

Der erste Kontakt mit Ausone fällt vielen schwer. Der zweite ebenfalls. Beim dritten Anlauf schafft man entweder die Hürde, oder man gibt es auf. Es kommen wenig wirklich grosse Jahrgänge aus diesem Weingut, und der Wein braucht eine Engelsgeduld. Jungweine enttäuschen oft. Auf dem Château herrscht ein menschliches Chaos. Der Regisseur Pascal Delbeck und der Besitzer Alain Vauthier sehen sich offensichtlich lieber vor Gericht als im Keller.

1953 Ausone 16/20
93: Von allen Premiers des Jahrganges 1953, die wir bei Anton Brandstätter in zwei Tagen degustierten der schwächste Wein! Mittlere Farbtiefe, ziegelroter Rand. Wenig Ausdruck in der Nase, etwas Schokolade, defensive Waldbeerensüsse. Im Gaumen mit prägnanter Säure belegt, die sich nicht so recht mit dem Körper verbinden will. Entwickelte sich noch etwas in der Nase, zu Lasten der Gaumenaromen. 16/20 austrinken

1955 Ausone 17/20
94: Reifende Farbe, starker brauner Rand. In der Nase pferdig, fast wie ein Pauillac, leicht flüchtige Säure, süsse Kräuter, Riccola-Hustenbonbons. Leicht anstehende Säure, die sich aber nach und nach mit dem Dekantieren einbindet, zeigt Süsse, wunderschön zu trinken, hält sich gut, moosig, ledrig-süsses Finale, etwas an Schuhcreme erinnernd. 17/20 austrinken

1957 Ausone 11/20
91: Müdes, dumpfes Granat mit Mahagonifärbung. Nase in der Würzphase mit starker Oxydation. Wirkt verrochen. Im Gaumen Rindsbouillonaromen. Hat den Zenit sehr wahrscheinlich schon mehrere Jahre überschritten.
11/20 vorbei

1959 Ausone 18/20
90: Hat in einer Blindprobe sogar Cheval um ein kleines bisschen geschlagen. Transparente Farbe. Offenes Bouquet, ausladend, fein, elegant. Milchiger, füllender Fluss, noch leichte Gerbstoffprägung, mineralische Terroiraromen. 17/20 austrinken

93: Sehr reife Farbe, hell. Süsses Bouquet, Sesam, Gerstenmalz. Im Gaumen noch gute Säure anzeigend, reifes Tannin, samtiger Fluss. Ein grosser Ausone.
18/20 trinken - 2005

1961 Ausone 18/20
88: Mittlere Farbe mit leichten Altersreflexen. Wässriger Rand. Nase mit spürbarer Süsse (Kandiszucker). Weicher Körper mit säuerlicher Adstringenz. Wirkt nach längerem Öffnen hohl und gezehrt. Also öffnen und sofort trinken, oder gibt es bessere Flaschen? 16/20
91: Eine superbe Flasche an einer Buttinger-Probe: Intakte Farbe, leuchtend mit bräunlichen Reflexen. Eisenkrautnase (Verveine), süss. Ingwer, Rum (Zuckerrohr). Im Gaumen rauchig, vanillig mit dichten Reserven im Extrakt.
18/20 trinken - 2000
P.S. Ich war wieder einmal der einzige mit dieser hohen Punktezahl in einer Sechsserserie von 61er St. Emilions. Der Beweis dafür, dass es immer weniger Menschen gibt, die Finessen nicht mit „dünn" verwechseln. Es gibt leider immer mehr Weinfreunde, die zu Drogensüchtigen geworden sind und auf Power (Alkohol) abfahren. Schade!
92: Hannes Scherrer-Probe: Bräunliche Farbe. Vollreife Nase, Hefe, Caramel, Rohrzucker, Jodnote. Im Gaumen fein und elegant. Ein Lafite aus St. Emilion. Blind degustiert.
18/20 trinken

1962 Ausone 17/20
85: Zu Hause bei William Gernet getrunken. Ein wunderbarer Wein, der noch frisch und fein wirkte. Weiniger, langer Körper ohne Tannine, geprägt von Wildaromen.
17/20 trinken
89: Ist schnell ausgereift. 16/20 austrinken
92: Eine Flasche aus meinem Keller: Recht schön, jugendlicher als die vorangegangenen Notizen. Ein süffig-feines Trinkerlebnis. 17/20 austrinken
94: Reifendes Granat. Süsses, rosiniges Bouquet, viel Süsse, fast marmeladig, ausladend. Im Gaumen saftig, cremig, dunkles Caramel, süsses Finish, ein Trinkspass der Superlative. 18/20 trinken - 2000

1964 Ausone 18/20
91: Ein grosser Ausone. Gehört mit Cheval und Canon zu den ganz grossen 64er Libournaisern. Kräftig und fein zugleich. 17/20 trinken - 2000
91: 3/8 Flasche: Ich konnte auf einer Auktion mehrere „Schöppli" kaufen, die je nachdem den Zenit leicht überschritten hatten, oder aber auch auf dem vollendeten Höhepunkt waren. Die besten reichen problemlos an die vergebene Punktezahl heran. Süss mit Nuancen zum etwas konzentrierteren 47er Cheval-Blanc.
92: In Wien: Eine eher müde Flasche mit verwässertem Finale. 15/20 austrinken
93: In der 64er Blindprobe der Star. Reifendes Granat mit orangen und braunen Reflexen. Buttrig, süss, Caramel, geröstete Mandeln, Nüsse. Im Gaumen Portwein-Nuancen durch heisses, überreifes Traubengut, füllig und harmonisch. 18/20 trinken - 2000

Gabriel

94: Dunkles Orange-Granat. Irish Moos, Kräuter-Hustenbonbons, sehr süss, Portwein-Nuancen, Malaga, Curry, verführerisch. Schmelziger, saftiger Gaumen, Waldboden, Malaga, sehr gut balanciert, Darjeeling im Finish.
18/20 trinken - 2000

1966 Ausone   18/20
90: Die einzige Flasche, die ich hatte, ist mir beim Kellerbau runtergefallen. Sie hat wunderbar geduftet, jedoch waren die Scherben so klein, dass kein Tropfen mehr zu retten war. Es ist zum Weinen!
90: An einer 66er-Degustation: Tief, dicht. Merlot-Havannabouquet, Erd-Eisenton. Erschlagende Intensität. Der beste Ausone, den ich bis jetzt getrunken habe.
18/20 trinken
93: Ein kräftiger St. Emilion, den man kurz dekantieren sollte. Er beginnt mit einer grünlichen Cabernet Franc-Note und entwickelt sich dann immer mehr zu einem umwerfenden, duftigen Wein mit sehr viel Rückgrat und Charakter.
18/20 trinken - 2005
93: Blind mit Cheval, Canon und Figeac verglichen. Er war sehr enttäuschend. Die Säure lebt, der Wein ist tot. Eine schlechte Flasche.   13/20 vorbei
94: Reifende Farbe, am Rand stark aufhellend. Buttriges Bouquet, Pralinen. Im Gaumen schlank, schöne Länge, die Säure beginnt leicht zu dominieren, etwas drahtig im Finish.   15/20 austrinken

1969 Ausone   16/20
94: Sehr reife Farbe, Orange-Braun. Süsses Dörrfrüchtebouquet, Tee. Auch im Gaumen zeigen sich Schwarzteenuancen, Rosmarin, Kräuterlikör, Portwein-Charakter, trockene Gerbstoffe, viel Aromatik. Obwohl der Wein oxydative Züge aufweist, wird er durch seine eigene Süsse stabilisiert. 18/20 beim Einschenken in der Nase. Dann trocknet er aus und sinkt permanent auf 16/20, nicht dekantieren.
16/20 austrinken

1970 Ausone   16/20
86: Aufhellendes, braunes Granat. Kandissüsse Nase. Im Gaumen zwielichtiges Kräuterspiel. Vordergründig mit aktiver Säure. Moosiger, fast fauliger Gaumen. Ein schwacher 70er.   15/20 austrinken
93: Mittlere Farbtiefe. Erdig-faulige Nase, braucht Luft, laktische Note, wenig Ausdruck zu Beginn, nimmt aber kontinuierlich an Intensität zu. Kräftiger, säurebetonter Gaumen, wirkt trocken, fast herb mit Adstringenz, die noch Reserve anzeigt. Da er im Gaumen mehr bringt als in der Nase ist anzunehmen, dass er in fünf, ja gar zehn Jahren noch mehr zeigt. Einmal mehr ein Ausone, der nicht jedermanns Sache ist.   16/20 trinken - 2005

1971 Ausone   14/20
87: Im Wesen ein 76er Ausone, jedoch mit kleinerem, eher magerem Körper. Sehr terroirbetont im Gaumen, wirkt gezehrt.   14/20 austrinken

1973 Ausone   12/20
85: 3/8 Flasche: Ich hatte ein paar 3/8 Flaschen, die ich austrinken musste. Der Wein war überreif und roch nach geschnittenen, verwelkten Küchenkräutern, Rosmarin, Thymian und etwas nach ranzigen, schweren Nüssen.
12/20 austrinken

1975 Ausone   18/20
94: Sehr tiefe Farbe, dicht. Malziges, süsses Bouquet, Minze, Eisenkraut, verführerische Kräutertöne. Noch Reife verlangende Säure, markante Gerbstoffe, griffig, viel Extrakt, leichte Stielnote, Ein knochig trockener, bourgeoiser Wein mit extrem langem Rückaroma.
18/20 trinken - 2020

1976 Ausone   17/20
88: Intensive Nase, vielschichtig, breit. Reife Waldfrüchte und Küchenkräuter, weich und enorm lang. Einzig eine Spur zu viel Säure, die die Harmonie dieses herrlichen Weines stört.   17/20 austrinken
91: Mit Christian Moueix am Mittagstisch getrunken. Die Säure hat sich abgebaut, und der Wein, der sich jetzt auf dem Höhepunkt befindet, wirkt ausgeglichen und ist ein feines, fülliges, süffiges Erlebnis.   17/20 austrinken

1978 Ausone   15/20
87: Hat mich an einer St. Emilion-Blinddegustation sehr enttäuscht. Vielleicht braucht dieser Wein mehr Verständnis als ich im Moment aufbringen kann. Maximal
15/20 trinken
91: In Holland getrunken. Jugendliche, mittlere Granatfarbe. Defensive, nur langsam sich öffnende Nase ohne direkte Primäraromen. Kerbel, Waldfrucht und Ingwer im Gaumen. Passende Säure zu mittlerem Körperbau. Feine Quarzstruktur. Fehlt insgesamt als Premier an Ausdruckskraft. Trocknet aus an der Luft, also nicht dekantieren.
15/20 trinken - 2010
92: Mattes Granatrot. Kreideton, Tinte, wenig Frucht, Räucherkammer und Gewürznelken. Im Gaumen vegetal, Waldbeeren mit störender Zungenadstringenz, alkoholisches Finish.   15/20 trinken - 2010
93: Direkt mit dem Cheval-Blanc 1978 verglichen. Für beide Parteien ein peinliches Zusammentreffen.
15/20 trinken - 2010

1979 Ausone   14/20
91: Einmal hatte ich behauptet, dass fast alle Premiers des Jahrganges 1979 mindestens 30 Minuten stinken. Beim Ausone ist das heute noch der Fall. Mitteldichte Farbe in leuchtendem Weinrot, wenig Tiefe. In der Nase 30 Minuten Fasston, dann in Kräuter drehend, erst am Schluss Anzeichen von defensiver Frucht zeigend. Im Gaumen waldig, pilzig mit Waldfrüchten vermischt. Das Moosige bleibt aber bis zum Schluss. Wir haben ihn nach zwei Stunden nochmals unter die Lupe genommen. Keine wesentliche Verbesserung. Kaufen Sie sich zum halben Preis andere, doppelt so gute Weine. Ich habe oft schon geschrieben, dass Ausone ein Wein ist, der Verständnis braucht.

St. Emilion

Aber so viel Verständnis kann ich beim besten Willen nicht aufbringen. 14/20 trinken - 2000
92: Sattes Purpur mit orangen Reflexen. Jod-Torfnase, Kräuter, Highland Malt-Nuancen. Im Gaumen sehr animalisch, eigenwillig, sandige Textur, leichte Bitterkeit im Extrakt. An der Luft rosiniert er zunehmends und gleicht einem alten Zinfandel. 16/20 trinken - 2008
93: Doppelmagnum: Granat, hell, leuchtend, brillant. In der Nase, Schokoton, Leder, spitze, fast aggressive Säure auf der Zunge, rotbeerig, säuerlich, zähnebeschlagend, an Zinfandel erinnernd. Sehr schwierig einzuschätzen.
15/20 Doppelmagnum trinken ab 2000
94: Die Mischung zwischen Potential und Trinkvergnügen ergibt 16 Punkte. Das Potential nützt aber nichts, wenn überhaupt kein Trinkvergnügen vorhanden ist. Der Cabernet Franc zeigt sich derart grün und krautig, dass er zwar für gewisse politische Parteien durchaus ein akzeptables Getränk sein kann. Leider bin ich nicht in dieser Partei. Momentanwertung: 14/20 für einen sehr teuren Wein. trinken ab 1998 - 2020

1980 Ausone 13/20
85: Ein leichter, gefälliger 80er. 13/20 trinken
89: Reifende, helle Farbe. Unappetitliches Bouquet. Im Gaumen fällt er auseinander, mit Eiweissammoniakgeschmack. 12/20 vorbei

1981 Ausone 16/20
92: Sehr helle Farbe mit ziegelrotem Schimmer. Irish Moos, würzig und fein. Helle Pfifferlinge, eleganter Körperbau. Hat trotz seiner Leichtigkeit noch zusätzliches Potential.
16/20 trinken - 2002

1982 Ausone 17/20
92: Wurde seinem Namen als schwer zu degustierender Wein einmal mehr gerecht. Granat-Rubin, aufhellend. Verhaltene Nase mit unsauberen, fassig anmutenden Spuren. Kräftiger Gaumen mit aggressivem Säureauftritt, metallisch und ungestüm, was ihn im Moment an Harmonie mangeln lässt. Potential für 17/20, aber mit fragwürdiger Zukunft. Momentanwertung: 14/20 2000 - 2020

1983 Ausone 18/20
87: Feine, delikate Nase mit Druck. Im Gaumen fleischig mit Minzen- und Melissenspiel, Wermutkraut. Gut und fein strukturiert im Gaumen. Ausnahmsweise wieder einmal ein grosses Ausone-Jahr. Eine bis zwei Stunden dekantieren.
18/20 1993 - 2005

1985 Ausone 16/20
88: Arrivage: Leichte, eher helle Farbe. Fruchtige Nase, Himbeeren mit Konfitürearomen. Zu wenig Konzentration im Gaumen, wirkt verdünnt. Eigentlich traurig, als Premier Cru in einem so gottbegnadeten St. Emilion-Jahr wie l985 es war, einen solch fragwürdigen Wein zu produzieren.
16/20 1995 - 2010

1986 Ausone 17/20
89: Parfümierte Nase, Jasmin, Lavendel, Curry. Im Gaumen erst komplex, dann Weinbrand-Aromen, etwas weit gestrickt, neues Holz. Muss sich noch harmonisieren. Hat aber doch ein recht gutes Potential. Bedeutend besser als der 85er. 17/20 trinken ab 1994
91: Magnum: Granatreflexe, eher hell. Zurückhaltend, eigenwillig, Erdbeerenmarmelade, medizinal. Ein spezieller Wein, der offensichtlich nur von einem relativ kleinen Fanclub geschätzt wird. 17/20 trinken ab 1994
92: Aufhellendes Granat, mittlere Dichte, starker Wasserrand. Offene Nase, wirkt etwas alkoholisch, marmeladig (Erdbeeren und Preiselbeeren), feine Süsse, dahinter aufsteigender Kräuterduft. Im Gaumen pfeffriges, fast dominierendes Säurespiel, beherrschende Zungenadstringenz, feiner, eleganter Nachklang. Wird trotz der hellsten Farbe sehr lange brauchen, um sich voll zu entwickeln. Ein burgundischer Wein. 17/20 1997 - 2015
94: Schnell einen Degustationsschluck während einer Lafite-Probe vom Tisch nebenan stibitzt. Sehr hell. Saubere Frucht. Leichter, aber sehr eleganter Körper.
18/20 1998 - 2015

1987 Ausone 16/20
90: Superbe Nase, öffnend. Rahm, gebunden und komplex. Gut und fein strukturiert. Eindrucksvoller, feiner Wein.
16/20 1992 - 1996
92: Der 87er ist sicherlich einer der ganz wenigen jungen Ausone, die bereits in der Jugend uneingeschränkte Freude machen. Mittlere Farbdichte mit rubinem Rand. Offene, feine, vielschichtige Nase, Anzeichen von Süsse, Himbeeren mit Lakritzennote. Leichter, beschwingter Körper, weich samtig. Im Gaumen Kirschenaromen, defensive Süsse in den Tanninen. 16/20 trinken - 1996

1989 Ausone 18/20
90: Recht tiefe Farbe. Intensiv, Zedernholzton. Im Gaumen füllig und fett, vielleicht im Moment etwas alkoholisch. Wirkt reich mit viel Molesse, hat vielleicht etwas zu wenig Fleisch am Knochen. 17/20 trinken ab 1995
92: Arrivage: Granat-Purpur. Süss, fett, Tabak, Terroir, reife, wuchtige Fruchtnase mit viel Charme. Nachhaltiges Tannin, das viel Zeit braucht, Dörrfrüchte, fettes Finish. Ein sehr guter Ausone. 17/20 1996 - 2010
92: In einer Blindprobe: Starkes Caramel, trockene Tannine. Das Holz dominiert im Moment, hat aber gute Konzentration. 18/20 warten
93: Mittleres Granat. Sehr würzig, konzentriert, Pfeifentabak, leichte Jodnote, viel Tiefe. Nicht so heiss wie andere 89er. Kirschennote im Gaumen, satt, eng, reifer Gerbstoff, rotbeerig, langes Finale, erstaunlich elegant, nicht zu fett. Ein Klassiker. 18/20 1998 - 2020

1990 Ausone 19/20
92: Granat-Purpur. Defensive, süsse Nase mit würzigem Terroir, sehr sauber, Waldhimbeeren, Ähnlichkeiten mit einem grossen Rioja. Feiner, femininer Gaumen, samtiges

Tannin, ausgeglichen mit feinem, süsslichem Nachklang. Besser als der 89er. 18/20 1997 - 2020
93: Mittleres Granat. Offen, süss, Preiselbeeren, Erdbeeren, sehr rotbeerig, aber gebunden und komplex. Im Gaumen rahmig, füllig, energischer Gerbstoffbeschlag, salzig auf der Zunge, gut balanciertes Extrakt, Gerbstoffe für locker dreissig bis vierzig Jahre. 19/20 2005 - 2035
93: Arrivage: Sattes, dunkles Rubin. Terroirlastige Nase, wirkt etwas altfassig, Jodtöne, rotbeerige Frucht mit Rauch unterlegt. Fülliger Körper, viel rotbeeriges Extrakt, Maulbeerennote, Kandiszucker. Eine Komplexität vermischt mit grossem Alterungspotential, leicht zähnebeschlagender Gerbstoff. Ein Wein für Kenner und Geduldige.
19/20 2000 - 2030

1992 Ausone   **17/20**
93: Schöne Purpurrobe. Weihrauchtöne, Kräuternuancen, Amarenakirschen, viel Würze. Im Gaumen reife Frucht, angerundetes Tannin, guter Rückhalt, viel Extrakt. Ein überzeugender Ausone, von dem es leider nur 24'000 Flaschen gibt. 17/20 1997 - 2015

1993 Ausone   **18/20**
94: Nur 18'000 Flaschen anstatt 26'000 (Normalernte). Leuchtendes Purpur. Röstiges, leicht ätherisches Bouquet, rote Beeren, schön parfümiert. Mehliger, stoffiger Gaumen, feines Extrakt, schöne Konzentration, sehr aromatisch, rote Johannisbeeren, süsse, reife Gerbstoffe, gebündelte Eleganz, druckvolles Finish. Gehört zu den grossen 93ern. 18/20 2000 - 2015

Château Balestard-la-Tonnelle

1988 Balestard-la-Tonnelle   **14/20**
89: Vorabzug: Überraschend gut, süss und angedeutete Dichte. 14/20 trinken ab 1993

1992 Balestard-la-Tonnelle   **13/20**
93: Violett. Würziges Fruchtspiel, Heidelbeeren, Heuduft (Botrytis?). Feiner Körperbau, stoffig. Auch im Finish wiederum Botrytis-Verdacht durch verdeckte Acetonnote.
13/20 1995 - 2003

1993 Balestard-la-Tonnelle   **16/20**
94: Mittleres Granat. Exotisches Holzbouquet, Palisander, Zedern, Terroir, wenig Frucht. Im Gaumen reife Früchte, leicht kompottartig, schöner Schmelz, macht Spass, Fülle, das Holz dominiert leicht. 16/20 1998 - 2009

Château Beau-Séjour Bécot

1975 Beau-Séjour Bécot   **16/20**
94: Reifendes Granat. Fassige Nase, nasses Unterholz, Blumentopferde. Im Gaumen waldig, unsaubere, moosige Note, hätte aber durchaus ein gutes Potential, vielleicht hilft hier zwei Stunden dekantieren.
Potentialwertung: 16/20 austrinken

1983 Beau-Séjour Bécot   **??/20**
89: Kalifornischer Wein. Schwer zu degustieren??

1985 Beau-Séjour Bécot   **16/20**
94: Reifendes Granat. Kräuterartiges Bouquet, Pfefferminze, Birkenton. Im Gaumen rund und geschmeidig, Himbeerenfinish. 16/20 trinken - 2005

1988 Beau-Séjour Bécot   **14/20**
91: Verlockend, toasty, überreife Früchte. Vordergründig mit sehr wenig Druck im Finale. 14/20 1994 - 2000

1989 Beau-Séjour Bécot   **15/20**
92: Arrivage: Granat-Violett. Eigenwillige Kräuternote, fast oxydativ, schwierige Nase, wirkt unausgeglichen. Rote, säuerliche Johannisbeeren, negative Zungenadstringenz.
15/20 1995 - 2005

1993 Beau-Séjour Bécot   **15/20**
94: Mittleres Rubin. Himbeerjoghurtnase, zarter Rauchton dahinter. Cremiger Fluss, das Muster ist etwas zu stark von austrocknender Barrique beeinflusst, im Grundwesen relativ schlank mit samtener Struktur. 15/20 1999 - 2010

Château Beauséjour (Duffau-Lagarrosse)

1926 Beauséjour (Duffau-Lagarrosse)   **10/20**
93: Impériale: Es war der beste Essig, den ich je trank. Essigbewertung: 18/20, Weinbewertung: 10/20 vorbei

1970 Beauséjour (Duffau-Lagarrosse)   **12/20**
93: Diesen Wein sollte man, einmal geöffnet, innerhalb von 5 Minuten leertrinken. Nachher kommen leider flüchtige Säure und viele weitere, unangenehme Fehler zum Vorschein, die einem nur dann fröhlich stimmen, wenn man selbst keinen 70er Beauséjour im Keller hat.
12/20 trinken - 2002

1983 Beauséjour (Duffau-Lagarrosse)   **14/20**
88: Warmes Bouquet. Im Gaumen recht viel Gehalt ersichtlich, aber leider von trockenen Tanninen beherrscht.
14/20 trinken - 2000

St. Emilion

1985 Beauséjour (Duffau-Lagarrosse)　　　**15/20**
93: Klares Granat, leuchtend. Defensive Nase, Brombeerennote. Griffige Gerbstoffe, wirkt etwas kapselig, fehlt an Charme.　　　15/20　1996 - 2010

1986 Beauséjour (Duffau-Lagarrosse)　　　**15/20**
89: Leuchtendes Granat. Verschlossen mit Efeuanklängen. Warm mit Stoffanzeichen, samtig.　　15/20 1993 - 2005

1990 Beauséjour (Duffau-Lagarrosse)　　　**19/20**
93: Dichtes Granat mit Purpurreflexen. Absolute Konzentration, Cassis- und Brombeerenmarmelade, Dörrfrüchte. Cremiger Gaumen voll von reifen Früchten und sattem Extrakt, wirkt in der Gerbstoffkonstellation noch etwas ungeschliffen, riesiges Potential.　　　19/20 1997 - 2020

CHÂTEAU BELAIR

Wer Ausone liebt am Sonntag, der trinkt Belair am Werktag!

1964 Belair　　　**17/20**
94: Superfarbe, noch recht jung, trotz Reifeschimmer. Erfrischende, mit Minze gepaarte Cassisnase. Im Gaumen gut stützende Säure, Aprikosenmarmelade, mitteldicker Körper mit ausgeglichener Eleganz, langes Finale. Ein Klassiker!　　　17/20 trinken - 2005

1970 Belair　　　**15/20**
92: Reife, dumpfe Farbe mit bräunlicher Färbung. Erst zurückhaltende Nase mit Jod (Austern-Brackwassergeschmack). Verfliegt aber, ohne jemals Fruchtanklänge zu zeigen, mineralisch. Waldbodenaromen im Gaumen, fein und parfümiert, wenn man ihn „aufbläst". Er braucht etwa eine halbe Stunde bis er ausgeglichen ist. Trotzdem bleibt es ein Wein für Lafite- und Ducru-Fans. Nur wer Ausone liebt, kann auch Belair lieben.　　　15/20 trinken - 2000

1983 Belair　　　**14/20**
87: Gefährliche Reife, unbestimmte Zukunft. 14/20 trinken
93: Brillante Farbe, starker Wasserrand. Eigenwilliges Bouquet. Im Gaumen noch säuredominant bei mittlerem Körperbau.　　　14/20 trinken - 2010
94: Es gibt Aquariumweine! Das sind Weine, die man am liebsten zusammen mit einem Aquarium teilt. Das Aquarium bietet stumme Konversation, man ist nicht allein, und man hat doch den ganzen Wein für sich selbst. Eine helle Freude bei einem Wein, der viel Spass macht - aus der Sicht des Geniessers gesehen. Heute habe ich ebenfalls einen Aquariumwein getrunken, genauer gesagt trinken wollen... Diesmal aber aus einer ganz anderen Perspektive, nämlich aus der Sicht des Fisches. Eine Magnum, die ich extra öffnete, weil ich entdeckte, dass es im Mövenpick Lagerbestand noch genau 444 Magnums davon gab. Die Absicht bestand, beim Genuss derselben, einen verkaufsfördernden Text zu schreiben und - falls Kondition und Genuss vorhanden - die ganze Magnum (unter partnerschaftlicher Beihilfe) organisch zu entsorgen. Es blieb beim kläglichen Versuch respektive beim Degustationsschluck sowie bei einer Nachkontrolle nach drei Stunden. Der Wein ist keinen Kommentar wert und nicht des Etiketts eines Grand Crus würdig. Nicht einmal der attraktive Preis von weniger als hundert Franken vermag da wesentlich Positiveres beizutragen. Die Säure ist derart jugendlich, dass der jungfräuliche Wein einst undefloriert zu Grabe getragen werden muss.
P.S. Ich habe erst ab dem Jahrgang 1989 für Mövenpick eingekauft - dies nur als Rehabilitation. Auf eine vernichtende Wertung verzichte ich „grosszügigerweise". Unlogisch dabei bleibt, dass ich denselben Wein aus der Normalflasche bei einem Mittagessen auf Gazin für recht gut befunden habe.

1985 Belair　　　**15/20**
89: Frucht-und Terroiraromen, darunter bereits beginnende Evolution. Überdurchschnittliches Potential, das schon am Erwachen ist.　　　16/20 bald
92: Mittleres Granat. Rotbeerige Nasennote, Hagebutten. Im Moment etwas eindimensional. Im Gaumen pfeffrig, rote Kirschen. Die Säure dominiert noch. Er wird doch mehr Zeit brauchen, als ich anfänglich angenommen hatte.
　　　15/20 1994 - 2005
93: Im direkten Vergleich mit dem 86er hatte er wenig Chancen. Für einen 85er erstaunliche Säure.　15/20 1996 - 2008

1986 Belair　　　**17/20**
90: Kräftiges Weinrot. Defensive, jedoch ausladende Nase. Fülliger Gaumen mit Zedernholztouch, gebrannte Mandeln, süsses, druckvolles Finish, noch ausbauend.
　　　17/20 trinken ab 1993
93: Granatrot. Tabaknase, Cabernet Franc-Würze. Fleischiger, reicher Wein mit guten Reserven.　17/20 1997 - 2010

1987 Belair　　　**12/20**
90: Erste Reife in der Farbe. Alkoholisch, Pflaumenaroma. Wenig Säure, trockene Struktur, wird sehr wahrscheinlich einmal austrocknen. Seinen Preis nicht wert!
　　　12/20 austrinken

1988 Belair　　　**15/20**
91: Granat, eher dünn mit leichtem Wasserrand. Caramelnase, fett, zerlassene Butter, eher alkoholisch. Rebholzgeschmack im Mund, bittere Adstringenz, fast zähnebeschlagend. Wirkt etwas vordergründig. Vielleicht habe ich ihn unterbewertet, schwer zu degustieren.　15/20 1998 - 2008

1989 Belair　　　**16/20**
90: Ein oxydiertes Muster bei Moueix. Neu degustieren!
92: Arrivage: Purpur mit feinem Wasserrand. Rote Johannisbeeren, feine Caramel- und Rauchnote, gebunden, feine Würze. Im Gaumen gesundes Tannin mit Biss. Trotz einigem Schmelz wird er eine gewisse Zeit brauchen.
　　　16/20 1998 - 2008

1990 Belair 17/20
91: Violettes Rubin, eher leicht. Herbale Nase mit defensiver Frucht (Hustenbonbons). Im Gaumen Waldboden mit wilden Himbeeren vermischt, sehr viel Tannin im Verhältnis zur mittleren Struktur. Ein Wein, der Geduld und ebensoviel Verständnis brauchen wird. 17/20 1998 - 2010
92: Der kleine Ausone! Fein, feminin, finessenreich, im Finish noch etwas mild. 16/20 1995 - 2005
93: Aufhellendes Granat. Offene, rotbeerige Nase. Süffiger, fettender Gaumen, cremig mit unheimlicher Fülle, darunter getrocknete Gerbstoffe, die man oft auch im Le Gay findet. Noch verhalten, braucht viel Zeit. 17/20 1995 - 2008

1992 Belair 15/20
93: Mittleres Purpur. Verhaltene Nase, gekochte Himbeeren, feiner Kräuterton, schwer anzugehen. Gebundener Körperfluss, gute Säure, mineralische Zungennote.
15/20 1997 - 2008

1993 Belair 17/20
94: Aufhellendes Rubin. Beeriges, sehr konzentriertes Bouquet, voll von reifen, fast einreduzierten Früchten, unterlegte Barriquennote, Kaffee. Im Gaumen wiederum reife Frucht anzeigend, engliedrig, fein geschichtet, gut angepasstes Holz, ein sehr guter Belair. 17/20 1999 - 2012

CHÂTEAU CADET-PIOLA

1993 Cadet-Piola 15/20
94: Mittleres Rubin, aufhellend. Florale Nase, Veilchen, Cabernet-Anzeige. Schöne Aromatik im Gaumen, schlank, klassisch, schöne Primäraromen, die Gerbstoffe wirken im Verhältnis zum generellen Potential leicht dominierend.
15/20 1999 - 2012

CHÂTEAU CANON

Neuere Weine sind zwar qualitativ gesehen recht hochwertig. Mir sind jedoch schon oft in jüngeren Jahrgängen gewisse, an alte Fässer erinnernde Noten aufgefallen, welche die Wertung des Schützlings erheblich in Frage stellen.

1959 Canon 11/20
85: Reifes Granat mit Wasserrand. Bärendrecknase. Balsamische Fülle mit Geschmackskomponenten von Tabak und Cigarrenkiste. Säure wirkt sandig (Todessäure). Nach ein paar Minuten starke Oxydation. 13/20 austrinken
89: Endgültig vorbei! 11/20

1961 Canon 16/20
91: Dumpfes, dichtes Weinrot. Süsse Nase mit Sangiovese-Charakter. Komplex, dicht, Weichselkirschen. Fülliger Gaumen, junges Tannin, süss und rustikal, trockener Gerbstoff, im Finish wässrig. Die Nase ist reif - der Gaumen jung. Ein Missverhältnis in der Reifeentwicklung. Nase 17/20, Gaumen 15/20. Das ergibt im Schnitt: 16/20 vorbei
91: Wiederum in einer 61er Blindserie degustiert. Genau die gleichen Eindrücke. 16/20 vorbei

1962 Canon 15/20
89: Leuchtendes Granat mit feinem Wasserrand. Reifes Merlot-Cabernet-Bouquet zu gleichen Teilen entfaltet. Reiche Säure, mittlerer Fluss, im Abgang Metallprägung von vielleicht zu hoher Säure. 15/20 austrinken

1964 Canon 17/20
89: Sattes, braundunkles Granatrot. Nussig-fettige Nase, vollreif und ausladend. Im Gaumen leicht rauchig mit Redwood-Aromen, im Finish feiner Kräuterton, gute Konsistenz, schön ausgeglichen. Ein sehr guter 64er.
17/20 trinken
91: Magnum: Sensationell gut! 18/20 trinken
91: Die Normalflaschen sind nach wie vor sehr ausgeglichen, aber vollreif. Leichter Kapselton im Finish.
17/20 austrinken
93: Wiederum einen feinen blechigen Kapselton festgestellt, zudem sind Aromen von würzgebendem Cabernet Franc spürbar, leicht gezehrt im Finale. 17/20 austrinken

1966 Canon 15/20
91: Reifende Farbe. Bakelit, Korinthennase, etwas Teer. Im Gaumen Lederanklänge und dunkle Nüsse, Goût rôti.
16/20 austrinken
93: Magnum: Süsses Bouquet. Im Gaumen noch gebunden, im Finale eher spröde. Die Nase ist besser als der Gaumen. 15/20 austrinken

1967 Canon 13/20
85: Sehr reife Farbe. Dünner Körper, wenig Substanz.
13/20 austrinken

1970 Canon 17/20
88: Aufhellendes Granat. Würzige, offene, komplexe Nase. An der Luft gewinnend. Im Gaumen gut balanciert mit reifen, noch präsenten Tanninen. Eindrucksvoller Wein.
17/20 trinken
92: Reife Farbe. Für eine Minute leichter Graphitton, der verfliegt. Dunkler Caramelzucker, warmes Cassis, Butter, reif, offen, opulent. Entwickelt sich immer mehr an der Luft und wird druckvoll, fast wuchtig. Im Gaumen süss, mundfüllend, recht üppig und trotzdem sehr elegant. Ein vinöses, bezauberndes Weinerlebnis, besonders, wenn man den Wein schlürft, und ihm dadurch sein eigenes Parfüm entlockt. 17/20 trinken - 2000

1973 Canon 11/20
84: Braune Farbe. Verwelktes Bouquet. Zusammenbrechender Körper. 11/20 vorbei

St. Emilion

1975 Canon   **15/20**
85: Erste Reife, voller, kräftiger Körper. 17/20 trinken - 1994
88: Entwickelt sich rascher als angenommen.
                                                     16/20 austrinken
93: Recht hell, fast orange. Wenig drin in der Nase, etwas Fett vielleicht. Aussen mollig, innen noch feine Restgerbstoffanzeige. Er wird aber definitiv nicht mehr besser.
                                                     15/20 austrinken

1976 Canon   **16/20**
91: Magnum: Reifes Granat. Offene Nase, Waldbeeren, Rauch und leichte Lederaromen, Karton. Im Gaumen bereits Kräuteranflüge und zartbittere Schokoladenaromen, ausladend, vollreif mit ersten Endreifezeichen.
                                                     16/20 austrinken

1978 Canon   **13/20**
87: Noch jugendlich mit griffigem Tannin.   15/20 trinken
92: Dunkles Granat mit feinem Wasserand. Süsse Nase (Birnel) mit leichtem Kräuterton, verdeckte Oxydation. Im Gaumen bitteres Extrakt, sandig, trocknet aus.
                                                           13/20 vorbei

1979 Canon   **15/20**
89: Granatfarben. Im Moment von Cabernet geprägt, hat deshalb blaubeerige Aromen. Fragwürdiges Alterungspotential, da er an der Luft relativ rasch oxydiert.
                                                    14/20 austrinken
91: War 1989 offensichtlich eine Flasche mit Luftton. Granat mit aufhellendem Wasserrand. Cabernet-Veilchenton, ausladend. Im Gaumen animalisch mit feiner Struktur, Zimt und gebackenes Brot, schöne Würze mit trockenem Extrakt.   16/20 trinken - 1996
92: Jugendlich, satt. Zu Beginn flüchtige Säure, Erdton. Rustikaler Gaumen, ledrig, trockener Gerbstoff, stallig, untypischer St. Emilion. Tendenz abnehmend.
                                                    15/20 austrinken

1981 Canon   **15/20**
88: Mittleres Granat mit orangen Reflexen. Offenes, würziges Bouquet, schlank. Im Gaumen eher magerer Körperbau, hat wenig Fleisch am Knochen.   15/20 trinken - 1995

1982 Canon   **14/20 - 17/20**
(unterschiedliche Flaschen)
91: Dunkles Granat mit leicht orangefarbenem, aufhellendem Rand. Offene Nase mit defensiver Frucht und bereits anzeigendem Würzbouquet. Im Gaumen ein Mittelmass zwischen Reife und jugendlichen Restsubstanzen. Heidelbeeren, rauchiges Cassis und trockene, holzartige Gewürznoten, ergänzendes Fett. Ich glaube, dass es bessere Flaschen davon gibt.   15/20 1993 - 2000
92: Mitteltiefe Farbe mit leichter Reifefärbung am Rand. Offene, blaubeerig-fruchtige Nase, verführerisch. Im Gaumen schön parfümiert, weich, samtig mit feinen, vollreifen Tanninen.   17/20 trinken - 1998
92: Es scheint tatsächlich verschiedene Flaschen zu geben. Diese hier fällt wieder sehr bescheidenen aus. Purpur-Orange. Terroirton, pilzig, rote Beeren, Jod. Im Gaumen ledrig, recht trocken, fehlt an Fett, leicht gezehrt.
                                                       14/20 trinken - 1998
92: Eine Woche später wieder eine sehr gute Flasche ??
                                                       17/20 trinken - 2000
93: Eine miserable Flasche mit Hagelaromen in der Nase und bitteren Gerbstoffen im Gaumen.   13/20
94: Wiederum eine schlechte Flasche bei einem Nachtessen, wo ich eingeladen war.   14/20 austrinken

1983 Canon   **17/20**
88: Perfekte Nase, schön ausladend und füllig. Muskulöser Körper, die Tannine sind mit Fett umgeben.
                                                      17/20 1993 - 1999

1985 Canon   **17/20**
89: Ein grosses Canon-Jahr! Pfeffrig mit viel Druck. Lacktöne, würziges Extrakt mit schönem Terroirunterton.
                                                17/20 trinken ab 1993
92: Mittleres Granat mit erstem, feinem Reifeschimmer. Blaubeerige Frucht, Lakritze, Schokolade, öffnet sich jetzt langsam. Schönes Säurespiel mit pointierter Spitze, mittlerer, langer Körper. Die Säure hat einen leicht kapseligen Charakter, was die Weinharmonie ein bisschen stört.
                                                  17/20 trinken - 2003
93: Reife Reflexe im tiefen Granat. Obwohl der Wein direkt aus dem Château kam, fand ich das Bouquet sehr reif und mit Nuancen von Oxydation. Eric Fournier, der neben mir sass, freute sich nicht über meine Kritik. Die zweite Flasche, die er fast aus Protest öffnete, war dann um vieles besser.   17/20 trinken - 2003
94: Noch immer recht jugendlich, rotbeerige Nuancen.
                                                  17/20 trinken - 2005

1986 Canon   **16/20**
89: Tiefe Purpurrobe. Süsses Bouquet mit Pfefferschotenaroma. Ausladend und breit im Gaumen, gut stützender Gerbstoff.   16/20 trinken ab 1995
91: Magnum: Aufhellendes Rubin mit Wasserrand. Erstaunlich offen, Zedernholznuancen. Wirkt alkoholisch, relativ spitze Säure, Anzeichen von rauhem Tannin, schlankes Finish.   15/20 trinken ab 1995
92: Gekochte, marmeladige Frucht, Pflaumen, Marzipan, feine Röstnote. Im Gaumen Preiselbeeren und Cassis, leicht korinthig, vordergründiges Extrakt, guter Nachklang.
                                                  16/20 1996 - 2008

1987 Canon   **16/20**
90: Geballte Farbe, erstaunlich tief für einen 87er. Dicht und eng, feine Wucht mit defensiver Süsse. Veloutierend im Gaumen, kräftiges Holz und markante Struktur.
                                                  16/20 1993 - 2000

1988 Canon   **16/20**
89: Die Spitze des St. Emilions in diesem Jahr. Tintige, fast schwarze Farbe. Explosives Fruchtbouquet, Teer, reich. Im Gaumen blaubeerig, runde, fette Tannine, langes, endloses Finish.   19/20 trinken ab 1995

Aufgrund der nachfolgenden Degustationsnotizen muss ich annehmen, dass mir entweder ein getürktes Muster serviert wurde, oder dass zwischen der ersten Degustation und dem, was das Château verliess, eine Taufe stattgefunden hat.
91: Die Noten der Arrivage stimmen bei weitem nicht mit der Fassdegustation überein. Granat mit Karmesinreflexen. Offen, unsauber (Evolutionsböckser, was heisst, dass der Wein erst vor kurzem in die Flaschen abgefüllt wurde und eine reduktive Phase durchmacht). Faule Blätter, dann Bonbonsüsse. Im Gaumen Waldhimbeeren, Cassis. Velours und Samt in der Struktur, im Finish kerniges, bitteres Tannin, das sich mit der Säure verbindet. Nachdegustieren!
Im Moment nur: 16/20 1996 - 2006

1989 Canon   **17/20**
92: Arrivage: Volle Farbe. Heisse Nase, Dörrfrüchte, Backpflaumen, Cassis. Im Gaumen wiederum Cassis, Heidelbeeren, fette Tannine, gleichzeitig kräftig, schöne Adstringenz, dürfte aber mehr Rückgrat haben. 17/20 1995 - 2005
92: Blindprobe: Eine unsaubere Note oder ein Evolutionston, der mitschwingt. 16/20 1996 - 2005

1990 Canon   **17/20**
91: Juni: Dicht, komplex, Brombeerengelee. Im Gaumen soft mit mittlerer Konzentration, schöne Balance.
17/20 trinken ab 1995
93: Aufhellendes Granat. Leichte Unsauberkeit in der Nase, die an altes Fass erinnert, animalisch. Im Gaumen rotbeerig, die Säure dominiert etwas, krautig und grün, aber sehr grosses Potential anzeigend, extreme Länge. Schwer zu degustieren. Potentialwertung: 17/20 1998 - 2020

1992 Canon   **??/20**
93: Keine neuen Barriquen für den 92er! Ich beanstandete das Muster und der Kellermeister von Canon brachte eigenhändig ein neues, das wiederum Fragen aufwarf. Trotz grossem Potential fand ich unsaubere, fassige Noten. Der Wein selbst ist sehr laktisch und hat extrem wenig Säure. Das Potential reicht für 16/20 aus.
13/20 wieder degustieren
Ich degustierte nochmals auf dem Château aus verschiedenen Barriquen: Sehr tiefe Säure, viel dunkle, reife Frucht, laktisch. Der Wein ist zwar an sich sehr gut, doch irgendwie ist der Wurm drin. Deshalb will ich mich überhaupt auf keine Punktezahl festlegen. ??/20 1995 - 2002

1993 Canon   **??/20**
94: Sattes Purpur. In den Ansätzen wuchtiges, komplexes Cassisbouquet, Black-Currant, süss. Reiche Aromenpalette im Gaumen, gesunder, stützender Gerbstoff, wiederum Cassis, viel Rückaroma, zeigt gutes Potential. Leider ist auch hier wieder ein unsauberer Ton in der Grundaromatik zu finden.
Reine Potentialwertung: 17/20 1999 - 2012

Château Canon-La-Gaffelière

Stephan de Neippberg ist ein entschlossener Châteaubesitzer, der viel für sein Weingut, aber auch für die Weinregion St. Emilion getan hat. Er hat zwar den gleichen Jahrgang wie ich, aber nicht immer die gleichen Ansichten. Deshalb ist es mir immer ein besonderes Vergnügen, mich mit ihm auf kameradschaftlicher Basis zu streiten. Insbesondere gibt die Wahl des Barriquenlieferanten immer wieder zu reden. Für mich haben die jungen Canon-La-Gaffelière-Weine einen zu prägnanten Holzaufdruck, und dieser ist dazu noch von zu grobem Korn geprägt. Dies trotz aller Lobeshymnen von mir selbst und dem, nach einem berühmten Kugelschreiber benannten, amerikanischen Weindegustator.

1961 Canon-La-Gaffelière   **19/20**
94: Sehr tiefes, reifendes Granatrot. Umwerfend, fettes Bouquet, DRC-Aromen, Pflaumen, getrocknete Datteln und Feigen, Portwein-Nuancen. Im Gaumen ebenfalls fett und reich, zu den Nasenaromen paaren sich Schokolade und geröstete Nüsse im Finish. Ein phantastisches Weinerlebnis. 19/20 trinken - 2002

1976 Canon-La-Gaffelière   **12/20**
85: Macht keinen grossen Eindruck auf mich. Unterschiedliche Flaschenqualitäten. 12/20 austrinken

1979 Canon-La-Gaffelière   **16/20**
92: Granat mit orangem Rand. Laktische Nase, Cassis, Kakao, Heidelbeeren. Runder Gaumen, hat Kraft, teerige Note, Spitzwegerich im Finish, reifer Wein.
16/20 trinken - 1995

1985 Canon-La-Gaffelière   **16/20**
92: Granat mit bräunlichen Reflexen. Konfitürige Nase, pflaumig, Schokolade. Anklänge von Dörrfrüchten, Kaffee im Finale. 16/20 trinken - 1997
94: Einige Magnums: Macht viel Spass, zeigt sich aber auch recht reif. Schoko-Pralinenbouquet, offen. Im Gaumen rollt er wie Milch über die Zunge. 16/20 austrinken

1986 Canon-La-Gaffelière   **16/20**
88: Nach dieser Degustation habe ich sofort ein paar Flaschen für meinen Privatkeller gekauft. Eine neue Epoche! Moderner, eng vinifizierter Wein mit Druck und Klasse.
17/20 1990 - 2000
92: Tiefes Granat. Zurückhaltende Nase, Schokolade, Bakelit, Terroir, Brombeeren, Mocca. Zeigt eine kräftige Struktur und reifeverlangende Tannine im Gaumen. Hat seit der letzten Probe etwas abgespeckt. 16/20 1994 - 2000
94: Eine Doppelmagnum nach einer Kalifornien-Degustation, die recht zugänglich war, vielleicht noch in der Fruchtphase. Mittelgewichtiger, gut balancierter Wein, der viel Freude macht. 16/20 trinken - 2000

St. Emilion

1987 Canon-La-Gaffelière   **14/20**
90: Süss, vielschichtiges Spiel, viel Druck, minzige Würze. Mittleres Potential mit feiner Länge.   14/20 bald - 1994
92: Mittlere Farbe, starker Wasserrand. Kompakte Nase, würzig, reifender Merlot-Ton. Burgundische Aromen im Gaumen, feines Extrakt auf der Zunge. Stephan de Neippberg:<<Das ist ein vin de plaisir.>>
                                           14/20 trinken - 1996

1988 Canon-La-Gaffelière   **17/20**
89: Auffallender Wein. Traubiges Bouquet mit Röstaromen. Im Gaumen reife Pflaumen, zu der Säurekonstruktion passendes Tannin.   17/20 trinken ab 1994
91: Purpur mit leicht orangem Schimmer. Eigenwilliges Frucht- und Zedernbouquet, kalter Rauch, viel Cassis. Markante Struktur, gute Konzentration. Grosser, etwas rustikaler Wein.   17/20 1997 - 2007
92: Dunkles Granat. Zurückhaltende Nase, dahinter feine Geraniolnote vom Cabernet Franc. Zedern, Lakritze, rauchig. Pfeffrige Säure, fleischig, feinsandige Struktur, im Finish Lakritze.   17/20 1995 - 2005

1989 Canon-La-Gaffelière   **16/20**
92: Ein Wein, der offensichtlich vom Winzer überschätzt wurde und im Verhältnis zu seinem Potential zu lange in der Barrique lag. Röstig und toastig in überschwenglichem Masse.   15/20 1994 - 2004
92: Blindprobe: Offen, Burgunder-Note, Waldbeeren, Eisenkraut, etwas eigenwillig. Pfeffriges, eher trockenes Extrakt, rotbeerig.   16/20 1994 - 2004
93: Purpur-Granat, ziegelrote Reflexe. Offenes, süssliches Bouquet, Preiselbeeren, Dörrfrüchte, Tabak, getrockneter Oregano. Reicher Gaumenauftritt mit reifer Säure, das Holz dominiert noch immer. Gute Zukunft.   16/20 1994 - 2005

1990 Canon-La-Gaffelière   **17/20**
92: Granat-Kirschrot. Verlockende Nase, Amarenakirschenton, Vanille und überreife Früchte. Im Gaumen kräftige Tannine, aber starker Barriquenaufdruck.
                                               16/20 1995 - 2002
92: Ein monumentaler Wein mit sehr niedrigem Hektarenertrag (37 hl). Purpur-Blutrot, tief. Extrem konzentriertes Nasenbild, rauchig, fast russig. Komprimiertes Extrakt im Gaumen, die Struktur ist dadurch im Augenblick blockiert. Die momentan starke Barriquenpräsenz löste an einer öffentlichen WeinWisser-Probe Diskussionen aus. Wenn er es schafft, dann kann er um die Jahrtausendwende ein ganz grosser Wein werden.   17/20 1997 - 2010
93: Sattes Purpur mit rubinem Schimmer. Süsses, rotbeerig-konfitüriges Nasenbild, klare Fruchtlinie. Gutes Terroir anzeigend, kräftige, adstringierende Gerbstoffe, wirkt im Moment etwas vordergründig, in den Tanninen pikant. Leicht fragwürdig ist der grüne Bitterton, der von den Barriquen herstammen könnte.   17/20 1997 - 2020

1991 Canon-La-Gaffelière
Ganze Ernte deklassiert!

1992 Canon-la-Gaffelière   **16/20**
93: Violett-Purpur. Starke Röstnote von der Barrique. Nüsse, Amarenakirschen, Frucht und Terroir gut balanciert. Im Gaumen Côte Rôtie-Nuancen (Kaffee und Kirschen), fleischig, langes Finale.   16/20 1995 - 2008

1993 Canon-la-Gaffelière   **17/20**
94: Sattes Purpur, dicht. Reifes, rotbeeriges Bouquet (Himbeeren, Erdbeeren), Vanille, stützende Süsse. Im Gaumen charmante, reiche Fülle, komplex, wiederum sehr beerig, verführerischer Schmelz, ein sehr guter 93er.
                                               17/20 1998 - 2010

CHÂTEAU CAP-DE-MOURLIN

1970 Cap-de-Mourlin   **14/20**
87: Angenehme Säure, mollig, Weichselkirschenaroma, reifer Wein.   14/20 austrinken

1971 Cap-de-Mourlin   **14/20**
88: Ein feiner, gut gereifter Wein mit mittlerem Körper.
                                                       14/20 austrinken

1988 Cap-de-Mourlin   **14/20**
89: Purpurfarben. Vanillenase und Beerenaromen. Etwas vordergründig im Gaumen.   14/20 1993 - 2003

1992 Cap-de-Mourlin   **15/20**
93: Violett-Schwarz. Feines Röstbouquet, sauber, ansprechend, wuchtig (alkoholisch?). Schlanke Gerbstoffe, eleganter Fluss, süffig.   15/20 1995 - 2002

1993 Cap-de-Moulin   **16/20**
94: Satte, violett-schwarze Farbe. Tiefe Terroirnote, gekochte Brombeeren. Saftige, samtige Textur, fein gegliedert, reife Gerbstoffe, schöner Fluss, gute Länge, mittleres Finale.   16/20 1997 - 2006

CHÂTEAU CHAUVIN

1987 Chauvin   **14/20**
90: Strenge Nase, die Tiefe und Würze anzeigt. Im Gaumen trocken mit Reserven, leichte Bitterkeit in den Tanninen.
                                                     14/20 1993 - 1997

1988 Chauvin   **16/20**
91: Granat, aufhellend. Viel Terroir, gekochte, reife Früchte. Lederton, Zimt, gutes Extrakt, fleischig mit stützendem Tannin, mittleres Reifepotential.   16/20 1997 - 2005

1993 Chauvin   **13/20**
94: Mittleres Rubin, aufhellend. Florale Dropsnase. Alkoholischer Gaumen, gekochte Frucht, in den Gerbstoffen austrocknend, zu streng, was eine negative Adstringenz bewirkt.   13/20 2001 - 2010

CHÂTEAU CHEVAL-BLANC

Der 47er Cheval-Blanc ist das Urmeter in der Weingeschichte des Bordeaux-Weines! Das gigantischste Erlebnis mit diesem Wein hatte ich aus einer Magnumflasche während der Parker-Probe in Hamburg. Nachdem ich ihn ein Dutzend Mal degustiert respektive getrunken hatte und oft mit 20/20 bewertete, wäre ein Vergleich mit den anderen rund vierzig Weinen, die ebenfalls Anspruch auf die Maximalwertung haben, nicht mehr fair gewesen. Deshalb blieb mir nur noch derselbe Ausweg wie schon beim 37er Château d'Yquem: 21/20 Punkte!

1916 Cheval-Blanc   **11/20**
89: Helle, dünne Farbe mit ziegelroten Reflexen. Dünne, leere Nase mit Rosenholzgeschmack. Drahtiger Körperbau, ausgetrocknet, jedoch noch knapp trinkbar.
11/20 vorbei

1926 Cheval-Blanc   **18/20**
89: Braune Kastanienfarbe mit mittlerer Tiefe, transparenter Rand. Oxydierte Nase, ranzige Nüsse und Kandiszukker. Im Gaumen noch mehr Oxydation, Unterholztöne. Nur noch durch die eigene Säure erhalten. 11/20 vorbei
92: An einer Buttinger-Probe: Sehr helle Farbe mit reifen Reflexen. Umwerfende, extrem vielschichtige Nase. In der Blindprobe habe ich ihn für einen alten Musigny gehalten. Feiner, eleganter Körper mit Resten von Fruchtanklängen. Wenn ich denke wie schlecht die Flasche anlässlich der Cheval-Blanc-Probe 1989 war, so ist es umso erstaunlicher, wie unterschiedlich doch alte Weine von Fall zu Fall sein können. Der Nachklang blieb minutenlang in angenehmster Weise in Form von einem süssen Malaga- und Portwein-Gemisch im Mund zurück. 18/20 trinken

1928 Cheval-Blanc   **18/20**
89: Braune Kastanienfarbe. Mooswürze in der Nase, aber auch gleichzeitig oxydiert. Noch Fleischresten im Gaumen. Wäre vor zwanzig Jahren sicherlich besser gewesen.
11/20 vorbei
91: Eine Vandermeulen-Abfüllung: Extrem tiefe, undurchdringliche Farbe. Schwarze Beerennase. Kandis- und Coulurearomen. Im Gaumen Edelholzgeschmack und dunkles Holz (Redwood), Kaffee und starkes Caramel, sandiges Extrakt, dumpf. Obwohl dieser Wein den Zenit bereits überschritten hatte, war er doch besser als die Château-Abfüllung, die ich vor zwei Jahren trank. 17/20 austrinken
93: Wiederum eine Vandermeulen-Abfüllung aus dem Keller von Walter Eigensatz: Sehr tief in der Farbe, im Reifeschimmer waren sogar noch Purpurreflexe zu erkennen. Malaga-Rosinen in der Nase, Rosenholz. Im Gaumen junges, fast kerniges Tannin, Havannaaromen und im Finish Honig und Kräuterbonbons. Sicherlich leicht über dem Zenit, aber trotzdem noch ein richtig grosses Weinerlebnis. Nicht dekantieren, da er bereits nach 5 Minuten an der Luft austrocknet. 18/20 austrinken

1937 Cheval-Blanc   **12/20**
89: Mittleres Granat mit braunen Reflexen. Defensiv mit Süsse, Hagebuttenton, sonst sehr rotbeerig. Trockene Tanninresten, noch Spuren von Eleganz, jedoch schon lange über dem Zenit. 12/20 vorbei

1947 Cheval-Blanc   **21/20**
88: Reife Farbe. Volle Punschnase mit extremer, fast umwerfender Frucht. Im Gaumen erst Portwein-Eindrücke, Malaga-Rosinen und Korinthen, Kaffeearomen im vollen, konzentrierten Körperbau. Grosser Mundreichtum und ein endlos nachhaltiger Abgang. 19/20 trinken
89: Weniger süss, dicht. Unzerstörbares Potential. Das war wirklich eine Jahrhundertflasche, doch immer noch eine winzige Spur hinter dem 47er Mouton. 20/20 trinken - 2010
90: Vandermeulen-Abfüllung: Der Zapfen der Flasche fiel in das Innere, als ich ihn öffnen wollte. Etwas dünner als die Flasche, die ich ein Jahr früher in Deutschland getrunken hatte. Da nicht ideale Flasche: keine Wertung!
91: 3/8 Flasche: Absolut perfekt! 20/20 trinken
91: Vandermeulen-Abfüllungen: Innert kurzer Zeit dreimal getrunken. Die Erlebnisse schwanken von 18/20 bis 20/20.
92: Die beste Vandermeulen-Abfüllung, die ich bis jetzt trinken durfte! Sie stammte aus dem Keller von Marino Aliprandi. Blind zum Degustieren bekommen, und im ersten Moment aufgrund seiner Portwein-Süsse mit dem 61er Haut-Brion verwechselt. Dann aber wegen der Rauchnote doch noch als 47er Cheval entdeckt. Feine Kräuter-Minznuancen in der Nase. Extrem wuchtig mit präsenter Tanninanzeige. Diese Flasche hätte wohl problemlos bis zum nächsten Jahrtausend durchgehalten. 20/20 trinken
93: Magnum: Granat-Schwarz mit rostrotem Rand. Nach 5 Minuten offen, gebrannter Zucker, Malz, Rauch, erdig-süss, totales Konzentrat, Rum-Aromen, braune Bananen, gedörrte Feigen. Im Gaumen warm, füllig, geschmeidig und mundfüllend. Jetzt auf dem Höhepunkt. Unbezahlbares Erlebnis! 20/20 trinken -2005
93: Cruse-Abfüllung: Ein grosser Wein mit einem riesigen Potential, aber leider dominiert von einer unsauberen Note eines alten Fasses, oder schlechter Kellerbehandlung.
Keine Wertung!
93: Parker-100-Probe in Hamburg: Granat-Schwarz mit jugendlichem Rand. Die Nase wirkt reduktiv mit überkonzentrierter, junger Frucht, Dörrfrüchte, Teer, gebundene Süsse, tief. Nach 5 Minuten öffnend, gebrannter Zukker, Malz, Rauch. Im Gaumen erdig-süss, totales Konzentrat, Rum-Aromen, gedörrte Bananen, Feigen, Portwein-Charakter, füllig, geschmeidig und mundfüllend. Das Erstaunliche an diesem Wein ist die Jugendlichkeit. Die Gerbstoffe wirken frisch wie bei einem just gefüllten Wein. Alle Komponenten bilden Moleküle und verdichten sich zu einer Adstringenz, welche die Aromen derartig perfekt verteilen, dass der Nachgeschmack und das Rückaroma minutenlang ausklingen. 21/20 trinken - 2050

St. Emilion

6 x CHEVAL-BLANC 1947

Lange nachdem der Baron Philippe de Rothschild die Flaschenabfüllung (mis en bouteille au Château) eingeführt hatte, verkauften andere Weingutsbesitzer ihren Wein noch fassweise an Weinhändler in Bordeaux und in alle Welt. Jeder einzelne hatte sein Geheimrezept, wie er seine Weine für den Transport haltbar machte. Einige verbesserten den Wein mit Cognac, andere mit Portwein, oft existierte der Begriff: „hermitagé". Diese Weine wurden also mit rotem Hermitage versetzt. Es gibt sogar noch Weinflaschen aus dem 18. Jahrhundert von Château Lafite mit dem Zusatz „ajouté vin d'Algérie", was soviel aussagt wie, dass es sich die reichen Rothschilds leisten konnten, den Hauswein, dem es etwas an Alkoholgradation mangelte (die Aufzuckerung war damals noch unbekannt), einen weitgereisten, kräftigen Algerier beizumischen. Sicherlich hatte dies aber der Jahrgang 1947 nicht nötig, denn im ganzen Bordelais wurden aufgrund grosser Trockenheit und Hitze vor der Ernte exorbitante Alkohol-Volumenprozente gemessen.

Hier eine einmalige Serie von sechs verschiedenen Abfüllungen vom Cheval-Blanc 1947, die ich anlässlich einer Semester-Raritätendegustation auf dem Bürgenstock im Herbst 1993 für 14 auserwählte Freunde blind servieren liess:

Eine unbekannte Händlerabfüllung ohne Herkunftsangabe auf dem Etikett: *Braun-Orange, flüchtige Säure mit dominantem Essigstich. Im Gaumen ebenfalls Essignuancen. Nicht mehr trinkbar.*   ***deklassiert!***

Abfüllung: Jean Nony, Marchand de vin à Margaux: *Sehr braun in der Farbe. Oxydative Nase. Im Gaumen noch etwas Restsüsse feststellbar. Knapp trinkbar.*
        13/20 vorbei

Abfüllung Vandermeulen, Belgien: *Normalerweise sind diese Füllungen sehr nahe der Château-Füllung und zeigen einen primären Portwein-Ton. Der Wein strahlte zwar ein grosses Potential aus, war aber von einer unsauberen Note begleitet.*   ***Keine Wertung!***

Abfüllung Justerini & Brooks, London: *Jugendliche Farbe, feiner Bernsteinrand. Ein Bouquet wie ein Mouton 1945, nämlich Rosmarin, Eucalyptus, Leder, Harz und Korinthen. Im Gaumen noch griffige Gerbstoffe, die leicht stieligen Charakter haben. Grosser, maskuliner Wein.*
        19/20 trinken - 2015

Abfüllung Cruse, Bordeaux: *In der Farbe noch tiefer als die Châteauflasche. Beerig, süss, Maulbeeren, leicht staubig zu Beginn, komplexe Fülle, cremig, Malaga-Rosinen. Im Gaumen wenig Säure, dadurch rund und weinig mit Backpflaumen im Finish.*   *19/20 trinken - 2010*

Château-Abfüllung: *Zu Beginn der Cruse- und Justerini-Abfüllung unterlegen, nach 30 Minuten der beste der Serie. Jugendliches Granat, kräftiges Weinrot. Röstnase, Dörrfrüchte, Portwein- und Malaga-Rumton, verschlossen, nur langsam öffnend. Im Gaumen gewaltige Adstringenz, austrocknend und fast zähnebeschlagend. Dann entwickelt sich nach und nach Fülle, die Gerbstoffe werden weicher, der Portwein-Ton bekommt zusätzliche Süsse und wird von edlem Schwarzteearoma und Havannanuancen begleitet, unglaublich viel Druck im Finish.*   *20/20 trinken - 2030*

1949 Cheval Blanc   17/20
89: Reife Farbe mit Mahagonireflexen. Ginster- und Gerstengeschmack. Moosige Gaumenaromen. In der Fettpräsenz bereits ein wenig ranzig, mittlerer Körperbau. Es gibt viel bessere 49er.   17/20 austrinken
93: Leicht bräunliches Purpur. Nussiges Bouquet mit frischer Kräuternote. Dunkles Caramel im Gaumen, reifes Terroirbouquet. Die Nase gefällt besser als der Gaumen. Dieser Wein hat bei Robert Parker 100/100 Punkte.
        17/20 austrinken

1950 Cheval-Blanc   17/20
89: Wie doch einige 50er immer und immer wieder überraschen können! Tiefe, satte Farbe in dunklem Weinrot. Würzige Nase, Süssholzspiel. Relativ harter Biss. Etwas bourgeois, jedoch von überdurchschnittlichem Potential.
        17/20 trinken
91: Eine Flasche, die das volle Potential zeigt.
        17/20 trinken

1952 Cheval-Blanc   16/20
89: Unbekannte Händlerabfüllung: Erstaunliche Farbdichte. Kompakt. Leichter Lederton. Im Gaumen fleischig, erst noch grobes Tannin, das jedoch nach einer gewissen Dekantierphase abklingt. Leicht krautig, doch insgesamt ein sehr schönes Weinerlebnis. Insbesondere dann, wenn ich bedenke, dass mich diese Flasche nur achzig Franken gekostet hatte.   16/20 trinken
90: Château-Abfüllung: Müder und weicher.
        15/20 austrinken

1953 Cheval-Blanc   18/20
88: Reife anzeigende Farbe mit orangem Rand. Vollreife, weit ausladende Nase. Im Gaumen mittelkräftig mit Fleisch behangen, konsistent, langer Abgang.   18/20 trinken
90: Eine andere Flasche: Fragil, relativ stark oxydativ.
        13/20 vorbei
93: Halbe Flasche: Heunote in der Nase, hat noch Süsse und eine schöne Schokonote. Im Gaumen mittelgewichtig, elegant, feine Stielwürznote, gute Länge.   17/20 trinken
93: In einer Serie drei verschiedene Flaschen Cheval 1953 an der Brandstätter-Verkostung in Laakirchen. Eine stark in Mitleidenschaft gezogene Harvey-Bristol-Abfüllung: 14/20 vorbei. Dann eine fruchtige Château-Abfüllung mit

jugendlichen Spuren und zusätzlichem Potential. 18/20 trinken - 2005. Und schliesslich eine neuverkorkte Château-Abfüllung, die sehr an den legendären 47er mit Kandis- und Portwein-Süsse erinnert. Ein grossartiges Erlebnis, das genau an diesem Tag um 22.15 Uhr auf dem Höhepunkt war. 19/20 trinken

1955 Cheval-Blanc 18/20
88: Normalerweise sind die 55er mit einem Potential beladen, das lange Zeit unterschätzt wurde. Dieser Cheval-Blanc ist jedoch etwas zu fein geworden. Wirkt in seiner letzten Genussphase zerbrechlich. 15/20 austrinken
90: Zedernholz mit Oxydation vermischt. 13/20 austrinken
93: Mahagonibraun. Pilzig, Kaffee, oxydativ. Hat den Zenit längst überschritten. 12/20 vorbei
94: Eine rubenshafte Superflasche. Fett, üppig, reich, mit Hagebutten-Quittenfinish. 18/20 austrinken

1957 Cheval-Blanc ??/20
91: Reifendes Granat. Süss, tief, würzig, Wermutkraut. Extrem dominierende Säure, fast kohlensäurehaltig, Essigaromen. Ein Wein, der bei anderen Mitdegustatoren besser wegkam und dann auch entsprechende Diskussionen auslöste. Keine Bewertung!

1959 Cheval-Blanc 19/20
89: Intensive, pfeffrige Nase, heisser Korinthengeschmack, süsses Kirschenaroma. Die Säure verbindet sich mit trockenen Tanninresten, legt an der Luft zu und wird fülliger. 18/20 trinken
93: Ein gewaltiger Wein mit viel Süsse, Druck und noch sehr guten Reserven. 18/20 trinken - 2005
94: Aus einem Keller kaufte ich 59 (!) Flaschen Cheval-Blanc 1959. Drei davon hatten ein miserables Füllniveau. Zum Trinken waren sie zu wenig gut, zum Ausleeren zu schade. Trotz oxydativem Geschmack war der Wein nicht verdorben und zeigte eine gewisse, sekundäre Süsse. So entschloss ich mich, für meine Freunde eine ganz besondere Rindszunge zu kochen...
94: Eine Flasche mit mittlerer Schulter, die einfach sensationell war. 19/20 trinken, trinken, trinken...

1961 Cheval-Blanc 20/20
87: Undurchdringliche Farbe mit schwarzen Reflexen. Volle, ausladende Nase mit Ingwerton. Intensiver, erschlagender Gaumen mit riesigem Potential. Alle typischen Cheval-Aromen in höchster Konzentration.
20/20 trinken - 2010
89: Im Moment mein Lieblings-61er. Wiederum getrunken im schwarzen Adler in Vogtsburg und bei Hannes Scherrer (die 200 grössten Bordeaux). Die Flaschen schwanken zwischen 19/20 und 20/20. Als Bordeaux-Typ meine ich, dass dieser Wein dem 47er absolut nicht nachsteht.
91: Sehr dicht, fast kein Wasserrand. Minzig, leichter Jodton, mineralisch, aber sehr komplex. Im Gaumen gebunden, reich, mächtig mit erdiger Würznote. Noch recht aktive Säure, die sich mit dem Tannin verbindet. Am Anfang einer grossen, ausdauernden Genussphase.
20/20 trinken

92: Schwarz. Konzentrierte Nase, Ähnlichkeiten mit Penfolds Grange, heiss, umwerfend. Pfeffrige Säure, gebratener Zucker, Rum. Ein absolut perfekter Wein!
20/20 trinken - 2005
93: Eine sehr reife Flasche. Reifes Orange-Granat. Heunote, Spuren von flüchtiger Säure, Kandis. Im Gaumen Malaga-Süsse, einige Elemente wirken derart verbrannt, dass sich die verschiedenen Körperkomponenten wie Olympiaringe auseinander dividieren. Ich hoffe für meine Flaschen aus meinem Keller, dass diese besser konditioniert sind. 17/20 austrinken
93: Magnum: Trotz der fast schwarzen Farbe sieht man auch in der Magnum, dass die Reife nicht mehr zu bremsen ist. Süsse, verführerische Nase, Tee, Mandelgebäck, Kaffee. Saftiger Gaumen, weinig mit gereiften, geschliffenen Tanninen. Ein absoluter Trinkgenuss, bei dem sich aber leider ausrechnen lässt, dass er in der Normalflasche aus ganz gutem Keller kommen muss, um Ähnliches erleben zu können. Nicht dekantieren. 19/20 austrinken

1962 Cheval-Blanc 16/20
86: Viele Male getrunken. Ich weiss, dass solche Bemerkungen einen Bordeaux-Fan die Wände hochgehen lassen können. Wer kann sich schon oft einen 62er Cheval leisten. Wenn ich Ihnen jetzt aber sage, dass dieser Wein bei meinem Freund Adriano Salsi in der Felsenburg in Olten lange Zeit für 120.– Franken auf der Karte stand, dann haben Sie sicherlich Verständnis dafür. Aufhellende Farbe. Zedernholz, Teer und fermentierter Schwarztee. Im Mund Waldhimbeeren, köstliches Fruchtspiel, gut proportioniert, mittlerer Körper, jedoch lang und sehr elegant.
17/20 austrinken
88: Hat mit Mouton-Rothschild und Pétrus anlässlich einer allumfassenden Blinddegustation die höchste Punktezahl erhalten. 18/20 austrinken
94: Dunkles Granat, reifer Rand. Leicht ranziges Bouquet, erdig, Schokolade. Laktische Noten, wirkt etwas gezehrt, noch immer viele Aromen, reift schnell, viel Rückaroma.
16/20 austrinken

1964 Cheval-Blanc 18/20
89: Reife Farbe. Pflaumige, burgundische Nase. Süss im Gaumen, Fruchtresten von Erdbeeren und Waldfrüchten und wiederum Pflaumen, feine Lederstruktur mit Irish Moos, fetter, reicher Körperbau. Mit Canon einer der besten 64er! 18/20 trinken. Ich wünsche mir einmal eine gut gelagerte Magnum davon.
91: Zwei verschiedene Flaschen innerhalb einer Woche getrunken. Eine wiederum perfekt. Die andere mit erheblichen Ermüdungserscheinungen.
91: Magnum: Ein umwerfendes Weinerlebnis. Ein Wein, der die Perfektion zwischen Cabernet Franc und Merlot zeigt. Lang mit vielschichtigem, endlosen Frucht- und Würzspiel. 19/20 trinken
93: Ziegelrotes Granat. Starkes Terroirbouquet, Waldpilzeton. Im Gaumen fülliger Charme mit guter Struktur, leicht malziges Finish. 18/20 trinken - 2000

St. Emilion

1966 Cheval-Blanc   **19/20**
89: Ein kleiner Schluck im Stress: Gebündelte Ladung, pfeffrige Adstringenz, wirkt noch ausbauend.
18/20 trinken
90: An der grossen Cheval-Probe: Sattes, dunkles Weinrot mit mittlerer Dichte. Ledertöne und leichte Minze. Wirkt sehr konzentriert, jahrgangstypische Trockenheit. Eine leicht verdünnte Version eines 47er Chevals. 19/20 trinken
91: Wiederum an einer 66er Degustation. Grossartig!
19/20 trinken
93: Im Mövenpick Cellier Zürich an einer 66er Raritäten-Degustation der beste Wein, noch besser als Latour im Moment. Superfarbe, tief-oranger Rand. Süsse, komlexe Nase, Waldbeeren, Ingwer, sehr dicht. Im Gaumen süss, würzig, samtig-sandiger Fluss, hat noch viel Reserven.
19/20 trinken - 2010

1967 Cheval-Blanc   **13/20**
92: Dumpfes Granat, matt. Rauchton, dahinter animalisch, leichte Jodnote. Nach 10 Minuten sogar flüchtige Säure. Die Struktur ist gezehrt. Er hat seine beste Zeit hinter sich.
13/20 vorbei

1970 Cheval-Blanc   **17/20**
88: Als 70er wenig Tiefgang in der Farbe. Nase wirkt erst verschlossen, dann fein-feminin. Andere schwärmen von diesem Wein. Warum wohl? Mir scheint er zu leicht.
16/20 trinken
93: Eine Magnum aus Bruno Künzles Keller: Reife Farbe, fast bräunlich. Fleischiger Ton, leicht faisandiert, nasses Unterholz. Im Gaumen Süsse im Extrakt, kräftiger Nachklang.
17/20 trinken - 2005

1971 Cheval-Blanc   **18/20**
86: Reife Farbe, mit dichtem, samtigem Purpur. Köstliche, breite, profunde Nase, üppig und wuchtig. Begleitende, feine Säure, die sich nach kurzer Zeit mit dem Fruchtfleisch verbindet, Aromen von Wild, Zimt und Lebkuchen. Mischt mit den besten 71ern mit. 18/20 trinken - 1993
89: Wiederum mehrere Male getrunken. Ein köstlicher Wein, sehr ausgeglichen. Ich könnte mir vorstellen, eine Magnum ganz alleine zu trinken, ohne Telefon und - man möge mir verzeihen - ohne Freunde!
90: Die Normalflaschen sind jetzt vollreif. austrinken!
91: Eher hell mit orangem Rand. Eigenwilliges Bouquet, Lavendel, Kamille, Blütendüfte. Im Gaumen durch Säure erhalten. Zeigt aber deutlich auf, dass er bessere Zeiten hinter sich hat. austrinken
92: Eine Woche danach aus meinem Privatkeller: Eine sensationelle Flasche, die noch so viel Jugendlichkeit ausstrahlte wie es die Erlebnisse bis 1990 in sich hatten.
18/20 trinken
92: Engelhardt-Probe, Baden-Baden: Heiss wie ein 47er. Rauch, Teer, Kräuter mit feinem süss-verlockendem Rosinenton. Im Gaumen und im Finish Kaffee und Madeira. Vollreif - nicht dekantieren! 18/20 austrinken
93: Ich konnte nochmals sechs Flaschen für 145 Franken nachkaufen. Sensationelle, süffige Eleganz. 18/20 trinken
93: Die an der Rodenstock-Probe ausgeschenkten Normalflaschen vermittelten einen arg reifen Eindruck. Es könnte aber auch sein, dass diese nur so alt wirkten, denn es standen alles relativ junge Grossformate gegenüber.
93: Magnum: Auch in der Magnum wirkt er jetzt zwar noch süss, aber gleichzeitig auch schon etwas malzig.
17/20 austrinken
94: Bei einem Nachtessen auf Cheval-Blanc geniessen wollen. Die Flaschen waren sicherlich zwei Stunden vorher dekantiert worden und der Wein wurde, wie leider in Bordeaux üblich, viel zu warm serviert. Schade!

1972 Cheval-Blanc   **15/20**
87: Ein 72er, der Freude macht. Saubere, füllige Nase und ebensolcher Körperbau. Überdurchschnittlicher Wein. Mit Lascombes einer der besten 72er. 15/20 austrinken

1973 Cheval-Blanc   **13/20**
85: Diskrete, zurückhaltende Nase. Im Gaumen weich, anschmiegsam, leichter, pflaumiger Körper. 13/20 austrinken

1974 Cheval-Blanc   **12/20**
84: Mein erstes Cheval-Blanc-Erlebnis mit Markus Müller. Feines Bouquet. Im Gaumen harter Gerbstoff, wirkt dadurch rauh und hart. 12/20 trinken

1975 Cheval-Blanc   **18/20**
90: Am Mittagstisch der Familie Moueix getrunken. Reifende, dichte Farbe mit orangem Schimmer am Rand. Kräftige Nase, schwarze Trüffel. Im Gaumen fleischig und tanninreich. Vielleicht als Premier Grand Cru etwas zu rustikal geraten. 17/20 trinken - 2000
93: Aufhellende Farbe, starker Glyzerinrand. Offenes Bouquet, Irish Moos und animalische Note. Im Gaumen kräftig, bourgeois mit typischem Cheval-Blanc-Erdfinish. Er hat aber zu wenig Konzentration, um dereinst in die Fussstapfen des 61ers zu treten. 18/20 trinken - 2005
93: Magnum: Sehr pferdig in der Nase, dahinter Zimtnote. Im Gaumen griffig, ledrig und ungehobelt. Einer der besten Médocs aus dem Libournais. 18/20 trinken - 2015
94: Dunkles, reifendes Granat, schöne Tiefe. Leicht unsaubere, waldige Note, dahinter pflaumige Süsse, buttrig, schön ausladend, braucht Luft. Pflaumiger Gaumen, leichte Kapselnote auf der Zunge, dann füllig, langes Finish.
18/20 austrinken

1976 Cheval-Blanc   **??/20**
87: Ein grosser 76er. Mit Lafite der beste! Kompaktes Farbbild, sehr dicht. Cheval-Aromen, Irish Moos und Lakritze. Perfekter, fülliger Wein. 18/20 trinken
90: Nur Magnums oder optimal gelagerte Flaschen machen noch Freude. Der Wein ist nach seinem Höhepunkt, so etwa 1989, buchstäblich auseinandergefallen.
94: Es brauchte schon ein bisschen Überwindung, mehr als ein Glas davon zu trinken. Der Wein ist jetzt altfassig und unappetitlich geworden. Es könnte aber auch sein, dass es sich um eine oxydierte Flasche mit Korkengeschmack gehandelt hat. So genau war das 12/20 Punkteerlebnis nicht mehr nachvollziehbar. vorbei

Gabriel

1978 Cheval-Blanc   **16/20**
85: Grossartiger Wein, dem man noch ein paar Jahre Ruhe gönnen muss. 17/20
88: Aus lauter Gwunder wiederum degustiert. Extrem rotbeerig und total verschlossen. Unbedingt warten. Im Moment nur 15/20
92: Innert einer Woche zweimal getrunken. Wenn ich 1988 geschrieben habe, dass er noch ausbauen sollte, so habe ich offensichtlich vor ein, zwei Jahren seinen Höhepunkt verpasst. Denn, was ich jetzt aufschreiben muss, tönt so, dass er aufgrund der Zehrung in der Struktur bereits seinen Zenit überschritten hat. Vielleicht wird er jetzt ebenso rasch auseinanderfallen wie es damals der 76er tat. Granat aufhellend, Ziegelrot. Offene Nase mit schöner Würze, Irish Moos. Im Gaumen Waldpilze, trocken mit Würze, aber eben leider erste Auszehrung in der Struktur. 16/20 austrinken
93: An einer Académie du Vin-Veranstaltung wurden Flaschen geöffnet, die direkt aus dem Châteaukeller stammten. Malzig, Zedern, aber einfach keinen Spass vermittelnd. Dem Wein fehlt die Melodie. 16/20 austrinken

1979 Cheval-Blanc   **18/20**
89: Dunkle Farbe mit schwarzen Reflexen. Öffnende Nase, frischer, fermentierter Tee. Im Gaumen noch säurebetont, aber erste Reife zeigend. 17/20 1991 - 2000
91: Hat stark an Farbe verloren, ist fast vollreif. Femininer, finessenreicher Wein. 17/20 trinken - 1998
92: Aufhellend, starker Wasserrand. Superbes Terroirspiel, Süss, Cigarrenkiste, Irish Moos. Im Gaumen trüffelig, saftig, Schmelz im Extrakt, wunderschöne Balance.
18/20 trinken - 1997
93: Impériale: Der Publikumssieger von acht nebeneinander servierten Grossflaschen vom Jahrgang 1979. Relativ helle Farbe. Offenes, wuchtiges Bouquet, burgundisch, ausladend. Schmeichelnder, süsslicher Gaumenfluss. Ein unkomplizierter, grosser Trinkgenuss. 18/20 trinken

1980 Cheval-Blanc   **15/20**
92: Hat sich recht gut gehalten und präsentiert sich, jetzt in der Vollreife, erfreulicher als früher. Er ist fülliger geworden und zeigt sein gutes, warmes Terroir. 15/20 austrinken

1981 Cheval-Blanc   **17/20**
88: Klassische, tiefe Farbe. Geradliniges, eher schlankes Bouquet, wirkt noch zurückhaltend. Im Gaumen fruchtig und vielversprechend, jedoch unter der Adstringenz schwer zu beschreiben. 17/20 1992 - 2000
91: Granatrot mit deutlicher Reifeanzeige. In der Nase eine Würzbalance zwischen der klassischen Cheval-Teenote und Aromen von getrockneten Steinpilzen. Die Merlot-Traube ist voll entwickelt, wirkt fett und üppig. Im Gaumen wiederum würzig, erdig mit erhaltender Säure.
17/20 trinken - 1997
92: Das Fett umgibt den Wein, das Fleisch reicht aber nicht aus, um eine genügende Balance zu machen. In der Nase erinnert er an einen schönen Tessiner Barriquen-Merlot.
17/20 trinken - 1995
92: Glücklicherweise hatte ich den Cheval 1981 in letzter Zeit einige Male getrunken, denn genau diese Affinität zu einem Tessiner Merlot verriet ihn anlässlich einer Blindzugabe von Adi Werner (Arlberg Hospiz-Wirt). Es gelang mir mühelos den Cheval und mit etwas Glück, auch noch den 81er Trotanoy im Glas nebenan herauszufinden - dies vor einem verblüfften Publikum. 17/20 trinken - 1995

1982 Cheval-Blanc   **20/20**
89: Dichte Farbe mit Kirschenrand. Süsse Nase mit Mandel- und Vollkornbrotaromen, wirkt voll. Im Gaumen mit reicher Adstringenz ausgestattet. Wirkt dank seiner momentanen, spontanen Merlot-Phase wie ein Pétrus.
19/20 1996 - 2010
91: Einer der ganz wenigen, grossen 82er, der sich nie ganz verschlossen hat. Rahm-Butter-Caramelnase. Enorm dicht und reich im Gaumen. 19/20 trinken - 2005
92: Blind degustiert: Wiederum Butter- und Caramelnase vermischt mit Dörrfrüchten. Im Gaumen rund, sehr weinig mit gewaltigem Nachklang. 20/20 trinken - 2005
92: Granat, tief mit feinen Orangetönen. Sehr süss, komplex, fett, wuchtig, buttrig. Im Gaumen Caramel, wiederum süss mit viel Extrakt, das mit ebensoviel Schmelz umgeben ist. Im Nachklang gebündelt, anhaltend mit feinen Eisenkrauttönen. 20/20 trinken - 2005
93 Magnum: In der Grossflasche zeigt er sich in Bestform. Die Barriquenpräsenz wirkt so frisch, dass man meinen könnte, er wäre eben abgefüllt worden. Jetzt kann ich Serena Sutcliffe verstehen, dass sie derart von diesem Wein schwärmt. 20/20 trinken - 2010
94: Eine Flasche alleine getrunken. Er macht von der Fülle und von der Süsse her so viel Spass, dass man fast versucht ist, noch eine zweite Flasche zu öffnen.
20/20 trinken - 2005

1983 Cheval-Blanc   **18/20**
87: Stand lange Zeit hinter Figeac und hat nach und nach aufgeholt. Geballte Ladung mit viel Extrakt und Tiefe.
18/20 1991 - 2000
90: In den letzten drei Jahren einige schwer verständliche Flaschen degustiert, die ein abschliessendes, korrektes Urteil erschweren.
91: Mit Hans Massler getrunken. Erste Öffnung in der Nase. Kompakter Körper mit Waldbeeren, zeigt sehr gutes Reifepotential. Könnte vielleicht in seinem Höhepunkt der Genussphase, so etwa um 1996, noch einen Punkt zulegen. 17/20 trinken - 2005
94: 3/8 Flasche: Jetzt geht's los! Dieses „Schöppli" hat mich fast umgehauen. Das Bouquet ist voller Dörrpflaumen, unterlegt von Kaffeeduft und einer Aromatik, die mich stark an einen "La Mouline" von Guigal erinnerte. Schmelziger Gaumen voller Fett, fast dickflüssig, ein Rubens mit vollem Busen. 18/20 trinken - 2005

St. Emilion

1984 Cheval-Blanc   **13/20**

91: Ein mieser Wein, der niemals unter einem Premier Cru-Etikett hätte verkauft werden dürfen.

92: Mitteldichte Farbe mit wenig Reifeanzeige. Öffnende Nase mit viel Kräuteraromen, Wermut- und Lederanklängen, ohne Süsse. Wirkt bereits in der Nase trocken. Wenig Konsistenz. Ein kleines bisschen besser als die letzte Flasche.   13/20 austrinken

1985 Cheval-Blanc   **18/20**

89: Ein Glanzjahr für Cheval-Blanc. Voll, weinig, mit erhabener Fülle.   19/20 trinken ab 1993

91: Wirkt im Moment verschlossen.   18/20 warten

92: Mittleres Granat mit leicht aufhellendem Wasserrand und ziegelroten Reflexen. Süsse Nase, Dörrfrüchte, Preiselbeeren, Cassis, viel Druck. Im Gaumen noch reduktiv, reife Tannine, wiederum vermittelt der Wein Süsse und Saft. Reift herlich vor sich hin. Man kann ihn bereits jetzt mit Genuss zu trinken beginnen.   18/20 trinken - 2005

93: Sattes Purpur. Defensive Nase, dumpf, fett, marmeladig. Die Säure dominiert im Moment, mittlerer Körper, Süsse im Extrakt, seidig-stoffig, Erdbeerenkonfitüre im Finish.   18/20 warten, 1995 - 2005

93: Wiederum innerhalb der gleichen Woche blind degustiert. Zeigt eine prägnante Säure und wirkt sehr rotbeerig.   17/20 1996 - 2008

1986 Cheval-Blanc   **18/20**

87: Fassdegustation: Mittlere Farbe mit Granatreflexen. Schon volle Holzprägung mit Vanille. Sauberer Wein, jedoch mittelgewichtig, darunter nervig mit Biss und fleischigem Finish.   17/20 trinken ab 1996

90: Arrivage: Gewaltiger, männlicher Wein, sehr dichte und reiche Struktur.   18/20 trinken ab 1996

91: Magnum: Hat an Farbe eher zugelegt. Süss, schwarze Beeren, Kandis. Die Nase ist im Moment von einer Merlot-Note geprägt (Ingwer), wuchtig und elegant zugleich, zerlassene Butter. Durch das zunehmende Fett sind die Tannine von Schmelz umgeben.   18/20 trinken ab 1995

92: Mit Kaspar Bättig anlässlich einer Laptop-Revision getrunken. Mittleres Granat mit ersten Reifereflexen. Cassisnase mit frischem Strohton, defensive Schokonote, in den Ansätzen wuchtiges Bouquet mit viel Finessen, ohne aber fett oder überheblich zu wirken. Im Gaumen feines Tannin mit Schmelz und wiederum viel Druck, schön ausgeglichen mit Anzeichen erster, freudiger Konsumationsphase, die sehr lange dauern wird. Ich gebe ihm mehr Potential als dem 85er.   18/20 1996 - 2008

92: Tiefes Granat, aufhellender Rand. Nase erst staubig, Teer, vermischt mit eigenwilligem Kräuterton, braucht Luft, Heuspuren. Im Gaumen süss, Irish Moos, fleischig, durch zähes Tannin im Moment vordergründig, rauchiges Finish.   17/20 1996 - 2010

93: Eine halbe Flasche verschwand innerhalb einer knappen Viertelstunde, ohne dass ich mir viel Gedanken über sie gemacht hätte.   18/20 3/8 Flasche trinken - 2005

94: Tiefe Farbe ohne jegliche Reifereflexe. Leicht krautig-florales Bouquet, Spuren von Eisenkraut und grünen Zitronen (Limonen). Satter Gaumen, viel Extrakt, mittlerer Körperbau, aber fleischig, in den Gerbstoffen fermentierter Tee- und Rosenholzton. Sehr grosser Wein!
                                                           18/20 1996 - 2010

1987 Cheval-Blanc   **16/20**

90: Ist er wirklich so schlecht? Jedenfalls waren viele an dieser Blinddegustation dieser Meinung. Moosige Süsse und Caramel in der Nase, darunter unsauber. Scharf, trocken, grüne Arroganz.   14/20 1993 - 1997

93: Selten hat mich ein Wein so positiv in seiner Entwicklung überrascht wie der 87er Cheval-Blanc. Das Bouquet ist nun vollsüss mit frischer, gebrannter Caramelzuckernote. Im Gaumen ist er saftig und geschmeidig. Ein absoluter Trinkspass in vollen Zügen.   16/20 trinken - 1997

1988 Cheval-Blanc   **18/20**

91: Granat-Purpur, dicht. Leicht geöffnet mit tiefer Würze. Im Gaumen stark adstringierend und entsprechend verhalten, konzentriert, im Finish Brombeeren und Heidelbeeren, faszinierend.   18/20 2000 - 2010

93: Granat-Purpur. Defensive Nase, Früchtekompott, rotbeerig, Kandisspuren, Sägespäne von frischer Barrique. Im Gaumen wirkt die Barrique erst dominant, dann erscheint ein eindrückliches Potential. Mit dem Luftzutritt entwickeln sich immer mehr Süsstöne, Amarenakirschen und eine fast Rioja-ähnliche Nase. Grosses Alterungspotential!   18/20 1997 - 2025

1989 Cheval-Blanc   **18/20**

92 : Arrivage: Dichtes Granat, jedoch feine, orange Reflexe am Rand. Schoko-, Zedernnote, kalter Rauch, Wildaromen, heisse Fruchtnase. Bulliger Gaumen, Rubens, wiederum heisse Frucht, Röstnote, Mandeln, Caramel. Durch die enorme Leibesfülle scheint die Konzentration im Moment etwas dürftig.   17/20 1995 - 2007

93: Aufhellende Farbe mit leicht bräunlichem Schimmer, mittlere Farbtiefe. Schwarzer Zucker, Kandis, wirkt portweinartig. Im Gaumen süss, dunkles Caramel, leichte Trockenheit in den Gerbstoffen, wirkt fast etwas überbraten. Ähnlichkeiten mit dem 71er.   18/20 1995 - 2015

1990 Cheval-Blanc   **19/20**

91: Granat mit feinem Wasserrand. Süsse Rumtopfaromen, Marroni und Mahagoniholz, sehr reifes Traubengut. Im Gaumen gewaltige Mundfülle, perfekte Tanninstruktur, ähnlich dem 86er. Kaffee und reife Bananen, buttriges Finish. Eine Droge, aber kein typischer Cheval.
                                                             19/20 1997 - 2007

92: Laut Christian Moueix hatten sie unterschiedliche Muster. Die Probe im Juni zeigte wieder Ähnlichkeiten mit dem 86er, mit markanten Tanninen.   18/20

92: Süsse, parfümierte Nase, Ingwer, Irish Moos, Earl Grey-Tee, Vanille. Charmanter Gaumenbeginn, pfeffriges Säurespiel, rotbeeriges Extrakt, gekochtes, konfitüriges Fruchtbild, Süsse in den Tanninen, Teernote. 18/20 1997 - 2010

93: Purpur-Granat. Thuja- und Kräuternote, heisses Traubengut, braucht Luft, Teenuancen. Im Gaumen reifer Gerb-

stoff, samtig. Mich hat eine negative Holznote der Barrique gestört, die sich in der Adstringenz auswirkte.
18/20 1998 - 2010
93: Verführerische, süsse Nase, komplex, buttrig, Cassis, Kokos. Im Körper trotz Füllligkeit voll auf Eleganz und Länge setzend. Von der Stilistik her ein grosser Wein, voll, Irish Moos im langen Finish. 19/20 1997 - 2015

1991 Cheval-Blanc
Die ganze Ernte deklassiert!

1992 Cheval-Blanc **16/20**
93: Rubin-Purpur, mittel. Würzige Nase, floral-fruchtig, primäre Frucht, Veilchen. Feines Extrakt, pfeffrige Säure (könnte aber auch von der Barrique her sein), Velours im Gaumen, Steinobstnote, fleischig. Setzt generell auf Eleganz, leicht über dem 87er. 16/20 1996 - 2008

1993 Cheval-Blanc **17/20**
94: Tiefes Rubin. Tiefe anzeigendes Bouquet, Anklänge von Dörrfrüchten, Lakritze, Tee, Lorbeer. Reife Gerbstoffe, Irish Moos, gute Adstringenz, Malznote, schöne Länge, deutlich besser als der 92er. 17/20 1999 - 2015

CLOS FOURTET

1961 Clos Fourtet **??/20**
91: Klare Farbe, junge Reflexe. Süsse Nase, Kokos, verlockend. Im Gaumen säurelastig. Todessäure, unsauber, blechig. Also nur noch am Wein riechen, ohne zu trinken.
11/20 vorbei
92: Ohne nachzulesen, was ich 1991 geschrieben hatte, wieder eine Flasche geöffnet. Als ich nach einem (es war der einzige) Schluck meine Enttäuschung über den Wein niederschreiben wollte, entdeckte ich, dass ich mir die Mühe und auch die Kosten hätte ersparen können.
ab auf die Auktion!
94: Magnum: Dunkle Farbe, fast schwarz. Die Tischrunde umfasste zehn Personen. Voraus waren dreissig verschiedene 62er degustiert worden. Das Bouquet ist jung und frisch, die Säure, die sich im Gaumen zeigt, hinterlässt auch in der Nase ihre Spuren, Limonen-, Pfefferminz- und Eisenkrautnote, junge Frucht, Brombeeren, noch von primärem Charakter. Im Gaumen säurebetont, griffiger, dichter Gerbstoff, schöne Adstringenz. An sich ein gewaltiger Wein, aber eben diese Säure, die den Wein derartig dominiert, dass niemals etwas daraus wird, obwohl ich diese Magnum in der ersten Minute nach dem Entkorken fast mit der Höchstnote bewertet hätte. Keine Bewertung!

1962 Clos Fourtet **16/20**
94: Dunkle, noch recht jugendliche Farbe. Minzen- und Melissenton, buttrig, breit unterlegt, faszinierende Aromenvielfalt. Im Gaumen mittelgewichtig, fast tänzerisch, noch adstringierend, grüne Nüsse, leicht kernig, die Säure wird mehr und mehr den zarten Wein dominieren. Das leere Glas roch nach Pferdesattel. 16/20 austrinken

Gabriel

1978 Clos Fourtet **16/20**
92: Dichtes, sattes Granat. Kakao- und Kaffeegeschmack in der Nase, Moos, Wermutkraut. Intensives, sandiges Extrakt, zeigt grosses Terroir an. Gewinnt noch an der Luft - dekantieren. 16/20 trinken - 1996

1983 Clos Fourtet **16/20**
87: Erste Reife, Mandelton, sehr gut. 16/20 trinken
93: Reifendes Granat, recht hell. Süsse Röstnase, Nusstöne, offen, ein Hauch Kräuter. Reifer Gaumen, voll entwickelt, leichter Foxton, der an Hagelaromen eines Chambolle-Musigny erinnert, schlanker Körper, schön ausgereift. 16/20 trinken - 2000

1985 Clos Fourtet **17/20**
88: Geradlinige Nase, Zedernholztöne. Schöne gleichmässige Adstringenz im Gaumen, grosses 85er Potential.
17/20 1994 - 2005

1986 Clos Fourtet **17/20**
90: Schönes, neues Holz, perfekt vinifiziert. Kräftige, ausgeglichene Adstringenz. Vin de Garde! 17/20 1996 - 2008

1987 Clos Fourtet **15/20**
90: Tintenwürze, Cabernet-Dominanz. Süss, Irish Moos. Im Gaumen Tanninresten, gut verteilt, im Extrakt ein bisschen salzig. 15/20 1993 - 1997

1988 Clos Fourtet **17/20**
91: Granat, mittel. Leder, animalische Nase. Frische Säure, feinschichtig. Ausbauender Wein mit wunderschöner Länge. 17/20 1998 - 2008

1989 Clos Fourtet **18/20**
90: Tiefe Farbe, dicht. Süssbeerige, konzentrierte Nase, Cassisaromen. Ein grosser Wein. 18/20 trinken ab 1996
92: Arrivage: Purpur-Violett. Weihrauch, Kaffee, Zedern- und Bleistiftholz. Sauberes, enges Fruchtbild im Gaumen, sehr fleischig, kräftig strukturiert, konzentriert, feines Cassis im Nachklang. Gehört zu den absoluten St. Emilion-Stars in diesem Jahrgang! 18/20 1995 - 2008

1990 Clos Fourtet **17/20**
91: Eher fett in der Nase, Brombeerenanzeige. Im Gaumen mittlere Konsistenz, feine Tannine, eher kurz. Steht einiges hinter dem 89er zurück. 16/20 trinken ab 1996
92: Arrivage: Nach Pavie der beste 89er im St. Emilion. Purpur-Violett. Weihrauch, Kaffee, Zedern, Bleistiftholz. Im Gaumen fleischig, sauberes Farbbild, kräftige Struktur, gute Balance, sehr konzentriert mit feiner Cassiswürze im Nachklang. 18/20 1995 - 2007
93: Granat-Rubin, feiner Rand. Volles, reduziertes Beerenkonzentrat, Röstnote. Im Gaumen eher rotbeerig, Erdbeeren, gute Säure, viel und süsses Extrakt, mittleres Finish.
17/20 1995 - 2008

St. Emilion

1992 Clos Fourtet 16/20
93: Purpur-Violett. Volle Fruchtnase, sauber, wuchtig, Brombeeren, Cassis, schön ausladend. Samtener Gaumenfluss, gut balanciert, weiche Säure, gutes, süsses Rückaroma.
16/20 1995 - 2004

1993 Clos Fourtet 15/20
94: Mittleres Purpur. Defensives Bouquet, rotbeerig. Saftiger, eher leichter Gaumen, etwas spitz auftretende Säure, strenge Adstringenz im Verhältnis zum Weinfett.
15/20 2000 - 2012

CLOS DES JACOBINS

1976 Clos des Jacobins 15/20
85: Mehrere Male getrunken. Reifer, pflaumiger St. Emilion. Mittelklasse. 15/20 trinken - 1994

1978 Clos des Jacobins 13/20
92: Da stritten sich die Götter. Dichtes Granat mit Kastanienreflexen. Kaffee, Kakao und trockene, alte Port-Nase, oxydiert und süss zugleich. Im Gaumen dunkle Schokolade mit Lücken in der Struktur. Für mich der Nekrolog eines ehemals guten Weines. 13/20 vorbei

1979 Clos des Jacobins 16/20
92: Leuchtendes Purpur. Buttrige Nase, Eiche, Vanille, etwas faisandiert. Angedeutete Fülle, pelzig, mittlerer Körperbau. 16/20 austrinken

1984 Clos des Jacobins 14/20
92: Schöne Farbdichte mit ziegelrotem Rand. Vosne-Romanée-Wildaromen, ansprechend mit schöner Würze. Im Gaumen burgundisch und wiederum verlockende Terroirwürze. Baut noch aus. Eine halbe Stunde vorher dekantieren. 14/20 trinken - 1997

1985 Clos des Jacobins 15/20
93: Halbe Flasche: Von der Sonne verwöhnt. Reife Farbe. Pflaumige Nase, bereits leicht oxydiert, Malaga-Note. Im Gaumen Rosinentöne, marmeladig, fast klebrig von der Süsse her. Zu spät gelesen, deshalb zu wenig stabilisierende Säure. 15/20 austrinken

1986 Clos des Jacobins 15/20
90: Wasserrand. Erd-Eisenton, Zedernholz. Trockenes, zähes Tannin im Gaumen. 15/20 1994 - 2002

1987 Clos des Jacobins 13/20
90: Reife Nase. Im Gaumen holzige Struktur, Nussaromen, wirkt im Moment etwas kurz. 13/20 1991 - 1996

1988 Clos des Jacobins 16/20
90: Kirschenfrucht. Defensive Süsse, Margaux-Touch. Elegant mit viel Finessen. 17/20 trinken ab 1993
91: Mittleres Granat. Minze, Teer, darunter feines Terroir. Im Mund blaubeerig, Cassis und sehr gesundes Tannin, mittleres Finish. 16/20 1995 - 2005
92: Wiederum degustiert. Reift schön seiner ersten Genussphase entgegen. Es gibt einige St. Emilions, die in der Jugend vielversprechend waren und sich jetzt eher negativ entwickeln. Dieser Wein nicht. Er hat sogar den Ehrgeiz, die 1990 vergebenen 17/20 wieder zurückzuerobern.
1995 - 2005

1989 Clos des Jacobins 17/20
90: Dunkles Kirschrot. Florales Bouquet mit pfeffriger Frucht, süss und stoffig. Extrem hohe Extraktion. Vin de Garde. 17/20 trinken ab 1996
92: Arrivage: Exotische Früchte, Grenadine, konzentriert, speziell. Rauchiger Gaumen, burgundische Aromen, totale Pinot-Affinität. Ein Wein mit feinen Tanninen, eher trendmässig vinifiziert. 17/20 1994 - 2001

1990 Clos des Jacobins 15/20
91: April: Granatrot. Marmeladige Nase, süss, fett, Erdbeeren. Fetter, burgundischer Gaumenbeginn, wenig Säure, unausgeglichen. Zu seiner Fettproportion dürfte er eher mehr Fleisch und Rasse haben. Wird schneller als andere Jahre reifen. 15/20 1996 - 2005
92: Spezielle Nase, extrem rotbeerig, Konfitüre. Im Gaumen pinotähnlich, eleganter Wein. 15/20 1996 - 2005

1991 Clos des Jacobins 13/20
92: Granat-Purpur, mittel. Geraniolnase, kräuterlastig, etwas Cassis dahinter. Bittere, stielige Tannine, Zedernnote, unangenehmes Finish. 13/20 1995 - 2000
92: Juni: Wiederum Geraniolnote, herb, Teer.
13/20 1994 - 2000
93: Ein süffiges Trinkvergnügen auf Diätbasis.
13/20 trinken - 1997
94: Recht mager, die Gerbstoffe wirken kreidig und pelzig auf der Zunge. 13/20 trinken - 1998

1992 Clos des Jacobins 16/20
93: Rubin, zwar tief, aber am Rand stark aufhellend. Starke Röstnase von Taransaud-Barriquen. Reife Frucht, süsse, schmeichelhafte Textur, marmeladig, soft. 15/20 1995 - 2004
94: Blind könnte man ihn in der Nase glatt für einen Guigal-Wein halten. Im Gaumen sehr leicht, süffig, saftig, eine Delikatesse. 16/20 trinken - 2004

1993 Clos des Jacobins 16/20
94: Schöne Purpurrobe. Warme, beerige Nase, Cassis, ausladend. Weiniger, charmanter Körper, samtig, runde Gerbstoffe, angenehmes, aromatisches, mittleres Finish.
16/20 1997- 200

CLOS DE L'ORATOIRE

1975 Clos de l'Oratoire   **14/20**
93: Sehr helles Granat. Am Anfang leere Nase, dann etwas Frucht aufsteigend. Ein leichter, trinkfertiger Wein.
14/20 trinken

1993 Clos de l'Oratoire   **15/20**
94: Sattes Purpur. Medizinales, eigenwilliges Bouquet, animalisch. Im Gaumen weicher Beginn, fleischig, artisanaler Charakter, eher rauhe Textur, braucht Zeit.
15/20 1999 - 2012

CHÂTEAU LA CLOTTE

1988 La Clotte   **15/20**
91: Pflaumiges Granat mit Karmesinschimmer. Pfeffrig, frische Nase, sehr fruchtig (Preiselbeeren). Im Gaumen füllig, fehlt an Säure, eher schwierige Balance.
15/20 1994 - 2000

1989 La Clotte   **16/20**
90: Zartes Bouquet mit verdeckter Süsse. Schöner Fond, faszinierendes Fruchtspiel, weicher Gaumen, gesundes Tannin. Eine sehr gute Reussite. 16/20 1995 - 2005

1990 La Clotte   **16/20**
93: Aufhellendes Granat mit starkem Wasserrand, feiner Orange-Schimmer darin. Erdige Nase, Trüffel, Cabernet Franc, dunkles Caramel. Saftiger, cremiger Gaumen, viel Schmelz, reife Gerbstoffe, süsse Länge, aber in sich doch ein relativ leichter Wein. 16/20 1995 - 2010

1992 La Clotte   **12/20**
93: Sehr helles Rubin, starker Wasserrand. Himbeerenton, alkoholisch. Verwässerter Gaumen mit salziger Zunge.
12/20 1995 - 2002

CHÂTEAU LA CLUSIÈRE

1985 La Clusière   **16/20**
89: Eine superbe Flasche mit viel Stoff und Extrakt. Leider findet man diesen Wein sehr selten. 16/20 trinken ab 1995

1989 La Clusière   **14/20**
90: Schönes Granat. Zugängliche Frucht in der Nase. Im Gaumen recht fein. 14/20 1994 - 2004

1990 La Clusière   **14/20**
91: Mittleres Granat. Zurückhaltende Nase. Extrem trockene Tannine im Gaumen, die Reife verlangen.
14/20 1996 - 2006

1992 La Clusière   **12/20**
93: Sehr helles Granat. Brotkrustenton. Magerer Körper, Chaptalisierter Eindruck, spitzes Tannin. 12/20 1995 - 2002

1993 La Clusière   **14/20**
94: Aufhellendes Kirschrot. Unsauberes, schweissiges Bouquet. Schwierige Gaumenkonstellation geprägt von unreifer Säure und Schalenextraktnote, ziemlich rauhe Textur, schwer zu bewerten. 14/20 1998 - 2007

CHÂTEAU LA COMMANDERIE

1989 La Commanderie   **14/20**
90: Einfache Nase. Zeichen von schneller Evolution. Zeigt bereits Pflaumen im Gaumenaroma. 14/20 trinken ab 1992
91: Wurde vom Wine Spectator in luftige Höhen angehoben. unbedingt wieder degustieren!
92: Arrivage: Mittlere Farbdichte mit orangem Rand. Korinthenton, sehr heiss, rauchig, Red-Currant, reife, rotbeerige Früchte, konfitürig. Fehlt an Säure im Gaumen, deshalb wirkt er kurz. 14/20 trinken - 1997

1990 La Commanderie   **15/20**
91: April: 95 % Merlot. Rubines Granat, mittlere Dichte. Beerig, rauchige Nase, reich, Efeu, komplex. Charme, fülliger Körper, Bakelit, Kakao, Spitzwegerich im Extrakt, schönes Finish. 15/20 1995 - 2005

1991 La Commanderie   **13/20**
92: Eher helles Granat. Offene Fruchtnase, an Erdbeeren erinnernd. Helle domenikanische Cigarren im Gaumen, relativ dichtes, aber ungeschliffenes Extrakt. Im Verhältnis zu den trockenen Tanninen fehlt es ihm an Fett, um jemals die gewünschte Ausgeglichenheit zu erlangen.
13/20 1995 - 2001
94: Hat sich etwas gemacht und wird zu einem relativ angenehmen Tischwein, etwas pelzig auf der Zunge.
13/20 trinken - 2000

1992 La Commanderie   **15/20**
93: 100 % Merlot, malolaktische Gärung in der Barrique. Mittleres Rubin. Kirschenaromen, Côte Rôtie-Stil, feine Röstnote. Weiche, seidige Tannine im Gaumen.
15/20 1995 - 2002
94: Anlässlich einer 92er Degustation. 15/20 1996 - 2002

1993 La Commanderie   **13/20**
94: Aufhellendes Purpur. Blockierte Nase, verhockter Böckser. Recht rauh, trotz leichtem Körper pelzige Zungenstruktur. 13/20 1997 - 2005

St. Emilion

CHÂTEAU DASSAULT

1986 Dassault   **13/20**
89: Reifes Granat. Offene Nase. Viel primärer Gerbstoff, wirkt dahinter etwas eindimensional. Hätte sogar mehr Fass ertragen.   13/20 1992 - 2000

1988 Dassault   **14/20**
89: Mittleres Granat. Schlanker, femininer Wein, mittlere Tanninwerte.   14/20 1994 - 2005

1992 Dassault   **16/20**
93: Violett. Brombeerlikör, süss, Barriquendominanz, sauber. Gesunde Adstringenz, zur Strenge neigend, feinkörnig, gut balanciert. Guter Preis-Leistungs-Wein.
    16/20 1997 - 2006

1993 Dassault   **15/20**
94: Aufhellendes Rubin. Defensive Frucht, leicht tabakig. Pflaumige Gaumenaromen, weiche Säure, mittlerer Körper, marmeladiges Finish.   15/20 1997 - 2005

CHÂTEAU LA DOMINIQUE

1970 La Dominique   **13/20**
86: Trockene Struktur, dominante Säure, fehlt an Schmelz.
    13/20 austrinken

1979 La Dominique   **12/20**
92: Aufhellendes Weinrot. Würznase, Ingwer, Oregano, eher zurückhaltend (leer?). Leichter Körper, trocken, Spuren von Unsauberkeit.   12/20 vorbei

1989 La Dominique   **17/20**
90: Fassdegustation: Eine Himbeerendroge. Wuchtiger, voller, fetter Wein mit vielen Rundungen. 17/20 1996 - 2010

1990 La Dominique   **16/20**
93: Dunkles Granat, feiner Wasserrand. Beerig mit Zimtnote. Im Gaumen marmeladig, zugänglich, fettende Fülle, Kakao im Finale.   16/20 1995 - 2008

1992 La Dominique   **14/20**
93: Mittleres Granat. Roter Johannisbeerengelee, gekochte Frucht, Honig, Dörrfrüchte. Im Gaumen wiederum sehr rotbeerig, wenig Säure, plump, aufgedunsen, Schokoladenfinish. Wird schnell reifen.   14/20 1994 - 2000

1993 La Dominique   **18/20**
94: Sattes Rubin-Purpur. Konzentriertes, extrem beeriges Bouquet, wuchtig. Üppiger Gaumen, fleischig, wiederum fast verschwenderische, rotbeerige Frucht, viel Saft, gute Tannine, burgundisch, starke Adstringenz, grossartig.
    18/20 1998 - 2012

Ich habe den Wein dreimal degustiert. Er hat eine der konzentriertesten Farben aller St. Emilions, dicht, satt, fast undurchdringlich in der Mitte. Das Bouquet ist absolut verführerisch und zeigt einen Korb reifer, roter Beeren, unterstützt von Süsse und schöner, konzentrierter Tiefe. Cremiger Gaumen, saftig, charmant, wiederum viel Süsse in den Gerbstoffen, rollender Fluss, stoffiges Extrakt, viel angenehmes Rückaroma. Grossartig!   18/20 1998 - 2012

CHÂTEAU FIGEAC

Um ein Figeac-Fan zu werden, muss man viele Kompromisse machen. Bei Abstimmungen kommt man sich dabei wie ein Parteipräsident ohne Wähler vor. In den ersten zehn Jahren riechen die Figeac-Weine oft nach altem Fass oder gar nach Korken. Einst hatte ich alle 82er aus diesem Grund verkauft, weil ich die Hoffnung aufgegeben hatte, dass aus diesem übelriechenden Saft irgendwann ein anständiger Wein werden kann. Jahre später war ich bereit, jeden Preis für eine Kiste zu zahlen. Den Figeac kauft man nicht unbedingt „en primeur", sondern aus Auktionen von Einlieferern die - wie ich einst - die Hoffnung aufgegeben hatten. Wer wenig Geduld hat, kann den Wein einen Tag zuvor in eine Karaffe schütten und im kühlen Keller stehen lassen. Das bewirkt oft Wunder. Restaurateure lassen am besten die Finger von diesem Château. Er löst zu viele Reaktionen zwischen ahnungslosen Gästen und ratlosen Sommeliers aus.

1959 Figeac   **19/20**
90: Magnum: Tiefe Farbdichte. Caramel und Ingwer in der Nase. Pointierte Säure, pfeffrig, weicher, fülliger Fluss, lang und elegant.   18/20 trinken mit sehr viel Freude
Tip: Auch wenn der Wein am Anfang recht fragil erscheint, lohnt es sich, ihn zu dekantieren und fast eine Stunde zu warten. Ich habe dies mit einer Normalflasche rund einen Monat nach der Magnum versucht - Superb!
    19/20 trinken
92: 3/8 Flasche: Öffnet sich erst nach 10 Minuten zu einem Pfauenrad von Kräuterdüften, vermischt mit süssem Holz. Auch in der halben Flasche noch tadellos erhalten.
    18/20 trinken
93: Eine gewaltige Magnum.   19/20 trinken
94: 3/8 Flasche: Das ist Figeac! Dieser Wein zeigt auf, dass es sich immer lohnt, auf einen Figeac zu warten. Kräuterelexier mit unterstrichener, fast feigenartig-süsser Kompottnote. Im Gaumen saftig, die Balance zieht sich von Beginn bis zum Schluss gleich einem Akrobatikakt durch. Für Kenner, Geniesser und Aristokraten des Bordeaux-Weines. Ich habe ihn während einer Stunde lang getrunken, geschnüffelt und geschlürft. Dann habe ich mich endgültig dafür entschieden, dass er ebensoviele Punkte machen darf wie der 59er Cheval-Blanc und einen Punkt mehr als der Ausone. Ein Blindvergleich dieser drei Weine müsste wohl ein köstliches Vergnügen sein.   19/20 trinken - 2005

1961 Figeac 19/20
89: Das Falstaff-Magazin erschien mit einer 61er Probe. Hier las ich, dass Figeac noch besser sei als Cheval-Blanc. Sofort holte ich mir einen 61er Figeac aus dem Keller. In der Tat bestehen in den Grundaromen Ähnlichkeiten. Aber das Potential des Figeac reicht sicherlich nicht aus, um Cheval-Blanc 1961 die Stange zu halten. Cheval hat nun mal in diesem Jahrhundertjahrgang einen Wurf gelandet, der nur noch von Palmer und Latour erreicht wurde. 18/20 trinken
91: Eine superbe Flasche, die wirklich nur um eine Spur hinter Cheval war. 18/20
93: Jugendliches Granat mit schwarzen Reflexen. Süss, Kandis, dunkler Rum. Fülliger, mollig-charmanter Gaumenfluss, der wiederum Süsse vermittelt, feine Teenoten darin, begleitendes, ausgeglichenes Tannin, enormer Nachklang. Eine perfekte Flasche! 19/20 trinken - 2000

1962 Figeac ??/20
94: Eine Flasche in einer Blinddegustation, die mit Korkengeruch disqualifiziert wurde. Das Potential hinter diesem Geruch wäre sicherlich 17/20 oder 18/20 wert gewesen.

1964 Figeac 18/20
93: Tiefe Farbe mit reifem Rand. Reifes Cabernet Franc-Bouquet vermischt mit getrockneten Pflaumen. Im Gaumen saftig, weiche Gerbstoffe mit schöner Länge. Macht sehr viel Spass. 18/20 trinken - 2004

1966 Figeac 15/20
90: Kastanienbraun, aufhellend. Offene Nase, etwas unsauber zu Beginn (Kartoffelsack), Zedernholz und Coulure-Süsse. Im Gaumen Unterholz und Federwildfleischaromen (Moorhuhn). 15/20 trinken
93: Transparent, reif. Fruchtige Nase, Schoko-Butterton, moosig. Im Gaumen metallische Zungenspitze, bereits etwas spröde im Fluss. 15/20 austrinken

1970 Figeac 16/20
87: Intensives, sattes Purpur. Irish Moos und Teeraromen, ausladende, volle Nase. Säure erst an Stachelbeeren erinnernd, recht viel Fleisch, langer, eleganter Wein mit Trockenheit in der Mitte. 17/20 trinken
90: Reift schnell. 17/20 austrinken
92: Sehr reife Farbe. Fette Nase, Walnuss, Erd-Eisenton. Im Gaumen Darjeelingtee, Eisenkraut. Die Kräuter überwiegen generell, und die Frucht ist definitif am Abklingen. Der Wein ist in der Tertiärphase. 16/20 austrinken

1972 Figeac 11/20
87: Wenn ich Figeac und Cheval-Blanc oft als Rivalen betrachte, so steht in diesem Jahr der Kampf eindeutig 1:0 für Cheval. Wirkt dünn und bereits angezehrt.
 11/20 austrinken

1975 Figeac 18/20
87: Auf dem Château eine 3/8 Flasche getrunken. Kräuterduftende, komplexe Nase. Im Gaumen dickflüssig, milchiger, weiniger Fluss mit feinsten Küchengewürzen. Grossartiger Wein. 17/20 trinken - 1996
93: Jéroboam: Ein übelriechender Stinker, voller Grufttönen, altem Fass, welken Kräutern und Abgasen, die an eine Kläranlage erinnern. Walter Eigensatz: «Das ist meine dritte Jéroboam Figeac 1975, die schlichtweg nicht konsumierbar ist!»
93: Eine Woche später in der Normalflasche. Nichts ist da von dem fragwürdigen Ton. Der Wein wirkt bräunlich-reif. Die Nase malzig, süss, fein. Im Gaumen sind die Gerbstoffe abgebaut, der Körper ist elegant und lang mit sublimer Fülle. 18/20 austrinken
94: Reifendes, dunkles Granat. Sensationelles Bouquet, süss, Teenuancen, Lakritze, Irish Moos, herrlich, erinnert an Riccola-Hustenbonbons. Feinste Gerbstoffe im Gaumen, dicht gegliedert, harmonischer, langer Körperbau. Ein grosser 75er, vielleicht gar einer der allerbesten.
 19/20 trinken - 2005
94: Er braucht, wenn er aus einem guten Keller stammt, etwa gut eine Stunde lang Luft. Leichter als der 75er, aber mit schöner Aromatik und Eleganz. 18/20 trinken - 2005

1976 Figeac 12/20
87: Pflaumige Farbe. Teernuancen, schwieriges Holzspiel. Altfasston? Ein mieser Stinker. 11/20 austrinken
93: Doppelmagnum: Mittlere Farbe mit starkem Reiferand. Offenes Bouquet, Hagebutten, sekundäre Süsse. Etwas trocken im Fluss, blechige Bitterstoffe, im Finale Spuren von Unsauberkeit, die an Rotschmierkäse (Epoisses) erinnern, leicht ausgelaugt und sehr mager. 12/20 austrinken

1978 Figeac 16/20
89: Reifende, dichte Farbe. Offene Nase, würzig mit recht viel Druck. Im Gaumen fleischig mit rauhem Extrakt, wirkt noch ausbauend. 17/20 trinken - 1998
91: Vollreif, nicht so elegant wie der 79er. 16/20 austrinken
92: Wiederum als vollreifen Wein notiert. Teernase. Wirkt aber im Gaumen recht trocken. 16/20 austrinken
94: Ich habe ihn falsch eingeschätzt. In einer kleinen Figeac-Serie mit 75er, 78er und 81er war er der jüngste, tiefste und gleichzeitig der aromatischste Wein. Teer- und Zedernnase wie bei einem St. Julien. Im Gaumen, zwar eher schlank, aber von sehr viel Würzigkeit und Rückhalt bildendem Extrakt. 17/20 trinken - 2005

1979 Figeac 17/20
90: Hat sich verfeinert und ist jetzt elegant mit der typischen Figeac-Gewürznote. 16/20 trinken
91: Er ist jetzt auf dem Höhepunkt. Wird sich aber problemlos noch fünf Jahre so halten. 16/20 trinken
92: Mit einer solch grossen Freude getrunken, dass ich ihn jetzt um einen Punkt aufwerte. 17/20 trinken - 2000

St. Emilion

93: Bordeauxrot, recht tief. Nase mit Lakritze, Zimt, Spitzwegerich, Teer. Im Gaumen Geraniolnote vom Cabernet Franc, feine Würzbitterkeit im Extrakt, angenehmer, aromatischer Nachklang mit Druck. Wegen dem leicht fassigen Geschmack eine halbe Stunde dekantieren.
17/20 trinken - 2003
94: Eine Flasche im Tante Claire in London getrunken. Der Wein macht sich immer besser. 17/20 trinken - 2000

1981 Figeac 13/20
87: Mein lieber Mann, was ist wohl hier falsch gelaufen? Ein dünner, magerer Saft mit Kräuteraroma. Keine zwanzig Franken wert. 12/20 nicht kaufen und nie trinken!
91: Einmal mehr hat mir Figeac gezeigt, dass er kein Wein für Fruchttrinker ist. Heute befindet sich der Wein am Anfang der Genussphase und sollte unbedingt mindestens eine halbe Stunde vorher dekantiert werden. Es begleiten ihn Aromen von Moos, Waldpilzen, altem Fass und Jod. Aussen herum ist der Körper füllig-fett, das Extrakt in der Struktur wirkt jedoch etwas trocken.
13/20 trinken - 2000
94: Obwohl ich immer behaupte, der Figeac brauche Geduld. So viel Geduld habe ich leider nicht. Er ist bedeutend schlechter als der 87er. 13/20 trinken - 2000

1982 Figeac 19/20
91: Viel Teearomen (Earl Grey und Hagebutten), mittlere Fülle. 17/20 1993 - 2000
92: In einer sensationellen Phase erwischt. Für einen Figeac sehr tiefe Farbe. Volle Nase, die sehr an einen Cheval erinnert. Süss, konzentriert, Tabak, Lakritze, Spitzwegerich, Butter, Waldbeeren und feine Kräuter, weicher, voller Fluss. Hat trotz momentanem Hochgenuss noch viel Reserven - entgegen anderen 82ern gleichen Kalibers.
18/20 trinken - 2004
92: Dunkles Granat, für Figeac eine gewaltige Farbtiefe. Süss, dicht konzentriert, Tee, Waldbeeren, fett, gross. Unglaubliche Fülle mit viel Druck, Lakritze, Eisenton, viel Würze, Teer, wuchtiges Finish. 18/20 trinken - 2006
93: Ein direkter Vergleich mit dem wesentlich üppigeren Cheval ist zwar nicht zulässig. Wer aber ein Figeac-Fan ist, sollte unbedingt nachkaufen... 19/20 trinken - 2006
94: Oft getrunken. Ein Wein zum Träumen, am liebsten zu zweit! 19/20 trinken - 2006

1983 Figeac 17/20
87: Sicherlich einer der schönsten 83er im St. Emilion. Erstaunlich viel Potential. Rotbeerig, fetter Merlot, füllig mit schönem, gesundem Extrakt. 18/20 1992 - 2000 kaufen!
90: Jetzt in einer Zwischenfruchtphase, schön zu trinken!
92: Granat mit Reifeschimmer, aufhellend am Rand. Blätterteig, Prussien-Note, gekochte Früchte, gedörrte Pflaumen. Lebendige, frischeverleihende Säure, füllig mit Charme, sehr lang mit würziger Rebholznote. Sehr langes, elegantes Finish. 18/20 trinken - 1997
93: Auf Pavie zusammen mit Thierry Mannoncourt bei einem Mittagessen getrunken. Wirkte sehr reif und hatte Portwein-Nuancen. 17/20 austrinken?

93: An einer Blindprobe degustiert. Eine stinkige Flasche, die wir erst drei Stunden später austranken. Wiederum sehr süss und gefährlich reif. 17/20 austrinken
94: Eine Kiste mit 11 Flaschen ersteigert. Das ist etwas, was ich normalerweise nie mache, denn wenn jemand eine Kiste mit 11 Flaschen zur Versteigerung gibt, dann hat er die Kiste geöffnet, eine Flasche getrunken (oder trinken wollen), und den Rest dann aus Unzufriedenheit verauktioniert. Bei Figeac mache ich aber hier, entgegen meiner Gewohnheit oft und gerne eine Ausnahme - siehe Einleitung. Den Wein haben wir aus lauter Spass aus dem Burgunder-Glas getrunken. Sehr rosinenhaft im Bouquet, schön unterlegt mit Schokolade, was stark an einen Côte Rôtie erinnert. Im Gaumen gleicht er dann wieder eher einem Vosne-Romanée. Diese Flasche war wieder recht gut erhalten. 17/20 trinken - 1997

1984 Figeac 13/20
87: Soll anscheinend einer der besten 84er in St. Emilion sein. Wenn dem wirklich so ist, dann muss man überhaupt keinen Wein aus diesem Jahrgang kaufen. Wohl hat er Spurenelemente von den typischen Figeac-Aromen, aber er ist sehr, sehr leicht und hat fast keinen Körper.
13/20 trinken

1985 Figeac 16/20
87: Beim letzten Châteaubesuch erhielten wir anstatt dem 85er einen 75er zu trinken. Nun weiss ich auch warum. Der 85er ist ein fast erbärmliches Beispiel dafür, dass man auch in einem grossen Jahr einen mageren Wein produzieren kann. 15/20 1992 - 2002
90: Profitiert von einem frischen Röstton. Ist deshalb oaky und modern, aber zu wenig konzentriert, um das darzustellen, was er eigentlich sein sollte. Vielleicht habe ich ihn aber wieder einmal mehr unterschätzt wie schon so viele junge Figeacs. 16/20 1993- 2004

1986 Figeac 17/20
89: Reifendes Granat, artisanale Nase, Leder, Terroir. Darunter eben wie immer altes Holz. In der Jugend sollte man nie einen Figeac trinken, und offensichtlich nicht einmal degustieren. 15/20 warten
91: Magnum: Granat mit ziegelroten Reflexen. Moschusnase, nasse Wolle, Cigarrenkiste. Im Gaumen pfeffrig mit gesunder Säure, sehr lang. Wer weiss, wie man einen Figeac im Potential berechnen muss, wird sich meiner Meinung anschliessen. 17/20 1996 - 2010

1987 Figeac 16/20
90: Altfass, unsauber, Kaffeeton. Im Gaumen erst füllig, dann zusammenbrechend, süsses, verlockendes Finish.
14/20 1993 - 1997
93: Der Altfasston ist weg. Süsse Nase, eine Mischung von Riccola-Kräuterbonbons, Malz, Caramel und Lakritze, vielleicht etwas kurz, sonst aber sehr schön zu trinken.
15/20 trinken - 1998
94: Jetzt ist er auf dem Höhepunkt. Er machte uns derartig viel Freude, dass wir ihn zum absoluten Sommer-Balkon-

wein deklarierten. Eleganz und Aromatik vermischt mit einem sympathischen Preis. Ich konnte nämlich eine ganze Kiste kaufen, der Flaschenpreis betrug 22 Franken!
16/20 trinken - 1998

1988 Figeac 17/20
91: Purpur, dicht. Grüne Nüsse, fassig, frischer Tabak, Eisen- und Wermutkraut. Grosser, fester Gaumenauftritt, reiches, griffiges Tannin. Ein grosser Figeac, der aber mindestens zehn Jahre unberührt bleiben sollte bis die jugendlichen Altfasstöne, die Figeac immer hat, verschwunden sind. 17/20 2000 - 2010

1989 Figeac 18/20
90: Mittlere Tiefe. Süsse Nase mit defensiver Terroirnote und überreifen Früchten. Feinschichtige Textur, pfeffrige Tannine, die etwas trocken sind. 17/20 trinken ab 1997
92: Arrivage: Granat mit Wasserrand. Typisch unsaubere Figeac-Jungnote, dahinter Röstgeschmack. Intensives und dennoch feines Tannin mit pfeffriger, lebendiger Note. Genügend Reserven, um seine Pubertätsphase zu überstehen. Ein Langstreckenläufer, Typ 1959. 18/20 1998 - 2015

1990 Figeac 18/20
91: Peitsche und Zuckerbrot! Ich bin immer wieder hin und her gerissen von meinen Figeac-Eindrücken. Wenn Sie diesen Wein degustieren und gleichzeitig meine Notizen lesen, so stehen Sie sicherlich mit mir auf Kriegsfuss. Die Devise bleibt bei allen Figeacs unter zehn Jahren die gleiche:"Warten bis er nicht mehr stinkt." Die Potentialbewertung: Mittlere Farbe mit violettem Granatschimmer. In der Nase blaubeerig. Kräftiger, reussierter Cabernet Franc (Eucalyptus). Im Gaumen trockene Bananen, gutes Extrakt, fülliger Charme. 18/20 trinken ab 1998
92: Ein extrem langer Figeac. Brilliert für einmal mit einer ausnahmslos sauberen, fast splenditen Holznote.
17/20 1997 - 2007
93: Arrivage: Aufhellendes Granat, mittlere Dichte. Offene Kaffeenase, überröstete Barrique. Im Gaumen unsauber nicht bewertbar. Nach drei Stunden verflüchtigte sich der unsaubere Ton und ein grosses Potential kam zum Vorschein. Die Wertung muss deshalb als reine Potentialwertung angesehen werden, da der Wein sicherlich für die nächsten zehn Jahre kein Genuss darstellen wird.
18/20 2003 - 2020

1991 Figeac
Ganze Ernte deklassiert!

1992 Figeac 13/20
93: Aufhellendes Violett-Granat, starker Wasserrand. Alkoholisch, zu Kopf steigend, darin Würze und blaubeeriges Fruchtspiel. Leichter, verwässerter Körper mit einer gewissen Strenge, viel Ertrag und wenig drin.
13/20 1996 - 2005

1993 Figeac 17/20
94: Mittleres Rubin mit Purpurreflexen, leichter Wasserrand. Würzig-florales Bouquet, grüne Pfefferschoten, tabakig. Stoffiger, extraktreicher Gaumen, schöne Konzentration, intensive Adstringenz, zeigt gutes Alterungspotential und beeindruckt in seinem angenehmen, süsslich gebundenen Finish. 17/20 2000 - 2015

CHÂTEAU LA FLEUR-POURRET

1987 La Fleur-Pourret 13/20
90: Reifer Schmeichler. 13/20 trinken

1988 La Fleur-Pourret 15/20
90: Erdbeerenaroma in der Nase. Wird rund und burgundisch werden. 15/20 1992 - 2000

1989 La Fleur-Pourret 15/20
90: Februar: Efeuton, buttrig mit Dropseindrücken.
15/20 trinken ab 1993
91: Zu viel Barrique, trocknet aus. Sehr einfacher Wein.
14/20 trinken ab 1993
92: Arrivage: Granat mit Reifeschimmer. Dropsnase, leichte Tabaknote, die Würze verleiht. Schmeichelnd mit runden Tanninen. 15/20 trinken - 1999

1990 La Fleur-Pourret 14/20
91: April: Helles Granat. Flüssig, leicht und gastronomisch.
14/20 1995 - 2003

1991 La Fleur-Pourret 11/20
92: Extrem hell in der Farbe. Geraniolnase, Cabernet Franc-Anzeige. Schlanker Körper mit etwas Kirschenaroma, sehr simpel, süffig. Wird sofort konsumierbar sein.
12/20 1993 - 1997
93: Bereits orange Reflexe. Sehr floral, grüne Note. Viel Bitterkeit auf der Zunge. 11/20 1994 - 1998

1992 La Fleur-Pourret 15/20
93: Sattes Purpur. Defensive Nase, blaubeerig. Weiche Säure, harmonischer Fluss. Gutes Preis-Qualitäts-Verhältnis. 15/20 1996 - 2005

1993 La Fleur-Pourret 14/20
94: Mittleres Rubin. Leicht krautige Nase, dahinter Erdbeeren. Im Gaumen mittelgewichtig mit feiner Bitternote, mittleres Finish. 14/20 1997 - 2004

St. Emilion

Château Fombrauge

Max Gerstl und ich hatten eine Einladung für einen Abend auf Château Fombrauge. Weil wir den ganzen Tag an der VINEXPO nichts zu essen bekamen, nahmen wir dankend an. Nach dem dritten Glas Champagner wurden die Hungergefühle fast unerträglich. Deshalb war ich froh, als der Schlossbesitzer gegen neun Uhr die rund 200 Gäste ins Château bat. Statt dem erwarteten Buffet schrie sich ein Kammersänger, unterstützt von einem falsch gestimmten Klavier, die Seele aus dem Leib. Aus dem Duo wurde zeitweise ein Trio, denn meine leeren Magenwände entwickelten eine fast peinliche Lautstärke. Laut Gerüchten wäre das Weingut heute zu kaufen, inklusive Gebäude, Rebbergen und... dem Klavier!

1964 Fombrauge 13/20
89: Ambernase. Wildgeruch mit Amarone-Süsse. Im Gaumen trocken, fast ledrig, kurzes Finish. 13/20 vorbei

1970 Fombrauge ??/20
87: Dumpfe Farbe. Grauer Minzengeschmack. Im Gaumen Benzin (mineralisch) und unsauber. Keine Bewertung

1976 Fombrauge 11/20
87: Mahagonifarben. Holzton, Cigarrenkiste. Pflaumig und sehr trocken, Struktureinbrüche, angezehrt. 11/20 vorbei

1978 Fombrauge 13/20
87: Beginnendes Alter. Medizinale Nase, getoastetes Vollkornbrot. Im Gaumen extreme Säure mit magerem Körper. 13/20 austrinken

1984 Fombrauge 11/20
87: Ein aufgebauschter, sehr kleiner Wein. 11/20 trinken

1985 Fombrauge 13/20
87: Transparentes Granat. Süsse Nase mit Spuren von überreifem Traubengut. Weiches, aber unreifes Tannin mit grünen Spuren, dünnes Finish. 13/20 1991 - 1998

1986 Fombrauge 14/20
89: Relativ helle Farbe. Transparentes Granat. Defensive Nase, die nicht viel hergeben kann. Grobe Adstringenz im Gaumen, kurzer Wein. 14/20 1992 - 2000

1987 Fombrauge 13/20
90: Offen, erdig. Barriquenröstton. Im Gaumen fleischig, Tendenz zu Wildaromen, im Finish recht rassig. 13/20 1992 - 1997

1988 Fombrauge 12/20
91: Granat, dicht. "Trübelinase", rote Johannisbeeren und Weichselkirschen, voll geöffnet. Im Gaumen erst schmeichelnd, dann kernig, grünes Tannin, unreif und hart. 12/20 trinken ab 2000, wenn überhaupt!

Château Fonroque

Enorme Qualitätssteigerungen in den letzten Jahren!

1981 Fonroque 13/20
91: Ziegelrotes Granat. Leder, Tabak und erste Kräuternuancen mit Anflügen von getrocknetem Thymian. Im Gaumen erst von dominierender Säure geprägt, dann in Schmelz und Eleganz umdrehend, wirkt relativ flach im Finish. 13/20 austrinken

1982 Fonroque 16/20
91: Am Mittagstisch mit Ueli Prager genossen. Ein voller, dichter Wein, der viel Trinkvergnügen bereitet.
16/20 trinken - 1997

1983 Fonroque 14/20
91: Reifes Granat. Für eine Viertelstunde lang in einer „Kartoffelsackphase", von der er sich dann erholte. Also unbedingt dekantieren. Spuren von Trockenheit im Wein, leicht ledrig im Gaumenfluss. 14/20 trinken
92: Wiederum dieselben, ledrig-trockenen Eindrücke.
14/20 trinken - 1997

1986 Fonroque 15/20
90: Wasserrand. Erst alkoholisches Bouquet, Erdbeeren. Fülliger Gaumenkontakt, wirkt kräftig. Könnte aber auch von langem Barriquenkontakt herrühren. 15/20 1994 - 2002

1988 Fonroque 14/20
91: Granat-Purpur, sehr dicht. Zugängliche Brombeergeleenase. Kräftiges Tannin, robust, dicht und reichhaltig, vielleicht ein bisschen zu rauh. Traditioneller Wein, der noch etwas Zeit braucht, um abzurunden.
14/20 2000 - 2010

1989 Fonroque 15/20
92: Arrivage: Aufhellendes Granat. Volle, geöffnete Nase, etwas alkoholisch. Weicher Gaumen, gastronomisch.
15/20 trinken - 2000

1990 Fonroque 17/20
91: April: Violettes Rubin. Reiche, pfeffrige Nase mit medizinalem Himbeerenton, Eucalyptusnote, die mitschwingt. Dichte Struktur mit Rasse und viel Fleisch. Vielversprechendes, grosses Alterungspotential.
17/20 1997 - 2007
92: Ich kenne die Geschichte von Fonroque zu wenig, aber ich vermute stark, dass es noch nie einen derart grossen Fonroque gegeben hat. Reife Frucht, ein gewaltiges Potential. 17/20 1997 - 2007

1992 Fonroque 15/20
93: Rubin. Ausladendes Bouquet, Brombeeren, Zedern, Palisander, Terroir. Fülliger Gaumen, rund mit gesunder Struktur, braucht Zeit, lagerfähig. 15/20 1997 - 2009

1993 Fonroque   **16/20**
94: Mittleres Granat-Rubin, feiner Wasserrand. Parfümiertes Beerenbouquet, süss, marmeladig. Im Gaumen reifes, schmelziges Fruchtspiel, gebundene Struktur, viel Charme, ausgeglichen, angenehmes Finish.   16/20 1997 - 2008

CHÂTEAU FRANC-MAYNE

Wenn Sie einmal auf Franc-Mayne sind, so lassen Sie sich unbedingt die unterirdischen Keller zeigen. Leider sind die Jungweine immer von unsauberen Tönen begleitet. Hier steht sogar die ganze Cazes-Equipe vor einem ungelösten Rätsel.

1978 Franc-Mayne   **16/20**
92: Granat mit blauen Reflexen. Marmeladige Nase, Preiselbeeren, süss und recht komplex. Im Gaumen fein und füllig, ausgeglichen.   16/20 trinken - 1995

1983 Franc-Mayne   **14/20**
89: Preiselbeerenaroma und Kaffee in der Nase. Stoffiger Gaumen, recht gut.   14/20 trinken

1987 Franc-Mayne   **14/20**
93: Leicht oxydative Nase. Pfeffrige Säure, die gar etwas aggressiv wirkt, kernig und drahtig im Gaumen, aber doch eine gewisse Fülle zeigend.   14/20 austrinken

1988 Franc-Mayne   **15/20**
91: Purpur-Violett. Zurückhaltend, Brombeeren, eine Spur Rauhheit im Extrakt. Starke Adstringenz, Geraniolton und vegetales Finish.   15/20 1995 - 2005

1989 Franc-Mayne   **15/20**
90: Fassprobe: Komplexe, geballte Nase. Tabakig und Terroiranzeige. Gegenüber vorherigen Jahrgängen atypisch. Wirkte unsauber.   Keine Bewertung!
91: Sensationelle Farbe. Tieffruchtige Nase mit grünem Tabak. Viel Extrakt mit frischem Holz vermischt, pfeffrig, aber wenig Säure, eher kurzer, aber durchaus interessanter Wein.   16/20 trinken ab 1995
92: Arrivage: Wiederum unsaubere Töne, die ich für einen Korken hielt. Die zweite Flasche zeigte sich jedoch wiederum in ähnlicher Form. Violett-Schwarz. Kalter Rauch in russiger Form. Im Gaumen leicht unsaubere Note, dahinter kräftiges, aber vordergründiges Tannin, warmes Cassisfinish.   15/20 1994 - 2002

1990 Franc-Mayne   **17/20**
91: April: Jetzt scheinen die Anstrengungen der Cazes-Equipe definitiv Früchte zu tragen. Sensationelle Farbe, tief, schwarz. Trockene Bananen, Walnuss. Schöne Rasse und superbe Frucht im Gaumen, viele, gesunde Tannine, langer, dichter Körperbau mit viel Fleisch.
    17/20 trinken ab 1997

Gabriel

93: Aufhellendes Purpur, rubiner Schimmer. Faszinierendes Bouquet, „Heitz-Nase", Pfeiffentabak, Eucalyptus, konzentriert. Rotbeerige Süsse, die Gerbstoffe sind mit Schmelz umgeben, gesundes Extrakt, im Moment noch auf der Zunge aufrauhend.   18/20 1996 - 2010

1991 Franc-Mayne   **??/20**
92: 17 hl Ertrag. Superbe Farbe, tiefes Violett. Süss, Brombeeren, Cassis, leichter Kellerton. Im Gaumen sehr weich mit gut begleitendem Tannin, extraktreich. 12/20 1995 - 2003
93: Unsauber, wiederum Fass- oder Kellerton. deklassiert!

1992 Franc-Mayne   **??/20**
93: Problematisches Muster, nicht degustierbar!

1993 Franc-Mayne   **??/20**
94: Mittleres Purpur. Florale Nase, defensive Frucht. Stoffiger Gaumen, wie immer unsauber bei der Jungweinprobe, fassig.   Keine Bewertung! 1997 - 2005

CHÂTEAU LA GAFFELIÈRE

1961 La Gaffelière   **15/20**
92: Magnum: Reifes Bordeauxrot, leuchtend, brillant. Offene Nase, flüchtige Säure, Ledertöne. Im Gaumen dominiert durch erhaltende Säure, pelzige Zungenstruktur.
    15/20 vorbei

1962 La Gaffelière   **12/20**
88: Braunes Granat. Wässrige Süssholznase, Aceton. Sandiger Körper, dünn mit scharfer, metallischer Säure.
    12/20 vorbei

1970 La Gaffelière   **15/20**
92: Helle Farbe mit stark aufhellendem Rand. Ledertöne, Rosenholz, Terroirduft, fein, aber ansprechend. Leichter Körperbau, schön balanciert. Scheint einen hohen Ertrag gehabt zu haben. Trotzdem ist es ein bekömmlicher, sehr süffiger Wein.   15/20 trinken

1975 La Gaffelière   **18/20**
94: Dunkles, reifendes Granat, ziemlich satt. Waldiges Bouquet, defensive Süsse. Fleischiger Gaumen, gut stützende Gerbstoffe, Irish Moos, viel Gerbstoff, noch immer adstringierend, baut aus.   18/20 trinken - 2007

1978 La Gaffelière   **13/20**
87: Dumpfe Farbe mit Reifeton. Schmal unterlegtes Cabernet-Aroma. Im Mund erst fruchtig, dann austrocknend, belegte Zunge durch Säure. Fällt irgendwie auseinander.
    13/20 austrinken

1982 La Gaffelière   **16/20**
93: Reifende Farbe. Terroirbouquet, grüne Peperoni. Erdiger Gaumen, Teer, für einen 82er eher wenig Fett, braucht noch Geduld.   16/20 1997 - 2020

St. Emilion

1983 La Gaffelière   **14/20**
88: Trübe Farbe. Gewürzartig in der Nase. Schnellreifender Wein.   14/20 austrinken

1985 La Gaffelière   **15/20**
88: Köstliche, rotbeerige Frucht mit vegetalen Aromen dahinter. Traditioneller, fast rustikaler Wein der Mittelklasse.   15/20 1992 - 2003

1986 La Gaffelière   **??/20**
89: Reifendes Granat. Altfasstöne in der Nase, unsauber. Im Gaumen griffige, fast grobschlächtige Tannine, grüner Cabernet. Könnte ab dem Jahr 1998 ein interessanter Wein werden. Momentanwertung eher pessimistisch: 14/20 1996 - 2006

1987 La Gaffelière   **11/20**
90: Reifes Granat, unsauber, altes Fass. Trockener Gaumen, wird nie was werden. Viel zu teuer, für das, was er bietet.   11/20 1992 - 2000

1989 La Gaffelière   **16/20**
90: Goût rôti, Lakritze, trockene Tannine, wirkt grün und zu schwer für sein Potential. Irgendwie unharmonisch.   15/20 trinken ab 1995
92: Arrivage: Dichtes Granat. Eigenwillige Nase, Waldbeeren, Leder, Bakelit, dunkle Schokolade. Im Gaumen rotbeerig-ledriger Zungenbeschlag, die Tannine sind noch aufrauhend, was sich wiederum in der ledrigen Zungenstruktur äussert.   16/20 1996 - 2010

1990 La Gaffelière   **17/20**
91: Mai: Tiefes, kräftiges Weinrot. Kalter Rauch, Bakelit, Würzanzeige, Brombeeren, Tabak (Brikett). In den Proportionen recht gut. In der Säure grüne, unreife Baumnüsse. Extrem trockenes Extrakt (Typ 66er). Höchst eigenwilliger Wein für Kenner.   16/20 1997 - 2005
93: Klassisches Granat. Umwerfendes Bouquet, Edelhölzer vermischt mit reifer Frucht, vor allem Cassis. Feine Stielwürznote, Nelkentöne, Brombeeren, traditionelle Vinifikation, leichte Bitterkeit, die aber Würze verleiht, mittelgewichtiger Körper.   17/20 1999 - 2010

1991 La Gaffelière   **14/20**
92: Helles Rubin. Eine „spezielle" Nase mit Kräuterteenuancen. Im Gaumen flüssig-süffig, wenig Tannine mit einer feinen Struktur, schlankes, wässriges Finish.   14/20 1994 - 1999

1993 La Gaffelière   **16/20**
94: Mittleres Rubin, aufhellend. Terroirlastiges Bouquet, Tabak, animalisch. Saftiger, charmanter Gaumen, von Schmelz umgeben, fülliger Körper, angenehmer Nachklang.   16/20 2000 - 2010

CHÂTEAU GRAND-MAYNE

1985 Grand-Mayne   **13/20**
94: Reife Farbe. Gemüsige Nase, nasse Blumentopferde. Im Gaumen ausgezehrt. Ein schlechter 85er.   13/20 austrinken

1986 Grand-Mayne   **13/20**
94: Reifendes, dichtes Granat mit leicht orangem Rand. Eigenwilliges, leicht oxydatives Madeira-Bouquet, Kaffee, Feigen. Im Gaumen Rosinen und eben Oxydation, ein zwiespältiger Wein, der offensichtlich mit sich selbst Mühe hat.   13/20 vorbei

1987 Grand-Mayne   **16/20**
94: Reifendes Granat, aufhellend am Rand. Offene Nase, eher pflaumig, voll geöffnet. Leichter Körper, aber cremig gebunden wiederum Backpflaumen, schöner 87er mit Sex-Appeal.   16/20 trinken - 1998

1988 Grand-Mayne   **17/20**
94: Leicht reifendes Granat-Purpur. Trüffelige, terroirlastige Nase, Teer, gekochte Brombeeren, öffnet sich langsam. Im Gaumen Cassis, dicht, viel Fleisch und Stoff, aromatisches Finale, sehr guter Wein.   17/20 trinken - 2005

1989 Grand-Mayne   **16/20**
94: Tiefes Granat. Öffnendes, reifes Dörrfrüchtebouquet, Palisander, feine Zedernnote, splendid. Trockene Gerbstoffe, die davon stammen könnten, dass der Wein zu lange im Fass gelegen hat, leicht spröde. Schade ums grosse Potential.   16/20 trinken - 2005

1990 Grand-Mayne   **18/20**
93: Purpur, undurchsichtig. Eigenwilliges Bouquet, kräuterlastig, viel Terroir, Trüffel. Im Gaumen, klassischer Stil, leicht sandig im Fluss, viel Charakter und grosses Potential, griffige Gerbstoffe, extrem gesundes Extrakt, ein Langstreckenläufer.   18/20 1998 - 2010
94: Purpurfarben. Röstiges, reifes Merlot-Bouquet. Geschmeidiger Gaumen, reife Gerbstoffe, gut ausgeglichen, viel Aromatik, das Holz wirkt im Moment leicht prägnant, viel Süsse im Finish.   18/20 1996 - 2008

1991 Grand-Mayne   **15/20**
92: Sensationelle Farbe, fast schwarz. Ein Cassis- Rauchkonzentrat. Im Gaumen stark adstringierend, grünbitter mit trockenen Tanninen. Er erfüllt zumindest im Gaumen nicht ganz die Erwartungen, die er in der Nase verspricht. Wenn er die Härte verliert, könnte daraus ein sehr interessanter Wein werden.   15/20 1995 - 2005
94: Die Nase ist bereits etwas entwickelt und zeigt einen leicht fleischigen, faisandierten Ton. Die Gerbstoffe sind noch immer etwas bitter, aber bereits gerundeter als vor zwei Jahren.   15/20 1996 - 2005

1992 Grand-Mayne   **16/20**
93: Sehr tiefes Violett. Konzentrierte Frucht, Röstnote, heiss. Reife Gerbstoffe, saubere Frucht, für dieses schwierige Weinjahr eine sehr gute Reussite. 16/20 1996 - 2005
94: Nachdegustiert auf dem Château. Die Frucht ist so rein und reif, dass man ihn bereits jetzt mit sehr viel Spass trinken könnte. 16/20 1996 - 2005

1993 Grand-Mayne   **16/20**
94: Tiefes Violett. Röstige, süsse Brombeerennase, schön, buttrig ausladend. Schmelziger Körper, wiederum schöne Brombeerenanzeige, gut eingepacktes Holz, ein überdurchschnittlicher 93er. 16/20 1997 - 2006

CHÂTEAU GUADET-ST-JULIEN

1985 Guadet-St-Julien   **15/20**
89: Komplexe Nase. Fruchtiger Wein mit gutem Rückgrat. 15/20 trinken - 1998

1993 Guadet-St-Julien   **13/20**
94: Die hellste Farbe aller St. Emilions. Alkoholisches, eindimensionales Bouquet. Oberflächliche Textur, ein absolut banaler, langweiliger, fast schon trinkreifer Wein mit Beaujolais-Charakter. 13/20 bald - 2000

CHÂTEAU HAUT-CORBIN

1989 Haut-Corbin   **13/20**
90: Komische Nase, darunter Zedernextrakt. Tannine mit Aggressivität beladen, trockene, zähe Struktur. 13/20 1995 - 2003

1990 Haut-Corbin   **16/20**
91: April: Violett-Schwarz. Klassische, ansprechende Nase, komplex und sehr ausgeglichen, würzig, vielschichtig. Toast und Pain grillé im Gaumen. Reich mit feingliedriger Struktur. Dürfte im Verhältnis zu den beeindruckenden Tanninen mehr Fleisch am Knochen haben. 86er-Typ. 16/20 1998 - 2010

CHÂTEAU HAUT-PONTET

1981 Haut-Pontet   **15/20**
91: Brillantes Granatrot. Hagebutten, jung, mit Konfitürenase, Waldbeerenfrucht, sehr sauber und direkt. Im Gaumen leicht, lang und süffig. 15/20 trinken

1982 Haut-Pontet   **15/20**
89: Veilchenduft und Cassisblüten. Fettender, fülliger Wein, leider etwas kurz, reif. 15/20 trinken

1985 Haut-Pontet   **16/20**
93: Aufhellendes Granat. Saubere Frucht, wirkt jung und frisch. Im Gaumen pfeffrig, schöner Körperbau, sehr delikat, gute Balance. 16/20 trinken - 2005

1986 Haut-Pontet   **15/20**
90: Erste Reife. Brombeerennase. Veloutierender Gaumenbeginn, fetter Merlot-Charakter. 15/20 trinken

1989 Haut-Pontet   **13/20**
91: Ein herber, männlicher Wein. Wirkt ungeschliffen. Nachdegustieren! Momentanwertung: 13/20 1996 - 2006

1990 Haut-Pontet   **15/20**
91: April: Dunkles Granat mit Wasserrand. Fette, konfitürige Nase, Marmelade und Erdbeeren. Vollreife (überreife?) Frucht, wiederum Erdbeeren. Da er wenig Säure hat, wirkt er schwer und kurz, mageres Finish. Mehr Burgunder als Bordeaux. 15/20 1993 - 2002
92: Die Farbe hat sich aufgehellt. Eher bittere, trocknende Tannine. Die Flasche wurde eine Woche zuvor abgefüllt und deshalb freute sich der Wein gar nicht, bereits die Flasche verlassen zu müssen.

CHÂTEAU LE JURAT

1986 Le Jurat   **15/20**
89: Aufgepasst - ein erstaunlicher Wein. Purpur, satt. Tiefe Nase mit Gewürztönen. Moos-, Eisentöne, dicht gewoben, langer, massiver Strukturbau. 15/20 1993 - 2000

1989 Le Jurat   **??/20**
90: Mittlere Farbe. Blaubeerige Frucht, medizinale Nase. Im Gaumen unsaubere Altfasstöne. Keine Bewertung!

1990 Le Jurat   **16/20**
91: April: 100 % Merlot. Granatrot. Toastnote und rote Früchte, Cassis. Heisses Terroir im Gaumen, dichte Struktur und gutes Finish, zeigt Reserven. 16/20 1997 - 2006

St. Emilion

Château Laniote

1986 Laniote   **15/20**
94: Reifende Farbe. Offenes, fleischiges Bouquet, leicht faisandiert, zu Kopf steigend. Im Gaumen nasses Unterholz, wiederum Fleischnote, mittleres Finish.
15/20 austrinken

1988 Laniote   **16/20**
91: Violett, dicht. Offen, süss, alkoholisch, Black-Currant-Note, Tabak. Aussen fett, auf der Zunge ledrige Struktur, recht kräftig.   16/20 1996 - 2005

1989 Laniote   **15/20**
92: Arrivage: Aufhellendes Granat. Konfitüre in der Nase, Johannisbeeren. Das Tannin wirkt im Moment aufdringlich, Pinot-Aromen im Gaumen, Spuren von grüner Barriquennote. War vielleicht ein paar Monate zu lange im Fass.   15/20 1994 - 2000

1991 Laniote   **13/20**
92: Granat-Purpur. Paprikapuderton, Zwetschgenkonfitüre. Dunkles Holz, kerniges Tannin, schmeichelnder Fruchtfluss.   13/20 1995 - 2000

1993 Laniote   **13/20**
94: Mittleres Granat, leicht aufhellend. Unsaubere Nase, Schweinestall, unappetitlich. Im Gaumen aussen schmelzig, innen ledrig und wenig charmant, unreife Gerbstoffe, wenig Harmonie.   13/20 2000 - 2010

Château Larcis-Ducasse

1928 Larcis-Ducasse   **19/20**
88: Ein erstaunlich erhaltener Wein. Dunkle Farbtiefe mit Mahagonireflexen. Wohlduftende Pfingstrosennase. Im Gaumen fermentierter Schwarztee mit leichten, stieligen Würznoten. Sehr aromatischer Wein.   16/20 trinken
91: Eine müde, überalterte Flasche!
93: Tiefes Mahagonirot. Kandissüsse, Rioja-Würzton, verlockend, Nougatnote. Im Gaumen noch viel Gerbstoff, leicht stielige Aromen, Terroiranzeige, kräftiges Extrakt, im Finish Irish Moos und wilder Rosmarin, extrem lange. Als St. Emilion erstaunlich jung.   19/20 trinken

1966 Larcis-Ducasse   **17/20**
91: Nussfarben. Offener Wein mit Leder- und Terroiraromen. Stielig, Kaffee, Karton. Starker Gaumenbeschlag mit frischer Säure, Wermutkraut. Ein guter, überdurchschnittlicher 66er.   17/20 trinken

1981 Larcis-Ducasse   **15/20**
Mittlere Farbe, komplex. Fruchtige Nase, die marmeladig wirkt. Im Gaumen tintige Struktur mit Geraniolgeschmack, Bitterkeit mit mineralischem Begleitton, Jod. 15/20 trinken

1982 Larcis-Ducasse   **17/20**
91: Intensive Farbe mit erstem Reiferand. Tiefe Nase, Terroir- und Trüffelaromen. Superbe, saubere Struktur, pfeffrige Säure, die dem Wein Rasse verleiht, in der Gewürznote Paprikapulver.   17/20 1994 - 2000

1983 Larcis-Ducasse   **16/20**
91: Recht dichte Farbe. Wuchtige Nase, die erstaunlich fruchtig ist. Ein junger Wein mit viel Potential. Im Moment recht verschlossen.   16/20 1995 - 2010

1984 Larcis-Ducasse   **12/20**
91: Helle Fabe mit ziegelroten Reflexen. In der Nase Minze und Schokolade. Im Gaumen Charme und beschwingte Souplesse, warm, ein metallischer Begleitton als negativer Beigeschmack (Zink).   12/20 austrinken

1985 Larcis-Ducasse   **16/20**
91: Mittlere Farbdichte, Granatrot mit starkem Reifeton. Nussgeschmack in der Nase, etwas überreife Früchte mit einer Spur Fleisch. Im Gaumen mollig mit fondiertem Tannin. Lederanklänge in der Struktur, vegetales Finish.
16/20 1994 - 2005

1986 Larcis-Ducasse   **11/20**
91: Pflaumiges Granat mit Reifeton. Offene Nase mit unangenehmem Evolutionston. Charcuterie und faisandierter Wildgeschmack. Im Gaumen fade und plump. Erhebliche Gleichgewichtsstörungen. Ein mieser Wein ohne Zukunft.
11/20
91: Auf dem Weingut. Schwierigkeiten mit dem PH-Wert. In einer gewaltigen Rumpelphase. Ich glaube nicht, dass jemals etwas daraus wird.   11/20 ausleeren

1987 Larcis-Ducasse   **13/20**
91: Mittlere Farbdichte. Waldfrüchte, offen. Im Gaumen welkes Blatt (Efeu), gebundene Struktur, zerlassene Butter. Ein Charmeur.   13/20 bald - 1998

1988 Larcis-Ducasse   **16/20**
89: Kleiner Wein mit viel Härte und Ecken, oder aber ein schlechter Vorabzug.   Keine Bewertung!
91: Mittlere Farbe. Herbale Nasennote mit Tabak und Waldfrüchten. Fetter, südlicher Wein mit viel Charme, gut strukturiert.   16/20 1995 - 2006

1989 Larcis-Ducasse   **16/20**
90: Fleischige Nase, dicht, Punsch, beerig. Bourgeoise Struktur, trocken, Typ 66er.   15/20 trinken ab 1995
91: Störender Grünton im Moment von unausgereiften Tanninen.
92: Purpur, satt. Dichte Nase, aber zurückhaltend, Rauch. Im Gaumen kräftig, traditionell, mit griffigem, reifeverlangendem Tannin, gutes Rückgrat.   16/20 1996 - 2006

1990 Larcis-Ducasse   **15/20**
91: Mittlere Farbdichte mit rubinen Reflexen. Himbeerenton, jung und fruchtig, fett mit Siruparomen. Frischer,

spitziger Säurebeginn, fehlt an Konzentration und wirkt deshalb leichtgewichtig, Typ Echézeaux. 15/20 1997 - 2006
93: Aufhellendes Granat, Wasserrand. Süsses, buttriges Bouquet. Im Gaumen wirken die Gerbstoffe aggressiv und unfertig mit grünen Noten. Es fehlt ihm an der Süsse, die man sonst in fast allen 90er St. Emilions findet.
15/20 1997 - 2009

1991 Larcis-Ducasse. 14/20
92: 1/4 Ernte. Der Cabernet Franc wurde vollständig deklassiert. Grand Vin: 90 % Merlot, 10 % Cabernet Sauvignon. 16 hl/ha. Die ganze Ernte wurde vor dem Regen eingebracht. Keine neuen Barriquen. Mittleres Granat-Purpur. Sauerampfernase, sehr terroirbetont, rauchig mit starkem Zedernton. Im Gaumen Waldbeeren, relativ trockene Tanninkonstellation, sehr traditionell.   15/20 1996 - 2006
94: Recht hell in der Farbe. Eigenwillige Brotteignase, rotbeerige Frucht, wirkt etwas gekocht. Saftiger Gaumen, rund, wenig Gerbstoffe.   14/20 trinken - 2005

1992 Larcis-Ducasse 16/20
93: Mittleres Violett. Offen, wuchtig, Walnuss. Fetter Gaumen, viel Schmelz, Brombeeren, Kaffee, sehr feine Gerbstoffe, warmes Finish.   16/20 1995 - 2007

1993 Larcis-Ducasse 13/20
94: Aufhellendes Granat. Florale Nase, mineralisch. Im Gaumen eher leicht, gute Balance, rotbeerige Frucht, die Struktur wirkt mit der Säure zusammen verbunden zu prägnant, die Tannine austrocknend.   13/20 1998 - 2008

CHÂTEAU LARMANDE

Larmande hat in den letzten Jahren sehr gute Weine hervorgebracht. Es lohnt sich, diesen Aufsteiger im Auge zu behalten.

1985 Larmande 13/20
88: Erst süss, dann unsauberer Altfasston. Falls es ihm gelingt, diesen Ton wegzubringen, so kann er ab 1992 15/20 machen. Momentanwertung: 13/20 1992 - 2002

1986 Larmande 15/20
89: Leuchtendes Purpur. Staubige Nase. Im Gaumen erdig und parfümierte Frucht.   15/20 1992 - 2003

1990 Larmande 17/20
93: Dumpfes Purpur-Granat. Rotbeerige Nase, Toastton, dahinter florale Note. Black-Currant-Aromen im Gaumen, süss, schmelzend, gutes Rückgrat, Korinthen im Finish.
17/20 1995 - 2008

1992 Larmande 15/20
93: Purpur: Brombeerengelee, fett, alkoholisch, laktisch. Extrem soft, rund, weich, kommerziell.   15/20 1995 - 2002

1993 Larmande 17/20
94: Leuchtendes Purpur. Beerige, reife Fruchtnase, Holunder. Stoffiger, satter Gaumen, Velours, schöne Konzentration, gutes Extrakt, die Gerbstoffe wirken im Moment etwas körnig, Falls er diesen markanten Gerbstoff umwälzen kann, wird er zu einem phantastischen Wein werden.
17/20 1999 - 2012

CHÂTEAU LAROZE

1945 Laroze 17/20
88: Fast leuchtendes Granat mit viel Tiefe. Süsse in der Nase, darunter grosses Potential wie bei so vielen 45ern, dunkle Rosen. Etwas vordergündig im Gaumen, ausgeglichenes Säurespiel, seidig und sandig zugleich, Merlot-Schmelz im Finish.   17/20 trinken

1978 Laroze 13/20
86: Dunkles, leuchtendes Rubin. Leichtes, loses Aroma. Fruchtig im Gaumen, wenig Körper, alkoholisches Finish.
13/20 trinken

1983 Laroze 13/20
88: Kann es sein, dass man auf diesem Château den 83er etwas überschätzt hat? Zu starke Holzprägung, daher sehr trocken.   13/20 1993 - 2003

1985 Laroze 15/20
92: 3/8 Flasche: Mittleres Granat mit aufhellendem Rand und orangen Reflexen. Volle Nase, süsslich, gebunden, pflaumig mit erdigem Unterton, Baumrinde. Fülliger Gaumen mit Charme, weiche Säurekonstellation. Vollreif, zumindest diese 3/8 Flasche.   15/20 trinken

1986 Laroze 15/20
94: Aus einer Magnum getrunken. Ein runder, fast molliger Wein, gut gereift.   15/20 trinken - 2000

1988 Laroze 15/20
92: Mitteltiefes Purpur. Würzige Nase, Zedernton. Kräftiger Gaumen mit bitterer Note im Extrakt. Die Gaumenkonstellation neigt zu Härte.   15/20 1995 - 2008

St. Emilion

CHÂTEAU MAGDELAINE

1928 Magdelaine ??/20
91: Mitteltiefe Farbe. Oxydative Nase, nasses Unterholz. Im Gaumen ausgezehrt, vorbei. Keine Bewertung!

1953 Magdelaine 15/20
93: Ziegelrotes, reifes Granat. Wunderschönes Schokobouquet. Weiche Säure, Lederwürznote, etwas trocken im Fluss. Nicht dekantieren. 15/20 austrinken

1964 Magdelaine 17/20
92: Magnum: Eher helle Farbe, bräunliches Granat. Süsse Nase, Nougat, Caramel, Kandis, primäre Süsse, Waldbeerenkonfitüre, Pralinen. Schöne Säure, wirkt noch sehr lebendig, ausgeglichen, rollender, charmanter Fluss, im Finish Portwein und Kaffee. 17/20 trinken - 2000

1966 Magdelaine 18/20
91: Reifes Granat mit orangen Reflexen. Süsse Nase, komplex, gebraten, zerlassene Butter, Kandis, fast Pétrus-ähnliche Nase. Im Gaumen noch frische, sehr anschmiegsame Säure, fleischig und sehr lang, ohne die typische 66er Trokkenheit. Verliert nach einer Stunde. 18/20 trinken - 1996

1970 Magdelaine 17/20
91: Eine Magnum am Mittagstisch mit Christian Moueix getrunken. Recht tiefe Farbe mit Granatschimmer. Nase mit frisch geschnittenen Champignons und spanischen Netzmelonen, vollentwickelter Merlot. Im Gaumen spitze Säure, Papayaöl, recht breit, lang. 17/20 trinken - 2000

1978 Magdelaine 13/20
92: Granat-Purpur. Schokoladige Nase mit Kräutern vermischt. Nase besser als der Gaumen. Dünner Körper mit zähem Gaumenfluss. 13/20 austrinken

1979 Magdelaine 13/20
85: Helles Kirschrot. Im Gaumen jugendliche Frische, herrliches Parfüm, weinig mit Fett und Schmelz.
15/20 trinken - 1995
90: Lebt nur noch von seiner eigenen Säure. 13/20 vorbei
92: Granat aufhellend, eher hell. Butter- und Kakaonote, Kokos, fette Nase. Aussen schmeichelnd, innen aufrauhender Gerbstoff, trocknet aus an der Luft. Wurde sehr unterschiedlich bewertet. 13/20 vorbei

1980 Magdelaine 11/20
91: Ein miserabler Wein, bitter und grün. Die elf Punkte sind sogar noch aufgerundet. War nie gut, wird nie gut.
11/20 nie trinken

1981 Magdelaine 15/20
87: Nase voll von flüchtigen Stoffen. Im Mund Rasse und Länge, jedoch ohne die wünschenswerte Weinigkeit, aufrauhende Oberfläche, darunter Fenchel (?). Ich habe Mühe mit diesem Wein. 13/20 trinken

91: Hat sich verbessert. In der Nase Rauch und Zedern sowie eine Spur Pfeiffentabak. Im Gaumen Cabernet Franc-Aromen, fleischig, noch ausbauend. 15/20 trinken - 1996

1982 Magdelaine 18/20
92: 3/8 Flasche: Dumpfe, dichte Farbe mit orangem Schimmer. Wuchtige, fettfüllige Nase mit viel Druck, Kirschenholz und exotisches Fruchtfleisch. Rahm- und Buttergeschmack, leichtes Volatile. Fülliger Gaumen, weiches, aber fettes Extrakt mit tiefer Terroirwürze.
17/20 trinken - 2000
93: Eine Delikatesse, die burgundische Allüren hat, was aber angesichts einer derartig eleganten Opulenz durchaus zu verzeihen ist. 18/20 trinken - 2005

1985 Magdelaine 18/20
88: Öffnende Nase, die viel verspricht. Kraftpotential, weinig mit viel Fett. Ein ganz grosser 85er.
18/20 1993 - 2005

1986 Magdelaine 16/20
89: Leuchtendes Granat-Purpur. Schwierige Nase, Hochzeitbonbons und Erdbeerenaroma. Voller Fluss, fast überladen, Schmeichler, doch relativ kurz.
15/20 trinken ab 1992
90: In einer Blinddegustation: Wieder fett, fast pappig.
15/20
91: In einer Kalifornien-Blinddegustation: Schokoladig mit Cabernet-Präsenz. 16/20 1994 - 2004

1987 Magdelaine 15/20
90: Konfitürige Süsse, Erdbeerenton und burgundische Fülle. Wirkt kommerziell. 14/20 bald - 1995
92: Wiederum als weichen Wein erlebt mit burgundischen Aromen (Beaune). 15/20 trinken - 1996
93: Rösttöne dominieren leicht. Offen, Erdbeerenmarmelade, versteckter, chemischer Ton. Im Gaumen schöne, samtige Fruchtwürze, sehr elegant. 15/20 trinken - 1997

1988 Magdelaine 17/20
91: Im Moment recht hell mit violettem Schimmer. Defensive Nase mit schwarzen Früchten und frisch geschnittenen Champignons. Im Gaumen reich, Vanille. Ein nobler, eleganter Wein. 17/20 1997 - 2010
92: Verschliesst sich im Moment. Mindestens bis 1995 in Ruhe lassen. 17/20 1996 - 2010

1989 Magdelaine 17/20
90: Februar: Heuton, Trüffel und nobles Kastanienholz.
17/20
90: Juni: Heisses Terroir (Goudron), Nüsse. Voller, fetter Gaumen, füllig, burgundisch. 17/20 trinken ab 1996
92: Arrivage: Granat-Kirschrot. Schöne Konzentration, Terroir, Kamille, Akazie, würzig, Kandiszucker, reife Frucht. Lange Tanninstruktur, dunkles Edelholz, etwas grobkörnig im Extrakt, braucht noch ein paar Jahre Ruhe.
17/20 1996 - 2003

1990 Magdelaine   19/20
91: April: Tiefe, dichte Farbe mit violettem Purpurschimmer. Reiche, vielseitige Nase mit Margaux-Eindrücken, frische Champignons und Waldbeeren sowie eine bezaubernde Cassisnote. Im Gaumen die selben Früchte und Terroirton (frische Steinpilze). Viel Charme, Fett und Fleisch. Imprägnierte Struktur mit gesundem Extrakt, Salz. Klassischer, grosser Wein und zugleich der beste Magdelaine seit vielen Jahren.   19/20 1997 - 2007
92: Mittlerweile hat es auch der Wine Spectator gemerkt. In der Mai-Ausgabe hiess es: „Best Magdelaine we ever have tasted". Ich habe den Wein am 9. April bei Christian Moueix nachdegustiert.   19/20 1997 - 2007
93: Tiefe Farbe, Purpur mit rubinen Reflexen. Cassis- und Red-Currant, rote Johannisbeeren, sehr fruchtig, wenn auch etwas eigenwillig. Kräftiger Gaumen mit sehr viel Extrakt, Massen von gesunden Gerbstoffen, gute Säure. Ein Klassiker!   19/20 1998 - 2020

1992 Magdelaine   16/20
93: Purpur-Rubin. Ansprechende Nase, viel Frucht, Brombeeren, Champignons, Nussholz. Schmelzige Textur, erstaunliche Konzentration, langes Rückaroma. Gehört zu den besseren St. Emilions.   16/20 1996 - 2007

1993 Magdelaine   17/20
94: Mittleres Rubin-Granat. Konzentrierte Nase, Champignons, Trüffel, Steinpilze, dahinter Brombeeren, stützendes Vanillin. Im Gaumen wiederum von Terroir geprägt, die Frucht ist reif, zeigt eine pflaumige Note und eine schmelzige Süsse, gutes Fundament, reifeverlangende Adstringenz.   17/20 2000 - 2012

CHÂTEAU MOULIN DU CADET

1987 Moulin du Cadet   12/20
90: Granatfarben mit Reifetönen. Einfache, zugängliche Nase, Preiselbeeren. Im Gaumen beissende Schärfe, metallisches Finish.   12/20 1993 - 1997

1988 Moulin du Cadet   13/20
91: Leuchtendes Granat. Offen, ausladend, wirkt gebraten. Blockierter Gaumen, roh und eher kurz im Moment.
                                                     13/20 1995 - 2004

1989 Moulin du Cadet   14/20
90: Florales Bouquet, Veilchen, warm (Corton). Mittlere Textur im Gaumen, wenig Fett, trockener Fluss.
                                                     14/20 1995 - 2004

1990 Moulin du Cadet   14/20
91: April: Mittleres Granat. Alkoholreiches Bouquet mit floralem Charakter, Efeu und faulem Merlot. Leichter, fröhlicher Gaumen mit plumpem Fett aussen herum, Backpflaumen, zu viel Vin de Presse, wirkt insgesamt unausgeglichen.   13/20 trinken ab 1995
92: Gewinnt etwas an Homogenität, zeigt aber immer noch bitteres Zungenextrakt.   14/20 1995 - 2005

1992 Moulin du Cadet   15/20
93: Rubin-Granat. Komplexe Nase, verschlossen, Tiefe anzeigend, Spiel von roten und blauen Beeren. Kräftige Adstringenz, reifer Gerbstoff, warmes Finish.
                                                     15/20 1996 - 2006

1993 Moulin du Cadet   14/20
94: Aufhellendes Granat. Defensives, leicht laktisches Bouquet. Terroirnote, etwas animalisch, fleischig, leicht aufrauhend im Extrakt, grüne, kernige Note in den Tanninen.   14/20 1998 - 2008

CHÂTEAU PAVIE

1953 Pavie   17/20
93: Eine Jéroboam an Anton Brandstätters Geburtstagsfeier. Mittleres Granat, Orangetöne darin, fein aufhellender Wasserrand. Das Bouquet zeigt sich reif, öffnet sich aber - sehr wahrscheinlich wegen der grossen Flaschenform - nur zaghaft, rotbeerige Töne, feiner Lederschimmer, Brotkruste mit würzigem Terroirröstton. Im Gaumen gibt er sich zu Anfang pelzig, nimmt jedoch an Schmelz zu. Ein Mittelgewicht mit guter Balance.   17/20 trinken

1961 Pavie   17/20
91: Brillantes Granatrot. Süss, Caramel, ausladender, rotbeeriger Merlot. Mittlerer Körperbau, guter Boden, extraktreich, wiederum Caramel im Gaumen, noch immer eine gewisse Adstringenz anzeigend.
                                              17/20 trinken ohne Eile

1964 Pavie   17/20
92: Mittlere Farbe mit ziegelrot-braunem Rand. Kräuternase, die sämtliche Frucht abgebaut hat. Im Gaumen beherrschend von Todessäure, fleischlos und mit gezehrter Struktur.   13/20 vorbei
93: Eine wesentlich bessere Flasche. Kaffee von reifem Merlot und eine reduzierte Süsse von heissem Traubengut, feine Trockenheit in den Gerbstoffen.
                                                     17/20 austrinken

1966 Pavie   12/20
88: Dumpfes Mahagonibraun. Volle, weitausladende Nase, üppig, aber ohne Tiefgang. Im Gaumen ranzige Butter und Oxydation.   12/20 vorbei
90: Eine Flasche, die ein kleines bisschen frischer war. Pinotartige Nase, rote Waldbeeren, aber leider auch wieder - über dem Zenit.   12/20 vorbei

St. Emilion

1967 Pavie   **16/20**
92: Magnum: Mittlere Farbdichte, oranger Rand, stark aufhellend. Süsse, voll geöffnete Nase, Nüsse, geröstetes Brot, sauber. Weicher Gaumen, Rauch, Lakritze, gekochtes Cassis, feine Fleischproportionen.   16/20 austrinken

1975 Pavie   **16/20**
85: Den 75er habe ich in einem AGH (angetrunkenen V Hoch) gebechert. Leider war der Eintrag später nicht mehr zu entziffern.
88: Vollreif, recht fett.   16/20 austrinken
93: Eine Magnum auf Pavie mit Jean-Paul Valette getrunken. Reife Farbe, aber immer noch sehr tief. Offenes Terroir-Lederbouquet, stallige Note, leicht jodig. Im Gaumen noch rustikal und keineswegs den Charme eines grossen St. Emilions.   16/20 trinken
94: Reifendes Granat, schöne Tiefe. Defensives, nur langsam öffnendes Bouquet. Im Gaumen zeigt er eine gewisse Fülle, die aber von noch reifeverlangenden Tanninen überdeckt wird, die Säure dominiert. Eigentlich ein grosser Wein, der Mühe hat, sein Potential zu offenbaren.
       16/20 trinken - 2006

1978 Pavie   **13/20**
85: Violette, tiefe Farbe. Nase verschlossen, pfeffrig. Im Gaumen extraktreich. Rasse, braucht noch Zeit.
       16/20 trinken ab 1989
89: Farbe mit ersten Reifetönen, im Gaumen aber immer noch nicht reif.   15/20 bald
92: Purpur mit wenig Farbdichte. Kreiden- und Eisenton, wenig Druck in der Nase. Im Gaumen Fleischgeschmack, wirkt faisandiert. Hat leider seine besten Zeiten hinter sich.
       13/20 austrinken

1979 Pavie   **14/20**
88: Reifer, runder Wein mit eher bescheidener Nase.
       15/20 trinken
92: Granat-Orange, feiner Wasserrand. Offene Nase, mittlerer Druck, Rauchnote, Schokolade. Reifer Gerbstoff, lederiger Fluss, drahtig, hohl. Die Nase macht mehr Freude als der Gaumen, der bereits gezehrt wirkt.   14/20 vorbei

1980 Pavie   **11/20**
87: Ich habe offensichtlich als einziger Mühe mit den 80er St. Emilions. Aber wenn eben der Merlot nichts wert ist, dann sind auch diese Weine nichts wert. 11/20 austrinken

1981 Pavie   **16/20**
91: Zarte, blumige Nase (Tulpen). Im Gaumen vegetal, leichte Geraniolnote. Mit Luftzutritt schmelziger werdend. Präsentiert sich noch durchaus jugendlich mit Fruchtanzeige im Parfüm.   16/20 trinken - 1997

1982 Pavie   **17/20**
87: Kompaktes, dichtes Farbbild. Wuchtige, opulente, vielschichtige Nase. Im Gaumen rund und attraktiv. Reift wohl etwas schneller als der 83er.   16/20 trinken - 1998
91: Im direkten Vergleich mit dem 81er getrunken. In der Nase Havannanote. Wirkt rund und durch niedrigen Säurewert vollreif.   17/20 trinken - 1998

1983 Pavie   **17/20**
88: Auf dem Château getrunken. Geröstetes Brot und Haselnussfett. Hat gewaltige Reserven. Eigentlich mein Hauswein, oft mit viel Freude getrunken.
       17/20 trinken - 2000
91: Noch immer tiefe Farbe mit ersten Reifereflexen. Tiefe, fruchtige Waldbeerennase mit viel gutem Terroir vermischt, blumige, positive Düfte, die mitschwingen. Die Säure wirkt im Moment vordergründig, baut immer noch aus.
       17/20 1993 - 2000

1984 Pavie   **13/20**
91: Recht ordentlicher Wein mit den typischen Pavie-Aromen. Wirkt im Gaumen unfertig und grün.
       13/20 trinken - 1998
92: Wiederum diese grüne Note registriert. Die Nase macht mit ihrem Tabakton mehr Freude als der Gaumen.

1985 Pavie   **17/20**
88: Würzige Nase, noch verschlossen. Gewaltiges Extrakt auf der Zunge, noch defensiv, salzig im Fleisch. Grosser Wein mit Zukunft.   17/20 1994 - 2005
94: Jetzt wunderschön zu trinken. Am besten etwa eine halbe Stunde dekantieren.   17/20 trinken - 2005

1986 Pavie   **17/20**
89: Ein männlicher, extraktreicher Wein mit viel gesundem Tannin.   17/20 1994 - 2005

1987 Pavie   **15/20**
90: Granat mit Tiefe, braune Reflexe. Moderne Nase (oaky), Kaffee und begleitende Würze. Versprechender Gaumen, gut proportioniert, weiches Finish.   15/20 trinken - 1997

1988 Pavie   **16/20**
89: Machte an der VINEXPO einen enttäuschenden Eindruck auf mich. Vielleicht war es aber auch ein müdes Muster. Reifes Bouquet (?), weniger Substanz als der 86er und 85er. Nochmals degustieren.   15/20
91: Kräftiges, klassisches Bordeauxrot. Volles Vanille-Würzbouquet, Toast. Im Gaumen füllig, dicht, kräftige Tanninstruktur. Gutes Alterungspotential.   16/20 1998 - 2010

1989 Pavie   **19/20**
90: Das ist der beste Pavie seit dem 83er. Und diesen Jahrgang übertrifft er nochmals um Längen. Noch nie zuvor habe ich einen so extraktreichen Pavie mit einem derart grossen Alterungspotential degustiert.
       19/20 trinken ab 1997
90: Wiederum degustiert. Unglaublich. Sicherlich an der Spitze des St. Emilion.
92: Arrivage: Der Star am St. Emilion-Tisch zusammen mit Clos Fourtet. Sattes Purpur-Violett. Rauchige Toastnase,

Marroni. Im Gaumen enormer Tanninreichtum, gutes Rückgrat, sehr konzentriert, Nussbaumholz und perfekte Mundadstringenz. 19/20 1997 - 2015

1990 Pavie 16/20
91: Mittlere Farbdichte. Süsses Aroma mit Teernuancen. Feine, dichte Struktur. Ein eleganter, finessenreicher Pavie mit bedeutend weniger Druck als der monumentale 89er. 16/20 trinken ab 1995
92: Guter Fond, schön ausbalanciert mit süssem Cassisfinish. 16/20 1995 - 2005
93: Purpur, satt. Starke Kaffee-Toastnase, die Frucht dominiert das Terroir. Saftiger Gaumen, etwas zugänglicher in der Frucht, recht satt mit mittlerem Finish. Moderner Wein. 16/20 1995 - 2004

1991 Pavie 15/20
93: Mittleres Purpur. Süsse Frucht, Holzröstton, Nussholz. Pfeffriger Gaumen, guter Fond, etwas Stoff, mittleres Potential. 15/20 1995 - 2003

1992 Pavie 15/20
93: Rubin-Purpur. Schokonote, Korinthen, Terroir, recht fett. Beeriger Gaumen, weiche Gerbstoffe, feingliedrig, hat Eleganz. 15/20 1995 - 2003

1993 Pavie 16/20
94: Die Notizen zu diesem Wein habe ich verloren. Ich erinnere mich aber noch ganz genau, dass er gegen andere St. Emilions (Troplong-Mondot, Figeac etc.) keine Chance hatte. Er ist ziemlich schlank geraten und setzt auf Eleganz. 16/20 1998 - 2008

Château Pavie-Decesse

1988 Pavie-Decesse 16/20
89: Fassprobe: Hat mir neben dem Pavie einen recht guten Eindruck gemacht. Himbeerennase. Schlanker Körper, schönes Tannin. 16/20 1995 - 2003

1990 Pavie-Decesse 16/20
93: Sattes Rubin-Purpur, feiner Wasserrand. Starker Toast- und Rauchton, gekochte Frucht, Marzipan. Saftiger Gaumen, etwas mehlig in der Textur. Die Barrique wirkt im Moment eher dominant, feine Bitterkeit auf der Zunge. 16/20 1995 - 2004

1991 Pavie-Decesse 13/20
92: Mittelhelles Rubin. Stumpfe, würzig-fruchtige Nase, Himbeerenkonfitüre. Schmeichelnder Gaumen. Ein süffiges Leichtgewicht. 13/20 1993 - 1997

1992 Pavie-Decesse 15/20
93: Rubin-Violett. Süsse Dropsnase, Waldhimbeeren, ansprechend. Weicher Fluss, schmeichelnd, feines Extrakt auf der Zunge, sauberes Fruchtfinish. 15/20 1995 - 2003

1993 Pavie-Decesse 15/20
94: Dunkles Rubin. Waldbeerennase, leichte Teernote. Fleischiger Gaumen, körniges Extrakt, strenge Gerbstoffe, Reife verlangend. 15/20 2000 - 2012

Château Petit-Figeac

1982 Petit-Figeac 15/20
91: Während einem Mittagessen mit Christian Moueix getrunken. Erstaunlich tiefe, dichte Farbe. Erdiges Trüffelbouquet. Im Gaumen füllig, aber dennoch elegant. Ein erstaunlicher Preis-Leistungs-Wein. 15/20 trinken

1989 Petit-Figeac 14/20
91: Mittleres Granat. Offene, alkoholische Nase, floral, Geraniol. Im Gaumen pfeffrige Säure, Erdbeerenaromen, blechige Bitterkeit. 13/20 trinken ab 1994
93: Hat seine Geraniolnote verloren. Offene Preiselbeerennase, fett. Im Gaumen etwas grobmaschig, rotbeerig mit angenehmer Säuerlichkeit. 14/20 trinken - 2002

1990 Petit-Figeac 13/20
91: April: Mittleres Rubin. Defensive Nase, fett, schöne Frucht (Himbeeren). Unreifes Tannin, kernig. 13/20 trinken ab 1996

1991 Petit-Figeac 12/20
92: Mittleres Granat. Defensive, eher fade Nase, Weichselkirschen. Im Gaumen dünner Körper, wenig Fleisch, etwas kurz. Die Struktur zeigt sich im Moment pelzig auf der Zunge. 13/20 1994 - 1998
93: Unappetitliche Nase, sehr eigenwillig. Zu viel Holz im Verhältnis zum Potential. 12/20 1995 - 1999

1992 Petit-Figeac 14/20
93: Mittleres Granat. Rotbeerige Röstnase. Weicher, charmanter Körper, Erdbeerenfinish. 14/20 1995 - 2003

1993 Petit-Figeac 15/20
94: Sattes Rubin. Florale Nase. Relativ viel Extrakt, leichte Schalennote darin, angenehmes Rückaroma. 15/20 1997 - 2005

Château Le Prieuré

1985 Le Prieuré 16/20
90: Reifendes Granat. Wuchtige Nase mit exotischem Touch. Im Gaumen süss, fast marmeladig, mit samtig-stoffigem Fluss, breiter, intensiver Abgang. 16/20 trinken - 2000

St. Emilion

1986 Le Prieuré   **12/20**
90: Wirkt gekocht und unsauber, alte Fassnote.
    12/20 1994 - 2002

1989 Le Prieuré   **15/20**
90: Vegetal, Rauch, fette Tannine, reicher Mund, gut proportioniert, artisanal. Vin de Garde.   15/20 1996 - 2006

1990 Le Prieuré   **16/20**
91: April: Violettes Rubin. Süss, enge, vielschichtige Nase. Ein versprechendes Spiel zwischen Kräutern und Früchten. Voller, veloutierender Gaumenfluss mit Pflaumenaromen. Scheint ein kleines bisschen zu viel Presswein erhalten zu haben, um ihm zu mehr Rasse zu verhelfen. Fetter Gaumen mit mittlerer Struktur. Wird vielleicht eher schnell reifen.   16/20 1994 - 2004

1993 Le Prieuré   **16/20**
94: Mittleres Rubin. Reifes Beerenbouquet, schön ausladend. Cremiger, fülliger Gaumen, sehr charmant, Velours, feingliedrige Struktur, angenehmes Finish, sehr guter Wein.   16/20 1998 - 2007

CHÂTEAU PUY-BLANQUET

1989 Puy-Blanquet   **14/20**
90: Etwas erdig, schlanker Körper, rustikal.
    14/20 trinken ab 1994

1990 Puy-Blanquet   **14/20**
91: Rubin, hell. Leere, langweilige Nase, Dropsnote. Strukturanzeige, ausgeglichene Adstringenz. Ein eher mittelmässiger, dünner Wein. Zu viel Ertrag?   14/20 1994 - 2000

1992 Puy-Blanquet   **15/20**
93: Sattes Granat, rubiner Rand. Schöne Beerennase, feiner Kräuterhauch, sehr sauber. Schmelzige Frucht im Gaumen, hat Fülle.   15/20 1995 - 2004

1993 Puy-Blanquet   **15/20**
94: 32 hl Ertrag. Leuchtendes Purpur. Defensive, blumige Nase. Die Frucht wirkt zu Beginn leicht marmeladig, was ihm einen schönen Schmelz in der Textur gibt, hohe Konzentration, in der Adstringenz leicht aufrauhend, generell fehlt es dem Wein an Primäraromen.
    15/20 1998 - 2007

CHÂTEAU ROCHER-BELLEVUE-FIGEAC

1988 Rocher-Bellevue-Figeac   **12/20**
89: Zibetkatzennase. Ein mieser Wein ohne Fett. 12/20 bald
91: Dunkles, leuchtendes Granat. Käsige Nase, bereits Anzeichen von Kräuterlastigkeit. Blechige Tannine im Gaumen.   12/20 trinken

1989 Rocher-Bellevue-Figeac   **??/20**
90: Defensive Nase. Zwetschgenschnaps und Tresteraromen. Scharf.   Keine Bewertung!

1990 Rocher-Bellevue-Figeac   **15/20**
91: April: 80 % Merlot, 20 % Cabernet Sauvignon. Klares, leuchtendes Weinrot. Kaffee- und Zwetschgenaromen in der Nase. Im Gaumen reduktiv, dichte Struktur, blaue Früchte, griffiges Extrakt, noble Bitterkeit. 15/20 1994 - 2002

1991 Rocher-Bellevue-Figeac   **13/20**
92: Granat-Violett. Rauchnase, Teer. Kantiges Extrakt, pelzig, arrogante Bitterkeit mit negativer Säurekonstellation auf der Zunge.   13/20 1994 - 1999

1992 Rocher-Bellevue-Figeac   **14/20**
93: Purpurfarbe. Geraniolnote, Tabak, würzige Frucht, feine Bitterkeit, grüne Spuren, wenig Säure, kurz.
    14/20 1995 - 2002
94: Wirkt aussen etwas geschmeidiger, weniger grün, aber er bleibt kurz.   14/20 1995 - 2002

1993 Rocher-Bellevue-Figeac   **15/20**
94: Schönes, leuchtendes Rubin. Leicht florale Nase, defensive Frucht. Geradliniger Körper, gut balanciert, schöne Zedernholznote und ebensolches Finale.
    15/20 1996 - 2005

CHÂTEAU ST-ANDRÉ-CORBIN

1982 St-André-Corbin   **16/20**
90: Kräftiger und zugleich weicher, reifer Wein, Kakaoaromen im recht fetten Finish.   16/20 trinken - 1997

1989 St-André-Corbin   **14/20**
90: Defensive Nase, kalter Rauch. Etwas rauhe Säure im Gaumen.   14/20 1994 - 2003

1990 St-André-Corbin   **17/20**
91: Der tanninreichste St-André-Corbin seit vielen Jahren. Granat-rubine Farbe. Langsam entwickelnde Nase mit tiefen Terroiraromen, eine Spur Trüffel. Im Gaumen Charme und Fülle, darunter einprägsame Tanninstruktur, Brombeeren und Heidelbeeren im Finish. Super Preis-Leistungs-Verhältnis!   17/20 1996 - 2005

1992 St-André-Corbin **15/20**
93: Leuchtendes Granat. Waldbeeren in der Nase. Pfeffrig, weiches Extrakt mit Charme, dahinter Gerbstoff gut stützend, schöne Adstringenz. 15/20 1995 - 2004

1993 St-André-Corbin **16/20**
94: Mittleres Rubin. Opulentes Fruchtbouquet, Erdbeeren, recht intensiv. Geschmeidiger Gaumen, schmelzige Gerbstoffe, gastronomischer Charme, die Eleganz eines Pinots, mittelgewichtig. 16/20 1998 - 2006

CHÂTEAU SOUTARD

1953 Soutard **14/20**
93: Aufhellende Farbe, starker Wasserrand. Zu Beginn etwas faisandiert, dann Minzenton, Cassis. Im Gaumen dominiert die Säure und gibt dem sonst schon schlanken Wein einen metallischen Charakter. 14/20 austrinken

1966 Soutard **15/20**
90: Wasserrand mit Granattönen. Mittlere Dichte. Offen mit defensiver Süsse, konfitürig, wirkt gekocht, aber recht füllig. Kräftiger Körperbau. Junges, griffiges Tannin. Wird sehr wahrscheinlich mehr und mehr austrocknen.
15/20 austrinken

1970 Soutard **15/20**
91: Eher helle Farbe, reifer, runder Wein mit leichter Konstellation. 15/20 trinken

1985 Soutard **14/20**
88: Lakritzenton, grünes Tannin (?). Magerer Körperbau. Ein enttäuschender 85er. 14/20 1992 - 2000

1986 Soutard **15/20**
89: Rechte Dichte. Defensives Bouquet. Dicht und verschlossen, fehlt etwas an Länge. 15/20 1994 - 2004

1988 Soutard **13/20**
91: Extrem hell mit erstem Reifeschimmer (!). Wirkt gekocht, disharmonisch und eigenwillig. Trockene und unreife Tannine. 13/20 1993 - 2000

1990 Soutard **??/20**
93: François des Ligneris öffnete eine ganze Kiste, aber alle Flaschen hatten Korkfehler. 8000 Flaschen (10 % der Ernte) wurden mit Korken gefüllt, die einen Behandlungsfehler aufwiesen. Einziger Trost, die Flaschen werden auf dem Château umgetauscht und der Besitzer prozessiert gegen den Korkenlieferanten.
94: Aufhellendes Granat. Leichte Unsauberkeit in der Nase, mineralischer Ton. Schwierig zu bewerten und zu degustieren, scheint auch nicht ganz harmonisch zu sein. Aufgrund der Korkengeschichte und der Qualität an sich, lohnt es sich generell vom 90er Soutard genügend Abstand zu wahren. Keine Bewertung!

Gabriel

CHÂTEAU TERTRE-RÔTEBOEUF

Eigentlich eigenartig, dass nicht nur die Weingegend wie die Toskana aussieht. Der Wein selbst scheint immer mehr italienische Formen anzunehmen. Einerseits, was die Grundaromen anbelangt, andererseits die schnelle Entwicklung betrifft. Tertre-Rôteboeuf - der Ornellaia aus Frankreich!

1985 Tertre-Rôteboeuf **15/20**
91: Impériale: In Holland mit Paul Herman und Gästen von Proefscript getrunken. Dunkle Farbe. Rosen- und Tabaknase. Im Gaumen leider sehr metallisch und recht hart in der Struktur. 15/20 trinken - 1999

1986 Tertre-Rôteboeuf **17/20**
89: Wenn Sie bisher noch nichts von diesem Wein gehört haben, dann ist es jetzt höchste Zeit dafür. Ein wahrlich erstaunliches Potential, das bis in die vordersten Stufen des St-Emilion-Klassementes vordringen wird! Mitteldichte Farbe. Pfeffrige, geradlinige Nase. Runde, sehr harmonische Tannine mit Fleisch und Saft. Klassewein!
17/20 trinken ab 1993
91: Je mehr ich die Entwicklung der Tertre-Rôteboeuf-Weine verfolge, bin ich mir nicht mehr ganz so sicher, ob Mitjaviles Theorien mit der Alterung seiner Weine aufgeht. Mir scheint, dass der 86er gefährlich schnell gereift ist. Kritisch weiterbeobachten und dabei sehr wahrscheinlich den grösseren Bestandteil der Kiste austrinken.
17/20 trinken - 1998
94: Sanfte, orange Reflexe im müden Granat. Eichig süsse Nase, sehr viel Aroma ausstrahlend, reife Früchte. Fülliger, geschmeidiger Gaumen, wiederum schöne Süsse, fast cremig, Burgunder-Aromen, bewegt sich auf den Höhepunkt zu. 17/20 trinken - 1998

1987 Tertre-Rôteboeuf **15/20**
90: Konfitüre, wirkt gekocht. Im Gaumen pfeffriges Extrakt.
1993 - 1997

1988 Tertre-Rôteboeuf **16/20**
92: Dumpfes Granat mit schwarzen Reflexen. Reife Amarenakirschennase, dunkle Schokolade, würzig mit verdeckten Spuren flüchtiger Säure. Im Gaumen noble Bitterkeit, dunkle Schokolade, Kakao mit kaum spürbaren, kernigen Tanninen. Die ebenfalls kernige Bitterkeit im Gaumen könnte aber auch von nicht ganz ausgetrocknetem Barriquenholz stammen. 16/20 1994 - 2000

1989 Tertre-Rôteboeuf **17/20**
91: Volle, tiefe Farbe. Amarenadüfte mit Korinthennase, trockene Backpflaumen. Im Gaumen extrem vollmundig, brauner Rum und Kaffee. Die Säure verbindet sich elegant mit dem Tannin. Der Wein brauchte über vier Monate bis er vergoren war, da der potentielle Alkohol nahe der 15 %-Marke lag. Eine Bombe! 17/20 trinken ab 1996

St. Emilion

92: Portwein-Nase, getrocknete Feigen, voll geöffnet. Im Gaumen sehr wenig Säure, das Tannin mag sich im Moment nicht so recht mit dem Fett verbinden.
17/20 1994 - 2000

1990 Tertre-Rôteboeuf   18/20
91: Tiefe Farbe. Zwetschgen-St. Amour-Nase. Viel primäre Frucht. Im Gaumen Kirschenaromen, schöne Säure und bereits einen Touch Caramel von der Barrique, lang und elegant.   17/20 trinken ab 1995
92: Wie der 89er eine Nase, die sehr stark an Portwein erinnert. Korinthen, Kakao und Cassismarmelade. Bei der Blinddegustation lustigerweise wiederum Steinobstaromen (Pflümli) notiert. Die Zunge ist im Moment durch aufrauhende Tannine belegt.   16/20 1995 - 2002
93: War der Sieger einer Welt-Merlot-Degustation in Holland. Sattes, dunkles Purpur. Süsse, verlockende Nase, konzentriert, Cassis, Kaffee, wuchtig, zu Kopf steigend. Sehr reife Frucht im Gaumen, rotbeerig, Vanille, Nüsse, kräftige Tannine, mehr auf Breite als auf Tiefe setzend. Ich habe ihn zweimal innerhalb einer Woche degustiert. Einmal hatte ich das Gefühl, dass die Barrique sich nicht ganz dem Wein anpasst.   17/20 1995 - 2007
93: Arrivage: Granat-Purpur mit aufhellendem Rand. Dunkles Caramel und Gebäck in der Nase, Rum. Viel Gerbstoff, der im Moment noch die Zunge belegt und im Gaumen stark adstringierend und zähnebeschlagend wirkt, gutes Terroir. Wirkt nach zwei Stunden reifer und hat Aromen von gedörrten Bananen und Backpflaumen.
18/20 1997 - 2015

1991 Tertre-Rôteboeuf   15/20
92: Violett-Purpur. Veilchennase, direkt, geradlinig, dunkler Röstton, verdeckte Zedern. Feiner, sehr eleganter Gaumenfluss, schön ausgeglichen. Gastronomiewein, vom Typ her ein 87er.   15/20 1995 - 2000

1992 Tertre-Rôteboeuf   16/20
93: Violett-Schwarz. Heisse, konfitürige Nase, Korinthen, stark holzgeprägt, konzentriert, üppig. Im Gaumen modernerer Stil, vielleicht eine Spur alkoholisch (Chaptalisation), feiner Gerbstoff, lang.   16/20 1997 - 2008

CHÂTEAU TROPLONG-MONDOT

Christine Valette zelebriert den Begriff „Women-Wine-Power". Ich habe oft bei ihr während Fassproben die Demptos-Barriquen kritisiert, weil diese dem Troplong eine zu bourgeoise Note verliehen. Doch hier lag der Teufel im Detail. Sie ist nämlich mit dem Fassherteller verwandt. Trotzdem hat sie sich in neueren Jahrgängen für Gabriel und gegen die Verwandtschaft entschieden. Vom 92er habe ich für Mövenpick innerhalb von 30 Minuten mehr als einen Viertel der Ernte aufgekauft. Dies bevor sie oder der träge Bordeaux-Handel etwas davon merkten. Robert Parker belohnte meinen Grosseinkauf rund ein Jahr später, indem er den Troplong-Mondot 1992 als „Star of the vintage" deklarierte. Thank you very much!

1961 Troplong-Mondot   ??/20
86: 3/8 Flasche: Unreif, grün und krautig.
Keine Bewertung!

1982 Troplong-Mondot   16/20
91: Kräftiges Weinrot. Öffnend, voll mit sehr reifen, rotbeerigen Früchten. Viel Extrakt mit fülligem, fettem Charme vermischt, noch deutlich spürbare Reserven.
16/20 1993 - 2000

1983 Troplong-Mondot   16/20
92: Fängt mit einer extremen Schokoladennase an, dann pflaumig. Im Gaumen füllig, wenig Säure, vollreif und zugleich mundfüllend, im Finish leichter Madeira- und Reciotto-Ton. Ein sehr guter Wein.   16/20 trinken

1986 Troplong-Mondot   17/20
90: Reife Bananen. Frische Tannin-Säure-Verbindung, jung und kräftig. Grosses Potential.   17/20 1994 - 2003

1988 Troplong-Mondot   17/20
89: Aufgepasst! Massive, konzentrierte Farbe. Dichte Nase mit Beeren bespickt, exotischer Holztouch. Im Gaumen streng, Grenache-Syndrome, mittlerer Fluss, feines aber doch druckvolles Finish.   17/20 trinken ab 1994
91: Dichtes Rubin. Süsse, gebundene, dichte Nase, vielversprechend. Dicht, feinschichtig, gutes Fleischextrakt mit Zukunft.   17/20 1995 - 2005
91: Purpur. Toast- und Marzipannase, recht dicht und komplex. Im Gaumen füllig. Die Eiche dominiert im Moment.
16/20 1998 - 2008

1989 Troplong-Mondot   18/20
90: 45 hl Ertrag. Rotbeerige Nase, leichter Rauchgeschmack. Fülliger Körper, massive, reiche Tannine, trotzdem fein strukturiert. Klassewein!   18/20 trinken ab 1996
92: Sehr dicht, Purpur. Rum-Aromen, getrocknete Bananen, süss mit fondiertem Schmelz. Die Holzdominanz muss durch Reife abgebaut werden.   18/20 1996 - 2006

1990 Troplong-Mondot 19/20
91: 35 hl Ertrag. Erster Wein im neuen Cuvier. Violettes Purpur. Beerig, konfitürig, Himbeerenanzeige. Im Gaumen trocken, wenig Säure, darunter markantes Tannin mit Anzeichen von Härte, aber auch gewaltigem Potential.
18/20 trinken ab 1998
92: Auf dem Château: Violett-Schwarz. Extrem konzentrierte Nase, getrocknete Pflaumen. Voll, dicht. Ich bin mir nicht sicher, ob die zugefügten Tannine durch eine grobkörnige Barriquenstruktur im Moment den Wein etwas beeinflussen. Wer aber Geduld hat, wird mit einem der wohl besten 90er St. Emilions belohnt werden. 18/20 1997 - 2008
93: Arrivage: Granat mit rubinem Schimmer, dicht. Süsse Nase, Honigtöne, eigenwillig, aber faszinierend zugleich, Kamille und sehr reife Früchte. Gewaltiges Gerbstoffextrakt, reduziert, mineralischer Erdton. Wirkt im Moment noch etwas trocken in den Tanninen. Grosses Potential.
19/20 2000 - 2020

1991 Troplong-Mondot 14/20
92: Rund ein Drittel einer Normalernte. 70 % neue Barriquen. Purpur, dicht. In der Nase leicht floral mit frischer Frucht vermischt, Tabaknote. Pfeffrige Mundattacke. Das Fruchtfleisch rauht die Zunge auf, kernige Säurestruktur, im Finish pelzig. 14/20 1995 - 2003

1992 Troplong-Mondot 18/20
93: Der Star der St. Emilion-Szene im Jahrgang 1992, vielleicht der beste Bordeaux überhaupt. Violett-Schwarz. Superbes Nasenspiel, Amarenakirschen, Kaffee, Mandelholz, Röstnote. Hochdichter, feiner Körperbau, extraktreich, hat Stoff, die Säure fliesst schön ins Extrakt.
18/20 1996 - 2009
94: Auf dem Château direkt mit dem 93er verglichen. Er ist um eine Nuance besser, besonders ausgeglichener.
18/20 1996 - 2008

1993 Troplong-Mondot 17/20
94: Wieder wie beim 92er 100 % Merlot. Noch kleinere Ernte als 1992. Rubin-Schwarz, extreme Farbtiefe. Brombeeren, tintige Nase, Heidelbeeren, sehr tief. Im Gaumen markante, griffige Tannine, was für einen reinen Merlot eigentlich etwas wunderlich ist, sehr stark adstringierend, weniger Fett als der 92er, dafür mehr Kraft. Wiederum Top of the vintage! Wird an Fett noch zulegen, aber meiner Ansicht nach immer leicht hinter dem 92er bleiben, welcher mehr Fülle und Rundungen hat. 17/20 1997 - 2010

Château Trottevieille

1953 Trottevieille 18/20
93: Sehr schöne Farbe, recht dicht. Schoko-, Cassisnase, recht fett in den Ansätzen. Im Gaumen füllig, viel Schmelz, Substanz im Extrakt, schöne Süsse im Rückaroma.
17/20 trinken - 2003

Gabriel

1961 Trottevieille 15/20
91: Eher helle Farbe. Rote Marmelade, süss, Erdbeeren, Fett, Rum. Im Gaumen wiederum rotbeerig. Wirkt nur noch vordergründig und deshalb kurz. 15/20 austrinken

1983 Trottevieille 15/20
88: Feiner, oranger Schimmer im Weinrot. Angesengtes, heisses Bouquet. Verdecktes Potential, aber doch recht trockene Tannine, Schokofinish. 15/20 1992 - 2000

1985 Trottevieille 16/20
93: Reifende Farbe. Schokonote in der Nase, pflanzlich. Reift im Gaumen recht schnell. 16/20 trinken - 2005

1986 Trottevieille 16/20
92: Tiefe Farbe, Violett-Schwarz. Gekochte Fruchtanzeige in der Nase, schwarze Kirschen, Brombeerengelee. Warmer, softer Gaumen, wenig Säure, dicht mit viel Schmelz.
16/20 trinken - 2000

1989 Trottevieille 16/20
92: Arrivage: Purpur. Dichte, feine Würzgeraniolnote, konzentriert, Preiselbeeren und Himbeerenspiel. Wenig Säure, dadurch weicher Beginn, dahinter kräftiges, gut stützendes Tannin, Süsse im Extrakt, sehr ausgeglichen.
16/20 1994 - 2005

1990 Trottevieille 15/20
91: April: Dichtes, violettes Rubin. Schwarze Früchte, Cassis, Rauch und dunkles Edelholz, fett. Im Gaumen unreife Frucht in der Säurekonstellation, vordergründig und stielig (Presswein?) Gegen hinten wieder fett, aber unausgeglichen, was die Proportionen angeht, im Finish Kaffee.
14/20 1997 - 2006
93: Aufhellendes Granat, starker Wasserrand. Konfitürige, offene Nase. Leichter Körper, wirkt beschwingt mit deutlich weniger Konzentration als andere 90er, feine Bitterkeit, die im Moment etwas aufdringlich wirkt.
15/20 1995 - 2005

1991 Trottevieille 13/20
92: Mittleres Granat-Purpur mit ziegelroten Reflexen. In der Nase Johannisbeerenkonfitüre und heller Tabak, die rote Frucht überwiegt, eine Eucalyptusnote schwingt mit, ziemlich buttrig. Im Gaumen ein süss-saures Fruchtspiel, bei dem letztendlich das Säuerliche, Unreife überwiegt, wenig Konzentration. Es fehlt ihm an Länge, im Finish etwas plump und welk, Kaffee. 13/20 1994 - 1999

1992 Trottevieille ??/20
93: Ein oxydiertes Muster, das nicht bewertbar war.

1993 Trottevieille 15/20
94: Dunkles Rubin-Purpur. Erdbeerennase, dahinter Terroirnote. Saftiger Gaumen, recht anmutender Körper, floral und fruchtig zugleich, in den Gerbstoffen, insbesondere in der Adstringenz zeigt sich eine gewisse Härte.
15/20 1998 - 2006

ESSEN IN BORDEAUX

*Bordeaux selbst ist ein Trauerspiel. Den bekannten Namen vergeht der Glanz mehr und mehr, deshalb meide ich diese Restaurants, wann immer es geht. Freiwillig gehe ich schon lange nicht mehr hin, ausser ich bin eingeladen. Am liebsten halte ich mich im **Bistro du Sommelier** bei **Hervé Valverde**, Tel. 0033/56 96 71 78 auf. Dort gibt es einfache Gerichte und grosse Bordeaux' zu sehr vernünftigen Preisen.*

*In St. Emilion empfehle ich Ihnen, falls Sie bürgerlich essen wollen, den **Françis Goulée**, der sein kleines Restaurant im Städtchen selbst unter eigenem Namen führt. Er macht die beste Crème brulée, die ich je im Leben gegessen habe. Diese Behauptung stammt übrigens aus mehr als zehn Testergebnissen. Klassischer und noch feiner geht es zweihundert Meter weiter oben in der **Hostellerie de Plaisance** zu und her. Ebenfalls eine sehr solide, sichere Empfehlung.*

Im Médoc gibt es sowohl eine bürgerliche als auch eine ganz feine Adresse.
*Der bäuerliche Koch ist gleichzeitig ein Original sondergleichen. **René Barbier** im **Lion d'Or** in Arcins hat keine Weinkarte. Dort nimmt man die Flaschen einfach mit und lässt diese ohne weitere Kostenfolge dekantieren. Es ist der Rendez-Vous-Tummelplatz vieler Châteaubesitzer, vor allem mittags. Die Küche ist so herrlich frisch und regional, dass man vermuten könnte, die liebste Mama der Welt würde selbst am Herd stehen. Geheimtip: Milchlamm aus dem Ofen, Kutteln à la méthode Caën, oder der Kalbskopf mit schwarzen Oliven.*
*Der beste Koch des ganzen Bordelais ist und bleibt **Philippe Jorand**. Er hat sein kleines Hotel, das sich rund 50 Kilometer von Bordeaux weg in Lesparre befindet, schlicht, aber elegant eingerichtet. Es heisst **Château Layauga**. Im Service wirkt seine charmante Gattin Odette, Philippe selbst steht am Herd.*
Selten habe ich bei einem Koch eine derartige, fast unheimliche Qualitätskonstanz erlebt. Seine Saucen sind die Essenz einer konzentrierten Perfektion.
Falls Sie einmal bei ihm einen Tisch reservieren, dann lassen Sie ihn von mir grüssen und bestellen Sie das Menu Gabriel. Ich garantiere Ihnen ein kulinarisches Feuerwerk, das Sie nie mehr vergessen werden.
Der Auftakt beginnt mit einem verführerischen Amuse-bouche, meistens eine frischgebackene Quiche.
Der zweite Gang besteht aus einer grosszügigen Portion gebratener Entenleber, die genüsslich in einem tiefbraunen, aromatischen Fond badet. Das Geheimnis dieses Gerichtes ist der beträufelte Himbeeressig, der einen perfekten Ausgleich zum Fett herstellt.
Für einen halben Hummer wird der dritte Vorhang geöffnet; fein garniert mit saisonalen, kleinen Gemüsen. Die unterlegte Beurre blanc ist mit einem Fond de poisson vermählt - eine Traumhochzeit!
Lieber eine Taube auf dem Teller als den Spatz in der Hand! Jorands Taube ist ein gefülltes Meisterwerk, welches sich auf einem Kabissockel genüsslich niedergelegt hat. Die dazu gereichte Sauce von derartiger Tiefe und Aromatik, dass man davon fast literweise trinken möchte.
Aufgrund der grosszügigen Portionen wäre man geneigt, auf den Käsewagen zu verzichten. Doch diese Absicht ändert sich meistens schlagartig nach dem Anblick desselben. Ein Stück vom Pont l'Eveque, vom Epoisses, vom dahinfliessenden Brie und als Abschluss ein kleines Stück Fourme d'Ambert.
Desserts esse ich nur selten und nur mit wenigen Ausnahmen. Den Gâteau Opéra bei Boyer in Reims, die Grande Chocolatière bei Häberlins in Illhäusern, dann und wann eine Cremeschnitte (nur wenige Konditoreien machen noch gute). Den sensationellen Nektarinenstrudel meiner Lebensgefährtin lasse ich mir auch nie entgehen. Und bei Philippe Jorand verlasse ich nie den Speisesaal ohne „mein" Soufflé. Es wird ofenfrisch, heiss in der frischen Ananasschale serviert, ist locker und einfach traumhaft. Die dazu gereichte Sauce besteht aus Caramel, Bananen und Rum. Die dort zelebrierte Weinkarte ist zwar gross und ausreichend gefüllt, leider aber sind die Preise echt französisch. So tröste ich mich dann oft mit einem einfacheren Cru Bourgeois.
Trotzdem sind die Jorands meine allererste gastronomische Empfehlung und ein absolutes Muss für jeden Gourmetfreund, wenn er sich in und um Bordeaux aufhält.

Die genaue Adresse:
Château Layauga, Philippe Jorand
33340 Gaillan-Lesparre
Tel: 0033 / 56 41 26 83, Fax: 0033 / 56 41 19 52

POMEROL

Grösster Wein:
1975 Lafleur

Bester Wert:
1990 Gazin

Pomerol

CHÂTEAU BEAUREGARD

Unglaublich, dass in der heutigen Zeit auf einem Weingut, umgeben von Crus, die Weltruhm erlangen, über Jahre hinweg praktisch untrinkbare Weine produziert werden konnten.
Mit der Einführung des Zweitweines „Le Benjamin de Beauregard" und den neuesten Jahrgängen des neuen Besitzers ist Besserung in Sicht.

1970 Beauregard **13/20**
92: Relativ helle, reife Farbe. Kandiszucker in der Nase, Butterton. Im Gaumen aufrauhende, metallische Tannine, aggressiv, Kapselton auf der Zunge.   13/20 austrinken

1975 Beauregard **16/20**
94: Reifendes Granat. Blumiges Bouquet, wenig Ausstrahlung. Kernige Gerbstoffe, fleischig, eher sandig im Fluss, kann noch zehn Jahre reifen.   16/20 trinken - 2005

1979 Beauregard **13/20**
86: Schmale, fruchtige Nase. Im Mund griffig, Tintengeschmack, magere Konsistenz, noch leicht ausbauend.
13/20 trinken
91: Fängt an, nach altem Fass zu stinken!

1985 Beauregard **15/20**
87: Ein überraschender Pomerol! Fruchtig, pfeffriger Cabernet, zeigt Stoff.   15/20 trinken ab 1994
89: Flasche mit Evolutionsböckser, ruhen lassen.
92: Hat mich wieder angenehm überrascht. Verhaltene Nase, leichter Geraniolton. Terroir-, Erdnote, leichter, aber eleganter Körperbau. Zählt zwar nicht zu den grossen 85er Pomerols, aber trinkt sich recht schön. 15/20 trinken - 2002

1986 Beauregard **??/20**
90: Eine Flasche, die Zapfen hatte, oder eben so unsauber war wie die degustierten 85er und 88er. Keine Bewertung!

1988 Beauregard **??/20**
89: Unsauber.   Keine Bewertung!

1992 Beauregard **15/20**
93: Mittleres Purpur. Extreme Kaffeenote vom Barriquentoasting, pflaumig. Im Gaumen weich mit Charme, hat Fett. Der neue Besitzer macht endlich Fortschritte.
15/20 1995 - 2003

1993 Beauregard **16/20**
94: Tiefes Purpur-Violett. Süsses, komplexes, beeriges Bouquet. Saftiger, charmanter Gaumen mit schöner Dichte und Fülle. Zeigt an, dass sich der Beauregard unter den Aufsteigern im Pomerol befindet.   16/20 2002 - 2013

CHÂTEAU LE-BON-PASTEUR

1982 Le-Bon-Pasteur **15/20**
91: Dichtes Granat mit orangen Reflexen. Tiefe, fortgeschrittene Würznase mit tertiären Aromen, Leder und Trüffel. Elegant ausladend im Gaumen mit ansprechender Kraft, füllig, Spitzwegerichtouch, wirkt aufrauhend, obwohl das Fett dies zum Teil wieder wettmacht, leicht blechige Tannine.   15/20 austrinken

1986 Le-Bon-Pasteur **18/20**
90: Verschlossene, aber grosse Nase, Cassistöne. Grosses Potential mit gleichmässiger, klassischer Adstringenz.
18/20 trinken ab 1994

1987 Le-Bon-Pasteur **16/20**
90: Reifes Granat. Interessante Nase, vielversprechend, wuchtig mit Burgunder-Allüren. Im Gaumen Reserve anzeigend, junges, frisches Holz. Einer der besten 87er Pomerol.   16/20 1992 - 2000

1988 Le-Bon-Pasteur **17/20**
91: Kräftiges, klassisches Weinrot. Öffnend mit viel Terroiranzeige und reife (überreife?) Früchte, Zimt. Starke, trockene Adstringenz, ledrige Struktur. Ein Wein für Liebhaber - ich bin einer davon!   17/20 1996 - 2008

1989 Le-Bon-Pasteur **17/20**
91: 55 hl. Als ich mit Michel Rolland den 89er degustierte, bemerkte ich, dass man den Wein jetzt unbedingt aus der Barrique nehmen sollte, da er ziemlich angetrocknet wirkt. Er sagte darauf, dass er diesen Wein sogar 20 Monate (!!!) im Fass lagern werde, weil das Potential derart immens sei. Vielleicht ist dies aber auch eine Trotzreaktion zu Parkers schlechter Erstbewertung. Rubinrote Mitte mit aufhellendem Rand. Dichte, pinotartige Nase (Daniel Rion), die viel Mazeration anzeigt, Rauch mit Teer vermischt. Gewaltiges Holzpaket, im Gaumen pfeffrige Säure, die den Wein im Moment beherrscht.   17/20 1996 - 2008
92: Granat-Karmesin. Süss, rauchig, Eichendominanz, Kaffee, rote Beeren. Im Gaumen zu Beginn Caramel, in der Mitte bittertrocken von leicht grünem Barriquenspiel, mittlere Konzentration, weiche Säure, angenehmes Finish.
16/20 1995 - 2005

1990 Le-Bon-Pasteur **17/20**
91: 53 hl. Mittleres, dichtes Rubin. Warme Nase mit beeriger Frucht, marmeladig, komplex ohne direkte Primäraromen. Fülliger, charmanter Fluss, wirkt bereits jetzt sehr ausgeglichen, ohne überladen zu wirken.   17/20 1995 - 2005
93: Sattes Purpur mit violetten Reflexen. Starke Toastnase, dunkles Caramel. Im Gaumen rote Johannisbeeren, Cassis, gutes, konzentriertes Extrakt, gewaltige Adstringenz, vielleicht ist hier aber auch ein bisschen Bluff dabei, weil er etwas zu wenig Terroiranzeige und auch Länge hat.
17/20 bald - 2007

1992 Le-Bon-Pasteur 16/20
94: Recht dichtes Purpur. Röstiges Holzbouquet, wuchtig in den Ansätzen, Caramel- und Barbera-Nase, rotbeerige, gekochte Frucht. Weiche Säure, homogen, recht füllig, samtene Gerbstoffe, starke Holzpräsentation. Sehr guter 92er. 16/20 1995 - 2003

1993 Le-Bon-Pasteur 15/20
94: Tiefes Purpur-Violett. Beeriges Kirschenbouquet, sehr aromatisch, Veilchen. Leicht floraler Gaumen, säuerliches Extrakt, bittere Note, fehlt an Süsse. 15/20 1999 - 2008

CHÂTEAU BOURGNEUF
(Bourgneuf-Vayron)

1961 Bourgneuf-Vayron 16/20
90: Kräftige Farbe mit unterlegtem Granatrot. Offene, feinwürzige Nase (Hagebutten, Erdbeeren, Leder). Im Gaumen entwickelt er sich nach rund 15 Minuten, dann leichter werdend, ohne fragil zu wirken, lang mit Finessen (Ausone-Typ). 16/20 austrinken

1966 Bourgneuf-Vayron 14/20
90: Dichte Farbe mit ziegelrotem Rand. Offene, animalische Nase, kalter Schwarztee. Kräftiger Gaumen, trocken, knochig, eher schwache Konsistenz, fehlt an Fett.
14/20 austrinken

1978 Bourgneuf-Vayron 10/20
90: Ich habe lange studiert, wonach dieser Wein eigentlich riechen könnte. Nach 5 Minuten fiel es mir endlich ein: Ungarisches Gulasch. Der Wein selbst ist untrinkbar. Ich habe den Rest der Flasche einreduziert und für eine Sauce zum Stroganoff verwendet.
18/20 (Die Punkte gelten nur fürs Stroganoff!)

1982 Bourgneuf 16/20
90: Burgunder- und Médoc-Bouquet, voll mit viel Terroir. Rustikalität mit Schmelz verbunden. 16/20 möchte ich gerne wieder einmal trinken
92: Granat, reifend. Zu Beginn würzige Cabernet-Grünnote, animalisch. Im Gaumen Brombeeren, druckvoller Fluss mit Biss im Extrakt, feine Salzspuren. 16/20 trinken - 2005
93: Der Bourgneuf entwickelt, einmal reif, die eigentümlichsten Fleischgerüche. Diese Flasche roch effektiv nach „Lamproie". Dies ist ein Wirbeltier, das sich zu Frühlingszeiten in den Bordeaux-Flüssen bewegt und zu einer Art Rotweinpfeffer zubereitet wird. Burgundischer DRC-Charakter. 15/20 austrinken

1983 Bourgneuf 16/20
93: Reifende Farbe. Schöne Würze, recht wuchtiges Bouquet. Kräftiger Körper, ohne die oft anzutreffende 83er Hitzeausstrahlung. 16/20 trinken - 2000

1986 Bourgneuf 14/20
90: Süsse, gebundene Nase, fast pinotartig. Oberflächlich und weich im Gaumen, kommerziell mit einer gewissen Stieligkeit. 14/20 1994 - 2008

1987 Bourgneuf 14/20
90: Offen. Konfitüre. Kommerziell, einfach aber gut. Einsteigerwein. 14/20 trinken - 1997

1988 Bourgneuf 13/20
91: Purpur, dicht. Öffnende Nase. Red-Currant-Bonbon, Cous-Cous. Dann wieder fruchtig. In der Struktur eher hart, rauhe, fast rohe Adstringenz. 13/20 2000 - 2010

1989 Bourgneuf 17/20
90: Eigenartiges Fruchtbouquet, Stachelbeeren, pfeffrige Säure, ein Wein mit Rasse. Obwohl sehr eigenwillig, gefällt mir dieser Wein ausserordentlich gut.
17/20 trinken ab 1996
92: Arrivage: Dunkles Purpur mit feinem, orangem Rand. Offene Nase, defensive, vegetale Note, Schokolade, darunter erdig. Im Gaumen reife Tannine, Kakaonote mit mittlerem Tanningerüst. 16/20 1995 - 2005

1990 Bourgneuf 16/20
91: April: Ich habe zwei Muster degustiert. Nachdem die Degustation bei Moueix unbefriedigend war, hat man mir noch ein besseres Muster ins Hotel nachgeliefert. Dicht und tief, fast schwarz. Defensive Süsse, vollbeerige Nase von schwarzen Beeren, Kirschen und grünem Paprika. Im Gaumen Tabakblätter, reiche Tanninstruktur mit Fett umgeben, im Moment noch etwas bittere Tannine, die diese Harmonie stören. Mit etwas mehr Optimismus würde es sogar für 17/20 Punkte reichen! 16/20 1997 - 2005

1991 Bourgneuf 15/20
93: Sehr tiefe Farbe mit violetten Purpurreflexen. Öffnendes Bouquet, beeriger Ton, sehr sauber mit feiner Terroirnuance unterlegt. Feingliedriger Gaumen, Cassisaromen im feinen Körperbau, elegant, süffig, angedeutetes Extrakt. Guter 91er! 15/20 1995 - 2003

1992 Bourgneuf 15/20
93: Purpur, recht tief. Fruchtig, komplexe Nase, Cassis, Brombeeren, Ingwer, interessantes Duftpotential. Charme und Fülle, dichtes Extrakt, guter Rückhalt durch alte Reben. 15/20 1997 - 2008

1993 Bourgneuf 16/20
94: Dichtes Purpur. Leichte Geraniolnote, grün anmutend, floral, Pfefferschoten. Aromatischer Gaumen, fleischig, schöne Adstringenz, hohe Dichte, wird lange Reife brauchen. Ein Pauillac aus dem Pomerol! 16/20 2002 - 2015

Pomerol

CHÂTEAU CERTAN-GIRAUD

Wer viele Jahrgänge Certan-Giraud im Keller hat, sollte beim Fach "Pomerol" Nachhilfeunterricht nehmen.

1975 Certan-Giraud   13/20
90: Dünner Wein, vom Fass geprägt, Kräuter und Holz.
13/20 austrinken

1978 Certan-Giraud   13/20
90: Kaffeenase, offen. Magerer Körper.   13/20 austrinken

1984 Certan-Giraud   11/20
92: Dumpfe Farbe, sehr reif. Im Gaumen kernig und teerig, zeigt nach ein paar Minuten bereits Oxydationscharakter.
11/20 vorbei

1985 Certan-Giraud   13/20
90: Fehlt an Fülle, beissende Tannine.
13/20 warten, ohne zu wissen, ob es sich auch lohnt?!

1986 Certan-Giraud   15/20
90: Feine Tanninstruktur, ausnahmsweise gut geraten.
15/20 trinken ab 1993

1987 Certan-Giraud   13/20
90: Unharmonische Struktur, wirkt einseitig, einfacher Wein.
13/20 trinken
92: Die Frucht ist abgebaut. Im Gaumen trockene Heidelbeeren, marmeladig, reift schnell.   13/20 austrinken

1989 Certan-Giraud   15/20
90: Extrem dichte Farbe. Reife Früchte, Marroni und Kaffee. Wirkt unter der Struktur gebrannt.
15/20 trinken ab 1995

1993 Certan-Giraud   14/20
94: Tiefes Purpur. Eigenwilliges, atypisches Bouquet. Dropsgaumen, Red-Currant, feine Unsauberkeit, nicht gerade charmante Gerbstoffe.   14/20 2000 - 2012

CHÂTEAU CERTAN-DE-MAY

Der Wein von Certan-De-May ist ein Langstreckenläufer. Er braucht Geduld und ist in der Jugend oft von einem fassig-jodigen Ton begleitet.

1971 Certan-De-May   16/20
90: Leicht und offen. Erst noch rustikaler Griff, dann weinig und sehr ausgeglichen, schön zu trinken.   16/20 trinken

1976 Certan-De-May   16/20
92: Mit Joseph Schumacher getrunken. Reife Farbe mit aufhellendem Orange und ziegelrotem Rand. Heisse Nase mit Rosinennote vermischt mit Tabaknuancen. Eine ganz spezielle Terroiranzeige ist diesem Wein eigen. Dies drückt sich in einem leichten Polyesterton aus wie zum Beispiel beim 79er und 80er Trotanoy. Im Gaumen reif, mit ledrigen Tanninen, wird sogar noch fülliger nach der Dekantierphase. Wenn ich bedenke, wie tot zu diesem Zeitpunkt der Cheval-Blanc ist, dann war dies ein überaus erfreuliches Trinkerlebnis.   16/20 austrinken

1979 Certan-De-May   17/20
92: Max Gerstl wertete mit nur 13 Punkten. Granat, aufhellend. Fleischige Nase, Zitronenmelisse. Im Gaumen jodig, Wolle, kräftige Säure, hat noch viel Tanninresten für eine weitere Zukunft. Zugegeben ein Liebhaberwein.
17/20 trinken - 2000

1985 Certan-De-May   16/20
88: Terroirtöne, dahinter leichte Minze. Im Gaumen kräftig und schwer einzuschätzen.   16/20 1994 - 2006

1986 Certan-De-May   16/20
91: Magnum: Die Magnum sagt eigentlich genau das Gegenteil meiner früheren Eindrücke aus, vor allem, was die Trinkreife betrifft. Steinpilz- und Eisenkrautaromen. Geballter Auftritt mit grünen, unfertigen Baumnusseindrücken, markantes Tannin, kernig mit gutem Extrakt, Teeraromen. Eine Art Montrose aus dem Pomerol. Mit etwas Geduld könnte es vielleicht in fünf Jahren zu einem Punkt mehr reichen.   16/20 1996 - 2008

1987 Certan-De-May   15/20
90: Punsch-Nase, Zedernholz. Süsses Tannin, im Gaumen kräftige Struktur, erstaunlich lang.   15/20 1992 - 1998

1988 Certan-De-May   17/20
91: Granat mit blauen Reflexen. Toast, gut passend zum Terroirton. Im Gaumen Zedernnote und die typische Certan-De-May-Unsauberkeit, die er immer in seiner Jugend hat. Rauchig, konzentriert. Viel gesundes Fleisch und Extrakt, grosse Zukunft.   17/20 2004 - 2015

1989 Certan-De-May   16/20
90: Was wir hier zu degustieren bekamen, war eine Katastrophe. Unsauber, begleitet von Altfassgeschmack. Sicherlich kein Blender. Hinter all diesen fast unverständlichen Eindrücken ist ein Potential zu vermuten, das in ganz hohe Kategorien vorstossen kann. Aber erst in ein paar Jahren. Wieder degustieren, wenn er degustierbar ist.
92: Arrivage: Mitteldichtes Granat. Exotisch wuchtige Nase, heiss, rauchig, Kaffee, relativ starker Toastgeschmack. Im Gaumen kräftige Tanninstruktur, leichte Trockenheit darin, braucht noch etwas Ruhe.
17/20 1996 - 2008
94: Eine ganz andere Notiz. Reifende Farbe, relativ hell. Röstiges Bouquet, süss, feiner Haselnusston. Im Gaumen eher schlank, wiederum starke (zu starke?) Toastnote, fehlt irgendwie an Fülle.   16/20 trinken - 2004

1990 Certan-De-May 18/20
91: April: Soll man einen solchen Wein strafen, oder muss man einfach einsehen, dass sich der Certan-De-May in den ersten fünf Jahren seines Lebens einfach als "enfant terrible" präsentiert? Violette Farbe, die eher leicht wirkt. Schwierige Nase mit Dunggeschmack. Im Gaumen wirkt er ebenfalls unsauber, mit unausgereiften Tanninen. Neu degustieren.
92: Feiner Minzenton. Im Gaumen eine remarkable Adstringenz. Viel Rückgrat und Tannine, die für den Beginn des nächsten Jahrtausends ausreichen. 17/20 2000 - 2018
93: Granat mit Rosttönen. Alkoholisches Bouquet, marmeladig, Kakao, animalisch, recht fett. Wuchtiger Gaumen, samtig, voll, mundfüllend, wirkt dadurch zwar im Moment leicht plump, hat aber viel sandiges Extrakt als Rückhalt. Ein Wein im Côte Rôtie-Stil, den man unbedingt in einem sehr grossen Glas servieren sollte, damit er sich voll entfalten kann. 18/20 1995 - 2010

1991 Certan-De-May 15/20
93: Dunkles Granat, stark aufhellender Wasserrand. Dumpfer Terroirton, nasses Laub, leicht welke Frucht. Im Gaumen wie bei einem jungen Certan-De-May zu erwarten, unsaubere Fasstöne, Jodnoten, leicht aufrauhende Tannine. Der Wein zeigt ein interessantes Potential und wird, wenn in etwa sechs Jahren die unsauberen Töne verschwunden sind, einen fast burgundischen Genuss bieten. 15/20 1996 - 2003

1992 Certan-De-May 16/20
94: Tiefes Purpur, für einen 92er eine sehr gute Farbe. Vanilleschoten, schwarze Kirschen, dichtes Bouquet, recht viel Druck. Fruchtiger Gaumen, viel Saft, schönes Rückgrat, leicht aufrauhende Gerbstoffe. Er verlangt, trotz leichtem Jahr, einige Jahre Geduld. 16/20 2000 - 2012

1993 Certan-De-May 18/20
94: Schönes Rubin-Violett. Krautig, jodiges Bouquet, leicht medizinal, eigenwillig wie immer. Im Gaumen fassige Note, artisanal, wird lange Zeit brauchen, deutlich über dem 87er, ein Langstreckenläufer. Potential für 18/20, Momentanwertung: 16/20 2003 - 2018

CHÂTEAU CLINET

Den 89er Clinet haben wir im allerersten WeinWisser als besten Wein des Jahrganges proklamiert. Damals kostete eine Flasche noch etwa 40 Franken. Heute wird auf Auktionen mehr als 130 Franken dafür bezahlt.

1947 Clinet 16/20
94: Aufhellende Farbe mit bräunlichem Rand. Sehr reife Nase, heiss, getrocknete Orangenhaut, Kumquats. Im Gaumen trocken und fleischig zugleich, animalisch, Kaffee und Malaga im Finish. 16/20 austrinken

1948 Clinet 12/20
93: Sehr hell, bräunlich. Offenes Ranchiobouquet. Zeigt für ein paar Sekunden Süsse, fällt dann aber zusammen. Im Gaumen Bittermandelton, gezehrt, aber noch knapp trinkbar. 12/20 vorbei

1949 Clinet 18/20
94: Dichtes Purpur mit Reifereflexen. Eine Duftbombe in der Nase, konzentriertes Pomerol-Parfüm. Im Gaumen fleischig, füllig, viel Extrakt, schöne Balance, extreme Länge. Ein schönes Weinerlebnis anlässlich einem Nachtessen mit Jean-Michel Arcaute auf Château Jonqueyres.
18/20 austrinken

1950 Clinet 18/20
91: Auf dem Château getrunken. Tiefe Farbe. Tabak- und Ledernase mit viel entsprechender Würze. Im Gaumen trokkenes, extrem konzentriertes Extrakt, sehr beeindruckend.
18/20 trinken

1964 Clinet 19/20
94: Bis zu diesem Schluck Clinet 1964 hatte ich den Jahrgang gesamthaft abgesteckt, eingemeisselt und qualifiziert. Bis eben jetzt zu diesem Schluck. Das Niveau der Flasche hatte fast tiefe Schulter, der Korken fiel beim Öffnen ins Innere, die Erwartungen sanken in dieser Sekunde auf Null. Die Farbe tief, undurchsichtig mit vielen Pigmenten von Depot darin. Im Bouquet zuerst fassig, dumpf mit Kellerton, jedoch bereits mit Anklängen von Terroir, Trüffel und Waldfrüchten. Die schleichende Oxydation gibt eine Madeira-Würznote und gleichzeitig einen umwerfenden Kräuterduft wie bei einem alten, grossen Barolo ab, die Süsse ist zu Beginn defensiv, nimmt dann zu und entfaltet Aromen von getrockneten Malaga-Rosinen. Fülliger Gaumen mit Alpenheidelbeerenton und Cassis, cremig, saftig, genügend Säure, um nicht pappig zu wirken. Das Schönste an diesem Wein ist seine Ausgeglichenheit, die ihm Länge, Charme und Grösse verleiht. Mit dieser Erfahrung haben Cheval-Blanc und Latour eine echte Konkurrenz in diesem Jahrgang bekommen.
19/20 trinken - 2002

1979 Clinet 18/20
92: Reife Farbe, ziegelrot. Tiefe Terroirnase, Trüffel, Rauch, Cassis. Im Gaumen gebrannter Zucker, hochdichte Struktur, vielschichtig, sauberes Finale. Ein überraschender Clinet. 18/20 trinken - 2000

1982 Clinet 16/20
89: 3/8 Flasche: Dunkles Brombeerengranat, süsse Nase, fett. Im Gaumen wenig Säure, viel Extrakt, wird bereits ein bisschen pflaumig 16/20 trinken - 1995

Pomerol

1985 Clinet   **15/20**
91: Blind degustiert. Glich einem Côte Rôtie. Der Wein schmeckte nach Kaffee und reifen Kirschen sowie etwas südlichem Hitzeeinfluss. Dass das ein Pomerol sein sollte, hätte ich nie gedacht. Atypisch, aber gut. Vielleicht etwas zu heiss.   15/20 trinken
94: Wird jetzt extrem rotbeerig.   15/20 trinken - 2000

1986 Clinet   **16/20**
90: Magnum: Mitteltiefe Farbe. Cassisbouquet. Mittlere Konsistenz, jedoch noch Extrakt zum Ausbauen.
    17/20 1993 - 2000
91: Magnum: Zu Beginn schwierige Nase (fischig) dann Tabak, Bleistiftholz, Wildaromen. Recht dicht und wuchtig. Pfeffrige Säure, Cayenne, wirkt im Moment etwas bourgeois mit metallischen Anflügen in der Struktur.
    16/20 warten
92: Im Moment sehr verschlossen, kräftige, reifeverlangende Tannine.   16/20 1994 - 2005
93: Reifes Bordeauxrot. Defensives Bouquet, Zimtnote, sehr würzig, Pflaumen, Vanille. Kräftige Struktur, sandig, Brombeeren, baut noch aus.   16/20 1994 - 2005

1987 Clinet   **17/20**
91: Mittlere Farbtiefe. Kaffee- und Toastnase, Cassisaromen. Schönes, feines Extrakt, nobler Körperbau. Ein grossartiger 87er.   17/20 trinken - 2000
92: Für einen 87er sehr tiefe Farbe. Rauchige Cassisnase. Im Gaumen gut strukturiert, schöne Adstringenz. Einer der besten dieses Jahrganges zusammen mit Mouton, Margaux und Le Pin.   17/20 trinken - 2000

1988 Clinet   **18/20**
89: Eine kleine Sensation! Tiefe, undurchdringliche Farbe. Ausladendes, tiefes Bouquet, Cassisaromen und Vanille zum Verschwenden, langes Finish.   18/20 trinken ab 1994
92: Fast schwarze Farbe, dicht. Cassis und Brombeeren in der Nase, intensiv, verlockend. Im Gaumen Massen von feinsten Tanninen, dicht, samtiger Fluss mit schöner Ausgeglichenheit.   18/20 trinken - 2005
94: Im Moment wirkt die Cassisfrucht rot- und blaubeerig zugleich. Die Barrique ist etwas prägnant und dominiert vanillig und caramelig die Gaumenaromen.
    18/20 trinken - 2004

1989 Clinet   **20/20**
91: Der beste in der Clinet-Geschichte. Tiefe, violette Farbe mit Karmesinreflexen. Enorm viel Früchte, schwarzer Holunder und Bodenwürze durch Irish Moos-Anzeige. Wirkt bereits gebunden und komplex, fette Tannine, ausladender, reicher Körper.   19/20 1995 - 2005
92: Arrivage: Unter den Pomerol-Stars Pétrus und La Conseillante in bester Gesellschaft. Purpur-Schwarz. Süss, verlockend, sehr konzentriert, feine Zimtnote, Röstton, Cassis, fast exotisch. Gewaltiges Stoffextrakt mit fetter Tanninkonstellation, sehr ausgeglichen, pfeffrige Würze, unendlich warmes Fruchtfinish.   20/20 1995 - 2006
92: War der Sieger zusammen mit mehr als dreissig anderen 89ern.

93: Dichte Farbe mit feinem, ziegelrotem Schimmer. Heisses, explosives Bouquet, Dörrfrüchte und Cassis. Im Gaumen füllig mit weicher Säure, viel Druck, im Finale Vanille und reife Beeren.   20/20 1995 - 2008
94: An einer 89er Pomerol-Vergleichsprobe - der überragende und überzeugende Sieger.   20/20 trinken - 2010

1990 Clinet   **18/20**
91: April: Mehrere Male degustiert. Ein schwarzer, dichter Wein mit einer grossen Zukunft.   18/20 trinken ab 1997
93: Junges Granat-Violett. Reife Beeren in der Nase, Brombeeren, Cassis- und feine Lakritzennote, fett. Im Gaumen samtig, feine Struktur, Fruchtschalenextrakt, gut stützendes Fett, sehr gut balanciert.   18/20 1996 - 2008
93: Sattes Purpur. Süsses Bouquet, starker Toastton, der im Moment dominiert. Beeriger Gaumen, Hagebuttentöne, marmeladige Frucht, feinsandiger Fluss, auf der Zunge zeigt sich ein leicht aufrauhender Holzton von der Barrique (zu lange im Fass?), wirkt burgundisch, moderner Wein, mittlere Länge durch eher niedrige Säure. Steht hinter seinem gigantischen 89er.   18/20 trinken - 2002

1991 Clinet   **15/20**
92: Sehr tiefe Farbe. Toastige Nase, Kaffee, Teer, Zedernanklänge. Feiner Geraniolton, der durch 10 % Cabernet-Anteil entstanden ist. Auf der Zunge feine Bitterkeit, die Würze verleiht, im Finale noch kernig. Ein recht guter 91er.
    16/20 1994 - 2001
94: Offenes, süsses, fast kompottartiges Fruchtbouquet. Pfeffrige, fast kräuselnde Säure, die wie eine Chilinote auftritt, leicht zähnebeschlagend. Wir haben drei verschiedene Flaschen aus drei verschiedenen Kellern geöffnet, weil wir vermuteten, dass es verschiedene Abfüllungen gibt. Die Flaschen waren in der Tat leicht unterschiedlich, aber nur nuanciert. Wir standen vor einem Rätsel. Der Wein ist insgesamt recht komprimiert, zeigt die selbe Kernigkeit und Bitterstoffe auf, die ich schon aus dem Fass festgestellt hatte.   15/20 1996 - 2004

1992 Clinet   **16/20**
92: Tiefes, dichtes Purpur, satt in der Mitte. Eigenwilliges, dropsartiges Bouquet, Black- und Red-Currant, kompottartig, Rumtopf. Cremiger Gaumen, Malaga-Süsse, Backpflaumen, viele Gerbstoffe, die stützen, gutes Rückaroma.
    16/20 1997 - 2006

1993 Clinet   **17/20**
94: Fast schwarze Farbe. Defensives Bouquet, zeigt viel Aromatik, schwarzer Holunder, Brombeeren, Heidelbeeren. Süsser Gaumen. Die Gerbstoffe sind von Schmelz umgeben, wiederum die selben Beeren wie in der Nase, saftig, rollender Fluss, feingliedrig mit wuchtigem, gebündeltem Finish. Einzig, die noch leicht ungeschliffenen Tannine sollten sich noch mit dem Weinfett verbinden.
    17/20 1998 - 2008

Château Clos du Clocher

1986 Clos du Clocher   **17/20**
93: 3/8 Flasche: Trüffel, Terroirnase. Im Gaumen etwas metallisch, verbunden mit zusätzlichen Tanninen, die noch mehr Reife verlangen. Mir schien es aber, dass diese Flasche etwas zu lange im Restaurant gelegen hatte, denn die Ausschanktemperatur betrug locker 25 Grad.
16/20 trinken - 2002
94: Eine Doppelmagnum: Jung, voller Fleisch und Extrakt, etwas bourgois in der Struktur, mit schöner Süsse im Fruchtfinish.   17/20 trinken - 2005

1988 Clos du Clocher   **16/20**
93: Aufhellendes Granat-Purpur. Beerige Nase, süss, feiner Kräuterton, Terroirnote. Voller, weiniger Fluss, samtig, charmant mit schöner Dichte, Spitzwegerichton, mittlere Adstringenz, die etwas hölzern wirkt, Brombeerenfinish.
16/20 1995 - 2008

1989 Clos du Clocher   **17/20**
93: Purpur mit rubinem Schimmer. Kräftiges Bouquet, heiss, Brombeeren, Vanille. Im Gaumen in den Ansätzen füllig, feine Trockenheit im Gerbstoff, gekochtes Fruchtfinish.
17/20 1995 - 2010

1990 Clos du Clocher   **18/20**
93: Granat mit verdeckten Reifetönen. Süsses Bouquet, Anklänge von Rosinen, Honig, Kamille, einreduzierte, gekochte Frucht. Konzentrierter Gaumen, Trockenheit in den Gerbstoffen durch extrem niedrigen Ertrag und alte Rebenbestände, süsses Finale mit Würzaromen von Tabak vermischt. Auch in der Nachdegustation zwei Stunden später noch immer ein grosses Potential ausstrahlend. Zählt mit Clos L'Eglise zu den ganz grossen Pomerol-Überraschungen. Zwei Stunden dekantieren.   18/20 1998 - 2015

1991 Clos du Clocher   **13/20**
93: Schöne Farbtiefe. Dezentes Bouquet, schön ausladend, florale Note. Kreidige Aromen auf der Zunge, etwas pelzig, eher schlank, Sägespänenote von der Barrique.
13/20 1995 - 2000

1992 Clos du Clocher   **14/20**
94: Aufhellendes Weinrot mit starkem Wasserrand. Konfitüriges Fruchtbouquet, bereits vollständig geöffnet. Im Gaumen leicht, wenig Extrakt, Erdbeerennuancen, säuerliches Rückaroma, einfacher Wein. 14/20 trinken - 1997

1993 Clos du Clocher   **17/20**
94: Tiefes, dunkles Kirschrot. Klares, direktes Cassisbouquet unterlegt mit roter Beerennote. Im Gaumen reiches Extrakt mit Süsse darin, samtig angelegte Gerbstoffe, viel Aromatik und sehr gute Balance, hervorragende Adstringenz, eine Reussite.   17/20 1997 - 2009

Clos du Vieux-Plateau-Certan

Ein völlig unbekanntes Weingut von weniger als einer Hektare. Ich habe vergeblich versucht, in Weinbüchern mehr über dieses Château zu erfahren. Einmal habe ich irgendwo eine vielversprechende Wertung von Robert Parker gesehen. Per Zufall konnte ich einige Jahrgänge als „Musterflaschen" auftreiben, die ich zusammen mit Freunden entkorkte. Die Euphorie hielt sich derart in Grenzen, dass wir fast masslos mit anderen Weinen das Genussmanko ausgleichen mussten.

1979 Clos du Vieux-Plateau-Certan   **12/20**
94: Reifende Farbe. Käsige Nase, Epoisse und Boursault, generell wenig Bouquet. Im Gaumen pferdig, animalisch mit einer fast urinartigen Note.   12/20 austrinken

1982 Clos du Vieux-Plateau-Certan   **17/20**
94: Reifendes Granat, oranger Rand, viel Glyzerin. Offenes, opulentes Schoko-, Butterbouquet, Terroir, fast verschwenderische Fülle. Im Gaumen ein cremiger Rubens-Wein, viel Würze und sehr viel Extrakt. Ein burgundischer Wein, der grosse Gläser liebt.   17/20 trinken - 2002

1983 Clos du Vieux-Plateau-Certan   **13/20**
94: Dichte Farbe, recht satt. Sehr würzige Nase, Zimt, Pflaumen, Hagebutten und überreife Früchte. Im Gaumen füllig, kapselige, fast kohlensäureartige Säure, spitz und leider aufdringlich, im Finish Kartonton.   13/20 trinken - 2005

1984 Clos du Vieux-Plateau-Certan   **11/20**
94: Recht helle Farbe, starker Wasserrand. Leere, kurze Nase, etwas unappetitlich. Im Gaumen ist er derart kurz, dass man das Gefühl hat, er finge gar nicht an. Null Kommunikation.   11/20 austrinken

1986 Clos du Vieux-Plateau-Certan   **14/20**
94: Granat, mittlere Tiefe, noch rubine Reflexe. Schokonase, wenig Konzentration. Im Gaumen mager, wenig Tannine, recht gut balanciert. Es fehlt ihm aber an Stoff.
14/20 trinken - 2004

1990 Clos du Vieux-Plateau-Certan   **16/20**
94: Schönes Purpur, aufhellend. Würznase, die Frucht wird von einem grünen, würzigen Ton begleitet. Im Gaumen leicht unterreifer Cabernet, feines Extrakt, ein Hauch altes Fass, sonst sehr gut gelungen.   16/20 1996 - 2008

Pomerol

Clos L'Eglise

1953 Clos L'Eglise   17/20
94: Hanappier-Abfüllung: Dumpfes Purpur. Süsses, beeriges Bouquet mit einem Hauch Rauch darin. Im Gaumen füllig, charmant, Himbeeren, samtig fliessend.
17/20 trinken - 2005

1978 Clos L'Eglise   15/20
92: Bräunliche Färbung. Offene Nase, Rauch und Tabak, mittlere Intensität. Im Gaumen sehr ausgeglichen, mittelgewichtig, vollreif, im Finish After-Eight (Schoko-Minze).
15/20 trinken

1982 Clos L'Eglise   13/20
89: Rauch-, Hagebutten- und Konfitürearomen. Weich, reif und unkompliziert ohne jegliche Ambitionen.
13/20 austrinken

1984 Clos L'Eglise   11/20
92: Mittlere Farbe, braun. Animalische Nase, vegetal. Im Gaumen rauhe Struktur mit blechiger Säure.
11/20 austrinken

1985 Clos L'Eglise   16/20
92: Am Geburtstag von Ueli Prager getrunken. Helles Granat. Offene Nase mit abgeklungener Frucht, Kaffee, dahinter erste Kräuternuancen (Eisenkraut), dezent, elegant. Im Gaumen Edelhölzer, Süsse, Kandis, füllig, Vanille, rote Beeren in marmeladiger Form.   16/20 trinken - 1998

1988 Clos L'Eglise   15/20
91: Granat, hell mit erstem Reifeschimmer. Offen, sehr toasty, Röstbrot. Die Barrique dominiert den eher leichten Wein, was bei jungen Clos L'Eglise leider oft der Fall ist.
15/20 trinken - 2000

1989 Clos L'Eglise   17/20
90: Schönes Rubin. Nase bereits leicht geöffnet, Blütenduft, aromatisches Fruchtbild. Feiner Gaumenfluss, gewisse Fülle mit Finessen.   17/20 1994 - 2006

1990 Clos L'Eglise   17/20
91: 42 hl. Schwarz mit violetten Reflexen. Verschlossen, blockiert, reife Frucht, weit ausladend. Im Gaumen pfeffrige Säure, Vanille. Schöne Extraktanzeige. Ich glaube, dass man diesen zaghaften Wein mit zu viel Holz erschlagen wird - ein Auswuchs unserer heutigen Zeit.
16/20 1996 - 2007
92: Gewinnt an Fülle, das Holz ist jetzt etwas besser eingebettet, süsses, fast konfitüriges Finish. 17/20 1996 - 2007
93: Extreme Farbtiefe, Purpur mit schwarzen Reflexen. Totale Konzentration trotz Verschlossenheit, Black-Currant, Cassis, Rauch, Brombeeren. Die Nase zeigt einen feinen, kaum wahrnehmbaren Luftton, der vermuten lässt, dass der Wein extrem lange (zu lange?) in den Barriquen gelegen hat. Die Gerbstoffe im Gaumen sind phantastisch verteilt, wirken noch frisch und prägen das Potential dieses grossen Weines und geben ihm eine sensationelle Balance. Ein Ausbild von Harmonie und konzentrierter Eleganz. Einzig fraglich ist, ob er es schafft, den Stempel der Barrique, die sich im Moment noch nicht so richtig mit dem Wein verbinden will zu harmonisieren. Wenn, dann wird er 18/20 erreichen.   aufgerundet 18/20 2000 - 2025

1991 Clos L'Eglise   16/20
93: Erstaunliche Farbtiefe, sattes Purpur mit feinem Wasserrand. Süsses, beeriges Bouquet, leicht marmeladig. Stoffiges Extrakt, sauber, schöne Reife in den Gerbstoffen und recht dicht, leicht überholzt, was die Barriquenpräsentation betrifft. Dies wird sich aber mit der Reife des Weines in etwa vier Jahren legen. Gehört zu den besseren 91ern.   16/20 1996 - 2003

1992 Clos L'Eglise   14/20
93: Purpur-Granat. Pfeffrig, Himbeeren. Im Gaumen ein tänzerischer Wein. Die Gerbstoffe wirken jetzt noch etwas vordergründig, feine Trockenheit in der Adstringenz.
14/20 1996 - 2005

1993 Clos L'Eglise   15/20
94: Mittleres Granat, aufhellend. Beerige, warme Frucht, sanfte Toastnote, Kaffee, Anflüge von Dörrfrüchten. Süsser, fülliger Gaumen, viel Schmelz, fast buttrig, saubere, fast konfitürige Frucht, Caramelfinish, frühreifer Charmeur.   15/20 1996 - 2005

Clos René

Alleine schon der Umstand, dass dieses Château auf seinem Etikett meinen Vornamen trägt, könnte mich in Versuchung bringen, einige Kisten in meinen Keller zu legen. Der Inhalt der Flasche hat mich aber bisher stets davon abgehalten.

1971 Clos René   15/20
88: Ein Gewaltspaket, das Hoffnung und Enttäuschung zugleich weckt. Grosses 71er Pomerol-Potential, weiss aber nicht genau, was damit anzufangen ist. Hohe Säure, Waldbeerenfrüchte, mittelgewichtiger Körper, zu Kopf steigend, viel eigenes, auf der Zunge adstringierendes Tannin. Vorsichtige Zukunft, auf jeden Fall noch warten.
15/20 1990 - 2004

1979 Clos René   13/20
89: Nase ausdruckslos, zurückgeblieben. Im Gaumen gewisses Extrakt.   13/20 trinken - 2000

1982 Clos René   12/20
88: Ein 82er, der wohl überhaupt nie in der Fruchtphase war. Pfeffrige Nase, pflanzliche Aromen, wieder Zungen-Adstringenz mit Säureverbindung, ledriger Stoff, streng.
14/20 trinken ab 1994

93: Purpur-Orange. Eigenwilliges Bouquet, Lackton, alkoholisch, mehr terroir- als fruchtbetont, zu Kopf steigend. Unsaubere Fassnote, spitze, beissende Säure und Fett, keine Frucht, bitter, aggressiv, metallische Prägung auf der Zunge. Als anonyme Spende für eine Tombola.
12/20 trinken, mit verhaltenem Genuss!

1991 Clos René 12/20
Granat mit Wasserrand. Chemische Nase, unausgeglichen, pflanzlich mit Spuren von Unsauberkeit. Metallische Tannine, wässriges Finish. 12/20 1995 - 2003

1992 Clos René 13/20
93: Helles Rubin mit starkem Wasserrand. Defensive Frucht, rotbeerig. Der Gaumen beginnt mit Charme, dann metallische Prägung. 13/20 1996 - 2004

1993 Clos René 12/20
94: Aufhellendes, in der Mitte sattes Rubin. Gemüsig-florales Bouquet. Metallischer Gaumen ohne Charme, scharfe Gerbstoffe. 12/20 1998 - 2008

CHÂTEAU LA CONSEILLANTE

Seit 1971 werden die Weine in Metallgärtanks vergoren. 1981 hat Pascal Riberau Gayon, den sich im Ruhestand befindlichen Emilie Peynaud als Berater abgelöst. Seit dem 85er wurden für die grossen Jahrgänge 100 % neues Holz verwendet. Die Lage zwischen Pétrus und Cheval-Blanc erklärt mehr oder weniger die Rebsortenzusammensetzung von 2/3 Merlot und 1/3 Cabernet Franc.

Der La Conseillante hat eines der grössten und hemmungslosesten Genuss- und Euphoriepotentials. Er ist reich, oft sehr konzentriert, ohne dabei fett oder gar mastig zu wirken. Für mich ist ein grosser Wein erst dann ein grosser Wein, wenn man sich vorstellen kann, eine Flasche ganz alleine zu trinken. Der 87er hat diese These mehrere Male fett unterstrichen.

1928 La Conseillante 18/20
94: Aufhellendes Ziegelrot, starker Wasserrand. Ausladendes, reifes Bouquet, Pilztöne, Moos, Ledernote, rosiniert, nach 5 Minuten zeigt sich eine feine Kräuternote. Im Gaumen feine Zehrung auf der Zungenspitze, hat aber trotzdem noch Spuren von Süsse, Madeira-Note, die zunimmt, gebundenes Finish. Sehr gut erhalten.
18/20 austrinken, ohne zu dekantieren

1947 La Conseillante 12/20
91: Vandermeulen-Abfüllung: Normalerweise kann man Vandermeulen-Abfüllungen blind kaufen. Diese Flasche war jedoch über dem Zenit und lebte nur noch von der Säure. 12/20 austrinken
93: Wiederum eine tote Vandermeulen-Flasche.
12/20 vorbei

1949 La Conseillante 17/20
92: Reifes Granat. Feine Teenote, Ledernuancen und heller Tabak (Domenikanische Repuplik), ausgeglichenes, vielschichtiges Bouquet. Im Gaumen recht dicht, finessenreich, Terroir- und Hagebuttengeschmack, sehr ausgeglichen und keine Spuren von Oxydation. Nach einer Viertelstunde entwickelte sich Salbei, Lorbeer und Teer.
17/20 austrinken

1962 La Conseillante 15/20
94: Mittleres Granat, Wasserrand, ziegelrote Reflexe. Buttrig unterlegtes Bouquet. Im Gaumen erst fett, dann mit dem mittleren Körperbau verbindend, leicht kapselig, wässriges Finish. 15/20 austrinken

1964 La Conseillante 15/20
92: Helles Granat mir orangem Rand. Nase erst zurückhaltend, wirkt fast blockiert oder stumpf. Dann Schokoladennote und Rauch. Öffnet sich nur ganz zaghaft, ohne jemals Primäraromen zu zeigen. Im Gaumen schmeichelnd. Die Säure und das Fett sind die zwei Hauptelemente im Gaumen, das Fleisch fehlt. 15/20 austrinken

1966 La Conseillante 15/20
90: Helles Granat. Caramelbutter. Wirkt in der Struktur etwas oberflächlich. Ledrig und recht rauh. 15/20 austrinken
92: Helle Farbe. Zu Beginn flüchtige Säure, dann Leder, feines, aber zurückhaltendes Bouquet, Gôut de Capsule. Im Gaumen prägnanter Säurebeginn, ledrig. Es fehlt ihm an Fett und deshalb ist er arg zähflüssig. Der Kommentar von Francis Nicolas bestätigt mein vielleicht eher hartes Urteil: <<J'ai jamais aimé le 66!>>. 14/20 austrinken

1970 La Conseillante 17/20
Die quantitativ grösste Ernte des Jahrhunderts auf La Conseillante. Man hatte so wenig Platz für das Traubengut, dass man die Vortagsernte nur für eine Nacht im Cuvier mazerieren (angären) liess und dann den Traubensaft in die Barrique abfüllte, um Platz für die nächste Tagesernte zu schaffen.
Der Wein wurde von Barrique zu Barrique abgefüllt. Es kann deshalb sehr unterschiedliche Flaschen geben.
91: Eigentlich hatte ich diesen Wein irgendwann vor fast zehn Jahren schon einmal getrunken und sehr geliebt. Aber damals habe ich meine Erlebnisse noch nicht aufgeschrieben. Nun hole ich dies schleunigst nach. Granat, sehr dicht mit leichtem Purpurschimmer, wenig Altersreflexe. Nussaromen (Nutella) sowie Blut- und Fleischgeschmack. Im Gaumen Preiselbeeren- und Tabaknote. Gute Struktur, kräftiges Extrakt und aufgrund seiner Jugendlichkeit noch immer etwas vordergründig. 17/20 trinken - 2000
91: Magnum: Die gleichen Eindrücke wie oben, jedoch bedeutend mehr Extrakt, Salzspuren auf der Zunge.
92: Magnum: Wilde Früchte, Himbeeren, Preiselbeeren, komplex und fett in der Nase. Im Gaumen lebendiges Säurespiel, gut strukturiert und fein parfümiert, legt nach einer halben Stunde noch einmal zu und wird zum Palmer von Pomerol, sehr lang. 17/20 trinken - 2000

Pomerol

1971 La Conseillante   **15/20**
92: Ich hatte eigentlich etwas mehr von diesem Wein erwartet, denn die grösseren 71er Pomerols und St. Emilions sind normalerweise ein Geheimtip. Eher helle Farbe mit ziegelrotem Schimmer. Buttrige Nase, Kaseingeschmack (Schotte), wuchtig, Kaffee und Nougat. Im Gaumen fettig, aber wenig Fleisch in der Struktur, es fehlt ihm an Ausdruckskraft.   15/20 austrinken

1975 La Conseillante   **15/20**
92: Magnum: Sattes Granat mit wenig Reifereflexen. Reiche Nase mit feinem Minzenton und Schoko (After-Eight), dahinter würziges Kräuterspiel und Trüffelnuancen. Im Gaumen stark prägende Säurestruktur, die sich aber nach einer halben Stunde rundet. Kräftige, mundbeherrschende Adstringenz, fast zahnfleischbeschlagend. Es lohnt sich, wer eine Magnum hat, bis ins Jahr 2000 zu warten.   17/20 1998 - 2015
93: Die Normalflaschen sind nur ein Abglanz der Magnum, die ich im Jahre 1992 getrunken hatte. Oxydativ, dunkles Caramel. Im Gaumen zwar noch aufrauhend, was aber mehr mit der Härte der Tannine zu tun hat.   15/20 vorbei
94: Dunkles Weinrot mit bräunlichen Reflexen. In der Nase Pralinen der Spitzenklasse, absolut süss, Nutella. Reifer Gaumen, erdiger Ton, die Schokolade wird jetzt billiger, leider ist der Fluss etwas ledrig, weil es ihm, trotz viel Fleisch, an Fett fehlt, im Finish leicht maderisiert.   15/20 austrinken

1978 La Conseillante   **15/20**
92: Jugendliches Granat. Sehr fruchtig (Beaujolais), süss, Ingwernote. Im Gaumen Kandiszucker. Weicher, softer Gaumen, saftig, mittlerer Körper.   15/20 trinken
92: Schönes, jugendliches Granat mit blauen Reflexen. Vanillige, wuchtig buttrige Nase, sehr ansprechend, fett, Brombeerenmarmelade. Im Gaumen Kandissüsse mit einem Stachelbeerenspiel vermischt. Wie alle 78er eine Spur Geraniol. Die Säure beherrscht aber immer mehr den Wein und macht ihn wohl recht lang, aber gleichzeitig auch recht schlank. Die Nase verspricht mehr als der Gaumen hält.   15/20 austrinken

1979 La Conseillante   **14/20**
91: Reife Farbe, Mahagonischimmer, aufhellender Wasserrand. Alkoholische Note in der Nase, sehr terroirbetont, Unterholz, welk, an einen Gevrey-Chambertin erinnernd. Metallische Zungenspitze. Das Fett ist oxydiert, die Tannine abgebaut. Wäre vor ein paar Jahren ein bisschen besser gewesen.   13/20 vorbei
92: Granat aufhellend. Fett, nussig, viel Terroirwürze, Bakelit, Schokolade. Im Gaumen welk, feiner Kapselton, ledrige Zungenstruktur. Ein artisanaler Wein.   14/20 vorbei

1981 La Conseillante   **14/20**
92: Das Jahr der Kurve - wie Francis Nicolas beschrieb. Hell, recht klar in der Transparenz. Grüner Tabak, Poivrons, wirkt faisandiert. Im Gaumen vordergründig, blechig, es bleibt im schlanken Körper eine bittere Note zurück.   15/20 austrinken
93: Klare Farbe. Kakao und Schokonote. Irish Moos-Ton durch Cabernet Franc, wirkt sehr reif.   14/20 austrinken
94: Mittlerer Körper, feine Metallspuren, wirkt hinten kurz und flach.   14/20 austrinken

1982 La Conseillante   **16/20**
90: Leuchtende, mittlere Farbdichte. Kakaonase und Butter. Tannin-Säure-Verbindung mit defensiver Frucht.   16/20 trinken ab 1993
92: Der Merlot ist im Moment splendit geöffnet und beherrscht das Nasenspiel mit einer buttrigen Caramelphase.   16/20 trinken - 1998
93: Die Farbe zeigt Reife an, feiner Wasserrand. In der Nase erst faisandiert, dann Teernuancen, Kakao, dahinter Leder und animalische Spuren, ein volles, wuchtiges Bouquet. Im Gaumen Unterholz, Fett, Würze und Lakritze.   16/20 trinken - 1997
94: Dumpfe Farbe, Purpur-Orange. Kakaonote, Dörrfrüchte, Teer. Im Gaumen aussen marmeladig, innen aber mit trocknenden Gerbstoffen, stielige Aromen im Extrakt, reifer Wein, nicht dekantieren.   16/20 trinken - 1996

1983 La Conseillante   **16/20**
Francis Nicolas hat uns zu diesem Wein erzählt: <<Eine grosse Wolke zog auf und hagelte praktisch auf La Conseillante nieder, ohne auch nur ein Hagelkorn auf Pétrus oder Cheval-Blanc abzuwerfen! Innerhalb einer Stunde wurden somit 40 % der Ernte vernichtet.>>
92: Mittlere Farbe mit aufhellendem, orangem Rand. Weit ausladende, burgunderähnliche Nase. Fett, Lakritze, sehr dicht, üppig, gebunden. Im Gaumen mundfüllend, wiederum burgundisch, mit anfänglicher Trockenheit im Extrakt. Trotz Reife in der Farbe noch lagerfähig. Das wäre ein Super-Einstieg für Weingeniesser, die die Nase voll haben von teuren (schlechten) Burgunderweinen und vor dem Bordeaux eine Art Schwellenangst besitzen. Entwickelt nach einer halben Stunde einen feinen Kräuterton und Tabaknoten.   16/20 trinken - 2000
93: Wiederum an einer La Conseillante-Probe mit dem Besitzer Francis Nicolas degustiert. Ein Kalifornier! Voll von Eucalyptusdüften, Preiselbeeren und Passionsfrucht (?). Im Gaumen trockene Tannine und Aromen eines Stags Leap oder Ridge York Creek. Ein etwas eigenwilliger, aber durchaus gefälliger Esswein.   16/20 trinken - 2000

1984 La Conseillante   **13/20**
90: Reife Farbe mit Kastanienschimmer. Minzen- und Tabaknase. Recht fetter Körper mit feinem, jedoch etwas drahtigem Rückgrat. Hält sich rund eine Stunde, dann zerbricht er.   13/20 austrinken
92: Caramel-Merlot-Nase, riecht wie ein guter Tessiner. Eine herbe Note in den Tanninen, leider „etwas" kurz.   13/20 austrinken

1985 La Conseillante   **18/20**
91: Granat mit Wasserrand und Anzeichen von Reife. Offene, voll konzentrierte Nase mit Leder, Süsse und Rauch. Ebenfalls süsse Tannine. Der Wein ist derart reif, dass ich

mich frage, ob man nicht einen Grossteil jetzt bereits trinken sollte. Die Säure ist eher soft, was diese Absicht noch verstärkt. 17/20 trinken - 1995
92: Satte Fruchtnase, offen, Rauch, Cassis und Brombeeren, Veilchen, Trüffel. Im Gaumen erst leicht vegetal (grüne Pfefferschoten), dann saftig mit gerundeten Tanninen, angenehmer, feiner Nachhall. 17/20 trinken - 1997
92: Konzentriertes Fruchtbouquet mit leicht floraler Note, pfeffrig, reich. Erste Öffnung. Im Gaumen ein Spiel von roten Beeren, Terroir- und Kandissüsse, der Merlot macht in diesem Wein die Nase, der Cabernet Franc den Körper, gute Würze im Extrakt, fast salzig, ein ausgeglichener, grosser Pomerol. 18/20 trinken - 2000
94: Beim Hess Geni im Keller morgens um zwei Uhr als letzte Flasche einer äusserst üppigen Serie getrunken. Notizen habe ich keine mehr gemacht, aber ich bin ganz sicher, dass er jetzt 18 Punkte erreicht. In der Nase, der grünen Pfefferschoten wegen, ein Pichon-Lalande. Butter- und Caramelnote. 18/20 trinken - 2003

1986 La Conseillante 16/20
92: Man sollte die grossen 86er eigentlich in Ruhe lassen. Sie mögen es alle nicht, degustiert oder gar getrunken zu werden. Gekochte Nase, Paprikapulver, im Moment eher unausgeglichen. Im Gaumen Tabak, trockenes Tannin, mittlerer Körper, dafür langes Finish. 16/20 1995 - 2008
92: Mittlere Farbe, relativ braune Reflexe. Die Frucht ist weg, Reife, fast tertiäre Aromen. Vanille, Zedern, Bleistiftholz, Rumaromen, Creme Caramel und Havannanote. Im Gaumen vordergründiges Tanninspiel, die Säure wirkt vorne, das Tannin seitlich, es fehlt aber an Harmonie dieser beiden Elemente. Vielleicht ist es im Moment eine ungünstige Zwischenphase. 15/20 warten

1987 La Conseillante 16/20
91: Der fetteste 87er. Süss, opulent, velockend. Mahagoniholz. Ein langes, mundfüllendes Erlebnis. 16/20 trinken
92: Rauch, Cassis, Black-Currant-Pastillen. Mittlere Konzentration. Eine Art Lafite aus dem Pomerol. 16/20 trinken
93: Jetzt ist er in der vollen Genussphase. Die Betonung liegt effektiv auf Genuss. Mehrere Male im Caveau in Zürich getrunken, ausserdem während zweier Wochen unser Tischwein, bis es keine Flasche mehr übrig hatte. Ein fülliger Merlot mit einem erstaunlich hohen Alkoholgehalt (13.1 %Vol.). 16/20 trinken mit sehr, sehr viel Spass!

1988 La Conseillante 16/20
89: Fruchtiges Parfüm, weinig, vielleicht eine Spur zu viel Säure und Tannin, um die ausgestrahlte Eleganz zu erreichen. 15/20 trinken ab 1995
91: Dunkles Granat mit dünnem Wasserrand. Erst reduktiv, dann fruchtiges Parfüm, Waldhimbeeren. Im Gaumen pikante Säure (Cayenne), das den Wein spitz macht. Die Balanceübung zwischen Fett und Säure ist im Moment eher fragwürdig. 15/20 1994 - 2003
92: Rotfruchtige Nase, Preiselbeeren, komplex, Bakelit, leicht reduktiv, Cassispastillen. Frische Frucht im Gaumen, feines Extrakt, stoffig. Eine fast seidige Struktur mit viel Finessen. Im Moment der Reduktionsphase von salziger, fast kerniger Würzbitterkeit auf der Zunge begleitet, Brombeerenfinish. Hat ein Entwicklungspotential von 17/20 und wird bei jedem Mal besser. 16/20 1995 - 2005

1989 La Conseillante 18/20
90: Mittlere Farbdichte. Rauch und Frucht (Heidelbeeren). Trockener Fluss, etwas zäh, dafür sehr ausladend. 17/20 trinken ab 1995
92: Purpur-Violett. Drogenhaft, umwerfende Nase, ohne aber heiss oder von überreifen Früchten geprägt zu sein, Teer, Zedern, Heidelbeeren, Lakritze und Kaffee. Im Gaumen getrocknete Pflaumen, wiederum Kaffee, viel Charme und Schmelz, süsse Tannine, im Finish Vanilleschoten. 17/20 1995 - 2010
92: In einer Blinddegustation wiederum 17/20 gegeben. Das einzige, was etwas nachdenklich stimmt, ist eine feine, kaum ersichtliche Braunfärbung in den Farbnuancen. Heisse Nase, Kakao, Cassismarmelade, schwarze Beeren (Haut-Brion-Aromen). Im Gaumen fett, junger Port, reifeverlangend. Die Tannine sind im Moment noch eigenständig und werden sich in zunehmendem Masse mit dem reichlich vorhandenen Fett verbinden. Im Finish Dörrfrüchte (Backpflaumen) und reife Bananen, dunkles Holz, Kaffee. Ein Monster in Rubens-Form. 18/20 1995 - 2010
92: Arrivage. Mit gut zwanzig anderen Pomerols blind degustiert. Warme Cassis- und Heidelbeerennase, Dörrfrüchte, Minze, sehr konzentriert, ein verschwenderisches, blaubeeriges Fruchtbild. Rauch und Terroir vermischen sich im Gaumen, gewaltiges, aber sehr fein gegliedertes Tanninpotential, Kräuter, Pfeffer, unendliches Finish. 18/20 1995 - 2010
92: Blinddegustation: Eher tief bewertet. Mich störte eine momentane säuerliche Arroganz auf der Zunge. warten

1990 La Conseillante 18/20
91: Dichtes Purpur. Eucalyptus, sehr traubig, Cassis, rote Johannisbeeren. Softe Struktur. Mittellang. Ich bin offensichtlich der einzige, der den La Conseillante nicht in den Himmel emporhebt. 16/20 trinken ab 1997
92: Granat-Purpur. Starker Holzröstton vermischt sich mit feinem Fruchtparfüm. Weicher Gaumenfluss, füllig, Velours, feingliedriges Tannin, fast Margaux-artig, modern. 17/20 1995 - 2005
92: Entwickelt sich fast unheimlich. Vielleicht habe ich diesen Wein aber auch zu Anfang unterschätzt. Rauch, Kaffee, noch zurückhaltend, dahinter ein enormer Reichtum. Im Gaumen sehr konzentriert, feines, fettes Extrakt. Brombeeren und Cassis. Wirkt ausgeglichener und noch länger als der 89er. 18/20 1996 - 2010
93: Leuchtendes Granat-Purpur mit mittlerer Tiefe. Süsse Nase, rotbeerig, Cassis, marmeladige Frucht, voll geöffnet. Extrem weiche Säure, hohe Aromatik mit Extraktsüsse. Er scheint mir aber jetzt nicht mehr so dicht wie vor einem Jahr, und ich glaube, dass 17/20 für die Zukunft wohl ausreichen müssen. Apropos Zukunft: Ich würde ihn jetzt trinken. 17/20 trinken - 2005

Pomerol

94: Aufhellendes Weinrot. An Pinot erinnernde Nase, extrem rotbeerig. Im Gaumen spitz auftretende Säure, aufrauhende Gerbstoffe, wirkt aggressiv und unausgeglichen, zähnebeschlagend, mit metallischer Adstringenz.
16/20 1998 - 2010
In der Nachdegustation noch immer eine an Cayennepfeffer erinnernde Schärfe, die sich mit der Säure und dem Extrakt auf der Zunge verbindet, die Gerbstoffe wirken kompakter, aber auch etwas hölzern. Gibt es unterschiedliche Flaschen? 17/20 warten

1991 La Conseillante **16/20**
92: Purpur, dicht mit feinem Wasserrand. Eigenwilliges Red-Currant-Bouquet, roter Johannisbeerengelee, Cigarrenkiste. Velours. Im Gaumen stoffig mit fettem, gebundenem Fond, weiche Säure, sehr merlotlastiger Wein.
16/20 1995 - 2004

1992 La Conseillante **15/20**
93: Helles Granat. Wuchtiges, sehr süsses Bouquet, rotbeerig. Im Gaumen eher schlank, aber mit schöner Länge, vom Typ her ein 87er. 15/20 1996 - 2006

1993 La Conseillante **18/20**
94: Kann es sein, dass jemand in Pomerol seinen eigenen 89er und 90er übertrifft? Sehr tiefe Farbe, fast schwarz in den Reflexen. Extrem verschwenderische, reife Fruchtnase, ein Korb voller Beeren. Konzentrierter Gaumen mit viel Extrakt, ohne schwerfällig zu wirken, viel Rückaroma. Mit Pétrus einer der allerbesten Pomerols. 18/20 1997 - 2006

CHÂTEAU LA CROIX

1990 La Croix **18/20**
93: Sattes Granat-Purpur. Red-Currant-Nase, rote Johannisbeeren, Kräutertee. Kräftiger, griffiger Gerbstoff, fette Opulenz, trocken im Extrakt. Schwer einzuschätzender Wein mit grossem Potential. Für einen Libournaiser recht rustikal. 18/20 2000 - 2020

CHÂTEAU LA CROIX-DU-CASSE

1989 La Croix-du-Casse **15/20**
92: Granat-Violett mit Wasserrand. Zu Beginn Geraniol-, Teernote, Zimt, Rauchfleisch. Beerige Frucht, viel Extrakt im Gaumen, das sich nach einigen Minuten in Schmelz umwandelt, eine feine Pelzigkeit bleibt auf der Zungenstruktur zurück. 15/20 bald - 1998

1990 La Croix-du-Casse **17/20**
91: April: Tiefe Farbe mit violetten Reflexen. Fruchtige, komplexe Nase. Dichter, gut strukturierter Wein mit schönem Extrakt. 17/20 trinken ab 1995
93: Eine der tiefsten Farben aller Pomerols. Purpur mit schwarzen Reflexen. Absolutes Aromenkonzentrat in der Nase, Rauch, Zimt, Koriander, Edelhölzer, Kaffee, aber auch viel Toast von der Barrique. Viele, mehlige, voll gereifte Gerbstoffe, stoffiges Extrakt, ein herrliches Spiel von roten und blauen Beeren, mittlere Konzentration, schöne Länge. 17/20 1995 - 2007

1992 La Croix-du-Casse **14/20**
94: Reifendes Granat. Eigenwillige, konfitürige Nase. Schmelziger marmeladiger Gaumen, rote, gekochte Frucht, recht streng in den Tanninen. 14/20 1997 - 2005

1993 La Croix-du-Casse **15/20**
94: Tiefes Purpur. Laktischer Ton in der Nase, Erdbeerjoghurt, Kaffee. Süsse Frucht im Gaumen, hat Schmelz, trockene und strenge Gerbstoffe. 15/20 1998 - 2008

CHÂTEAU LA CROIX-DE-GAY

1986 La Croix-de-Gay **15/20**
93: Pflaumiges Granat. Roter Johannisbeerengelee, feine Chilinote. Die Säure ist spitz, hingegen sind die Tannine etwas weicher als bei anderen 86ern. Die Säure sollte sich noch mehr mit dem Fett verbinden. 15/20 trinken - 2002

1989 La Croix-de-Gay **15/20**
91: Angenehmer Pomerol, der mehr auf Süffigkeit als auf Schwere setzt. 15/20 1994 - 2004

1990 La Croix-de-Gay **17/20**
91: Entgegen anderen Pomerols, die 1989 bedeutend besser als 1990 vinifiziert wurden, ist dieser eher vielversprechender als der vorjährige Wein. Mehr Struktur und auch generell mehr drin. 16/20 trinken ab 1996
93: Aufhellendes Purpur. Exotische Fruchtnase, alkoholisch. Fülliger Gaumen, viel Schmelz, samtene Gerbstoffe, leicht aufrauhend, etwas pelzig, guter Rückhalt und feine Adstringenz. 17/20 1997 - 2015

1993 La Croix-de-Gay **15/20**
94: Tiefes Purpur, blutrote Reflexe. Rotbeeriges, traubiges Bouquet, konfitürige Süsse, wuchtig, fast etwas alkoholisch. Wiederum fruchtiges Extrakt im Gaumen, stoffig, leicht pelzig im Fluss. 15/20 1998 - 2006

DOMAINE DE L'EGLISE

1989 Domaine de L'Eglise **16/20**
91: Konfitürig, süss, Himbeeren. Im Gaumen füllig, weinig, darunter aber doch recht markante, noch ungeschliffene Tannine. 16/20 1995 - 2005
92: Arrivage: Granat-Violett. Konfitürig, fette Nase mit viel Schmelz, Himbeeren. Gut stützendes Tannin, sehr feiner Wein. 16/20 1995 - 2005

1990 Domaine de L'Eglise   16/20
91: April: Mittleres Granat mit rubinem Rand. Offene, fruchtige, relativ schmale Nase mit bescheidener Tiefe. Leichte Würznote. Mittlerer Körperbau, tiefer Säurewert, recht gute Balance, fettes, gebundenes Finish. Ein gastronomischer Wein mit früher Trinkfähigkeit.   16/20 1993 - 2000

1991 Domaine de L'Eglise   15/20
92: Mittleres Purpur mit starkem Wasserrand. Rauchige Brombeerennase vermischt mit kräutrigem Terroir- und grünem Tabakton, recht füllig. Weicher, charmanter Gaumen mit Spitzwegerichnote in der feinen Säurestruktur, schöner Schmelz, warme Frucht. Ein weicher, pflaumiger Wein mit mittlerer Struktur.   15/20 1994 - 2000

1993 Domaine de L'Eglise   16/20
94: Mittleres Purpur. Himbeerige, fast dropsartige Nase. Feiner, süffiger Gaumen, samtene Tanninstruktur, fein gewoben, wirkt grazil und elegant, schlankes Finish.
16/20 1996 - 2004

CHÂTEAU L'EGLISE-CLINET

1961 L'Eglise-Clinet   18/20
91: Dumpfes Granat mit aufhellendem Rand. Süsse Nase, Irish Moos, Ingwer, reich, vielschichtig, Korianderwürze. Fülliger, fetter, charmanter Gaumen, feines, reiches Extrakt, immer noch ausbauend.   18/20 trinken - 2000
92: Braunes Granat, matt. Süsse Nase, zerlassene Butter, Caramel. Wirkt im Gaumen erst fragil, erholt sich aber dann wieder. Entwickelt nach einer gewissen Zeit eine angeborene Süffigkeit. Die Flasche war bedeutend reifer als die Probe im 1991.   16/20 austrinken

1962 L'Eglise-Clinet   15/20
88: Magnum: Sattes Granat. Pflaumig-würzige Nase. Fetter Körper, schöner Schmelz, leider etwas kurz und durch tiefe Säure leicht pappig im Finish.   15/20 trinken

1979 L'Eglise-Clinet   17/20
92: Granat-Purpur, orange Reflexe. Rosinennote, wuchtig, kompakt. Im Gaumen kräftig, viel Reserven, scheint irgendwie blockiert durch sein eigenes Potential, Tabak, gewaltiger Druck im Finish.   17/20 trinken - 2000

1985 L'Eglise-Clinet   19/20
88: Spricht alle Degustatoren per Du an. Dichte Nase, süss mit Rasse. Pfeffrige Adstringenz, die viel erwarten lässt, gute Konzentration, ein ausserordentlich erstaunliches Potential.   19/20 trinken ab 1993
Man hätte diesen Wein kaufen sollen, er ist 1988 praktisch unauffindbar und wenn überhaupt - dann fast unbezahlbar!
92: Dichte Farbe, undurchdringlich. Volle, beerig-fruchtige Nase, sehr konzentriert, süss, ohne Zeichen von überreifer Frucht, fast pinotähnlich, rauchig. Im Gaumen voller Körper, fett mit viel Extrakt und feinen, aber gewichtigen Tanninreserven. Ein grossartiger 85er, der es problemlos mit sämtlichen Premier Crus aufnimmt. 19/20 trinken - 2005

1986 L'Eglise-Clinet   17/20
89: Rechte Farbdichte. Süssholzton, gute Konzentration, verlockend, rauchig. Grosser Wein mit Zukunft, wenn auch hinter seiner eigenen 85er Qualität zurückliegend.
17/20 trinken ab 1994
91: Ein verschwenderischer, üppiger Wein mit Rumtopfaromen. Reift vielleicht etwas schneller als er sollte. Was soll's, wenn er jetzt und in den nächsten Jahren so viel Freude machen kann, dann soll man ihm das sicher nicht verübeln.   17/20 trinken - 1998

1987 L'Eglise-Clinet   15/20
90: Helle Farbe. Oaky Nase. Alkoholisch. Im Gaumen fein, jedoch von etwas grobmaschiger Struktur gestört.
14/20 bald - 1995
94: Heute noch ein rubiner, leuchtender Wein. Die Nase ist sehr fruchtig, rotbeeriger, marmeladiger Gelee. Im Gaumen ebenfalls gekochte Frucht, ein sehr guter 87er, dem es ein bisschen an Säure fehlt.   15/20 trinken - 1998

1989 L'Eglise Clinet   14/20
90: Extraktanzeigende Farbe. Tabakige Nase, alkoholreich. Konfitüre, voller, fetter Körper. Amerikanische Droge, weisser Rum, strenges Tannin.   14/20 trinken ab 1995
92: Arrivage: Machte einen eher zwiespältigen Eindruck. Granat aufhellend mit orangen Nuancen im Farbbild. Faisandierte Nase, Zibetton, (Käserinde?), Bakelit. Vordergründiges, zungenaktives Tannin, heiss, wirkt in der Struktur fast angebrannt.   14/20 1994 - 2000

1990 L'Eglise-Clinet   17/20
93: Sattes Granat, dicht. Korkige Nase, mineralisch-animalischer Ton. Fülliger Gaumen, Jodnote, medizinal, viel Rückhalt. Sicherlich ein Wein, der in seiner Jugend falsch eingeschätzt, aber in zehn, vielleicht zwanzig Jahren einer der grössten Pomerols überhaupt sein wird.
18/20 2000 - 2025 neu degustieren!
93: Nachdegustation: Man kann davon ausgehen, dass die in Engelberg degustierte Flasche einen Korkengeruch hatte. Sattes Granat. In den Ansätzen wuchtiges Bouquet, sehr reife Frucht, marmeladig, Dörrpflaumen, Vanilleschoten, Kaffee und Tee. Im Gaumen leichte Holzanzeige von der Barrique, in der Adstringenz Edelholznote, fein ausladend mit zartem Schmelz, nicht so wuchtig wie in der Nase.   17/20 1996 - 2010

1992 L'Eglise-Clinet   16/20
93: Violett-Schwarz. Traubiges Bouquet, Heidelbeeren, verschwenderische Frucht. Im Gaumen feine Rauchnote, feinste Tannine, seidige Struktur, sehr gut gelungen.
16/20 1995 - 2004

Pomerol

1993 L'Eglise-Clinet   **17/20**
94: Sehr tiefes, dichtes Purpur. Konzentriertes, dichtes Bouquet, zeigt Tiefe an, sehr beerig, Holunder. Stoffiger Gaumen, viel Extrakt, satte Struktur, rotbeeriges, einreduziertes Rückaroma.   17/20 1999 - 2010

CHÂTEAU L'EVANGILE

1964 L'Evangile   **16/20**
93: Dichte Nase, sehr pilzig, Terroir. Weicher runder Gaumen, Unterholztöne.   16/20 austrinken
93: Eine sehr unsaubere Flasche, die aber in sich ein interessantes Potential verbarg. Sehr wahrscheinlich   16/20 trinken

1970 L'Evangile   **17/20**
88: Königliche Nase. Waldaromen. Guter, reifer Wein. Am liebsten hätte ich noch eine zweite Flasche getrunken, denn dieser Wein stand mit 75 Franken auf der Weinkarte in einem Restaurant, wo der Bierhahn offensichtlich der wichtigste Umsatzträger ist.   17/20 trinken

1971 L'Evangile   **15/20**
89: Hat vom 71er Pétrus- und Cheval-Blanc-Potential ein kleines bisschen abbekommen. Reife Farbe. Pflanzliche Nase, Nuss und Moschus. Im Gaumen noch primäre, fruchtige Waldaromen, voller Fluss, Rasse.   16/20 trinken
93: Weicher und reifer, leider absteigend. 15/20 austrinken

1975 L'Evangile   **16/20**
92: Reife Farbe, sehr tief. Pilzige Nase, Champignons, Herbsttrompeten, Teer, leichte Unsauberkeit, die aber verfliegt. Im Gaumen erst metallische Säureprägung, trockener Gerbstoff, wird an der Luft noch etwas runder. 30 Minuten dekantieren.   16/20 trinken - 2000

1976 L'Evangile   **14/20**
85: Bescheidene, fast diskrete Nase. Sauber, mittelgewichtig. Wirkt im Gaumen eher grob und trocken.   14/20 austrinken

1978 L'Evangile   **16/20**
87: Kompakter, kräftiger, reifer Wein mit schöner Tiefe.   16/20 trinken - 1996

1979 L'Evangile   **16/20**
92: Granat-Orange. Angedeutete Fülle, wuchtig, marmeladig, Erdbeeren, feine Zedernnote, Tee. Wuchtiger, mundfüllender Gaumen, hat noch leichte Reserven, viel Schmelz im Finale.   16/20 trinken - 1998

1981 L'Evangile   **15/20**
91: Extrem hell, ziegelrot. Fleischaromen, Irish Moos mit Hagelton. Trockener Gaumen, eher leicht.   15/20 austrinken

1985 L'Evangile   **19/20**
88: Terroirnase. Tief mit Lakritze. Dicker Körper, füllige Aromen, sehr gute Balance auf höchstem Niveau, vom Potential und Gehalt her der beste 85er Pomerol zusammen mit L'Eglise-Clinet (Stand 1988). 19/20 trinken ab 1995
94: Noch immer recht verschlossen. Es lohnt sich zu warten, denn der 85er L'Evangile hat ein Bouquetpotential, dass viele seiner Nachbarn vor Neid erblassen werden.   19/20 1996 - 2010

1986 L'Evangile   **16/20**
89: Bereits Reifeschimmer in der Farbe (?!). Leere Nase, zeigt wenig Ausdruck. Leichter Körper, etwas Parfüm darin, wirkt sauber, jedoch eher simpel für seine Reputation.   15/20 1994 - 2003

1988 L'Evangile   **16/20**
91: Tiefes Granat, komplex. Waldbeerennase und Tabak. Im Gaumen Bittermandeln, süsser Beginn mit gesundem Extrakt, einige Spuren von Schärfe in der Tanninverbindung, Aggressivität oder Rasse? 16/20 1995 - 2008

1989 L'Evangile   **17/20**
91: Tiefes Granat. Ingwer, Lorbeer mit viel Würze (Fisherman's, Irish Moos, Wermutkraut). Voller, fetter Gaumen mit Bestätigung von reicher Würze, die Gerbstoffe sind in sich trocken, aber aussen von Schmelz umgeben, sandige Textur.   17/20 1995 - 2005

1990 L'Evangile   **18/20**
91: April: Dunkles Granat mit blauen Reflexen. Vielschichtige, kräuterlastige Nase mit viel Würze und Teearomen. Im Gaumen Terroirnote und blaue Frucht, recht dicht. Ein langes Leben.   17/20 trinken ab 1997
92: Marmeladig, fett. Gewaltige, markante Tannine, gekochte Frucht, im Finish Rum-Geschmack.   18/20 1996 - 2006
93: Samtenes Purpur. Phantastische Terroirnase, süss, feinnuanciert, rundes Bouquet mit komplexer Fülle, Zedern, Tabak, Cigarren, Walderdbeeren, Irish Moos. Im Gaumen mundfüllend, Zimt, Cassis und Rauch im Finish. Ein Cheval-Blanc aus dem Pomerol!   18/20 1995 - 2006
94: Purpur-Blutrot. Gebranntes Nasenaroma. Im Gaumen Kakao, Butter, reife Gerbstoffe, die aber etwas aufrauhen auf der Zunge, hat schöne Fülle, langes Finish.   17/20 trinken - 2006

1993 L'Evangile   **18/20**
94: Tiefes Purpur. Köstliches Bouquet, Brotkruste, reife Früchte, Edelhölzer. Im Gaumen feinste Gliederung, schöne Adstringenz, viel Eleganz, angenehmes, aromatisches Fruchtfinish mit betörender Süsse. Gehört zu den allerbesten 93ern. Parker wird ihn mögen...   18/20 1999 - 2012

CHÂTEAU FEYTIT-CLINET

1981 Feytit-Clinet   **15/20**
91: Leichte Farbe mit grossem Wasserrand. Burgunder-Nase, delikat und vielschichtig wie ein Chambertin. Im Gaumen wunderschön parfümiert mit feinen Nussaromen, femininer, langer Gaumenfluss.   15/20 trinken

1982 Feytit-Clinet   **13/20**
90: Üppiger, überladener Wein mit Bitterkeit, salziges Finish.   13/20 trinken

1990 Feytit-Clinet   **16/20**
91: April: Himbeer-Rubin mit relativ grossem Wasserrand. Wirkt verschlossen, beziehungsweise fehlt an Frucht und Länge. Vielleicht hat es sich aber auch um ein müdes Muster gehandelt.   etwa 14/20, wieder degustieren
92: Gewaltiger Fortschritt. Bezaubernde Frucht, Kräuterwürze, Terroir. Samtiger, charmanter Gaumen, macht Spass.
   16/20 1995 - 2003

1992 Feytit-Clinet   **12/20**
93: Sattes Purpur. Gebundene Nase, rotbeerige, reife Frucht, medizinische Kräuter. Kernige Spuren im Gaumen, zähnebeschlagend, streng.   12/20 1997 - 2007

1993 Feytit-Clinet   **14/20**
94: Mittlere Purpurrobe. Jodig, krautige Nase, stallig. Stoffiger Gaumen, defensive Frucht, in den Ansätzen eher rustikales Tannin, mangelt an Charme.   14/20 1998 - 2006

LA FLEUR-DE-GAY

Dieses Weingut ist gar kein Weingut, sondern eine Merlot-Selektion aus La Croix-de-Gay. Degustiert man den jungen Wein, so ist man geneigt fast unendliche Lobeshymnen zu singen. Die intensive Fruchtigkeit, unter Berücksichtigung aller Elemente der modernen Vinifikation, blendet viele geübte Degustatoren. Wenn ich meine Degustationsnotizen analysiere, so stelle ich oft fest, dass er aus dem Fass und in der Jugend am meisten Punkte erhält. Je älter der Wein wird, desto mehr nehmen all die faszinierenden Eigenschaften ab. Ich nehme an, dass er die beste Zeit seines Lebens innerhalb der ersten fünf bis acht Jahre hat. Was ist also die Funktion eines solchen „Cuvées"? Sicherlich stiftet er in der Welt der spekulativen, jungweinsüchtigen Journalistenszene eine gewisse Unruhe in das zugegeben veraltete Klassement (glücklicherweise hat Pomerol gar keines!). Dann erfüllt er auch einen grossen Dienst für die Gastronomie, weil er jung mit recht viel Freude getrunken werden kann. Die Behauptung dass La Fleur-de-Gay der „Pétrus des armen Mannes" sein könnte, stimmt sicherlich nicht, denn seine Preise sind in der jüngsten Zeit unverschämt stark angestiegen.

1982 La Fleur-de-Gay   **14/20**
Ich weiss gar nicht so recht, wo dieser Wein im Moment einzureihen ist. Es handelt sich hier um eine Selektion aus dem Château La Croix-de-Gay. Meiner Meinung nach ist es eher ein Pomerol, der eine Mischung zwischen einem schlechten Haut-Brion und einem guten Ausone darstellt.
86: Tiefes, sattes Rot in Purpur und Karmesin. Öffnende, mastig-krautige Nase. Im Gaumen sehr terroirbetont, Unterholz, üppiger Körper, der eher Fett als Vinosität anzeigt.
   14/20 1990 - 1997

1983 La Fleur-de-Gay   **15/20**
89: Pflaumenfarbe. Defensive, süsse Kaffeenase. Rauch, mit rotbeeriger Säure, feine, aber satte Adstringenz, grüne Aromen, im Finish schlank.   15/20 1991 - 2002

1984 La Fleur-de-Gay   **15/20**
90: Mit Alain Raynaud am Mittagstisch getrunken. Eine extrem kleine Ernte. Offene Nase mit Zimt und Frucht vermischt. Im Gaumen Cassis, mit feiner Säure, im Finish Merlot-Geschmack und Rauchnote.   15/20 trinken

1985 La Fleur-de-Gay   **17/20**
88: Profitiert durchaus vom grossen Pomerol-Jahr! Kompakter, vielschichtiger, schwerer, dicker Merlot, Brombeerentöne, viel Tannin.   17/20 trinken ab 1994
92: Dichte, fast undurchdringliche Farbe. Fettes Fruchtbouquet, Cassis, Rauch, zerlassene Butter, opulent, fast überschwappend. Im Gaumen veloutierend, rollende Tannine. Niedrige Säureanzeige, fettes Finish. Hat sich schneller entwickelt als angenommen.   17/20 trinken
92: Wiederum an einer Merlot-Blinddegustation verkostet. Jetzt vollkommen reif.   17/20 trinken - 1998

1986 La Fleur-de-Gay   **17/20**
89: Dichte Farbe. Öffnende, grossartige Nase mit viel Druck, tief ausladend, erstaunlicher, beeindruckender Reichtum. Mitteldicker Körper, darunter Süsse und Parfüm, abgerundete, weiche Tannine. Ein Superwein der Moderne.
18/20 trinken ab 1993
91: Magnum: Creme Caramel-Nase, buttrig, dunkler Vanillestengel, weit ausladend. Weicher Gaumen mit viel Schmelz im Extrakt, Cassis. Einziges Kriterium, eher wenig Säure.
   17/20 trinken - 1998
93: In einer Blindserie: 17/20 trinken - 1998

1987 La Fleur-de-Gay   **15/20**
90: Ein zwiespältiger, komischer Wein mit extrem pfeffriger (scharfer) Säure.   Keine Bewertung!
92: Rubin mit ersten Reifezeichen. Geraniolnase und grüner Tabak, wenig Frucht. Im Mund ebenfalls Geraniol und Lorbeerblätter. Entwickelt nach einer halben Stunde eine gewisse Merlot-Süsse, Kandis und Caramel.
   15/20 trinken - 1995

Pomerol

94: Wie kann ein hundertprozentiger Merlot nach sieben Jahren noch so grün sein. Er hat grasige Nasenaromen wie ein Südtirolerwein. Im Gaumen wirkt er kühl und reserviert, fast noch blockiert. Ein komisches Weinerlebnis, vielleicht sollte man ihn eine Stunde dekantieren.
15/20 trinken - 2000

1988 La Fleur-de-Gay **17/20**
92: Mehrere Male im Zusammenhang mit einer Welt-Merlot-Degustation probiert. Tiefe Farbe. Voller Toastgeschmack, Kaffee, Cassis. Im Gaumen feines Tannin, sehr ausgeglichen. Warmer, finessenreicher Wein.
17/20 trinken - 1998

1989 La Fleur-de-Gay **18/20**
91: Dichter und intensiver als der 90er. Waldfrüchte, Brombeeren, Rauch und Cassis. Im Gaumen Toast und Kaffee, recht viel Fett und Fleisch, gute Säure mit der Struktur verbindend. 18/20 1995 - 2005
92: Arrivage: Ein Wein, der fast von allem zu viel des Guten hat in überschwenglicher, verschwenderischer Parfümform. Violett-Schwarz. Süss, Ingwer, Cassis, Rauch, Himbeerenextrakt, extrem konzentriert und vielschichtig. Im Gaumen samtiges Tannin, reifes, dicht gegliedertes Extrakt. Ein Mustermass von Eleganz, jedoch mit mittlerem Alterungspotential. 18/20 1994 - 2000
93: Purpur-Schwarz mit aufhellendem Rand. Süsse, konfitürige Nase, Zwetschgen, rotbeerig, gekocht, im Moment zurückhaltend. Im Gaumen von Tabasco und Chiliaromen, aber ohne Schärfe, weiche Säure. Wie alle La Fleur-de-Gays wirkt sich die Adstringenz nur auf der Zunge aus. Der Wein selbst, scheint mir eine Spur zu lange in der Barrique gewesen zu sein, spürbare Holzbitterkeit, oder aber auch im Moment sehr verschlossen. 17/20 1994 - 2002
94: Überraschte an einer 89er Pomerol-Blindprobe. Sehr stoffiges Extrakt, im Finish eine rotbeerige Note.
19/20 trinken - 2005

1990 La Fleur-de-Gay **17/20**
91: Tiefe Farbe mit mittlerer Farbdichte, Purpur-Karmesinreflexe. Exotischer Fruchtton (wie bei Lafleur). Mittleres Konzentrat, Bonbonextrakt, dicht und stoffig, femininer Fluss. Steht hinter dem 89er. 17/20 trinken ab 1995
94: Tiefes Purpur-Violett. Exotische Black-Currant-Nase, sehr reife Frucht, Dropsnase, Rauch. Sehr feine, seidige Textur, Waldhonig im Rückaroma, die Gerbstoffe sind nur auf der Zunge spürbar, auf der Seite des Rachenraumes ist fast keine Adstringenz vorhanden. Ein faszinierender Schnellbrüter. 17/20 trinken - 2002
93: Sehr tiefe Farbe mit violetten Reflexen. Starke Toastnase, dahinter Cassis und Kaffee. Eleganter Gaumenfluss, Veilchennote, leicht floral, mittelgewichtig, etwas gestylt vom Auftritt her, Tannine sind leicht aufrauhend auf der Zunge, mittlere Konzentration. 17/20 1995 - 2004

1992 La Fleur-de-Gay **16/20**
93: Ich degustierte auf dem Château zwei verschiedene Proben. Eine davon mit malolaktischer Gärung im Cuvier, die andere in der Barrique. Tiefes Granat. Rauch, schwarze Beeren, Palisanderholz, Rum, Dörrfrüchte, grüne Bananen (Platanas). Im Gaumen reife Tannine, saftig, feinkörnig, Moccafinish. 16/20 1995 - 2004

1993 La Fleur-de-Gay **16/20**
94: Tiefes Violett-Purpur. Verführerisches Bouquet, Drops, Red-Currant, sehr aromatisch. Samtiger Gaumen, viele Aromen, vor allem merlotbetonte Frucht, die Gerbstoffe sind leicht körnig, im Finish eine leicht florale Note.
16/20 1999 - 2006

CHÂTEAU LA FLEUR-PÉTRUS

1945 La Fleur-Pétrus **19/20**
91: Magnum: Was für ein Wein! Dichtes Purpur. Süss, Tee-Aromen, Backpflaumen, Rauch, Bitterorange. Leichter, angenehmer Tabakwürzton, sehr fein strukturiert, gutes Extrakt, langes Finish. 19/20 trinken

1947 La Fleur-Pétrus **??/20**
93: Eine belgische, unbekannte Händlerabfüllung. So viel Oxydation hatte ich noch selten für so viel Geld erlebt.
Keine Bewertung!

1950 La Fleur-Pétrus **18/20**
92: Am Mittagstisch mit Christian Moueix getrunken. Der Wein war phantastisch, aber ich hatte keine Lust mehr Notizen zu machen und genoss deshalb jeden Schluck. Wir hatten zuvor drei Stunden lang mehr als fünfzig 90er nachdegustiert und ich war, ehrlich gesagt, ein „kleines bisschen" müde. Für alle, die es noch nicht wissen, die grösseren Châteaux des Jahrganges 1950 aus der Gegend St. Emilion und Pomerol sind allesamt sensationell und das auch heute noch. 18/20 trinken

1953 La Fleur-Pétrus **17/20**
94: Schönes Granat. Reife Nase, voller Backpflaumen, dahinter leicht welk. Im Gaumen eher trocken, kapselig, zeigt noch gewisse Gerbstoffe, trocknet aber aus.
Nase 17/20, Gaumen 15/20 vorbei

1962 La Fleur-Pétrus **17/20**
91: Reife Farbe mit aufhellendem, orangem Rand. Cereale Nase, Malz und Blumenspiel (Iris). Im Gaumen schöne Würze, Eisenkraut, verlockend, schmeichelnd, ausgeglichenes Finish. 17/20 trinken

1970 La Fleur-Pétrus **16/20**
90: Himbeerfarben, eher leicht. Marmeladige Nase. Wirkt süss, mit einem Grenadine-Aroma im Finish, mittelgewichtiger Wein. 16/20 trinken
92: Reife Farbe mit orangem Schimmer. Süsse Nase, Kirschen, Leder, zart und elegant. Im Gaumen mittlere Intensität, feine Kapselnote, aussen Charme, darunter leicht angetrocknete Tanine, im Finish Schokonote.
16/20 trinken - 1998

1971 La Fleur-Pétrus 17/20
91: Doppelmagnum: Feiner, femininer Wein, der durch Weichheit und Fülle besticht. 17/20 trinken

1974 La Fleur-Pétrus 15/20
92: Dumpfe Farbe. Waldige Nase mit gebranntem Zuckerton, alter Port, Kupfer, Kräuterduft (Salbei). Im Gaumen auf der Zunge erst aufrauhende Säure, die aber nicht weiter stört. Entwickelt nach ein paar Minuten noch mehr Frucht und Hagebuttentöne. Als 74er heute getrunken - ein erstaunlich guter Wein. Mit etwas Sympathie:
15/20 austrinken

1975 La Fleur-Pétrus 16/20
94: Tiefe, fast undurchdringliche Farbe, oranger Rand. Extrem konzentriertes Bouquet, süss, viel Terroiraromatik. Im Gaumen stoffig, feine Madeira-Note, trockene Gerbstoffe, fehlt an Schmelz und Süsse, reifer Wein.
16/20 austrinken

1976 La Fleur-Pétrus 15/20
89: Cheval-Blanc-Merlot-Nase. Feiner Gaumen, etwas mollig, darunter trocken, sehr reif. 15/20 trinken

1978 La Fleur-Pétrus 17/20
91: Fr. 78.- in einem Mövenpick-Restaurant: Reife, aber noch tiefe Farbe. Komplexes, süss-gebundenes Bouquet. Parfümierter Gaumen, füllig, fett mit schöner Extraktproportion, druckvoller Wein mit Caramel- und Kandisfinish. Ein mundfüllendes, aber elegantes Weinerlebnis.
17/20 trinken, am liebsten mit mir!

1979 La Fleur-Pétrus 17/20
92: War der absolute Publikumsliebling an der 79er Degustation in Engelberg. Mir erschien er im Gegensatz zu früheren Notizen extrem jung. Leuchtendes Granat mit Wasserrand. Schokonote, Nüsse, Mandeln. Im Gaumen erst sandig, dann an Fülle zunehmend, rotbeerige Nuancen, die an einen Echézeaux erinnern, kräftige Gerbstoffe, noch Holzpräsenz von der Barrique, dazu eine starke Adstringenz geben eine Garantie für weitere zehn, ja fünfzehn Jahre Leben, wuchtiges Cassisfinish.
17/20 trinken - 2003
94: Volles Erdbeeren- und Preiselbeerenaroma vermischt mit Tabak, gute Säure. 17/20 trinken - 2000

1981 La Fleur-Pétrus 17/20
88: Erste Reife in der Farbe. Dunkles, transparentes Weinrot. Frischer Kräuterton, wilde Minze und Zitronenmelisse, vielschichtige, fast üppige, offene Nase. Tief im Gaumen Kakao und Lakritze, rauchiges Merlot-Spiel mit schmeichelndem, feingliedrigem, in Fett verpackten Körper.
17/20 trinken - 1994
90: Bei einem Nachtessen bei Pragers auf dem Gut Freudenberg wiederum getrunken. Volle Reife. Wunderschöner Wein, wenn man bedenkt, was für Kreaturen u.a. in St. Emilion und Pomerol im Jahr 1981 entstanden sind.
17/20 trinken

93: Noch immer sehr schön zu trinken. Heidelbeermarmelade und Cassisgeschmack im Finale.
17/20 austrinken

1982 La Fleur-Pétrus 18/20
94: Ein voller, mundiger, fast pflaumiger Wein. Man sollte ihn fast aus dem Burgunder-Glas trinken.
18/20 trinken - 2000

1983 La Fleur-Pétrus 16/20
90: Kräftiges, dichtes Granat. Verschlossene Nase. Im Gaumen viel Extrakt und ebenfalls verschlossen, zeigt im Moment relativ wenig von seinem durchaus zu erwartenden Potential. 17/20 trinken ab 1993
92: Pflaumiges Granat. Veilchennase, im ersten Moment eher zurückhaltend. Rotbeeriger Ton, Hagebutten, mittlere Konzentration, Früchtegelee, dahinter Kräuterwürze (Estragon?). Öffnet sich nach 30 Minuten. Noch ausbauendes Tannin, gewinnt an Schmelz. 16/20 trinken - 2004

1985 La Fleur-Pétrus 17/20
89: Subtile Nase, vielversprechend mit schöner Aromenvielfalt. Runder Körper, der aber mit der geringen Säure nicht ganz ausgeglichen wirkt und sehr wahrscheinlich eher rasch reifen wird. 16/20 bald
92: Der niedrige Säurewert bestätigt sich abermals. Pflaumige Aromen begleiten diesen Wein. Die Struktur ist fein und feminin, trotzdem habe ich noch erstaunliche Gerbstoffreserven entdeckt. 17/20 trinken - 2000

1986 La Fleur-Pétrus 15/20
89: Aufhellendes Granat. Hagebuttenaromen und Erdbeeren. Trockene Tannine, wirkt wie der Trotanoy im Moment etwas grobschlächtig und bourgeois.
15/20 trinken ab 1994
93: Bei Caduff an Weihnachten getrunken. Er wirkt noch immer etwas grün und vegetal, hat noch ausbauendes Potential. 15/20 1996 - 2006

1987 La Fleur-Pétrus 14/20
90: Offen, alkoholisch in der Nase. Mittelgewichtiger Körper, baut noch aus, es lohnt sich also, noch etwas abzuwarten. 14/20 1992 - 1997

1988 La Fleur-Pétrus 16/20
91: Purpur mit Wasserrand. Offen, Rauch, tiefes Terroir, Zedernholz, burgundische Fülle, Fleisch, Schokoladenton. Im Gaumen Himbeerenkonzentration, mundfüllende Adstringenz, feines, im Moment verhaltenes Finish.
16/20 1997 - 2005
Wenn ich bedenke, dass Su Hua Newton unlängst sagte, der 88er La Fleur-Pétrus sei der beste Pomerol, dann habe ich entweder falsch degustiert, oder die liebe Su Hua kennt alle anderen nicht!

1989 La Fleur-Pétrus 16/20
90: Februar: Schwierig zu degustieren. Wirkt etwas von zu reifem Traubengut geprägt, Pflaumen- und Zwetschgen-

Pomerol

aromen. Vordergründiges Tanninspiel im Gaumen.   16/20
90: Defensiver, softer Wein, wenig Säure. Zu wenig Struktur im Verhältnis zum Fett, wirkt im Moment recht plump.
16/20 trinken ab 1995
92: Arrivage: Scheint ein schnellreifender Wein zu sein. Farbe bereits geprägt von Aufhellungen und orangen Nuancen. Offene Nase, röstig, Terroir, Leder, Trüffelspuren und Schokolade. Traditioneller Gaumen, jedoch mit viel Schmelz, parfümiert, bereits jetzt schön zu trinken.
16/20 trinken - 2000

1990 La Fleur-Pétrus 16/20
91: April: Eher leichte Farbe, rubinrotes Granat. Minzennase, rote Früchte, alkoholisch. Zu Kopf steigend. Pfeffriger Gaumen, parfümiert, Himbeerengeschmack. Langer, finessenreicher Wein mit leichterer Konstellation als andere Jahrgänge. 16/20 1996 - 2005
92: Ein femininer, eleganter La Fleur-Pétrus mit Tendenz zu schneller Reife. 16/20 1995 - 2004
93: Scharlach-Granat. Marmeladige Frucht, süss, komplex. Reife Gerbstoffe, saftiger Gaumen, rotbeerig, aussen fett, innen relativ wenig Körper. Zeigt nach zwei Stunden mehr Gerbstoffe, enttäuscht aber im Moment, weil man von einem La Fleur-Pétrus doch etwas mehr erwartet.
16/20 trinken - 2005

1991 La Fleur-Pétrus
92: Die ganze Ernte deklassiert!

1992 La Fleur-Pétrus   16/20
93: Mittleres Granat mit Wasserrand. Würzige Tabaknase, Black-Currant, herbal. Im Gaumen erst füllig, dann kräftig zupackend, feine Bitterkeit auf der Zunge. Der männlichste La Fleur-Pétrus der letzten Jahre. 16/20 2000 - 2012

1993 La Fleur-Pétrus   16/20
94: Sattes Rubin-Violet. Direkte, geradlinige Nase, Veilchen, Flieder, Cassis, Brombeeren, zaghaft öffnend. Saftiger Gaumen, fondierte Gerbstoffe, reife Säure, gut balanciert mit schönem Rückgrat, viel Rückaroma, sehr gutes Potential. 16/20 1999 - 2014

Château Le Gay

1985 Le Gay   18/20
92: Schöne, mitteltiefe Farbe. Fruchtige, gebundene Nase, marmeladig, sehr konzentriert. Im Gaumen nicht so trokken wie sonst, recht saftig und viel Schmelz. Samtiger Fluss, ein kleiner Lafleur und gleichzeitig ein grosser, langlebiger Wein mit grossartiger Balance. 17/20 trinken - 2010
94: Wiederum in Linz getrunken. Man sollte ihn dekantieren, denn er ist mit einer derartigen Wucht ausgestattet, dass er zwei Stunden lang kontinuierlich zulegt.
18/20 kaufen! Trinken - 2010

1986 Le Gay   15/20
92: Mittlere Farbe mit granat-purpur Reflexen. Heisse, korinthige Nase, rotbeerig. Kräftiges Tannin, fast ledrig, bedeutend weniger Charme als der 85er. Braucht noch weiteren Ausbau, um mehr Schmelz in den Tanninen zu erlangen. 15/20 1995 - 2008

1989 Le Gay   18/20
92: An der VINOVA in Wien degustiert. Kräftiges Granat. Extrem konzentriertes, rotbeeriges Fruchtbild mit feinen Kräuteranklängen. Im Gaumen viel Tannin, das sich aber gut mit dem Fleischfett ausbalanciert, druckvolles Potential. Gehört zu den besten Pomerols. Sollte aber den Kennern vorbehalten sein, da seine Aromenpalette nicht jedermanns Geschmack ist - glücklicherweise für mich.
18/20 1996 - 2015

1990 Le Gay   18/20
91: April: Mittlere Farbdichte, Weinrot mit Granatreflexen. Leder- und Terroiraroma, wenig Säure mit guter Konzentration. Viel Struktur und Tannin, trockener, gerbstoffreicher Wein. 17/20 trinken ab 1998
92: Marmeladig, rote Johannisbeeren, Kräuternote. Markantes, ausbauverlangendes Tannin. 18/20 1996 - 2010
93: Granat-Purpur. Honignote, sehr süss, konfitürig. Der Wein hat jetzt eine faszinierende Fruchtphase. Wirkt im Gaumen noch etwas trocken, Himbeerenmarmelade im druckvollen Finale. 18/20 1996 - 2010

1992 Le Gay   15/20
93: Rubin-Granat. Konfitürige Nase, Cigarrenton, buttrig. Saftiger Gaumen, füllige Textur, burgundischer Charakter, gekochte Himbeeren im Finish. 15/20 1996 - 2007

1993 Le Gay   16/20
94: Sattes Purpur. Reifes Fruchtbouquet, roter Johannisbeergelee, wuchtig in den Ansätzen, langsam öffnend. Tabak. Fetter Gaumenbeginn, cremig, marmeladige Frucht, kräftige Adstringenz, trockene Struktur. 16/20 2000 - 2015

Château Gazin

Seit der Übernahme durch Nicolas de Bailliencourt im Jahr 1987 ist die Qualität sprunghaft angestiegen. Zwar hatte man früher schon erstaunliche Weine auf Gazin gemacht, die Flaschen waren jedoch qualitativ extrem unterschiedlich.

1953 Gazin   ??/20
93: Eine stark maderisierte Flasche, über dem Zenit.
Keine Bewertung!

1962 Gazin   19/20
94: Mahler-Abfüllung: Mittleres Granat, recht dicht. Röstnoten, Hefeteig- und Nussgebäck, Dörrfrüchte, entfaltet sich mehr und mehr, fast marmeladig von der reifen

Fruchtkomposition her gesehen. Im Gaumen zu Beginn recht schlank, dann griffige, pfeffrige jedoch nicht aufdringliche Note, viel Aromatik, rotbeeriges, reifes Säurespiel, druckvolles, gebündeltes Finish mit unheimlich viel Rückaroma. 19/20 trinken - 2002

1966 Gazin **18/20**
94: Sehr tiefe Farbe, bräunlicher Reiferand. Parfümiertes Terroirbouquet, Korinthen, defensive Süsse. Im Gaumen sehr extraktreich, vielleicht etwas trocken, noch stützende Tannine. Begeisterte die ganze Tischrunde. Er wird sich noch lange so halten können. 18/20 trinken - 2000

1970 Gazin **16/20**
89: Typische, anstehende 70er Säure, recht tief ausladende Nase, Trüffel, Holunder, darunter oxydiertes Eisen.
 14/20 trinken
93: Sehr würziges Bouquet, Heublumen, Rosmarin, Eucalyptus, Cigarren. Saftiger Gaumen, erdig, zeigt noch Adstringenz, Spitzwegerich und Lakritze bei mittlerem Körperbau. 16/20 trinken - 2004

1975 Gazin **18/20**
93: Hat einer ganzen Reisegruppe, die ich begleiten durfte, auf Gazin bei einem Mittagessen viel Freude bereitet. Reife Farbe, oranger Rand. Offenes Bouquet, Minze, getrocknete Orangenschalen, und Kiefernnote. Trockener, schlanker Gaumen. In der Nase besser als im Gaumen.
 17/20 austrinken
94: Tiefe, recht jugendliche Farbe. Buttrig-süsses Bouquet, verschlossen, öffnet sich nur langsam, wird aber durch Luftzutritt immer intensiver. Fülliger Fluss, Süsse im Extrakt, viel Fleisch, etwas bourgeois, noch adstringierend, fast trocknend und ein gewaltiges Potential ausstrahlend, schön parfümiert, unendlich viel Rückaroma, am Anfang einer langen Genussphase. 18/20 trinken - 2010

1978 Gazin **16/20**
92: Tiefes Granat. Zedern-, Punschnase, wuchtig mit Ledertönen vermischt. Im Gaumen fein mit würziger Cabernet-Note, animalisch mit Biss. Ein Esswein mit trockenem Extrakt. 16/20 trinken - 1995

1979 Gazin **17/20**
92: Hier sind alle Journalisten gegen mich! Helle Farbe, reifend. Heisse, korinthige Nase, Röstton, Kaffee. Im Gaumen ledrig, leicht gezehrt. Die Nase ist bereits besser als der Gaumen. 15/20 vorbei
94: Trotz meiner eigenen schlechten Wertung habe ich bei Max Gerstl drei Doppelmagnums gekauft. 180 Franken die Flasche war mir dieser Versuch wert. Wenn auch die Normalflaschen sicherlich sehr reif (vorbei?) sind, so war diese Doppelmagnum, die wir bei Seppi Kalberer tranken ein besonderes Weinerlebnis. Der Wein ist zwar schlank, aber von delikater Süsse mit rotbeerigem Finish, das an Hagebutten erinnert und durch reifen Merlot von Schokoaromen geprägt ist. Das Glas mit dem Depot war bedeutend dichter und sehr Pétrus-ähnlich.

Das Depot 18/20 Punkte. Der dekantierte Wein: 17/20 austrinken. Normalfaschen dürften über dem Zenit sein.

1982 Gazin **15/20**
91: Tiefes Weinrot, dicht. Offene Nase mit Teeraromen (Eisenbahnschwelle). Wuchtiger Gaumen mit alten Fassaromen, wird sich noch weiter, hoffentlich positiver entwickeln. 15/20 1994 - 2000
92: Auf dem Château bei einem Mittagessen getrunken. Sehr reife Farbe mit kastanienbraunen Reflexen. Offen, pflaumig, getrocknete Pilze, schwarzer Zucker. Stieliges Zungenextrakt, wenig Fett. 15/20 trinken

1983 Gazin **17/20**
93: Reifende Farbe. Süsse Portwein-Nase, dunkles Caramel. Saftiger Gaumen, heiss, aber nicht die typische 83er Trockenheit in den Gerbstoffen. 16/20 trinken - 2000
94: Es gibt sehr unterschiedliche Flaschen. Anlässlich einem Mittagessen auf Gazin habe ich vier verschiedene Flaschen verkostet. Die reifesten waren leidlich gebraten. Eine sensationelle Flasche war fast ein kleiner Lafleur. Dicht mit stark akzentuierter Trüffelnote. 17/20 trinken - 2000

1985 Gazin **15/20**
88: Verschlossen, darunter rotbeerige Früchte (Johannisbeeren). Mittlerer Körper, wenig Tiefe, jedoch recht elegant. 15/20 1992 - 2003

1986 Gazin **13/20**
89: Leichte Farbe, süsse Nase, Ingwer und helle Pfifferlinge, frisches Leder, weicher Fluss, wenig Fleisch, deshalb dünnflüssig, einfacher, bescheidener Wein. 13/20 bald
90: Wiederum degustiert, dünn, schwach. Hat fast kein Potential!
91: Leichter Schimmer von alten Barriquen, wirkt unsauber.
93: In einer umfassenden Blinddegustation wiederum unsauber.

1987 Gazin **16/20**
90: Granatfarben. Offen. Schön strukturiert, jedoch etwas bourgeoise Textur, Minze im Finish, eher wenig Säure.
 15/20 trinken - 1995
92: Wiederum getrunken, macht Fortschritte und entwikkelt sich zu einem überraschenden Pomerol aus einem doch recht schwierigen Jahr. 16/20 trinken - 1997
93: Recht tiefes Granat mit Reifeschimmer. Offene Nase, parfümierte Frucht, Veilchenspuren, Palisander, Backpflaumen. Im Gaumen stallig, Würzpfeffernote von Cabernet.
 16/20 trinken - 1997

1988 Gazin **17/20**
91: Schwarz-Violett. Öffnend, fett, schön ausladend. Im Gaumen Brombeeren und Holunderton. Füllig, süffig mit Saft und softer Textur, darunter markantes, angerundetes Tannin, dürfte in der Mitte etwas mehr Struktur haben.
 16/20 1995 - 2003

Pomerol

90: Purpurfarben. Pflümlinase (Damassine), Rauch, Teer, animalisch mit angezeigter Cabernet Franc-Würze. Tannine im Gaumen fondiert, recht elegant, auf der Zunge sandiges Extrakt, mittlere Konzentration, feines Finale, macht sich immer besser. 17/20 1995 - 2003

1989 Gazin **17/20**
92: Recht tiefe Farbe in dunklem Granat mit feinen Orangenuancen. Faszinierender Kräuterton, Johannisbeerenkonfitüre, wirkt sehr süss. Im Gaumen innen trockener, etwas zähfliessender Gerbstoff, gutes Rückgrat, dahinter und um die Tannine füllig, recht fettes Finish. 17/20 1995 - 2005

1990 Gazin **18/20**
91: Violettes Rubin, dicht mit leichtem Wasserrand. Im Moment verhaltene Frucht, Rauch und Tabaknase. Im Gaumen mehr Frucht, starke Konzentration, ebenfalls verschlossen, Fleisch, superbes Finish mit Nelkenwürze.
17/20 1997 - 2010
92: Sehr fein, konzentriert. Schöne, reine Frucht, blaubeerig. Fast seidiger Gaumenfluss. 18/20 1997 - 2010
92: Macht weiter eine erfreuliche Entwicklung durch. Violett-Purpur. Preiselbeeren, Maulbeeren, schön konzentriert, Zedern. Feine Tannine im Gaumen, im Moment recht zugänglich, schöne Balance, im Abschluss feiner, süsslicher Caramelton von den Seguin-Moreau-Barriquen.
18/20 1996 - 2010
93: Sehr tief, undurchsichtig, satt. Absolut perfektes Bouquet, leicht geöffnet, Frucht, Kaffee, Rauch, Terroir. Massen von reifen Extraktstoffen, die sich perfekt mit den Tanninen vermischen, schwarze Beeren, Terroir und Trüffel im Finisch. Ein legendärer 90er, der Geschichte machen wird. 19/20 2004 - 2035

1991 Gazin **16/20**
92: Acht Tage nach Pétrus geerntet. Der Wein besteht aus 100 % Merlot, weil es den noch unreifen Cabernet verregnete. Die Fäulnis nach dem Regen war so stark, dass man den Cabernet an den Stöcken liess. Er gehört zu den besten Pomerols dieses Jahrganges zusammen mit La Conseillante. Für diesen Jahrgang eine sensationell tiefe Farbe. Süsse, brombeerige Nase, recht fett. Pfeffrige Säure im Gaumen, viel Kaffeearomen im langen Finish, die Tannine sind fein und dicht geschichtet. 16/20 1995 - 2004
93: Rubines Purpur. Offenes, sauberes Bouquet, leicht floraler Einschlag, Brombeerenton. Saftiger Gaumen, weich und bekömmlich, schöne Adstringenz. 16/20 1995 - 2004
94: Bereits leichte Schokonote. Saftiger, samtiger Gaumen, schön zu trinken. 16/20 trinken - 2003

1992 Gazin **18/20**
93: Die Ernte begann am 24. September und eine grosse Partie wurde vor dem grossen Regen geerntet. Der Ertrag betrug 50 Hektoliter pro Hektare. Erlaubt wären bis 56 Hektoliter gewesen. Fast die Hälfte wurde deklassiert. Es wird 6500 Kisten Gazin geben. Das Geheimnis dieses ausserordentlich gelungenen Weines ist der Umstand, dass eine gute Partie von reifem Cabernet im Wein drin ist. Andernorts musste Cabernet deklassiert werden, weil dieser nicht ausreifte. 1/3 neue Fässer werden für den 92er verwendet. Der Wein hat die malolaktische Gärung vollumfänglich in den Barriquen gemacht. Eine Methode, die in Bordeaux noch sehr selten angewandt wird. 80 % Merlot, 20 % Cabernet. Bailliencourt: <<Wenn wir einmal die alten, grossen Cuves durch kleinere ersetzen, dann wird der Gazin noch viel besser werden.>>
Der Wein: Violett-Schwarz. Grossartiges, konzentriertes Nasenspiel, Heidelbeeren, Cassis, Zedern, Cigarrenkiste, süss und verlockend. Im Gaumen konzentrierte Frucht, feingegliederte Tannine, süsses Fruchtextrakt im Finish, Cassis und Mocca. Der beste Pomerol in diesem Jahrgang.
18/20 1997 - 2010

1993 Gazin **17/20**
94: Tiefes Purpur mit violetten Reflexen. Warmes, beeriges Cassisbouquet, Holunder, Kaffee, Backpflaumen, Malaga-Rosinen. Cremiger, saftiger Gaumen, voller Charme, füllig, reife Säure, mit runden, rollenden Gerbstoffen. Man könnte davon fast aus dem Fass literweise trinken, so gut, so fein und so zugänglich ist er. Wiederum ein grosser Gazin, der sich in der Konstellation und Aromatik deutlich von allen anderen Pomerols abhebt. Eine Delikatesse voller Eleganz. 17/20 1996 - 2010

CHÂTEAU GOMBAUDE-GUILLOT

Die älteren Jahrgänge kann man vergessen. Die Weine wurden jeweils vom Zementtank direkt in die Flaschen abgefüllt. Im Keller hatte es keinen Platz für Barriquen. Seit dem 90er ist die ganze Ernte in den kleinen Holzfässern, die schon so viele Weine berühmt gemacht haben, ausgebaut worden. Das kleine Weingut steht direkt neben der Kirche, aber auch zwischen Trotanoy und Clinet. Claire Laval, die Besitzerin, ist entschlossen einer der besten Pomerols zu machen und mit dem 90er ist ihr bereits der erste Achtungserfolg gelungen. Sehr interessant, das Weingut im Auge zu behalten. Von den Jahrgängen 1988 und 1989 gibt es eine kleine Menge „Cuvée Speciale". Das war der erste Pionierversuch mit ein paar wenigen Barriquen, die noch gerade in einer Ecke Platz fanden. Für den 90er hat sie dann einen Barriquenkeller gebaut, der aber in der äusseren Erscheinungsform sehr stark an eine „Fertig-Garage" erinnert!

1982 Gombaude-Guillot **??/20**
91: Altfassig, muffig. deklassiert!

1985 Gombaude-Guillot **15/20**
91: Rubin mit violetten Reflexen. Faszinierendes Fruchtbouquet, Cassis und Backpflaumen. Im Gaumen füllig, üppig mit viel Charme im Extrakt, feingliedrige, stoffige Textur, mittleres Finish. Vom Typ her ein kleiner La Conseillante. 16/20 1993 - 2000

1986 Gombaude-Guillot   **15/20**
91: Etwas heller als der 85er. Feine Nase, vielschichtig, auf Finesse setzend, blumige Nuancen. Im Gaumen feines Extrakt, ausbauend, wirkt fast seidig, eher tiefer Säurewert.
15/20 1993 - 2000
94: Dumpfes Granat. Sehr würzige Nase, schöne Tiefe anzeigend, getrocknete Plize. Fleischiger Gaumen, weiche Säure. Es fehlt ihm ein bisschen an Fett im Körper.
15/20 austrinken

1987 Gombaude-Guillot   **12/20**
91: Helles Rubin. Unsaubere, krautige Kuhdungnase. Weicher Körper, mager.   12/20 trinken
94: Leicht bräunliches Granat. Malaga-Noten im Bouquet, malzig-animalische Beinote. Wässriger Gaumen, inkonsistent mit drahtigem Zungencharakter.   13/20 austrinken

1988 Gombaude-Guillot   **14/20**
91: Granat mit violetten Reflexen, mittlere Dichte. In der Nase reduktiver Hefeton mit blaubeeriger Fruchtanzeige. Zähes, trockenes Extrakt, dem es wie den vorangegangenen Jahrgängen an lebenswichtiger Säure fehlt.
14/20 1993 - 2000

1989 Gombaude-Guillot   **15/20**
92: Mittleres Granat. Reife Frucht. Mittlerer Körper mit leichter Stütze an Tanninen, Black-Currant-Aromen, nicht dem möglichen 89er-Potential entsprechend.
15/20 1995 - 2004

1990 Gombaude-Guillot   **17/20**
91: Fassmuster: Ein Wunder ist geschehen! Offensichtlich hat die Vinifikation in vielen Belangen im positiven Sinne geändert. Violett-schwarze Farbe. Konzentrierte Frucht mit einem Spiel zwischen Heidelbeeren und Cassis, sauber und direkt. Im Gaumen umgeben von Charme, Eleganz und nobler Frische, die Barriquen-Töne zeigen Caramel und Kaffee. Ein topmoderner Wein, der noch beweisen muss, dass er kein Degustationsblender ist.
17/20 1995 - 2004
92: Kräftiges Extrakt, fleischig, grossartig. 17/20 1995 - 2006
94: Mehrere Male mit viel Freude getrunken. Ein beachtenswerter Pomerol.   17/20 trinken - 2006

1991 Gombaude-Guillot   **15/20**
92: Produktion nur 8000 Flaschen, also rund 25 % einer Normalernte. Aus zwei verschiedenen Barriquentypen degustiert. Silvain: Himbeeren, etwas bourgeoiser. Seguin-Moreau: Relativ helle Farbe. Nase balanciert zwischen rot- und blaubeerigen Eindrücken, dahinter Eucalyptusnote. Schlanker Körper mit Spuren von nicht ganz ausgereifter Frucht, Burgunder-Pinot-Aroma, Lakritze im Finish.
14/20 1995 - 2002
93: Macht sich gut auf der Flasche. Gebundene Frucht. Das Holz vermischt sich aber noch nicht so recht mit dem Fett.   15/20 1996 - 2004

1992 Gombaude-Guillot   **14/20**
93: Mittleres Rubin. Defensive Frucht, florale Blattnote. Das Holz passt sich im Moment sehr schlecht dem Wein an, Sägespänenote, die Zungenstruktur ist pelzig, rotbeeriges Finish.   14/20 1997 - 2006

CHÂTEAU GUILLOT

1989 Guillot   **16/20**
93: Scharlachblutrot mit Kupferschimmer. Heisse Nase, Portwein-Ton, Toasting der Barrique schwingt mit, Backpflaumen, Kandis. Fülliger, schmeichelnder Körper, gedörrte Pflaumen, wirkt dicklich, fettend im Fluss durch niedrige Säure, schöner Aromanachklang. 16/20 trinken - 2002

1990 Guillot   **17/20**
93: Sattes Purpur, fein aufhellender Rand. Konzentrierte Nase, voll von reifer Frucht mit fülliger Süsse. Sattes Extrakt umgeben von schmelzendem Fett, fleischiger Wein mit sehr gutem Potential, vielleicht im Moment etwas trocken in den Gerbstoffen, die sich am seitlichen Rachenraum befinden.   17/20 1995 - 2006

CHÂTEAU LA GRAVE-TRIGANT-DE-BOISSET

1986 La Grave-Trigant-de-Boisset   **14/20**
89: Helle Farbe. Rote Johannisbeeren. Wirkt vordergründig mit eher kleinem Potential.   14/20 1991 - 2004

1987 La Grave-Trigant-de-Boisset   **14/20**
89: Bereits Reife in der Granatfarbe. Wirkt gross zu Beginn, hinten eher flach. Trockene, seitliche Adstringenz, ausbauend.   14/20 1993 - 2000
90: Eine Flasche anlässlich einer Vinum-Degustation. Unappetitlicher Charcuterieton.   deklassiert!

1988 La Grave-Trigant-de-Boisset   **16/20**
91: Purpur, mittlerer Wasserrand. Heu, getrocknete Pilze, Tabak, Paprikapuder. Animalischer Gaumen mit viel trockenem Extrakt, alte Schule.   16/20 1998 - 2010

1989 La Grave-Trigant-de-Boisset   **17/20**
90: Fett, gebunden, Caramel und Ingwer. Reife Cassisfrucht, im Gaumen gesundes Tannin. Der Wein ist mit einer guten Lebensversicherungspolice ausgestattet.
17/20 1995 - 2010

1990 La Grave-Trigant-de-Boisset   **17/20**
91: April: Tiefes Granat. Verschlossen. Sehr terroirbetont, Lakritze, Trüffel, Nüsse, Eucalyptus. Im Gaumen erstaunlich viel Charme, Fleisch und Fett mit einer guten, kräftigen Struktur darunter.   17/20 1997 - 2010

Pomerol

93: Purpur-Granat, dicht. Süsse Nase, Johannisbeerenkonfitüre, Kakao. Die Frucht wirkt im Gaumen gekocht, die Säure eher niedrig, die Gerbstoffe geschliffen, ein samtener, zugänglicher Wein mit gutem Alterungspotential.
17/20 1997 - 2010

1992 La Grave-Trigant-de-Boisset   15/20
93: Mittleres Purpur. Trüffel, dunkle Pilze, blaue Beeren, fein nuanciert. Im Gaumen kräftige Struktur, vordergründige Adstringenz, Reife verlangend.   15/20 1999 - 2012

1993 La Grave-Trigant-de-Boisset   16/20
94: Dichtes Granat-Rubin. Wuchtiges, zu Kopf steigendes Bouquet, sehr aromatisch, viel Terroir. Im Gaumen Brombeeren- und Heidelbeerenanklänge, fondiertes Tannin, füllige Textur, langes Finale, in den Gerbstoffen noch etwas trocken, Spuren von alten Reben.   16/20 1998 - 2008

CHÂTEAU LAFLEUR

Ein Hauch von Nostalgie!
Es fällt mir schwer, in einer so technisierten Zeit, wo mit Hilfe von Erfahrungen und neuesten Kellertechniken spektakuläre Weine erzeugt werden, von einem der besten Weine der Welt und gleichzeitig von einem verlotterten Weingut zu sprechen.
Irgendwie scheint auf Lafleur die Zeit stehengeblieben zu sein. Bei meinem Besuch 1991 fütterte die gut achzigjährige Besitzerin Marie Robin, die auf dem Nachbargut Le Gay wohnt, gerade ihre Kaninchen. Unserem Wunsch, die Kellerräume von Lafleur besuchen zu dürfen, entsprach sie zwar sofort, brauchte dann aber geraume Zeit, um überhaupt die Schlüssel in ihrer Wohnung zu finden. Was man sonst als Chai à Barrique bezeichnet, müsste man, sähe man nicht auf den ersten Anblick Weinfässer, für einen Kuhstall halten. In der Luft hängt ein Gemisch von musealen und weihrauchähnlichen Düften. Der Blick auf die Reben zeigt ein ebenso betagtes Alter wie Mademoiselle Robin, und der erste Schluck-Kontakt mit dem Lafleur löst jene Emotionen aus, die eine bekannte Parfümfirma in ihrer Werbung als „the difference between looking good and great" beschrieb.
Man liebt ihn, oder man liebt ihn nicht!
Seit fünf Jahren bestimmt Marie Robins Neffe, Jacques Guinaudeau, das Schicksal des Weines und seit 1990 kümmert sich die Equipe von Christian Moueix (Ch. Pétrus) um die Pflege der Reben und legt so eine schützende Hand auf die Produktion. Der vier Hektaren grosse Weinberg ist je hälftig mit Merlot und mit Cabernet Franc bepflanzt und produziert lediglich 1200 Kisten. Schuld für dieses kleine Volumen ist ein extrem niedriger Ertrag von nur 15 bis 28 Hektoliter pro Hektare.
Der Erntebeginn ist oft derart spät, dass sich im Wein Aromen von überreifen, fast gebratenen Früchten widerspiegeln. Das ist dann auch der Grund, dass seine Tannine sehr trocken sind, und der Wein eine ledrige Struktur aufweist. Das Gut grenzt direkt an bekannte Namen wie Pétrus und La Fleur-Pétrus an, liegt also mitten auf dem berühmten Plateau des Pomerol. In grossen Jahren ist der Lafleur extrem tanninhaltig, was ihm eine ungehobelte, bourgeoise Note verleiht. Wer ihn nicht mag, kann sehr viel Geld sparen. Der Jahresbeitrag für den Fanclub kostet nämlich ein Vermögen.
Als Tannin-, Aroma- und Konzentrationsmasochist stufe ich Lafleur als das beste Weingut von Bordeaux ein!

1947 Lafleur   20/20
93: Magnum: In der Farbe nur um Nuancen heller als der Cheval-Blanc, also noch dicht und jugendlich. Havanna-Pfeiffentabaknase mit marmeladig, rotbeerigen Fruchttönen. Die Säure wirkt noch ungestüm, frisch und verbindet sich mit jungem, fast sandigem Tannin, der Wein ist auch im Gaumen noch von primärer Frucht geprägt, eine Frucht, die Süsse gibt und die Konzentration dieses einmaligen Weines widerspiegelt.   20/20 trinken - 2040

1950 Lafleur   20/20
93: Absolut schwarz in der Farbe. Das Bouquet steigt zu Kopf, Zimt und Eucalyptus vermischen sich zu einem Aroma, das man mit Tigerbalsam bezeichnen könnte. Die Aromenstoffe im Gaumen sind komprimiert, voll von Extraktsüsse, die sich in einem nicht enden wollenden Finish ausdrücken.   20/20 trinken - 2030

1952 Lafleur   19/20
92: In der Mitte dicht, am Rand orange aufhellend. Ein süsses Duftelexier, Hagebuttengelee, Ingwer, Waldbeeren, Teenote, burgundisch, leicht faisandiert. Im Gaumen feinsandiges Extrakt, Rauch, tendenziell wuchtiger Gaumen mit viel Eleganz.   19/20 trinken - 2000

1955 Lafleur   20/20
93: Noch immer sehr tief in der Farbe, trotz reifen Tönen. Rauch, Teer, Minze, Zimt, feiner Kapselton. Im Gaumen zeigt er sogar noch Spuren von Frucht, feinsandiges Extrakt, Korinthentöne, ein männlicher Pomerol. Zählt für mich zu den ganz grossen Weinlegenden.
20/20 trinken - 2005

1961 Lafleur   18/20
92: Der 61er gilt für den Distributeur von Château Lafleur (Christian Moueix) als grösster Jahrgang zusammen mit dem 47er. Auch der bekannte Sommelier Ralph Frenzl aus Deutschland hatte mir einmal gesagt, dass er für eine Flasche 61er Lafleur 200 Kilometer zu Fuss laufen würde. Leider strahlte die perfekt gefüllte Flasche dieser Weinprobe nicht diese Erhabenheit aus. Mitteldichtes Granat, aufhellend. Oxydativer Nasenbeginn, fast ranzig, verraucht, Kaffeenuancen, mittlerer Druck im Bouquet. Im Gaumen fassige oder an Waldboden erinnernde Aromen, mittlere Konzentration, mehr auf Länge setzend. Nach zehn Minuten entwickelte er ein feines Würzbouquet, Teernuancen, Rauchtee und helle Tabaknoten. Vielleicht gibt es hier konzentriertere, bessere Abfüllungen.   18/20 austrinken

Gabriel

1966 Lafleur **18/20**
92: Oranges Granat mit ziegelbraunen Reflexen. Phantastisches Kräuterbouquet, dunkles Caramel, nuancenreich. Im Gaumen nasse Wolle, feinsandige Textur mit Teerwürze. Tiefgründiger Wein mit mittleren Fleischproportionen.
18/20 austrinken

1970 Lafleur **20/20**
92: Tiefe Farbe, Granat-Schwarz. Kaffee, Malaga-Rosinen, kalter Rauch, Speck, schwarze Beeren, Bakelit. Im Gaumen wiederum rauchig, Cassismarmelade, Massen von Tanninen, noch jung und Ausbau verlangend, extrem konzentriert. 20/20 1995 - 2025

1971 Lafleur **18/20**
90: Man kann sich ungefähr ausrechnen, wie gut dieser Wein sein muss, wenn man die Konstellation des 71er Jahrganges kennt. Und dann noch aus der Magnumflasche. Gekauft für weniger als 200 Franken. Nur muss man natürlich auch ein Lafleur-Fan sein, und das wiederum ist nicht logisch, wenn man Pomerols generell liebt. Oder eben gerade dann nicht. Lafleur hat in seinen Terroiraromen Ähnlichkeiten mit La Mission oder Lynch-Bages - also sehr animal. Mit einer kräftigen Leder- und Tabakpartie. Bei diesem Jahrgang schwingt sogar noch ein mineralischer Hagebuttenton mit. 17/20 trinken
92: Magnum: Tiefe Farbe mit feinem Rand. Wohlduftende Kräuternase, Portwein-Anflüge, mineralische Note, Kamille, Honig. Beeriges Spiel im Gaumen, Hagebutten, süss, sehr ausgeglichen mit leicht stieligem Fruchtextrakt.
18/20 trinken - 2000
93: Wiederum eine Magnum: 18/20 trinken - 2000

1975 Lafleur **20/20**
92: La Mission-Haut-Brion und Lafleur bilden wohl die Elite dieses oft kritisierten „Jahrhundertjahrganges." Undurchdringliche Farbe mit feinen orangen Reflexen. Öffnende Nase, zu Kopf steigend, Zimt, Leder, Zedern in einem zunehmenden Masse von Intensität. Markantes Tannin, sehr dicht, den Mund beherrschend. Er lässt im heutigen Stadium nur wage erahnen, was daraus einmal in zehn, zwanzig Jahren werden kann. Ein Latour aus dem Pomerol! 20/20 1998 - 2020
93: Purpur, satt mit orangen Reflexen. Einreduzierte Frucht, Hagebuttengelee. Im Gaumen noch leicht kapselig, Tabak mit trockenem, fast sandigem Gerbstoff.
Momentanwertung: 19/20, Potential: 20/20 2005 - 2030
94: Tiefe, extrem dichte Farbe, feiner, aufhellender Reiferand. Wuchtiges, fast explosives Bouquet, Dörrfrüchte, heisses Terroir, frisch geröstete Kaffeebohnen, Feigen, Lederwürznote, extrem konzentriert. Im Gaumen füllig mit viel Schmelz umgeben, cremig, schokoladig, viel Aromatik und noch strenge, sich langsam schleifende Tannine, Massen von Gerbstoffen, ein Riesenpotential. 20/20 2000 - 2035

1978 Lafleur **18/20**
89: Tiefes, sattes Granat. Dichte, fette Konsistenz, Kaffee- und Pilzaromen in Leder übergehend. Hoher Säurewert, rustikale Struktur, die aber elegant in Fett verpackt ist, traditioneller, reifer Wein. 17/20 trinken
92: Verlockende Kräuternase, Eisenkraut, Wermut, Schokolade, Tabak. Viel Würze und Terroir im Gaumen, trockenes Extrakt. Ein Wein zum Beissen - zu kräftigen Fleischspeisen. 18/20 austrinken
93: Tiefes Granat. Animalische Note, Leder, Zimt, fleischig. Im Gaumen erst vegetal (grüne Paprikaschoten), dann langsam auf Terroirton umdrehend, markantes, in den Ansätzen eher trockenes Tannin mit feiner Bitternote.
17/20 trinken - 2005
93: Sehr tiefe Farbe. Verrücktes Bouquet nach Heu, Havanna, Korinthen, Honig, Trüffel und vielem mehr duftend. Trockene, massive Gerbstoffe im Gaumen, die sich noch locker dreissig Jahre halten können. Ein aussergewöhnlicher Wein mit einem riesigen Potential. Mit Latour und La Mission der langlebigste 78er. 18/20 trinken - 2025

1979 Lafleur **18/20**
87: Ein Wein, der Meinungsverschiedenheiten hervorruft. Geballte Ladung im Glas, die auf ein grosses Potential schliessen lässt. Die Nase ist zu Beginn fast fehlerhaft, zeigt flüchtige Säure und einen störenden Altfasston. Je länger der Wein dekantiert ist, desto mehr Punkte macht er. Am Schluss waren es gar 18/20 trinken - 2005
91: Das Warten hat sich gelohnt. Dies freut mich umso mehr, weil ich mit dieser Theorie oft auf gegenteilige Meinungen stosse. Innert kurzer Zeit habe ich zweimal eine sensationelle Magnum getrunken. Ein tiefer, kräftiger Wein, der alles zeigt. Eine süsse, wuchtige Nase mit Zedern, Teer und viel Cigarrenkiste. Im Gaumen korinthige, konzentrierte Süsse, die sich mit trockenem Extrakt vermischt.
18/20 trinken - 2005
92: Braucht qualitativ den Vergleich mit den besten 79ern (Haut-Brion, Margaux, Lafite) nicht zu scheuen. Tiefe, fast schwarze Farbe. Süss, Honignote, buttrig, parfümiert, wuchtig, zu Kopf steigend, Kandis, schwarze Beeren. Im Gaumen Brombeeren, gewaltig junges Extrakt mit ungehobelter Finesse, kräftige Säurestruktur, Havanna und dunkle Schokolade im Finish. 18/20 1995 - 2015
93: Die letzte Flasche bei Karl Gut im Bienengarten zu Fr. 115.- genossen. Es war ein Traum von schwarzen Rosinen und kaltem Rauch. Lafleur hat die schönste Terroirnote von ganz Pomerol. 18/20 trinken - 2010
94: Magnum: Wir waren zwar „nur" zu zweit, aber eine Magnum Lafleur für 134 Franken auf einer Restaurantkarte unberührt zu lassen, käme einem kleinen Verbrechen gleich. Er war sehr jung, noch recht trocken und brauchte eine gute Stunde, um sich einigermassen zu öffnen.
18/20 trinken - 2010

1980 Lafleur **15/20**
87: Kleiner, aber auf seine Art recht gefälliger 80er, der viel aus dem Boden herausgeholt hat. Leder, Tabak, aber auch leicht krautig. 14/20 trinken

Pomerol

92: Oranges Granat, eher hell. Süsses, korinthiges Bouquet, offen. Im Gaumen leicht gezehrt in der Struktur, ledrige Zungennote. Trotzdem ein erstaunlich guter 80er. Wurde von den anderen Teilnehmern in der Blindprobe im Schnitt noch höher bewertet. 15/20 austrinken

1981 Lafleur **15/20**
91: Viele Ähnlichkeiten mit dem 80er, nur um eine Spur kräftiger. 15/20 trinken
92: Helles Granat mit Reifeton. Offene, kräuterlastige Nase, Eisenkraut, süsslich, leicht flüchtige Säuren. Reifer Gaumen, stallig, gebrauchtes Leder, Spuren von Zehrung in den trockenen Gerbstoffen, hat sehr wahrscheinlich unter den Hagelschlägen im Pomerol 1981 gelitten.
15/20 austrinken

1982 Lafleur **19/20**
92: Zu einem vernünftigen Preis auf der Weinkarte in Eugenie les bains gefunden. Wir liessen uns von der Küche verwöhnen und tranken den Wein nur so „nebenbei". Mindestens 18/20 trinken - 2010
92: Tiefes Granat-Purpur mit Spuren von ziegelroten Reflexen. Süsse Nase, buttrig, Ingwer, gekochte Früchte, Erdbeeren, pfeffrig, wuchtig, domenikanische Cigarren. Reicher Gaumen, füllig mit sehr viel Schmelz, der Gerbstoff beginnt sich bereits mit dem Fett zu verbinden.
19/20 1995 - 2015
92: Jugendlich, tief. Hochdichte, konzentrierte Nase, Honig- und Kamillentöne, überreife Beeren, Sultaninen. Im Gaumen gewaltiger, mundbeherrschender Auftritt, konzentriert wie ein Recioto Amarone, viel Würze, Kräuter und ein endloses Finish. Ein junger, ungestümer Wein mit sehr grosser Zukunft. 19/20 trinken - 2010
93: Eine Magnum mit Ueli Prager und Su Hua Newton getrunken. 19/20 trinken - 2015

1983 Lafleur **19/20**
88: Ein eigenwilliger Wein, der mich zuerst an einen Nuits-St.Georges von Gouges erinnert hat. Relativ helle Farbe mit Himbeerenreflexen. Gekochte Früchte (Hagebutten, Zwetschgen), Karbolineum, das Terroir anzeigt. Wirkt extrem mundalkoholisch, schwierig einzuschätzen. Sigi Rossal und ich haben die Flasche stehen lassen und uns einem anderen Wein zugewandt. 16/20 ??
92: 3/8 Flasche: Mittleres Weinrot mit feinem Wasserrand. Süsse, konfitürige Nase, recht fett und konzentriert. Erdbeeren und Hagebutten vermischt mit frischer Kräuternuance. Entwickelt nach 20 Minuten ein verführerisches Bienenwachsbouquet. Im Gaumen wiederum sehr beerig, trockenes Extrakt, Kräutertee (Natermanns). Wirkt insgesamt sehr jung mit noch ungeschliffenem Tannin. 78er Typ.
17/20 1995 - 2005
92: Mittleres Granat mit oranger Aufhellung. Schoko-, Minzennase, Sultaninen, gedörrte Pflaumen, Heuton. Im Gaumen mittlere Intensität, trockenes, zähes Extrakt, kantig in den Gerbstoffen, rustikal und grobstielige Adstringenz. Ein eigenwilliger, aber irgendwie doch sehr grosser Wein! 17/20 trinken - 2010

93: Nach einer umfassenden Lafleur-Degustation mit alten Jahrgängen habe ich jetzt endlich genügend Erfahrung, um einen Lafleur zu begreifen. Und auch zu wissen, dass er nach zehn Jahren so jung ist wie andere Weine, wenn sie zwei Jahre in der Flasche sind. Aus diesem Grund hatte ich eine halbe Flasche geöffnet, um das Lafleur-Studium noch mehr zu vertiefen. Genau dieser 83er, den ich einst 1986 unausgetrunken mit Sigi Rossal stehen liess, geht heute genau in die Richtung, wo alle älteren Lafleurs hingehen, nämlich in Richtung von mindestens 19/20 Punkten. Das Extrakt wird markiger, die Frucht ist jetzt besser definierbar. Das Erstaunliche ist, das er jetzt nicht mehr so verbraten wirkt. Mit Mission, Margaux und Le Pin bei den besten 83ern. 19/20 1997 - 2020
94: Mit Wolfram Meister beim Jacky Donatz zu einer Doppelmagnumportion Siedfleisch getrunken. Trotz Reifeschimmer eine extreme Farbtiefe. Konzentriert bis zum „geht nicht mehr". Ein unzerstörbarer, gewaltiger Lafleur.
19/20 trinken - 2020

1984 Lafleur **13/20**
91: Nase mit wenig Ausdruckskraft. Im Gaumen harter Körperbau, leicht drahtig und relativ kurz.
14/20 trinken - 2000
92: Reife Farbe mit braunen Reflexen. Offen, überreife Frucht, Kräuter, Lederton, Kochschokolade. Im Gaumen erst süss, dann metallische Kapselnote, ledrig, zähfliessend, pelzig mit grüner Bitterkeit. 13/20 austrinken

1985 Lafleur **18/20**
88: Sehr kompakt und solide, grosses Kraftpaket, das viel Zeit braucht. 17/20 trinken ab 1996
92: 3/8 Flasche: Mittleres Granat mit violetten Reflexen. Süsse, rotbeerige Nase, buttrig. Grosser Mundauftritt, fette Tannine, baut noch aus. 17/20 1995 - 2010
92: Rubines Granat. Süss, Caramel, Butter, sauber, im Bouquet bereits gebunden. Im Gaumen merlotlastig mit rotbeeriger, reifer Früchtenote, Ingwer, weinig, wiederum Caramel und feine, zarte Gerbstoffe, die sehr dicht angesiedelt sind. Für einmal ein Lafleur mit femininen Finessen aus einem grossen Pomerol-Jahr. 18/20 1995 - 2012

1986 Lafleur **18/20**
89: Reifeton. Erst leeres Bouquet, dann entwickelt sich Bonbonsüsse, Himbeerenkonfitüre. Stoffig im Gaumen, viel Extrakt, kompakter Gerbstoff. 17/20 trinken ab 1996
91: Magnum: Wirkt trotz Zurückhaltung wuchtig und gebündelt mit einem vielschichtigen Spiel. Mandelgebäck, Honig, Lakritze, Toastaromen, Kamille. Im Gaumen viel Tannin, das Reife verlangt, extrem nachhaltig.
17/20 trinken ab 1996
92: Granat-Purpur, mittlere Dichte. Rahmig-cremige Nase, Caramel, Veilchennote, fruchtig-süss mit schöner Konzentration. Im Gaumen viel Gerbstoff mit eckigen Konturen, enorme Adstringenz, im Moment noch aggressiv, hat aber sehr viel Zukunftspotential. 18/20 2000 - 2020

1987 Pensées de Lafleur 13/20
(deklassierter Lafleur)
Die ganze Ernte wurde deklassiert und erstmals unter dem Zweitetikett „Pensées de Lafleur" vermarktet. Ich trank den Wein 1992 und muss ehrlich gestehen, dass selbst der Zweitwein sehr dünn und ambitionslos ist.
Degustiert 1994: 13/20 trinken

1988 Lafleur 18/20
91: Dichte Granat-Purpurfarbe. Extrem konzentrierte Nase, süss und tief mit Toastaromen, Kandis und kleinen, reifen Früchten. Im Gaumen extrem stoffig und extraktreich. Ein Wein zum Verlieben. Der Hektarenertrag dieses Jahrganges betrug 27 hl. 18/20 1997 - 2020
91: Granat-Purpur, dicht. Öffnend mit konzentriertem Fruchtextrakt. Im Gaumen Leder, Tabak, Havanna, viel Fleisch und Stoff, ausbauend. 17/20 2000-2010
92: Dichtes Granat, am Rand aufhellend. Himbeerennase, extrem reife Früchte, buttrig. Fülliger Gaumen mit schönem Schmelz, reife Gerbstoffe, Kirschen und Nougat im Finish. 18/20 1997 - 2020

1989 Lafleur 19/20
90: Reiche Tannine. Ein mächtiger, wenn auch schwer verständlicher Wein mit einem immensen Alterungspotential. Sicherlich einer der besten 89er! 19/20 trinken ab 2000
92: Arrivage: Stand leider nicht in der Gunst der Mitdegustatoren, die in der Jury mitwirkten. Während ich blind 19/20 Punkte vergab, hatte Joost van der Erve nur noch deren 11 übrig. What a shame! Volles Purpur, satt. In der Nase Honig, Eisenkraut, sehr konzentriert, aber im Moment noch zurückhaltend. Im Gaumen berauschender Reichtum von Tanninen, Terroirparfümen und extrem reifer Frucht, im Finish eine feine Salbeinote. Eine Persönlichkeit für einen kleinen, aber verschworenen Fanclub, bei dem ich gerne Mitglied bin. 19/20 2000 - 2025
92: Purpur, satt. Junge, primär-fruchtige, süsse Nase, Kirschenkonfitüre, Glühweinaromen, Vanilleschoten, Kaffee, Edelhölzer. Dicht beschichteter Gaumen mit Schmelz in den Tanninen, das Fruchtextrakt belegt die Zunge, feine, reife Gerbstoffe mit Süssholznote. Schnitt in der Vertikalprobe bedeutend besser ab als in der 89er Horizontalprobe. 18/20 1998 - 2020

1990 Lafleur 19/20
91: April: Dichtes Rubin-Purpur. Exotische Nase, grüne Bananen, Ingwer und anderes Wurzelwerk, Tabak, Eisenkraut, Salbei. Im Gaumen pfeffrig, konzentriert, sehr eigenwillig. Tanninstruktur wie ein 75er Cheval. Wird sehr, sehr lange brauchen, um sein Potential zu verarbeiten. Ein Wein für Kenner! 19/20 trinken ab 2000
92: Viel gesundes Fett in den markanten Tanninen, ein gewaltiger Wein. 19/20 2000 - 2020
92: Sattes Purpur, dicht. Exotische Nase, Kamille, Tabak, Waldhonig, Blumenwiese. Fetter, enorm reicher Gaumen, süss, Erdbeerenkonfitüre, Himbeeren, dunkles Holz in der Barriquenanzeige, Kastanien, rauchig, Zedern, Teer, ein enormes Konzentrat. 19/20 1998 - 2020

93: Aufhellendes Purpur. Bouquet von überreifen Früchten, etwas eigenwillig. Viel Extrakt, Terroir, vollste Konzentration, ohne fett zu wirken, viel Tiefe, klassisch und unsterblich, sehr alte Reben. Nach drei Stunden noch kompakter und komprimierter in der Dichte. 19/20 2000 - 2020

1991 Lafleur
Die ganze Ernte wurde deklassiert!

1992 Lafleur 17/20
93: Sattes Purpur, sehr dicht. Cabernet Franc-Ton, dunkle Pilze, üppige Nase. Mittlerer Körper, gute Extraktanzeige, dürfte eine Spur mehr Fett im Verhältnis zur Strenge haben, trockenes Finale mit gekochter Frucht.
16/20 1999 - 2010
93: Rubin-Purpur, satt. Konzentriertes Fruchtbild, verschlossen, aber vielversprechend. Sandiger Gaumenfluss, gut stützendes Fruchtextrakt, feine Trockenheit im Gerbstoff, langer Nachklang. 17/20 1998 - 2015
Da mir der Zweitwein, Pensées de Lafleur, ebenfalls sehr gut erschien, fragte ich mich, weshalb überhaupt zwei Selektionen gemacht wurden. Als Christian Moueix und Jean-Claude Berrouet wegen einer Besprechung das Labor verlassen mussten, schüttete ich beide Weine zusammen. Das Resultat war verblüffend. Aus zwei sehr guten Weinen wurde ein schlechter. Die Frucht war gänzlich weg und die Gerbstoffe im Gaumen nahmen an Härte brutal zu. Hier hatte ein professionelles Genie bei der Selektion respektive bei der Separation ganze Arbeit geleistet.

1993 Lafleur 18/20
94: Dunkles Purpur-Violett. Gebündeltes, konzentriertes Bouquet, reife Frucht, fast Dörrfrüchteanklänge, würzige Cabernet Franc-Note, Tabak, Eisenkraut. Konzentrierte Frucht im Gaumen, fast einreduziert, Spiel zwischen roten und blauen Beeren, in den Aromen an einen grossen Nebbiolo erinnernd, viel Adstringenz, erstaunlich grosses Potential. 18/20 2000 - 2020

CHÂTEAU LAFLEUR-GAZIN

1945 Lafleur-Gazin 15/20
91: Sehr helle, orange Farbe. Süss, eigenwillig. Wenig Säure, leicht, Tabak. Feiner, eleganter Wein. 15/20 austrinken

1981 Lafleur-Gazin 13/20
90: Aufhellendes Rubin-Granat. Intensive Frucht (Kirschen). Im Gaumen blechig und bitter. Wenn man Geduld hat und den Wein rund eine Stunde vorher dekantiert, wird er geschmeidiger. Trotzdem eher enttäuschend.
13/20 trinken
94: Fleischig mit Anzeichen von Wildgeschmack (Vosne-Romanée). 13/20 austrinken

Pomerol

1988 Lafleur-Gazin   **15/20**
91: Alkoholischer Glyzerinrand. Englischer Bonbonton, Red-Currant, darunter vegetal (grüne Peperoni). Feiner Körperbau, mittlere Struktur mit feinem Finish.
15/20 trinken ab 1993
93: Kommerzieller, gastronomischer Wein.
15/20 trinken - 1999

1989 Lafleur-Gazin   **15/20**
90: Sehr fruchtig, rassig.   15/20 trinken ab 1996
92: Arrivage: In der Mitte fast undurchsichtig, jedoch mit aufhellendem Purpurrand. Kalter Rauch, russig, mittlere Tiefe, wirkt kommerziell in der Nase. Im Gaumen leichte Fassnote, neigt ein bisschen trotz genügend Fett zur Trokkenheit, kräftige Tannine.   15/20 1996 - 2006

1990 Lafleur-Gazin   **16/20**
91: April: Leichtes Granat. Floraler Beginn mit Zimt und Brombeeren vermischt. Im Gaumen Nüsse, Kaffee und viel Schokolade, Cassisunterton, gut strukturiert, herbales Finish.   16/20 1994 - 2002
92: Die Nachdegustation verlief weniger erfreulich. Tabakig, unsauber, erdig. Ein recht einfacher Wein.
14/20 1994 - 2002
93: Mattes Purpur. Eigenwillige Nase, terroirlastig, roter Johannisbeerengelee. Die Altfassnote schwingt auch im Gaumen mit. Der Körper ist leicht mit eher wenig Rückhalt und Konzentration. Erst wenn er den Altfasston wegbringt, wird er seine Potentialwertung rechtfertigen.
16/20 1996 - 2003

1992 Lafleur-Gazin   **15/20**
93: Aufhellendes Granat. Offene Nase, marmeladig, Lakritze, angedeutete Fülle. Sehr weiche, feine Gerbstoffe, samtiger Fluss, angenehmes Finale.   15/20 1995 - 2004

1993 Lafleur-Gazin   **15/20**
94: Mittleres Rubin-Purpur. Leicht kompottartige Nase, gekochte Erdbeeren. Saftiger Gaumen, fast süffig, schöner Schmelz, eher leicht, aber gut zugänglich, gastronomisch, im Finish etwas verwässert.   15/20 1997 - 2005

CHÂTEAU LAGRANGE

1981 Lagrange   **15/20**
91: Helle Orangefarbe. Caramel und Butter in der Nase. Im Gaumen ein schmeichelnder, einfacher, gastronomischer Wein.   15/20 austrinken

1986 Lagrange   **15/20**
90: Reife, rote Beeren in der Nase. Rassiger Gaumen, pfeffrig, im Finish eher schwach, Mittelklasse.
15/20 1993 - 2002

1987 Lagrange   **15/20**
90: Pfeffrig, Koriander, erdig, ledrig. Cheval-Aromen (Erd-, Eisenton). Aussen weich, innen noch etwas ledrig. Eine kaum spürbare Bitterkeit begleitet diesen Wein in den Tanninen.   15/20 1993 - 1998

1988 Lagrange   **14/20**
91: Granat, heller, oranger Schimmer. Dicht, vegetabil (Randen), tintig, fein aber mit Druck. Im Gaumen fast wenig Tannine, blechiger Zungenbeschlag, wird wohl nie was.   14/20 1994 - 2000

1989 Lagrange   **15/20**
90: Februar: Violette Farbe. Waldhimbeerenaroma. Extrem fülliges Merlot-Spiel, wirkt dickflüssig und mundfüllend.
15/20 trinken ab 1993
91: Terroirton, darunter Kandis-Süsse. Reife Frucht, eher leichter Wein.   15/20 1995 - 2006

1990 Lagrange   **17/20**
91: Tiefe, dichte Farbe. Reiche Nase mit Zedernton und blauen Früchten. Süffiger Gaumen mit vielschichtigem Parfümspiel, klassisch, sehr lang, feines Tannin in reicher Struktur. Besitzt Reichtum, ohne fett zu sein.
17/20 1997 - 2010
92: Defensiver Rauchton. Extrem fein und trotzdem konzentriert, Rebholzgeschmack in der Säure. 17/20 1996 - 2006
93: Granat mit aufhellendem Rand. Animalische Nasennote, Waldbeeren, terroirlastig. Mittlere Konzentration im Gaumen, die Frucht wirkt sehr reif, im Moment etwas hölzern im Abgang.   16/20 1995 - 2005

1991 Perrucheau   **16/20**
Die ganze Ernte wurde deklassiert! Etikett: Château Perrucheau!
93: Ziemlich dichtes Purpur. In der Nase angedeutete Konzentration, rotbeerige Finessen, Spuren von frischer, sauberer Eiche. Merlotdominanter Gaumen, etwas grobmaschig im Extrakt, in der Säure-Tannin-Verbindung feine Chilipudernote, elegante Adstringenz verbunden mit nachhaltigem Gerbstoff, schöner Nachklang, recht harmonisch. Ein interessanter Wein mit einem für den Jahrgang 1991 erstaunlichen Potential.   16/20 1995 - 2007

1992 Lagrange   **15/20**
93: Sattes Purpur, rubine Reflexe. Brombeerige Nase, schöner Holztouch, schwarzer Pfeffer. Im Gaumen eine gewisse Strenge von alten Reben, hat Rasse und Länge.
15/20 1997 - 2008

1993 Lagrange   **17/20**
94: Dichtes Purpur. Eine der konzentriertesten Nasen aller degustierten Pomerols, ein Korb voller Beeren, süss, verlockend, grossartig. Im Gaumen reiches Extrakt, viel Stoff, phantastische, cremig-samtige Struktur, im Finish feine Tabak- und Schokonote, ein ausgezeichneter Pomerol.
17/20 1997 - 2007

Château Latour à Pomerol

Ein wuchtiger, fast burgundischer Wein mit einem sehr grossen Alterungspotential. Zeigt sich nach zehn Jahren Reife immer besser als in seiner Jugendphase. Grosse, gereifte Jahrgänge trinken sich am besten aus relativ grossen Gläsern, um das Bouquet voll entfalten zu können.

1949 Latour à Pomerol   18/20
89: Am Weihnachtsabend als Selbstgeschenk getrunken. Reife, mitteldichte Farbe mit Orangen-Nussrand. Erst grüner Tabak und kalter Rauch. Im Gaumen zuerst süss mit langen mitlaufenden Strukturen. Ein finessenreicher, feiner 49er, der sich nach 10 Minuten zu einem Duftelexier entwickelt.   18/20 trinken

1955 Latour à Pomerol   17/20
94: Es soll bessere Flaschen geben, sagte mir Jean-Michel Cazes, der uns den Wein servierte. Hier schimmerte ein sehr grosses Potential durch, der Wein selbst war aber leicht oxydativ mit würzigem Kaffeefinale.   17/20 vorbei

1964 Latour à Pomerol   18/20
93: Aufhellendes Granat. Offene Nase, süsslich. Im Gaumen reich, cremig, rote Beeren, leichter Kapselton, wird zunehmend burgundischer an der Luft. Fester, satter Körper, Erdbeeren und Backpflaumenton im Finish.
                                                   18/20 trinken - 2000

1975 Latour à Pomerol   17/20
93: Aufhellendes Granat. Ausladendes, offenes Bouquet, Walderdbeerenmarmelade und feine Ledertöne. Im Gaumen aussen Schmelz, verbunden mit guter Tanninstütze, kräftiges Würzextrakt, erdig kräftige, pelzige Zungenstruktur, hält lange an.   17/20 trinken - 2002
94: Reifendes Weinrot. Leicht alkoholisches Bouquet, etwas unsauber. Im Gaumen ebenfalls etwas fassig, dumpf, sandige Zungenstruktur, leicht zähnebeschlagend, wurde von anderen wesentlich höher bewertet. Sehr wahrscheinlich eine unsaubere Flasche.   Keine Bewertung!

1978 Latour à Pomerol   ??/20
92: Während der Reigen meiner Mitdegustatoren zwischen 15 und 17 Punkten vergab, stand ich ganz alleine da mit meiner Deklassierung. Vielleicht bin ich allzu aggressiv, wenn ich flüchtige Säure in einem derart hohen Masse spüre. Für mich war die Essigneigung über dem zumutbaren Wert.   Keine Bewertung - wieder degustieren!

1979 Latour à Pomerol   17/20
87: Offene, alkoholische Nase. Im Gaumen zugänglich und anschmiegsam. Dürfte mehr Klasse haben. Wurde mit Luftzutritt zunehmends besser.   16/20 trinken
91: Die fehlende Klasse hat er sich gewaltig erarbeitet. Latour à Pomerol ist eben ein Langstreckenläufer, der total traditionell vinifiziert ist. Ein geballter, wuchtiger Wein mit feinem Lederton. Im Gaumen fleischig, stallig mit sehr gutem Rückgrat. Vielleicht war ich 1987 noch zu jung, um einen derartig grossen Wein zu begreifen. Gehört zu den besten 79ern.   17/20 trinken - 2000
92: Jugendliche Farbe. Süss, offen, wuchtig, eher an einen Médoc erinnernd, Röstmandeln. Im Gaumen verführerisch, sauber, grosses Potential anzeigend, noch Adstringenz mit viel Reserven, langes Finish.   17/20 trinken - 2000

1980 Latour à Pomerol   16/20
90: Einer der wenigen 80er, vor allem aus dieser Gegend, der noch etwas zulegen konnte. Im Moment hervorragend zu trinken.   15/20 trinken
92: Hält sich noch immer sehr gut.   16/20 austrinken
94: Einer der schönster 80er. Ein sehr gut erhaltener Rentner.   16/20 austrinken

1981 Latour à Pomerol   17/20
91: Granatfarben, jugendlich. In der Nase extrem fruchtig, fett und dicht zugleich, mit Eucalyptus-Anzeige. Im Gaumen wiederum füllig, reich, Wildgeschmack (Pommard), umgeben von viel stützendem und noch ausbauendem Extrakt.   17/20 trinken - 2000
92: Eine grossartige, noch in der Jugendphase steckende Magnumflasche.   17/20 trinken - 2000

1982 Latour à Pomerol   18/20
90: Grosser Wein, jedoch im Moment in sich verschlossen.   17/20 1993 - 2005
92: Tiefe Farbe, undurchsichtig. Wuchtige, etwas alkoholische Nase, Teenuancen, gekochte Früchte, Zedern. Im Gaumen fett mit griffigen, reifeverlangenden Gerbstoffen, pfeffrig, Chili, Amarenakirschen, viel Reserven.
                                                   18/20 trinken - 2005
94: Einer der jüngsten 82er aus dem Pomerol. Noch immer voller, fleischigem Extrakt. Es lohnt sich den Wein mindestens eine Stunde lang zu dekantieren. 18/20 trinken - 2008

1983 Latour à Pomerol   17/20
89: Vanillenote im Fruchtbouquet, schöne Tiefe. Teernuancen im Gaumen, dichte Struktur und fein gewobenes Tannin.   17/20 bald
91: Magnum: Ein wirklich grosser Wein mit viel rustikaler Struktur.   18/20 trinken - 2010
92: Eine Doppelmagnum aus dem Keller von Hofrat Nolz, getrunken im Steireck in Wien. Er schien jünger als die Magnum und in der Struktur wesentlich gebundener. Ein mundfüllendes, rotbeeriges Erlebnis.   17/20 trinken

1985 Latour à Pomerol   17/20
87: Intensive Nase (Himbeeren), sehr ansprechend und Zeichen von Frühreife oder sehr reifem Traubengut. Im Gaumen massives Tanningerüst, das Reife verlangt.
                                                   17/20 1995 - 2010

Pomerol

1986 Latour à Pomerol ??/20
89: Mittleres Granat. Unsaubere Nase - oder rustikal, zu kurz für sein Potential. Es könnte aber auch eine schlechte Flasche gewesen sein. Keine Bewertung!

1987 Latour à Pomerol 15/20
90: Süss, pferdig, offen. Dicht strukturiert, jedoch noch spitze Säure, stoffige Textur, sonst schön ausgeglichen. Wird die Güte des 80er erreichen. 15/20 bald - 1998
92: Leuchtendes Granat. Sehr beerig, schöne Frucht. Hat etwas mehr aufzuweisen als andere 87er, gut gestützt.
15/20 trinken - 1998

1988 Latour à Pomerol 16/20
91: Mittleres Granat mit Wasserrand. Defensive Nase, Gras und Tabak, sehr reife Früchte und eine Spur Zimt. Im Gaumen voll, sehr mundfüllend und fett. 16/20 1995 - 2010
91: Granat-Purpur, dicht. Eigenwilliges Bonbon-Bouquet, leicht vegetal (Geraniol), konfitürig und süss, fett. Schönes Terroirparfüm. Nach längerem Gaumenkontakt zunehmende Adstringenz. 16/20 1998 - 2006
92: Verschliesst sich langsam und wirkt im Moment sandig, fast rustikal, was das Extrakt anbetrifft. Vielleicht wird er noch einen Punkt zulegen können. 16/20 1998 - 2006

1989 Latour à Pomerol 17/20
90: Kräftiges Kirschrot. Animalische Aromenpalette. Reicher, üppiger Wein mit grosser Zukunft. Mindestens
17/20 trinken ab 1996

1990 Latour à Pomerol 16/20
91: April: Mitteldichtes Granat. Peperoninase mit grünen Blättern, kahles Fett. Reicher, fetter Gaumen, rote Johannisbeeren, markante Struktur, trockenes Extrakt. Steht hinter dem 89er. 16/20 trinken ab 1996
92: Gewinnt an Druck, das Tannin ist aggressiv, vordergründig, lässt Finessen vermissen. 16/20 1997 - 2010

1992 Latour à Pomerol 16/20
93: Dunkles Granat. Kirschenmarmelade, verführerisch und wuchtig, schön ausladend. Gute Fruchtkonzentration, beerig, gesunde Gerbstoffe, feinkörniger Fluss.
16/20 1997 - 2008

1993 Latour à Pomerol 16/20
94: Mittleres Rubin. Alkoholisches Bouquet, schönes Terroirparfüm. Mittlerer Körper, rotbeerige Fruchtkonstellation, rustikal und streng in den Tanninen, reifeverlangend.
16/20 2000 - 2012

CHÂTEAU NENIN

Ein schwacher Boden bringt auch eine schwache Leistung. Wenn ich meine Degunotizen von diesem Château ansehe, wundere ich mich überhaupt nicht, dass ich keine einzige Flasche in meinem Keller habe.

1971 Nenin 16/20
91: Tiefes Granat mit orangem Rand. Fette Nase mit Lederton, vielseitig. Fülliger Gaumen mit schöner Würze, kalter Tee, Eisenkraut, Minze. Kräftige, fleischige Struktur.
16/20 trinken - 2005

1975 Nenin 11/20
93: Oranges Granat, stark aufhellend. Stallige Nase, Cigarrenkiste (schlechte Cigarren!), terroirbetont, aber wenig Intensität. Unsauberer Gaumen, drahtig, wenig Fett, verhaltener Fluss, müde und abgebrannt. Es war glücklicherweise meine letzte Flasche, die nach dem ersten (ausgespuckten) Schluck im Kochweinregal einen Ehrenplatz erhielt. Nur in kleinen Mengen für Fleischsaucen verwenden - der Wein könnte das Gericht negativ beeinflussen.
11/20 ausleeren

1976 Nenin 12/20
86: Fauliges Erdbeerenaroma in der Nase. Parfümierter Gaumen, trockene, rauhe, fast zähnebeschlagende Struktur. 12/20 austrinken

1978 Nenin 13/20
92: Granat, Kastanienbraun. Rauchig, stielige Nase, Rebholzgeschmack. Im Gaumen Tabak, Kaffee, Sellerie, fast keine Tannine mehr, zehrt bereits an der Struktur.
13/20 austrinken

1979 Nenin 13/20
87: Nase stumpf, nichtssagend. Leichter Wein.
13/20 trinken
92: Granat leuchtend. Marzipan, Brotton, kreidig. Im Gaumen reif, Hagebutten, unsauber, etwas drahtig.
13/20 trinken - 2000

1984 Nenin 11/20
92: Reifes Granat. Urkomische Nase, chaptalisiert, Hagebutten, insgesamt aber nichtssagend. Im Gaumen lose und ausdruckslos, ledrig-blechiger Zungenbeschlag, ein mieser Pomerol. 11/20 austrinken
94: Auf einem Charterflug der Crossair von Bordeaux nach Zürich serviert bekommen. Er passte vorzüglich zur gereichten Speise: Wurst-Käse-Salat. Es bleibt zu hoffen, dass Gäste der Linienflüge etwas mehr Glück haben...
11/20 austrinken

1985 Nenin   **13/20**
93: Oranges Granat. Stahlwollennote in der Nase, keine Frucht. Im Gaumen bitter, blechig. Irgendwie an einen Ceretto-Wein aus dem Piemont erinnernd. Oxydative Nase und im Gaumen Tannine für weitere 15 Jahre, ein mieser 85er.   13/20 trinken - 2010

1986 Nenin   **14/20**
88: Die hellste Farbe aller 86er Pomerols. Schwaches Fundament, schmal, mager, blechig u.s.w.   14/20 1992 - 2002

1987 Nenin   **15/20**
90: Granatrot. Hagebuttentöne, süssliche Nase. Recht langer Körperbau mit Parfüm und kerniger Struktur, gefällt.   15/20 1991 - 1997

1988 Nenin   **13/20**
89: Harter Wein mit zu vielen, gerbigen Tanninen.
                                                                                            13/20 trinken ab 1995

PENSÉES DE LAFLEUR

1987 Pensées de Lafleur   **13/20**
Der erste Jahrgang dieses zweiten Weines von Château Lafleur. Weil die Ernte komplett verregnet wurde, gibt es gar in diesem Jahrgang überhaupt keinen Grand Vin, sondern nur Pensées. Ich habe den Wein degustiert und er war wirklich nichts Besonderes. Siehe auch Lafleur.
                                                                                                                13/20 trinken

1990 Pensées de Lafleur   **17/20**
92: Leuchtendes Rubin-Granat. Süsse, konzentrierte, direkte Frucht, Honig- und Kamillentöne, die mitschwingen. Trotz einer gewissen Leichtigkeit eine enorme Länge, auf der Zunge bleibt eine aktive Gerbstoffstrenge zurück.
                                                                                         17/20 1995 - 2002
94: Die Nidwaldner würden sagen: Er ist "schlegu-dick!". Eine Vierfruchtmarmelade, die man fast aufs Brot streichen könnte. Grossartig und als Zweitwein erstaunlich lagerfähig.   17/20 trinken - 2003

1992 Pensées de Lafleur   **16/20**
93: Schönes Rubin. Sehr fruchtige Nase mit angedeuteter Fülle. Fetter, marmeladig-schmeichelnder Gaumen, fliesst samtig über die Zunge.   16/20 1996 - 2004

1993 Pensées de Lafleur   **16/20**
94: Violettes Rubin. Öffnendes, gebundenes Bouquet, dominikanische Tabaknote, Malaga-Töne, Luft. Saftiger, cremiger Gaumen, weiche Säure, marmeladiger, fast geleeartiger Fluss, feinste Tannine, süsses Finish, süffig, gut balanciert.   16/20 1997 - 2003

Gabriel

CHÂTEAU PETIT-VILLAGE

1970 Petit-Village   **15/20**
90: Weiche Nase. Fett, schöner Fluss, weinige Struktur.
                                                                                                 15/20 trinken
92: Reifes Granat, mitteltief. Süsse Nase, Korinthen, Wärme ausstrahlend, fett, Nüsse respektive Nussöl. Im Gaumen Spuren von Unsauberkeit (alte Fässer?) und gemüsiges Finish (gekochter Blumenkohl). Die Nase macht mehr Freude als der Gaumen.
                                                 Nase 15/20, Gaumen 14/20 austrinken

1975 Petit-Village   **15/20**
94: Tiefes, reifendes Granat, fast undurchsichtig. Schoko-Butternote, Kaffee, Kohleton, leicht marmeladig, eingelegte Dörrpflaumen. Fetter, schmelziger Gaumen, leichte Erdnote, zwar reich, aber wenig Finessen, warmes Finish.
                                                                              15/20 trinken - 2002

1976 Petit-Village   **15/20**
86: Immer wieder dieser Buttergeschmack in der Nase. Trockener, mittlerer Körper.   15/20 trinken
93: Doppelmagnum: Granatfarben mit viel Reife darin. Süss, marmeladig, Spuren von reifem Cabernet Franc, Ovoton. Im Gaumen rotbeerig mit dominierender Säure, die sehr an eine Todessäure erinnert, leicht ausgefranstes Finale. Wenn eine Doppelmagnum derart reif ist, kann man sich ausrechnen, dass die Normalflaschen jetzt sofort ausgetrunken werden sollten.   15/20 austrinken

1978 Petit-Village   **15/20**
92: Granatrot, brillant. Wuchtige, rauchig-beerige Nase, fett und füllig. Im Gaumen erst vegetal (grüne Peperoni), dann zunehmende Fülle mit feinem Gerbstoff.
                                                                        15/20 trinken - 1995

1979 Petit-Village   **16/20**
87: Reintönige Farbe. Caramel in der Nase. Im Gaumen Bestätigung von Süsse, breit und ausladend.
                                                                               16/20 trinken
92: Bordeauxrot, feiner Wasserrand. Toastige Nase, Haselnüsse. Eleganter Körper, schlank, dafür recht lang.
                                                                        16/20 trinken - 1996

1981 Petit-Village   **13/20**
91: Kräftige, pflaumige Farbe. Sauerkraut, Peperoni, Cayenne-Nase, wie diese bei einigen 78ern im Pomerol anzutreffen ist. Im Gaumen erst füllig, dann Hagelaromen, eine komische Art weich-harter Struktur, im Finish lang und fett.   13/20 trinken

1982 Petit-Village   **18/20**
86: Fülliger, merlotbeladener Wein mit Fett und Fleisch. Hier stimmt alles, was man sich von einem 82er aus Pomerol wünscht.   18/20 1990 - 1998

Pomerol

1983 Petit-Village 17/20
87: Nase mit Caramel und gerösteten Haselnüssen. Im Wesen wie der 82er, vielleicht weniger Fett, dafür aber mehr Rasse. 17/20 1990 - 1997
92: Mit Jean-Michel Cazes (Lynch-Bages) getrunken. <<Das ist einer meiner Lieblingsweine>> sagte er mir schon bereits vor dem Entkorken. Leider hatte ich meine 87er Notiz nicht gerade bei mir, um sofort beipflichten zu können. Noch immer tiefe Farbe. Lakritze, Rauch, Cassis, Kaffee, leicht faisandiert. Im Gaumen pfeffrig, Chilinote und schön begleitende, weinige Fülle. 17/20 trinken - 1997

1984 Petit-Village 13/20
92: Volle, intensive Kaffeenote, Teer, leichter Stallgeruch. Im Gaumen schöne Würze und Chambolle-Musigny-Aromen. Wie ein voller schöner Burgunder, etwas sandige Säurestruktur. 13/20 austrinken

1985 Petit-Village 18/20
88: Enorm wuchtige Nase. Gedörrte Bananen. Unglaublich üppig, ohne dabei fett oder plump zu wirken.
18/20 kaufen und ab 1994 trinken

1986 Petit-Village 17/20
87: Vorabzug auf Cos degustiert. Ohne Collage. Pain grillé, wuchtiger Merlot-Ton. Erstaunlich softes Tannin für einen 86er, sehr harmonisch. 17/20 trinken ab 1993
93: Reifendes Granat. Haselnusston, wunderbar röstig. Reifer Gaumen, weich, Nutellanote, dahinter rote Frucht, Süssholz, Kaffeefinale. Reift etwas schneller als andere 86er. 17/20 trinken - 2000

1987 Petit-Village 13/20
90: Offen. Vielschichtig, Backpflaumen und Kaffeearomen. Im Gaumen extraktreiches Parfüm, schwarzer Rauch im Finish. 15/20 trinken - 1996
93: Reifes Granat. Offenes Kaffeebouquet, faisandierte Note. Im Gaumen fast keine Säure mehr spürbar, eher alkohollastig. Am Ende der Genussphase. 13/20 austrinken

1988 Petit-Village 17/20
90: Tiefe Farbe mit Granatschimmer und blauen Reflexen. Unglaubliches Bouquet, heisse Terroirnase mit feinem Röstton. Im Gaumen erst süss mit perfekter Struktur und viel Finessen. Kaufen! 17/20 trinken ab 1994
92: Blind degustiert! Wuchtige Nase, leicht alkoholisch, Kaffee, gekochte Früchte, Fleischgeschmack (Blutwurst). Im Gaumen perfekt, ausgeglichen, mittleres Extrakt, weinig mit Kakaonote im Finish. Ein technischer Wein.
17/20 trinken - 2000
93: Violett-Purpur, dicht. Öffnend, Toast, Kaffee. Im Gaumen rotbeeriges Konzentrat. Ausladend weich, runde, fette Tanninmoleküle. Technischer, jedoch finessenreicher Wein mit relativ früher Reife. 17/20 1995 - 2005

1989 Petit-Village 17/20
91: Granat, pflaumig. Rum, sehr alkoholreich, Toast- und Haselnussaromen. Im Gaumen fehlt Rasse, unausgeglichen. Entwickelt sich im Moment eher zu seinem Nachteil. 15/20 trinken ab 1995
92: Granatfarben. Offene Nase, starker Kaffeeton, eine Toastnote, die das ganze Bouquet dominiert. Im Gaumen sehr elegant, feine Tannine, vanillig, mittlerer Extraktwert. Dürfte etwas konzentrierter sein. Der Nachklang ist nicht sehr intensiv, dafür angenehm lang. 17/20 bald - 2002
92: Purpur-Violett-Schwarz. Defensiv, wuchtig, konzentriert, heiss, Zimt, Rauch, Korinthen. Im Gaumen Terroirton mit Fett umgeben, grosser Mundauftritt, schokoladiges Finish, entwickelt sich jetzt sehr gut. 17/20 trinken - 2005

1990 Petit-Village 17/20
91: April: Purpurfarbe. Kirschennase, süss, Veilchen, St. Amour. Im Gaumen fruchtig, soft, veloutierend, feiner, dichter Körperbau, Velours mit viel Finessen. 17/20 1996 - 2006
93: Aufhellendes Purpur. Offene Nase, unsaubere Töne, erdig, eigenwillig. Ungeschliffene Gerbstoffe, Barriquenstempel ist zu dominant (Demptos-Barrique?), der Wein wirkt süss, cremig und endet ebenso süss, Himbeerenkonfitüre im Finish, etwas eindimensional. 16/20 bald - 2003

1991 Petit-Village 14/20
92: Grösster Ertrag im Pomerol. Granatrot, dicht. Tabaknote in der Nase, gebrannter Zucker, gekochte Frucht. Im Gaumen Black-Currant, trockene Tannine, wenig Säure. Wird sehr wahrscheinlich schnell reifen. 14/20 1994 - 2000
93: Heisse, korinthige Röstnase. Dunkler Caramelzucker im Gaumen, hat Süsse und Charme, Kaffeefinale.
14/20 trinken - 1999

1992 Petit-Village 16/20
93: Tiefe Farbe. Primäre, gebundene Fruchtnase, Brombeeren. Die Barrique dominiert leicht im Gaumen, feine stoffige Textur, gut gemacht. 16/20 1996 - 2005

1993 Petit-Village 16/20
94: Sehr tiefe Farbe: Violett-Purpur. Reifes Kirschenbouquet, leicht. Schlanker Gaumen, stoffig, gutes Extrakt, feinsandiger Fluss, im Finish Kaffee. 16/20 1998 - 2008

Château Pétrus

Der Mythos des Bordeaux aus dem Pomerol-Gebiet! Viele Lästerer habe ich schon andächtig eine Fassweinprobe auf Pétrus schlürfen sehen. Und oft blieb der Spucknapf trocken. Wer einen zu jungen Pétrus zum ersten Mal trinkt, weiss wenig damit anzufangen. Meistens steht das Erlebte einem unverhältnismässig grossen Fragezeichen gegenüber. Mit etwas Routine und Geld wäre dieses Problem aber zu lösen. Nachfolgend die Aufzeichnungen von mehr als 150 (!) Pétrus-Erlebnissen aus verschiedenen Jahrgängen des wahrscheinlich feinsten und qualitativ grössten Weines dieser Welt.

1928 Pétrus 17/20
89: In Schubis Weinkeller entdeckt und an Ort und Stelle entkorkt. Recht helle, himbeerenartige Farbe. Süsser, explosiver Duft mit mehr Burgunder- als Bordeaux-Aromen, Spitzwegerich mit Erdbeeren gepaart. Sensationeller, frischer Säurewert, der den Wein erhält, voller, opulenter Körper, reich, dreht nach 10 Minuten in Kräuterphase um (Rosmarin, Oregano). Das Depot ist feinsandig mit pigmentartigen Partikeln. 17/20 austrinken
91: Total oxydierte Händlerabfüllung. Keine Bewertung!

1945 Pétrus 19/20
91: Eine Händlerabfüllung während einem Mittagessen mit Christian Moueix getrunken. Kräftige, dunkle Granatfarbe mit leichtem Wasserrand. Nasse Wolle und Filterkaffeearomen. Darunter fein und elegant. Im Gaumen Trüffel und Steinpilze, wilde Brombeeren, in der Struktur ein trockener Lederton, Stielaromen, welke Teeblätter, gut proportioniert. Nicht so trocken wie andere 45er. Die Nase ist besser als der Gaumen. Nase 17/20, Gaumen 15/20 austrinken
91: Tiefe, fast schwarze Farbe. Erst leicht jodig, dann eine Fülle von aufsteigenden und immer intensiver werdenden Düften; Kaffee, Tabak, Terroir, Bakelit, Lakritze und zunehmend dichte Süsse. Im Gaumen brombeerig, dicht, extrem füllig. Ein grossartiger Wein mit unendlich druckvollem Süssfinish. 19/20 trinken
92: Händlerabfüllung Behrend & Co.: Tiefe Farbe. Kaffee, Madeira, gedörrte Feigen, Kakao, Terroir, Macis und eine vegetale Okranote. Im Gaumen defensive Süsse, Coulure, Butter, Kandis, cremig, Edelholznote, verdeckte Stielaromen, Mahagoni. Im Finish ein verführerischer Amontillado-Geschmack, viel Würze. Sehr ausgeglichener, fast legendärer Wein. 19/20 trinken

1947 Pétrus 20/20
91: Vandermeulen-Abfüllung: Superbe Farbe mit Reifetönen. Typisches, fettes, komplexes Ingwerbouquet. Im Gaumen vollmundig, vinös, mit perfekter Ausgeglichenheit. Nicht so gebraten wie andere 47er, vielleicht deshalb, weil der Merlot weniger lange an der Sonne braten musste als der Cabernet. Wenn ich denke, dass ich noch fünf Flaschen davon im Keller habe, dann freue ich mich enorm an dieser Wertung. 19/20 trinken, trinken, trinken
92: Eine Flasche mit Korkengeschmack. Sie können sich die erwartungsvollen Gesichter und deren Enttäuschung kaum vorstellen. Eine nachfolgende 47er Vandermeulen von Cheval-Blanc half dann über das „Gröbste" hinweg.
92: Vandermeulen-Abfüllung: Sensationelle Farbe. Nase erst extrem oxydativ, was aber auf die verbrauchte Luft in der Flasche zurückzuführen war. Nach 10 Minuten verflog dieser Ton, und der Wein wurde zu einem Senkrechtstarter. Rauch, stielige Note, dann immer süsser werdend, Korinthen, Teer, Nuancen von einem grossen Vintage Port. Ein Mundfeuerwerk wie es nur der beste 47er Cheval einmal war. Fast unbeschreiblich, was sich da an artisanalen, reichen Aromen offenbart. Gewaltiger, nicht endender Druck, endlos, ohne jemals zu fett, oder gar schwer zu wirken. 20/20 trinken
93: Magnum: Sattes Granat mit orangem Rand. Zu Beginn feine Bakelitnote, volles, explosives Bouquet von umwerfender Intensität, pilzig und doch süss, Erdbeerennuancen, fleischig (Hühnerbouillonpaste). Im Gaumen Spuren von rotbeerigen Fruchtresten, rund, Velours, hohe Extraktsüsse, gebündeltes Finish. Ein Mustermass an Komplexität und Süsse. 20/20 trinken - 2005

1949 Pétrus 18/20
92: Eine komische Flasche - nicht was den Inhalt, sondern vielmehr das Outfit betraf. Eine Händlerflasche, 0,7 Liter mit einem Originaletikett, jedoch ohne den Zusatz „mis en bouteille au Château". Zudem war über der Etikette der Jahrgang noch einmal auf einem Zusatzetikett vermerkt. Der Korken war kurz und ohne schriftliches Erkennungszeichen. Reife Farbe, matt, sehr dicht. Kräftige Nase, Teer, Pilzaromen, Tabak, Trüffel, Kaffee und versteckte Ledernote. Im Gaumen fleischig, kräftig zupackend mit stieliger Würznote, rotbeerige Früchtemarmelade, Goût de Capsule, Minze und Lorbeer im fetten Finish. 18/20 trinken

1950 Pétrus 18/20
91: Tiefe, kräftige Farbe mit Granat- und Purpurreflexen. In der Nase ein Spiel zwischen Würze und rotbeerigen, rauchigen Früchten, mitschwingendes Leder und fleischige Aromen. Im Gaumen Tanninbeschlag und junges, trockenes Extrakt, nicht mit jenem Charme bestückt wie man dies von Pétrus gewohnt ist, mehr ein Médoc-Wein von traditioneller Art. 18/20 trinken - 2000

1952 Pétrus 18/20
85: An einer Steinfels-Auktion eine Händlerabfüllung: Der Wein war braun mit starker Oxydation.
89: Magnum: Im Bienengarten mit Karl Gut getrunken. Leuchtende, brillante Farbe mit aufhellendem Rand. Bergamottaromen und durchaus von Frucht (!) dominiert. Schlanker bis mittlerer Körperbau, feinsandige Säure, feines Lederaroma. 18/20 trinken - 2000
92: Wiederum eine unbekannte Händlerabfüllung: Granatrot. In der Nase zu Beginn starker Fleischgeruch, dann süss, füllig und sehr duftintensiv. Im Gaumen lebendige Säure, fast zähnebeschlagend, guter Körperbau. 17/20 austrinken

Pomerol

92: Helles Ziegelrot. Rauchiges, fein nuanciertes pinotähnliches Aroma. Stützende Süsse, feine Kaffeenote, Erdbeerenmarmelade. Charmanter, gebundener Gaumenfluss, Musigny-Aromen, im Finish Kaffee. Eine unbeschreibliche Eleganz ist diesem Wein angeboren.
18/20 trinken
93: Obwohl der Wein flüchtige Säure hatte, erholte er sich nach und nach an der Luft. Charmante Fülle, Brombeerennote, viel Extrakt, gutes Rückgrat. Der Gaumen beeindruckte mehr als die Nase. Mischwertung: 17/20 trinken - 2000
93: Vandermeulen-Abfüllung: Eine gruftige Flasche, nicht mehr bewertbar!

1953 Pétrus **17/20**
93: Avérys of Bristol-Abfüllung: Leuchtendes, bräunliches Ziegelrot, starker Glyzerinrand. Welkes Bouquet, dahinter Kakao, aber auch einen gewissen modrigen Ton. Im Gaumen druckvoll, fester Körper, wirkt pfeffrig und zeigt Reserve. Trotz grossem Potential war dies eine offensichtlich nicht ganz optimale Flasche. Die Châteauflaschen dürften wesentlich besser sein. 17/20 trinken

1954 Pétrus **14/20**
92: Aus Franky Eilingers-Keller: Eher leichte Farbe mit Kastanienreflexen. Süsse Honignase, Gersten, Minze und Eisenkraut. Im Gaumen wie ein Burgunder (Musigny), süsser Fond, verlockend, füllig, süffig ohne Ecken und Kanten, im Finish Anflüge von Restsüsse (?). Nach 10 Minuten Peru-Balsam (Zugsalbe). Kurz vor dem Verblühen noch eine kleine Spur flüchtige Säure in der Nase. Trotz allem ein interessanter Wein. 14/20 austrinken

1955 Pétrus **18/20**
91: Eine Flasche mit hoher Schulter. Als der Dekantiervorgang abschlossen war, roch der Wein nicht allzu versprechend. Christian Moueix, der dieser Degustation in St. Gallen beiwohnte, wollte ihn erst gar nicht servieren lassen. Doch - oh Wunder - nach 10 Minuten verflog der Mufton und entwickelte sich zu dem Erlebnis, das gewisse Journalisten so hoch loben. Kräftiger, druckvoller Wein mit grossem Potential. 17/20 trinken
93: Leuchtendes Granat-Orange. Minzen-, Melissenton, offen, süss, Burgunder-Pinot-Note, die Säure wirkt leicht aufrauhend, viel Druck, lang, mit feinem, würzigem Terroirton im Finale. 18/20 trinken - 2005

1959 Pétrus **20/20**
90: Was für ein Wein! Dichte Farbe. Reiches, faszinierendes Bouquet, opulent, dicht, viel Finessen. Fülliger Gaumen, komplett mit gebundener Struktur, in den Tanninaromen Jasmintee, perfekte Ausgewogenheit, extrem langes, süsses Finish. Mit Lafite-Rothschild der beste 59er.
20/20 trinken - 2010, so oft wie möglich!
92: Tiefes Granat, sehr dicht. Tee, Irish Moos, Teer, Kandis, Rauch, fast explosiv, wuchtig. Perfekter Gaumenauftritt, eine sensationelle Balance zwischen Süsse, Fett und Fleisch. Weinig mit denselben Grundaromen im Gaumen wie in der Nase. Auch nach dem Schlucken des Weines verbleibt ein enormer Mundreichtum, wenn sich der Speichel mit dem restlichen Tannin in der zurückgebliebenen Mundadstringenz verbindet. 20/20 trinken und träumen
93: Magnum Engelhardt-Probe: Sattes, tiefes Purpur. Eine welke Nase, die sich aber sofort erholt. Kräuter, Eucalyptus, Nelken, Tee, Pfeiffentabak zu Beginn, die fast überkonzentrierte Frucht gesellt sich erst nach 10 Minuten zum Bouquet dazu. Im Gaumen süss, viel Holz, fast frische, vanillige Holzpräsenz, Mahagoni. Der Gaumenfluss ist fein wie Quarzsand, das Finish umwerfend wuchtig. In der Magnum ein unzerstörbarer Wein. 20/20 trinken - 2010

1960 Pétrus **15/20**
91: Tiefe Farbe mit orangem Wasserrand. Punschige, tabakartige Nase mit Côte-de-Nuits-Aromen, Eisenkraut, Wermutkraut, Leder. Ein fein-fülliger, schmeichelnder Körper mit drahtiger Säure, die in einen mageren bis mittleren Körper eingebettet ist. Entwickelt beim Aufbäumen noch eine Spur Süsse. Wie Mouton ein erstaunlich guter 60er.
15/20 austrinken

1961 Pétrus **19/20**
88: Man muss, wenn man diesen Wein trinken will, sehr viel Geld ausgeben, sollte man ihn nicht schon zufällig lange im Keller liegen haben. Fortgeschrittener Alterston. Überreifer Ingwer mit rauchigem Merlot vermischt. Reife, fast pflaumige Aromenpalette. Nachhaltiger, jedoch dezent abklingender Abgang. Vielleicht eine nicht ganz optimale Flasche. 18/20 trinken
90: Eine Marie-Jeanne (dreifache Flasche) am Mittagstisch mit Jean-Pierre und Christian Moueix genossen! Man kann zweifellos das Ereignis, an diesem Tisch sitzen zu dürfen, alleine bereits als Fünfsterne-Erlebnis taxieren. Doch "In Vino Veritas"; ich wäre nicht ehrlich zu mir selbst, wenn ich jetzt den 61er auf das absolute Spitzenpodest stellen würde. Gäbe man mir die Gelegenheit, zwischen dem 59er und dem 61er zu wählen, so würde ich im Moment den 59er bevorzugen. Es war denn auch die letzte Grossflasche, die Papa Moueix zu Ehren des Abschieds von Ueli Prager öffnete. Ich sass andächtig, in der mir zugestandenen Ecke, und notierte auf einen Zettel, ohne zu wissen, was definitiv kredenzt wurde: 61er Pétrus. Herr Prager, der dies bemerkte, fragte mich, was ich hier aufgeschrieben hätte. Die Lage spitzte sich nach einer gewissen Zeit derart zu, dass ich am ganzen Tisch meine Vermutung lauthals bekanntgeben musste. So war ich denn letztendlich heilfroh, dass dies auch wirklich zutraf. Diese Flasche erinnerte mich an einige 47er Weine, die ich zu einem früheren Zeitpunkt getrunken hatte.
92: Nase mit einer Mischung von Kaffeedüften und Minze. Intensiv, zu Kopf steigend. Im Gaumen deutliche Spuren von süssen Elementen. In einer Vierer-Blindserie landete er auf dem 2. Platz hinter dem monströsen 70er, aber vor dem 62er und 75er. 19/20 trinken
93: Engelhardt-Probe: Mittleres Purpur, feiner Reifenrand. Süsse Nase, Maulbeerenton wie beim 61er Palmer, wuchtig mit vielschichtigen Nuancen, viel Frucht, wirkt jung, verführerischer Minzenton. Die Frucht im Gaumen

Gabriel

verbindet sich mit der Säure, feines Extrakt, rotbeerig, marmeladig. Diese Flasche wirkte enorm jung mit guten Reserven und war zugleich auch der beste 61er Pétrus meines Lebens. 19/20 trinken - 2010
93: Magnum: Ein atypischer Pétrus! Das Kräuterbouquet erinnert an einen Heitz Cabernet, die Beeren wirken frisch wie just gepflückt und die Säure katapultiert alle konzentrierten Aromen mit einer Wucht über die Zunge, dass man hier, noch viele Jahrzehnte zuwarten könnte. August F. Winkler: <<Ein Grossbauer mit Brokatweste und goldener Uhr!>> 19/20 2000 - 2030

1962 Pétrus   **18/20**
88: Dunkles Granatpurpur mit Karmesinreflexen. Süsse Nase mit Ingwerabromen, fermentierter Schwarztee. Kräftiger, jugendlicher Wein mit extrem viel Rückgrat. 18/20 trinken - 1995
92: Mittleres Granat mit starker Reifeanzeige. Teearomen, Stielnuancen. Im Gaumen stark fortgeschritten und ziemlich trocken. Es sollte aber, so meine ich, noch viel schönere Flaschen davon geben. 16/20 trinken
93: Eine Marie-Jeanne-Flasche (2.5 Liter): Tiefes Purpur. Sehr tiefe Nase, feiner Madeira-Ton, der sich in Malaga-Süsse umwandelt und einen Hauch Madras-Curry als Würze in sich birgt. Die anfänglichen Oxydationsspuren verfliegen und Frucht in Form von Brombeeren steigt auf, wird süsser und süsser, und endet nach 30 Minuten in Kandiszucker und feinster Schokolade. Im Gaumen zeigt sich die Süsse eher in Caramelform vermischt mit Darjeelingteenuancen. Ein Wein, der sich in verschiedenen Zeitabschnitten immer wieder anders zeigt. Beginnend mit 17/20, dann 18/20, nach 30 Minuten gar 19/20 und gegen den Schluss wieder sanft auf 18/20 reduzierend. Normale Flaschen sollte man aber jetzt austrinken.

1964 Pétrus   **16/20**
90: Intakte Farbe. Leeres Bouquet mit defensiven Fruchtresten (Brombeeren). Auch ein wenig Rauch. Im Gaumen fehlt die samtige Fülle, die man sonst von Pétrus erwartet. Animalisch mit leichten Metallspuren. Nach 20 Minuten entwickelt sich Minze und wird ein bisschen runder. Cheval-Blanc 1964 ist besser. 17/20 austrinken
91: Mit Christian Moueix auf seinem Landgut beim Mittagessen getrunken. Dichte, dumpfe Farbe mit schwarzen Reflexen. Offene, pferdig-animalische Nase. Im Gaumen viel Tabak und Nelkengewürzaromen, Rebholznuancen in der Struktur. 18/20 trinken
91: Während einer Pétrus-Probe in St. Gallen: Deklassiert wegen Essigstich! Keine Bewertung!
92: Wie kann sich ein Wein derart verändern? Während die Flaschen, die noch beim Weingut selbst liegen keinen Makel haben, so hat sich der 64er Pétrus, der noch im „Umlauf" ist, negativ verändert. Wir haben zwei Flaschen öffnen müssen, bis wir es endlich eingesehen haben. Nach 10 Minuten kommt flüchtige Säure in einem derart hohen Masse zum Vorschein, dass er mehr und mehr zum wohl teuersten Essig degradiert wird. Hartes Urteil: Vorbei!
93: Blind an einer Pétrus-Degustation: Purpur-Granat mit ziegelrotem Rand. Zitronenmelisse und Anisettenote, Spuren von flüchtiger Säure. Das Bouquet wirkt nach ein paar Minuten verraucht und leer. Im Gaumen dominiert die Säure und es bleibt ein feiner Kapselgeschmack zurück. 16/20 vorbei
93: An der 64er Probe bei Hannes Scherrer eine junge Flasche. Sehr dunkle Farbe. Brombeerennase, konzentriert. Im Gaumen wuchtig mit frischer Säure. Wurde anfänglich sehr hoch bewertet. Im Durchschnitt mit etwa 18/20. Nach 10 Minuten kam aber auch bei dieser Flasche der feine Essigstich zum Vorschein. 16/20 austrinken

1966 Pétrus   **16/20**
90: Tief, schwarz. Tiefe Würze, schwarze Beeren, süsser Mandelton, warm. Enorm dicht und extraktreich, Ledernote, animalisch, zeigt noch immer Potential. 18/20 trinken
91: Eine fragwürdige Flasche, sehr weit entwickelt. Erst füllig, dann komplett austrocknend. Kommt bei weitem nicht an die Eindrücke der gesamten 66er Probe heran. 16/20 austrinken
92: Wiederum eine sehr gute Flasche, die mit der 90er Probe identisch ist. Ich habe ihn in einer Sechserserie wegen dem erdigen Ton mit dem Cheval verwechselt. Sehr schöne Balance. Hält sicher in dieser Form noch problemlos fünf Jahre durch. 18/20 trinken
92: Einen Tag später gegen den 67er degustiert. 17/20 trinken
92: Granat-Purpur, dicht, feiner Rand. Teearomen, Pferd, Fleisch (Blutwurst), Erd-Eisenton wie bei Cheval-Blanc, Wildleder, Minze, Maulbeeren und Preiselbeeren. Nach 10 Minuten Trüffel und dunkle Pilze, Teer. Im Gaumen erst metallischer Säurespitz, dahinter trockener Gerbstoff, speckig, Rauchkammer. Trocknet aus an der Luft. Ich hatte auch schon bessere Flaschen. 16/20 austrinken
93: Beim Mittagessen mit Christian Moueix genossen: Wer noch 66er Pétrus im Keller hat, sollte ihn jetzt austrinken. Besser wird er sicherlich nicht mehr. Waldpilzeton und abbauende Säure. 16/20 austrinken
93: An der Engelhardt-Probe in Baden-Baden: Reifes Braun mit ziegelroten Reflexen. Sehr reife Nase, getrocknete Tomaten, Leder, Pilze, leichte Unsauberkeit. Mineralischer Gaumenbeginn, leicht aufrauhend, hat zu wenig Fett, um sich weiter entwickeln zu können, im Finale Kaffee, Schoko und Malz. Nicht dekantieren! 16/20 austrinken

1967 Pétrus   **18/20**
87: Mittlere Farbintensität. Spürbare Süsse. Intensive Nase mit Druck. Im Gaumen rassiges, positives Säurespiel, abgerundet durch füllende Merlot-Töne. Rasse und Kraft, mittlerer bis fülliger Körper, langes Finish. 17/20 trinken
91: Offene Nase mit viel Charme, füllig, fett. Im Gaumen leicht welker Merlot, kalter Rauch. Eine eher reife Flasche. 17/20 trinken
91: Blind von Adi Werner (Arlberg Hospiz) zusammen mit dem 66er serviert bekommen. Er war eine absolute Überraschung und am Schluss hatte der 67er sogar die Nase vorn. Eine volle Merlot-Droge, buttrig, Kokosfett, fast überschwappend vor Reichtum. Nur eine ganz kleine Nuance

Pomerol

hinter dem 71er. Auf alle Fälle sehe ich mich jetzt sofort nach diesem Wein um, den man unter Umständen noch „relativ" günstig kriegt, weil offensichtlich bis jetzt ganz wenige diese klammheimliche Pétrus-Entdeckung kennen.

18/20 trinken

91: Dicht, brillant, leuchtend. Süsse, fette Nase. Intensiv, fast zu Kopf steigend. Minze und Rosen. Im Gaumen explosiv, komplex, reich mit einem feinen, etwas störenden Metallgerüst. Entwickelt sich recht schnell an der Luft.

17/20 trinken

92: Dörrfrüchte, absolut süss, verlockend, Rumtopf, Sultaninen, Rauch, verlockendes Duftparfüm von Blüten, Früchten und Kräutern im Mund, fein und elegant. Die 67er sind aber jetzt auf dem absoluten Höhepunkt der Genussphase, einige sogar darüber. 17/20 austrinken

92: Bei einer Hannes Scherrer-Probe auf Anhieb blind erkannt! 18/20 trinken

93: Noch immer grosse Farbdichte. Öffnet sich trotz relativem Alter nur langsam, wird zunehmend komplexer. Grosses Terroir, Tabak, viel Extrakt. Neigt trotz fülligem „Aussenschmelz" zu feiner Trockenheit auf der Zunge, feine stielige, aber würzgebende Aromen.

17/20 trinken - 2000

1968 Pétrus   12/20

92: Helles Ziegelrot mit grossem Wasserrand. Dezente Süsse, Süssholznote, burgundisch, sauber, Haselnussholz. Im Gaumen ranzige Fettnote. Durchaus noch trinkbar. Die feine Säure erhält den Wein. Die Nase ist aber bedeutend schöner als der Gaumen. 12/20 austrinken

1969 Pétrus   16/20

92: Mit Fieuzal der absolut beste 69er! Reife Farbe mit mittlerer Dichte. Kandissüsse, mineralisch, leichte Stielnote. Im Gaumen rund, schmeichelnd, zerlassene Butter mit verführerischem Minzenaroma. 16/20 trinken

1970 Pétrus   19/20

91: Kräftige Farbe mit feinem Wasserrand. Nach dem Öffnen eine etwas ungünstige Phase (ranziges Fett, faules Gras), verfliegt aber und entwickelt sich zu einem positiven, fast explosiven Nasenspiel. Fett wie ein 62er Mouton mit Mandelsüsse. Im Gaumen enorm druckvoll, wuchtig und mundfüllend, Kandis, darunter ein feines Kräuterspiel, süsses, schmelziges Finish. 19/20 trinken - 2005

91: Wem ist es wohl vergönnt, innert acht Tagen fünfmal den 70er Pétrus zu trinken? Leider sind die Flaschen aus unterschiedlichen Kellern gekommen. Die Variationen reichten von kräuterartig (16/20) bis hin zum Maximalpunkte-Erlebnis. Ich hatte bisweilen auch das Gefühl, Kokosraspel zu riechen!

92: Eine Magnum, die leider Korken hatte. Es war zum Weinen.

92: Mit Marcel Voumard in Basel eine sehr reife Flasche getrunken. Ein Duftelexier von feinsten Küchenkräutern. Im Gaumen süsser Madeira mit gewaltigem Druck im Finish. 19/20

92: Eine Flasche, die leider eine Stunde zuvor dekantiert worden war. So ist denn dieser Wein auch sehr wahrscheinlich in der Karaffe anstatt in meinem Glas explodiert. Reife Farbe. Minze, Kandis, Teearomen sowie Spuren eines Vintage Ports. Es fehlte ihm durch das Dekantieren an Fülle und Komplexität, im Finish wiederum aromatische Teeraromen. 18/20 trinken

92: Direkt im Vergleich mit dem 71er zum Abschluss einer Pétrus-Probe getrunken. Ich hatte eigentlich dieses Finale inszeniert, weil ich den Wettkampf zwischen diesen beiden Jahrgängen immer wieder faszinierend finde. Diesmal hatte aber der 71er die Nase eindeutig vorn. In den nachfolgenden Diskussionen meinte man, dass der 70er viel jünger sei, und dass in ein paar Jahren der Wettkampf anders aussehen würde. Auch für mich wirkte er irgendwie verschlossen, was auch die Zurückhaltung anlässlich der Engelhardt-Probe erklären würde. 19/20 warten ??

93: Für einmal habe ich nicht an dieses Bordeaux-Buch, sondern nur an mich gedacht und genossen, ohne aufzuschreiben. Sorry!

93: Während vor etwa vier Jahren der 71er gefährlich reif schien, war der 70er dagegen ein absoluter Kraftprotz. Jetzt scheint sich das Rad wieder zu Gunsten des 71ers zu wenden. Mattes, aufhellendes Granat. Schoko- und Pralinennote, fett und komplex, ausladend, Vanille und Minze, Kokos, Nussbutter. Fester, rubensrafter Gaumenfluss. Doch dann scheint dieser Überhang irgendwie mitten auf der Zunge abzuklingen, und das Finale wirkt fein, lang und elegant wie ein Lafite, langes, süsses Rückaroma. Am besten ganz alleine trinken. 19/20 austrinken ??

1971 Pétrus   20/20

86: Der absolute Sieger einer allumfassenden 71er Degustation. Gerade dieser Pétrus zeigt, dass das Pomerol in diesem Jahr Spitzenleistungen bringt. Farbe mit brombeerblauen Reflexen. Öffnende, vielschichtige, merlot-geprägte Nase. Im Gaumen mundfüllend, weich, ohne üppig zu sein, klassisch, samtig, lang, perfekt.

20/20 trinken - 1995

90: Bisher noch dreimal getrunken. Ich habe den Eindruck, dass der absolute Trinkgenuss so um 1988 erreicht worden ist.

91: Magnum : Renaissance. Die Magnum zeigt genau das, was dieser Wein um 1988 herum war. Füllig, lang mit endlos vielen Finessen. Leider gilt diese Wertung nur noch für Magnumflaschen. 20/20 trinken - 2000

91: Normalflasche. Erstens kommt es anders und zweitens als man denkt. Hannes Scherrer öffnete eine Originalkiste und siehe da, wiederum eine Renaissance. 20/20 trinken

91: Pétrus-Probe mit Christian Moueix: Burgunder-Aromen (Echézeaux). Blind 19 Punkte gegeben. Gleichzeitig erfuhren wir auch das Rezept wie es zu einem solch konzentrierten Wein kommt. Es liegt, oder besser gesagt, lag am Hektarenertrag: 27 Hektoliter! 19/20 trinken

92: Eine sensationelle Flasche. 20/20 trinken

92: Noch selten hat mich ein Bordeaux-Wein so fasziniert wie es der 71er Pétrus tut. Nachdem er eine kleine Tiefphase in der Zeit von 1986 bis 1990 durchgemacht hatte, befindet er sich jetzt wieder auf dem absoluten Höhepunkt

einer exorbitanten Genussphase. Während einer umfassenden Pétrus-Probe mit mehr als zwanzig Jahrgängen war der 71er der absolute Tagessieger. Dabei kamen einige Mitdegustatoren mit ihren eigenen Punkten derart in Not, dass einige Male gar 21 Punkte vergeben wurden. Die Weinbeschreibung erübrigt sich eigentlich. Es ist alles in diesem Wein drin, was irgendwie an Aromenreichtum möglich ist. 20/20 trinken - 2000
93: Mit René Fitzi aus der Magnum getrunken. Er wurde mir blind eingeschenkt, und er war derart üppig, mit jener süsslichen Kokosnote wie ich sie oft beim 70er vermutet habe. Deshalb habe ich ihn auch prompt mit demselben verwechselt. Nach 10 Minuten kandierte Orangen-Schokonote. Ein gewaltiges Erlebnis. 20/20 trinken - 2005
93: In Engelberg an einer WeinWisser-Sitzung. Leicht faisandierte Note im Bouquet zu Beginn, dahinter aber immer noch dicht und vollkommen. Die Normalflaschen sollte man aber jetzt doch langsam aber sicher trinken.
20/20 trinken - 1996
93: Nach einer 64er Degustation mit 25 Weinen als Erfrischung. Er wurde blind von 10 Degustatoren achtmal mit 20/20 bewertet. 20/20 trinken
93: Das wohl teuerste Wiener Schnitzel meines Lebens! Mit Karin Egli und Ueli Eggenberger in einem nicht genannten Restaurant in Luzern getrunken.

1972 Pétrus   12/20
86: Ein saurer, rotbeeriger (rote Johannisbeeren), kurzer, armer Wein. Wenn ich an Cheval-Blanc 1972 denke...
12/20 vorbei
92: Hell mit braunen Reflexen. Faisandierte Nase, schwitzende Pferde, ledrig, moosig, rotbeeriger Charakter. Unter der dominierenden Säure noch Spuren von Fett, wirkt aber blechig im Finish. 12/20 vorbei

1973 Pétrus   16/20
89: Helles, dichtes Rubin. Kurze Nase, darunter Würze von leichten Melissenanflügen. Voller, fettender Körper, Brombeeren mit Kaffee vermischt. Mit Latour und Lafite der Beste 73er. 16/20 trinken
91: Noch immer sehr jung. Ich glaube fast, dass dieser Wein noch ein bisschen zugelegt hat. 17/20 trinken - 1997
92: Jetzt leicht ziegelrote Färbung, aufhellend mit starkem Wasserrand. Nase vollständig geöffnet, Bleistiftholz, zart ausladend, gewinnt noch einige Zeit an der Luft. Reifer Gaumen, weinig mit schönem Schmelz. 16/20 trinken - 1995

1974 Pétrus   12/20
90: 3/8 Flasche: Mahagonibraun mit Brombeerenreflexen. Minze- und Kräuternase, eher stechend. Im Gaumen nasse Wiese, fülliges Fett, das jedoch vom metallischen Körperbau dominiert wird. Als 74er recht akzeptabel.
12/20 austrinken
91: Offene, metallisch-ledrige Nase. Im Gaumen Waldboden. Gewinnt noch kurze Zeit an Schmelz, fällt dann aber nach 30 Minuten zusammen und trocknet aus.
12/20 austrinken
92: Jüngere Farbe als die 1990 degustierte 3/8 Flasche. Recht satt, Granat mit feinem Wasserrand. Nase erst süss, Rauchnote, rotbeerig, entwickelt Minze und Schokolade. Im Gaumen drahtig, metallisch mit harten Tanninen, der Schluss endet mit leichter Essignote. 12/20 vorbei

1975 Pétrus   20/20
(unterschiedliche Flaschen)
91: Magnum: Tiefes Granat, dicht aber am Rand aufhellend. Ausladende, intensive Nase mit Minze, Würznoten und Kandissüsse. Im Gaumen vordergründig, alles spielt sich im vorderen Gaumenraum ab, kräftige, trockene Tannine, ausgeglichenes Extrakt mit rauchigen Schlussaromen, muss sich noch entwickeln und die Struktur besser abbinden. 19/20 trinken - 2000
91: Wiederum eine Magnum: Dieselben Eindrücke mit dem Zusatz, dass der Wein nach 30 Minuten mehr und mehr oxydative Aromen aufwies.
92: Süsse Nase mit pflanzlichem Einschlag. Öffnet sich erst langsam und entwickelt Eisenkrautaromen. Im Gaumen Kandissüsse, leichter Randenton und im Finish sogar Kümmelnoten und Estragon, sehr viel Druck und trotzdem voller Finessen. 19/20 trinken
92: Granat, recht dicht, Wasserrand. Gebunden, fett mit wenig Primäraromen, Rauch. Anzeichen von Ledrigkeit und Irish Moos, zeigt sich irgendwie nicht so richtig.
18/20 trinken
92: Vollausladendes Würzbouquet. Süssbeeriger Gaumen, Waldhimbeeren, Amarenakirschen, Tabak, feingliedrig, schöne, sublime Fülle. 18/20 trinken
93: Beim Mittagessen mit Christian Moueix eine derart zweifelhafte Flasche, dass er zusätzlich den 66er öffnen „musste". Keine Bewertung!
94: Extrem tiefe, undurchsichtige Farbe, Purpur mit feinem, orangem Rand. Süsses Mandelbouquet, reife Beeren, höchst komplex, buttrig, verführerische Süsse, absolut perfekt. Samtiger, feinstgliedriger Gaumenfluss, eine absolute Delikatesse, die Adstringenz ist königlich mit viel Süsse in den Tanninen, ein Mustermass an Harmonie, Finessen und Eleganz. Sicherlich weniger fett als der 70er und 71er, aber dafür kommt die filigrane Stilistik dieses einzigartigen Weines noch mehr zur Geltung.
20/20 trinken - 2005

1976 Pétrus   14/20
86: Leere Nase. Verlockendes, pfeffriges Mundaroma, die Säure überwiegt die Fruchtaromen, wirkt angetrocknet und zäh. Schwer zu bewerten, wenn ich ihn als Pétrus bewerten muss. 15/20 trinken
90: Wiederum mehrere Male trinken müssen - schlechter Pétrus!
91: Reife Farbe mit Kastanienreflexen. Erst druckvoll, dann sehr rasch zusammenbrechend, oxydiert nach 30 Minuten. 14/20 austrinken
92: In der Nase erst weich mit leichtem Minzenton. Im Gaumen jedoch drahtig und schnell austrocknend.
14/20 vorbei
92: Dunkles Bordeauxrot mit ziegelrot, fast braunen Reflexen. Heisses Bouquet, Rauch, Foxton, leicht oxydativ mit

Pomerol

animalischer Note, getrocknete Rosinen, Stallgeruch und Lederton. Trockener Gaumen, zähfliessend und Lücken in der Struktur, im Finish Kakao und Creme Caramel.

14/20 austrinken

1978 Pétrus **16/20**
Den 78er Pétrus sollte man nicht im direkten Vergleich mit anderen Pétrus-Jahrgängen trinken, da er in solcher Form eher Mühe hat, sich zu behaupten. Alleine getrunken, macht er sicherlich mehr Freude. Unter siebzig verschiedenen 78ern gelangte er blind degustiert auf Rang drei, hinter Léoville-Las-Cases und La Mission-Haut-Brion.
91: Mittleres Granat. Offene, burgundische Nase (Echézeaux), am Anfang etwas faisandierter Wildgeschmack. Reiches, griffiges Gaumenspiel mit recht trockener Struktur. Ich glaube nicht, dass er im Alter noch mehr zulegen kann, weil es ihm an Fett und Fleisch fehlt. Die Nase macht mehr Punkte als der Gaumen.

Nase: 17/20, Gaumen: 15/20 trinken

92: Obwohl es sich nicht gerade um den besten Pétrus handelt, ist doch von einem der besten 78er die Rede. Satt, dicht mit ziegelroten Reflexen. Wild-, Vosne-Romanée-Burgunder-Aromen. Im Gaumen Terroiranzeige, komplexe Fülle mit unreifer, vegetabiler, grüner Note, im Finish süss mit Kakaonote. 16/20 trinken - 2000
92: Faisandiert, grüne Peperoni, süss, daneben Teer, Terroir, dunkle Pilze. Fülliger, weicher Gaumen, vollreif, leichte Lakritzen und Kakaonote im Finish. Man könnte fast meinen, einen DRC La Tâche zu trinken.

16/20 trinken - 2000

93: Fängt in der Nase mit grünen Peffeschoten an, rauchig, pinotähnlich. Im Gaumen stützende Süsse, Kaffeenote und waldig, erst spitze Säure, dann aber doch charmanter werdend. 16/20 trinken - 2000

1979 Pétrus **18/20**
89: Klassische, klare, transparente Farbe mit mittlerer Tiefe. Im Gaumen noch griffig mit eher leichtem Körper, etwas Fleisch und Rasse, recht lang, aber keine imposante Erscheinung. Trotanoy ist im Moment besser.

17/20 trinken - 2000

91: Magnum: Lange und elegant, eher feines Potential.

17/20 trinken

92: Granatrot mit feinem Reiferand. In der Nase konfitürig wie ein Lafleur, rote Beerenanzeige. Im Gaumen charmant mit einer frischen Aggressivität in den Tanninen. Befindet sich vielleicht im Moment in einer Zwischenphase.

17/20 warten - 1994

92: Mineralische Note, leichter Orangenhautton (Kumquats), wenig Primäraromen, rotbeerig, wuchtig. Feinkörniges Extrakt, bindet sich jetzt immer mehr ab und wird zusehends harmonischer. 18/20 trinken - 2000
92: Der Sieger von mehr als achzig 79er Bordeaux' in einer Blindprobe von Josef Waser in Engelberg. Superfarbe, dichtes Purpur. Buttrige Note, Vanille, Caramel, Würze, Ingwer, Mandeln, an Rioja erinnernde Süsse. Im Gaumen feinste Gerbstoffe, samtig, Velours, elegant mit sehr viel Finessen, Rauch, Cassis, gebündeltes, druckvolles Finish.

18/20 trinken - 2005

93: Doppelmagnum: Eine Enttäuschung. Purpur-Granat. Süss, Preiselbeeren, Dörrfrüchte, recht konzentriert. Im Gaumen jedoch metallisch und nur mittelgewichtig. Die Normalflaschen sind besser. 16/20 trinken

1980 Pétrus **15/20**
86: Magnum: Leichte Farbe. Saure Säure, wirkt deshalb noch unreif. Dünner Körper, kurzer, schmaler Abgang.

14/20 1990 - 1995

89: 3/8 Flasche: Wirkt noch immer sehr jung und gewinnt an Fett. 15/20 1991 - 1998
91: Im Caveau Zürich getrunken. Reifende Farbe, jedoch recht tief. In der Nase für drei, vier Minuten flüchtige Säure, dann konfitüriger Merlot. Im Gaumen reif, rund. Als 80er einer der jüngsten dieses Jahrganges, aber trotzdem jetzt unbedingt zu trinken. 15/20 austrinken
92: Müdes Granat, eher hell. Preiselbeeren, generell eine Nase, die sehr an einen Burgunder erinnert, faisandiert, Wildaromen, daneben recht füllig. Mittlere Konzentration, Mandelgebäck, buttrig, im Nachklang Hagebutten. Entwickelt nach 30 Minuten erste Kräuteraromen.

15/20 trinken - 1995

92: Schokoladige Nase, beerige Frucht, Wildgeruch verbunden mit alkoholischer Note, kalter Rauch, Tigerbalsam. Im Gaumen recht füllig mit spitzer, fast cayenneartiger Säure, trockener Gerbstoff, leicht zahnfleischbeschlagend. Wurde von den anderen Mitdegustatoren eher tiefer bewertet. 15/20 trinken - 1998

1981 Pétrus **17/20**
88: Diskrete, fruchtige Nase mit neuem Holz. Im Gaumen wiederum viel Holz, das den Eindruck von Süsse vermittelt. Könnte aber auch vom relativ hohen Alkoholgehalt herrühren (13,2% Vol.). Wirkt sehr verschlossen.

17/20 trinken ab 1993

91: Magnum: Eine Flasche mit einem BSA-Stich. Vielleicht befindet sich dieser Wein im Moment in einer ungünstigen Phase. Nach gewisser Zeit extrem rotbeeriger Charakter und auch Hagebutten. warten!
92: Während einer Pétrus-Probe, leider Korkengeschmack.
92: Mittleres Granat. Offene Nase, leicht welk am Anfang, dann füllig werdend, burgundisch, Mandeln- und Schokonote. Im Gaumen Caramel, Ingwer, nachhaltiger, druckvoller Schluss. 17/20 trinken - 2000
92: Magnum: Süsser Vanilleton, gebrannter Zucker, reife Früchte, Creme Caramel, Cassis, leichter Wildton im Gaumen. Die Zunge ist durch Tanninresten noch leicht aufrauhend. 17/20 trinken - 2000
94: Aufhellende Farbe mit orangen Reflexen. Öffnendes Pralinen- Schokobouquet, Butter, Nutella, schön füllig in den Anklängen. Im Gaumen süsser Beginn, der sich über die ganze Struktur bis zum Finish hinwegzieht, noch präsentes, pfeffriges Tannin, das viel Zukunft anzeigt.

17/20 trinken - 2005

Gabriel

1982 Pétrus   **19/20**

90: Der ganze Tag war für diese eine Flasche vorbereitet worden. Bin ich jetzt wirklich ungerecht, wenn ich diesem Ereignis nur 18 Punkte zuschreibe? Sicherlich im Moment noch zu jung, wenn man aber sieht, was Cheval 1982 im Moment alles so zeigt, dann glaube ich doch, gerecht bewertet zu haben.   17/20 1994 - 2005
91: Dichtes Granat mit ziegelrotem Rand. Öffnende Nase, Punsch, Dörrfrüchte, Rum und Backpflaumen, dahinter verdecktes Zedernholzaroma. Fett im Gaumen mit fleischigem Extrakt, ausbauendes, zungenbeschlagendes Tannin mit reicher Adstringenz.   18/20 1994 - 2010
92: Blind gegen Le Pin 1982 degustiert, verwechselt und eher schlecht bewertet. Die Flasche wurde eine Stunde zuvor dekantiert. Reifende Nuancen in den Farbtönen, aufhellend. In der Nase erst eigenwillig, fett, Kandissüsse, scheint komplett geöffnet zu sein. Im Gaumen vollkommen rund. Wenn ich den Marktpreis hinter diesem Ereignis noch in die Wagschale werfe, dann ist der Wert im Moment immer noch   17/20 trinken - 2005
92: An einer Blinddegustation zusammen mit den absoluten Stars der 82er Szene. Offensichtlich muss ein Pétrus erst einmal seine Filtration „verdauen" bis er wieder das zeigt, was er einmal aus dem Fass versprach. Pétrus beweist hier wieder einmal mehr, dass er kein Wein für Fruchttrinker ist. Heute zeigte er sich erstmalig in Bestform und lässt auch keine Zweifel offen, dass er für mehr als zehn Jahre seine Mitkonkurrenten in Schach halten kann. Sehr tiefe Farbe, fast schwarz. Extrem konzentriertes Bouquet, verschlossen und wuchtig zugleich, Irish Moos, Koriander, Caramel, süss. Im Gaumen samtig, Velours mit grosszügigem, fast erschlagendem Potential, was sich in endlosem Druck im Finale äussert, Brombeeren und Cassis im Rückaroma.   19/20 trinken - 2010
93: Beim Einschenken zeigen sich reife Aromen von Merlot, Kakao und Kaffee. Trotzdem legt der Wein an der Luft kontinuierlich zu. Im Vergleich mit dem monströsen 89er und dem absolut perfekten 90er scheint aber hier das Punktemaximum nicht angebracht.   19/20 trinken - 2010
94: Er reift einfach zu schnell.   18/20 trinken - 2000 ??

1983 Pétrus   **18/20**

90: Mit Luc Sartor getrunken. Aufhellende, reife Farbe. Punsch-Nase, öffnend, aber noch nicht voll entwickelt. Im Gaumen fruchtig, gebunden, süsse Beeren, Johannisbeeren in der Säureverbindung, in den Tanninen jugendliche Frische, ausdrucksvolles, intensives Finish.
   17/20 1993 - 2005
91: Die Magnum bringt es an den Tag. Ein druckvoller, wahnsinnig intensiver Wein. Reiche Terroiranzeige und unendlich jung. Mag meiner Meinung nach den 85er und 86er zu schlagen.   19/20 1996 - 2015
92: Junge, kräftige Farbe mit verdeckt bräunlichem Schimmer. Tabaknase, Poivrons mit leichtem Gout rôti (Sultaninen). Im Gaumen sehr kräftig mit grosser Extraktanzeige.
   18/20 1996 - 2015
94: Obwohl die Farbe recht reif ist, hat der Wein gesunde Gerbstoffe, die nach Reife verlangen.   18/20 1996 - 2010

1984 Pétrus   **14/20**

90: Eigentlich ist das Vertriebssystem dieses Weines interessanter als der Wein selbst. Offiziell gab es nämlich erst gar keinen 84er Pétrus, und plötzlich ist dann die ganze Ernte in der USA aufgetaucht, um dann wieder über Auktionen und andere skurile Handelswege in die Schweiz zu kommen. Einen kleinen, uninteressanten Schluck habe ich anlässlich einer Pomerol-Verkostung bekommen. Vielleicht war die Flasche auch schon einige Zeit geöffnet. Auf jeden Fall ging das Ganze unbeeindruckt an mir vorüber.
91: An einer Pétrus-Degustation in Basel. Sehr pflaumig, wie ein Pinot zu trinken. Ledrig und faisandiert.
   14/20 austrinken

1985 Pétrus   **18/20**

88: Mittlere Farbintensität. Leichtes Raucharoma, pfeffrig, schwarze Beeren. Die anderen 85er Pomerols sind jedoch derart stark, dass Pétrus im Moment Mühe hat. Die üppigen Weine (L'Evangile, L'Eglise-Clinet und Petit-Village) sprechen mehr an.   17/20 1993 - 2006
91: Tiefes, dichtes Purpur, satt. Fleischgeschmack (Côte Rôtie) in der Nase, defensiv und verschlossen, Spuren von Minze und Eisenkraut. Im Gaumen eher zäh und jung, trocken. In der Tanninstruktur rauh mit mangelnden Finessen, es fehlt ihm (noch) die samtige Fülle zum grossen Pétrus.   17/20 1995 - 2010
92: In einer Welt-Merlot-Degustation blind serviert bekommen. Dichtes Purpur. Sehr verschlossen, Weihrauch, Anzeichen von heisser Ernte, pfeffriges Extrakt, das Ausbau verlangt. Im Gaumen reiche und zugleich feine Tannine, sehr dicht. Wird an der Luft zunehmend süsser. Genau dieser Pétrus zeigt auf, dass sich Geduld lohnt, und dass es nicht fair ist, ihn in der Jugend allzu sehr zu tadeln. Schon gar nicht, wenn man gleichzeitig die modernen Pomerols in den Himmel hebt.   18/20 1995 - 2010
92: Blind serviert bekommen und auf Anhieb erraten. Er ist von einer derat gewaltigen Fülle und Samtigkeit, dass er nunmehr für zehn Jahre 19 Punkte verdient.
   19/20 1995 - 2010
94: So fasziniert ich vor ein paar Monaten blind über diesen Wein philosophierte, so zurückhaltend sind meine nachfolgenden Notizen: Reife Merlot-Nase, Malaga, Pflaumen, Kakaobutter. Im Gaumen wiederum Schokonote, die sich in einer Pralinenform ausdrückt, weiche Säure, reift sehr wahrscheinlich etwas zu schnell. Hätte in einem 85er Direktvergleich mit L'Eglise-Clinet und L'Evangile wenig Chancen.   18/20 trinken - 2003

1986 Pétrus   **17/20**

88: Ich möchte einmal Parker sehen, wenn er diesen Wein blind zusammen mit fünfzehn anderen Pomerols degustieren muss. Sicherlich wäre es ihm dann so ergangen wie mir und rund zwanzig anderen Degustatoren. Rechte Farbdichte in vollem Granat. Tiefe, mittelkonzentrierte Nase, die im Moment nicht allzu viel hergibt. Im Gaumen zeigt er Extrakt und ist stoffig. Ist es unfair, wenn ich Le Pin und La Fleur-de-Gay mehr Punkte gebe?   17/20 trinken ab 1993

Pomerol

89: In einer kleinen Blinddegustation auf dem Balkon getrunken. 17/20
91: Immer noch total verschlossen. 17/20 warten
90: An einer Welt-Merlot-Degustation im Tessin degustiert. Noch immer hinter Le Pin und La Fleur-de-Gay. Öffnet sich ein kleines bisschen und wirkt im Moment oaky und toasty! 18/20 1995 - 2010
91: Dumpfes Granat mit leicht aufhellendem Rand, erster Reifeschimmer. Dichte, gebündelte Nase, alkoholisch mit verdeckter Süsse, beerig. Im Gaumen sehr feine Struktur, im Holz eine Vanille-Säure-Verbindung, lang, typisch, mit viel Finessen. 18/20 1995 - 2010
91: Magnum: Die Magnum wirkt so enttäuschend, wie ich am Anfang die normalen Flaschen bewertet habe. Komplex mit rauchigen Johannisbeeren. Würziges Extrakt, zartbittere Schokolade, im Moment vordergründig, im Finish Anzeichen von Schmelz. Ein nicht zu unterschätzender, aber gleichzeitig auch schwer bewertbarer Wein in dieser Verfassung. Bewertung dieser Magnum:
17/20 trinken ab 1997

1987 Pétrus **16/20**
90: Innert kurzer Zeit dreimal getrunken. Recht tief und dicht. Wirkt im Gaumen bereits gebunden, Ingwer und Contuccini (italienisches Mandelgebäck), vielschichtig mit einigen Finessen, angenehm nachhaltig. 15/20 bald - 1997
91: Süsses Caramel mit typischer, feiner Merlot-Note. Im Gaumen eine feine Bitterkeit in der Mitte der Struktur.
15/20 1994 - 1999
93: Mittleres Granat mit aufhellendem Rand. Im Moment eher zurückhaltend. Vielleicht lohnt es sich, noch ein bisschen zu warten. 16/20 1994 - 1999
94: Eine Magnum bei Urs Ratschiller war sehr schnell leergetrunken, weil einfach unheimlich viel Spass in dieser Flasche steckte. 16/20 trinken - 2003

1988 Pétrus **17/20**
91: Eine verschlossene Flasche, die sich nicht gerne degustieren lassen wollte (etwa acht Wochen nach der Abfüllung). Potentialwertung: 17/20 trinken ab 1998
92: Rubin mit mittlerer Intensität. In der Nase floral, süssbeerig mit Juliénas-Aromen. Im Gaumen eine Mischung zwischen rot- und blaubeeriger Fruchtanzeige, im Moment seitliche Tanninprägung mit zurückhaltender Intensität. 17/20 trinken ab 1998
92: Während einer Welt-Merlot-Degustation blind unter zwanzig Konkurrenten degustiert und eher bescheiden mit 15 Punkten bewertet. Total verschlossen. Wird sich aber bei erster Genuss-Reife problemlos die 17 vielleicht gar 18 Punkte verdienen. Trotz meiner schlechten Bewertung schaffte er den zweiten Platz hinter dem „drogenhaften" Vigna L'Apparita von Castello di Ama, Jahrgang 1987. Nase mit leichtem Evolutionston, Kaffee, Trüffel, Terroir, zerlassene Butter. Im Gaumen kalter Rauch und gute Extraktanzeige. 17/20 1998 - 2015

1989 Pétrus **20/20**
90: Februar: Wirkt total verschlossen im Gaumen, gleichzeitig ist er mit Tannin und füllendem Merlot beschlagen. Für einen Pétrus recht fett, feiner Teer- und Terroirton, Fruchtaromen ohne Süsse (schwarzer Zucker, Kandis). Die Tannine sind samtig, dicht und komplex. Das Potential vergleiche ich mit den Jahrgängen 1959 und 1962.
20/20 trinken ab 2000
91: Fassdegustation auf dem Château: Faszinierend und vielseitig! Ein Spiel aus Kokos, Rauch, Zimt und frischen Kräutern. Ein Monstrum von einem Wein! Vom Typ her ein 70er.
92: 14 %Vol. Alkohol. Exotisches Parfüm mit reifen, fast kandierten Früchten. Im Gaumen sind die Tannine mit Fett und Fleisch in unendlichem Reichtum umgeben. Eine Legende! 20/20 trinken ab 2000
92: Arrivage: Nach der Juryauswertung mit mehr als hundert 89ern der beste Bordeaux dieses Jahrganges. Einzig Haut-Brion kann ihm, jedoch in anderer Ausdrucksform, das Wasser reichen. Karmesin-Purpur-Schwarz. Tiefe Frucht- und Terroirwürze, verschwenderisches Cassis, sauber, direkt, reifer Beerenkorb, heiss, Rumnote, Dörrfrüchte. Viel gesundes, mit Schmelz verpacktes Tannin mit kräftigem Biss, aber von Massen von Samt umgeben, pfeffrige Note im Tannin- und Zungenextrakt, perfekte Adstringenz. Ein 70er in seiner ganzen, fast überheblichen Art. 20/20 1998 - 2020
92: Hat sich verschlossen und offenbart nur die Hälfte von dem, was in ihm steckt. An einer WeinWisser-Blindprobe gab ich ihm „nur" 18 Punkte, was gleichzeitig die höchste Wertung aller fünfzehn Degustatoren war.
warten!
93: Doppelmagnum: Ein total reduzierter Wein, hochkonzentriert und verschlossen zugleich. Er legte durch Luftzutritt eine halbe Stunde lang zu und verschloss sich dann wieder. 20/20 1998 - 2020
93: Im direkten Vergleich mit dem 90er Pétrus hatte er die Nase ein kleines bisschen vorn, weil er einfach in erschlagender Form perfekt ist. Eine Miss World in Rubens-Form!
20/20 2000 - 2020

1990 Pétrus **20/20**
91: Fassdegustation, März: Geerntet wurde sehr früh. Wie immer wurde Pétrus an zwei Nachmittagen geerntet und zwar am 13. und 14. September. Tiefe Farbe mit Brombeerreflexen. Süsse, konzentrierte, dichte Nase mit Unteraromen von Brombeeren und Lakritze. Pure Cassisfrucht ohne jeglichen Tardiveanflug. Im Gaumen sehr parfümiert und vielschichtig. Bereits erster Vanilletouch von der Barrique, superb proportionierte Tanninstruktur, guter, eingebundener Säurefluss, stützend runde Tannine, Velours, samtig. Langer, klassischer Wein. Gleicht dem phantastischen 71er. 20/20 2000 - 2015
91: April: Wiederum bei Moueix degustiert. Wirkt noch dichter...
92: Nachdem ich rund vierzig Weine des Jahrganges 1990 bei Christian Moueix nachdegustiert hatte, wusste ich nach dem sensationellen Magdelaine und Trotanoy fast

nicht mehr, welche Kotierung ich dem Pétrus zuteilen sollte. Als einziger Ausweg verblieb mir nur noch die Maximalpunktezahl. Violett-Schwarz. Konzentrierte, extraktanzeigende Nase mit einem süssen Cassis-Brombeerenspiel, dicht gebündelt. Fülliger, enorm vielschichtig samtiger Gaumen, ausgeglichen mit höchster Perfektion. Während der 89er mehr dem 70er gleicht, ist der 90er das Ebenbild des 71ers. 20/20 2000 - 2020
92: September: Aus einer 3/8 Flasche auf Pétrus getrunken. Hatte Mühe, seine erhabene Grösse zu zeigen und war sichtlich durch die Flaschenabfüllung und das kleine Format der Flasche blockiert.
93: Mächtig konzentrierter Wein, der aber gleichzeitig Klassik und Eleganz ausstrahlt. Im Gaumen füllig, gebunden, cremig, mit reifem Cassisextrakt, reiche Adstringenz, unendliches Finale. 20/20 2003 - 2030
93: Sehr tiefe Farbe, Purpur mit violetten Reflexen. Cassiskonzentrat, verführerisch, ein Hauch Minze, beerig, Terroir, Trüffel. Absolut konzentrierter Gaumen trotz fast unbeschreiblicher Fülle von Körper und Aromen, wirkt perfekt balanciert, reif und fett in den Gerbstoffen, Anklänge von Dörrfrüchten, unendliches Rückaroma. Das ist ein Markstein in der Geschichte des Jahrganges 1990! 20/20 2000 - 2030
94: In einer Blindprobe anfänglich mit 20/20 dann mit 19/20 bewertet. Obwohl die Nase verschlossen ist, zeigt sich ein wunderschöner Minze-, Tabak- und Eucalyptuston. Sehr konzentrierter Gaumen, im Moment aber nur schwer zugänglich. 19/20 1998 - 2030

1991 Pétrus

Es gibt ihn und es gibt ihn doch nicht. Christian Moueix konnte zwar während der tragischen Frostnacht mit dem Helikopter noch einen Teil der Knospen vom Frost retten, und die Trauben wurden vor dem Regen geerntet. Weil er aber alle seine Güter im 1991 deklassiert hat, will er davon, obwohl es ein „trés bon vin" ist, keinen Pétrus machen. Der Wein ist im hintersten Kellerversteck in neuen Barriquen ausgebaut worden. Auf eine erneute Frage, was dann damit geschehen soll, meint er <<das wird ein Pomerol AC geben!>> Was dieser Pomerol AC kosten soll und wie er zu kaufen sein könnte, will er nicht beantworten. So muss ich denn hinter diesem Stillschweigen auch eine „Réserve de la Famille" vermuten.

1992 Pétrus 16/20
93: An drei Nachmittagen geerntet. Die erste Tranche am 23. September mit 13,7 % Vol., was zu diesem Zeitpunkt ein Rekord war. Die zweiten Lesedurchgänge erfolgten am 1. und 5. Oktober. Der Ertrag betrug 40 hl pro Hektare. Tiefes Violett. Cassisnase, gebunden, süss, buttrig. Sehr gute Konzentration, fondierte, reiche Tannine, gut balanciertes Verhältnis zwischen Säure und Fett. 16/20 2000 - 2010
93: Im Herbst nachdegustiert. Red-Currant-Aromen, Cassis, rote Beeren. Mittlere Konzentration. Die Frucht wirkt in der Nase wie auch im Gaumen atypisch und exotisch. Bedeutend weniger konzentriert als Gazin, der zu den besten Pomerols 1992 gehört. 16/20 1997 - 2007

1993 Pétrus 19/20
94: Die kleinste Ernte seit zehn Jahren. 28'000 Flaschen, etwas mehr als eine halbe Ernte (Normalernte 40'000 Flaschen). Tiefes, sattes Purpur mit violett-schwarzen Reflexen. Zweifellos das königlichste Bouquet in einer Serie von mehr als zwanzig miteinander verglichenen Pomerols, klares, sauberes Cassisbouquet, tiefwürzig, umrahmt von Brombeeren, Heidelbeeren, einem Hauch Zedern und Edelhölzern. Im Gaumen sanft ausladend mit erhabener Fülle, klassisch, feinstgliedrig, viel Aromatik, eingebundene Säure im konzentrierten Extrakt, schöne, ausgeglichene, reiche Adstringenz. Nicht mit jener Wucht und Fülle bedacht wie es die 89er und 90er sind, aber doch auf einem grossartigen Niveau und Konstellation wie der Pétrus 1985.
19/20 2002 - 2016

CHÂTEAU LE PIN

Le Pin war die sensationellste Entdeckung, die ich in meiner Bordeaux-Karriere machen durfte. Es ist leicht, im Cru Classé- oder Bourgeois-Gefüge ein Château zu finden, das auf- oder absteigt. Aber ein total unbekanntes Weingut zu finden, das auf Anhieb zur Weltelite gehört, ist eine Begebenheit, die jeden Degustator verstummen lässt, wenn er das erste Mal einen Le Pin trinken darf.
Das „Château" selbst ist mehr eine Art Provinzbahnhof als dessen Merkmal neben dem höchst bescheidenen Haus eine Kiefer steht. (Kiefer = Pin). Das Weingut wird von Alexandre Thienpont (Vieux Château Certan) betreut. Der Besitzer des Rebgutes, Jacques Thienpont, ein Cousin von Alexandre, wohnt in Belgien und ist mindestens einmal im Monat im Libournais, um sich um seinen Schützling zu kümmern.
Im April 1992 hat uns mein Weinfreund Jean-Louis Jansson nach Holland eingeladen, wo alle auf dem Markt befindlichen Jahrgänge von 1979 - 1989 degustiert respektive getrunken wurden.
Dort habe ich auch Jacques Thienpont persönlich kennengelernt - Freundschaft auf den ersten Schluck!
Im Mai 1994 habe ich in einer Vertikalprobe im Restaurant Bienengarten in Dielsdorf wiederum sämtliche Jahrgänge von 1979 bis 1993 geöffnet - zusammen mit Jacques und Alexandre.

1979 Le Pin 12/20
92: Mittleres Granat und Bordeauxrot mit orangem Schimmer. Erst für kurze Zeit süsse, verlockene Nase, dann ein Übermass an flüchtiger Säure (Essigstich), zu Kopf steigend, rote Johannisbeeren. Griffige Fruchtsäure, die die Zunge komplett beherrscht, eher wenig Konzentration und total unausgeglichen. Die Säure erhält den Wein, dem es an Fett und Fleisch mangelt. Es soll aber von diesem Jahrgang sehr unterschiedliche Flaschen geben, da Barriquenweise abgefüllt worden war. 12/20 austrinken

Pomerol

94: Die Nase zeigt eine überreife Frucht in Form von eingelegten Dörrpflaumen, dahinter sich entwickelnde Unsauberkeit. Leider sind die nasalen Erwartungen zu gross im Verhältnis zu den sehr bescheidenen Gaumenfreuden. Im Gaumen zeigt sich ein zwiespältiges Verhältnis zu einer essiglastigen Säure und fettiger Fülle.   12/20 austrinken
Der Besitzer Jacques Thienpont tauscht sämtliche Flaschen 1979 gegen andere Jahrgänge um.

1980 Le Pin   **13/20**
92: Leuchtendes Granat mit starkem Wasserrand. Waldpilze (Champignons) in der Nase vermischt mit einem leicht unsauberen (Kartoffelsack) und mineralisch, unterschweligem Schieferton, fast petrolig. Im Gaumen harte Säurestruktur, die ein Sonnenmanko anzeigt, kantige Tannine mit herbem Tabakfinish.   13/20 austrinken
94: Magnum: Offenes, leicht faisandiertes Bouquet. Etwas ledrige Struktur, animalische Beinote, gebrauchtes Leder und Pferdesattel. Beginnt nach 10 Minuten zu verblühen. Die Normalflaschen dürften bereits die Genussreife überschritten haben.   14/20 austrinken

1981 Le Pin   **18/20**
89: Bei Philippe Jorand im Layauga getrunken. Granat mit dunklen Reflexen. Black-Currant-Aromen in recht dicht gebündelter Nase. Vielschichtiger Wein im Gaumen, im Abgang schöne Würzanklänge.   17/20 trinken
92: Die Überraschung anlässlich der Le Pin-Blindprobe: Granat-Purpur, sehr dicht mit leichtem Reifeschimmer. Reiche Cassis- und Trüffelnase, reife Frucht und Wärme ausstrahlend, lädt superb aus und steigt wohlig in die Nasengefilde. Im Gaumen Velours, samtig. Ein Rubens-Wein vom Beginn bis zum fast erschlagenden Nachklang.
18/20 trinken - 1997
93: Bekommt jetzt eine Schokonote. Im Gaumen sehr reif.
17/20 austrinken
94: Ein gigantisches Rubens-Erlebnis. Das sollte man alleine aus einem grossen, flaschenfassenden Glas trinken dürfen. Recht kompakte, etwas trübe Farbe. Ein explosives, verschwenderisches Bouquet, rauchiges Cassis, Trüffel, sehr fett, mit Süsse unterlegt. Im Gaumen cremiger, mundfüllender Körper, saftig unglaublich ausladend, druckvolles, langes Finish. Macht sehr, sehr viel Spass.
18/20 trinken - 1997

1982 Le Pin   **18/20**
92: Mittleres Weinrot mit orangen, ja fast bräunlichen Reflexen, feiner Wasserrand. Burgunder-Pinot-Nase, nussig wie ein Chambolle-Musigny, Kaffee, Rauch, sekundäre Reifearomen, Süsse verströmend. Im Gaumen Nussfett, Dörrpflaumen, unter dem Fett schöne Eleganz. Irgendwie scheint es sich aber um eine zu warm gelagerte Flasche zu handeln, da der Gaumen weniger hergibt als die Nase.
Gaumen 15/20, Nase 17/20 trinken
92: In Deutschland eine Flasche, die rund eine Stunde zuvor dekantiert worden war, degustiert. Bedeutend tiefer als der 82er Pétrus. Explosive Heidelbeeren-, Cassisnase, erste Öffnung, extrem blaubeerig. Im Gaumen wiederum Cassis, durch weiche Säure sehr viel Charme. Ein weiniges, mundfüllendes, grossartiges Weinerlebnis.
18/20 trinken - 2000
94: An der Le Pin-Probe eine schwache Flasche, die zwischen dem 81er und dem 83er keine Chance hatte. Schokopralinenton, ein Hauch Kräuter. Fetter Körper, die Gerbstoffe wirken darin etwas trocken, sie verbinden sich nicht so recht mit dem Weinfett und geben ihm einen leicht stieligen Charakter.   17/20 austrinken

1983 Le Pin   **19/20**
87: Ein unglaublich perfekter Wein, dem Pétrus zum Verwechseln ähnlich. Erstmals degustiert an der Sotheby's-Degustation anlässlich der VINEXPO 87 in Bordeaux. Pfeffrige Säure, extrem vielschichtiges Merlot-Spiel. Längen und Fülle, korpulente Struktur mit viel Fleisch, endlos lange.   19/20 trinken ab 1992
Einer der besten 83er im ganzen Bordelais. Seither wiederum mehrmals getrunken, extremer Cassiston, Rauch.
19/20 1992 - 2004
91: Total reduktiv. Nicht trinken oder mindestens vier Stunden (!) vorher dekantieren.
91: Eine Doppelmagnum im Château Layauga. Sogar Merlot-Hasser Hans Massler verneigte sich ehrfürchtig vor diesem grossen Wein!
92: Mattes Granat, dicht, undurchdringlich. Starke Burgunder-Aromen in der Nase (Vosne-Romanée), gewaltig, vielschichtig. Im Gaumen Waldboden, Trüffel, Herbsttrompeten, getrocknete Steinpilze mit abklingender Fruchtphasenanzeige. Nach 20 Minuten entwickelt sich Minze und gleichzeitig Schokolade (After-Eight). Wuchtiger, lange anhaltender Nachklang.   18/20 1994 - 2000
93: Tiefes Purpur-Orange. Verrücktes Bouquet, rotbeerig, Zimt, finessenreich und erschlagend zugleich. Ein gewaltiges Fruchtextrakt, seidig elegant, zeigt im Gaumen eine gewaltige Süsse. Macht sich nun definitiv bereit zum Beginn der Genussphase.   19/20 trinken - 2004
94: Das Bouquet alleine ist ein Wahnsinn...
19/20 trinken - 2004
94: Anlässlich der Le Pin-Probe der beste Jahrgang. Max Gerstl wollte ihn fast mit 20/20 bewerten mit der Frage: <<Was soll man einem solchen Wein an Punkten abziehen?>>. Zeigt jetzt wieder ein immenses Alterungspotential. Es lohnt sich also, noch etwas zuzuwarten.
19/20 1996 - 2010

1984 Le Pin   **16/20**
90: Magnum: Helles Granat mit orangem Rand. Kaffee- und Kakaoaromen. Charmante Süsse und Barriquentoastton. Feiner, eleganter Wein.   15/20 trinken
92: Defensive, eher zurückhaltende Nase, wirkt unlogischerweise fast verschlossen, rotbeerige Frucht, Zimt und Ingwer. Salziger Gaumenbeschlag, wirkt jung, erdbeerig, leichte Rauchnote und Lakritze, im Nachklang Kastanienholz und etwas ungehobelt.   16/20 trinken - 1999
93: Doppelmagnum: Ich habe als totaler "Glasindividualgegner" für einmal eine Ausnahme gemacht und diesen Wein im Burgunderglas servieren lassen - und es war gut

so. Die geballte Frucht vom Le Pin kommt so wunderschön zur Geltung. Versuchen Sie dies auch einmal, immer unter der Voraussetzung, zu den ganz wenigen zu gehören, die Le Pin im Keller haben, oder in dessen Genuss kommen. Leuchtendes, intaktes Granat. Süsse Nase mit viel Frucht, Erdbeeren und Himbeeren. Gute Säure, die sich mit dem Extrakt verbindet, viel Frucht auch im Rückaroma. Einer der besten 84er mit einer fast unheimlichen Eleganz. 16/20 trinken - 2000
94: After-Eight-Minzenton in der Nase. Im Gaumen gut proportioniert, schöne Länge. Mit dem Domaine de Chevalier einer der besten dieses Jahrganges.
16/20 austrinken

1985 Le Pin 16/20
89: Auch wenn ich ein totaler Le Pin-Fan bin, muss ich ehrlich sagen, dass ich mit diesem 85er Mühe habe. Er besitzt wohl ein erstaunliches Potential, nicht ganz wie der 83er, aber in der Zeit von 1988 - 1990 ist er immer wieder durch unsaubere Töne aufgefallen. Keine Bewertung!
92: Es ist und bleibt ein eigenwilliger Wein. Weder ein Le Pin noch ein Pomerol. Granat-Purpur, mittlere Dichte. Eine verrückte, fast übertriebene Fruchtnote, Cassis und Red-Currant, extrem exotisch (rote Grapefruit und Passionsfrucht). Im Gaumen säuerliche Fruchtfleischextrakte, wiederum Grapefruit, vordergründig. Jacques Thienpont hat diesem Wein blind 14 Punkte gegeben. 16/20 1994 - 2004
94: Laut dem Besitzer war dieser Wein in Sylt an einer Vertikalprobe einer der besten Jahrgänge. An meiner Probe war es der einzige Jahrgang, den ich ausspuckte und nicht trank. Peperoninote von grünem Cabernet im unappetitlichen, eigenwilligen Bouquet. Im Gaumen Nelken und komische Fruchtsüsse. Gemessen an der Qualität von anderen Le Pin-Jahrgängen müsste man ihn eigentlich fast deklassieren. 14/20 trinken

1986 Le Pin 19/20
89: Der Sieger in einer 86er Blinddegustation von über 100 (!) Bordeaux'. Dann wiederum Sieger einer Welt-Merlot-Degustation im Tessin.
90: Schwarze Farbe mit Brombeerenreflexen. Volle, dichte Nase mit tiefem, konzentriertem Würz-Fruchtbouquet. Dichte und reiche Fruchtkomponente im Gaumen. Warm, fein, mit viel Tannin, Extrakt und sensationellem Cassisfinish. 19/20 trinken ab 1995
91: Ein unglaubliches Extrakt!
91: Magnum: Die Magnum war noch fast in der ersten Fruchtphase und deshalb ein erschlagendes Erlebnis für alle Teilnehmer dieser Degustation.
92: Kaffee, Teer, Wildaromen, faisandiert, Zimt, viel Würze, verdeckter Nelkenton. Reife Frucht, die im Hintergrund neben der markanten Tanninstruktur ist, fast salzige Konzentration, gut ausgeglichene Proportionen. Er macht wie viele 86er im Moment eine leichte Rumpelphase durch. Nicht berühren! 19/20 1994 - 2008
92: Granat mit feiner, ziegelroter Färbung, Wasserrand. Eigenwillige, faisandierte Nase, die sofort in enormen Druck umsetzt. Die Aromen erinnern an einen grossen Rioja, par-

fümierter, sehr vielschichtiger Duft. Im Gaumen ein Spiel von roten und blauen Beeren (Maulbeeren und Cassis), pfeffrige Note, sehr dichte Struktur mit feinen Extrakten, reich an Finessen, entwickelt sich sehr gut an der Luft. Le Pin und Cheval-Blanc werden als erste der Grossen die Genussphase erreichen. 19/20 1995 - 2005
93: Von drei geöffneten Flaschen war eine absolut schrecklich. Nicht korkig, sondern wie es Clive Coates manchmal in diskreter Art und Weise auf englisch ausdrückt: <<A little bit shitty in the nose!>>. Die anderen Flaschen ebenfalls exotisch und sehr eigenwillig. Hühnerbouillon, gekochtes Cassis. Als 86er reift er mir etwas zu schnell.
18/20 trinken - 2000
94: Jetzt in Hochform. Ein Wahnsinnsbouquet von Trüffel-, Zedern- und Havannatönen vermischt mit verführerischer Cassissüsse. Im Gaumen gut stützend, konzentriert und saftig. 19/20 trinken - 2005

1987 Le Pin 17/20
90: Mit Mouton der beste 87er im ganzen Bordelais, wenn auch nicht von der klassischen Sorte. Schwarz, tief, mit Lakritze und Rauch beladen. Dichtes, konzentriertes, enges Bouquet. Im Gaumen reich an Extrakt und stützender Fülle, fleischig, lang. 17/20 bald - 1997
92: Wer diesen Wein 1992 trank, ist sehr wahrscheinlich fast ausgeflippt. In der Blindprobe neben zehn anderen Le Pin-Jahrgängen habe ich ihm 20/20 Punkte gegeben. Sicherlich eine zu euphorische Wertung, aber das Wohlgefühl brach einfach in mir durch. Man möge mir verzeihen. Ein samtenes, füllig-elegantes Weinerlebnis, das leider in wenigen Kellern und auf noch weniger Weinkarten zu finden ist. Und auch die eigene Reserve wird fast monatlich kleiner. Es ist zum Weinen. 18/20 trinken, morgens, mittags und abends, von mir aus auch mitten in der Nacht!
94: Ein grandioser 87er, den man durchaus alleine trinken kann. Die Nase zeigt mehr und mehr eine grüne, aber schön aromatische Cabernet-Note. 17/20 trinken - 1998

1988 Le Pin 17/20
91: Sehr wahrscheinlich in einem Moment, wo der Wein durch Transport etwas geschwächt war. Violettes Rubin, dicht, Karmesinanflüge. Cassis, rauchige Nase. Im Gaumen verhalten, jedoch mit sehr feinem Extrakt. Im Moment nur um eine kleine Spur besser als der 87er.
17/20 1996 - 2010
92: Leuchtendes Purpur, eher hell in der Dichte. Süsse, kaffeelastige Nase, primäre Fruchtaromen, offen. Im Gaumen Kirschentöne, wiederum Kaffee, recht fettige Tannine, samtig. Es fehlt ihm aber an Konzentration und Vivazität.
16/20 trinken - 2000
93: Hat wieder zugelegt. Zum Nachtessen mit Alexandre und Jacques Thienpont direkt neben dem 88er Vieux Château Certan getrunken. Rotbeerig, burgundisch, schöne, reife und gerundete Gerbstoffe. 17/20 trinken - 2002
94: Entwickelt eine Cabernet-Würznote in der Nase, die sich mit Zedern und Rauch vermischt. Blaubeerige Gaumenaromen. Im Moment sind die Tannine eher wieder körnig und verlangen nach weiterer Reife. Vielleicht drei Jahre warten. 17/20 1997 - 2006

Pomerol

1989 Le Pin 17/20
92: Wenn man die Merlot-Situation von 1989 kennt, fällt es erstens schwer, an die Verkündung von nur 12.5 %Vol. Alkohol zu glauben. Understatement? Zweitens habe ich Mühe mit meinen eigenen nun folgenden Notizen. Sie gleichen leider allzu sehr den 88er Eindrücken. Sind die ganz grossen Jahrgänge dieser Le Pin-Dekade nur der 83er und der 86er? Mittlere Granatfarbe mit ebenso „mittlerer" Dichte. Die fruchtige Nase eines Primeurs mit erstaunlicher Zugänglichkeit, marmeladig, Kaffee und „mittlerem" Druck. Im Gaumen soft, wenig Säure und gefälligen, schmeichelnden, „mittleren" Tanninen, fettes Finish. Warum soviel „mittel"? Eben, weil ich trotz aller Subjektivität und allem Fanatismus in diesen Wein vielleicht zu hohe Erwartungen hatte oder habe. Hat neben Pétrus und Clinet und anderen Stars in diesem Jahr keine Chance. Nur sein Preis ist im Moment Premier Grand Cru-würdig. Man kann ihn durchaus jetzt in der Fruchtphase trinken. Das Alterungspotential schliesst sich einem bereits mehrmals genannten Wort an: Mittel! 16/20 trinken - 2000
92: Blindprobe: Purpur, mittlere Dichte. Creme Caramel in der Nase, alkoholisch. Verdeckte Säure im Fruchtfleisch, sonst soft und vor allem ein überschwenglicher, weinbeherrschender Barriquentoastgeschmack.
16/20 trinken - 2000
94: Mittlere Farbtiefe, leichter Wasserrand. Starke Kaffee- und Toastnase. Saftiger, schmeichelnder Gaumenfluss, trinkt sich jetzt schön. 17/20 trinken - 2003

1990 Le Pin 19/20
92: Fassdegustation auf dem „Château": Dichtes Purpur mit violetten Reflexen, feiner Wasserrand. Kaffeeröstöne, Zedern, Trüffel, konzentriertes Fruchtaroma, Cassis. Im Gaumen fleischig, fast salzig im Extrakt, Fleisch, Biss und viele gesunde Tannine. Bedeutend konzentrierter als der 88er und 89er und somit einer der grossen Le Pin-Jahrgänge. Rund eine Stunde nach dem 90er Pétrus degustiert. Die Struktur von Le Pin ist markiger mit weniger Souplesse. Das könnte aber auch von der Struktur des Barriquenkorns herkommen, welches mir im Verhältnis zu der Finesse des Weines oft fast bourgeois vorkommt. 18/20 1997 - 2008
93: Kaffeedüfte, exotische Gewürze, feine Kiefern- und Rosmarinnuancen, Eucalyptus. Sehr konzentriert, reich mit seidigem Fruchtextrakt. 18/20 1997 - 2010
93: Sattes Purpur mit abklingenden violetten Reflexen. Was für eine Nase! Süss, sehr komplex, konzentriert mit viel Tiefe. Samtig fülliger Fluss, rubenshaft, viel Fülle, die fast keinen Platz im Gaumen hat, burgundische Töne, wirkt durch seine überschwengliche Fülle, mit fettem Körperbau. 19/20 trinken - 2005

1991 Le Pin 17/20
92: Nur gerade zehn Barriquen wurden produziert, was ungefähr 3000 Flaschen ergeben wird. Mittleres Rubin mit Purpurschimmer. Blaubeerige Fruchtaromen. Mittlere Konzentration. Im Gaumen eher rotbeerig mit würzigem Schalenextraktaroma. In der Struktur ein 87er mit einer süffigen Leichtigkeit. 15/20 1995 - 2004
93: Einen Monat nach der Flaschenfüllung auf dem Weingut verkostet. Burgundisch in der Nase. Im Gaumen saftig, fein, schlank mit süssem Caramelfinish.
16/20 1995 - 2004
94: Hat gewaltig zugelegt und entwickelt sich zu einem der besten 91er. Vielleicht ist die Nase etwas zu stark kaffeebetont. Eine Malaga-Note zeigt schöne Reife im Bouquet.
17/20 trinken - 2000

1992 Le Pin 16/20
93: Ich besuchte Jacques Thienpont Mitte April 1994 auf dem Weingut. Zu diesem Zeitpunkt wusste er noch nicht, ob er überhaupt den 92er Le Pin machen will. Er wäre bereit gewesen, die ganze Ernte zu deklassieren. Wir degustierten die drei verschiedenen Cuvées sowie eine totale Assemblage aus der ganzen Ernte. Die erste war mir zu floral mit leicht grünen Noten, die zweite unharmonisch (das war die Assemblage total), die dritte interessant und die vierte von schöner Fülle mit guter Säure (3,5g) und schönem Tanninrückhalt (62 g). Ich schlug vor, 3 und 4 zu 90 % zu verwenden und vom ersten Cuvée etwa zehn Prozent beizumischen. Das Resultat war verblüffend. Der Wein legte beträchtlich an Farbe zu, wurde dichter und war vom ersten Moment an harmonisch und ausgeglichen. Leider bewirkte diese Mixtur dann aber auch für Thienpont, dass er mehr als die Hälfte der Ernte deklassieren musste.
93: Mittleres Purpur. Volle Beerenfrucht, Cassis, süsse Röstnote. Stoffiger Gaumen, gute Tanninwerte, Maulbeeren im Finale. 16/20 1996 - 2003

1993 Le Pin 17/20
94: Tiefes Purpur, aufhellend am Rand. Exotisches Fruchtbouquet gestützt durch aromatisierendes Toasting, dicht, Cassis und Red-Currant. Rotbeeriger Gaumen, süsses Extrakt, stoffig, satte Textur, gute Adstringenz, mittelgewichtiger Gaumen, schönes, beeriges Rückaroma.
16/20 1998 - 2005
94: Einen Monat später war der Wein kaum wieder zu erkennen. Er hat an Fülle, Dichte und Komplexität zugelegt. Mehrere Male wieder degustiert. Das Bouquet zeigt Süsse in Form von Amarenakirschen und Erdbeeren. Satter, stoffiger Gaumen. Ein toller Le Pin, sehr ausgeglichen.
17/20 1997 - 2007

Château Plince

Bei meinem letzten Besuch empfing uns Bernard Leyney, der seit erst ein paar Jahren das Weingut betreut als Maître de Chai. Zugleich kümmert er sich natürlich um den etwas bekannteren Clos L'Eglise, von dem Plince nach einem Jahr jeweils die Fässer übernimmt. Wenn man sich entschliessen könnte, das Egrappoir ins Museum zu schikken, würden dem femininen, finessenreichen Plince auch gleichzeitig die Kanten geschliffen.

1985 Plince — 16/20
89: Mittlere Intensität, ausladend, schokoladig, noch Tanninsubstanzen zum Abbauen. 15/20 1991 - 2000
94: Schön aus der halben Flasche zu trinken.
16/20 trinken - 2000

1986 Plince — 15/20
90: Mittlere Farbdichte. Feminines Bouquet mit viel Charme, Minze- und Lederaromen. Im Gaumen Terroir, Trüffel und wiederum Leder, kräftige Gerbstoffe. 15/20 bald
94: Magnum: Pferdiges Bouquet. Braucht Luft, um sich im Gaumen zu zeigen. Eine Stunde dekantieren.
15/20 trinken - 2003

1987 Plince — 12/20
90: Unsauber, gemüsig. Teeraromen. Wirkt trocken im Gaumen. Kleines Potential, kaum verbesserungsfähig.
12/20 1992 - 1998

1988 Plince — 14/20
91: Granat, mittel. Minze, Pferd und leichter Lederton, darunter Apothekenkräuter. Recht dicht, auch kräftig, viel Extrakt, im Finish unsauber klingender Dunggeschmack.
14/20 1995 - 2002

1989 Plince — 16/20
90: Komplexe Nase, Terroir und Rebholzgeschmack. Schmelzige Textur. Dichter, sehr guter Wein.
16/20 trinken ab 1994
92: Arrivage: Granat mit feinem Wasserrand. Eine feine, würzige Geraniolnote beherrscht für ein paar Minuten das Nasenbild, dann steigt Frucht auf. Im Gaumen einfach und unkompliziert mit recht schöner Fülle. 16/20 trinken - 2000

1990 Plince — 16/20
91: April: Mittleres Granat. Tabak, Terroirton mit frischem Leder. Weicher Charme, Zedern- und Holzaromen, fleischig.
16/20 1995 - 2005
92: Tiefe Farbe. Erstaunlich konzentrierte Nase. Sehr gute Balance, fettes Cassisfinish. 16/20 1995 - 2005

1991 Plince — 14/20
93: Dunkles, recht tiefes Granat. Waldbeeren-, Brombeerennase, reife Frucht, offen, spontan mit schöner Süsse, ausladend. Weicher, charmanter Gaumenfluss, reife, runde Gerbstoffe, burgundischer Charme, erinnert in den Aromen an einen L'Evangile. Faszinierend ist die Fülle des Weines, ohne alkoholisch zu wirken. Die auf der Zunge verbleibenden Gerbstoffe wirken im Finish etwas trocken und nervig. (Presswein?). 14/20 1995 - 2004

1992 Plince — 15/20
93: Feines Purpur. Gekochte Johannis- und Preiselbeeren. Sauber mit Druck, fülliger Körper. Gut gelungen.
15/20 1996 - 2005

1993 Plince — 16/20
94: Vor dem Regen geerntet. Mittleres Granat. Konzentrierte Nase, gebündelt, reife Frucht. Schön parfümierter Gaumen, sauber, geschliffene Gerbstoffe, gut balanciert. Sehr guter Wein. 16/20 1997 - 2006

Château La Pointe

1961 La Pointe — 14/20
92: Granat mit braunen Reflexen. Speckige Nase mit leichtem Schwefelton, der aber wieder verfliegt. Im Gaumen knochentrocken, sandig, Hefe, Teer, ledrig, ohne Charme.
14/20 trinken

1975 La Pointe — 14/20
94: Reifende, dichte Farbe. Fassige, unsaubere Nase. Pelziger Fluss, anstehendes Tannin, traditioneller Wein.
14/20 austrinken

1979 La Pointe — 13/20
90: Helles Granat. Waschküche in der Nase. Unsauber im Gaumen, saurer Abgang. 13/20 trinken

1988 La Pointe — 13/20
89: Reife Früchte, offenes Bouquet. Sehr wahrscheinlich ein eher schnellreifender Wein. 13/20 trinken

1989 La Pointe — 14/20
90: Mittleres Potential ausstrahlend. Eucalyptus in der Nase, recht offen. Im Gaumen heisses Traubengut, mittlere Struktur. 14/20 1994 - 2003

1990 La Pointe — 13/20
91: Konfitürige Nase, alkoholisch, Cassisspuren. Wirkt eher dünn im Gaumen, wenig Konsistenz. 13/20 1995 - 2004

1993 La Pointe — 16/20
94: Tiefes Purpur. Röstiges Bouquet, dominierende Barrique. Im Gaumen sehr sauber, pfeffrige Frucht, Preiselbeeren, recht dicht, sehr ausgeglichen, der beste La Pointe seit langer Zeit. 16/20 1999 - 2009

Pomerol

Château Rouget

Der Montrose aus dem Pomerol. Nur mit dem Unterschied, dass sich der Montrose nach einer gewissen Alterungsphase mehr und mehr öffnet. Der Rouget bleibt bis zu seinem endgültigen Absterben leider oft ein harter, metallischer Wein.

1959 Rouget — **12/20**
90: Jugendliche Farbe mit violetten (!) Reflexen. Kräftiger Terroirton, harter Wein (Montrose-Typ), unzerstörbar.
12/20 trinken

1962 Rouget — **15/20**
88: Kompaktes Weinrot. Würze und Tiefe, Eisenton, Kräuteraromen, schwarzes Holz. Schönes, massives Gerüst im Gaumen, trockener Gerbstoff, mittlere Länge, rustikaler Körper, im Abgang ledrig.   15/20 austrinken

1964 Rouget — **13/20**
85: Farbe stumpf, Granatrot mit Altersreflexen. Im Gaumen offen, aber wenig Aroma, mittlerer Körper, zackige Strukturen, magerer Abgang. Harte Schale - weicher Kern!
13/20 trinken

1966 Rouget — **13/20**
90: Dunkles Granat, recht tief. Öffnende Nase, unsauber, fassig, grüne Nüsse. Im Gaumen extrem hart und eckig.
13/20 austrinken

1970 Rouget — **14/20**
88: Weicher, diskreter Merlot-Duft. Im Mund erwartungsgemäss mit Biss und Kraft, metallische Säure, wenig Fleisch und einem kurzen Abgang.   14/20 trinken - 2005

1971 Rouget — **12/20**
86: Offene, schmale Nase. Im Gaumen eine ausgelaugte, alte Tante.   12/20 ausleeren

1975 Rouget — **16/20**
94: Reifendes, bräunliches Granat. Korinthiges Bouquet, Rauch- und Stielwürznote, Leder, Zedern, oxydiert nach 10 Minuten. Würziger Gaumen, Tabaknote, viel Extrakt, etwas trocken vielleicht, viel Rückaromen.
16/20 trinken - 2004

1976 Rouget — **11/20**
87: Fehlerhafte Nase. Saurer Gaumen, grün und hart.
11/20 vorbei

1986 Rouget — **12/20**
90: Zurückhaltende Nase, vegetal. Wirkt auch im Gaumen verschlossen, schwer zu beurteilen.   13/20 1996 - 2005
91: Jetzt, ein Jahr später, öffnet er sich ein bisschen. Leider zu seinem Nachteil. Junge Nase, Waldhimbeeren, defensiv. Im Gaumen oxydierter Kupfergeschmack, grünes Tannin, extrem metallische Struktur, kurz. Man hat den Eindruck, dass die Cabernet Franc-Traube den Wein negativ beherrscht. Ein absolut mieser 86er. Falls man ihn als Kochwein verwendet, vorher dekantieren!   12/20 trinken

1988 Rouget — **13/20**
91: Granat-Purpur, mittel. Dichter Terroirton, Peperoni, Trüffel. Im Gaumen blaubeerig, markantes, eckiges Tannin, metallische, zungenbeherrschende Struktur. 13/20 2000 - 2015

1989 Rouget — **13/20**
90: Metallischer, harter Wein.
13/20 trinken ab 1996 - ohne mich

1990 Rouget — **17/20**
91: Wenn man meine bisherigen Notizen anschaut, kann man sich schwerlich vorstellen, dass ich mich jemals von einem Rouget verzaubern hätte lassen können. Granat-Purpur. Süsse Nase, trockene Bananen, süsse Tannine (Sangiovese), defensiv. Im Gaumen superb parfümiert, recht fett. Klarer, direkter Wein, Tannine für ein langes Leben. Der beste Rouget meines Lebens! 17/20 1997 - 2015
92: Der Rouget degustiert sich meistens sehr gut zu Beginn. Jetzt macht er einen defensiven, etwas harten Eindruck.   16/20 1998 - 2018
94: Ein Montrose aus Pomerol. Total verschlossen, aber sehr gutes Potential anzeigend.   17/20 2000 - 2020

Château de Sales

1971 de Sales — **13/20**
89: Braune Farbe. Überreife, verwelkte Nase. Im Gaumen nach ranzigen Nüssen riechend.   13/20 austrinken

1976 de Sales — **13/20**
87: Braune Farbe. Verblühtes Bouquet. Reifer Gaumen ohne Ambitionen.   13/20 austrinken

1978 de Sales — **12/20**
92: Granat-Ziegelrot. Unsaubere Nase, fassig. Im Gaumen kräftiges Extrakt, wirkt aber blechig, bitter und trocken.
12/20 vorbei

1979 de Sales — **16/20**
87: Eine Überraschung einer 79er-Pomerol-Degustation. Aufhellendes Granat. Reife Nase. Elegant, gut ausgebaut, ein sehr guter Preis-Leistungs-Wein!   16/20 trinken

1981 de Sales — **14/20**
89: Mehrere Male getrunken, ohne viel zu notieren. Wie alle de Sales sauber vinifiziert, rund und gefällig.
15/20 trinken
92: Für sein Alter recht tiefe Granatfarbe, nur leichte orange Färbung am Rand. Waldbeerenbouquet, elegant und füllig zugleich. Im Gaumen vollreif, leicht schokoladig im Finish.   15/20 trinken - 1995
93: Eine erschreckend reife Flasche, die den Zenit überschritten hatte.   14/20 vorbei

1985 de Sales 14/20
88: Wusste sich im Feld der grossen Pomerols wiederum recht gut zu behaupten. Ausladende Nase, weich. Leichter Körper, recht gut vinifiziert. 14/20 trinken
91: Reifes Granat mit Purpur-Schimmer und leichtem Wasserrand. Erst schwierige Nase, die sich aber schnell öffnet, süss mit Terroir-Ledergeschmack. Im Gaumen fett und füllig. 15/20 trinken - 1997
93: Hat die beste Zeit hinter sich. Die Säure dominiert und der Wein dahinter wirkt leider sehr mager. Für einen 85er jetzt enttäuschend. 13/20 vorbei

1986 de Sales 14/20
89: Leichte Farbe. Alkoholische, brandige Nase, primäre Süsse, darunter altes Holz. Im Moment enttäuschender Wein, wieder degustieren. 14/20 1991 - 2000

1990 de Sales 14/20
92: Granat-Purpur. Fette, schwere Nase, Rubens. Im Gaumen ebenfalls fett mit bitteren Tanninen, angriffige Zungensäurespitze, scharf. 14/20 1996 - 2006

1991 Chantalouette 12/20
(deklassierter de Sales)
93: Mittleres Purpur, starker Wasserrand, feiner Reifeschimmer. Grüne, fassige Nase, unsauber. Im Gaumen aufgedunsen, unsaubere Noten, wenig drin.
12/20 trinken - 1998

CHÂTEAU TAILLEFER

1961 Taillefer 14/20
92: Dichtes Bordeauxrot. Offen, Tabak, wild, weich. Im Gaumen geprägte Zungenstruktur, Waldboden, verbrannte Wolle, Probleme mit dem PH-Wert. 14/20 austrinken

1975 Taillefer 14/20
94: Reifendes, recht dunkles Granat. Schokobouquet, dahinter blumig. Erdiger Gaumen, leicht pelzige Zunge, sandiger Fluss. 14/20 austrinken

CHÂTEAU TROTANOY

Oft einer der männlichsten Pomerols. Verlangt nach Reife und braucht deshalb entsprechend Geduld. Auch ich habe ihn oft in seiner ersten Jugendzeit unter seinem wahren Wert honoriert.

1961 Trotanoy 16/20
88: Extrem rarer 61er. Über Jahre wurde Trotanoy weder von Sotheby's noch von anderen Auktionshäusern angeboten. Die Flasche, die wir mit rund 20 anderen 61ern zusammen degustierten, wurde von Kalifornien eingeflogen. Konzentriert mit orangefarbenem Rand. Beginnende Kräuterphase. Griffiger, vordergründiger Gerbstoff, schwer einzuschätzen. 16/20 trinken - 1995

1962 Trotanoy 17/20
92: Reifes Granat mit ziegelrotem Schimmer. Defensiv-süsse Nase durchsetzt mit feinem Waldpilzeton, füllig und ausgeglichen. Ein Duftelexier! Im Gaumenbeginn feine, frische Kräuteranflüge, weicher, weiniger Gaumenfluss mit waldigem Untergrund, das Tannin ist komplett abgebaut, und der Wein ist mit all seinem Charme jetzt in vollster Reife.
17/20 austrinken

1964 Trotanoy 17/20
92: Sensationell tiefe, fast undurchsichtige Farbe, jung. Zu Beginn schokoladig, verschlossen, Minze und eine Blut-, Fleischnase eines ganz grossen, reifen Côte Rôties. Im Gaumen warm, waldbeerig. Eine moosige, sandige Säure beherrscht im Moment die Zunge, die von weinigem Charme umgeben ist. Ein vollreifer Wein, der in gewisser Weise eine Affinität zu einem fettigen, würzigen Burgunder besitzt. Die Säurestruktur bleibt leider bis zum Schluss ein bisschen zäh und bourgeois im Charakter.
17/20 austrinken

1966 Trotanoy 16/20
86: Mövenpick-Abfüllung: Stumpfe Nase, eher dumpf. Extraktreich im Gaumen, rustikale Struktur, Korinthen im Finish. 16/20 austrinken

1970 Trotanoy 16/20
87: Brillante, eher helle Farbe. Süsse, pomeroltypische Nase mit Unteraromen von Nüssen. Defensiver Gaumenkontakt mit Bestätigung von Süsstönen (Quitten?), angenehm begleitendes Tannin, Leder, Tabak, rasch abklingendes Finish. 16/20 trinken - 1996
91: Magnum: Mittelintensive Farbe, aber dafür dicht. Rauch, Tabak, Herbsttrompeten, sekundäre Süsse. Im Gaumen feine Würze, Ledertöne mit markanter Struktur, bitteres Schokofinish. Trocknet mehr und mehr aus an der Luft.
16/20 trinken
92: In Wien neben dem La Fleur-Pétrus blind verkostet. Buttrig, fett, schwarze Beeren, Ledernuancen. Im Gaumen Havannanoten, Brombeerengelee, Schokolade, schön terroirbetont, guter Schmelz. 17/20 trinken - 1997

Pomerol

94: Sehr reife Farbe, aufhellender Wasserrand. Peperoninote vermischt mit schleichender Oxydation, Spuren von flüchtiger Säure. Im Gaumen sehr reif. Hat mir nicht sehr viel Spass bereitet. 15/20 austrinken

1971 Trotanoy   **19/20**
92: Reifendes Granat. Pfeffrige Nase, wuchtig-würzig, verführerische Rauchnote, süss, Maulbeeren. Sehr langer Körper mit viel Schmelz, Kräuteranflüge, kalter Rauch, gebundenes Finish. Ein grosser Pomerol mit einer unheimlichen Eleganz. 19/20 trinken - 2000

1972 Trotanoy   **15/20**
91: Recht gute Farbe mit Reifezeichen. Offene, kräftige Nase mit Rauchgeschmack und abklingender Frucht. Mittlerer, langer Körperbau mit Spitzwegerich und Irish Moos-Aromen. Ein superbes, langes Finish, das fast süss und verlockend wirkt. Überdurchschnittlicher, auch heute noch erfreulicher 72er. 15/20 austrinken

1975 Trotanoy   **18/20**
88: Reife Farbe. Stachelbeerenton, unharmonisch unter seiner alkoholischen Fülle, schokoladig. Unausgeglichenes, mittelmässiges Potential. 16/20 trinken
92: An einer Engelhardt-Probe in Baden-Baden: Weckte einige Diskussionen betreffend Trinkgenuss. Ich zählte zu den Pessimisten. Mittlere Farbdichte, eher hell mit oranger Aufhellung, starker Wasserrand. Cigarrenkiste in der Nase, leicht faulig, Bakelit. Im Gaumen süss, mollig, dunkle Schokolade, Marroniaromen und wiederum Cigarren. 16/20 trinken
92: Von Saulus zu Paulus. Beim Pfarrer Leonz aus einem Burgunder-Glas getrunken. Süsses, fettes Waldbeerenbouquet mit wunderschönen Gewürzanklängen, Terroir, Schokolade, Tabak, Eisenkraut. Im Gaumen rund, gut stützendes Tannin, cereale Süsse. Wird durch Luftzutritt zunehmend süsser, Preiselbeerenaroma. 18/20 trinken - 2000
94: Reifendes, dunkles Granat. Süsses, absolut verführerisches Bouquet, Kaffeelikör, geröstete Mandeln, Kandis, Vanilleschoten, buttrig, komplex, gebunden, Malaga-Note. Charmanter Gaumen, sehr reife Gerbstoffe, viel süssliche Aromatik, wiederum Kaffeenote vermischt mit Pralinen, mittelgewichtiger Gaumen, sehr schön zu trinken, Portwein-Finish, viel Eleganz. 18/20 trinken - 2005

1976 Trotanoy   **13/20**
87: Ein Problemwein. Mässiges Potential, chemische Nase. Lückenhafte Körperstruktur. 13/20 weg damit

1978 Trotanoy   **17/20**
86: Vielschichtige, volle pflanzliche Nase. Im Mund füllig mit leichten Konsistenzeinbrüchen, Mandelaromen, terroirbetont, salziges Finish. 15/20 1988 - 1997
92: Purpur-Orange-Braun. Wuchtige, süsse Nase mit viel Druck, Kaffee, darunter verdeckte, vegetale Aromen. Im Gaumen Musigny-Aromen, tabakig und grüne Peperoni. 16/20 austrinken

93: Er wird jetzt zunehmend süsser und macht einen Eindruck von teilweise zu reifem Traubengut, schmeckt nach Rosinen trotz grünen Tabakspuren im Gaumen. 17/20 austrinken

1979 Trotanoy   **18/20**
87: Tiefes, kompaktes Erscheinungsbild. Unreife Nase, pfeffrig. Ausgewogene Säure, sehr gut strukturiert. Spitzenwein! 18/20 trinken - 1995
Achtung: Nach Abschluss der Fruchtphase kam Unerfreuliches zum Vorschein.
89: Eine Flasche geöffnet und buchstäblich stehengelassen. Dieselben Aromen wie der 80er, Ammoniak, Polyester etc.... untrinkbar
90: Eine Flasche mit Christian Moueix in Libourne aus dem Châteaukeller getrunken. Seltsamerweise eine perfekte, wunderschöne Flasche. In Vino Veritas? 18/20 trinken - 1997
92: Vollkommene Rehabilitation! Aus Respekt zwei Jahre lang nicht mehr degustiert. Noch immer recht jugendliches Granat, fast ohne Reifereflexe. Wuchtige, ledrig-fruchtige Nase mit Hagebuttenton und Tabaknote, grosses Terroir anzeigend. Im Gaumen erst bourgeois, kräftig strukturiert und nur langsam abrundend. Er hat so gewaltig viel Reserven, dass ich empfehle rund 30 Minuten vorher zu dekantieren. 18/20 trinken - 2000
92: Granat, tief. Pflaumige Nase, laktisch, zu Kopf steigend. Im Gaumen reife Frucht, kräftig, sandige Textur. 18/20 trinken - 1997

1980 Trotanoy   **12/20**
85: Leichte, reife Nase. Im Mund roh und dünn, Styropor und Polyester, deklassiert. Soll früher besser gewesen sein. Und da gibt es doch tatsächlich einige Leute, die diesen Wein auch noch gut finden. 12/20 austrinken
92: Ich mag ihn einfach nicht - auch wenn der Max Gerstl noch so von diesem Wein schwärmt. 12/20 austrinken

1981 Trotanoy   **15/20**
88: Sehr oft aus 3/8 Flaschen getrunken. Transparentes Farbbild mit leicht rubinen Reflexen. Rauchige Merlot-Nase. Nicht so üppig wie La Fleur-Pétrus, aber recht aromatisch. 15/20 trinken ab 1990
92: Blind gegen Cheval-Blanc degustiert. Reifende Farbe. Offene Nase mit Gewürznote, Kümmelnuancen. Im Gaumen gut gebaut mit nachhaltigem Extrakt. 15/20 trinken - 2000

1982 Trotanoy   **18/20**
87: Enorm reiche Erscheinung im Glas. Mittlere Tiefe bei randenfarbigen Reflexen. Süssliche, intensive, leicht öffnende Nase. Breit und voll im Mund, angedeutete Opulenz, reintönige, ausgewogene Aromen, pfeffrig, stoffig. Cabernet-Dominanz. Klassischer, grosser Wein! 17/20 1990 - 2005
90: An einem Confrérie-Essen: 18/20 trinken, mit viel Vergnügen!

Gabriel

92: Purpur mit Orangetönen. Kakaobutter, fett, kalter Rauch, fleischig. Im Gaumen fettes Fruchtbild, das Extrakt wirkt reif, männlich-rustikal, Lakritze und Terroirnoten im Finale. 18/20 trinken - 2004

1983 Trotanoy 17/20
88: Voll konzentriertes Bouquetaroma, jedoch ohne die zu erwartende Trotanoy-Stärke. Deutlicher Holzton mit trockenem Tannin verbindend, pfeffriges Extrakt.
16/20 1992 - 2000
91: Legt an Potential zu. Im Moment wie ein Pommard (Wildgeschmack). Rauchig und fleischig im Gaumen. Wirkt bedeutend ausgeglichener als früher. Eine Stunde dekantieren. 17/20 1992 - 2002

1984 Trotanoy 13/20
94: Ein grüner, schwer verständlicher Wein. Es war ein richtiger Entscheid von Christian Moueix, diesen 84er nur in Amerika zu kommerzialisieren. Wenn es doch nur nicht welche Idioten gegeben hätte, die ihn dann von dort nach Europa importierten. Schade um die Transportkosten.
13/20 austrinken

1985 Trotanoy 16/20
88: Mag nicht ganz mit den anderen mitmischen! Leicht und fast ein wenig fröhlich anzugehen. Schön präsentierende Frucht. Hat bedeutend mehr Körper als Farbe, ausgeglichene Adstringenz. Wenn man das hervorragende Jahr als solches und das Renommee von Trotanoy ansieht, dann reicht die gegebene Punktezahl eigentlich nicht aus. Vielleicht habe ich ihn aber auch einfach unterbewertet. 16/20 1993 - 2005

1986 Trotanoy 14/20
89: Hell mit wenig Substanzanzeige. Süsse Nase, mittleres Extrakt. Massive, grobmaschige Tannine.
15/20 trinken ab 1995
91: Mit zwiespältigen, fast fehlerhaften Eindrücken.
13/20 warten
91: Magnum: Die Entwicklung dieses Weines kommt einem vernichtenden Urteil, das nur schwerlich zu revidieren ist immer näher. Havannabouquet, grüne Peperoni, Chilipuder. Im Gaumen unharmonisch mit Strukturfehlern. Als Trotanoy sehr enttäuschend. 13/20 Auktionswein!

1987 Trotanoy 15/20
90: Granat mit schwarzen Reflexen. Alkoholische Nase. Im Gaumen Wildaromen, Preiselbeeren. Wirkt aber auch hier wieder recht alkoholisch und irgendwie aufgeblasen.
14/20 1991 - 1996
93: Mittleres Rubin-Granat mit leicht oranger Färbung. Wuchtige Frucht, sofort ansprechend, marmeladig. Im Gaumen leicht aufgedunsen mit feiner Zartbitternote.
15/20 trinken - 1998
94: Im Moment zeigt er eine deutliche Note von grünem Paprikaschotenton und gleichzeitig ein doch erstaunliches Potential für einen 87er. 15/20 trinken - 2000

1988 Trotanoy 18/20
91: Purpur-Violett. Offen, ausladend, Preiselbeeren. Enorm konzentriert, blockiertes Extrakt. Leider im Moment sehr verhalten und deshalb sehr wahrscheinlich etwas unterbewertet. 16/20 1997 - 2005
92: Anlässlich einer Welt-Merlot-Degustation zeigte er sich, jedenfalls für mich, nicht gerade von seiner Schokoladenseite. Wiederum reduktiv, Anflüge von „Malo-Bock". Im Gaumen Zedernaromen mit Bitterton im Finish, zeigt aber gutes Potential. 16/20 1997 - 2007
94: Blind für einen Médoc gehalten. Ein verschlossener, etwas rustikaler Wein mit sehr grossem Alterungspotential. Er wird seine schönste Genussphase erst im nächsten Jahrtausend erreichen. 18/20 1998 - 2020

1989 Trotanoy 17/20
90: Tabak, Poivrons und verdeckter Anisgeschmack. Ein erdiger, rustikaler Wein, der viel potentielles Terroir zeigt. Vielleicht endlich wieder einmal ein Trotanoy, der hält, was er auf der Etikette verspricht. Wirkt tiefer und dichter als die vorangegangenen Jahrgänge. 17/20 trinken ab 1996
92: Arrivage: Recht dichtes Purpur. Bonbonnote zu Beginn (Himbeeren), dann Rauch, Trüffel. Im Gaumen Anzeichen von Evolution. Feine, fast gekochte Tannine, pfeffrig, mittlerer Körper mit schönen Reserven. Im Moment in Ruhe lassen. 17/20 1996 - 2007

1990 Trotanoy 19/20
91: April: Schwarze, dichte Farbe. Süsse, komplexe Nase. Verlockendes Spiel, das Grösse erahnen lässt, Korinthen, Cassisnuancen von sehr reifem Traubengut. Im Gaumen unglaubliches Parfümspiel mit blaubeeriger Frucht, Ausgeglichenheit auf höchstem Niveau. Der beste Trotanoy dieser Dekade. 19/20 1997 - 2010
92: Power und Finesse zugleich. Ein vielversprechender Wein fürs nächste Jahrtausend.
93: Purpur mit schwarzen Reflexen. Leicht staubige Nase, darunter Brombeerenmarmelade, süss, komplex. Im Gaumen füllig mit Gerbstoffen, die zu einem grossen Teil von der Barrique herkommen, feine Bitterkeit auf der Zunge. Nach drei Stunden erwachte er zur komplexen Opulenz, hatte aber noch immer diese kernige Bitterkeit auf der Zunge. Eine Spur zu viel Presswein? Wird aber im Alter einer der ganz grossen Pomerols 1990 werden. 18/20 1995 - 2010

1991 Beauvillars 13/20
(deklassierter Trotanoy)
93: Mittleres Granat mit feinen, orangen Reifetönen. Pilzige Nase, nasses Laub, die Frucht ist nur in defensiver Waldbeerennote vorhanden. Im Gaumen grüne Tanninspuren, Tabak, Peperoni, kapselige Zungennote, relativ kurz. 13/20 1995 - 2002

1992 Trotanoy 16/20
93: Mit Gazin die tiefste Farbe der Libournaiser-Weine. Konzentrierte Nase mit viel Würze, reife Frucht, Cassis. Im

Pomerol

Gaumen sehr gut balanciert, feinste, seidige Gerbstoffe, warmes Fruchtfinish, dunkles Edelholz. 16/20 1996 - 2008

1993 Trotanoy   **17/20**
94: Vor dem Regen geerntet. Tiefes Purpur-Violett. Reife Frucht mit defensiver Süsse, Tabak, Brombeeren, Backpflaumennote. Fleischiger Gaumen, mittelgewichtiger Körper, feinsandiges Extrakt, schönes Rückgrat, pfeffrige, rassige Note, leicht zähnebeschlagend, gute Adstringenz. Noch in den Startlöchern zu einer grossartigen Evolution.
17/20 2000 - 2013

VIEUX CHÂTEAU CERTAN

Cabernet oder nicht Cabernet - das ist hier die Frage? Alexandre Thienpont schwört auf Tradition. Während alle anderen Besitzer rings um ihn die Merlot-Bestände aufstocken, bleibt er der Philosophie seines Vaters treu. Obwohl es ihm oft auch in schwierigen Jahren gelingt, den Cabernet ausreifen zu lassen, fehlt es dem Wein manchmal an Körper und Fülle. Zudem reifen mir die neuen Jahrgänge einfach zu schnell. Ein gastronomischer Wein zu fast astronomischen Preisen.

1928 Vieux Château Certan   **13/20**
91: Mittleres Granat. Eigenwillige, urinartige Nase. Im Gaumen füllig weich, mit recht schönem Extrakt im Finish, Unteraromen von Holz (nasse Wollsocken). Wurde sehr unterschiedlich bewertet. 13/20 austrinken

1961 Vieux Château Certan   **19/20**
87: Den 61er habe ich im Anschluss an eine Pomerol-Probe als Zugabe gegeben. Leider habe ich die Memoiren dazu verloren. Er war aber grossartig.
91: Reifendes, oranges Granat. Süss, eng, dicht, konzentriert. Merlot-Präsenz mit Pinot-Affinität. Burgundischer Gaumen, jung mit gewaltiger Dichte, gutes Holz und verbleibende Reserven für die nächsten zehn Jahre.
19/20 kaufen und trinken

1962 Vieux Château Certan   **13/20**
88: Leuchtendes Granat. Nase unsauber, aber mit Süsse gepaart. Erdton im Gaumen, fettender Körper, leider gezehrt im Finish. 13/20 vorbei

1964 Vieux Château Certan   **17/20**
93: Magnum: Aufhellendes Granat-Orange. Süsse Caramel-Nussnase, buttrig und schmelzig. Weicher, samtiger Gaumenfluss, leicht Unterholznote, sehr ausgeglichen, feine Tanninreste auf der Zunge, harmonisches Finale.
17/20 austrinken
94: Eine Magnum wiederum mit 17/20 Punkten bewertet.

1970 Vieux Château Certan   **15/20**
90: Pfeffriges, offenes Bouquet, Backpflaumen. Weicher Körper mit viel Schmelz. 15/20 trinken

92: Tiefe Farbe, dumpf, dafür sehr tief. Exotische Gewürznote, Kardamon, Koriander, Curryblatt, leicht faisandiert, dahinter Schokonote. Im Gaumen füllend, schmeichelnd, weiche Säure und Spuren von Walderdbeeren, im Finale Hirschleder und helle Pfifferlinge. Nicht dekantieren, da er schnell Tendenz zu Trockenheit entwickelt.
15/20 austrinken

1975 Vieux Château Certan   **14/20**
87: Süsse, reife Nase. Frische Säure. Im Gaumen Reifebestätigung, gut unterlegt, mittleres Potential.
15/20 trinken
92: Eigentlich war ich nie ein grosser Fan der 75er Pomerols. Deshalb wundere ich mich gar nicht, dass ich 1987 einem an und für sich grossen Wein wie es der Vieux Château Certan sein sollte nur 15 Punkte gegeben hatte. Leuchtendes Granat, aufhellend. Kreidige Nase, pfeffrige Note mit abklingender Frucht. Trockene, fast ausgelaugte Struktur, unsaubere Note nach Rotschmierkäserinde riechend.
13/20 austrinken
94: Reifendes Granat, bräunlicher Rand. Leicht flüchtige Säure, dahinter röstige Süsse. Pelziger Fluss, anstehende Säure, wirkt blockiert auf der Zunge. 14/20 austrinken

1976 Vieux Château Certan   **16/20**
92: Mittlere Farbtiefe mit Reifeton. Offene, pflaumige Nase, weich, reif. Im Gaumen fein ausladend ohne die gebratenen 76er Aromen. Ein eleganter Wein, den man aber nicht dekantieren sollte. 16/20 austrinken

1978 Vieux Château Certan   **17/20**
91: Granat-Rubin, recht dicht. Süsse Nase, Cassis mit feiner Caramel-Ingwerwürze. Im Gaumen fleischig, gesundes Extrakt, kalter Tee und sandige Textur, langes Finish.
17/20 trinken - 2000
92: Eine fortgeschrittenere Flasche aus einem vielleicht zu warmen Keller, sehr reif. 16/20 austrinken

1979 Vieux Château Certan   **16/20**
88: Alte Schule. Top-fruchtige Nase, Weichselkirschen. Schönes, angenehm begleitendes Tannin, fleischig mit kräftiger Struktur. 16/20 trinken
91: Mittleres Weinrot mit aufhellendem Rand. Zu Beginn Caramelnase, die sich in Orangennuancen über weisse Schokolade (Nestrovit), zu dunkler Schokolade drehte, dahinter rauchiger Bitterorangengeschmack. Im Gaumen frische Säure, Fleischspuren. Ein schlank-elegantes, süffiges Trinkerlebnis. 15/20 austrinken
92: Granat-Purpur. Moccanase, zerlassene Butter, zu Beginn käsig. Im Gaumen säurelastig, eher kurz.
15/20 austrinken

1981 Vieux Château Certan   **15/20**
88: Eine etwas schlankere Version des 79ers. 15/20 trinken
94: Reift jetzt schön. Auf dem Höhepunkt.
15/20 austrinken

1982 Vieux Château Certan — 17/20
92: Blind serviert bekommen. Leichte Farbe. Nase voll geöffnet, Black-Currant, Backpflaumen, Trüffelspuren. Im Gaumen fein ohne weitere Gerbstoffreserven, wirkt gekocht und etwas alkoholisch, im Finish würzig. Wird dem Ruf von Vieux Château Certan nicht gerecht, wenn man die Möglichkeiten dieses Jahrganges betrachtet.
16/20 trinken - 1996
93: Eine Magnum bei Hannes Scherrer, die derart gut war, dass man fast die ganze Flasche hätte alleine trinken können. Das Caramel von der Barrique gibt ihm die Süsse, der Merlot die Fülle und der Cabernet die Würze. Wirkt aber wie schon bei ersten Proben etwas leicht im Verhältnis zu anderen 82ern und vor allem sehr reif. 17/20 trinken - 2000
94: Je mehr ich diesen Wein degustiere, desto enttäuschter werde ich. Das Bouquet wirkt fast verbraten, Mocca. Im Gaumen wird er immer dünner, einem Veloschlauch gleich, dem langsam aber sicher die Luft ausgeht.
16/20 austrinken
94: Eine Flasche direkt aus dem Châteaukeller. Gulaschbaromen in der Nase, füllig, ausladend. Im Gaumen Charme und Fülle, runde, rollende Tannine, im Finish dunkles Caramel und Pralinen. 17/20 trinken - 1998

1983 Vieux Château Certan — 17/20
94: Während einer Vertikaldegustation wurde er von der Mehrheit des Publikums besser als der 82er bewertet. Ein süsser, reifer Wein mit viel Burgunder-Aromen.
17/20 trinken - 1998

1984 Vieux Château Certan — 14/20
92: In der halben Flasche schön zu trinken, der Cabernet gibt eine grüne, aber nicht unangenehme Note.
14/20 trinken
94: Sehr tiefe Farbe für einen 84er. Schönes Würzbouquet, animalisch, ein Hauch Zimt, Eucalyptus, Kräuterbonbons. Im Gaumen eine leicht pikante Zungen- und Säurespitze, Chilinote im Fleischextrakt. 14/20 trinken - 2000

1985 Vieux Château Certan — 17/20
88: Ein wunderbarer Pomerol alter Schule. Perfekte, vielschichtige Nase, süss, konzentriert. Vielleicht ein bisschen zu wenig Tannin, um uralt zu werden. Was soll's, wenn er jung schon so viel Freude macht... 17/20 1991 - 1999

1986 Vieux Château Certan — 17/20
89: Komplex, dicht. Opulenter, cabernetgeprägter Duft. Im Gaumen fast dickflüssiger Körper mit Eleganz. Sicherlich dank seiner Cabernet-Präsenz einer der besten 86er Pomerols. 18/20 trinken ab 1994
91: Bisher wieder mehrere Male degustiert. Ein wunderschön balancierter Wein mit feinem Extrakt, wirkt deshalb sehr elegant. 17/20 1993 - 2000
91: Magnum: Teer- und Zedernholznuancen sowie Wermutkraut. 17/20 1993 - 2000

1987 Vieux Château Certan — 15/20
90: Verlockende Nase, Zibet, Kaffee und schwarzer Holunder. Tanningerüst mit gewissen Reserven, superbe Länge. Ein kleiner Le Pin! 16/20 trinken - 1997
94: Er ist so reif, dass die Struktur bereits leicht zu zehren beginnt. 15/20 austrinken

1988 Vieux Château Certan — 17/20
89: Dunkle Farbe mit Purpurreflexen. Defensive Frucht. Da er in der Nase sehr verschlossen ist, zeigt er seine Qualitäten erst im Gaumen. Reicher, mächtiger Wein, scheint nicht so soft wie andere Pomerols zu sein. 17/20 trinken ab 1995
91: An der Arrivage eine Flasche mit Zapfen. Die zweite Flasche war wiederum perfekt und vollkommen identisch mit der Fassdegustation von 1989. 17/20 1996 - 2008
92: Teerig, Zedertöne. Extrem feine Struktur. Wird vielleicht um eine Spur schneller reifen als anfänglich angenommen. 17/20 1996 - 2005
94: Fleischiges Bouquet, Cheval-Allüren, Cabernet-Würze, im Moment eher zurückhaltend. Im Gaumen feine Bitternote, komprimiert, Lakritze, schön ausgeglichen, braucht noch etwas Zeit. 17/20 1996 - 2010

1989 Vieux Château Certan — 18/20
90: Süsses, faszinierendes Fruchtspiel. Klassisches, reiches Tannin. Ein perfekter Wein eines grossen, denkwürdigen Pomerol-Jahres. 19/20 trinken ab 1997
91: Granat-Violett mit leicht orangem Schimmer im Wasserrand. Kaffee-Cassisnase, sehr reife Frucht. Im Gaumen fett, gut verpackt, gewaltiges Finish. 18/20 1997 - 2010
92: Arrivage: War in einer Tiefschlafphase. Meine zwei Mitdegustatoren gaben dem Wein blind nur 13 Punkte. Wiederum zeigte sich als erstes der recht starke Orangeschimmer in der Farbe. Fette Nase, Zimt, Koriander, rotbeerige Konzentration, starker Barriqueton. Im Gaumen rauchig mit ausbrechenden Wildaromen, extrem feines, fast seidiges Extrakt (wo bleibt der Cabernet?). Wirkt auf diese kuriose Weise zumindest im Gaumen bereits trinkfertig.
17/20 trinken - 2000
92: Blinddegustation: Habe ihm 16 Punkte gegeben und mit einer Konsumationsreife von 1993 - 1998 ausgezeichnet. Wirkt wie ein Pinot, mittlerer Körper, sehr weiche Säure. 17/20 trinken ??
94: Mittlere Farbtiefe. Schönes Schokobouquet, was reifen Merlot anzeigt. Im Gaumen reife, würzige Cabernet-Anzeige, Pralinen, sehr feine Tannine, zeigt bereits jetzt Genussreife. 17/20 trinken - 2005

1990 Vieux Château Certan — 17/20
91: April: Violettes Granat mit leicht aufhellendem Rand. Volle, offene Nase, sehr fett, aber irgendwie langweilig. Im Gaumen reduktiv mit recht viel Fleisch. Ein müdes Muster. Es fehlt mir nach dieser Degustation meine übliche Vieux Certan-Euphorie. 16/20 1998 - 2015
92: Unausgeglichene Nase mit Wildgeruch. Im Gaumen stielig, faisandiert. Nicht das zu erwartende Niveau.
16/20 1996 - 2008

Pomerol

93: Robert Parker hebt ihn nun mit 94 Punkten in den Pomerol-Himmel. Entweder haben wir nicht den gleichen Geschmack, oder aber nicht die gleichen Flaschen degustiert!
94: Recht tiefe Farbe. Reifes Schokobouquet, erdig, feine Malztöne und dunkles Caramel, fleischig. Viel enggegliederte Tannine, der Gerbstoff wirkt leicht körnig.
17/20 1996 - 2010

1991 Vieux Château Certan   13/20
92: Die ganze Ernte wurde deklassiert. Deklassement: Granat Violett, hell. Saubere, einfach zugängliche Frucht. Im Gaumen weich und süffig. Wäre praktisch direkt aus der Barrique konsumierbar.   13/20 trinken
94: Ich habe ihn als La Gravette de Certan wieder degustiert. Leichter Fleischton, Kaffeenote, Schokolade. Im Gaumen oberflächlich, eher mager.   13/20 trinken

1993 Vieux Château Certan   16/20
94: Alexandre Thienpont war sehr glücklich mit der Qualität seines Cabernet Franc, und er hat davon 45 % verwendet, der Rest ist 45 % Merlot und 10 % Cabernet Sauvignon. Die Tannine sind sensationell, quantitativ liegt er mit 95g sogar über dem 89er und 90er, 20 % Saignée. Tiefes Rubin-Purpur. Florale Nase, schöne Cabernet-Würze. Gut balancierter Körper, wiederum leicht floral, im Extrakt seidig, auf Eleganz setzend. Schalenextraktnote, schöne Konzentration und Länge.   16/20 1998 - 2008
Auf dem Château beeindruckte er mich weniger als an der Nachdegustation - zusammen mit vierzig anderen Pomerols. Vielleicht ist er auch im Moment noch zu zurückhaltend, um sein ganzes Potential beweisen zu können. Vor allem im Nachklang zeigt er seinen fleischigen, reichen Charakter, dort wo sich andere Pomerols selbst über den schwierigen Jahrgang beweinen. Jetzt verdient er seine Note voll und ganz.   16/20 2000 - 2010

Château Vray-Croix-de-Gay

1985 Vray-Croix-de-Gay   14/20
94: Reifendes Granat-Purpur mit Wasserrand. Rotbeeriges, ausladendes, konzentriertes Bouquet mit Pinot-Charakter, Melissennote dahinter, Himbeerenkonfitüre, entwickelt nach einer halben Stunde einen Hauch Oxydation. Kräftiges, angetrocknetes Extrakt, lässt an Charme missen, eher kurz. Zu teuer!   14/20 trinken - 2002

1986 Vray-Croix-de-Gay   14/20
89: Schwarze Johannisbeeren, neue Eiche in der Nase. Jung und pfeffrig, wirkt alkoholisch und heiss im Finish.
14/20 warten
94: Sattes Purpur, mittlere Dichte. Terroirnote, leicht krautig, Schokonote, eher verhalten und dumpf im Bouquet. Fleischiger Gaumen, rauhes Extrakt, aussen eine gewisse Süsse und wiederum Schokonuancen, leicht bitter im Extrakt, grün und zähnebeschlagend.   14/20 1997 - 2004

1987 Vray-Croix-de-Gay   14/20
90: Helles Granat. Wirkt gekocht in der Nase. Im Gaumen Tendenz zur Härte.   13/20 1991 - 1996
94: Reifendes Granat mir orangem Rand. Offenes Bouquet, zeigt Süsse, Edelholz- und Zedernnote, Pralinen, feiner Peperoniton. Süffiger, leichter Gaumen, schön parfümiert, schlank aber gut balanciert.   14/20 trinken - 1997

1988 Vray-Croix-de-Gay   15/20
94: Mittleres Granat, leuchtend. Sauberes Beerenbouquet, burgundisch, Himbeeren, Pralinen. Mittlerer Körper, saftig, leicht pelzig auf der Zunge, Schokopapiernote, mittleres Finish.   15/20 1996 - 2004

1989 Vray-Croix-de-Gay   15/20
90: Goût rôti, darunter Holundergeschmack, fett und üppig. Aggressive Tannine, vielleicht verursacht durch einen momentanen Barriquenschock. 15/20 trinken ab 1994
94: Dunkles Rubin-Purpur. Defensives, verschlossenes Bouquet, weisser Pfeffer, konzentrierte Frucht. Im Gaumen ebenfalls sehr konzentriert, stoffig, gutes Potential ausstrahlend, rotbeerige Tendenz. Die Tannine sind aber kernig und trocknen den Gaumen komplett aus, dem Wein fehlt es an Fett.   14/20 1998 - 2008

1990 Vray-Croix-de-Gay   13/20
91: Mittlere Farbdichte mit Granatreflexen. Eigenwilliges Bouquet, schwankend zwischen Hustensaft und Pferdepisse, Wermutkraut und Chartreuse-Likörgeschmack. Im Gaumen Lebkuchenaromen und fragwürdige Struktur. Ein Wein, der sich eher in einer Apotheke mit Rezept als in einer Weinhandlung verkaufen lässt.   Keine Bewertung! Der kurioseste Jungwein, den ich bis jetzt in meinem Leben degustiert habe??
92: Noch immer sehr seltsam. Hart-bitter-trocken in den Tanninen.   13/20 1996 - 2006

1993 Vray-Croix-de-Gay   14/20
94: Mittleres Purpur mit rubinen Reflexen. Defensives schwer zu ergründendes Bouquet, leichter Minzenton. Gutes Potential im Gaumen anzeigend, alte Schule, strenge, kernige Tannine.   14/20 2000 - 2010

Gabriel

WIE DEGUSTIERT MAN JUNGE BORDEAUX AUS DER BARRIQUE?

Seit dem Jahrgang 1984 degustiere ich regelmässig, jeweils im Frühjahr, die zwei- bis dreihundert wichtigsten Bordeaux entweder auf dem Weingut selbst, oder bei einem Weinhändler anhand eines Fassabzuges. Die wichtigsten Weine prüfe ich so mehrere Male. Es kann auch vorkommen, dass man mir Muster im Hotel vorbeibringen muss, wenn ich mit einem Wein unzufrieden bin, um ein eventuell vernichtendes Urteil revidieren zu können.

Ist ein Wein unverständlicherweise gross, dann organisiere ich Blitzbesuche auf dem Château. Das war zum Beispiel beim 92er Troplong-Mondot der Fall, wo ich zusammen mit der Besitzerin, Christine Valette, viele verschiedene Barriquen degustierte, um sicher zu sein, dass es sich um einen ganz besonderen Wein handelte.

Die Degustationen von Fassproben zählen zur anspruchsvollsten Aufgabe, die an einen Verkoster gestellt werden. Man ist in solchen Momenten, Wahrsager, Prophet und Richter zugleich.

Doch wie eruiert man die Qualität und das Potential in einem derartig frühen Stadium?

Die Farbe: *Sie sagt viel über die Rebsortenanteile aus. Bei grossem Merlot-Anteil sind mehr rote Reflexe in Granat- und Rubintönen vorhanden, bei grossem Cabernet Sauvignon-Anteil sind es blaue, violette und generell dichtere Töne. Der Wasserrand sagt etwas über die Konzentration des Weines aus.*

Die Nase: *Man erkennt sofort, ob ein Wein sauber ist, oder ob er einen Fehler aufweist. Auch über die Qualität der verwendeten Barriquen ist einiges in Erfahrung zu bringen. Ob ein Bouquet sich voll oder defensiv zeigt, hat in diesem frühen Stadium keinen Einfluss auf die qualitative Wertung.*

Der Gaumen: *Hier zeigt sich die Qualität und das Potential. Über den primären Eindruck der quantitativen Tannine eruiert man das Potential, durch die Adstringenz, das gleichzeitige Zusammenziehen im Rachenraum durch den Gerbstoffeinfluss. Die qualitativen Tannine sind im Ausdruck des Extraktes auf der Zunge ersichtlich – man spürt die Feinheit der Struktur, und ob die Gerbstoffe reif sind. Anhand der Säure (ob sie weich oder spitz ist, wie harmonisch sie sich in das Extrakt einbettet) lässt sich einiges über die Qualität in Erfahrung bringen. Die Fruchtigkeit oder das Aroma des Weines ist in der Rückaromatik nach dem Ausspucken des Weines messbar (über die durch das Schlürfen parfümierte Luft, die retrosonal dem Gehirn zugetragen wird). Die Balance eines Weines wird wiederum durch die Adstringenz ersichtlich – in welchem Masse sich die Gerbstoffe verteilen. Gleichmässig auf der Zunge, am seitlichen Rachenraum, oder ob sie das Zahnfleisch beschlagen und in pelziger oder kerniger Art die Zunge attackieren oder belegen.*

Der Abgang: *Das Finish ist die letzte Einheit der Sinnes- und Qualitätsprüfung: Stimmt die Länge und Intensität beim Abgang nicht, kann ein Wein noch entscheidende Abzüge bekommen.*

Lalande de Pomerol

Grösster Wein:
1975 Tournefeuille

Bester Wert:
1990 Siaurac

Lalande de Pomerol

CHÂTEAU DE BEL-AIR

1981 de Bel-Air   **14/20**
90: Entwickelte Nase. Reifer, würziger Merlot, frisches Stroh. Im Gaumen reif. Köstlicher, voll- entwickelter Wein. Nach dem Öffnen sofort trinken - oxydiert an der Luft rasch! 14/20 austrinken

1986 de Bel-Air   **15/20**
90: Tiefe Farbe. Üppiges, konzentriertes Fruchtbouquet, Wildleder. Bestätigung von Frucht im Gaumen, rotbeerig. Burgunder-Charakter. Eine wahre Entdeckung für diesen Preis.   15/20 trinken - 1996

1987 de Bel-Air   **12/20**
90: Wuchtige Punsch-Nase (Chaptalisation). Stallgeruch, rustikal und trocken.   12/20 1991 - 1996

1989 de Bel-Air   **??/20**
90: Deklassiert. Jedenfalls, was ich da zum Degustieren vorgesetzt bekam, darf niemals in Flaschen abgefüllt werden.   Keine Bewertung!

1990 de Bel-Air   **16/20**
91: April: Mittleres Rubin-Granat. Süsse Nase mit Vanille- und Bananenaromen. Trockene Pflaumen. Im Gaumen parfümiert, ausladend mit vielschichtiger Frucht, warm und elegant. Ich hatte aber während der ganzen Degustation das Gefühl, ein präpariertes Muster zu verkosten. Wenn alle Eindrücke aber stimmen, handelt es sich um einen sehr guten Preis-Leistungs-Wein.   16/20 1993 - 2000
92: Im Moment eher verhalten. Trocken durch Barrique. Noch immer ein guter Kauf.   16/20 1993 - 2000

CHÂTEAU MONCETS

1986 Moncets   **13/20**
90: Leuchtendes Granat. Offenes, zugängliches Bouquet. Erdbeerenfrucht. Ein fröhlicher Beaujolais-Weintyp. Sollte eher kühl und jung getrunken werden.   13/20 trinken - 1995

1988 Moncets   **13/20**
91: Leuchtendes Granat mit erster Reife. In der Nase diskret mit Pfefferton. Im Gaumen weich und rassig zugleich. Gastronomischer, süffiger Wein.   13/20 trinken - 1997

1989 Moncets   **12/20**
90: Drops-Erdbeerenaroma. Darunter altes Holz. Unsauberer, eigenartiger Wein.   12/20 1994 - 1999

CHÂTEAU SIAURAC

1986 Siaurac   **14/20**
90: Pointierte Säure. Etwas trocken, aber trotzdem recht gefällig.   14/20 trinken - 1996

1987 Siaurac   **12/20**
90: Recht tiefes Granat. Tabaknase, animalische Aromen. Trockene, fast ledrige Struktur, vordergründig und salzig.   12/20 1993 - 1998

1988 Siaurac   **13/20**
91: Violette Reflexe. Leichter Terroirton. Brombeeren. Reife Frucht. Im Gaumen füllig und Charme, im Finish noch ein bisschen hart.   13/20 trinken - 1996

1989 Siaurac   **13/20**
90: Wirkt im Moment verschlossen, oder besser gesagt, noch zu rauh.   13/20 1993 - 2000

1990 Siaurac   **15/20**
91: April: Leichtes Rubin. Tabaknase mit wenig Frucht. Leicht und süffig. Tischweinbewertung: 15/20 1994 - 2000
92: Johannisbeerengelee und Cigarrennote.   15/20 1994 - 2000

1993 Siraurac   **14/20**
94: Schönes Rubin. Pflümlinase. Sauberer Gaumen, schmelzig, fein, gutes Preis- Leistungs-Verhältnis.   14/20 1997 - 2005

CHÂTEAU TOURNEFEUILLE

1975 Tournefeuille   **18/20**
94: Reifende Farbe, oranger Rand. Verführerisches, reichhaltiges Bouquet, Kräuterton, mit sanfter Süsse unterlegt, Minze, Eisenkraut, würziger Pfefferschotenton. Perfekte Gaumenstruktur, cremig, ohne fett zu wirken, höchst komplex mit Charme, aber auch Kraft, dicht gegliedert, gewaltig viel Rückhalt und noch Massen von Gerbstoffen für ein weiteres Leben von gut zehn, vielleicht zwanzig Jahren.   18/20 trinken - 2012

Gabriel

GENUSS CONTRA PUNKTE

Dem 87er La Conseillante gebe ich "nur" 16/20-Punkte. Auf den ersten Anblick mag dies als magere Wertung erscheinen, denn "Punktetrinker" vermuten demnach hinter diesem Gewächs einen Wein, mit dem man sich bei einer Einladung schämen muss, will man vor seinen Gästen als profilierter Weinkenner gelten.
Ich glaube kaum, dass sich auch andere Besitzer dieses Buches aufgrund dieser Wertung entschliessen, sofort nach diesem Wein in Preislisten zu suchen. Fast würde ich behaupten, dass sich nur wenige Leser getrauen würden, einem Besucher das Kellerfach der 87er Bordeaux' zu zeigen. Von oben genanntem Wein habe ich auch keine Flasche im Keller - d.h. leider nicht mehr! Es war aber mein Lieblingswein im Sommer 1994. So köstlich, so preiswert und so bekömmlich. Genuss hat nichts mit Punkten zu tun.
Mein Kollege, Max Gerstl hat einmal dem 87er Haut-Brion 18/20 Punkte gegeben. <<Das ist zu viel>> habe ich ihm gesagt, <<aber er ist so gut>>, antwortete Max. Wir hätten diesen vergnüglichen Streit stundenlang fortführen können, denn über den Konsumspass sind wir uns allemal einig. Oft schon habe ich während einem Business-Lunch einen 87er Gazin blind einschenken lassen. Niemals hätten meine Tischgenossen diesen kleinen, "kläglichen" Jahrgang erraten.

Es gibt so viele gute Weine vom Jahrgang 1987: La Mission, Margaux, Palmer, Mouton, Ducru-Beaucaillou, Figeac, um nur einige zu nennen. Sie glänzen nicht primär durch ihre Punktezahl, sondern durch den Genuss, den sie vermitteln.
Bis kurz vor der Ernte war es ein grosser Jahrgang, dann hat es in die reifen Trauben geregnet und so die Konzentration verdünnt. Das Endprodukt ist zwar eine Diät, jedoch von höchst bekömmlicher Art!

<<Die optimale Genussphase ist wichtiger als die Punktezahl>>.
Wie sollen Sie das verstehen? Oeffnen Sie einen 90er Montrose (20/20) und einen La Conseillante 1987 (eben 16/20) mit einigen Freunden. Auch Sie werden den Montrose wesentlich besser finden; mehr Fleisch, mehr Konzentration, mehr Potential, mehr...
Nur eines kann ich Ihnen jetzt schon garantieren, die Flasche La Conseillante wird vor dem Montrose leer sein!

Canon Fronsac

Grösster Wein:
1986 Canon Moueix

Bester Wert:
1990 de Carles

Canon Fronsac

CHÂTEAU CANON DE BREM
(Canon Fronsac)

1978 Canon de Brem   **15/20**
91: Schöne, kräftige Farbe. Tiefes Terroir, dunkle Rosen, Jod, mineralisch. Kräftiger, griffiger Gaumen mit typischer Fronsac-Note. Ein klassischer, langlebiger, traditioneller Wein.   15/20 trinken

1986 Canon de Brem   **15/20**
90: Pflaumiger, schnellreifender Wein.   15/20 trinken

1988 Canon de Brem   **14/20**
91: Recht tief, violettes Granat. Öffnend, mit reifer Frucht. Erdbeeren und Brombeeren. Schöner Körper, reich, aber etwas aggressiv in den Tanninen, fades Finish.   14/20 1994 - 2000

1989 Canon de Brem   **16/20**
90: Schlechtes Muster?   Keine Bewertung!
90: Zarter und doch dichter Wein mit viel Charme. Feingliedrige Struktur. Ein ausserordentlicher Wein in diesem Preissegment.   16/20 trinken ab 1995
92: Dunkles Granat. Tiefe Würznase, zedrig, blaubeerig. Im Gaumen dicht, gut balanciert mit rustikalem Schimmer in der Struktur. Ein Langstreckenläufer.   16/20 1994 - 2008

1990 Canon de Brem   **16/20**
91: April: Granat-Rubin. Kaffee- und vor allem Kakaoaromen. Fett-fülliger, runder Wein (Rubens).   16/20 trinken ab 1995
93: Aufhellendes Granat, Wasserrand. Offenes Bouquet, fruchtig, marmeladig, rote Johannisbeeren. Schmelziger Körper, saftig, auch hier dominieren wiederum die rotbeerigen Töne, Himbeeren, Gerbstoffe leicht zähnebeschlagend.   16/20 1997 - 2015

1992 Canon de Brem   **14/20**
93: Mittleres Rubin. Recht dichte Nase, saubere Frucht, Terroir, Steinpilzton. Stallig im Gaumen, gut proportioniert, hat Extrakt.   14/10 1997 - 2006

1993 Canon de Brem   **15/20**
94: Mittleres Granat. Schöne Terroir- und Brombeerennote, süsse Tannine. Leicht fassiger Gaumen, dunkle Pilze, rustikale Adstringenz.   15/20 1999 - 2008

CHÂTEAU CANON-MOUEIX
(Canon Fronsac)

1986 Canon-Moueix   **17/20**
90: Öffnende Nase mit Süsse (Kandis). Feiner, frischer Kaffeeröstton. Braucht aber noch etwas Geduld. Super-Preis-Leistungs-Verhältnis.   17/20 trinken - 2003

1987 Canon-Moueix   **12/20**
90: Helle, reife Farbe. Nase wirkt leer. Im Gaumen dünn, bitter, salzig und grüne Säure. Ein mieser Wein.   12/20 trinken

1988 Canon-Moueix   **14/20**
91: Dumpf mit Wasserrand. Schwierige Nase, verdeckte Frucht, staubig. Im Gaumen aggressives Tannin, das abbauen muss.   13/20 1995 - 2000
91: Purpur, hell. Leichter Bockton. Unausgeglichen, eigenwillig. Ziemlich alkoholisch, flüchtige Säure. Wirkt aufgebauscht und rauh. Schwierige Zukunft.   14/20 1994 - 2004
92: Entwickelt sich nun in Richtung erster Genussreife. Leicht pflaumig, recht füllig.   15/20 1993 - 2003

1989 Canon-Moueix   **15/20**
90: Februar: Mittlere Textur. Tintig, blaubeerige Aromen.   15/20 trinken ab 1995
92: Arrivage: Mittleres Granat mit orangen Reflexen. Eigenwilliges Bouquet, nasse Wolle, Heuton. Im Gaumen einfach, Anzeichen von überreifem Traubengut, stallig.   15/20 1995 - 2003
92: Leuchtendes Granat. Offene Nase, überreife Frucht, leicht rosinig, marmeladig. Im Gaumen konzentriert, Kamillennote, kernig mit stieligen Nuancen. Braucht noch viel Zeit.   14/20 1996 - 2008

1990 Canon-Moueix   **16/20**
91: April: Rubin-Granat. Floraler Ton. Im Gaumen bedeutend besser, mit Veilchen und Himbeeren, rassig.   16/20 wieder degustieren!
92: Fett, fast marmeladig und schön ausgeglichen.   16/20 1995 - 2005

1992 Canon-Moueix   **14/20**
93: Aufhellendes Granat. Schöne Süsse, geröstete Nüsse, komplex, saubere Frucht. Schmelzige Textur mit kräftigen Gerbstoffen unterlegt, kerniges Finish.   14/20 1997 - 2006

1993 Canon-Moueix   **16/20**
94: Sattes Rubin. Gebündeltes, konzentriertes Bouquet, saubere Frucht, reif. Charmanter Fluss, schöne Merlot-Anzeige, stützendes, stoffiges Extrakt, gutes Rückgrat.   16/20 1998 - 2008

CHÂTEAU DE CARLES
(Fronsac)

Die Geschichte um diesen Wein ist um vieles interessanter als der Wein selbst. Der Duc de Charlemagne hatte auf diesem Weingut erstmals in dieser Gegend Reben anpflanzen lassen. Deshalb waren die Fronsac-Weine auch oft und lange bekannter als die heutigen Spitzenreiter aus St. Emilion und Pomerol. Die Produktion von rund 18'000 Kisten ist eher gross. In den letzten Jahren wurde einiges Kapital in Keller und Technik investiert. In de Carles liegt auch noch ein zusätzliches Potential drin, grenzt doch das Rebgut direkt an Pomerol, und hat viele gute Steillagen.

1987 de Carles **13/20**
90: Komische Nase. Grüne Nussschalen, dann Lakritze. Artisanale Vinifikation. Kleines Potential. 13/20 1993 - 1996

1989 de Carles **14/20**
90: Veilchen-Nase, Tabakanflüge, wirkt im Moment fett, wenig Säure. 14/20
90: Leicht oxydiertes Muster. Süss, rund und fett, wirkt bereits gebunden, und wird zur Frühreife neigen.
14/20 bald
92: Purpur, dicht. Terroirnase, dunkle Rosen, Trüffelspuren. Im Gaumen fleischig, etwas alkoholisch, niedrige Säure, rustikale Tannine. 14/20 1994 - 2000

1990 de Carles **16/20**
91: April: Violettes Rubin. Dichte, gebündelte Nase, Himbeeren. Füllig, markantes, vordergründiges Tannin. Verspricht einiges. 15/20 trinken ab 1996
92: Extrem tiefe Farbe. Softer, weicher Gaumen, aber recht dicht. Pfeffrige Tannine. Ein sensationeller Preis-Leistungs-Wein. 16/20 1995 - 2005

1992 de Carles **15/20**
93: 2/3 der Ernte deklassiert. Sattes Rubin. Tabakaromen, blaubeerig. Feine Gerbstoffe, schmeichelnd, macht Spass.
15/20 1995 - 2002

1993 de Carles **14/20**
94: Mittleres Rubin. Zurückhaltende Nase, Beeren vermischt mit Terroir, reife Frucht. Leichter Körper, Lakritze, feine Adstringenz. 14/20 1997 - 2004

Château Cassagne-Haut-Canon La Truffière

(Canon-Fronsac)

1988 Cassagne-Haut-Canon La Truffière **15/20**
93: Granat, aufhellend. Offen, fett, Pralinen. Weicher Gaumenfluss mit aufrauhender Säure. Wirkt etwas vordergründig. 15/20 trinken - 2000

1989 Cassagne-Haut-Canon La Truffière **16/20**
92: Schwarz-Violett. Süsse Nase, Cassis, Rauch, komplex. Im Gaumen Charme, schöner Fond, Extrakt mit Biss und Nerv, stoffig. Sehr guter Wein. 16/20 1995 - 2005

Château de la Dauphine

(Fronsac)

La Dauphine liegt am Boden des Fronsac-Hügels auf einem leidlich flachen Terroir allzu nahe an der Bordeaux-Supérieur-Gegend. Im Chai reifen auch die Weine von Canon de Brem und Canon-Moueix. Allen diesen Weinen kommt in letzter Zeit zugute, dass sämtliche alten Fässer eliminiert worden sind und auch ein kleiner Teil neues Holz eingesetzt wird. Glücklicherweise immer unter Berücksichtigung des eigenen Potentials.

1986 de la Dauphine **15/20**
90: Superbe Nase. Klassischer Merlot. Schöne Tanninproportion. Muss noch reifen. 15/20 1993 - 1999

1987 de la Dauphine **11/20**
90: Süss und dicht mit leichter Ledernote. Im Gaumen grüne, rohe Säure. Eckig. Armer Wicht. 11/20 bald

1988 de la Dauphine **13/20**
91: Granat-Purpur, mittel. Zurückhaltende Nase mit chemischem Unterton. Eher rotbeerig, im Gaumen reduktive Anzeichen. Wirkt im Augenblick blockiert. Scheint einen Moment zu lange im Fass gelegen zu sein, und hat deshalb Spuren von Trockenheit in der Struktur.
13/20 1996 - 2005

1989 de la Dauphine **15/20**
90: Pfeffrig, Johannisbeerenton, mittlere Säure, leichte Konstellation. 14/20 bald
90: Süss, rotbeerig, klassisches Bouquet, fülliger Beginn, im Finish fein mit anzeigender Textur.
15/20 trinken ab 1995
92: Aufhellendes Granat. Sauberes, fettes Fruchtbouquet, marmeladig. Fülliger Gaumenbeginn, rote Kirschen, gut balanciert, stützendes Rückgrat, markante Gerbstoffe, die Reife verlangen. 15/20 1995 - 2008

1990 de la Dauphine **15/20**
91: April: Granatfarben mit mittlerer Dichte. Nüsse und Kaffee, öffnend. Reduktiver, süsser Beginn. Schön parfümiert, frisches Tannin. Leichter Wein, gastronomisch.
15/20 1995 - 2003
92: Die Struktur ist jetzt etwas markanter. Ein typischer Fronsac. 15/20 1995 - 2003

1992 de la Dauphine **13/20**
93: Würziges Holzspiel. Rote Kirschenmarmelade, sandiges Extrakt, Fruchtschalenton, bourgeoise Struktur.
13/20 1996 - 2004

1993 de la Dauphine **15/20**
94: Funkelndes Rubin. Komplexe Nase, vielschichtig, saubere Waldfruchtnote. Gerbstoffe im Extrakt, feiner Havanna-Tabakton im Grundaroma, zeigt Potential.
15/20 1998 - 2006

Canon Fronsac

CHÂTEAU MAZERIS
(Canon-Fronsac)

1985 Mazeris   **13/20**
90: Rubine Reflexe. Tintiges Bouquet. Würznelken und Gewürze. Fleischiger Wein, parfümiert. Trockene Tannine. Typ Côtes-du-Rhône.   13/20 trinken ab 1992

1989 Mazeris   **14/20**
90: Bonbonton, pfeffrige Säure, tintig.
                                      14/20 trinken ab 1994
90: Terroiranzeige, wirkt recht tief, Brombeerenaroma, pfeffrige Säure.   15/20 trinken ab 1994
92: Mittleres Granat. Florale Nase, Schwarztee, eher kurz. Im Gaumen harte, eckige Tannine, im Moment vordergründig mit ledriger Struktur.   14/20 1995 - 2004

1990 Mazeris   **14/20**
91: April: Granat-Rubin. Total verschlossen, etwas Kirschen. Veloutierender Schmelz aussen. Schön ausgeglichen. Fehlt aber irgendwie an Ausdruckskraft.
                                      14/20 1997 - 2007
92: Degustierte sich eher schlecht. Oxydative Note, Barolo, Malaga. Könnte aber auch ein extrem müdes Muster gewesen sein.   Keine Bewertung!

1992 Mazeris   **13/20**
93: Sattes Purpur. Terroirbetont, dunkle Pilze, würzig. Fleischiger Körper, angedeuteter Charme, feinsandiger Fluss, im Nachklang Marroni.   13/20 1996 - 2005

1993 Mazeris   **14/20**
94: Aufhellendes Granat-Rubin. Gebündelte, rotbeerige Frucht, Johannisbeeren. Im Gaumen schweissiges Leder, animalisch, kernige Säure, leicht bittere Adstringenz.
                                      14/20 1998 - 2006

Gabriel

Wann ist ein roter Bordeaux reif?

Die Engländer unterscheiden sich in ihrer Informationspolitik gründsätzlich von anderen Europäern. Die Engländer fragen nämlich: <<Wann kann ich diesen Wein trinken?>>.

Die häufigste Frage, die ich an unseren Weindegustationen höre, ist: <<Wie lange kann ich diesen Wein noch lagern?>>. Darauf pflege ich jeweils scherzhaft zu antworten, dass man jeden Wein endlos lagern kann. Nur ist er nach einer gewissen Zeit nicht mehr trinkbar.

Sie werden sehen, dass ich nie von Trinkreife spreche. Trinken kann man einen Wein schliesslich ja immer, denn es ist eine flüssige Materie. Wann aber stellt sich der optimale Genuss ein? Das ist die Kernfrage. Deshalb finde ich den Begriff „Genussreife" treffender.

Um die Genussreife definieren zu können, muss man wissen, dass jeder Rotwein von der Abfüllung in die Flasche (Geburt) bis hin zu seinem oxydativen Bruch (Tod) verschiedenen Phasen unterworfen ist. Diese Lebensabschnitte habe ich im Artikel "Dekantieren Ja oder Nein?" Seite 135 ausführlich beschrieben. Wenden wir uns also der Definition der Genussreife zu.

Auge*: Die violetten und lila Farben sind verschwunden. Statt dessen fängt der Wein an sich sanft am Rand aufzuhellen und zeigt dort orange oder ziegelrote Reflexe. Die Farbdichte in der Mitte bleibt meist bis zum Lebensende in ihrer vollen Intensität bestehen und zeigt so die Grösse eines jeden Weines.*

Nase*: Das Bouquet wird nach dem Entkorken immer intensiver. Die Fruchtaromen sind langsam am Abklingen, und Terroirdüfte steigen in der Nase auf. Von der Nase her weckt der Wein Erwartungen.*

Gaumen*: Die Erwartungen der Nase müssen im Gaumen übertroffen werden. Sonst ist der Wein bereits überreif, die Genussphase also am Abklingen. Auch hier bestätigt sich eine Mischung aus abklingender Frucht- und aufsteigenden Terroirnoten. Die Gerbstoffe sind runder geworden, passen sich dem Extrakt und dem Fleisch des Weines an, und bilden auf der Zunge einen rollenden, weinigen Fluss. Die Säure verbindet alle Elemente und bewirkt eine (hoffentlich) ausgeglichene Adstringenz. Darunter wird das gleichzeitige, sanfte Zusammenziehen der Gaumenpartie verstanden, welches durch die Gerbstoff-Säure-Verbindung entsteht. Die Tannine müssen jetzt reif sein, denn sie sind für das „Fleisch" im Wein verantwortlich.*

Die einzelnen Komponenten, die sich zu einem früheren Zeitpunkt nur tangiert hatten, schieben sich jetzt Olympiaringen gleich ineinander, und bilden die Balance, die auch oft als Ausgeglichenheit artikuliert wird. Je ausgeglichener ein Wein ist, desto länger wird er. Je konzentrierter er ist (niedriger Ertrag), desto mehr Rückaroma bildet er im Nachklang. So definiere ich Genussreife!

Faustregel*: Nase 40 %, Gaumen 60 %. Das ist das richtige Entwicklungsstadium. So haben Sie auch die Gewissheit, dass sich der Wein nach dem Öffnen mindestens eine Stunde lang hält und so permanent bis zum letzten Schluck zulegt, der dann auch der beste sein sollte.*

BORDEAUX BLANCS

Grösster Wein:
1989 Pavillon Blanc du Château Margaux

Bester Wert:
1993 Blanc de Lynch-Bages

Bordeaux blancs

AILE D'ARGENT

(der Weisswein von Mouton-Rothschild)

1991 Aile d'Argent   15/20
94: Helles Gelb. Eine Nase wie ein leicht oxydierter Comtes Lafon, also ein Burgunder mit Strohnuancen, zusätzlich entdeckte ich einen feinen Botrytis-Ton. Sehr weiche Säure, Toastnuancen. Der Wein ist leider ziemlich kurz. Nicht gerade ein ideales Debut für einen so spektakulär gehandelten Wein.   15/20 austrinken

1992 Aile d'Argent   14/20
94: Mittleres Gelb. Schönes Röstbouquet, wiederum Eindrücke wie bei einem billigen, kalifornischen Chardonnay, schön ausladend, fast exotische Fruchtnoten. Saftiger Gaumen mit schöner Fülle zu Beginn, leichte Strohnote wie bei Comtes Lafon-Weinen. Leicht schnapsige Ananastöne, da die Säure weich ist, wirkt das Finish eher plump und wenig ansprechend. Man darf sich hier durchaus fragen, ob man nicht die ganze Ernte heimlich in den Mouton-Cadet hätte schütten sollen, um dem Sammler diesen fragwürdigen Wein vorzuenthalten. Wobei hier ehrlich gesagt, für einmal Sammeln besser ist als ihn zu trinken.
14/20 trinken - 2000

ALPHA

1989 Alpha   15/20
90: Blasses Gelb. Feine Pfirsichnase, elegant. Im Gaumen mittleres Konzentrat mit gut begleitender Barrique.
15/20 trinken
92: Es scheint, dass das Erstlingskind von den Winzern ein bisschen überschätzt worden ist. Das Holz dominiert den nun immer zarter werdenden Wein mit einer Toastnote. Die Säure im Gaumen ist noch immer frisch. Er dürfte aber wesentlich länger sein.   15/20 trinken - 1994

1990 Alpha   16/20
91: Ein Vorabzug während einer Pomerol-Degustation in Düsseldorf: Von Hefe getrübte Farbe. Extrem fruchtige, reichhaltige Pfirsich- und Aprikosennase. Im Gaumen frische, rhabarbige Säure, gut proportioniert. Gutes Potential.   16/20 trinken - 1995

1991 Alpha   14/20
92: Helle Farbe, gelber Schimmer. Nase nach gekochten Williamsbirnen, eher verhalten. Im Gaumen fehlt es an Säure, und der Wein verträgt das Holz nicht richtig. Besonders unter dem Aspekt, dass er mit diesem Holz noch ein paar Jahre leben sollte, wird die Zukunftsprognose entsprechend schwieriger. Hat zu wenig Potential, um diesen Wunsch zu erfüllen.   14/20 trinken

BLANC DE LYNCH-BAGES

1990 Blanc de Lynch-Bages   17/20
91: Junges, frisches Gelb mit leicht lindengrünen Reflexen. Melonen, gelbe Früchte, Grapefruit, Nektarinen. Schöner, ansprechender Körper mit frischer Rasse, pfeffrig. Reife Früchte im Finish.   17/20 1993 - 2000

1991 Blanc de Lynch-Bages   16/20
92: Leuchtendes Gelb mit Reifeschimmer. Würziges Nasenspiel, sauvignonbetont, Hefenote, sanft begleitendes Vanille in der Nase. Weniger exotisch als der 90er. Im Gaumen dominiert im Moment die Barrique und verbindet sich mit einer anfänglich pfeffrigen Säurespitze, geleeartiges Fruchtspiel, gebundener Gaumenfluss, der das Extrakt abrundet.   16/20 trinken - 1996
93: Macht viel Spass.   16/20 trinken
94: Mit viel Freude getrunken. Leicht toastig, aber neben dem 92er war er deutlich besser.   16/20 trinken

1992 Blanc de Lynch-Bages   15/20
93: Birnen-Butternase, süss, reif. Gute Säure, feine Stachelbeerennote.   15/20 trinken - 2000
94: Im Moment etwas pappig, weil er von einer zu fülligen Hefenote bedeckt ist, und es ihm auch ein bisschen an Säure mangelt.   15/20 trinken

1993 Blanc de Lynch-Bages   17/20
94: Die Assemblage war noch nicht gemacht, und so degustierten wir alle drei Rebsorten separat. Der Muscadelle war sehr aromatisch, eher fett, aber mit guter Säure. Im Sémillon Blanc zeigte sich bereits die Barrique mit stützendem Vanillin und rassiger, fast pfeffriger Säure im Gaumen. Der Sauvignon gab sich in der Nase verschlossen, jedoch im Gaumen mit kräftiger Rasse. Der instant gemachte Mix (40 % Sémillon, 40 % Sauvignon, 20 % Muscadelle) zeigte sich von komplexer, aromatischer Fülle. Voller, rassiger Gaumen mit einem Potential von gut
17/20 1996 - 2004

PAVILLON BLANC DU CHÂTEAU MARGAUX

1943 Pavillon Blanc du Château Margaux   17/20
92: Goldgelbe, reife Farbe. Kamillen- und Honigton. Geschmeidiger Fluss. Sehr schöner Wein, der sich gut gehalten hat.   17/20 trinken

1961 Pavillon Blanc du Château Margaux   13/20
88: Blasses Zitronengelb. Zartduftende Nase mit Holzfass-Unterton, der an der Luft zunimmt. Rassiges Säurespiel. Spürbares Tannin, antrocknend.   13/20 austrinken

1966 Pavillon Blanc du Château Margaux   15/20
90: Reifes Kamillengelb. Offen, grasig mit gelben Früchten vermischt (Quitten). Grasiger Gaumen, nervig. Sehr trockenes Extrakt. Wirkt im Finish deshalb sehr zähflüssig.
15/20 austrinken
92: Wiederum degustiert. Oxydierte an der Luft.
15/20 austrinken

1978 Pavillon Blanc du Château Margaux   17/20
92: Jugendliche Fruchtnase. Loire-Typ, vanillig, fett. Saftiger Gaumen mit schöner Balance, lang. (Restsüsse?)
17/20 trinken

1980 Pavillon Blanc du Château Margaux   17/20
92: Fruchtige Pfirsichnote. Im Gaumen rassig, sauber. Sehr schön zu trinken.   17/20 trinken

1981 Pavillon Blanc du Château Margaux   16/20
92: Sauvignon Blanc-Faulgrasnote. In den Ansätzen fett und mit Reserven, aber von den Aromen auf bessere Zeiten hoffend. Kann sich in den nächsten Jahren noch positiver entwickeln.   16/20 1995 - 2008

1982 Pavillon Blanc du Château Margaux   16/20
92: Reduktiv, verschlossen. Leichte SO2-Note. Im Gaumen kreidig und wenig Ausdruckskraft.
16/20 trinken - 2004

1983 Pavillon Blanc du Château Margaux   15/20
92: Nase mit leichter Honignote. Im Gaumen trockene Struktur, reif. Leichte Note von Katzenkiste.   15/20 austrinken

1984 Pavillon Blanc du Château Margaux   15/20
92: Schöne Sauvignon-Note, leicht fassige Aromen. Im Gaumen pfeffriges Extrakt.   15/20 trinken

1985 Pavillon Blanc du Château Margaux   17/20
90: Noch sehr grasig mit typischem Sauvignon-Aroma. Nicht jedermanns Geschmack.   16/20 bald
92: Offenes Cassis- Rauchbouquet, wuchtig, breit, ausladend. Leichter Schwefelton zu Beginn, der aber mit Luftzutritt wieder verfliegt. Fülliger, gut stützender Körper. Schönes Extrakt, weiche Säure. Grosses Potential.
17/20 trinken - 2000
93: An einer Margaux-Probe wiederum sehr hoch eingestuft. Noch zu jung, aber riesiges Potential.
17/20 bald - 2002

1986 Pavillon Blanc du Château Margaux   17/20
92: Schöne Loire-Note. Reifes, offenes Bouquet, sehr fruchtbetont. Pfirsich im Gaumen.   17/20 trinken

1987 Pavillon Blanc du Château Margaux   16/20
91: Macht seiner Cépage (100 % Sauvignon Blanc) alle Ehre. Ein grasiger Wein mit viel grünen Peperoni. Recht lang. 16/20 trinken, mit viel Verständnis für die doch etwas eigenwilligen Aromen.
92: Reifer als vor einem Jahr. Junge Farbe. Offene Nase, leichter Hefeton, ohne Frucht. Im Gaumen sehr, sehr fein mit viel Finessen. Vanille im Nachklang und reife Pfirsiche. Die Nase wird nach 10 Minuten fruchtiger, dafür meldet sich im Gaumen eine Estragonnote.
Nase 15/20, Gaumen 17/20 trinken

1988 Pavillon Blanc du Château Margaux   16/20
91: Wer diesen Wein jetzt trinken will, soll ihn vorher dekantieren, denn ein leichter Schwefelton beherrscht den Wein zu Beginn. Dann entwickelt sich Minze und Cassis. Trockener, langer Körperbau. In den Mundaromen wie immer eine Mischung zwischen Sauvignon- und Fasscharakteren.   16/20 1994 - 2000

1989 Pavillon Blanc du Château Margaux   18/20
91: Der beste Pavillon Blanc, den ich degustiert respektive getrunken habe. Blasse Farbe. Offene, wohlduftende Nase mit aromatischem Sauvignon und viel Finessen. Fett, wenig Säure. Reicher Gaumen, der mit viel Charme verbunden ist, im Finish frische Bananen.
18/20 1994 - 2005 kaufen!
92: Im Moment eine leicht störende, aber typische Sauvignon-Phase. Es lohnt sich aber, auf diesen grossen Wein zu warten.   trinken ab 1994

1991 Pavillon Blanc du Château Margaux   15/20
93: Vorabzug auf dem Château zum Aperitif vor dem Mittagessen: Die Ernte konnte gerettet werden, da die Parzelle über eine spezielle Frostschutzanlage verfügt. Noch in der Fruchtphase. Sehr aromatisch, Lindenblüten, Akazienhonigtöne. Eher leicht und süffig. Im Finish gekochte Birnen.   15/20 trinken - 2000

„R" DE RIEUSSEC

1987 „R" de Rieussec   16/20
91: Schöne Sauvignon Blanc-Nase, stützend. Im Gaumen rund, feine Harznote. Im Finish Kamillen. Ein schöner Wein.
16/20 trinken - 1996
92: Reife Ananas, Würznote, Schlüsselblumen. Im Gaumen Aromen eines reifen Meursaults, leichte Strohnuancen. Ausgereifter Liebhaberwein.   16/20 austrinken

1989 „R" de Rieussec   13/20
91: Harz- und Blumentöne, trockenes Extrakt. Recht eigenwilliger Wein.   13/20 trinken
92: Eine urkomische Nase, die einerseits Aromen von Terpentinöl hat, und andererseits nach Fensterkitt riecht, dahinter Kamille und Harznoten wie ein Retsina. Nur für ganz spezielle Liebhaber.   13/20 trinken

1990 „R" de Rieussec   15/20
91: Sauberes Fruchtbouquet. Intensiv und sofort ansprechend. Wenig Säure, rund und voll. Süffig, Ananas.
15/20 trinken

Bordeaux blancs

93: In einer fürchterlichen Phase. Riecht nach Fensterkitt und man hat beim Trinken das Gefühl, dass man einen mit Honig bestrichenen Rasenmäher abschleckt. warten!

1992 „R" de Rieussec 14/20
94: Feine Honignote und Kiefernnuancen im Gaumen, süffig, schöne Säure. 14/20 trinken - 2004

TALBOT BLANC

(früher Caillou Blanc du Château Talbot)

1982 Talbot Blanc 13/20
91: Junge Farbe. Typisches Sauvignon-Bouquet. Leicht schweflig. Eleganter Gaumen mit verhaltenem Finish.
13/20 austrinken

1987 Talbot Blanc 17/20
90: Mehrere Male getrunken. Ein exotischer, frucht-explosiver Wein mit schöner Säure. Im Gaumen Pfirsichgeschmack. 17/20 trinken
93: Hat sich gut gehalten und zeigt eine hervorragende Aromatik. 17/20 austrinken

1988 Talbot Blanc 12/20
90: Eine Karikatur neben dem 87er. Mager und ambitionslos. Im besten Fall für eine Fischsauce geeignet! 11/20
92: Blühender Löwenzahn, wenig Frucht. Im Gaumen grüne Paprikaschoten, leicht bittere Grünnote. Fehlt an Komplexität. 12/20 trinken

1989 Talbot Blanc 14/20
91: Im Moment sehr sauvignonbetont. Loire-Typ. Hat noch gute Zeiten vor sich. 15/20 trinken
91: Einige, schwierige Flaschen mit Rumpelphase. Wirkt im Moment unsauber.
nicht trinken, warten bis Mitte 1992
92: Noch immer grasig und schwer zugänglich.
14/20 warten und hoffen

1990 Talbot Blanc ??/20
91: Es scheint mir, dass dieser gute Wein der Experimentierlust von George Pauli (Önologe von Cordier) zum Opfer gefallen ist. In diesem Jahr werden nutzlos 10 % neue Barriquen verschwendet. Dadurch wird der Wein, dem es schon im Grundmass an Säure fehlt, noch fetter und plumper. Null Frucht, nur Fett, null Wein. Sicherlich nicht in den nächsten drei kommenden Jahren zu trinken, und nachher könnte sich die Freude unter Umständen in sehr bescheidenen Grenzen halten. Keine Bewertung!

1991 Talbot Blanc 13/20
92: Produktion nur 12'000 Flaschen, also rund ein Viertel einer Normalernte. Fette Spitalnase, Früchtegelee, feines Extrakt. Im Gaumen leicht vanillig, gegen die Mitte und im Abgang ziemlich schlank. 13/20 1993 - 1998

1993 Talbot Blanc 15/20
94: Helles, mildes Gelb. Offenes, leicht exotisches Bouquet, Grapefruit, Passaia. Schönes Extrakt im Gaumen, recht reife Frucht, feine Strohnote, jung zu trinken.
15/20 1996 - 2002

„Y" DU CHÂTEAU D'YQUEM

1985 „Y" du Château d'Yquem 17/20
90: Mehrere Male getrunken. Machte früher weniger Freude als heute. Ein klassischer, duftender Sauternes-Ton in der Nase. Im Gaumen jedoch eher trocken mit kleinen Lükken in der Struktur. 17/20 trinken

1987 „Y" du Château d'Yquem
Es wurde kein Wein produziert!

1988 „Y" du Château d'Yquem 12/20
90: Fette Nase, nussig, dünner Gaumenfluss, gelbe Terroiraromen, etwas grasiger Nachgeschmack (2 g Restzucker).
13/20 trinken (Prix de Sortie FF 160)
93: Wiederum bei einem Mittagessen auf Yquem getrunken. Leimige Nase, sehr vegetal, wenig Duftpotential, sehr fettlastig. Müsste man eigentlich nicht im Keller haben, vor allem nicht als Nachfolger des 85ers.
12/20 trinken, in möglichst kleinen Schlucken

1989 „Y" du Château d'Yquem
Es wurde kein Wein produziert!

Gabriel

Wie bin ich auf den Gedanken gekommen, Bücher über Bordeaux-Weine zu schreiben?

Um ein solches Buch entstehen zu lassen, braucht es sowohl eine mentale, schriftliche und schliesslich auch eine mechanische Form. Seit 1980 notiere ich jeden Wein, den ich degustiere, oder aber auch trinke auf kleine Zettelchen, die allesamt in eine grosse Kartonkiste wanderten. Plötzlich wollte ich wissen, wie viele Weine vom alten Bordeaux-Klassement ich noch nicht getrunken respektive degustiert hatte. Es fehlten nur ganz wenige, wie ich feststellen konnte. So begann der Sammelfanatismus, der mir zur Komplettisierung des Mankos verhalf. Degustationen organisierte ich selber, nahm aber auch an vielen teil. Reiste immer öfter nach Bordeaux. Freunde fragten mich nach meinen Eindrücken. Ich fing an, die Noten auf einem Computer zu erfassen und irgendwann kam der Gedanke auf, für meine Freunde und Interessenten diese Degustationsnotizen zu kopieren. Die Kopien wurden mir bald zu teuer und so entstand mein erstes Buch (Bordeaux à jour).

Warum das zweite: Bordeaux total?

Erstens durch den Druck von aussen. <<Wann erscheint die Neuausgabe?>> wurde ich oft gefragt. Die Marktlage schien also günstig, zumal der 93er, bereits vollumfänglich beschrieben, ein recht gut gelungener Jahrgang ist. Zweitens aufgrund von meinem eigenen Egoismus. Obwohl das Bordeaux à jour recht gut gelungen war, kann ich heute nur noch teilweise zu diesem Erst-

lingswerk stehen. Ich glaube, dass ich in den letzten drei Jahren meine Lehre abgeschlossen habe und jetzt in die Gesellenjahre komme. Diesen Fortschritt wollte ich gerne mit Ihnen teilen.

Mitte August 1994 hatte ich meine Texte abgeschlossen. Während dieser Zeit arbeitete meine Lebensgefährtin Karin Egli bereits nächtelang an den ersten Korrekturen. Die Disketten wanderten gebietsweise zu Joachim Günther, meinem Arbeitskollegen. Er machte das Layout, das wiederum eine Ueberarbeitung und Kontrolle erforderte. Nochmals letzte Korrekturen am Bildschirm und ab zur Koordination für den Druckablauf zu Rolf Theiler. In der gleichen Zeit lief die Werbetrommel bereits auf Hochtouren. Interviews und Fototermine mit Journalisten waren die Tagesordnung.

Um das Foto für den Buchumschlag zu machen, benötigte der bekannte Starfotograph Daniel Boschung etwas mehr als eine halbe Stunde und ein paar Filmrollen. Für den imposanten Auf- und Abbau der Kulisse arbeiteten drei Helfer gut sechs Stunden.

Bernhard Zuber übernahm das ausgewählte Dia und integrierte die Schrift für den Buchtitel:
Gabriel - Bordeaux total.
Es sind viele, professionelle, aber auch freundschaftliche Ratschläge integriert worden. Deshalb hoffe ich, dass die Behauptung "viele Köche verderben den Brei" in diesem Buch nicht zutrifft.

GRAVES BLANCS

Grösster Wein:
1988 Domaine de Chevalier

Bester Wert:
1992 Fieuzal Blanc

Graves blancs

CHÂTEAU LE BONNAT

Le petit Fieuzal! Dieses Weingut produziert sowohl einen roten, fruchtigen Graves als auch einen faszinierenden Weissen.

1989 Le Bonnat   **17/20**
90: Moderner Graves-Typ. Marktfrisch mit Pampelmusen- und Granny Smith-Touch. Sehr interessant.   17/20
90: Das war die Entdeckung der weissen 89er. 17/20 bald
91: Im Moment eher verschlossen, aber nach wie vor sehr vielversprechend.

1990 Le Bonnat   **16/20**
91: Supernase. Reife Frucht, Ananas. Kräftiges Extrakt, lang.   16/20 trinken ab 1994
92: 60 % Sémillon, 30 % Sauvignon Blanc, 10 % Muscadelle. Feiner Röstton, Frucht ist im Moment blokkiert, leichter SO$_2$ Ton. Im Gaumen fett und im Nachklang feine Pfirsichnote.   16/20 bald - 1997

1991 Le Bonnat   **15/20**
92: Sehr hell. Fruchtige Birnennase, weisse Schokolade (Nestrovit). Mittlere Intensität im Gaumen, lebendige Säure, die Länge verleiht. Ein schmeichelnder, süffiger Wein.
                                                   15/20 1994 - 1998

CHÂTEAU BOUSCAUT

1985 Bouscaut   **11/20**
86: Staubig, defensiv, atypisch.   11/20 trinken

1988 Bouscaut   **13/20**
89: Femininer Mandelton. Üppig mit wenig Säure. Wirkt plump.   13/20 trinken

1992 Bouscaut   **13/20**
93: Hefeton, medizinal, das Fruchtbild ist verdeckt. Gute Säure, reife Frucht, Ananas, mittleres Potential. Die „batonnage" gibt dem Wein eine Fülle, die nicht so recht zu ihm passt.   13/20 1996 - 2000

1993 Bouscaut   **14/20**
94: Helles blasses Gelb. Pflanzliches Bouquet mit Sémillon-Anzeige, grüne Pfirsiche. Leicht kräuselnde Säure, die spitz den Gaumenfluss dominiert, unharmonischer Fluss.
                                                   14/20 1997 - 2004

CHÂTEAU CARBONNIEUX

Der weisse Carbonnieux hätte grosse Chancen zu den besten weissen Graves-Weinen zu gehören. Eine Möglichkeit, die der Besitzer Anthonny Perrin bis heute nicht genutzt hat.

1979 Carbonnieux   **11/20**
92: Zeisiggelb, brillant leuchtend. Diskrete, fast leere Nase, leichter Sherry-Ton. Artisanaler Gaumen, bitter metallisch. Höchst bescheidener Wein.   11/20 austrinken

1983 Carbonnieux   **11/20**
91: Reife Farbe. Katzenpisse und alter Sherry. Kurz, unausgeglichen. Schlimmer Wein.   11/20 austrinken

1985 Carbonnieux   **13/20**
88: Breite, opulente Nase. Wenig Gerbstoff. Fahler Holzton, beissende Säure und entsprechend holprige Struktur.
                                                             13/20 trinken
92: Immer noch Holztöne, die die Nase dominieren. Die damals störende Säure ist jetzt vollkommen weg und der Wein neigt zur Fettlastigkeit, ja fast tranig. Balanceschwierigkeiten.   12/20 austrinken
92: Unsaubere, fast unappetitliche Nasennote (Katzenkiste). Die Säure ist aufrauhend, der Körper sehr mager.
                                                         12/20 austrinken

1986 Carbonnieux   **13/20**
89: Nicht so üppig wie der 85er. Langer, geradliniger Wein, der unteren Mittelklasse.   13/20 austrinken

1988 Carbonnieux   **14/20**
89: Zartes Bouquet. Runder und fetter Körper. Offensichtlich hat man auch hier die neue Vinifikation entdeckt.
                                                             15/20 trinken
91: Helle, frische Farbe. Öffnende Nase. Im Gaumen wenig Säure. Wirkt jetzt eher zähflüssig und relativ kurz.
                                                            15/20 trinken
92: Leuchtend mit zitronengelben Reflexen. Sémillon-Nase (Katzenurin), Fruchtschalen, feine Duftnuancen begleiten den Holzcharakter. Trocken, mit bescheidenen Mundaromen, im Finish Apfeltouch.   15/20 trinken
93: Feine Würznote, Harzton, leicht oxydativ, Strohton. Wenig Ausdruck im Gaumen, Birnenkompott. Extreme Bitternote auf der Zunge.   14/20 austrinken

1989 Carbonnieux   **17/20**
90: Der fruchtigste aller weissen Graves (Mandeln und Birnen), den ich anfangs des Jahres degustiert hatte.
                                                                 16/20 bald
91: Wiederum feines Birnenaroma. Ein fettiger, fülliger Wein mit Sémillon-Präsenz. Schöner Wein. 17/20 trinken - 2000

1990 Carbonnieux   **16/20**
91: Defensive Birnennase, Angelika. Zungenextrakt-Konzentration in der Mitte. Fehlt an Rasse gegenüber dem 89er.   15/20 bald
92: Birnenspiel. Pfeffrige, fast spitz auftretende Säure, gute Balance, nicht zu fett.   16/20 1994 - 2004

1991 Carbonnieux   **15/20**
92: Frische Hefe-Pfirsichnote, fruchtiges Säurespiel. Voluminöser, mundfüllender Wein.   15/20 1994 - 2000
92: Ein anderes Muster mit leichtem Schwefelton, sémillonlastig, wenig Säure.   14/20 1994 - 2000
94: Während einem teuren Mittagessen in der Kronenhalle in Zürich getrunken. Er war gut, aber langweilig.
    15/20 austrinken

1992 Carbonnieux   **14/20**
93: Pfeffrige Nase, Williamsbirnen, grüne Pfirsichnote, Kokos. Feines Extrakt, saftig, eher schlankes Finish.
    14/20 1995 - 2001

1993 Carbonnieux   **16/20**
94: Blasses Gelb mit lindengrünen Reflexen. Gekochte Birnen, wirkt wuchtig, leicht buttrig. Frisches Säurespiel, leichter Barriquentouch, schlankes Finish, recht aromatisch.
    16/20 1996 - 2003

Château Chantegrive

1988 Chantegrive   **14/20**
89: Mirabellenaroma. Trocken.   14/20 trinken

1988 Chantegrive „Cuvée Caroline"   **15/20**
89: Strenger als der normale Wein.   15/20 warten

1992 Chantegrive   **14/20**
93: Offen, leicht seifig, feiner Pfirsichton, grünes Extrakt, wässriges Finale, schlank.   14/20 1994 - 1999

1993 Chantegrive   **14/20**
94: Blasses Gelb. Reifes Bouquet, leichter Luftton, Mirabellen. Rassiger Gaumen mit pfeffriger, vielleicht etwas zu spitzer Säure, schlank, wenig Fülle.   14/20 1996 - 2003

Domaine de Chevalier

Wer weisse Domaine de Chevalier im Keller hat, muss Geduld üben. Wer nicht eben jene Geduld hat, mindestens zehn Jahre auf ihn zu warten, soll sich mit modernen, anderen Graves-Weinen trösten.

1962 Domaine de Chevalier   **18/20**
88: Helles Strohgelb. Honignote. Duftend mit burgundischer Nase. Schlanker Körper. Noch leichte Holznote.
    17/20 trinken
92: Aus dem Keller von Paul Hermann. Ein enorm frischer, wunderschöner Graves-Wein. Er zeigt auch auf, wie alt die Domaine de Chevalier-Weine werden können, ohne auch nur irgend etwas von ihrer Faszination zu verlieren.
    18/20 trinken

1964 Domaine de Chevalier   **18/20**
90: Reife Farbe mit Zitronenreflexen. Gekochte Äpfel. Trokkener Gerbstoff. Wirkt lang, jedoch mit Konsistenzeinbrüchen.   17/20 trinken
92: Mit Stephen Burickson in einem Restaurant im Welschland zu Fr. 150.– (!) getrunken. Reiche, splendide Nase, fein, füllig, elegant mit duftenden Wiesen- und Stroharomen. Im Gaumen wunderschön balanciert mit entwickelnder Minze und Eisenkrautnuancen. Ein grosser Wein, den ich offensichtlich vor zwei Jahren unterschätzt habe.
    18/20 trinken - 2000

1975 Domaine de Chevalier   **17/20**
94: Helles, frisches, fast blasses Gelb. Leicht seifiges Bouquet zu Beginn, bei zunehmendem Luftzutritt wird das Bouquet intensiver und fein nuanciert. Frisches Säurespiel im dichten Extrakt, fast zitrusartig, Pfirsichnote, sehr lang. Nicht zu kalt servieren und etwa eine Stunde dekantieren.   17/20 trinken - 2010

1977 Domaine de Chevalier   **14/20**
88: An einer Sylvesterparty getrunken. Grün, aber trotzdem erstaunlich gut.   14/20 austrinken

1978 Domaine de Chevalier   **14/20**
87: Nach dem phantastischen 85er getrunken. Machte keinen besonderen Eindruck.   14/20 austrinken

1979 Domaine de Chevalier   **17/20**
91: Leuchtendes Strohgelb. Frische Nase, leicht cereal, Ruccola. Im Gaumen frische, fast zitrusartige Säurekonstellation. Lang, mit Anzeichen von begleitendem, vielleicht eher zähem Strukturbau.   17/20 trinken - 2005

1981 Domaine de Chevalier   **17/20**
88: Zeisig-zitronengelbe Farbe. Batard-Terroirnase. Noch holz- und vanillebetont.   17/20 1991 - 2005

Graves blancs

1982 Domaine de Chevalier   17/20
92: Anlässlich eines Mittagessens mit Franz Wermuth getrunken. Ein extrem rarer Wein, von dem nur gerade ein paar Barriquen erzeugt wurden. Faszinierendes Fruchtspiel, gebunden. Im Gaumen konzentriert, reife gelbe Frucht und ein schönes Säurespiel von erstaunlicher Länge.
           17/20 trinken

1983 Domaine de Chevalier   17/20
92: Zartes Gelb mit lindengrünen Reflexen. Defensives Bouquet, Vanille, Mentholnuancen, dezente Rauchnote. Sehr jung im Gaumen, etwas seifig, parfümiert, viel Extrakt, das nach langer Reife verlangt.   17/20 1995 - 2010

1984 Domaine de Chevalier   16/20
91: Blasses Zitronengelb. Sehr hell. Viel Vanille von der Barrique. Helle, reife Fruchtanzeige. Sehr ansprechender Gaumen, der Süffigkeit vermittelt. Feines Säurespiel. Ein sehr langer Wein und sehr wahrscheinlich, wie der rote Domaine de Chevalier, einer der besten seines Jahrganges. Ein überdurchschnittlicher 84er mit viel Rasse.
           16/20 trinken - 2000
93: Im Bistro du Sommelier in Bordeaux war die Flasche sehr schnell leer...

1985 Domaine de Chevalier   17/20
89: Hefeton, pfeffrige Nase. Im Gaumen mit Stoff ausgelegt.   17/20 trinken ab 1994
91: Sehr helle Farbe mit lindengrünen Reflexen. Im Moment wird die Nase vom Röstton beherrscht. Wirkt verschlossen mit leichten Eucalyptus- und Zitrusnuancen sowie Eisenkrautspuren.   17/20 1994 - 2006

1986 Domaine de Chevalier   17/20
92: Sehr reife, gelbe Frucht, Vanille, Kokos, Aprikosenton, der fast an einen Viognier erinnert, dezente Honignote. Versprechender Gaumen mit ausbauendem Extrakt, vanillige Barrique, gutes Rückgrat. Beginnt sich zaghaft zu öffnen. Langer, aromatischer Nachklang.
           17/20 trinken - 2004

1987 Domaine de Chevalier   18/20
92: 3/8 Flasche. Die erste Flasche hatte Korken. Die zweite: Jugendliche Farbe mit leicht lindengrünen Reflexen. Defensive, aber üppige Nasenkonstellation anzeigend, Zitrusfrüchte, Mirabellen. Im Mund opulent, geschmeidig mit vanilligen Unteraromen. Würzige Holznote im Extrakt.
           17/20 1996 - 2010
92: Reife, gelbe Früchte, Vanille, Ananas, Karambolle, hat Tiefe. Fülliger, konsistenter Körper. Enormes Spiel von Minze, Vanille und Caramel im Gaumen. 18/20 1995 - 2008

1988 Domaine de Chevalier   19/20
89: Exotisches Holz- und Fruchtspiel. Reich.
           18/20 trinken ab 1997
92: Blind degustiert. Ein grosser Wein voll Vanille, Mandeln und Kokos. Hochdicht mit viel Finessen. Zählt sicherlich zum besten, was je auf diesem Weingut an Weisswein produziert worden ist.   19/20 1997 - 2015
94: Kokos, weisser Rum, Batida de Coco, Vanille, Rosenblätter, Zitronenmelisse. Gute Säure im Gaumen, die sich mit dem Extrakt und der Adstringenz verbindet, leicht seifiger Ton auf der Zunge, was bei jungen Domaine de Chevalier-Weinen oft zu finden ist. Ein viel zu junger Wein, um ihn jetzt zu trinken.   19/20 1997 - 2020

1989 Domaine de Chevalier   17/20
91: Sehr hell. Seife (normal bei jungen Weissweinen). Sehr würzig, Eisenkraut und Mandelblüten. Pflanzliche Aromenstruktur. Vielversprechend. Gross!   17/20 1999 - 2015

1990 Domaine de Chevalier   17/20
91: Fassprobe: Verdeckt, jung, fruchtig, Apfelmus, pfeffrig. Im Gaumen defensiv mit entsprechend wenig Ausdruckskraft. Mindestens   17/20 trinken ab 1998

1991 Domaine de Chevalier   16/20
92: In zwei Erntedurchgängen innert 8 Tagen geerntet. 5 hl Ertrag. Hell leuchtend. Defensive Nase von reifen Früchten geprägt, Nektarinen. Nase fruchtiger als der Gaumen. Lebendige Säure, Haselnusston mit langem Finale, gesundes, feingliedriges Extrakt.   16/20 1998 - 2008

1992 Domaine de Chevalier   16/20
92: Komischerweise wurde mir ein Muster mit 100 % Sauvignon Blanc präsentiert. Der spätere, definitive Wein wird aber ca. 35 % Sémillon enthalten. Erinnert sehr an einen weissen Burgunder, Mangonoten, gute Säure, nerviger Wein.   16/20 1999 - 2010
93: Auf dem Château eine Minuten-Assemblage: Sehr gute Säure, aber wie immer in der Jugend schwierig einzuschätzen.   16/20 1999 - 2010

1993 Domaine de Chevalier   17/20
94: Helles Gelb mit grünlichen Reflexen. Verführerisches, aromatisches Bouquet, fein nuanciert, unterlegte Toast-Vanillenote, Brotkruste, feiner Hefeton, reife Frucht, nicht zu exotisch. Im Gaumen sanft auftretend, verteilt sich gut, gazellenhafte Struktur mit feinstem Extrakt, angenehme Pfirsich-Nektarinennote im Finale.   17/20 1998 - 2010

CHÂTEAU DE FIEUZAL

Einen weissen Fieuzal aus dem Fass zu verkosten, gehört zu den besten nicht gespuckten Erlebnissen während einer Probe des jeweils neuen Jahrganges aus Bordeaux. Den 92er hätte man fast literweise, unter Beihilfe gesanglicher Lobeshymnen, aus der Barrique trinken können. Ein echter Fieuzal Blanc-Kenner trinkt ihn sehr jung oder dann wieder nach etwa vier, fünf Jahren.

1978 de Fieuzal   11/20
89: Ausdrucksloser, verblasster Wein.   11/20 austrinken

1984 de Fieuzal 17/20

92: Eigentlich öffnete ich die Flasche bereits mit der Absicht, nachher noch etwas anderes zu trinken. Dabei kämpfe ich doch selbst oft vergeblich für Voreingenommenheit. Ich war nämlich der Ansicht, dass Fieuzal erst seit dem 86er Spitzenklasse ist. Wenn ich jetzt aber das Rad, in Erinnerung an den Domaine de Chevalier 1984 zurückdrehe, den ich vor rund drei Monaten ebenfalls mit viel Faszination trank, so scheint es fast logisch, dass dies ein bemerkenswerter Wein sein müsste. Zartes Lindengrün. Fruchtige, extrem vielseitige Nase, Karambolle, Nektarinen, Americano-Aromen, Minzennote. Im Gaumen vanillig, füllig und recht frisch für einen fast siebenjährigen Wein. Mit Sympathie 17/20 trinken

1986 de Fieuzal 16/20

91: 3/8 Flasche: In der kleinen Flasche ist er sicherlich reifer als in der Normalflasche. Helles Zitronengelb. Sehr reifes Bouquet, Mandelöl, fett. Im Mund vollreif, exotische Fruchtnuancen (Papayaöl). 16/20 austrinken
92: Offen, gebundene Nase, Kokosbutter, Krachmandel. Schöner Gaumenfluss. Sehr elegant und lang mit feiner Mangonote zum Schluss. 16/20 austrinken
92: Offene Nase, leichter Caramelton, mineralische SO$_2$-Note. Im Gaumen pfeffrig, reife Ananas- und Kokosaromen. 16/20 austrinken

1987 de Fieuzal 17/20

89: Mein Aperitif- und Balkonwein. Ich habe die ganze 3/8-Kiste alleine getrunken. Komplexes Duftbild. Nicht zu fett, aber trotzdem enorm intensiv. Wunderschöne Aromenpalette von Mirabellen, Quitten und Birnen. Grossartiger Wein. 17/20 trinken
93: Oft mit sehr viel Freude getrunken. 17/20 austrinken

1988 de Fieuzal 18/20

89: Spitzenweisswein im 88er-Gefüge. Curry-, Holz- und Koriandernase. Weicher Körper mit viel Finessen. In der Säure Grapefruitfrucht. 18/20 bald
90: Im Moment total verschlossen.
91: Immer noch verschlossen!
92: Eine Doppelmagnum: Explosiv, parfümiert, Minze, weisse Holunderblüten, Melisse...
94: Eine halbe Flasche. Öffnet sich langsam. Nach 30 Minuten erst richtig zugänglich. 18/20 1995 - 2005

1989 de Fieuzal 16/20

90: Aus verschiedenen Cuvées degustiert. Einmal 100 % Sauvigon, dann 100 % Sémillon und schliesslich eine mögliche Assemblage 50/50. Wirkt bedeutend fetter und etwas weniger fruchtiger als der 88er. 16/20
93: Eine halbe Flasche, die wenig von der möglichen Ausdruckskraft zeigte.

1990 de Fieuzal 18/20

91: April: Fett, tief und fruchtig. Im Gaumen im Moment von Schwere belastet. Wird an die vorderen Jahrgänge problemlos anknüpfen können. Typ Batard-Montrachet. 18/20 trinken ab 1996

92: Feine, fast süssliche Honignote (Akazie), Krachmandel, wirkt noch etwas grünlich in der Nase, Kokosnote. Im Gaumen füllig, schmeichelnd, gute Konsistenz. Umwerfender berauschender Wein mit nachhaltigem, wuchtigem Finish. 18/20 1995 - 2010

1991 de Fieuzal 16/20

92: Schöne Frucht. Pfirsichnote. Im Gaumen pfeffrig, frisch und ausladend zugleich. Ein eleganter, langer Wein wie es der 87er war. 16/20 1995 - 2003

1992 de Fieuzal 18/20

93: Ein Montrachet aus Bordeaux! Vielschichtiges, explosives Bouquet, der Sauvignon dominiert im Moment, Pfirsich, Nektarinen. Pfeffrige, frische Säure, hochfeine Struktur mit seidig-würzigem Extrakt, zeigt ausgeglichene Adstringenz an, im Nachklang Kokos und Ananas. Die absolute 92er Reussite. 18/20 1997 - 2008

1993 de Fieuzal 16/20

94: Blasses Gelb mit gräulich-grünen Reflexen. Frisches Fruchtextrakt in der Nase, viel grüne Pfirsiche, Stachelbeeren, sauvignonbetont. Saftige Struktur, Süsse im Fluss, viel Charme, rollend, mittleres Finale. 16/20 1998 - 2008

CHÂTEAU DE FRANCE

1992 de France 14/20

93: Offenes, buttriges Bouquet, Bonbon-, Zitrusnote. Weicher, angenehmer Gaumen. Früh trinkreif. 14/20 1994 - 1999

1993 de France 14/20

94: Helles Gelb. Offenes, spontanes Bouquet, einladend, süss, Ananas. Süffiger Gaumenbeginn, bezaubernde Frucht, vielleicht etwas zu weiche Säure, die das Finish verkürzt. 14/20 1996 - 2003

CHÂTEAU HAUT-BRION

1922 Haut-Brion 17/20

87: Eine legendäre Flasche aus Hardy Rodenstocks Sammlung während einer Haut-Brion-Probe in Davos getrunken. Zeisig-strohgelbe Farbe ohne Müdigkeit. Frische, ansprechende Nase, die noch fruchtig ist. Von Obstfrucht geprägt. Nektarduft. Honigblüten und Wiesenblumen. Viel und rassige Säure. Im Körper metallisch und verwässert. Im Abgang bitter. Also in der Nase bedeutend besser als im Gaumen! Nase 19/20, Gaumen 15/20

1964 Haut-Brion 17/20

90: Reife Farbe. Offen, komplex. Kamille, wirkt geröstet (Mandeln). Junges Tannin im Gaumen, ledrig im Fluss. Sehr wahrscheinlich noch ausbauend. 17/20 trinken

Graves blancs

1969 Haut-Brion   **15/20**
92: Mit Christian Schmid getrunken. Reifes Gelb. Zartduftende Nase nach Stroh und Wiese, getrocknete Apfelschnitze und leichter Mineralton. Im Gaumen fein, zart, wiederum eher blumig, trockenes Extrakt. Im Nachgeschmack Salzgebäck und cereal. Die Säure ist zwar dominant, aber sie erhält gleichzeitig den Wein. Ein interessantes Trinkerlebnis.   15/20 austrinken

1975 Haut-Brion   **16/20**
94: Sehr reifes Gelb. Buttriges Bouquet, Kamille, Safrannote. Reifes, geschmeidiges Extrakt, Aromen, wie man diese in einem trockenen Sauternes wiederfindet, honigartig, ohne süss zu sein, leicht cereal im Finish, erinnert im Gesamteindruck an einen sehr reifen Meursault.
   16/20 austrinken

1978 Haut-Brion   **13/20**
87: Volles Vanillebouquet. Sehr eng und kompakt. Im Gaumen harmonisierende Säure. Wirkt in seiner Trockenheit jedoch zäh, mit wenig Ausdruck.   13/20 trinken

1982 Haut-Brion   **19/20**
89: Ein sensationell komplexer, fruchtbeladener Wein. An der Grenze zwischen Opulenz und Fett.   19/20 trinken
93: Eine Flasche, die sehr wahrscheinlich zu warm gelagert war und viele Strohnoten zeigte.

1983 Haut-Brion   **17/20**
87: Subtiles Bouquet mit Pfirsich- und Nektarinenaroma. Im Gaumen füllig, ohne schwer zu sein. (Piña Colada, Kokosnussaromen).   17/20 trinken

1985 Haut-Brion   **17/20**
91: Blasses Gelb. Reduktive Nase mit atypischem Aroma (Fensterkitt), darunter Karambolle, spanische Netzmelone. Wenn er länger geöffnet ist, entwickelt er florale Noten. Im Gaumen etwas fruchtiger als in der Nase. Schöner Druck im Finish. Ausgeglichen.   17/20 warten
92: Blind zu degustieren bekommen. Offene, duftende, blumige Wiesennase, helle, gelbe Früchte, leichte Strohnote, Mandeltöne, Netzmelonen. Im Gaumen füllig. Die Struktur ist schön gestützt mit Fett. Langes, aromatisches Finish mit sehr viel Druck. Wie Laville ein phantastischer Wein.
   17/20 trinken - 2005
93: An der Raritätenprobe in Vitznau degustiert. Etwas unharmonisch mit leichter Unsauberkeit - fehlerhafte Flasche?   15/20 ??

1986 Haut-Brion
91: Der 86er Haut-Brion blanc ist als Experiment gestorben. Die ganze Ernte wurde deklassiert, und zwar in einem Masse, wo kein Mensch weiss, wohin der unglückliche Saft geflossen ist. Das gleiche gilt auch für den 86er Laville-Haut-Brion aus dem gleichen Haus.

1987 Haut-Brion   **14/20**
90: Hier gäbe es eigentlich zwei sich total unterscheidende Degustationsnotizen aufzuführen. Positiv: Die Fassprobe auf dem Château mit vielen gekochten Früchten, Mirabellen etc...
Negativ: Was in Flaschen abgefüllt das Château verliess. Ich kann mir einfach nicht vorstellen, dass aus einem so vielversprechenden Saft so eine miese, trockene und nichtssagende Flüssigkeit geworden ist.
92: Als Aperitif einer zehnköpfigen Tischrunde serviert. Gespaltene Meinungen prägten den Versuch, das Gute vom Bösen zu unterscheiden. Ich bleibe dabei, Max.
   14/20 austrinken
92: Sehr reife Farbe. Leere Nase, nur angedeutete Fülle, nasse Wolle. Grasige Noten im Gaumen. Ein schlanker Wein mit mittlerem Potential. Schlechtes Preis-Leistungs-Verhältnis.   14/20 ohne mich trinken

1988 Haut-Brion   **16/20**
92: Frische Farbe mit leicht grünem Schimmer. Feine Nase, sehr sauber mit subtiler Würznote. Im Gaumen füllig, rund mit schmeichelndem Fett umgeben.   16/20 trinken - 2000

1991 Haut-Brion
92: Keine Produktion!

1992 Haut-Brion   **15/20**
93: Offenes Bouquet, ansprechend, Mirabellennote, Vanille, etwas holzlastig. Weicher als Laville, wenig Säure, wirkt dadurch fetter und runder, milchiges Finish.
   15/20 1996 - 2004

1993 Haut-Brion   **17/20**
94: Leuchtendes Gelb mit lindengrünen Reflexen. Defensives, leicht sauvignonbetontes Bouquet, pflanzlich, recht aromatisch. Fetter, fast molliger Gaumen, zeigt mehr Säure, die leicht kräuselnd auf der Zunge wirkt, leichter Körper. Süffiger und zugänglicher als der Laville und auch um eine ganze Portion besser, sehr fein und aromatisch im Finish.   17/20 1996 - 2008

Château Larrivet-Haut-Brion

1989 Larrivet-Haut-Brion   **17/20**
90: Klassische Graves-Nase und auch Struktur. Rasse mit Frucht und Eleganz. Typ Domaine de Chevalier (!)
   17/20 trinken
92: Ein wunderbarer Wein. Genau so wie ich es mir erhofft hatte. Durch seine eher niedrige, aber sehr bekömmliche Säure ist es sehr schwierig zu vermuten, wie lange dieser Genuss anhalten kann. Ein verlockender, reifer Ananasduft begleitet ihn. Wer ihn aber so um 1992/93 trank wird sehr viel Freude daran gehabt haben.   17/20 austrinken

1991 Larrivet-Haut-Brion   **15/20**
92: Offene, fruchtintensive Nase. Im Gaumen süffig wie ein Westschweizer Chasselas.   15/20 1994 - 2000

1992 Larrivet-Haut-Brion   **14/20**
93: Schwierige Nase. Die zweite Flasche war genau gleich, unsaubere Holzspuren, fett, plump.   13/20 1994 - 1998
Wieder degustiert. Sauber, feine Kiefernnote, sehr würzig. Im Gaumen wiederum fett, wirkt alkoholisch, Wodka-Ton im Finish.   14/20 1995 - 1999

1993 Larrivet-Haut-Brion   **14/20**
94: Blasses Gelb. Hefenote, leicht oxydatives Bouquet. Im Gaumen wirkt die Frucht ähnlich einem Viognier mit grünen Aprikosennoten, feiner Schieferton, kurz.
   14/20 1996 - 2002

Château Laville-Haut-Brion

1959 Laville-Haut-Brion   **15/20**
90: Strohgelbe Farbe. Leichter Sherry-Ton mit weinigen Duftaromen. Erst komplexe Fülle, dann kurzes Finish. Leichter Metallton.   15/20 austrinken

1960 Laville-Haut-Brion   **13/20**
88: Helle, klare Farbe. Weich, Wiesenduft. Reiches Parfüm, das sich mit Dung-Aromen verbindet. Grüne Säure. Im Gaumen noch etwas rauchiges Vanille. Für diesen Jahrgang überdurchschnittlich gut.   13/20 austrinken

1961 Laville-Haut-Brion   **17/20**
89: Duftende, noch durchaus jugendliche Nase. Grapefruitaromen im Gaumen, Vanille- und Blütengeschmack, faszinierende Aromenpalette.   17/20 trinken

1964 Laville-Haut-Brion   **12/20**
90: Mittlere Reife. Käsige Aceton-Note. Quitten, dann altes Fass, chemische Säure, Blumengeschmack. Ein äusserst eigenartiger Wein.   12/20?? trinken

1964 Laville-Haut-Brion „Crème de tête"   **16/20**
90: Tiefes Gelb. Sherry-Botrytis-Ton. Wirkt in der Säure bitterlich, gekochte Früchte, reif.   16/20 trinken
92: Anlässlich einer Haut-Brion-Probe als Aperitif serviert.
   16/20 trinken

1975 Laville-Haut-Brion   **18/20**
94: Reifes Gelb. Offenes, facettenreich ausladendes Bouquet, Dotterblumen, Butternote. Charmanter, rollender Gaumenfluss, erinnert an einen trockenen Sauternes, leichte Strohwürznote im Finish, grosser weisser Graves.
   18/20 austrinken

1979 Laville-Haut-Brion   **10/20**
89: Ein mieser Wein. Eigentlich null Punkte! Wer es schafft diesen Wein runterzuschlucken, sollte schleunigst die AA-Telefonnummer anwählen...

1983 Laville-Haut-Brion   **14/20**
90: Leichte Farbe, floraler Blütenton, Staub. In der Nase Fett, im Gaumen trocken.   15/20 trinken
93: Nach dem 84er Domaine de Chevalier wirkte er im besten Falle noch als Trostpreis. Unsaubere Töne.
   13/20 austrinken

1984 Laville-Haut-Brion   **16/20**
94: Reifendes Gelb. Reifes, typisches Graves-Bouquet mit einer feinen Luftnote, darunter Vanille, schöne Aromatik. Im Gaumen recht füllig, schöner Schmelz und gelbe Fruchtanklänge. Ein erstaunlicher 84er, wie das auch der weisse Fieuzal in diesem Jahr ist.   16/20 trinken - 2005

1985 Laville-Haut-Brion   **18/20**
91: Mit Walter Kaufmann auf dem Balkon genossen. Ein wunderschöner Wein! Vielschichtiges, defensives Fruchtspiel mit vielen feinen Nuancen. Langer, feingliedriger Wein. Leider sehr wahrscheinlich der letzte grosse Laville der neuen Zeit.   18/20 trinken - 2010

1987 Laville-Haut-Brion   **13/20**
88: Fassprobe: Fruchtiger, versprechender Wein.   15/20
90: Ich weiss nicht, was in Teufels Küche hier gemixt worden ist. Wer glaubt, dass aus diesem Wein jemals etwas wird, der gehört zu den strenggläubigen Menschen. Weder kaufen, noch trinken.
91: Man hört in letzter Zeit wieder positiveres über diesen Wein. Ich kam noch nicht dazu, ihn zu trinken, und somit eventuell meine Ansicht von 1990 zu revidieren.
92: Feine Note von Akazienhonig, reif, mittleres Potential ausstrahlend. Im Gaumen Kochäpfel, wenig Extrakt, etwas schal. Nase ist schöner als der Gaumen.   13/20
für Fischsaucen oder für ein Blanquette de veau ein idealer Wein - zum Abschmecken!

1988 Laville-Haut-Brion   **13/20**
91: Leuchtende, strahlende Farbe. Leichte Botrytis (Aceton) chemisch-komischer Blütenduft. Darunter verdeckte Frucht, Ananas, Vanille. Wirkt durch ausgeprägten Sauvignon-Charakter etwas fassig. Drahtiger Körper, Eisenoxyd, Weissblech. Fehlt an Fett. Es fehlt ihm überhaupt an fast allem, was seinen Preis rechtfertigen würde. Nichts für meinen Weinkeller.   13/20 1994 -2005

1989 Laville-Haut-Brion   **17/20**
90: Defensive Frucht, recht ausladend, wirkt jedoch dumpf. Vielleicht etwas zu wenig Säure.   16/20 bald
94: Helle Farbe. Nase nur langsam öffnend, dann entwikkelt er aber ein gewaltiges Fruchtbouquet. Im Gaumen Fülle und Schmelz grossartiges Säurespiel, das der Opulenz Rasse verleiht.   17/20 trinken - 2005

1990 Laville-Haut-Brion   **17/20**
92: Blasses Zitronengelb. Fein nuanciertes Fruchtaroma, Haselnuss, Butter, süss und fett mit Birnenaromen, Caramel und Vanille. Im Gaumen elegant, aber mit „dezenter" Säure. Die Holzpräsentation dominiert im Moment. Obwohl

Graves blancs

der Wein sehr gut ist, würde ich lieber für das gleiche Geld zwei Flaschen Fieuzal blanc des gleichen Jahrganges kaufen. 17/20 bald - 2005

1991 Laville-Haut-Brion **13/20**
92: Zu diesem Zeitpunkt war noch nicht klar, ob der Wein abgefüllt oder deklassiert wird. Als erste Entscheidung wurde der Wein nicht in neuen Fässern vergoren. 60 % Sémillon, 40 % Sauvignon Blanc. Zurückhaltende Nase, Birnenkompott, eher stumpf. Im Gaumen mollig, pappig mit sehr wenig Säure. Bescheidenes Fruchtextrakt. Es bleibt zu hoffen, dass der Entscheid, die ganze Ernte zu deklassieren, definitiv gefällt wird. Die Etikette wird eines Lavilles nicht würdig sein. Zudem hat dieser Wein eine extreme Preistreiberei mit dem 90er erfahren (Verdoppelter Preis), dass man von einem Preis-Leistungs-Wert viel zu weit entfernt sein wird. 13/20 1994 - 1998 nicht kaufen!

1992 Laville-Haut-Brion **15/20**
92: Reife Frucht, feine Röstnote, überreife Ananas. Gute Säure, verdünnter Fluss. Trotz mittelmässiger Qualität besser als viele vorangegangene Jahrgänge.
15/20 1997 - 2009

1993 Laville-Haut-Brion **15/20**
94: Helles, blasses Gelb. Zarte Fruchtnase, Mirabellen, Früchtetee, Bergamotte. Fetter, aussen molliger Gaumen, viel Schmelz, weiches Finish, die Frucht kommt im Gaumen nicht richtig zur Geltung, entweder ist der Wein noch verhalten, oder er wird nie die Splendidität eines Louvière oder Fieuzals bekommen. 15/20 1998 - 2010

CHÂTEAU LA LOUVIÈRE

1967 La Louvière **15/20**
93: Mit André Lurton auf dem Château getrunken. Glucosenase, Gerste, Brotkruste, leicht oxydativ. Im Gaumen malzig, aber noch mit delikatem Parfüm bestückt.
15/20 austrinken

1985 La Louvière **16/20**
92: Ananas, Mandelöl, grüne Bananen, viel Toast. Im Gaumen füllig mit schmeichelndem Charme. Im Finish feine Hefenote. 16/20 trinken

1986 La Louvière **16/20**
92: Sehr reife Farbe. Offene Nase, sofort ansprechend, Ananaston. Im Gaumen sehr elegant und weinig. Macht Spass. 16/20 trinken
94: Oft getrunken. Er ist vollreif und hat einen reifen, gefälligen Ananaston im Finish. 16/20 austrinken

1987 La Louvière **17/20**
91: Reife Farbe. Viel Frucht, Mirabellen. Im Gaumen füllig, weich mit viel Fluss, reife Ananas. Ein wirklich grosser Trinkgenuss. 17/20 trinken

1988 La Louvière **15/20**
89: Gumminase, wässrig, kurze Säure. 13/20 trinken
91: Offen, reife Früchte, Mirabellen mit Toastgeschmack. Wirkt im Moment im Gaumen sehr trocken und holzig von der langen Fasslagerung her. 15/20 1994 - 2004

1989 La Louvière **16/20**
90: Apfelig, relativ frische Säure. 16/20 trinken

1991 La Louvière **16/20**
92: Klar, leuchtend. Schöne Holznote. Im Gaumen gute Fruchtextraktion, süffig, saftig. 16/20 1994 - 1999

1992 La Louvière **15/20**
93: Ananas, grüne Pfirsiche. Recht intensives Bouquet. Gute, etwas spitze, pfeffrige Säure, ansprechendes Extrakt, mittleres Finale, nicht ganz ausgeglichen. 15/20 1995 - 2002

1993 La Louvière **17/20**
94: Frisches Gelb. Extrem frische Frucht in der Nase, Pfirsiche und Grapefruit. Im Gaumen schöne Säure, pfeffrig, primäre, saubere Frucht, phantastischer Wein.
17/20 1996 - 2003

CHÂTEAU MALARTIC-LAGRAVIÈRE

1980 Malartic-Lagravière **14/20**
93: Strohgelb. Gelatinenase, verrauchte Frucht. Weiche Säure, hat Fett, aber keine Frucht mehr. 14/20 austrinken

1985 Malartic-Lagravière **13/20**
88: Reife, entwickelte Nase. Trocken mit Biss.
13/20 trinken

1986 Malartic-Lagravière **16/20**
92: Sehr hell. Blühender Löwenzahn, faulige Sauvignon-Aromen. Im Gaumen noch feine Extraktanzeige, lange Säurestruktur, mittlerer Körper. 16/20 trinken

1988 Malartic-Lagravière **11/20**
89: Vorabzug: Kokosraspelnase und reife Ananasaromen. Füllig mit weichem Finish. 17/20
91: Irgend etwas muss offensichtlich nach diesem Vorabzug sein. Ich bin kein Detektiv, aber einige weisse Graves-Châteaux sind in den 80er Jahren dem Versuchsteufel zum Opfer gefallen. Blasse Farbe. Nase, die erst noch primär fruchtig war, Aprikosen und Himbeerenöl. Im Gaumen säurelastig, dann zusammenfallend und total ambitionslos. Magere Leistung. Weder trinken, noch kaufen! 11/20

1990 Malartic-Lagravière **16/20**
91: Keine Malo! Ein klassisches Fruchtspiel zwischen Birnen- und Bananenfinish. Frische Säure.
16/20 trinken ab 1993

1991 Malartic-Lagravière   **14/20**
92: Leichter Bockton, Zibetnase. Pfeffriger Gaumen mit seitlicher Extraktionsadstringenz.   14/20 1995 - 2002

1992 Malartic-Lagravière   **13/20**
93: Medizinalnote, fast keine Frucht, Botrytis-Ton (Aceton?). Wenig Ausdruck im Gaumen, dünn, scharfe Zungenatacke.   13/20 1996 - 2002

CHÂTEAU OLIVIER

1966 Olivier   **13/20**
90: Zeisig-Zitronengelb. Offener Kornduft. Trocken, gekochte Äpfel, Krachmandelaroma. Feine Säure. Eleganter Fluss. In der Mitte Kapselton.   13/20 austrinken

1975 Olivier   **14/20**
94: Frisches, helles Gelb mit fast lindengrünen Reflexen. Verführerische Mandelnote in der Nase, Hefe, Marzipan. Im Gaumen fettlastig, etwas tranig.   14/20 austrinken

1985 Olivier   **13/20**
88: Nase unsauber. Dominierende Säure. Fehlt an Eleganz.   12/20 trinken
92: Bonbonnase, dahinter leider chemisch, wenig Druck. Im Gaumen Blechtöne, inkonsistenter Körper ohne Fett und Charme.   13/20 austrinken

1987 Olivier   **11/20**
92: Leere Nase ohne Frucht. Im Gaumen leicht und mager zugleich. Die pelzige Harznote hilft dem Wein in keiner Weise weiter.   11/20 austrinken

1988 Olivier   **12/20**
89: Pflanzlich, vegetabil. Leerer Wein ohne Zukunft.   12/20 trinken

1990 Olivier   **15/20**
93: Hell leuchtend. Feinfruchtige Nase, aber eher defensiv. Sehr eleganter Gaumen, schmelzend. Ein ordentlicher Wein, dem es aber ein bisschen an Grundaromatik fehlt.   15/20 trinken

1992 Olivier   **15/20**
93: Fettes, buttriges Bouquet, Haselnuss-Meursault-Note. Feines Extrakt, gutes Finale.   15/20 1995 - 2002

1993 Olivier   **15/20**
94: Blasses Gelb. Reife Pfirsichnase, schön ausladend. Süffig-fülliger Gaumenfluss, bereits jetzt schön zu trinken, feines Finale.   15/20 1996 - 2003

CHÂTEAU PAPE-CLÉMENT

1975 Pape-Clément   **16/20**
94: Recht junge Farbe. Feingliedriges, zartes Graves-Bouquet, in der Fruchtkonstellation Zitronen und Melissennote. Fülliger Gaumen, Pektin, kreidig, leicht kapselig, salzige Zunge, im Finish Gebäcknote.
    16/20 austrinken

1984 Pape-Clément   **12/20**
89: Bei Michel Délon auf Léoville-Las-Cases beim Mittagessen getrunken. Ein höchst eigenwilliger, sherryähnlicher Wein, der im Gaumen nach abgestandenem Whisky-Wasser roch.   12/20 austrinken

1990 Pape-Clément   **17/20**
Der 90er wird vielleicht einmal der erste Jahrgang Pape-Clément blanc sein, der jemals offiziell auf den Markt kommen wird, vorausgesetzt die Gäste, die zuweilen auf dem Schloss eingeladen sind, haben diesen faszinierenden Wein nicht schon vorher ausgetrunken. Es wurden nämlich lediglich 1'200 Flaschen produziert. Die ersten Reben für diesen Weisswein wurden bereits 1957 eingepflanzt. Daraus wurde aber bislang nur eine symbolische Ernte eingebracht, die knapp für einen Halbjahresbedarf der Besitzer ausreichte. Der Rebmischsatz besteht aus Sémillon, Sauvignon Blanc und Muscadelle. Die Vinifikation ist traditionell, also ohne „battonage sur lie". Ich war an einem wunderschönen Maiabend mit Etienne Terasse am Tisch auf Pape-Clément.
Ein Blumenstrauss von einem Bouquet, erst defensive Frucht mit feiner, versteckter Honignote, exotisch, Harznuancen. Im Gaumen frisch (keine Malolaktik), mit viel Rasse im Extrakt und Anklängen von reifen gelben Früchten, Melonen und Reineclauden. Ein klassischer, grosser Wein.   17/20 trinken - 2000

1992 Pape-Clément   **15/20**
93: Ein Schatten des 90ers, aber jetzt der erste offizielle Jahrgang, der auf den Markt kam. 3'600 Flaschen waren innert Stunden zu FF 130.— aufgekauft. Er ist mir in allen Belangen etwas zu dezent und hat eine eher milde Aromatik, abgesehen von einem Hauch Williamsbirnen im Bouquet.
    15/20 trinken - 2005

1993 Pape-Clément   **16/20**
94: Blasses Gelb. Klassische Sauvignon-Sémillon-Nase, dezent und doch aromatisch, feiner Birnenton. Feingliedriger Fluss, sehr elegant mit Charme und schöner Länge, ein weisser Lafite.   16/20 1996 - 2004

Graves blancs

CHÂTEAU RAHOUL

1988 Rahoul **15/20**
89: Grünfrischer Geschmack. Gutes Holzspiel. 15/20 bald

1992 Rahoul **14/20**
93: Leichte Toastdominanz, gekochte Birnen. Rassiges Säurespiel. Einfach aber sauber. 14/20 1994 - 1997

1993 Rahoul **15/20**
94: Helles frisches Gelb. Offenes Bouquet, wenig Frucht. Wenig Säure, leichter Akazienhonigton, fast harzig, aromatisches Finale, gleicht einem Pinot Grigio aus dem Friaul. 15/20 1996 - 2003

CHÂTEAU LA TOUR-MARTILLAC

1957 La Tour-Martillac **16/20**
91: Reife Farbe mit Kamillenreflexen. Blumige Wiesennase, Mandelholz, Vanille. Aussen mit Schmelz umgeben. Innen fein mit vielen positiven Nuancen. 16/20 trinken

1986 La Tour-Martillac **11/20**
89: Wenig drin. Sehr trocken. 11/20 austrinken

1987 La Tour-Martillac **11/20**
91: Normalerweise kenne ich die 87er als frische, fruchtige Weine. Die Experimentierphasen im Graves-Gebiet machen aber einiges möglich. Wer gerne Eichensaft nach amerikanischem Muster trinkt, der sollte unbedingt einige Flaschen davon in den Keller legen. Ein Wein für eine Generalversammlung der Schreinermeister. Für die Eiche 17/20, für den Wein maximal 11/20

1988 La Tour-Martillac **16/20**
89: Enges Bouquet. Füllig. Recht viel Druck. 16/20 bald

1992 La Tour-Martillac **16/20**
93: Frisches, pfeffriges Bouquet, fein nuanciert. Eleganter, süffiger Gaumenfluss, recht lang. Interessanter Wein. 16/20 1995 - 2001

1993 La Tour-Martillac **16/20**
94: Blasses Gelb, leicht grüne Reflexe. Gekochtes Fruchtbouquet, eher verhalten. Kräuselnde Säure, schöne Aromatik, gutes Extrakt, trotz Schlankheit gut verteilt, gehört zu den bessern dieses Jahrganges. 16/20 1996 - 2003

SMITH-HAUT-LAFITTE

Diesen Wein habe ich oft und mit Freude getrunken. Entweder habe ich nie etwas darüber aufgeschrieben, oder dann die Notizen dazu verloren. Die neuesten Jahrgänge sind derart gut, dass Smith-Haut-Lafitte die Messlatte für die besten Sauvignon Blancs weltweit darstellt.

1991 Smith-Haut-Lafitte **17/20**
92: Sauvignonbetonte Nase, pflanzlich, Brennessel. Frische Säure, lebendig, sauber. Mindestens 16/20 1994 - 1999
93: In der Flasche an einem Diner auf Cheval-Blanc nicht nur degustiert, sondern mit sehr viel Vergnügen getrunken. Ein sehr guter 91er, vielleicht der beste Graves überhaupt. Viel Pfirsicharomen und eine sensationelle Säure. 17/20 kaufen!

1992 Smith-Haut-Lafitte **17/20**
93: Ausladendes Bouquet, grüne Quitten, Pfirsich, Rhabarber. Die Säure ist etwas spitz, die Barrique passt sich gut an. 16/20 1995 - 2003
93: Abgefüllt in der Flasche, kommt ein typisches Sauvignon Blanc-Jungfruchtaroma zum Vorschein, das sich in verführerischer Pfirsichfom zeigt. 17/20 1995 - 2003
94: Etwa einen Karton mitgetrunken. Er gehört zu den besten Sauvignon Blancs der Welt. 17/20 trinken - 2003

1993 Smith-Haut-Lafitte **17/20**
94: Blasses Gelb. Aromatische Pfirsichnote, schön füllig, würzig. Frische Säure mit Rasse und Klasse, im Extrakt wiederum sehr würzig und Aromen tragend, viel Rückaroma, fein gewoben. 17/20 1997 - 2004

ENTDECKEN SIE IHREN EIGENEN GESCHMACK!

<<Ich habe Ihr erstes Buch gelesen, Herr Gabriel. Wir haben beide den genau gleichen Geschmack!>>, trug mir ein Kunde einmal am Telefon zu. War das jetzt eine Beleidigung oder ein Kompliment? Es gibt vielleicht äusserlich von der Optik her Doppelgänger, die mir ähnlich sehen. Ich kann mir aber nicht vorstellen, dass es jemanden auf der Welt gibt, der genau den gleichen Geschmack hat wie ich.

Mag er auch gerne Kutteln an Tomatensauce und dazu einen Riesling aus der Wachau? Ochsenmaulsalat mit einem Weizenbier? Ist das auch einer jener Verrückten, die zu Käsemaggronen einen Mouton-Rothschild entkorken? Trinkt er die 87er Bordeaux' auch mit 15 Grad Celsius? Dekantiert er den Montrachet 1979 von Ramonet ebenfalls drei Stunden lang, damit er ihm genau so schmeckt wie er eben mir schmeckt? Raucht er auch eine Montecristo "A" oder eine Punch Royal-Selection Nr. 11 nach einem feinen Essen?

Weinjournalisten sollten nicht als Leithammel einer folgsamen Weinschafherde angesehen werden. Ich will Ihnen mit diesem Buch nicht mitteilen, was Sie in Zukunft kaufen müssen und dann folglich auch zu trinken haben. Vergleichen Sie meine Eindrücke mit möglichst vielen anderen Publikationen. In diesem babylonischen Wirrwarr haben Sie dann die beste Grundlage, selbst zu entscheiden, was für Ihren Keller gut genug ist. Und... vertrauen Sie vor allem Ihrem eigenen Geschmack!

<<Entdecken Sie Ihren eigenen Geschmack!>>. Das ist ein Satz, den ich oft gebrauche, wenn ich an Degustationen Weine kommentiere. Einmal schwärmte ich vor versammelter Runde in höchsten Tönen über den 86er Gruaud-Larose. Die Gesichter einiger Zuhörer wurden immer ratloser, und als die Differenz meiner Eindrükke und der des Publikums immer peinlicher wurden, bemerkte eine Dame ganz schüchtern: <<Herr Gabriel, kann es nicht sein, dass dieser Wein eventuell einen Korkengeruch hat?>>. <<Das kann sehr wohl sein>>, antwortete ich, denn <<ich bin total erkältet, rieche nichts und kann deshalb heute überhaupt keinen Wein degustieren!>>. Meine Kommentare holte ich aus dem Gedächtnis von einer Weinprobe, die just eine Woche zuvor mit gleichen Weinen stattgefunden hatte.

SAUTERNES

Grösster Wein:
1937 d'Yquem

Bester Wert:
1990 Rieussec

Sauternes

Château d'Arche-Lafaurie

1945 Château d'Arche-Lafaurie   11/20
92: Wir waren unter einem Erwartungsdruck. Ein 45er Sauternes aus einem so grossen Jahr, da kann sicherlich nichts schiefgehen. Ich trank diesen Wein mit Serena Sutcliffe (Sotheby's) und Paolo Cattaneo (Badaracco) in einem Restaurant in Italien. Auf den Weinbeschrieb verzichte ich, jedes Wort wäre zu schade für diesen enttäuschenden Wein. Die Farbe war noch das Beste. 11/20. Nicht mal einem Menschen schenken, der in diesem Jahr geboren ist!

Château d'Arche

1937 d'Arche   18/20
93: Mittlere Reife. Offene Nase mit defensiver Süsse, etwas malzig. Im Gaumen noch sehr weinig, wenn auch die Süsse zu schwinden beginnt. Schönes Erlebnis.
18/20 austrinken

1990 d'Arche   15/20
91: Fette, Nase, Brotkrustenton. Schöne Botrytis, pfeffrig.
15/20 trinken ab 2000

1991 d'Arche   16/20
92: Helle Frucht, gekochte Apfelschalen, Leim, verdeckte Botrytis, Akazienhonig. Frischer Gaumen geprägt von Birnenaromen und spanischen Netzmelonen, Pektin, die Säure ist pfeffrig und macht den eher fetten, molligen Wein recht lang.   16/20 1996 - 2006

1992 d'Arche   12/20
93: Mineralische Nase, wenig Süsse, kreidiger Ton. Sehr fetter, plumper Körper, salzig, wenig Säure.
12/20 trinken - 2004

Château Broustet

1988 Broustet   15/20
89: Kokosnuss- und Ananaston. Schlank, aber elegant.
15/20 bald

1990 Broustet   15/20
91: Super Vanilleton, leichte Toastnase. Im Gaumen gutes Extrakt, wirkt ein bisschen salzig und mittellang.
15/20 trinken ab 1998

1992 Broustet   14/20
93: Fein nuanciertes Bouquet, wenig Botrytis, süsslastig. Unreife Frucht im Gaumen, bittere Barrique.
14/20 1996 - 2008

Château Climens

Climens ist der beste Wein aus Barsac. Er ist auch gleichzeitig der Wein, der dem d'Yquem qualitativ am nächsten steht. Climens ist der Inbegriff für likörartige Eleganz.

1928 Climens   17/20
91: Leuchtendes Gold, brillant. Frische Nase, Mandelgebäck, fein, zart, ausladend. Süsse Liköraromen im Gaumen, mittelsüss, Akazienhonig im Finish, wirkte gegen den Schluss etwas spröde und eher kurz.   17/20 austrinken

1934 Climens   17/20
92: 3/8 Flasche: Sensationelle Goldfarbe. Süsse, pfeffrige Nase, gedörrte Aprikosen. Im Gaumen erst süss, aber Anzeichen von Trockenheit darin, die sich leicht ledrig im Fluss ausdrückt. Grossartiger Wein.   17/20 trinken

1937 Climens   19/20
92: An einem Gala-Diner nach der Margaux-Degustation im Giardino getrunken. Gold- und Bernsteinfarbe mit dunklen, orangen Reflexen. Süss, gewürzt mit Kräutertönen, Malz, Biscuit- Gebäcknote, buttrig, Irish Moos. Im Gaumen lebendiges Säurespiel, grosser Mundauftritt, Hefegebäck (Madeleine), Nougat, wuchtig und elegant zugleich. War aber schon leicht über dem Höhepunkt.
18/20 austrinken
93: Diese Flasche war noch etwas süsser und dichter, voll flüssigem Charme, Ähnlichkeiten mit einem grossen Tokayer.   19/20 austrinken

1947 Climens   19/20
92: Zu einem traumhaften Dessert mit Ruth und Max Gerstl getrunken. Jugendliche Farbe. Ein feines, nicht zu üppiges, dafür ausladendes, vielschichtiges Bouquet. Viel Frucht, weder heiss noch überkonzentriert, sehr ausgeglichen. Im Gaumen fettlastig mit defensiver Säure, ein extrem breitgefächertes Spiel von Orangen, Safran und Caramel, die perfekte Eleganz mit höchster Konzentration.
19/20 trinken - 2015

1961 Climens   17/20
89: Würzige, elegante, schmalgebündelte Nase, Butterblumen, Nougat. Perfektes Säurespiel und Balance. Besser als d'Yquem.   17/20 trinken
93: Kurioserweise wieder direkt neben dem d'Yquem degustiert und wieder schnitt Climens besser ab. Schönes Botrytis-Spiel. Aprikosen im Finish, Krachmandelton.
17/20 trinken - 2010

1964 Climens   17/20
89: Melonenfarben. Feiner, eleganter Botrytis-Ton mit wenig Süsse. Leim- und Lebkuchengeschmack (Pektin). Fülliger Körper mit viel süffiger Eleganz.   17/20 trinken

| **1967 Climens** | **17/20** |

89: Sattes, geballtes Bachdoldengelb. Verschlossen wirkendes Bouquet mit viel Botrytis. Reicher, jugendlicher Wein mit der typisch eleganten Climens-Note.
17/20 1993 - 2005

| **1975 Climens** | **15/20** |

88: Recht helle Farbe mit leicht grünen Reflexen. Offene Nase mit Gelatinegeschmack, wenig Botrytis und wenig Süsse anzeigend. Im Gaumen erst Fett, dann in der Konsistenz Spuren von Bitterkeit in der Säure. Ähnlich wie bei Suduiraut ist der 76er bedeutend besser. 15/20 trinken
91: Wiederum Gelatinegeschmack notiert, dazu im Gaumen Akazienhonig mit frischer Frucht. 15/20 trinken - 2000
93: Relativ junge Farbe. Süsses Bouquet, sehr elegant. Mirabellenkonfitüre und feine Schiefernote, nach ein paar Minuten kommen Minzenspuren, eine Bitternote gibt zwar Würze, aber stört gleichzeitig die Harmonie.
15/20 trinken - 2004

| **1976 Climens** | **17/20** |

89: Zartes, eher bleiches Gelb. Feine Nase, auf Blüten setzend, Pimpernelle und Feuersteinaromen. Saubere, vielseitige Aromenpalette im Gaumen. 17/20 trinken
92: Als Aperitif auf Cheval-Blanc genossen. Schlank zwar, aber mit einer kräftigen Eleganz und einer umwerfenden Botrytis. Die servierten Flaschen waren zwar unterschiedlich, aber die Guten schafften locker 17/20 trinken - 2005

| **1979 Climens** | **13/20** |

89: Jugendliche, verschlossene Nase, darunter vegetal. Fasston, leichter bis mittlerer Körper, bitteres Finish.
13/20 trinken

| **1983 Climens** | **19/20** |

93: Super-Botrytis, Klare Frucht, pfeffrig. Typischer Barsac mit viel Kraft und Potential. Gehört zu den ganz grossen Sauternes. Ganz nahe beim d'Yquem. 19/20 trinken - 2020

| **1985 Climens** | **13/20** |

90: Vermochte an einer Blinddegustation eher wenig zu begeistern. Wirkt durch hohen Sauvignon-Anteil grasig. Zuckerwasser. 13/20 trinken
92: Bananen, Vanille, Caramel. Wirkt zuckrig, mager, mit einer überwiegenden Süsse. Atypischer Barsac.
13/20 trinken

| **1986 Climens** | **17/20** |

90: Feine, distinguierte Nase, blumig und pflanzlich. Marzipan- und Krachmandelaroma, im Finish eine kaum spürbare Bitterkeit. 17/20 trinken ab 1995

| **1990 Climens** | **18/20** |

91: Schmeichelnder Fluss mit tiefem Terroirton, grüner Akazienhonig, pfeffrige Säure, darunter reiche Botrytis. Ein grosser 90er. 18/20 trinken ab 2000

| **1992 Climens** | **15/20** |

93: Offenes, süsses Bouquet, sauber, Melonen, Akazienhonig, schön ausladend, aber mit wenig Botrytis. Schöne Säure, Gelatine, gut gebunden, zeigt eine gewisse Länge an. 15/20 1997 - 2008

Château Coutet

| **1921 Coutet** | **18/20** |

94: Dunkles Goldbraun mit kupfrigen Reflexen. Defensives, fast malziges Bouquet, vielschichtige Madeira-Würze, ein Hauch Curry, aber auch Süssnoten. Gute Säure im Gaumen, wiederum Malz, das Extrakt erinnert an getrocknete Früchte, Aprikosen und Sultaninen, sehr aromatisches Finish. Die Süsse ist nur noch sekundär vorhanden, deshalb eher zu Blauschmierkäsen als zu süssen Desserts zu empfehlen. 18/20 austrinken

| **1937 Coutet** | **19/20** |

93: Noch recht hell in der Farbe. Ein perfektes Barsac-Spiel in der Nase, Mandelgebäck, Dörrfrüchte. Im Gaumen noch immer gute Säure mit schönem Extrakt. Dieser Wein beweist, was für ein grosses Jahr der Jahrgang 1937 im Sauternais war. 19/20 trinken - 2020

| **1947 Coutet** | **13/20** |

93: So gross die 47er auch sein können, dieser hier ist es sicherlich nicht, oder besser gesagt nicht mehr. Die Süsse ist weg und der Schmelz ebenfalls und somit dominiert leider die Säure. Vielleicht würde ihm ein fetter Schaffrischkäse etwas auf die Beine helfen. Bei dieser Verkostung war leider keiner in Griffnähe. 13/20 austrinken

| **1961 Coutet** | **15/20** |

89: Buttrige, fast mastige Nase unter der ein winziger Acetonanflug durchschimmert. Caramelton, üppiger Körper. 15/20 trinken
91: Biscuitton (Gugelhopf). Wenn er mehr Säure hätte, wäre es ein umwerfendes Erlebnis. 15/20 austrinken

| **1967 Coutet** | **15/20** |

93: Gemessen an der Grösse des Jahrganges nicht gerade das Gelbe vom Ei. Recht konfitürig, fast zu süss.
15/20 austrinken

| **1976 Coutet** | **13/20** |

92: Sehr junge Farbe. Leimgeruch, Kumquats. Feiner Gaumenbeginn, wenig Säure, fettlastig. Wie kann ein derart alter Wein mit so wenig Säure eine so helle Farbe haben? Im Finish Muskatnussaromen. 13/20 trinken

| **1992 Coutet** | **13/20** |

93: Plumpe Botrytis, vegetal, leicht grüne Note. Im Gaumen grasig, eindimensional, eher langweilig.
13/20 1994 - 2006

Sauternes

Château Doisy-Daëne

1937 Doisy-Daëne　　　　　　　　　　　　**18/20**
94: Und wieder ein grandioser 37er! Reifendes Goldgelb, funkelnd. Schöner Botrytis-Ton vermischt mit trockenen Früchten, Aprikosen. Im Gaumen viel Schmelz, Eleganz und sublime Fülle, langes Finish.　　18/20 trinken

1953 Doisy-Daëne　　　　　　　　　　　　**16/20**
92: Mittlere Farbe. Feine, ausgeglichene, vielschichtige Nase, Schlüsselblumen, Dotterblumen. Im Gaumen Kochapfelaromen, dann Akazienhonig. Finessenspiel erst im letzten Drittel.　　　　　　　　　　16/20 trinken
93: Sehr viele mineralisch-kreidige Spuren auf der Zunge.
　　　　　　　　　　　　　　　16/20 trinken - 2010

1992 Doisy-Daëne
Keine Produktion!

Château Doisy-Dubroca

1921 Doisy-Dubroca　　　　　　　　　　　**15/20**
94: Goldfarben mit Cognac-Reflexen. Offenes Bouquet, Bitterorangen, Mandelnote, Safran. Mittlere, malzige Süsse im Gaumen, leider begleitet von einem unsauberen Ton und einer metallischen Kapselprägung auf der Zunge. Schade!　　　　　　　　　　　　　　15/20 vorbei

Château Doisy-Védrines

In dankbarer Erinnerung an viele schöne Weinabende auf dem Weingut. Pierre Castéja ist ein charmanter, grosszügiger Gastgeber. Wer „nur" d'Yquem und weder Climens noch Doisy-Védrines in seinem Keller hat, verpasst sämtliche Chancen, sich als Sauternes-Liebhaber profilieren zu können.

1948 Doisy-Védrines　　　　　　　　　　　**12/20**
88: Dunkelgoldener Barsac, der sich 10 Minuten im Glas hielt und dann zerbrach.　　　　　　　12/20 vorbei

1970 Doisy-Védrines　　　　　　　　　　　**15/20**
94: Reifendes, aber vom Alter her gesehen doch jugendliches Gelb. Leicht pflanzliche Nase, schöner Botrytis-Ton, relativ schlank. Im Gaumen malzig, wenig Süsse, Pektinnote, bittere Zungenstruktur, es fehlt ihm einfach generell an Süsse.　　　　　　　　　　　15/20 austrinken

1975 Doisy-Védrines　　　　　　　　　　　**15/20**
92: Während einem Nachtessen auf dem Château getrunken. Reife Farbe. Brotrindengeschmack, nussig mit cerealem Malzaroma. Im Gaumen trockene Struktur, Gewürznuancen, Bitterorangen, der Fluss dürfte weiniger sein.
　　　　　　　　　　　　　　　　15/20 austrinken

1982 Doisy-Védrines　　　　　　　　　　　**15/20**
92: Ziemlich hell. Offene, verführerische Nase mit einer Balance zwischen Frucht und Würze. Im Gaumen fein und elegant, veloutierendes Fett mit einem Finish, das an Apfelschalen erinnert.　　　　　　　　　15/20 trinken

1983 Doisy-Védrines　　　　　　　　　　　**17/20**
91: Lindengrüne Reflexe. Leichte Röstnote, mineralisch, Schiefergeschmack, sehr fein nuanciert. Im Gaumen elegant mit verlockendem Parfüm, vorne ausgeglichen, im Finish Anzeichen von Trockenheit.　　17/20 trinken - 2010

1986 Doisy-Védrines　　　　　　　　　　　**16/20**
91: Brillanter Farbton. In der Nase erst eine Schwefelnote, dann Terroir, Holz und Schlüsselblumen, zart duftend. Im Gaumen mittelsüss mit Lindenblütennuancen und wiederum eine leicht mineralische, fast rieslingähnliche Note.
　　　　　　　　　　　　　　　16/20 trinken - 2010

1989 Doisy-Védrines　　　　　　　　　　　**18/20**
91: 5g Säure, 124g Restzucker, 14 % Vol. Alkohol. Hell, brillant mit grünem Schimmer. In der Nase Botrytis-Leimton, breit und füllig in der Auslage. Im Gaumen exotische Fruchtanzeige, Brennessel. Ein mundfüllender Wein mit veloutierendem Extrakt.　　　　　17/20 1996 - 2020
92: Starfrucht- und Mangoaromen. Explosiver, reicher Gaumen. 76er Typ.　　　　　　　　　17/20 1997 - 2020
94: Ein grandioser Sauternes, der zugelegt hat - ein edler Likör zu einem erschwinglichen Preis. Am besten gefällt mir der Hauch Exotik in der Frucht.　　18/20 trinken - 2020

1990 Doisy-Védrines　　　　　　　　　　　**17/20**
91: 5.2g Säure, 119g Restzucker, 13.8 % Vol. Alkohol. Mattes Strohgelb mit leicht lindengrünen Reflexen. Vielschichtige Fruchtnase mit Golden Delicious-, Birnen- und grünen Ananasaromen, dahinter eine fast deutschähnliche Beerenauslesen-Note die aufsteigt. Im Gaumen pfeffriges Pektin und Biscuitaromen, recht fett. Der Botrytis-Ton kommt in dieser Fülle eher knapp zur Geltung. Insgesamt mehr ein Barsac-Typ, dem aber die Akazien- oder generell die Honigaromen noch fehlen.　　　17/20 1996 - 2010
92: Hat an Komplexität zugenommen. Ein reicher, grosszügiger Sauternes mit einem sehr guten Preis-Leistungs-Verhältnis.　　　17/20 kaufen! 1997 - 2015

1991 Doisy-Védrines
Ganze Ernte deklassiert!

1992 Doisy-Védrines　　　　　　　　　　　**16/20**
93: Die schönste Botrytis aller Sauternes, pfeffrig mit reifer Frucht. Im Gaumen charmant, fleischig, reicher Körper verbindet sich mit feinrassiger Säure. Eine sehr gute Reussite.　　　　　　　　　　　16/20 2000 - 2018

1993 Doisy-Védrines　　　　　　　　　　　**13/20**
94: Blasses Gelb. Birnenkompott, wuchtig, Pektin. Im Gaumen feiner Eisweinton, schöne Säure, in der Mitte der Struktur klafft ein Riesenloch, leicht welker Ton, kurzes, mineralisches Finish, eigenwilliger Wein. 13/20 1998 - 2010

Château de Fargues

1970 de Fargues   **19/20**
90: Oft und mit sehr viel Freude getrunken. Einmal sogar in einem direkten Vergleich mit d'Yquem. Grosser Sauternes.
19/20 trinken - 2008

1976 de Fargues   **16/20**
91: Gelbe Farbe, recht jung. Im Gaumen Kamille und Schlüsselblumen. Wenig Honig und nur leichter Botrytis-Ton.
17/20 trinken
94: Für einen 76er recht helle Farbe. Offenes Bouquet, Kamille, wenig Süsse, eher blumig. Im Gaumen fehlt die Säure und auch die Süsse, dafür beherrscht eine mineralisch-trockene Note die Zungenstruktur. Wird nicht mehr besser.   16/20 austrinken

1979 de Fargues   **15/20**
89: Ein mittelschwerer Wein mit recht viel Eleganz. Wirkt nicht so wie andere Sauternes aus diesem Jahr.
15/20 trinken

1983 de Fargues   **18/20**
92: Leuchtende, jugendliche Farbe. Perfekte Botrytis. Im Gaumen extrem feingliedrig und reich konzentriert, in der Struktur fast eine Konstellation wie bei einem 37er Jahrgang.   18/20 kaufen und ein paar Jahrzehnte lang trinken

1987 de Fargues   **13/20**
93: Auf dem Château als Aperitif getrunken. Er erschien mir recht üppig, was in einem leichten Missverhältnis zu der eher niedrigen Säure stand.   13/20 trinken

Château Filhot

Der Comte Henri de Vaucelles ist Regisseur, Direktor, Kumpel, Clochard und Arbeiter zugleich. Ich weiss nicht so recht, ob man für die pflanzliche Leichtigkeit dieses Weines, dem Boden oder dem zu grossen Ertrag Schuld geben muss. Auf alle Fälle könnte man meinen, dass man mit der Qualität Jahr für Jahr das unterste Mittelfeld verteidigen wolle. Mit dem Namen und dem vererbten Klassement müsste sich jedoch bedeutend mehr machen lassen.

1924 Filhot   **15/20**
91: Schöne Farbe. Gerstennase, cerealer Geschmack. Im Gaumen malzig und trocken.   15/20 trinken

1926 Filhot   **13/20**
88: 3/8 Flasche: Schmale, süssholzige Nase. Fetter Körper mit wenig Säure, schwach.   13/20 vorbei

1981 Filhot   **15/20**
88: Ein kompakter, feiner Sauternes mit einem sehr guten Preis-Leistungs-Verhältnis. Nicht so trockenfruchtig wie andere, eher mit Blütenanflügen von Linden- und anderen Grünteesorten.   15/20 trinken

1982 Filhot   **13/20**
88: Kürzer als der 81er, weniger Eleganz, etwas pappig.
13/20 trinken

1983 Filhot   **15/20**
88: Weicher, offener Wein, den man jetzt schon trinken kann.   15/20 trinken
93: 3/8 Flasche: Leuchtendes Gelb. Leichter Staubton, fette Nase, exotische Anklänge, Passionsfrucht, konfitürig. Im Gaumen hält sich die Süsse nicht mit dem Extrakt und bindet wegen der niedrigen Säure zu wenig ab.
15/20 trinken - 2000

1985 Filhot   **15/20**
90: 3/8 Flasche: Hell mit Kamillenreflexen. Defensive Biscuitnase. Wenig Säure, füllig, weicher, geschmeidiger Gaumen, Kamillen- und Quittenaromen, im Finish in der Struktur etwas ledrig.   15/20 trinken

1986 Filhot   **??/20**
91: 3/8 Flasche: Getrunken zu einer Apfelrösti mit Zimtglace, die bedeutend mehr Punkte machte als der Wein. Unsaubere, pflanzliche Note. Könnte aber auch sein, dass der Wein ganz leicht Zapfen hatte.   Keine Bewertung!

1990 Filhot   **??/20**
91: Ein Muster mit starkem Schwefelton, darunter unsauber??

1992 Filhot   **11/20**
93: Offen, faulige Note, welk, leichter SO2-Ton, sehr fett. Pfeffrige, spitze Säure, die dominiert, schlechte Balance.
11/20 1996 - 2007

Château Gilette

Ein Kuriosum unter allen Sauternes-Gütern. Der Wein wird erst bei der ersten Reife für den Verkauf freigegeben. Vorher lagert er manchmal Jahrzehnte in Betontänken. In der Meinung, dass der Wein sich im Ganzen perfekter entwickeln wird. Das System ist nicht schlecht, weil viele Sauternes zu jung getrunken werden. Die Weine sollten jedoch nicht in Tanks, sondern direkt in der Flasche altern, denn Sauternes brauchen, wie andere auch, eine gewisse Evolution.

1928 Gilette   **15/20**
88: Goldgelbe Farbe, die eigentlich für ihr Alter dunkler sein sollte. In der Nase Butter-Rahmgeschmack ohne jegliche Botrytis-Anflüge. Im Gaumen primäre Süsstöne (Nougat), dicker Körper, der müde und schlaff wirkte, im Abgang ledrig, Irish Moos.   15/20 trinken

Sauternes

91: Definitiv abklingende Süsse, darunter Spuren von Unsauberkeit.

1937 Gilette   **19/20**
88: Mundgeblasene Flasche. Gut in der Farbe. Gereift mit schön begleitender Säure, die ausgezeichnet mit der Süsse balancierte. Ein gewaltiges Erlebnis.   19/20 trinken
90: Goldfarben. Bitterorange- und Nougatnase. Frische Säure, sehr ausgeglichen. Cognac-Aromen eines edelsten Brandes, hohe Vielschichtigkeit und Finessen. Im Finish gekochte Quitten.   19/20 möglichst oft trinken
93: Hätten wir nicht auf der Restaurantkarte im Rouzic (Bordeaux) einen 37er Gilette für 900 Francs gefunden, so hätte die Sonne den ganzen Tag nicht geschienen. Dieser goldene Nektar liess alle Schmerzen des vorangegangenen Menus verheilen.
    12/20 fürs Restaurant und 19/20 für den 37er Gilette

1949 Gilette   **17/20**
88: Weich und anschmiegsam im Gaumen. Mittelgewichtiger Körper, warm, lang, Kaffeearomen im Finish.   17/20 trinken
16/20
94: Reifendes Weinrot mit Kupferrand. Pferdiges Bouquet, Korinthentöne, Curry-Madeira-Note, leicht jodig. Markante Gerbstoffstruktur, etwas pelzig, trockene Tannine, baut noch immer aus, ein Esswein.   16/20 trinken - 2005

1951 Gilette   **12/20**
89: Grüne Kapsel: Zu einem ebenso grün-grasigen Wein.   11/20 vorbei
92: Normale Goldkapsel mit dem Vermerk Gilette sec: Sehr wahrscheinlich wurde von diesem Wein so wenig produziert, dass es sich nicht mal lohnte, eigene Etiketten zu machen. Unter einem gedruckten Balken sah man noch die Jahreszahl 1948 und darüber wurde neu der Jahrgang 1951 aufgedruckt. Mittelreifes Gelb. Offene, cereale Nase, die nach gelben Blumen roch. Im Gaumen trocken, leicht ledrig mit feiner Kapselnote.   13/20 austrinken

1952 Gilette   **12/20**
90: Aprikosenfarben. Unsaubere Nase, Jutensack. Verhockter Böckser. Im Gaumen wiederum unsauber, geprägt von Aprikosensäure. Ein zwiespältiger, grün wirkender Wein.   12/20 austrinken

1953 Gilette   **15/20**
88: Grünliche Bernsteinfarbe. Feine Nase, wenig Botrytis. Dicker Körper, zu Kopf steigend.   15/20 trinken
92: Mit Luigi Zanini getrunken. Die Frucht ist abklingend. Wie fast alle Gilettes Tendenz zu Fettfülligkeit, darunter trockene, etwas ledrige Textur.   15/20 trinken

1954 Gilette (sec)   **13/20**
91: In „mageren" Jahren füllte Papa René Médéville jeweils seine „Sauternes" mit grüner Kapsel und der Bezeichnung sec ab. Diese etwas komischen Weine werden jeweils als Aperitif bei Einladungen zelebriert. Wenn ich den Begriff "komisch" jetzt anstatt einer richtigen Weinbeschreibung von mir gebe, so bezieht sich dies auf das Missverhältnis zwischen Nase und Gaumen. In der Nase ist es ein Sauternes, wirkt süsslich. Im Gaumen bleibt aber das grün-pflanzliche und trockene, was die Weine eben zu diesem Kuriosum macht.   13/20 austrinken
94: Wirkt noch immer recht süss in der Nase. Im Gaumen wird er jetzt zunehmend metallischer und entwickelt in der Fruchtkonstellation einen Melassenton. 13/20 austrinken

1955 Gilette   **16/20**
89: Mehrere Male getrunken. Voller Fluss im Abschluss der Fruchtphase, Anklänge von Kümmel und Estragon.
    15/20 trinken
93: Komplexe Süsse, schöner Schmelz, Mirabellen und wiederum Kümmel.   16/20 trinken - 2005

1957 Gilette (sec)   **15/20**
91: Strohfarben. Füllige Nase mit gelben Fruchtnuancen. Cerealer Geschmack. Leicht und elegant zu trinken. Diesen Wein begleitete ein Wildhasenfilet mit Gänseleber gefüllt. Eine traumhafte Hochzeit dieser beiden Komponenten.   15/20 trinken

1959 Gilette   **15/20**
89: Voller, schwerer Sauternes, dicker Körper. 15/20 trinken
92: Blind für einen Rheingauer gehalten. Reifes Gelb. Fette Nase, Rosinenton, Mirabellenkonfitüre. Trockener Körper, dem es an Schmelz fehlt, leichte Bitterkeit, zehrt immer mehr aus. Kein Dessertwein, passt nur noch zu Käse.
    15/20 austrinken

1961 Gilette   **15/20**
89: Goldfarben. Vielschichtiges Bouquet. Gute Balance, noch ausbauend.   15/20 trinken - 2000
92: Reife Farbe. Ein Bouquet, bestehend aus Safran und Quittengelee. Wirkt im Gaumen durch seine Fettleibigkeit eher wenig elegant.   15/20 trinken

1962 Gilette   **13/20**
89: Volle Nase, süss. Im Gaumen chemische Unteraromen, käsig mit Terroirton, Melassengoût, schwer und plump.
    13/20 austrinken

1970 Gilette   **15/20**
93: Reifes Goldgelb. Fette Nase, Aprikosen, Malz, Quitten, schöne Botrytis-Note, Caramel, geröstete Mandeln. Wirkt im Fluss etwas trocken.   15/20 trinken - 2010

1971 Gilette   **15/20**
93: Reifes Gelb. Offene Nase, Waldkräuter, wirkt floral, Patschuli, Quittengelee, getrocknete Aprikosen. Fehlt irgendwie an Süsse und Schmelz im Gaumen, schnelle Evolution.   15/20 trinken - 2005

1975 Gilette „Crème de tête"   **16/20**
93: Mittleres Gelb, noch etwas unterentwickelt. Getrocknete Kräuter, Melisse, defensive Frucht, Malz. Reifer Gaumen, mittlerer Säurewert.   16/20 trinken - 2015

CHÂTEAU GUIRAUD

1924 Guiraud   **13/20**
88: 3/8 Flasche: Gebranntes Aroma. Türkischer Honig, kurz.   13/20 vorbei

1928 Guiraud   **15/20**
94: Oranger Schimmer im dunklen Gelb. Offenes Bouquet, defensive Süsse, Minze, Nougat, dunkles Caramel, Gebäck. Im Gaumen mittlere Süsse, eher trocken, durch Malznote unterstützt.   15/20 austrinken

1945 Guiraud   **17/20**
91: Goldgelb mit Reifeschimmer. Bitterorangen, Nüsse, wenig Süsse, Korn- und Malzgeschmack (Biomalt). Trokkener Gaumen, leicht ledrig, gebackener Blätterteig, pfeffrige Cayennewürze in der Säure, sekundäre Süsse.   17/20 trinken

1961 Guiraud   **17/20**
92: Goldfarben mit orangen Reflexen. Gelbe Früchte dominieren, süss, üppig. Feiner, molliger Gaumenfluss, fein nuanciert, mit Kamillen- und Bachdoldenaromen, gute Balance.   17/20 trinken - 2010

1971 Guiraud   **13/20**
92: Helles Gelb. Dezente Fruchtnase, Kamille, wenig Botrytis. Trockener Gaumenfluss, ledrig, zu wenig Schmelz mit bitterem, fast blechigem Säurerest.   13/20 austrinken

1976 Guiraud   **15/20**
92: Ein eigenwilliger Sauternes. Kamille, frische Kräuter. Zugsalbe, Jod, Eisenwatte, dann Schiefergeschmack (Kerosin) und im Finish Marzipan.   15/20 trinken

1980 Guiraud   **16/20**
89: Ein hervorragender, typischer Sauternes. Frisch, fruchtig und zugänglich.   16/20 trinken

1981 Guiraud   **13/20**
88: 3/8 Flasche: Duftende, offene Nase. Im Gaumen üppig mit guter Säureverbindung, fester Körper.   13/20 trinken

1992 Guiraud   **16/20**
93: Offen, Williams- und Butternote, schöne Botrytis, Röst-, Vanilleton. Gute Ansätze im Gaumen, reife Frucht, Melonen, etwas fett, sonst sehr gut.   16/20 1996 - 2008

CHÂTEAU LES JUSTICES

Wird von Christian Médéville produziert. Da es den Gilette nur in grossen Jahren gibt, kann man davon ausgehen, dass das Deklassement dem Les Justices beigefügt wird.

1950 Les Justices   **14/20**
89: Mehrere Male getrunken. Ein wunderbarer, leichter Sauternes, der keine Müdigkeit zeigte.   13/20 trinken

1971 Les Justices   **14/20**
87: Jugendliche Farbe. Nase verschlossen. Dicker Körper, die Süsse steht über der Säure.   14/20 trinken

1973 Les Justices   **12/20**
88: Grüne Farbreflexe. Melassenton. Geschnittenes Gras, passabler Wein.   12/20 trinken

1985 Les Justices   **15/20**
89: Süsse, volle Nase. Verdeckte Botrytis (oder fehlende?). Körper mit viel Souplesse.   15/20 trinken - 2004

1986 Les Justices   **17/20**
89: Zeisighelles Gelb. Nase mit Blumenaromen (Ankenblumen). Schöne Botrytis. Gute Säure und Rasse, das Fett steht über dem Körper.   17/20 trinken ab 1993
91: 3/8 Flasche: Immer noch sehr fettig mit Ananas- und Bananenaromen.
92: Papaya und Nektarinen. Reich und fett.
    17/20 trinken - 2010

1987 Les Justices   **13/20**
89: Einfacher, leichter Sauternes.   13/20 trinken

1988 Les Justices   **16/20**
89: Wundervoller, fülliger Wein. Gekochte Apfelaromen im Finish.   16/20 trinken ab 1995

1990 Les Justices   **16/20**
93: Fruchtige, süsse Nase, feiner Mirabellenton. Im Gaumen Kamille, etwas salzig, aber sehr ausgeglichen. Hat mir deutlich besser gefallen, als der Rayne-Vigneau, den wir am gleichen Tag zu Mittag degustierten. Super-Preis-Qualitäts-Verhältnis.   16/20 trinken - 2010

Sauternes

CHÂTEAU LAFAURIE-PEYRAGUEY

Michel Laporte, der seit 1981 als Maître de Chai verantwortlich zeichnet, ist bereits seit 1963 auf dem Weingut. Das Kuriose am Lafaurie-Peyraguey ist sein hoher Anteil an Sémillon (98%). Seit 1978 werden für die Vinifikation Barriquen eingesetzt.

1953 Lafaurie-Peyraguey   **17/20**
93: Reifendes Gelb mit goldenem Schimmer. Süsses Bouquet, umwerfender Kokosduft, Mandelgebäck. Im Gaumenbeginn ein Ausbund von Süsse und Komplexität, Orangeat, gegen das Finish wird er leider etwas trocken und verliert an Süsse, weshalb er zu Käse sicherlich besser passt als zu Nachspeisen.   17/20 austrinken

1975 Lafaurie-Peyraguey   **16/20**
91: Mit Daniel Vergély auf Cantemerle getrunken. Reifende Farbe mit goldgelben Reflexen. Schöner Botrytis-Ton mit staubiger Nase, die aber verfliegt. Im Gaumen gute Säure mit malzigem Finish.   16/20 trinken

1977 Lafaurie-Peyraguey   **14/20**
91: Magnum: Junges, frisches Gelb. Pektin und Gelatine in der Nase. Angenehmer Gaumen, Starfruchtaromen.
   14/20 trinken

1980 Lafaurie-Peyraguey   **15/20**
89: Helles Zitronengelb. Verdecktes Bouquet. Elegante Fülle und frische Säure, pfeffriges Bittermandelaroma.
   15/20 trinken - 2000

1981 Lafaurie-Peyraguey   **17/20**
92: Helle Farbe. Pektin, Schlüsselblumen, Mirabellen. Fülliger, dichter Gaumen (Barsac-Typ) mit gutem Säure- und Fettspiel. Gehört zu den besten 81ern.   17/20 trinken

1982 Lafaurie-Peyraguey   **13/20**
89: Enttäuschender, unharmonischer Wein mit viel flüchtiger Säure und Schwefelbouquet.   12/20 trinken
91: Hat sich gemausert. Kamillengelb. Schlüsselblumen, Mirabellen. Im Gaumen plumpe Melassensüsse, im Finish Kochapfelaromen.   12/20 trinken
93: Eine unwesentlich bessere Flasche. Ich werde oft von Lafaurie-Fans angesprochen, was ich gegen diesen Wein hätte. Die Geschmäcker sind offensichtlich verschieden.

1985 Lafaurie-Peyraguey   **15/20**
91: Ein süffiger, fülliger Sauternes, der sich sicherlich am besten jetzt in seiner Fruchtphase trinkt.
   15/20 trinken - 2000

1986 Lafaurie-Peyraguey   **17/20**
90: An einem Commanderie-Dîner: Junge Farbe. Noch verschlossen. Gute Botrytis und recht viel Extrakt auf dem Gaumen.   17/20 1994 - 2015

1987 Lafaurie-Peyraguey   **13/20**
92: Magnum: Sehr helle Farbe. Leichter Schwefelton zu Beginn, Kompott, Melasse, feine Röstnote, Glucose. Fetter Gaumen, Gelatinegeschmack, durch niedrige Säure wirkt er pappig, im Finish Mirabellen.   13/20 trinken

1988 Lafaurie-Peyraguey   **17/20**
89: Schöner, ausgeglichener Wein. Gekochte Äpfel, Leim, Quittenaromen.   17/20 trinken ab 1994

1989 Lafaurie-Peyraguey   **18/20**
90: Relativ gelbe Farbe. Offene Nase, Biscuit, Mirabellen und gekochte, gelbe Früchte. Im Gaumen reich, fett, doch durch junge Tannine etwas zäh.   17/20 trinken ab 1995
92: Im Moment eine frische Minze, die den Wein begleitet. Lebendige, pfeffrige Säure.   18/20 1996 - 2015

1990 Lafaurie-Peyraguey   **18/20**
91: April: 4,7g Säure. 14,8 %Vol., 120g Restzucker. Leuchtendes Kamillengelb. Biscuit, Apfelöl (Pektin), Botrytis. Ananas im Gaumen, Säure in den Körper einfliessend. Rasse und Pfeffer, reife Mirabellen, Koriander, pure Frucht, nicht zu exotisch. Fett wie der 89er aber mit noch mehr Rasse. Durch den Barriquenkontakt wird der Gesamtgerbstoff noch steigen und mehr Länge im Wein erzielen.
   18/20 1998 - 2015
92: Entwickelt sich mehr und mehr zu einem absoluten Spitzen-Sauternes. Mineralisches Parfüm, langes, endloses Finish.   18/20 1998 - 2015

1991 Lafaurie-Peyraguey   **15/20**
92: 4,5g Säure, 120g Restzucker, 14 %Vol. Sehr helle Farbe. Fette, überreife Fruchtnase. Im Gaumen würzig, aromatisch, recht gutes Extrakt. Im Verhältnis zur Säure eher fettlastig und deshalb etwas plump.   15/20 1995 - 2010

1992 Lafaurie-Peyraguey   **15/20**
93: Sehr reifes Bouquet, Sultaninennote, wenig Botrytis, sehr süss. Marmeladiger Gaumen, Mirabellen und Quitten, mittlere Länge.   15/20 1994 - 2006
94: Da der Wein eher leicht ist, passt sich die Süsse gut mit dem Holz zusammen an, süffig, angenehm.
   15/20 trinken - 2006

1993 Lafaurie-Peyraguey   **??/20**
94: Recht hell. Schwierige Nase, defensive Frucht. Höchst eigenwilliger Gaumen, muffig wie eine alte Wolldecke, kommerziell sehr schwierig. Ein Aroma, wie ich es bei einem Sauternes noch nie erlebt habe. Grund genug, die ganze Ernte zu deklassieren. Soll aber gemäss anderen Degustatoren einer der besten 93er sein ??   Keine Bewertung!

Château Liot

1937 Liot   **19/20**
92: Goldgelb. Mittelsüsse Nase, Nougat, Caramel und Malzspiel, dahinter leichte Harz- respektive Kiefernnote. Im Gaumen lang und sehr ausgeglichen, gebrannte Zuckermandeln. Genossen zu Crêpes Suzette à la Gabriel.
18/20 für den Wein und für das Dessert
93: Eine Flasche mit Korkengeruch!
94: Eine sensationelle Flasche zu einem sensationellen Dessert zu Hause auf der Terrasse genossen. Rahmig-cremig, viel Caramelaromen. Dieser Wein beweist einmal mehr die Behauptung, dass die 37er generell besser sind als die hochgepriesenen 21er.   19/20 trinken - 2020

1983 Liot   **14/20**
93: Relativ hell. Eigenwillige Nase, süss, aber auch eine Note von nasser Wolle. Melassenton, eher pflanzlich, mittlere Länge.   14/20 trinken

Château de Malle

1967 de Malle   **16/20**
93: Ist für einen 67er recht trocken, dürfte etwas mehr Süsse- und Säurebalance haben.   16/20 trinken

1988 de Malle   **15/20**
89: Florales Bouquet. Leichte Bitterkeit im Gaumen.
15/20 1992 - 2008

1989 de Malle   **17/20**
90: Vollmundig, Kamillenaroma und ein Trockenbeerenauslese-Eiswein-Touch.   17/20 trinken ab 1994

1990 de Malle   **15/20**
91: Grapefruits, medizinal und leicht vegetale Note. Trokkenes Extrakt, fehlt an Saft.   15/20 trinken ab 2000

1992 de Malle
Keine Produktion!

Château de Mayne

Dieses kleine Weingut im Barsac, dessen Reben mehr als fünfzig Jahre alt sind, ist der Wohnsitz des bewundernswerten Besitzers von Château Haut-Bailly. Die Produktion liegt etwa bei 1500 Kisten. Die Rebparzellen sind mit 60 % Sémillon und 40 % Sauvignon bestückt.

1989 de Mayne   **16/20**
92: Auf Château Haut-Bailly zum Aperitif serviert bekommen. Fette Nase, feines Fruchtbouquet vermischt mit Leimton und Botrytis. Im Gaumen viele, reife, gelbe Früchte mit Quittendominanz, angenehm begleitendes, stützendes Holz, ein faszinierendes Frucht- und Würzspiel am Schluss, Nektarinennuancen.   16/20 1995 - 2015

1990 de Mayne   **16/20**
93: Leuchtendes Gelb. Füllige Nase, Apfelmus. Gute Säure im Gaumen, Arvenholz, sehr gut balanciert, im Finale Vanille und Akazienhonig, viel Schmelz   16/20 1996 - 2015

Château Nairac

1979 Nairac   **14/20**
91: Magnum: Zartgelbe Farbe. Schlüsselblumennase mit Kamille vermischt, also generell blumig. Weicher Gaumenbeginn, dann blechiger Säuretouch, fehlt an Charme, weil er im Gaumen zäh und trocken fliesst.   14/20 trinken

1988 Nairac   **13/20**
89: Defensive Botrytis. Salzige Säure, wirkt unausgeglichen.   13/20

1990 Nairac   **15/20**
91: Fett, Nussöl, füllig, Barsac-Typ.   15/20 1996 - 2015

1992 Nairac   **13/20**
93: Offenes Bouquet, exotische Anflüge, Mango, Vanillestengel. Vordergründig, cereale Gaumennote, kurz.
13/20 1995 - 2007

Château Rabaud-Promis

1961 Rabaud-Promis   **17/20**
92: Goldene Farbe. Offene Nase, reifer Honig, Mandelgebäcknote. Gute Säure, stützt, sehr balanciert. Keinen Barsac-Charme dafür ein Sauternes-Klassiker.
17/20 trinken

1981 Rabaud-Promis   **16/20**
92: Reifes Gelb. Mineralischer Schieferton in der Nase, Apfelschalen. Pfeffrige Säure, sehr terroirbetont. viel Druck, wirkt aber in der Struktur recht bourgeois, als Sauternes atypisch. Ein Wein für Liebhaber! 16/20 trinken

Château Raymond-Lafon

1979 Raymond-Lafon   **13/20**
90: Quittenaroma. Pfeffrige Säure, trocken, fehlt an Eleganz.   13/20 trinken

1980 Raymond-Lafon   **13/20**
90: Offen, üppig. Im Gaumen etwas zähflüssig, wenig Säure, wirkt deshalb pappig.   13/20 trinken

Sauternes

1984 Raymond-Lafon   **11/20**
90: Unsauber, scharf und grasig. 11/20 am besten als Gelee für eine Terrine verwenden

1987 Raymond-Lafon   **12/20**
89: Toast-Röstaromen. Weisser Portwein, hohe Säure, wirkt brandig und überreif, ranziges Finish.   12/20 austrinken

CHÂTEAU DE RAYNE-VIGNEAU

1860 - 1890 ? de Rayne-Vigneau   **17/20**
Eine Flasche aus dem vorigen Jahrhundert.
Der Châteauname war deutlich auf dem Korken zu lesen, jedoch war trotz Mithilfe von mehr als zehn Personen beim besten Willen kein Jahrgang zu entziffern. Ein unglaubliches Duftelexier mit Kaffee, Feigen und Dörrbirnenaromen. Feiner und zugleich kräftiger Gaumen mit denselben Aromen wie in der Nase, die Trockenheit überwog aber leider die Süsse.   17/20 austrinken

1921 de Rayne-Vigneau   **14/20**
94: Reifende Goldfarbe mit grünlichen Reflexen. Offenes, alkoholisches Bouquet, zu Kopf steigend. Im Gaumen käsig, Ammoniaknote, Malz, Glucose, salzige Struktur, mineralisches Finish, über dem Zenit.   14/20 vorbei

1943 de Rayne-Vigneau   **??/20**
92: Eine Flasche, die von Anfang bis zum Schluss einen unsauberen Ton aufwies, der aber definitiv nicht mit Korken zu verwechseln war. Altfassig, darunter relativ gute Strukturanzeige. Im Gaumen vollkommen trocken.
                                            Keine Bewertung!

1967 de Rayne-Vigneau   **13/20**
89: Wenn man weiss, was für ein hervorragendes Jahr 1967 im Sauternes war, dann muss man von dieser schwachen Leistung enttäuscht sein.   13/20 austrinken

1970 de Rayne-Vigneau   **11/20**
90: Der trockenste 70er, den ich je degustiert habe. Fällt aus dem Gleichgewicht, brutales Finish.
                           11/20 weder kaufen noch trinken

1971 de Rayne-Vigneau   **13/20**
89: Keine Glanzleistung. Pflanzliche Süsse, leichter Körper.   13/20 trinken

1983 de Rayne-Vigneau   **13/20**
92: Relativ helle Farbe. Wenig Frucht, fettlastig. Im Gaumen milde Säure und durch Fettüberhang sehr plump.
                                             13/20 austrinken

1986 de Rayne-Vigneau   **15/20**
90: Bergamottenaroma. Vordergründig, wirkt im Finish recht fade.   15/20 trinken - 2005

1988 de Rayne-Vigneau   **16/20**
89: Extrem füllig. Feine Fruchtaromen. Eleganter Körper, schön ausladend.   16/20 1995 - 2005
91: Offene Botrytis. Spanische Melonen und Mango sowie Fruchtpektin. Fett und trotzdem ausgeglichen.
                                            16/20 1995 - 2005

1989 de Rayne-Vigneau   **15/20**
90: Echantillon: Blasses Gelb mit lindengrünen Reflexen. Birnennase. Reife Früchte. Im Gaumen fett. Unregelmässige Struktur. Ich mag noch nicht so recht an die Renaissance von Rayne-Vigneau glauben.   15/20 1995 - 2003
91: Konfitürig, Quittengelee und Melasse. Zu wenig Säure, deshalb fett und plump.   15/20 1995 - 2005

1990 de Rayne-Vigneau   **17/20**
91: Gekochte Birnen, Sémillon-Präsenz. Superbes Säurespiel, rassig und lebendig. Der beste Rayne-Vigneau seit vielleicht fünfzig Jahren.   17/20 trinken ab 2000
92: Nussig durch die Barriquenröstaromen, feminine Finessen.   17/20 1998 - 2020
94: Einige Male auf Chasse-Spleen zum Aperitif getrunken. Voll von Finessen, aber von leichter, eleganter Art.
                                            17/20 trinken - 2010

1991 de Rayne-Vigneau   **15/20**
92: Produktion ca. 3200 Kisten. Blumenwiesenbouquet, helle Fruchtaromen. Im Gaumen melassenartig mit guter Extraktstütze, Mirabellen im Finish.   15/20 1995 - 2010

1992 de Rayne-Vigneau   **14/20**
93: Fettes Bouquet, Hefeton, keine Botrytis. Nervige Säure, recht gut balanciert, setzt auf Eleganz. 14/20 1995 - 2008

CHÂTEAU RIEUSSEC

Für den Château Rieussec 1990 lege ich die Hand ins Feuer! Zusammen mit dem Climens 1983 der beste Sauternes ausserhalb von d'Yquem.

1970 Rieussec   **15/20**
94: Diesem Wein fehlt es an Süsse und Fülle, um seinem doch recht erwartungsvollen Jahrgang gerecht zu werden.   15/20 austrinken

1975 Rieussec   **17/20**
92: Magnum: Reife Fruchtnase, exotische Nuancen, Papaya, Passionsfrucht, reiche Botrytis. Füllig, fetter Gaumen, getrocknete Aprikosen, Mirabellenkonfitüre und Quittengelee. Schöne, reiche Säure mit perfekter Balance zur Süsse, im Parfüm Mandelgebäck. 17/20 trinken - 2010

1979 Rieussec 13/20
89: Bei Georges Blanc in Vosnass getrunken! Goldreifeton. Schwefel in der Nase. Bitterkeit und wenig Eleganz, salzige Zunge. 13/20 austrinken
91: In Holland degustiert, Kamillenton, trocken. Die Nase ist besser als der Gaumen. 13/20 austrinken

1980 Rieussec 17/20
89: Magnum: Goldgelb. Fruchtige Honignase, weit ausladend. Typischer, klassischer Sauternes, der noch lange Freude machen wird. 17/20 trinken

1981 Rieussec 15/20
88: Blasses Goldgelb. Würzige Nektarnase (Mango). Fülliger Körper, fest, geschmeidig, lang, wenig (oder keine) Botrytis. 15/20 trinken - 1995
94: Pektinnase, süss, Melasse, wenig Botrytis. Im Gaumen wenig Säure, schmelzig, schön zu trinken.
15/20 trinken - 1998

1982 Rieussec 17/20
89: Volle Nase, Süsse und gedörrte Früchte (Aprikosen). Wirkt im Gaumen sehr süss und fett. Ein üppiger, lange haltbarer Sauternes, der sich durch seine eigene Süsse konservieren wird. 16/20 trinken
94: Eine halbe Flasche zu mehreren österreichischen Mehlspeisen genossen. Das einzige, was man diesem Sauternes vorwerfen könnte, ist die mangelnde Botrytis. Sonst ist er aber ein Übermass an Fülle und charmanter Eleganz, voll von Süsse, wie Butter auf der Zunge schmelzend. Er ist derart ausgeglichen, dass man ihn noch viele Jahre geniessen kann. 17/20 trinken - 2010

1983 Rieussec 17/20
90: Reiche, füllige Nase. Rollender Fluss, Aprikosentouch, wirkt sehr voll. 17/20 trinken - 2000

1985 Rieussec 15/20
90: Süsser Duft. Leichter Leimgeschmack, Nektarinen- und Vanilleton. Fettfilm im Körper. 15/20 trinken
92: Bei einem Nachtessen auf Lafite getrunken: Blütennase, sauvignonbetont. Süffiger Körper. 15/20 trinken

1986 Rieussec 18/20
90: Wirkt im Moment zurückhaltend. Differenziertes Holzspiel. Akazienhonig und Marzipanduft. Perfekte Balance, schöner, reicher Botrytis-Ton. 17/20 bald - 2010
92: Noch immer sehr verschlossen. Helle Farbe. Gewaltige Botrytis, Quitten, Mirabellen und gelbe Pflaumen in der Fruchtkonstellation. Im Gaumen Pektin, Gelatine und Glucose. 18/20 1997 - 2020

1988 Rieussec 17/20
93: Leimton, schöne Fülle, helle Früchte, Karambolle und Quitten. Das Fett balanciert sich gut mit der Säure, hat Pfeffer und setzt voll auf Eleganz. 17/20 trinken - 2020

1989 Rieussec 17/20
91: Frisches Gelb. Fette Quitten-Honignase. Veloutierender Körper, recht gute Säure und viel, viel Fruchtextrakt.
17/20 trinken ab 2000

1990 Rieussec 19/20
91: April, auf Lafite: Reifes Gelb. Üppige, explodierende, erschlagende Nase, Sémillon. Im Gaumen extrem reich, frisch-pfeffrige Säure mit viel Leben. Ich kann mich nicht erinnern, jemals einen derartig grossen jungen Sauternes degustiert zu haben. Ich würde wirklich gerne in zehn oder zwanzig Jahren diesen Rieussec gegen den Yquem gleichen Jahrganges degustieren. Ein grosser, monumentaler Wein, der Geschichte machen wird. 19/20 wenn immer möglich degustieren, oder trinken - egal wann!
93: Wieder an einer Degustation auf Lafite begegnet. Er bestätigt seine erhabene Grösse. 19/20 2000 - 2040
94: Er ist der billigste d'Yquem, den es je gab.
19/20 2000 - 2040 kaufen!

1992 Rieussec 14/20
93: Würziges, sauberes, pfeffriges Bouquet, sehr feine Botrytis-Note. Im Gaumen gekochte Äpfel, nervige Note, mineralisch, eher kurz. 14/20 1996 - 2004
94: Macht sich etwas besser, wirkt aber noch immer salzig und mineralisch im Finale. 14/20 1996 - 2006

CHÂTEAU SIGALAS-RABAUD

Mehrere Besuche auf dem Château respektive Bauernhof.

1937 Sigalas-Rabaud 16/20
91: Cognacfarben mit orangem Schimmer. Holz-, Nussnase mit Kaffee- und Caramelaromen, Kampfergeruch schwingt mit. Im Gaumen geraffelte Äpfel, leicht oxydiert, Weinbrand-Aromen, trockene Struktur, getrocknete Aprikosen.
16/20 austrinken
92: Leider eine Flasche mit einem Faulton, der einfach nicht verschwinden wollte. 12/20 austrinken

1966 Sigalas-Rabaud 15/20
90: Recht junge Farbe. Kamille, Biscuit. Im Gaumen Melonengeschmack, zu wenig Säure mit salziger Bitterkeit auf der Zunge. 15/20 austrinken

1982 Sigalas-Rabaud 13/20
89: Dünne, leichte und fröhliche Nase. Weich, mehr Süsse als Säure. 13/20 trinken

1983 Sigalas-Rabaud 13/20
88: Leichter, fruchtiger Wein ohne grosse Ansprüche.
13/20 trinken
92: Wenig Rückhalt. Jetzt vollreif. Ein schwacher 83er.
13/20 trinken

Sauternes

1985 Sigalas-Rabaud   **13/20**
90: Extrem leichter Wein.   13/20 trinken

1986 Sigalas-Rabaud   **15/20**
89: Trockene Früchte. Mittlerer Botrytis-Ton. Im Gaumen defensiv, wenig Säure, schlanker Körper. 15/20 1992 - 2002

1987 Sigalas-Rabaud   **13/20**
90: Gut gemachter, einfacher Wein ohne Edelfäulnis.
    13/20 trinken

1992 Sigalas-Rabaud   **16/20**
93: Brotkruste, Hefe, fett, blumig. Sehr filigran im Gaumen, pfeffrig, rassig, Pimpernelle, im Finale Waldhonig. Gut gelungen.   16/20 1995 - 2008

CHÂTEAU SUDUIRAUT

1921 Suduiraut   **15/20**
94: Sehr helle Farbe für einen 21er. Buttrige Nase, junge Frucht. Im Gaumen trotz guter Säure eher wässrig, lässt Süsse vermissen, weshalb die Struktur nicht abbindet. Es fehlt ihm an Komplexität, das Finish wirkt drahtig.
    15/20 vorbei

1937 Suduiraut   **19/20**
89: Cognacfarben. Mandel-Caramelton mit Süsse vermischt. Im Gaumen leicht und mild, schlanke, elegante Struktur von erhabener Eleganz.   19/20 trinken
92: Was für ein Duftelexier! Weihrauch, helle Bitterorangen, Malz, sehr vielschichtig. Bereits in der Nase ein Mustermass an Eleganz und Ausgeglichenheit. Im Gaumen helles Nougat, Hefe-Nussgebäck. Die Süsse ist abgeklärt, im Finish wiederum cereale Note, fast an Sesam erinnernd.
    19/20 trinken

1945 Suduiraut   **19/20**
92: Volles Ockergelb. Ingwer, Nougat, Irisch Moos, feinste, süssliche Kräuteranflüge, wohlduftendes unendlich facettenreiches Bouquet. Im Gaumen Vanille, Cointreau-Nuancen, Caramel, getrocknete Aprikosen, viel Eleganz mit zartbitteren Säureresten auf der Zunge. Ein grosses Weinerlebnis!   19/20 austrinken

1947 Suduiraut   **15/20**
90: Komischer Wein, riecht buchstäblich nach Märklin-Eisenbahn (Schmieröl und elektrisch), ein anwesender Apotheker definiert das mit "Pertinax". Weisser Port, süss, konzentriert, die Süsse überwiegt, wirkt gebraten.
    15/20 austrinken

1949 Suduiraut   **17/20**
92: Orange Reflexe im reifen Goldgelb. Vielschichtige, reife Nase, die viel Süsse ausstrahlt. Kumquats, Safran. Frische Säure, pfeffrig mit spitzigem Auftritt, Aprikosenaromen. Wahnsinnig intensives Mundaroma dominiert mit Aprikosenlikörgeschmack, in der Würze leichter Rosmarintouch, im Finish etwas trocken.   17/20 trinken

1959 Suduiraut   **17/20**
90: Mittlere Süsse. Superbes Säurespiel, Aprikosenaromen, fein und elegant im Finale.   17/20 trinken

1967 Suduiraut   **19/20**
87: Voller, tiefgoldener Sauternes mit Fülle und Körper. Eine hervorragende Reussite.   19/20 trinken - 2006
91: Eine sehr reife Flasche, die unter der Süsse bereits eine gewisse Trockenheit aufweist. Wunderschöner Safrangeschmack im Gaumen. Wenn alle 67er Suduirauts jetzt so sind, so sollte man ihn eher zu Käsespeisen und Gänseleber geniessen, da die Süsse für Desserts nicht mehr ausreicht.   17/20 austrinken
94: Blind aufgrund seines Safranduftes in der Nase erkannt. Die Flasche war wesentlich besser konditioniert als jene von 1991.   19/20 trinken - 2006

1970 Suduiraut   **13/20**
88: Ein eher enttäuschender 70er. Unharmonisch, schwer, fast pappig.   13/20 trinken
93: Wieder degustiert. Trinkt sich wie eine Handorgel, die in mehrere Teile zerlegt ist und keinen Ton mehr von sich geben kann.   13/20 austrinken

1971 Suduiraut   **15/20**
89: Mittlere Farbreife. Pfeffrige Nase mit schlankem Botrytis-Ton. Mittlerer Gaumenfluss, elegant, wirkt aber durch die pfeffrige Säure leider vordergründig.
    15/20 trinken

1975 Suduiraut   **13/20**
89: Ein süsser Suduiraut. Wirkt eher schlecht balanciert.
    13/20 trinken
91: Blind wiedererkannt. Ist und bleibt unharmonisch.
    13/20 austrinken

1976 Suduiraut   **17/20**
89: Fetter als der 75er. Macht bedeutend mehr Freude.
    16/20 trinken
93: Zwar leidet er ein kleines bisschen unter der 76er Trockenheit, was ihm aber zusätzliche Konzentration und Aromatik verleiht.   17/20 trinken - 2005

1982 Suduiraut   **16/20**
87: Leichter, fruchtiger Sauternes.   15/20 trinken
94: Schön entwickelt, Rosinenton   16/20 trinken

1982 Suduiraut „Cuvée Madame"   **18/20**
89: Produktion 4800 Flaschen. Gefällt mir im Moment besser als der Yquem, weil er ausgeglichener ist.
    18/20 1992 - 2010
92: Als Abschluss zu einem Grossflaschengelage zelebriert. Wunderschön feminin mit viel Finessen. Duftende Botrytis mit einem verführerischen Spiel zwischen Nektar- und Fruchtaromen.   18/20 trinken - 2010

1983 Suduiraut 13/20
88: Helle Farbe mit grünen Reflexen. Rassig mit Kraft, aber nur mittelmässiges Potential. 14/20 bald
92: Einige Male anlässlich zweier Proben der Académie du Vin getrunken. Ein eher ambitionsloser, langweiliger Wein ohne Pep und Kraft. Für ein so grosses Sauternes-Jahr enttäuschend. 13/20 austrinken
93: Ausgerechnet ich musste diesen Wein vor etwa hundert Personen kommentieren. Er hat weder Süsse noch Säure. Was übrig bleibt, ist ein 83er, der weit hinter seinen Erwartungen liegt. 13/20 austrinken

1984 Suduiraut 13/20
90: Röstnase ausladend. Wenig Tannine, fehlt an Rasse, langweilig. 13/20 trinken

1985 Suduiraut 14/20
88: Sauvignon-Präsenz. Fruchtig. Leicht mit mittlerer Struktur, wirkt unharmonisch, keine Glanzleistung, frühreifend. 14/20 trinken

1986 Suduiraut 15/20
89: Hat mich beim Châteaubesuch eher enttäuscht, besonders, wenn man das Glanzjahr 1986 als Bewertungsmass ansieht. 15/20 bald

1988 Suduiraut 14/20
89: Ananas und Mirabellen in der Frucht. Pfeffrige Säure, mehr Fett als Substanz. 15/20 1993 - 2005
91: Wirkt eher mager und für dieses Jahr zu wenig konzentriert. 14/20 trinken - 2003

1989 Suduiraut 17/20
93: Helles Goldgelb. Leicht exotische Anflüge, Patschuli- und Kakiaromen, Vanille. Im Gaumen weich, charmant. Ich glaube, dass er in der Fruchtphase mehr Freude macht als einst im Alter, weil das generelle Potential eher als mässig einzuschätzen ist. 17/20 trinken - 2005

CHÂTEAU LA TOUR-BLANCHE

1922 La Tour-Blanche 15/20
90: Goldfarben mit braunen Reflexen. Wenig Restsüsse, trotzdem geschmeidig, getrocknete Aprikosen im Abgang. 15/20 austrinken

1924 La Tour-Blanche 15/20
90: Zu einem Apfelgratin getrunken. Nougat. Im Gaumen weniger Süsse, trotz seiner Zähflüssigkeit bezaubernd. 15/20 trinken

1927 La Tour-Blanche 15/20
90: Cognacfarben. Nougat mit Kokos vermischt. Honig im Gaumen, in der Süsse wiederum defensiv (wie der 24er), vordergründig, etwas scharf, gut erhalten. 15/20 trinken

1945 La Tour-Blanche 17/20
92: Als Finale einer Ducru-Probe in Linz verkostet. Ocker-Orange. Zurückhaltende Nase, fast ohne Süsse. Im Gaumen eine Mischung von floralen Aromen und Nougat, schöne Botrytis, elegant, ausgeglichen, fast wie ein 37er, keine direkten Primäraromen, im Nachklang angenehmer Rosenwassergeschmack. 17/20 trinken

1947 La Tour-Blanche 15/20
90: Recht helle Farbe. Mandelzucker, Röstton, Orangeat. Erhaltende Säure, trockener Fluss, wirkt grob und eher schlank. Wäre früher sicherlich besser gewesen. 15/20 austrinken

1955 La Tour-Blanche 17/20
91: Goldgelb. Mandellikör, defensive Süsse, Spuren von Botrytis. Biscuitton, wenig Säure, Schlüsselblumen, Terroir, elegant und reif. 17/20 trinken

1959 La Tour-Blanche 16/20
90: Magnum. Noch leichter Botrytis-Ton, Caramelsüsse. Im Gaumen junge Frucht, ausgeglichenes Säure-Süsse-spiel. 16/20 trinken

1962 La Tour-Blanche 15/20
91: Dunkles Gelb mit orangen Reflexen. Zitronenmelisse und Kumquataromen. Die Süsse überwiegt im Gaumen, vorerst Pektin, leichter, faszinierender Mineralton, trockenes Finish. 15/20 trinken

1967 La Tour-Blanche 17/20
91: Sehr hell, leuchtend. Pfeffrige Botrytis, Pektin, Mirabellen. Schöne Säure, wirkt in der Süsse trocken, Gelatinearomen. Da er nicht allzu viel Süsse vermittelt, würde ich ihn eher zu Gänseleber und Käse als zu Desserts empfehlen. 17/20 trinken

1988 La Tour-Blanche 15/20
92: Ein „trockener" Sauternes mit wenig Fruchtaromen, dafür umso mehr blumigen Eindrücken (Schlüsselblumen und blühender Löwenzahn). Im Gaumen harzig (Retsina) und leicht oxydativ mit herbem Finish. Eignet sich nicht zu Süssspeisen, mehr zu Käse. 15/20 trinken - 2008

1989 La Tour-Blanche 16/20
92: 4.2g Säure, 105g Restzucker, 13,7 %Vol. Alkohol. Würzig-fruchtige Waldhonignote, Latwerge. Feiner Körper, feminin, sehr lang mit integrierter, pfeffriger Säure, angenehmes Süssespiel. 16/20 1995 - 2015

1990 La Tour-Blanche 17/20
92: 4.8g Säure, 120g Restzucker, 13,6 %Vol. Alkohol. Sehr süsse Nase, Kompott. Das Fett überwiegt den Botrytis-Effekt. Im Moment schwer zu degustieren, da er sich „sur colle" befindet. Trotzdem steht dahinter ein voluminöser La Tour-Blanche wie er seit vielen Jahren nicht mehr produziert worden ist. 17/20 1997 - 2020

Sauternes

1991 La Tour-Blanche 16/20
92: 107g Restzucker, 14 %Vol. Alkohol. Extrem kleiner Ertrag nur 3 hl, davon wurde nochmals die Hälfte eliminiert, weil der zweite Teil während dem Regen geerntet wurde. Verdeckte Botrytis, Bitterorangennote und Schlüsselblumen, eher floral als fruchtig. Im Gaumen erst fett mit pfeffrigem Säurespitz verbunden, nervig, gut begleitendes Holz, süsses Finish. 16/20 1996 - 2015

1992 La Tour-Blanche
Keine Produktion!

CHÂTEAU D'YQUEM

So sehr ich die Weine von Château d'Yquem in grossen Jahren fast auf den Knien bewundere, so wenig Sinn hat es auch für kleinere Jahrgänge viel Geld auszugeben. Überlassen Sie doch diese Käufe jeweils den Snobisten und Etikettentrinkern. Für den Preis eines 87ers erhalten Sie mindestens drei Flaschen 83er Climens oder 90er Rieussec. Der Direktor und Mitbesitzer Comte Alexandre de Lur Saluces betreibt das erfolgreichste Antimarketing, das es in der Weinszene gibt. Weil er den 87er zu teuer anbot, gelang es ihm nicht, die ganze Ernte zu verkaufen. Wer 88er wiederum zu einem übersetzten Preis kaufen wollte, musste einen Teil 87er in Proportionen dazu kaufen. Weil er auch den 88er zu teuer angeboten hatte und nicht verkaufen konnte, mussten die Weinhändler jeweils zwei Kisten 88er nachkaufen, um an eine Kiste vom wiederum zu teuren 89er zu kommen. Weil er den 89er nicht verkaufen konnte… Die Fortsetzung dieser Geschichte lässt sich bereits jetzt schon mit der Lancierung des Jahrganges 1990 ausrechnen. Trotzdem wird der Wert der letzten drei sicherlich grossen Jahrgänge 1988, 1989 und 1990 in ein paar Jahren gefestigt sein. Denn die drei nachfolgenden Jahrgänge wurden allesamt restlos deklassiert und der Distillerie zugeführt.

1874 d'Yquem 19/20
91: An einer Buttinger-Probe getrunken. Um es gleich vorwegzunehmen - es war eines der gewaltigsten Sauternes-Erlebnisse. Braune Farbe mit Bernstein- und kupfergrünen Reflexen. Ginster- und Spitzwegerichnase, weisser Port, Amontillado-Geruch. Im Gaumen frisch fermentierter Schwarztee, Irish Moos, füllig, sehr elegante Struktur in der Gewürzkonstellation, Eisenkraut, weisser Martini und Noilly-Prat-Geschmack. Ein unvergessliches Süssweinerlebnis. 19/20 trinken, wer darf

1918 d'Yquem 13/20
92: An einem Sylvesterabend getrunken respektive degustiert. Die Flasche hatte ein tiefes Füllniveau und erwies sich als Leichensaft. Keine Bewertung!
93: Während dem Nachtessen nach der grossen Palmer-Probe. Reifes Bernsteingoldgelb. Natermanns Kräutertee, Amontillado-Sherry, hat noch Süsse, Kaffee, Feigenpüree, Kiwikonfitüre. Im Gaumen nur noch Spuren von Süsse, schokoladiges Finish (Nesquik). 13/20 vorbei
94: Eine sehr reife Flasche, die nach Vin Santo roch. 13/20 vorbei

1921 d'Yquem 20/20
89: An einer Raritätenprobe getrunken. Kaffeefarbe mit Rotgold-Reflexen. Kaffeeröstduft. Dunkles Caramel und Rum. Im Gaumen getrocknete Rosinen und weisser Port. Säure und Körper in Opulenz einfliessend. Ein elexierartiger Spitzenlikör. Wohl dem, der diesen Wein einmal trinken darf. 20/20 trinken - 2030
93: Unvorstellbar, auf Yquem morgens um zehn Uhr bei aufgehender Sonne einen 21er d'Yquem zu trinken. Der Tessiner Raritätenweinhändler Paolo Cattaneo brachte etwa zwanzig Flaschen alte d'Yquems aufs Château, um diese neu verkorken zu lassen. Spontan entschlossen wir uns, aus einer ganzen Flasche 21er d'Yquem, ein Schöppli machen zu lassen, um die andere Hälfte genüsslich als Aperitif zu trinken. Bernsteinfarben mit orangen Reflexen. Die Nase begann zaghaft mit relativ wenig Ausdruck, gemessen an unseren Erwartungen. Dann stieg ein leichter Malzton hoch, süss, mit nuancierter Botrytis, Bitterorangen, Kaffee und dunklem Caramel, Spuren von getrockneten Kräutern (Rosmarin, Thymian), gedörrte Feigen. Es ist ein „Likörtyp" in vollster Reife mit einem verführerischen Finish von türkischem Honig. Trotz seiner Süsse wirkte er nicht fett, sehr nuanciert mit sultaninigem Gaumen. Wenn man nach ein paar Minuten den Mundspeichel trinkt, hat man noch einmal das Gefühl, glasweise d'Yquem zu trinken. 19/20 trinken
93: Parker-100-Probe in Hamburg: Kenner bevorzugen zwar in diesem Jahrhundert bei den älteren Jahrgängen seiner Eleganz wegen den 37er. Im Jahrgang 1921 findet man aber zweifelsohne den perfektionierten Begriff „liquoreux" wieder. Die goldene Farbe hat orange Reflexe. Im Bouquet zeigen sich Mandelgebäck, getrocknete Aprikosen, türkischer Honig und einen zarten Hauch Safran. Im Gaumenspiel wirkt er hocharomatisch mit Bestätigung der Nasenaromen. Ein flüssiger Nektar, der heute auf dem Markt rund 2300 Franken kostet… 20/20 trinken, wenn man hat!
94: An der Lafite-Probe zusammen mit sieben anderen 21ern getrunken. Reifes, cognacfarbenes Gold. Perfekte Botrytis-Anzeige, dezente Süsse im aromengebündelten Bouquet, gedörrte Aprikosen, ein Hauch Safran, Nougat, dunkel geröstete Mandeln und Mocca. Im Gaumen süsser als in der Nasenanzeige, Sultaninen, Trockenbeerenauslese-Aromen, im Konzentrat ein reiner Nektar, ohne jegliche Eleganz zu verlieren, unglaubliche Länge und viel Rückaroma, ein einziger Schluck klingt minutenlang nach. 20/20 trinken - 2010

1924 d'Yquem 13/20
91: Im leeren Restaurant von Agnes Amberg* getrunken. Das will nicht heissen, dass es keine Gäste hatte. Das Lokal war bis auf den letzten Platz besetzt. Aber ohne Agnes Amberg fehlt nicht einfach nur jemand, sondern es breitet sich Leere aus.

Mittlere Farbe, relativ jung und nur leichte Spuren von Gold. In der Nase Bitterorangen, schön parfümiert mit einem bezaubernden Gemisch aus Sherry Fino bis Amontillado. Im Gaumen Biscuitaromen, Melasse und Spuren von Überreife, eher kurz, mit bitterem Finish.
13/20 austrinken
* Agnes Amberg war mehr als nur eine Gastronomin. Sie starb 1991 und hinterliess eine Lücke, die in dieser Art, wie sie lebte und kochte, nie mehr gefüllt werden kann.

1928 d'Yquem 17/20
91: Reife, entwickelte, goldbraune Farbe. Offenes Botrytis-Bouquet, sehr intensiv, fast zu Kopf steigend. Im Gaumen voll entwickelt, Caramel, wirkte im Mund fortgeschrittener als in der Nase, Trockenheit mit Süsse vermischt, aussen Schmelz und auf der Zunge leicht ledrig, intensives Finish.
17/20 trinken

1937 d'Yquem 21/20
89: Goldfarben mit orangen Reflexen. Türkischer Honig mit Nougat vermischt. Hohe, frische Säure verpackt mit intensivem Botrytis-Ton. Füllig, mit der Ausgeglichenheit auf extrem hohem Niveau, in den Mundaromen feiner Hirschlederton, darüber Nougat, Mandelgebäck, wunderschön konzentriert mit Aprikosenkonfitürenuancen. Hat mir besser gefallen als der 21er und der 67er. Das leere Glas roch anderntags nach Malaysian-Curry. 20/20 trinken
91: Wiederum anlässlich einer Einladung auf Château Liversan im Frühling getrunken. Gewaltig!
91: Das Ganze war minutiös vorbereitet worden - wie ein Verbrechen. Nachdem wir uns mit dem 66er und 67er Pétrus angewärmt hatten, öffneten wir als letzten „Aperitif" einen 67er La Tour-Blanche. Dann, als alle Gäste das Arlberg-Hospiz-Restaurant verlassen hatten, löschten wir alle Lichter und genossen bei Kerzenschein, umgeben von Stille, diesen vollendeten, vermutlich besten Dessertwein der Welt. Einmal hatte ich aus Scherz gesagt, dass ich selbst bis 19 Punkte entscheiden könne, was darüber liegen würde, entscheide mein Körper selbst. Und... mein Körper, oder vielmehr meine „Weinseele" entschied. Nach dem ersten Schluck weinte ich fünf Minuten lang, die wohl glücklichsten Tränen meines Lebens. Ich musste mich mit meinem Glas in eine Ecke zurückziehen, um mit mir selbst in Klausur zu gehen. Sollte ich noch in der Lage sein, in meinem Sterbebett einen Wein zu schlürfen, dann möchte ich vor der grossen Reise unbedingt den 37er d'Yquem trinken dürfen. Verzeihen Sie mir, wenn ich nicht in der Lage bin, Ihnen eine genaue Beschreibung dieses Erlebnisses abzugeben. Hier reichen Worte unmöglich aus, um dieses gewaltige Ereignis auch nur annähernd zu beschreiben.
21/20 träumen
93: Geni Hess (Hotel Hess Engelberg) öffnete diesen Wein nach dem 55er Lafleur, dem 61er Margaux und dem 71er Pétrus. Ich hatte zwar wieder ein Papier vor mir, um meine Erlebnisse über diesen Wein aufzuschreiben. Nach einer Viertelstunde war das Papier aber so leer wie das Glas vor mir.
20/20 trinken - 2020

Gabriel

93: An meiner Semester-Raritätendegustation auf dem Bürgenstock mit vier anderen 37ern degustiert. Eine wiederum gigantische Flasche mit einem Eintrittsbillet ins Paradies. Mit der Magnumflasche Cheval-Blanc 1947 an der Parker-Probe in Hamburg der einzige Wein, der mehr als 20/20 Punkte macht.
21/20 trinken - 2030

Ein telepathischer Schluck vom 37er d'Yquem

Es fängt ganz harmlos an. Ich betrachte erwartungsvoll die goldene Flüssigkeit, die sich durchs edle Glas funkelnd im Licht widerspiegelt. Ich atme langsam ein und ziehe dieses unvergleichliche, fast explosiv-gebündelte Bouquet durch die Nase. Es ist erschlagend! Honig vermischt sich mit Nougat, Nougat mit Mandelgebäck, Mandelgebäck mit gedörrten Früchten und gedörrte Früchte mit stützendem Vanille. Ein Parfüm, gemacht aus den besten Süssigkeiten dieser Welt. Ich halte den Atem an, führe dann aber das Glas mit dem feinen Rand zum Mund, nippe daran und lasse dieses unbeschreibliche Elexier über die Zunge in den Gaumen gleiten. Jetzt kommt unweigerlich der totale Gefühlskollaps. Mit letzter Kraft schlürfe ich, entlocke so dem Wein sein Parfüm und hebe ab. Die Stimmen der Tischnachbarn werden leiser, unverständlich, verstimmen ganz. Die Trance lähmt den Körper und gibt ihm ein vollendetes Glücksgefühl - eine Reise zur überschreitenden Limite der 20/20 Punkte. Ich habe mein Ziel auf der Suche nach dem grössten Wein der Welt erreicht. Nur die traurige Feststellung, dass das Glas leer ist, holt mich wieder jäh in die Wirklichkeit zurück.

Auf dem Blatt, wo sonst eifrig Notizen über Farbe, Bouquet und Gaumen sorgfältig niedergeschrieben werden, ist gähnende Leere. Wie soll ich das Universum mit einer Sofortbildkamera fotografieren?

Es ist nahezu unmöglich, dieses Ereignis mit Worten zu übermitteln. Man muss es selbst erlebt haben, um es zu begreifen. Ein Sauternes solcher Güte ist nicht zum Analysieren oder zum Degustieren gemacht. Er ist da, um einem wirklichen Weinfreund direkt ins Herz zu fliessen.

Gewidmet all jenen Weinfreunden, denen es vergönnt war, je einen Schluck Château d'Yquem 1937 zu trinken!

Sauternes

1945 d'Yquem   **20/20**
92: Hier handelt es sich lediglich um den Versuch einer möglichen Beschreibung. Der Wein war so gewaltig, dass ich Mühe hatte, meine Gedanken zu formieren. Goldfarbe mit Kupferreflexen. Weiches, breitgefächertes Nasenspiel, unendlich vielschichtig und ausgeglichen, Mandelblüten, Quitten, Goldmelisse, Bitterorangen, Kumquats, pfeffrige, aktive Botrytis. Im Gaumen Mandelgebäck (Butterfly), Nelken, Zimt, geröstete Mandeln, Haselnussbutter, Walnuss, im Finish Grand Marnier-Aromen, eine feine Harznote, die dem Extrakt Würze und Rasse gibt. Ein Konzentrat, ein Spitzenlikör. Mit dem 37er das absolut Grösste, was es auf dem „Sauternes-Markt" gibt. Wer das trinken darf, erlebt ein grosses Stück Himmel bereits auf Erden!
                                                             20/20 trinken - 2040

1953 d'Yquem   **18/20**
93: Die Flasche hatte ein Niveau von mittlerer bis tiefer Schulter, weshalb denkbar ist, dass es optimalere, höher zu bewertende Flaschen gibt. Reifes Gelb. Offenes Bouquet, gedörrte Früchte, Orangeat, Kokos. Pfeffrige Säure im Gaumen, Honig, Aprikosen, im Finish leider etwas salzig und ledrig. Trotzdem ein erhabenes Weinerlebnis.
                                                             18/20 trinken - 2015

1957 d'Yquem   **17/20**
91: Mittelreife Farbe. Offene, ausladende Nase, süss mit einer verstecken Muskatwürze (?). Im Gaumen zu Beginn malzig mit pfeffriger Säure, füllig. Im Finish betörender Passionsfruchtgeschmack (Passaia).   17/20 trinken
93: Paul Hermann hatte mir eine Flasche zum Geburtstag geschenkt, die wir zusammen auf Lynch-Moussas zu einer phantastischen „Foie de Canard au Purée de Figues" genossen.   17/20 trinken

1959 d'Yquem   **18/20**
90: Feiner Botrytis-Ton, Caramelsüsse sowie Nektarblütenduft. Im Gaumen noch junge Frucht, Karambolle und Pektin, feiner, eleganter Fluss mit viel Nachhaltigkeit.
                                                                    18/20 trinken
92: Eine Flasche mit Korkengeschmack. Wir weinten Krokodilstränen. Nicht nur wegen der entgangenen Freude, sondern auch wegen dem verpfuschten Geld.

1960 d'Yquem   **15/20**
92: Oranges Gelb. Fette Nase, buttrig, feine Mineralnote, Melonen, Marmelade, Rauchnuancen. Im Gaumen süss, füllig-fett, leider etwas wenig Säure im Verhältnis zum Fett, Nussöl, wirkt pappig. Wäre sicherlich vor ein paar Jahren besser gewesen.   15/20 austrinken

1961 d'Yquem   **16/20**
88: Helles Strohgelb. Volle, weiche Nase, die weit ausladt. Passende Säure zu einem eher fetten Körper. 16/20 trinken
92: Offenes Bouquet, vielschichtig und fein nuanciert, Mandelbiscuit, feiner Botrytis-Ton, Vanille, Eiche. Runder Gaumen, rollend, schöner Schmelz, sehr elegant, Honig- und Melassenton. Es bleiben feine Salzspuren auf der Zunge zurück. Das Bouquet legt innerhalb der ersten Viertelstunde noch zu.   16/20 trinken
93: Neben dem Climens hatte er wenig Chancen. Mir scheint, dass er trotz Süsse bereits leicht zu zehren beginnt.   16/20 austrinken.

1962 d'Yquem   **18/20**
89: Defensives Malz-Honigbouquet, wenig Botrytis. Angedeutete Fülle, wirkt aber im Fluss etwas verhalten. Könnte sich auch um eine nicht optimale Flasche handeln.
                                                                    15/20 austrinken
92: Reifes Gelb, leuchtend. Fülliges Bouquet, öffnet sich langsam, gute Botrytis-Anzeige. Grosser Gaumenauftritt, rund, komplex, nussig, reifer Beerenton, Sultaninen, das Zusammenspiel zwischen Säure und Süsse ist perfekt, enorm lang. Ein eleganter Barsac-Typ wie ich ihn eben sehr gerne mag. Die Flasche war auch um Längen besser als diejenige von 1989. Ich erlebte ihn an einer d'Yquem-Degustation zusammen mit dreissig anderen Jahrgängen. Für mich war der 62er der Star des Abends.
                                                                   18/20 trinken - 2010

1963 d'Yquem   **11/20**
87: Ein wässriger d'Yquem, der bereits in der End-Kaffeephase war. Ist wohl die unterste Qualitätsstufe, um überhaupt noch einen d'Yquem zu produzieren.   11/20 vorbei
92: Reife Farbe mit orangem Schimmer. Caramel vermischt sich mit cerealem Ton, Sherry-Note. Im Gaumen gezehrt und zähflüssig, malzig, starker Gerstenton im Nachgeschmack. Nach 30 Minuten war er total oxydiert.
                                                                              11/20 vorbei

1964 d'Yquem
Es wurde kein d'Yquem produziert!

1965 d'Yquem   **13/20**
92: Strohgelb mit goldenem Schimmer. Defensive Nase, süsslich, Leimspuren, Schmelzbrötchen, Bitterorangen. Schmeichelnder, veloutierender Gaumenfluss, trockenes Extrakt darunter Krachmandelnote, medizinaler Beigeschmack.   13/20 austrinken

1966 d'Yquem   **17/20**
92: Reifes Gelb, Strohton. Schöne Botrytis-Note, Kumquats, intensives Bouquet, aber nicht zu üppig, feiner Röstton, Butternote, verdecktes Jod. Im Gaumen schön konzentriert, traubig, viel Schmelz zu Beginn, feiner Medizinalton (Bakelit?), es fehlt ihm eine kleine Nuance Säure, um die Süsse auszugleichen, fettes Finale.
                                                                                17/20 trinken

1967 d'Yquem   **16/20 - 20/20**
(unterschiedliche Flaschen)
88: Ich musste lange auf dieses Ereignis warten und war auch dementsprechend vorbereitet. Was ich jedoch dann antraf, hätte ich mir nie träumen lassen. Es bleibt mir nur zu hoffen, dass ich an Sauternes-Weinen in Zukunft trotzdem ein wenig Freude haben kann.   19/20 trinken - 2025

Gabriel

91: Mehrere Male in einem Restaurant in Italien zu 300.– Franken genossen! Im Moment finde ich, dass der 75er (spricht man von der gleichen Qualität) mehr Ausdruckskraft hat. 18/20 warten

92: Als Dessert nach einer umfangreichen Pétrus-Probe. Ocker-, Goldschimmer. Brot- und Hefeton zu Beginn, gedörrte Aprikosen, die Nase wirkt üppig und verdeckt die Botrytis, feiner Mandelröstgeschmack. Im Mund komprimiert sich das Extrakt und deshalb ist er jetzt in seiner Jugendzwischenphase eher zähflüssig. Er hat Mühe, dass sich Fett und Säurekonstellation verbinden. Nach einer halben Stunde entwickelt sich im Gaumen ein cerealer Malzgeschmack und wiederum das Aroma eines caramellisierten Mandelgebäcks. Es war die beste Flasche 67er d'Yquem, die ich bis zu diesem Zeitpunkt trinken durfte. 20/20 trinken - 2025

92: Eine sehr enttäuschende Flasche nach einer grossen Mouton-Degustation. Die Publikumswertung betrug im Schnitt lediglich 16 Punkte. Wie ist es nur möglich, dass es so viele unterschiedliche Flaschen gibt? 16/20 trinken

92: Blind in einer Serie d'Yquems, in der auch noch der 66er und der 59er vertreten war, verkostet. Relativ jugendliche Farbe. Wuchtiges Bouquet, zu Kopf steigend, Vanille, Safran, Nüsse, Aprikosen, Mandelröstton, fast dominante Botrytis-Note. Im Gaumen süss, Rosinen, hat noch Reserve im Extrakt. Sehr gute Flasche. 19/20 trinken - 2020

1968 d'Yquem   14/20
92: Strohgelb. Offenes Bouquet mit wenig Druck, staubig, leichte Unsauberkeit, oxydativ, Walnussfett. Fetter Gaumenbeginn, ölig, wenig Säure, starke Mandelgebäcknote, Süssholzspuren, feine Bitterkeit, kernig, relativ kurz. 14/20 austrinken

1969 d'Yquem   14/20
92: Strohgelb leuchtend. Modrige, schale Nase, welk, unreife Noten. Im Gaumen Pektin, scharfe Säure, unharmonisch und klebrig, fauliger Nachgeschmack, simpel und extrem kurz. 14/20 austrinken

93: Aus einer halben Flasche recht interessant vom Bouquet her gesehen: Safran, Mirabellen und Quitten. Im Gaumen kapselig und kurz. 14/20 austrinken

1970 d'Yquem   16/20
88: Entwickeltes Goldgelb. Duftendes, ausgeglichenes Bouquet mit einem Aprikosentouch. Im Gaumen stoffig mit Tanninresten. Ein Sauternes, der mehr auf Eleganz und Feinheit setzt. 17/20 trinken - 2000

91: In Belgien getrunken. Machte eher wenig Spass. Ich glaube immer mehr, dass 1970 auf Yquem die Etiketten mit Fargues verwechselt worden sind. Denn Fargues ist bedeutend besser, während der 70er d'Yquem immer mehr trocken und zähflüssig wird. 15/20 trinken

92: Relativ helles Gelb. Blumige Nase, Pimpernelle, Kreide, zart ausladend, entwickelt nach 30 Minuten Harz- und Kiefernnoten, helles Caramel, defensiv, Honig. Im Gaumen feiner Kapselton, der störend wirkt, aussen schmelzig, innen ledrig. Wurde vom Publikum höher bewertet. 16/20 trinken

94: Ihm fehlt vor allem die Süsse. Die kreidigen Noten nehmen immer mehr Überhand, der Gaumen wird kapselig. Ein enttäuschender d'Yquem. 16/20 austrinken

1971 d'Yquem   18/20
89: Einen kleinen Schluck im falschen Moment von einem Gast bekommen. Leider die letzte Flasche. Aromen von gedörrten Früchten, defensiver Botrytis-Ton. Mittlerer Körperbau mit ausgeglichener Struktur, schöne Länge. 17/20 trinken

91: Noch immer jung und frisch. Ein grosser Sauternes. 18/20 trinken

92: An der d'Yquem-Probe geschlürft. Reifes Gelb. Sehr reife Frucht, Sultaninen, eine kaum spürbare, vegetale Note gibt dem Bouquet zusätzliche Würze, Biscuitton. Im Gaumen Mandelgebäck, füllig, türkischer Honig, weiniges, harmonisches Finish, gehört zum Elegantesten, was im Sauternes-Gebiet zu finden ist. 18/20 trinken - 2015

1973 d'Yquem   16/20
86: In einem Restaurant in Pisa zu rund 100 Franken getrunken. 16/20 trinken

89: Magnum: Extremes Honig-Malzbouquet. Vollsüss mit passender Säure. 15/20 trinken

92: Reifes Gelb. Offenes Bouquet, zu Beginn wollig, dann ein Hauch von Botrytis, Gelatine. Im Gaumen Biscuitton, malzig, mit Salzspuren und feiner Bitterkeit auf der Zunge. Bommes-Typ. 16/20 austrinken

1975 d'Yquem   17/20 und 20/20
(unterschiedliche Flaschen)

90: Der 75er war 1983 mein erstes d'Yquem-Erlebnis. Bisher wiederum mehrere Male getrunken. Wunderschöner Botrytis-Ton, perfekte, weitausladende, zartduftende, vielschichtige Nase. Im Gaumen konzentriert. Hat viele Ähnlichkeiten mit dem 67er. Wenn auch nicht so mächtig, doch perfekt in seiner Eleganz und Finesse. Und so sollte ein d'Yquem schliesslich auch sein - oder? 20/20 trinken - 2015

91: Es soll offensichtlich qualitativ verschiedene Flaschen im Handel geben. Aus diesem Grunde habe ich wieder einmal eine Kiste geöffnet. Meiner Ansicht nach wird dieser Wein mehr und mehr den 67er übertreffen, der immer wieder von Journalisten, vielleicht zu Unrecht, hochgejubelt wird. 20/20 trinken - 2015

91: An der Sylvester-Party bei Markus Müller auf das neue Jahr angestossen. Weniger Farbreife als der 76er. Vielschichtiges Bouquet, Mandelgebäck (Cantucci), Quittennuancen und Aprikosen, dazu mischt sich eine feine Rosenwassernote. Im Gaumen superb konzentriert, gedörrte Aprikosen. Die Botrytis kommt im Moment im Mund besser zur Geltung als in der Nase, veloutierender Schmelz, sehr ausgeglichen, im Finish Biscuits respektive Buttergebäck. 20/20 trinken - 2020

92: Während verschiedener Anlässe auf dem Arlberg Hospiz dreimal getrunken. Alle Flaschen waren perfekt.

Sauternes

93: Leuchtendes, reifes Gelb. Zartes Bouquet mit würziger, intensiver Botrytis-Note, helle, reife Früchte, Anklänge von Exotik, Karambolle, Vanille. Filigrane Struktur mit sehr viel Eleganz, weinig, füllig und sehr lang.
20/20 trinken - 2030
93: An der Palmer-Probe: Eine extrem junge Flasche mit einer Supersäure. 20/20 trinken - 2030
94: Eine stumpfe Flasche, kompottartig mit zu wenig Säure und unausgeglichener Balance. 17/20 austrinken

1976 d'Yquem **18/20**
90: Oft getrunken. Ein fettiger, üppiger Wein, der aber trotz seines massiven Körpers doch etwas Eleganz ausstrahlt.
17/20 trinken
Unbedingt kühl trinken, sonst wirkt er zu schwer und fast pappig.
91: Während der Bruderschaftszeremonie „St. Christoph" mit Adi Werner getrunken. Die Süsse überwiegt mehr und mehr. Ich meine man sollte im Moment andere d'Yquem-Jahrgänge „berücksichtigen", da der 76er auch im nächsten Jahrtausend noch viel Freude bereiten kann. 18/20
92: Helles Gelb, leuchtend. Fette Nase, üppig, buttrig, Sultaninen, extrem fett, Quittengelee, nussig. Mundfüllend, ein Rubens-Wein, enorm voller Fluss. 18/20 trinken - 2020

1977 d'Yquem **14/20**
92: Reifes Gelb. Scheint ein bisschen Botrytis zu haben, Vanille, Eierpilze, offenes Bouquet, recht schön. Im Gaumen Anzeichen von Fülle, Pektin, gutes Extrakt im Gaumen, gibt eine kreidige Note und eine ganz bestimmte Würze. Für diesen schwierigen Jahrgang erstaunlich gut.
14/20 austrinken

1978 d'Yquem **13/20**
92: Junges Gelb. Grasige Nase, leichter Muffton. Im Gaumen ebenfalls unsauber, mittlere Fülle, drahtige Struktur, leicht bitter im Nachgeschmack. Wurde sehr unterschiedlich bewertet. Meine Note war die tiefste.
13/20 austrinken

1979 d'Yquem **15/20**
90: Am Mittagstisch mit Michel Délon (Léoville-Las-Cases) getrunken. Quittenpräsenz. Jedoch ein klebriger, fast überladener Wein, dem es an Säure fehlt.
14/20 trinken
91: Ein üppiger Wein, bei dem die Süsse überwiegt.
15/20 trinken
92: Reifes Gelb. Buttrig, viel Glyzerin, Heu, getrocknete Blumen, hat Mühe sich zu öffnen. Im Gaumen Aprikosenmarmelade, helle Früchte, Pektin, viel Fett, leider etwas zu wenig Säure. 15/20 trinken - 2015

1980 d'Yquem **16/20**
88: Die 80er werden im Sauternes allgemein unterschätzt. Deshalb fand man diese Weine relativ lang zu vernünftigen Preisen. Entwickelt sich recht rasch, vielleicht wegen der doch geringen Säure. 16/20 trinken
92: Helle Farbe. Offenes, vielschichtiges Bouquet, Rauchnote, Marzipan, reife Frucht, mittlere Süsse. Cerealer Gaumen, hat noch Extrakt, wenig Süsse, wirkt im Fluss leider eher trocken, im Finale Strohnote, die aufzeigt, dass man jetzt jene Flaschen, die man noch hat, schleunigst austrinken sollte. 16/20 trinken - 2010

1981 d'Yquem **15/20**
89: Wirkt grün und pflanzlich. Scharf in der Säure.
15/20 warten ??
91: An einer umfassenden 81er-Degustation als Dessert serviert bekommen. Ein eleganter, langer Wein mit verdeckten Botrytis-Anzeichen. Sicherlich einer der besten 81er, doch ich kaufe mir lieber vier Flaschen Climens 1983 statt einer d'Yquem 1981. 15/20 trinken
91: Wenn ich ihn wirklich als d'Yquem bewerten muss, dann ist meine Strenge (hoffentlich) verständlich. Es scheint mir fast, dass so ein Saft synthetisch konstruierbar sein sollte. Ein Likör für nicht besonders anspruchsvolle Damen. Als Faustregel gilt einmal mehr: "Lieber einen kleinen Sauternes aus einem grossen Jahr als umgekehrt." Ein grandioser Wein für Etikettentrinker.
15/20 trinken
92: Hätte ich nicht gewusst, dass es eine d'Yquem-Blinddegustation ist, hätte man ihn glatt für einen süssen Loire-Wein halten können. Melasse in der Nase, Schlüsselblumen, keine Botrytis. Die Süsse überwiegt den mittellangen Wein. 15/20 trinken

1982 d'Yquem **17/20**
89: Extremer Parafin-Botrytis-Ton, dem wohl die Edelfäule an den Haaren herbeigezogen wurde. Fettiger, inkonsistenter Körper mit verhaltenem Schmelz, fast ledrig. Schwierige Zukunft. 15/20 ??
91: Entwickelter Botrytis-Ton, Ammoniaknuancen vermischt mit einem Barriquentoastton, eng gegliedert. Im Gaumen fett, fein, mineralische Note, mittleres Extrakt, schmeichelnd, mit Nougataromen im Finale. Macht einen bedeutend besseren Eindruck als vor zwei Jahren.
16/20 trinken - 2010
92: Entwickelt sich mehr und mehr positiv. Reifes Goldgelb. Toastnote, Caramel, Mandeln, gut eingepackte Botrytis. Wirkt im Gaumen sehr jung mit entsprechenden Reserven, viel Rückaroma. Ich habe ihn zu unrecht getadelt, und hebe ihn jetzt als Rehabilitation auf die gleiche Stufe wie den Suduiraut „Cuvée de la Madame" gleichen Jahrganges. 17/20 trinken - 2015

1983 d'Yquem **19/20**
90: Nuss-Röstbouquet. Im Gaumen wiederum Nussaromen, markante, und doch feingegliederte Tanninstruktur, die vom Schmelz und Reichtum überdeckt wird, voll, fett mit guter Balance. 19/20 trinken ab 1998
91: Präsentiert sich genau gleich wie vor einem Jahr. Eine wunderschöne Ausgeglichenheit macht diesen Wein zum d'Yquem wie man ihn schätzt und liebt. 19/20 warten
92: Die erste Flasche hatte Korken. Reife Früchte, Beerenton, Caramel, Vanille, schöner Honigton. Im Gaumen grossartig, mundfüllend, hat viel Extrakt und noch sehr viel Alterungspotential. 19/20 1998 - 2040

1984 d'Yquem 18/20
92: Eine Sensation! Wuchtiges, explosives Bouquet, üppig, exotisch, Barriquentoastnoten begleiten einen zarten Hauch von Botrytis, verlockend, reif. Dicht im Gaumen, mundfüllender Reichtum, Marzipan-Mandelton, Haselnussfett, im Rückaroma sehr intensiv. Ein majestätischer Wein, wenn man seinen Preis mit einbezieht. Aufgerundete Wertung mit Sympathie: 18/20 1995 - 2015
93: In der "Hostellerie de Plaisance" mit Christian Moueix getrunken. 18/20 trinken - 2015

1985 d'Yquem 15/20
90: Helle Farbe. Wenig Botrytis. Pektinaroma ohne jegliche andere Fruchtambitionen. Im Gaumen veloutierendes Fett, im Moment zu süsslastig und deshalb plump und fett. Warten bis er besser wird.
Nach dem Motto: "Unter zehn Jahren Reife trinkt man keinen d'Yquem." 15/20 bald
92: Reifendes Gelb. Leimspuren zeigen einen Hauch Botrytis, marmeladige Frucht, Mirabellen, Eiswein-Ton, Reginatrauben (Muskatschimmer). Im Gaumen Pfirsich, dick, mollig, weiche Säure, wirkt eher plump mit fehlenden Finessen - zumindest im Moment. 15/20 1996 - 2020

1986 d'Yquem 19/20
92: Tiefes Gelb. Verhaltene Nase mit vielen, vollreifen Früchten, schöne Botrytis-Anzeige, Biscuit, Glucose, Quitten und Nektarinen. Im Gaumen verschlossen, reich, fett mit gutem Extrakt. Feiner Vanille- und Röstgeschmack im Finish. 19/20 2000 - 2050
92: Fassungslos schaute ich auf das Etikett, nachdem es während einer umfassenden Yquem-Blindprobe enthüllt worden war. Dann schaute ich nochmals auf meinen Zettel: 15 Punkte! Und alle anderen schüttelten ebenfalls den Kopf. Dieser legendäre 86er präsentierte sich ausserordentlich schlecht. Als ich ihn im Frühling mit Jean-Pierre Moueix zum ersten Mal trank, predigte ich am Mittagstisch, das dieser für mich als Nachfolger für den 37er in Frage komme und jetzt dies...
Eigenwilliges Bouquet, sultaninig, an einen Rheinriesling erinnernd, pflanzlicher Gaumen, feine Bitterkeit, chlorig, salzig. Zum Schlusswort hatte ich noch bemerkt; einfache Süsse ohne Klasse. Das muss eine schlechte Flasche gewesen sein. Auf alle Fälle ist hier das letzte Wort noch nicht gesprochen. Keine Bewertung für diese Flasche!

1987 d'Yquem 15/20
92: Mit Comte Alexandre Lur Saluces auf d'Yquem getrunken. Mir kam die Ehre zuteil, als erster von diesem Wein verkosten zu dürfen, bevor die erste Tranche Richtung Bordelaiser Markt das Château verliess. Noch fettlastig, wenig Botrytis, gelbe Früchte mit eher plumpem Gaumenspiel. 15/20 1997 - 2020
92: An der grossen d'Yquem-Probe mit nur 13 Punkten bewertet. Auch meine Mitdegustatoren hatten erhebliche Mühe. Faulig, welk, Champignons. Kernige Aromen, Löwenzahn im Gaumen. Schwierige Flasche?
Keine Bewertung!

93: Wiederum während einem Mittagessen auf d'Yquem getrunken. Eine Art 79er, der aber trotzdem etwas mehr Rasse hat. Füllig, fett mit Aprikosengelee im Finish.
15/20 1997 - 2015

1988 d'Yquem 19/20
89: Bei einem Châteaubesuch habe ich heimlich meinen Finger in das Fass gesteckt und dann den Finger abgeschleckt. Sicherlich zu wenig, um einen gültigen Kommentar abzugeben. Ich kam mir aber wie ein kleiner Junge vor, der Früchte vom Nachbarsbaum stiehlt.
93: Auf dem Château mit Lur Saluces zum Aperitif genossen. Sehr helle Farbe, leuchtend und klar. Reiches, üppiges Bouquet, Vanille, Papaya, Passionsfrucht, sehr konzentriert, Leimton von der Botrytis. Fülliger Gaumen, wiederum leicht exotische Fruchtpräsenz, reich, veloutierendes, schmelziges Fett, gute Säure, die stützt, gebundenes, langes Finale. Vom Typ her sehr nahe beim legendären 75er. 19/20 2000 - 2040

Bordeaux-Wein über alles?

Bordeaux-Wein über alles?

In meinem Privatkeller befinden sich zu etwa zwei Drittel Bordeaux-Weine. Der Rest ist bunt gemischt. Es ist eine grosse Ehre für jeden Wein, wenn er es schafft, bis in den hoffnungslos überfüllten Keller vorzudringen. Vielleicht ergeht es Ihnen auch wie mir. Ich habe Phasen, wo ich Weine bestelle und dann wiederum Phasen, wo ich aus Platz- und Geldgründen strikt keine einzige Flasche einkaufe. In der Analytik zeigt sich bei der Auswertung dann immer wieder, dass erstere Zeitabschnitte bedeutend länger sind als die zweiten.

Die nachfolgenden Streifzüge durch andere, prädestinierte Weingebiete dieser Welt entbehren jeglichem Anspruch auf Vollständigkeit. Nur die wichtigsten Weingebiete und die allerbesten Weine habe ich herausgepickt. Schliesslich lesen Sie ja auch ein Bordeaux-Buch. Es sind Begegnungen von beeindruckender Art, die entweder einen Einkauf für meinen Privatkeller, oder aber eine Widmung in diesem Buch wert waren.

SCHWEIZ

Die besten Winzer:
Louis Bovard, Cully VD
Daniel Gantenbein, Fläsch GR
Christian Zündel, Beride TI

Die besten Rotweine:
1985 Vinattieri, Luigi Zanini, 19/20
1988 Merlot Riserva, Daniel Huber, 19/20
1990 Orizzonte, Christian Zündel, 19/20
1990 Gran Riserva, Eric Klausener, 19/20
1990 Gantenbein, Martha und Daniel Gantenbein, 19/20
1993 „Luigi", Vinattieri, 19/20

Die besten Süssweine:
1990 Grain Noble, Chappaz, Fully, 19/20
1993 Saint Martin, Domaine Mont d'Or, 18/20

Den „Durchschnittswinzern" steht das totale Fiasko bevor, sollten die Grenzen auf einer fairen Basis (endlich) beidseitig gelockert werden. Der Bund schikaniert Importe von ausländischen Spitzenweinen mit ungerechten Zollforderungen. Diese Taxation erinnert an prähelvetische Zeiten, wo Vögte und anderes Gesindel noch die späteren Eidgenossen regierten. Ich mag nicht über Winzer schimpfen, die mit ihrem Weinbau das tägliche Brot verdienen. Doch eben - der Mensch lebt nicht nur von Brot alleine!
Am liebsten trinke ich die Schweizer Weine gerade dort, wo sie wachsen - und dies zusammen mit einheimischer Küche.

Bemerkenswert und auf internationalem Niveau, der Cabernet Sauvignon der Domaine de Balisiers von Gérard Pillon und Jean-Daniel Schläpfer aus Genf. Im Auge behalten, sollte man auch einige Syrah's aus dem Wallis (gute Produzenten: Provins und Simon Maye in St. Pierre-de-Clages). Die besten Walliser-Pinots haben ein schlechtes Preis-Leistungs-Verhältnis verglichen mit den gleichwertigen Qualitäten der Bündner Herrschaft. Grossartig sind die Blauburgunder des Jahrganges 1990 aus letztgenannter Gegend.

Am allerliebsten trinke ich Tessiner Merlots. Im internationalen Vergleich schneiden wir mit dieser Region sicherlich am besten ab.

DEUTSCHLAND

Gelingt den deutschen Weissweinen endlich der Durchbruch in der Schweiz? Wenn ja, findet er im trockenen oder im süssen Bereich statt? Sicher ist, dass die Importe ständig zunehmen. Unentwegter Förderer (mit hohem Eigenbedarf) ist sicherlich der Weinhändler Max Gerstl aus Bad Ragaz. Für mich liegt die Faszination im „halbsüssen" Bereich. Eine schöne, gereifte Auslese ist immer ein süffiges, unbeschwertes, wenn auch nicht ganz billiges Weinerlebnis. In meinem Privatkeller habe ich ganz klar die Mosel-Saar-Ruwer favorisiert. Einige Kostbarkeiten befinden sich darunter wie ein paar 71er von J.J. Prüm, dann die legendäre Trockenbeerenauslese 1959 vom Eitelsbacher Karthäuserhof. Erschwingliche Spätlesen von Zilliken und der geduldige Abtsberg in Ausleseform von Maximin Grünhäuser. Aus Budgetgründen ein wesentlich kleineres Fach mit dem Etikett von Egon Müller.
Oft werden in Vergleichsproben deutsche Dessertweine den französischen Sauternes gegenübergestellt - ein absolut idiotischer Wettkampf. Denn es sind verschiedene Weinregionen, andere Rebsorten, eine komplett andere Vinifikation und oft auch noch verschiedene Jahrgänge.

Eine Trockenbeerenauslese von Fritz Haag möchte ich hier für die Nachwelt und als Dank an Wilhelm Haag verewigen. Vielleicht aber auch als Beweis, dass 20/20 Punkte auch für deutsche Weissweine problemlos möglich sind:

1976 Brauneberger Juffer, Trockenbeerenauslese, Fritz Haag:
Reifendes Orange-Goldgelb. Nougatnase, exotische Früchte, Nespoli, Khaki, würziger Botrytis-Ton, ölig, Orangenblüten, enorm vielschichtig, warmes, trockentraubiges Rosinenbouquet mit fast unergründlicher Konzentration. Im Gaumen feine Schiefernote, wuchtig und doch ausgeglichen, auf höchstem Niveau, Sultaninensüsse vermischt sich mit balancierender Säure, viel Rückaroma mit einem Wechselbad von wohlig ausbrechenden Gefühlen durch den ganzen Körper. Hier klingen Lobeshymnen ungebremst durch jede Pore der Haut und die Weinwelt, die sich sonst gemächlich um die eigene Achse dreht, hält für einen gedankenvollen Moment ihren eigenen Atem an.   20/20 träumen und trinken

OESTERREICH

Die Rotweine sind teuer! Wenig Weine davon hätten Chancen im internationalen Preis und Qualitätsvergleich stand zu halten. Hospizwirt Adi Werner schimpfte einmal: <<...dann legens einen schwachen Rotwein ins Fassl und verlangen gleich das Doppelte vom Preis!>>. Zugegeben, eine recht frankophile Aussage, aber doch mit einem hohen Wahrheitsgehalt. Um nicht den Eindruck zu erwecken, dass es nur schlechte Rotweine gibt, füge ich gerne hinzu, dass ich schon grossartige Säfte verkostet und auch getrunken habe, z.B. den 86er Blaufränkisch Ried Marienthal von Ernst Triebaumer, Rust, oder auch den Perwolff 1992 von Erich Krutzler aus dem Südburgenland. Bei den Dessertweinen macht Alois Kracher vom Neusiedlersee mit einer Vielzahl von verschiedenen Rebsorten Furore. Einen verrückten, aber total atypischen Wein hat auch Ludwig Neumayer aus Inzerstorf gelandet, leider aber nur ein Mal: 1986 Grüner Veltliner, Zwirch, in der Barrique ausgebaut (19/20!). Ein anderer, "normaler" Grüner Veltliner war ein unvergleichlicher 64er, den ich bei Franz Hirtzberger serviert bekam.

In meinem Keller hat aber bis jetzt nur eine Rebsorte den Durchbruch geschafft, dafür aber ganz gewaltig. Es gibt im Trockenbereich keine besseren Rieslinge auf der Welt als in der Wachau und Umgebung. Diese pfeffrige Frische, diese Aromatik, diese Reintönigkeit, einfach unvergleichlich.

Die besten Winzer:
Toni Bodenstein
Franz Hirtzberger
Emmerich Knoll
Martin Nigl
Franz Xaver Pichler

BURGUND

Das Burgund erlebte mit dem gigantischen, nahezu in jedem Weinkeller gelungenen Jahrgang 1990 eine nicht zu erwartende Renaissance. Hier habe ich nach langer Zeit wieder einmal massive Privat-Einkäufe getätigt. Doch eben - eine Schwalbe macht noch keinen Sommer. Während die Preise und auch die Qualitäten für die roten Burgunder der nachfolgenden Jahrgänge ins Bodenlose fielen, sind die grossartigen Weissen vom heroisch-reichen Jahrgang 1992 schweineteuer. Trotzdem, jede Grösse hat halt auch ihren Preis. Der Domaine de la Romanée-Conti gegenüber bin ich jetzt etwas freundlicher gestimmt. Dies bewirkten einige wenige Altwein-Erlebnisse, aber auch die perfekten 90er. Die höchste Qualität für Burgunder-Weine findet man aus dem Hause LEROY. Lalou Bize-Leroy hat in gewisser Weise die Nachfolge des besten Winzers nach Henri Jayer angetreten. Sie legt neu die Messlatte fürs ganze Burgund fest.

Einige grosse weisse Burgunder:
1934 Chevalier-Montrachet, Moreau, 19/20
1970 Montrachet, Domaine de la Romanée-Conti, 19/20
1979 Montrachet, André Ramonet, 19/20
1979 Batard-Montrachet, Dom. Leflaive, 19/20
1982 Montrachet, André Ramonet, 19/20
1986 Meursault-Charmes, Comtes Lafon, 19/20
1986 Meursault Les Tessons, Guy Roulot, 19/20
1988 Chevalier Montrachet, Leflaive, 18/20
1990 Montrachet, Marquis de Laquiche, 20/20
1990 Montrachet, André Ramonet, 19/20
1990 Montrachet, Louis Jadot, 18/20
1990 Montrachet, Domaine de la Romanée-Conti, 20/20

Einige grosse rote Burgunder:
1937 Clos de Vougeot, Moingeon, 19/20
1949 Chambertin, Louis Trapet, 19/20
1955 Clos de Vougeot, Leroy, 19/20
1964 Richebourg, Gros Frère & Soeur, 19/20
1964 La Tâche, Domaine de la Romanée-Conti, 19/20
1969 Musigny, Vieilles Vignes, Comtes de Vogüé, 19/20
1971 La Tâche, Domaine de la Romanée-Conti, 19/20
1971 Richebourg, Gros Frère & Soeur, 19/20
1971 Musigny, Comtes de Vogüé, 19/20
1978 Richebourg, Jean Gros, 19/20
1978 Richebourg, Gros Frère & Soeur, 19/20
1978 Richebourg, Domaine de la Romanée-Conti, 19/20
1990 Bonnes-Mares, Domaine G. Roumier, 19/20
1990 Corton, Domaine Cornu, 19/20
1990 Clos de la Roche, Vieilles Vignes, Ponsot, 19/20
1990 Clos de la Roche, Domaine Dujac, 19/20
1990 Musigny, Domaine Comtes de Vogüé, 19/20
1990 La Tâche, Domaine de la Romanée-Conti, 19/20
1990 Charmes-Chambertin, Geantet-Pansiot, 20/20
1990 Clos de la Roche, Leroy, 20/20
1990 Richebourg, Leroy, 20/20
1990 Romanée-St.Vivant, DRC, 20/20

Der beste rote Burgunder meines Lebens - 1990 Clos de la Roche, Leroy:
Die dichteste Farbe, die ich je in einem Pinot erlebt habe; purpur, satt, undurchdringlich. Eher zurückhaltendes Bouquet zu Beginn, dahinter viel Tiefe, Terroir und Würze anzeigend. Die Frucht entwickelt sich erst nach 15 Minuten in reifer, blaubeeriger Form, Black-Currant, komplex, Grundaromatik eines legendären Portweines, ohne alkoholisch zu wirken. Komisch, dass die allergrössten Weine immer dieselbe Aromatik haben. Hier finde ich wiederum Heitz Martha's-Nuancen und Aromen eines Shafer 1978. Dann auch, in leicht veränderter Form, den Power des 47ers Cheval-Blanc. Das ist die Perfektion und gleichzeitig der beste junge Burgunder, den ich je in meinem Leben vorgesetzt bekam. Diese Feststellung ist mir alleine für die Nase 20/20 wert.

Bordeaux-Wein über alles?

Gaumen: Komplexes Gaumenspiel, mundfüllend, perfekt, cremig-füllige Struktur, Bestätigung der Grundaromen der Nase in perfekter, reifer Form, die Balance zwischen Säure, Gerbstoff und Extrakt ist bereits in diesem Jungwein derart eingebunden, dass man sich traumhaft vorstellen kann, was aus diesem Wein herauskommt, wenn er einst in zwanzig Jahren entkorkt wird. Das Urmeter des "neuen" Burgunders. 20/20 2000 - 2020

CÔTES-DU-RHÔNE

Eigentlich meine ich hier nur die Côte Rôties und den Hermitage. Nicht, dass ich etwas gegen den ungestümen Beaucastel in normaler oder aber auch in Cuvéeform hätte. Zu einem dekantierten Châteauneuf-du-Pape von Château Rayas sage ich ebenfalls nie nein. Es ist mir aber noch nie ein Wein ausserhalb der nördlichen Rhône begegnet, der die 18/20 Punktegrenze übersprungen hätte.

Einmal in meinem Leben möchte ich, ohne jegliche Zeiteinschränkung an der nördlichen Rhône von Keller zu Keller pilgern. Diese tieffarbenen, kraftstrotzenden Weine mit dem ungestümen bourgeois-königlichen Charakter sind einfach einzigartig. Dieses Terroir, das im Alter ein umwerfendes, ja unbeschreibliches Duftpotential entwickelt. Von solchen Weinen möchte ich gerne eine ausreichende Menge im Keller haben.

Der beste Winzer dieser Region ist unbestritten Marcel Guigal aus Ampuis. Seine drei Crus sind extrem rar und kosten schon ein paar Jahre nach der Ernte mehr als jeder Premier Cru aus Bordeaux.

Da Mövenpick Exklusiv-Importeur für die Schweiz ist, finde ich im Gegensatz zu hoffnungsvoll, aber vergebens anklopfenden Touristen immer Einlass. Der La Landonne ist der bäuerlichste aller Crus. Der La Turque vielleicht der spektakulärste. Meine Liebe gehört jedoch dem La Mouline. Als ich den 89er degustierte, habe ich neben dem Fass Tränen geweint - 20/20. Die gleiche Punktezahl erhalten auch der 71er, 85er und 90er.
Damit man mir in diesem Buch nicht Mövenpick-Werbung vorwerfen kann, habe ich für Sie einen Wein aufgehoben, den die Konkurrenz verkauft hat. Leider aber schon vor vielen, vielen Jahren:

1961 Hermitage „La Chappelle" Jaboulet:
Jugendliches, dumpfes Blutrot-Schwarz mit feinem Reiferand aussen. In der Nase fast explosiv fette Aromen, animalische Note, schwarze Schokolade, gekochte, schwarze Beeren und Dörrfrüchte. Im Gaumen wirkt der Wein voll, fett, rubenshaft mit viel Schmelz in den weichen, voll ausgereiften Tanninen, an Malaga erinnerndes Finish. 20/20 trinken - 2000

CHAMPAGNE

Vielleicht war ich in meinem früheren Leben ein Engländer. Nur so lässt es sich erklären, dass ich so gerne ältere Champagner trinke.
Unvergesslich der Dom Ruinart rosé, den ich jeweils im Maxims im Flughafen Paris-Orly während den Zwischenlandungen Zürich - Bordeaux genossen habe - dies mit einer derartigen Intensität, dass er bald von den Weinkarten verschwunden war.
Einmalig waren auch zwei Magnumflaschen, die Ernst Mühlbauer an einer Weinprobe in Hamburg entkorken liess. 1969 Krug mit feinem Sherry-Ton und Strohnuancen in der Nase. Dann ein breites, konsistentes Mousse mit verführerischem Haselnuss-Butterton im Finale 18/20. Die zweite Magnum, 1966 Dom Pérignon war zu Beginn in der Nase eher enttäuschend. Nach fünf Minuten explodierte das Bouquet zu einem kreidigen, feinsüsslichen Honigton mit würziger Hefenote, 18/20. Ebenfalls eine Dom Pérignon Magnum, Jahrgang 1973 liess ich anlässlich einer Haut-Brion-Probe knallen. Ein Mustermass an Feinheit und Eleganz, 18/20. Das grösste Champagner-Erlebnis: The gold bottle! Der 78er Taittinger „Cuvée Vasserelli: Umwerfendes Nussbouquet mit fülligem, reichem Mousse und reifem, endlos nachklingenden Chardonnay-Aroma. 20/20.

SPANIEN

Der teuerste Wein ist bei weitem nicht der beste. Noch nie habe ich einen Vega Sicilia getrunken, der mich restlos überzeugt hat. Meistens ist er stark oxydativ, nicht selten von feinen Essignoten begleitet. Einige alte Riojas habe ich in liebevoller Erinnerung. Von den jüngeren Jahrgängen finde ich den 85er Martinez Bujanda absolut grossartig, 18/20. Die grösste Qualitätssteigerung ist aus dem Ribera del Duero zu vermerken. Der Tempranillo passt sich so schön der Barrique an. Einer meiner Lieblingsweine ist der Balbas 1991, den wir im Mövenpick-Sortiment mit viel Erfolg führen. Der grösste Wein, den ich je aus Spanien getrunken habe, ist der Gran Coronas Black-Label 1961 von Torres. Auch heute noch ein zuverlässiger Wert, wenn es sich um Spitzenqualitäten handelt. Nicht selten geht dieser Wein in internationalen Vergleichsproben als Sieger hervor.

TOSKANA

Es tut sich was in der Toskana. Man hat sich wieder, nebst trendigen Vino da Tavolas auf den Chianti berufen. Ich habe viele grossartige 90er Riservas degustiert. Wenn Sie Sangiovese-Fan sind, dann decken Sie sich grosszügig mit diesem Jahrgang ein, denn es folgt nachher eine lange qualitative Pause.

Dem berühmtesten Wein, der mit der blauen Kapsel und dem goldenen Stern, scheint es etwas schlechter als früher zu ergehen. Die neuen Weine von Sassicaia (1988 und 1990) haben mich nicht mehr besonders beeindruckt.

Antinori beherrscht das Bild der Spitzenweine. Ich zähle Piero Antinori zu den besten Önologen dieser Welt. Er versteht es, das Maximum aus allen wichtigen Details für die perfekteste Weinbereitung herauszuholen.

Die besten Weine aus der Toskana:
1978 Solaia, Antinori, 19/20
1978 Sassicaia, Tenuta San Guido, 19/20
1985 Solaia, Antinori, 19/20
1985 Sassicaia, Tenuta San Guido, 19/20
1987 Vigna L'Apparita, Ama, 19/20
1990 Guado al Tasso, Antinori, 19/20

Vielleicht haben Sie vom Guado al Tasso noch nie gehört. Von diesem Wein, der aus 80 % Cabernet Sauvignon besteht, gab es nur 10'000 Flaschen, die ausschliesslich in italienischen Restaurants und Önotheken verteilt wurden. Er hat mich derartig beeindruckt, was die Vermutung aufkommen lässt, dass dieser Wein in neuen, grossen Jahrgängen Furore machen wird. Zum Trost für jene, die nie in den Genuss einer Flasche vom 90er kommen, hier wenigstens eine mundwässernde Degunotiz:

1990 Guado al Tasso, Antinori:
Fast schwarze Farbe. In der Nase Veilchen, Brombeeren, dicht mit einer fast unglaublichen Konzentration. Der Gaumen ist zunächst erschlagend, voll von nahezu komprimiertem Extrakt, saftig durch reife, rollende Gerbstoffe und Früchte wie Brombeeren, Amarenakirschen und gekochtes Cassis, explosives Finish. 19/20 1996 - 2005

PIEMONT

Selten habe ich in einer Weinregion ein derartig kollegiales, ehrlich-freundschaftliches Verhältnis wie im Piemont erlebt. Es sind grossartige Menschen. Mit einem Blick auf deren Hände weiss man, dass der Rebberg für sie die Hauptbeschäftigung ist. Dies im Gegensatz zu den toskanischen, permanent reisenden Önologen sowie den wohlgekleideten Direktoren und Weingutsbesitzern in Bordeaux und vielen anderen Weingegenden. Es sind nicht einfach Winzer, die mich jeweils empfangen, sondern Freunde. Viele Feste bleiben mir in unvergessener Erinnerung.

Der Nebbiolo ist und bleibt König. Die grössten Qualitäten findet man immer noch im Aushängeschild dieser Weinregion, nämlich dem Barolo. In grossen Jahren ist er unschlagbar. Dicht gefolgt von einigen wenigen Vino da Tavolas. Es sind zu viele gute, grossartige Weine in den Jahren 1988, 1989 und 1990 entstanden, alsdass ich diese auflisten könnte. Deshalb erlaube ich mir nur die allerbesten Gewächse ganz besonders hervorzuheben:

Bester Barolo:
1990 Bricco Gran Bussia, Riserva, Aldo Conterno 20/20

Beste Vino da Tavolas:
1989 Vigna Larigi, Elio Altare, 19/20
1990 Vigna Larigi, Elio Altare, 19/20

KALIFORNIEN

Man vergleicht oft, wenn man von Cabernet Sauvignon spricht, Bordeaux gegen Kalifornien. Unvorstellbar, wenn man dies mit den neuesten Jahrgängen machen würde. Beim 90er wäre das Wettrennen noch einigermassen ausgeglichen. Bei den drei folgenden hätte Bordeaux keine Chance mehr. Kalifornien hat wie noch nie grosse Qualitäten im Keller. Vergleichen darf man aber trotzdem nicht, denn es wird immer eine Frage des Geschmacks bleiben. Sicherlich sind Sie gespannt zu erfahren, ob ich überhaupt welche im Keller habe. Natürlich, denn es gibt grossartige, ja legendäre Weine aus dem Napa Valley. Am liebsten trinke ich reife Weine von Joe Heitz. Der Martha's Vineyard dürfte einer der besten Rebberge Kaliforniens sein. Spektakulär ist auch sein neuester Wein, der 89er Trailside (19/20). Vom 77er Mondavi Reserve habe ich sicherlich drei Kisten getrunken. Es ist kein Gigant, aber eine willkommene Alternative zu einem Deuxième Cru aus Bordeaux. Die neuesten Reserves 1990 und 1991 weisen auf eine grossartige Zukunft von Mondavi hin. Den Entschluss, die Weine unfiltriert abzufüllen, trägt qualitativ Früchte, vor allem strotzt dieser Cabernet von kalifornischem Charakter.

Der Opus One ist ein sehr guter, aber oft braver Wein. Zu technisch, zu geschliffen. Zumindest kann man behaupten, dass das Marketing ebensogut ist wie das Produkt selbst.

Sein grösster, direkter Konkurrent ist der Dominus. 1994 habe ich zusammen mit dem Winemaker Chris Phelps, die neuesten Jahrgänge degustiert. Hier erwächst eine neue Weingeschichte. Nach anfänglichen Schwierigkeiten ist es dem Besitzer Christian Moueix (Ch. Pétrus) gelungen, sich in die Elite der kalifornischen Rotweine zu katapultieren. 1987 (19/20), 1990 (19/20), 1991 (20/20).

Bordeaux-Wein über alles?

Zu den aromatischsten, würzigsten und tiefgründigsten Cabernets gehört der Monte Bello von Ridge. Er belegt ein grosses Fach in meinem Keller.

Wenn es um Chardonnay geht, dann steht Kistler für mich an erster Stelle. Nicht unbedingt punktemässig, aber flaschenmässig. Er ist einfach so fein, so fruchtig und so wunderschön harmonisch. Es gibt vielleicht von anderen Wineries dann und wann noch bessere Qualitäten, aber Kistler ist der regelmässigste, man kann sich auf ihn verlassen.

Der beste Weisswein, den ich je aus Kalifornien degustiert habe, ist der

Chardonnay, unfiltered von Su Hua Newton, 1992:

Fassprobe: Totale Produktion ca. 1500 Kisten. Schönes Gelb mit leicht grünen Reflexen. Fülliges, phantastisches Chardonnay-Bouquet mit sehr viel Würze darin, Birnennote, fein eingebunden mit Hefetönen, die Barrique agiert ganz fein im Hintergrund und hat keinen Anflug von Dominanz. Das Bouquet ist derartig explosiv konzentriert, dass selbst in der momentanen Reduktionsphase die Aromen gänzlich überschwappen. Der Gaumen ist voll, ungestüm, rassig, die Säure zeigt Limetten auf der Zunge, vermischt mit weiterer Zitrusfrische, fülliges Extrakt, weisse Trüffel, reich, als Weisswein sogar adstringierend mit nahezu unglaublicher Dichte. Das Potential ist ausreichend, um in der Jahrtausendwende erstmals richtig aufzugehen. Ein finessenhaftes Monument und eine absolut neue Messlatte für Spitzen-Chardonnays weltweit. Er hat die Qualität eines ganz grossen Montrachets.   *19/20 1997 - 2006*

Der beste Weisswein:
1992 Chardonnay unfiltered, Netwon, 19/20

Die grössten Rotweine:
1974 Heitz, Martha's Vineyard, 20/20
1978 Shafer, Cabernet, 20/20
1985 Heitz, Martha's Vineyard, 20/20
1991 Dominus, 20/20

AUSTRALIEN

Ich mag den Penfolds Grange Hermitage. Dem 71er habe ich an einer Blinddegustation mit dem 47er Cheval-Blanc verglichen und 20/20 attestiert. Der "Grange" ist der beste Rotwein, den es in Australien gibt. Aber man sollte ihn nur zweimal im Jahr trinken, sonst wird man süchtig davon. Er ist derartig parfümiert und konzentriert, dass er seine Nebenbuhler mit einem einzigen Kinnhacken umhaut. Phantastisch ist auch der Armagh 1990 von Jim Barry (19/20) und der 90er Yarra Yering Dry Red. No. 1 von Bailey Carrodus.

Die besten Rotweine:
1971 Penfolds Grange Hermitage, 20/20
1981 Penfolds Grange Hermitage, 18/20
1982 Penfolds Grange Hermitage, 19/20
1983 Penfolds Grange Hermitage, 18/20
1985 Penfolds Grange Hermitage, 18/20
1986 Penfolds Grange Hermitage, 19/20
1986 Henschke, Hill of Grace, 18/20
1987 Penfolds Grange Hermitage, 18/20
1988 Octavius, 18/20
1990 Yarra Yering, Red Dry No. 1, 18/20
1990 Yarra Yering, Underhill, 18/20
1990 The Armagh, Jim Barry 19/20
1991 Yarra Yering, Red Dry No. 1, 17/20
1992 Yarra Yering, Red Dry No. 1, 17/20
1992 The Angelus, Wirra Wirra, 17/20
1992 Chapel Hill Reserve, 18/20

WHO'S WHO

Who's Who

EIN PERSONENLEXIKON RUND UM DEN WEIN

Marino Aliprandi, Sagy (F): Wenn er an meiner Haustür klingelt, freue ich mich jedes Mal - nicht aber meine Leber. Des einen Freud, des anderen Leid!

Elio Altare, Piemont (I): Ein Mann, der den Barbera in Weltweindimensionen gehoben hat. Legendär sein Vigna Larigi 1989 (19/20) und 1990 (19/20). Obwohl ich mit ihm per Du bin und er als einer meiner besten Freunde unter den Winzern gilt, habe ich es noch nie geschafft, bei ihm eine Kiste Larigi kaufen zu können.

Piero Antinori, Toskana (I): Der beste Önologe Italiens. Immer wieder für neue Überraschungen bereit. Er kümmert sich wenig um Traditionelles. Bei solchen Leistungen kann man behaupten - mit Recht!

Anthonny Barton, St. Julien (F): Eine der grössten Persönlichkeiten des Bordelais. Unglaublich, was er mit seinem Léoville-Barton in den letzten Jahren erreicht hat. Der vielleicht beste Preis-Leistungs-Wein des ganzen Médoc.

Stephen Burickson, Lausanne (CH): Der Broker, der jeden Wein brokt, der ihm irgendwie in die Finger kommt und über Kontinente hinweg verschiebt. Der Name seiner Firma BV-Vins: Frei übersetzt: Bien voyagé-vins!

Martin Buttinger, Krems (A): Trotz permanenter Verschnupfung seiner Nase einer der besten Raritätendegustatoren der Welt. Besonderes Merkmal: Er schreibt wenig Notizen, dafür neuerdings Punkte. Leider mit amerikanischer Messlatte.

Jean-Eugène Borie, St. Julien (F): Ein unverbesserlicher Traditionalist. Bordeaux-Wein für Geduldige. Ich mag seine Art, menschlich wie auch önologisch. Er hat mich gelehrt wie man einen Wein in einer Blinddegustation am besten kommentiert, denn er beginnt immer mit dem selben Spruch: << Quel vin?!>>. Dabei lässt er dem Zuhörer die Möglichkeit, sich entweder auf das Fragezeichen oder aber auf das Ausrufezeichen zu konzentrieren.

Anton Brandstätter, Laakirchen (A): Seine Einladung zu 53 verschiedenen Weinen des Jahrganges 1953 bleibt für mich unvergesslich. Mit dabei eine der besondersten Magnums meines Lebens: Château Lynch-Bages 1953.

Michael Broadbent, London (GB): Er bestärkt mich im Glauben, dass auch intensiv-praktizierende Weindegustatoren ein gewisses Alter erreichen können und dabei weder Können noch Humor verlieren.

Beat Caduff, Arosa (CH): In seinem Hotel Anita präsentiert er die beste Weinkarte der Schweiz (sehr wahrscheinlich ganz Europas!). Er zeichnet sich auch als einer der besten Degustatoren der Schweiz aus - dies mit einer seltenen Pinot-Affinität.

Daniel Cathiard, Martillac (F): Der Smith-Haut-Lafitte ist mittlerweile der beste Sauvignon Blanc der Welt. Man darf gespannt sein, ob es mit dem Roten ebenfalls steil bergauf geht.

Paolo Cattaneo, Melano (CH): Wenn ein Wein auf der ganzen Welt unauffindbar ist, dann hat er sicherlich noch ein paar Kisten davon. Ein besonderes Prädikat, leider selten anzutreffen in der Weinbranche: Er trinkt selbst auch, was er verkauft!

Jean-Michel Cazes, Pauillac (F): Der dynamischste Mann des Médoc. Leider ist der neue Lynch-Bages nicht mehr jener alte Lynch-Bages, von dem ich im Keller einige wenige Flaschen wie meinen Augapfel hüte. Nicht, dass die Weine schlechter geworden sind, aber leider schnell-lebiger und teurer.

Michele Chiarlo, Piemont (I): In zehn Jahren werde ich seinen Barolo Cerequio 1988 öffnen, von dem ich sechs Flaschen im Keller habe. Seit Jahren steigert er seine Qualitäten permanent und heute gehört auch er zur piemonteser Elite.

Domenico Clerico, Piemont (I): Der Schalk sitzt ihm in den Augen, der Elan in seinen Händen. Ein Weinfest ohne ihn, ist wie Kojak ohne Lollo.

Aldo Conterno, Piemont (I): Der gute Mann aus Monforte. In seinem Keller liegt ein Jahrhundertwein, der erst im Herbst 1996 auf den Markt kommen wird. Barolo Bricco Gran Bussia, Riserva 1990, 20/20.

Philippe Courrian, Médoc (F): Er ist mein liebster Winzer von Bordeaux. Der La Tour-Haut-Caussan strahlt einen unheimlichen Sex-Appeal aus. Wer 90er im Keller hat, profiliert sich von selbst als Bordeaux-Kenner.

Paul Draper, Cupertino (USA): Der schöne Berg: "Monte Bello" von Ridge ist seine Heimat. Ihm sind grossartige, legendäre Cabernet Sauvignons und Zinfandel aus Kalifornien zu verdanken. Ich zähle ihn zu den besten Winemakern Amerikas.

Wolfgang Engelhardt, Baden-Baden (D): Viele, wichtige Linien in diesem Buch verdanke ich seiner Gosszügigkeit. Er hat keine Hemmungen vor grossen Korken.

Gabriel

Angelo Gaja, Piemont (I): *Mit dem "Sperss" 1989 zeigt Angelo, dass er auch im Barolo-Bereich ein ernstes Wort mitreden will. Den Chardonnay 1990 hätte ich gerne in meinem Keller. Generell sind mir seine Weine aber zu teuer.*

Daniel Gantenbein, Fläsch (CH): *Der kleine, aber gewichtige Weinhandwerker aus Fläsch, hat mit dem Gantenbein 1990 (19/20) eine Essenz eines Richebourg-ähnlichen Weines aus seinem Keller zu einem exorbitanten Preis verauktionieren können. Da ich selbst auch auf dieser Auktion war, gab es nachher eine zeitlang nur noch Wasser und Brot.*

Max Gerstl, Bad Ragaz (CH): *Schonender, fast zeitlupenartiger Laptop-Fütterer, gleichzeitig auch ein sensibler, profunder Weinkenner. Ich mag es besonders mit ihm über Weine zu streiten, von denen wir nicht die gleiche Punktezahl haben. Sollte der Wein von Lafite-Rothschild einmal aus irgend einem Grund vor Gericht müssen, wird er sicherlich als Starverteidiger walten.*

François Germain, Burgund (F): *Unvorstellbar, was geschehen würde, wenn er Spitzenlagen in der Côte-de-Nuits hätte und diese mit der gleichen Qualität wie seine traumhaften Beaune-Weine herstellen würde. Grossartig sein Les Cras 1985. Seine Weine gehören zu den regelmässigen Einkäufen, die ich noch im Burgund tätige.*

Elio Grasso, Piemont (I): *Der ehemalige Bankdirektor fühlt sich wohler im Rebberg, wo er sehr oft anzutreffen ist. Er gehört zu meinen Lieblingswinzern aus dieser Region.*

Marcel Guigal, Ampuis (F): *Der beste Winzer der nördlichen Rhône ist auch ein knallharter Geschäftsmann. Nach zwei Stunden Verhandlung sagte er zu mir: <<Lieber Herr Gabriel, die Rabatte werden bei Guigal nicht grösser, je länger man mit mir diskutiert.>>*

Joachim Günther, Regensberg (CH): *Die Académie du Vin ist Dank seinem Elan auf Erfolgskurs. Wer sich für Wein grundlegend interessiert, sollte unbedingt seine Connaisseur-Seminare besuchen. Für private Weinliebhaber das beste, was es an Schulung in der Schweiz gibt.*

Wilhelm Haag, Brauneberg (D): *Der beste Winzer an der Mosel. Er beherrscht das 1x1 des Reinheitsgebotes für deutsche Rieslinge.*

Paul Hermann, Axel (HL): *Er ist in Holland und ich in der Schweiz der Präsident des „Club sortir des bouchons!" Leider sind wir beiden auch gleichzeitig die zwei einzigen Mitglieder auf dieser Welt.*

Joe Heitz, Napa Valley, (USA): *Der "Grand Old Dad" des Cabernets. Viele legendäre Weine sind schon aus seinem Keller an die Öffentlichkeit getreten. Es hat mich auch ein ganz einfaches Marketing gelehrt: <<If You find a better Cabernet, then buy it!>> Das hübsche Guest-House an der Taplin-Road und ein unvergesslicher Abend mit vielen Flaschen bleibt mir in unauslöschlicher Erinnerung.*

Franz Hirtzberger, Wachau (A): *Für seinen Singerriedel verlangt er "Gebirgszuschlag". Eine "Bergwanderung" lohnt sich aber hier mit jedem Schluck.*

Charly Hofer, Olten (CH): *Mister Havanna! Er hat mich in die kulinarisch gastronomischen Genüsse im Umfeld von Wein, Cigarren und Spirituosen eingeführt.*

Daniel Huber, Monteggio (CH): *Nahe der italienischen Grenze bewirtschaftet dieser ruhige Zürcher-Immigrant ein kleines Weingut. Er macht sanfte, faszinierende Merlots mit spielerischen Zusatzvarianten. Der 88er Riserva gehört zu den spektakulärsten Weinen vom Tessin.*

Emmerich Knoll, Wachau (A): *Seine Rieslinge haben einen Ehrenplatz in meinem Weinkeller und mindestens eine Flasche liegt permanent im Kühlschrank- solange Vorrat. Vom Ried Schütt habe ich leider derartig wenig Flaschen, dass er sämtlichen Besuchern vorenthalten wird.*

Christian Moueix, Libourne (F): *Was Oxford für Englisch ist Moueix für Libournaiser-Weine. Sein Büro gleicht einem Brockenhaus und kein Mensch käme auch nur im entferntesten Sinne darauf, dass hier der Château Pétrus verkauft wird. Nostalgie und Tradition vermischen sich mit einer zeit- und reifeverlangenden Qualitätskonstanz. Mit grösstem Respekt verfolge ich seine Arbeit. Wir haben zusammen schon viele önophile und lukullische Stunden verbracht. Merci beaucoup - Christian!*

Ernst Meier, Zürich (CH): *Er bringt Farbe in die Weinwelt. Als Verfasser eines wirklich gut recherchierten Westentaschen-Weinkenners pilgert er von einer Weindegustation zur anderen.*

Wolfram Meister, Zürich (CH): *Trotzdem er seine journalistische Allround-Feder auch für den WeinWisser spitzt, bleibt er ein genüsslicher Endverbraucher.*

Ernst Mühlbauer, Hamburg (D): *Dankbar erinnere ich mich an seine gigantische Magnumprobe. Punktemässig eine meiner besten Degustationen.*

385

Who's Who

Egon Müller jr., Wiltingen-Schwarzhof (D): Dieser Schluck der 76er Trockenbeerenauslese, die ich zusammen mit Freunden in seinem Arbeitszimmer getrunken habe, hängt mir noch heute in den Mundwinkeln. Eine Mischung zwischen einem uralten d'Yquem und dem besten Tokajer zum Preis von beiden Flaschen - zusammengezählt!

Robert Mondavi, Napa Valley (USA): Viele seiner 77er Cabernet-Reserves starben den Heldentod in meinem Weinglas. Er bewies, dass sich Weinqualität multiplizieren lässt. Die neuen Reserves ab Jahrgang 1987 sind wieder absolute Spitzenleistungen.

Robert Parker jr., Maryland (USA): Marathon-Degustator der Superlative! Er hat die Weinbewertungen zu einem Macht- und Verkaufsinstrument konstruiert und gleichzeitig digitalisiert. Ich mache mir einen Spass daraus, die besten Bordeaux' vor ihm zu entdecken.

Franz Xaver Pichler, Wachau (A): Kellerberg guter Berg! Der spektakulärste Riesling-Trockenbereich-Nicht-Barriquen-Weissweinwinzer der Welt!

Paul Pontallier, Margaux (F): Ob er es mir wohl verzeihen kann, dass ich den 92er Margaux auch heute noch schlecht finde? Viele gute Wertungen ausserhalb dieses misslungenen Jahrganges müssten ihn doch versöhnlich stimmen!

Bruno Prâts, St. Estèphe (F): Sein Cos nähert sich immer mehr der Feinheit von seinem Nachbar - dem Lafite-Rothschild. Mit dem 91er ist ihm, in diesem schwierigen Jahr, ein richtiges Kabinettstückchen gelungen. Besonders bedanken, möchte ich mich bei ihm für seine immerwährende Gastfreundschaft.

Ueli Prager, Berkshire (GB): Weingenuss lässt sich nicht errechnen, aber er lässt sich kommunizieren. Er hat mich mit seiner Hartnäckigkeit so lange bearbeitet, bis ich bei Mövenpick unterschrieb. Ich habe es bis heute nicht bereut.

Andreas Putzi, Ormalingen (CH): Mitunter besitzt er in seinem Restaurant Farnsburg eine der schönsten Weinkarten der Schweiz. Besonders seine Liebe zu den Kaliforniern ist mir sehr sympathisch. Wer den oft etwas nervös wirkenden Patron zu einem guten Glas Wein einlädt, erlebt ihn in Hochform.

Georg Riedel, Kufstein (A): Der Glaskönig aus dem Tirol. Auch wenn er mit seiner Gläservielfalt ein kleines bisschen übertreibt, ist es ihm zu verdanken, dass man in vielen Restaurants nicht mehr aus unpassenden, dickwandigen Pokalen trinken muss.

Silvio Rizzi, Zürich (CH): Ein liebenswürdiger, leider oft zu früh rauchender Degustationsterrorist. Ich rechne ihm hoch an, dass er kulinarisch zeitlos, also anpassungsfähig ist und sich kurz vor seiner Pension ein betrachtliches, fundamentales Weinwissen angeeignet hat. Mit ihm ist gut essen, gut trinken und (sofern Havanna als Grundlage...) auch gut rauchen!

Hardy Rodenstock, München (D): Grossveranstaltungen rund um die grössten Weine der Welt hat er in kubischer Form ausgesteckt. Schön, dass er dem sanften Druck gewisser Frauenfeindlichkeit für solche Anlässe langsam aber sicher nachgibt.

Hannes Scherrer, Stäfa (CH): Der Chefbuchhalter in einem Guinessbuch-mässigen Umfang für alle zur Verfügung stehenden Weinbewertungen in dieser Welt. Falls man das Glück hat dies zu erleben, ist er ein sehr grosszügiger Gastgeber.

Serena Sutcliffe, London (GB): Distinguished-fine-drinking-Art! Die Grand Lady von Sotheby's mit stets gepacktem Koffer.

Béatrice van Strien, Zürich (CH): Semi-pfundige Botschafterin von Mondavi-Weinen europaweit. Eine Entertainerin im wahrsten Sinne des Wortes. Neue Frauen braucht das (Wein-) Land!

John Wick, Zürich (CH): Ein Gourmet- und Degustationsfossil auf Perpetuum mobile-Basis. Mit seiner Neigung zu Süssweinen hoffe ich, dass er nie Diabetiker wird.

Georg Wolff, Linz (A): Prüft nicht nur Wein, sondern auch Sommeliers. Zwecks Beleuchtung des dekantierten Weins, ist er nie ohne Taschenlämpchen anzutreffen.

Anton Zabert, Hamburg (D): Das sympathische Wichtelmännchen aus der Hansestadt heckt sich Degustationen der Superlative aus. Für solche Weinproben ist mir kein Weg zu weit.

Luigi Zanini, Ligornetto (CH): Der Vinattieri 1985 war meine erste Begegnung der dritten Art mit Tessiner Weinen. Der 93er „Luigi", den ich im Herbst 1994 aus dem Fass verkostet habe, wird zu den besten und spektakulärsten Weinen gehören, die je im Tessin produziert wurden. Mit Luigi Zanini selbst habe ich schon mehr als tausend Weine degustiert und schon unzählige Feste gefeiert. Grazie!

Christian Zündel, Beride (CH): Sein Orizzonte 1990 ist der beste je produzierte Schweizer Wein, auch wenn ich ein paar andere Weine genau gleich hoch bewertet habe. Auf der ganzen Welt ist mir noch nie ein Wein begegnet, der in der Aromatik wie auch in der Qualität dem Pétrus so nahe kam.

INDEX

Index

St. Estèphe

Beau-Site	16
Calon-Ségur	16
Chambert-Marbuzet	17
Cos d'Estournel	18
Cos-Labory	21
Le Crock	22
La Dame de Montrose	22
Haut-Marbuzet	22
Lafon-Rochet	24
Lilian Ladouys	25
de Marbuzet	26
Meyney	26
Montrose	28
Les Ormes-de-Pez	31
de Pez	32
Phélan-Ségur	33

Pauillac

d'Armailhac	38
Batailley	39
Carruades de Lafite-Rothschild	41
Clerc-Milon	42
Cordeillan-Bages	43
Croizet-Bages	44
Duhart-Milon-Rothschild	45
La Fleur-Milon	46
Les Forts de Latour	47
Grand-Puy-Ducasse	48
Grand-Puy-Lacoste	49
Haut-Bages-Averous	52
Haut-Bages-Libéral	53
Haut-Bages-Monpelou	54
Haut-Batailley	54
Lafite-Rothschild	55
Latour	62
Lynch-Bages	70
Lynch-Moussas	74
Moulin des Carruades	74
Mouton-Baronne-Philippe	74
Mouton-Rothschild	74
Pédesclaux	84
Pibran	84
Pichon-Longueville-Baron	86
Pichon-Longueville-Comtesse-de-Lalande	88
Pontet-Canet	92
Réserve de la Comtesse	94
Les Tourelles de Longueville	94

St. Julien

Beychevelle	98
Branaire-Ducru	100
Clos du Marquis	102
Ducru-Beaucaillou	102
Les Fiefs de Lagrange	108
Gloria	108
Gruaud-Larose	109
Lagrange	113
Langoa-Barton	115
Léoville-Barton	115
Léoville-Las-Cases	117
Léoville-Poyferré	120
St. Pierre	123
Talbot	123

Moulis

Anthonic	130
Chasse-Spleen	130
Maucaillou	132
Poujeaux	132

Listrac

Clarke	138
Fonréaud	138
Fourcas-Dupré	138
Fourcas-Hosten	139
Fourcas-Loubaney	139
Lestage	139
Mayne-Lalande	139

Médoc

Arnauld	142
Beaumont	142
Belgrave	142
Bel-Orme-Tronquoy-de-Lalande	143
de Camensac	143
Cantemerle	144
La Cardonne	145
Caronne-Ste-Gemme	145
du Cartillon	146
Cissac	146
Citran	147
Coufran	147
Lachesnaye	148
La Lagune	148
de Lamarque	149
Lanessan	150
Liversan	150
Loudenne	151
Malescasse	151
Maucamps	151
Les Ormes-Sorbet	152
Patache-d'Aux	152
Plagnac	153
Potensac	153
Ramage-la-Bâtisse	154
Sénéjac	154
Sociando-Mallet	155
La Tour-de-By	155
La Tour-Carnet	156
La Tour-Haut-Caussan	156

MARGAUX

d'Angludet	162
Bel-Air-Marquis-d'Aligre	164
Boyd-Cantenac	164
Brane-Cantenac	164
Cantenac-Brown	166
Canuet	167
Dauzac	167
Desmirail	168
Durfort-Vivens	168
Ferrière	168
Giscours	169
La Gurgue	170
d'Issan	171
Kirwan	172
Labégorce	173
Labégorce-Zédé	173
Lascombes	173
Malescot-St-Exupéry	175
Margaux	176
Marquis-d'Alesme-Becker	182
Marquis-de-Terme	182
Martinens	183
Monbrison	184
Palmer	184
Pavillon Rouge du Château Margaux	191
Pouget	192
Prieuré-Lichine	193
Rausan-Ségla	194
Rauzan-Gassies	195
Siran	196
du Tertre	196
La Tour-de-Mons	197

GRAVES, PESSAC-LÉOGNAN

Baret	200
Le Bonnat	200
Bouscaut	200
Carbonnieux	200
Domaine de Chevalier	202
de Fieuzal	204
de France	205
Haut-Bailly	205
Haut-Bergey	207
Haut-Brion	207
Larrivet-Haut-Brion	213
La Louvière	214
Malartic-Lagravière	214
La Mission-Haut-Brion	215
Olivier	220
Pape-Clément	220
Smith-Haut-Lafitte	222
La Tour-Haut-Brion	223
La Tour-Martillac	224

ST. EMILION

L'Angélus	234
L'Arrosée	235
Ausone	236
Balestard-la-Tonnelle	239
Beau-Séjour Bécot	239
Beauséjour (Duffau-Lagarrosse)	239
Belair	240
Cadet-Piola	241
Canon	241
Canon-La-Gaffelière	243
Cap-de-Mourlin	244
Chauvin	244
Cheval-Blanc	245
Clos Fourtet	251
Clos des Jacobins	252
Clos de l'Oratoire	253
La Clotte	253
La Clusière	253
La Commanderie	253
Dassault	254
La Dominique	254
Figeac	254
La Fleur-Pourret	257
Fombrauge	258
Fonroque	258
Franc-Mayne	259
La Gaffelière	259
Grand-Mayne	260
Guadet-St-Julien	261
Haut-Corbin	261
Haut-Pontet	261
Le Jurat	261
Laniote	262
Larcis-Ducasse	262
Larmande	263
Laroze	263
Magdelaine	264
Moulin du Cadet	265
Pavie	265
Pavie-Decesse	267
Petit-Figeac	267
Le Prieuré	267
Puy-Blanquet	268
Rocher-Bellevue-Figeac	268
St-André-Corbin	268
Soutard	269
Tertre-Rôteboeuf	269
Troplong-Mondot	270
Trottevieille	271

POMEROL

Beauregard	276
Le-Bon-Pasteur	276
Bourgneuf	277
Certan-Giraud	278

Index

Certan-De-May	278
Clinet	279
Clos du Clocher	281
Clos du Vieux-Plateau-Certan	281
Clos L'Eglise	282
Clos René	282
La Conseillante	283
La Croix	286
La Croix-du-Casse	286
La Croix-de-Gay	286
Domaine de L'Eglise	286
L'Eglise-Clinet	287
L'Evangile	288
Feytit-Clinet	289
La Fleur-de-Gay	289
La Fleur-Pétrus	290
Le Gay	292
Gazin	292
Gombaude-Guillot	294
Guillot	295
La Grave-Trigant-de-Boisset	295
Lafleur	296
Lafleur-Gazin	299
Lagrange	300
Latour à Pomerol	301
Nenin	302
Pensées de Lafleur	303
Petit-Village	303
Pétrus	305
Le Pin	313
Plince	317
La Pointe	317
Rouget	318
de Sales	318
Taillefer	319
Trotanoy	319
Vieux Château Certan	322
Vray-Croix-de-Gay	324

LALANDE DE POMEROL

de Bel-Air	328
Moncets	328
Siaurac	328
Tournefeuille	328

CANON FRONSAC

Canon de Brem	332
Canon-Moueix	332
de Carles	332
Cassagne-Haut-Canon La Truffière	333
de la Dauphine	333
Mazeris	334

BORDEAUX BLANCS

Aile d'Argent	338
Alpha	338
Blanc de Lynch-Bages	338
Pavillon Blanc du Château Margaux	338
„R" de Rieussec	339
Talbot Blanc	340
„Y" du d'Yquem	340

GRAVES BLANCS

Le Bonnat	344
Bouscaut	344
Carbonnieux	344
Chantegrive	345
Domaine de Chevalier	345
de Fieuzal	346
de France	347
Haut-Brion	347
Larrivet-Haut-Brion	348
Laville-Haut-Brion	349
La Louvière	350
Malartic-Lagravière	350
Olivier	351
Pape-Clément	351
Rahoul	352
La Tour-Martillac	352
Smith-Haut-Lafitte	352

SAUTERNES

d'Arche-Lafaurie	356
d'Arche	356
Broustet	356
Climens	356
Coutet	357
Doisy-Daëne	358
Doisy-Dubroca	358
Doisy-Védrines	358
de Fargues	359
Filhot	359
Gilette	359
Guiraud	361
Les Justices	361
Lafaurie-Peyraguey	362
Liot	363
de Malle	363
de Mayne	363
Nairac	363
Rabaud-Promis	363
Raymond-Lafon	363
de Rayne-Vigneau	364
Rieussec	364
Sigalas-Rabaud	365
Suduiraut	366
La Tour-Blanche	367
d'Yquem	368

Es gibt verschiedene Wege, die für Ihren persönlichen Umgang mit Wein von Vorteil sein könnten. Verstehen Sie bitte die nachfolgenden Empfehlungen nicht als Gabriel-Eigenwerbung, sondern vielmehr als echte, ergänzende Dienstleistung zu diesem Buch.

Mövenpick:
Die Weinwelt von Mövenpick ist fazinierend und bietet jedem Weinfreund viele Genussmöglichkeiten. Falls Sie Interesse an attraktiven Angeboten oder an unserer Preisliste haben, teilen Sie mir dies bitte mit.

WeinWisser:
Für Alle, die mehr über Wein wissen wollen! Zusammen mit drei Freunden bin ich Mitherausgeber. Ein monatlich erscheinender News-Letter rund um den Wein. Viele Degustationsnotizen über aktuelle und gereifte Jahrgänge aus den besten Weinregionen dieser Welt. Alle Weine sind mit Punkten unter Angabe von Genussreifen bewertet. Ausserdem finden Sie darin viele Reportagen, Interviews mit Winzern und Marktanalysen.

Académie du Vin:
Als Verwaltungsrat stehe ich dieser Gesellschaft bei. Die "ADV", wie sie von uns intern genannt wird, organisiert interessante Weinproben vom Grundkurs über das Degustieren, bis hin zum umfassenden Diplomlehrgang. Daneben finden Grossveranstaltungen rund um den Wein sowie Reisen in bedeutende Weingebiete statt.
Vielleicht kommen Sie einmal mit mir für eine Woche nach Bordeaux!

Sotheby's:
Das 250 Jahre alte Auktionshaus aus London veranstaltet neu auch Weinauktionen in Zürich. Als Sotheby's-Consultant nehme ich gerne Angebote von Weinen entgegen (keinen Ramsch!), von denen Sie zu grosse Mengen im Keller haben oder die Sie „verflüssigen" wollen. Andererseits schicke ich Ihnen auch gerne einen Auktionskatalog, falls Sie mitbieten wollen.

Gabriel-Semester-Proben:
Zwei Mal im Jahr öffne ich „ein paar Flaschen" von meinem Privatkeller. Im Frühling oder im Herbst suche ich mir ein schönes Hotel aus. Dann wird der Küchenchef und der Sommelier auf Herz und Nieren geprüft. In lockerem Rahmen und kleinem Kreis lernen sich Weinfreunde aus aller Welt an einem Wochenende näher kennen. Schönste Tropfen fliessen in geniesserische Kehlen, und ich habe wieder ein paar neue Linien für mein nächstes Buch. Diese Veranstaltungen haben aber leider zwei Nachteile. Erstens: Die beschränkte Platzzahl. Zweitens: Die Semester-Probe kostet etwa so viel wie zwei Wochen Ferien auf den Kanarischen Inseln (mit Vollpension)!

Mit einem Buch Freunde gewinnen:
Vielleicht möchten Sie dieses Buch einem Ihrer besten Weinfreunde verschenken. Gerne erledigt der Auslieferungsdienst diesen Auftrag für Sie.

Kopieren und faxen oder schicken an:

René Gabriel
ADV Académie du Vin SA
Zürichstrasse 77
CH-8134 Adliswil
Fax 01/ 710 96 18

Vorname: _____
Name: _____
Adresse: _____
PLZ, Ort: _____
Tel. tagsüber: _____

❑ Senden Sie mir die Wein-Informationen von Caves Mövenpick.

❑ Ich will den WeinWisser abonnieren. Das Jahresabonnement mit 11 Ausgaben kostet Fr. 130.– (Schweiz), Fr. 145.– (Ausland inkl. Porto)

❑ Die Veranstaltungen der Académie du Vin interessieren mich. Bitte schicken Sie mir Informationen.

❑ Für die nächste Sotheby's-Weinauktion in Zürich möchte ich folgende Weine versteigern lassen. (Liste auf separaten Blatt erstellen). Bitte schätzen Sie die Weine positionsweise ein und machen Sie mir eine Offerte betreffend Einlieferungskonditionen.

❑ Schicken Sie mir Informationen über die nächste Sotheby's Weinauktion.

❑ Informieren Sie mich über die nächste Semester-Raritäten-Degustation.

❑ Schicken Sie mir _____ Bücher zu Sfr. 92.50